# História do Teatro Brasileiro

EDITORA PERSPECTIVA

Supervisão editorial J. GUINSBURG

Equipe de realização
*Preparação de texto* MÁRCIA ABREU
*Revisão* ELEN DURANDO, IRACEMA A. DE OLIVEIRA
    e MARCIO HONORIO DE GODOY
*Capa e projeto gráfico* SERGIO KON
*Produção* RICARDO W. NEVES, LUIZ HENRIQUE SOARES,
    SERGIO KON e RAQUEL FERNANDES ABRANCHES

SERVIÇO SOCIAL DO COMÉRCIO
Administração Regional no Estado de São Paulo

Presidente do Conselho Regional ABRAM SZAJMAN
Diretor Regional DANILO SANTOS DE MIRANDA

Edições SESC SP

Conselho Editorial
IVAN GIANNINI, JOEL NAIMAYER PADULA,
LUIZ DEOCLÉCIO MASSARO GALINA,
SÉRGIO JOSÉ BATTISTELLI

*Gerente* MARCOS LEPISCOPO. *Adjunto* ÉVELIM LÚCIA
MORAES. *Coordenação editorial* CLÍVIA RAMIRO, ISABEL
M.M. ALEXANDRE. *Produção editorial* ANA CRISTINA
PINHO, JOÃO COTRIM

Colaboradores
MARTA RAQUEL COLABONE

# História do Teatro Brasileiro

JOÃO ROBERTO FARIA
direção

J. GUINSBURG E JOÃO ROBERTO FARIA
projeto e planejamento editorial

◆

volume 1

DAS ORIGENS AO TEATRO PROFISSIONAL
DA PRIMEIRA METADE DO SÉCULO XX

CIP-Brasil. Catalogação-na-Fonte
Sindicato Nacional dos Editores de Livros, RJ

H58

   História do teatro brasileiro, volume 1: das origens ao teatro profissional da primeira metade do século XX / João Roberto Faria (dir.); J. Guinsburg e João Roberto Faria (projeto e planejamento editorial). – São Paulo: Perspectiva: Edições SESCSP, 2012.
   58 il.

   ISBN 978-85-273-0946-2 PERSPECTIVA
   ISBN 978-85-799-5031-5 EDIÇÕES SESC SP

   1. Teatro brasileiro – História – Séc. XX. 2. Teatro brasileiro – Séc. XX – História e crítica. 3. Teatro – Brasil – História. I. Guinsburg, J. (Jacó), 1921-. II. Faria, João Roberto, 1946-. I. Título.

12-0178.          CDD: 792.0981
                  CDU: 792(81)

10.01.12   11.01.12                                    032498

Direitos reservados à

EDITORA PERSPECTIVA S.A.

Av. Brigadeiro Luís Antônio, 3025
01401-000 São Paulo SP Brasil
Telefax: (11) 3885-8388
www.editoraperspectiva.com.br

2012

SESC
Edições SESC SP

Av. Álvaro Ramos, 991
03331-000 São Paulo SP Brasil
Tel. 55 11 2607-8000
edicoes@edicoes.sescsp.org.br
www.sescsp.org.br

Para J. Guinsburg

Em reconhecimento pelos inestimáveis
serviços que vem prestando à causa
do teatro no Brasil, como professor,
ensaísta e editor.     [J.R. FARIA]

# Sumário

NOTA EDITORIAL   [J. Guinsburg e João Roberto Faria] … 11
O *LOCUS* DO SUJEITO   [Danilo Santos de Miranda] … 13
INTRODUÇÃO:
    POR UMA NOVA HISTÓRIA DO TEATRO BRASILEIRO   [João Roberto Faria] … 15

## I. AS RAÍZES DO TEATRO BRASILEIRO
1. O Teatro Jesuítico   [Décio de Almeida Prado] … 21
2. Entreato Hispânico e Itálico   [Décio de Almeida Prado] … 38
3. A Herança Teatral Portuguesa   [Décio de Almeida Prado] … 52

## II. O TEATRO ROMÂNTICO
1. O Advento do Romantismo   [Décio de Almeida Prado] … 67
2. A Tragédia e o Melodrama   [Ivete Susana Kist] … 75
3. O Drama   [Elizabeth R. Azevedo] … 94
4. A Comédia de Costumes   [Vilma Arêas] … 119
5. A Arte do Ator e o Espetáculo Teatral   [Luiz Fernando Ramos] … 137

## III. O TEATRO REALISTA
1. A Dramaturgia Realista   [João Roberto Faria] … 159
2. Os Ensaiadores, os Intérpretes e o Espetáculo Teatral Realista   [João Roberto Faria] … 185
3. O Pensamento Crítico   [João Roberto Faria] … 201

## IV. O TEATRO DE ENTRETENIMENTO E AS TENTATIVAS NATURALISTAS
1. O Teatro Cômico e Musicado:
Operetas, Mágicas, Revistas de Ano e Burletas   [Rubens José Souza Brito] … 219
2. A Continuação da Comédia de Costumes   [Flávio Aguiar] … 233
3. Artistas, Ensaiadores e Empresários:
O Ecletismo e as Companhias Musicais   [Fernando Antonio Mencarelli] … 253
4. Artistas Dramáticos Estrangeiros no Brasil   [Alessandra Vannucci] … 275
5. O Naturalismo: Dramaturgia e Encenações   [João Roberto Faria] … 296

V. O TEATRO NO PRÉ-MODERNISMO
    1. A Permanência do Teatro Cômico e Musicado   [Angela Reis e Daniel Marques]   321
    2. Uma Dramaturgia Eclética   [Marta Morais da Costa]   335
    3. O Teatro Filodramático, Operário e Anarquista   [Maria Thereza Vargas]   358
    4. Iniciativas e Realizações Teatrais no Rio de Janeiro   [Níobe Abreu Peixoto]   371
    5. Artistas e Companhias Dramáticas Estrangeiras no Brasil
       [Walter Lima Torres e Francisco José Vieira]   388

VI. O TEATRO PROFISSIONAL DOS ANOS DE 1920 AOS ANOS DE 1950
    1. A Retomada da Comédia de Costumes   [Claudia Braga]   403
    2. A Dramaturgia   [Maria Helena Werneck]   417
    3. O Teatro de Revista   [Neyde Veneziano]   436
    4. Os Grandes Astros   [Tania Brandão]   455
    5. Os Ensaiadores e as Encenações   [Walter Lima Torres]   479

Colaboradores do Volume 1   497

# Nota Editorial

A divisão desta *História do Teatro Brasileiro* em dois volumes obedeceu a critérios estéticos e cronológicos. Considerando que as práticas do chamado "velho teatro" se estenderam até pelo menos a década de 1950, convivendo com experiências e realizações modernas que se anunciavam já nos anos de 1920 e se consolidaram posteriormente, decidimos que o primeiro volume poderia avançar até a metade do século XX, ao passo que o segundo deveria recuar aos tempos da Semana de Arte Moderna. Inicialmente, pensamos em cinco ou seis volumes menores, com uma divisão que levaria em conta os movimentos literários. No entanto, o teatro brasileiro adquiriu dinâmica própria e desenvolveu-se independentemente da literatura a partir das últimas décadas do século XIX. Sua especificidade como arte que conquistou autonomia e estatuto próprios exigiu uma divisão menos fragmentada e orientou-nos na concepção dos dois volumes: o primeiro tem 6 partes e 26 capítulos que abordam desde as origens até o declínio das velhas companhias dramáticas profissionais e de seus astros, na década de 1950; o segundo, com 5 partes e 25 capítulos, começa com a contribuição dos modernistas de 1922 e alcança as realizações contemporâneas, passando pelo processo de modernização do nosso teatro.

Quando começamos a nos reunir para discutir a presente obra, era intenção da editora Perspectiva contar com a participação de um dos maiores críticos brasileiros, o prof. Sábato Magaldi. Infelizmente, essa valiosa colaboração – que, por certo, teria enriquecido sobremaneira o trabalho realizado – não pôde efetivar-se. De todo modo, aqui ficam os nossos agradecimentos pelos ensinamentos que ele nos proporcionou por meio de seus escritos, tanto no terreno da crítica jornalística e ensaística como no da historiografia. Deixamos, pois, registrado o nosso reconhecimento pela importância de sua obra para a concepção e realização desta *História do Teatro Brasileiro*.

J. GUINSBURG E JOÃO ROBERTO FARIA

# O *Locus* do Sujeito

*O que é ler senão aprender a pensar na esteira deixada pelo pensamento do outro?*

*Ler é retomar a reflexão de outrem como matéria-prima para o trabalho de nossa própria reflexão.*

Marilena Chauí

*[...] a História existe apenas em relação às questões que nós lhe formulamos.*

*Materialmente, a História é escrita com fatos; formalmente, com uma problemática e conceito.*

Paul Veyne

Pois aqui estamos diante de uma longa esteira, feita com as hastes finas do junco colhido por quarenta e cinco pesquisadores que, ao longo dos últimos anos, têm formulado questões acerca da história do teatro brasileiro. Não se trata de esteira comum, de trançado fácil, sem acabamento; trata-se, sim, de esteira com trançado elaborado, o qual carrega consigo a cautela advinda da experiência, o zelo pela harmonia das linhas que se cruzam, a precisão no arremate.

Percorrê-la é uma oportunidade. Diríamos mais, percorrê-la é uma experiência que vai além do simples conhecer os fatos que compõem a história do teatro brasileiro. Percorrê-la é, também, conhecer a história do pensamento de cada geração que aqui deixa sua marca, com suas dúvidas, certezas, paixões, desencantos e tudo o mais que uma pesquisa – e a vida! - podem suscitar.

Quando nós do SESC chegamos, a esteira já estava trançada. Fomos convidados a percorrê-la pelas hábeis mãos desses artesãos da palavra, J. Guinsburg e João Roberto Faria. Intuíamos que a nossa experiência com a cena teatral nos daria certa tranquilidade de travessia. Os anos de proximidade com o Centro de Pesquisa Teatral e Antunes Filho; as centenas de espetáculos vistos desde o nascedouro até a última mudança de luz antes da cortina se abrir; a observação das pessoas que, dia a dia, visitam o teatro como a visitar a si mesmas; a construção, a reforma, a manutenção de salas que acolhem corpos e encenações. Surpreendidos fomos. A cada passo, a cada reflexão, novas possibilidades de pensar, descobrir e redescobrir não somente a história do teatro brasileiro, mas a nossa própria história. Problematizações, inquietudes, o rompimento das fronteiras do debate acadêmico, a vontade de dialogar. De fato, estávamos diante de uma História. De uma nova História.

Mas o que é a História? A origem da palavra nos responde e nos incita. Tomemos emprestado um dos seus significados: história é testemunha, é aquele que vê, é o espectador. E tomemos emprestado, também, um dos significados da origem da palavra teatro: teatro é o lugar de onde se vê. Juntos, determinam o *locus* do sujeito. Nosso lugar, nessa esteira, não é mais o do espectador da cena, mas o do espectador da interpretação da cena. Qual seja: buscamos explicações, nos dão sentido àquilo que um dia foi trazido à luz.

Se "olhar não é apenas dirigir os olhos para perceber o 'real' fora de nós. É, tantas vezes, sinônimo de *cuidar, zelar, guardar*, ações que trazem o outro para a esfera dos cuidados do sujeito"[1], o que mais poderíamos dizer ao leitor?

Que aceite a travessia por essa bela esteira. E que faça a travessia com os olhos imbuídos da mesma paixão com que cada pesquisador viu e verteu em palavras as experiências vividas nesse local de onde se vê tanta vida.

*Danilo Santos de Miranda*
Diretor Regional do SESC São Paulo

---

[1] Alfredo Bosi, Fenomenologia do Olhar, em Adauto Novaes (org.), *O Olhar*, São Paulo: Companhia das Letras, 1988, p. 78.

# Introdução:

# Por uma Nova História do Teatro Brasileiro

O objetivo desta introdução é apresentar e discutir algumas ideias sobre a historiografia do teatro brasileiro, a começar pelo seu atraso em relação à historiografia da literatura brasileira. Por atraso entendo o seguinte: ao longo do século XIX nossa literatura foi objeto de vários estudos críticos e historiográficos, os primeiros feitos com regularidade no país, nos quais se estabeleceu o cânone relativo aos gêneros épico e lírico que serviu de base às histórias literárias do século XX. Assim, obras como o *Résumé de l'histoire littéraire du Brésil*, de Ferdinand Denis (1826); o "Ensaio Sobre a História da Literatura no Brasil", de Gonçalves de Magalhães (1836); os estudos de Joaquim Norberto de Sousa Silva, publicados na *Revista Popular* entre 1859 e 1862; o *Curso Elementar de Literatura Nacional*, de Joaquim Caetano Fernandes Pinheiro (1862); e *Le Brésil littéraire*, de Ferdinand Wolf (1863), entre muitos outros textos críticos, seguramente serviram de guia para as duas primeiras histórias da literatura brasileira realmente importantes: a de Sílvio Romero (1888; 2. ed. 1902) e a de José Veríssimo (1916). Estava consolidada a tradição a partir da qual seriam escritas as demais histórias da nossa literatura.

No caso do teatro, vale dizer que a dramaturgia – apenas a dramaturgia, não a arte do espetáculo – sempre foi um apêndice dessa historiografia, não merecendo, até 1904, nenhuma obra específica. É desse ano, como se sabe, o livro de Henrique Marinho, *O Teatro Brasileiro: Alguns Apontamentos para a sua História*. Para piorar a situação, uma grande parte das peças brasileiras encenadas ou escritas durante o século XIX permaneceu inédita, dificultando qualquer análise mais abrangente da nossa produção dramática. Comparando, porém, a primeira história do nosso teatro com os capítulos dedicados à dramaturgia por Romero e Veríssimo, percebemos que a literatura brasileira teve grandes historiadores, na virada do século XIX para o XX, mas não o nosso teatro. A obra de Marinho não foi capaz de estabelecer o nosso cânone dramatúrgico e, ao mesmo tempo, refletir sobre a especificidade do teatro como arte que extrapola os limites do domínio literário. Curiosamente, no próprio prefácio desse livro, escrito por Sílvio Romero, estão apontadas suas falhas:

O sr. Henrique Marinho, no trabalho que ora publica, procura adiantar nossa historiografia por este lado [estudar com afinco a história do teatro no Brasil]. Infelizmente ele atende mais à história dos edifícios destinados às representações cênicas, e às companhias que neles funcionaram do que à história da produção literária do gênero dramático entre nós[1].

Como que desejando sanar a lacuna existente na obra de Henrique Marinho, Sílvio Romero apresenta um quadro da evolução dramática no Brasil,

---

1 A Dramaturgia Brasileira, em Henrique Marinho, *O Teatro Brasileiro: Alguns Apontamentos para a Sua História*, Rio de Janeiro: Garnier, 1904, p. 4.

de Anchieta a Coelho Neto, dividindo-a em oito fases. Em seu pensamento e também no de Veríssimo, o teatro ainda é uma arte literária, o que os faz escrever especificamente sobre a dramaturgia, com alguns julgamentos que não aceitamos mais. Romero, por exemplo, apesar de valorizar a nossa dramaturgia, afirma que aprecia mais os dramas quando os lê, porque "uma representação teatral é uma arte que se sobrepõe a outra e a vela em grande parte. O talento dos atores produz uma como segunda criação que pode até certo ponto dificultar a exata inteligência da primeira"[2]. José Veríssimo, por sua vez, é capaz de afirmar que "Martins Pena não é senão isto, um escritor de teatro"[3], desejando dizer que faltava ao criador da comédia brasileira o propósito literário e diminuindo o valor de sua obra. Hoje, apreciamos Martins Pena exatamente por ter sido um comediógrafo que escrevia com os olhos voltados para a cena.

Se para Romero e Veríssimo o que conta é a dramaturgia de cunho literário, conceito comum na época em que escreveram suas histórias da literatura brasileira, como entender que Henrique Marinho não tenha sequer estudado nossa dramaturgia em sua história do teatro? A resposta está em uma nota prévia na qual ele explica que era sua intenção

fazer as críticas das peças mais notáveis da nossa dramaturgia e traçejar as biografias dos nossos autores dramáticos e comediantes, mortos e vivos. Não pudemos, porém, vencer as dificuldades com que tivemos que arrostar. Ficará isso para mais tarde[4].

Infelizmente a promessa não foi cumprida e nossa primeira história do teatro brasileiro, incompleta, não pôde influir com eficácia sobre as futuras obras de mesma natureza. Assim, os problemas que aparecem em Marinho reaparecem em Múcio da Paixão (*O Teatro no Brasil*, escrito em 1917, publicado em 1936): muitas informações sobre edifícios teatrais, companhias, repertório, decretos, uma infinidade de nomes de autores e títulos de peças

---

2 *História da Literatura Brasileira*, 2. ed., Rio de Janeiro: Garnier, v. 2, 1903, p. 185.
3 *História da Literatura Brasileira*, 5. ed., Rio de Janeiro: José Olympio, 1969, p. 254.
4 *O Teatro Brasileiro: Alguns Apontamentos para a Sua História*, p. 7.

representadas, mas pobreza franciscana nas considerações de ordem estética ou no plano analítico e interpretativo, seja no terreno da dramaturgia, seja no da encenação. Em outras palavras, tanto Henrique Marinho como Múcio da Paixão escreveram histórias do teatro brasileiro sem levar em conta ou estudar a dramaturgia, ao contrário de Veríssimo e Romero, que escreveram capítulos sobre o teatro brasileiro considerando apenas a dramaturgia.

A consciência de que uma história do teatro devia abordar o texto dramático e a cena, conjuntamente, aparece pela primeira vez na *História do Teatro Brasileiro*, de Carlos Sussekind de Mendonça, publicada em 1926. E é de se lamentar que o autor tenha ficado no primeiro volume, pois, ao contrário dos seus predecessores, tinha uma concepção moderna de teatro. É interessante acompanhar a exposição de seu "método", feita depois de arrolar os estudos de cunho histórico que já haviam sido feitos no Brasil e que são os seguintes:

1. O capítulo de José Veríssimo sobre o teatro brasileiro, incluído em sua *História da Literatura Brasileira*.
2. O estudo de Clóvis Bevilacqua, "O Teatro Brasileiro e as Condições de sua Existência", publicado em *Épocas e Individualidades*.
3. O ensaio de Mello Moraes Filho, "O Teatro no Rio de Janeiro", introdução às *Comédias*, de Martins Pena.
4. O estudo de Aderbal de Carvalho, "O Teatro Brasileiro de Relance", publicado em *Esboços Literários*.
5. O livro de Henrique Marinho, *O Teatro Brasileiro: Alguns Apontamentos para a Sua História*.
6. A conferência de Reis Perdigão (João de Talma) sobre "O Teatro Brasileiro antes de João Caetano", publicada no *Suplemento Teatral do Imparcial*, em 1923.
7. Uma polianteia organizada por Carlos Câmara sobre *O Teatro Cearense*, 1922.
8. Uma conferência de Cláudio de Souza, "A Evolução do Teatro no Brasil", 1920.
9. O texto "100 Anos de Teatro no Brasil", de Renato Vianna, publicado em *A Noite*, setembro de 1922.
10. A resenha de Chichorro da Gama, *Através do Teatro Brasileiro*, 1907.
11. A síntese de Max Fleiuss, publicada no *Dicionário Histórico, Geográfico e Etnográfico Brasileiro*, 1922.
12. Um projeto sugerido por Zeferino Oliveira Duarte sobre "Organização do Teatro Dramático Nacional".

13. O livro de Sousa Bastos sobre o teatro português e brasileiro, *Carteira do Artista*.
14. O capítulo de Eduardo de Noronha sobre "A Arte Dramática no Brasil", do livro *Evolução do Teatro*.
15. A conferência de Oscar Lopes, "O Teatro Brasileiro: Seus Domínios e Suas Aspirações", publicada nos *Anais da Biblioteca Nacional*, 1914.
16. As observações de Ronald de Carvalho sobre o teatro brasileiro em sua *Pequena História da Literatura Brasileira*.
17. Um estudo de Eduardo Vitorino, "A Evolução da Cena Brasileira", publicado na *Ilustração Brasileira*, 1923.
18. A memória de Samuel Campello sobre "O Teatro em Pernambuco", 1922.
19. O ensaio de Múcio da Paixão, "Do Teatro no Brasil".
20. O livro *O Teatro na Bahia* (1823-1923) e mais seis conferências de Sílio Boccanera Júnior sobre "O Teatro Brasileiro" (1906), "O Teatro Dramático na Bahia" (1908), "Florescência e Decadência do Teatro Nacional" (1912), "O Centenário do Teatro São João" (1912), "O Teatro na Bahia" (1915) e "Teatro Nacional: Autores e Atores na Bahia".

Que contribuição esses estudos trouxeram para a história do teatro brasileiro? Para Mendonça, pouca, por uma razão muito simples: em nenhum deles o teatro é considerado simultaneamente em seus aspectos literários e cênicos. Afirma ele a respeito dos estudos citados: "A maioria se vicia de um mal considerável: os que se ocupam da literatura dramática esquecem-se da cena; os que se interessam pela cena despreocupam-se, em absoluto, da literatura dramática"[5]. Mas, poder-se-ia perguntar: a soma desses estudos não apresenta uma visão completa do teatro brasileiro? Não, diz Mendonça, que explica seu ponto de vista: "Quando se diz, de um modo geral, que o estudo do teatro abrange dois aspectos – o literário e o cênico – não quer dizer, com isso, que se creia possível estudá-lo, separadamente, em um ou outro. Não. A sua evolução não se fez isoladamente com a de um ou a de outro. Fez-se, pelo contrário, da conjugação de ambos, da ação recíproca de um sobre o outro, ação às vezes convergente, de outras oposta, mas sempre interdependente". Logo, para se escrever uma história do teatro brasileiro de modo correto, é preciso que se estabeleça "o sincronismo entre as manifestações literárias e as manifestações cênicas, sem o que muitos fenômenos, talvez os mais interessantes da nossa vida teatral, escaparão de todo ao nosso entendimento". Por fim, Mendonça acrescenta um terceiro aspecto que deve ser considerado no estudo do teatro: o social. A seu ver, cada um dos três aspectos corresponde a funções definidas: "a de criação (aspecto literário), a de representação (aspecto cênico), a de repercussão (aspecto social). A primeira função é exercida pelos autores. A segunda pelos artistas, pelas empresas e pelos profissionais do teatro em geral. A terceira, finalmente, pelo público e pela crítica".

Em linhas gerais, é com essas ideias em mente que Mendonça pretende escrever a história do teatro brasileiro. No primeiro volume, o único que nos deixou, ele se aplica com diligência e põe em prática o seu "método", abordando o teatro brasileiro nos tempos coloniais e em nosso primeiro romantismo, levando em conta aspectos literários e cênicos.

Quero crer que sua obra deveria ter servido de modelo para quem viesse a escrever a próxima história do teatro brasileiro. Afinal, ela trazia um método e uma concepção modernos de teatro. Mas não é isso que acontece logo em seguida, quando Lafayette Silva publica a sua *História do Teatro Brasileiro*, em 1938. Ele repete o padrão de Henrique Marinho e Múcio da Paixão: muitas informações, datas, nomes, e pouca reflexão crítica. Leia-se, por exemplo, o capítulo sobre a dramaturgia brasileira, para se perceber a fraqueza ou mesmo a inexistência de análises e interpretações ou considerações de ordem estética. Além disso, não há integração entre as partes que abordam a literatura dramática e os aspectos ligados ao que ocorria nos palcos brasileiros.

Depois de Lafayette Silva, a proposta de Carlos Sussekind de Mendonça foi retomada por José Galante de Sousa, que em 1960 publicou a primeira boa história do teatro brasileiro, em dois volumes: *O Teatro no Brasil*. Pode-se dizer que Galante é o primeiro estudioso do nosso teatro que soube sistematizar o trabalho de pesquisa e refletir sobre sua trajetória, desde Anchieta até o final dos anos de 1950, referindo-se tanto aos aspectos dramatúrgicos como aos cênicos. Grande pesquisador,

---

[5] C. S. de Mendonça, *História do Teatro Brasileiro*, v. 1, 1565-1840, Rio de Janeiro: Mendonça Machado & Cia., 1926, p. 60. As citações seguintes provêm desta edição.

escreveu uma obra notável, à qual devemos voltar sempre, mas, infelizmente, limitada pelo modesto alcance crítico de seu pensamento. Assim, se o resultado concernente às informações sobre vida teatral, artistas, companhias dramáticas, censura e outros aspectos é muito positivo, decepcionam na obra as análises críticas e as interpretações que faz da dramaturgia brasileira. Sem fôlego crítico, Galante sanciona o tempo todo as opiniões que Décio de Almeida Prado havia exposto em 1956, num capítulo de obra coletiva – *A Literatura no Brasil* –, intitulado "A Evolução da Literatura Dramática".

De qualquer modo, o mérito de Galante é inegável, não apenas pela extensão da pesquisa, mas também por discutir as divisões da história do teatro brasileiro, feitas anteriormente por Sílvio Romero, Henrique Marinho, Múcio da Paixão e Carlos Sussekind de Mendonça, propondo uma divisão mais correta, aprimorando as sugestões do último historiador mencionado, o único, a seu ver, "que abordou com visão mais ampla o problema da divisão em períodos"[6].

É de 1961 o *Teatro in Brasile*, de Ruggero Jacobbi, uma síntese benfeita da nossa história teatral, mas com ênfase no estudo da dramaturgia, que ocupa quase que a totalidade de suas cem páginas. Ruggero viveu no Brasil entre 1946 e 1960 e desempenhou um papel importante como encenador no processo de modernização do nosso teatro. Além disso, foi professor, crítico e ensaísta que se empenhou profundamente em compreender nossa história, costumes e cultura. São muito boas as observações críticas que faz sobre as comédias de Machado de Assis e de Martins Pena e excelentes as dedicadas à obra dramática de Gonçalves Dias. No volume *Teatro in Brasile*, merecem destaque os momentos nos quais o autor aborda os anos de 1940/50 com o olhar de quem participou da renovação teatral que estava em curso quando da publicação de seu livrinho.

Em 1962, Sábato Magaldi publica o seu *Panorama do Teatro Brasileiro*. O que faltava a Galante, no que diz respeito ao alcance crítico, sobra em Magaldi, que não escreve uma história do teatro brasileiro na linha preconizada por Carlos Sussekind de Mendonça, mas, fundamentalmente, uma história da dramaturgia brasileira: apenas três dos seus 21 capítulos são dedicados a outros aspectos ligados ao fazer teatral: arte do ator, companhias teatrais modernas, papel do encenador etc. Ninguém contestará o mérito dessa obra, dada a qualidade das análises e interpretações de peças e autores, porém o fato é que ela não contempla todos os aspectos necessários para que se escreva uma história do teatro brasileiro. Aliás, o próprio autor tinha consciência disso quando a escreveu, pois ao final do volume, em nota intitulada "Informações bibliográficas", afirma:

Ainda está por escrever-se uma História do Teatro Brasileiro. Somente quando se fizer um levantamento completo de textos se poderá realizar um estudo satisfatório de todos os aspectos da vida cênica – dramaturgia, evolução do espetáculo, relações com as demais artes e com a realidade social do país, existência do autor, do intérprete e dos outros componentes da montagem, presença da crítica e do público. Por enquanto, mesmo que seja imensa a boa vontade, se esbarrará em obstáculos intransponíveis. Talvez a tarefa não seja de um único pesquisador: exige busca paciente em arquivos e jornais, leitura dos alfarrábios e inéditos, a esperança de que se publiquem documentos inencontráveis. Todos fornecemos subsídios para a obra que – acreditemos – um dia virá a lume[7].

Com a lucidez de quem acompanhou e apoiou o nascimento e o fortalecimento do teatro moderno no Brasil, Magaldi sabia que seu *Panorama* não atendia ao que ele denomina no excerto acima "todos os aspectos da vida cênica". E pela relação desses aspectos, percebemos o quanto sua concepção de teatro é moderna. Além disso, há na citação uma constatação importante: a "vida cênica" tem tantos domínios que talvez já não seja possível que um único pesquisador consiga escrever uma história do teatro brasileiro realmente significativa. O leitor destas páginas pode deduzir de onde vem a inspiração para a presente história do teatro brasileiro.

Depois de Magaldi, em 1980, Walter Rela publica *Teatro Brasileño*, no Uruguai, e Mário Cacciaglia, na Itália, *Quattro secoli di teatro in Brasile* – edição brasileira em 1986: *Pequena História do Teatro no Brasil: Quatro Séculos de Teatro no*

---

6  *O Teatro no Brasil*, Rio de Janeiro: MEC/INL, 1960, v. 1, p. 70.

7  *Panorama do Teatro Brasileiro*, São Paulo: Difel, 1962, p. 271.

Brasil. Ambos os autores apresentam uma síntese da nossa história teatral, com base na bibliografia que existia à época em que se puseram a escrever. Nesse sentido, as obras não trazem acréscimos significativos ao que se conhecia antes, seja porque não nascem de novas pesquisas, seja porque não trazem análises e interpretações aprofundadas. O livro de Walter Rela me parece uma síntese mais feliz, uma vez que o autor preocupou-se em considerar tanto a dramaturgia como os aspectos cênicos de nossa vida teatral – pelo menos do período moderno –, com ênfase nos grupos, companhias e encenadores das décadas de 1940 a 1970. Já a obra de Cacciaglia é mais uma história da nossa dramaturgia, não do nosso teatro, prejudicada por muitos equívocos – nomes de autores, títulos e enredos de peças, datas etc. – e omissões. Ressaltem-se, todavia, os méritos do autor: ele comenta a obra de dramaturgos que estrearam nos anos de 1960/70 e elabora uma ótima bibliografia do teatro brasileiro.

Outra síntese bem cuidada e que se pode ler com interesse foi publicada em 1996, no volume 3 da prestigiosa *The Cambridge History of Latin American Literature*. O autor, Severino João Albuquerque, concentra em dois alentados capítulos a história do teatro brasileiro, desde Anchieta até as manifestações da década de 1980. Ainda que o foco central seja a evolução da literatura dramática, ganham destaque as realizações de grupos e encenadores do período moderno.

Há trabalhos importantes de historiografia teatral, mas que abordam períodos determinados, não se configurando como propostas de uma história do teatro brasileiro em sua totalidade. Refiro-me às seguintes obras: *40 Anos de Teatro*, de Mário Nunes; *O Drama Romântico Brasileiro*, *História Concisa do Teatro Brasileiro* (1570-1908) e *O Teatro Brasileiro Moderno* (1930-1980), de Décio de Almeida Prado; *O Teatro no Brasil* (quatro volumes dedicados ao teatro jesuítico, ao teatro da colônia e da regência, e ao teatro sob D. Pedro II), de Lothar Hessel e Georges Raeders; *Moderno Teatro Brasileiro*, de Gustavo Dória; *Teatro Brasileiro: Um Panorama do Século XX*, de Clóvis Levi; *História do Teatro Brasileiro: De Anchieta a Nelson Rodrigues*, de Edwaldo Cafezeiro e Carmen Gadelha (publicada em 1996, avança apenas até o início da década de 1940); *Cem Anos de Teatro em São Paulo*, de Sábato Magaldi e Maria Thereza Vargas; *Aspectos do Teatro Brasileiro*, de Paulo Roberto Correia de Oliveira (obra centrada nas realizações do século XX); *O Teatro Através da História: O Teatro Brasileiro*, de Carlinda Fragale Pate Nuñez (org.) e *Brasil: Palco e Paixão – Um Século de Teatro*, livro ricamente ilustrado que contém textos de Leonel Kaz, Bárbara Heliodora, Tania Brandão, Sábato Magaldi e Flávio Marinho.

Todas essas obras trazem contribuições críticas inestimáveis. Consultá-las é uma obrigação para quem queira ampliar pesquisas sobre a história do teatro brasileiro ou mesmo sobre um determinado dramaturgo ou ator, um ensaiador ou encenador, um período ou uma forma dramática.

Há que se somar a essa bibliografia os estudos críticos, de natureza historiográfica ou não, que foram realizados a partir de meados da década de 1970, no âmbito das universidades brasileiras. Como se sabe, com o surgimento dos cursos de pós-graduação em artes cênicas, e com a contribuição de pesquisadores das áreas de letras, história e sociologia, formou-se uma enorme fortuna crítica, oriunda das dezenas de dissertações de mestrado e teses de doutorado. Nos últimos dez ou vinte anos multiplicaram-se também as revistas acadêmicas dedicadas ao estudo das artes cênicas. A consequência disso tudo é que ampliamos muito o conhecimento sobre o nosso teatro, tanto o do passado como o do presente, tanto o feito no eixo Rio-São Paulo como o feito nas mais diversas regiões do país, o que nos dá condições de escrever uma nova história do teatro brasileiro, nos moldes daquela vislumbrada por Sábato Magaldi. Em outras palavras, é preciso incorporar à história do teatro brasileiro o conhecimento produzido no espaço universitário. É preciso agregar o que se encontra disperso.

Tal tarefa, evidentemente, não pode ser levada a cabo por uma única pessoa. Se em 1962 já parecia difícil a Magaldi, o que dizer cinco décadas depois? O fato é que, com a especialização crescente dos profissionais que atuam na universidade, há quem se dedique ao estudo da dramaturgia, da encenação, da arte do intérprete, de um determinado período, de um determinado gênero dramático, de aspectos do espetáculo, e assim por diante. Daí a ideia de se fazer uma nova história do teatro brasileiro com a colaboração de vários especialistas, somando as contribuições do passado com a volumosa produção crítica do presente.

Em relação à bibliografia citada acima, merecem destaque as obras de Décio de Almeida Prado, porque, justapostas a outras que escreveu, acabam abordando praticamente todas as épocas e a maior parte do nosso movimento teatral até o final dos anos de 1970. Infelizmente, ele não teve tempo de escrever uma história completa do teatro brasileiro. Entretanto, no livro *Teatro de Anchieta a Alencar*, de 1993, a primeira parte intitula-se significativamente "Para uma História do Teatro no Brasil". São cinco densos capítulos que abordam desde o teatro jesuítico até a obra de Gonçalves de Magalhães. Levando ao pé da letra que o autor destinava esses textos para uma futura história do teatro brasileiro, pareceu-me de bom alvitre aproveitar quatro deles aqui. Essa decisão deve ser entendida como uma forma de garantir a qualidade das investigações sobre o nosso período colonial e o advento do romantismo, e também como uma homenagem ao extraordinário homem de teatro que foi Décio de Almeida Prado.

Os demais capítulos estampados nos dois volumes desta obra foram encomendados a mais de quarenta especialistas, a maioria formada nos cursos de pós-graduação e atuando no ensino em várias universidades brasileiras. Esse perfil dos colaboradores dá uma dimensão nova a esta história do teatro brasileiro: é a primeira em nosso país escrita com base no espírito universitário de pesquisa. Daí a abrangência, a riqueza de informações, o domínio da bibliografia, a verticalidade das análises e interpretações de peças teatrais, espetáculos, fatos artísticos, ideias, formas dramáticas, bem como do trabalho de atores e atrizes, encenadores, grupos e companhias etc.

A divisão em dois volumes obedeceu a critérios cronológicos e artísticos. O primeiro volume dá conta do nosso teatro desde Anchieta até meados do século XX. Como se sabe, em grande medida muitas das práticas teatrais do século XIX tiveram continuidade no Brasil até a década de 1950: manutenção do ponto, companhia dramática apoiada no grande astro, repertório de peças convencionais, espetáculos montados por um ensaiador – função mais técnica do que artística. A partir de 1922, a insatisfação com o "velho teatro" já aparece entre os escritores modernistas – por exemplo, na crítica teatral de Antônio de Alcântara Machado, e em seguida nas peças teatrais de Oswald de Andrade – e nos trabalhos pioneiros de Renato Vianna, Álvaro Moreyra e Flávio de Carvalho. Durante mais de três décadas nossa vida cênica se exprime em duas vertentes que correm paralelas, até que nos anos de 1950 o teatro moderno se impõe. O segundo volume aborda esse processo histórico, em suas múltiplas manifestações, voltando ao movimento modernista de 1922 e seguindo até a contemporaneidade.

O primeiro desafio que uma obra coletiva dessa dimensão coloca diante de seu organizador diz respeito à harmonia e unidade do conjunto. Depois de receber a primeira redação dos capítulos, trabalhei junto aos colaboradores, dando sugestões de cortes e acréscimos, discutindo conceitos e opiniões críticas, aceitando as divergências, sempre aberto ao diálogo para alcançar o melhor resultado possível. Devo dizer que foi uma experiência enriquecedora e que, graças ao empenho de todos, o leitor tem diante dos olhos não uma antologia de ensaios, mas uma verdadeira história do teatro brasileiro, isto é, uma obra à qual não faltam unidade e organicidade. Ainda que seja inevitável, com tantos colaboradores, haver algum choque de opiniões, uma ou outra informação que se repete, e mesmo alguma eventual nota dissonante entre um capítulo e outro, não creio que fique prejudicada a visão de conjunto de nossa história teatral.

Agradeço, pois, a todos os envolvidos nesta empreitada. E agradeço especialmente ao editor e amigo J. Guinsburg a confiança depositada em mim para levar adiante esta obra, bem como as sugestões para a inclusão de alguns capítulos sobre as práticas teatrais modernas e contemporâneas. O seu interesse, ao longo do trabalho, foi tão grande que acabou envolvido na redação de um capítulo. Como esta história do teatro brasileiro vem a lume devido à sua persistência e amor pelo teatro, ela lhe pertence. Dedico-a a ele, como prova de amizade e admiração.

*João Roberto Faria*

# I.
# As Raízes do Teatro Brasileiro

## 1. O TEATRO JESUÍTICO

> *Com música e harmonia eu me atrevo a trazer a mim todos os indígenas da América.*
>
> Padre Manuel da Nóbrega

O teatro chegou ao Brasil tão cedo ou tão tarde quanto se desejar. Se por teatro entendermos espetáculos amadores isolados, de fins religiosos ou comemorativos, o seu aparecimento coincide com a formação da própria nacionalidade, tendo surgido com a catequese das tribos indígenas feita pelos missionários da recém-fundada Companhia de Jesus. Se, no entanto, para conferir ao conceito a sua plena expressão, exigirmos que haja uma certa continuidade de palco, com escritores, atores e público relativamente estáveis, então o teatro só terá nascido alguns anos após a Independência, na terceira década do século XIX.

Entre os projetos que os jesuítas traziam de Portugal, ao criar a Província do Brasil em 1552, logo estaria o de realizar representações escolares que, reafirmando o ponto de vista católico contra os protestantes, na linha da Contrarreforma, dessem ainda aos alunos de seus colégios a oportunidade de praticar o latim, a exemplo do que se fazia na Europa. A precariedade cultural do Brasil, todavia, nesses bravios tempos de colonização em que os próprios idiomas europeus podiam figurar como estrangeiros, levou os responsáveis pela Companhia a transigir, admitindo em seus espetáculos, ao lado do português e do espanhol, até mesmo o tupi, ou língua geral, a única capaz de atrair aquela porção do público, a indígena, que mais interessava aos jesuítas conquistar.

Se já em 1557 o padre Manuel da Nóbrega, o primeiro provincial do Brasil, escreve um diálogo sobre a *Conversão do Gentio*, o teatro propriamente dito vai expandir-se sobretudo a partir de 1567 (data aproximada), quando o padre José de Anchieta, por sugestão de Nóbrega, faz representar em São Paulo de Piratininga uma peça intitulada (por motivos que só podemos conjeturar) *Pregação Universal*, da qual não sobrevivem mais do que duas estrofes. Entre esse modesto início e o final do século, alguns historiadores, valendo-se de referências passageiras, chegam a enumerar 25 espetáculos, incluindo-se neles peças e simples diálogos, montados pelos jesuítas[1]. Número certamente significativo, mas que devemos dispersar não só por algumas décadas como por meia dúzia de postos avançados da civilização cristã. A Companhia de Jesus mantinha "escolas de ler e escrever" ou colégios de humanidades em Pernambuco, Bahia, Espírito Santo, Rio de Janeiro, São Vicente e São Paulo ("sertão e cabo do mundo", no dizer do padre Fernão Cardim[2], porque era a única

---

1 Cf. Lothar Hessel; Georges Raeders, *O Teatro Jesuítico,* Porto Alegre: UFRGS, 1972, p. 19.
2 *Tratados da Terra e Gente do Brasil*, 2. ed., São Paulo: Companhia Editora Nacional, 1939, p. 313.

vila afastada da orla atlântica). Todo esse pequeno acervo dramático estaria provavelmente perdido não fossem certas circunstâncias bastante especiais, como veremos, terem conservado oito textos, todos eles, de resto, atribuídos a um único autor, José de Anchieta (1534-1597).

Porém, antes de analisar tais peças, convém, para melhor compreendê-las, delinear, ainda que um tanto obliquamente, as condições em que elas puderam germinar, até chegar ao palco, ou a algo semelhante. Sobre esse ponto contamos afortunadamente com um testemunho idôneo e explícito: a carta que o padre Cardim endereçou a Lisboa em 1585, relatando a viagem de inspeção que vinha fazendo havia já dois anos na Província do Brasil, na qualidade de secretário do padre visitador Cristóvão Gouveia. Por onde passava a ilustre comitiva, que tinha caráter quase oficial, era recebida num ambiente de grande festividade, com muita comedoria, muita música vocal e instrumental (dentro dos limites da colônia) e também com algum teatro. Fora, claro está, as cerimônias religiosas, organizadas, geralmente, em torno das preciosas relíquias – uma cabeça das Onze Mil Virgens, um braço de São Sebastião – que a Companhia enviara à colônia, para reforço da fé e prova de consideração. Impressiona, no relato espontâneo de Cardim, o grau de interpenetração existente entre arte e religião, bem como o ambiente de confraternização estabelecido por tais festas entre a cultura europeia e a cultura indígena, quando se tratava, bem entendido, de tribos já cristianizadas e amigas dos jesuítas.

Eis uma amostra da recepção oferecida pela cidade da Bahia, em que os protagonistas, segundo tudo indica, eram portugueses ou filhos de portugueses:

Trouxe o padre uma cabeça das Onze Mil Virgens, com outras relíquias engastadas em um meio corpo de prata, peça rica e bem-acabada. A cidade e os estudantes lhe fizeram um grave e alegre recebimento: trouxeram as santas relíquias da Sé ao Colégio em procissão solene, com frautas, boa música de vozes e danças. A Sé, que era um estudante ricamente vestido, lhe fez uma fala do contentamento que tivera com sua vinda; a Cidade lhe entregou as chaves; as outras duas virgens, cujas cabeças já cá tinham, a receberam à porta de nossa Igreja; alguns anjos as acompanharam, porque tudo foi a modo de diálogo. Toda a festa causou grande alegria no povo, que concorreu quase todo[3].

Agora, em contraposição, três exemplos de manifestações indígenas, ocorridas em ocasiões diversas, que transcreveremos longamente, em sequência, quase sem cortes, para não prejudicar o pitoresco – "a cor local" dos românticos – de quadros tão graciosamente pintados, que servem para nos restituir o passado em toda a sua espessura material e espiritual:

Chegamos à aldeia à tarde; antes dela, um bom quarto de légua, começaram as festas que os índios tinham aparelhadas, as quais fizeram em uma rua de altíssimos e frescos arvoredos, dos quais saíam uns cantando e tangendo a seu modo, outros em ciladas saíam com grande grita e urros, que nos atroavam e faziam estremecer. Os cunumis, *scilicet* meninos, com muitos molhos de frechas levantadas para cima, faziam o seu motim de guerra e davam a sua grita, e pintados de várias cores, nuzinhos, vinham com as mãos levantadas receber a bênção do padre, dizendo em português, "louvado seja Cristo". Outros saíram com uma dança d'escudos à portuguesa, fazendo muitos trocados e dançando ao som da viola, pandeiro e tamborim e frauta, e juntamente representavam um breve diálogo, cantando algumas cantigas pastoris. Tudo causava devoção debaixo de tais bosques, em terras estranhas, e muito mais por não se esperarem tais festas de gente tão bárbara. Nem faltou um Anhangá, *scilicet* diabo, que saiu do mato: este era o índio Ambrósio Pires, que a Lisboa foi com o padre Rodrigo de Freitas. A esta figura fazem os índios muita festa por causa de sua formosura, gatimanhos e trejeitos que faz: em todas as suas festas metem algum diabo, para ser deles bem celebrada. [...]

Debaixo da ramada se representou pelos índios um diálogo pastoril, em língua brasílica, portuguesa e castelhana, e têm eles muita graça em falar línguas peregrinas, máxime a castelhana. Houve boa música de vozes, frautas, danças, e dali em procissão fomos até a igreja, com várias invenções. [...]

Véspera da Conceição da Senhora, por ser orago da aldeia mais principal, foi o padre visitante fazer-lhe a Festa. Os índios também lhe fizeram a sua: porque duas léguas da aldeia em um rio muito largo e formoso (por ser o caminho por água) vieram alguns índios *morubixába*, *scilicet* principais, com muitos outros em vinte canoas bem equipadas, e

[3] Idem, p. 254.

• *As Raízes do Teatro Brasileiro*

Padre José de Anchieta – Tela que se encontra em Tenerife, terra natal do escritor jesuíta.

algumas pintadas, enramadas e embandeiradas, com seus tambores, pífaros e frautas, providos de mui formosos arcos e frechas mui galantes; e faziam a modo de guerra naval muitas ciladas em o rio, arrebentando poucos e poucos com grande grita, e perpassando pela canoa do padre lhe davam o *Ereiupe*, fingindo que o cercavam e o cativavam. Neste tempo um menino, perpassando em uma canoa pelo padre visitador, lhe disse em sua língua: *Pay, marápe guarinîme nanda popeçoari?, scilicet*, em tempo de guerra e cerco como estás desarmado? e meteu-lhe um arco e frechas na mão. O padre assim armado, e eles dando seus alaridos e urros, tocando seus tambores, frautas e pífaros, levaram o padre até a aldeia, com algumas danças que tinham prestes. [...] Acabada a missa houve procissão solene pela aldeia, com danças dos índios a seu modo e à portuguesa; e alguns mancebos honrados também festejaram o dia dançando na procissão, e representaram um breve diálogo e devoto sobre cada palavra da Ave-Maria, e esta obra dizem compôs o padre Álvaro Lobo e até ao Brasil chegam suas obras e caridades[4].

Temos aí, esboçados por Fernão Cardim, alguns dos princípios fundamentais da encenação – e, portanto, da dramaturgia – jesuítica: o teatro concebido como parte de uma festa maior, que nem por ser religiosa deixa de ter lados francamente profanos e divertidos; o constante deslocamento no espaço (observável também nas festividades indígenas), como suporte de diálogos ocasionais, não necessariamente ligados entre si, que faziam a procissão estacionar por minutos; as figuras simbólicas, quando não sacras (a Sé, a Cidade, o Anjo); o cenário quase sempre natural; os papéis interpretados por alunos de vários níveis, sem exclusão dos indígenas; o diabo visto como fonte de comicidade, à maneira indígena (e portuguesa, se lembrarmos de Gil Vicente); a comunicação de natureza sensorial, proporcionada pela música e pela dança, com os instrumentos indígenas de sopro e percussão sendo equiparados aos correspondentes europeus (frauta, tambor); e, antes e acima de tudo, o aspecto lúdico do teatro, entendido como jogo, brincadeira, porta imaginária através da qual entravam com enorme entusiasmo os índios, simulando ciladas, declarações de guerra, combates navais. Sem esquecer esse curioso Ambrósio Pires, levado a Lisboa, especialista no desempenho de Anhangás, em quem devemos saudar o primeiro ator brasileiro a merecer as honras de uma citação nominal. Que cômico moderno não se reconhecerá em seus "gatimanhos e trejeitos"?

Mas ainda não nos despedimos de Fernão Cardim, guia admirável nessas terras ainda mal conhecidas e nesses territórios artísticos pouco explorados. Será dele mais uma citação, que nos transportará de tais formas escassamente teatrais, ou parateatrais, a uma cena genuína de teatro, ainda que engastada, como de hábito, num contexto festivo mais vasto. Estamos no Rio de Janeiro, comemorando a chegada de uma relíquia de São Sebastião, padroeiro da cidade. Já se realizou no mar uma "escaramuça naval", réplica longínqua das naumaquias romanas, a que não faltaram nem "grita" por parte dos índios, nem "arcabuzaria" e "artilharia grossa" por parte dos portugueses. A inevitável procissão termina em frente à Santa Casa: "estava um teatro (no sentido de palco, tablado, acreditamos) à porta da Misericórdia com uma tolda de uma vela, e a santa relíquia se pôs sobre um rico altar enquanto se representou um devoto diálogo do martírio do santo, com choros e várias figuras muito ricamente vestidas; e foi asseteado um moço atado a um pau: causou este espetáculo muitas lágrimas de devoção e alegria a toda a cidade por representar ao vivo o martírio do santo, nem faltou mulher que não viesse à festa" (alusão provavelmente ao fato de a presença feminina não ser bem acolhida pelos jesuítas, nem sequer entre o público). Seguem-se um sermão, um desfile público para beijar a relíquia, rematando-se a festa com um final alegre: "era para ver uma dança de meninos índios, o mais velho seria de oito anos, todos nuzinhos, pintados de certas cores aprazíveis, com seus cascavéis nos pés, e braços, pernas, cintas e cabeças com várias invenções de diademas de penas, colares e braceletes"[5].

A coerência e a homogeneidade não constituíam, como se percebe, traços distintivos dos espetáculos jesuíticos, se é que desse modo os podemos considerar. Começava-se ao mar, com o simulacro de uma batalha naval, transpunha-se, já em terra, o

[4] Idem, p. 258, 268, 299-300. *Cunumi* é uma variante de *Curumi*, forma mais conhecida modernamente. *Ereiupe* era a saudação habitual entre os índios. Quanto ao "diálogo" do padre Álvaro Lobo, trata-se de obra portuguesa, fato ao que parece não comum nas representações jesuíticas brasileiras.

[5] Idem, p. 305-306.

martírio do santo, a homenagem às suas relíquias, o sermão do dia e chegava-se, como fecho que modernamente chamaríamos de *divertissement*, à ingênua exibição coreográfica dos indiozinhos nus. Tudo encadeado, impulsionado pelo ritmo da procissão, ora estático, ora dinâmico, com o público na dupla condição de participante e espectador.

Passando-se às peças de Anchieta, o tom muda, torna-se mais severo.

Não que as cartas de Cardim não contenham informações ameaçadoras, alusivas a males presentes ou futuros. Assim, a referência ao mar litorâneo, "infestado de franceses e ingleses", corsários que um dia, sob a capa das guerras de religião, aprisionarão o próprio Cardim, só o libertando, após demorado cativeiro, mediante pagamento de resgate. Assim, o perigo constante representado pelo assédio dos guaimorés (aimorés na versão moderna), aliados dos franceses, no ataque desfechado poucos anos antes ao Rio de Janeiro. Assim, a constatação, sem comentários, de que "os portugueses têm muita escravaria destes índios cristãos", levantando a suspeita de que a conversão frequentemente não era um bom negócio para o índio. E assim, para terminar este leve esboço das dificuldades enfrentadas pelos jesuítas, a dúvida que parece insinuar-se no espírito do nosso missivista com relação à possibilidade de obter-se uma verdadeira modificação na alma e nos costumes dos indígenas, quando ele, após entremear elogios e descrições objetivas, deixa escapar um suspiro de desalento: "Enfim, por milagre tenho o domar-se gente tão fera"[6].

Tais obstáculos e preocupações perpassam pelo teatro de Anchieta, em primeiro ou em segundo plano. A diferença entre os dois escritores não é essa, portanto. Onde Cardim opta pelo otimismo, por essa afabilidade de pensamento e de escrita que é a constante de suas cartas, Anchieta, nas peças, apresenta-se impregnado pela vertente pessimista do cristianismo – a do pecado original, do homem enquanto lodo –, embora sem omitir, nem poderia fazê-lo, a redenção tornada possível pelo sacrifício de Jesus. É difícil dizer se se trata de uma marca pessoal, de um certo ceticismo gerado por três décadas de sofrida experiência missionária ou se tudo não passa de recursos retóricos (o que não significa insinceros), próprios de textos que, devendo funcionar como sermões dramáticos, não aceitavam qualquer desfalecimento da vontade perante o Mal. A condenação impiedosa do pecador, a presença do castigo eterno pairando sobre a cabeça de todos, e não apenas dos infiéis, talvez fosse uma das regras do gênero, se não a sua regra básica.

Duas peças avultam, até pela extensão, como tem sido acentuado, na produção de Anchieta: *Na Festa de São Lourenço* (1.493 versos) e *Na Vila de Vitória* (1.674 versos). Tentar datá-las sem margem de erro seria exercício de imaginação, alicerçado sobre dados indiretos e rarefeitos. Mas parece certo que ambas foram redigidas entre 1583 e 1586, quando o escritor andava por volta dos cinquenta anos, no mesmo decênio e provavelmente nos mesmos anos em que Fernão Cardim percorria a Província do Brasil.

Em conjunto, as duas interessam muito ao crítico, menos enquanto teatro, mais pela luz que lançam sobre a mente missionária – e nossa intenção é conhecê-la, não julgá-la. Maria de Lourdes de Paula Martins, que as editou, primeiro separadamente, depois reunindo-as às demais peças e poesias de Anchieta, traduzindo pela primeira vez de forma sistemática os trechos em tupi, salientou as semelhanças que as unem, achando que as variações existentes entre elas "indicam, na realidade, mudança de público, apenas"[7]. Ela não o diz, mas a inferência é óbvia: a primeira, mesclando tupi, português e castelhano, dirigir-se-ia de preferência aos índios; a segunda, na qual o tupi não comparece, ao público de origem europeia.

*Na Festa de São Lourenço* congrega um elenco de personagens tão disparatadas, tão dilatadas no espaço e no tempo, quanto se possa desejar. Desfilam em cena, nos papéis principais, Guaixará e Aimberê, conhecidos chefes tamoios, que haviam lutado em 1566-1567 ao lado dos franceses, contra portugueses e jesuítas, entre os quais se encontravam, correndo risco de vida, Nóbrega e Anchieta; Décio e Valeriano, imperadores romanos dos primeiros séculos; São Sebastião e São Lourenço,

---

6 Idem, p. 320, 261, 302, 271.

7 *Na Vila de Vitória e Na Visitação de Santa Isabel. Peças em castelhano e português do século XVI*, São Paulo: Museu Paulista, *Boletim III*, 1950, p. 128 (transcritas e comentadas por Maria de L. de Paula Martins).

mártires cristãos desse período, um morto a flechadas, o outro "assado na grelha" (práticas, seja dito de passagem, que não deviam surpreender nem chocar o público indígena); um Anjo; o Temor e o Amor de Deus, figuras simbólicas (como todas de certo modo o são), inseparáveis porque complementares. À volta deles estende-se uma rede de referências ainda mais ampla, colhendo desde César, Pompeu e Nero, até Esculápio, Plutão e Júpiter.

Esse verdadeiro caos histórico, ou a-histórico, vai do infinitamente grande ao infinitamente pequeno, do divino ao humano, do material ao imaterial, do passado remoto ao presente imediato, do local ao universal, formando um bloco cultural complexo a que unicamente os padres da Companhia de Jesus (e talvez nem todos) estavam em condições de ter acesso. Mas o caos organiza-se, adquire sentido, torna-se compreensível mesmo a cérebros jejunos de teologia e Antiguidade Clássica, se, ignorando as épocas e passando por cima das individualidades, separarmos as personagens, como faz idealmente a peça, em apenas dois grandes e bem caracterizados grupos: os amigos e os inimigos da Igreja Católica.

De um lado, no centro do conflito, São Sebastião, padroeiro do Rio de Janeiro, e São Lourenço, padroeiro da aldeia homônima, vizinha da atual Niterói, onde a peça foi representada. Do outro, Guaixará e Aimberê, velhos inimigos dos jesuítas, promovidos agora, por suas últimas façanhas, a demônios graduados, tendo por auxiliares uma série de diabos menores, de nomes arrevezados a ouvidos europeus: Saravaia, Tataurana, Urubu, Jaguaruçu, Caborê. Em plano dramático inferior, com menos participação, os dois imperadores romanos, chamados às falas por crimes cometidos nos albores do cristianismo.

A unidade dramática é das mais precárias, porém a de ordem pessoal adivinha-se qual seja. O tema "São Lourenço", com as suas duas conotações, a geográfica e a histórica, a da vila e a do santo, chamou por contiguidade, por associação de ideias, todos os nomes que lhe eram correlatos no pensamento e na vivência de Anchieta, não importando se por fatos ocorridos há vinte ou há muitas centenas de anos. A peça, como todo bom ajuste de contas, não quer outra coisa senão reviver no presente, em tom triunfalista, batalhas ganhas ou perdidas no passado pela Igreja.

A moral em vigência é a do *Velho Testamento*: olho por olho, dente por dente. Não morreu assado na grelha São Lourenço? Pois então que sofram igual pena os seus algozes, conforme constatam tardiamente Valeriano e Décio:

> Porque Lorenzo cristiano
> asado nos asará.

Quanto ao sangrador de São Sebastião, já se sabe que castigo o espera:

> Dias ha que esta sangría
> se guardaba para vos
> que sangrabais noche y día
> con obstinada porfía
> a los mártires de Dios.

A luta não se trava exclusivamente em sentido figurado. A imagem que passa, e se desejava passar, é a de um combate que começa a ser decidido na terra, a golpes de "bofetonazos" e "tizonazos", quando não de lances ainda mais inequivocamente marciais. É assim que Saravaia conta a derrota de Décio:

> Pensaba dar, de revés,
> espantables cuchillazos,
> mas en fin, nuestros balazos
> dieran con él al través,
> con muy pocos cañonazos[8].

Nesse belicoso final do século XVI, quando os jesuítas brasileiros, acossados de tempos em tempos por tribos rebeldes, sofriam ainda na carne a repercussão das guerras europeias, tornava-se necessário provar, pelos resultados, que a causa da Igreja era não só a única santa como a mais forte, tendo, em postos de comando, soldados da intrepidez de um São Sebastião, que muitos portugueses juravam ter visto brigando ao lado deles no cerco do Rio de

---

8  *Poesias: Manuscrito do Século XVI, em Português, Castelhano, Latim e Tupi*. São Paulo: Museu Paulista, *Documentação Linguística* 4, 1954, p. 724, 727, 728 (transcrição, tradução e notas de M. de L. de Paula Martins). As citações das peças de Anchieta serão todas deste volume, dispensando-se a numeração das páginas para não sobrecarregar a leitura. Os trechos em tupi foram vertidos pela tradutora em prosa, mantendo-se, contudo, quanto à disposição das linhas, o formato do verso.

Janeiro. Até os anjos, por espirituais que fossem, desciam à arena, na medida em que os demônios igualmente assumiam feições humanas. Ninguém, na verdade, sabia dizer onde terminava a terra e onde principiava o Céu – ou o Inferno.

A ação dramática, definida como o caminhar constante (por mais voltas que dê) para um fim predeterminado, apresenta-se tão descentralizada, tão privada de um eixo único, quanto o tempo e o espaço. A peça compõe-se de partes, que não chamaríamos de atos, embora o texto o faça por uma vez, porque não têm o sentido que a dramaturgia clássica lhes conferiu, de unidades de extensão relativamente idênticas, com certa autonomia própria, porém fortemente ligadas entre si e subordinadas ao todo.

Na primeira cena do manuscrito, aliás sem título[9], por ter desaparecido a página inicial, Guaixará e Aimberê preparam-se para atacar a vila de São Lourenço. Em seu diálogo, todo ele em língua tupi, alternam-se o medo (Aimberê: "Tenho medo, todos os meus músculos tremem, estão ficando duros") e a fanfarronice (Guaixará: "Recrudesça a minha insolência antiga!"), os dois um tanto ridículos, pela covardia ou pela pretensão, na tradição dos diabos cômicos apreciados pelos indígenas, segundo Cardim. O episódio termina com a prisão dos demônios, executada pelo Anjo (Anjo custódio da cidade, semelhante ao Anjo da guarda das pessoas), ajudado por São Lourenço e por São Sebastião. Não há atrito entre os litigantes, resistência efetiva por parte dos diabos – e talvez nem pudesse haver, dada a disparidade de força entre Deus e Lúcifer (pronunciado Lucifér por Anchieta). O papel do Mal era o de ser esmagado pelo Bem, uma vez encerrada a fase dos desafios e bravatas.

Há uma curiosa inversão a partir desse primeiro desfecho: os dois chefes indígenas, que já expressavam em uma ou outra frase a posição da Igreja (Guaixará: "a taba inteira é pecadora"), como se tivessem consciência de que estavam moral e religiosamente errados, mudam de campo, passando a funcionar como servos submissos do Anjo. Serão eles, com efeito, que enfrentarão o novo par anticristão surgido em cena, Décio e Valeriano,

crivando-os de ironias, de "amargosos chistes" (é Décio quem se queixa), a exemplo deste, lançado por Aimberê, falando ao mesmo tempo como cidadão do Inferno e representante do Céu:

> Pues me honraste,
> y siempre me contentaste
> ofendiendo a Dios eterno,
> es justo que en el infierno,
> palacio que tanto amaste,
> no sintas mal el invierno.

Essa estranha delegação de poderes permite manter-se a nota cômica, além de ensejar que a punição, a morte pelo fogo, seja realizada com requintes de crueldade mental que não ficariam bem em anjos e santos. Que o Mal seja punido pelo Mal, deixando o Bem com as mãos limpas – e o poder decisório.

Observe-se que Lúcifer enquanto complemento da justiça divina não é conceito alheio ao universo cristão. Despojada do Inferno, ficaria a Igreja sem a possibilidade de punir o pecado. Mas um autor hábil, de clara vocação teatral, não teria dificuldade, como não teve Gil Vicente na trilogia das Barcas, em separar as atribuições do Anjo e as do Diabo, tornando-os figuras complementares exatamente por nunca transgredirem as fronteiras dos respectivos territórios.

Solucionado este segundo conflito, que fecha o que com alguma boa vontade chamaríamos de enredo, abre-se o caminho para uma terceira e uma quarta partes, já não dramática, no sentido de não comportarem opositor. O Anjo faz tranquilamente a sua prédica e o Temor e o Amor de Deus desenvolvem as suas falas, a primeira bem mais longa que a segunda, sob a forma poeticamente consagrada de mote (chamado tema) e glosa. Encerra o espetáculo, à maneira descrita por Cardim, uma dança e canto de meninos índios (talvez nuzinhos) celebrando o Senhor.

Já deve ter ficado claro, a esta altura, que a coerência formal, ao contrário da religiosa, nunca esteve entre as cogitações do autor de *Na Festa de São Lourenço*. Não admira, pois, que numa cena notável pela quebra da verossimilhança, Valeriano se ponha a falar tupi ("Aujé, xe juká jepé"), enquanto Aimberê

---

9 O título *Na Festa de São Lourenço* foi dado pela tradutora por analogia com os de outras peças de Anchieta.

recebe dos imperadores romanos, com o uso do espanhol, toda a sua carga de erudição clássica, mencionando, por exemplo, a "agua del Flagetón".

Não se pense, todavia, que esse surpreendente intercâmbio de idiomas seja involuntário ou produto de desatenção. Aimberê chega mesmo a justificá-lo:

> Quiero hacerme castellano
> y usar de policía
> con Decio y Valeriano
> porque el español ufano
> siempre guarda cortesía.

E quando Valeriano, pagando na mesma moeda, prorrompe a discursar em tupi, o chefe tamoio indaga, malicioso, humoristicamente:

> Vinisteis del Paraguay
> que habláis en carijó?

Buscava-se, como se percebe, um efeito cômico acessível ao público, ainda que à custa da lógica e das regras habituais da dramaturgia. Importava o "recado" (é a palavra empregada a respeito dos sermões do Temor e do Amor de Deus) religioso, não a estruturação e o acabamento artístico.

Mas qual seria esse "recado", em relação à área indígena, a mais especificamente visada? Os jesuítas tinham em mira dois fins precisos: substituir uma religião (ou mitologia) por outra e um código moral por outro. Quanto ao primeiro ponto, não enfrentavam obstáculos maiores. Na galeria de seres sobrenaturais oferecida pelo politeísmo tupi, segundo a interpretação da época, Anhangá ajustava-se ao papel de Satanás, enquanto Tupã, deus do trovão, assumia a posição de Deus único e todo-poderoso, figura desconhecida entre os índios. As soluções verbais, pelo menos, estavam dadas.

Já quanto aos costumes, terreno ambíguo, em que a moral se emaranha com o social, as dificuldades revelavam-se maiores. De que modo, por exemplo, passar repentinamente de um sistema sexual relativamente livre para outro, construído sobre séculos de ascetismo, de repressão aos impulsos da carne? Ou, então, como incutir a ideia de que assar e comer os prisioneiros de guerra, em vez de constituir-se numa cerimônia honrosa para ambas as partes, seria um crime horrível contra a humanidade? A passagem para o cristianismo, na prática, não se mostrava exequível senão abandonando todo o complexo modo de viver nativo. Não sejam índios, sejam europeus – pregava a Igreja. E acrescentava: se com isso perderem o reino da terra – da sua terra –, ganharão o reino do Céu.

Essa incômoda questão, até hoje não resolvida, da permuta dos "velhos maus hábitos" (a expressão é da peça) americanos pelos novos bons hábitos europeus, percorre *Na Festa de São Lourenço* como um fio subterrâneo que reponta por vezes à luz do dia com surpreendente clareza.

Guaixará já a formula em sua primeira intervenção cênica, rebelando-se contra a intrusão dos "tais padres":

> Molestam-me os virtuosos,
> irritando-me muitíssimo
> os seus novos hábitos.
> Quem os terá trazido
> Para prejudicar a minha terra?

Mais adiante, reitera a mesma perspectiva nativista:

> As suas próprias coisas a gente
> Ama sinceramente.

E ao invocar os costumes ameaçados, entre muitos que a ótica cristã condena – beber, matar, amancebar-se, ser desonesto, adúltero –, enumera outros de natureza meramente social:

> É bom dançar,
> adornar-se, tingir-se de vermelho,
> empenar o corpo, pintar as pernas,
> fazer-se negro, fumar [...]

Admiramos a equanimidade com que a causa indígena está sendo colocada, até lembrarmos que Guaixará encarna na peça "o rei" dos diabos, "o diabão assado" (como ele mesmo se qualifica). As suas falas espelham, portanto, as razões do Mal, o que pretendem é a perpetuação do pecado.

A conversão ao cristianismo, para não permanecer na superfície, tinha de mexer com toda a sociedade indígena. Os jesuítas, tendo ou não consciência disso, valendo-se da fé ou da má-fé, raciocinavam aqui menos enquanto homens de religião do que enquanto europeus convencidos de sua esmagadora superioridade, seja em armas materiais, seja em armas intelectuais. Entre a América neolítica e a Europa do décimo sexto século da Era Cristã não se achava com facilidade – e continua não se achando – o ponto ideal de convergência.

*Na Vila de Vitória* amplia o foco cênico e ideológico, abrangendo portugueses e espanhóis, além dos índios. Pouco antes, em 1580, o trono de Portugal, havendo ficado vacante, coubera em herança a Filipe II, rei da Espanha. Segundo se depreende da peça e de certos indícios históricos, a transmissão de poder entre os dois países não se efetuara na pequena cidade do Espírito Santo sem despertar alguma ebulição. O texto aproveita a oportunidade para dar em breves palavras uma lição tanto quanto possível completa sobre a organização do Estado e as relações entre governantes e governados.

Duas figuras alegóricas defrontam-se em cena: o Governo, ou "o bom governo", como a seguir se define, e a Vila de Vitória. Esta explica por que, sendo portuguesa, utiliza-se do espanhol:

> Porque quiero dar su gloria
> a Filipe, mi señor,
>
> yo soy suya, sin porfía,
> y él es mi rey de verdad
> a quien la suma bondad
> quiere dar la monarquía
> de toda la cristiandad.

Era fechar o debate político antes mesmo de abri-lo. Restava não justificar a obediência ao novo rei, que tal tipo de obediência dispensa justificativas, mas tirar dela todas as consequências. O que se faz quase automaticamente, já que do poder do rei decorre, como a conclusão das premissas, a legitimidade dos atos de quem o representa:

> Quien quiera a su rey honrar
> debe en todo obedecer
> al que rige en su lugar.

Palavras sábias da Vila de Vitória, que o governo, falando português, não pode senão apoiar, invocando inclusive o poder divino, modelo do terrestre:

> Quem o contrário disser
> é digno de pena eterna,
> pois Jesus nos manda ser
> sujeitos, e obedecer
> como a Deus, a quem governa.

Essa é a "lei natural", que assegura "o bom regimento" das coisas públicas, como é também o que "ensina a Igreja Romana".

A forma hierárquica, princípio organizador do universo, desce do céu à terra, de Jesus, "o sumo rei", ao monarca, e deste a seus múltiplos representantes. Aos simples súditos não resta senão submeter-se. Que ninguém, sobretudo, tente exorbitar da posição que lhe coube em partilha, querendo subir mais que de direito. O assunto está explanado com tanto detalhe, delineia um quadro social tão completo, que merece transcrição integral:

> Toda humana criatura
> guarde as regras de seu estado
> – o religioso encerrado,
> o sacerdote e o cura,
> o solteirão e o casado,
>
> o juiz, o v'reador
> Ouvidor e capitão
> o meirinho e escrivão
> o escravo e o senhor,
> o fidalgo e o peão.
>
> Porque estas são leis humanas
> que dependem da divina.

Tal visão da sociedade contém em germe o argumento por excelência do conservadorismo. Poderíamos resumi-lo assim: tudo o que existe tem alguma razão para ser como é; logo, não pode (e, por extensão, não deve) ser modificado. Dentro de um universo historicamente estático, não existindo possibilidade de mudança, não há propriamente justiça ou injustiça social. A ordem reinante, identificando-se com a ordem natural, é igualmente a ordem ideal.

Não é fácil concordar hoje com Anchieta. Mas é não só possível como necessário alegar em sua defesa duas circunstâncias atenuantes. Pelo ângulo teológico, o imobilismo social apoiava-se sobre a ideia de que a obra de Deus, sendo produto de um só jato criador, saiu já pronta e acabada, pelo menos em suas linhas mestras, das mãos do Senhor. Pelo ângulo histórico, não há como negar que a Espanha de Filipe II, naquele momento em que a Inglaterra desligava-se do Vaticano e a França debatia-se entre o catolicismo e o protestantismo, era a única potência capaz de oferecer à Contrarreforma o indispensável respaldo político. Tempo de guerra é tempo de cerrar fileiras em torno do chefe mais poderoso. A própria peça, a outro propósito, reafirma tal convicção:

> Bem o sabeis vós que nas guerras
> bem mais vai o sapiente
> que grande corpo de gente,
> que quem vence e ganha terras
> é um capitão prudente.

Ora, o capitão prudente (no sentido de sábio, ponderado) só podia ser, em fins do século XVI, Filipe II. A peça enxergava nele, conforme vimos, a pessoa destinada por Deus ("la suma bondad") a ser o monarca de "toda la cristiandad". Para compreender o zelo castelhano de Anchieta não é preciso recordar que tanto ele, nascido nas Ilhas Canárias, quanto a Companhia de Jesus deitavam raízes em terras hispânicas. A lição da peça não fazia mais que repetir a de Santo Inácio de Loyola, que exigia de seus comandados espirituais um senso de disciplina já quase militar. A perspectiva política e o empenho guerreiro, para a Contrarreforma, constituíam a outra face da religião.

Militar e "muy guerrero", com efeito, não por simples coincidência, é São Maurício, chamado a proteger a Vila de Vitória, em sua condição de padroeiro da cidade. Quem a quer tomar, como sempre, são as hostes diabólicas, desta vez representadas por Satanás, que jura por Maomé, Lutero e Calvino, juntando no mesmo saco demoníaco muçulmanos e protestantes, e Lúcifer, ele mesmo, em pessoa, o diabo-mor, que se gaba de ter perdido "o grande Adão" e tirado do céu "tantos mil anjos". Volta até certo ponto a dupla cênica de *Na Festa de São Lourenço*, com a sua mistura peculiar de medo e arrogância. Jactam-se de vencer a Igreja pela força ou pela astúcia, mas sabem, como sabemos nós e sabia o autor, que nada podem contra São Maurício, "capitán afamado", e que, além do mais, conta com a proteção divina. Satanás adverte em tal sentido Lúcifer, que sai para o combate escoltado pelo Mundo e pela Carne, tradicionais inimigos do homem:

> Cuatro higas para vós!
> Vos volvereis bien pelado,
> que ese escuadrón esforzado
> tiene de su parte a Dios,
> y de fé está todo armado.

Ao desafio verbal, em que São Maurício acusa Lúcifer, entre outros vícios mais comezinhos, de "sodomita" (o que não surpreende, se admitirmos que todos os pecados provêm do Inferno), segue-se a rápida derrota do diabo. Agora será a vez de Satanás, que até troca de idioma para enfrentar o santo:

> Por eso mudé mi voz:
> para hablarle castellano
> y mostrarme más feroz.

O segundo demônio não tem melhor sorte. Pensava que São Maurício, sendo grego, não aguentaria "balazos" e "arcabuzazos". Não sabia que o santo, no Brasil, tornara-se português. Ao retornar vencido, quase partido ao meio, queixa-se como qualquer soldado terreno:

> Más que fiero cuchillazo
> el Mauricio me arrojó!
> Por poco que me llevó
> el pescuezo y espinazo.

A sua conclusão não é destituída de um certo humor, talvez involuntário:

> Ox! que tajos y reveses
> acostumbran de arrojar
> estes santos portugueses!

Terminados estes dois episódios, representados em ordem inversa à nossa, com a luta entre santos e diabos antecedendo a discussão sobre o bom governo, inicia-se um novo confronto, mais cômico que sério, entre a figura simbólica da Ingratidão e um Embaixador do Paraguai, personagem supostamente de carne e osso e talvez sugerida, como acreditam os historiadores, por alguém procedente daquela região. Duas intenções entrecruzam-se em cena. Uma, menos clara, de alcance restrito, referir-se-ia aos desentendimentos pouco antes verificados entre os defensores da causa portuguesa e os da causa espanhola. As ofensas voam de parte a parte. Se a Ingratidão, falando português, chama o embaixador de "bujarrão" (a versão popular de sodomita) e de "blasonador andaluz", replica este fingindo ver na Ingratidão um "dragón", um "basilisco", ou "el fiero tarascón", invocando assim a famosa "tarasca" das festas ibéricas. O final, que não chega a ser bem uma conclusão, parece querer conciliar as duas nacionalidades, já unidas sob o cetro de Filipe II, considerando-as irmãs.

A segunda intenção, esta bastante explícita, diz respeito às relíquias sagradas que tanto espaço ocupam nas cartas de Fernão Cardim. A Vila de Vitória teria esquecido muito rapidamente as que lhe tinham sido destinadas, depois de recebê-las com mostras de carinho e devoção.

Esta é a face local da Ingratidão. A face universal já abarca toda a história sagrada:

> sou a velha Ingratidão
> que todo mundo cerquei,
> toda terra conquistei,
> sou mais antiga que Adão
> pois em Lucifér comecei.

A subida do particular ao geral acaba de concretizar-se com os sermões do Temor e do Amor de Deus, as verdadeiras bases do bom governo. Novamente, como em *Na Festa de São Lourenço*, o Temor não só fala em primeiro lugar, o que se justificaria pelo desejo de concluir o espetáculo em tonalidade menos sombria, como discorre por um lapso de tempo consideravelmente maior.

Como interpretar tal prioridade? Julgaria Anchieta, após trinta anos de vida missionária no Brasil, o medo do Inferno um aguilhão mais seguro para conduzir ao aprisco o seu rebanho? Ou a demora na rememoração do castigo eterno explicar-se-ia por ser ele mais facilmente comunicável através da palavra? O Céu, na verdade, por sua própria beatitude, escapa à experiência humana. Não podemos descrevê-lo nem sequer imaginá-lo, sem diminuí-lo. O Inferno, ao contrário, firma-se sobre essa mesma experiência. Os seus males ("hambre sin nunca comer", "sed terrible sin beber") são os nossos sofrimentos diários elevados à máxima potência. Símbolo de tudo isso – mas símbolo altamente materializado e visualizado – é a imagem tantas vezes repisada do fogo que consome o pecador, sem consumir-se e sem nunca consumi-lo de todo. O pior do Inferno está na impossibilidade de sair desse estado intermediário, sem os benefícios seja da vida seja da morte, nessa "muerte sin muerte", nesse "vivir siempre muriendo, / y morir siempre viviendo", que fornece ao Temor de Deus o tema de um dos seus sermões. A peça ilumina com as chamas do Inferno a triste condição do homem, "escravo do Senhor", "pobre fantasma sem vida", vítima de uma estranha cegueira perante o espiritual que o faz temer mais os sofrimentos físicos que a ameaça, incomparavelmente mais real, da punição divina:

> Temes a dor corporal
> Foges de qualquer afronta
> e daquele eterno mal
> do bravo fogo eterno
> não fazes nenhuma conta?

Esgotada a sua matéria doutrinária, o espetáculo, mais do que o texto dramático, já inteiramente concluído, fecha-se com uma cerimônia próxima da procissão, na qual as relíquias sagradas, protetoras da cidade, são reconduzidas à tumba onde repousam. Acabou-se, para logo recomeçar, a pugna entre o "escuadrón de santos" e a "cuadrilla infernal", cabendo a vitória, mais uma vez, aos que, obedecendo a Deus, "se deixam martirizar". Seja na Roma antiga seja – conclui-se implicitamente – no Brasil.

Comparando-se as duas peças (*Na Vila de Vitória* melhor estruturada que *Na Festa de São Lourenço*, sabendo estabelecer conexões e transições entre os episódios), sobressaem de imediato certas similaridades existentes entre elas, de personagens, de conflitos (diabos *versus* santos), de temas (os sermões do Temor e do Amor de Deus) e de metrificação. Indo mais longe, na tentativa de alcançar o âmago, distinguiríamos porventura em ambas os mesmos hábitos mentais, o mesmo tipo de pensamento.

Em *Na Festa de São Lourenço*, notou-o de passagem Alfredo Bosi[10], a imagem do fogo que martirizou o santo parece estar na origem da peça, formando o seu núcleo central. Mas esse fogo, que a princípio é real, ligado à terra, remete-nos ao fogo do Inferno, que, sem deixar de ser o que é, já assume ares sobrenaturais, signo do infinito poder punitivo do Senhor. É eterno, por ser também espiritual, além de material. Essa espiritualização – ou metaforização crescente – completa-se com o fogo que é a negação do anterior, o fogo positivo, aquele que sustém o santo em seu martírio, neutralizando as chamas da grelha ao abrasar-lhe a alma. É o que diz o Anjo, referindo-se ao sacrifício suportado por São Lourenço:

> Dois fogos trazia na alma
> com que as brasas resfria,
> e no fogo em que se assou,
> com tão gloriosa palma,
> dos tiranos triunfou.

Esses dois fogos, que salvam e não castigam, chamam-se Temor ("um fogo foi o temor / do bravo fogo infernal") e Amor de Deus ("Outro foi o amor fervente / de Jesus que tanto amava"). A dialética, analisando a palavra em seus múltiplos significados, dos concretos aos abstratos, dos próprios aos figurados, dos maléficos aos benéficos, transfigurou a derrota do santo em triunfo sobre os "tiranos", o martírio em "gloriosa palma" e a morte em vida eterna. Quanto a esses dois fogos benéficos, eis o que aconselha a peça:

> Deixai-vos deles queimar
> como o mártir São Lourenço
> e sereis um vivo incenso
> que sempre haveis de cheirar
> na corte de Deus imenso.

[10] Alfredo Bosi, *História Concisa da Literatura Brasileira*, São Paulo: Cultrix, 1970, p. 26: "Os versos em português [...] trazem a fala do Anjo que apresenta as figuras simbólicas do Amor e do Temor, fogos, segundo ele, que o Senhor manda para abrasar as almas, como o fogo material abrasara a de São Lourenço [...]".

Até o cheiro da carne humana assada transubstancia-se em incenso celestial.

Em *Na Vila de Vitória* nada há de equiparável a esta elaboração metafórica que, de resto, concede a *Na Festa de São Lourenço* a unidade, puramente temática, que lhe falta quanto ao mais. Não se esqueça, todavia, a importância assumida na segunda peça pela própria palavra "vitória". Ela reporta-se, em planos sucessivos e ascendentes, à cidadezinha em que se dá a representação; à vitória obtida por ela em seus primeiros anos ("en la niñez") sobre os indígenas, fato que lhe valeu o nome; à vitória que ela pede a São Maurício, seu patrono, coadjuvado pelo Temor e Amor de Deus, nas lutas que trava: internamente, contra a Ingratidão, externamente, contra os "corsários luteranos" e os "pagãos tapuias" (nome genérico dado às tribos inimigas dos tupis); e por fim, já em nível cósmico, às vitórias passageiras do diabo sobre o homem e à vitória sempre renovada de Deus sobre Lúcifer.

Com um pouco de atenção, consegue-se ouvir essa espécie de "baixo contínuo" que acompanha o desenrolar dos incidentes, reaparecendo em diferentes lugares, na boca de personagens diversas:

VITÓRIA (implorando ao Senhor):
> A vos, mi Dios lloraré,
> y con suspiros del pecho
> justicia demandaré.
> Pues "Victoria" me nombré,
> que me guardeis mi derecho.

VITÓRIA (respondendo ao governo):
> Pues que lo quereis saber
> soy la "Vila de Victoria",
> cuya dignidad y gloria,
> pienso, ya debe de ser
> venida a vuestra memoria.

GOVERNO (aconselhando Vitória a recorrer ao Temor e Amor de Deus):
> Sem estes não pode haver
> bom governo, nem Victoria.

VITÓRIA (acatando a sugestão do governo):
> Sin ellos mi nombre y vida
> de "Victoria" vano es.

> Pues, venciendo en la niñez,
> ahora seré vencida
> al cabo de mi vejez.

A acepção mais ampla da palavra é exposta por Vitória num monólogo de que destacaremos, salteadamente, duas quintilhas:

> Perdió el hombre aquel valor
> que del sumo Dios tenia,
> y vencido, obedecia
> al Diabo vencedor,
> sin contraste ni porfia.
>
> ........................
>
> Y aunque el Padre soberano
> su hijo nos envió,
> que los cautivos libró
> con su poderosa mano
> y la victoria nos dió.

A palavra "vitória", modulada em conotações variadas, une a história da humanidade (em suas relações com o sagrado) e as vicissitudes vividas no momento pela pequena Vila de Vitória, na sua batalha entre a fé e o pecado, finda a qual fará ou não jus ao nome. A unidade de concepção gira de novo à volta, se não de um elemento como o fogo, de um vocábulo, que parece ter posto em movimento a imaginação do autor.

Mais duas peças de Anchieta – ou atribuídas a ele – chamam a nossa atenção, por motivos opostos, aliás: *Na Aldeia de Guaraparim*, a mais longa escrita em tupi, por visar de modo especial ao público indígena; *Na Visitação de Santa Isabel*, por renunciar a qualquer intenção imediatista, concentrando-se, como nenhuma outra, nos mistérios cristãos. Assinalam, por assim dizer, os pontos extremos da dramaturgia jesuítica: a que se volta para fora, para a catequese, e a que se volta para dentro, para o culto religioso. O teatro dos catecúmenos e o teatro dos fiéis.

*Na Aldeia de Guaraparim* (865 versos) começa sem surpresas. Demônios, de complicados nomes indígenas, correspondentes ao que supomos menos a pessoas que a vícios e virtudes (o bebedor de cauim, por exemplo), preparam-se para desafiar o poder de Nossa Senhora. Já vimos cenas parecidas, mas esta tem as suas particularidades. O Inferno acha-se representado por nada menos do que quatro diabos, reunidos em conciliábulo – o concílio do Mal. Não só um deles preside a sessão, ouvindo os demais, dando-lhes a palavra, como a certo momento todos se sentam, parecendo senhores interessados em resolver problemas práticos através da livre discussão. Sabemos que o ato de sentar, quando a personagem nada tem a dizer, devendo contudo reaparecer mais tarde, é frequente em tal tipo de peça, resolvendo, para o autor, o difícil manejo das entradas e saídas de cena. Assim mesmo, causa espécie, como uma contradição entre forma e conteúdo, ver personalidades dramáticas usualmente tão dinâmicas, de tanta vivacidade verbal e corporal como as provenientes do Inferno, em posição tão estática – talvez os quatro primeiros diabos sentados de toda a história do teatro ocidental.

Não existindo antagonista, estando todos os presentes de acordo, um deles encarrega-se de representar o ponto de vista da Igreja, como sucedia em *Na Festa de São Lourenço*. É curioso ouvi-lo repreender os colegas, defendendo calorosamente Nossa Senhora:

> – Tu é que não sabes de nada.
>
> A mãe de Deus
> está sabendo de tudo.
> Ela se ergue altaneira,
> libertando-se de nós,
> perdoando os seus filhos.

Ou exaltando o Senhor:

> Eu tremo, desafiei,
> ofendi o Senhor Deus!
> Ele é misericordioso,
> pratica sua própria virtude.
> Sua mãe é, também, compassiva.

Um padre da Companhia de Jesus não diria melhor. Os pecados indígenas são os de sempre: "a bebida, o fétido adultério, mentiras, brigas, ferimentos mútuos, guerra". Há, no entanto, uma informação que nos faz sorrir, pondo em evidência os óbices encontrados pela missão jesuítica, no seu empenho em extirpar os maus "velhos hábitos" da tribo. Alguns índios não se importavam com que as suas respectivas consortes os enganassem abertamente com outros homens:

> E com as mulheres
> Não protestam, não brigam?
> – Até gostam, contam-no!
> Os índios gostam de ficar espreitando.

Parece que o "fétido adultério" não cheirava tão mal às narinas dos tupis, como atestam esses casos de "voyeurismo", talvez mais infantis que perversos.

A parte propriamente conflitual inaugura-se ao entrar no palco uma Alma indígena, recém-emigrada do corpo, que será duramente atacada pelos quatro demônios e carinhosamente defendida pelo seu Anjo da Guarda e por Nossa Senhora. O desfecho, já se imagina qual possa ser. A nossa curiosidade volve-se desse modo para a dialética do pecado e do perdão, cuidadosamente explicitado. Muitos exemplos concretos são aventados, sem se chegar, no entanto, a um casuísmo completo. As linhas básicas é que ficam bem delineadas. Todo pecado tem remissão, desde que confiado a um padre:

> Ainda que os pecados sejam muitos,
> ainda que sejam grandes,
> se a gente os confessa eles são todos
> perdoados, aplacando-se a cólera de Deus.

Caso contrário, as consequências podem ser terríveis, conforme explica a Alma aos Diabos:

> Se um índio esconder
> ainda que seja uma só ação,
> Deus não o perdoando
> deixa de considerá-lo coisa sua
> e ele cai em vosso fogo.

Só há uma exceção a essa regra. O pecado omitido ao padre também estará na lista dos perdoados, se se tratar de um esquecimento genuíno, não simulado. Quanto aos outros, só há duas alternativas: ou tudo revelar ao Senhor, através de seus representantes na terra, ou nada esperar de sua misericórdia. A confissão proporcionava à Igreja, em princípio, o que nenhum sistema autoritário moderno conseguiu: o conhecimento da totalidade dos atos condenáveis efetivamente cometidos na aldeia. O julgamento celeste iniciava-se na terra, por interpostas pessoas. O crente subordinava-se ao padre, como este a Deus.

O original de *Na Visitação de Santa Isabel* (572 versos), escrito em espanhol e do próprio punho de Anchieta, contém no final o seguinte comentário: "Esta é a derradeira que o padre José fez em sua vida, estando já muito doente, o qual se foi a gozar do Senhor aos 9 de junho de 1597". Talvez por isso, por já estar despedindo-se de suas tarefas humanas, é a sua peça mais intensamente religiosa, no sentido de buscar o que o cristianismo possui de primordial. O motivo da representação, como de hábito, encontra-se na terra: a inauguração de uma Santa Casa, realizada sob os auspícios de Santa Isabel, conforme o costume português. O enredo é simples. Um romeiro castelhano quer saber da mãe de S. João Batista ("mi Juanito", em suas palavras) como ocorreu a visita feita por ela a Maria, sua prima, para anunciar-lhe o próximo nascimento de Jesus. Santa Isabel concorda em contar ao romeiro – "no todo, mas um poquito". E de seus lábios flui, em forma de versos (e às vezes de singela poesia), a história que envolve três grandes mistérios cristãos: o da Santíssima Trindade ("Dios uno y trino"), o de Cristo ("Dios y hombre") e o de Nossa Senhora ("a madre doncélla"). A mulher que se tornou esposa e mãe de Deus sem perder a virgindade lavou a humanidade de todo o lodo resultante da desobediência de Adão. Eva metamorfoseou-se em Ave (Maria). À volta do seu culto aglutinou-se o que o catolicismo tem de mais consolador. Só ela merece o título

> de madre de pecadores,
> abogada de culpados,
> refugio dos atribulados,
> medicina de dolores
> libertad de encarcelados.

Mas o elogio da Virgem, confinando por momentos com a litania, não esquece de assinalar que a "mãe de misericórdia" é igualmente uma "capitana muy guerrera". Não bastava, como se vê, o amor ao Bem. Ele pouco seria sem a coragem de levá-lo às últimas consequências físicas.

Anchieta, ao penetrar no centro místico do cristianismo, não parece ter confiado na capacidade de compreensão dos seus queridos e talvez abominados selvagens, não recorrendo ao tupi (e nem mesmo ao português). Nada nos garante, no entanto, que os mistérios da história sagrada, através dos quais Deus, permanecendo longínquo, adquire uma simpática costela humana, não falassem com maior eloquência à imaginação indígena do que a severa moralidade cristã.

O chamado "caderno de Anchieta" contém ainda outros quatro textos teatrais, de menor extensão e significação[11]. Mais proveitoso do que analisá-los, todavia, repisando caminhos já trilhados, será passar adiante, abordando certas questões gerais suscitadas por este tão peculiar teatro. A primeira delas, naturalmente, diz respeito à própria autoria das peças. Algumas vezes as atribuímos todas, sem aparente hesitação, a Anchieta. Em outras ocasiões deixamos pairar sobre tal paternidade literária uma ligeira dúvida. Esse é, efetivamente, o estado atual do problema – e não cremos que ele, decorridos quatro séculos, venha a ser modificado pela revelação de novos fatos.

Anchieta morreu em odor de santidade – ou quase. Fernão Cardim descreve-o como um homem simples ("anda a pé", "descalço") que é ao mesmo tempo "uma coluna grande desta província". Essa conjunção de virtudes opostas colocava-o à parte, acima tanto de seus companheiros quanto das contingências terrestres, como "um santo de grande exemplo e oração, cheio de toda perfeição, desprezador de si e do mundo"[12]. Só esta auréola, que foi crescendo com os anos, não demorando em originar as primeiras hagiografias repletas de feitos miraculosos, explica que tenham chegado até nós as suas peças e poesias, remetidas que foram a Roma por volta de 1730 para servir ao seu processo de beatificação. Na página inicial dessas folhas avulsas, devidamente numeradas, ou desses cadernos, admitindo-se que primitivamente seriam mais de um, uma nota da época, sem assinatura, afirma que a autoria de Anchieta, em relação a todos aqueles textos, era "fama antiga, e constante". Especificava ainda qual entre as três letras existentes nos manuscritos pertencia a Anchieta, "fato de que se não duvida"[13]. Teríamos, assim, uma certeza, a das peças escritas de próprio punho, e uma forte probabilidade, alicerçada sobre a tradição, para as restantes, devidas à pena de mais dois copistas.

Este raciocínio complica-se, todavia, quando é lembrado que entre a morte de Anchieta e o envio do material a Roma mediam 130 anos, tempo suficiente para que a memória coletiva se perca ou se turve. E mais ainda quando se verifica que pelo menos uma dessas poesias era conhecida em Portugal, onde já fora publicada. O códice de Roma, em suma, não mais do que um ou vários cadernos de trabalho, sem veleidades literárias, não destinados à publicação, poderia reunir, ao lado de originais de Anchieta, produções de procedência diversa, coligidas, ou por ele mesmo ou por outros padres da Companhia, com o objetivo de aproveitá-las em futuras festas escolares e cerimônias religiosas. O teatro jesuítico, ainda quando concebido por um só, era de todos.

Na impossibilidade de se atingir por esse lado factual resultados definitivos, a solução é recorrer a provas indiretas de M. de L. de Paula Martins, que como dissemos se debruçou longamente sobre tais peças, para traduzi-las, quando em tupi, ou editá-las em português e espanhol modernos, ao comparar *Na Festa de São Lourenço* e *Na Vila de Vitória*, chegou à seguinte ampla conclusão:

Este fato é especialmente interessante por contestar suspeitas de se encontrarem no caderno de Anchieta, selecionadas para trabalhos catequéticos, poesias de diferentes autores. A análise do conjunto dá, pelo contrário, a impressão de um autor único, muito modesto, as ter composto todas, sozinho, sem pretensões e poucas vezes com preocupações literárias, plagiando-se a si próprio, readaptando os seus trabalhos, repetindo frases deles, com variações ou não, mas conservando as mesmas ideias, insistindo nas mesmas

---

11 Intitulam-se eles, na ordem em que estão publicados nas *Poesias* de Anchieta: *Quando no Espírito Santo Se Recebeu uma Relíquia das Onze Mil Virgens* (271 versos); *Dia de Assunção, Quando Levaram Sua Imagem a Reritiba* (103 versos); *Recebimento que Fizeram os Índios de Guaraparim ao Padre Provincial Marcial Beliarte* (289 versos); *Na Festa de Natal* (496 versos).
12 F. Cardim, *Tratados da Terra e Gente do Brasil*, p. 264.

13 *Poesias*, p. 17.

lições, alimentando, na mesma fé, o mesmo carinho pela Virgem Maria. É possível que, para esse fim, aproveitasse pecinhas populares, amenizando, pelo divertimento, a severidade da moral cristã. Mas isso não afetaria a autoria da obra, reduziria a sua originalidade, apenas[14].

A esse argumento de ordem interna, o padre Hélio Viotti, grande autoridade no assunto, ao prefaciar o volume de *Poesias* de José de Anchieta publicado em 1954, aduziu outro, de natureza externa. Com exceção de Bento Teixeira, autor fora de cogitação, ele não via no Brasil da segunda metade do século XVI ninguém com cabedal literário bastante para responsabilizar-se por uma produção teatral e poética tão abundante. "Que outro nome" – indaga – "de poeta quinhentista em nossa terra foi até hoje documentadamente apontado, dentro ou fora da Companhia de Jesus além do de Anchieta?" E rematava: "Não há por que voltar a este ponto. Histórica e cientificamente, portanto, todas as peças contidas neste códice, sem discrepância, continuam sendo atribuídas ao padre José de Anchieta"[15].

Em conclusão: a autoria de Anchieta, não sendo um fato ou uma certeza absoluta, é de longe, se não a única, a hipótese mais aceitável. Pode-se, no entanto, abrir exceção para esta ou aquela peça (ou poesia), em particular, quando houver provas inequívocas para tal. Por que não dar crédito à tradição, aceitando como válida "a fama antiga, e constante", se não dispomos, para raciocinar, de outro real ponto de apoio?

Como classificar as peças de Anchieta? Auto é o gênero em que elas têm sido sempre incluídas e de fato é o que melhor lhes convém, tanto por se ligarem de alguma forma (que ignoramos em detalhe, nada sabendo sobre a formação teatral do autor) à tradição ibérica, como porque o vocábulo, não significando mais do que ato, tem amplitude capaz de abranger toda uma variedade de textos impregnados de cristianismo e derivados dos espetáculos medievais. Mas não devemos insistir demais, em nosso entender, nesta filiação, como se a sua obra cênica não passasse de um capítulo igual aos outros da história do teatro. Pensamos, ao contrário, que quanto mais a encaramos como teatro no sentido específico da palavra, menos a compreendemos e menos lhe fazemos justiça. Só tendo em vista as condições e os intuitos que guiaram tais peças é que lhes perdoaremos as falhas dramáticas e as incongruências lógicas, nascidas não da ausência de qualidades intelectuais por parte de Anchieta – estas lhe sobravam – mas por seu desinteresse por tudo que não se relacionasse no palco com o trabalho de catequese.

Por essa razão mantivemos os títulos de suas peças tal como aparecem em seu volume de *Poesias*, alguns dados pela tradutora e editora. Destacam eles, singelamente, não o fato teatral, o gênero ao qual se subordinariam, e sim o lugar onde ocorre o espetáculo ou a celebração religiosa que se deseja comemorar. Não nos permitem, dessa forma, esquecer que, para Anchieta, apenas dois fatores contavam quando pegava da pena: a festividade em vias de organização, com as suas motivações próximas, e a relação Deus-Diabo, Bem-Mal, incumbida de propiciar sentido metafísico a cada pequeno incidente do universo. O homem como que desaparece nessa perspectiva cósmica, joguete que é de mãos poderosíssimas. E os meios dramáticos empregados, os recursos teatrais, nunca se libertam de suas funções auxiliares, nunca sobem até adquirir a condição de fins em si mesmos, como sucede na obra de arte.

É expressiva, a esse propósito, a sua indiferença por histórias de santos, em sua fase terrena, ou por esses numerosos episódios bíblicos que conferem ao *Velho Testamento* um cunho humano especial, alimentando a dramaturgia cristã durante séculos. O que Anchieta via era, de um lado, indígenas e colonos europeus, ou tentados pelo Diabo ou seus representantes no Brasil; de outro, Anjos, Santos, Nossa Senhora. Sobre eles falava mais em termos de sermão, de pecado e indulto que de criação teatral, sujeita a regras, que ele provavelmente não conhecia, nem intuía com a vocação do verdadeiro dramaturgo.

Não colocamos em dúvida a autenticidade de sua veia poética. Os versos, geralmente sob o formato da quintilha espanhola de sete sílabas, vinham-lhe à pena com facilidade (e às vezes felicidade), obedecendo a uma tendência natural do seu espírito.

---

14 *Na Vila de Vitória e Na Visitação de Santa Isabel*, p. 11.
15 *Poesias*, p. XXV-XXVI.

Diríamos mais: ele pensava como poeta, verbalmente, fazendo o discurso girar em torno de imagens, metáforas. É visível o seu gosto pelo jogo de palavras, pelos torneios paradoxais da frase, desde que não quebrem a lógica interna do pensamento. A Ingratidão, *Na Vila de Vitória*, gaba-se de parir a cada dia sem nunca parir de todo, já que se renova incessantemente ("cuantas veces ha pecado / tantas veces pares tu"), do mesmo modo que os santos martirizados, explica o Temor de Deus, vencem a morte ao morrer:

> Ellos vencerán la muerte,
> con nuestra ayuda y favor,
> porque, con temor y amor
> sufrieram, con pecho fuerte,
> la muerte por su amor.

Devido a essas sutilezas, essas inversões dialéticas, em que alguma coisa se transforma em seu contrário, ele já foi suspeitado de maneirismo e apontado como precursor do barroco. Não nos parece descabido, contudo, lembrar que o próprio exercício da escolástica medieval, com os seus famosos e engenhosos *distinguo*, a sua preocupação em esmiuçar cada termo, analisando-o em suas diversas denotações e conotações, preparava a inteligência clerical para que ela se movimentasse com desembaraço dentro do universo dos conceitos. Talvez não fosse outro o travejamento oculto dos bons sermões literários.

Quanto à língua, Edith Pimentel Pinto, que estudou com vagar e competência os aspectos léxicos e sintáticos (e não apenas estes) de Anchieta, a propósito de *Na Vila de Vitória*, concluiu que o seu português era o então corrente nas camadas cultas, estando mais próximo de Camões que de Gil Vicente. Também a alternância entre os dois idiomas ibéricos pouco fugiria aos hábitos literários da época, embora o escritor jesuíta incline-se de preferência para a sua língua materna, o espanhol, o que legitimaria a frequência com que ela surge em nossas citações[16]. Não é fácil, aliás, entender por que Anchieta passa, na mesma personagem e situação dramática, de uma língua a outra. Se ocasionalmente o próprio texto justifica a mudança – e já vimos exemplos disto –, com certo humor e usando da licença poética, em outros trechos tal liberdade linguística afigura-se total, no sentido de prender-se unicamente ao arbítrio do escritor.

Todas essas qualidades poéticas, todavia, não perfazem um autor teatral. Se o auxiliam, não substituem os dons característicos do dramaturgo, o de criar personagens autônomas, com vida própria, relativamente desligadas do autor, e o de passar do abstrato ao concreto – mesmo quando se deseja exprimir o abstrato – através das invenções do enredo. No fundo, Anchieta não dominava outro recurso cênico a não ser o diálogo, limitando-se, em certas peças, a desdobrá-lo – quatro diabos, por exemplo, ou dois santos, em vez de um só.

Esse é um dos motivos por que não concordamos com os que enxergam similaridades entre o teatro grego (ou medieval) e a dramaturgia jesuítica. Os três, é verdade, assentam-se sobre a sacralidade, pelo menos de início. Mas tanto em Atenas quanto na Idade Média o teatro é um gênero a ser inventado (ou reinventado), o que se dá a partir de rituais religiosos. Já no Brasil o que houve foi apenas o aproveitamento de uma forma teatral existente, o auto, para objetivos de catequeses. No primeiro caso, cria-se, no segundo, usa-se o teatro.

A Companhia de Jesus, de resto, tomou todas as precauções para que os seus espetáculos não degenerassem em arte profana, apresentando-os em latim (com exceção concedida ao Brasil), proibindo o tema do amor humano, excluindo a mulher do palco. Em consequência, assim como floresceu, extinguiu-se sem deixar descendência o teatro jesuítico em terras brasileiras. Não tendo havido outro santo, outro candidato à beatificação, desapareceram com o tempo os textos dramáticos porventura escritos por membros da Companhia, antes e depois da morte de Anchieta.

Nada disso, evidentemente, diminui a importância do fato para a história do Brasil, mais que para a história do teatro. E aqui chegamos, como termo derradeiro, à questão indígena, formulada,

---

16 Cf. *O Auto da Ingratidão*, São Paulo: Conselho Estadual de Arte e Ciências Humanas, 1978, p. 140-147, 153-157, 162-163. No mesmo volume, sempre sobre o teatro de Anchieta, em linhas paralelas ou suplementares à nossa, consulte-se, com especial proveito: sobre a representação, p. 199-201; sobre a estrutura da peça, p. 201-208; sobre a figura do diabo, p. 222-230; sobre o auto como gênero teatral, p. 233-239.

infelizmente, antes como perguntas que como respostas. De que maneira encarava Anchieta o seu naturalmente indisciplinado rebanho nativo? Seguiria Santo Agostinho, abominando o pecado e amando o pecador? Ou transferiria em algumas ocasiões a abominação de um para outro?

A verdade é que a missão dos jesuítas tinha proporções gigantescas. Se aos colonos portugueses competia conquistar a terra, subjugando-lhes os habitantes, cabia aos padres uma tarefa ainda mais árdua: sujeitar a alma indígena. Anchieta intimida-a constantemente, no palco, com as chamas do Inferno, pretendendo dobrá-la pelo terror. Mas não haveria no mais íntimo do seu coração, animando-o a persistir apesar de tudo, um ímpeto de afeto, uma onda de generosidade que o levava a não transigir com o índio exatamente para salvá-lo? Não constituirá preconceito moderno este que nos faz acreditar só nos sentimentos de sinal positivo, de expansão, não de repressão, como fonte de atividade criadora? Em épocas diaceradas pela ideologia religiosa ou poética não será o ódio ao Mal um incentivo tão forte e tão saudável para a personalidade quanto o amor ao Bem?

Seja como for, julgamos perceber em seus escritos, como nos de Fernão Cardim, um duplo, e até certo ponto contraditório, impulso. Enquanto homens de inteligência e cultura, buscavam ambos penetrar no mundo primitivo que se descortinava a seus olhos surpresos de europeus com o intuito de descrevê-lo, de compreendê-lo por dentro. Deve ter sido, pelo menos em parte, a pura curiosidade científica que induziu Anchieta a compilar a sua pioneira gramática de língua tupi e incitou Cardim a coligir as numerosas informações que puderam ser editadas no século passado sob o título, não mentiroso, de *Tratados da Terra e Gente do Brasil*. Sem o saber, os dois inscreviam-se entre os nossos primeiros etnógrafos e antropólogos. Provas deste interesse pelo indígena é que não faltam nos autos de Anchieta, nos quais a ingapema concorre com a espada cristã, ao passo que vocábulos castiços como "cruz", "castelhano" e "Lourenço" veem-se transformados, inesperadamente, pela ausência de fonemas locais equivalentes, em "curuçá", "kasiána" e "Rorê". Ninguém mais do que ele conhecia a face selvagem do país a que dedicara a vida, dos vinte anos em diante.

Mas enquanto jesuítas, homens de religião, responsáveis pelo êxito da catequese, inspirados pela mais estrita disciplina e ortodoxia, ambos não podiam ir ao encontro dos índios e de encontro a eles senão com a ideia de aniquilar-lhes toda a singularidade, de abolir neles tudo o que os diferenciasse dos europeus. Esse processo, de substituição de culturas, através do qual emergiu penosamente o Brasil, foi um bem? Foi um crime contra a humanidade? Existiriam alternativas viáveis? Teria sido melhor, segundo a sugestão poética – e gaiata – de Oswald de Andrade, se, em vez do português ter vestido o índio, o índio é que tivesse despido o português?

A resposta escapa a nossos limites e a nossas limitações. Uma coisa é certa, porém. Não seria justo debitar a um só homem, chame-se ele José de Anchieta, ou a um grupo de homens unidos pela fé católica, a autoria de um vastíssimo projeto, tanto religioso quanto militar, tanto político quanto econômico, que no século XVI era o de toda a Europa e para toda a América.

## 2. ENTREATO HISPÂNICO E ITÁLICO

> *Nesta América, inculta habitação antigamente de bárbaros índios, mal se podia esperar que as Musas se fizessem brasileiras.*
>
> Manuel Botelho de Oliveira

I

A expectativa histórica, passando-se de um século a outro, em países como o Brasil, que nasciam para a civilização europeia, seria a de crescimento, mesmo se descontínuo. Não foi o que sucedeu. Frente às descrições parateatrais de um Fernão Cardim e aos oito textos restantes de Anchieta, sobre os quais assentamos o pé como sobre terra firme, o século XVII nada oferece além de notícias esparsas e sucintas, ora de autores nacionais cujos nomes se conservaram mas não as suas peças, ora de "comédias" (no amplo sentido espanhol), que teriam sido encenadas sem que se saiba quem as escreveu. Tudo não chegando a somar, segundo os cálculos mais otimistas, uma dezena de representações.

Tem-se alegado, para justificar esse colapso cênico, as guerras travadas em defesa da terra contra franceses e holandeses. Mas estas, sob formas pouco diversas, já se prenunciavam desde o século precedente, com o agravante de que então o perigo vinha com frequência igualmente do interior do país. O que faltava agora, ao que parece, era não apenas a decidida vocação literária de um Anchieta – e o argumento reforça a tese de sua autoria – mas também a crença de que o gentio podia ser "domado" (a expressão é de Cardim) através do teatro. Encerrada a fase heroica da catequese (e não de todo: o jesuíta português Luís Figueira, mestre de tupi e autor de um *Diálogo de Igreja Nova de Maranhão*, foi morto pelos índios na ilha de Marajó em 1643), a tendência, nos colégios mantidos pela Companhia de Jesus, seria a das representações caírem na rotina, não transpondo, a partir de 1584, os limites estreitos que lhes impusera a *Ratio Studiorum*. Tragédias e comédias, escritas em latim (o que sempre admitiu exceções), deviam ser "muito raras", não se permitindo nem encenações dentro das igrejas, nem personagens ou vestimentas femininas em cena[17].

Os espetáculos jesuíticos certamente continuam, não havendo motivo para que cessassem tão abruptamente. Como provam, de resto, alguns documentos, referentes à Bahia, ao Pará e ao Maranhão. Mas, amenizada a fúria catequética, abrandada a surpresa do encontro inicial com a cultura indígena, essa dramaturgia perde impulso, reduz-se à sua verdadeira dimensão de exercício escolar. Já não interessa tanto, nem como realização, nem como notícia digna de registro.

Em compensação, começam a surgir, ainda muito timidamente, os espetáculos cívicos comemorativos. No Rio de Janeiro, em 1641, a restauração da monarquia portuguesa dá ensejo à encenação de "uma comédia"[18]. E em 1662, na Bahia, a Câmara de Salvador toma providências relativas à representação de

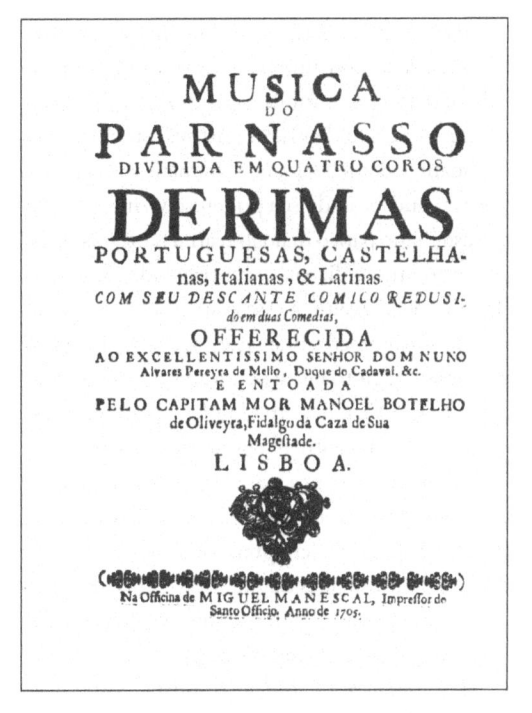

Folha de rosto da primeira edição de *Música do Parnaso*.

"comédias" em homenagem ao casamento de Carlos II da Inglaterra com a infanta portuguesa D. Catarina[19].

Esse pouco é quase tudo que se sabe sobre o teatro do século XVII, se excetuarmos um fato de alcance mais literário que propriamente dramático. Peças escritas por um brasileiro, não de adoção, como Anchieta, mas de nascimento e domicílio, são pela primeira vez publicadas em Portugal. Homem erudito, dominando em seus versos quatro línguas (português, espanhol, italiano, latim), bacharel formado em leis pela Universidade de Coimbra, poeta revalorizado pelo renascimento crítico do barroco[20], o escritor baiano Manuel Botelho de Oliveira (1636-1711) declarava-se admirador, entre os modernos, na Itália, do "grande Tasso" e do "delicioso Marino"; e na Espanha, do "culto Gôngora", que merecera "extravagante estimação", e do "vastíssimo Lope"[21].

*Música do Parnaso* (*Parnasso* no original), obra editada em 1705, recolhe toda a sua produção poética

---

17 L. V. Gofflot, *Le Théâtre au collège*, Paris: Honoré Champion, 1907, p. 92.
18 L. Hessel e G. Raeders, *O Teatro no Brasil: Da Colônia à Regência*, Porto Alegre: UFRGS, 1974, p. 19-20.
19 Affonso Ruy, *História do Teatro na Bahia*, Salvador: Livraria Progresso, 1959, p. 23.
20 Cf. Natália Correia, *Antologia da Poesia do Período Barroco*, Lisboa: Moraes, 1982, p. 225.
21 Manuel Botelho de Oliveira, *Música do Parnaso*, prefácio e organização do texto de Antenor Nascentes, Rio de Janeiro: Edições de Ouro, 1957, p. 16.

e ainda duas comédias, provavelmente jamais representadas, redigidas ambas em espanhol e talhadas pelo figurino inconfundível da *comédia de capa y espada* do Século de Ouro. Portugal já se separara da Espanha, desde 1640, mas dramaticamente continuava caudatário do seu poderoso vizinho. O uso do castelhano para o diálogo teatral não constituía, portanto, anomalia ou excentricidade, podendo Botelho de Oliveira, a esse respeito, louvar-se no exemplo de inúmeros dramaturgos e comediógrafos portugueses, tanto entre os antecessores do século XVI, um Gil Vicente, um Camões (para não citar Anchieta), como entre os contemporâneos[22].

O barroco alcança nas duas peças do poeta baiano um dos momentos de maior expansão no Brasil, seja pelo torneio precioso da frase, pela série de engenhosidades e agudezas verbais, seja pelo substrato do pensamento, sempre interessado no conflito ambíguo entre ser e parecer.

*Hay Amigo para Amigo* (resposta, como já se observou, a *No Hay Amigo para Amigo,* de Rojas Zorilla) tenta nos convencer de que um homem apaixonado, mesmo sendo um perfeito *caballero* espanhol, é capaz de renunciar à mulher amada, cedendo a um amigo, movido não pela leviandade e inconstância amorosa, como todos supõem, mas por um exacerbado sentimento de amizade. No final, a conclusão é dupla: admiração pelo sacrifício por ele efetuado em silêncio e perplexidade pelo caráter tantas vezes enganoso da suposta realidade.

Esta segunda parte, de alcance universal, chega a exemplificar-se:

> Mírase un astro en el Cielo,
> Y da de pequeño indicios;
> Mírase un ave en el aire,
> Y muestra un color Lucido;
> Mírase un objeto lejos,
> Y entonces negro se ha visto;
> Mírase un remo en el agua,
> Y parece quebradizo;
> No siendo el astro pequeño,
> No siendo el color preciso,
> No siendo el objeto negro,
> No siendo el remo partido.

Se assim é no campo das coisas materiais, como não será no terreno movediço das afeições e das paixões, onde tudo é possível, até mesmo a amizade – *Hay Amigo para Amigo* – suplantar o amor?

*Amor, Engaños, y Celos* (grafado *zelos* no original), que se passa na Itália, leva adiante esse jogo dialético entre mentira e verdade. Dois pares amorosos são lançados num "obscuro labirinto", de desencontradas identificações, causadas de propósito por uma das mulheres, que usa o nome de outra, numa sarabanda de confusões que dura enquanto o autor não vem desenlaçar o que ele mesmo enlaçara, aliás de modo bastante artificial. O título deriva também do teatro espanhol, repetindo, conscientemente ou não, um verso de Lope de Vega, o "vastíssimo Lope", que aconselhava às damas falar

> de amor, de enganos, de celos.
> (*La Dama Boba,* Ato III, cena VII)

Como se sabe não é outra – ciúmes, quiproquós, paixões – a substância que recheia habitualmente as comédias de capa e espada castelhanas, das quais Botelho de Oliveira recebeu tudo pronto: ritmos, da redondilha ibérica a formas eruditas de origem italiana; personagens (*discretas*, os amos; *graciosas*, os lacaios); pares de rimas que se atraem como namorados de longa data (*deseos-enleos, celos-recelos, enojos-ojos*); associação entre o imenso cosmo e o pequeno microcosmo do coração humano (comparação dos sentimentos com o sol, as estrelas, o mar, a tempestade); truques de enredo (a pessoa que tudo ouve escondida); jogos paradoxais do pensamento (*¿Ha de ser lo que no veo? ¿Lo que veo no ha de ser?*). Tudo, exceto, infelizmente, o que faz uma peça funcionar no palco: o senso do tempo dramático, a movimentação cênica, a aparente espontaneidade, uma certa verossimilhança mesmo dentro da mais ousada fantasia. Resta assim, do barroco, o lado pior, aquele que ressalta quando o projeto artístico falha: o cerebralismo, a indiferença ou o desapreço pela realidade, a afetação erigida em princípio estilístico, a literatura concebida em circuito fechado, como entretenimento para iniciados.

---

22 Cf. Luiz Francisco Rebello, *História do Teatro Português*, 4. ed., Lisboa: Europa-América, 1969, p. 63-66.

## II

No transcorrer do século XVIII o teatro começa a despontar. De início mais ao norte, tendo como centro Salvador, na Bahia, sede do Vice-Reinado do Brasil. Depois, caminhando para o sul, rumo ao Rio de Janeiro, seguindo o fluxo político e econômico. As duas cidades eram importantes portos de mar. Em direção ao interior a atividade dramática só se deslocava naquelas capitanias, Minas Gerais, Mato Grosso, onde a descoberta do ouro ou de pedras preciosas gerara riqueza e improvisara núcleos urbanos da noite para o dia.

A Igreja continua a desempenhar papel relevante, significando sempre uma pequena ilha de saber (ou de alfabetização) perdida num mar de ignorância. Uma religiosidade difusa e mal compreendida infiltrava-se de resto em todas as iniciativas da Colônia, esbatendo as fronteiras entre o sagrado e o profano, não respeitando sequer o território defeso da sexualidade. D. João V, em Portugal, não demonstrava menos a sua devoção ao amar abadessas do que ao construir monumentais conventos. Tudo era ou podia ser religião, desde que não o fosse plenamente.

Um viajante francês que passou pela Bahia, em 1717-1718, deixou consignado o seu espanto, entre prazeroso e escandalizado, pelo que presenciou:

No dia de Natal, fomos convidados pelo vice-rei para assistir à Missa do Galo, todos os oficiais da guarnição estavam presentes e o vice-rei os brindou com uma soberba refeição. Fomos depois à igreja onde não esperávamos, absolutamente, assistir a uma farsa. Jovens religiosas haviam aprendido canções jocosas para apresentar naquela noite; lá estavam elas, sentadas sobre uma tribuna aberta e um pouco elevada, cada uma com seu instrumento, harpa, tamborim etc. Dado o sinal, cada uma delas cantava uma canção, e essa mixórdia de instrumentos e vozes em desacordo nos provocou grande vontade de rir. Pulavam elas; dançavam, parecendo animadas por algum duende. Depois fez-se silêncio e uma delas, erguendo-se, leu para os presentes um relato satírico das aventuras galantes da corte do vice-rei. Após novo silêncio, retomou-se a algazarra de antes. A seguir, uma das religiosas, enamorada do sobrinho do vice-rei, dirigiu-lhe as mais ternas recriminações por suas infidelidades, e com isso o cavalheiro retirou-se da igreja,

agastado. Cantou-se a missa durante a qual todas as freiras comungaram[23].

Em outra festividade o teatro entrou de maneira mais discreta:

O vice-rei nos convidou para a festa de São Gonçalo do Amarante que se celebrava no interior. Para lá nos dirigimos. Ao redor da igreja uma multidão de dançarinos pulava ao som de seus violões. No interior da mesma ecoava plenamente o nome do santo. Assim que chegou o vice-rei, foi obrigado a dançar e a pular sob pena de ser considerado anticristão. Também nós tivemos de dançar. Era coisa bem divertida ver, dentro de uma igreja, dançarem, misturados, padres, freiras, monges, cavalheiros e escravos e a gritarem em plenos pulmões: *Viva São Gonçalo do Amarante!* A seguir, atiraram-se uns aos outros estatuetas do santo.

A igreja foi construída sobre um outeiro que se estende até as bordas do mar. Está rodeada de arvoredo, sob o qual se armaram tendas, repletas de mulheres de vida fácil: só faltavam bacantes nessa festa. As tendas para o vice-rei haviam sido armadas sob um laranjal, e nelas se comeu à tripa forra por três dias. No primeiro, maus atores representaram aí uma comédia medíocre, *La Monja Alférez*[24].

Não é de teor diverso o depoimento de outro francês, quarenta anos mais tarde, em 1757, referindo-se ao Rio de Janeiro:

Assisti, certo dia, a uma comédia burguesa em que vários frades davam a mão a amabilíssimas penitentes. A esta peça recheavam obscenidades em bando, mas tal fato não me causou a menor surpresa. Tudo isso conferia perfeitamente com a fácies da colônia. Mas o que me causou espanto foi ver durante os entreatos duas meninas fantasiadas de anjos, que se puseram a entoar a ladainha de Santa Ana. Essa extravagância procede certamente da ideia que tem essa gente de que tudo se arranja quando se reza um terço ou canta uma ladainha[25].

A tais manifestações teatrais ou parateatrais, de natureza privada e repercussão restrita, com margem para improvisações pessoais e libertinas, contrapunha-se outro tipo de espetáculos. Promovidos

---

23 L. Hessel; G. Raeders, *O Teatro no Brasil: Da Colônia à Regência*, p. 31-32.
24 Idem, p. 32-33.
25 Idem, p. 41-42.

pela Igreja e bem organizados, encaixam-se sem dificuldade, em proporções relativas aos recursos locais, dentro do perfil das grandes festas barrocas ibéricas[26]. A apresentação de peças completa nesses casos uma programação ambiciosa, que empenha toda a comunidade, comportando, eventualmente, além do teatro, cavalhadas, touradas, combates simulados, mascaradas, execuções musicais, fogos de artifício, desfiles de carros alegóricos e triunfais.

Minas Gerais viu no século XVIII mais de uma destas comemorações direta ou indiretamente religiosas, nas quais compareciam não só divindades mitológicas (Apolo, Mercúrio), como "figuras vestidas à trágica" (e sabe-se lá o que isso significava). Quanto ao teatro, não faltava um lugar maior ou menor reservado para a apresentação de "comédias" ou de "um ato cômico"[27], sempre naquele sentido ibérico que se traduz em português moderno pela denominação genérica de peça de teatro.

Foi assim que Vila Rica, a atual Ouro Preto, que fazia então jus ao nome, festejou em 1733 a translação do Sacramento Eucarístico de uma igreja a outra, celebrando ao mesmo tempo, com satisfação provavelmente não menor, a sua recém-adquirida condição econômica de "a pérola preciosa do Brasil". O padre português que descreveu em linguagem eufórica o acontecimento, Simão Ferreira Machado, num opúsculo intitulado *Triunfo Eucarístico*, saído dos prelos de Lisboa em 1734, relata que o tablado "das comédias se fez junto da igreja, custoso na fábrica, no ornato, e aparência de vários bastidores [ou seja, cenários]: viram-se nele insignes representantes [ou seja, atores] e gravíssimas figuras [ou seja, personagens]: foram as comédias *El Secreto a Vozes; El Príncipe Prodigioso; El Amo Criado*". A primeira peça é de Calderón de La Barca, a terceira de Rojas Zorilla[28]. *Príncipe Prodigioso* pertence ao repertório espanhol, de autor desconhecido[29].

Não é casual a presença em palcos brasileiros de Calderón, nem a circunstância do nome das comédias vir em espanhol. Que não se tratava de fatos isolados parece provar um trecho de Francisco Adolfo de Varnhagen, publicado originalmente em 1850.

Em janeiro de 1717 [escreveu ele, num dos primeiros recenseamentos feitos da poesia nacional] sabemos que se representaram na Bahia *El Conde de Lucanor* e os *Affectos de Odio y Amor* de Calderón; em 1729, com a notícia do casamento dos príncipes (de Portugal e Espanha), representaram do mesmo Calderón – *Fineza contra Fineza; La Fiera, el Rayo y La Piedra;* e *El Monstruo de Los Jardines;* e além disso *La Fuerza del Natural*, e *El Desdén con el Desdén*, de Moreto[30].

Somos tentados a concluir, em face dessa amostra do repertório, que o castelhano mantinha-se ainda como língua corrente no Brasil, ao menos nos círculos literários, e que o nosso panorama teatral, apesar de fragmentário, não deixava de oferecer uma certa coerência, na medida em que espelhava o da Europa. Rojas Zorilla e Agustín Moreto, com efeito, citados ao lado de Calderón, formam com ele o que historiadores modernos do teatro espanhol chamam de Ciclo Calderón de la Barca, subsequente ao Ciclo Lope de Vega[31]. São, os três, escritores da segunda geração do Século de Ouro, que chegavam aos tablados nacionais – se é que só então chegavam – com atraso de mais de cinquenta anos. Mas, curiosamente, não fora da vigência artística de suas obras, dado o imobilismo que tomara conta dos palcos espanhóis.

Outras tendências só surgirão com o aparecimento de um novo gênero, a ópera italiana, e de um novo mestre, Metastasio. A novidade vinha de Portugal, como de costume. Mas, desta vez, com o aval do poder monárquico, interessado, desde a ascensão ao trono de D. José I, em não ficar devendo muito às demais cortes europeias em questão de brilho musical.

Um alvará concedido pelo governo em 1771 aconselhava

o estabelecimento dos teatros públicos bem regulados, pois deles resulta a todas as nações grande esplendor e utilidade, visto serem a escola, onde os povos aprendem as máximas

---

26 Cf. José María Díez Borque (comp.), *Teatro y Fiesta en el Barroco*, Ediciones dei Serbal, 1986.
27 Affonso Ávila, *O Teatro em Minas Gerais. Século XVIII e XIX*, Ouro Preto: Prefeitura Municipal de Ouro Preto, 1978, p. 5.
28 Cf. idem, *O Lúdico e as Projeções do Mundo Barroco*, São Paulo: Perspectiva, 1971, p. 121. A identificação de autoria das peças foi feita por José Ferreira Carrato.
29 Cf. José Oliveira Barata; *Antônio José da Silva*, v. 1, Coimbra: Universidade de Coimbra, anexo nº 380, 1985.
30 *Florilégio da Poesia Brasileira*, tomo I, Lisboa: Imprensa Nacional, 1850, p. XXXIV. Foram feitas pequenas correções de grafia e pontuação.
31 Francisco Ruiz Ramón, *História del Teatro Español*, 2. ed., Madrid: Alianza Editorial, 1971, p. 164.

sãs da política, da moral, do amor da pátria, do valor, do zelo e da fidelidade com que devem servir aos soberanos, e por isso não só são permitidos, mas necessários[32].

Entre 1760 e 1795, datas aproximadas, sob a influência da política de despotismo esclarecido do Marquês de Pombal, são construídos teatros na Bahia, no Rio de Janeiro, em Vila Rica (este ainda em funcionamento, o mais velho da América do Sul), no Recife (Pernambuco), em São Paulo e em Porto Alegre (Rio Grande do Sul). Com lotação em torno de 350 lugares, esses teatrinhos ficaram logo conhecidos como Casa da Ópera.

Quando se falava em ópera, nessa altura do século, pensava-se imediatamente em Pietro Metastasio, até mesmo no Brasil. Em 1767, mais um viajante francês (abençoados os viajantes europeus, é através deles que conseguimos colher algo de mais concreto sobre as representações coloniais) deu as suas impressões sobre os espetáculos a que assistiu no Rio de Janeiro, cidade pouco antes alçada a sede do Vice-Reinado.

Numa sala assaz bela – escreveu Bougainville, oficial graduado da marinha francesa que percorria o mundo comandando uma fragata – pudemos ver as obras-primas de Metastasio, representadas por um elenco de mulatos; e ouvir os trechos divinos dos mestres italianos, executados por uma orquestra má, regida por um padre corcunda em traje eclesiástico[33].

Supõe-se que esse regente seja o padre Ventura, mencionado por outros documentos. Ele seria, nesse caso, o primeiro diretor de uma companhia regular de teatro em território brasileiro – e como tal tem sido muitas vezes celebrado.

Basílio da Gama, autor do *Uraguay*, estava longe de exprimir a verdade quando, ao enviar ao mestre italiano o seu poema épico, afirmou enfaticamente:

A homenagem da inculta América é bem digna do grande Metastasio. Este nome é escutado com admiração no fundo de nossas florestas. [...] É belo ver as nossas índias chorar com o vosso livro na mão e fazer ponto de honra em não comparecer ao teatro todas as vezes que a composição não é de Metastasio![34]

Mas deve-se, mesmo assim, sem subscrever palavras que, desejando ser laudatórias, não escapam ao ridículo, assinalar a encenação ocasional de óperas de Metastasio em regiões tão apartadas entre si como Pernambuco e Mato Grosso. Além, claro está, do Rio de Janeiro, onde o culto ao seu repertório, iniciando-se por volta de 1750, entrou vitoriosamente pelo século XIX adentro.

Nenhuma homenagem ao autor de *Dido Abandonada*, contudo, é tão significativa quanto a admiração que lhe votava um poeta como Cláudio Manoel da Costa (1729-1789). Segundo seu próprio testemunho, ele traduziu e foram representadas em Vila Rica sete obras de Metastasio, entre dramas para música, ações teatrais e ações teatrais sacras: *Demetrio, Atilio Regulo, Artaxerxes* (as três de maior sucesso público), *Dirceia* (*Demofoonte,* em italiano), *O Parnaso Acusado* (*Il Parnaso Accusato e Difeso,* em italiano), *José Reconhecido* e *O Sacrifício de Abraão*[35]. Todas essas traduções se perderam, com exceção talvez de duas[36]. E de sua produção dramática original só uma peça subsistiu – a única, aliás, de toda a dramaturgia brasileira do século XVIII. *O Parnaso Obsequioso*[37], escrito em 1768 para comemorar o aniversário do governador de Minas, toma como modelo, até no título, as ações teatrais do poeta italiano, que se diferenciavam de suas óperas, ou "dramas para

---

32  José Galante de Sousa, *O Teatro no Brasil,* Rio de Janeiro: MEC/INL, 1960, v. I, p. 109.
33  Idem, p. 113.
34  Carla Inama, Metastasio e i poeti arcadi brasiliani, São Paulo: Faculdade de Filosofia, Ciências e Letras, 1961, *Boletim n. 231*, p. 5. A tradução é nossa, do italiano.
35  Idem, p. 61.
36  Sob o título *Demofoonte em Trácia,* a Casa dos Contos de Ouro Preto publicou, num opúsculo sem data, o que se pretende ser a ópera *Demofoonte* de Metastasio, "adaptada ao teatro português por Cláudio Manoel da Costa". Tarquínio J. B. de Oliveira, no Preâmbulo, diz ter encontrado essa tradução, juntamente com a de *Artaxerxes,* no Arquivo Diocesano de Mariana. A cópia, feita "em fins do século XVIII, ou início do seguinte", estaria em mau estado de conservação, além de conter "cincadas do copista, despreocupado da posição correta das palavras no verso, assim como da grafia original ou do seu exato sentido". Em face dessas circunstâncias achamos mais prudente adiar toda e qualquer análise para quando se fizer uma rigorosa edição crítica da obra, ainda mais que a tradução, se realmente de Cláudio, nada acrescenta, apesar do seu interesse histórico, nem à glória do poeta mineiro, nem ao que se sabe sobre o teatro da época.
37  Cf. Caio de Mello Franco, *O Inconfidente Cláudio Manoel da Costa,* Rio de Janeiro: Schmidt, 1931. Até esta data a peça mantinha-se inédita.

música", entre outras coisas, pela extensão menor e pelo caráter francamente áulico. Eis como Carla Inama coloca a questão:

> O esquema destas ações é sempre o mesmo, do modo como Cláudio o seguiu: Apolo chama em conselho deuses, musas, deusas e pede-lhes que se enfrentem em tecer loas a uma determinada pessoa, altamente colocada, no dia em que transcorre o seu aniversário ou celebram-se as suas núpcias[38].

Dito isto, nada mais resta senão deplorar que do esforço criativo de um grande poeta só haja chegado à posteridade uma pecinha de circunstância, "para se recitar em música", que fugiria às regras do gênero se não fosse estritamente acadêmica e convencional.

A palavra ópera, por sua vez, não deve despertar excessivas reminiscências europeias. No contexto nacional, como no português, aplicava-se, se não a todas, a qualquer peça que contivesse números de canto, executados de conformidade com os recursos musicais de cada cidade. Os "dramas para música" de Metastasio prestavam-se, de resto, a tratamentos mais livres quanto à proporção entre o cantado e o falado, podendo ser lidos ou como libretos de ópera (e dezenas de compositores valiam-se do mesmo texto) ou como tragédia de fundo histórico (e final geralmente feliz), centradas sobre heróis da Antiguidade Clássica, cujos nomes ligavam-se não raro aos de uma cidade ou região – *Catone in Utica, Adriano in Siria* –, que figuravam menos como entidades geográficas precisas que como cenários de instantes cruciais de suas vidas. O coro não tinha muita importância no desenvolvimento do enredo, as personagens eram poucas, seis ou sete, a ação relativamente concentrada no espaço e no tempo. Esta economia de meios, mais próxima da disciplina neoclássica que das elaboradas fantasias mitológicas da ópera barroca do período anterior, facilitava evidentemente a montagem do espetáculo.

Ao contrário das peças espanholas, importadas a princípio, ao que parece, na língua original, as óperas italianas passavam sempre por Lisboa, de onde já vinham traduzidas ou adaptadas, às vezes com títulos modificados e quase sempre sem menção do autor, através de edições chamadas de "cordel" por serem vendidas nas ruas ou ficarem expostas nas lojas presas por barbantes. Em literatura, o vocábulo tomou logo um sentido popularesco e pejorativo. Mas em teatro, muitos autores, entre os mais ilustres, Molière, Voltaire, Goldoni (os três encenados ocasionalmente no Brasil), encontravam em tais folhetos, graficamente pobres e de duvidosa idoneidade editorial, um veículo rápido e barato de difusão em língua portuguesa.

Uma espécie de festival rústico de teatro realizado em Mato Grosso, sobre o qual existem informações seguras, permite que se compreenda melhor como se dava a passagem desse repertório europeu para o Brasil, em seu mais modesto nível artístico. Cuiabá, cidade distante do mar, de acesso difícil, possuía, não obstante, uma apreciável tradição teatral, legado da mineração. Com o propósito de homenagear uma alta autoridade judiciária, formaram-se em 1790 vários conjuntos amadores – ou de "curiosos", na linguagem da época –, que acabaram por apresentar, durante um mês, cerca de uma dezena de espetáculos.

O nível social dos atores e cantores improvisados, de acordo com o grupo em que atuavam, compreendia desde negros alforriados e mulatos até estudantes, professores de primeiras letras, funcionários públicos, caixeiros de lojas, modestos negociantes e militares. Entre estes, os soldados reforçavam a música com tambores, clarins, trombetas, ao passo que os oficiais, capitães, majores, não se acanhavam em subir ao palco para dançar em vestes femininas. É que as mulheres não participavam desta diversão considerada tipicamente masculina. Também aqui o exemplo procedia de Portugal, onde era prática comum, antes mesmo que D. Maria I proibisse o acesso de atrizes ao palco.

Os gêneros abordados iam da comédia seiscentista espanhola (*O Conde de Alarcos,* de Mira de Amescua; *Amor e Obrigação,* de Antônio de Solís) à ópera setecentista italiana (*Ézio em Roma, Zenóbia no Oriente,* de Metastasio), da comédia (*Sganarelo,* baseada em Molière) à tragédia clássica francesa (*Zaíra,* de Voltaire). Ainda que várias dessas atribuições de autoria sejam passíveis de dúvida, resultando de deduções atuais, impressiona a variedade de fontes, estendendo-se por dois séculos e três países. Mas a surpresa desvanece assim que se verifica, como fez um estudioso moderno, que as peças representadas em Cuiabá, sem exceção, possuíam um denominador

---

[38] *Metastasio e i poeti arcadi brasiliani*, p. 62. A tradução é nossa, do italiano.

comum bem próximo do Brasil, via Portugal: "todas elas são *teatro de cordel*", constatou Carlos Francisco de Moura[39]. Mais ainda: todas haviam sido publicadas ou republicadas recentemente em Lisboa. Participavam, portanto, do repertório corrente em Portugal e desse ângulo devem ser analisadas. A expressão "teatro de cordel", pouco significando do ponto de vista literário, como se tem notado, porque comportava de tudo, nem por isso deixava de corresponder a uma determinada realidade dramática. Esta identidade de palco, constituída por usos e costumes teatrais, alterava não pouco as características nacionais e estilísticas dos textos, tendendo a uniformizá-los. Um exemplo curioso desse fenômeno de contaminação literária acha-se no próprio repertório cuiabano. Pelo gênero e pelo título, dir-se-ia, nada de mais lusitano que o entremez *O Saloio Cidadão*. Mas trata-se, efetivamente, de uma adaptação livre de *Le Bourgeois Gentilhomme*, de Molière[40], devida provavelmente à pena incansável de Nicolau Luís, homem de teatro em atividade nos palcos lisboetas na segunda metade do século XVIII. A ele são creditadas perto de cinquenta de tais transcrições anônimas, entre as quais umas cinco ou seis das encenadas em Cuiabá, inclusive a tragédia *Inês de Castro*, "que segue de perto o texto de Vélez de Guevara"[41], *Reinar Después de Morir*. Almeida Garrett resumiu sem piedade o processo de produção deste repertório híbrido: "traduziam em português as óperas de Metastasio, metiam-lhe graciosos – chamava-se a isto *acomodar ao gosto português* –, e meio rezado, meio cantarolado, lá se ia representando"[42].

No Brasil, no distante Mato Grosso, as confusões conceituais e cênicas aumentavam. *Zaíra* passa de tragédia a ópera, enriquecendo-se com árias e duetos, e *Zenóbia no Oriente*, presumivelmente a obra de Metastasio intitulada *Zenobia ou Zenobia in Palmira*, recebe o rótulo de "comédia ou tragédia", aparente contradição em termos, que só se desfaz se admitirmos que "comédia" está empregada na acepção espanhola e "tragédia", na francesa, nenhuma das duas, no entanto, convindo a uma ópera italiana.

Alguém que assistiu ao festival com olhos benevolentes, cúmplices quase, porém não desinformados, o próprio homenageado, ao que indicam certas frases, deixou sobre as peças e sua execução algumas anotações marginais interessantes. Criticou, ao falar de *Zaíra,* a versificação, "um pouco frouxa por defeito do tradutor", elogiou uma comédia, cujo nome se perdeu, "uma das melhores que há", "à exceção de alguns poucos defeitos próprios do teatro português" – sem esclarecer, infelizmente, quais seriam eles. Sobre os "cômicos", ou atores, salientou que a maior parte nunca havia subido ao palco (a palavra empregada é "teatro", mas nesse sentido, então habitual), "e por isso mesmo é tanto mais admirável o como executam os seus papéis". Quase todos, pelo visto, eram igualmente "curiosos na cantoria", já que as anotações destacam um deles, por ser "músico de profissão, de voz e de estilo". Na ópera *Ézio em Roma*, ele interpretou, como "dama", o papel de Honória. Registre-se, a propósito, que as personagens femininas, bem como os "graciosos" de ambos os sexos, ficavam sempre a cargo de alguns especialistas, talvez de maior experiência teatral.

Um dos comentários, em especial, por dar a exata dimensão social e artística do empreendimento, vale uma longa citação:

Esta noite saiu a público a comédia *Tamerlão na Pérsia*, representada pelos crioulos. Quem ouvir falar neste nome dirá que foi função de negros, inculcando neste dito a ideia geral que justamente se tem que estes nunca fazem coisa perfeita e antes dão muito que rir e criticar. Porém não é assim a respeito de certo número de crioulos que aqui há; bastava ver-se uma grande figura que eles têm; esta é um preto que há pouco se libertou, chamado Victoriano. Ele talvez seja inimitável neste teatro nos papéis de caráter violento e altivo. Todos os mais companheiros são bons e já têm merecido aplausos nos anos passados. Eles, além da comédia, cantaram muitos recitados, árias e duetos, que aprenderam com grande trabalho, e como só o faziam por curiosidade causaram muito gosto[43].

Terminada a leitura desses apontamentos, fica a impressão de uma amálgama pobre de três dramaturgias ricas: a espanhola, a francesa e a italiana. Algo mal definido, que nunca é exatamente comédia (a

---

39 *O Teatro em Mato Grosso no Século XVIII*, Belém: Universidade Federal de Mato Grosso, Sudam, 1976, p. 37.
40 Idem, p. 38.
41 L. F. Rebello, *História do Teatro Português*, p. 76.
42 *Obras*, v. II, Porto: Lello e Irmãos, 1963, p. 1.321.

43 C. F. Moura, op. cit., p. 62-66. Modernizou-se a ortografia e corrigiram-se pequenos lapsos de linguagem.

designação mais frequente), ou tragédia, ou ópera, extraindo de cada gênero alguns traços, que se fundem ao sabor das circunstâncias locais, mais como veleidade artística do que como realização efetiva. Se qualquer coisa de nacional possuíam tais espetáculos seria apenas esta própria mistura, nascida de frustrações, de insuficiências, não de qualidades positivas.

O que parecia determinar o teatro, em princípio, seria o desejo de fornecer ao público uma diversão tão completa quanto possível, reunindo no mesmo produto os prestígios combinados da fala dramática, do canto, da dança, das vestimentas raras (Orosmane apresentando-se "à turca" em *Zaíra*), da "profusão de luzes" (a cargo de velas de cera) e da música instrumental. A orquestra, colocada ao lado ou dentro do tablado (chamado às vezes de "teatro"), incluía rabecas, flautas e, excepcionalmente, uma trompa, além dos metais e tambores militares.

A Pérsia (*Tamerlão na Pérsia*), a Síria (*Aspásia na Síria*) e o Egito (*Sesostris no Egito*) surgiam em cena, ao menos nas intenções, como países remotos, lendários, habitados por heróis e heroínas de nomes convenientemente arrevezados. O outro lado da medalha, necessário como complemento do espetáculo, sobretudo quando a peça principal não continha "graciosos", era proporcionado pelo entremez. De fôlego curto, ligadas à vida diária, deixando-se aportuguesar ou abrasileirar com facilidade mesmo quando de nacionalidade diversa, essas pequenas farsas, por sua despretensão, não inibiam a criatividade de ninguém. Também em Cuiabá produziu-se um "composto aqui mesmo", por um capitão dado às letras, "bastantemente gracioso", ou seja, engraçado.

Já celebramos na figura curiosa do índio Ambrósio Pires, que foi a Lisboa com os jesuítas e se distinguia no palco contrafazendo ridículos "Anhangás", o nosso primeiro ator cômico mencionado em letra que com o tempo se tornaria de forma. Nada mais justo, então, até a título de símbolo cultural, do que reconhecer em Victoriano[44], negro, ex--escravo, intérprete de Bajazet em *Tamerlão na Pérsia*, "talvez inimitável neste teatro nos papéis de caráter violento e altivo", a primeira vocação dramática brasileira reconhecida e nomeada por escrito como tal. Um primitivo, sem dúvida – mas já aprendemos modernamente a não desprezar em arte o primitivismo.

No final do século XVIII, com a disseminação das Casas de Ópera, manifestou-se em vários lugares a intenção de fugir ao amadorismo, ou à "curiosidade", palavra sugestiva porque exprime bem o que havia de frágil nessas adivinhações cênicas, nas quais se procurava intuir o que não se sabia, nem pela teoria, nem pela prática. Não terá sido por acaso que três documentos contemporâneos hajam chegado aos nossos dias, atestando a vontade de regularizar-se em definitivo o movimento teatral. São três contratos firmados em cartório, um em São Paulo, em 1798, e dois em Porto Alegre, em 1797 e 1805[45]. Formalmente assemelham-se a qualquer outro instrumento jurídico destinado a ordenar as relações entre empresários e atores profissionais, estabelecendo os direitos e deveres recíprocos. Nas entrelinhas, entretanto, certos detalhes entremostram a realidade. Algumas atrizes, por exemplo, assinam a rogo, obviamente por serem analfabetas. Com relação ao número de representações, preveem-se desde uma cota dificilmente exequível (dois entremezes e duas óperas novas a cada trinta dias, no primeiro contrato de Porto Alegre) até um cálculo menos ambicioso e mais apropriado à realidade social do teatro: haveria estreia de peça em São Paulo, nas palavras de Viriato Corrêa, que teve em mãos o contrato, "por ocasião do aniversário de pessoas da família real, do general governador da capitania e do bispo. E também quando fosse do agrado do governador"[46]. Antes de ser arte ou diversão, o teatro propunha-se como cerimônia cívica.

O centro da vida teatral fixara-se de vez no Rio de Janeiro, sob a proteção, variável em intensidade, de sucessivos vice-reis. Não faltam descrições detalhadas referentes à Casa da Ópera fluminense: do interior do teatro, "adereçado com a maior pompa de brilhos de argênteos candelabros nos panejamentos carmesins"; de espetáculos, que "deslumbravam com o seu esplendor o povo colonial"; do palco,

---

44 O Victoriano destacado pela crítica em *Tamerlão na Pérsia* deve ser o mesmo que reaparece a 11 de setembro na lista dos participantes do espetáculo, já que os seus companheiros de elenco são em parte os mesmos. O seu nome completo seria nesse caso Victoriano da Costa Viana. Cf. idem, p. 64, 58, 61.

45 Athos Damasceno Ferreira, *Palco, Salão e Picadeiro em Porto Alegre no Século XIX*, Rio de Janeiro: Globo, 1956, p. 4-8.
46 Primeiro Contrato Teatral que Se Fez no Brasil, *A Noite*, Rio de Janeiro, 25 de novembro de 1954, p. 3. Também, do mesmo autor, Origens e Desenvolvimento do Teatro Brasileiro, *Jornal do Comércio*, 27 de julho de 1954.

"adornado de vistosas bambinelas", sobressaindo-se "um riquíssimo pano de boca, pintado pelo pardo Leandro Joaquim, artista de reputação célebre e seu principal cenógrafo"; e até de um incêndio setecentista, descrito com minúcias de quem viu tudo pessoalmente e muito de perto[47].

Mas todos esses quadros, traçados a distância, na segunda metade do século XIX ou em meados do século XX, por diferentes autores, pecam pelo mesmo defeito histórico: não revelam as fontes que lhes dão tanta segurança informativa. De garantido, de inquestionável mesmo, restam alguns fatos (o incêndio do primitivo teatro, substituído pela chamada Ópera Nova) e alguns nomes, de atores bem recebidos pelo público, como "o mulato José Inácio da Costa, apelidado o *Capacho*", e de um empresário, Manuel Luís Ferreira, nascido em Portugal, "barbeiro, dançarino e tocador de fagote, vindo ao Brasil como tambor de um regimento"[48]. Protegido por dois vice-reis, de quem teria sido, segundo as más línguas, alcoviteiro e bobo da corte, ele subiu até chegar a comendador, dando origem a uns versinhos cáusticos:

> Quem desejar
> ser comendador
>
> toque fagote
> ou seja tambor[49].

Homem de iniciativa, certamente, proprietário da Ópera Nova, que manteve em funcionamento por muitos anos, Manuel Luís não deixava de ter lados francamente ridículos, que seriam glosados meio século depois nas crônicas de Martins Pena, onde ele aparece como sinônimo de atraso, misto de ignorância e de ousadia teatral. Entre as suas proezas dramáticas, incorporadas ao folclore do palco, estariam ter proposto substituir leões por jacarés na oratória *Daniel no Lago dos Leões* (o título bíblico correto seria *Daniel na Cova dos Leões*) e ter feito César "aparecer certa ocasião em cena de botas de montar, casaca de corte e cabeleira de rabicho"[50].

Cabe perguntar, no entanto, se o nome desse Fígaro frusto e bem-sucedido teria ficado na história do teatro brasileiro caso ele não demonstrasse tanta impudência e coragem na prática empresarial. Se ganhou dinheiro com teatro – parece que sim – merece homenagens esfuziantes da posteridade.

Também é certo haver sido na última década do século XVIII que se iniciou o intercâmbio, ainda muito ocasional, entre colônia e metrópole. Dos teatros portugueses nos veio Antônio José de Paula, mulato, natural de Cabo Verde, "um dos mais famosos atores do seu tempo e sem dúvida o mais culto", no dizer autorizado de Jorge de Faria, que julga não andar "longe da verdade" ao situar esta temporada pioneira "entre 1790 e 1792"[51]. Quanto ao prestígio artístico do nosso visitante, também tradutor e empresário, basta dizer que foi a seu pedido que as mulheres retornaram aos palcos lisbonenses, em 1800, após um exílio de perto de vinte anos.

De nossa parte, enviamos para lá a mais apreciada cantora brasileira, Joaquina (*Giovacchina* em posteriores versões italianas) Maria da Conceição Lapa, a popular Lapinha, que, em fins de 1794 e começo de 1795, deu dois concertos no Porto e um no recentemente inaugurado Teatro São Carlos, de Lisboa[52]. Não sabemos se ela incluía "modinhas" nacionais em seu repertório. Mas estas já eram conhecidas em Portugal, pelo menos desde 1776, quando começam a entrar na execução de entremezes e mesmo de outros gêneros de peça[53].

Saindo do Rio, cidade que ia se destacando das demais pelo tamanho e pelo grau de urbanização, o que narram os viajantes europeus, sem excluir os mais simpáticos ao Brasil, não é de molde a dar uma ideia favorável – para dizer o menos – do teatro nacional. Os alemães Carl Friedrich von Martius e Johann Baptiste von Spix visitaram São Paulo em 1818. Sobre a atividade dramática escreveram:

---

47 Cf. L. Hessel e G. Raeders, *O Teatro no Brasil*, p. 43-46.
48 Idem, p. 45-46.
49 Ayres Andrade, *Francisco Manoel e Seu Tempo*, v. I, Rio de Janeiro: Tempo Brasileiro, 1967, p. 64.
50 *Folhetins*, Rio de Janeiro: MEC/INL, 1965, p. 267-268.

51 As Primeiras Quatro Levas de Cômicos para o Brasil, *Ocidente*, vol. III, p. 322. Bocage dedicou-lhe, em 1802, uma poesia, intitulada "Despedida de Antônio José de Paula aos Portuenses".
52 Cf. Ernesto Vieira, *Dicionário Biográfico de Músicos Portugueses*, v. II, Lisboa: Matos Moreira e Pinheiro, 1900, p. 14.
53 Cf. M. C. de Brito, *Opera in Portugal in the Eighteenth Century*, Cambridge: Cambridge University Press, 1989, p. 215. O autor afirma, na mesma página, que "o vasto e pouco estudado assunto da ópera no Brasil colonial é complexo demais para ser sequer esboçado aqui".

Assistimos, no teatro construído em estilo moderno, à representação da opereta francesa *Le Déserteur,* traduzida para o português. A execução evocava o tempo em que a carruagem de Tespis andou nas ruas de Atenas pela primeira vez. O conjunto de atores, pretos ou de cor, pertencia à categoria daqueles aos quais Ulpiano ainda dá *levis notae macula.* O ator principal, um barbeiro, emocionou profundamente os seus concidadãos. O fato de ser a música, igualmente, ainda confusa, e à busca dos seus elementos primitivos, não nos estranhava, pois, além do violão, predileto para acompanhamento do canto, nenhum outro instrumento é estudado[54].

O francês Saint-Hilaire, um ano mais tarde, não manifestaria maior entusiasmo pelo teatro paulista: "A representação constou de *O Avarento* e de uma pequena farsa. Os atores eram artesãos, em sua maioria mulatos, e as atrizes, prostitutas. O talento destas se harmonizava perfeitamente com o seu grau de moralidade. Dir-se-ia que se tratava de marionetes movidas por um cordel. A maior parte do elenco masculino não era melhor do que elas. No entanto, não se podia deixar de reconhecer que alguns deles tinham um certo pendor inato para o teatro".

Mais interessante, contudo, do que essa decapitação sumária, é a parte introdutória do depoimento de Auguste Saint-Hilaire, em que ele descreve o teatro, diz alguma coisa sobre o público e revela de passagem os laços entre governantes e governados que o palco estabelecia ou reforçava:

Certa ocasião em que jantei com o general, ele me convidou para assistir a um espetáculo, e às oito da noite dirigi-me ao palácio. Era em frente do prédio que ficava a sala de espetáculos, e nada no seu exterior indicava a finalidade a que se destinava. O que se via era apenas uma casa pequena, de um só pavimento, baixa, estreita, sem ornamentos, pintada de vermelho e com três amplas janelas de postigos pretos. Até mesmo as casas de pessoas de poucas posses tinham melhor aparência. O interior era mais bem cuidado, mas extremamente exíguo. Entrava-se inicialmente num pequeno saguão, que dava acesso aos camarotes e à plateia. A sala, bastante bonita e com três fileiras de camarotes, era iluminada por um belo lustre e por vários lampiões. Quanto à pintura no teto, à cortina e às decorações, eram de um mau gosto mais acentuado do que o encontrado mesmo nas casas mais modestas. Na plateia só se viam homens, todos acomodados em bancos. O camarote do general ficava na segunda fileira, defronte do palco, e era estreito e comprido, com cadeiras dispostas dos dois lados. Uma galeria bastante bonita dava acesso a ele. Quando chegamos, o público já estava presente. O general distribuiu cumprimentos à direita e à esquerda, e nesse instante todos os homens da plateia se levantaram e se voltaram para ele. Sentaram-se todos de novo quando a peça começou, mas voltaram a se conservar de pé nos intervalos[55].

O teatro não possuía caráter oficial, não fazia parte dos órgãos do governo, mas, como se vê, mantinha com ele relações de subordinação e respeito.

As observações de Auguste Saint-Hilaire sobre São Paulo repetem, com pequenas variações, muitas das que ele havia feito pouco antes, ao passar por Vila Rica, que, na verdade, ao entrar no século XIX, já não merecia tal nome: teatro de "aparência mesquinha" em sua fachada; sala "bastante bonita, porém pequena e muito estreita"; "quatro ordens de camarotes, cuja frente é fechada por balaústres rendados que não produzem mau efeito"; plateia só de homens, sentados em bancos. O detalhe a mais, nesta parte material, fica por conta dos cenários, que ganham um elogio, embora expresso, como os demais, por via negativa: "entre as decorações, que são variadas, há algumas suportáveis". Já era algum progresso.

A respeito da representação, ele fornece informações suplementares, sempre no mesmo tom agridoce:

Os atores têm o cuidado de cobrir o rosto com uma camada de branco e vermelho; mas as mãos traem a cor que a natureza lhes deu, e provam que a maioria deles é de mulatos. Não têm a menor ideia da indumentária; e, por exemplo, em peças tiradas da história grega vi personagens vestidos à turca e heroínas à francesa. Quando esses atores gesticulam, o que raramente sucede, poder-se-ia pensar que são movidos por molas, e o ponto, que lê a peça enquanto eles declamam, fala tão alto, que frequentemente sua voz mascara completamente a dos intérpretes[56].

[54] *Viagem pelo Brasil,* v. 1, tradução de Lúcia Furquim Lehmeyer, São Paulo/Belo Horizonte: Edusp/Itatiaia, 1981, p. 141. *Le Déserteur* deve ser a conhecida peça de Sedaine.

[55] *Viagem à Província de São Paulo,* tradução de Regina Regis Junqueira, São Paulo/Belo Horizonte: Edusp/Itatiaia, 1976, p. 144. *O Avarento* é naturalmente a comédia de Molière.

[56] *Viagem pelas Províncias do Rio de Janeiro e Minas Gerais,* tradução de Vivaldi Moreira, São Paulo/Belo Horizonte: Edusp/Itatiaia, 1975, p. 73. A indumentária "à turca", já presente nos es-

Chama a atenção, nos relatos dos europeus, dois tópicos recorrentes: a má qualidade das representações, reafirmada por todos eles, e, já na passagem do século XVIII para o XIX, a presença constante de mulatos entre os atores.

A acidez das críticas estrangeiras contrasta terrivelmente com as apreciações nacionais contemporâneas, nos raros casos em que elas existem, e mais ainda com o que escreveram cronistas e historiadores brasileiros de épocas seguintes, sempre prontos a suprir com fértil imaginação a ausência de documentos. Mas não se trata só de ufanismo. Há igualmente uma diversidade de critérios. Os de fora encaravam o teatro como fenômeno estético, comparativamente, valendo-se de padrões europeus. E tinham razão. Os de casa, sentindo na carne as nossas insuficiências, saudavam qualquer realização cênica como um triunfo inesperado e honroso da civilização sobre a barbárie. Não era necessário que fosse bom: bastava que fosse teatro para despertar o entusiasmo patriótico. E também tinham razão.

Quanto à participação de mulatos, ou pardos, ou homens de cor, conforme as versões, o fato pode explicar-se tanto por uma propensão natural da raça ou da cultura negra, sobretudo em relação à música, quanto pelo descrédito que envolvia a profissão de ator. Na primeira metade do século XVIII, época em que o teatro ainda se concebia como festa coletiva, os negros não se negavam a dar o seu quinhão, comparecendo, embora marginalmente, com os seus cantos, os seus instrumentos musicais, as suas danças africanas – "o vil batuque", na expressão das *Cartas Chilenas* –, que mais tarde se integrariam na arte e na consciência nacional. Agora, na virada do século, quando o teatro tentava a todo custo profissionalizar-se, oferecia-se a ocasião para que os seus descendentes já mestiçados subissem até o palco, aproveitando-se das interdições morais que pesavam sobre ele. O marquês de Pombal decretara em 1771 que a atividade dramática "por si é indiferente e que nenhuma infâmia irroga àquelas pessoas que a praticam nos teatros públicos"[57]. Mas a prevenção persistia. A verdade é que os brancos desciam e os mulatos subiam socialmente ao tornarem-se atores. E se havia prostitutas entre as atrizes, isto se dava pela razão óbvia de que as mulheres de conduta ilibada sentir-se-iam manchadas em sua reputação caso se exibissem perante públicos predominantemente masculinos. Essa situação não era exclusiva do Brasil. Também na Europa existia uma distância bem marcada entre uma arte valorizada como tal e o homem que a exercia. O espaço reservado aos atores pela sociedade oscilava precariamente entre os primeiros e os últimos lugares. Não andavam longe as fulminações da Igreja Católica contra esses histriões de vida errante, que não hesitavam em mudar de voz, de cara e de personalidade. No Brasil, este preconceito somava-se, ou cruzava-se, com outro, o racial. Daí o predomínio cênico de mulatos, que não duraria muito, desaparecendo com a chegada de profissionais de palco portugueses.

Causa estranheza, por outro lado, a escassez no repertório setecentista, não diremos de brasileiros, seria pedir muito, mas de autores portugueses, cuja contribuição limitava-se quase a entremezes e adaptações. Pelo menos um comediógrafo de além-mar (nascido no Brasil, mas que daqui partiu menino) mereceria aparecer com destaque nas representações do lado de cá do Atlântico. Antônio José da Silva (1705-1739), o Judeu, vitimado pela Inquisição, foi o único escritor teatral do seu país e do seu século a agradar indistintamente ao público e à crítica, aos doutos e aos iletrados. As suas "óperas" joco-sérias constituíam uma resposta ibérica (com forte carga espanhola) e popular às aristocráticas óperas italianas, que começavam a invadir os palcos portugueses. Só a esse título já lhes caberia uma posição privilegiada na cena nacional. E, de fato, referências a elas é o que não falta na história do teatro brasileiro. Mas é preciso um pouco de cautela quanto a essas atribuições autorais. Quase todas, se bem examinadas, deixam a descoberto um perigoso caráter retrospectivo, ressalvando-se uma ou outra exceção, como a provável montagem das *Guerras do Alecrim e Manjerona* em Mato Grosso no ano

---

petáculos de Cuiabá, explica-se provavelmente pelas montagens frequentes de *Zaíra,* tragédia de Voltaire. Quanto à autenticidade histórica das roupas de palco, essa foi uma das preocupações centrais dos grandes trágicos franceses do período, de Lekain (1729-1778) a Talma (1763-1826).

57 Antônio de Sousa Bastos, *Carteira do Artista,* Lisboa: Antiga Casa Bertrand, 1898, p. 203.

de 1785[58]. No mais das vezes afirma-se que o Judeu foi encenado nesta ou naquela cidade porque, em tese, por uma questão de probabilidade e até de reivindicação nativista, deveria ter sido. A hipótese, trazendo de volta o escritor ao Brasil, é das mais simpáticas. Mas para confirmá-la, sem provas documentais diretas, há de se vencer algumas objeções preliminares. As suas peças, de assunto mitológico (salvo duas), de estrutura episódica, lançando mão de efeitos especiais ("tramoias", no jargão teatral) e de constantes mutações de cenário, foram imaginadas, dentro de um estilo barroco em vias de desaparecer, para se apresentarem em teatro de bonecos, onde tudo isto se realizava através de fios, sem dificuldade. Exigiriam, para ser interpretadas por atores de carne e osso, como se pretende haja acontecido no Brasil, um aparelhamento cênico, um domínio artesanal do palco, que o teatro colonial não parecia possuir. Além disso, muitos títulos seus eram tradicionais, a exemplo dos enredos que transcreviam. Citados isoladamente, sem menção de autor, nada nos autoriza a ligá-los sem maiores investigações a determinado escritor. *Os Encantos de Medeia*, por exemplo, a peça que estaria sendo encenada na Casa da Ópera do Rio quando ela foi destruída pelo fogo em 1769, conforme narra com pormenores Luís Edmundo[59], tanto pode ser a conhecida ópera do escritor português como, embora com menos probabilidade, a comédia espanhola homônima de Rojas Zorilla. O erro da maioria desses raciocínios, feitos *a posteriori*, é supor que a figura do Judeu, mantida por muito tempo quase em sigilo por causa de sua condenação e morte bárbara em auto de fé, era tão conhecida e festejada então quanto passou a ser a partir do século XIX. Varnhagen, em contraposição, historiador seguro e afeito a documentos, escreveu em 1850 que não lhe constava "que fossem jamais representadas em teatros do Brasil"[60] óperas de Antônio José. A questão, portanto, permanece em aberto, discutível caso a caso, à espera da última palavra, se é que algum dia ela será proferida.

## III

Recapitulando e sintetizando, para finalizar, diríamos que o teatro colonial equilibrou-se como pôde entre três instáveis pontos de apoio: o Ouro, o Governo e a Igreja.

O ouro pode ser entendido como símbolo da vida econômica. Mas, no contexto brasileiro, significou quase sempre ele mesmo, um dos poucos elementos capazes de garantir, enquanto durou, um razoável arremedo de cultura urbana, propícia, ao contrário da cultura rural, ao crescimento do teatro. Foi ele o responsável pelos numerosos espetáculos de Mato Grosso, não inferiores em número aos de qualquer outra província, e pela disseminação dramática de Minas Gerais, espraiando-se de Vila Rica a várias cidades da zona de mineração, Sabará, Mariana, São João Del-Rey, Diamantina.

O governo agia em mais de um nível. Localmente ajudava a edificar as Casas de Ópera. Em plano mais amplo, criava em torno dos governadores, e principalmente dos vice-reis, uma pequenina corte, formada por magistrados, bispos, advogados, altos funcionários, gente letrada, acessível às aventuras da arte e do pensamento. A doutrina oficial, quando começou a formular-se velada e timidamente, inspirava-se no exemplo de Luís XIV (e mais tarde no de Napoleão) em suas relações paternalistas com a *Comédie Française*. O teatro concorreria para o avanço da civilização e seria o termômetro pelo qual se mediria o grau de adiantamento de um país. Cumpria ainda uma missão cívica, aproximando as pessoas comuns das autoridades, ao ensejar que as primeiras homenageassem as segundas em ocasiões especiais. Eventos relacionados com a corte portuguesa repercutiam aqui sob a forma de canhestras e bem-intencionadas representações. No biênio 1793-1794, o nascimento da princesa da Beira, filha de D. Carlota Joaquina e do futuro D. João VI, foi festejado através de espetáculos comemorativos por assim dizer do norte ao sul do Brasil:

---

58 Cf. C. F. Moura, op. cit., p. 46. O documento refere-se à representação "de uma ópera intitulada *O Alecrim e a Manjerona*". Há uma ópera portuguesa de título semelhante, *Glórias do Alecrim e Triunfo da Manjerona*, escrita em 1741 (Cf. J. O. Barata, *Antônio José da Silva*, p. 213). Mas parece bem mais provável que a representação de Cuiabá seja da peça de Antônio José, inspiradora da outra e muito popular em Portugal.
59 *O Rio de Janeiro no Tempo dos Vice-Reis*, 4. ed., v. 3, Rio de Janeiro: Conquista, 1956, p. 526-528.
60 Op. cit., p. XXXIII.

em Belém do Pará, num extremo, em Rio Pardo, cidade gaúcha, no outro extremo, e, ao centro, em Cuiabá[61]. Mas os governantes não dispunham, para a execução de uma política contínua, dos necessários instrumentos jurídicos e recursos econômicos, de modo que o interesse pelo teatro flutuava ao sabor das preferências pessoais.

A Igreja, desses três poderes, foi o mais constante, o único que esteve com o teatro de princípio ao fim, desde Anchieta, digamos assim, até o padre Ventura, ainda que no campo doutrinário muitas vezes se manifestasse contra ele. As fileiras eclesiásticas, cobrindo em princípio todo o território nacional, ofereciam à cena um pouco de tudo: autores (de longe a categoria mais numerosa), atores ocasionais, músicos, regentes, e até empresários (num dos contratos teatrais celebrados em Porto Alegre, o de 1805, o contratante é exatamente um padre). O exemplo de Minas Gerais mostra bem que as artes (excluindo-se a poesia, sempre mais autônoma socialmente) só floresciam no período colonial na medida em que se integravam à própria estrutura da Igreja, formando com ela um corpo só: a arquitetura, a pintura, a escultura, ajudando a construir templos; a música, participando dos ritos religiosos, o que dava origem a cargos fixos e remunerados, como o de "mestre de capela". Não era o caso do teatro, chamado a atuar somente nas grandes festas, nas quais todos os segmentos da sociedade se faziam representar. Exceto em tais ocasiões, as suas oportunidades ficavam na dependência da vocação dramática ou da curiosidade artística deste ou daquele eclesiástico, coisas que para sorte sua nunca lhe faltaram.

Mesmo, no entanto, que o teatro do século XVIII – o dos séculos anteriores já fazia muito em existir – vencesse todos esses obstáculos, encontraria pela frente uma contradição mais funda, a que separava os dramaturgos em potencial dos atores disponíveis no mercado. A arte encurta às vezes a distância existente entre o erudito e o popular. Os dois gêneros teatrais em ascensão entre 1750 e 1800, a ópera e a tragédia neoclássica, distinguiam-se, ao contrário, pelo traço aristocrático.

As óperas italianas, a rigor, só podiam ser cantadas pelos próprios italianos, que contavam para isso com um trunfo insubstituível – os *castrati*. É o que demonstra o panorama operístico português, onde as carreiras internacionais de uma Luiza Todi (nascida Aguiar), como cantora, e de um Marcos Portugal, como compositor, constituem exceções quase absolutas. No Brasil, a ópera caía nas mãos de executantes medíocres, ou de simples "curiosos", depois de sofrer um primeiro rebaixamento de nível em Lisboa, ao passar dos palcos ligados à Casa Real aos de segunda linha, sustentados pelo pequeno público pagante.

A tragédia em moldes franceses, que a Arcádia sonhou em reviver no Brasil como em Portugal, alimentando-se menos do enredo que da perfeição formal, impunha normas estilísticas impossíveis de serem atendidas por intérpretes sem escola e sem tradição. Esse impasse transparece com clareza em Vila Rica, nos poucos decênios em que conviveram lado a lado eminentes poetas arcádicos e pessoas interessadas em elevar o teatro à altura deles. Mas se Cláudio Manoel da Costa escrevia tragédias e traduzia Metastasio, cujas óperas revelavam algo da nova simplicidade cênica, as *Cartas Chilenas*, hoje atribuídas a Tomás Antônio Gonzaga, deploravam, na mesma ocasião, que, em festividades organizadas pelo governador da província, "os três mais belos dramas se estropiem, repetidos por bocas de mulatos"[62]. Ora, mulatos eram também, em sua maior parte, os músicos, os compositores, os pintores, os escultores de Vila Rica. A diferença é que a cor deles não se imprimia, como um estigma, na obra de arte que produziam. O contrário dava-se com os atores, cuja matéria-prima é sempre o próprio corpo, as mãos, o rosto, que inutilmente pintavam para embranquecê-los. Entre os escritores de cultura europeia, formados em Coimbra (a nossa grande fornecedora de juristas e poetas), e os seus porta-vozes em cena, abria-se assim um fosso econômico e artístico intransponível. Há qualquer coisa de ridículo – e de patético – naquele espetáculo da longínqua Cuiabá em que um grupo de negros, "uns pobrezinhos", na classificação de quem nos legou piedosas notas sobre eles, interpretou uma peça intitulada nada menos

---

[61] Cf. L. Hessel e G. Readers, O *Teatro no Brasil*, p. 67-68, 72; C. F. Moura, op. cit., p. 70.

[62] Tomás Antônio Gonzaga, *Obras Completas*, v. I, Rio de Janeiro: INL, 1957, p. 115.

que *Tamerlão na Pérsia,* atribuída, ao ser encenada em Lisboa, ao libretista Apostolo Zeno[63], antecessor de Metastasio na renovação da ópera italiana. As distâncias sociais e estéticas eram porventura ainda maiores do que as geográficas e históricas.

O teatro apresentava-se no Brasil sob várias máscaras, às vezes tão diversas como as da comédia e da tragédia. Pelo seu lado mais pobre, mais terra a terra, contentava-se com espetáculos amadores improvisados, aproveitando-se de que para subir a um estrado e dizer algumas frases decoradas não era preciso nem mesmo aquele mínimo de exercício técnico imprescindível na pintura e na música. Esse hábito popular nos vinha através das naus portuguesas, seja nas quinhentistas, em que padres jesuítas encenavam vidas de santos e autos sacramentais durante as calmarias[64], seja, duzentos anos mais tarde, nas embarcações setecentistas, como maneira fortuita de preencher as horas vazias. Foi este o caso na vinda ao Brasil de D. Luís de Albuquerque, nomeado em 1771 governador de Mato Grosso. Em seu *Diário de Viagem,* ele assinala a montagem de dois entremezes: *As Preciosas Redicolas* [sic] e *O Velho Namorado*[65]. A este nível de diversão, para os que falam como para os que ouvem, o teatro floresceu no Brasil em proporções que podemos conjecturar mas não recensear (nem haveria interesse nisso).

Pelo outro lado, exatamente oposto ao primeiro, a dramaturgia, enquanto literatura, oferecia-se, à imaginação de alguns poetas que habitavam em pensamento mais a Europa clássica que o Brasil presente, como um dos três gêneros literários nobres por direito de nascença, por possuírem as mais antigas e frondosas árvores genealógicas. Se éramos capazes de escrever epopeias e poesias líricas, por que não seríamos de compor dramas e tragédias? Que nada haja subsistido em papel impresso desses projetos ambiciosos do século XVIII, a não ser nomes de autores e títulos de peças, além do pobre *Parnaso Obsequioso,* é prova que o teatro, em seu plano mais elevado, nunca passou de uma forte

mas inexequível aspiração nacional. Sonhávamos em ingressar no recinto das grandes obras universais, reduto e apanágio das nações civilizadas, sem dispor dos recursos extraliterários, propriamente teatrais, para isso necessários. Não possuíamos nem público em quantidade suficiente, nem atores profissionais qualificados – a camada intermediária que nos permitiria passar da mais fácil das artes, quando amadora, para uma das mais difíceis, quando estritamente profissional.

Portugal, em matéria dramática, era o reflexo de suas irmãs latinas, a Espanha, a Itália, a França. Ao Brasil cabia um papel ainda menor: o de satélite de um astro que só muito de raro em raro brilhava por conta própria.

## 3. A HERANÇA TEATRAL PORTUGUESA

> *A última hora da tirania soou; o fanatismo, que ocupava a face da Terra, desapareceu, o sol da Liberdade brilhou no nosso horizonte, e as derradeiras trevas do despotismo foram, dissipadas por seus raios, sepultar-se no inferno.*
>
> Almeida Garrett

I

No século XIX os fatos teatrais, acompanhando os políticos, precipitam-se. As tropas de Napoleão invadem Portugal. A corte portuguesa busca refúgio no Brasil, logo está instalada no Rio de Janeiro. Em 1810, o príncipe regente, o futuro D. João VI, revela através de um decreto o seu desejo de que "nesta capital [...] se erija um teatro decente e proporcionado à população e ao maior grau de elevação e grandeza em que hoje se acha pela minha residência nela [...]"[66]. Não se compreendia, obviamente, casa real sem o seu respectivo palco, traço de união – e às vezes de desunião – entre poder e povo.

---

63 M. C. de Brito, op. cit, p. 115.
64 Cf. C. Martins, *O Teatro Quinhentista nas Naus da Índia,* Lisboa: Broteria, 1973.
65 C. F. Moura, op. cit., p. 45-46. O entremez *As Preciosas Redicolas* é evidentemente uma adaptação da famosa comédia de Molière.

66 A. Andrade, op. cit., p. 109.

A iniciativa de construção caberá a Fernando José de Almeida, que chegara de Portugal em 1801, na qualidade de cabeleireiro do novo vice-rei. Recordando que Manuel Luís, o empresário teatral anterior, começara como barbeiro, Ayres de Andrade comenta com graça: "Naqueles tempos, profissionais do pente e tesoura dir-se-ia que haviam de andar sempre metidos em assuntos de teatro"[67]. Exato, mas, aparentemente, sob uma condição: que eles fossem ou tivessem sido serviçais da corte, perante a qual, devido à sua própria situação social, ao mesmo tempo inferior e íntima, achavam-se habilitados a prestar serviços delicados, como esses de teatro, pouco apropriados a pessoas sérias – e a fidalgos então nem se diga.

O teor do decreto esclarece de que forma, marcadamente indireta, a coroa protegia o palco. Fernandinho, como todos o conheciam, entrava com o terreno e responsabilizava-se pela venda de ações que formaria o fundo econômico do negócio. Em compensação, sempre sob a vigilância do governo, recebia vários benefícios, tais como isenção de taxas e concessão de loterias. Uma vez pago o teatro, este seria inteiramente seu. O príncipe oferecia o aval da realeza, mas sem se comprometer com o empreendimento, realizado por interposta pessoa.

Três anos depois o "teatro decente" está pronto, o primeiro de grandes dimensões erigido no Brasil, pondo fim ao ciclo das "Casas de Ópera". É também o primeiro de uma série de cinco edifícios teatrais que se sucederão no mesmo local, três consumidos pelo fogo (1824, 1851, 1856) e o quarto, vítima (1930) de um feroz e desastrado ímpeto modernizador. As denominações também variaram, conforme as circunstâncias históricas: Teatro S. João (o regente permitira que o seu augusto nome fosse usado), Teatro S. Pedro de Alcântara (D. Pedro proclamara a Independência do Brasil), Teatro Constitucional Fluminense (vitória dos liberais em 1831), de novo Teatro S. Pedro de Alcântara (firmara-se a sucessão dinástica), e, por fim, denominação atual, já desligada do trono, que desaparecera, Teatro João Caetano.

Por ele, em suas diversas encarnações materiais, em que se alternaram períodos de glória e de ostracismo, transitaram todos os gêneros teatrais vigentes: tragédia, ópera, drama, comédia, melodrama, entremez, mágica, farsa, vaudevile, opereta, burleta, revista. Se em algum lugar pulsou com certa regularidade o coração do teatro brasileiro, foi certamente aqui.

Para inaugurá-lo, na parte referente à representação dramática – a outra parte competia à ópera e ao bailado –, importou-se a companhia portuguesa de Mariana Torres, a "mais famosa atriz do primeiro quartel do século passado"[68], que disputava com duas ou três rivais o cetro da tragédia, o único gênero teatral a conferir nobreza artística a seus praticantes. O Rio, nessa altura, devia constituir um centro teatral de relativa importância, já que ela voltou ao Teatro São João em 1819, permanecendo nele até 1822, quando, com a saúde abalada, regressou a Lisboa.

As temporadas portuguesas – a de Antônio José de Paula no século XVIII e as duas de Mariana Torres – deixaram no Brasil alguns atores que, em conjunção ou em concorrência com elementos locais, porventura remanescentes dos tempos heroicos de Manuel Luís, mantiveram acesa, bem ou mal, a chama dramática. O de maior renome e experiência, entre eles, era sem dúvida Victor Porfírio de Borja. Se somássemos todos os dados disponíveis a seu respeito teríamos uma longevidade de palco verdadeiramente espantosa, que se estenderia de 1771, em Lisboa, a 1852, no Rio de Janeiro. É mais prudente proceder como Luís Francisco Rebello que, ao referir-se à sua atuação em Portugal, ficou em termos amplos, inquestionáveis: "Um dos atores mais populares nos últimos anos do século XVIII e primeiros do século XIX"[69]. Registre-se, em complemento, que ele fazia papéis femininos em 1789, provavelmente bem jovem ainda, e que Adrien Balbi atribuiu-lhe como especialidade cênica a interpretação de "peralvilhos marotos (*petit-maître espiègle,* no original), e de papéis espirituosos"[70].

---

67 Idem, p. 108.

68 J. de Faria, op. cit., p. 324.

69 *Dicionário do Teatro Português*, Lisboa: Prelo, [s.d.], p. 99. A obra, publicada em fascículos, não se completou. Victor Porfírio de Borja mereceu a atenção de escritores famosos da época. Bocage escreveu, em 1805, um diálogo para ser recitado por ele e Claudina Rosa Botelho, no dia do benefício desta. E José Agostinho de Macedo, polemista à galega, reservou-lhe alguns versos em *Os Burros*: "Mas neles inda está Porfírio Borja, / mais a esposa gentil, Claudina Rosa, / Uma atriz, outro ator, ambos um corno".

70 *Essai statistique sur le royaume de Portugal et d'Algarve,* Paris: Rey et Garnier, 1822, p. CCXXI.

D. Pedro, em 1822, antes da Independência, cita o seu nome em bilhete enviado a José Bonifácio. Dois grupos travavam uma luta interna pela posse do Teatro S. João e o príncipe alertava o ministro, "porque estrangeiros não devem bigodear os nacionais"[71]. Um dos "estrangeiros", ou por ser português ou por estar ligado aos italianos da ópera, era Victor Porfírio de Borja.

Jacques Arago, que passou pelo Rio por essa mesma época, traçou um quadro desolador do teatro nacional. Depois de escrever – e desenhar – a inacreditável vestimenta oriental do ator que, na *Zaíra* de Voltaire, fazia o papel de Orosmane, ornamentada por 25 ou 30 plumas e gigantescos braceletes, contrastou a interpretação das demais personagens com a figura ilustre do autor da tragédia:

Eis Zaíra, Nerestan, Chatillon, Lusignan; todos juraram ultrajar o grande homem. Mas os camarotes aplaudem... Não desejo outra coisa, faço como eles: – Bravo! Bravíssimo! Por que singularizar-se? Após a tragédia, a comédia, as farsas... quanto a mim, julgava a farsa já representada.

O espetáculo comportava, além de *Zaíra*, três entremezes (*intermèdes*, no original) e um balé completo, *Psyché*, a cargo, nos primeiros papéis, de bailarinos franceses. A conclusão de Arago não poderia ser mais fulminante: "Os nomes de Ésquilo, de Sófocles e de Eurípedes estão na cortina do proscênio; é tudo que há de Ésquilo, de Sófocles e de Eurípedes no teatro do Rio"[72].

O que disse Jacques Arago sobre a tragédia, quanto à qualidade de interpretação, reiterou Victor Jacquemont, francês que esteve no Rio em 1828, em relação à ópera. Nada lhe agradou na encenação de *L'Italiana in Algeri*, de Rossini: "orquestra, cantores, espetáculo, tudo era lamentável". A parte mais interessante do retrato que traçou com detalhes curiosos refere-se, todavia, ao lugar que cabia ao teatro no contexto da sociedade carioca:

O público parecia aborrecer-se muito: no entanto, a sala estava cheia e ela é bem grande. O seu aspecto é o das salas da Itália: não há lustres mas lampiões colocados em frente dos camarotes. As mulheres, ataviadas; os homens em trajes de cerimônia, todos cobertos de condecorações, assumindo a partir dos quinze ou dezesseis anos o ar desdenhoso e enfastiado dos *dandys* de Regent-Street. Creio que todo mundo que o Rio chama de alta sociedade tem camarote reservado na ópera. O imperador é frequentador assíduo, porque as dançarinas e figurantes são muito de seu gosto, sem prejuízo das senhoras respeitáveis. Durante o espetáculo a praça fronteira ao teatro fica repleta de carruagens, nas quais vieram de suas chácaras os espectadores dos camarotes. Desatrelam-se as mulas, que mascam um pouco de capim empoeirado que brota aqui e ali no lugar. Os cocheiros dormem por perto ou jogam entre si e bebem [...] A praça durante a representação parece um acampamento militar. Não há nela menos do que trezentos ou quatrocentos carros e mil mulas e cavalos, além de algumas centenas de servidores negros. Tudo isso é necessário ao prazer de duzentas ou trezentas famílias. Se ao menos elas se divertissem!

A plateia da Ópera, no Rio, pareceu-me composta por essa classe burguesa decididamente branca, formada de médicos, advogados, e dos que ocupam posições secundárias e subalternas na administração pública. Procurei em vão pessoas de cor: elas teriam o direito de comparecer mas provavelmente não seriam bem acolhidas[73].

A década da Independência fora de intensa ebulição política, com prejuízo para o teatro. Quando ela já se aproximava do fim, tentou-se uma solução definitiva. Fernando José de Almeida mandou contratar em Lisboa uma companhia completa, cerca de vinte pessoas, distribuídas, as mais importantes, de acordo com a hierarquia habitual do palco: primeira dama, segundas damas, primeiro galã, velho sério, galã central e tirano, primeiro gracioso e petimetre (o *petit-maître* francês naturalizara-se português), segundo gracioso[74]. O velho não sério já por aqui se achava: Victor Porfírio de Borja, "consumado no gênero cômico, em que era natural e

---

71 Raimundo Magalhães Júnior, "D. Pedro e os Artistas", *Boletim da SBAT*, n. 289, p. 15. O original do bilhete, informa o articulista, encontra-se no Museu Imperial de Petrópolis.

72 *Souvenirs d'un Aveugle*, II. Lebrun, nova edição [s.d.], v. 1, p. 83-84.

73 *Voyage dans l'Inde*, tomo I, Paris: Firmin Didot Frères, 1841, p. 57-58. A palavra *loge*, traduzida aqui por "camarote", compreendia certamente também as frisas. Traduzimos *villa*, grifada no original, por "chácara", pela indicação, numa frase suprimida, de que essas casas se situavam nos arredores da cidade. Quanto à praça mencionada, trata-se da praça do Rocio, hoje praça Tiradentes.

74 Cf. Lafayette Silva, *História do Teatro Brasileiro*, Rio de Janeiro: Ministério de Educação e Saúde, 1938, p. 29.

mestre"⁷⁵. Por baixo dessa estrutura artística, funcionava outra, familial, também não incomum no teatro: mulher, irmãs, irmão, sobrinhos, marido.

O astro em torno do qual os restantes gravitavam era a primeira dama, Ludovina Soares da Costa (1802-1868), filha e neta de atores, sem contar os vários parentes espalhados pela companhia. A sua mãe, "a grande Josefa Tereza Soares", substituíra Mariana Torres, "quando da primeira ida desta ao Brasil"⁷⁶. Por ocasião da segunda vinda ao Rio da atriz portuguesa, em 1820, a mesma honra coube à própria Ludovina, que estreara aos nove e agora, aos dezoito anos apenas, ascendia aos primeiros papéis. Com ela, que veio ao Brasil para ficar, como de resto a maior parte de seus companheiros de elenco, pode-se dizer que nascia em nossos palcos, embora tardiamente, a arte clássica, enquanto continuidade profissional. Decorridos trinta anos, acalmada a tormenta romântica e já em plena reação realista, o seu estilo nobre de representar ainda arrancava elogios de um jovem crítico que, além de partidário das recentes mudanças cênicas, costumava pesar muito bem as palavras. Eis como a caracterizou Machado de Assis em 1859: "É a trágica eminente, na majestade do porte, da voz e do gesto, figura talhada para um quinto ato de Corneille, trágica pelo gênio e pela arte, com as virtudes da escola e poucos dos seus vícios"⁷⁷.

No dia em que desembarcava no Rio a segunda leva da companhia, vinda em duas galeras, em julho de 1829, realizava-se o enterro de Fernando José de Almeida, o empresário que a contratara. Em face do imprevisto e da inquietação dos atores portugueses, D. Pedro teria dito, à sua maneira impetuosa e generosa: "E não estou eu aqui?" A frase, transmitida pela tradição, tem visos de verdade. De fato, o imperador era quase tão dono – ou talvez mais – do teatro que passara a trazer o seu nome quanto o prestativo Fernandinho, a quem, em momentos de apuros financeiros, concedera subsídios e novas loterias. Na sala do Teatro S. João, incendiado em 1824, ele comemorara festivamente não só datas familiares, aniversários, casamentos, como o seu com D. Leopoldina, mas também relevantes acontecimentos públicos: a subida ao trono de D. João VI; a proclamação da Independência, quando, voltando de São Paulo, foi acolhido no teatro, onde se representava uma ópera aos gritos de "Viva Pedro, viva o grande imperador do Brasil"⁷⁸.

A análise de dois desses espetáculos comemorativos de fundo político lança alguma luz sobre as relações entre a Coroa e as representações dramáticas, não menos indiretas que as mantidas com os empresários.

Ludovina Soares da Costa, aos 55 anos, em *Joana, a Doida*.

---

75 João Caetanos, *Lições Dramáticas*, Rio de Janeiro: MEC, 1956, p. 13.
76 J. de Faria, op. cit., p. 315-326. É curioso que José Maria da Costa e Silva, tradutor teatral e ator em ocasionais espetáculos amadores, nos volumes 1 e 3 de suas *Poesias*, editadas postumamente em 1843 e 1844, haja dedicado, se não inspirados, ardorosos versos tanto a Josefa Tereza Soares ("sublime atriz") como à sua filha, a "formosa Ludovina", ressaltando-lhe, por exemplo, os "olhos divinos", o "nevado colo", "as longas tranças cor da noite", elevando-a a "esplendor e assombro" da "lusa cena" (vol. 1, p. 203, 216).
77 *Crítica Teatral*, Rio de Janeiro: Jackson, 1938, p. 132-133.
78 Cf. A. Andrade, op. cit., p. 119. A citação foi tirada de um periódico da época.

No ano de 1821, após um esboço de revolução, abriam-se em Lisboa as Cortes Gerais, destinadas a dar uma Constituição à nação portuguesa. Era o primeiro passo jurídico de um conflito que dividiria e ensanguentaria Portugal, a exemplo e às vezes na cola da Espanha, por mais de um decênio. Como a ideia republicana parecia ter naufragado miseravelmente em sangue na França, o conflito entre liberais e conservadores transferira-se para o centro mesmo da monarquia, repartindo-a, pela ideologia e logo a seguir pelas armas, entre constitucionalistas, que admitiam limites claramente expressos ao poder real, e absolutistas, apegados a valores aristocráticos anteriores à Revolução Francesa. Entre os dois extremos localizavam-se posições intermediárias – Constituição votada, de baixo para cima; Constituição outorgada, de cima para baixo –, permitindo contínuas permutações no jogo político.

A exaltação liberal de 1821 originou um drama. *O Verdadeiro Heroísmo ou o Anel de Ferro* (o segundo título logo prevaleceria sobre o primeiro), que repercutiu demoradamente, inclusive em distantes palcos brasileiros. O seu autor, Fernando José de Queirós, cujo maior mérito literário é ter sido avô paterno de Eça de Queirós, publicou-o em 1822, procedendo-o por uma dedicatória endereçada equitativamente ao "soberano Congresso" e a "vossa majestade" (D. João VI), na qual explica que a peça "foi representada nos faustíssimos dias em que no teatro Nacional da rua dos Condes se celebrou, com a devida pompa, a instalação das Cortes"[79]; e por um prefácio, intitulado "Ao Benévolo Leitor", precioso pelas informações e reflexões que contém sobre esse tumultuado período de transição teatral, mais tarde classificado de pré-romântico.

As suas simpatias teóricas iam todas para o classicismo, na verdade agonizante, com não mais do que dez anos de vida – mas ninguém então o sabia. "O teatro francês" – escreve – "é o mais perfeito do mundo: os seus bons autores são os mais escrupulosos observadores das regras, e nem por isso as outras nações, que as desdenham, têm maior abundância de composições dramáticas"[80].

Defende a autoridade de Aristóteles, Horácio, Boileau, sem ignorar, no entanto, as razões de seus adversários:

Embora eu veja os espanhóis, os alemães e os ingleses, desprezando as doutrinas de tais mestres, seguirem outra marcha; e até alguns pugnarem contra as três unidades, principalmente contra a de lugar, demonstrando que ela restringe o fogo da imaginação e tira a vida à maior parte das composições dramáticas.

A dificuldade, para Fernando José de Queirós, ator, autor, segundo informa, de 48 peças não publicadas, que já se adornara "com o alto título de administrador do Teatro Nacional da rua dos Condes", estava em conciliar teoria e prática. Uma peça como a sua, "drama em três atos e de grande espetáculo", digno por esse lado do acontecimento cívico que comemorava, não se escrevia com facilidade, nos oito dias em que foi urdida, sem arranhar aqui e ali as benditas regras. Estas, aliás, "não são tão restritas em peças aparatosas, que devem brilhar também pela pompa da decoração". Repugnavam-lhe, contudo, por atentar contra o realismo, as mutações de cenários efetuadas à vista do público, mutações que, lidando com telões que subiam e desciam movidos por cordas, faziam de repente "voar uma casa, um bosque etc. etc." A mudança entre os atos "já é transgressão das regras, porém mais perdoável, porque não apresenta aos olhos a monstruosidade mágica, e os modernos as admitem nas peças de espetáculo" (e entre as monstruosidades mágicas incluía-se, evidentemente, a produção barroca de Antônio José da Silva).

O avô de Eça, seja-lhe creditado à memória, punha o dedo na ferida, acusando o impasse que preocupará o teatro por todo o século XIX e boa parte do século XX. A carapaça imposta por Boileau – num só lugar, num só dia, uma só ação –, não constrangendo os dilemas morais e psicológicos das tragédias de Racine, começava a estalar e a romper-se assim que se desejava escrever peças tão movimentadas, de tanto conflito exterior, quanto as de Shakespeare. Mas o palco "à italiana", uno, fechado pelo pano de boca, com cenários que se pretendiam reais, não podia ter a fluidez, a variedade de locais e de tempos, proporcionada pelo velho palco elisabetano, múltiplo, em parte

---

79 *O Verdadeiro Heroísmo ou o Anel de Ferro*, Lisboa: Tipografia Bulhões, 1822.
80 Idem, p. 7-19.

aberto, completado só com acessórios. Ou casas e bosques surpreenderiam o público ao "voar" pelos ares, com quebra da ilusão cênica, ou fechava-se e abria-se o pano a cada novo quadro, com quebra do ritmo dramático. Uma coisa era a cogitação estética, a liberdade total sonhada pelos românticos, ou a meia liberdade já posta em execução pelos pré-românticos, para alegria do público e horror dos eruditos; outra coisa, a resistente realidade material do palco com que se contava.

Quanto à peça, não era original, revela o autor com uma candidez nem sempre encontrável na cena portuguesa:

Como de modo algum pretendo roubar a glória alheia, devo confessar que arquitetei o presente drama sobre o casco da peça francesa de Mr. Victor, que se intitula *O Príncipe da Noruega,* e quem se der ao trabalho de confrontar as duas verá que, se não mereço o nome de autor, também não me compete o de tradutor[81].

A declaração suscita de imediato uma pergunta. Terá algo a ver com as Cortes portuguesas de 1821 uma peça composta na França sobre um príncipe da Noruega que, ao se casar com a rainha da Dinamarca, em tempos dramaticamente incertos e mal sabidos, acaba por reunir os dois reinos sob uma só coroa? Nada, evidentemente. Ou quase nada, apenas algumas frases não extraídas e sim enxertadas um tanto a fórceps no diálogo, quando, por exemplo, alguém afirma: "O monarca a quem sirvo é nimiamente defensor da lei e da Constituição". Ou então, desta vez enunciado pelo próprio príncipe, liberal convicto *avant la lettre:* "Eu sou o monarca, e como tal devo ser o primeiro executor da Constituição [...] Desgraçados dos povos onde se dita a lei pelo despotismo, onde não é o voto geral da nação que a promulga"[82].

Parece pouco, além de mal a propósito, tão pouco que Fernando José de Queirós, no prefácio, se penitenciou: "Fui mais parco na exposição de ideias liberais do que hoje seria". Mas esse pouco, dez anos depois, bastou para incendiar o coração de muitos brasileiros quando a ocasião histórica se apresentou.

A peça comemorativa seguinte, *O Príncipe Amante da Liberdade ou a Independência da Escócia,* surge com destaque em dois momentos capitais da vida brasileira. Foi representada no Real Teatro de São João, em 1822, celebrando, no dia do aniversário de D. Pedro I, a sua aclamação como imperador do Brasil; e serviu para que João Caetano (1808-1863), em 1833, já em oposição ao elenco português, estreasse em Niterói a primeira companhia, profissional e moderna, integrada exclusivamente por atores brasileiros.

Um jornal de 1822 fez um relato extenso e elucidativo de como se festejava no teatro um importante evento cívico:

Suas majestades imperiais com sua augusta filha foram ao teatro às 8 e meia, com grande acompanhamento; não temos expressões com que descrever o alvoroço e vivo entusiasmo que causou o aparecimento de suas majestades imperiais.

Repetiam-se os vivas, a que suas majestades imperiais prestavam a maior atenção, agradecendo com repetidas inclinações de cabeça o público regozijo que eles motivaram; recitaram-se inúmeros versos de diferentes qualidades mas todos alusivos ao "Grande Objeto" e que foram mais ou menos aplaudidos conforme o melhor ou mais inferior desempenho dos poetas e recitadores.

Dos camarotes apareceram três bandeiras de seda com as novas armas do imperador do Brasil, sendo a primeira apresentada pelo excelentíssimo general das Armas; se fora possível aumentava-se com esta vista o entusiasmo, porém já não era possível porque tinha chegado ao extremo.

Durou este interessante espetáculo quase uma hora e sossegou para a orquestra dar princípio à sinfonia; finda esta recitou-se um assaz benfeito "Elogio Dramático" alusivo ao aniversário natalício de sua majestade, à Independência do Brasil e sua elevação à categoria de Império; findo o "Elogio" cantaram de três camarotes contíguos, da ordem nobre, vários cidadãos conspícuos um novo hino nacional, que transcrevemos abaixo e cuja música foi composta pelo bem conhecido e insigne compositor Marcos Portugal.

Seguiu-se a representação pela Companhia Portuguesa do drama em três atos *Independência da Escócia,* traduzido livremente e acomodado ao atual sistema do Império do Brasil...[83]

---

81 Mr. Victor é um pseudônimo comum a vários escritores. No caso, trata-se de Victor Ducange, um dos mestres do melodrama francês. O título original da peça, estreada em Paris, em 1818, é *Le prince de Norwège ou La bague de fer.* Cf. Beaumont Wicks, *The Parisian Stage,* Parte 2, Birmingham: University of Alabama Press, 1953, p. 66.

82 F. J. de Queirós, op. cit., p. 64, 116.

83 A. Andrade, op. cit., p. 151-152.

Pano de boca do Teatro de S. João, de autoria de Debret. Sua inauguração ocorreu em 1822, nas festas da coroação de D. Pedro I.

A autoria da peça é desconhecida. Mas talvez se possa adiantar uma hipótese viável. A primeira parte do título, nunca citado, ao que saibamos, em repertórios de peças portuguesas, ou mesmo francesas, celeiro habitual dos palcos de Lisboa, foi evidentemente arranjada para recair sobre a personalidade de D. Pedro, por antonomásia *O Príncipe Amante da Liberdade*. Pode-se, pois, descartá-la. Resta, como pista, a segunda parte, *A Independência da Escócia*, também ela alusiva, remetendo a outra independência, aquela que estava no espírito de todos. Ora, existe uma peça portuguesa, do escritor mais representado no Brasil nas primeiras décadas do século, que se presta admiravelmente a essa passagem da Escócia ao Brasil.

*O Delinquente Sem Culpa ou o Patriota Escocês*[84], apesar de ocorrer em país e tempos distantes, tocava num ponto sensível da recente experiência histórica portuguesa, dizendo respeito ao que modernamente se chamou de colaboracionismo. As invasões napoleônicas, não menos em Portugal do que em outras nações, forçavam a população local, ainda que apenas em seu foro íntimo, a colocar-se a favor ou contra as forças estrangeiras. É o que mostra o drama de Antônio Xavier (por extenso, Antônio Xavier Ferreira de Azevedo), que se tornou homem de teatro nesse período, havendo falecido com trinta anos em 1814.

A "feroz Dinamarca" invadira a Escócia. Alguns cedem ao inimigo, ou causam tal impressão, como Lombecour, cidadão dos mais respeitados da localidade. Outros – especialmente as mulheres e as pessoas do povo – aguardam com ansiedade a volta do rei legítimo, Alfredo, o Restaurador (termo político eminentemente português), cuja vitória não deve tardar. A peripécia, a transformação do "delinquente sem culpa" em "patriota escocês", dá-se nas últimas cenas. A principal acusação que fazem a Lombecour é ter ele pintado, no recesso do seu palácio, um painel exibindo o pavilhão nacional sendo vilipendiado pelo gênio que protege os tiranos. Pois essa vai ser exatamente a sua defesa, a carta que tira da manga do casaco, onde o autor a escondera, ao ser cercado e ameaçado pela multidão em fúria. Para mostrar que não traíra o seu rei, fingindo abandoná-lo para melhor servi-lo às escondidas, aciona uma mola secreta: cai o painel ignóbil, surgindo em seu lugar, ao som de um hino, a efígie de Alfredo. A comoção é intensa:

TODOS – Que vejo?
POVO – Viva o nosso libertador, o nosso monarca[85].

---

[84] Antônio Xavier Ferreira de Azevedo, O Delinquente sem Culpa ou o Patriota Escocês, *Jornal de Comédias e Variedades*, parte 4, Lisboa, 1835, v. I. A publicação é póstuma, como quase toda a obra do autor.

[85] Idem, p. 88.

Não é proibido imaginar, perante tal cena, os espectadores brasileiros de 1822 voltando-se para suas majestades imperiais e estas agradecendo levemente com a cabeça. Estava ali, no "casco" (expressão de Fernando José de Queirós) do drama, a cunha necessária para acomodá-lo, como diz a notícia, "ao atual sistema do império brasileiro". Talvez esse trabalho fosse rematado pela cenografia, oferecendo ao público um painel final com marcas inequivocamente brasileiras. Dar-se-ia nesse caso ao espetáculo aquele caráter amplo e alegórico que se esperava do teatro nas ocasiões solenes, papel representado em geral pelas personagens abstratas – o Gênio da Nação, a Musa – dos indefectíveis Elogios Dramáticos.

O tema da Independência, tendo um sentido para a América, tinha outro para a Europa. Do lado de lá do Atlântico tratava-se não de obtê-la, livrando-se do estatuto colonial, mas de garanti-la ou de recobrá-la. A guerra, sendo uma realidade inescapável, que refluía tanto sobre a vida das nações quanto sobre a dos indivíduos, dificilmente ficaria ausente dos palcos. Entre as peças portuguesas inspiradas por este período bélico, uma das mais populares foi *Palafox em Saragoça* (subtítulo: ou *A Batalha de 10 de agosto de 1808*), do mesmo onipresente Antônio Xavier. A rapidez com que repercutiu no Brasil – logo se verá por quê – é atestada por uma edição baiana lançada em 1812[86].

O episódio da desesperada resistência imposta aos franceses pela cidade espanhola, sob o comando de Palafox, mais tarde duque de Saragoça, espantou e comoveu a Europa. Levar ao palco um assunto como este, não fictício, com algumas personagens tiradas diretamente da atualidade histórica, era uma ousadia dramatúrgica só explicável, como outras semelhantes, pela confusão de fronteiras e de espíritos causada pelas incessantes iniciativas de Napoleão. Ele é, de resto, o vilão da peça, somente mencionado mas todo-poderoso – o "imperador" para os franceses, o "tirano", o "monstro", o "déspota infernal", o "corso infame", para os espanhóis.

*Palafox em Saragoça* não tem exatamente enredo, como propunha o nascente melodrama (e *O Anel de Ferro* é um bom exemplo, com a sua cadeia de intrigas e contraintrigas, golpes e contragolpes). Alguns episódios ajudam a sustentar a ação, mas esta se concentra, basicamente, de um lado no próprio fenômeno da guerra, equiparando pela bravura moral ricos e pobres, homens e mulheres; e de outro, em nível ainda mais alto, ainda mais idealizado, na figura de Palafox, cunhada sobre o modelo do "chevalier sans peur et sans reproche", implacável no combate, generoso com os vencidos. Para aproximar a trama do público a que ela se dirigia, comparece em cena um voluntário português, que traz gravada na espada a imagem de D. João VI, o "imortal João" – e talvez por isso a peça tenha sido editada tão cedo no Brasil –, e cuja presença justifica elogios ainda mais gratos à vaidade lusitana por emanar, sob forma de advertência, dos lábios de uma aristocrata aragonesa: "E quando noutro momento repetires o nome português, não te esqueças! Adora tal nome, respeita-lhe o valor e segue-lhe as virtudes"[87]. A façanha pertencia à Espanha, mas Portugal a ela se associava por direito de contiguidade e de parentesco.

Enquanto teatro, Palafox imagina-se mais como espetáculo aparatoso do que como literatura dramática. A descrição minuciosa, dirigida a futuros ensaiadores, do cenário onde se travará o combate decisivo, primeiro com vitória dos franceses, depois dos espanhóis, dá uma excelente ideia do gênero de encenação imaginada pelo autor para tais peças:

Grande praça, algum tanto arruinada; todos os bastidores (isto é, os que forem suscetíveis) com janelas praticáveis, e aqueles que as não tiverem deverão figurá-las em pintura, mostrando pessoas a espreitar, outras com armas de fogo, outras com algum móvel para lançar à praça. As janelas praticáveis deverão abrir-se quando a rubrica mandar. No fundo grande eminência de ruína (tudo praticável). Um templo pintado no centro do pano, que deve mostrar uma longitude considerável; dos lados barracas de campanha; e para mais acrescentar à visualidade, mesmo junto ao pano do fundo haverá pedaços de papelão com cavalaria e infantaria pintada, os quais no calor da peleja podem sumir-se, para mais certificar o destroço do inimigo. Na direita da eminência há duas peças de artilharia, montadas em carretas,

---

86 A. Xavier, *Palafox em Saragoça*, Bahia: Tipografia de Manuel Antônio da Silva Serva, 1812.

87 Idem, p. 23.

e na esquerda uma bateria com peças assestadas, e bandeira espanhola[88].

É aí, nesse palco tão bem preparado, nessa curiosa mistura de objetos de duas e de três dimensões, de janelas "praticáveis" – as que se abrem – e janelas impraticáveis, de carretas, canhões e barracas de verdade e um templo patentemente de mentira, porque pintado no pano de fundo, que se enfrentarão soldados de carne e osso e imóveis soldados de papelão. A convenção teatral, o pacto de verossimilhança estabelecido com o público, tentava, mais do que descrever, exibir a guerra em toda a sua materialidade, num esforço penoso e vão de realismo ingênuo. A palavra, embora heroica e altissonante, já não bastava, nem mesmo quando secundada pelo cheiro de pólvora seca, pelo troar das armas e pelo rufar dos tambores. O autor, homem prático de teatro, tudo prevê, inclusive as falhas. A certa altura, "atravessam algumas bombas o teatro [ou seja, o palco] pelo alto". Mas, "no caso que as bombas não apareçam o ator pode substituí-las" pela frase: 'Porém que vejo! As bombas já cruzam os ares'"[89]. Planejava-se como teatro rico, executava-se como teatro pobre. Das duas hipóteses, a primeira, a rica, entrando pelos olhos, é a preferível, provocando seguramente mais sensação cênica.

Palafox, herói perfeito, não se revela atento apenas ao "direito das gentes", barbaramente pisoteado por Napoleão. "Homem sensível", segundo os melhores padrões da época, condói-se de todo sofrimento humano, chegando, em situações raras, difíceis, senão a chorar abertamente, "a limpar os olhos" (esclarece a rubrica), desculpando-se: "Dizem que Palafox é homem, que preza os homens; e que até sem desdouro sabe chorar como eles"[90]. Gesto esse, de limpar os olhos, disfarçando a emoção, que recorre em todos os combatentes da boa causa, separando com nitidez a clemência ibérica da impiedade francesa.

É que, se se estava em tempo de guerra, estava-se também em plena voga da sensibilidade exaltada, à maneira de Rousseau, quanto à filosofia, e de certos dramas de Kotzebue, quanto ao teatro, como o famoso *Misantropia e Arrependimento,* representado em Portugal e no Brasil, que levava o sentimento de comiseração ao seu extremo, ao indulto concedido pelo marido à esposa, no passado, infiel e no presente, arrependida.

Chora-se muito e limpa-se bastante os olhos em *O Novo Desertor Francês,* "comédia sentimental em três atos traçada sobre o bem conhecido assunto do insigne Mercier por Antônio Xavier F. de Azevedo"[91]. O insigne Mercier era Louis-Sebastien Mercier, escritor de carreira desenvolvida um tanto a contrapelo da literatura oficial. Amigo de Restif de la Bretonne, admirador entusiasta de Rousseau, partidário em teoria teatral de Diderot, não aceitava a obediência estrita à lei das três unidades e defendia o uso da prosa para peças referentes à burguesia, como as que punha em cena. Este drama, publicado em 1771, chamava-se em francês somente *Le Déserteur*. O título dado por Antônio Xavier e as palavras explanatórias que o acompanham destinavam-se a manifestar que o texto fora remanejado, adquirindo certa personalidade própria. De fato, entre outras modificações, uma das personagens mudara de sexo, passando de mãe a pai, e o desfecho se invertera. O desertor em questão é salvo na última hora, por ordens superiores, e não fuzilado, como queria Mercier (ao menos na versão original), para melhor destacar a iniquidade da disciplina militar. Da peça de tese de natureza humanitária permanecera o travejamento melodramático, despertando apreensões e arrancando lágrimas antes do desafogo final. Em resumo: um drama polêmico transformara-se, para uso local, em "comédia (porque acabava bem) sentimental".

Não se creia, todavia, que a exploração cênica do "homem sensível" fosse exclusividade do copioso Antônio Xavier. *O Imperador José II Visitando os Cárceres da Alemanha*[92], publicado anonimamente, mas atribuído a Antônio Ricardo Carneiro, termina a sua apologia do bom monarca, do "déspota

---

88 Idem, p. 169. Praticável é a parte do cenário, construída em madeira e oculta aos olhos do público, que serve de suporte a "um acidente de terreno, uma construção, ou qualquer objeto sobre o qual um ou mais personagens possam estar, subir, andar, mover-se e entrar" (A. Sousa Bastos, *Dicionário do Teatro Português*, Lisboa: Libanio da Silva, 1908, p. 115).

89 Idem, p. 167-168.

90 Idem, p. 115.

91 Cópia manuscrita, datada de 1841.

92 Antônio Ricardo Carneiro, *O Imperador José II Visitando os Cárceres da Alemanha,* Lisboa: Imprensa Régia, 1819.

esclarecido", com esta mesma nota moral: "Amável clemência, tu és filha do céu; tu não és grata ao ímpio; desagradas ao tirano, mas serás sempre grata ao homem sensível"[93].

Os três tipos dramatúrgicos exemplificados acima, as peças sensíveis, as peças bélicas e as peças liberais, surgidas ao mundo mais ou menos nessa sequência nos primeiros decênios do século XIX, nunca prosperaram a ponto de constituir escolas ou movimentos teatrais, identificáveis como tal. Não foram além de modismos, tendências passageiras, fatos de palco, não de literatura. Quem as compunha enxergava-se a si mesmo menos como escritor – a maioria dos textos nem sequer foi publicada – do que como homem de teatro, no sentido profissional do termo. Sem imaginação para elaborar uma história que relacionasse meia dúzia de personagens em torno de um conflito central, ou sem habilidade para, a partir desse núcleo, desenvolver um enredo teatral propriamente dito, isto é, uma sucessão de cenas que vá entrelaçando progressivamente os fios dramáticos até chegar o instante de desenlaçá-los com um só golpe de efeito, não lhes restava outro recurso senão aproveitar "cascos" de dramas estrangeiros, já provados perante o público, recheando-os com algumas invenções pessoais e sobretudo com alguma matéria ao gosto português. Em última análise, prosseguia o sistema de adaptações utilizado por Nicolau Luís no século anterior, com duas diferenças importantes: a fonte estava agora na França, não na Espanha ou na Itália; e a participação dos "graciosos", não havendo desaparecido de todo – há cenas e personagens cômicas intercaladas até entre as batalhas de *Palafox em Saragoça* –, já não pesava tanto na ação e não desfigurava tanto os entrechos dramáticos.

Todo esse repertório inscrevia-se num quadro de teatro popular, sustentado pelo grosso público, não por pessoas eruditas, porque estas achavam-se presas, ao escrever e ao julgar produções alheias, às fórmulas em vias de exaustão da tragédia francesa. Tal foi, com efeito, o paradoxo do teatro português: inclinar-se para o classicismo no momento em que este já perdia forças, quando as dramaturgias consideradas heterodoxas, a inglesa, a espanhola, a alemã (as três citadas com ótima visão histórica por Fernando José de Queirós no prefácio de *O Anel de Ferro*), começavam a emergir, a subverter a ordem instituída pela França, preparando o advento do romantismo. O público inculto, curiosamente, encontrava-se, em certo sentido, na vanguarda dos acontecimentos, na medida em que não tinha preconceitos de espécie alguma a imobilizá-lo. Desejava ver no palco emoções fortes, lances sensacionais – e logo os teria, de primeira ordem, proporcionados por personalidades vigorosas como as de Victor Hugo e Alexandre Dumas. Nesse sentido, e apenas nesse sentido, pode-se falar em pré-romantismo no teatro de Portugal.

Os três tipos de dramaturgia, de resto, não apontavam na mesma direção. As peças de sensibilidade vinculavam-se ao passado, a hábitos vigentes na segunda parte do século XVIII. As guerreiras tentavam retratar o presente, em seus aspectos mais pinturescos – palavra ancestral do "pitoresco" romântico – e candentes. Os dramas liberais, ao contrário, procuravam adivinhar e construir o futuro, projetando a imagem de uma sociedade mais equilibrada e mais justa.

Foram os atores portugueses, alguns, como vimos, recrutados entre os melhores do país, que trouxeram para o Brasil todo esse atropelado repertório, que, se não brilhava pela qualidade artística, tinha a vantagem de representar o que chamaríamos de teatro real, em oposição ao teatro ideal, sempre sonhado e raramente realizado pelos grandes escritores.

Um jovem crítico, Justiniano José da Rocha, que logo se dedicaria unicamente ao jornalismo político, acusou do lado de cá do Atlântico a chegada quase simultânea dessas ondas sucessivas de peças. As de sensibilidade, mais antigas, pouco o atingiram, embora ele se refira de passagem, entre as velharias imprestáveis, ao "cediço *Desertor*". Já a fase bélica mereceu-lhe todo um parágrafo num balanço feito com graça e penetração em 1841. Sobre a "época cavalheirosa e guerreira" escreveu:

Agora sim, isso é que foi sublime! O enredo dramático, a beleza do diálogo, o bem tecido das cenas, o sublime do desfecho, tudo foi posto de lado. Só uma coisa tinham em fito os empresários do teatro: atravancar o tablado de cavalos,

---

93 Idem, p. 125-126.

guerreiros, bagagens militares, tropa e mais tropa. Coincidência notável! Enquanto nossos batalhões desapareciam todos os dias do quadro do exército, o teatro ostentava uma profusão de militares verdadeiramente espantosa! Nessa época foram representados O *Bombardeamento do Porto*, a *Corte das Águas Livres*, a *Tomada da Terceira*, *Palafox em Saragoça*, e a inimitável *Expulsão dos Holandeses*, drama em que não se viam senão peças e mais peças, soldados e mais soldados, caboclada e mais caboclada! Era uma balbúrdia estupenda. Essa época belicosa dos nossos teatros durou pouco, mas teve imensos admiradores.

Agora, retratada com o mesmo espírito cáustico, a "época liberal":

Entendia-se então que o poder era inimigo declarado da liberdade, e que cumpria esmagá-lo, para que esta não perigasse. O teatro ressentiu-se desta influência dos ânimos, e só trataram de levar à cena essas peças declamatórias, recheadas de ideias muito corriqueiras sobre a liberdade dos povos e tiranias do governo. Sem uma banda [sic] formidável no despotismo horrendo e feroz nada se fazia, e apenas se falava contra esse monstro cruel, explosões de aplausos redobrados atroavam todo o salão. Então faziam as delícias deste bom povo o célebre *Anel de Ferro*, *A Independência da América*, *D. José II*, *Cristinas* etc. etc.[94]

A agitação liberal, no Brasil como em Portugal, não se fazia apenas em torno de princípios. Lá, os constitucionalistas enfrentavam os "miguelistas", defensores da volta à monarquia absoluta. Aqui, tentavam pôr freios ao temperamento autoritário de D. Pedro. Foi então que *O Anel de Ferro* ressuscitou e cresceu em palcos brasileiros, como uma das armas desse confronto de forças que só terminou em 1831, com a abdicação do imperador. Vinte anos passados, a atuação política do teatro era relembrada nos debates do Parlamento, por intermédio de um deputado: "Talvez não se tenha ainda reparado na influência que teve no 7 de abril a representação do *Anel de Ferro*, do *Novo Totila*, e de outras peças que no teatro do Rio de Janeiro, com enchentes extraordinárias, eram nessa época aplaudidas"[95].

Na ocasião, seria difícil não reparar. Basta ler os comentários jornalísticos suscitados pela encenação em cidades mineiras do drama de Fernando José de Queirós, naqueles anos cruciais de 1829 e 1830, em que a campanha liberal fervia, como se fosse um conflito local – em parte era – por toda Minas Gerais. Em jornal de Ouro Preto:

Representou-se ultimamente no teatro desta cidade um drama intitulado *O Anel de Ferro*. Foi composto para se recitar na presença do Congresso em Lisboa em 1821, e contém muitas ideias. Observei que o povo desta cidade aplaudiu com entusiasmo os períodos que continham os queridos nomes Constituição, liberdade etc.[96]

Na imprensa de Mariana:

Os sectários do governo absoluto cansam-se de afastar dos olhos do povo tudo aquilo que pode instruir, receando que o povo ilustrado conheça os seus direitos e se torne amante e defensor do sistema constitucional. Se dois cidadãos honrados se juntam e conversam em doce harmonia, já os cativos se enchem de terror e já lhes parece que se forma um clube anárquico, republicano, incendiário. Depois que aqui se pôs em cena a bela peça intitulada *Anel de Ferro* e que foi aplaudida pelo público, os tais homens não sossegam. Cheios de indignação diziam a cada passo que as peças devem ser sujeitas à censura, que no teatro não se deve falar em Constituição, porque assim corrompem-se os costumes e ilustra-se o povo que só deve ser estúpido e cheio de cega obediência e temor[97].

Em São João Del Rey:

Esta peça foi muito aplaudida não só pelo bom desempenho, como por ser constitucional; o teatro (quando nele representam atos dessa natureza) é a melhor escola de bons costumes e civilização dos povos; ali se exalta a virtude e se abatem os vícios, e o povo aprende a conhecer as intrigas das Cortes para se pôr vigilante contra elas[98].

---

94 Revista Teatral, *O Brasil*, nº 140, 15 de junho de 1841. O artigo não é assinado, mas o jornal pertencia a Justiniano, seu redator principal. A expressão "o cediço *Desertor*" encontra-se em outro jornal seu: *O Cronista*, de 20 de agosto de 1836.
95 *Anais do Parlamento*, sessão de 15.5.1850, p. 83.
96 Cf. A. Ávila, *O Teatro de Minas Gerais. Século XVIII e XIX*, parte de documentação não numerada.
97 Cf. José Seixas Sobrinho, *O Teatro em Sabará*, Belo Horizonte: Bernardo Alves, 1961, p. 82-83.
98 Cf. Antônio Guerra, *Pequena História de Teatro, Circo, Música e Variedades em São João Del Rey*, Juiz de Fora: Clube Teatral, [s.d.], p. 24.

O teatro não se deu por satisfeito com a abdicação. No dia 3 de maio, menos de um mês após o 7 de abril, o antigo Teatro S. Pedro de Alcântara, rebatizado às pressas Teatro Constitucional Fluminense, acolhia o drama *O Dia de Júbilo para os Amantes da Liberdade ou A Queda do Tirano.* Qualquer que fosse o entrecho, a alusão histórica, direta, ou mais provavelmente indireta, não escapava a ninguém. O autor, Camilo José do Rosário Guedes, vindo de Lisboa com a companhia de 1829, fora um dos subscritores da primeira edição de *O Anel de Ferro*. Prova que o seu liberalismo pelo menos não era de última hora. E o ator encarregado de representar a personagem sobre a qual recairia a ira do público, José Joaquim de Barros, "galã central e tirano" do elenco encabeçado por Ludovina Soares da Costa, avisava através dos jornais, como medida de precaução, que: "para bem do drama é que se prontificara a fazer semelhante papel, pois que seus sentimentos eram inteiramente opostos ao que se via obrigado a fazer sobre a cena"[99].

Quanto àquele que foi imperador na América e rei na Europa, Pedro I no Brasil e Pedro IV em Portugal, o seu curioso destino seria o de recuperar em sua terra natal, ao triunfar sobre o "miguelismo", o título de *O Príncipe Amante da Liberdade,* que o teatro lhe conferira em 1822, antes de se alegrar, em 1831, com *A Queda do Tirano*.

## II

Acima desse plano político-popularesco, já tocado pelo espírito do melodrama, que nasce oficialmente como gênero e como denominação na França em 1800, pairava a tragédia, fechada em sua imutabilidade formal: cinco atos; personagens restringidas às essenciais (os protagonistas e seus confidentes ou auxiliares dramáticos); enredo relativamente simples, isento de surpresas de última hora; tempo e espaço rigidamente enclausurados; relações causais fortes e bem justificadas (não se entrava ou saía do palco sem um motivo convincente); abundância de monólogos e diálogos (no sentido estrito); interesse concentrado não sobre o desfecho e sim sobre a marcha dos acontecimentos para um fim previsto, conhecido de antemão por todos.

Não deixava, portanto, de ter alguma razão, além das sentimentais, o beligerante, divertido e, se calhasse, desbocado padre José Agostinho de Macedo, conservador em política e em literatura, quando escandalizava-se perante as incongruências das peças ou adaptações de Antônio Xavier. Separava-os, conta indiscretamente Inocêncio em livro póstumo, intrigas ao mesmo tempo de alcova e de palco. O padre, igualmente escritor de teatro, mantinha "mui íntimo trato" com a atriz Maria Inácia da Luz, ao passo que o seu rival dramático, mais afortunado junto ao público, era amante da conhecida Mariana Torres[100].

Numa carta atribuída a um imaginário missivista, José Agostinho de Macedo reproduz com polêmica facúndia as suas experiências de espectador de teatro, por volta de 1810, ao assistir a uma peça de Antônio Xavier. Cada vez que ele protestava contra as incoerências da ação ou ilogicidade das personagens, um dos seus vizinhos acudia pressuroso: "São golpes de teatro" (a versão castiça dos famosos *coups de théâtre* do melodrama e mais tarde do drama romântico francês). "Fora, disse eu, com tanto golpe de teatro!" A inegável comicidade e o efeito crítico do folheto resultam da repetição constante e cumulativa da mesma invariável situação. "São golpes de teatro, me dizia o meu golpeado vizinho: ele tem frequentado o teatro e sabe os golpes de teatro, ainda que os descarregue na razão e gosto". Segue-se uma explicação: "a plateia está nesse gosto, é preciso fazer o gosto à plateia, ainda que se quebrantem todas as regras da Arte e da Natureza". A motivação política também não é esquecida:

A estas minhas reflexões abriu o meu vizinho um palmo de boca, e disse: Pois se não é um golpe de mão de mestre, é um golpe de teatro, e o autor, que é um brilhante gênio que abrilhanta a cena, conhece perfeitamente a iluminada plateia. Conheça (lhe tornei eu), conheça ele embora a plateia, as frisas, as angras e as torrinhas, por certo não conhece o coração humano, que é a única escola onde deve estudar a grande

---

99 Cf. J. Galante de Sousa, *O Teatro no Brasil,* vol. 1, p. 155.

100 Para esta citação e seguintes, cf. Inocêncio Francisco da Silva, *Memórias para a Vida Íntima de José Agostinho de Macedo,* Lisboa: Tip. da Academia Real das Ciências, 1898, p. 78-80.

difícil arte dramática. Se me diz que a origem desta comédia é francesa, os franceses, meu Senhor, degeneraram depois da Revolução [...]. São sentenças à toa, sem ordem e sem ligação, e se a isso chama Vossa Mercê golpes de teatro, são pancadas dadas na razão, no siso comum e no gosto apurado.

A conclusão é que

os franceses estão perdidos em matéria de gosto (e em tudo o mais) e querer reduzir os seus monstros com os seus golpes de teatro à nossa cena portuguesa, ingerindo-lhes quatro sentenças choças, é dar meia dúzia de piparotes na razão humana[101].

Duas tragédias portuguesas, contemporâneas desse cataclisma libertário mas indenes à sua influência, brilharam em palcos brasileiros ou chamaram a atenção sobre si: *Nova Castro*, de João Batista Gomes Junior, escrita em 1798, e *O Triunfo da Natureza*, de Vicente Nolasco da Cunha, editada em Londres, onde o autor achava-se exilado, em 1809. As duas de certa forma questionam o que Macedo chama de "razão humana", sondando-lhe os limites – mas sem perder de vista, sequer por um minuto, a velha e boa razão estética de Boileau, que impunha ordem à dramaturgia, ainda que sob pena de condená-la a um perpétuo confinamento.

A *Nova Castro* (chamada *Nova* em oposição às Castros anteriores, entre as quais a do árcade Domingos dos Reis Quita lhe teria servido de ponto de partida), se não é uma obra-prima de poesia, ou simplesmente de alta literatura, motivo pelo qual figura apagadamente nas histórias do teatro português, revela, não obstante, qualidades não desprezíveis de fatura teatral. As cenas se sucedem sem pausas ou sobressaltos, as personagens recortam-se com clareza, os versos, embora sem grande inspiração, correm com ritmo e naturalidade, nunca se afastando da língua falada a ponto de dificultar a dicção dos atores. Quanto ao episódio em que se inspira, com a sua aura poética e mítica, presta-se como poucos à transposição dramática. Conta uma história patética, em que se entrelaçam amor e morte, inocência e crueldade. Opõe as razões de Estado às razões do coração (ou da natureza). E tem a vantagem, própria da tragédia desde os dias de Sófocles até os de Racine, de apresentar-se ao público como verdade histórica, fatos que em termos exatos ou semelhantes realmente aconteceram, quase sempre em épocas longínquas.

João Batista Gomes Junior, falecido jovem em 1803, antes de dar plena medida de sua vocação dramática, procura desculpar tanto quanto possível não apenas Inês de Castro, cordata e conciliadora, imagem da afetividade feminina, como o próprio Afonso IV, cuja falha capital, na qualidade de pai e de rei, seria a de prestar ouvidos a maus conselheiros. Assim, assinalava-se o perigo de tirania, que sempre ronda a realeza nas peças desse período, sem arranhar em si mesma a instituição da monarquia. O único desvario – desvario de amor e de orgulho ferido, ambos admitidos pela tragédia – é o de D. Pedro, por isso mesmo um papel caído do céu para os atores de têmpera genuinamente trágica.

A *Nova Castro* conheceu mais de uma edição no Rio de Janeiro, fenômeno editorial raro e que comprova a sua popularidade local. A peça, aliás, acompanhou a carreira de João Caetano praticamente do começo ao fim, pelo menos desde 1839 até 1861. Numa dessas representações, o ator sentiu em cena as "afrontações"[102] que em breve o levariam a morrer do coração.

A importância nacional de *O Triunfo da Natureza*, mencionada às vezes como *Cora ou O Triunfo da Natureza*, é de outra ordem, conceitual, não de palco. É provável que jamais tenha sido representada profissionalmente no Brasil. Em compensação, foi das primeiras peças escolhidas pelos alunos da Faculdade de Direito de São Paulo, fundada em 1828, para integrar o seu repertório amador[103].

É que ela punha em cena um dos temas que se tornariam centrais no pensamento romântico brasileiro: a relação entre a Europa e a América, considerada esta ainda como um todo indiviso. Já se quis ver no texto de Nolasco da Cunha, por causa disso, ecos da *Alzira ou Os Americanos*. Certo

---

101 José Agostinho de Macedo, *Carta que Escreveu o Doutor Manuel Mendes Fogaça*, Lisboa: Imprensa Régia, 1811, p. 8-31. Outra carta, de 1812, critica *Palafox em Saragoça*, que não passaria de "assédios, ataques, mensagens, amores, sortidas, prisioneiros, batalhas".

102 Lafayette Silva, *João Caetano e Sua Época*, Rio de Janeiro: Imprensa Nacional, 1936, p. 179.
103 Cf. Almeida Nogueira, *A Academia de S. Paulo*, São Paulo: Quarta Série, 1908, p. 57-60.

que a tragédia de Voltaire, escrita em 1736, deve ter ressoado longamente na consciência liberal portuguesa, já que ela aparece citada no Brasil durante a campanha nativista que antecedeu e sucedeu à proclamação da Independência. Um periódico de 1823, de título apropriado, *O Tamoio*[104], colocou como epígrafe dois dos seus versos:

*Tu vois de ces tyrans la fureur despotique;*
*Ils pensent que pour eux le Ciel fit l'Amérique\*.*

Não há, no entanto, entre os dois textos, o francês e o português, qualquer laço de parentesco, a não ser os do gênero adotado e aqueles que abarcam toda uma família ficcional, procedendo de afinidades ideológicas. No "Discurso Preliminar", que lhe serve de prólogo, Voltaire descreve a sua peça como uma tragédia "inteiramente de invenção e de uma espécie bastante nova"[105]. De fato, ela, ao tomar como pano de fundo a conquista do Peru pelos espanhóis, por um lado introduzia no território clássico francês um continente até então desconhecido, e, por outro, tirava da imaginação enredo e personagens, característica que se atribuía geralmente à comédia. Mas as intenções do autor não ficavam por aqui. No fundo de seu pensamento escondia-se mal o intuito de atacar, por vias transversas, as únicas consentidas, o fanatismo religioso. A conclusão a que chega o lance final não difere muito, na aparência, da prática implantada pelos jesuítas no Brasil. As duas culturas devem entender-se, mas sob a tutela da Europa, com o direito que lhe confere o seu grau de civilização:

*Instruisez l'Amérique; apprenez à ses rois*
*Que les Chrétiens sont nés pour les donner des lois\*\*.*

A justificativa para este predomínio, contudo, não é a mesma nos dois casos. O cristianismo sobrepõe-se aos cultos locais, para Voltaire, não enquanto religião verdadeira frente a falsas religiões,

mas como religião do perdão, vinda para substituir os antigos cultos baseados na vingança ou no derramamento ritual do sangue. A diferença, a favor da Europa, passa a ser mais de natureza moral que teológica. O melhor Deus, pode-se inferir, é o que menos sofrimento causa à humanidade, não pedindo sacrifícios de vidas humanas. Neste ponto, não há dúvida, *Alzira* e *O Triunfo da Natureza* se aproximam. A crítica às religiões primitivas atinge, de ricochete, como desejam os dois autores, o próprio cristianismo, em seus aspectos intolerantes e sanguinários (de que seria exemplo, não referido, a Inquisição).

Mas onde Nolasco da Cunha em verdade se inspirou, como tem sido notado, foi na adaptação que R. B. Sheridan fez, em 1799, de *Os Espanhóis no Peru ou A Morte de Rolla,* de Kotzebue, intitulando-a *Pizarro* e classificando-a como "tragédia romântica", o que para a ortodoxia clássica não deixava de constituir uma contradição em termos. Foi no texto inglês, que deve ter conhecido durante os seus anos de Inglaterra, que ele achou o seu par amoroso, Cora e Alonso, ela peruana, ele espanhol, rodeando-os, de acordo com o modelo, por duas bem conhecidas personalidades históricas, Ataliba, o infeliz rei (ou inca) do Peru, e Las Casas, o célebre dominicano que lutou bravamente, por atos e por palavras, contra a selvageria espanhola na América.

Nada disso significa que a peça portuguesa haja abdicado de sua originalidade. *Pizarro* movimenta dezoito personagens em treze quadros, escolhidos com pelo menos um olho no pitoresco cênico: florestas, penhascos, tendas de campanha, masmorras, esconderijos nas montanhas. *O Triunfo da Natureza*, contentando-se com sete personagens e sete quadros, nunca abandona o Templo do Sol incaico, mostrado interna e externamente, para não comprometer de vez a unidade de lugar. Ou seja, transformou-se em tragédia clássica um drama de proporções shakespearianas, que faz inclusive duas referências expressas ao romantismo, mencionando a "loucura romântica" e o "selvagem romântico" ("o bom selvagem" de Rousseau).

Não são menores as diferenças de enredo e de propósito. Tanto Voltaire quanto Sheridan, para incutir vibração humana, armam os seus entrechos sobre um triângulo de amor (dois homens, uma

---

104 Cf. Otávio Tarquínio de Sousa, *História dos Fundadores do Império do Brasil*, v. III, Rio de Janeiro: José Olympio, 1957, p. 558.
\* Instruí a América; ensinai a seus reis / Que os cristãos nasceram para lhes dar as leis (N. da E.).
105 Voltaire, *Théâtre Choisi*, Paris: Hachette, 1912, p. 285. As duas citações da peça encontram-se nas p. 324 e 337 desta edição.
\*\* Tu vês o furor despótico desses tiranos; / Eles pensam que o Céu fez a América para eles (N. da E.).

mulher) que só se dissolverá com o sacrifício de um de seus ângulos – o espanhol Gusman, em *Alzira*, o peruano Rolla, em *Pizarro*.

Nolasco da Cunha, menos homem de teatro, tragediógrafo ocasional, mais interessado em ideias que em pessoas, recorre a outro tipo de conflito. Cora, virgem dedicada ao culto do Sol, teria de pagar com a vida o filho que teve com Alonso. O desenlace, feliz, significará, mais que a vitória de uma religião civilizadora sobre uma religião bárbara, *O Triunfo da Natureza* sobre leis artificiais, que negam o amor e a sexualidade. O Deus cristão impõe-se apenas na medida, para dizer a verdade um tanto estreita, em que se ajusta à racionalidade e aceita os impulsos naturais, posição sustentada, contra o sacerdote peruano, pelo espanhol Las Casas. Natureza, razão e crença religiosa são os três conceitos, nem sempre cartesianamente claros e distintos, com que joga o autor. Sob o pretexto de reviver o passado, ele alude ao presente. Sem combater o cristianismo, longe disso, rejeita-lhe, indiretamente, certos traços, como a intolerância e o apego à castidade.

Talvez não seja muito, de um ponto de vista moderno. Mas era o suficiente, em 1830, para entusiasmar os jovens liberais brasileiros. Ainda bem mais tarde, em 1865, quando José de Alencar desejou evocar simbolicamente o nascimento da nacionalidade, foi à fórmula proposta por *Pizarro* e *O Triunfo da Natureza* que recorreu: a união amorosa entre um europeu e uma índia. Antes, no *Guarani*, o escritor tentara o casal oposto: um índio apaixonado por uma virgem de ascendência portuguesa. Mas algo, um mal-estar qualquer, impediam que o idílio florescesse em comunhão carnal. O romance, nas linhas derradeiras, lança Peri e Cecília em direção a um futuro incerto, suspenso entre a vida e a morte, onde, longe dos olhos dos leitores, tudo pode ocorrer, mas como simples hipótese poética. Agora, em *Iracema*, a questão sexual se aclara. Ao continente maduro, caberá o papel masculino, ativo, fecundante; ao que começava a se abrir para a civilização, não restará senão representar a encantadora amorosidade feminina, ressaltada ainda mais pelo primitivismo. Parece que Sheridan, valendo-se de Kotzebue, e Nolasco da Cunha, nas pegadas dos dois, não pretenderam dizer outra coisa. Não haveria mal que a Europa violentasse a América, desde que fosse para lhe dar filhos, unindo num só os dois sangues. A metáfora literária cumpria a sua missão: adoçava e transfigurava a brutalidade da história.

# II.
# O Teatro Romântico

## 1. O ADVENTO DO ROMANTISMO

> *A cauda do século XVIII arrasta-se ainda no XIX; mas não seremos nós, jovens, que vimos Bonaparte, que a iremos carregar.*
>
> Victor Hugo

*I*

De repente, em 1836, chega ao teatro brasileiro a onda revolucionária romântica, de cambulhada com melodramas modernos, de segunda geração, perturbando para sempre, por parte do público e da crítica, a caracterização exata de um ou de outro gênero, não raro irmanados sob a etiqueta de "dramalhão".

Os atores portugueses haviam trocado o Teatro Constitucional Fluminense, denominação que duraria até 1838, por outra sala, abrindo para João Caetano a possibilidade de apresentar-se no palco de maior prestígio no país como primeiro ator e chefe de companhia. A rivalidade entre os dois elencos ensejou a entrada em cena da nova escola, que vinha romper a pasmaceira de um repertório antiquado e remoído à exaustão. Começava-se a importar de Paris, sem a intermediação de Lisboa. Num pequeno lapso de tempo a plateia carioca viu *O Rei Se Diverte,* de Victor Hugo, *A Torre de Nesle* e *Catarina Howard,* de Alexandre Dumas, ao lado de verdadeiros clássicos do melodrama, como *Trinta Anos ou A Vida de um Jogador,* escrito em 1827 com a intenção declarada de liquidar a unidade de tempo, e *Os Seis Degraus do Crime,* de 1831[1].

Justiniano José da Rocha registrou, em cima dos acontecimentos, o clima de competição e excitação provocado por essa súbita reviravolta:

> Aberta estava a nova carreira, nela se precipitaram os dois teatros à porfia de quem havia de desperdiçar maior número de riquezas, antes que o público esteja satisfeito de um drama, quando ele vai principiando a entendê-lo, quando os atores vão-se penetrando de seus papéis, e tomando conta do caráter que têm de representar, ei-lo abandonado, eis que novo drama lhe sucede; destarte em breve teremos esgotadas todas as riquezas dos Dumas, dos Hugos, todos esses dramas, todas essas tragédias com que a fecundidade de tantos escritores alimenta continuadamente os teatros[2].

Poucos anos antes o jornalismo parisiense, em fase de grande expansão, inventara o *feuilleton:* graficamente, a colocação da matéria ao pé da página, sob um traço horizontal que por assim dizer a isolava, privilegiando-a; quanto ao texto, um tom que desse prazer à leitura, mas sem perda da qualidade literária. Era ali que se abrigavam, conforme os dias, os romances publicados em série – os de Eugène Sue

---

1 *Trinta Anos* é produto da colaboração de Ducange, Goubaux e Beudin; *Os Seis Degraus,* de Nézel e Antier.
2 Teatro, Artigo 2º, *O Cronista,* de 20 de agosto de 1836. A crônica não vem assinada, mas outras, a seguir, trazem as iniciais J. J. R ou R. As citações subsequentes de Justiniano procedem da mesma fonte e ano.

entre os primeiros – e a crítica teatral de um Jules Janin, feita para deleitar e não apenas para julgar. O gênero estava fadado a deixar marcas duradouras no Brasil, através do romance-folhetim, do rodapé literário e da crônica leve, um tanto fantasiosa, como a cultivaram, entre outros, Martins Pena, Alencar, Macedo, França Júnior e Machado de Assis.

A ambição de Justiniano, iniciando-se no jornalismo depois de completar estudos secundários em Paris e jurídicos em São Paulo, era introduzir na cinzenta imprensa brasileira o *feuilleton,* essa "abençoada invenção da literatura periódica, filha mimosa de brilhante imaginação", que ele não sabia como verter, não lhe agradando nem "folhetão", "que soa tão mal", nem "folhazinha", a tradução literal. Cinco anos depois, em 1841, quando ele volta à crítica teatral, que logo abandonará, a forma definitiva já fora descoberta – "folhetim".

O candidato a folhetinista pretendia receber de braços abertos o romantismo. Propunha-se mesmo a preceder a estreia de *A Torre de Nesle* de um

> pequeno artigo sobre a diferença da escola clássica e romântica, cuja luta tanto tempo ocupou a atenção dos teatros na França, da qual pouca gente entre nós está ao fato – que, sem esse conhecimento, impossível nos parece a inteligência das novas produções[3].

Resultam da última frase a novidade que representava no Brasil a peça romântica e a falta de informação sobre o que ela queria dizer e fazer, ambas as coisas dificultando, se não impedindo, a sua perfeita compreensão.

Voltando ao passado, com olhos instruídos sobre o que viria a seguir, é possível descobrir aqui e ali vagas premonições sobre a eclosão romântica.

Ainda em Portugal, naquela segunda metade do século XVIII na qual o arcadismo tenta livrar-se dos cânones espanhóis em proveito dos franceses, um escritor, pouco dotado para realizar tal façanha, mas dedicado ao teatro, Manoel Figueiredo, acusou o despontar de uma tendência que com o tempo evoluiria do "romanesco" ao "romântico", palavra que até aquele instante não surgira ou não se popularizara. Associou ele – de passagem, sem lhe dar importância, já que se tratava de uma entre várias formas literárias populares – "o romanesco e o mágico" (referia-se às "mágicas" teatrais), "o romanesco e o incrível"[4], pondo em evidência que o vocábulo ainda não se desprendera de sua fonte, o romance medieval, cheio de aventuras e prodígios, parodiado e supostamente enterrado por Cervantes no *Dom Quixote.*

Daí ao romântico seria uma passagem lógica, embora difícil, demandando para completar-se alguns decênios de transformações históricas. Mas não existiu em Portugal um período pré-romântico, de discussões teóricas intensas, ataques e contra-ataques, como se deu na França. Se não ocorreram em Lisboa batalhas semelhantes à do *Hernani*, de Victor Hugo, travada durante meses em 1830, muito menos houve os preparativos bélicos, as tomadas de posição, configuradas na literatura francesa por obras fundamentais, como *De l'Allemagne* (1813), de Mme. de Staël, e *Racine et Shakespeare* (1823), de Stendhal. Quando o romantismo chega, é de supetão, já vitorioso, como um fato, não como uma possibilidade em ascensão.

No Brasil a menção inaugural ao teatro romântico, ao menos de que se tem notícia, é muito tardia. Uma publicação de alunos da Academia de Direito de São Paulo, a *Revista da Sociedade Filomática,* editada de junho a dezembro de 1833, lançou em cinco números consecutivos um extenso estudo intitulado "Ensaio sobre a Tragédia". Vinha datado de outubro de 1832 e fora elaborado por uma comissão integrada por três jovens acadêmicos, entre os quais figurava Justiniano José da Rocha, o mais velho (nascido em 1811) dos três e ao que parece o mais diretamente interessado no teatro. Como trabalho escolar ou quase escolar, esse longo ensaio não deixa de ter méritos, aliás não pequenos, apesar do seu caráter compilatório e de transmitir uma visão em excesso tradicionalista. Por ironia da história, que não anda com o mesmo passo em todos os continentes, o Brasil ganhava, de uma só vez, o seu primeiro e o seu último tratado sobre a tragédia. Que, porventura, não poderia ter sido escrito a não ser por estudantes, pela forte razão de não haver professores versados na matéria.

O romantismo aparece no final do ensaio como antagonista, ou mesmo como vilão, produto de uma

---

3  Esse artigo não foi localizado nas bibliotecas consultadas.

4  Manoel Figueiredo, *Teatro*, tomo X, Lisboa: Imprensa Régia, 1804, p. 347-349.

conspiração antifrancesa que, paradoxalmente, teria partido da pátria de Corneille ("não tem quem o exceda"), Racine ("o mais perfeito versificador dos tempos modernos") e Voltaire ("o primeiro dos seres pensantes"). As más ideias de La Motte e Diderot, propagando-se ao exterior, haviam dado origem ao "teatro monstruoso dos Alemães", voltando agora ao solo natal sob a forma de uma invasão de bárbaros, "cuja irrupção no meio-dia neste século é igual em violência e resultados funestos à invasão dos Tártaros, Sarmatas e Escandinavos". Parte da culpa caberia a Mme. de Staël, escritora francesa de "talentos superiores", mas que tivera a fraqueza de "prostrar-se ante os ídolos góticos do estrangeiro".

Esta "gente cismática", esta "seita germana", este "gênero ridículo", esta "escola tudesca", que atentavam contra "regras que o bom gosto havia ditado por perto de vinte séculos", não observavam sequer a coerência, valendo-se da "aproximação contínua das coisas as mais opostas". Se tinham "por fito seguir inteiramente o natural", "chamar a um só ponto a natureza inteira", tanto em sua parte baixa quanto na alta, em contraste com a "natureza embelecida" dos clássicos, valorizavam igualmente o "fantástico", "o possível e o quimérico". "Os apóstolos do natural são os chefes e pregadores do Vago!" Mais ainda:

por confissão própria tudo o que é extravagante e disparatado é romântico. Se não é esta a natureza do romântico, não existe semelhante gênero, porque o que não é disparatado, o que é feito com senso e juízo está dentro dos limites do clássico".

Unicamente "a anarquia literária da Alemanha", conjugada perversamente com a antirrazão, explicariam "o frenesi", "os cegos atordoamentos", "os desvarios de um delírio", numa palavra, "o furor romântico".

Certos detalhes significativos revelam que os três jovens acadêmicos não estavam tão seguros quanto pensavam do seu assunto, que aparentemente só conheciam por intermédio de terceiros. Não citam o Prefácio do *Cromwell*, manifesto graças ao qual Victor Hugo fora aclamado chefe da nova escola em 1827, e ao se referirem a Alexandre Dumas, guiando-se, ao que tudo indica, pelo ouvido, não pela palavra escrita, grafam-lhe o nome, por duas vezes, como Domat (não há dúvida, é Dumas mesmo, não existia outro suscetível de ser confundido com ele).

Fora do romantismo, quando abordam as tragédias portuguesas recentes, elogiam a *Nova Castro* ("essa peça pode considerar-se como a mais perfeita do Teatro Português") e erram grotescamente a respeito de *O Triunfo da Natureza*, que afirmam ter sido "composto por um jovem fluminense, Luís de Melo, corrigido e publicado debaixo do nome do baiano Vicente Pedro Nolasco"[5].

A próxima alusão ao romantismo vem de Paris. Gonçalves de Magalhães, em janeiro de 1834, comunica ao padre Monte Alverne, seu mentor filosófico, as primeiras impressões que a vida intelectual da França lhe causara. O teatro romântico, ainda a grande novidade do momento, é naturalmente um dos tópicos abordados. Os termos empregados pelo jovem poeta, já com um livro impresso, mostram sem ambiguidade até que ponto a nova escola permanecia ignorada no Brasil, mesmo entre pessoas cultas, e com que violência ela atingia e feria as sensibilidades educadas pelo decoro e disciplina clássicas.

Diz a carta:

Os poetas estão aqui empenhados em explorar a mina da meia-idade, fatigados com as ideias antigas, e não podendo quase marchar na estrada de Racine e Corneille e Voltaire, eles calcam todas as leis da unidade tão recomendadas pelos antigos; as novas tragédias não têm lugar fixo, nem tempo marcado, podem durar um ano e mais; o caráter dessas composições é muitas vezes horrível, pavoroso, feroz, melancólico, frenético e religioso. Os assassínios, os envenenamentos, os incestos são prodigalizados às mãos largas, mas nem por isso deixam de ter pedaços sublimes. Os principais trágicos são De Laragotine, Alexandre Dumas, Victor Hugo. Esses poetas chamam-se românticos[6].

5   *Revista da Sociedade Filomática*, São Paulo: Tip. Novo Farol Paulistano, 1833, p. 141-142 (edição fac-similar, editada em São Paulo pela Metal Leve, em 1977). Embora as citações feitas aqui refiram-se à totalidade do ensaio, os trechos relacionados ao romantismo concentram-se, de preferência, nas p. 136-148. Os outros dois redatores do *Ensaio sobre a Tragédia*, ao lado de Justiniano José da Rocha, foram Antônio Augusto Queiroga e Francisco Bernardino Ribeiro, o famoso "Mestrinho", falecido, já como professor da Academia, pouco antes de completar 22 anos, que deve ter contribuído não pouco com o seu saber precoce na estruturação da parte clássica do *Ensaio*.
6   Porto Alegre – Gonçalves de Magalhães, *Cartas a Monte Alverne*, apresentação de Roberto Lopes, São Paulo: Conselho Estadual de Cultura, 1964, p. 16-18. O apresentador esclarece, em nota, não ter conseguido localizar "esse De Laragotine", nome lido num trecho "carcomido em parte pela traça". Só pode tratar-se de Delavigne, Casemir Delavigne, frequentemente citado, na época, como êmulo de Dumas e Victor Hugo. Note-se que

Entre os atores, Magalhães salienta Ligier (intérprete de *Le Roi s'amuse*, de Victor Hugo, em 1832), "que, sem ser Talma, me tem feito tremer", e "outro, também grande, cuja voz é um trovão sonoro" – provavelmente Beauvallet, famoso pela potência da voz, uma das armas do ator naquele contexto de teatros espaçosos e peças de alta voltagem.

É óbvio que nenhuma dessas manifestações fracas e isoladas chegou aos ouvidos do público brasileiro. A *Revista Filomática* não passava de um órgão estudantil, de circulação restrita, e as cartas a Monte Alverne só foram editadas em nossos dias.

Foi nesse meio cultural acanhado, distante do que se passava na Europa, preocupado sobretudo com o destino imediato do Brasil no período de agitação política que se seguiu à abdicação de D. Pedro I, que Justiniano teve de enfrentar a chegada do drama romântico francês, com o qual, segundo as aparências, tomava contato direto pela primeira vez. Como instrumento crítico dispunha ele de uma marcada inclinação conservadora em política, e, em literatura, da formação clássica recebida no Liceu Henrique IV, até hoje existente em Paris, onde fora, conta a tradição, aluno destacado[7]. O choque entre a velha e a nova estética, patente na *Revista da Sociedade Filomática*, não tardaria a reaparecer em seus escritos.

*A Torre de Nesle*, de Dumas, até que obteve por parte dele um tratamento respeitoso, bastante convencional para um temperamento impulsivo ao escrever como o seu: "Eis o drama que se acaba de representar no Teatro Constitucional entre numerosos e bem merecidos aplausos de espectadores". Depois de analisar a má tradução e o desempenho de alguns atores – João Caetano no brilhante papel de Buridan – fechava a crônica no mesmo tom amistoso:

> Em geral a peça foi bem representada; o cenário bem preparado e rico, enfim esse espetáculo é digno de ser visto, e certo o Teatro Constitucional pode contar com numerosas enchentes se souber aproveitar a curiosidade pública excitada pelo novo drama.

Isso foi em setembro de 1836. Em novembro a estreia de *O Rei se Diverte*, de Victor Hugo, faz com que a benevolência seja substituída por uma torrente de indignação, um tanto retrospectiva, que explode logo na abertura da crítica:

> Ainda crimes, ainda horrores! Ainda o Teatro Constitucional não abandonou seu sistema de depredações da escola romântica! Depois dos incestuosos deboches da *Torre de Nesle*, quantos crimes não têm reproduzido nossa cena! Que horrível desperdício de sangue e de atentados! Agora dão-nos o divertimento de um rei, esse rei é o vencedor de Marignan, o protetor das letras, o cavaleiro discípulo de Bayard: esse rei é Francisco I, Francisco I que só tinha dois cultos, o da honra e o do amor. Esperávamos portanto uma peça agradável, esperávamos ver o rei cavaleiro em toda a sua glória, em todo o seu esplendor: enganamo-nos: o Francisco I do drama não é o Francisco I da história, é um homem sem pejo, sem brio, que desce às tabernas, que se entrega a meretrizes.

A revolta do crítico tinha raízes morais e políticas, não estéticas. Justiniano não reagia enquanto clássico, mas enquanto patriota francês (muitos brasileiros o eram) e enquanto monarquista ferrenho, não admitindo insultos às suas queridas verdades – ou ilusões – históricas.

O engraçado é que *A Torre de Nesle* ia muito mais longe nessa direção, como era hábito de Dumas, escritor não embaraçado pelo excesso de escrúpulos. Margarida de Borgonha, rainha da França, monopoliza em seu drama um número impressionante de crimes nefandos, do adultério ao incesto, do parricídio ao infanticídio, uns premeditados, outros acidentais, uns levados a efeito, outros deixados a meio caminho, mas todos executados por mãos alheias. Uma de suas diversões é fechar-se na torre de Nesle com as duas irmãs, princesas de França, passar uma noite de orgia desfrutando a beleza de três jovens aristocratas, escolhidos ao acaso entre os recém-chegados a Paris, e depois, saciada a fome, mandar matá-los e jogar os seus corpos nas águas acolhedoras e silenciosas do Sena. Acontece, contudo, que Margarida viveu no obscuro século XIV, deixando, justa ou injustamente, má memória na imaginação popular. Outro era o caso, obviamente, para Justiniano, do rei cavaleiro, do vencedor de Marignan!

---

Magalhães traduz *moyen-âge* ao pé da letra (meia-idade) e não distingue ainda entre tragédia e drama.

[7] Cf. Raimundo Magalhães Júnior. *Três Panfletários do Segundo Reinado*, São Paulo: Nacional, 1956, p. 131; Elmano Cardim, *Justiniano José da Rocha*, São Paulo: Nacional, 1964, p. 10.

Além disso, Alexandre Dumas deslizava sobre as escabrosidades com tamanha leveza e destreza de movimentos, com tanto bom humor, interessado menos nas personagens e mais na ação, no desdobrar do enredo, na sucessão de golpes engenhosos, que não dava tempo a objeções tão sérias quanto descabidas. Na advertência que colocou como prefácio de *Catarina Howard* (peça também representada no Brasil naquele final de década), ele classifica *A Torre de Nesle* como "drama de imaginação", e considera *Catarina* "um drama extra-histórico, uma obra de imaginação criada pela minha fantasia; Henrique VIII não foi para mim senão o prego no qual pendurei o meu quadro"[8].

A crítica de Justiniano incide com mais vigor sobre dois aspectos de *O Rei Se Diverte*. O primeiro é de ordem geral, dizendo respeito à ausência de moral, entendida estreitamente como falta de punição dos culpados:

Eis o drama horrível que nos foi representado. Mas para que tantos crimes? Que lição moral deve deles resultar? Francisco I, que o drama nos pinta tão infame, fica triunfante e pronto para voar a novos amores; nem ao menos com um instante de remorsos pagou seus crimes. As vítimas são todas inocentes, é Saint-Valier, ancião respeitável, é a virtuosa Branca, amante tão terna. Esses viciosos cortesãos ficam ilesos, esse rei, digno chefe deles, fica impune: apenas Triboulet recebe o justo castigo de seus escárnios, de seus sarcasmos. Onde pois a moralidade da peça?

(Victor Hugo poderia responder, com o *Prefácio do Cromwell*, que "o caráter do drama é o real", "tudo que existe na natureza existe na arte". Ou então com a defesa que apresentou em 1832, quando *Le roi s'amuse* foi interditado em Paris após a primeira representação: "Basta, para o futuro como para o passado, que a polícia saiba de uma vez por todas que eu não faço peças imorais. Que ela tenha isso por dito, não voltarei ao assunto"[9].)

---

8 Alexandre Dumas, *Théâtre Complet*, v. IV, Paris: Calman Levy, 1890, p. 207.
9 Victor Hugo, *Oeuvres, Drames*, tomo I, Paris: Houssiaux, 1878, p. 21; tomo II, p. 358. *Le Roi s'amuse* serviu de base ao *Rigoletto*, de Verdi. As modificações, com Francisco I rebaixado a duque de Mantua e Triboulet, personalidade histórica como quase todas as da peça, transformando-se em Rigoletto, foram feitas por exigência da censura italiana. Mas o estupro, cometido supostamente ao lado da cena e em alguns exíguos minutos, permaneceu.

A segunda objeção particulariza:

A essa crítica que ataca todo o drama, em sua ideia geradora, juntaremos outra. Um estupro se comete aos olhos do espectador, sem respeito à moral pública. Sim, é em cena que Francisco quer por força abraçar a mísera Branca, quatro ou cinco vezes o tentou, e tudo tentaria aos olhos do público, se por acaso esta não tivesse a felicidade de refugiar-se num quarto; e é nesse quarto contíguo à sala em que nos achamos que o rei impudico a vai violar. Será tudo isso muito decente? Por nós, que não afetamos demasiada pudicícia, atrevemo-nos a dizer que é tudo isso de uma imoralidade asquerosa.

(Victor Hugo poderia alegar que estupro consumado nos bastidores, entre duas cenas, longe dos olhos e perto da imaginação do público, não era invenção sua. Alexandre Dumas, em 1831, dera-lhe o mau exemplo. Em *Antony*, no entanto, a posse pela força tinha ao menos uma justificativa romântica. Significativa para o homem, solteiro, um desafio lançado às leis sociais limitadoras do amor, e para a mulher, casada, a escusa que necessitava para apaziguar a própria consciência culpada. Adèle D'Hervey é forçada por Antony a fazer o que no fundo ela mesmo desejava. A paixão é igual em ambos. Já em *O Rei Se Diverte* a situação é diferente, desproporcionada; por parte de Francisco I, não há mais que luxúria, libidinagem; por parte de Branca, há o amor ingênuo por alguém que se apresentara a ela sob nome falso e por quem se apaixonara a ponto de lhe dar não só a virgindade como a própria vida. A vítima aqui não é ao menos em parte a sociedade, como em Dumas, mas a mulher, somente a mulher, submetida sentimental e sexualmente ao homem.)

Quanto a Justiniano, é difícil dizer o que ele julga "de uma imoralidade asquerosa": o estupro ou o atentado cênico ao pudor público? Se o conteúdo moral e político do drama romântico costumava causar-lhe tais reações, as inovações formais, como a quebra das unidades que tanta tinta fizera correr, passavam-lhe pelo crivo sem despertar mais que uma leve nota de ironia. Ao criticar *Camões*, peça de Luís Antônio Burgain, fez ele nesse sentido apenas uma objeção, à troca de cenário dentro do ato e à vista do público:

Sabemos, com a nova escola, que a unidade de tempo e lugar é uma futilidade que só serve para pôr tropeços ao talento: todavia quiséramos, para salvar a verossimilhança, que quando se muda de lugar, quando tem decorrido tempo, não haja uma simples mutação de vistas e que aqueles que neste instante vimos, *verbi gratia*, na quinta de Belém – dado um apito –, não se achem repentinamente em Lisboa. Certo, impossível é que conserve a ilusão: é de mister que o pano desça, que o intervalo dos atos deixe aos espectadores tempo para fazerem estas viagens.

("Vista" está aí, obviamente, por "cenário"; e quanto ao misterioso e algo miraculoso "apito", era apenas o sinal dado pelo chefe dos maquinistas, ou "puxa-vistas", para que estes efetuassem a mutação.)

Em 1841, extinto *O Cronista*, Justiniano José da Rocha revive o folhetim teatral em *O Brasil*, procedendo a uma revisão crítica do teatro brasileiro no último decênio. Distingue três épocas: a "liberal", a das proclamações políticas; a "belicosa", a da soldadesca em cena (as duas já abordadas em páginas anteriores); e, por fim, "a época endiabrada, a que chamaremos", diz ele, "romântica brava!"

Os berros infernais dos dramaturgos do horror foram ouvidos aquém do Atlântico. Também nós tivemos de assistir à época do crime, de admirar as orgias asquerosas do talento em delírio. Como a sociedade política sofreu em 1789 uma revolução assim também a sociedade literária teve a sua, consequência imediata daquela. Em ambas essas revoluções predominaram os mesmos princípios, o desrespeito à autoridade, às leis e o desejo excessivo de tudo nivelar, e em ambas os mesmos excessos foram cometidos, senão maiores na sociedade literária. [...] Ora, o processo seguido por ambas essas revoluções foi o mesmo, só com uma diferença, e diferença bem importante, é que uma não foi mais do que representação fantasmagórica da outra. O sangue foi derramado em ambos os períodos às mãos cheias, mas a revolução política inundava com ele as praças, tingia com ele os rios, e a revolução teatral não levava além do tablado suas destruições e seus horrores. [...]

Mas, como íamos dizendo, também tivemos de assistir às orgias asquerosas do talento em delírio. Os célebres *Trinta Anos ou A Vida de Um Jogador* romperam a marcha, e depois seguiu-se a longa série dos desatinos dramáticos que por tanto tempo foram representados em nosso teatro. *A Torre de Nesle* com todas as suas impudicícias, *O Rei Se Diverte, Os Seis Degraus do Crime* despertaram a atenção do público e chamaram ao teatro grande cópia de espectadores, pelas mesmas razões por que se apinham de gente as praças públicas quando há enforcado.

No horror porém não há gradação, os primeiros dramas esgotaram a mina, de modo que a época romântica brava, posto durasse mais do que a época belicosa, não pôde dominar por muito tempo. Se há curiosidade que se satisfaça facilmente, é a de conhecer as sensações do crime[10].

Esses julgamentos históricos levantam uma série de questões. Justiniano não errava nem ao julgar terminada essa fase, nem ao classificá-la de "romântica brava". O romantismo, no teatro francês, não foi crescendo até atingir aquele paroxismo que se chamou em Portugal de "ultrarromantismo" – "o drama *plusquam* romântico", na expressão pitoresca de Garrett. As primeiras peças de Victor Hugo e Alexandre Dumas são, de fato, as mais românticas, no sentido de romper com o classicismo em todos os seus níveis, dos literários aos sociais, dos estéticos aos metafísicos e morais. Não perdoaram as conveniências e o decoro, como não pouparam a lei das unidades e a técnica do verso (que, aliás, aos poucos desaparece, desalojado do palco pela prosa). E com o mesmo ímpeto que vieram logo se foram. Os historiadores tomam 1843 como a data que fecha o ciclo propriamente romântico, relacionando-a ao pouco entusiasmo despertado pela estreia de *Les Burgraves*, peça de Victor Hugo. Naquele mesmo ano Émile Adet, francês de nascença, brasileiro por adoção literária, aludia nas páginas da *Minerva Brasiliense* aos "dramas febricitantes, cujo gosto já na França passou para dar lugar a uma literatura mais sã"[11].

O romantismo, continuando a impregnar o século XIX com o seu espírito, colorindo a poesia e o romance, desaparecia dos palcos parisienses em suas formas realmente características. O drama romântico ainda não germinara no Brasil, onde será fenômeno temporão, e já se via ofuscado na França, seja pelo retorno à tragédia clássica proporcionado pelas interpretações de uma atriz de vinte anos, Rachel, a nova musa raciniana, seja pelo aparecimento de outras tendências de literatura dramática. Émile Adet, no mesmo artigo da *Minerva*, sugeria a encenação no Rio de *Lucrécia*, de François Ponsard,

---

10 Folhetim, *O Brasil*, 15 de junho de 1841.
11 Émile Adet, Da Arte Dramática no Brasil, *Minerva Brasiliense*, tomo I, 1843, p. 155.

futuro chefe da "escola do bom senso", dominará os próximos anos. Passara, com efeito, a voga do "drama febricitante", cuja febre sempre fora na França um tanto simulada. Só um texto romântico permanecerá demoradamente no repertório dos grandes atores internacionais, ressurgindo há poucos anos em versão moderna de Sartre. Mas *Kean*, de Dumas, já é muito mais comédia que drama.

Onde Justiniano erra, e erra feio, é ao pôr no mesmo saco *A Torre de Nesle* e *Trinta Anos ou A Vida de um Jogador*, *O Rei Se Diverte* e *Os Seis Degraus do Crime*. Que todas essas peças giram em torno do crime e abusam do *coup de théâtre*, parece inegável. Mas as diferenças sobrepujam as semelhanças. De início, há a desigualdade literária. Victor Hugo e Alexandre Dumas são "monstros sagrados" da literatura, que encheram o seu século – e parte do nosso – com as suas gigantescas presenças. Os autores de melodrama, em contrapartida, não costumam figurar sequer nas histórias de teatro.

A disparidade maior é outra, contudo. O melodrama – e é extraordinário que Justiniano não o haja notado – não merece esse nome se não terminar bem, distribuindo castigos e recompensas conforme os méritos e deméritos de cada personagem. O seu objetivo, como diz um ditado português admirado por Paul Claudel, consiste em provar que Deus escreve direito por linhas tortas. Após as sinuosidades de enredo dos primeiros atos, destinados a manter no grau máximo a ansiedade do público, lá vem, como coroamento, quando tudo parece perdido, a intervenção da Divina Providência. O público deleita-se com o espetáculo da vilania, porque sabe que no fim sairá reconfortado em seu otimismo moral. Apesar das aparências, o mundo é bom, a justiça, que tarda mas não falha, acaba por realizar-se aqui mesmo na terra, perante os nossos olhos.

Para tanto faz-se necessário que os dois grupos em luta, protagonistas e antagonistas, recortem-se com nitidez. Quem é mau, é mau mesmo; quem é bom, é bom mesmo. Inexiste possibilidade de meio termo. Quanto aos crimes cometidos, graves, sem dúvida, acusações falsas, usurpação de bens e títulos sociais, assassínios, são, de certo modo, de ordem primária, não possuindo requintes intelectuais de perversidade. Sem prejuízo da malignidade, são crimes comuns, desses que correm as ruas.

Exatamente o contrário acontece no drama romântico, onde o herói ou a heroína trazem dentro de si, a um só tempo, o bem e o mal, o anjo e o demônio, na linguagem poética da época, embebida de cristianismo. Os seus crimes, estupro, incesto, parricídio, surgem marcados pela atração por tudo que a sociedade interdita como pertencendo já ao território do sagrado. São transgressões em si mesmas terríveis e ainda agravadas por serem efetuadas por reis, rainhas, ou seja, pelos supostos guardiões do patrimônio moral da coletividade. Se esses vilões chamam-se, por exemplo, Francisco I e Margarida de Borgonha, pode-se continuar a acreditar que Deus escreve direito, ainda que por linhas muito tortas? O próprio conceito de justiça terrena não estará sumariamente negado?

Não adianta Victor Hugo escrever que em *O Rei Se Diverte* triunfa a Providência, ao punir o bufão, o maior ou o único culpado: "Assim Triboulet tem dois discípulos, o rei e sua filha, o rei que ele adestra para o vício, sua filha que ele faz crescer para a virtude. Um perderá o outro"[12]. O argumento não convence. Nesse laço tão forte estabelecido entre soberano e bobo da corte, será possível que o segundo é que determine o primeiro, em completo desacordo com a hierarquia social? Francisco I será produto de Triboulet – e não o inverso? Que estranha sociedade é essa monarquia, regida de baixo para cima?

A diferença do ponto de vista entre drama e melodrama fica patentemente clara quando se confronta o desfecho de duas dessas peças, ambas colocando em cena a relação pais-filhos, tão encarecida pelo cristianismo.

Eis as réplicas decisivas de *A Torre de Nesle*, travadas entre dois namorados (platônicos), que até então ignoravam o parentesco que os unia:

GAULTIER (*entrando todo ensanguentado*): Margarida! Margarida! Trago-te a chave da torre.
MARGARIDA: Infeliz, infeliz! Eu sou tua mãe!
GAULTIER: Minha mãe? Pois bem minha mãe, sejas maldita (*ele cai e morre*)[13].

---

12 V. Hugo, *Oeuvres, Drames*, tomo II, p. 343.
13 A. Dumas, *Théâtre Complet*, p. 97. Victor Hugo desenvolveu tema semelhante em *Lucrécia Bórgia*, nesse mesmo ano de 1833. Aqui está a sua última fala: "LUCRÉCIA – Ah! tu me mataste!... Gennaro, eu sou tua mãe!"

Agora, em contraste, a morte edificante que fecha *Trinta Anos ou A Vida de um Jogador*, com o pai salvando na última hora o filho que tentara matar, sem saber quem ele era, para morrer pateticamente em seu lugar:

GEORGES (*sem alento*): Infelizes, de quem eu tenho causado a desgraça!... Meu filho, detesta o jogo... bem vês os seus furores e os seus crimes!... Cara esposa... a morte já se apresenta ante os meus olhos... Oxalá que as tuas virtudes obtenham a sua justa recompensa e a graça e o perdão do delinquente![14]

São, como se vê, universos dramáticos e metafísicos opostos, um de confusa e veemente contestação, o outro de reafirmação de valores morais e religiosos vigentes. O crime está no centro de ambos, mas movendo-se em direções contrárias. A predileção pelos lances folhetinescos e pelos enredos enovelados, que subia do melodrama para o drama, permitia no entanto que os dois fossem frequentemente confundidos, e não apenas por Justiniano, sob a denominação pejorativa de "dramalhão". Essa ainda é a palavra empregada por Artur Azevedo, alguns decênios mais tarde, em *Impressões de Teatro*. "Que dramalhão" é, com efeito, a frase que abre este seu soneto cômico, predispondo-nos para rir à custa de um melodrama dos bons. Mas a ambiência medieval, o adultério feminino – a prevaricação da condessa enquanto o marido bate-se nas Cruzadas –, e, sobretudo, o tenebroso final, confronta-nos impiedosamente com o radicalismo romântico. Basta, para comprová-lo, reler os tercetos conclusivos, que levam ao extremo a crueldade divertida da paródia:

Folga o intrigante... Porém surge um mano
E, vendo morto o irmão, perde a cabeça:
Crava um punhal no peito do tirano!

É preso o mano, mata-se a condessa,
Endoidece o marido... e cai o pano
Antes que outra catástrofe aconteça.

Era a derradeira pá de cal – a pá de cal do riso – que se jogava sobre o túmulo do "drama febricitante" de 1830.

14 Tradução anônima portuguesa, publicada em 1838 na coleção de peças intitulada *Arquivo Teatral*.

## II

Não durou muito o propósito de Justiniano José da Rocha de se transformar no Jules Janin – citado como modelo por ele em duas crônicas – do teatro nacional. Em fins de 1837, ainda no *Cronista*, ele apontou as razões dessa precoce desistência:

De há muito que desaprendemos o ofício de crítico dramático, porque não nos deixam nossas ocupações tempo bastante para que o vamos esperdiçar em nossos teatros, e quando mesmo elas deixassem, conselhos higiênicos nos fazem recolher ao toque de trindades, conselhos econômicos nos obrigam a não despendermos assim de chofre aquilo que tanto nos custa a ganhar[15].

Razões pessoais ponderáveis, sem dúvida. Sem um certo gosto pela vida noturna, sobretudo, não se compreende o exercício de profissão alguma ligada a uma atividade de vocação tão notívaga como o teatro. A razão maior, contudo, ficou subentendida: a verdadeira paixão de Justiniano era o jornalismo político, onde ele podia dar vazão aos seus pendores polêmicos.

Foi assim que o primeiro crítico teatral do Brasil deixou passar em branco os dois acontecimentos julgados pela posteridade como fundamentais – no sentido de inaugurais – do período. Ou seja, a encenação da tragédia *Antônio José ou O Poeta e a Inquisição*, de Gonçalves de Magalhães, e da comédia *O Juiz de Paz da Roça*, de Martins Pena, respectivamente em março e outubro de 1838, com as quais, segundo a interpretação moderna, nasce oficialmente a dramaturgia brasileira. Não só ele não as consignou no *Cronista*, por aqueles motivos alegados, como, ao fazer em 1841 o retrospecto dos últimos anos nas páginas de *O Brasil*, ignorou tanto uma quanto outra, demonstrando que os julgamentos estéticos do futuro nem sempre transparecem nas linhas ainda próximas do presente. O teatro nacional passara a existir e Justiniano não percebera.

Valendo-se só de suas crônicas chegar-se-ia à surpreendente conclusão de que os primeiros dramas brasileiros da época romântica foram *A Órfã ou A Assembleia dos Condes Livres* e *Camões*, do

15 Apêndice, *O Cronista*, 6 de dezembro de 1837.

escritor franco-brasileiro Luís Antônio Burgain[16]; e as primeiras comédias, *O Triunfo da Imprensa* e *Um dos Muitos,* de Joaquim José Teixeira (mal escondido sob as iniciais J. J. T), o Teixeirinha, já interessado em teatro desde os anos estudantis, quando foi contemporâneo de Justiniano na Academia de Direito de São Paulo[17].

Os dois tiveram longa carreira literária, com marcada preferência pelo gênero dramático. Mas os constrangidos elogios que o *Cronista* concede às comédias (e dramas) de J. J. T., rodeando essas palavras de incentivo com severas restrições e reservas críticas, assim como o resumo que faz de uma delas, não animam a compará-las às de Martins Pena, ainda mais que nunca chegaram a ser impressas. Quanto aos dramas de Burgain, que sobreviveram em forma de livro, a sua leitura não desperta o menor entusiasmo, não nos autorizando a antepô-las ou sobrepô-las às tragédias de Gonçalves de Magalhães, a não ser em estrito sentido cronológico. Vieram antes, é indubitável, todos esses dramas e comédias. Mas, merecidamente, não ficaram como marcos na memória nacional.

Podemos, pois, sem problemas de consciência, retornar à versão histórica tradicional. O teatro brasileiro, enquanto modernidade, empenho empresarial e valor literário, começa quando um ator, João Caetano, representa no mesmo ano, 1838, uma tragédia em cinco atos de Gonçalves de Magalhães e uma comediazinha em um ato de Martins Pena. Tinham eles, nessa ocasião e nessa ordem, 30, 27 e 23 anos de idade. E eram todos brasileiros.

José Veríssimo captou com precisão, não propriamente o que foi, mas o que significou no plano do símbolo a estreia de *Antônio José:*

> O importante, porém, estava feito, um belo exemplo estava dado, uma fecunda iniciativa realizada, e não sem superioridade. Atores brasileiros ou abrasileirados, num teatro brasileiro, representavam diante de uma plateia brasileira, entusiasmada e comovida, o autor brasileiro de uma peça cujo protagonista era também brasileiro e que explícita e implicitamente lhe falava do Brasil. Isso sucedia dezesseis anos após a Independência, quando ainda referviam e bulhavam na jovem alma nacional todos os entusiasmos desse grande movimento político e todas as alvoroçadas esperanças e generosas ilusões por ele criadas. Nada mais era preciso para que na opinião do público brasileiro, em quem era ainda então vivo o ardor cívico, aquele teatro, com os que nele oficiavam como autores e atores, tomasse a feição de um templo onde se celebrava literariamente a pátria nova[18].

## 2. A TRAGÉDIA E O MELODRAMA

É na terceira década do século XIX que começa a haver produção teatral consistente no Brasil. Até então, a regra era virem juntos da Europa tanto as peças como os artistas e os empresários. De Portugal, principalmente, chegavam companhias inteiras. Aportavam para animar o Rio de Janeiro e encontravam recepção muito positiva. Especialmente depois que a ascensão da cidade à capital do reino português – 1808-1819 – possibilita a consolidação de algumas casas de espetáculo e a criação de um público mais estável. As facilidades operacionais eram óbvias. Dada a proximidade linguística e cultural, era possível encenar aqui, sem maiores adaptações, o mesmo repertório apresentado em Lisboa; por isso o retorno compensador ensejava a repetição do processo.

A identificação das raízes portuguesas do teatro brasileiro é importante para a matéria a ser tratada aqui, porque ajuda a localizar um gosto comum em ambos os países: o gosto que está situado na origem do teatro mais popular da época, ou seja, o melodrama de temática sentimental. Essa tendência tinha chegado a Portugal através da França e veio para o Brasil mais rapidamente em função das excursões das companhias teatrais. As canseiras da viagem transatlântica tinham de encontrar compensação à altura. Não admira, portanto, que

---

16 Cf. J. Galante de Sousa, *O Teatro no Brasil,* v. 2, Rio de Janeiro: MEC/INL, 1960, p. 139.

17 Cf. Sacramento Blake, *Dicionário Bibliográfico Brasileiro* (reimpressão de off-set), v. IV, Rio de Janeiro: Conselho Federal de Cultura, 1970, p. 180, 518; Almeida Nogueira, *A Academia de S. Paulo,* São Paulo: Sexta Série, 1908, p. 91.

18 *História da Literatura Brasileira,* 3. ed., Rio de Janeiro: José Olympio, 1954, p. 312-313.

as companhias escolhessem o repertório de aceitação mais imediata e com essa iniciativa acabassem influenciando a sedimentação de valores estéticos. Estudiosos do intercâmbio teatral que Portugal mantém com sua colônia, como Faria[19], Victor[20] e Bastos[21], destacam o papel das companhias dramáticas em viagem para o Brasil e mostram sua importância na formação de um certo padrão artístico brasileiro, que engloba desde o perfil de uma noite de espetáculo até a maneira de representar; que vai desde a indumentária até a composição dos cenários.

A companhia dramática de Mariana Torres é o primeiro grupo que chega ao Rio de Janeiro no século XIX, no ano de 1812 ou 1813. Claramente, tenciona tirar partido da presença da corte portuguesa na cidade. Mariana Torres traz consigo um grupo de sete atores, três dos quais voltam pela segunda vez com a empresária no ano de 1819. Neste ano a companhia chega para permanecer no Brasil por uma temporada longa, que se estende até 1822. Outro grupo que vem completo para o Brasil é o de Ludovina Soares da Costa. Pressionados pelo fracasso do Teatro da Rua dos Condes, em Lisboa, onde atuavam, os atores querem tentar a sorte na ex-colônia. Aportam no Rio de Janeiro em meados de 1829 e dias depois fazem a estreia no Teatro S. Pedro. Se pensavam retornar, mudaram de ideia diante das facilidades encontradas. Com efeito, a maior parte dos integrantes da companhia jamais voltou à pátria. Seu sucesso pode ser medido através de dois indicadores importantes. Primeiro, pela aproximação com João Caetano – o ator e empresário mais bem-sucedido do país à época. Segundo, pelo número de peças de prestígio encenadas por esses atores. É o caso de obras de Martins Pena e de Luís Antônio Burgain, por exemplo, nas quais os artistas portugueses figuram invariavelmente em papéis de destaque, conforme demonstram os créditos das versões impressas.

Uma noite de espetáculo típica naquela altura era constituída de três partes. Começava por um número "sério", que podia ser tanto uma tragédia como um drama romântico ou um melodrama – os três gêneros do repertório de João Caetano a partir da segunda metade da década de 1830. Em seguida, para encerrar, vinham dois números mais leves: comédia, farsa ou bailado. Sendo tragédia, a peça seguia o padrão neoclássico, acentuando a contenção em termos de ação, de espaço e de tempo, além de ostentar notável virtuosismo formal. O drama, por sua vez, era de caráter histórico ou, então, simplesmente contava uma história sentimental. Nesse caso, as peças seguiam um estilo melodramático que facilmente agradava o grande público. Isso acontecia na França, onde o melodrama tinha se desenvolvido, e em Portugal, que acatara a moda. No Brasil, o processo é semelhante, acrescido de uma particularidade: o melodrama toma o espaço dos gêneros tradicionais, como é o caso da tragédia, com velocidade muito maior do que naqueles países. Provavelmente são duas as razões implicadas: o nível de exigência da plateia, responsável pela tendência para preferir diversões menos sofisticadas e a fórmula intrinsecamente otimista do melodrama, que encoraja heróis e heroínas a lutar por uma sorte melhor.

Quando analisa a penetração do melodrama nos Estados Unidos, Daniel C. Gerould[22] reconhece causas semelhantes para explicar a rápida expansão desse gênero na América. Havia um grande público ávido por diversão que desconhecia as convenções artísticas tradicionais, constata o autor. Um público que, de outra parte, faz uma leitura otimista da realidade, pois ele mesmo se encontra engajado num processo de ascensão e confia na ideia de que o futuro pode ser mudado. Próximo dos ideais de democracia e de empreendedorismo, o melodrama tinha as melhores chances de se expandir nos Estados Unidos, como de fato aconteceu. Vivendo uma fase histórica parecida, o Brasil viu o gênero melodramático consolidar-se, mesmo à revelia de camadas mais intelectualizadas, que preferiam as qualidades estéticas e morais da tragédia. Gonçalves de Magalhães, o nosso primeiro romântico, quando escreveu *Antônio José ou O Poeta e a Inquisição*

---

19 Jorge de Faria, As Primeiras Quatro Levas de Cômicos para o Brasil, *Ocidente*, Lisboa, v. III, n. 8, dez, 1938, p. 321-328.

20 Jayme Victor, *O Teatro Português no Brasil*, Rio de Janeiro: David Corazzi, 1887.

21 Três obras do autor, Antônio de Sousa Bastos, tratam do assunto. São elas: *A Carteira do Artista: Apontamentos para a História do Teatro Português e Brasileiro*, Lisboa: José Bastos, 1898; *Dicionário do Teatro Português*, Lisboa: Libânio da Silva, 1908 e *Recordações de Teatro*, Lisboa: Século, 1947.

22 The Americanization of Melodrama, *American Melodrama*, New York: Performing Arts Journal Publications, 1983, p. 7-29.

e *Olgiato*, colocou-se entre os que remaram contra a corrente. Sua opção foi oferecer peças híbridas, a meio caminho da tragédia neoclássica e do drama romântico, para um público preferentemente interessado nas peripécias do melodrama.

## Melodrama e Drama Histórico

Considerados rigorosamente, melodrama e drama histórico são gêneros distintos. Mas eles facilmente se aproximam e se interpenetram em razão da ênfase comum para a movimentação do enredo e para o enfoque nos temas sentimentais. De um modo geral, é o estilo melodramático que se impõe nas origens do teatro brasileiro, passando a dar forma para a cultura dramática local. E o faz com tal profundidade que dificilmente encontrará concorrência no gosto popular.

O drama histórico desenvolve-se em torno de histórias verídicas que são buscadas no passado e de preferência em países distantes. A seleção do assunto é determinada pela possibilidade de juntar aos fatos um caso amoroso fictício. No decorrer da ação, a história de amor tende a entrelaçar-se com os demais acontecimentos, de modo que o desfecho deve resolver tudo ao mesmo tempo. Vai solucionar tanto as contendas políticas como aproximar o casal de namorados, que, até ali, foi impedido de viver seu romance.

O melodrama, por sua vez, tem sua popularidade associada com a repercussão obtida pela obra do escritor francês Charles Guilbert de Pixérécourt. Ele é autor de mais de uma centena de peças, que foram representadas milhares de vezes com permanente sucesso de público. O melodrama entrelaça vários gêneros. Contém elementos da epopeia, da tragédia, das narrativas de terror e da comédia, como assinala Barbero[23], e apresenta quatro figuras características: o herói, o traidor, a vítima e o bobo, através de numerosas variações. Atento às particularidades de sua audiência, o melodrama opera as adaptações necessárias para tornar-se acessível ao entendimento comum. São três os seus pontos fortes: em primeiro lugar, o espetáculo, que ganha importância sobre o acabamento retórico; em segundo, a felicidade do par romântico, para a qual converge a atenção máxima; em terceiro, a mensagem edificante. "Eu escrevo para aqueles que não sabem ler", afirmou Pixérécourt[24] sem meias palavras, numa espécie de justificativa diante da má vontade da crítica à generalização do estilo que empregava. A preocupação com a resposta da plateia e certa resistência por parte dos analistas são traços que integram a história do melodrama juntamente com uma nova concepção de verossimilhança.

O melodrama é uma composição movimentada que reúne muitos personagens e se desenvolve em torno de emoções intensas. Ele é capaz de aproximar uma soma notável de elementos díspares e até antagônicos, porque desafia conceitos de verossimilhança vigentes em outros gêneros dramáticos. Ao misturar epopeia, tragédia, narrativas de terror e comédia no espaço de uma única peça, vê-se obrigado a encontrar solução nova para administrar um conjunto tão opulento. É por isso que introduz acasos miraculosos e coincidências providenciais. Não fosse assim, seria difícil levar a história no rumo da convenção de final feliz que o público reclama: a convenção de que o bem é recompensado, ao passo que o mal tem punição à altura.

A presença de uma concepção nova de verossimilhança deriva igualmente da necessidade de levar à conclusão os múltiplos enredos que se entrelaçam e as expectativas desencontradas dos diferentes personagens. Somente em certo sentido, portanto, o melodrama é um teatro singelo. Como regra, ele é muito engenhoso no esforço de prender a atenção do público. Contrapõe personagens representativas de valores opostos: vício e virtude; patriotismo e traição; amor e ódio. Alterna momentos de extrema desolação com outros de euforia, fazendo as mudanças ocorrer em alta velocidade. Em geral, no andamento da peça o mal se mostra mais vigoroso, mas, no fim, depois de batalhas, duelos, explosões e também de muitas lágrimas, a situação muda e

---

23 Jesús Martín-Barbero, Claves para re-conocer el melodrama, em J. Martín-Barbero; Sonia Muñoz (coord.), *Television y Melodrama: Géneros y Lecturas de la Telenovela en Colombia*, Bogotá: Tercer Mundo, 1992, p. 46.

24 Charles Guilbert Pixérécourt, Dernières réflexions de l'auteur sur le melodrama, em *Théâtre Choisi*, tome IV, Genève: Slatkine Reprints, 1971, p. 498.

a virtude é devidamente reconhecida. O desfecho representa uma confirmação da boa ordem: aquela que deve permanecer de agora para sempre. Para sempre também deve perdurar a felicidade do par enamorado, cuja concretização coincide com o afastamento de todos os entraves encontrados durante o desenrolar da história. A ideia de que o binômio felicidade-casamento é indissociável está fortemente vinculada à tradição do melodrama. Pode haver casos de peças que não fazem do casamento a sua culminância, porém a mensagem edificante está invariavelmente presente.

Tanto o melodrama como o drama histórico se distanciam da contenção clássica, que dita as regras da tragédia. Desenvolvendo histórias cheias de meandros e de surpresas, ambos requerem cenários complexos. Ficam para trás os austeros paços reais das tragédias mais conhecidas, o despojamento do espetáculo, a ação concentrada no tempo e no espaço, envolvendo um número pequeno de personagens, pouca ação física e linguagem versificada. Ao contrário, os personagens dos dramas e melodramas se deslocam por espaços variados e têm nos arranjos cênicos um forte aliado para caracterizar os sentimentos que os envolvem. Iluminação, movimento, figurinos e múltiplos elementos plásticos são convocados para compor cenários impressionantes.

Tal dispersão vai igualmente afetar a unidade de tempo. A duração será expandida para longos períodos, ao sabor das necessidades do enredo que inclui peripécias contínuas. Esse alargamento se justifica bem diante do número de casos a serem resolvidos e da extensão da complicação armada. Anos, ou mesmo gerações, podem ser requeridos para desvendar segredos, para consumar vinganças ou simplesmente para restabelecer a verdade que estivera ameaçada durante toda a peça.

No decênio de 1830, o drama histórico foi cultivado no interior do romantismo por autores como Victor Hugo, Alexandre Dumas, Alfred de Musset, entre outros, que lhe deram estatuto literário. O primeiro inspirou-se em Shakespeare para propor o fim da separação entre tragédia e comédia, cujas características deveriam ser unificadas no interior do novo gênero, o drama. Autores de melodrama, como Adolphe Dennery ou Victor Ducange, também lançaram mão de argumentos históricos para compor suas peças, que denominaram dramas, por haver de fato alguns pontos de contato com o repertório ligado ao movimento romântico, embora pouca ou nenhuma qualidade literária.

A confusão atravessou o Atlântico e chegou ao Brasil. Em 1836, quando João Caetano encenou dramas de Victor Hugo e Alexandre Dumas (*O Rei Se Diverte* e *A Torre de Nesle*, respectivamente) e melodramas como *Trinta Anos ou A Vida de um Jogador* e *Os Seis Degraus do Crime*, o primeiro crítico teatral brasileiro, Justiniano José da Rocha, colocou-os todos sob a mesma rubrica de dramas românticos. Assim, não admira que nossos primeiros autores dramáticos importantes, Luís Carlos Martins Pena e Luís Antônio Burgain, tenham escrito melodramas, chamando-os de dramas.

De modo particular no melodrama, a retórica elegante cai para segundo plano. A explicação para isso é simples. Plateias pouco afeitas a torneios de linguagem – como seria o caso mais frequente do público brasileiro – preferem viver emoções fortes a acompanhar discursos bem elaborados. Cabe lembrar que o melodrama se desenvolveu sintonizado com as características do seu público. Nunca ficou alheio às condições da recepção. Tal preocupação pode ser igualmente visualizada no cuidado em alternar momentos de tensão máxima com outros de riso e de descontração. O espectador atravessa sucessivos estados, ri e chora, e no final sai recompensado. Se não testemunha sempre a felicidade dos jovens apaixonados, encontra a certeza de que o crime não compensa. Como demonstram estudiosos da matéria, entre os quais Bentley[25], Carlson[26], Thomasseau[27], Barbero[28] e Huppes[29], a sentimentalidade, a variedade de tom, a mensagem positiva e a exuberância formal marcam o estilo melodramático. Ao acentuar a distinção face aos gêneros clássicos, os autores de melodramas demarcam as fronteiras de um estilo com personalidade própria. Têm o cuidado de

---

25 Eric Bentley, Melodrama, em *A Experiência Viva do Teatro*, tradução de Álvaro Cabral, Rio de Janeiro: Zahar, 1967, p. 181-200.
26 Marvin Carlson, *Teorias do Teatro: Estudo Histórico-Crítico, dos Gregos à Atualidade*, tradução de Gilson César Cardoso de Souza, São Paulo: Unesp, 1997.
27 Jean-Marie Thomasseau, *O Melodrama*, tradução de Claudia Braga, São Paulo: Perspectiva, 2006.
28 J. Martín-Barbero, *Television y Melodrama...*, p. 39-60.
29 Ivete Huppes, *Melodrama: O Gênero e Sua Permanência*, São Paulo: Ateliê, 2000.

redefinir o sentido de adjetivos frequentemente associados ao gênero – sentimental, exagerado, simples – que servem melhor para desqualificar os produtos de aceitação popular do que para compreender-lhes a estrutura e o funcionamento.

Quando escritores brasileiros começam a escrever para o teatro no século XIX, a não ser que cultivem a comédia, eles em geral se dedicam à composição de dramas históricos de feição melodramática. Fosse pela vontade de sintonizar com a moda, fosse pela maior probabilidade de sucesso, ou por ambas as razões, o certo é que essa é a opção dominante. O inventário de toda a produção dramática de que se tem notícia, entre os anos de 1830 e 1850, mostra que àquela altura a tragédia nitidamente perdia terreno para os outros gêneros. Em um total de 58 peças identificadas, encontram-se 25 comédias, 22 dramas ou melodramas, 7 tragédias e 4 peças de natureza diversa[30].

## Gonçalves de Magalhães

Não obstante a crescente popularidade do drama e do melodrama no Brasil, a tragédia neoclássica continua um gênero de prestígio durante a primeira metade do século XIX. Não fosse assim, não teria entre seus cultores o escritor mais destacado do período, Domingos José Gonçalves de Magalhães (1811-1882). Tampouco contaria com a simpatia de João Caetano, ator de renome e empresário teatral de sucesso. A estreia de Magalhães como dramaturgo acontece em grande estilo, o que permite fazer uma avaliação do seu destaque. Dá-se no dia 13 de março de 1838, tendo por cenário o melhor teatro do Rio de Janeiro, o Constitucional Fluminense, e levada exatamente pela companhia dramática de João Caetano. Não bastasse isso, o famoso ator se incumbe pessoalmente de representar o papel principal. A peça é uma tragédia em cinco atos vazada em rigorosos versos decassílabos. Trata-se de *Antônio José ou O Poeta e a Inquisição*[31].

Naquela altura, Gonçalves de Magalhães já gozava de prestígio nos meios literários e, além disso, tinha muitos planos. No ano de 1836 editara em Paris os famosos *Suspiros Poéticos* e *Saudades*, coletânea de poemas proclamados como marco inicial do estilo romântico brasileiro. Queria agora consolidar a fama no teatro, provavelmente inspirado pela atuação que consagrara Almeida Garrett no cenário artístico português. Garrett se tornara amplamente reconhecido por revolucionar a poesia, através do poema *Camões,* publicado em 1825, e por liderar a renovação do teatro do seu país.

As avaliações de críticos da época, tendo à frente Joaquim Norberto de Sousa e Silva[32], Ferdinand Wolf[33] e Joaquim Caetano Fernandes Pinheiro[34] atestam que a semelhança entre o autor lusitano e o brasileiro foi de fato identificada. Não se limitaram a assinalar a coincidência de papéis entre Garrett e Magalhães. Também registraram a vantagem do brasileiro, cuja peça de estreia subiu ao palco cinco meses antes de *Um Auto de Gil Vicente*, peça do escritor português. Ferdinand Wolf, em *O Brasil Literário*, faz uma análise altamente lisonjeira para o nosso conterrâneo. Ele equipara a contribuição de ambos os escritores para o teatro dos respectivos países e faz questão de destacar a anterioridade de Magalhães sobre a estreia de Almeida Garrett:

ficou reservado então a este espírito independente que operou uma revolução tão feliz com os seus *Suspiros Poéticos* a glória de abrir o caminho ao teatro nacional. Ele tem mesmo a honra de ter precedido Garrett, que teve mais tarde a mesma influência sobre a cena portuguesa[35].

O entusiasmo de Ferdinand Wolf seria difícil de justificar, se não fosse um fato sabido que contou com a colaboração do próprio Gonçalves de Magalhães. Este, em pessoa, mais os amigos Manuel de Araújo Porto-Alegre e Ernesto Ferreira França foram conselheiros do autor, quando ele escrevia

---

30 I. Huppes, *Gonçalves de Magalhães e o Teatro do Primeiro Romantismo,* Porto Alegre: Movimento, Lajeado, Fates, 1993, p. 183-197.

31 Domingos José Gonçalves de Magalhães, *Antônio José ou O Poeta e a Inquisição*, Rio de Janeiro: F. de Paula Brito, 1839.

32 *Bosquejo da História da Poesia Brasileira*, em *Modulações Poéticas*, Rio de Janeiro: Francesa, 1841, p. 37-40.

33 *O Brasil Literário: História da Literatura Brasileira*, tradução, prefácio e notas de Jamil Almansur Haddad, São Paulo: Nacional, 1955, p. 328.

34 *Resumo de História Literária*, v. II, Rio de Janeiro: Garnier, 1873, p. 452-462.

35 F. Wolf, *O Brasil Literário*, p. 328.

*O Brasil Literário*. É bem provável que, na condição de conselheiros, os três amigos tenham reforçado a ideia da comparação entre artistas de calibre tão distinto. Seja como for, a análise feita pelos críticos literários da época serve para elucidar as pretensões do nosso primeiro romântico, além de fazer prova da excelente reputação de que gozava nos meios letrados.

A julgar pelos termos do prefácio intitulado "Breve notícia sobre Antônio José da Silva" que Gonçalves de Magalhães escreveu para a primeira edição de *Antônio José*[36] e que tornam a aparecer com a mesma redação na edição das obras completas, datada de 1865, os planos estavam sendo satisfatoriamente concretizados. Ao apresentar sua obra, em 1839, Magalhães rememora o sucesso da estreia e também os aplausos que despertou em sucessivas representações. Diz que o acolhimento superou de longe as suas previsões e que a atenção do público "recompensou as fadigas do poeta". Para explicar a recepção positiva, encontra duas razões: em primeiro lugar, o fato de ter escolhido um assunto nacional; depois, as novas técnicas dramáticas trazidas da Europa, que teriam determinado maior informalidade na representação e contribuído para a melhoria dos recursos cênicos empregados.

A ideia de que o assunto de *Antônio José* é nacional surpreende o leitor moderno. Afinal, Antônio José da Silva – em torno de quem gira a história – era filho de pais portugueses e viveu no Brasil apenas até os nove anos de idade. Além do mais, os episódios que a tragédia de Gonçalves de Magalhães focaliza passam-se todos em Portugal. Mostram Antônio José – o Judeu – já famoso como autor de comédias populares. Nessa condição, em Lisboa, ele é perseguido e acusado de judaizante por Frei Gil, um religioso que se enamorou de Mariana – a principal atriz das peças apresentadas no Bairro Alto. Diante da resistência da moça, a punição recai sobre o Judeu. Ele é aprisionado e levado, por fim, à fogueira da Santa Inquisição. O entendimento de que o tema é brasileiro pode estar ligado à tradição de determinar a nacionalidade em função do local de nascimento do autor. Pode também relacionar-se ao costume de não julgar estrangeiros no Brasil os assuntos portugueses, ideia que igualmente aparece em várias peças teatrais do século XIX. Em todo o caso, o nacionalismo da primeira produção dramática de Gonçalves de Magalhães é dado como qualidade romântica importante, que recoloca a questão do paralelismo com Almeida Garrett. Ao buscar no século XVIII a figura do popular comediógrafo Antônio José da Silva, Magalhães procedia tal qual Garrett, cuja peça de estreia, *Um Auto de Gil Vicente*, encontra igualmente inspiração na dramaturgia do passado.

O tom da peça *Antônio José* é austero. A tensão não afrouxa um momento sequer. Afinado com o estilo da tragédia neoclássica, o protagonista, Antônio José, é implacavelmente conduzido à fogueira, em que pese o arrependimento de seu acusador. Não há espaço para desenvolver alguma história de amor. Antônio José não dá mostras de estar apaixonado por Mariana. Esta, por sua vez, tem um comportamento ambíguo em relação ao escritor, misto de amizade e de admiração. Já em relação a Frei Gil, ela manifesta decidida aversão. Tanto que prefere deixar-se morrer a concordar com as propostas que o religioso lhe faz.

Mas do ponto de vista do espetáculo há nítidas novidades. Nesse aspecto Gonçalves de Magalhães tem razão em julgar-se, pioneiro. O cenário varia adequando-se à ação bastante dinâmica. Nos primeiros atos são mostradas apenas salas domésticas, mas no último a ambientação pode impressionar. Mostra uma cela no cárcere do Santo Ofício, com um feixe de palha onde jaz Antônio José, tendo ao lado um pote de água e um candeeiro bruxuleante. A solidão do condenado é interrompida por um ruído no ferrolho da porta localizada no alto de uma escada. Entra um vulto encapuzado com um archote aceso. É Frei Gil, que chega para pedir perdão. Mais adiante, um estrondo no ferrolho dá entrada para um grupo, que avança empunhando brandões acesos. Ato contínuo, Antônio José é vestido com o traje do suplício e levado para fora, enquanto sons de marcha fúnebre, rufo de tambores e badaladas de um sino encerram o espetáculo com macabra solenidade.

Depois da estreia bem-sucedida, logo no ano seguinte Gonçalves de Magalhães apresenta outra tragédia, *Olgiato*[37]. Tanto a data da representação

---

36   D. J. Gonçalves de Magalhães, Breve Notícia sobre Antônio José da Silva, *Antônio José ou O Poeta e a Inquisição*, p. 3-8.

37   Idem, *Olgiato*, Rio de Janeiro: F. de Paula Brito, 1841.

como o espetáculo prometem muito. *Olgiato* sobe à cena em 7 de setembro de 1839, numa récita que comemora a Independência do Brasil e ao mesmo tempo marca a reabertura do Teatro S. Pedro de Alcântara, depois de ampla reforma. A circunstância da estreia ilustra bem a expectativa favorável com que a nova produção é cercada e, mais uma vez, o prestígio de que goza o autor.

A segunda peça, como a primeira, inspira-se em material de fundo histórico. A ação é localizada em Milão, onde um grupo de jovens idealistas conspira contra o governador tirano, o duque Galeazzo Sforza. Olgiato não só é um dos conspiradores como está apaixonado pela filha de importante magistrado. Ao cabo dos cinco atos, escritos mais uma vez em decassílabos, o empreendimento fracassa. O herói e seus amigos perecem quase à vista do público, numa cena que deveria coroar de aplausos a bravura que malogra sob a força de um tirano cruel.

Tampouco em termos de representação e recepção as coisas acontecem conforme o esperado. Para começar, a personagem principal tinha sido criada para a atuação de João Caetano, mas desta vez o famoso ator declina do papel. Teria ele antecipado a dificuldade de agradar a plateia? O que se sabe é que Magalhães ficou ressentido com a ausência do ator e mais ainda com a frieza da recepção. No "Prólogo" de oito páginas que escreveu para a primeira edição da peça, ele se esforça para vencer a incompreensão dos espectadores. A redação original é mantida no interior das obras completas[38], mostrando claramente o desencontro que aconteceu. Na explicação, o autor procura destacar as virtudes que considera indispensáveis ao bom teatro. Afirma a importância de manter a fidelidade ao motivo histórico que serve de base para peças com fundo verídico e realça a função educativa da arte. Consciente de que *Olgiato* atende a ambos os requisitos, Magalhães tem dificuldade para aceitar críticas e repele "as amargas censuras" de que foi alvo. Quem igualmente repudia a recepção é o amigo Joaquim Norberto de Sousa e Silva[39]. Destacando o papel renovador de Magalhães, o crítico qualifica "injustos os apupos dos censores de *Olgiato*".

A pobre repercussão do segundo trabalho deve ter abalado profundamente o autor e os seus propósitos de liderar o desenvolvimento do teatro no Brasil. Não fosse assim, não se compreenderia que alguém com as pretensões de Magalhães viesse a encerrar ali mesmo a carreira de dramaturgo. Embora tenha continuado a escrever, nunca mais compôs peças de teatro. Acontecimento tão inesperado sugere questionar as razões da resistência do público. O que teria determinado o malogro de *Olgiato*, quando tudo levava a apostar em mais uma representação plenamente exitosa?

Tudo indica que faltaram várias qualidades ao teatro de Gonçalves de Magalhães. Primeiro, a noção do rumo para o qual corria a renovação teatral. Os tempos não eram favoráveis à solenidade das tragédias em verso. Seu teatro é demasiado sério para uma época que começava a gostar da mescla de sofrimento e riso, que apreciava o movimento, o espetáculo e histórias sentimentais. Por conta desse equívoco, nem o autor nem os críticos da época conseguem distinguir os pontos fortes e os pontos fracos dessa segunda experiência dramática. Não reconhecem, por exemplo, que a melhor qualidade de *Olgiato* é a variação de cenários e a utilização de recursos plásticos. Exemplo positivo pode ser encontrado numa cena construída de forma impressionante. Ela se desenrola à noite no cemitério de Santo Ambrósio, onde Olgiato vai rezar junto ao túmulo da irmã. Primeiro, uma sombra desce sobre a lápide; depois, despenca a lâmpada do oratório, trazendo presságios negativos para as ações futuras. A atmosfera sombria tinha um potencial dramático que as cenas seguintes dispersam, porque voltam a fixar-se no recinto fechado, onde as personagens se limitam a exercitar uma oratória tão filosófica quanto repetitiva.

Distanciadas da nova tendência que se delineava, as peças de Magalhães carecem de teatralidade e imaginação dramática. *Olgiato* é antes uma narrativa do que um drama. Além disso, o autor confia demais na importância que a mensagem moralizante pode ter no teatro. Ele sacrifica o espetáculo sob o argumento equivocado de que assim promove a virtude e condena o mal. A tal ponto incorpora a responsabilidade de educar, que praticamente esquece o fato de estar fazendo arte. Falha no estabelecimento da indispensável tensão, com o argumento de impedir o mal de aparecer.

---

38 Idem, *Obras de D. J. G. de Magalhães. Tragédias: Antônio José, Olgiato e Otelo*, v. III, Rio de Janeiro: Garnier, 1865, p. 131-138.
39 J. N. de Sousa e Silva, *Modulações Poéticas*, p. 28.

Concentra-se em dar voz ao grupo de jovens bem-intencionados, que querem acabar com a tirania, mas se esquece de desenvolver o conflito dramático. Acredita que reforça os méritos da peça se retira dos maus inclusive a possibilidade de aparecer em cena. Fixa a atenção exclusivamente sobre o grupo de conspiradores, preocupado em justificar a ação violenta que, em nome do bem, os rapazes se preparam para praticar. Limita-se a insistir nas justificativas para o assassinato do ditador, sem nunca sequer apresentar o duque Sforza em cena. Como resultado, inexiste dramaticidade e os bons propósitos sozinhos não conseguem sustentar o interesse do público. Se fosse para inovar o teatro nacional – como pretendia – Magalhães deveria ter arranjado a peça de maneira diferente. Em primeiro lugar, tinha de ter trazido o conflito para o primeiro plano, colocando os opositores face a face ou, ao menos, mostrando também os maus em ação. Em segundo lugar, poderia ter concedido mais espaço ao casal de namorados. Na peça, o romance ocupa lugar muito discreto. Além disso, os jovens parecem demasiadamente resignados em relação aos seus planos de felicidade. Por fim, teria sido oportuno alternar passagens mais leves ou mais impactantes com a monocórdia e repetitiva oratória que consome a maior parte do tempo.

A conclusão que Magalhães elabora a partir da decepcionante repercussão de *Olgiato* é também apressada. Julga que o público repudia a mensagem construtiva. Sendo assim, passa ao largo das lacunas da composição e direciona as baterias para a defesa da moralidade. No "Prólogo", afirma que o artista tem a missão de "despertar os nobres e belos sentimentos d'alma" em lugar de distrair o público com fantasias atraentes, mas pouco edificantes. Como se vê, faltou a percepção de que o público de teatro buscava entretenimento sem que isso implicasse imoralidade. No final da quarta década do século XIX, a plateia queria simplesmente ver um bom espetáculo, um espetáculo dramático, de conflito e de tensão. Provavelmente Machado de Assis se referia a problemas desse tipo ao criticar na peça a falta de "imaginação própria e especial da cena"[40].

## Antes de Gonçalves de Magalhães

Dramas ou melodramas com estilo mais popular do que a solene austeridade de *Olgiato* tinham chegado ao Rio de Janeiro ainda antes de Gonçalves de Magalhães retornar da Europa. E haviam sido representados como pelas companhias dramáticas estrangeiras quanto pela de João Caetano. Tais peças serviram de modelo para escritores que moravam aqui e estavam mais atentos às tendências da moda e mais despreocupados do compromisso com a elevação moral da plateia.

Antes da estreia de *Antônio José* há registros de várias peças escritas e mesmo representadas não só no Rio de Janeiro como em outras cidades brasileiras. O livro de Lothar Hessel e Georges Raeders, *O Teatro no Brasil sob D. Pedro II*, é rico em informações que podem surpreender o estudioso de teatro brasileiro acostumado a ver em Gonçalves de Magalhães o escritor dramático que inaugura o teatro romântico entre nós. Esses mesmos autores defendem a tese de que "o primeiro intento consciente de literatura dramática brasileira, a que presidia um sentido nacionalista"[41] deu-se na noite de 2 de dezembro de 1837, com a encenação da peça lírica em um ato, *Prólogo Dramático*, de Araújo Porto-Alegre (1806-1879). Essa pecinha, uma alegoria política, trazia o Brasil para a cena, personalizado num jovem que precisava ser bem encaminhado para garantir o seu futuro. Outro pesquisador do nosso teatro que não concorda com o pioneirismo de Gonçalves de Magalhães é Augusto de Freitas Lopes Gonçalves, que escreveu um ensaio para atribuir a Luís Antônio Burgain o

---

40 Joaquim Maria Machado de Assis, *Do Teatro: Textos Críticos e Escritos Diversos*, São Paulo: Perspectiva, 2008, p. 404-409. Além do estudo de Machado, o leitor pode consultar as seguintes obras

que tratam do teatro de Gonçalves de Magalhães: Décio de Almeida Prado, O Ecletismo Liberal de Gonçalves de Magalhães, *Teatro de Anchieta a Alencar*, São Paulo: Perspectiva, 1993, p. 141-185 e Entre Tragédia e Drama: Gonçalves de Magalhães, em *O Drama Romântico Brasileiro*, São Paulo: Perspectiva, 1996, p. 11-52; Mariângela Alves de Lima, Entre o Rigor Clássico e o Desalinho Romântico, em Gonçalves de Magalhães, *Tragédias*, São Paulo: Martins Fontes, 2005, p. IX-XLV; Käthe Windmüller, *O Judeu no Teatro Romântico Brasileiro*, São Paulo: Centro de Estudos Judaicos da USP-FFLCH, 1984; André Luís Gomes, *Marcas de Nascença: A Contribuição de Gonçalves de Magalhães para o Teatro Brasileiro*, São Paulo: Antiqua, 2004; Roque Spencer Maciel de Barros, *A Significação Educativa do Romantismo Brasileiro: Gonçalves de Magalhães*, São Paulo: Grijalbo/Edusp, 1973.

41 *O Teatro no Brasil sob D. Pedro II*. 1. Parte. Porto Alegre: UFRGS-IEL, 1979, p. 56.

título de "criador do teatro brasileiro"[42]. Afinal, argumenta, *Antônio José* subiu à cena um ano depois desse escritor francês naturalizado brasileiro ter escrito e feito representar os dramas *A Última Assembleia dos Condes Livres* e *Glória e Infortúnio ou A Morte de Camões*, em 1837, o primeiro a 30 de maio, o segundo a 9 de agosto.

Outros autores e peças podem ser lembrados como exemplos de precedência cronológica. Hessel e Raeders informam que em Pernambuco, na década de 1830, houve certa atividade teatral, que resultou em peças provavelmente de autores brasileiros, como *A Mulatinha Pernambucana* e *Restauração de Pernambuco do Jugo Holandês*. Em 1834, foi publicado em Porto Alegre, sem indicação de autoria, o *Novo Entremez Intitulado o Político e Liberal por Especulação*. É de 1835 a peça *Thelaira ou Os Espanhóis no Novo Mundo*, composta por um obscuro Antônio José de Araújo. A 2 de julho de 1837, representou-se em Salvador o drama *A Restauração da Bahia ou A Expulsão dos Holandeses*, do português naturalizado brasileiro Manuel Antônio da Silva. Por fim, vale lembrar que Martins Pena escreveu cinco melodramas com argumentos históricos, todos em prosa, entre o ano de 1837, ou ainda antes, e o ano de 1841[43].

De todos os autores acima mencionados, o único que, de fato, gozou de popularidade no terreno do chamado "teatro sério" foi Luís Antônio Burgain. De longe, foi o mais prolífico e o mais sintonizado com o gosto popular no grupo dos pioneiros da dramaturgia brasileira. O reputado bibliófilo português Inocêncio Francisco da Silva já no ano de 1860 registra dez dramas, três comédias, duas tragédias e um vaudevile de sua autoria[44]. Antônio de Sousa Bastos[45] afirma que Burgain foi um autor muito bem-sucedido em seu tempo. Esse fato pode ser confirmado pela cuidadosa edição de suas obras, algumas tendo alcançado até impressões sucessivas – algo extraordinário para uma época em que chegar ao prelo já era coisa rara, quanto mais ganhar reedições em curto espaço de tempo. Mas é exatamente o que ocorre com a peça encenada em 1837, *Glória e Infortúnio ou A Morte de Camões*. No ano seguinte, 1838, é editada por J. Villeneuve e três anos depois chega à terceira edição[46]. A peça *Luís de Camões*, por sua vez, é lançada em 1845 e decorridos quatro anos alcança a quinta edição[47].

Além de sucesso editorial, Luís Antônio Burgain gozou de prestígio no meio teatral e nunca teve dificuldades para ver suas peças encenadas. Seus comentários acerca da representação de *A Última Assembleia dos Condes Livres* não deixam dúvida acerca da ampla repercussão alcançada. O prefácio "A Quem Ler", escrito para a primeira edição da obra, é bem ilustrativo[48]. Ele se refere com gratidão à colaboração que recebeu de João Caetano. O ator e empresário teria encorajado sua carreira, além de prover as condições necessárias à encenação. Burgain conta que, tendo submetido ao ator essa peça e mais outra que também já estava concluída, intitulada *Glória e Infortúnio ou A Morte de Camões*, João Caetano "aconselhou supressões e mudanças, que deviam concorrer para o efeito teatral e tornar mais verossimilhantes algumas passagens". Não se limitando a conselhos, João Caetano também se encarregou do papel de vilão, na peça de estreia, e do papel de Camões, quando da representação da segunda no Teatro Constitucional Fluminense.

O aplauso dos contemporâneos não foi suficiente para garantir a Burgain um reconhecimento por parte da intelectualidade que escreveu sobre o teatro nos tempos do romantismo. Talvez pelo fato de suas duas primeiras peças encenadas não se passarem no Brasil, talvez por ser francês de nascimento, talvez por não ter anunciado uma intenção explícita de criar o teatro brasileiro, talvez por ter cultivado o gênero menos nobre do melodrama, seu nome foi pouco lembrado nos textos teóricos e críticos do nosso movimento romântico. Uma injustiça, por certo, para um homem de teatro que teve mais leitores e espectadores do que Gonçalves de Magalhães. Assim, se por um lado as peças de

---

42 Idem, p. 46 e 51.
43 Luís Carlos Martins Pena, *Dramas*, edição crítica por Darcy Damasceno, com a colaboração de Maria Filgueiras, Rio de Janeiro: Instituto Nacional do Livro, 1956.
44 Inocêncio Francisco da Silva, *Dicionário Bibliográfico Português*, v. v, Lisboa: Imprensa Nacional, 1860, p. 215-217.
45 A. de S. Bastos, *Carteira do Artista*, p. 277.

46 Luís Antônio Burgain, *Glória e Infortúnio ou A Morte de Camões*, 3. ed., Rio de Janeiro: Despertador, 1841.
47 Idem, *Luís de Camões*, 5. ed., Rio de Janeiro: Laemmert, 1849.
48 Idem, A Quem Ler, em *Glória e Infortúnio...*, Rio de Janeiro: J. Villeneuve, 1838, p. v-x.

Burgain representadas em 1837 não foram lembradas como marcos importantes para a história do teatro brasileiro, por outro a encenação de *Antônio José* e o papel de Gonçalves de Magalhães ao lado de João Caetano já são reverenciados pelos nossos escritores e intelectuais desde o decênio de 1840. Um exemplo disso está no texto "Da Arte Dramática no Brasil", de Émile Adet, datado de 1844 e publicado na revista romântica *Minerva Brasiliense*. Em seu balanço da nascente literatura dramática brasileira, ele cita Gonçalves de Magalhães e alguns outros, como Teixeira e Souza e Joaquim Norberto, mas não se refere a Burgain. Ainda em 1849, ao discursar na Academia de Direito de São Paulo sobre a missão civilizadora das universidades, Álvares de Azevedo menciona Gonçalves de Magalhães como o "fundador do nosso Teatro"[49].

Outros depoimentos ou análises posteriores ratificaram o juízo de Álvares de Azevedo. Num artigo importante que publicou na revista *O Guanabara*, em 1852, intitulado "O Nosso Teatro Dramático", Araújo Porto-Alegre assevera que "da representação de *Antônio José* data o ponto saliente da revolução dramática no Brasil, porque aí o sr. João Caetano, como agente principal na sua realização, começou a obra da reforma"[50]. O próprio João Caetano em suas *Lições Dramáticas*, obra de 1862, só tem palavras de admiração para o autor de *Antônio José*. Outro juízo de peso, o de Machado de Assis, data de 1866, ano em que assinou um ensaio sobre a dramaturgia de Gonçalves de Magalhães. Embora não o considere um bom autor teatral, ressalta que seu maior mérito foi o de ter sido "o fundador do teatro brasileiro"[51].

De um modo geral, a posteridade não fez mais que repetir os juízos citados acima, lançando para o esquecimento a obra dramática de Burgain, mais extensa e mais representada do que a de Gonçalves de Magalhães, além de mais sintonizada com o gosto popular do período.

## Luís Antônio Burgain

Encenado com sucesso não só no Brasil, mas também em Portugal, Burgain (1812-1877) é autor de oito peças identificadas ou como dramas históricos ou como melodramas. Por ordem de estreia, são elas: *A Última Assembleia dos Condes Livres*, em 1837; *Glória e Infortúnio ou A Morte de Camões*, em 1837; *O Amor de um Padre ou A Inquisição em Roma*, em 1839; *Fernandes Vieira ou Pernambuco Libertado*, em 1843; *Pedro Sem que já Teve e Agora não Tem*, em 1845; *Luís de Camões*, em 1845; *Três Amores ou O Governador de Braga*, em 1848 e *O Mosteiro de Santo Iago*, em 1860.

No prefácio que está incluído na edição de *Pedro Sem...*, feito dois anos depois da estreia da peça[52], consta o parecer elogioso do Conservatório Dramático Brasileiro e o do Conservatório Dramático de Lisboa. Este último aparece integrado à carta do sr. Francisco Martins d'Almeida, amigo de Burgain e proprietário dos direitos de representação da peça em Portugal. A carta é datada de 25 de novembro de 1846 – menos de um ano depois da estreia no Brasil – e traz detalhes da recepção do trabalho naquele país. Relata a disputa causada pela solicitação do escritor português Inácio Maria Feijó, que pedia a preferência do Conservatório para a própria peça, intitulada *Pedro Sem*, sobre a composição do brasileiro. Ao que parece, a solicitação buscava uma espécie de reserva de mercado contra a entrada da concorrente brasileira. Sucede que ambas as composições exploram a mesma história, verídica, ao que se diz, e muito popular àquela altura. Embora os enredos não sejam desenvolvidos da mesma maneira, as duas peças localizam as ações na cidade do Porto e destacam a desgraça que atinge o homem que ousa desafiar o poder de Deus. As informações do prefácio acrescentam também que a peça de Burgain foi a preferida para as representações em Portugal. Trazem ainda comentários dos conselheiros portugueses imaginando a atuação da conterrânea Ludovina Soares da Costa, no papel de Maria, a moça enganada por Pedro Sem. Eles

---

49 Álvares de Azevedo, *Obras Completas*, v. II, edição de Homero Pires, São Paulo: Companhia Ed. Nacional, 1922, p. 399.
50 Manuel Araújo Porto-Alegre, O Nosso Teatro Dramático, em João Roberto Faria, *Idéias Teatrais: O Século XIX no Brasil*, São Paulo: Perspectiva, 2001, p. 369.
51 Machado de Assis, *Do Teatro...*, p. 405.

52 L. A. Burgain, *Pedro Sem que já Teve e Agora não Tem*, Rio de Janeiro: Laemmert, 1847, p. v-viii. Sobre a obra dramática de Burgain, há capítulos específicos em D. de Almeida Prado, *O Drama Romântico Brasileiro*, p. 53-87 e L. Hessel; G. Raeders, *O Teatro sob D. Pedro II*, 1 parte, p. 46-53.

Luís Antônio Burgain.

igualmente elogiam a atriz que continuava conhecida na sua terra quase vinte anos depois de ter partido para o Brasil. Independentemente da querela, o fato consistente é que a versão de *Pedro Sem* assinada por Inácio Maria Feijó só logrou ser impressa em 1861, quatorze anos depois da de Luís Antônio Burgain.

O episódio é trazido aqui como evidência de que Burgain foi um autor bastante conhecido na sua época. A sensibilidade para escrever segundo o gosto reinante deve ter contribuído muito para a sua popularidade. Não menos importante seria a habilidade para compor cenas dramáticas em torno de conflitos temperados com emoção e suspense. As histórias se localizam em épocas passadas e em geral são inspiradas em assuntos portugueses e brasileiros. É notável a variedade dos temas. Duas peças abordam a vida de Camões: *Glória e Infortúnio ou A Morte de Camões* e *Luís de Camões*; uma versa sobre episódio da história do Brasil: *Fernandes Vieira ou Pernambuco Libertado*; mais outras duas se passam em Portugal: *Pedro Sem que já Teve e Agora não Tem* e *Três Amores ou O Governador de Braga*; uma na Espanha: *O Mosteiro de Santo Iago*; e as outras duas têm por cenário, respectivamente, a Alemanha e a Itália: *A Última Assembleia dos Condes Livres* e *O Amor de um Padre ou A Inquisição em Roma*.

As peças de Burgain são sempre muito movimentadas e têm na base, invariavelmente, um caso sentimental de difícil solução. Passam-se geralmente em cenários remotos e entrelaçam fortemente os motivos históricos e as desventuras amorosas. Os conjuntos bem amarrados desenvolvem acirrados conflitos, aos quais se juntam lances cômicos, histórias de amor e belos finais felizes. Tal concepção aparece já na peça de estreia, o drama em prosa com cinco atos intitulado *A Última Assembleia dos Condes Livres*.

Outro exemplo ilustrativo pode ser buscado na peça *Fernandes Vieira ou Pernambuco Libertado*. Trata-se de obra de caráter histórico calcada em um dos mais conhecidos episódios da história do Brasil: a invasão dos holandeses no Nordeste, no século XVII, e as lutas que se seguiram para expulsá-los. Até certo nível, há completa fidelidade ao tema original. Todos os personagens citados nos compêndios especializados aparecem em cena: Fernandes Vieira, Calabar, Vidal de Negreiros, Henrique Dias e Filipe Camarão. Mas a base histórica não fecha a porta para a criatividade do autor. Aos fatos juntam-se peripécias e personagens fictícios com toda a naturalidade. Burgain não esquece de colocar um romance no centro das atenções. Ao mesmo tempo, não faz cerimônia para modificar o andamento dos episódios, divergindo dos registros da história nacional. Por exemplo, nessa sua versão sobre a luta, a traição de Calabar é motivada pela frustração amorosa. Ele está apaixonado pela filha adotiva de Fernandes Vieira, mas a moça ama um soldado das tropas brasileiras. A paixão infeliz perturba Calabar a ponto de justificar a traição à pátria. Depois de marchas e contramarchas, Calabar confessa o crime e se arrepende sinceramente. O reconhecimento do erro motivado por amor permite que os demais personagens tenham uma percepção mais branda do delito. Isso não impede o movimento seguinte. Uma vez arrependido, Calabar quer recuperar a sua honra. Nesse afã, acaba perdendo a vida em atos de bravura, novamente enfileirado ao lado dos brasileiros. Sua coragem é tão grande que determina a definitiva expulsão dos estrangeiros. A ousadia terá duas consequências importantes para o enredo: possibilitará a Calabar se reabilitar depois de ter expiado seu crime e ao mesmo tempo o tirará da cena. Dessa maneira, abre espaço para a solução feliz. A filha adotiva de Fernandes Vieira e o bravo soldado que ela ama podem se aproximar sob o aplauso geral, ao mesmo tempo que os vencedores comemoram a vitória sobre os holandeses.

Um aspecto muito frequente nas obras de Luís Antônio Burgain é o tom galhofeiro, que ameniza a seriedade dos fatos principais. Isso aparece bem na peça *Três Amores ou O Governador de Braga*, em que se tem o caso de D. Branca e de Eduardo, que estão diante dos preparativos para o seu casamento quando a inesperada paixão que a moça desperta no governador de Braga vem alterar o rumo previsto. No meio de peripécias e de sobressaltos, destaca-se a figura de Teodora, uma serviçal de D. Branca. À semelhança da ama, também ela procura um companheiro. A diferença é que a criada age fora da pauta do amor cortês em que os nobres se movimentam. Sem lances patéticos, longe de alimentar o sonho da paixão romântica, ignorante da convenção do primeiro amor, o propósito de Teodora é mais simples: quer arranjar marido, por bem ou por mal. O canhestro assédio que faz a Jerônimo, outro criado da casa, introduz uma dimensão realista. Em vez de enamoramento e romantismo, aqui valem os objetivos práticos. O propósito de casamento entre os nobres, D. Branca e Eduardo, está alicerçado sobre base cortesã, razão pela qual se desenvolve entre sutilezas e enfrenta muito mais riscos. O de Teodora, pelo contrário, não necessita aguardar o destino nem a resolução de dificuldades políticas. A moça rude sabe que o desfecho depende do próprio esforço e trata de tomar providências. Ao presenciar o encontro feliz que frei Eusébio – um disfarce do próprio rei de Portugal – concede à ama, não hesita em barganhar igual ajuda. Jerônimo, por sua vez, embora relutante e minimamente entusiasmado, enfim se submete. Em lugar do amor incoercível, o que o move é o receio de ser atingido pela punição do monarca, a exemplo do sucedido com o governador de Braga. Também não despreza a perspectiva favorável que o casamento lhe assegura, do ponto de vista financeiro. Se aceita o laço de Teodora, conquista um futuro sem sobressaltos em casa de amigos do rei. Literalmente.

## *Martins Pena*

Martins Pena (1815-1847), que sobreviveu ao seu tempo como comediógrafo, escreveu cinco melodramas, aos quais denominou "dramas", confusão comum nos anos de 1830 e 1840, quando o próprio drama romântico se deixou contaminar por certos recursos formais e conteudísticos do gênero criado por Pixérécourt. Por ordem de produção, são os seguintes: *Fernando ou O Cinto Acusador*, de 1837; *D. João de Lira ou O Repto*, de 1838; *Itaminda ou O Guerreiro de Tupã*, escrito provavelmente antes de 1839; *D. Leonor Teles*, de 1839; e *Vitiza ou O Nero de Espanha*, escrito entre 1839 e 1840. Nenhum foi publicado durante sua vida e apenas o último foi representado sem ter feito sucesso. A estreia ocorreu no dia 21 de setembro de 1845 no Teatro S. Pedro, no Rio de Janeiro.

Como regra os melodramas de Martins Pena buscam cenários distantes e um passado remoto para desenvolver enredos muito dinâmicos. *Fernando ou O Cinto Acusador* localiza as ações em Nápoles, em masmorras e em castelos medievais, onde os cavaleiros se medem em lutas pela honra e pela mão de donzelas. *D. João de Lira ou O Repto* se passa em Portugal, no ano de 1400. *Itaminda ou O Guerreiro de Tupã*, por sua vez, é a única peça do autor que foi ambientada no Brasil, mais precisamente na Bahia de Todos os Santos, no ano de 1550. Outro aspecto que torna a peça especial é o fato de apresentar índios como protagonistas, coisa rara no teatro brasileiro, que aproveitou muito pouco a temática indianista.

*Itaminda ou O Guerreiro de Tupã* mostra a luta fratricida entre Itaminda e Tabira, motivada pela paixão que ambos sentem por Beatriz, a moça portuguesa que está prisioneira da tribo. A contenda entre os dois guerreiros mais destacados faz com que a tribo se torne vulnerável ao avanço estrangeiro. A disputa fica mais complicada ainda pela interferência da esposa de Itaminda, Moema, que está empenhada em destruir Beatriz, para recuperar o amor do marido. No fim, os índios morrem. Beatriz é resgatada pelos compatriotas, que ao mesmo tempo se apossam do território indígena. Estranhamente, esse desfecho é apresentado como um final feliz. O sucesso dos colonizadores aparece como a única alternativa positiva, numa peça escrita quase duas décadas depois da Independência do Brasil. De outra parte, embora mostrados no seu cotidiano na selva, os índios apresentam comportamento afetivo idêntico ao dos europeus. As expressões de amor e de ciúme, por exemplo, seguem à risca as convenções cavalheirescas europeias. Registre-se que, embora procedendo como procederiam fidalgos, Itaminda e Tabira não merecem de Beatriz mais do que compaixão: "Pobre selvagem! Que amor!"[53], exclama a moça diante da catástrofe dos povos da floresta.

A peça escrita depois, *D. Leonor Teles*, desenvolve-se em Lisboa no ano de 1383. Já a história de *Vitiza ou O Nero de Espanha* acontece na cidade de Braga, em 700. Essas duas últimas peças versam sobre disputas de poder misturadas com romance.

*D. Leonor Teles* é provavelmente a peça mais bem-acabada dentre as que Martins Pena escreveu. Focaliza a sucessão do trono português, abordando um momento histórico que inspirou uma série de obras dramáticas também em Portugal. Nessa versão, a rainha Leonor é o centro das atenções em função da ascendência que vai ganhando sobre o rei. O poder que detém a torna especialmente visada por parte dos compatriotas. A resistência que Leonor oferece aos adversários produz a tensão que qualifica a peça. O final, dessa vez, não aproxima um casal enamorado, concentra-se na deposição de Leonor e no triunfo da revolução no país. *Vitiza ou O Nero de Espanha*, por sua vez, tem um enredo complicado na medida em que entrelaça várias histórias aparentemente descosidas. No fim descobrem-se inesperadas relações entre ambas, bem ao gosto da convenção melodramática. A filha que a rainha perdera há quinze anos, Aldozinda, subitamente aparece na forma de uma rival da própria mãe. Acontece que o homem que a rainha ama é o mesmo que está apaixonado por Aldozinda. Quando a mãe reconhece a filha, imediatamente se transforma. A consciência da maternidade tem o poder de despertar na rainha os melhores sentimentos. Isso a leva a prejudicar Vitiza, contando favorecer a filha. Na sequência, morrem o rei e a rainha. O final é providencial, pois permite que o cavalheiro Rodrigo e Aldozinda possam ser felizes para sempre.

Os melodramas de Martins Pena caracterizam-se pelos enredos complexos e pela recorrência dos temas históricos. São escritos sempre em prosa, de acordo com a tendência dominante. Por outro lado, eles não seguem o estilo sugerido pelas obras de Burgain, que alterna o tom sério com o riso. Os melodramas de Martins Pena mantêm constante seriedade. Embora apenas um tenha sido representado, eles constituem testemunho importante do modo como era possível conceber uma obra dramática por volta da metade do século XIX. A mesma afirmação vale para autores de cuja produção se sabe menos. É o caso de Antônio Gonçalves Teixeira e Souza, Antônio de Castro Lopes, Francisco Antônio de Varnhagen e Pedro José Teixeira, que passam a ser objeto de atenção daqui por diante.

## Antônio Gonçalves Teixeira e Souza

Antônio Gonçalves Teixeira e Souza (1812-1861) dá sua contribuição ao imaginário teatral do período escrevendo duas tragédias: *O Cavaleiro Teutônico ou A Freira de Marienburg* e *Cornélia*. A primeira foi escrita no ano de 1840 e publicada quinze anos depois[54]. Fiel às convenções neoclássicas, o autor utiliza versos decassílabos e a divisão em cinco atos. Chama a atenção o esforço empregado para manter a unidade de tempo no enredo construído com várias peripécias, que seria mais verossímil caso se desenrolasse no período de alguns meses. Aqui, ele deve caber num espaço de menos de 24 horas, para acompanhar o modelo da tragédia clássica. Assim, a passagem do tempo é marcada com extraordinária minúcia, com as rubricas indicando a hora precisa em que se passa cada ato e o tempo decorrido entre eles. Mais ainda, há sempre badaladas de relógio, para lembrar as horas,

---

53 L. C. Martins Pena, *Dramas*, p. 230.

54 *O Cavaleiro Teutônico ou a Freira de Marienburg*, Rio de Janeiro: Dois de Dezembro, 1855.

como se o espectador também estivesse interessado na façanha de arrematar uma história tão complexa no prazo de um dia apenas.

Seguindo meticulosamente a tradição no que diz respeito à forma, a tragédia de Teixeira e Souza dá uma guinada quando se trata do conteúdo. Concentra-se sobre matéria estritamente sentimental, ao melhor estilo do romantismo. Desenvolve um enredo cheio de lances fortes, ao qual não faltam surpresas e vira-voltas. Conta a estranha história de um pai que ama tanto a filha, Branca, e é tão zeloso de sua felicidade, que resolve encerrá-la num mosteiro. A justificativa é simples: assim Branca ficará livre das decepções mundanas, não conhecerá a maldade da vida. Mas a moça não aceita a decisão. Ela não quer se afastar do mundo, especialmente porque isso significa perder seu amado Hugo. Tendo de optar entre a obediência ao pai ou o amor, Branca decide que não vai renunciar à felicidade. Isso a encoraja a renegar os votos religiosos e a fugir do convento. Às cenas de tensão e de dúvida vem somar-se a intervenção desastrosa do irmão de Branca. Em defesa da honra familiar, ele persegue o namorado, para assassiná-lo. Acaba atingindo o alvo errado, pois apunhala a própria Branca, que se vestira com os trajes de Hugo. Este, por sua vez, não resiste à constatação de que Branca morrera para salvá-lo e se mata em pleno palco. O irmão, por fim, quando vê mortos os dois, julga que cumpriu seu dever. Nesse momento ele tem uma interpretação surpreendente do ocorrido. Em lugar de lamentar o engano fatal, exclama: "O céu é justo!"[55] e o pano fecha.

*O Cavaleiro Teutônico ou A Freira de Marienburg* é uma peça frágil do ponto de vista dramático. A motivação interna é sofrível. Não fica suficientemente explicada a razão que leva o pai a colocar a filha no convento. De outro lado, a precipitação da ação em nome do rigorismo temporal acaba soando pouco convincente. Para não extrapolar as 24 horas de preceito, atropelam-se os acontecimentos, fazendo com que fugas e perseguições aconteçam com demasiada rapidez. De toda a maneira, a obra ilustra bem a ambiguidade do momento. Processava-se a transição entre a preferência por tragédias e a inclinação crescente pelo estilo melodramático. Teixeira e Souza sintomaticamente mistura ambas

as tendências. Mantém a forma antiga e desenvolve um enredo sentimental, sem outro componente que as peripécias, as surpresas e os amores desesperados de praxe. Não há preocupação em vincular o enredo a fatos históricos conhecidos. O caso amoroso ocupa todo o espaço. Aparecem expedientes bem convencionais do melodrama, como o namoro infeliz, o convento que recebe amantes contrariados, a audácia do cavalheiro apaixonado e a perda do sentido da vida, quando o casal de amantes é separado.

*Cornélia* não é superior a *O Cavaleiro Teutônico*. Ao contrário, é uma repetição da mistura de tragédia e melodrama. Escrita em decassílabos e publicada em 1847, gira em torno dos desejos lúbricos do prelado de Sevilha por Cornélia, filha do governador de Sevilha, noiva e em vésperas de se casar com Bartolomeu Vargas. Típico vilão de melodrama, o prelado rapta a mocinha e envolve-a numa trama que a torna suspeita aos olhos da Inquisição. O noivo é obrigado a fugir, o pai morre, os amigos nada podem fazer, de modo que no desfecho ela é obrigada a enfrentar fisicamente o prelado, na masmorra onde espera a morte. Virtuosa, Cornélia se defende e acaba por conseguir um ferro que enfia no peito do vilão. Nesse momento, ele compreende que foi a mão de Deus que o puniu, arrepende-se do que fez e tenta salvar a mocinha do Santo Ofício, confessando os seus crimes, antes de morrer. O inquisidor geral não o ouve e conduz Cornélia às chamas da fogueira.

A peça peca pelo exagero retórico, pelos furores que acometem as personagens, pela frouxidão das cenas às vezes longas e enfadonhas demais. Num texto que escreveu sobre *Cornélia* para a *Minerva Brasiliense*, Luís Antônio Burgain[56] aponta os defeitos da peça e os atribui à pouca idade do autor, dezoito anos, quando a escreveu. Difícil acreditar nessa informação. O ponto de partida e o último ato da tragédia lembram demais *Antônio José ou O Poeta e a Inquisição*. O prelado de Sevilha é uma versão piorada de frei Gil. E seu arrependimento no desfecho repete a cena criada por Gonçalves de Magalhães no último ato da sua tragédia. Outro dado que se deve levar em conta é que Teixeira e Souza, na mesma época em que divulgou *Cornélia* – por volta de 1844 – traduziu a tragédia

---

55 Idem, p. 98.

56 *Cornélia*, tragédia em cinco atos de A. G. Teixeira e Souza, *Minerva Brasiliense*, n. 24, v. II, 15 de outubro de 1844, p. 751-756.

*Lucrèce*, de François Ponsard. A mesma virtude da esposa que se mata para preservar a honra está presente na personagem Cornélia, claro que em escala menor, uma vez que não chegou a ser violentada, como a heroína de Ponsard. Ou seja, se houve uma primeira versão da tragédia, escrita em 1830, com certeza o texto ganhou acréscimos e modificações na primeira metade da década de 1840 e ao ser publicado no *Archivo Theatral*, em 1847.

## Antônio de Castro Lopes

Em 1845, Antônio de Castro Lopes (1827-1901) escreve *Abamoacara*. É uma peça em quatro atos, que teve aprovação do Conservatório Dramático em 1846, mas que só veio a ser publicada quase vinte anos depois de escrita, em 1864[57]. É mais uma tragédia em versos decassílabos perfeitos. De especial, destaca-se o fato de colocar-se entre as raras peças do período que situam a ação numa aldeia indígena. Antes desta, por volta de 1839, Martins Pena escrevera *Itaminda ou O Guerreiro de Tupã*, também utilizando a floresta como cenário, conforme assinalado antes. Seguindo o formato clássico, *Abamoacara* mantém unidade de ação, de tempo, além de um cenário muito restrito. Limita o espaço à oca do cacique e a um jardim com uma sepultura ao fundo. A sepultura, como se pode imaginar, introduz um inequívoco toque pressago.

O tema é de caráter sentimental. No dia do seu casamento, o cacique Abamoacara vê um estrangeiro rondando a aldeia e imediatamente acredita que se trata de um rival. Passa, então, a duvidar que seja possível ser feliz com Porangaba, sua noiva. Ela está de fato triste e silenciosa. Acontece que a moça recorda a perda da mãe, sucedida há exatos quatro anos, mas Abamoacara interpreta a melancolia como desinteresse e fica ainda mais inquieto. Porangaba também se angustia, mas por outra razão. Tendo ido rezar junto à sepultura da mãe, ouvira a voz da falecida dizer: "Filha, não gozarás quem te idolatra!"[58].

Enredada em mal-entendidos e suspeitas, a ação prossegue. Num vaivém de meias palavras, o público tem chance de conhecer a identidade do estrangeiro que rondava a aldeia. Trata-se de um português, Anselmo, que é o pai de Porangaba. Dezesseis anos atrás ele teve de partir para servir a pátria, deixando aqui a esposa Moema e a filhinha. Ao retornar, agora, ele reencontra a filha. Assim que a reconhece não hesita em dar sua permissão para o casamento e tudo parece se encaminhar bem. Mas o fato é que Abamoacara não está informado do encontro nem do reconhecimento ocorrido; por isso, ao constatar a familiaridade que existe entre o estrangeiro e sua noiva, confirma as suspeitas iniciais: tem certeza de que está sendo traído. Cheio de fúria, ele investe contra a moça e a fere mortalmente. No momento em que constata o engano, o índio não suporta a dor e se mata também, não sem antes exclamar: "Feroz Abamoacara, eu te detesto!"[59].

Antônio de Castro Lopes é autor também de comédias e, a julgar pelo título da coletânea de suas obras – *Teatro do Doutor A. de Castro Lopes* –, gozou de prestígio na sua época. Seja como for, não há como escapar à constatação de que falta a *Abamoacara* um conflito dramático convincente. Abamoacara começa a duvidar da lealdade da noiva sem qualquer razão mais sólida. O fato de divisar a presença de um estrangeiro nas cercanias da aldeia soa completamente desproporcional ao ciúme e rancor que tomam conta do índio. Em lugar de identificar o forasteiro, ele, exatamente o cacique da tribo, de imediato incrimina sua amada e a mata por fim. Pareceria muito mais natural que ele alvejasse Anselmo, o estranho, em vez de investir contra Porangaba. Além de tudo, é difícil de entender por que a chegada de um homem branco desperta tal energia autodestrutiva no chefe indígena.

A ideia de concentrar a ação num motivo único leva Castro Lopes ao equívoco de reduzir demasiadamente a história. Tão concentrada fica a ação que praticamente não acontece nada, além da chegada de um estrangeiro e da morte dos noivos. Dessa maneira o tom solene que o autor escolhe soa muito artificial. Não há segredos, nem obstáculos para a felicidade do par de namorados, tampouco o confronto com escolhas dilacerantes, como seria cabível em um enredo trágico centrado em caso amoroso. Existe apenas a desconfiança de Abamoacara, que de tão pouco fundada chega a parecer inoportuna.

---

57  Abamoacara, em *Teatro do Doutor A. de Castro Lopes*, tomo I, Rio de Janeiro: Imperial Instituto Artístico, 1864, p. 107-186.
58  Idem, p. 126.
59  Idem, p. 186.

Do ponto de vista temático, cabe destacar que em *Abamoacara,* da mesma forma que sucedera em *Itaminda ou O Guerreiro de Tupã,* índios e brancos se misturam na condição de personagens. Vê-se índios apaixonados por moças brancas ou mestiças. Itaminda ama Beatriz, a prisioneira branca; e Abamoacara, a filha de um cavalheiro português com a índia Moema. Para nenhuma das duas histórias fica reservado um final feliz. Parece que, àquela altura do século, não havia condições para aceitar o amor inter-racial. Desse modo os índios parecem antes vilões do que heróis, embora ganhem papel de protagonistas. Estranhamente, nosso teatro trabalha com a ideia de que a chegada dos brancos leva a população nativa ao autoextermínio. Afasta, portanto, a interpretação de que os invasores seriam responsáveis pela destruição dos povos da floresta e que a presença dos estrangeiros não é diretamente agressora. Os índios é que se desestabilizam por conta própria. Eles perdem a serenidade e as condições de defender seu território, quando se defrontam com homens brancos.

O tema indianista poderia ter inspirado composições muito diferentes e ter acrescentado pontos à originalidade da dramaturgia brasileira. Da maneira como é tratado, porém, leva para uma direção única: o catálogo das peças de estrutura dramática frágil e verossimilhança duvidosa. A começar pelo cavalheirismo com que os silvícolas cortejam a amada e atingindo o núcleo da ação que não é suficientemente motivado. Um tom postiço envolve o conjunto. Por exemplo, na condição de caciques de tribo, era de se esperar que Itaminda e Abamoacara investissem contra os invasores e lutassem pela posse da terra e da felicidade. Mas eles se voltam contra si mesmos e acabam perdendo o amor, o território e também a vida.

## Francisco Antônio de Varnhagen

Francisco Antônio de Varnhagen (1816-1878) é autor de um drama, *Amador Bueno*[60]. A peça mescla o acento histórico com o andamento melodramá-

---

60 Drama épico e histórico americano, Lisboa: edição particular, 1847.

tico. Enredo fictício e fatos verdadeiros coexistem com naturalidade. Os acontecimentos verdadeiros ganham colorido especial pela proximidade com os aspectos sentimentais introduzidos de uma maneira semelhante ao que sucede na peça de Luís Antônio Burgain, *Fernandes Vieira ou Pernambuco Libertado.*

O enredo se concentra no ano de 1641, aproveitando dois acontecimentos notáveis do passado brasileiro. Em primeiro lugar, trata da iminente desmobilização dos comandos espanhóis no Brasil em virtude da restauração de Portugal como reino independente. Em segundo, da expulsão dos jesuítas da capitania de São Vicente. No cruzamento desses fatos situa a venerável figura de Amador Bueno, um patriota fiel a Portugal, e mais o casal de jovens que está enamorado. Este é formado por Luísa, filha de Amador Bueno, e por André Ramalho, um descendente de Caramuru. Vítima de intrigas dos jesuítas, Ramalho está decidido a entrar para um convento, apesar do amor que sente por Luísa. Amador Bueno, por sua vez, também sofre oposição dos jesuítas. Já os espanhóis querem que ele seja proclamado rei do Brasil, para evitar que o país volte ao domínio português. Depois de variadas peripécias, vem o esperado final feliz. Amador Bueno ratifica sua lealdade a Portugal, afasta de vez os religiosos e desautoriza a pretensão dos espanhóis. Ficando restabelecida a ordem política, não tardam os reflexos sobre o jovem André Ramalho. Diante da situação, ele se sente autorizado a dar novo rumo à vida. Desiste do convento em favor do matrimônio com a filha de Amador Bueno. A moça, por sua vez, assim como antes acatara a decisão de Ramalho, que queria buscar refúgio num convento, agora igualmente aceita que ele mude de opinião para casar-se com ela. Sendo assim, o final estabelece a melhor das ordens: junta a satisfação dos noivos com a euforia patriótica.

*Amador Bueno* adota um tom grave que cabe bem à focalização de um momento crucial para a vida brasileira. Mas Varnhagen é um escritor habilidoso. Ele sabe modular a tensão. Duas personagens, Rendon e Carrasco – este escrivão da Câmara de São Paulo –, respondem pela oportuna quebra de seriedade. Ambos são espanhóis e ficam alheios às preocupações dos patriotas. Interessa-lhes definir a situação individual, em vista da iminente mudança política, após oitenta anos de governo hispânico. Num primeiro momento, mofam da pretensão lusitana: "Portugal tornará a ser reino separado, quando as galinhas tiverem dentes"[61]. Mais adiante, a preocupação com o futuro passa ao primeiro plano. Carrasco tem a ideia de implantar a Inquisição no Brasil e já vai se apresentando como candidato a inquisidor. Nesse momento, o aspecto prático é lembrado: "Por que não haveríamos nós aqui de ter uma Inquisição, quando a há até em Goa? Com tanta lenha para as fogueiras, como se encontra por estes matos..."[62]

É a mesma personagem quem recita uma copla reveladora de sua filosofia de vida. A cançoneta faz contraponto com a elevação da abordagem restante. Destoa completamente, por exemplo, da abnegação com que o grupo de Amador Bueno enuncia seus valores e objetivos. O espanhol canta, divertido:

> Todo se vende este dia
> Todo el dinero lo iguala:
> Las cortes vendem su gala,
> La guerra su valentia:
> Hasta la sabiduria
> Vende la Universidad[63].

É admirável que o teatro de Francisco Antônio de Varnhagen se volte para a história do Brasil à procura de protagonistas. A mesma coisa fizera Luís Antônio Burgain com seu *Fernandes Vieira ou Pernambuco Libertado* quatro anos antes. São exemplos isolados, todavia. Os ideais nacionalistas permaneceram pouco explorados no cenário teatral. Mesmo Gonçalves Dias, autor de obras-primas da poesia indianista, quando escreveu teatro ficou alheio a essa vertente. As convenções adotadas no teatro passaram ao largo da ideia de reforçar a identidade nacional nos primeiros tempos do romantismo. Em geral, foram preferidos os ambientes remotos e o passado distante.

## Pedro José Teixeira

Em 1848, é publicado o drama de Pedro José Teixeira, *O Poder da Natureza ou A Honra Premiada e a Imprudência Punida*. Não há notícia de que a peça tenha sido representada. As intenções do autor são muito claras, segundo se pode concluir pela apresentação feita para introduzir a obra, "Ao leitor"[64]. Ele quer cooperar para "o progressivo desenvolvimento da mocidade brasileira".

O exame da peça mostra que as intenções estão muito mais bem definidas do que a obra propriamente dita. Esta se concentra em mostrar a indecisão amorosa de Cornélia, a filha de um rico comerciante. A moça tem vários namorados e não perde oportunidade de acrescentar mais um nome à lista. Faz isso em segredo, sem a aprovação dos serviçais da casa e, muito menos, do pai. Aliás, quando este toma conhecimento de que sua filha recebe a visita de vários pretendentes, não hesita em tomar uma decisão drástica e bem ao gosto da época. Resolve encaminhar a jovem para um convento. Um rapaz que ousa ir ali à procura dela é preso por uma guarda armada, que aparentemente estava prevendo assédios inconvenientes e pronta para evitá-los. Assim separados, um na cadeia, a outra no convento, ambos os jovens têm condições de voltar à razão. O rapaz resolve casar com uma moça pobre e virtuosa que o ama de forma abnegada e Cornélia se arrepende do passado, podendo assim retornar à casa paterna. Agora ela está completamente mudada, traja roupas sóbrias e virou uma donzela respeitável. A transformação serve para provar – confirmando o intuito educativo do autor – que o castigo infligido pelo pai alcançou seu objetivo: Cornélia se converteu à modéstia que cabe às moças de boa família.

Sinalizando, provavelmente, a transição que ocorria por volta da metade do século XIX, o drama de Pedro José Teixeira pende entre a comédia e o melodrama, sem que lhe falte em certos momentos uma gravidade que faz lembrar a tragédia. Mal equilibrada entre os três gêneros, a peça apresenta problemas de identidade. O assunto escolhido é sentimental, mas os desencontros são típicos da

---

61 Idem, p. 15.
62 Idem, p. 57.
63 Idem, p. 56.

64 *O Poder da Natureza ou A Honra Premiada e a Imprudência Punida*, Rio de Janeiro: Laemmert, 1848, p. 7.

comédia. Mostram-se os apuros de Cornélia para administrar os vários namoros. Ela quer manter todos os rapazes apaixonados e evitar que cada um descubra a concorrência dos demais. Impossível não lembrar aqui a namoradeira criada por Martins Pena em *O Judas em Sábado de Aleluia*, representada inúmeras vezes na segunda metade do decênio de 1840. Por outro lado, é no catálogo melodramático que são buscados os lances de efeito, como a decisão paterna de decidir o futuro da filha, lançando mão do recurso do convento, ou a prisão intempestiva de um dos pretendentes, mais os lances de abnegação da moça pobre e virtuosa, que tudo faz para ver feliz o seu amado.

A aproximação de ingredientes tão díspares não deixa de produzir certo desconforto. O espectador/leitor fica sem saber se cabe levar a sério a volubilidade da personagem principal, a namoradeira Cornélia, ou se deve rir das trapalhadas resultantes da dificuldade de aparentar fidelidade a cada um dos rapazes. De outro lado, sente-se igualmente perturbado pela desproporção do castigo que o pai reserva à filha, quando descobre que ela tem vários pretendentes. Se fosse para ser melodrama, o motivo que leva Cornélia à vida religiosa soaria fútil demais. A mesma coisa vale para o namorado, que é preso só porque se aproxima do convento. Se fosse para ser uma comédia, o claustro rodeado de guardas fortemente armados, mais as falas austeras do pai de Cornélia e da moça pobre também pareceriam deslocados. O único aspecto sobre o qual não pairam dúvidas é a intenção educativa do autor.

## O Triunfo do Melodrama

O exame da produção teatral "séria" dos nossos primeiros dramaturgos do período romântico permite associar as origens do teatro brasileiro a uma sensível inclinação para o drama histórico de feição melodramática. Lembrando que, ao lado do fundo histórico, esse tipo de peça valoriza o dinamismo do enredo, o choque de valores e a sentimentalidade, ao tempo que cria enredos cheios de surpresas e cenários que impressionam. Pode-se dizer, então, que o melodrama aparece como uma espécie de denominador comum do estilo da época. Acrescente-se em favor

dessa conclusão o fato de que o drama histórico trabalha o fundo verídico com a visível intenção de abrir espaço para histórias de amor e que essas acabam por catalisar o interesse em detrimento dos fatos reais. O motivo realista chega a ser pouco mais do que um pretexto para movimentar a ação. É o que se pode constatar no exame das duas peças da época que versam assuntos do passado nacional, *Fernandes Vieira ou Pernambuco Libertado*, de Luís Antônio Burgain, e *Amador Bueno*, de Francisco Antônio de Varnhagen. E o mesmo pode ser dito a respeito das demais obras de cunho histórico, mas sem vinculação com temas brasileiros, que os autores aqui estudados assinam.

Considerando a relação entre tragédias e melodramas produzidos na fase inicial do romantismo brasileiro, observa-se que ambos os gêneros são representados nos mesmos teatros e, por vezes, compostos pelos mesmos autores. Mas a dominância do melodrama não tarda a se estabelecer sobre o gênero mais tradicional. Com naturalidade ele vai superando a tragédia de inspiração neoclássica. Em vez da contenção dos sentimentos e da elevação formal, a tendência do gosto conduz na direção do teatro que Martín-Barbero classifica de "espetáculo total", onde a representação tem importância equivalente à história e com ela se entrelaça em torno de quatro sentimentos básicos – medo, entusiasmo, pesar e riso[65]. Ou seja, um espetáculo em que emoções fortes mantêm o público envolvido e atento.

Contrariamente ao esforço de Gonçalves de Magalhães e à simpatia de João Caetano, o melodrama se desenvolve mais do que a tragédia. Fazer essa constatação é simples. Basta contar o número de peças produzidas entre 1830 e 1850. Comparadas com um total de 22 dramas e melodramas conhecidos, as tragédias somam apenas 7. Razões para o número pouco expressivo não podem ser buscadas na falta de prestígio do gênero, menos ainda na falta de incentivo vindo das camadas mais cultas. Acontecia exatamente o contrário. Sabe-se que João Caetano, por exemplo, tinha franca preferência por figurar em papéis trágicos e que Gonçalves de Magalhães, quando se apresentou como líder do teatro romântico, ofereceu a tragédia como

---

[65] *Television y Melodrama*, p. 45-46.

modelo de composição. Magalhães era uma figura consagrada nas letras locais – já publicara os *Suspiros Poéticos* e *Saudades* – e sua influência contava muito, portanto. Mas as duas tragédias que assinou não provocaram o aparecimento de peças nacionais com características semelhantes. Seu exemplo como autor dramático não frutificou, apesar da boa linguagem, da elevação dos protagonistas e da boa vontade da crítica. Querendo ou não, a forma da tragédia versificada, solene e triste, era um gênero em vias de superação já no início do nosso romantismo. Por outro lado, faça-se justiça às novidades introduzidas por Gonçalves de Magalhães, relativas sobretudo à composição do cenário – para cuja tarefa teve a colaboração do amigo Manuel de Araújo Porto-Alegre, um artista plástico com formação europeia. Louve-se também sua contribuição para a melhoria do trabalho do intérprete, aquilo que ele chamou no prefácio de *Antônio José* de "novidade da declamação e reforma da arte dramática" ao substituir "a monótona cantilena com que os atores recitavam seus papéis, pelo novo método natural e expressivo, até então desconhecido entre nós"[66]. Provavelmente Magalhães se refere ao estilo romântico de representação que vira na França e que apresentara a João Caetano, cujo desempenho, em *Antônio José*, foi marcado pelos gestos arrebatados, pela contundência física e emocional com que se entregou ao papel, conforme lembra em suas *Lições Dramáticas*[67].

O inventário aqui realizado aponta para dois aspectos da história do teatro brasileiro que merecem realce. Em primeiro lugar, fica claro que houve produção dramática local encenada em nossos teatros antes da estreia de Gonçalves de Magalhães, ocorrida no ano de 1838. Se os contemporâneos e a própria posteridade lhe concederam a glória de ser considerado o fundador do teatro nacional; se a representação de *Antônio José* em março de 1838 tornou-se um marco do início do teatro romântico no Brasil[68], o fato de sua pequena obra não ter feito escola e as contradições que marcaram sua atuação foram apontadas por alguns estudiosos, entre eles Décio de Almeida Prado, que observou:

A posição de Gonçalves de Magalhães dentro da história do teatro brasileiro é das mais ambíguas. Ponto pacífico é que com ele se inicia oficialmente a nossa dramaturgia moderna. Já não diríamos o mesmo quanto à sua intrincada relação com o romantismo teatral: ele nunca definiu bem se queria ser o último clássico ou o primeiro romântico"[69].

Claro está que o comentário de Décio de Almeida Prado nasce da percepção de que como nas tragédias quanto nos prefácios que escreveu, Gonçalves de Magalhães buscou um meio-termo, entre classicismo e romantismo, que em nada ajudou o teatro romântico que os novos tempos reclamavam.

Em segundo lugar, os autores aqui estudados revelam a força com que o melodrama se introduz na cultura teatral brasileira, em contraste com a discreta presença da tragédia, ao longo da primeira metade do século XIX. Uma vez examinada a produção de um significativo conjunto dos autores – Luís Antônio Burgain, Martins Pena, Gonçalves de Magalhães, Antônio Gonçalves Teixeira e Souza, Antônio de Castro Lopes, Francisco Antônio de Varnhagen, e Pedro José Teixeira –, pode-se concluir que a dramaturgia brasileira de estilo melodramático não é apenas a mais numerosa. É também a que mais sucesso registra, como é possível verificar pelo número de peças escritas, encenadas e publicadas. Aos autores acima citados, outros podem ser lembrados para complementar o quadro do nosso primeiro romantismo, nos anos de 1840. No Rio de Janeiro, o poeta, historiador e dramaturgo Joaquim Norberto de Sousa e Silva (1820-1891) contribui com uma tragédia, *Clitemnestra, Rainha de Micenas* e um drama de assunto nacional, *Amador Bueno ou A Fidelidade Paulistana*, composto em 1843 e representado no Teatro S. Francisco, em

---

66  D. J. Gonçalves de Magalhães, *Antônio José ou...*, p. 3-8.
67  João Caetano, *Lições Dramáticas*, Rio de Janeiro: MEC, 1956, p. 44.
68  Veja-se, a propósito, o significado histórico da encenação de *Antônio José*, segundo José Veríssimo: "Atores brasileiros ou abrasileirados, num teatro brasileiro, representavam diante de uma plateia brasileira, entusiasmada e comovida, o autor de uma peça cujo protagonista era também brasileiro e que explícita ou implicitamente lhe falava do Brasil. Isso sucedia após a Independência, quando ainda referviam e bulhavam na jovem alma nacional todos os entusiasmos desse grande momento político e todas as alvoroçadas esperanças e generosas ilusões por ele criadas". *História da Literatura Brasileira*, Rio de Janeiro: José Olympio, 1954, p. 312-313.
69  *História Concisa do Teatro Brasileiro*, São Paulo: Edusp, 1999, p. 44.

setembro de 1846; em São Paulo, além de Paulo Antônio do Vale, que será estudado no capítulo seguinte, destaca-se Martim Francisco Ribeiro de Andrada (1825-1886), com o drama *Januário Garcia ou Sete Orelhas*; no Rio Grande do Sul, José Antônio do Vale Caldre Fião (1813-1876) escreve o "drama trágico em quatro atos e sete quadros" *O Coronel Manuel dos Santos*; na Bahia, Francisco Jacinto da Silva Coelho (1820?-1860?) compõe *A Imprudência de um Pai* e Olavo José Rodrigues Pimenta (1809-1883), *O Noivado de Sangue*; em Salvador, na noite de 13 de abril de 1847, sobe à cena o drama *O Vaticínio Cumprido*, de João Francisco da Silva Ultra (1802-1873); em Pernambuco, João Barbosa Cordeiro publica o "drama histórico nacional" *Arco-Verde ou A Glória dos Tabajaras*[70].

Razões para a ascensão do melodrama podem ser encontradas nas virtudes desse teatro. A verdade é que ele oferece bom espetáculo, envolve emocionalmente a plateia e a mantém cativa em função das estratégias que aciona. Consegue ser atraente, valendo-se de recursos plásticos variados e trabalhando o suspense de forma criativa. Mobiliza personagens dinâmicas, ação intensa e mistura cenas austeras com momentos engraçados. Além disso, conclui as histórias de uma maneira otimista: mostra a capacidade que o amor tem de tornar as pessoas felizes para sempre, reforçando a esperança de que no final o bem triunfa. Os escritores que utilizaram tais componentes para dialogar com o público, no momento em que a nação começava a construir sua identidade cultural, tiveram recepção compensadora, dando notável contribuição para a popularização do teatro no Brasil.

O drama histórico terá vida longa em nosso país, ora mantendo uma nítida feição melodramática – e isso praticamente até o final do século XIX –, ora se afastando um pouco desse modelo, como no caso de Gonçalves Dias, cujo conhecimento da obra de Shakespeare e das ideias românticas sobre o drama, desenvolvidas por Victor Hugo na França, o leva a escrever quatro dramas. Outros escritores importantes seguiram o seu exemplo nos anos de 1850 e 1860, como se verá mais adiante. Maior fortuna teve o melodrama, cujos recursos formais, temas, situações dramáticas, apelo popular e visão de mundo sobreviveram ao século XIX e foram transmitidos para outras formas de entretenimento do século XX, como o rádio, o cinema e a televisão.

## 3. O DRAMA

De um modo geral, 1838 é considerado o marco inaugural do romantismo no teatro brasileiro. Foi em março desse ano que se deu a estreia da tragédia *Antônio José ou O Poeta e a Inquisição*, de Gonçalves de Magalhães e, em outubro, a representação da primeira comédia de Martins Pena, *O Juiz de Paz da Roça*, ambas levadas ao palco pela companhia teatral de João Caetano. Tais eventos, muito embora importantes, não indicam um momento inicial para o desenvolvimento do drama romântico brasileiro: no caso da obra de Gonçalves de Magalhães, porque está muito mais próxima do classicismo do que do romantismo; no de Martins Pena, por tratar-se do trabalho de um comediógrafo.

Igualmente delicada é a questão de se estabelecer uma data final, a partir da qual se possa dizer que o drama romântico foi definitivamente abandonado, superado por uma nova estética. Peças de inspiração romântica foram escritas durante praticamente todo o século XIX, convivendo com as obras de cunho realista, por vezes no conjunto dos trabalhos de um mesmo autor, como ocorre com José de Alencar, Joaquim Manuel de Macedo, Agrário de Souza Menezes ou Constantino do Amaral Tavares. Houve até quem mesclasse temas românticos e forma realista – ou vice-versa – numa mesma obra.

Particularidades da história nacional e do teatro brasileiro explicam essa longevidade. O ideário romântico adequava-se à expressão do sentimento nacionalista e libertário, primeiramente no período de formação e afirmação da nacionalidade brasileira e, em seguida, na longa luta pelo fim da escravidão.

---

70 Essas informações encontram-se no segundo volume da *História da Inteligência Brasileira*, de Wilson Martins (São Paulo: Cultrix/Edusp, 1977).

Autores que se dedicaram a discutir através do teatro as grandes questões nacionais lançaram mão seguidamente dos procedimentos românticos. Por outro lado, a presença central de um ator como João Caetano, com um estilo de atuação pouco afeito ao realismo e que dominou a cena brasileira durante cerca de trinta anos, ajudaria a explicar também a permanência entre nós do estilo romântico. Sirvam então como balizas para a história do drama romântico no Brasil as datas de 1843 e 1882. Mais de trinta anos de romantismo, portanto. A primeira data é a da conclusão do drama escrito por Gonçalves Dias, *Patkull*. A segunda, a da publicação da peça *O Escravocrata*, de Artur Azevedo.

Outra dificuldade está em se definir um *corpus* para um capítulo sobre o drama romântico, tendo em vista a proximidade, para não dizer o relacionamento "promíscuo", desse gênero com o melodrama. Em vários dos textos aqui analisados são encontrados elementos melodramáticos; especialmente o gosto pelo enredo complicado, cheio de reviravoltas (os chamados "golpes de teatro"), o uso de confusões de identidade, das cartas perdidas, dos disfarces, dos desencontros, dos punhais e venenos. Uma peça como *Gonzaga ou A Revolução de Minas*, de Antônio Castro Alves, está cheia de tais malabarismos. Na certa, essas obras integrariam o universo do melodrama se não fossem além desses jogos de cena e não apresentassem características próprias do romantismo.

A diferença fundamental entre os dois gêneros reside no fato de que o melodrama está preocupado em apresentar uma lição moral, culminando geralmente num final feliz que premia os bons e pune os maus. Já o drama romântico quer trazer ao palco figuras que estão em conflito com os valores da sociedade, que se recusam a aceitar as regras estabelecidas e que, muitas vezes, se dilaceram internamente por causa disso. O romantismo elege temas que a sociedade concebe como tabus. Amor impossível, adultério, incesto, estupro, parricídio e regicídio são os principais dentre eles.

Analisando o conjunto de obras que compõem o repertório brasileiro do drama romântico, é possível identificar duas linhas temáticas principais: as tramas amorosas e os enredos que se ocupam da história do Brasil. Vale lembrar que o romantismo valorizou os temas históricos nacionais, em contraposição à tradição da tragédia clássica, que se inspirava na antiguidade grega ou romana. Os dramas brasileiros caracterizam-se, geralmente, pelas combinações, em doses diferenciadas, das duas linhas temáticas apontadas. São histórias de amor inseridas num contexto político, ou a dramatização de um evento de relevância histórica que também apresenta uma trama amorosa. Raras são, como se verá, as obras que escapam a essa combinação. Os dramas que destacam os casos amorosos o fazem pela apresentação de "amores impossíveis", que ferem as normas sociais, que vão de encontro aos preconceitos raciais e sociais. O amor infeliz, nesses casos, resolve-se geralmente com a morte de um dos parceiros ou, de preferência, dos dois.

Ao abordar um episódio político, o drama romântico se apoia num acontecimento do passado. É o destino de um povo que vem à cena, evocado pelo gênio do poeta. A história é uma das grandes fontes românticas em países em fase de afirmação de sua nacionalidade, como o Brasil do século XIX.

Uma característica comum a praticamente todos os dramaturgos românticos brasileiros é o fato de sua dedicação ao teatro ter sido uma espécie de apêndice, de atividade paralela e temporária no conjunto de suas obras. Seus nomes entraram para a história da literatura brasileira sobretudo como poetas ou romancistas. Castro Alves, Fagundes Varela, Álvares de Azevedo, Gonçalves Dias são exemplos do primeiro caso e José de Alencar, Bernardo Guimarães ou Joaquim Manuel de Macedo, do segundo.

A partir de 1843, a primeira década do movimento romântico teatral no Brasil foi marcada pelo conjunto da obra de três autores: Gonçalves Dias, Joaquim Manuel de Macedo e Paulo Antônio do Valle. Os dois primeiros, um poeta e um romancista de renome nacional; o último, um autor de província. Há proximidades entre as obras dos três: Gonçalves Dias lançou-se ao estudo das paixões; Paulo Antônio do Valle quis fazer o retrato da nascente nacionalidade, recuperando o passado e personagens históricos da vila de São Paulo; já Macedo tentou uma mescla dos dois assuntos, procurando recompor fatos mais distantes da história pátria, entrelaçados com casos de amores infelizes, e idealizando até um modelo de herói "legitimamente" brasileiro – o índio.

Amor e pátria estão, portanto, presentes nos três primeiros expoentes do drama romântico brasileiro, ainda que em graus diferentes.

## Gonçalves Dias

Gonçalves Dias (1823-1864) estava em Coimbra, onde frequentava a universidade, quando escreveu suas duas primeiras peças: *Patkull*, em 1843, e *Beatriz Cenci*, em 1845. De volta ao Brasil, compôs *Leonor de Mendonça*, em 1846, encerrando sua carreira de dramaturgo com *Boabdil*, em 1850. Dos autores românticos brasileiros, talvez seja ele o que mais de perto seguiu o receituário romântico europeu, a começar pelos temas das peças, todas passadas no velho continente: *Patkull*, na Polônia, na Alemanha e na Áustria; *Boabdil*, na Espanha; *Beatriz Cenci*, na Itália, e *Leonor de Mendonça*, em Portugal.

No prólogo escrito para o drama *Leonor de Mendonça*, Gonçalves Dias defende, como ninguém ainda havia feito no Brasil, os preceitos românticos, justificando-os à luz do respeito à verdade "incisiva e áspera" – como preconizava Victor Hugo – e não à facilidade da condenação moral do culpado, punido tão ao gosto do melodrama. Seu conhecimento da obra de Shakespeare e dos autores românticos contemporâneos proporcionou-lhe as bases sobre as quais assentou sua obra. Os temas das peças, ligados à onda de revalorização do medievo, das tradições cavalheirescas, dos heróis galantes e dos revolucionários apresentavam personagens de existência histórica comprovada. Segundo Décio de Almeida Prado[71], esse procedimento visava reforçar na plateia o sentimento de que aquelas cenas poderiam, eventualmente, ter ocorrido como vistas no palco. Desse modo, talvez, a realidade projetada se aproximasse mais da realidade vivida. A vida, sim, poderia ter lances românticos.

Do ponto de vista estrutural, Gonçalves Dias procurou libertar-se da rigidez da regra clássica das unidades, ampliando o tempo e o espaço principalmente em sua primeira obra, *Patkull*, que apresenta maior diversidade de cenários e distensão temporal. Nas peças seguintes, a flexibilidade é menor – o espaço restringe-se a aposentos de um mesmo palácio (jardim, salão de baile, dormitórios) e os períodos de tempo são mais curtos.

Em seus quatro dramas, o dramaturgo combina de forma inteligente trama política com amores e traições, sempre com destaque para a intriga amorosa. De acordo com o ideário romântico, os amores postos em cena têm algo de proibido, até mesmo de sacrílego, afrontando as convenções sociais e os desígnios familiares (como a paixão incestuosa de Francisco Cenci, que o leva a estuprar a filha Beatriz). Já foi dito que nas obras do maranhense a sujeição feminina às imposições masculinas, paternas sobretudo, é a base dos conflitos. Amores contrariados, bem como pais e maridos tirânicos, provocam desenlaces funestos. A paixão desafia seus opositores, mas não os vence, é subjugada por eles. A morte é, geralmente, o destino dos amantes. Desse ponto de vista, a escolha do mote do amor feminino contrariado fez de Gonçalves Dias um crítico de seu próprio tempo, uma vez que a situação das mulheres no século XIX não diferia fundamentalmente daquela vivida pelas heroínas antigas[72].

Nos dramas que escreveu, Gonçalves Dias elegeu como protagonistas dois homens e duas mulheres. Nos casos de *Patkull* e *Boabdil*, as tramas se assemelham no plano amoroso, embora tenham desenlaces diferentes no enredo político. Na primeira, Patkull é um revolucionário livônio[73], exilado na Polônia, onde vive uma profunda paixão por sua noiva Romhor. Esta, porém, ama Paikel, contra a vontade de seu pai, que lhe impôs Patkull como noivo.

Do ponto de vista da intriga amorosa, há certo desajuste no drama. O amor proibido (romântico) em essência deveria ser o de Romhor e Paikel. Ambos deveriam enfrentar o desfecho fatídico unidos até o fim (como, aliás, acontece em *Boabdil*, cuja trama amorosa é praticamente idêntica). Ao obter

---

[71] *O Drama Romântico Brasileiro*.

[72] Vale lembrar que o próprio autor enfrentou a proibição familiar de um amor quando ainda jovem. Em *Patkull* escreve na dedicatória: "E possas tu em lendo esta minha obra para o futuro, quando minha voz não responder à tua voz, por me ter eu partido para longes terras – encontrar nela alguma coisa que te diga – que eu te amava como Patkull a Romhor, e que o meu amor, como o dele, só acabará com a minha vida". Em Gonçalves Dias, *Teatro de Gonçalves Dias*, São Paulo: Martins Fontes, 2004, p. 2.

[73] A Livônia situava-se entre o lago Peipus e o mar Báltico. Em 1557, a região foi invadida pela Rússia; em 1629 foi conquistada pela Suécia. Mais tarde foi anexada ao império russo por Pedro, o Grande.

• *O Teatro Romântico*

Gonçalves Dias, no desenho de Ângelo Agostini, publicado em *A Vida Fluminense* (1882).

o amor de Romhor, Patkull é como que premiado por sua bravura e sentimento, fazendo o drama roçar o melodrama. Já em *Boabdil*, o amor de Zorayma por Ibrahim não se altera até o desfecho mortal (Boabdil mata a ambos). No entanto, nesse caso, o romance tem consequências políticas muito mais graves, pois implica a queda do último reino árabe da Península Ibérica.

Como heroínas, Gonçalves Dias escolheu Beatriz Cenci e Leonor de Mendonça. As desventuras da família Cenci já haviam inspirado outra peça romântica, de autoria de Shelley – *The Cenci*. O autor brasileiro retrabalhou o tema, adaptando livremente os fatos históricos aos seus interesses artísticos. Francisco Cenci é apresentado como o Mal personificado. Lucrécia, segunda esposa de Francisco, percebe a atração que Beatriz exerce sobre ele e, embora tente prevenir a jovem contra seu pai, o estupro é inevitável. Francisco é todo-poderoso. Só o assassinato poderia colocar um ponto final em seus desatinos. Madrasta e enteada unem-se na vingança. Às duas associa-se Márcio, desejoso de vingar sua amada Beatriz. Mas numa reviravolta que se dá apenas no drama, não no fato histórico que lhe serviu de base, é Francisco quem mata Márcio e apunhala Lucrécia. Beatriz apenas cai ao chão, morta[74]. A peça, apresentada ao Conservatório Dramático do Rio de Janeiro, foi proibida sob a alegação de imoralidade.

*Leonor de Mendonça* é, sem dúvida, o melhor dos quatro dramas de Gonçalves Dias. Em primeiro lugar, por escolher como protagonista não um amante traído ou uma vítima indefesa, mas o dilema, as incertezas, os conflitos interiores de uma mulher chamada a tomar uma decisão sobre sua própria vida e a enfrentar as consequências de sua escolha. Como diz o autor em seu belo prólogo[75], o assunto colhido em crônicas portuguesas abria-lhe duas possibilidades: retratar Leonor como culpada e punida (enfoque de moral clara e didática) ou vê-la como inocente mas, mesmo assim, condenada – desenlace que ampliaria a dramaticidade e a complexidade do drama. Gonçalves Dias optou pela segunda solução, dando intensidade e profundidade ao melhor drama romântico do repertório brasileiro.

*Leonor de Mendonça* retraça a história da duquesa portuguesa Leonor, mulher do duque Jaime de Bragança e objeto da paixão do jovem cortesão Alcoforado. Rapaz arrojado, ele consegue ser recebido por Leonor quando já sabemos que ela havia ficado impressionada com sua bela figura. Pouco tempo depois, Alcoforado salva a vida de Leonor durante uma caçada, volta a cortejá-la e solicita um derradeiro encontro privado antes de partir para terras distantes.

Na primeira parte do segundo ato, a cena se passa na casa do rapaz, que se prepara para ir ver Leonor, enquanto dialoga com o pai e os irmãos. Gonçalves Dias pretendeu combinar aí os elementos estruturais que compõem o drama romântico – a mistura da comédia e da tragédia. Como diz claramente no prólogo, a comédia não supõe, obrigatoriamente, o riso, mas sim o retrato de uma camada social que era tradicionalmente apresentada nesse gênero. Portanto, o autor caracteriza estilisticamente essa sua obra, mais do que as demais[76], como um verdadeiro drama (com a junção de elementos da tragédia e da comédia, como preconizava Victor Hugo). Flagrados pelo duque, mas sem que o adultério tenha se concretizado, porque os sentimentos eram mais da alma do que do corpo, o destino de ambos está selado. Alcoforado enfrenta a morte com altivez e aceita a punição sem contestá-la. Já a duquesa luta pela vida: lastima a existência que teve, denuncia sua condição de mulher subjugada, sua infância abortada, seu casamento infeliz, sua honra maculada. Apela para a ajuda de seu confessor, para a compaixão dos servos e para a piedade do duque. Tudo em vão. Diante da absolvição do confessor e da recusa dos servos em executá-la, o duque se encarrega pessoalmente de matar a esposa.

Por todo o texto, há uma brilhante caracterização de Leonor – dama de alta estirpe, jovem muito cedo separada da família e das despreocupações da infância para enfrentar um casamento arranjado (como convinha a uma pessoa de sua classe social). Forçada a submeter seu temperamento juvenil a um

---

74 Na realidade, Márcio matou Francisco e foi condenado à morte, juntamente com Beatriz e Lucrécia.

75 *Teatro de Gonçalves Dias*, p. 289-303.

76 Nas demais peças essa combinação não acontece. Muito embora se tenha uma procura intensa pela "cor local" (exotismo, caracterização tão buscada pelo romantismo) e a presença de algumas figuras de perfil social mais humilde, não se pode dizer que haja cenas típicas da comédia.

marido radicalmente oposto ao seu feitio, frustra-se numa vida que não deseja. O encontro com Alcoforado, um jovem apaixonado, aventureiro e bravo, leva-a a arriscar-se por alguns momentos de fantasia. Sua relação com o rapaz passa também por uma insinuação de incesto, na medida em que ela compara seu sentimento por ele àquele que devota a seus próprios filhos.

O duque é pintado com a mesma riqueza de detalhes e profundidade psicológica. Muito se discutiu sobre o parentesco do drama com o *Otelo*, de Shakespeare[77]. A diferença básica, no entanto, está no fato de que o duque não ama realmente Leonor como Otelo ama Desdêmona. Não é o ciúme que o move, mas a raiva e o orgulho ferido. Uma raiva e uma amargura que o transtornam. Assim como para Leonor, o casamento também não era de seu agrado. Homem dado ao retiro, diz que prefere o ermo e a solidão ao convívio das pessoas. Tem um temperamento explosivo e irascível que amedronta a todos. Por outro lado, é extremamente cioso de seu *status* (apenas menos nobre do que o rei, como ele mesmo diz) e usa a afronta feita à sua honra de cavalheiro como argumento para condenar Leonor. No fundo de todo esse desassossego e sofrimento interior, Gonçalves Dias revela uma infância infeliz que viu a morte violenta dos pais e do irmão e a ameaça sobre sua própria vida. Nas outras peças esse dado também está presente. Patkull fora preso e tinha visto os pais morrerem condenados pelo rei Carlos XI; Beatriz ficou encarcerada num aposento do palácio de seu pai durante anos; Boabdil teve sua infância ameaçada por intrigas palacianas. Mas é no duque que Gonçalves Dias melhor desenha as consequências das infelicidades da infância. Talvez aqui se faça ouvir a voz do próprio autor, que carregava uma história pessoal cheia de percalços:

Pudesse eu apagar da minha vida ou pelo menos da minha memória muita miséria e desgosto, como na pedra se passa a esponja sobre o desenvolvimento de um cálculo que se errou! [...]; mas se o ferro deixa uma cesura eterna no corpo – acredita que há desgostos que deixam traços indeléveis n'alma – creio que para esta vida e para a outra e para a eternidade. E o que foram os meus não imaginas[78].

A qualidade de *Leonor de Mendonça*, que faz com que ela seja uma das poucas peças do repertório sério brasileiro do século XIX capaz de ainda sustentar uma encenação moderna[79], está na simplicidade da trama com poucos personagens, poucos acontecimentos e apenas uma reviravolta final e fatal. Está, sobretudo, na concentração temporal do enredo, no qual as ações se precipitam num suspense constante e denso. Está, enfim, no desenho dos personagens centrais, vistos na sua psicologia mais profunda. Gonçalves Dias afirmou, no prólogo, que queria pintar um drama determinado pelas circunstâncias daqui da terra. Queria e conseguiu. Encontrou nas histórias de vida, nas frustrações pessoais, nas contingências sociais, nos desejos reprimidos de cada um dos personagens o motor das ações mostradas em cena.

## Paulo Antônio do Valle

A obra de Paulo Antônio do Valle (1824-1886) situa-se no final de 1840. Advogado e professor da recém-fundada Academia de Direito do largo de São Francisco em São Paulo (1827), escreveu quatro peças em três anos, três delas no estilo romântico: *Caetaninho, ou O Tempo Colonial* (1848), *As Feiras de Pilatos* (1849) e *Capitão Leme ou A Palavra de Honra* (1850)[80]. Os três trabalhos são ambientados na cidade de São Paulo durante o período colonial. Com eles, Paulo Antônio quis recuperar o passado da cidade que, a partir da instalação dos cursos jurídicos, passava a conviver com a juventude mais preparada do país, decidida a discutir os problemas da jovem nação e a debater as questões da literatura e da arte em geral. O palco, ao lado do jornalismo, foi

---

77 Várias passagens do drama lembram cenas de *Otelo*, de Shakespeare, como foi assinalado pelo próprio autor no prólogo.

78 Declaração feita em carta escrita a um amigo e publicada nos *Anais da Biblioteca Nacional*, Rio de Janeiro, 1971, v. 84, p. 90-91, e citada por D. de A. Prado em *Teatro de Anchieta a Alencar*, p. 282.

79 Lembre-se aqui a montagem do Teatro Brasileiro de Comédia (TBC) em agosto de 1954, sob a direção de Adolfo Celi, com Cleyde Yáconis (Leonor), Sérgio Cardoso (Alcoforado) e Paulo Autran (Duque).

80 Em 1858, compôs um último drama, realista, chamado *O Mundo à Parte*.

um dos meios mais utilizados para pôr em discussão os temas que excitavam os ânimos dos acadêmicos.

Isolado na província atrasada, o professor Paulo Antônio tinha apenas cerca de 25 anos quando escreveu seus dramas. Retomar os acontecimentos passados da, na ocasião, pequena e inexpressiva vila de São Paulo, pareceu-lhe o meio de valorizar algumas características reputadas genuinamente paulistanas e que poderiam servir de modelo para a nação que se organizava, a saber: a independência e a unidade. Paulo Antônio escolheu personagens e fatos históricos, mesclando-os com a ficção do drama de amor. Ao contrário de Gonçalves Dias, no entanto, o que se destaca na trama é o retrato do herói, deixando o estudo do caso amoroso sem maiores desdobramentos.

O primeiro drama, *Caetaninho ou O Tempo Colonial*, aborda o confronto real acontecido em fins do século XVII entre um jovem soldado, mulato e pobre, Caetano, e o filho do governador da Província, Antônio Lobo. A razão do conflito é parte da ficção criada pelo autor – a disputa pelo amor de Joana, amante de Caetaninho. A moça, exemplo de virtude e fidelidade, repele todas as investidas e as ofertas de Antônio Lobo, o que o faz aproveitar um pequeno incidente com Caetaninho para levá-lo à prisão e à condenação capital. O amor de Caetaninho e Joana não tem futuro num mundo sem liberdade e está condenado ao fracasso. Sua história de amor, enfrentando um vilão declarado (muito embora arrependido no final), teria permanecido no registro do melodrama, não tivesse o autor investido Caetaninho do símbolo da liberdade nacional.

A peça estreou em 2 de dezembro de 1848, na antiga Casa da Ópera (ou Teatro de São Paulo) e fez bastante sucesso no acanhado ambiente teatral paulistano, pois, segundo seu autor, foi ao encontro da missão civilizatória que se esperava do teatro dos acadêmicos.

A peça seguinte, *As Feiras de Pilatos*, de 1849, sofreu alterações em 1856. A história se passa em 1800 e retrata os costumes da política do período. Nesse enquadramento, tem-se não um triângulo amoroso, mas um verdadeiro polígono formado pelo tenente Fernandes, que ama a prima Leonor Fernandes e é amado por Márcia de Miranda, a quem abandonou; Leonor, por sua vez, é amada também pelo coronel Fontes e pelo general presidente da província, Antônio de Melo. O drama é marcado pela discussão da "queda e recuperação feminina" e do amor que vai além das regras socais. De todo modo, o vaivém do enredo, as bruscas mudanças de opinião dos personagens fazem deste drama uma obra com muitos problemas.

*Capitão Leme ou A Palavra de Honra* é menos confusa e apresenta o retrato mais claro de um herói local que surge como *Deus ex machina* no final da peça. A questão central do drama são as consequências de um compromisso verbal acertado pelo capitão Leme e que não poderia ser quebrado, pois para esses "grandes paulistas" a palavra empenhada é tudo. Sem saber que sua filha, Maria, está apaixonada por seu protegido, Antônio, ele a promete ao filho de Amador Bueno. Tudo gira em torno da questão dessa suposta "honra paulista" pela qual se pautam todos os personagens. São valores que os acadêmicos desejam disseminar na nova nação. Figura do passado glorioso da cidade, o grande herói da peça é Amador Bueno, muito embora só apareça na última cena.

Uma passagem interessante e que provocou reações adversas por parte do Conservatório Dramático Nacional é aquela na qual o capitão Leme, em sua fazenda, ao ouvir um canto entoado pelos escravos, lamenta a sorte daqueles homens. O autor faz aí uma analogia entre a condição do Brasil-Colônia e a escravidão. Contudo, o capitão se exime de qualquer culpa pela situação e responsabiliza os traficantes como os grandes vilões. Esse trecho é o primeiro retrato claro no drama romântico brasileiro da profunda contradição que se vivia no Brasil: muitos diziam deplorar o sistema escravista, mas fincavam nele as raízes de sua riqueza. O drama com tema calcado na escravidão começava a ganhar espaço em cena.

## Joaquim Manuel de Macedo

Joaquim Manuel de Macedo (1820-1882) tem uma obra tão variada quanto extensa. Ao longo de três décadas, o escritor passou pela comédia de costumes, pela burleta e até mesmo pelo drama sacro. Dramas românticos, escreveu três: *O Cego*, em 1849, *Cobé*, em 1852[81], e *Amor e Pátria*, em 1859.

---

[81] Data provável.

*O Cego*, em cinco atos, foi composto em versos. A razoável concentração da trama no tempo e no espaço guarda proximidade com os procedimentos clássicos. São dignos de nota, igualmente, os longos solilóquios ou falas que tornam o ritmo da peça lento e reflexivo. Macedo, no entanto, agrega elementos que o afastam do figurino clássico estrito. Os personagens não têm origem nobre (muito embora não sejam "populares"), o enredo remete ao passado histórico recente, com referências à Guerra da Cisplatina, no ano de 1825, e o cenário reproduz a natureza, tema tão caro aos românticos. A rubrica diz assim:

> O teatro representa um bosque aprazível e belo; ao fundo e do lado direito do espectador, uma fonte natural está meio encoberta por algumas árvores, que parecem ligadas por um tecido de trepadeiras floridas, as quais formam um como que caramanchão sobre a fonte. O dia amanhecendo[82].

Esse é o cenário dos dois primeiros atos. Por ele passam primeiramente Paulo, o cego, e Daniel, seu escravo e confidente, a quem se queixa de seu infeliz destino, preso na escuridão para sempre em virtude de uma enfermidade. Antes de perder a visão, conheceu Maria e se apaixonou pela moça. O que ele não sabe é que ela era apaixonada por seu irmão Henrique, dado como morto nas campanhas do sul do país[83]. Acreditando que Maria está desimpedida, Damião, pai da jovem, a promete a Paulo. Para complicar a situação, Henrique volta do campo de batalha e continua apaixonado por Maria.

Após a cerimônia de casamento, Daniel confirma a Paulo que vira Maria marcar um encontro com Henrique ainda para aquela noite. Enciumado, Paulo jura vingança, mas ao descobrir que é o empecilho ao amor entre seu irmão e Maria, mata-se com uma punhalada.

Alguns dos lances da peça são claramente fracos, apelando para a facilidade dos golpes de teatro. Estão nessa situação: a volta miraculosa de Henrique, o punhal convenientemente trazido por Damião e até a própria condição física de Paulo. *O Cego* é um drama de amor sem maiores considerações sobre questões sociopolíticas. No entanto, não deixa de denunciar como fator decisivo do desfecho infeliz a situação de inteira submissão a que estão sujeitas as mulheres. A certa altura diz Maria: "Quantas mártires passam sobre a terra!... Que angústias em silêncio se devoram!... Que dores n'alma da mulher se abafam!"[84]. No final do drama, a última fala é a de Henrique, que sentencia: "(Correndo a Damião, travando-lhe o braço, e trazendo-o à força até junto do cadáver do irmão.) – Chegue!... vede-o!... (Apontando com gosto terrível o cadáver do irmão) – Eis o fruto, senhor, da prepotência!!!"[85]

O segundo drama escrito por Macedo tem como protagonista a figura idealizada de um índio, Cobé, criada a partir do ideário do romantismo. Em comum com Paulo, de *O Cego*, Cobé sofre a infelicidade de um amor não correspondido. O autor, porém, ambientou a obra num passado ainda mais distante: os primeiros tempos da colonização em Niterói, durante os confrontos entre portugueses e tribos indígenas pela posse da terra.

A peça começa com um longo arrazoado de Cobé explicando por que, apesar de ser um guerreiro bravo e leal à sua tribo, permanece como escravo de Branca, filha de D. Rodrigo. Acontece que Cobé ama Branca e deseja ficar a seu lado, mesmo que isso signifique o cativeiro. Branca, no entanto, está apaixonada por Estácio, jovem soldado conhecido por sua bravura, mas que não tem título de nobreza, e teme que seu pai a faça se casar com D. Gil, fidalgo português, apresador de índios. Sozinha, sem aliados, Branca enfrenta D. Gil e se coloca na posição de vítima da intransigência masculina que a impede de decidir seu próprio destino. O que ela não diz a D. Gil é que pretende envenenar-se antes do casamento. Cobé, porém, fica sabendo do plano e apressa-se a tirar o veneno das mãos de Branca. No momento exato da cerimônia, após tomar o veneno que era de Branca, Cobé mata D. Gil e vai morrer aos pés de sua amada, não sem antes, finalmente, declarar seu amor por ela, num brevíssimo "Eu te amo!"

Na verdade, a peça lembra em muitos aspectos o drama anterior. O punhal é substituído pelo veneno, que acaba provendo o meio de suicídio do protagonista/herói. Em ambos os casos a atitude

---

82 Joaquim Manuel de Macedo, *Teatro Completo 1*, Rio de Janeiro: SNT, 1979, p. 241.
83 A época é 1825, período da Guerra da Cisplatina (1825-1828).
84 J. M. de Macedo, *Teatro Completo 1*, p. 257.
85 Idem, p. 291.

inflexível dos pais em relação às filhas leva ao desenlace infeliz. A impotência feminina fica claramente demonstrada. O estilo também se assemelha ao apresentar grandes solilóquios dos protagonistas.

Em *Cobé*, porém, acrescenta-se ao assunto amoroso a questão política e racial. Há na peça dois tipos de preconceito: o racial e o social. Cobé é praticamente invisível a Branca como possível pretendente, pois é índio, um selvagem. Estácio também é recusado pela ausência de fidalguia. Em *O Cego* não havia desnível social entre os pretendentes. Por outro lado, o fato de os rivais serem irmãos garantia dramaticidade ao entrecho. Em *Cobé* o opositor do guerreiro tamoio é alguém de caráter duvidoso e, portanto, quase um vilão. Nos dois casos, não se trata exatamente de um amor impossível que enfrenta as regras sociais, mas de um amante não correspondido que decide agir para que se realize a felicidade da mulher amada. São dramas de autossacrifício que abrem caminho à suposta felicidade do casamento antes impossível. Não se contesta o valor do casamento, mas criticam-se as bases em que é realizado.

Macedo escreveu ainda dentro da linha do drama histórico uma pequena peça em um ato, *Amor e Pátria*, para as comemorações da Independência, em 1859[86]. Novamente, o autor confronta portugueses e brasileiros pela posse da terra brasileira. A ação passada no dia 15 de setembro de 1822 pode ser resumida como um grande mal-entendido que tem mais de comédia do que de drama. O enredo envolve um casal de jovens apaixonados, Luciano e Afonsina, entusiastas do novo governo nacional brasileiro. Luciano fora criado como um filho por Plácido, pai de Afonsina, e está de casamento marcado com ela. Ao chegar para a cerimônia, fica sabendo que Plácido fora acusado de traição (pois é português e deverá ser deportado). Na verdade, ele fora denunciado por Velasco, outro português, que se sentiu preterido em relação a Afonsina e que apontou Luciano como delator. Na última hora sabe-se da notícia de que Luciano pagou a fiança de Plácido, evitando a deportação. Esclarece-se a trama armada por Velasco, que é expulso da casa. Depois da reconciliação, ouvem-se ao fundo música e gritos de alegria. É D. Pedro I, que chega de São Paulo. Os personagens comemoram com flores, bandeira e o hino da Independência.

A trama frágil e as reviravoltas abruptas abrem poucas possibilidades à análise dessa pequena peça, classificada como drama pelo autor. Trata-se mais de uma comédia do que realmente de um drama, inclusive pela presença de uma personagem, Prudêncio, tio de Afonsina, responsável pelas tiradas de humor do texto que fazem contraponto ao patriotismo inflamado dos protagonistas. É, sem dúvida, um "respiro" dentro da peça, no melhor estilo dos personagens cômicos de Macedo.

## Álvares de Azevedo

Álvares de Azevedo (1831-1852) marca a produção da década de 1850 com o seu singular *Macário*. Se *Leonor de Mendonça* é o melhor drama romântico brasileiro, *Macário* é o mais original. É um "drama fascinante", escreveu Antonio Candido em seu belo ensaio, "A Educação pela Noite"[87]. Amor ou pátria? Ambos, mas por um prisma diferente: amor bipolar da mulher ora vista como anjo, ora como demônio – o que deixa o protagonista da peça absolutamente desorientado; pátria – através do que prezava mais: a literatura. Qual o caminho do Brasil na literatura? Qual sua tradição? As duas linhas condutoras desenrolam-se num quadro inédito e associam-se a um elemento que também destaca *Macário* no cenário do drama brasileiro: o fantástico.

*Macário* compõe-se de duas partes distintas: na primeira, o jovem estudante segue à noite por uma estrada solitária com destino à cidade onde irá estudar. Parando para pernoitar numa estalagem à beira do caminho, encontra-se com uma figura misteriosa, sábia e irônica. É Satã em pessoa. De início, Macário não o reconhece. Depois de alguma conversa, eles saem pela estrada. Falam sobre a cidade à qual Macário se dirige[88], sobre a vida, o amor, as mulheres, a morte. Passam pela casa de Satã e por um cemitério, onde Macário, finalmente, consegue esconjurá-lo. No final da primeira parte, Macário está de volta à

---

[86] Foi representado no Teatro S. Pedro, Rio de Janeiro, em 7 de setembro de 1859, no mesmo dia de *Cobé*.

[87] *A Educação pela Noite e Outros Ensaios*, São Paulo: Ática, 1987, p. 11.
[88] Sabe-se que é São Paulo, cidade onde Álvares de Azevedo cursou direito. A descrição de seus habitantes, hábitos e mazelas é viva e contundente.

estalagem, mas não sabe se apenas sonhou ou se, de fato, encontrou-se com Satã. Nesse primeiro episódio, *Macário* destaca-se, especialmente, pelo diálogo ágil, as falas curtas, em linguagem despretensiosa. Marcada por um humor irônico, provoca um sorriso amargo sobre a condição humana.

Na segunda parte desaparece essa leveza. Também se perde ainda mais o contato com a realidade. Os episódios são passados na Itália, muito embora esse dado não contribua em nada para a caracterização do espaço e para o desenvolvimento do enredo. O que Macário faz lá não se sabe, mas ele encontra um segundo companheiro – Penseroso. Juntos têm longas discussões sobre arte. São trechos tão extensos que comprometem a já frágil ação da peça. Penseroso defende uma poesia mais sentimental e que valorize as belezas nacionais (brasileiras), ao passo que Macário propõe uma visão mais crítica e cosmopolita. Os diálogos versam também sobre o tema do amor. Penseroso sofre pela perda de sua amada e acaba se envenenando. Anteriormente, dissera a Macário que o livro que este lhe oferecera tinha sido "como um copo de veneno". De certa forma, Penseroso morre envenenado pela poesia. Influenciado pela situação, Macário se deixa abater pela dor. Para salvá-lo da aniquilação, Satã reaparece, símbolo de uma força vital que resgata o jovem de seu torpor e lhe propõe uma nova experiência cheia de emoções.

Na verdade, tanto Satã como Penseroso são representações de duas faces opostas do próprio Macário, que se alterna entre um extremo e outro, procurando um equilíbrio, quase impossível de encontrar.

Drama tão singular não poderia se encerrar de forma menos inesperada e original. Amparando um Macário cambaleante, Satã para diante da janela de uma estalagem e ordena: "Cala-te. Ouçamos". Ouvir o quê? O drama termina aí. O que haveria na estalagem? Segundo Antonio Candido, *Macário* termina justamente onde começa *Noite na Taverna*, cuja primeira linha já é uma fala: "Johann – Silêncio! moços! acabai com essas cantilenas horríveis!"[89]. É o começo da conversa entre cinco jovens amigos embriagados que se encontram na taverna e contam um episódio mais abominável que o outro, nos quais estão presentes ingredientes como incesto, necrofilia, fratricídio, canibalismo, traição e assassinato.

Álvares de Azevedo escreveu ainda uma pequena obra em versos em um ato chamada *Boêmios – Ato de uma Comédia não Escrita*. Dois são os personagens de caracteres opostos, como Satã e Penseroso: Nini, o poeta, e Puff, seu amigo boêmio. A cena tem lugar novamente na Itália do século XVI. Encontrando-se uma noite sob a luz de um lampião, Nini tenta por várias vezes recitar seu novo poema para o amigo. Este, porém, sempre o interrompe e começa a divagar sobre variados assuntos. Juntos passam em revista as mazelas dos habitantes da cidade. Puff adormece e Nini finalmente dá início à leitura do poema. Trata-se de uma história de amor passada numa ilha distante entre uma jovem desconhecida, um príncipe, o rei e o bobo da corte. Quando termina o relato, surge a figura de um velho calvo metido num camisolão. É o prólogo que vem à cena defender o poeta e sua obra, quebrando a cena ilusionista e instalando um inesperado procedimento de metateatro. Tudo muito incomum para meados do século XIX.

Por seu subtítulo, *Ato de uma Comédia não Escrita*, e pelo fato de ter sido, assim como *Macário*, publicada postumamente, é possível avaliar quão precárias são ambas as tentativas dramáticas de Álvares de Azevedo. Talvez pensadas mais para a leitura do que para o palco, em função das estruturas fragmentadas, discussões literárias e pouco respeito pelas convenções cênicas vigentes na época, o fato é que, por tudo isso mesmo, por não se prender a convenções, Álvares de Azevedo compôs uma obra (sobretudo a primeira parte de *Macário*) que venceu o tempo e chegou até nós com raro frescor.

## Casimiro de Abreu

Outro jovem poeta, de história tão breve e trágica quanto Álvares de Azevedo e que também se arriscou no teatro foi Casimiro de Abreu (1839-1860).

---

[89] Álvares de Azevedo, *Macário/Noite na Taverna*, São Paulo: Martins Fontes, 2002, p. 97. *Noite na Taverna* foi publicada pela 1ª. vez em 1878. Segundo Candido, ligar o final de *Macário* ao início de *Noite na Taverna* foi um "verdadeiro desvario estético

[...] pois aqui eles [os gêneros] estariam não apenas misturados, mas acoplados numa mesma empresa".

Teve ele mais sorte, pois conseguiu ver encenado o seu drama *Camões e Jau*[90], em 18 de janeiro de 1856, no Teatro D. Fernando, em Lisboa. A obra foi um dos primeiros trabalhos escritos por Casimiro, três anos antes de publicar seu único livro de poesias e falecer logo em seguida. Escrita em versos decassílabos brancos, a peça foi composta a pedido de um amigo, o ator e escritor português Brás Martins, que se incumbiu do papel de Camões, ao lado do ator José Carlos, que interpretou Antônio (ou Jau), o escravo javanês do poeta[91].

Na pequena e única cena da peça, num clima de confidência, em que os dois homens rememoram seus amores perdidos, o autor rende homenagem à grandeza da epopeia portuguesa. Apesar de afirmar que não trocaria o Brasil por nenhuma terra estrangeira, é o glorioso passado português que Casimiro faz surgir nesse breve retrato dos últimos minutos de vida do grande poeta-herói, ou herói-poeta, Camões.

Ainda que se trate de um escravo javanês e não africano, a figura do escravo fiel e dedicado, esquecido de sua condição e imbuído de eterna gratidão por seu amo tem aqui um retrato acabado.

## Agrário de Menezes

O tema da escravidão, que fora tocado apenas de leve por Paulo Antônio do Valle, tornou-se objeto de diversas obras do teatro brasileiro. A maioria delas apresentando uma leva de "bons escravos". Pode-se registrar a presença da figura do escravo negro no teatro brasileiro desde o período inicial de sua consolidação, em fins da década de 1830, início da seguinte, com as comédias de Martins Pena. Com o passar do tempo, a dinamização da sociedade brasileira e o crescimento do movimento abolicionista entre os intelectuais e a classe média nacional fizeram com que o teatro passasse a tratar com maior frequência o problema da escravidão, embora respeitando certos limites. Na maioria das vezes, as peças – românticas, melodramáticas ou realistas, sérias ou cômicas – apresentam a escravidão como uma péssima influência para as relações familiares burguesas. Com poucas exceções, os enredos se referem a filhos e filhas de mães escravas com pais brancos – o inverso é muito raro, mas existe – que vivem sem saber de sua verdadeira origem. Esses segredos, mantidos com muitos sacrifícios, quando revelados causam geralmente grande dano: suicídio, loucura e morte. Apenas em alguns casos mais felizes o desfecho se dá com alforrias.

Deve-se notar ainda que qualquer que seja a solução do conflito, ela é proposta sempre no âmbito individual. Com exceção de *Gonzaga ou A Revolução de Minas*, na qual se prega uma ação conjunta entre negros e brancos para obtenção da liberdade política e social, nenhuma peça encara o fim da escravidão como o resultado de uma ação levada a cabo pelos principais interessados – os negros. Há um pavor surdo que não permite pôr em cena uma possível revolta organizada por parte dos escravos[92]. A solução do conflito é sempre individual. O negro se integra à sociedade branca – os "escravos fiéis" – ou é dela excluído.

Uma longa lista de títulos faz referência a personagens ou situações ligadas à escravidão. Dessas peças, algumas serão tratadas a seguir, outras foram impossíveis de ser encontradas e outras ainda pertencem a gêneros que não o drama romântico. Dentre todas, poucas foram capazes de perscrutar o tormento do coração cativo, a dor da condição servil, como *Calabar*, de Agrário de Souza Menezes (1834-1863). O autor, nascido em Salvador e um dos fundadores do Conservatório Dramático da Bahia, em 1857[93], teve considerável produção dramatúrgica. Apesar da brevidade de sua vida, estigma de quase todo escritor romântico, deixou ao todo, entre trabalhos publicados e obras inéditas, catorze peças entre dramas realistas, comédias e dramas históricos[94]. Nessa última categoria

---

90 Casimiro de Abreu, *Camões e Jau*, Lisboa: Tip. do Panorama, 1856.

91 A peça teve outras récitas em Portugal, em 1867 e 1880, e no Brasil, em 1860, segundo Raimundo Magalhães Jr., *Poesia e Vida de Casimiro de Abreu*, São Paulo: Lisa, 1971, p. 26-28.

92 Até hoje, não se conhece nenhuma peça dessa época que retrate uma das inúmeras revoltas escravas que agitaram a história brasileira.

93 Até meados de 1850 o teatro baiano (cujo principal edifício era o Teatro Real S. João, em Salvador) vivia da visita de companhias vindas do Rio de Janeiro ou estrangeiras. Com a criação do Conservatório, propiciou-se um local de reunião e reflexão para todos aqueles interessados pela arte dramática. Eram feitas leituras de trabalhos inéditos, críticos emitiam suas opiniões. Em seu discurso de inauguração, Agrário de Menezes valorizava a história como um dos elementos fundamentais do drama.

94 Além das que serão mencionadas neste capítulo, escreveu a farsa *Uma Festa no Bonfim* (1855), as comédias *O Voto Livre*

enquadram-se: *Matilde* (1854), *O Dia da Independência* (1857 – peça perdida), *Calabar* (1858) e *Bartolomeu de Gusmão* (1863).

*Matilde*, drama em cinco atos e em versos, foi escrito quando Agrário estudava Direito em Olinda e tinha dezenove anos. O tema remete ao período das guerras pela Independência travadas na Bahia entre 1822 e 1823. No entanto, o drama que garantiu a Agrário de Menezes fama no repertório nacional foi *Calabar*, também escrito em cinco atos e em versos, no ano de 1856. Em carta dirigida ao secretário do Conservatório Dramático Brasileiro, em 1857, ele explicou por que compôs o seu drama em versos. Dois foram os motivos principais: em primeiro lugar, apesar do predomínio da prosa na composição de peças teatrais, acreditava que a tradição do verso poderia ser mantida sem embaraço para a compreensão do público; em segundo, levando em conta que *Calabar* destinava-se a um concurso[95], e sendo o verso sabidamente mais difícil de executar do que a prosa, pensava ele favorecer a apreciação sobre o trabalho. Apesar da feição classicizante dos decassílabos brancos e do número de atos, os versos são claros e fáceis de dizer. Além disso, Agrário de Menezes adiciona certa dose de humor a algumas poucas cenas – as dos soldados, por exemplo –, o que o aproxima da prática do drama romântico. Da mesma forma, a extensão no tempo do enredo tem o efeito de afastá-lo das regras clássicas.

*Calabar* retroage ao século XVII para contar a história do brasileiro Domingos Fernandes Calabar, que durante as lutas em Pernambuco passou do lado espanhol – e português, já que estávamos no período da União Ibérica – para o dos "invasores" flamengos. Além da questão política central, *Calabar* apresenta uma história de amor, bem aos moldes românticos, expressa na paixão do protagonista por uma índia chamada Argentina. Como nunca foram explicados claramente os motivos que levaram Calabar a mudar de lado, Agrário de Menezes se sentiu livre para dar sua versão do ocorrido[96]. Ainda que respeitando os fatos históricos, explorou as razões amorosas como justificativa para as ações do herói (ou anti-herói).

Dominado por uma paixão avassaladora por Argentina, filha de seu companheiro, o índio Jaguarari, Calabar não resiste aos seus instintos e ao ciúme que sente dela e a estupra – o que de alguma forma era também um ato incestuoso, já que a moça lhe dedicava um amor de filha. Argentina, apaixonada pelo soldado português Faro, recusa qualquer ligação com Calabar. Esse desprezo leva-o a bandear-se para os holandeses como forma de vingança. No fim, Calabar mata Faro, é preso pelos portugueses e condenado à morte. A pobre Argentina enlouquece.

O drama *Calabar* tem implicações que vão além do simples caso amoroso. Se alguns estudiosos o compararam a *Otelo*, de Shakespeare, em função do ciúme, outros ressaltaram a questão do preconceito racial presente no drama. Na verdade, reside aí um dos aspectos mais interessantes da peça. Calabar sente-se, como mestiço que é, representante da sociedade brasileira em formação. O que significava ser brasileiro na situação em que se encontrava? Na luta entre holandeses e portugueses/espanhóis pelas terras do Brasil, qual deveria ser a posição de um brasileiro? Não eram todas potências europeias colonizadoras? Não eram exploradoras do povo e das riquezas brasileiras? Se essa discussão parece anacrônica para o século XVII, é perfeitamente pertinente para o século XIX, um tempo de afirmação da nacionalidade. Calabar, pela mão de Agrário, transforma-se no primeiro herói brasileiro. Apesar de ser impossível pensar em autonomia nacional naquele período, a personagem denuncia a condição do país explorado e espoliado. Calabar, com seu amor não correspondido, sem pátria, sofrendo o preconceito racial, entrega-se à traição, o que faz de *Calabar* um drama ainda mais interessante. No melhor modelo romântico, o protagonista traz dentro de si a contradição: o amor pelo país e a traição, o amor por Argentina e a violência.

---

(1854), *O Príncipe do Brasil* (1856), *O Retrato do Rei* (1856), *O Primeiro Amor* (1859), *O Bocado não é para Quem Faz* (1860), *A Questão do Peru* (1861) e os dramas *Os Miseráveis* (1862), *São Tomé* (inacabado - 1863). *D. Forte* (1863) é uma peça anônima atribuída a Agrário de Menezes.

95 Agrário de Menezes inscreveu *Calabar* no concurso promovido pelo Conservatório Dramático Brasileiro, no Rio de Janeiro. Como não se divulgou nenhum resultado depois de vários meses, o autor retirou-o da disputa e publicou-o em Salvador, em 1858.

96 Defende Agrário de Menezes que à versão mais conhecida de que Calabar desertara dos portugueses por problemas com a justiça, era perfeitamente possível opor outras hipóteses mais dramáticas. A arte lhe dava essa prerrogativa.

Em 1863, ano de sua morte, e em apenas vinte dias, Agrário de Menezes escreveu *Bartolomeu de Gusmão*, drama em três atos sobre o inventor santista que viveu na corte de D. João V, em Portugal, onde, entre outras atividades, desenvolveu a técnica de voar em balões. Bartolomeu, no entanto, despertava a inveja da corte e a desconfiança da Inquisição. Foi acusado de ser amigo de judeus e teve de fugir. De volta a Portugal, foi novamente perseguido pelo Santo Ofício, desta vez sob suspeita de feitiçaria. Acossado e doente, morreu em 1724. Agrário de Menezes, liberal histórico, valorizou no drama a figura do brasileiro erudito e culto oprimido pela metrópole. Um herói brasileiro que teve de enfrentar as intrigas palacianas e a limitada visão científica da Igreja. *Bartolomeu* se transforma num libelo pela liberdade de pensamento e de expressão. Lembra, pelas circunstâncias, a peça de Gonçalves de Magalhães – *Antônio José ou O Poeta e a Inquisição* –, seja pela intenção de valorizar a figura de um pensador brasileiro (no caso de *Antônio José* isso parece discutível), seja por retratar a sanha da Inquisição católica e o tacão do colonialismo metropolitano.

## José de Alencar

Dos autores examinados até agora, pode-se dizer que o que os aproxima, além dos grandes temas românticos que aqui nos servem de guia – amor e pátria –, é o fato de serem, na maioria, "escritores de província" – Maranhão, Bahia, São Paulo. É claro que todos eles mantinham contatos com a corte, mas boa parte de suas produções está ligada a essa premissa básica de semi-isolamento, sobressaindo nas obras assuntos locais como temas das peças. Ao abordar os trabalhos de José Martiniano de Alencar (1829-1877) chegamos ao centro do poder[97] e da cultura do Brasil imperial. Alencar escreveu ao todo nove peças teatrais. Estreou em 1857 com *O Rio de Janeiro, Verso e Reverso*, uma comédia curta, e no mesmo ano apresentou *O Demônio Familiar*, sua peça mais famosa. Das obras que se seguiram[98], apenas *Mãe*, representada em 1860[99], e *O Jesuíta*, montada pela primeira vez em 1875, lançam mão de procedimentos que podem ser considerados românticos. As demais foram escritas dentro dos cânones do teatro realista, passadas na "atualidade", abordando os assuntos preferidos por essa escola, como a questão do crédito, da prostituição de luxo, dos casamentos por interesse, e contando com a presença quase sempre incômoda do *raisonneur*[100].

Das duas obras que interessam aqui, *Mãe* é a que mais timidamente se liga ao romantismo. Calcada no tema da escravidão, como já fizera pela via da comédia em *O Demônio Familiar*, Alencar opta aqui pelo drama, que, em quatro atos, respeita as unidades de tempo e espaço, à maneira da tragédia.

Na peça de Alencar, Joana é a escrava de Jorge, jovem estudante de medicina apaixonado pela vizinha Elisa, filha do funcionário público Gomes. Tentando conseguir dinheiro para saldar dívidas do pai, Elisa recorre a Jorge, que se prontifica a ajudá-la, embora não tenha dinheiro. Arriscando-se numa solução temerária, mas temporária, Jorge hipoteca sua escrava Joana a um usurário, Peixoto. É a própria Joana que insiste nessa solução, já que é absolutamente devotada ao jovem. Ela chega até a rasgar a carta de alforria que acabara de receber dele. Após Gomes ter sido salvo, espera-se que no dia seguinte Jorge possa resgatar Joana com o dinheiro que o dr. Lima, velho conhecido da família, lhe dará. O que o rapaz ignora, no entanto, é que Joana é sua mãe e que ela manteve o fato em segredo para não prejudicá-lo junto à sociedade preconceituosa da época. Ao ser revelado o grande segredo, Joana foge e suicida-se com o veneno que Jorge tirara de Gomes. Apesar do filho reconhecê-la como mãe, até o final Joana nega: "Nhonhô!... Ele se enganou!... Eu não... Eu não sou tua mãe, não... meu filho! (*Morre.*)"[101].

A intenção de Alencar, segundo declarou, era mostrar a profundidade do amor materno. Parte da

---

97 Alencar, formado em Direto, foi deputado pelo Ceará, ministro, jornalista, romancista e membro do Conservatório Dramático Brasileiro.
98 *A Noite de São João* (1857), *O Crédito* (1857), *As Asas de um Anjo* (1858), *O que é o Casamento* (1862), *A Expiação* (1868).
99 O drama alcançou enorme sucesso quando de sua representação pelo Ginásio Dramático.
100 *Raisonneur*: personagem de convenção que apresenta o ponto de vista do autor sobre os temas discutidos em uma peça.
101 José de Alencar, *Teatro Completo*, Rio de Janeiro: SNT, 1977, p. 310.

crítica entendeu que a escravidão, sendo capaz de criar um ser tão devotado como Joana, não poderia ser de toda má[102]. Já Machado de Assis considerou a peça uma crítica contundente à instituição do cativeiro.

Outra figura, embora secundária na trama, que toca no problema da escravidão, é Vicente. Escravo alforriado, sonha em subir na vida. Tornou-se oficial de justiça e passa a cobrar de todos, inclusive de Joana, tratamento adequado a seu novo *status*. Essas cenas, aliás as mais divertidas da peça, lembram também o desejo de ascensão social de Pedro, de *O Demônio Familiar*, que quer passar de moleque da casa a cocheiro de gente importante.

Polêmicas à parte, o drama tem muitos elementos identificáveis com o realismo: a figura do agiota, devidamente punido no final, a honra feminina e familiar, a valorização do trabalho. Do mesmo modo, não apela para apartes, nem apresenta reviravoltas inesperadas. A ação caminha em "linha reta" inexoravelmente para seu desenlace. Veja-se, por exemplo, o caso do veneno usado por Joana. Todos sabem que ele existe, que foi tirado de Gomes. Mas nem o público, nem os personagens parecem se preocupar muito com ele. Ele está lá de direito, naturalmente, como diz Flávio Aguiar: "entrou pela porta da frente"[103]. Entre os elementos românticos, podemos citar em primeiro lugar e, sobretudo, a figura de Joana. Na sua condição de escrava, marginal à sociedade burguesa, impedida de ser feliz com o grande amor de sua vida – seu filho –, mata-se para salvá-lo. Seu sacrifício e sua renúncia garantem a ele a felicidade sentimental e a aceitação social.

Em Joana, Alencar consegue também uma boa mistura de sublime e grotesco. Ao lado de seu amor sem limites, o autor apresenta-a como uma mulher simplória, mas por vezes espirituosa, dividindo com Vicente as melhores cenas cômicas. Seu jeito de incentivar o romance do filho com Elisa tem sempre leveza e graça. É ela também que protagoniza a cena mais grotesca e constrangedora da peça no momento em que Peixoto, avaliando a garantia que Jorge lhe oferece pelo empréstimo, submete-a a uma "vistoria" degradante. Nesse momento, Joana desce à categoria do sub-humano. A crueza da escravidão revela-se inteiramente.

O conflito interior vivido por Joana, entre demonstrar todo seu amor pelo filho, mas não poder contar-lhe a verdade e receber o devido reconhecimento, é pungente e altamente dramático. Joana é uma heroína dividida: sofre por um amor socialmente condenado, que pode destruir o ser amado. Por outro lado, a atitude de Jorge ao aceitar sem reservas a inesperada revelação sobre sua origem não deixa de surpreender. Se considerados os fortes preconceitos que vigoravam na sociedade escravocrata, é uma reação idealizada, romantizada, essa de Jorge – secundada por Elisa – ao abraçar, incondicionalmente, Joana como mãe. A reação de Gomes nas últimas cenas talvez seja a mais cruel e a mais realista, pois por um momento avalia a gravidade da revelação e volta atrás na permissão do casamento entre Elisa e Jorge. É preciso uma forte repreensão do dr. Lima para fazê-lo ver a nobreza do sacrifício de Joana. Do ponto de vista estrito da intriga sentimental, estamos diante de uma "comédia" que, dentro do padrão clássico, termina com o casamento dos enamorados. De certa forma, a trágica morte de Joana é atenuada pela certeza de felicidade futura do casal.

Se o drama *Mãe* trata do amor, *O Jesuíta* focaliza a pátria. É um drama de ideias, com pano de fundo histórico, mas com intriga e quase todos personagens fictícios. Escrito em fins de 1860[104], tem como enredo a história de um médico italiano, dr. Samuel, afamado por sua bondade, inteligência e determinação. Samuel criou desde pequeno o jovem Estêvão e este está apaixonado por Constança de Castro, filha do conde de Bobadela, governador do Rio de Janeiro. A peça se passa durante os últimos meses de 1759, ano em que os jesuítas foram expulsos do Brasil por ordem do marquês de Pombal[105].

---

102 O mesmo tipo de polêmica já havia ocorrido por ocasião do lançamento de *O Demônio Familiar*, em que a punição do escravo Pedro era a sua alforria.

103 *A Comédia Nacional no Teatro de José de Alencar*, São Paulo: Ática, 1984, p. 168.

104 Foi escrito a pedido de João Caetano para ser representado no dia 7 de setembro de 1861. No entanto, o grande ator romântico brasileiro não montou o drama. Somente em 1875 *O Jesuíta* subiu ao palco. A representação foi um fracasso e deixou Alencar bastante abalado. Na verdade, o estilo da peça já não correspondia mais ao gosto do público do último quarto do século XIX, muito mais inclinado ao teatro musical ligeiro.

105 Eles só retornariam em 1841, vinte anos antes do drama de Alencar ser escrito.

O drama em quatro atos, cuja história se passa em poucas semanas, mistura intriga política e um certo clima de espionagem, com romance e pequena dose de humor. Tantos assuntos assim misturados não poderiam ter como resultado uma obra muito coesa. Principalmente no que se refere às idas e vindas sentimentais entre Constança e Estevão. O fato de Constança ser filha do governador complica a situação e lhe dá maior dimensão política. Bobadela não é contra a união dos jovens. Pelo contrário, ele quer atrair o rapaz para a vida militar, ao que Estevão está muito inclinado. Samuel, no entanto, é um idealista. Há mais de cinquenta anos vem tramando a independência do Brasil. Sua estratégia é bastante singular. Usando do poder e da organização alcançados pela Companhia de Jesus no Brasil, ele acredita que deveriam ser atraídos para o país os contingentes de insatisfeitos da Europa para que aqui, finalmente, encontrassem uma pátria. Desses deserdados nasceria um novo país independente. Um deles é o cigano Daniel, protetor de Samuel, que avalia que eles já sejam alguns milhares espalhados pelo Brasil e que logo terão condições de sublevar. A ele se une Garcia, representando os índios brasileiros interessados em reaver as terras tomadas pelos portugueses. Samuel menciona ainda a vinda de judeus para dar início ao novo Brasil independente:

Lembrei-me que havia na Europa raças vagabundas que não tinham onde assentar a sua tenda; lembrei-me também que no fundo das florestas ainda havia restos de povos selvagens. Ofereci àqueles uma pátria; civilizei estes pela religião. [...] Todos os elementos estavam dispostos [...] em menos de vinte anos o Brasil deixaria de ser uma colônia de Portugal[106].

Essa estratégia, no mínimo estranha, é conhecida pelos representantes portugueses que estão preparando o cerco para prender Samuel. O que ninguém sabe, nem os jesuítas, é que, além de conspirador, Samuel também é o vigário-geral da Companhia de Jesus no Brasil. Revelado seu disfarce, Samuel finalmente percebe que seus planos de independência são impossíveis e que ele exigira muito de Estevão, quando o escolheu para continuar a sua obra. Os jesuítas são presos, mas Samuel foge por uma passagem secreta. Deixa como mensagem final um desafio ao poder português e prediz a futura independência brasileira:

(*Ao conde*) Que quereis de mim?... O frade?, o jesuíta?... (*Tira o hábito e lança-lho aos pés*) Ei-lo; é um hábito. Podeis rasgá-lo; mas a ideia não morrerá, não! Ela fica plantada no solo americano; cada homem que surgir do seio desta terra livre será um novo apóstolo da independência do Brasil!

Muito diferente de *Mãe*, esse drama tem inúmeros personagens, alguns de alta estirpe (como o conde de Bobadela e um nobre espanhol aventureiro, D. Juan de Alcalá), jesuítas (padres e noviços), soldados, ciganos, índios, empregados. Mensagens criptografadas, espionagem, chantagem, sonífero e passagem secreta também comparecem em cena.

Samuel encarna a fixidez de uma ideia e uma vida dedicada a uma única causa. Todos os esforços e sacrifícios são feitos com um único objetivo. Mesmo a felicidade de um filho adotivo pode ser sacrificada à causa maior. Felizmente, há um desenlace satisfatório para todos. Samuel, percebendo o sofrimento que infligiria a Estevão, vê que sua luta tornou-se uma obsessão desmedida e reconcilia-se com o rapaz. Este também é, afinal de contas, um drama sobre o amor entre pais e filhos.

## Bernardo Guimarães

Ao lado de *Cobé*, de Macedo, *A Voz do Pajé* é um dos poucos dramas que têm o índio como protagonista[107]. Escrito por Bernardo Guimarães (1825-

---

106 J. de Alencar, *Teatro Completo*, p. 497. É bom lembrar que na década de 1850 havia começado no Brasil as primeiras experiências com a imigração europeia patrocinadas pelo senador Vergueiro. Também é interessante perceber que em lugar nenhum da peça se menciona nem de longe a questão da escravidão. Qual seria o lugar dos escravos nessa grande festa da liberdade? Só há um grande silêncio a respeito. Muito diferente do que virão a propor os dramas de Paulo Eiró e Castro Alves nos anos seguintes.

107 Segundo o levantamento efetuado pelos pesquisadores Filomena Chiaradia e Alberto Ferreira Júnior (1986/87), sob a orientação de Flora Süssekind para a Funarte – *O Índio no Teatro Brasileiro* – foram escritos, no século XIX, além do drama de Bernardo Guimarães, as seguintes peças que apresentam índios como protagonistas ou coadjuvantes: *Abamocara*, tragédia em quatro atos de Antônio Castro Lopes; *Itaminda ou O Guerreiro de Tupã*, de Martins Pena; *Calabar*, de Agrário de Menezes; *O Jesuíta*, de Alencar; *Pacahy, Chefe da Tribo dos Tapuias*, de Joaquim Ferreira da Silva; *O Guarani*, adaptação de J. Alves Coaraci

1884), recebeu o aval do Conservatório Dramático Brasileiro em 1860, mesmo ano em que foi encenado em Ouro Preto[108].

Trata-se de um drama histórico em cinco atos, cuja ação se passa no Maranhão do século XVI, em meio ao confronto entre colonizadores portugueses e a tribo dos índios potiguaras. A peça estrutura-se com base no entrelaçamento do conflito político com a trama amorosa. As unidades de tempo e espaço são bastante maleáveis, de acordo com os procedimentos românticos consagrados, e os diálogos são escritos em linguagem exaltada e elevada, a não ser por poucos substantivos próprios e comuns de origem indígena que servem para dar certo colorido ao quadro evocado.

Jurupema, jovem índio criado pelo capitão-mor da província, Coelho de Souza, tem o nome cristão de Henrique e há muito vive distante de sua tribo. Jurupema é apaixonado pela filha de Coelho de Souza, Elvira, que também o ama. A tensão entre portugueses e índios é grande. A revolta indígena está prestes a estourar. O que falta aos potiguaras é um líder. Cabe ao pajé reconhecer Henrique como o filho desaparecido do chefe e tentar convencê-lo a se aliar à causa dos seus, vingando-se de todas as atrocidades cometidas contra sua tribo. Ele enfrenta um drama de consciência, pois se sente devedor em relação ao seu tutor português. Além disso, teme que Elisa seja vítima numa guerra entre brancos e índios. Mas o pajé, figura misteriosa e orgulhosa, é convincente. Pirajá, chefe da tribo, morre deixando ao filho o encargo de prosseguir com a luta. Jurupema afinal aceita.

Por outro lado, o pai de Elvira a prometera a Diogo de Mendonça, um fidalgo português. Diogo, através de uma denúncia, prende Jurupema como traidor, levando-o a ser condenado à morte. Ao ver um corpo pendurado do lado de fora da fortaleza, Elvira desespera-se. Aceita casar-se com Diogo de Mendonça, mas envenena-se pouco antes da cerimônia. A fortaleza é cercada pelos índios. Jurupema entra vitorioso. Não era dele o cadáver visto ao longe. Era o de seu delator, o mestiço Julião.

Jurupema mata Diogo de Mendonça, mas é tarde demais para salvar Elvira. Desesperado, transpassa-se com um punhal[109]. Fecha o drama o pajé que sentencia: "Acabou a nação dos potiguaras"[110].

Jurupema, a princípio um "índio de alma branca", evolui para tomar consciência de sua "nacionalidade" e juntar-se aos seus na luta pela liberdade da terra. Ao escolher um índio como protagonista, Guimarães une à cor local representada pela figura do índio o seu papel heroico como representante da brasilidade[111].

Por outro lado, há o amor de Jurupema por Elisa, uma portuguesa. É esse, afinal, o grande dilema brasileiro: a um só tempo ama-se e odeia-se o estrangeiro. Jurupema é, por sua criação, pelo processo civilizatório que vivenciou, um pouco português – mas sem deixar de ser índio. O Brasil também é índio, sem deixar de ser português. A relação de poder entre os dois grupos leva ao confronto das lutas externas e internas do dividido Jurupema. O final não permite vislumbrar uma solução conciliatória. Parece que não há saída para a nacionalidade. Se Guimarães descreve Jurupema como o perfeito guerreiro, bravo, leal, inteligente, capaz de despertar a admiração e o desejo de Elvira, em uma personagem secundária como Julião pinta o mestiço como portador de todos os defeitos. É o próprio Julião que se descreve:

[...] em minhas veias gira o sangue de duas qualidades; tenho o tino e a astúcia do selvagem, e a reflexão do homem de além-mar; tenho dois olhos na cara; este olho é tapuia; este outro é emboaba, por isso vejo as coisas muito bem para ambos os lados[112].

Tanto tino redunda em atitudes absolutamente condenáveis como delação, venalidade e bajulação. Francamente favorável aos portugueses, Julião trata

---

e Luis J. Pereira da Silva para o romance de José de Alencar; *A Festa dos Crânios*, de José Ricardo Pires de Almeida.

108 Segundo J. Galante de Sousa (*O Teatro no Brasil*, v. 2, p. 274), Bernardo Guimarães escreveu também os dramas inéditos *Os Dois Recrutas* e *Tiradentes*.

109 Uma clara referência ao final do drama de Shakespeare, *Romeu e Julieta*.

110 Elizabeth R. de Azevedo (org.), *Antologia do Teatro Romântico*, São Paulo: Martins Fontes, 2006, p. 304.

111 Ao contrário do que se vê no tratamento dado aos negros, os índios no teatro brasileiro aparecem sempre como um grupo sociocultural coeso, autônomo e ativo. As revoltas são coletivas. Talvez isso aconteça porque no século XIX as tribos indígenas já não representassem mais uma ameaça real à "sociedade civilizada" e à família patriarcal, podendo ser postas em cena sem maiores traumas.

112 Idem, p. 208.

os índios como inferiores, esforçando-se em descrevê-los como selvagens canibais. A única coisa que se pode reconhecer em favor de Julião é seu senso de humor nas raras cenas menos sérias da peça.

## Paulo Eiró

Se a escolha de um protagonista indígena permite a Bernardo Guimarães discutir os temas da liberdade e da escravidão sem tocar diretamente nas questões da mestiçagem e do preconceito social e racial em relação aos negros, esses são, contudo, os assuntos claramente abordados no drama *Sangue Limpo*, do escritor paulista Paulo Eiró[113] (1836-1871). O autor é tido, inclusive, como um dos precursores da literatura abolicionista, antecedendo a Castro Alves em alguns anos.

Escrita em 1861, a peça venceu o concurso do Instituto Dramático de São Paulo, que tinha por tema um "assunto da história nacional", e deveria ser encenada no aniversário do imperador, em 2 de dezembro. Paulo Eiró escolheu o período da independência como pano de fundo para um drama maior: o da formação étnica do homem brasileiro. Para defender suas ideias, o autor deu vida a uma série de personagens, na maioria de baixo estrato social, isolados na província paulista. Desse modo, tornou possível associar os desencontros amorosos e os preconceitos raciais aos desajustes da nação que se constituía. No prefácio, ele expressa sua visão do destino brasileiro:

São três raças humanas que crescem no mesmo solo, simultaneamente e quase sem se confundirem; são três colunas simbólicas que, ou hão de reunir-se, formando uma pirâmide eterna, ou tombarão esmagando os operários[114].

*Sangue Limpo* é composto de um prólogo e três atos. Passa-se durante a semana que antecede o dia 7 de setembro de 1822, abordando o romance entre um jovem português de família nobre, Aires, e Luísa, uma moça mestiça, órfã e irmã do sargento da milícia Rafael Proença. O problema do preconceito racial em *Sangue Limpo* é o centro do drama, pois Rafael e Luísa são filhos de escravos. O amor entre Aires e Luísa se desenvolve através de cartas entregues em segredo e de uma visita noturna. Sabendo dos sentimentos do casal, Rafael recebe a visita do pai de Aires, D. José Saldanha, que afirma ser até capaz de aceitar como nora uma moça que pouco aparenta sua ascendência negra. O que não é possível conceber é ver seu nome ligado a uma família que há pouco deixou a condição servil. Tratar-se-ia, portanto, de uma questão social e não racial[115]. Porém, Rafael é cioso de suas origens. Não há acordo possível entre ambos. São dois orgulhos que se confrontam[116].

No último ato, Luísa sai à procura de Aires, que fora levado por seu pai para a baixada. Rafael também desce a serra na companhia do príncipe D. Pedro e os encontra. Abominando a atitude de Luísa, renega-a como irmã. A situação não se resolveria se não houvesse uma aparição absolutamente inesperada e colada artificialmente à ação. Na mesma pousada em que estão os personagens, aparece um negro de "aparência feroz" que conta como matou seu senhor depois da última de muitas humilhações e maus tratos. Liberato, nome sugestivo do escravo, deveria ser punido por ter deixado o filho de seu senhor escapar. Este não era outro senão D. José Saldanha. Assim, sem o impedimento paterno, Aires está livre para casar-se com Luísa, agora com o consentimento de Rafael. É esta a tese do autor: a base da sociedade brasileira está na união do português com os elementos nativos e mestiços encontrados no novo mundo.

Pela sinceridade com que expôs os problemas do cativeiro e do preconceito, o drama de Paulo Eiró é admirável para seu tempo. Nele há retratado todo o espectro social da colônia às vésperas da independência, unindo-se dessa forma ao drama histórico o retrato típico da comédia de costumes. Chama a

---

113 Há muitas variáveis para o nome correto de Paulo Eiró: Paulo Francisco de Sales Chagas, Paulo Francisco de Sales, Paulo Emílio de Sales, Paulo Emílio de Sales Eiró e, finalmente, Paulo Eiró. O escritor nasceu em Santo Amaro, então uma vila próxima a São Paulo. Mesmo antes de entrar na Academia de Direito já granjeara fama de bom poeta. Sua obra dramática contava com diversos trabalhos, mas perdeu-se toda, com exceção de *Sangue Limpo*, quando o autor decidiu tornar-se religioso e permitiu que se queimasse todo o seu trabalho. Paulo Eiró acabou seus dias num hospício.

114 E. R. de Azevedo (org.), *Antologia do Teatro Romântico*, p. 308.

115 Note-se o mesmo recurso de outras peças em que as moças são tão claras que parecem brancas. No caso de *Sangue Limpo*, não é diferente. Jorge, de *Mãe*, é um caso similar no rol masculino, como já foi visto.

116 E. R. de Azevedo (org.), *Antologia do Teatro Romântico*. Este é, aliás, o nome do ato: "Dois Orgulhos".

atenção, no entanto, a figura de Liberato representando o escravo acostumado ao trabalho pesado, aos castigos e à vida mais sofrida e rude. Como não vê saída para sua situação, reage com a violência de que é vítima. Diga-se que esse é um aspecto pouco comum no teatro brasileiro. De um modo geral, os escravos vistos no palco são aqueles que convivem "harmoniosamente" com os senhores. São os "escravos fiéis".

Na verdade, o herói da peça é Rafael. É ele quem defende as ideias patrióticas, morais e sociais lançadas em cena pelo autor. Cabe a ele descrever o que é o Brasil cativo de Portugal e o que deve ser o Brasil livre, onde a integração dos povos que o compõem seja a base do futuro. A independência seria um primeiro passo. O Brasil deixaria de ser escravo de Portugal e, coerentemente, todos os brasileiros deixariam de ser escravos também. Sobre Rafael, contudo, sabe-se pouco. É um soldado fidelíssimo, sem ambições pessoais. Parece que introjetou os preconceitos e não quer alçar-se acima de "sua condição", chegando a rejeitar uma promoção:

RAFAEL – [...] A sorte do homem pardo é tão miserável! O pobre pode chegar à fortuna; o plebeu pode alcançar honras e glória: mas o homem que traz em si o selo de duas raças diversas e inimigas, o que poderá fazer ele? Dirá às suas veias que conservem este e não aquele sangue? Dirá à sua epiderme que tome esta ou aquela cor? Obstáculo insuperável, que esmaga os maiores arrojos da vontade! Preconceito bárbaro e monstruoso que vota ao desalento e à obscuridade tanta alma grande![117]

De amor ou paixão nenhuma notícia. Ele está condenado à solidão, a não ter descendência:

RAFAEL – [...] olha, Luísa, eu também tenho-me vencido, tenho arrancado muito desejo do coração. Pensas tu que a minha mocidade é uma árvore maninha, sem rama e sem verdor? Só deus sabe o que tem sido. Mas eu nunca embalei essas ilusões; vestia a minha farda, dava-te um beijo na testa e esquecia-me de tudo. Às vezes somente demorava-me a olhar para o futuro e dizia comigo: O soldado há de ter descanso um dia, e poderá em algum retiro plantar a flor cheirosa de sua felicidade[118].

117 Idem, p. 393.
118 Idem, p. 378-379.

## Constantino do Amaral Tavares

Do mesmo ano de 1861 é o drama histórico de Constantino do Amaral Tavares (1828-1889), *Os Tempos da Independência*. Nascido na Bahia, Constantino foi militar e funcionário público, além de jornalista, crítico, tradutor e dramaturgo[119]. É um escritor predominantemente romântico, muito embora tenha escrito pelo menos uma peça de caráter realista, *Um Casamento da Época*. Outro drama histórico de sua autoria que pode ser lembrado é *Gonzaga*, de 1869[120].

*Os Tempos da Independência* é composto de um prólogo, três atos e um epílogo. Essa divisão se faz necessária para dar conta de um enredo que cobre cerca de quarenta anos. O prólogo passa-se em 1817, numa cela de prisão onde está o padre Roma, figura histórica que participou da Revolução de Pernambuco e que viera à Bahia fazer propaganda dos ideais revolucionários. O governador baiano, o conde dos Arcos, tenta fazer um acordo, prometendo-lhe o perdão se denunciasse os conspiradores baianos. Roma recusa-se e é executado. Mas seus ideais não morrem. Ele tem um pupilo a quem deixa encarregado de dar continuidade à luta pela independência e de vingá-lo. Estão lançadas aí as bases para o resto do drama. A ação se passa entre fevereiro de 1822 e 1823 e culmina no dia da vitória brasileira – 2 de julho – contra o general português Madeira de Melo. Luís está noivo de Maria, que tem como tutor André. Este é um rematado canalha e trama para entregá-la a Madeira, que se diz apaixonado por ela. Sabendo do planejado, ela foge e se casa com Luís. A luta continua e Maria toma parte dela intensamente, colaborando com o general francês Labatut. Avisado por André, Madeira prende Maria. Luís, servindo como mensageiro das tropas brasileiras, oferece-se para intermediar a rendição do general português. Este prefere bater em

119 Tavares era membro do Instituto Histórico Provincial e do Conservatório Dramático da Bahia, do qual foi presidente em 1884, quando tentou reativá-lo depois de encerradas suas atividades desde 1875.
120 Segundo Galante de Sousa (*O Teatro no Brasil*, v. 2, p. 536), Constantino do Amaral Tavares escreveu também: *S. Gregório, o Taumaturgo* (1857), *Elogio Dramático* (1857), *O Conde de Zampieri* (1860), *O Lucas da Feira de Santana, Romance de um Enjeitado, Os Caixeiros Nacionais* e *As Leoas Pobres* (1862 – tradução da peça de E. Augier).

retirada, fugindo em seus navios e abandonando Maria, que se reencontra com o marido. O epílogo se passa durante a comemoração do 2 de julho em um ano qualquer da década de 1850. Mais de trinta anos transcorreram desde a vitória. A essa altura da peça, Luís, já velho e prevendo sua morte (de Maria não se tem a menor notícia), lamenta o rumo que o país seguiu depois dos heroicos acontecimentos das batalhas pela independência, frustrando de certa forma os ideais de 1823. Seu único consolo foi ter servido à pátria como prometera ao padre Roma e ter ajudado a conquistar a independência.

Das personagens enfocadas nesse drama, poderia-se dizer que têm pouco desenvolvimento psicológico, quando não são puros retratos frios de figuras históricas que se misturam a personagens fictícios. O amor de Maria e Luís não sofre maiores ameaças; eles estão sempre certos de seus sentimentos e o final é feliz. As convicções políticas são também tão inabaláveis quanto o amor. Luís cumpre à risca o destino traçado para si pelo padre Roma. São todos heróis. Quanto aos adversários, pouco se pode dizer. O conde dos Arcos é descrito como um homem de honra e cumpridor de seus deveres. Madeira de Melo é mais perigoso, mas nunca um vilão. Talvez esta seja a peça que mais se aproxima de um melodrama, não fosse pelo epílogo que relativiza o tom patriótico e heroico, mostrando o desencanto de Luís.

*Gonzaga*[121], escrito alguns anos depois de *Os Tempos da Independência*, apresenta em seu núcleo central de personagens os inconfidentes Gonzaga, Cláudio Manoel, Alvarenga, Silvério dos Reis e o padre Carlos Toledo. Entram também no drama Maria Seixas Brandão, seu tio, Silva Ferrão, entre outras figuras menos importantes. Os dois primeiros atos se passam em Vila Rica, em 1789; o terceiro e último, na prisão onde está Gonzaga, no Rio de Janeiro, em 1792.

Ao contrário do que se verá no drama de Castro Alves sobre o mesmo assunto, *Gonzaga ou A Revolução de Minas*, a peça de Amaral Tavares tem uma trama única, mais concentrada, sem enredos paralelos. Estranhamente, Gonzaga não é mostrado como um herói convicto, lutando por ideias revolucionárias para a época, como a independência, a república ou a abolição. Pelo contrário, o desenho desse Gonzaga é o de um homem de meia-idade, bem-posto na vida, que no fundo não acredita que a tentativa de separação da coroa portuguesa tenha qualquer possibilidade de ser vitoriosa. No entanto, seus companheiros veem nele uma liderança sem a qual não poderiam passar. Mais de uma vez, Cláudio – o mais velho e o mais empenhado – vem exortá-lo a liderar a conspiração.

A grande paixão de Gonzaga nesse momento é mesmo Maria. O drama não deixa de mencionar a grande diferença de idade existente entre os dois: o poeta tem 45 anos e ela 16. Essa diferença dá margem a vários comentários, sobretudo no primeiro ato, que é tomado em grande parte por um clima de encontro familiar e elegante, cheio de poesia – todas do poeta Gonzaga – na casa do tio de Maria. O ato se encerra com uma revelação surpreendente: Silvério também está apaixonado por Maria e, porque ela o rejeita, decreta: "Não há de ser minha, nem dele"[122].

A partir do segundo ato, o enredo se modifica para destacar a questão política. Gonzaga ainda está indeciso, acha tudo uma loucura e critica duramente Tiradentes: "Imprudentes que fostes todos vós. Fiastes-vos nas palavras de um louco, de um ideólogo e embarcastes-vos em uma empresa que não tem bases no presente, nem esperanças no futuro!" E mais adiante: "[...] Tiradentes, que do Rio de Janeiro nos escreve, desvaira-se desgarrado pela loucura que o domina, e às suas imprudências devemos talvez as denúncias, que já nos envolvem"[123].

Gonzaga somente adere ao movimento por solidariedade aos amigos, no último momento, quando a conjuração está sendo desmantelada e os conspiradores perseguidos.

O último ato apresenta a tão apreciada cena de calabouço, comum em muitas peças da época. Três anos se passaram. Gonzaga está num estado lastimável – macilento, envelhecido, andrajoso. Aproxima-se o momento de sua sentença. Maria vem visitá-lo para um último encontro, em companhia do tio, Silva Ferrão. Na cena final, Maria amaldiçoa Silvério, também presente, e, abalada pelas fortes emoções, cai e é amparada pelo tio,

---

121 A peça foi publicada inicialmente no periódico *Leitura para Todos* e em seguida pela Tipografia e Litografia de F. A. de Souza, em 1869.

122 Idem, p. 38.
123 Idem, p. 45.

segundo a rubrica. O espectador fica sem saber se ela desmaia apenas ou se morre.

A linguagem em que foi escrito esse *Gonzaga* é direta e não parece ter aspirado a maiores voos poéticos. A simplicidade é a marca do texto. Talvez isso se explique pelo período já tardio para um drama histórico romântico. A escola realista no teatro já tinha deixado suas marcas na cena brasileira e, ao que tudo indica, Constantino as tinha absorvido. Do mesmo modo como a linguagem, os personagens são pouco trabalhados. Com exceção de Gonzaga, que questiona a conspiração e hesita em abraçá-la, todos os demais personagens existem em função dela, sem deixarem transparecer outras facetas de suas personalidades. É claro que há o caso de Silvério, que, além de traidor político, é apaixonado por Maria. Mas sua paixão é fria, sua personagem tão secundária – no segundo ato, mesmo em cena, ele praticamente não diz ou faz nada – que seu amor é o que soa mais falso em todo o texto.

Peça sem maiores qualidades, *Gonzaga* integra a lista de obras escritas ao longo de todo o século XIX dedicadas aos inconfidentes. As figuras envolvidas na conspiração nunca deixaram de atrair o interesse dos dramaturgos brasileiros pela aura libertária combinada ao sofrimento da derrota e ao viés da traição. Evitar o maniqueísmo e criar personagens que fossem além do estereótipo foi o grande desafio, raramente vencido.

## Castro Alves

A fama e a importância de Castro Alves (1847-1871) como poeta certamente facilitaram a divulgação para a posteridade de seu drama *Gonzaga ou A Revolução de Minas*. O mesmo se deu com *Macário*, de Álvares de Azevedo, e com as peças de Gonçalves Dias, mas ao contrário desses dois poetas, Castro Alves teve a oportunidade de ver seu drama encenado e avaliado positivamente por escritores como José de Alencar e Machado de Assis[124].

Castro Alves escreveu sua peça quando ainda era estudante na Faculdade de Direito em Recife, entre 1864 e 1867, e enquanto vivia com a atriz Eugênia Câmara, para quem concebeu o papel de Maria. Às personagens históricas, o autor acrescentou as figuras de dois escravos, Luís e Carlota. Com isso, criou duas linhas de enredo que se articulam, tendo como assunto comum as idas e vindas da conspiração dos inconfidentes. Em primeiro lugar, vêm o poeta e sua amada, secundados pelos companheiros nos momentos decisivos da revolta. Ao lado de Gonzaga está também Luís, um velho escravo alforriado que há tempos procura pela filha, Carlota, fruto de um amor da juventude tragicamente terminado com a morte da mãe da criança. Luís acredita nas promessas da sociedade livre de que lhe fala Gonzaga e na possibilidade de encontrar finalmente sua filha. Do outro lado está Silvério dos Reis, o delator e senhor de Carlota. Se Gonzaga usa argumentos e promessas para convencer Luís, Silvério recorre a ameaças para forçar Carlota a encontrar provas contra os inconfidentes. Para conferir ainda mais dramaticidade ao enredo, Castro Alves faz do visconde de Barbacena um apaixonado por Maria. Assim, a disputa com Gonzaga não se limita ao campo político, mas alastra-se para as questões do coração.

A certa altura, Maria, num momento de fraqueza típica de heroínas românticas, desmaia, deixando à mercê de Carlota uma série de documentos incriminadores contra os inconfidentes. Cumprindo seu papel, a jovem escrava os entrega a Silvério, selando a sorte dos revoltosos. Arrependida do que fez, Carlota tenta salvá-los e acaba, finalmente, descobrindo seu pai. Silvério, furioso com a desobediência da escrava, promete-lhe um futuro atroz. Carlota prefere a morte e atira-se ao rio, onde morre afogada.

No último ato, há ainda um derradeiro encontro entre os protagonistas na cela de Gonzaga. Silvério, apesar da "vitória", é devidamente punido, pois cai em desgraça com o governador, que o responsabiliza por ter perdido Maria. Na última cena, grandiosa, Gonzaga e Luís partem para o exílio. Maria vem à frente do palco e recita um poema ao estilo de Castro Alves. A peça se encerra com o hino nacional.

A disputa entre o poeta e o governador pelo amor de Maria tem a peculiaridade de pôr em

---

124 Castro Alves deixou ainda uma peça inacabada, *D. Juan ou A Prole dos Saturnos*, provavelmente escrita entre 1868 e 1869, e um poema dramático chamado *Uma Página da Escola Realista*, de 1871. Ver *Teatro Completo de Castro Alves*, São Paulo: Martins Fontes, 2004.

Castro Alves.

cena dois lados de um sentimento, apresentando imagens contrastantes de luz e sombra. Maria e Gonzaga vivem um ideal de amor cheio de honra e respeito. A paixão do governador, o reverso desse amor casto, é alimentada pela lascívia.

A presença de Carlota dá ensejo a que se discutam questões relativas ao cativeiro, com ênfase em dois aspectos: a escravidão vista como fonte de vícios e a falta de responsabilidade ética e moral dos escravos, submetidos às ameaças dos senhores. Por outro lado, em Luís se idealiza a relação entre senhor e escravo. Ele é o modelo do escravo fiel, sempre bem tratado, que acompanha seu senhor até o fim.

Castro Alves faz do poeta Gonzaga o cérebro e a alma do movimento, uma figura libertária imbuída de ideais que iriam muito além da separação política entre Brasil e Portugal, e incluiriam a abolição e a república. Ideais, evidentemente, muito mais do século XIX do que do período dos inconfidentes. Lembre-se, porém, que a peça foi escrita durante o período da Guerra do Paraguai (1864-1870) e que o patriotismo deu o tom a muitas das obras desse período.

## Araújo Porto-Alegre, Ubaldino do Amaral Fontoura e Cândido Barata Ribeiro

É isso, aliás, o que acontece com dois dramas surgidos justamente nessa época e que têm por tema o conflito com o Paraguai. São eles: *Os Voluntários da Pátria*, de Araújo Porto Alegre (1806-1879) e *O Soldado Brasileiro*, de Ubaldino do Amaral Fontoura (1843-1920) e Cândido Barata Ribeiro (1843-1910).

A primeira peça[125], em versos, tem o tom patriótico e heroico comum aos dramas históricos, mas ao ambientar-se na atualidade do Rio de Janeiro nos oferece um retrato muito mais próximo dos procedimentos realistas do que propriamente do drama romântico. A obra relata a partida de Adolfo, um jovem idealista alistado como voluntário nos primeiros batalhões de combate ao inimigo paraguaio. Enquanto está fora, defendendo o país, seu romance com Amália é ameaçado pela ação de Gil, um rematado canalha, traidor da pátria, afundado em dívidas e que não se recusa a fazer negócios com o inimigo, desde que isso lhe proporcione um bom lucro. Desmascarado ao final, é punido. Adolfo volta de combate e é aclamado como herói[126].

Diferentemente, a peça *O Soldado Brasileiro* apresenta a questão da guerra interferindo no romance de dois casais de jovens: Francisco de Sousa, que ama Elisa, e Egídio dos Santos, que se apaixona por Adelaide. As duas moças são, respectivamente, filha e sobrinha do rico comerciante Oliveira, que não admite nenhum dos dois romances, pois Egídio é um pobre órfão que desconhece sua origem e Francisco é descendente de escravos. Desse modo, caracteriza-se o amor que vai contra as conveniências sociais tão aguerridamente defendidas por Oliveira. A guerra não aparece logo como um campo sagrado de luta pela pátria, mas, inicialmente, como um castigo. Desiludido em suas esperanças amorosas, Egídio se alista. Oliveira delata Francisco à milícia, que o prende e o envia para o *front*. O segundo ato, passado no campo de batalha, traz de efetivo para a trama, depois de muitos discursos sobre o amor ao Brasil, uma tramoia para roubar o soldo e a notícia da morte de Sousa. Tempos depois, sabe-se que Elisa não sobreviveu à dor de perder seu grande amor. No entanto, Sousa não estava realmente morto. Sem a amada, ele dedicará sua vida apenas ao país[127]. Adelaide e Egídio têm um destino mais feliz e conseguem finalmente se casar.

Não fosse pela infelicidade do desfecho, o recorte histórico e o enredo sentimental, *O Soldado Brasileiro* seria um drama realista. A peça conta inclusive com uma bem definida figura de *raisonneur* que acompanha e comenta os erros e acertos dos personagens. Mas a questão levantada sobre o amor inter-racial permanece no teatro brasileiro como um exemplo de amor romântico por excelência.

## Fagundes Varela

Assim como *Macário* foge aos procedimentos mais comuns do drama romântico feito no Brasil, no final da década de 1860 outro drama, também de um

---

125 Araújo Porto-Alegre, *Teatro Completo de Araújo Porto-Alegre II*, Rio de Janeiro: Funarte, 1997.
126 Araújo Porto-Alegre escreveu também um libreto de ópera com assunto histórico: *A Restauração de Pernambuco*, por volta de 1856.
127 Substituição do escravo fiel ao senhor pelo soldado leal ao país.

jovem poeta, destaca-se da norma principalmente na questão do tema proposto. Chegou até nós, num manuscrito autenticado pela família, uma única obra dramática de Fagundes Varela (1841-1875)[128] – *A Morte do Capitão-Mor*. Dentre todas as peças analisadas aqui, esta é a única que tem um ar de suspense policial. É nisso, aliás, que reside muito de sua originalidade. Escrita em três atos, está ambientada em Minas Gerais e no Vale do Paraíba no século XVII. Por causa de uma tempestade, os personagens encontram-se todos reunidos num velho convento em ruínas. É aí que as histórias de cada um se cruzam. Está presente o casal Álvaro e Mercedes. Ele, filho de rico fazendeiro mineiro, foi deserdado pelo pai por ter se casado com uma moça pobre. A herança deveria ter ido diretamente para o filho do casal, porém, ainda pequeno, o menino é sequestrado por ciganos e desaparece por anos a fio. Durante todo esse tempo, Álvaro e Mercedes não desistem de reencontrar a criança, que, no momento em que a peça começa, já deve ter cerca de vinte anos de idade.

Abrigam-se também no convento o capitão-mor da província, Guilherme de Almeida, sua filha Sílvia e uma pequena comitiva. O governador não teria chegado são e salvo ao convento, não fosse o auxílio de dois viajantes que o salvaram de morrer afogado durante a travessia do rio que margeia o edifício. São eles: Bruno, soldado encarregado de prender um perigoso assaltante que age nas cercanias acompanhado de um bando de "sertanejos e desertores", e Conrado, um jovem misterioso cujas feições lembram Álvaro quando jovem. Durante a noite, Mercedes, Álvaro e Conrado conversam e acabam descobrindo que o jovem é o filho desaparecido. Ele fica sabendo também da antiga disputa entre Álvaro e Guilherme pelas terras que deveriam ser dele. Na verdade, o capitão-mor dera um jeito de despojar Álvaro de todos os seus bens e o tem perseguido nesses anos todos. A noite, porém, não termina sem que se encontre o capitão-mor misteriosamente assassinado.

Os atos seguintes passam-se um ano depois do crime, na fazenda de Álvaro, para onde toda a família voltara levando consigo inclusive Sílvia, que pretende casar-se com Conrado. Bruno ficara encarregado de solucionar o assassinato. Ele chega à fazenda e revela a Álvaro que Conrado era o assaltante que ele procurava naquela noite e que também é o responsável pela morte do capitão-mor. O desenlace final do drama é difícil de precisar, já que as últimas páginas do manuscrito estão danificadas. É possível dizer que Conrado admite as acusações. Sílvia morre, mas não se sabe como. Parece que Conrado também. Mas de que maneira? Ele havia ameaçado Bruno. Ele chega a matar o soldado? Ele se suicida? Não há como saber.

Encontram-se nessa peça vários elementos de gosto romântico: o passado histórico, as coincidências, a ambientação num cenário tenebroso, personagens perdidas na noite e na vida. Álvaro, punido pela escolha de um amor condenado – por Mercedes ser mameluca[129] –, abandona sua alta posição social na colônia para vagar pelo mundo em busca de um filho desaparecido. Há Conrado, um marginal, fugindo, sem raízes, sem passado, contestando as convenções sociais do casamento por conveniência e da vida familiar aburguesada, bem como o servilismo diante do domínio português.

Fazendo contraste com esse núcleo dramático, Varela apresenta personagens secundárias que trazem certa distensão à cena. São os criados, do convento ou da fazenda, responsáveis por breves falas cômicas. As cenas de amor também interrompem o fluxo do enredo de suspense. No entanto, a relação entre Conrado e Sílvia é fria. Conrado parece sempre um pouco *blasé*. O romance mais bem explorado é o de Mercedes e Álvaro, apresentado no primeiro ato. Eles são, sem dúvida, um casal que enfrentou os preconceitos para consumar sua união e que tem sofrido durante anos em consequência de sua opção.

Se por um lado o drama de Fagundes Varela se afasta do enredo comum do caso de amor ou do drama histórico patriótico, como tantos vistos anteriormente, ele se ressente do uso de recursos tecnicamente fracos, apelando aos procedimentos mais fáceis para criar e resolver situações: punhais, identidades trocadas ou desconhecidas, perseguições, um

---

[128] Segundo Galante de Sousa (*O Teatro no Brasil*, v. 2, p. 554), ele teria escrito também: *Baltasar* (1870), *O Demônio do Jogo*, *A Fundação de Piratininga* e *Ponto Negro*. Há notícias também de uma comédia chamada *39 Pontos*. Talvez *A Morte do Capitão-Mor* tenha sido escrita antes, mas em 1868 há notícia de que a companhia de Eugênia Câmara apresentaria uma peça de Varela.

[129] Não se discute nessa peça a questão da escravidão. Na verdade, Álvaro é senhor de centenas de escravos sem que isso apareça como um problema.

vilão. As personagens não são desenhadas com profundidade psicológica e há até mesmo certa incerteza na identificação clara do protagonista da peça. De início é Álvaro, depois é Conrado. A morte do capitão-mor, logo no primeiro ato, também cria um vazio em relação ao antagonista, função que acaba sendo preenchida medianamente por Bruno.

## Francisco Antônio Pessoa de Barros

Ao criar *Bárbara de Alvarenga ou Os Inconfidentes*, Francisco Antônio Pessoa de Barros deixou claro no prefácio a intenção de seguir o ideário romântico. Menciona como fonte de inspiração as obras de Gonçalves Dias, Castro Alves e Victor Hugo, a quem chama de "Aristóteles da literatura moderna"[130]. Sua proposta foi declaradamente a de escrever uma obra que glorificasse os heróis do Brasil. Para tal, limitou-se a apresentar figuras históricas, eximindo-se de incluir qualquer personagem ficcional. Pretendeu também fazer o retrato, incomum, de uma heroína[131]. Contudo, ao contrário de Gonçalves Dias e Alencar, que realmente fizeram de suas personagens as protagonistas do drama, Pessoa de Barros criou apenas uma sombra, um eco da ação protagonizada, realmente, pelos inconfidentes – daí, até, a justeza do subtítulo da peça.

*Bárbara de Alvarenga ou Os Inconfidentes* é um drama histórico em quatro atos e um epílogo, única obra conhecida desse autor. As cenas se passam em lugares variados da capitania de Minas Gerais e na corte, entre 1787 e 1797. O primeiro ato é composto por dois temas principais: a conspiração, claramente organizada e conduzida por Tiradentes, e um caso de triângulo amoroso entre a filha de treze anos de Bárbara, Maria Efigênia, e dois pretendentes, o promissor filho do dr. Monteiro e o valente filho do capitão Rezende, esses últimos também

inconfidentes. A menina se inclina claramente pelo segundo, mas Bárbara, nessa altura da peça, "conspira" com o dr. Monteiro para separá-los. Essa intriga amorosa fica como que colada fragilmente à trama central da peça. Parece colocada ali apenas para ser um dos possíveis motivos para a morte da menina no quarto ato. Ela teria morrido de desgosto pela perda do pai e do rapaz.

O segundo ato é dividido também em dois quadros. O primeiro trata de um estranhíssimo entendimento conspiratório entre Tiradentes e os índios Guaicurus, com direito a uma cena na aldeia, com música e dança![132] Na segunda parte do ato, Bárbara modifica completamente seu comportamento em relação à conjura. Se anteriormente tinha se manifestado completamente contrária ao movimento, temendo pelas consequências em relação ao marido, agora, depois de ter presenciado os desmandos do governo em uma viagem a Vila Rica, compreende e apoia o levante.

Os atos seguintes são tomados pelo desenrolar da conspiração, pela delação e pela prisão dos revoltosos. Bárbara volta a aparecer somente na primeira parte do quarto ato, quando se coloca, junto com Maria Efigênia, diante da cadeia, tentando obter informações sobre o destino de Alvarenga. Estranhamente – são duas horas da manhã! –, encontra o dr. Monteiro, que passa por ali e lhe conta que todos foram condenados à morte. O ato completa-se com uma cena dentro da cadeia, onde onze dos inconfidentes esperam pela execução até saberem da comutação das penas, com exceção da de Tiradentes. É um momento para o discurso final do herói da Inconfidência.

Assim, Bárbara, na verdade, não tem uma ação efetiva no desenrolar da ação. Ela está em cena apenas para sofrer as consequências dessa ação. Por isso, aliás, é necessário um epílogo para dar conta de seu destino final. Algum tempo depois das mortes de Alvarenga e Maria Efigênia, ela é encontrada sozinha e enlouquecida, vivendo numa choupana. Para tornar a cena ainda mais lúgubre, passa pelo local uma tropa que leva na bagagem a cabeça de

---

[130] Francisco Antônio Pessoa de Barros, *Bárbara de Alvarenga ou Os Inconfidentes*, Rio de Janeiro: Tip. Central Brown & Evaristo, 1877, p. 8.

[131] Seu verdadeiro nome era Bárbara Guilhermina da Silveira Bueno, mas ficou conhecida como Bárbara Heliodora. Não se sabe ao certo quando nasceu em Minas Gerais. Foi poeta como o marido, Inácio José de Alvarenga Peixoto, com quem teve uma filha, Maria Efigênia. Depois que Alvarenga foi preso e deportado – morreu um ano depois de chegar à África –, Bárbara enlouqueceu e viveu na miséria em São Gonçalo do Sapucaí (MG) até 1812.

[132] Dentre as várias obras que tratam da conspiração mineira, esta é a única que aborda o envolvimento dos índios. Por outro lado, do mesmo modo que *Gonzaga*, de Constantino do Amaral Tavares, não toca na questão dos escravos.

Tiradentes, que será exposta em Vila Rica. Pensando tratar-se da cabeça de seu marido, ela tenta tirá-la do alforje. Felizmente, fica só na intenção. Mas, com as mãos empapadas de sangue, tem um último delírio e morre. Apesar de cioso no que concerne à veracidade histórica, o autor distorce as datas para fazer coincidir a ida dos despojos de Tiradentes a Vila Rica com a morte de Bárbara, que na verdade se deu cerca de vinte anos depois.

*Bárbara de Alvarenga ou Os Inconfidentes* foi uma tentativa de retomar o drama romântico. O autor pecou por querer fazer dele uma lição de patriotismo grandiloquente para a educação do público. Pecou também ao tentar o retrato de uma personagem a quem não dá direito de agir. Sua peça nunca chegou ao palco.

## Apolinário Porto-Alegre, Urbano Duarte e Artur Azevedo

O final do século XIX viu aproximar-se o momento da abolição e crescer o número de peças dedicadas ao tema. Três autores dispõem de obras que abordaram, com uma contundência inédita, a questão da ascendência negra/escrava de personagens representantes da classe média brasileira[133]. O primeiro foi o gaúcho Apolinário Porto-Alegre (1844-1904) com seu drama *Os Filhos da Desgraça*, de 1869[134]. A peça, bastante confusa e melodramática, tem como enredo o relacionamento de uma mulher branca com um escravo negro, fato, na época, considerado inaceitável. Trata-se de um amor condenado pela sociedade, sobretudo para uma mulher que, ao agir assim, questiona o modelo de poder tradicional da família brasileira. Após várias peripécias, o mulato Armínio vai preso e morre na cadeia, enquanto Carlota, sua amante, acaba se suicidando:

---

133 Sobre o mesmo assunto, pode-se também mencionar as peças de Carlos Antônio Cordeiro (1812-1866), *O Escravo Fiel*, de 1859; Manuel Joaquim Valadão (1860-?), *O Pai da Escrava*, de 1881; e José Alves Coelho da Silva (1839-1900), *Escrava e Mãe*, escrita em 1885.
134 Ver as peças *Mulheres* (comédia de 1873), *Benedito* (comédia de 1874), *Sensitiva* (drama de 1873) e *Os Filhos da Desgraça* (drama de 1874), em Apolinário Porto-Alegre, *O Teatro de Apolinário Porto-Alegre*, Porto Alegre: IEL/Corag, 2001. Segundo Galante de Sousa (*O Teatro no Brasil*, v. 2, p. 432), Apolinário escreveu ainda os dramas: *Cham e Japhet* (1868), *Ladrões da Honra* (1875), *Jovita* e a comédia *Epidemia Política* (1882).

CARLOTA (delirante) – [...] Quem perdoará minhas faltas? Piedade?! Ah! Isto é irrisório! Quem a terá por mim? Nunca, nunca! Resta-me morrer... meu opróbrio todos o sabem hoje... sou odiada... nem me dão o olhar de compaixão que merece qualquer ente desprezível! [...]
FÁBIO – Morreu... Fiz tudo para salvá-la... não o quis... O castigo do céu tardou, mas veio sempre... A casa de Basílio é toda chamas...[135]

Antes disso, porém, Carlota fizera um sincero e inédito relato da força da paixão que a atraiu para o escravo:

CARLOTA – Porque te amo muito, Armínio! Ó este amor foi uma verdadeira desgraça para ambos [...]. E por que amei-te, perguntaste? [...] Oh! Porque encontrei corações mirrados, áridos, mortos! Máquinas que só se moviam à impulsão de uma mola: o dinheiro, o interesse! [...] Como achei-te sublime no meio daquela gente!? [...] O que fez que eu te amasse, pois tinhas um coração de fino quilate numa sociedade de marcadores?! Escravo, fazias corar a face de teus senhores!... Quem te deixaria de amar, Armínio?

Não é demais lembrar que, na peça, Carlota tem o papel de vilã feminina e que, então, seu relacionamento "desajustado" é parte da caracterização da personagem como mau elemento.

Anos mais tarde, em 1882, o comediógrafo Artur Azevedo escreveu, em parceria com Urbano Duarte, um drama sobre esse mesmo tema[136] chamado *O Escravocrata*[137]. Esse trabalho lembra em alguns aspectos o drama *Mãe*, de Alencar, pela mistura entre um mote romântico e a forma realista. Entretanto, Azevedo foi mais ousado e colocou em cena o caso de amor entre uma mulher branca casada e um escravo.

Durante muitos anos, Gustavo, fruto desse romance, foi considerado filho legítimo de Salazar, marido de sua mãe. Porém, quando o rapaz começa a se comportar mal, o pai assume a culpa, mas acaba desencadeando a revelação de sua origem[138]. A mãe

---

135 Apolinário Porto-Alegre, *O Teatro de Apolinário Porto-Alegre*, p. 181, 184.
136 Azevedo escreveu também uma comédia sobre o assunto, *O Liberato*, em 1871.
137 O título original da peça era *A Família Salazar*.
138 Há uma cena preciosa na peça pelo que tem de reveladora da mentalidade da sociedade brasileira, quando a irmã de Salazar,

enlouquece no ato – não se dá nenhuma chance para que ela justifique suas ações – e o rapaz fica atordoado:

GUSTAVO – Gustavo Salazar, és filho de um escravo! Ferve-te nas veias o sangue africano! Pertences à raça maldita dos párias negros! À qual sempre votaste o desprezo mais profundo! Tua mãe prevaricou com um escravo... Oh!

Entretanto, quando se encontra com o pai, Lourenço, abraça-o e justifica sua ascendência de uma forma no mínimo questionável: "Ah! Os senhores pisam a tacões a raça maldita, cospem-lhe na face? Ela vinga-se como pode, introduzindo a desonra no seio de suas famílias!"[139]

Condenado ao açoite por Salazar, Lourenço enforca-se. Os outros escravos revoltam-se e iniciam uma rebelião, tentando matar o feitor e atacando o dono da fazenda[140]. Gustavo, que correra em busca do pai, é encontrado morto a seu lado.

Esses dramas sobre a escravidão revelavam a profunda contradição no seio da sociedade brasileira, tão mestiça e, talvez por isso mesmo, tão cheia de preconceitos. Foram um alerta sobre a urgente necessidade de se acabar com a triste instituição do cativeiro e um apelo à transformação das relações familiares e sociais no Brasil.

• • •

Como um todo, o drama romântico brasileiro iniciado na década de 1840 se estendeu por mais de quarenta anos. De vida longa e variada, debruçou-se sobre temas como o amor infeliz, a liberdade, a escravidão, a independência do país, o poeta sofredor. Falou sobretudo do Brasil, imaginando construir uma parte da história da nação. Dentro dos limites de sua origem entre a camada letrada, fez a crítica ao cativeiro, aos preconceitos de raça e sociais, aos casamentos sem afeto e à situação de submissão da mulher. Construiu a imagem do herói nacional, na pele do selvagem bravo e altivo, na figura do soldado valoroso, na imagem do poeta fogoso ou do escravo leal.

Em seus melhores momentos, quando conseguiu escapar dos clichês do melodrama, criou personagens conflituosos, envolvidos nos dilemas do amor e da pátria, sem o consolo das soluções fáceis ou das certezas absolutas. Momentos capazes de vencer o tempo, a diferença de costumes e de oferecer ainda hoje a possibilidade de reflexão a quem se dispuser a conhecê-lo.

## 4. A COMÉDIA DE COSTUMES

A ponderação de Roger Bastide de que precisaríamos inventar categorias líquidas para tratar do Brasil – já que conceitos europeus não dão conta dos aspectos movediços da sociedade brasileira – não deve ficar rest...rita a aspectos econômicos ou políticos. Ela também diz respeito à cultura de um modo geral. Ninguém ignora que o nosso romantismo teatral foi inaugurado em 1838 com a encenação de *Antônio José ou O Poeta e a Inquisição*, paradoxalmente uma peça próxima da tragédia, composta por Gonçalves de Magalhães. Escritor de voo curto, definido como "clássico emperrado" por Sílvio Romero, era tido na conta de grande filósofo e poeta pelo imperador Pedro II, de quem era amigo íntimo. Por conseguinte, fazia parte da "cidade letrada", caracterizada por Ángel Rama[141] como "o anel protetor do poder e executor de suas ordens [...] para cumprir sua missão civilizadora".

Diga-se a favor de nossa bisonha tragédia que, assim como Portugal importou a nova escola através

---

ao saber da verdadeira ascendência do sobrinho, comenta: "JOSEFA – [...] nosso bisavô materno era pardo. SALAZAR (*tapando-lhe a boca*) – Psit, mulher!... JOSEFA – E foi escravo até a idade de cinco anos! [...] Era mulato e era escravo; mas a aliança com galegos purificou a raça, de sorte que tanto você como eu somos perfeitamente brancos... temos cabelos lisos e corridos, beiços finos e testa larga. [...] como é que se explica que seu filho seja bastante moreno, tenha beiços grossos e cabelos duros?" Em nenhuma outra peça a questão racial é tratada com tamanha sinceridade. Artur Azevedo, *O Escravocrata*, em *Teatro Completo*, v. II, Rio de Janeiro: MEC/Inacen, 1985, p. 207-208.

139 Idem, p. 204 e seguintes.
140 Outra ousadia dos autores. Talvez seja desnecessário dizer que a peça foi proibida pela censura.

141 *A Cidade das Letras*, São Paulo: Brasiliense, 1985, p. 41 e s.

dos esforços de Almeida Garrett e Alexandre Herculano[142], nós lhe seguimos os passos a partir da fundação, em Paris, de *Niterói, Revista Brasiliense de Ciências, Letras e Artes* (1836) por Gonçalves de Magalhães, Araújo Porto-Alegre, Sales Torres-Homem e Pereira da Silva. A revista visava à promoção dos ideais românticos entre nós, tendo como epígrafe "Tudo pelo Brasil e para o Brasil". Mas a boa vontade e o desejo de modernidade de nossos intelectuais, esforçando-se para implementar o romantismo no Brasil, refletiam os desajustes de outras áreas, principalmente no que dizia respeito aos princípios liberais, também importados, e que não podiam significar entre nós o que significou na Europa, isto é, a luta da burguesia contra os privilégios da aristocracia e da realeza. É verdade que a partir do século XVIII, no quadro da crise geral do colonialismo mercantilista[143], as contradições políticas e culturais se aguçaram entre nós, tendo sido abalada a legitimidade da escravidão. Multiplicaram-se as sociedades secretas – como a maçonaria[144] –, que divulgavam teorias liberais e os "abomináveis princípios franceses". Datam dessa época a Inconfidência Mineira (1789), a Rebelião dos Alfaiates (1798), na Bahia, e a associação carioca de cunho liberal em 1794, todas duramente reprimidas. A verdade é que não tínhamos uma burguesia necessariamente forte para servir de suporte a ideias liberais[145], e as camadas senhoriais não estavam dispostas a renunciar ao latifúndio e à propriedade privada ao lutar pela liberdade de comércio e pela autonomia administrativa e judiciária. Essas circunstâncias são a base do que Roberto Schwarz chamou de "aquele desconcerto que foi nosso ponto de partida"[146]. Pois nada se afastava mais das ideologias do liberalismo europeu que nossa sociedade escravista, que estrangulou por quase quatro séculos a vida intelectual, no limite dificultando o acerto do tom literário desejado pela elite.

Isso não significa tornar irrelevantes os dons intelectuais de nossos homens de letras envolvidos no projeto de modernização, pois quando apoiados na ideologia escravista e patriarcal, mesmo quando disso não tinham inteira consciência, compunham páginas vigorosas. Confira-se de Gonçalves de Magalhães a "Memória Histórica e Documentada da Revolução da Província do Maranhão desde 1839 até 1840"[147], quando nosso poeta secretariava Caxias na repressão à Balaiada. No texto de Magalhães, o "oprimido", em vez de idealmente consolado pelo "Anjo da amargura", conforme se lê em *Suspiros Poéticos e Saudades*, transforma-se objetivamente em "animal". Confira-se também, de Joaquim Manuel de Macedo, o romance *As Vítimas Algozes*, que denuncia os males da escravatura, mas que de modo surpreendente opõe inocentes proprietários, "incônscios opressores", ao "coração escuro" e aos "ferozes instintos" dos escravos. Esse viés que deriva do medo das elites a partir das rebeliões escravas[148] não está muito longe da ideologia de *O Demônio Familiar*, de Alencar, com sua liberdade compreendida como "punição", quem sabe parente da "maldita liberdade" aludida por documentos da época[149].

Não deixa de ser significativo que o livro de Macedo tenha levantado polêmica, sendo considerado "sobejamente imoral para penetrar no lar doméstico"[150]. Tal juízo deve se apoiar não só nas cenas lúbricas do livro, mas também na noção de

---

142 Segundo Luciana Stegagno Picchio, Garrett ganhou "uma espécie de bolsa de estudos no estrangeiro" com o exílio político, quando então descobriu o romantismo. Cf. *História do Teatro Português*, tradução de Manuel de Lucena, Lisboa: Portugália, 1968, p. 225.

143 Cf. Fernando A. Novais, *Aproximações*, São Paulo: Cosac Naify, 2005.

144 Apesar dos aspectos paradoxais que tomou no Brasil, pois o maçom e o anticlerical às vezes também se consideravam católicos, a ameaça da maçonaria durou até o século XX. Confira-se *Baú de Ossos* (Rio de Janeiro: Nova Fronteira, 1972) em que Pedro Nava relata a primeira vez que em menino ouviu a palavra greve, dita por uma tia em voz tão baixa que ele pensou tratar-se de uma indecência. Mas o pior de tudo, pior que os bordéis e os colégios leigos, era a maçonaria, "casa maldita", em cuja calçada as mulheres evitavam pisar (p. 21-22). Em *Os Irmãos das Almas*, Martins Pena faz o protagonista assustar a mulher e a sogra, que o tiranizavam, gritando "Sou pedreiro-livre! Satanás!", ao que as duas viragos clamam: "Misericórdia! Jesus!" (cena XXI).

145 Emília Viotti da Costa, *Da Monarquia à República: Momentos Decisivos*, São Paulo: Grijalbo, 1977.

146 As Idéias fora do Lugar, em *Ao Vencedor as Batatas: Forma Literária e Processo Social nos Inícios do Romance Brasileiro*, São Paulo: Duas Cidades, 1977, p. 13-29.

147 O documento de 1848 foi republicado em *Novos Estudos Cebrap*, n. 23, março de 1989, com introdução de Luiz Felipe de Alencastro, Memórias da Balaiada: Introdução ao Relato de Gonçalves de Magalhães, p. 7-66.

148 Sobre esse imaginário do medo, ver Célia Maria Marinho de Azevedo, *Onda Negra Medo Branco: O Negro no Imaginário das Elites no Século XIX*, Rio de Janeiro: Paz e Terra, 1987. Sobre a especificidade brasileira na tensão metrópole-colônia no complexo processo de desatamento dos laços coloniais, veja-se Fernando A. Novais, op. cit., especialmente a primeira parte.

149 F. Aguiar, *A Comédia Nacional...*, p. 66 e s.

150 Tânia Serra, *Joaquim Manuel de Macedo ou Os Dois Macedos*, Brasília: UnB, 2004, p. 155 e s.

literatura que começava a surgir entre nós, ligada a uma "civilização do recreio", correspondendo o hábito da leitura ao desejo de descanso e distração[151]. Nosso público romântico compunha-se de jovens principalmente das classes altas, ou com elas relacionadas, à procura de entretenimento, e "que não percebia muito a diferença de grau entre um Macedo e um Alencar urbano"[152].

Voltando a nosso tema, a comédia no romantismo brasileiro, ele não escapa das contradições, pois que se duvida mesmo da existência desse gênero entre nós. "A comédia romântica, quando existe, banha-se na fantasia poética de Shakespeare", afirma Décio de Almeida Prado[153], acrescentando que nosso maior comediógrafo do período romântico, Martins Pena, "seja pelo temperamento, seja pela escrita teatral, nada tinha de romântico", embora fosse fiel "ao senso da cor local e ao gosto pelo pitoresco".

Devemos tomar essas palavras no sentido também aplicado a Debret: "tudo o que se presta a fazer uma pintura bem caracterizada, e que impressiona e encanta ao mesmo tempo os olhos e o espírito"[154]. Gruzinski acrescenta que a arte do pintor francês era "uma arte da teatralização" e o artista um "pintor de costumes". A isso voltaremos.

As mudanças introduzidas na Colônia com a chegada da corte portuguesa ao Brasil significaram para nós uma espécie de Iluminismo, com o adensamento do meio cultural e a tentativa de civilizar as povoações que às vezes não passavam de "meros presídios ou plantações", conforme as descreveu Hipólito da Costa[155] com ironia. A transferência possibilitou a vinda de estrangeiros ilustrados de vários países, a fundação da Imprensa Régia e os primeiros jornais[156], a primeira livraria[157], a biblioteca pública, algumas escolas superiores, o primeiro teatro "decente"[158], diferente das "Casas da ópera" que existiam então, entendendo-se por "ópera" qualquer peça que intercalasse trechos falados e musicais. Macedo ainda emprega o termo com esse sentido. Devemos recordar que tais repertórios híbridos existiam também em Portugal e foram censurados pelo próprio Garrett, que ironizou o hábito de "acomodar ao gosto português" as traduções de Metastasio, recheadas de graciosos[159].

A vinda da missão francesa em 1816 e o florescimento de uma notável atividade musical coroaram as iniciativas de desenvolvimento cultural. Apesar disso, as informações dos viajantes nos dão uma ideia da precariedade dos espetáculos, secundadas pelas críticas de nossa imprensa nos anos de 1830-40, desejosa de que o Brasil definitivamente acertasse o passo pelo da Europa.

A inauguração do Real Teatro de São João em 1813, depois rebatizado ao compasso das conjunturas políticas, animou a criação de aproximadamente 23 casas de espetáculo em diversos pontos do reinado na primeira metade do século XIX. A importância com que se revestia na época a qualidade da relação teatro/política entre nós revela-se no episódio envolvendo o "teatro do Plácido" (1823), que ousou barrar a entrada da marquesa de Santos, amante favorita de D. Pedro I. Apesar de seu apreço pela arte cênica, o imperador comprou imediatamente o teatro, destruiu as instalações com seus homens de armas, exigindo o despejo da companhia.

Aliadas à descontinuidade que sempre regeu nosso palco, tais circunstâncias explicam a razão pela qual o nosso romantismo teatral possui

---

151 Jefferson Cano, Justiniano José da Rocha: Cronista do Desengano, em Sidney Chalhoub et al. (orgs.), *História em Cousas Miúdas*, Campinas: Editora da Unicamp, 2005, p. 23-65.

152 Alfredo Bosi, *História Concisa da Literatura Brasileira*, São Paulo: Cultrix, 1994, p. 128.

153 *História Concisa do Teatro Brasileiro*, p. 60.

154 Littré, em Serge Gruzinski, *Rio de Janeiro Cidade Mestiça: Ilustrações e Comentários de Jean Baptiste Debret*, tradução de Rosa Freire d'Aguiar, São Paulo: Companhia das Letras, 2001, p. 180.

155 Apud Viotti da Costa, *Da Monarquia à República*, p. 37.

156 O primeiro periódico brasileiro, *Correio Braziliense* (1808-1822) foi editado em Londres por Hipólito da Costa, "o mais lúcido representante do espírito *ilustrado* no mundo luso-brasileiro da época". Cf. Antonio Candido, *O Romantismo no Brasil*, São Paulo: USP-FFLCH, 2002, p. 14. A publicação foi também o primeiro periódico português posto em circulação independentemente de censura. Portanto, além de fundador da imprensa brasileira, Hipólito da Costa foi também o criador da imprensa política em língua portuguesa.

157 Só nos finais do século XVIII começou a entrar no Brasil algo mais que folhinhas, catecismos e gramática. "A ignorância do povo, a sujeição da diminuta gente letrada ao jesuitismo, o medo à Inquisição e a barreira da Censura Literária somaram-se para obstruir o curso das letras impressas". Acrescente-se o preço do papel na época. Carlos Rizzini, *Hipólito da Costa e o Correio Braziliense*. São Paulo: Cia. Editora Nacional, 1957.

158 O teatro de Manuel Luís, apesar de reformado especialmente para a chegada da corte, foi considerado insuficiente para os novos tempos. Cf. Luís Carlos Martins Pena, *Folhetins*, Rio de Janeiro: MEC/INL, 1965, nos quais esse empresário figura como símbolo da mediocridade desse teatro "do passado".

159 D. de A. Prado, *Teatro de Anchieta a Alencar*, p. 70.

um aspecto incompleto e às vezes equivocado, à semelhança do que acontecia em outros domínios. Nosso melodrama, entendido como drama, equívoco comum em toda parte[160], foi "fenômeno ilusório", segundo Décio de Almeida Prado, pois embora empenhado em "enriquecer a ação e rechear o palco", não passou de tentativa canhestra, "antes literária que dramática"[161]. Além disso, nossos melhores dramas nunca chegaram ao palco no momento aprazado, como aconteceu com *Leonor de Mendonça*, de Gonçalves Dias, uma peça histórica composta com talento, não destoando do gênero desenvolvido no exterior. Pouco depois, o que se chamou de "realismo" também obedeceu à lei geral do hibridismo que regia a Colônia, misturando-se a nova escola aos tons idealizados do romantismo. De um lado existiam os objetivos literários dos autores imbuídos do método, de outro a "impregnação social, que está um pouco em tudo", como pondera Décio de Almeida Prado[162], o que faz, por exemplo, com que *O Demônio Familiar*, de Alencar, tenha seu traço "mais entranhadamente nacional" nesse "dengo mais próximo do romantismo que do realismo, de *A Moreninha* que de *La Question d'argent*"[163]. O que mais uma vez exemplifica o equilíbrio em antagonismos e variações às vezes pitorescas de nosso perfil. Não por acaso o gênero teatral que mais floresceu entre nós foi a comédia, estruturalmente apoiada na fratura, nos equívocos de toda ordem e na instabilidade de suas relações de força e de sentido.

## Os Autores

Fiel às próprias origens teatrais, enraizadas nas comemorações dionisíacas, a comédia brasileira nasceu sob o signo do entremez e da farsa, aqui abundantemente encenados nos anos de 1830. Um historiador do nosso teatro, Múcio da Paixão, arrola dezenas de títulos do repertório de duas companhias dramáticas, em 1834 e 1835, que são provavelmente de originais portugueses ou de traduções e adaptações de peças francesas. Referindo-se ao final desse decênio, afirma:

Foi neste período que nasceu a comédia nacional de costumes. Foi Araújo Porto-Alegre (1806-1879) quem esboçou os primeiros delineamentos de nossa comédia popular escrevendo *O Sapateiro Politicão, O Tutor de Parati, O Espião de Bonaparte, A Estátua Amazônica, O Dinheiro é Saúde, Os Judas*[164].

Mas na sequência do texto, Múcio da Paixão escreve que Martins Pena é "o verdadeiro criador da comédia nacional", não voltando a abordar a obra de Araújo Porto-Alegre, o que não deixa de ser um tanto contraditório. Apesar disso, alguns historiadores do teatro brasileiro transcrevem a citação acima em seus trabalhos, sem questioná-la. Convém então esclarecer que, excetuada a comédia *A Estátua Amazônica*, as demais não foram nem encenadas nem publicadas e encontram-se perdidas. Com que base Múcio da Paixão fez essa afirmação não se sabe. Não se pode afirmar, portanto, que as comédias de Araújo Porto-Alegre tenham, de fato, apontado um caminho para a nossa comédia de costumes. Não há documentos que indiquem que Martins Pena as conhecia antes de começar a escrever sua obra, que efetivamente instaura um modelo de comédia para os seus contemporâneos e para os que vieram depois dele. Quanto a *A Estátua Amazônica*, trata-se de uma obra escrita em 1848 e publicada em 1851, depois que todas as comédias de Martins Pena já haviam sido encenadas. Além disso, nem se pode vinculá-la à tradição da comédia de costumes. Porto-Alegre a escreveu para satirizar os viajantes franceses, depois que o conde de Castelnau expôs no Louvre uma pedra encontrada na Amazônia, tida como uma estátua do tempo das amazonas. Em cena, os personagens tornam-se "preciosos ridículos", com suas teorias absurdas, um conhecimento pífio da ciência e uma linguagem vazia de conteúdo e empolada na forma. No prefácio à comédia, o autor explicou a sua motivação:

A leviandade da maior parte dos viajantes franceses e a superficialidade com que encaram as coisas que encontram

---

160 J. R. Faria, *Idéias Teatrais*, p. 27 e s.
161 *História Concisa do Teatro Brasileiro*, p. 45 e s.
162 *Teatro de Anchieta a Alencar*, p. 340.
163 Idem, p. 344.

164 Múcio da Paixão, *O Teatro no Brasil*, Rio de Janeiro: Brasília, 1936, p. 158.

na nossa pátria, unidas a um desejo insaciável de levar ao seu país novidades, têm sido a causa desses grandes depósitos de mentiras que se acham espalhados por muitos livros daquele povo, que as mais das vezes sacrifica a verdade às facécias do espírito e o retrato fiel dos usos e costumes de uma nação ao quadro fantástico de sua imaginação ardente, auxiliada livremente pela falta de conhecimento da língua e pela crença de que tudo o que não é França está na última escala da humanidade[165].

Porto-Alegre escreveu outra comédia nesse período inicial do romantismo. Pelo menos assim é classificada *Angélica e Firmino*, publicada em 1845, cuja ação é carregada de lances dramáticos, por força de um enredo e de personagens que não são absolutamente cômicos. Longe da comédia de costumes com recursos farsescos, o autor filiou-se à tradição clássica da comédia em cinco atos para contar a história de amor dos dois jovens que dão o título à peça. O caminho para a conquista da felicidade no desfecho é árduo, mas ambos superam todos os obstáculos que surgem. Pena que falte fluência aos diálogos e algumas falas sejam longas perorações do honesto Firmino em favor da pátria e dos bons sentimentos. O nacionalismo típico da primeira geração dos escritores românticos se faz presente o tempo todo na sátira aos maus políticos, que disputa com o enredo amoroso a atenção do leitor.

Infelizmente uma grande parte das comédias brasileiras escritas ou encenadas nos decênios de 1830 e 1840 não foi publicada e se perdeu para sempre. Talvez fossem bem realizadas as comédias *A Ciumenta* e *O Brasileiro em Lisboa*, de Francisco José Pinheiro Guimarães (1809-1857), intelectual respeitado, tradutor do *Hernani*, de Victor Hugo, do *Sardanapalo*, de Byron, e de vários libretos. As comédias foram encenadas no Rio de Janeiro em 1843 e 1844, respectivamente, mas à semelhança de Porto-Alegre o autor obedeceu à tradição clássica dos cinco atos. Luís Antônio Burgain (1812-1877), mais conhecido pelos seus melodramas, também tentou o gênero cômico, fazendo representar o vaudevile *O Remendão de Smirna ou Um Dia de Soberania*, em 1839, e escrevendo comédias como *O Noivo Distraído ou Uma Cena na Torre de Nesle* (uma paródia do drama de Alexandre Dumas, *A Torre de Nesle*) e *O Barbeiro Importuno*.

A esses autores podemos acrescentar Joaquim Norberto de Sousa e Silva (1820-1891), historiador, escritor prolífico que, no terreno da comédia, foi tradutor do *Tartufo*, de Molière, e de vários vaudeviles franceses, além de ter escrito a ópera-cômica *Beatriz ou Os Franceses no Rio de Janeiro*. Escritores ainda menos conhecidos deram sua modesta contribuição à comédia brasileira do período romântico: João José de Sousa e Silva Rio (1810-1886) escreveu *O Caloteiro por Bailes*, *A Viúva da Moda* e *Cinquenta Mil Cruzados por Dote*; José Rufino Rodrigues de Vasconcelos (1807-1893) fez representar num teatro particular a comédia em três atos *Os Extravagantes*; em Minas Gerais, na cidade de Barbacena, o padre Justiniano da Cunha Pereira imprimiu uma sátira às instituições judiciárias e às conspirações políticas, intitulada *O Clube dos Anarquistas*, em 1838.

Diante desse quadro, um tanto pobre, de escritores pouco representativos e de peças perdidas, não admira que, já nos anos de 1850, os intelectuais brasileiros se referissem apenas a Martins Pena e a Joaquim Manuel de Macedo como os únicos comediógrafos importantes do período romântico. É o que se lê, por exemplo, no artigo "A Comédia Brasileira", de José de Alencar, datado de novembro de 1857. De fato, foram eles os mais encenados e comentados – muitas vezes negativamente – pelos seus contemporâneos, visão felizmente corrigida nos estudos que se fizeram posteriormente.

## Luís Carlos Martins Pena

> *Tudo é parcialidade, e não só no mundo como no céu, que é mais ainda!*
>
> Martins Pena

Martins Pena (1815-1848) foi essencialmente um homem de teatro. Entretanto, não descobriu a vocação imediatamente. Sem fortuna, órfão de pai e mãe aos dez anos, e sem acesso ao grupo de intelectuais ao redor da confraria do trono, foi encaminhado para as aulas de comércio por seus tutores comerciantes. Embora tivesse terminado o curso com brilho, não sentia atração pela profissão, e com certeza ajudado pela irmã, que se casara com um

---

[165] A. Porto-Alegre, *Teatro Completo de Araújo Porto-Alegre* II, p. 124.

alto funcionário da alfândega, passou a estudar na Academia de Belas Artes, que ainda contava com alguns professores franceses da missão cultural. Com eles, Martins Pena adquiriu conhecimentos de pintura, estatuária e arquitetura. Também estudou música e canto, por conta do bom ouvido e de sua admirada voz de tenor[166]. Enquanto isso, também estudava literatura e inglês, francês e italiano, línguas que chegou a falar fluentemente, segundo dizem.

Essa formação variada e não ortodoxa certamente facilitou-lhe o desenvolvimento do gosto artístico, aguçando o ouvido e o olhar de observador, qualidades imprescindíveis a quem alimente pretensões teatrais. "Bons olhos e bons ouvidos – ouvido do crítico de música que ele foi –, eis certamente o que não faltava a Martins Pena"[167]. Acrescente-se o momento politicamente perturbado em que viveu, que deve ter contribuído para o amadurecimento da sensibilidade social, atento aos movimentos revolucionários da época[168]. Sua estreia na literatura, com o conto-crônica "Um Episódio de 1831"[169], publicado em 1838 no *Gabinete de Leitura*, já é revelador desse interesse, pois é na cena social que se concentra sua atenção, descrevendo os atos de selvageria que se seguiram à abdicação de D. Pedro I. Com 16 anos na época, deve ter assistido a cenas semelhantes e ouvido comentários inflamados sobre os acontecimentos.

Entre os textos divertidos que escreveu para o *Correio de Modas* (há também notícias de um romance histórico e de uma novela inacabada que, apesar da menção, não foram encontrados na Biblioteca Nacional[170]) interessa particularmente "A Sorte Grande", pois aí já o surpreendemos casando imaginação e *nonsense* com a importância da riqueza, que uma vez conseguida transforma um pobre-diabo delirante em homem considerado. Alguns anos depois, o notável desfecho de *Os Ciúmes de um Pedestre* também apoia uma de suas soluções no delírio do protagonista, agora por conta de uma fortuna perdida.

O ano de 1838 foi fundamental não só para o teatro brasileiro, mas também para nosso autor, que pouco depois da estreia de *Antônio José* teve sua primeira comédia, *O Juiz de Paz da Roça*, levada à cena, embora sem menção de autoria, talvez pelo temor de dificultar, com isso, a conquista do emprego público: realmente foi nessa época que conseguiu o cargo de amanuense com a ajuda do cunhado poderoso, fazendo carreira no setor. Quando morreu, a caminho do Brasil, era nosso diplomata em Londres, e estava prestes a iniciar uma nova etapa. Quem sabe escrever a ópera cômica brasileira que nos prometeu nos *Folhetins*? "Aonde ele iria depois desse impulso, jamais saberemos", pondera Décio de Almeida Prado[171].

Mas, nesses inícios, talvez o desejo de seguir a moda, alçando-se a um gênero maior, o tenha levado a experimentar o drama – na verdade, o melodrama, como se viu no capítulo "A Tragédia e o Melodrama".

Se às vezes as comédias de Pena são avaliadas como ingênuas, negligentes com relação à linguagem[172] e ideologicamente isentas ("a verdade aqui, para não provocar indignação, carece de ser auxiliada provocando bom frouxo de riso", diz ele nos *Folhetins*), por outro lado encontramos observações como a de Ruggero Jacobbi: "'Qual o autor ou autores mais importantes da literatura dramática brasileira?' Tive que responder: 'Gonçalves Dias e Martins Pena'"[173] e a de Sílvio Romero:

---

166 De julho a setembro de 1847 *O Mercantil* moveu uma violenta campanha contra Pena, coincidindo as datas com a defesa insistente da greve dos coristas assumida pelo escritor, então folhetinista do *Jornal do Comércio*. Através dessa campanha sabemos que nosso autor compusera uma ária a ser inserida em *Gemma di Vergy*, "além de modificações outras", e que cantava junto aos *virtuoses* "do público salão", em salas particulares.

167 D. de A. Prado, *História Concisa do Teatro Brasileiro* (1570-1908), p. 59.

168 A respeito da greve dos coristas, Pena se refere duas vezes à morte "do grande reformador e agitador O'Connell, cujos passos (os coristas) queriam seguir". O irlandês Daniel O'Connell (1775-1847) dedicou-se no parlamento inglês a melhorar a situação da Irlanda, fazendo votar a Carta de Emancipação. Com seu desaparecimento, conclui Pena, "os coristas caíram em prostração e desafinaram como hereges. É mais uma emancipação abortada!" *Folhetins*, p. 297, 329.

169 Barbosa Lima Sobrinho, *Os Precursores*, Rio de Janeiro: Civilização Brasileira, 1960, p. 231 e s.

170 Raimundo de Menezes, *Dicionário Literário Brasileiro Ilustrado*, v. IV, São Paulo: Saraiva, 1969.

171 *História Concisa do Teatro Brasileiro*, p. 61.

172 Pena estava atento à prosódia brasileira: muitos de seus textos são emendadíssimos e com várias versões. Apesar disso foi mais representado por atores portugueses, o que significa mais um desajuste de nossa cena, e isso foi anotado por folhetinistas da época. Cf. D. de A. Prado, *João Caetano: O Ator, O Empresário, O Repertório*, São Paulo: Perspectiva, 1972, p. 123-124).

173 *Crítica da Razão Teatral*, org. Alessandra Vannucci, São Paulo: Perspectiva, 2005, p. 164.

Se se perdessem todas as leis, escritos, memórias da história brasileira dos primeiros cinquenta anos deste século XIX, que está a findar, e nos ficassem somente as comédias de Pena, era possível reconstruir por elas a fisionomia moral de toda essa época[174].

Não há como discordar. Aí estão, desdobrados em vários momentos, nossos vícios maiores: a política do favor como mola social, a corrupção em todos os níveis, a precariedade e atraso do aparelho judicial, a exploração exercida por estrangeiros e a má assimilação da cultura europeia importada, que o inspirou a escrever irônicas paródias da ópera, como *O Diletante*, ou dos melodramas levados à cena por João Caetano. Acrescentem-se a esse rol o contrabando de escravos, os mecanismos da contravenção, a servidão por dívida, comportamentos sexuais e familiares etc. Esses e outros aspectos que percorriam a sociedade brasileira de alto a baixo são exibidos no palco.

Segundo Paula Beiguelman[175], a comédia de Pena se baseia principalmente na quebra de autoridade, ocasionada pelos efeitos desintegradores da urbanização. Acrescente-se, entretanto, que algumas falas e desfechos podem ser considerados morais, mas não muito, como em *Os Irmãos das Almas*, quando Paulino abençoa os recém-casados na última cena com as palavras: "Sejam felizes se o puderem"; ou como em *O Namorador ou A Noite de S. João,* que ao conselho bem-humorado de que os velhos devem deixar os namoros para os jovens, juntam-se informações menos inocentes: o desejo de adultério e a manipulação dos inferiores, embora fosse voz geral que o pouco recomendável em questão de moralidade era o escravo; completa o quadro a dominação da mulher e o contraponto contínuo dos africanos a trabalharem calados, enquanto os outros se divertem na noite de São João. Não surpreende que a censura estivesse sempre atenta a essas peças.

É o caso de *Os Dois ou O Inglês Maquinista*[176], comédia que estreou em 1845, sendo imediata-

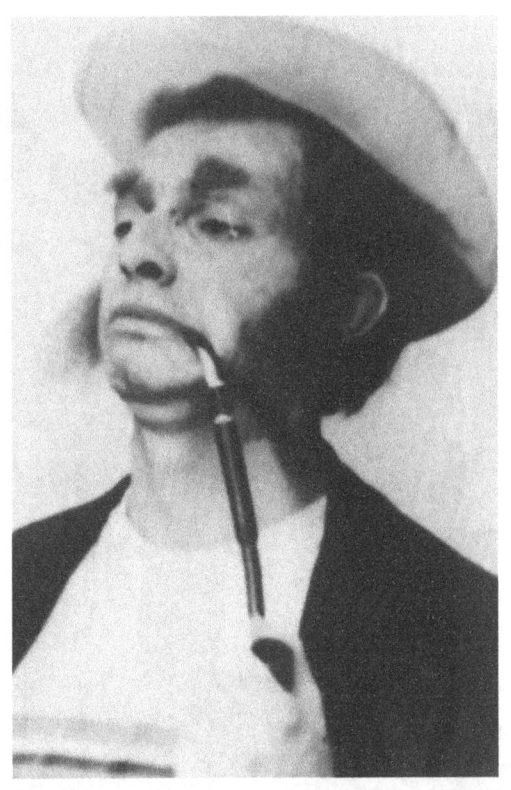

O ator Jorge Fischer Jr., no papel de Gainer, em montagem de *Os Dois ou o Inglês Maquinista*, de Martins Pena, pela Escola de Arte Dramática (EAD), em 1954.

mente censurada pela Câmara dos Deputados[177], porque, a certa altura, "aparece em cena um contrabandista de africanos trazendo um debaixo de um cesto". Trata-se da cena 13, quando Negreiro entra na sala acompanhado de um velho preto de ganho com um cesto na cabeça, "coberto com um cobertor de baeta encarnada":

NEGREIRO – Boas-noites.
CLEMÊNCIA – Oh, pois voltou? O que traz com este preto?
NEGREIRO – Um presente que lhe ofereço.
CLEMÊNCIA – Vejamos o que é.
NEGREIRO – Uma insignificância... Arreia, pai![178] (Negreiro ajuda o preto a botar o cesto no chão. Clemência, Mariquinha chegam-se para junto do cesto, de modo porém que este fica à vista dos espectadores.)

---

174 *História da Literatura Brasileira*, 5. ed., tomo IV, Rio de Janeiro: José Olympio, 1953, p. 1.477.
175 Análise Literária e Investigação Sociológica, em *Viagem Sentimental a D. Guidinha do Poço*, São Paulo: Centro Universitário, 1966. Confira-se também, de Marlyse Meyer, O Inglês nas Comédias de Martins Pena, em *Pirineus, Caiçaras...: da Commedia dell'Arte ao Bumba-meu-boi*, 2. ed., Campinas: Editora da Unicamp, 1991, p. 95 e s.
176 O título, além de parodiar jocosamente os títulos duplos de dramas e melodramas, alude aos dois vilões da peça: um português traficante de escravos, atividade proibida naquela data, e um inglês manipulador dos cordéis econômicos ("maquinista" = o que controlava os cenários teatrais).
177 Ata da Assembleia Geral Legislativa, p. 864.
178 Tratamento dado a escravo velho.

Cena da montagem de *Os Dois ou o Inglês Maquinista*, de Martins Pena, pela Escola de Arte Dramática (EAD), em 1954.

CLEMÊNCIA – Descubra. (Negreiro descobre o cesto e dele levanta-se um moleque de tanga e carapuça encarnada, o qual fica em pé dentro do cesto.) Ó gentes! [...]
NEGREIRO – Então, hem? (para o moleque) Quenda! Quenda! (puxa o moleque para fora).
CLEMÊNCIA – Como é bonitinho!
NEGREIRO – Ah, ah!
CLEMÊNCIA – Por que o trouxe no cesto?
NEGREIRO – Por causa dos malsins...
CLEMÊNCIA – Boa lembrança. (examinando o moleque): Está gordinho... bons dentes...
NEGREIRO (à parte, para Clemência) – É dos desembarcados ontem no Botafogo[179].

Não podemos nos esquecer de que a questão do tráfico negreiro era a mais espinhosa do momento. De forma provocativa, Martins Pena não só exibe todo o trâmite da contravenção, que envolvia deputados, desembargadores e ministros, como também transforma em vilões figuras respeitadas na sociedade. O inglês, não por acaso denominado Gainer, bem poderia exclamar como seu conterrâneo em *As Casadas Solteiras*: "Brasil é bom para ganhar dinheiro e ter mulher... Os lucros... cento por cento... É belo"[180].

Mais adiante, na mesma peça, a protagonista, ironicamente chamada Clemência, interrompe a conversinha social para ir lá dentro chicotear as "negras", a propósito de louças efetivamente quebradas pelo cão. Na volta, ruborizada e ajeitando o lenço ao redor do pescoço, comenta que não gostava de "dar pancada". À semelhança de muitas outras comédias, assistimos aqui ao jogo das palavras desmentindo a realidade da cena e das personagens. Estas estão por demais mergulhadas no contexto escravista para entenderem a incompatibilidade entre o que dizem e o que fazem, movimento que constrói a ironia dramática da peça.

---

[179] Martins Pena, *Comédias (1833-1844)*, São Paulo: WMF Martins Fontes, 2007, p. 188-190.

[180] Idem, *Comédias (1844-1845)*, São Paulo: WMF Martins Fontes, 2007, p. 406.

Concentrada embora na corte, o teatro de Pena faz alusão à maioria das regiões brasileiras, mas também a outras terras, em especial Portugal, França (denúncia da cultura mal assimilada), Itália (a mania da ópera) e Inglaterra (a exploração econômica). Isso serve ao comediógrafo para a defesa dos interesses nacionais. Por exemplo, um derrotado artesão brasileiro (Francisco, em *O Caixeiro da Taverna*) explica as razões de seu fracasso pela presença, no Império, de alfaiates e cabeleireiros franceses, dentistas americanos, maquinistas ingleses e relojoeiros suíços. Só restava aos nacionais arranjarem um emprego público, se por acaso tivessem algum conhecido influente. Mas às vezes nem mesmo isso bastava: "Há coisa de 12 para 14 anos, eu era empregado público; Demitiram-me porque diziam que eu roubava a nação. Qual roubava! A nação é que me roubava, pagando-me menos do que eu merecia" (variante de *Os Irmãos das Almas*).

Entre as personagens encontramos funcionários públicos e toda uma gama de empregados de repartições, representantes da elaboração lenta e difícil de uma camada social intermediária no Brasil. A eles acrescentam-se caixeiros, classe politicamente avançada na época ("insolentes", diz Macedo em *Luxo e Vaidade*), sacristãos, soldados, artesãos, floristas e costureiras, essas últimas tidas como profissões prostituídas de moças pobres. Em *O Caixeiro da Taverna*, Angélica afirma, muito ironicamente, que Deolinda, costureira, "cose para fora com muita honestidade":

ANGÉLICA – Ah, a senhora é a sra. Deolinda, que cose para fora e com muita honestidade?
DEOLINDA – Uma sua criada.
ANGÉLICA – E que vem em pessoa tomar medida aos fregueses... em suas próprias casas... e tudo com muita honestidade?[181]

Em *Os Irmãos das Almas*, cuja sonoplastia recomendada pelo autor é o lúgubre dobrar de sinos durante toda a ação, Jorge recorda com a irmã momentos de aperto financeiro, quando ela foi aprender a fazer flores com uma francesa, com quem ele acabara brigando, "porque isso de fazer flores parece-me assim... ofício muito leve" (variante da cena 3).

Em *O Namorador ou A Noite de S. João* surgem colonos emigrantes da Madeira, submissos à servidão por dívida, mourejando durante todo o tempo, identificados aos escravos que têm a obrigação de vigiar, sem possibilidade de juntar vinténs para a sua libertação. Já em *Desgraças de uma Criança*, que se passa numa noite de Natal, somos apresentados a uma ama de leite branca que perdera o filho, e que se aluga a patroas que "embirram com amas negras", ficando ao alcance do velho libidinoso da casa.

Não é raro Martins Pena ser comparado a Debret na pintura dos costumes do Brasil, e é bom que nos lembremos que vários membros do Instituto Histórico e Geográfico Brasileiro (IHGB) reagiram mal a alguns aspectos abordados pelo pintor francês na *Viagem Pitoresca e Histórica ao Brasil*, "pela referência direta à escravidão com cenas, por exemplo, de castigos a escravos"[182]. Eis aí o nó da questão. A aparente despretensão dos trabalhos dos dois artistas, até pelas dimensões e o meio que escolheram – pequenas aquarelas e minúsculas comédias ou farsas[183] – revelam um olhar independente sobre a sociedade brasileira, sem a idealização da elite. Era impossível a um observador atento aproximar as cidades de Paris e Rio de Janeiro, esta com as ruas percorridas por enxames de africanos, com escarificações no rosto, trabalhando e cantando para ritmar o esforço. "O escravo estava por toda parte. A primeira coisa que ocorria a alguém que melhorava de vida, até mesmo a um ex-escravo agora liberto, era adquirir um escravo"[184].

Comentando a própria aquarela intitulada "Carros e móveis prontos para ser embarcados", Debret se espanta ao encontrar escravos carregando na cabeça fardos pesados "neste século das Luzes". Entende depois o motivo da resistência da população a outro tipo de transporte: grandes ou pequenos proprietários de escravos, mesmo "a classe mais numerosa, a do pequeno rentista e da

---

181 Idem, p. 298.

182 Márcia Regina Capelari Naxara, *Cientificismo e Sensibilidade Romântica: Em Busca de um Sentido Explicativo para o Brasil no Século XIX*, Brasília: UnB, 2004, p. 111.

183 Costuma-se apontar *O Noviço* como a obra-prima de Pena, talvez porque contenha três atos e comumente se associe valor a tamanho. Mas trata-se de um equívoco, porque nela o comediógrafo apenas multiplica por três a estrutura da peça de um só ato, na qual era *virtuose*.

184 Alberto da Costa e Silva, *Castro Alves*, São Paulo: Companhia das Letras, 2006, p. 23.

Cena de *A Família e a Festa da Roça*, na montagem de Alfredo Mesquita para a Escola de Arte Dramática (EAD), em 1954.

viúva indigente", teriam prejuízo ou perderiam o meio de subsistência com a modernização[185].

Diante disso, só restava aos artistas inventar uma solução formal adequada às circunstâncias. Num ensaio inaugural, Rodrigo Naves[186] mostra que este foi o maior mérito de Debret. Vindo do ateliê do neoclássico David, percebeu a diferença do meio e inteligentemente procurou adequar-se a ele. Se as obras realizadas na França tinham "uma forma ostensivamente forte", Debret "deriva para trabalhos acanhados e modestos". O mérito não foi só a substituição do óleo pela aquarela, mas a própria realização desta, com linhas flutuantes, disposições inesperadas e contornos pouco definidos – o que marca não só o afastamento do padrão francês, mas uma percepção inteligente de nossa sociedade.

Martins Pena, por sua vez, apesar das tentativas de voos altos – tropeço também de seus contemporâneos – acerta na forma miúda[187], vivíssima, a todo momento posta à prova no palco. Seus *Folhetins* valem também como um exemplo de sua formação, com minuciosa descrição da dramaturgia da época através da encenação das óperas. Se lhe são familiares as convenções teatrais e a tradição francesa[188], vira-se também para a prata da casa: aproveita-se

---

185 Cf. *Rio de Janeiro Cidade Mestiça: Ilustrações e Comentários de Jean-Baptiste Debret*, p. 64-65.
186 *A Forma Difícil*, São Paulo: Ática, 1996, p. 41-130.

187 Observando as crônicas de Martins Pena, Flora Süssekind se refere aos "minúsculos roteiros das barcas a vapor e dos ônibus" que não despertaram maior interesse numa época ocupada com os grandes mapas do território nacional ou com "a demarcação de um 'Brasil-pitoresco'". Cf. *O Brasil Não é Longe Daqui*, São Paulo: Companhia das Letras, 1990, p. 226.
188 Se compararmos *Os Três Médicos*, de Martins Pena, *Le Mariage forcé*, de Molière e *O Esganarelo ou O Casamento por Força*,

dos teatrinhos de feira, nos quais era comum, como no resto do mundo, populares se misturarem a intelectuais, além do circo de cavalinhos, a cujo encantamento se refere já em *O Juiz de Paz da Roça*; menciona ainda os teatros mecanizados[189] que, infelizmente, só conhecemos pelos anúncios nos periódicos da corte e das províncias, tanto devia ser o seu sucesso. Ao alcance de Pena estavam também as representações de rua, extremamente engenhosas, conforme as descreve Thomas Ewbank[190], com animais ensinados, fogos e figuras "de papel colorido sustentadas por delicadas armações", executando piruetas no alto de mastros, bufões "irresistíveis" e até mesmo números da *Commedia dell'Arte*, como a menção que faz a *Punch e Juddy*[191], uma das referências de *As Desgraças de uma Criança*[192]. Não se pode também esquecer a proliferação, a partir da década de 1840, das caricaturas e dos desenhos cômicos, de saída inspirados na *Lanterna Mágica, Periódico Plástico-Filosófico*, de Araújo Porto-Alegre.

Surpreendemos esse contexto colorido e fragmentado nas minúsculas comédias de Pena, tecidas com fios de qualidades diferentes. Na primeira peça, ainda treinando a mão, encontramos o entremez articulado a uma estrutura de comédia clássica, mas o resultado ainda é indeciso e muito preso ao documento. Mais tarde, em 1844, em *O Namorador ou A Noite de S. João*, um de seus trabalhos mais bem urdidos e mais inovadores, Pena conjuga três fios. O primeiro é o do enredo amoroso próprio da comédia de costumes, embora não se trate de uma comédia de amor, a que ele nunca se dedicou. O autor parece mais interessado em aprofundar uma dialética amorosa, observada em suas diferentes fases, o que é quase impossível de se executar, como ele o faz, numa comédia de um só ato. Nela há relações envolvendo sexo e amor entre diferentes níveis da sociedade: entre jovens da mesma condição econômica, outros mais pobres, entre velhos casados e ricos, entre serviçais, entre patrão (moço ou velho) com empregadas, entre moço rico e vários tipos de mulher: velha, moça, bonita, feia, branca, cabocla, escrava. Observe-se o diálogo abaixo, cena 15, versando sobre o tempo e o amor:

LUÍS – Mas há já três meses que ela me ama!
CLEMENTINA – Boa razão! Não a ama porque ela ainda o ama. É isto?
LUÍS – Pois priminha, há três meses que ela me ama, e isto já é teima, e eu não me caso com mulher teimosa, isso nem pelo diabo[193].

A segunda linha explorada é a da farsa rústica portuguesa, representada pelos ilhéus submetidos à servidão por dívida. Pena também inova aqui, pois as características dessa farsa (rusticidade de personagens, palavras chulas e pancadaria) misturam-se à patética revolta do ilhéu em relação à exploração de seu trabalho.

MANUEL – [...] Oh! Quem pudera viver sem trabalhar! Cresce-me água à boca quando vejo um rico. São os felizes, que cá o homem anda de canga ao pescoço[194].

Por fim, temos a linha da farsa propriamente dita, levada a cabo por um velho em suas investidas sexuais em relação à ilhoa, que tem mais dois interessados: o marido e Luís, sobrinho do velho, compondo todos uma ciranda cômica no melhor estilo.

Como ponto de convergência desses três fios há a fogueira de São João, metaforizada no "fogo do amor", tendo ao mesmo tempo valor funcional e utilitário, pois à sua luz desmascara-se o velho amoroso.

Se olharmos a produção de Pena como um todo, perceberemos que a comédia que marca o ponto de inflexão da obra é *Os Dois ou O Inglês*

---

entremez que corria volante na época, perceberemos sem dificuldade que Pena inspirou-se diretamente no dramaturgo francês.
189 Confira-se o seguinte anúncio publicado no *Jornal do Comércio*, em 28 de março de 1838: "Vende-se um maravilhoso teatro pitoresco e mecânico, composto de grandes vistas mecânicas e metamorfoses – arranjado pelos melhores artistas de Paris, aumentado e aperfeiçoado por um curioso e amante das belas-artes". Entre outros recursos, o teatrinho possuía cinco dúzias de autômatos, sendo os pontos de perspectiva "de tal modo graduados", que figuras de dois pés de altura pareciam naturais. O anunciante afirma que esperará quinze dias por algum retorno, "findos eles se desarmará tudo para se lhe dar outro destino".
190 *Vida no Brasil*, tradução de Jamil Almansur Haddad, São Paulo/Belo Horizonte: Edusp/Itatiaia, 1976.
191 "Punch", como se sabe é o "Polichinelo" da *Commedia*. A versão inglesa intitula-se *The Tragical Comedy, or Comical Tragedy of Punch and Judy*. Foi publicada a primeira vez pela George Routledge & Sons, em 1860, e republicada pela mesma editora em 1980.
192 Vilma Arêas, *Na Tapera de Santa Cruz*, São Paulo: Martins Fontes, 1987, especialmente o 1º capítulo.
193 Martins Pena, *Comédias* (1844-1845), p. 50.
194 Idem, p. 22.

*Maquinista*, que esboça em vários momentos uma comédia de meios-tons, refinada, que poderia ser um caminho desenvolvido por Martins Pena, se assim o desejasse. Observe-se a leveza do diálogo na cena 10, que funciona pelo que não diz, e que é absolutamente impensável no teatro da época:

MARIQUINHA – ...Primo?
FELÍCIO – Priminha?
MARIQUINHA – Aquilo?
FELÍCIO – Vai bem.
CECÍLIA – O que é?
MARIQUINHA – Uma coisa[195].

*O Judas em Sábado de Aleluia* (1844), obra-prima de apenas 12 cenas, já mostra um teatrólogo absolutamente dono das técnicas e consciente do caminho escolhido (por essa época, Martins Pena desiste dos dramas a que tão equivocadamente se dedicara). Agora a comédia está ajustada a princípios teatrais, e a preparação das cenas faz-se com minúcia, resultando num desfecho absolutamente amarrado, com o protagonista dirigindo-se ao público à maneira clássica[196].

No entanto, a verdadeira invenção formal de Pena foi introduzir na simetria da tradição cômica (velhos *versus* jovens, serviçais *versus* amos, nacionais *versus* estrangeiros etc.) uma assimetria básica: a presença dos escravos, que se deslocam no palco sem correspondência de pares[197]. Sem voz e sem razão, trabalham sem descanso, chicoteados, empurrados, enganados, sugerindo uma outra história recalcada pela trama colorida e veloz que gira diante dos olhos do espectador.

Se concordamos com Sábato Magaldi[198], segundo o qual a comédia de Martins Pena pode ser considerada "uma escola de ética", antecipando o que se chamou de "alta comédia realista", podemos acrescentar que entre esta e a obra de Pena há uma diferença básica: em vez dos discursos estilosos que recheiam o teatro de intenções moralizantes, o que facilitava a identificação com o nacional buscada por todos, Martins Pena deu o seu recado através do próprio jogo de relações que a cena estabelece. Retrato em três por quatro, mesquinho e melancólico, muitas vezes tosco ou constrangedor? Claro, mas as limitações eram do contexto, não dos recursos utilizados. "E se nós não estamos bem constituídos, a culpa não é minha [...] E passo para a oposição!" – diz uma personagem de *O Judas em Sábado de Aleluia*. Nessa peça também lemos que no Brasil "um cidadão é livre... enquanto não o prendem", afirmação particularizada em *O Noviço*: "as leis criminais fizeram-se para os pobres". Esse abalo do país "livre e ilustrado" apoia-se também nas minuciosas rubricas que o autor nos deixou, em manuscritos com incontáveis variantes, que o aproximam do papel do moderno encenador, profissão inexistente na época. Frequentemente, exige "inteligência cênica" dos atores, palavras sempre utilizadas para a compreensão da sutileza dos papéis, sua interpretação, marcação cênica etc.

É importante sublinhar que, ao colocar dessa forma o escravo em suas peças, definidas como "microcosmo cênico dotado de notável pugnacidade"[199], Pena rejeitou a tradição de identificá-lo ao simples palhaço[200], com seus lances de finura e imbecilidade, mero gracioso rodeado de tiradas morais, exemplo seguido por Alencar em *O Demônio Familiar*, apesar das expressivas qualidades cênicas da peça. Em Martins Pena, o escravo está à margem da convenção cristalizada e à margem da sociedade, embora seja o único visto a trabalhar em cena. Como se nas marchas e contramarchas da comédia fosse introduzido um elemento retardador, silencioso, que impressiona por também aludir à tensão de classes da época.

"O bom negro no Brasil" – afirma Décio de Almeida Prado[201] analisando *Mãe*, de Alencar – "é aquele que desaparece de imediato, quando sua presença incomoda a memória familiar".

Com o silêncio, talvez Martins Pena sugira não haver palavras para descrever tal ignomínia.

---

195 Martins Pena, *Comédias* (1833-1844), p. 176-177.
196 Bárbara Heliodora, A Evolução de Martins Pena, *Dionysos*, Rio de Janeiro: MEC/INL, n. 10, 1966.
197 V. Arêas, No Espelho do Palco, em Roberto Schwartz (org.) *Os Pobres na Literatura Brasileira*, São Paulo: Brasiliense, 1983, p. 26-30.
198 *Panorama do Teatro Brasileiro*, SNT/DAC/Funarte/MEC, 2. ed., [s.d.], p. 58.

199 D. de A. Prado, *História Concisa do Teatro Brasileiro*, p. 59.
200 Na página 297 dos *Folhetins* encontramos a distinção entre o *buffo nobile* (fidalgo ridículo e cômico) e o palhaço, momento em que o folhetinista se aproveita para criticar os exageros e a falta de entendimento dos papéis por parte dos atores.
201 *História Concisa do Teatro Brasileiro*, p. 85.

## Joaquim Manuel de Macedo

> ...sem ser padre, gosto de pregar os meus sermões.
>
> J. M. de Macedo

Macedo (1820-1882) foi médico e literato como Gonçalves de Magalhães, falecidos ambos, aliás, no mesmo ano. Ambos faziam parte da "cidade letrada" de D. Pedro II, de cujas filhas o autor de *O Novo Otelo* foi preceptor. Até o final da vida, Macedo lecionou no prestigioso Imperial Colégio Pedro II, tendo ingressado aos 25 anos no Instituto Histórico e Geográfico Brasileiro, fundado em 1838 "sob a imediata proteção de Sua Majestade", e considerado a síntese da elite intelectual e política do Império. Além disso, ocupou cargos políticos, foi comendador da Ordem da Rosa e da Ordem de Cristo e escreveu crônicas na imprensa.

O ano de 1844 foi crucial para nosso autor, menos pela tese de medicina defendida e intitulada significativamente "Considerações sobre a Nostalgia" do que pela publicação de *A Moreninha*. Uma das obras mais lidas na época, ela inaugurou nosso romance de costumes sem prejuízo dos lances folhetinescos então indispensáveis, sendo transformada imediatamente em peça teatral. Em 1849, com Porto-Alegre e Gonçalves Dias, Macedo fundou a revista *Guanabara*, sucessora da *Niterói* nos postulados e ideais.

Tendo passado "sem muita convição ou força"[202] por todos os gêneros teatrais disponíveis no momento, Macedo se achava mais à vontade na comédia, que abarcava outros gêneros, fossem "inspirados no francês" (*O Primo da Califórnia*), fossem as chamadas "óperas" (*O Fantasma Branco*), a comédia burlesca (*A Torre em Concurso*), fosse o drama realista (*Lusbela*), a comédia realista (*Luxo e Vaidade, Cincinato Quebra-Louça*) ou o vaudevile (*O Macaco do Vizinho*[203]), no qual, à semelhança de Martins Pena (*Os Ciúmes de um Pedestre*), descobria-se que a mulher podia enganar também o marido e não somente o pai, perigo já apontado pelo *Otelo* shakespeariano no século XVI. A diferença é que na peça de Pena a mulher realmente se envolve com outro, que penetra em sua casa durante a ausência do marido, e em *O Macaco do Vizinho* o adultério é apenas uma possibilidade.

Assim vemos que as fronteiras da comédia de Macedo podem estar entre as de Martins Pena e as comédias de José de Alencar. Mas colocar os dois primeiros lado a lado, como se faz aqui, torna clara a diferença entre ambos. A distância diz também respeito aos círculos que frequentaram, segundo a proximidade ou distância do poder político, segundo a vida privada[204] e o empenho em relação ao palco.

Apenas cinco anos mais novo que Martins Pena, nosso autor sobreviveu a este em 34 anos, tempo que ultrapassa os 33 vividos pelo autor de *Quem Casa Quer Casa*. No entanto, à variação e desenvolvimento da obra de Pena em direção à conquista da técnica teatral corresponde o molde mais ou menos invariável dos textos de Macedo, sejam ficção, crônica ou teatro, o que permite com frequência uma forma escorregar para outra: teatralização de romances (*A Moreninha*), ficção atravessando as crônicas e virando teatro no final (*Romance de uma Velha*). Não se trata de moldar uma estrutura ficcional para as crônicas, recurso usado por Martins Pena nos *Folhetins*, mas de emparelhar uma forma com a outra, perfeitamente nítidas as duas.

Adiantamos que a chave dessa volubilidade apoia-se formalmente no que o próprio Macedo chamou de *trocadilho*, largamente usado por ele, menos no sentido do jogo interno de palavras (parecidas no som e diferentes no significado) do que na equivalência entre frases ou sintagmas diversos, na maioria das vezes arbitrária e referente a coisas incompatíveis. *Analogia* seria o termo mais adequado. Esse tipo de composição acaba por ajudar o ritmo digressivo do autor. Às vezes são meras transposições, comuns na retórica do melodrama, o "mundo" e o "abismo", por exemplo, mas com esse volteio jocoso tudo se torna vagamente intercambiável, pouco diferenciável, raso. É comum o recurso alongar as frases, tornando o texto meio

---

202 D. de A. Prado, *História Concisa do Teatro Brasileiro*, p. 118 e s., onde encontramos a melhor análise do teatro de Macedo.
203 Em "Coletânea Teatral", da *Revista da SBAT*, Caderno n. 59, apud idem, p. 123.
204 Macedo casou-se com Carolina (confessadamente inspiradora de *A Moreninha*) após vencer 10 anos de oposição do futuro sogro, homem de posses e foros de nobreza, descendente de Fernão de Magalhães e tio de Álvares de Azevedo. Martins Pena jamais se casou, embora tivesse uma filha com uma atriz. Ao que tudo indica assumiu a responsabilidade da menina, pois quando partiu para a Inglaterra deixou-a aos cuidados da irmã e do cunhado.

frouxo. Como neste exemplo colhido no *Labirinto* de 20 de maio de 1860, em que "artigos jornalísticos" e "governos" são equiparados:

> Começar um artigo não é empresa assim tão fácil; é como o começar o seu governo para ministros novos [...]. E as mais das vezes começa-se [sic] os artigos, e também o governo, do mesmo modo como estamos começando este: um dilúvio de palavras, um labirinto de ideias, um dia que se assemelha à noite; e quem quiser que nos entenda[205].

Em *O Novo Otelo*, a suposta versatilidade teatral, isto é, a possibilidade de um ator desempenhar vários papéis, é definida em termos de acumulação de empregos:

> ANTÔNIO – Então eu sou tanta coisa ao mesmo tempo?
> CALISTO – Não faz mal: está no sistema de acumulações de empregos[206].

Em *A Torre em Concurso*, a divisão política entre conservadores e liberais é equiparada à rivalidade entre dois falsos engenheiros seguidos de seus admiradores. Um deles se veste de vermelho, o outro de amarelo, formando dois partidos rivais, mas absolutamente idênticos, o que gera as alusões políticas e as brincadeiras cênicas de praxe. O tema foi também admiravelmente desenvolvido por Machado de Assis em *Esaú e Jacó*, conforme observa Márcio Jabur Yunes[207], em seu excelente prefácio à obra dramática de Macedo.

Quer nos parecer que a epígrafe introdutória da primeira edição de *A Moreninha*, pela Garnier, retirada de um poema de Gresset, ilumina toda a produção literária e teatral do escritor:

> *Trop occupé pour corriger*
> *Je vous livre mes rêveries*
> *J'en fais pour me désennuyer*\*.

Nada mais sincero e mais verdadeiro, apesar da pretendida seriedade dos conselhos e sermões que recheiam a obra, causando desequilíbrio no conjunto. Vejamos um pequeno trecho de *Luxo e Vaidade*, considerada muitas vezes sua obra-prima:

> ANASTÁCIO – Aqueles que negam a primazia à virtude são uns miseráveis. Já se foi o tempo em que um sandeu valia mais do que um sábio; um depravado mais do que o homem honesto, quando o homem sábio ou honesto era filho de um sapateiro, e o acaso dera ao depravado meia dúzia de avós, falsa ou realmente ilustres. Não temos senão uma nobreza, a nobreza da constituição, que é a do merecimento e das virtudes. Já não se reconhece [sic] privilégios, graças a Deus, e as portas das grandezas sociais estão abertas a todos os que sabem merecê-las: nobre é o estadista que se consagra aos serviços da pátria; nobre é o diplomata que sustenta no gabinete a causa do país; nobre é o soldado que a defende no campo de batalha; nobre é o sábio, nobres são todos aqueles que ilustram e honram a nação, e nobre é principalmente a virtude, a virtude que é a sublime benemérita aos olhos do Senhor!...
> LEONINA – Oh! E como há então pessoas que olham com desprezo para um artista? (*com viveza*) O artista não pode também chegar a ser nobre, meu padrinho?[208]

Temos de convir, saltando as ilusões políticas e convicções pessoais, além do tópico da nobreza do artista, que o peso dessa fala atravanca e rompe qualquer equilíbrio possível numa comédia de entrecho convencional: livrar uma mocinha de um casamento, com um velho rico, que visa salvar os pais da bancarrota. Acrescente-se aqui a qualidade do universo fortemente contrastivo, entre o vício (esbanjamento, esnobismo social, vida na cidade, dinheiro) e a virtude (economia que leva à riqueza, ausência de preconceito de classe, vida na roça, arte).

José Veríssimo apontou a monotonia da obra macediana, sua ingenuidade parelha a uma sociedade "chã e matuta", a sentimentalidade que beira a pieguice, a filosofia banal, tudo embrulhado numa moral de catecismo "para uso vulgar". O crítico também identifica com acerto a inclinação dramática de Macedo, dirigida a fazer de sua arte um divertimento para moralizar risonhamente seus contem-

---

205 Joaquim Manuel de Macedo, *Labirinto*, organização, apresentação e notas de Jefferson Cano, Campinas/São Paulo: Mercado de Letras/Cecult/Fapesp, 2004, p. 44.
206 Idem, *Teatro Completo 2*, Rio de Janeiro: MEC/Funarte/SNT, 1979, p. 254.
207 Introdução ao Teatro de Joaquim Manuel de Macedo, em *Teatro Completo 1*, Rio de Janeiro: MEC/Funarte/SNT, 1979, p. 17.
\* Muito ocupado para corrigir / Entrego-vos meus devaneios / Faço isso para me desenfastiar. (N. da E.)

208 Idem, p. 49-50.

porâneos[209]. Antonio Candido completa o perfil da prolixa produção de nosso autor (vinte romances, doze peças de teatro, um "poema-romance", e mais de dez volumes de variedades), afirmando que "o bom e simpático Macedo" sempre cedeu ao impulso da tagarelice "de alguém muito conversador, cheio de casos e novidades". Sua popularidade junto aos leitores baseava-se na criação de cenários e personagens familiares, a que se acrescentava a oralidade da língua. Além disso, as peripécias "e sentimentos enredados e poéticos" garantiam "as necessidades médias de sonho e aventura"[210].

Yunes[211] acrescenta outras observações às anteriores: numa época de nacionalismo exacerbado, anos de 1860-70, contraditoriamente banhada do fascínio "ainda forte demais" pelas modas e maneiras europeias, o dramaturgo se vinga, transformando em *clowns* dois europeus a serviço de um brasileiro (os criados em *Luxo e Vaidade*), fazendo o mesmo com os falsos ingleses de *A Torre em Concurso*[212].

Mas ao contrário de Martins Pena, os estrangeiros em Macedo são utilizados basicamente como ocasião para a comicidade provocada pela língua portuguesa estropiada, à maneira do entremez. O detalhe verdadeiramente cômico é que não haja escravos nas salas brasileiras e, sim, criados europeus. Em outras palavras, a crítica dos costumes é feita, paradoxalmente, deixando intactos os valores básicos da sociedade e às vezes criando aporias na argumentação. Por exemplo, se Macedo, que conhecia bem o assunto, pinta o casamento como mercado lucrativo, segundo a lei da oferta e da procura, tal qual se via nos salões, é o dinheiro muitas vezes que resolve os problemas dos enamorados.

É igual a conclusão de Gilda de Mello e Souza[213]: Macedo refletia a opinião da burguesia média, para a qual o casamento era uma transação econômica igual às demais. Se essas observações agudas de nosso autor não são suficientes para a boa execução teatral, é fácil concluir que o problema repousa menos nos temas do que na inconsciência dos recursos cênicos, apresentando soluções inverossímeis, sem a clareza que a progressão das cenas exige. As falas são tão compridas que, em *A Torre em Concurso*, Felícia se perde no próprio discurso: "mas... a que veio isso? Ah! sim: para provar a minha experiência; pois bem: com ela adivinhei que vocês se amavam"[214] etc.

*Amor e Pátria*, "drama em um ato", celebração do 7 de setembro de 1822, pode bem ser compreendido como comédia (assim como os dramas de Martins Pena são todos cômicos pela inadequação dos procedimentos). Nele, o amor romântico de dois jovens é a outra face do amor da pátria, misturando-se tiradas sobre "o patriota", sobre valentia e temor, a denúncias políticas e traições pespontadas de quiproquós melodramáticos. No universo nacionalista, o vilão não pode deixar de ser um "ilhéu". As peripécias se dão com velocidade, sem qualquer preparação das cenas, por isso não podem convencer. Vale a pena transcrever parte da última cena, de louvação a Pedro I:

LUCIANO – Salve! salve! o Príncipe imortal, o paladim da liberdade chegou de S. Paulo, onde a 7 deste mês, nas margens do Ipiranga, soltou o grito "Independência ou Morte!" grito heroico, que será doravante a divisa de todos os Brasileiros...ouvi! ouvi! (aclamações dentro) Sim! – "Independência ou Morte"[215].

Não deixa de ser curioso que a última fala caiba à personagem poltrona, que só funciona para dar contraste, momento em que se mostra tocado de valentia ao escutar aqueles "gritos elétricos".

A obediência aos valores patriarcais no teatro de Macedo (religião, pureza e conformismo) perturba um dos princípios básicos da comédia, que é justamente o advento do novo em luta com princípios ultrapassados. Ao contrário disso, esses princípios são defendidos pelos sermões que prega

---

209 J. Veríssimo, *História da Literatura Brasileira*, p. 239.
210 Antonio Candido, *Formação da Literatura Brasileira*. 2. ed., São Paulo: Martins, 1964, p. 138.
211 M. J. Yunes, Introdução ao Teatro de Joaquim Manuel de Macedo, em op. cit.
212 Sobre a implicância de Macedo com os cronistas estrangeiros, "que sem sair do Pharoux já têm passado por Minas, Goiás e Mato Grosso, e milagrosamente escapado de serem lambidos pelos bugres e pelas onças" (*A Carteira de Meu Tio*), ver F. Süssekind, *O Brasil Não é Longe Daqui*, p. 226 e s.
213 Macedo, Alencar, Machado e as Roupas, em *A Idéia e o Figurado*, São Paulo: Duas Cidades/Editora 34, 2005, p. 73-89.
214 J. M. de Macedo, *Teatro Completo* I, p. 182.
215 Idem, p. 151.

sem descanso defendendo a moralidade[216] e arvorando-se em "realista". Mas o alvo, de novo, não é atingido, pois falando do Brasil e indicando locais e datas da ação, seus personagens são "o menos possível brasileiros"[217]. Faz-se necessário frisar o mais grave: a escravidão, o ponto inflamado da sociedade, só está presente nas comparações linguísticas, apoiadas em repetidas analogias. Surge, assim, destituída de importância, completamente abstrata. Vejamos esses exemplos colhidos ao acaso:

CRESPIM – ... e corro, há dois dias, como um preto quilombola! (A Torre em Concurso, Ato I, cena 4).
GERMANO – Que posso eu fazer?... decrete, mande, como uma soberana dá ordens a um escravo... (Idem, Ato II, cena 9).
BEATRIZ – ...ainda trabalho [...] perde-se a noite... e isto acontece à Beatriz, a formosa, por causa de um músico de meia-cara!...[218] (O Primo da Califórnia, Ato I, cena 8)

O cotejo entre nossos dois comediógrafos ficará mais claro com a comparação da paródia de Otelo que ambos escreveram: Martins Pena, Os Ciúmes de um Pedestre, proibida de subir à cena pelo Conservatório Dramático, que a considerou "imprudentíssima"[219], e Macedo, O Novo Otelo[220].

O ponto central das comédias apoia-se em João Caetano e em sua celebradíssima interpretação da personagem shakespeariana. Claro está que não se trata da obra original, mas de sua versão neoclássica através do "reflexo gelado"[221] da adaptação de Jean-François Ducis, retraduzida entre nós por Gonçalves de Magalhães. De 1837 a 1860, houve vinte e seis representações desse Otelo, apertado nos padrões clássicos, "com exclusão do povo, do humor, da grosseria, da sexualidade, da maldade", observa Almeida Prado[222]. Essa foi a interpretação que deu a João Caetano o maior prestígio de sua carreira. O próprio Macedo escreveu que ficara impressionado "pela exageração dos impulsos apaixonados, pelos gritos ou rugidos selvagens e desentoados"[223].

Martins Pena de saída desloca as altas razões da honra e os motivos da bravura da peça original, com a transformação do "fero africano" em nosso pedestre, policial subalterno, que merece dele minuciosa definição: sua limitação intelectual, sua desonestidade, sua bazófia, seu autoritarismo. Desse ponto de vista e adiantando conclusões, a comédia frisa que na "tapera de Santa Cruz", o amor e o problema social são um caso de polícia. Mas a lei clássica da comédia, que sempre derrota os tolos, transforma o esforço policial numa "inútil precaução".

Várias vezes a figura do pedestre vem citada nos Folhetins, pois tinha a função dupla e paradoxal de caçar escravos fugidos e, ao mesmo tempo, controlar desordens nas representações teatrais[224]. Talvez por isso Os Ciúmes de um Pedestre se organize formalmente aludindo, de forma incansável, ao próprio palco, cujo espaço, sempre versátil na comédia, é reforçado com a multiplicação de saídas e entradas, incontáveis chaves guardadas dentro de quartos por sua vez trancados etc. No final nos é sugerido que estamos mesmo num teatro, quando um dos personagens, ao se encerrar a ação, e olhando tudo de "um buraco", afirma que já vai dormir, "que já deu uma hora".

O ponto central da comédia é a discussão sobre a liberdade, a opressão e a maneira de resistir a ela. "Pensa meu marido que se prende uma mulher prendendo-a a sete chaves! Simplório!"[225] – diz uma das duas encarceradas. Particularizando-se na família, o tema da escravidão atinge o aspecto social mais amplo.

Desde o início o mote é dado pelo pedestre, em resposta às amargas queixas da mulher, que aspira à fuga "desta casa, onde vivo como miserável escrava": "Até agora tenho te tratado como um fidalgo, nada te tem faltado, a não ser a liberdade."[226]

216 Sobre a problemática adesão do autor ao realismo, consulte-se J. R. Faria, O Teatro Realista no Brasil: 1855-1865, São Paulo: Perspectiva/Edusp, 1993, p. 158 e s.
217 L. Hessel; G. Raeders, O Teatro no Brasil sob Dom Pedro II, 1ª parte, p. 111.
218 "Meia-cara" era o escravo contrabandeado; por isso mesmo, o sentido pejorativo da expressão adjetiva.
219 Seção de Manuscritos da Biblioteca Nacional (I-2, 3, 61 A)
220 V. Arêas, Na Tapera de Santa Cruz, p. 231 e s.
221 Palavras de Álvares de Azevedo, referidas por D. de A. Prado, João Caetano, p. 26.
222 A Escalada Neoclássica, em idem, p. 21 e s.

223 Idem, p. 28.
224 Em "Pai contra Mãe" Machado de Assis aponta que o desemprego do pobre livre levava-o a transformar-se em free-lancer no ofício de caçar escravos fugidos, competindo com os pedestres.
225 Martins Pena, Comédias (1845-1847), p. 120.
226 Idem, p. 141.

Se a redefinição de fidalguia implica a escravização do outro, ela também arrasta a um novo entendimento o poder de castigar, que se aproxima agora do delírio sádico[227]. Por exemplo, o pretendente da filha do protagonista se disfarça pintando-se de preto, como muitas vezes faziam os atores a fim de ficarem "tisnados" para a representação de Otelo[228]; agarrando-o ao supô-lo um escravo fugido, assim diz o pedestre: "vem cá, negrinho de minha alma, tratante [...], hei de te dar uma reverendíssima maçada de pau bem repinicadinha... Vem cá, meu negrinho..."[229]

No mesmo ato, à filha que pede perdão de joelhos, o pedestre, com a palmatória nas mãos, também implora transportado: "Só quatro dúzias, só quatro dúzias..."[230]

Mas se *Os Ciúmes de um Pedestre* em grande parte gira ao redor da paródia de *Otelo* na interpretação de João Caetano[231], também inclui outros dramas e melodramas, como o famoso *Pedro-Sem*, com seu fim delirante, o *fait-divers* nacional, e a "inútil precaução" do *Barbeiro de Sevilha*, que ronda a peça. Os fios das várias tramas e o jogo das distorções causado pelos recursos paródicos são de extrema complexidade. É importante lembrar que existiram muitas paródias das versões melodramáticas de Shakespeare no século XIX, não só aqui, mas também na Inglaterra e em Portugal, onde encontramos uma paródia da peça de autoria de Garrett, além do entremez *Otelo Tocador de Realejo*, que corria anônimo.

Os censores da obra de Pena não se irritaram somente com as alusões "ao único ator brasileiro que entre nós tem representado o papel de *Otelo*", pois Martins Pena completou o quadro com dois acontecimentos constrangedores da época: o achado do cadáver de um negro assassinado, dentro de um saco, para ser jogado ao mar, e a deportação de figura "de família respeitada, um dos nossos mais modernos consócios"[232] que, apaixonado por uma jovem, "subiu ao telhado e desceu as escadas de um sótão para lhe falar"[233]. O texto dos censores é explícito: mais do que ameaçar a obra de Ducis na interpretação de João Caetano, a paródia também atingia a "moral familiar"[234]. "Deus me dê paciência com a Censura!", desabafou Martins Pena em carta a um amigo, acrescentando que os censores deviam estar com "catarata na inteligência", inclusive por desconhecerem que paródias eram admitidas "em todas as partes do mundo civilizado"[235].

*O Novo Otelo*, de Macedo, passa longe dessas atribuições. Trata-se de uma peça em um ato e nove cenas, o que conta ponto para Macedo, pois a brevidade ajuda na concentração que lhe era tão difícil. Quatro personagens contracenam, mais um cachorrinho chamado Querido. Esse animal de estimação é o pivô do quiproquó, equivocadamente considerado um rival por Calisto, dono de um armarinho, pretendente de uma das jovens. Também ator em um teatrinho particular onde representa Otelo, esse enamorado fica obcecado pela personagem, por isso deseja sentir ciúmes para desempenhar bem o papel:

Adoro esta rapariga tanto, como a minha parte de Otelo... sim... [...] Oh! se fosse ela que fizesse o papel de Hedelmonda...[236] com que prazer e arrebatamento eu lhe daria a punhalada do quinto ato! Ao menos porém deve aparecer algum ímpeto de ciúme [...] é preciso que eu me exaspere, que eu esbraveje mordido pelo ímpeto do ciúme [...] ou então não passarei de um Mouro de Veneza muito ordinário. Se eu apanhasse um pretexto...[237]

Não é difícil perceber que o *querer sentir ciúmes* baixa a temperatura do delírio da personagem, não

---

227 Uma das aquarelas mais constrangedoras de Debret mostra um negro sendo castigado pelo dono numa sapataria, enquanto uma mulher, com um bebê nos braços, espia atrás de uma porta. O pintor descreve a cena, observando que a mulher, mulata, "embora ocupada em aleitar o filho, não resiste ao prazer de ver um negro ser castigado". Cf. *Rio de Janeiro Cidade Mestiça...*, p. 14-15.
228 Martins Pena, *Folhetins*, p. 238.
229 Idem, *Comédias* (1845-1847), p. 130.
230 Idem, p. 132.
231 "Vi muitas vezes *Otelo* no teatro / [...] / O crime de Otelo é uma migalha, uma ninharia, uma nonada, comparado com o meu" (idem, p. 134). Isso depois de dizer que diante disso seria "um tigre, um leão, um elefante". Com esse carrossel de animais selvagens, o autor destrói o efeito da feroz sublimidade atribuída à personagem trágica. Não esquecer que "tigre" era o nome dado ao escravo que levava os despejos da casa, para atirá-los ao mar e enterrá-los nas praças. O epíteto, pronunciado em cenas trágicas, causava às vezes hilaridade na plateia brasileira.

232 Seção de Manuscritos da Biblioteca Nacional (1-2, 3, 61 A).
233 R. Magalhães Jr., *Dicionário Literário Brasileiro Ilustrado*, v. IV, São Paulo: Saraiva, 1969, p. 165 e s.
234 Seção de Manuscritos da Biblioteca Nacional (1-R, 3,61 A)
235 Idem, ibidem.
236 Tradução de Ducis para "Desdêmona".
237 J. M. de Macedo, *Teatro Completo* 2, p. 256.

a afastando demasiado das margens da normalidade e da pura brincadeira. Apesar das alfinetadas no governo e na política, sempre pelo recurso do trocadilho, o texto aconselha sem ironia, tem um ar cordial e amigo. Além disso, o texto de Ducis não é transformado por dentro, desviando-se do sentido original; ao contrário, comparece entre aspas na comédia de Macedo, que por isso mesmo funciona mais como apoio jocoso do que paródia.

Mas a forma caseira também tem sua eficácia e a crítica a João Caetano, pairando por sobre o texto, transfere-se para a tolice do protagonista Calisto, que julga infantilmente poder imitar o grande ator num teatrinho de bairro. A afirmação explícita de que sua interpretação ficava "dez furos acima do João Caetano", quando vemos essa mesma personagem mergulhada na própria mediocridade e falta de discernimento, produz o efeito oposto, isto é, o de preservar a glória de nosso trágico. Além disso, a inverossimilhança da confusão do cachorrinho da amada com um amante tira o ponto de apoio da pretendida caricatura, que se volta contra seu autor, concluindo-se o texto pela costumeira harmonização das diferenças. Mais uma vez a pecinha de Macedo deixava intocados os valores básicos do que supostamente pretendia criticar. Apesar disso, não podemos negar algumas tiradas espirituosas, principalmente no diálogo inicial entre Calisto e o pai de sua amada, ou na metamorfose do "punhal de Otelo", tantas vezes repetido, numa inofensiva vela de cera.

Para resumir essas observações sobre a obra de Pena e Macedo, podemos dizer que entre os vários aspectos em que se diferenciam o mais importante diz respeito ao aspecto formal. Em Pena, assistimos ao aprendizado da forma encaminhando-se sempre ao controle dos procedimentos teatrais, afinal atingido com originalidade; em Macedo, no retraçar de alguns temas comuns, não existe grande preocupação com a pesquisa estética, apresentando-se os problemas sempre diluídos ou equalizados por meio dos mesmos procedimentos. Ora, essa forma tendia à harmonização de todos os termos, fossem estéticos ou ideológicos, como observamos no tratamento dado à escravidão.

Quanto ao nacionalismo, isto é, à escrita das coisas locais, fundamental no romantismo, unido também ao patriotismo da época, exacerbado pelas circunstâncias políticas, os autores também se diferenciam. Em *Luxo e Vaidade*, a fala de Anastácio (Ato II, cena 4) é esclarecedora, pois vemos o Brasil ao alcance das conquistas do liberalismo: "Já não se reconhece [sic] privilégios, graças a Deus, e as portas das grandezas sociais estão abertas a todos os que sabem merecê-las". Em contrapartida, Martins Pena é um mal-humorado sob muitos pontos de vista. Nos *Folhetins*, confessa que as pessoas *ilustres* que, por acaso, sentam-se a seu lado no teatro, estragam-lhe a noite, o grande império transforma-se na *tapera de Santa Cruz*, entedia-se com os elogios dramáticos e zomba da mania das cores nacionais que emocionam a "rapaziada patriótica"; o aniversário da abdicação merece-lhe irreverente comentário e escarnece, da maneira mais feroz, da estupidez da censura, que apenas se preocupa com "o amor e os pecadinhos que ele nos faz cometer", em nome de um inexistente passado dignificante. Todos esses aspectos negativos ao espírito moderno foram abordados e criticados por Martins Pena.

O acanhamento e as contradições do meio, além das limitações materiais do teatro, não deixaram também de constituir empecilhos à cabal realização de cada um dos autores. É muito significativa a descrição de uma cena na apresentação de *L'Elisir d'Amore* que, segundo os *Folhetins* assemelhou-se a "uma verdadeira patuscada": um cão latia sem parar na plateia; um cavalo trôpego e raquítico, que puxava um carro de papelão dourado levando três personagens, "deu com os olhos no lustre e recuou ofuscado"; o carro, "impelido e acelerado pelo declive do tablado, rolou com velocidade para diante". Seguiu-se uma tremenda confusão, acompanhada de vaias da plateia; os atores saltaram do carro, os coros fugiram, até que "um homem valente" saltou sobre o cavalo, que caiu de focinho, em meio a ruídos de tropel e gargalhadas. Minutos depois a ordem foi estabelecida, a orquestra principiou a tocar, os personagens subiram no carro, e tudo continuou como se nada houvesse acontecido.

Entre nós, quase tudo precisava ser feito, do abandono das velhas normas neoclássicas, já desgastadas, à promoção da literatura nacional (os jovens autores da revista *Niterói* não conheciam bem os autores do passado – era difícil localizar os textos – e chegaram a procurar registros que contivessem "a desejada poesia original dos índios"²³⁸). Em segundo lugar, a ação ininterrupta da censura era facilitada pelos subsídios oficiais. Na mesma sessão da Câmara em que os deputados censuraram *O Inglês Maquinista*, discutiu-se a oportunidade ou não dos subsídios teatrais. O deputado Mendes de Almeida votava contra, pois "há entre nós a mania de fazer o governo carregar com tudo, e assim vamos de certa maneira caminhando para o comunismo". O senhor Rocha, contudo, desconfiado do poder subversivo da arte cênica, votava a favor, e explicava: "é importante que haja o subsídio para a facilidade do controle sobre o teatro"²³⁹.

Sem dúvida, a obra de Pena supera a de seu colega em originalidade e consequência. Inaugurando o gênero mais fecundo entre nós – a comédia de costumes –, ele refundiu as formas existentes do entremez no interior de um minucioso trabalho de incorporação de outros gêneros. Quanto a Macedo, não podemos discordar de Machado de Assis: "O autor abre à sua musa um caminho fácil aos triunfos do dia, mas impossível às glórias duráveis"²⁴⁰. Mas ele também contribuiu para fazer a passagem da "oralidade de salão e academia, típica do arcadismo, para a oralidade de teatro, comício, reunião política – coisas novas no Brasil"²⁴¹. Não se pode também esquecer o elogio do tipo brasileiro, na figura da "moreninha". Com isso revitalizou o antigo tópico que atribuía aos olhos ou cabelos negros as qualidades da malícia ou da traição²⁴². Traduzida em forma teatral, *A Moreninha* foi a peça mais popular de Macedo, chegando a Portugal com o mesmo sucesso.

## 5. A ARTE DO ATOR E O ESPETÁCULO TEATRAL

A demarcação do romantismo teatral no Brasil, nos seus aspectos espetaculares e autorais, exige algumas considerações preliminares. Segundo o cânone estabelecido nos estudos literários no Brasil, a partir de Antonio Candido e, principalmente, naquele fundado pelos estudos teatrais de Décio de Almeida Prado, o romantismo teatral é um território bem delimitado que compreende alguns autores dramáticos e que, nos aspectos do espetáculo e da interpretação, foi hegemonicamente dominado por um único artista, João Caetano (1808-1863):

> João Caetano representa a chave que abre todo o período de formação do nosso teatro, visto pelo lado de dentro, a partir do palco, através de sua parte mais viva e atuante. Os nossos escritores passaram em geral marginalmente pela cena. Antes de comediógrafos ou dramaturgos, foram poetas, romancistas, historiadores, políticos, quando não simples funcionários públicos. Não viveram de suas peças, nem lhes devem, com raríssimas exceções, a sua notoriedade literária. Somente ele, na sua dupla função de ator e de empresário, sustentou durante três decênios a continuidade de nossa vida teatral, em condições sempre adversas e em nível surpreendentemente alto²⁴³.

Não há como negar as evidências que consubstanciaram essa visão, nem é intenção aqui contraditá-las. O que se propõe é, olhando para além dessas certezas conquistadas, tentar uma visão mais ampla que inclua, além dos conteúdos programáticos dos dramas encenados e das biografias de seus atores, a reconstituição da materialidade teatral que existia na cidade do Rio de Janeiro durante a década de 1840, período que concentra a maior parte da chamada fase romântica do nosso teatro. Não que uma leitura pelo viés da literatura dramática não possa apontar aspectos importantes dessa materialidade. É que, a despeito das avaliações da dramaturgia encenada no período, um outro caminho pode ser buscado, com base nos espetáculos e manifestações de teatralidade, independentemente

---

238 A. Candido, *O Romantismo no Brasil*, São Paulo: USP-FFLCH, 2002, p. 33.
239 V. Arêas, *Na Tapera de Santa Cruz*, p. 270.
240 L. Hessel; G. Raeders, *O Teatro no Brasil sob Dom Pedro II*, 1ª parte, p. 116.
241 A. Candido, *O Romantismo no Brasil*, p. 95.
242 Sérgio Buarque de Holanda, Da Alva Dinamene à Moura Encantada, em *Tentativas de Mitologia*. São Paulo: Perspectiva, 1979, p. 85-97.

243 D. de A. Prado, *João Caetano e a Arte do Ator*, São Paulo: Ática, 1984, p. IX.

da valoração literária. Assim, nosso ponto de partida será o panorama de fatos objetivos que eram diariamente noticiados pela coluna "Teatros", do *Jornal do Comércio*, e que incluía desde as estreias de espetáculos de acrobatas e malabaristas, transcorridos no "anfiteatro do campo de São Cristóvão", até os grandes espetáculos do Teatro S. Pedro de Alcântara, que consistiam da justaposição de concertos e tragédias, dançados e dramas, farsas e recitais líricos. Buscaremos relacionar alguns desses fatos extraídos do principal periódico do Rio de Janeiro à época com outros registros preciosos, como as crônicas de Martins Pena (1815-1848) sobre os espetáculos de ópera nos anos de 1846 e 1847, e com a própria tradição canônica fixada numa série de trabalhos de pesquisadores que estudaram esse período.

O ciclo da teatralidade romântica compreende os anos de 1833 a 1863, período em que se desenvolve o trabalho de João Caetano. Na primeira data o ator criou em Niterói a primeira companhia brasileira de teatro; a segunda é a data da sua morte. Trinta anos na vida do maior ator romântico compreendem todas as manifestações dramáticas e cênicas do romantismo teatral e tangenciam, inclusive, as fases identificadas como anterior e de ruptura com o romantismo.

Dentro desse ciclo maior pode-se recortar uma primeira década, que compreende o período das encenações das peças de Martins Pena no Teatro S. Pedro. Pena foi o autor brasileiro que mais encenou textos seus e que, de fato, imiscuiu-se nas artes da cena, exercendo esse mister no maior teatro da corte à época. Esse ciclo de encenações vai da estreia de *O Juiz de Paz da Roça* no Teatro S. Pedro, em outubro de 1838, poucos meses depois da encenação de *Antônio José ou o Poeta e a Inquisição*, de Gonçalves de Magalhães (1811-1882), até o fim da colaboração de Pena como folhetinista do *Jornal do Comércio*, em outubro de 1847. Nessas atividades contribuiu decisivamente, muito mais do que como autor de comédias, como artista do teatro para a consolidação de práticas e assimilação de procedimentos de encenação no país.

O período se desdobra numa segunda fase, que esboça a decadência do projeto de construção de uma teatralidade romântica no Brasil. Já não se conta com a participação de Martins Pena e a empreitada prossegue sob o comando de João Caetano – desde 1851 instalado no Teatro S. Pedro –, indo até a estreia de *O Demônio Familiar*, de José de Alencar, no Teatro Ginásio Dramático, em novembro de 1857. Antigo Teatro S. Francisco, que tinha acolhido João Caetano por quase uma década, o Ginásio consolidou naquela data, com uma peça de autor nacional, um modo realista de encenar, que se diferenciava da tradição romântica ainda vigente no S. Pedro. São anos, pode-se dizer, de agonia do modelo teatral anterior, paulatinamente substituído pelo que se foi criando nas bases da escola realista europeia, cujos ecos se faziam sentir seja pela vinda de companhias francesas, seja por meio de novos atores e ensaiadores portugueses que chegavam ao Rio, como foi o caso de Furtado Coelho.

Uma terceira fase, já incluindo o início da década de 1860, marca a decadência definitiva do modelo de interpretação consagrado por João Caetano e dos valores da encenação romântica. Ao mesmo tempo, da perspectiva da constituição de uma tecnologia de montagem de espetáculos, essa última fase configura a consolidação da teatralidade gerada nos vinte anos anteriores, e que se exemplifica no crescente êxito de João Caetano como ator e empresário, bem como na projeção de seu nome em termos nacionais e internacionais. Afinal, a despeito das críticas ao seu repertório e à sua interpretação à antiga, que já se manifestavam no início da década de 1850, ele foi um produtor vitorioso pelo menos até 1857, quando inaugurou, pela segunda vez em quatro anos, depois de dois incêndios, um Teatro S. Pedro todo de ferro, e se manteve até morrer, a figura referencial nas artes da cena no Brasil. Se o Ginásio apresentava um novo estilo de encenação, é provável que, estruturalmente, em termos cenotécnicos, ainda herdasse grande parte dos procedimentos da fase considerada romântica. Também é inegável que no estilo de interpretação de João Caetano já havia um passo no caminho do realismo, na medida em que se rompia com o modelo neoclássico de interpretação e avançava-se rumo a uma interpretação menos hierática e mais sanguínea. Araújo Porto-Alegre (1806-1879), comentando a importância da união entre João Caetano e Gonçalves de Magalhães, em 1838, aponta a reforma na arte da interpretação nestes termos:

O nosso teatro tem tido uma existência aventureira. A arte dramática só fez legítimos progressos naquela época em que o sr. dr. Magalhães se uniu ao sr. João Caetano: nesta época, todos os elementos artísticos se associaram e revestiram o palco-cênico de toda a sua dignidade. O ator trocou a monótona declamação e acionado dos galãs da escola rotineira pela declamação onomatopeica, e pelos gestos que servem de colorido às ideias do poeta, que as aviventam, e lhes dão um poderio mágico para agradavelmente penetrarem na alma do espectador.

O ator começou a compreender o equilíbrio natural do movimento do corpo humano, a oposição dos membros superiores com os inferiores; começou a mover o braço antes do antebraço, e este antes da mão, para que esta rematasse o pensamento e fixasse os olhos do espectador no ponto preciso a que deviam ser levados; o ator começou a compreender que os músculos da face deviam-se tornar escravos à sua vontade, e que uma fisiológica aplicação de suas contrações e repouso lhe devia dar em resultado a expressão necessária, e não uma careta, que é o fruto da ignorância. Senhor dos primeiros rudimentos de uma arte tão variada, como a natureza que ele imita, começou a sentir a necessidade de um estudo profundo e contínuo para que o seu físico se tornasse facilmente uma máquina artística, um moto sentimental, um espelho das paixões, e uma espécie de Proteu, apto para todas as transformações[244].

Como aqui o foco não se dirige aos aspectos biográficos, mas à tendência geral que esse ciclo de implantação de uma teatralidade brasileira evidencia, o que salta aos olhos quando se pensa em João Caetano é a sua dificuldade de contracenar com antagonistas à sua altura e de repartir com qualquer outro talento contemporâneo a ele as glórias de imperador do teatro brasileiro. Essa questão já foi apontada por Décio de Almeida Prado, quando pinçou uma afirmação do ator depois de cobrado por não ter sido parceiro de atores e autores nacionais:

cedi ao Florindo o protagonista do *Olgiato*, papel que o Magalhães havia escrito para mim; pedi ao Macedinho que escrevesse o *Cobé* para o Germano; o Joaquim Norberto, por sugestão minha, produziu o drama *Amador Bueno*, que passei, sem representar, ao Costa, tendo-o aliás o autor destinado a mim [...]. Martins Pena leu-me a sua primeira tragédia, que passei ao Florindo[245].

Mais do que dispensar papéis e oportunidades, João Caetano evitou confrontos, e, como *protagonista-mor*, só ofereceu aos pares coadjuvações à distância. Nesse sentido, atraiu não só o foco dos historiadores para si como evitou que qualquer outro ator pudesse rivalizar com ele de fato. Mesmo os supostos grandes atores realistas que o teriam superado, Furtado Coelho e Joaquim Augusto, não foram termo de comparação: o segundo era um discípulo seu e o primeiro era português. Nesse sentido, o ciclo de interpretação que ele encarnou, e do qual foi o principal representante, só finda com sua morte, pois não chega a haver destronamento. É como se ele não só já tivesse empunhado a bandeira realista – quando, ainda que traduzindo de forma tosca o impulso romântico, rompeu com a declamação cantada em alexandrinos – como tivesse sido o principal gestor da implantação das condições materiais que geraram a competência humana nativa para encenar-se qualquer tipo de espetáculo no país: de farsas a melodramas, de tragédias a óperas.

De fato, em termos de tecnologia cênica, as bases românticas da teatralidade brasileira foram fundamentais não só para o realismo posterior como, nas décadas seguintes, para a concretização da materialidade cênica da comédia de costumes e das operetas, das mágicas e das revistas. Nessa perspectiva, além do papel central de João Caetano em todo o processo, sobressai a participação de Martins Pena como dramaturgo, encenador e crítico. É ele que, mais do que o consagrado ator, emerge como o grande pioneiro no processo de aquisição de uma tecnologia de encenação europeia[246]. Imprescindível mencionar também,

---

244 A. Porto-Alegre, O Nosso Teatro Dramático, em J. R. Faria, *Idéias Teatrais*, p. 368.

245 Em D. de A. Prado, *João Caetano*, p. 121.

246 Ruggero Jacobbi foi o primeiro a minimizar a perspectiva literária no enfoque a Pena e a perceber traços de um homem da cena no seu processo criativo: "No fundo Martins Pena vai mais além do que um simples artesão, justamente por nada almejar. Não imaginava ele que pudesse haver outra espécie de teatro fora do teatro cotidiano. Refaz conscienciosamente as tramas e as situações de autores menores (em sua maioria anônimos, ou então franceses ou portugueses da época, algumas vezes adaptados). Não vive entre os livros, mas entre copiões manuscritos, cheios de anotações feitas por empresários, cortes, palavras acrescentadas ou sugeridas pelos atores e anotações dos diretores de cena. A publicação é um destino com que não sonha para suas obras, voltado como está para a representação. Sente-se, em todas as suas comédias, o estado fluido da produção teatral, que precede

para a consecução desse propósito, a colaboração anônima de outros muitos atores e ensaiadores, inspetores de cena e maestros, cenógrafos e contrarregras, fossem eles estrangeiros ou brasileiros.

## Vestígios de uma Teatralidade

No decênio de 1840, o município do Rio de Janeiro tinha 276.466 habitantes, sendo que 60.500 moravam na área rural. Desse total, apenas 155.864 eram livres ou libertos[247]. Uma parte considerável desses fluminenses não escravos devia frequentar os três teatros existentes no Rio. Eles eram, em ordem de tamanho e importância na vida social e cultural da cidade, o Teatro S. Pedro, o S. Francisco e o S. Januário. Nos trinta anos anteriores, além de conquistar a independência de Portugal, o país buscara a emancipação em todos os campos, inclusive no artístico. No caso do teatro de ópera, símbolo arquitetônico e cultural imprescindível em todas as capitais europeias à época, o Rio de Janeiro dispunha, desde 1813, de um legítimo exemplar projetado no modelo do teatro S. Carlos, de Lisboa: o Real Teatro de S. João. Durante todo o século XVIII o país tivera, no máximo, "Casas de Ópera". Agora, ganhava acesso às tecnologias cênicas desenvolvidas desde o século XVI e que tiveram, no século XVIII, um apogeu com a consolidação dos espetáculos operísticos na Europa. Além das formas neoclássicas e da imponência arquitetônica, o novo edifício trazia embutida uma tecnologia de encenação inexistente no país e atraía para si técnicos e artistas europeus capazes de operá-la. É parte da história de como essa teatralidade se implantou no Brasil, no sentido do desenvolvimento de um modo de produzir cenas ou espetáculos, que interessa aqui resgatar, com ênfase na materialidade cênica no período romântico. O *locus* privilegiado para observar e analisar esse primeiro desenvolvimento de uma tecnologia cênica no país é o Teatro S. Pedro.

A construção original data de 1813, quando foi batizada como Real Teatro de S. João. Era um empreendimento de Fernando José de Almeida Castro, um ex-barbeiro apadrinhado do marquês Fernando José de Portugal e Castro, vice-rei do Brasil entre 1801 e 1806[248]. Ele foi construído em um terreno pantanoso, localizado próximo ao Campo de Santana (atual praça Tiradentes), de propriedade do próprio barbeiro Fernando José de Almeida, também conhecido como "Fernandinho". O projeto de sua construção é do engenheiro militar e marechal de campo José Manoel da Silva, e obedecia ao padrão das grandes casas de ópera, como atesta a pesquisa de José Dias:

> O projeto arquitetônico com sua volumetria dominava a paisagem enobrecendo o largo do Rocio, obedecendo ao estilo da cena italiana, seguia hierarquicamente os espaços internos do edifício teatral, separando os limites entre o palco e a plateia com sua forma aproximada de ferradura: apresentava a curvatura dos balcões em forma de *u* alongado, definindo o *foyer*, o proscênio e o fosso da orquestra. Seguindo o modelo da arquitetura teatral europeia, o teatro possuía um pórtico ao corpo frontal do edifício para a proteção dos espectadores que chegavam de carruagens. [...] O teatro possuía quatro ordens com quinze camarotes de cada lado da tribuna, com exceção da última, que tinha mais três camarotes sobre a tribuna real. O prédio externamente possuía trezentos palmos de comprimento (66 m), centro e trinta palmos de largura (28,60 m), e noventa e nove e meio palmos de altura (21,89 m). [...] Acomodava 1.020 pessoas na plateia e possuía quatro ordens de camarotes, com trinta camarotes na primeira ordem, vinte e oito na segunda, vinte e oito na terceira e vinte e dois na quarta. [...] Em 1821 foi feita uma reforma, o teatro foi pintado interna e externamente, forrados os camarotes, de cujos parapeitos pendiam sanefas de veludo e ouro, festões de flores, bandeiras e troféus; foi estendido um tablado que encobrindo os camarotes de primeira ordem, corria até o soalho do proscênio. Do teto pendia grande quantidade de lustres de cristal[249].

O Real Teatro de S. João incendiou-se em 1824 e o seu proprietário logo se mobilizou solicitando

---

a imaginosa improvisação dos cômicos, e no qual o escrito é apenas uma indicação, raramente conservado intacto nas viagens autor-ponto, ponto-intérprete, intérprete-público". Suplemento Literário d'*O Estado de S. Paulo*, 17 de agosto de 1957.
247 Em R. Magalhães Jr., *Martins Pena e Sua Época*, São Paulo: Lisa; Rio de Janeiro: INL/MEC, 1972, p. 78. Os dados foram retirados do recenseamento de 1850, feito por Roberto Jorge Haddock Lobo e publicados no *Jornal do Comércio*.

248 O novo teatro foi largamente subsidiado pelo Tesouro do Império, seja através de isenção fiscal na importação de sua sofisticada decoração, seja através do benefício de loterias.
249 José da Silva Dias, *Os Teatros do Rio de Janeiro do Século XVIII ao Século XX: Inventário, Análise, Trajetória*, tese de doutorado, Departamento de Artes Cênicas da ECA-USP, p. 28-55.

um empréstimo do Banco do Brasil, a concessão de loterias e vendendo ações em troca da cessão de camarotes do teatro que se construiria. O novo teatro, em grande parte espelhado no anterior, foi inaugurado em 4 de abril de 1826, rebatizado como Imperial Teatro S. Pedro de Alcântara. Segundo João Ângelo Labanca, a fachada "conservou todas as características do projeto anterior"[250]. Mas quem dá detalhes mais completos sobre a arquitetura do S. Pedro é Galante de Sousa:

> O teatro possuía 100 camarotes distribuídos em quatro ordens, com capacidade para umas 300 pessoas, e separados por um gradil dourado da plateia que acomodava aproximadamente 600 espectadores. Ao centro ficava o camarote imperial, ornado com o brasão do Império, com lindos trabalhos de talha dourada e guarnecido de cortinas de seda azul, bordadas a ouro (essa decoração deve ter sido substituída por verde e ouro, cores a que se refere Carlos Seidler). A iluminação era feita por 220 velas de cera, resguardadas em mangas de vidro. A não ser no camarote imperial, onde havia um grande lustre e várias arandelas, do teto não pendia nenhum candelabro para não prejudicar a visão. O edifício era bastante arejado, atendendo aos rigores do clima. À entrada havia um buffet[251].

Com a morte de Fernando José de Almeida em 1826, o Banco do Brasil, credor do empresário, recebeu a posse do teatro como hipoteca. Em 1829, o Imperial Teatro S. Pedro passou a ser administrado por uma comissão de cinco membros, sempre dependendo da concessão de loterias. Finalmente, em 1838, o Banco do Brasil decidiu liquidar a dívida acumulada desde a época do primeiro proprietário e vendeu o teatro a Manoel Maria Bregaro e Joaquim Valério Tavares, que formaram uma sociedade composta por quarenta acionistas. Os novos proprietários fecharam o teatro para uma reforma, mandando construir um segundo andar, que se tornou a frente do edifício, bem como um frontão sobre o corpo central. Os administradores dessa sociedade demitem João Caetano, no início da década de 1840. Contra eles, Martins Pena assestará suas críticas, a partir de 1846.

Essa reunião dos fragmentos disponíveis da história material do Teatro S. Pedro dá a medida de quanto ainda resta para investigar nessa direção. Por exemplo, pouco se sabe acerca da arquitetura interna do palco do teatro, de como era seu urdimento e de como funcionava o sistema de varas contrapesadas para a entrada de telões. A única coisa certa é que a cenografia era estruturada em torno de telões pintados provavelmente em papel[252]. Mas sobre as bases técnicas em que eles eram utilizados pouco se sabe. Segundo José Dias, o arquiteto responsável pelo projeto do Teatro S. Carlos, José da Costa e Silva, veio ao Brasil em 1812, quando foi empossado no cargo de Arquiteto Geral de todas as obras reais no Brasil, o que incluía as obras do Real Teatro de S. João[253]. Na verdade, os vestígios estão em documentos esparsos, de épocas distintas, mas que aos olhos do observador da materialidade cênica serão sempre produtivos. Por exemplo, Henrique Marinho informa, sobre o incêndio de 1851, quando a casa de espetáculos já tinha voltado às mãos de João Caetano, que foi perdido um arquivo das companhias lírica e dramática contendo "mais de 12 mil vestimentas, cenário e instrumentos de música" e que só se salvaram os livros do escritório[254]. Saber que existiam tantos figurinos no S. Pedro é um indício seguro da grandiosidade do teatro, assim como os livros de escritório podem se revelar preciosos para avaliar os custos e a burocracia de seu funcionamento.

A história do Imperial Teatro S. Pedro de Alcântara coincide com a história do romantismo teatral brasileiro. Depois de queimar novamente em 1855, foi reinaugurado, na sua última e duradoura versão, em 1857[255]. Foi em seu palco que a "escola romântica" mais explicitamente se desenvolveu em termos de encenação e interpretação.

---

250 A História do Teatro João Caetano, em *Teatro Ilustrado*, junho de 1959, p. 40.
251 *O Teatro no Brasil*, v. 1, p. 248-249.
252 R. Magalhães Jr. comenta a primeira estreia de Martins Pena, em 1838, com *O Juiz de Paz da Roça*, observando que, sendo uma comédia de quatro quadros, com dois cenários distintos, exigiria repetidas mutações. Salienta, contudo, que "sendo os cenários de papel pintado, isso não representava grande problema, desde que os contrarregras e maquinistas fossem rápidos na troca do escasso mobiliário". Cf. *Martins Pena e Sua Época*, p. 24.
253 J. Dias, *Os Teatros do Brasil*, p. 32.
254 *O Teatro Brasileiro: Alguns Apontamentos para Sua História*, Rio de Janeiro: Garnier, 1904.
255 O Teatro S. Pedro foi demolido em 1928 para a construção de um teatro mais moderno, o atual Teatro João Caetano, na praça Tiradentes, no Rio de Janeiro.

## Teatros: Miscelânea de Repertórios e Companhias

Como a história material das encenações ocorridas no Teatro S. Pedro é efêmera e, a princípio, inacessível, necessita-se aqui de estratégias e procedimentos metodológicos próximos da arqueologia, que lida com vestígios e partes perdidas de um todo a ser virtualmente reconstituído. Entre as carências de documentos que poderiam permitir a reconstituição da cena romântica em termos ideais, a mais sensível é a de imagens. Muito ainda há que pesquisar nas coleções de viajantes e de artistas plásticos estrangeiros que nos visitaram em busca de descrições visuais de espetáculos. Na ausência de imagens, há pois que se trabalhar com descrições verbais de testemunhos dessas encenações, que se encontram nas crônicas, críticas e folhetins que eram publicados nos jornais do Rio de Janeiro. Entre esses, uma fonte interessante é a coluna "Teatros" do *Jornal do Comércio*, principal periódico da corte naquele momento, que atravessou a década de 1840 refletindo tudo que acontecia nos teatros. A coluna trazia, diariamente, informações sobre os assuntos teatrais, entre notícias de estreias futuras, comentários críticos e anúncios dos próprios empresários teatrais, todos espremidos na exiguidade do espaço disponível. O redator, que nunca assinava a coluna, fazia, em geral, a descrição das partes encenadas nos espetáculos oferecidos em todos os teatros da corte. O mais comum era a programação, por mais variada que fosse, ser interpretada pelo articulista como um espetáculo em si. Não importava se numa certa noite apresentava-se uma tragédia, um bailado ou um drama. Invariavelmente o redator iria utilizar, antes de descrever a última atração, a expressão "rematará o espetáculo". Por exemplo, na quinta-feira, dia 2 de fevereiro de 1843, abaixo do título "De S. Pedro de Alcântara" lê-se:

> Terá lugar a representação do drama em um acto *O Cego e seu Bordão*. Seguir-se-á o dançado da tarantela, pela sra. Farina e Clara Ricciolini, findo o qual se representará o drama em um acto *A Mãe e o Filho Passam Bem*. Depois haverá a execução do baile do grande espetáculo *A Vingança de Ulisses* com o terceto dançado pela sra. Farina,

Catton e Clara Ricciolini. Rematará o espetáculo com a farsa o *Filho do Bravo*[256].

Essa amplitude de ofertas dentro de um único espetáculo, que era constante e comum aos três teatros da corte, sugere que os aparatos cênicos e de produção eram fartos o suficiente para suportar apresentações com muitas mudanças de cena e um elenco variado de atrações. A ideia de que houvesse uma sucessão necessária de tragédia ou ópera, bailado e farsa é desmentida não só pelo noticiário relativo ao S. Pedro como pelo que abarca os outros teatros da corte no período. Nas colunas examinadas encontraram-se notícias relativas ao Teatro S. Pedro, praticamente diárias; ao Teatro S. Francisco, destacado sempre que João Caetano ali se apresentava; ao Teatro de Santa Teresa, em Niterói, onde João Caetano também costumava se apresentar e que abrigava espetáculos menos ortodoxos; e ao Teatro S. Januário (antigo Teatro da Praia de D. Manuel), ocupado por uma companhia francesa[257].

A variedade de atrações e a noção de que o espetáculo era o conjunto não homogêneo de artes e gêneros distintos são comuns às notícias de todos esses teatros. Há uma tendência de se somarem todos os esforços para fortalecer o novo hábito de frequentar espetáculos. O teatro de ópera europeu torna-se um espaço de convivência de gêneros e teatralidades distintas e a cada noite essa variedade é exercitada, mesmo quando se trata de uma estreia portentosa. Sempre há, também, participação combinada de membros dos corpos estáveis – músicos, atores e bailarinos – e artistas convidados. Esse ecletismo, que combinava a ópera e a farsa, o melodrama e o concerto de câmara reflete, na verdade, o papel central que uma instituição como o S. Pedro desempenhou na difusão cultural e no entretenimento da população da corte nas três primeiras décadas depois da independência. Da primitiva acrobacia ao sofisticado trinado operístico, arte e entretenimento conviveram e se apresentaram como alternativas espetaculares. De certa forma, ensaiou-se ali, no principal teatro do

---

[256] Teatros, *Jornal do Comércio*, Rio de Janeiro, 2 de fevereiro de 1843.
[257] As informações sobre o Teatro S. Januário vinham, no ano de 1843, em francês, numa coluna abaixo da coluna "Teatros", intitulada *Théâtre*.

Rio de Janeiro, uma variedade de formas e miscelânea de gêneros que se adaptariam, a partir do fim do século XIX e início do XX, nos "Polytheamas" criados em todo o Brasil[258]. Na década de 1840, o Teatro S. Pedro foi um grande politeama.

Outro aspecto interessante da teatralidade romântica revelado pela coluna "Teatros" é o apelo à participação do público nos anúncios de novas estreias, o que dá a medida do caráter publicitário que a coluna possuía, além de ser voz autorizada a criticar ou elogiar os desempenhos. Um bom exemplo desse tom quase de súplica à boa vontade dos espectadores é a notícia no pé da coluna de 11 de fevereiro de 1843, que anuncia a estreia do "excelente drama *As Memórias do Diabo*", em benefício da primeira bailarina da Companhia Nacional, Francisca Farina. O redator antecipa que:

> Em um dos entreatos o sr. Caton, a beneficiada e sua filha Judith dançarão um agradável terceto; porém como esta jovem tem apenas dez anos, e sendo a primeira vez que aparece em cena, com ano e meio de estudo, espera a beneficiada que o público lhe relevará as faltas neste seu *debut*, e animará da difícil carreira que vai começar neste terceto: *Vênus, Zéfiro e Amor*. Haverá, em seguimento, executado pela beneficiada, em caráter Svisero, *Um Dançado*. Terminará o espetáculo com a belíssima e acreditada dança *Amor Protege Amor*. Sendo esta a primeira vez que a beneficiada, chegada de pouco a esta capital, para onde veio, não só apresentar ao público o que de melhor pode fazer na sua arte, como receber dele, em retribuição dos seus bons desejos e esforços, as demonstrações de acolhimento e favor (qualidades estas que o tornam recomendável e digno de ser generosamente atendido), espera ela merecer neste dia indulgência, animação e patrocínio. Os bilhetes vendem-se na casa da beneficiada, rua de S. Jorge nº 2, entre a praça da Constituição e a rua da Lampadosa, das 2 às 6 da tarde[259].

Além da indulgência que se roga para mãe e filha, ambas estreando na corte, é de destacar o tom caseiro da indicação final, informando o local de venda dos ingressos. Essa era uma informação que sempre encerrava as notícias sobre um determinado espetáculo e, quando não se tratasse da programação oficial do S. Pedro, que pressupunha a venda de ingressos na bilheteria do teatro, remetia invariavelmente ao endereço do ator "beneficiado". Outro exemplo interessante, por envolver uma das estreias das comédias de Martins Pena, é a coluna do dia 17 de setembro de 1844, que anuncia espetáculo em benefício de Manoel Soares. Esse ator, que integra a geração de atores portugueses chegada no final da década de 1820, foi um dos que mais apoiou Martins Pena, tendo desempenhado o primeiro papel em diversas das montagens do comediógrafo[260]:

> Comédia nova em cinco atos, *Os Casados em Segredo*. Terminará o espectáculo a nova farsa, escrita pelo autor de *Juiz de Paz da Roça*, e *Festa na Roça*, intitulada *O Judas em Sábado de Aleluia*. Os bilhetes acham-se à disposição do público na casa do beneficiado, na rua do Piolho nº 85. Se os dramas de grande espetáculo, quer do gosto antigo, quer da escola moderna, arrebatam o espectador, há também muitos que, escritos no gosto faceto, têm belezas que instruem e deleitam; por isso não deixará de ter o mesmo acolhimento *Os Casados em Segredo* que é a tradução da mesma pena e do mesmo gosto. O beneficiado, tendo feito escolha de um espectáculo todo novo e todo jocoso, persuade-se de ter concorrido de sua parte para que fiquem satisfeitas aquelas pessoas que se dignarem protegê-lo.

## O Inspetor de Cena e a Cenografia

Uma das questões mais difíceis de elucidar, quando se investiga o funcionamento dos teatros da corte, e principalmente do Teatro S. Pedro, é a que diz respeito ao responsável pela palavra final sobre os espetáculos que eram apresentados. Quem definia os repertórios e selecionava as partes dos espetáculos? Havia alguém que exercesse uma função aproximada à do encenador moderno? Em havendo, quais seriam exatamente suas atribuições? O exemplo de João Caetano confirma que, no âmbito das companhias, os procedimentos da encenação eram

---

[258] É possível comprovar isso através da coluna "Palcos e Circos", do jornal *O Estado de S. Paulo*, que traz a programação do "Polytheama Nacional" de São Paulo, no período que existiu entre 1892 e 1914.
[259] "Teatros", *Jornal do Comércio*, Rio de Janeiro, 11 de fevereiro de 1843.
[260] Manoel Soares era irmão da atriz portuguesa Ludovina Soares e pai de Tereza Soares, respectivamente primeira e segunda damas da Companhia Portuguesa Cômica vinda ao Brasil em 1929.

coordenados pelo principal ator, principalmente a partir das convenções de encenação portuguesa e francesa[261].

No caso do Teatro S. Pedro, a situação é um pouco mais complexa, pois aquela casa de espetáculos era uma cidadela encravada no Rio de Janeiro imperial. O teatro abarcava corpos estáveis de cantores, de atores e de músicos, e diversas funções específicas como as do ponto, do puxa-vistas, do contrarregras, dos pintores e marceneiros, além de muitas outras atribuições técnicas e burocráticas. Tinha um corpo diretivo que atuava como o governante de uma cidade cheia de problemas, impotente para atender tantas demandas. O cargo máximo era o do presidente da diretoria, que pouco se enfronhava nos assuntos propriamente teatrais. Havia, em seguida, o secretário da diretoria, que deveria ser um cargo mais executivo, a administração geral dos teatros, que, provavelmente, incluía a gestão dos teatros S. Pedro e S. Januário, e, finalmente, o inspetor de cena, também referido como inspetor dramático, que com seu "camarim no arco do proscênio"[262] era o responsável por tudo o que acontecia no palco, incluindo-se os espetáculos e todas as suas consequências na confrontação com o público. Pelos registros encontráveis na coluna "Teatros", de remissões ao inspetor de cena do Teatro S. Pedro, é possível deduzir que além de decidir o repertório a ser encenado, definir os elencos, a cenografia, os figurinos e todos os demais aspectos artísticos e materiais das encenações, ele era o responsável imediato sobre tudo que dissesse respeito ao teatro. Como era um cargo de poder e de confiança, é possível identificar alguns períodos em que ele foi exercido por pessoa ligada por parentesco ao presidente da diretoria, o que deveria ser muito prejudicial para as lides concretas da cena. Com os indícios disponíveis, não só se conclui que o inspetor de cena do S. Pedro foi uma pessoa com várias atribuições e habilidades, como é possível recolher comentários elogiosos ao seu eventual talento. É o caso de José Antônio Tomás Romeiro, que aparece, com bastante frequência, citado tanto na coluna "Teatros", no ano de 1843, como nos folhetins de Martins Pena, entre 1846 e 1847. Galante de Sousa refere-se a ele como "inspetor do Teatro S. Pedro de Alcântara em 1843, e entre 1848 e 1850". Informa também que ele foi membro do Conservatório Dramático, "eleito em sessão de 15 de janeiro de 1848", e "suplente do Conselho em 1844 e 1845".

Luís Francisco da Veiga – o primeiro biógrafo de Martins Pena, que se deu ao trabalho de realizar um paciente levantamento, através do *Jornal do Comércio*, de todas as notícias publicadas acerca da edição e representação das peças do dramaturgo no Rio de Janeiro entre 1837 e 1847[263] – revela ter havido uma franca amizade entre Pena e Tomás Romeiro, o que talvez explique como um jovem dramaturgo brasileiro tenha encenado dezenove peças no palco do principal teatro da corte, entre 1838 e 1845, incluindo-se entre elas o melodrama *Vitiza ou o Nero de Espanha*. Veiga resgata, por exemplo, um comentário não assinado no *Jornal do Comércio* do dia 15 de setembro de 1845, fora da coluna "Teatros", em que se elogia o esmero do "sr. Romeiro" nos preparativos para a estreia:

Consta-nos que se acha em ensaios, e que brevemente subirá à cena no teatro de S. Pedro, um drama original em cinco atos e em verso, pelo autor das comédias *O Noviço, O Inglês Maquinista, Os Irmãos das Almas* etc. Esse drama que se intitula *Vitiza ou Nero de Espanha*, é extraído das crônicas espanholas do tempo dos reis Godos. Afirmam-nos que o sr. Romeiro, inspetor de cena, desvela-se em que o drama suba à representação com todo o primor e pompa, e que assim dirigido fará grande efeito em cena, tanto pelo interesse e vivacidade da intriga, como pelo aparato de todos os seus atos. Ansiosos esperamos pela noite da representação e sem dúvida o público acostumado a rir-se com as graciosas comédias do mesmo autor nos acompanhará nesse desejo curioso de ver como escreve ele o gênero trágico. É sem dúvida digna de louvor a diretoria do teatro de S. Pedro por animar e proteger a escritores nacionais. Só assim teremos um teatro brasileiro; e a nosso ver esse é o mais valioso documento que a diretoria

---

[261] Na verdade, no Brasil, continuou sendo assim até, pelo menos, a década de 1940, senão até a de 1960, quando uma geração de jovens encenadores, no TBC (Antunes Filho e Flávio Rangel), Teatro de Arena (Augusto Boal e Vianinha) e Teatro Oficina (José Celso Martinez Corrêa) pretenderam desenvolver uma teatralidade à brasileira, com características cenotécnicas e cenográficas próprias.

[262] Martins Pena, *Folhetins*, p. 346.

[263] Luís Francisco da Veiga, Luís Carlos Martins Pena: O Criador da Comédia Nacional, *Revista do Instituto Histórico e Geográfico*, Rio de Janeiro, v. 40, 1877, p. 375-395.

pode exibir, quando requer ao corpo legislativo loterias para manutenção do teatro nacional"[264].

Esse comentário é um indício eloquente de que Romeiro era um nome decisivo na concretização do projeto teatral de Martins Pena. Sugere, também, que a presença do "sr. Romeiro", como Pena a ele se referia em seus folhetins, iria além dos três anos mencionados por Galante de Sousa e teria se manifestado em toda a década de 1840.

Que o inspetor de cena fosse responsável pela concretização dos espetáculos, incluindo-se nessas atribuições a definição de papéis, coordenação de ensaios e definição de soluções cenográficas e cenotécnicas, já se podia supor pela leitura de *Folhetins: A Semana Lírica*. O dado novo nessa notícia é o reconhecimento do inspetor de cena como alguém com mais poderes e atribuições do que se imaginava. As pistas apresentadas por Pena, acerca do desempenho desse profissional na intermediação das relações trabalhistas, já sugeriam uma autoridade significativa sobre todas as ações transcorridas no Teatro S. Pedro. Mas na coluna "Teatros" também a sua autonomia em relação às questões estéticas ou artísticas, frente à direção administrativa do teatro, é realçada. No dia 2 de fevereiro de 1843, por exemplo, informa-se sobre a perspectiva de residência temporária da "Companhia Dramática Hespanhola", recém-chegada de Montevidéu:

O inspetor dramático tem concedido o teatro mediante ajuste particular a uma companhia dramática espanhola chegada proximamente de Montevidéu, e a sua primeira récita não será ainda esta semana. Os srs. acionistas e assinantes que querem gozar de seus camarotes, são rogados a mandar buscar os bilhetes de entrada até o dia 2, às 2 horas da tarde. O contrato é celebrado somente por três representações, que serão extraordinárias, realizadas em dias diferentes dos espetáculos da casa, findos os quais, conforme a aceitação, se resolverá se a referida companhia fará parte das representações ordinárias do teatro"[265].

Fica claro pela notícia que o inspetor dramático, ou de cena, do Teatro S. Pedro tinha a liberdade de selecionar uma companhia e, sem prejuízo da programação já definida para assinantes e acionistas, estabelecer critérios para sua permanência lá. Os jornais das semanas seguintes revelariam a situação incompatível que se criou entre a trupe chefiada pelo sr. La Puerta e a Companhia Nacional, impossibilitando que a primeira continuasse ocupando o Teatro S. Pedro, como será detalhado a seguir, quando for tratada a relação desse ator espanhol com João Caetano. O episódio é ilustrativo das atribuições do sr. Romeiro como gerente da programação, selecionando os espetáculos merecedores de ocuparem o maior teatro da corte. Outro indício pertinente do papel central que o inspetor de cena exercia no Teatro S. Pedro, e indicativo de como ele era responsável por todos os detalhes das encenações, aparece nos comentários críticos de Martins Pena. A opinião de Pena ganha relevo, se nos lembrarmos de que ele devia ter uma relação de amizade com o sr. Romeiro. Comentando a estreia da ópera *Lucrécia Bórgia* no dia 8 de junho de 1847, Pena assesta suas baterias contra os figurinos, responsabilizando o inspetor de cena e dirigindo-se diretamente a ele:

Quando qualquer escritor crítico teatral diz que um artista cantou e representou bem ou mal, pode-se deixar muitas vezes de seguir a sua opinião, por isso que reputa-se esta apreciação negócio de gosto; mas quando ele nota o erro de aparecer em uma mesma ópera atores com vestimentas disparatadas e ridículas, e cuja censura não pode ser contestada, é do rigoroso dever de V. Sa., como encarregado da inspeção da cena, corrigir semelhantes erros, que tanto rebaixam o nosso teatro à vista dos estrangeiros que o frequentam. [...] Pedimos-lhe que tenha mais atenção com a dignidade da cena, como lhe cumpre, e com a reputação do primeiro teatro da corte, e que não se deixe levar por caprichos que nada servem. Por muitas vezes temos deixado de falar dos anacronismos acerca das vestimentas teatrais, por conhecer as circunstâncias do nosso teatro; mas tudo tem limites, e não queira o sr. Romeiro, que aliás é uma pessoa em quem reconhecemos merecimento, que o tempo de sua inspeção passe em provérbio como o do célebre Manuel Luís do Jacaré[266].

---

264 *Jornal do Comércio*, Rio de Janeiro, 15 de setembro de 1845.
265 "Teatros", *Jornal do Comércio*, Rio de Janeiro, 2 de fevereiro de 1843.

266 Martins Pena, *Folhetins*, p. 261. A ironia final de Martins Pena, evocando a figura de Manuel Luís, dono e ensaiador do Teatro da Praia (primeira edificação teatral do Rio de Janeiro, construída no século XVIII) e que será sempre citado por Pena como paradigma de um artista despreocupado em zelar pelas artes da encenação, revela que, a despeito da amizade que houvesse entre os dois, o

A centralidade do inspetor de cena, particularmente de Romeiro no funcionamento do S. Pedro, pode ser exemplificada, também, em notícia de 7 de abril de 1843 no *Jornal do Comércio*. Numa nota fora da coluna "Teatros", intitulada "Teatro S. Pedro de Alcântara" e situada logo abaixo do noticiário da Câmara Federal e do Senado, José Bernardino de Sá e Antônio da Cunha Barbosa Guimarães, ambos membros de uma comissão nomeada pelos acionistas da "Sociedade Teatral S. Pedro de Alcântara", relatam a exposição das contas dos teatros S. Pedro e S. Januário, feita em assembleia geral pelo "inspetor dramático" José Antônio Tomás Romeiro. Depois de considerarem as contas apresentadas, os dois relatores recomendam que sejam as mesmas contas completamente aprovadas, e que outrossim se lhe agradeça o bom desempenho da missão que lhe foi confiada, e as acertadas providências que deu a bem da empresa, dos quais tem resultado o regular andamento dos espetáculos, apesar dos inúmeros tropeços e dificuldades que de ordinário se encontram em tão espinhosa tarefa, e que só por uma demasiada perseverança e absoluta dedicação podem ser removidos[267].

É notável aqui como o inspetor de cena acumulava poderes no campo administrativo e contábil, e poder-se-ia, em função dessa evidência, imaginar que ele, afinal, não só participava ativamente das gestões artísticas e técnicas das encenações como exercia funções administrativas. De qualquer modo, independentemente do seu grau de envolvimento na administração financeira e contábil, é certa sua ascendência sobre os espetáculos. Por exemplo, em um "Comunicado" inserido na coluna "Teatros" de uma edição abrangendo os dias 15 e 16 de junho de 1843, um dramaturgo responsável por um texto recém-encenado no S. Pedro, *Um Episódio da História do Brasil*, que não assina o artigo, analisa sua própria obra e comenta a montagem. Apesar de um tom autocrítico, a principal preocupação do autor é elogiar explicitamente o inspetor de cena José Antônio Tomás Romeiro, destacando a forma como conduziu o processo de encenação:

cronista não poupava ninguém em sua cruzada pelo fortalecimento do teatro brasileiro.
267 "Teatros", *Jornal do Comércio*, 7 de abril de 1843.

Sou muito obrigado a este senhor, tanto pelo acolhimento franco e cordial que fez ao autor e à peça, pelo muito que se esmerou naquilo que dele dependia, bem como cenário, vestuário, ensaios etc. Demais como já disse, não deixei de aproveitar as observações mui judiciosas que me fez, e não poucas vezes tive ocasião de avaliar sua penetração, conhecimento da arte e o zelo incansável com que dirige os trabalhos cênicos. Não há dúvida que a concorrência que de há tempos se observa no teatro S. Pedro é devida aos constantes esforços de seu digno inspetor[268].

Ou, ainda, para confirmar a participação desse inspetor de cena do Teatro S. Pedro em todos os assuntos propriamente artísticos, vale citar que, em fevereiro de 1843, a coluna "Teatros" noticiou ter o "inspetor dramático" com "a possível antecedência" ordenado "a prontificação de um rico cenário e vestuário que exige a representação do aparatoso drama sacro – *O Reinado de Salomão* –, o qual fará parte principal dos espetáculos da quaresma [...]". No dia 5 de março, informa-se que não foi possível "prontificar-se" os cenários daquele drama e, finalmente, no dia 9 de março, o novo espetáculo estreia com a coluna apresentando uma detalhada exposição de suas partes e cenografia[269]. Mesmo não sendo mencionado o nome do inspetor de cena, fica claro na nota o enorme contingente de profissionais que a ele eram subordinados quando se tratava de uma nova estreia importante, como é o caso dessa, realizada na quaresma, para o deleite da família imperial. Destaque-se entre os colaboradores de Romeiro, Lopes de Barros, o responsável pela pintura de diversos telões; João Victor Ribas, o

268 Idem, 15-16 de junho de 1843.
269 "Distribuição dos atos. Primeiro ato: a morte, a luta e a unção. Cena do Bosque, árvores e rochedos que se transformam em uma rica apoteose. Segundo ato: a traição, a estrela, a audiência e as duas mulheres. Sala de audiência de Salomão: desenho e pintura do sr. Lopes de Barros. Terceiro ato: a morte de Hiran. O templo de Salomão: desenho e pintura de mr. Olivier. Quarto ato: o prazer, a idolatria e o castigo. Sala dos prazeres que se transforma em um árido deserto; o desenho e pintura do sr. Lopes de Barros. Neste ato haverá um grande dançado, composto e dirigido pelo sr. Luís Montani, do qual farão parte, executando um terceto, as sras. Farina, Catton e Clara Ricciolini. Quinto ato: O Jordão, a profecia e a glória. Um deserto. Transformação para a cena de glória, ornada com grupos de anjos: pintura do sr. Lopes de Barros. O drama é ornado de coros e música em todos os atos, cuja direção e ensaios são do sr. João Vítor Ribas. Rico vestuário, todo novo, feito pelo mestre do guarda-roupa, Manoel Joaquim Fernandes Nobre".

maestro do coro e da orquestra; e Manoel Joaquim Fernandes Nobre, o "mestre do guarda-roupa".

Um capítulo à parte, e o de mais difícil reconstituição nessa arqueologia do Teatro S. Pedro na década de 1840, é o da cenografia. À parte a menção a alguns nomes de pintores de telões, a base da cenografia romântica e de quase todo o século XIX, muito pouco se sabe sobre os efetivos recursos cenotécnicos do Teatro S. Pedro e sobre todo o suporte de adereços e recortes que eventualmente interagiam com os fundos pintados. Na coluna "Teatros" encontram-se algumas menções à cenografia e à indumentária dos espetáculos. Em várias ocasiões o redator da coluna informa sobre aspectos cenográficos notáveis que o público poderá esperar de uma determinada ópera ou tragédia. Em geral, essas informações estão associadas, como na última citação, à exposição dos atos das peças, correspondendo cada ato a um "decorado" específico e, algumas vezes, com a indicação do pintor responsável pelo telão. Os dois ali mencionados, Lopes de Barros e mr. Olivier, são também citados por Lafayette Silva, quando comenta a decoração do Teatro S. Januário, depois da reforma de 1842. Os mesmos Olivier e Lopes de Barros, bem como o figurinista Manoel Fernandes Nobre, não constam da lista apresentada por Galante de Sousa de artistas envolvidos com a cenografia no período. Referindo-se aos principais cenógrafos para a implantação do teatro de palco italiano no Brasil, Galante, um dos pioneiros na pesquisa da materialidade cênica do teatro brasileiro, cita apenas os nomes de Jean Baptiste Debret, Manoel da Costa e José Leandro de Carvalho, este último responsável pela pintura do pano de boca do Real Teatro de S. João, na inauguração em 1813. No capítulo de *O Teatro no Brasil* em que trata da indumentária e cenografia no chamado período romântico, após 1838, cita apenas o esmero de João Caetano com suas produções e arremata afirmando que "a missão do cenário não foi compreendida pelo romantismo"[270].

Em meio a essa escassez de referências sobre a cenografia romântica no Brasil do século XIX, um texto de Manuel de Araújo Porto-Alegre, publicado na revista *Guanabara*, é um dos testemunhos mais ricos sobre o conceito de cenografia que se consolidou no período entre 1833 e 1863, definido aqui como o da encenação romântica, ou como o de consolidação de uma teatralidade brasileira[271]. Com o título "Cenografia" e o subtítulo "os srs. Tagliabue e Picozzi", o artigo procura louvar dois cenógrafos que tinham recém-chegado ao Rio de Janeiro com uma companhia de ópera italiana, comentando favoravelmente a cenografia criada por eles para as montagens de *Os Puritanos* e do balé *O Lago das Fadas*. Porto-Alegre diz que o trabalho dos dois cenógrafos é "uma luz, que será profícua", e os compara a antigos mestre da cenografia italiana como "Servandoni, Biniena, Pozzo, Dagotti, Sanquirico e Nicolini". Segundo Araújo Porto-Alegre:

a cenografia é a vestimenta a caráter de um drama, é a sua vida local, é o complemento de todas as harmonias do talento: as musas do poeta, do músico e do pintor formam a trindade do gênio na ópera italiana, cuja criação pertence à civilização moderna[272].

Comparando a cenografia às outras artes, refere-se a ela como "a pintura" que escreve as "suas tragédias e os seus poemas", ao contrário da música e da poesia, "em uma linguagem universal, que tem por vogais a luz, e por consoantes as cores". Ela "possui a vara mágica, que toca num momento da vida da humanidade, daguerreotipa-o, e transporta-o às gerações vindouras, arrancando da noite do passado uma dessas cenas exemplares". Comentando os antecedentes cenográficos no Brasil, Porto-Alegre menciona Manoel da Costa, "que nos trouxe a vinda d'El-Rei, e que fez abrolhar alguns germens" e "o inesgotável Debret, cujas composições subiram o nosso cenário a um grau muito elevado". Os telões de Debret teriam sido "o último clarão do antigo teatro de S. João". Entre estes dois nomes, informa Porto-Alegre, "se intercalaram José Leandro, Francisco Pedro do Amaral, Francisco Ignácio e José da Silva Arruda". Quanto ao período entre

---

270 J. Galante de Sousa, *O Teatro no Brasil*, v. 1, p. 187.

271 Ver também ensaio de João Roberto Faria, A Lanterna Mágica: Imagens da Malandragem, entre Literatura e Teatro, em *A Comédia Urbana: De Daumier a Porto-Alegre*, São Paulo, Catálogo de exposição homônima, Faap, 2003, p. 172-191. O pesquisador contextualiza a participação de Porto-Alegre no meio teatral brasileiro na década de 1840, a partir do folhetim ilustrado *A Lanterna Mágica, Periódico Plástico-Filosófico* publicado no Rio de Janeiro entre 1844 e 1845.

272 Cenografia, *Revista Guanabara*, 1850, n. 2, p. 19.

1839 e 1850, Porto-Alegre menciona os nomes de "Mrs. Malivert e Olivier, dos srs. Joaquim Lopes de Barros, Freitas e Motta", só para retornar ao tema central do artigo e lembrar que, "com a presença de Tagliabue e Picozzi, todos estes jovens se escurecem". É, porém, no comentário direto sobre os espetáculos que mais se revelam a cenografia daquele período e os critérios de valor que a sustentavam:

Os cenários do *Lago das Fadas* são obras superiores: o luar foi mui bem ordenado; a vista da Aldeã que nos abriu a gruta encantada tinha belezas magistrais; a massa de luz que batia nas casas da direita, e aquela réstia de sol que vinha dourar a base da torre antiga, a entrada da ponte, do lado esquerdo, assim como os bastidores do quarto plano, eram de uma execução brilhante. O segundo plano, figurando uma colina ridente da bela Itália, coroada por fábricas colossais, assentadas sobre gigantescos betarcos, e circulada de outras construções, é uma bela concepção: as linhas têm um bom cadenciado perímetro, e recordam ao vivo aquele caráter de edificar, que nenhuma nação moderna tem sabido dar às suas obras. A gruta encantada, o cimbre fantástico, é uma obra magistral; que belo efeito não produz esse granizo de prata, tressuado pelos interstícios, pelos ramos encarnados de formosos corais, e pelo âmago esmaltado das alvíssimas conchas, que perfilam e procuram uniformizar aquelas arcarias, onde o gênio que criara Alhambra parece ter bebido suas inspirações! Conhecimento perspectivo, vigor de toque, feliz disposição da luz, tais são os predicados dos srs. Tagliabue e Picozzi, de quem esperamos mais amplamente escrever, quando os virmos colocados no espaço majestoso da arquitetura, e nos fizerem penetrar momentaneamente nessas suntuosas criações de todas as idades, e aí lermos na forma do arco, do capitel, e da laçaria o século a que pertencem, e a mão que as edificou[273].

Porto-Alegre termina o artigo dividido entre o entusiasmo por uma "nova era e brilhante para o teatro de S. Pedro de Alcântara", que a cenografia mencionada augura, e a certeza de que ali "nada se faz de completo", pois todas as obras lá encenadas "aparecem como aquelas virgens do inferno, que, apesar de sua beleza e satânicos artifícios, nasciam com um sinal indelével na fronte e no peito, para que sempre se conhecesse o eterno estigma de sua origem réproba". Enfim, havia uma limitação insuperável naquela teatralidade construída no principal teatro da corte e, talvez por isso, os dois italianos tenham sido para Porto-Alegre, além de Debret, os únicos cenógrafos que tiveram a honra de ser chamados à cena para receber aplausos pelo cenário construído[274].

## João Caetano, José La Puerta e Outros Atores-Empresários

Como já foi apontado no início, se João Caetano foi o ator brasileiro romântico por excelência, sua trajetória tanto intersecta retrospectivamente com a escola neoclássica como antecipa a escola realista. No período mais propriamente romântico, da década de 1840, ele esteve fora do Teatro S. Pedro. Afastado no final de 1840, depois de um desentendimento com a administração do teatro, João Caetano permaneceu atuando nos teatros S. Francisco e S. Januário, na corte, e no Santa Teresa, em Niterói. Em 1851, retornou ao S. Pedro na condição de empresário, assumindo não só a administração como todo o controle das encenações ali realizadas, além, é claro, de continuar se apresentando como ator. Todo esse período de atuação de João Caetano, que se confunde com a própria história do teatro romântico no Brasil, foi brilhante e minuciosamente analisado por Décio de Almeida Prado, em dois livros fundamentais sobre a trajetória artística do ator e o papel que desempenhou em nosso romantismo teatral[275].

João Caetano, não é demais enfatizar, foi um ator extraordinário, que se notabilizou como protagonista de tragédias neoclássicas, dramas românticos e melodramas, que consagraram seu estilo de interpretação grandioso e grandiloquente. Comparado pelos seus contemporâneos a grandes atores europeus, como Talma ou Frédérick Lemaître, conquistou uma legião de fiéis admiradores que o seguiram pelos teatros em que trabalhou e que o defenderam de críticas, sobretudo as desferidas por jovens intelectuais que, na década de 1850, queriam

---

273 Idem, p. 21.

274 Idem, p. 21. "Os srs. Tagliabue e Picozzi forão chamados à scena, e vivamente aplaudidos: são os segundos que obtiveram esta honra, em outros tempos concedida a Mr. De Bret".

275 *João Caetano*; e *João Caetano e a Arte do Ator*.

maior empenho do ator no fortalecimento do teatro brasileiro e menos preocupação com a glória pessoal.

O repertório de João Caetano, em trinta anos de trabalho ininterrupto, revela as tendências e o gosto da plateia brasileira dos tempos românticos. Inicialmente o ator notabilizou-se como intérprete de tragédias neoclássicas, como *Zaíra*, de Voltaire, *Fayel*, de Baculard de Arnaud; *Otelo* e *Hamlet*, adaptações de François Ducis; *A Nova Castro*, do português João Batista Gomes Júnior; *Antônio José ou o Poeta e a Inquisição*, de Gonçalves de Magalhães; *Oscar*, de Antoine Vincent Arnault; e *Aristodemo*, de Vincenzo Monti. Curiosamente, o estilo de interpretação de João Caetano, nessas tragédias, distanciava-se do ideal clássico e fazia uso de recursos românticos. Quer dizer, nem sempre o ator conseguia manter a objetividade e o domínio sobre os sentimentos dos personagens, confundindo-os às vezes com os seus próprios, a ponto de certa vez, num dos intervalos da representação de *Antônio José*, ficar no camarim, banhado em lágrimas, tentando se recompor para voltar ao palco. Em outra ocasião, quase estrangulou a atriz Estela Sezefreda numa cena de ciúmes, provocando a interrupção do espetáculo pelos outros artistas. Esses fatos foram relatados pelo próprio João Caetano no livro que escreveu para auxiliar os candidatos à profissão de ator, *Lições Dramáticas*. Ele se criticava por esses exageros interpretativos, porque se queria ator trágico, mas todo o prestígio que conseguiu deveu-se aos momentos em que se mostrou ator emocional e intempestivo. Afinal, os personagens que encarnou traziam dentro de si paixões violentas, emoções fortes, delírios, cóleras, tudo enfim que exigia uma resposta cênica vibrante.

Além das tragédias neoclássicas, João Caetano pôs em cena cerca de vinte dramas românticos, notadamente entre 1836 e 1845. Não fosse o seu empenho, a plateia brasileira não teria conhecido as principais obras de dois grandes escritores franceses, Victor Hugo e Alexandre Dumas. Do primeiro, ele encenou *Ernani* e *O Rei se Diverte*; do segundo, nada menos que nove dramas, com destaque para *Antony*, *A Torre de Nesle* e *Kean ou Desordem e Gênio*.

O valor literário dessas peças contrasta com o das peças que passaram a dominar o repertório de João Caetano a partir de 1845. Melodramas de Joseph Bouchardy, Victor Ducange, Anicet Bourgeois e Adolphe Dennery, entre outros, ganharam a preferência do ator, quando percebeu que fazia muito mais sucesso nesse tipo de peça de forte apelo popular do que em peças de valor literário. Eis como Décio de Almeida Prado explica a adesão de João Caetano ao melodrama:

> Para João Caetano, em particular, a literatura melodramática foi o esteio que o escorou nos anos de maturidade. Transpostas as ilusões da juventude, quando ele encarnou, perante os olhos maravilhados dos escritores do seu tempo, sejam os últimos lampejos da tragédia neoclássica, seja a meteórica ascensão do drama romântico, seja a esperança de uma dramaturgia nacional, a realidade de todos os dias que lhe restou nas mãos, como expressão média da sensibilidade teatral brasileira, foi muito mais Bouchardy do que Victor Hugo, muito mais Dennery e Anicet Bourgeois do que Voltaire e Ducis. A partir de 1845, à medida que crescem os seus encargos comerciais e as suas responsabilidades como empresário, todos os seus grandes êxitos são, de uma forma ou de outra, de natureza popular. A bilheteria falava – e João Caetano, vivendo de sua profissão, não podia fechar os ouvidos[276].

O fato é que tamanha presença na cena teatral brasileira ofuscou os demais artistas e realizadores do período romântico. O que se pode fazer aqui, a partir da coluna "Teatros", do *Jornal do Comércio*, é retirar da sombra provocada por João Caetano sobre seus contemporâneos alguns nomes, algumas práticas e até alguns antagonistas que tenham dividido com ele a atenção do colunista.

Os artistas em atividade na década de 1840 eram, em sua grande maioria, portugueses, alguns remanescentes da companhia dramática portuguesa que viera ao Brasil em 1829, e outros recém-aportados. Nenhum deles fazia sombra a João Caetano, que mesmo não trabalhando no principal teatro da corte permanecia como a referência nacional em termos de qualidade interpretativa. Um dos poucos casos em que se esboçou uma rivalidade, ainda que tênue, foi quando, na temporada de 1843, a já citada Companhia Espanhola, do ator e empresário Jose La Puerta, desembarcou no Rio de Janeiro.

---

276 *João Caetano*, p. 88.

João Caetano, jovem, retratado por Boulanger.

A primeira menção aparece na coluna "Teatros" em 2 de fevereiro de 1843. Informa-se sobre sua chegada procedente de Montevidéu. Nas duas semanas seguintes, a partir do dia 4, são feitas quatro récitas extraordinárias no Teatro S. Pedro, intercalando *O Trovador*, de Garcia Gutierrez[277], um sucesso de João Caetano dos anos anteriores, e *Otelo ou o Mouro de Veneza*, anunciada sem o nome do autor (Shakespeare ou Ducis?). No ápice dessa sequência, no dia 24, anuncia-se a apresentação "em benefício de D. Jose La Puerta" de *A Gargalhada ou o Ladrão Honrado*, de Jacques Arago[278], seguida da comédia *Não Mais Rapazes*, com destaque para a atriz Carmem La Puerta, uma especialista no gênero interpretando "quatro caracteres, três deles em traje de homem"[279].

La Puerta continua em cartaz por cerca de dois meses, ocupando ora o Teatro S. Pedro, ora o S. Francisco. Seu trabalho é comentado favoravelmente pela imprensa e o articulista da seção "Teatros", a 11 de abril, destaca as apresentações do ator como fatos extraordinários na vida teatral da corte. O desempenho na montagem de *A Gargalhada* ganha elogios que não deviam deixar João Caetano indiferente:

Quereis ver o que é representar bem? Ide ver trabalhar o sr. La Puerta, a sra. Carmem. Aborreceis a declaração cantada, a monotonia dos acionados, as posições afetadas, defeitos inseparáveis da mor parte dos nossos artistas? Ide ver trabalhar a companhia dramática espanhola; dela devem aprender os artistas do Teatro S. Pedro... aprender? Não são capazes; o sr. Romeiro, apesar de grandes esforços, nada tem obtido de atores que por amor da arte nenhum sacrifício fazem: salvamos as poucas exceções[280].

Com certeza, João Caetano devia sentir-se a exceção àquela regra da mediocridade, que atingia tanto os artistas brasileiros como os portugueses. Ainda em abril, a coluna "Teatros" anuncia mais duas estreias da companhia espanhola, sempre com entusiasmados elogios, o que chega a sugerir, mais do que um trabalho de crítica teatral, o caráter publicitário de suas linhas. Fosse estimulado pelo desafio em si, fosse pela necessidade de confrontar um rival que ameaçava sua condição de maior ator em solo pátrio, João Caetano respondeu em maio, anunciando, no dia 17, que estrearia no S. Francisco *A Gargalhada*, na qual interpretaria o papel de André, o "ladrão honrado". Décio de Almeida Prado comenta que La Puerta estava no teatro no dia da estreia do ator brasileiro na peça que introduzira no Brasil meses antes e que ao final do espetáculo foi aos camarins, receando que João Caetano tivesse sofrido uma apoplexia, tal a intensidade de seu desempenho na famosa gargalhada que a personagem dava[281]. Descontadas as

277 D. de A. Prado (Idem, p. 44), comenta que o "drama caballeresco" de Gutierrez continha "o maior equívoco já ousado por um autor dramático: a mãe que por engano lança ao fogo o próprio filho".
278 D. de A. Prado define a peça como melodrama, mas atípico, pelo "seu realismo miúdo e cotidiano (realismo apenas de detalhe, bem entendido), a relativa simplicidade de sua concepção [...] numa categoria à parte, sem nada que a aparente, quanto à temática e aos processos teatrais, ao melodrama autêntico". Cf. Idem, p. 94-97.
279 "Teatros", *Jornal do Comércio*, 24 de fevereiro de 1843.

280 Idem, 11 de março de 1843.
281 Eis o enredo da peça: "André Lagrange retira 1.000 francos da firma em que trabalha para salvar a vida de sua mãe, necessitada, por conselho médico, de um longo repouso numa estação de águas. Quando vai repor o dinheiro, é surpreendido e acusado de roubo. Enlouquece, mas de um modo estranho, através de um ataque de riso convulsivo, frenético". Cf. D. de A. Prado, *João Caetano*, p. 97.

versões favoráveis ao brasileiro, não resta dúvida de que João Caetano tomou La Puerta, mais do que como um rival, como um modelo que influenciaria seu estilo doravante. Isso fica claro na afirmação de Araújo Porto-Alegre, segundo a qual João Caetano "somente o imitou plasticamente". Comentando essas palavras, Décio de Almeida Prado conclui que a influência do espanhol sobre o brasileiro consistiu apenas "num certo repertório de gestos, de atitudes", e "numa movimentação mais ousada, mais romântica".[282]

O troco de La Puerta não demorou. Seis dias depois ele estreou no S. Pedro *Oscar ou o Amor Frenético*, peça que, com outro nome, tinha consagrado João Caetano[283]. O ator espanhol utilizou dessa vez, inclusive, a tradução para o português de Gonçalves de Magalhães. Para evitar qualquer mal entendido, La Puerta faz o colunista do *Jornal do Comércio* publicar uma advertência:

Sem pretender o diretor da Companhia Espanhola rivalizar com tão digno ator, seu amigo, tendo por fim oferecer ao público as obras de mais mérito que tem no seu arquivo, escolheu esta que entre todas estudou com mais meditação e representa com mais gosto[284].

Para não deixar dúvidas de que se tratava de uma corrida competitiva, vale lembrar que João Caetano reestreou pouco mais de quinze dias depois, a 10 de junho, no S. Francisco, a sua montagem de *Oscar ou o Filho de Ossian*.

Todos esses fatos colhidos na coluna sugerem uma provável tensão criativa entre um grande ator estrangeiro e o nosso maior ator do século XIX, e, no mínimo, confirmam a influência, por espelhamento, do ator e empresário espanhol sobre João Caetano.

Outros episódios de uma competição aberta entre João Caetano e os atores seus contemporâneos foram apontados na bibliografia canônica sobre o ator, sendo o mais famoso deles o que envolve o conterrâneo Germano Francisco de Oliveira, quando este dirigia, em fins de 1858, a companhia do Teatro S. Januário. Germano tinha montado *29 ou Honra e Glória*, do português José Romano. João Caetano, que já rivalizara com ele em duas ocasiões – em 1840, no Teatro S. Pedro, e 1849, na Bahia – decidiu montar a mesma peça e estreou menos de dois meses depois no S. Pedro. Germano mandou seus fãs vaiarem João Caetano, atitude que foi retribuída, depois, pelos fãs de João Caetano contra Germano. No final, como João Caetano já fosse, naquela altura, unanimidade nacional, Germano acabou retirando-se da luta e viajando para Pernambuco[285]. O importante a frisar é que, seja no caso de Germano, o único brasileiro a desafiar abertamente a hegemonia de João Caetano, seja no de La Puerta, que indiretamente não só o desafiou como muito o influenciou, trata-se das exceções que confirmam uma soberania incontestada do ator brasileiro no panorama teatral do romantismo.

Para o estudo da teatralidade romântica vale também colher informações acerca do estilo de interpretação dos atores no período. Seguindo ainda o rastro da Companhia Espanhola, em 2 de julho de 1843, pode-se ler um texto supostamente escrito pela jovem primeira atriz da Companhia, a sra. Carmem La Puerta, enaltecendo e, em última instância, descrevendo a interpretação de La Puerta no drama derivado de Shakespeare, *Os Filhos de Eduardo ou o Regente Usurpador*. A descrição apresenta um conjunto de traços típicos da interpretação romântica, e revela de forma eloquente os valores que contaminaram a interpretação do próprio João Caetano:

O odioso papel do tirano usurpador e assassino hipócrita, duque de Gloucester, será desempenhado por nosso mestre e diretor o sr. La Puerta [...]. A execução desta parte é a mais difícil que a um ator oferecer-se pode, pois que, sendo a principal e a de mais trabalho cênico, o sr. La Puerta tem de em todo o drama jogar toda a ação, e exprimir diversos sentimentos d'alma somente com o braço direito e os olhos, tendo imóveis a cabeça e o braço esquerdo, figurando ter defeituoso e disforme o peito e o ombro; finalmente, representando a figura de um corcovado, com a cabeça saída

---

282 Idem, ibidem.
283 Com o título *Oscar ou o Filho de Ossian*, a tragédia de Antoine Vicent Arnault foi interpretada por Talma em 1796. D. de A. Prado lembra que *Oscar* mereceu três citações de João Caetano em seu livro *Lições Dramáticas* só sendo excedido por *Otelo*, que teve cinco. Cf. idem, p. 32.
284 "Teatros", *Jornal do Comércio*, 23 de maio de 1843.

285 Lafayette Silva, *História do Teatro Brasileiro*, Rio de Janeiro: Ministério da Educação e da Saúde, 1938, p. 193-194. Segundo Lafayette Silva, Germano era carioca, nascido em 28 de maio de 1820 e estreou aos treze anos no teatro da rua dos Arcos.

sobre o ombro esquerdo, e este mesmo braço imóvel, tal como era o usurpador Ricardo II[286].

É imprescindível mencionar ainda, no que diz respeito aos atores em atividade naquele período, a existência de atrações nos teatros da corte que hoje seriam identificadas como performances, ou como *shows* de variedades. Elas eram apresentadas tanto nos maiores teatros como em anfiteatros abertos, como o do Campo de S. Cristóvão ou o da rua do Lavradio. Para a coluna "Teatros", tudo era espetáculo e não se diferenciavam as atrações e os desempenhos. Veja-se a notícia que vinha embaixo do título "Anfiteatro", no dia 12 de novembro de 1845:

Beneficiado: sr. Alexandre Loanda, Diretor da Companhia. A Companhia americana espanhola dará o seguinte espetáculo: Primeira parte: 1. Grande entrada a dez cavalos em vestuário chinês, ao som da Marselhesa; 2. A muito aplaudida dança chinesa; 3. Pirâmides executadas pelo beneficiado; 4. Exercício a cavalo pelo sr. Cruz. Segunda parte: 1. Forças e diferentes posições na coluna giratória pelos três Hércules, um dos quais suspenderá um cavalo; 2. Pirâmides de 5 pessoas sobre 2 cavalos; 3. Pernas de pau pelo beneficiado; 4. O célebre equestre sr. Acher fará muito dificultosos exercícios a cavalo; 5. A macaca gregária aparecerá no seu piquira; 6. Terminará o espetáculo com a muito aplaudida cena pantomímica – *O Oficial e o Recruta* –, sobre dois cavalos, pelo beneficiado e o sr. Cruz. Eis o divertimento que o beneficiado oferece ao respeitável público desta corte, de quem espera acolhimento e proteção[287].

Se cada um dos teatros tinha suas companhias estáveis, em geral formadas na sua maioria por atores portugueses[288], havia sempre companhias internacionais itinerantes que passavam por Buenos Aires e Montevidéu. Uma delas foi a do "sr. Mathevet", que esteve no Rio em 1843 e apresentou-se no Teatro S. Januário, na época ocupado pela Companhia Lírica Francesa. Mathevet oferecia um tipo de atração que décadas depois seria apresentada nos politeamas e nos circos brasileiros. No dia 12 de março de 1843, a coluna "Teatros" trazia informações, na parte dedicada ao S. Januário, em francês, sobre uma atração nada lírica, a ser apresentada no dia seguinte:

Grande récita extraordinária em benefício do sr. Mathevet, primeiro alcide e primeiro modelo das academias das cinco grandes potências da Europa. Assinaturas e entradas de favor geralmente suspendidas; o sr. Mathevet nada poupou para tornar esta representação brilhante e digna das pessoas que se dignarem honrá-lo com a sua presença[289].

A notícia prosseguia, em francês, informando que participava do programa a peça *Le Paysan perverti ou Quinze ans de Paris* – drame en trois journées de M. Théaulon. Em seguida vem a descrição em português de "exercícios ginásticos inteiramente novos":

Primeira parte: *O Braço de Aço* – o sr. Mathevet ficará com o corpo perpendicular, sustendo-se com um só punho. *A Coluna no Carvalho – A Experiência do Lenhador de Salerte*, na qual o sr. Mathevet quebrará um pau de 4 polegadas de diâmetro sobre dois copos com água, sem a entornar [...][290]

Na sequência, nova atração em francês, seguida da "terceira parte":

*O Sonho de Hércules, ou A Noite dos Mortos*, na qual o sr.Mathevet representará todas as estátuas de mármore que se acham expostas no Vaticano de S. Pedro em Roma.

Mathevet esticaria sua temporada no Rio até o início de abril, quando, no dia 9, fez no teatro Santa Teresa "uma última récita" entre os atos da comédia *D. João d'Alvarado*:

No fim do 1º ato o fenômeno ocidental executará a 1ª parte – deslocação geral. Seguindo-se o 2º ato da comédia, findo o qual seguir-se-á a 2ª parte executada pelo sr. Mathevet: *Gymnase* ateniense – O Deus Marte – O Pedestal – La

---

286 "Teatros", *Jornal do Comércio*, Rio de Janeiro, 2 de julho de 1843. A autora provavelmente confunde Ricardo II com Ricardo III.
287 Idem, 12 de novembro de 1845.
288 No Teatro S. Pedro havia a Companhia Nacional, onde só os coros e figurantes eram brasileiros e, a partir de 1844, a Companhia Lírica Italiana. O S. Francisco tinha a Companhia de João Caetano, também frequentadora do Santa Teresa. E no S. Januário, como já dito, por alguns anos, no início da década de 1840, esteve a Companhia Lírica Francesa.
289 Este e os demais trechos do referido programa foram traduzidos por mim.
290 *Jornal do Comércio*, 13 de março de 1843.

Diavolo – O Passeio de Hércules – As Folias de Baco. – O sr. Eugênio fará o passeio sobre 12 garrafas e tomará diferentes equilíbrios. Em seguimento o 3º. ato da comédia; finalizando o espetáculo com a 3ª parte – Mario nos Ferros – o sr. Mathevet executará todas as dores e sofrimentos segundo a história. A sra. Francisca Mathevet executará o moinho encantado, iluminado pelas chamas de Bengala.

O programa é o testemunho mais cabal de que o espectador do período romântico, quando pensa em teatro, reúne nessa ideia uma variedade de desempenhos que transcende em muito o universo ficcional e formal da literatura dramática. A própria coluna "Teatros" do *Jornal do Comércio* reflete essa amplitude na medida em que, traduzindo objetivamente o que se apresenta nos teatros no dia a dia da corte, acaba sendo ela própria uma miscelânea. A história do espetáculo romântico e da teatralidade que o caracterizava, bem como do teatro brasileiro em todo o século XIX, não pode prescindir dessa dimensão material e concreta da cena do período. Nesse sentido, Mathevet ou o português João Pereira[291] – cujas especialidades eram anunciadas poucos dias depois dos espetáculos do francês – são tão relevantes quanto João Caetano, e colaboram igualmente para a consolidação das práticas teatrais no país.

## Folhetins – Semana Lírica: Ensaio de Uma Farsa Trágica

De todas as referências disponíveis sobre a teatralidade brasileira romântica, nenhuma se equipara às crônicas de Martins Pena sobre as temporadas líricas da corte entre 1846 e 1847 e, principalmente, sobre o Teatro S. Pedro. As crônicas, publicadas sob o título "A Semana Lírica", no *Jornal do Comércio*, ao longo de catorze meses, não só servem fartamente ao historiador da materialidade teatral como criam uma verdadeira peça literária, com narrativa estruturada em personagens fixos e mecanismos retóricos recorrentes.

Há uma preocupação de valorizar cada noite, cada ópera, cada evento comemorativo específico como se fosse uma obra em si mesma que merecesse detida análise. Na maior parte das vezes, o olhar do cronista escapa do palco e vê-se tentado a incluir na sua apreciação o desempenho do público, da polícia e da justiça do teatro, de seus administradores e funcionários, quando não salta do próprio espaço do S. Pedro e do S. Francisco e se lança em projeções mais ambiciosas e visionárias[292].

Na "Semana Lírica", além da descrição e críticas da realidade crua do S. Pedro, alinhavam-se fatos de um passado remoto em um plano ficcional à parte, para onde o cronista se evade sempre que for necessário um termo de comparação com o presente. Às vezes será a alma de Manuel Luís que se manifestará em cartas ao cronista, toda vez que se trate de mostrar que o princípio da ruindade tem no passado um modelo em que se basear. Mas quando se trata de projetar um futuro glorioso, o cenário se torna um distante "céu", onde dialogam sobre as agruras do Teatro S. Pedro o próprio São Pedro, São Francisco e o grande Bellini. Nesse plano ideal o cronista, além de colorir os comentários com fino senso de humor, comunga com as opiniões sensatas dessas entidades celestes sobre os caminhos para a redenção do teatro brasileiro.

De certa maneira, o que pareceria uma farsa, ou comédia, como o próprio Pena sugere quando aponta o caráter novelesco da contenda interminável entre os corpos estáveis e a diretoria do S. Pedro, resolve-se em desfechos dramáticos – o fim da orquestra, a saída da Companhia Italiana, a saída da

---

[291] No dia 23 de abril de 1843 a coluna "Teatros" informa a chegada do artista, que já havia trabalhado "nos teatros de S. Carlos, Salitre e outros. Depois de executada uma das melhores sinfonias, dará princípio a primeira parte com jogos malabares. As bolas de ouro – as facas – os pratos – os ovos – o colar americano – os pauzinhos incendiados – e a subida da escada chinesa. Findo o qual seguir-se-á a jocosa comédia em dois atos *Próspero e Vicente*. No fim do primeiro ato terá lugar a segunda parte do equilíbrio – o pião, a escada – a moleta – a espingarda – as penas de pavão – o salto do leão por cima de quatro pessoas. Seguindo-se o ato da comédia. Em seguimento, a terceira parte – A graciosa cena do bêbado nas pernas de pau. Finalizará o espetáculo com a quarta – a subida do fio frouxo, executando nele o jogo das bandeiras, o arco, o copo e o exercício militar do fogo".

[292] Na crônica de 17 de março de 1847, Pena se posiciona frente à ópera antecipando, em seu raciocínio, a ideia de Wagner de uma *gesamtkunswerk* (obra de arte total): "Vemos nela a reunião de todas as belas-artes, da música, da poesia, da pintura, da arquitetura, da ótica e da mecânica, em uma palavra, a grande obra por excelência, como o seu nome indica: Ópera". Martins Pena, *Folhetins: Semana Lírica*, Rio de Janeiro: MEC-INL, 1965, p. 171. Vilma Arêas foi a primeira a lançar luz sobre as crônicas de Pena no capítulo Caixa da Cena, de *Na Tapera de Santa Cruz*, p. 5-42.

soprano francesa do S. Francisco – e, não incluído nesse roteiro de peripécias, mas projetando nele um tom inescapável de tragédia, a morte do próprio Pena, menos de um ano depois da última e já melancólica crônica.

Quando os folhetins deixam de ser publicados em 1847, sem que nenhuma daquelas reclamações por um teatro melhor tivesse sido atendida, já se pressente que todos aqueles sonhos teriam de ser adiados. Nos dez anos anteriores, Pena tinha propugnado pela viabilização, no Teatro S. Pedro, das condições técnicas e materiais necessárias à encenação de todo o repertório europeu de ópera, e dos autores brasileiros que se aventurassem nessa direção[293]. Essas condições só se concretizam quando João Caetano assume o Teatro S. Pedro, artística e empresarialmente, em 1851. Por essa razão poderia ser chamado de patrono do espetáculo brasileiro, embora mais justo seria dividir a honraria com Martins Pena, que foi quem primeiramente propôs esse caminho: concretamente, nas montagens em que acompanhou Romeiro no Teatro S. Pedro; imaginariamente, em seus folhetins[294].

O caráter programático e reformador dos folhetins de Pena, ao lado da narrativa bem-humorada e satírica já mencionada, revela, inclusive, uma conexão entre o projeto de um espetáculo brasileiro e alguns de seus dramas. Os aspectos programáticos expressam-se nos quatro temas que mais se repetem:

(i) a criação e a operação da cenografia; (ii) a administração dos corpos estáveis pela diretoria e a crise dela advinda; (iii) a análise do comportamento do público e, em particular, do fenômeno da pateada; (iv) um programa específico para a reforma da cena de seu tempo, que levaria a uma eventual "ópera-cômica brasileira"[295].

Os comentários de Martins Pena sobre a cenografia e sobre os procedimentos cenotécnicos são acurados e não se restringem a opiniões superficiais sobre as imagens que são oferecidas; ao contrário, vão às suas origens e remetem aos seus autores. Isso fica claro no comentário feito em 8 de setembro de 1846 a respeito da estreia de *Beatrice di Tenda*, de Bellini:

Ao levantar do pano, avista-se um pátio interno no castelo de Binasco, uma ala do palácio iluminada e sinais de festa. A nossa má sina já nos obriga aqui a fazer uma censura. Fecha a cena pelo fundo com as muralhas do castelo, ao qual supõe-se dar ingresso, uma ponte levadiça que joga entre dois bastões; ora servindo as pontes levadiças para se transportarem os fossos que circundam as muralhas pela parte *exterior*, como figurou o pintor a dita ponte dobrando para o *interior* do castelo? Ele que nos explique esse novo sistema de fortificação. [...] A perspectiva foi bem tomada; a colunata do pano está em perfeita harmonia com os bastidores, predicado a que nunca atendem os nossos pintores de teatro, que quebram sempre a linha de perspectiva na passagem dos bastidores para o pano do fundo. É de sentir que se não concluísse esta decoração pintando-se as bambolinas apropriadas, cuja falta deixa a galeria como arruinada em parte. Os srs. Mota e Freitas devem completar a sua obra[296].

A questão dos corpos estáveis – orquestra, coro de cantores, coro de atores – consome boa parte de várias das crônicas de Martins Pena. Em 6 de julho de 1847, ele fala na "comédia que segundo nos consta já se está escrevendo e cujo título é o seguinte: *A Crise Teatral, ou, Em Casa Onde não Há Pão, Todos Gritam e Ninguém Tem Razão*". Como o título por ele sugerido indica, boa parte

---

[293] Ironicamente, em 17 de julho de 1857, segundo o *Jornal do Comércio*, nove anos depois do falecimento de Pena, foi criada a Imperial Academia de Música e Ópera Nacional e valeria investigar o quanto esse fato poderia ter sido influenciado pelas crônicas que escreveu. A instituição interrompeu suas atividades em 1864.

[294] R. Magalhães Jr. e Soares Amora apontam uma conexão entre as descrições pitorescas de Debret e algumas das cenas das comédias de Martins Pena. Soares Amora salienta que Pena conviveu, entre os dezoito e os vinte anos, como aluno da Academia de Belas-Artes, com a herança deixada por Debret, cujo *Viagem Pitoresca Através do Brasil* foi publicado em 1834, quando o comediógrafo tinha 19 anos. Ele estende essa influência às imagens de outros viajantes como John Luccok, de *Notas Sobre o Rio de Janeiro e Partes Meridionais do Brasil*, publicado em 1820; Rugendas, de *Viagem Pitoresca e Histórica do Brasil* e Carlos Seidler, de *Dez Anos de Brasil*, esses dois últimos publicados em 1835; R. Magalhães Jr., *Martins Pena e Sua Época*, São Paulo/Rio de Janeiro: : Lisa/INL/MEC, 1972, p. 35-37; e Soares Amora, Brasil Pitoresco, em Suplemento Literário d'*O Estado de S. Paulo*, de 17 de agosto de 1954. Acrescentaria que na contramão do que foi valorizado em Martins Pena pelos historiadores da cultura brasileira, Sílvio Romero, José Veríssimo e mesmo Décio de Almeida Prado, a habilidade para captar o pitoresco em Pena é, se concordamos com Magalhães Júnior e Amora, a de espelhar a leitura europeia de Debret, e de fazê-lo na perspectiva do encenador e não na do dramaturgo.

[295] "Entre nós existem compositores que só esperam o momento e animação para nos oferecerem seus trabalhos: o público, que corre ansioso ao teatro da ópera-cômica francesa, para ver um drama que muitas vezes não entende e ouvir música bem diversa da do estilo e gosto nacional, não deixará de sustentar com empenho e aplaudir a ópera-cômica brasileira, que para ele será escrita. Longe não está talvez a realização desta ideia". Cf. Martins Pena, *Folhetins*, p. 257.

[296] Idem, p. 11-13.

dos problemas com os corpos estáveis envolvem questões salariais. A primeira evocação de problemas trabalhistas na administração do teatro surge em 11 de maio de 1847, numa crônica intitulada "A Revolta dos Coristas". Ocorre que, depois de três meses de atraso no pagamento do coro e seguidas postergações às promessas da diretoria, os "coristas" rebelam-se e ameaçam uma greve. O cronista não economiza na ironia ao dramatizar o fato:

Dinheiro é sangue, dizem os ricos; sem dinheiro não se come, murmuram os pobres, e sem comer não se canta, acrescentam os coristas. Estes pobres coitados ganham 30$ por mês para cantarem todos os dias desde pela manhã até alta noite. Com 30$ ninguém vive, e como tratam eles de agenciar a vida por outro modo, faltam às horas do ensaio e o teatro vai lhes roendo com multas o magro ordenado. [...] Pobres coristas, com estes atrasos de pagamento é impossível que não andem com fome; e agora é que se pode explicar devidamente a razão por que nos coros comem eles a metade das notas[297].

O ponto de vista crítico reconhece a justiça do pleito, mas sempre para cobrar uma melhor qualidade. Nesse sentido, as críticas aos administradores são o denominador comum de todos esses comentários sobre o material humano de que dispunha o Teatro S. Pedro para realizar as óperas. E por mais rigorosos e sérios que sejam os comentários, nunca deixam de ser mordazes. Quando, por exemplo, o movimento grevista é contido com o pagamento de um mês dos três em atraso, Pena não perde a oportunidade de extrair do fato seus aspectos risíveis:

Levantou-se o pano e entraram os coristas em cena como conquistadores em terra conquistada, não envergonhados e corridos como sempre, mas sim com a cabeça alta e orgulhosa como quem diziam: "Este tablado em que pisamos também pertence-nos, por isso que a nossa soberania de povo cantarejo foi reconhecida, e o direito de revolta justificado, e até mantido pelas autoridades policiais; somos pois senhores *in partibus*"[298].

Claramente, há uma preocupação de que a crise provocada pelos baixos salários e os atrasos de pagamento minem o seu projeto de edificação de uma companhia capaz de montar as óperas de forma decente. Num comentário anterior ao citado acima, Pena descreve as consequências artísticas dessa administração deficiente:

Há meses que não se estuda um só drama novo e tem-se apenas entretido a curiosidade pública e feito acreditar que ainda existe uma companhia dramática com a representação de peças velhas, safadas e improdutivas. Os atores queixam-se do abandono em que os deixam e o público foge de os ouvir por lhes faltar o incentivo da novidade. Por economia ordena-se ao inspetor de cena que não compre traduções de comédias e dramas novos, dizendo-se-lhe que no arquivo do teatro há centenas de peças velhas que podem ser remontadas; e assim, para poupar-se oitenta ou cem mil réis, que tanto custariam essas traduções, paga-se no fim do mês contos de réis de ordenado aos atores, que não ganharam nenhum real. Excelente cálculo! Não existe o menor zelo para a conservação dos atores na companhia e seu aperfeiçoamento[299].

A crise teatral do Teatro S. Pedro vai culminar com a greve da orquestra em razão da diretoria não cumprir uma antiga promessa de, a exemplo do que acontecia nos centros europeus, pagar os músicos pelos ensaios. Numa das crônicas, Pena dá informações sobre os argumentos do maestro que encabeçava o movimento. Segundo ele, os músicos que estavam acostumados a tocar apenas nos espetáculos dramáticos tinham passado, nos últimos três anos e meio, desde a chegada da Companhia Italiana, a executar óperas, que exigiam muito mais ensaios. Ficamos assim sabendo que, por exemplo, na ópera *Il Giuramento*, a orquestra participou de dezenove ensaios para a apresentação de quatro récitas e só recebeu por essas últimas. A crise se acirra quando, depois de continuarem os ensaios sob a promessa do inspetor de cena de que receberiam por eles, os músicos decidem não mais acreditar na diretoria e paralisam definitivamente as atividades. Diante dessa posição, a diretoria prefere, a ceder aos músicos, demiti-los em bloco, inclusive ao maestro, e montar uma nova orquestra. Martins Pena narra todo o episódio em detalhes e vaticina

---

297 Idem, p. 225.
298 Idem, p. 287.

299 Idem, p. 271.

depois da estreia dos novos músicos que, por mais condescendente que ele fosse, eles não alcançariam o nível mínimo necessário à continuidade das temporadas líricas. Nessas últimas crônicas, se bem que se mantenha o bom humor, já há uma melancolia explícita. No fundo, reconhece-se que o sonho de uma ópera brasileira ainda terá que esperar uma nova conjuntura para se realizar:

Não querendo a diretoria do Teatro S. Pedro aceder à representação dos professores da orquestra, assinada em "círculo", e da qual já falamos, despediu a todos. Está pois o Teatro S. Pedro sem orquestra [...] O objeto é grave porque pode trazer consigo a interrupção dos espetáculos líricos. Lembremo-nos agora daquele dito, talvez profético, de um empregado: a que estado de miséria chegou o teatro, que nem memória terá no seu enterro[300].

Os folhetins de Pena também miram a plateia do S. Pedro. O público não escapa do olhar crítico do cronista, tornando-se personagem ativa das narrativas. Os comentários acerca dos espectadores surgem, em geral, quando são mencionadas as torcidas das cantoras e cantores que se digladiavam entre si e forçavam a entrada em cena de mais dois personagens: o Chefe de Polícia e o Juiz do Teatro[301]. O principal instrumento de manifestação do público era, à época, a pateada. E Martins Pena chega a admiti-la como legítima. No comentário sobre um espetáculo do Teatro S. Francisco, para onde estendia o seu rigor crítico a despeito da simpatia pelo conterrâneo João Caetano, narra uma pateada que, provavelmente, nem chegou a acontecer:

Em uma palavra houve da parte de todos, e particularmente deste nosso amigo, um tal desleixo e pouco caso, que foi coisa por maior e digníssima de uma tremenda pateada. Ah! Que se ela rompesse, bradaríamos entusiasmados: "Assim, rapazes, batam, batam e nunca os pés lhes doam". Desculpam-se esses executores de músicas com a falta de necessários ensaios. E que temos nós com isso? Queremos ouvir óperas sabidas; quando não os artistas serão fustigados assim como o seu empresário, o sr. João Caetano. Nada de zombaria com o público! Até quando, ó cantarejo povo, abusarás de nossa paciência?[302].

Mas nem sempre a postura de Pena é favorável à pateada. Na verdade, em seu projeto ideal, ela deveria ser eliminada como um mal que fora necessário por um tempo, mas que numa determinada hora já não será mais necessário:

A pateada serve para corrigir os artistas maus e então é ela salutar; mas como a entendem os nossos pateadores, é altamente prejudicial aos artistas de merecimento e proveitosa aos mais. Os artistas de merecimento desgostam-se porque veem os esforços que fazem com consciência e arte para agradar, tão mal e indignamente recompensados; e os artistas maus, que levam de envolta pateada com os bons, escudam-se nesta circunstância para se dizerem também vítimas de partidos, e não procurarem assim corrigir-se. São pois danosos nossos pateadores, e mais cedo ou mais tarde, para que o teatro possa progredir, serão eles corridos pela porta fora, se antes disso não se emendarem, como é de se esperar[303].

Um último comentário de Pena sobre a pateada merece ser destacado. É quando, em um raro momento na "Semana Lírica", ele cita uma de suas peças e mesmo discretamente estabelece com clareza a ponte entre seus comentários e seus próprios espetáculos:

Os pateadores em serviço ativo estão tornando-se bravios: já não é somente nos espetáculos líricos que mostram para quanto prestam; nos dramáticos também se lhes assanha o furor. No sábado deram pateada à comédia *O Noviço* e ao provérbio *Quem Casa Quer Casa*[304].

O programa da "ópera-cômica brasileira" que Pena menciona na citação já apresentada é complexo e envolve uma série de aspectos que não se resumem aos musicais, mas remetem também à administração, ao público, à formação técnica e à otimização de todas as seções de um teatro como o S. Pedro. A maior parte das responsabilidades, numa estrutura extremamente hierarquizada como

---

300 Idem, p. 333.
301 Na década de 1840, a maior rivalidade no Teatro S. Pedro era a que havia entre as sopranos Augusta Candiani e Clara Delmastro. Ver Luís Antônio Giron, *A Minoridade Crítica: A Ópera e o Teatro nos Folhetins da Corte*, Rio de Janeiro/São Paulo: Ediouro/Edusp, 2004.
302 Martins Pena, *Folhetins*, p. 255.
303 Idem, p. 327.
304 Idem, p. 325.

era a do Teatro S. Pedro, tem que recair sobre a cúpula mandante, ou sobre a "diretoria", como ele sempre se refere ao colegiado de administradores do teatro. Nesse sentido, é exemplar a lista de conselhos que Pena dá à diretoria no auge da crise com a orquestra, propondo entre outras tarefas que "escriturem" os músicos por um ano, paguem-lhes os ensaios e que se obriguem os "mestres de canto" a revisarem as partituras para expurgarem-nas de erros; que se faça os cantores virem com suas partes decoradas e que se aumente o número de instrumentos de corda para que estejam em relação com a considerável força de instrumentos de metal exigida nas óperas modernas. Mas onde a condição de conselheiro mor do teatro aparece em toda a sua dimensão é quando, comentando especificamente sobre a orquestra, propõe uma nova disposição desta no fosso do teatro:

Julgamos pois que será proveitoso mudarem-se essas linhas de estantes que cortam o espaço da orquestra em ângulos retos, para lhes dar a forma de arco de círculo; com isso se ganhará espaço para que os violinos fiquem imediatos ao regente, assim como o piano, o primeiro violoncelo e contrabaixo; ganhando-se além disso posição mais vantajosa para os professores, que mais diretamente verão os cantores em cena, o que não é de pouca consideração para a inteligência do acompanhamento. Adote-se, em lugar dessas enormes estantes, as do sistema francês, que, mais delgadas e descansando sobre um único pé de ferro, são parafusadas no chão, ficando assim fixos e inalteráveis os lugares dos músicos uma vez determinados; substituam-se também por assentos fixos esses enormes bancos que só servem para causos de embaraço; e adote-se enfim outro método de iluminação, que não o atual de gigantescos candeeiros que tanto incomodam aos frequentadores das cadeiras[305].

A despeito do desfecho inesperado e melancólico dos "Folhetins: A Semana Lírica", Martins Pena parecia confiante na possibilidade de se vir a realizarem montagens espetaculares consistentes no país. O que o exasperava na administração desastrada do Teatro S. Pedro era, exatamente, a chance que se estava perdendo de desenvolver-se uma estrutura teatral autônoma em todos os aspectos possíveis e que ensejasse não só a realização de óperas como de qualquer espetáculo teatral.

De certa forma essa estrutura acabou sendo implantada nos anos em que João Caetano esteve à frente do Teatro S. Pedro e difundiu-se, depois, pelos demais teatros do Rio de Janeiro. Essa evidência permite confirmar que, quanto aos aspectos cênicos e materiais da história do teatro brasileiro, o romantismo foi uma fase de consolidação em que se criaram as fundações onde se erigiria, no futuro, o teatro brasileiro moderno.

---

305 Idem, p. 337.

# III.
# O Teatro Realista

## 1 A DRAMATURGIA REALISTA

O teatro romântico brasileiro não havia ainda encerrado o seu ciclo dramatúrgico, quando uma nova maneira de escrever peças e conceber espetáculos conquistou a simpatia de toda uma geração de jovens intelectuais no Rio de Janeiro. Exatamente no ano de 1855, o recém-criado Teatro Ginásio Dramático começou a pôr em cena algumas peças francesas da então chamada "escola realista"[1], nas quais eram abordados os costumes e os problemas que afetavam a burguesia, classe com a qual se identificavam e para a qual escreviam autores como Alexandre Dumas Filho, Émile Augier, Théodore Barrière e Octave Feuillet, entre outros.

Até então, a hegemonia do ator e empresário João Caetano não havia sofrido nenhuma ameaça significativa. Aclamado pelo público, sem rivais a sua altura, ele vinha reinando absoluto na cena do Teatro S. Pedro de Alcântara, com um repertório de tragédias neoclássicas, dramas românticos e melodramas, recebendo inclusive uma subvenção do governo imperial. A criação do Ginásio Dramático, pelo empresário Joaquim Heleodoro Gomes dos Santos, desencadeou uma estimulante rivalidade entre as duas companhias dramáticas, que só terminou com a morte de João Caetano, em 1863.

A imprensa da época acompanhou de perto essa disputa e, de um modo geral, mostrou-se mais simpática aos esforços do Ginásio, que propunha uma renovação dramatúrgica e cênica para o palco nacional. Assim, quando as peças realistas francesas começaram a ser representadas no Rio de Janeiro, na época o centro da nossa vida cultural, um forte entusiasmo tomou conta de uma boa parcela do público e dos intelectuais. Não era apenas a última novidade dos teatros parisienses que aqui chegava, mas um tipo de peça que, por suas características formais e pelos assuntos que discutia em cena, podia ter um enorme alcance social, no sentido de educar a plateia, mostrando-lhe a superioridade dos valores éticos da burguesia, tais como o trabalho, a honestidade, o casamento e a família.

A boa acolhida que teve a encenação de *As Mulheres de Mármore*, de Théodore Barrière e Lambert Thiboust, em outubro de 1855, abriu o caminho para peças como *Os Parisienses*, dos mesmos autores; *A Dama das Camélias* e *O Mundo Equívoco*, de Alexandre Dumas Filho; *Os Hipócritas* e *A Herança do Sr. Plumet*, de Théodore Barrière e Ernest Capendu; *O Genro do Sr. Pereira*, *Os Descarados* e *As Leoas Pobres*, de Émile Augier; *A Crise*, *Dalila*, *O Romance de um Moço Pobre* e *A Redenção*, de Octave Feuillet; *Por Direito de Conquista*, de Ernest Legouvé. Outras, como *A Questão do Dinheiro*, *Um Pai Pródigo*

---

1 Sobre o realismo teatral no Brasil, seus dramaturgos, postulados estéticos, artistas e o papel do Teatro Ginásio Dramático, leiam-se: João Roberto Faria, *O Teatro Realista no Brasil: 1855-1865*, São Paulo: Perspectiva/Edusp, 1993; e Sílvia Cristina Martins de Souza, *As Noites do Ginásio: Teatro e Tensões Culturais na Corte: 1832-1868*, Campinas: Editora da Unicamp, 2002.

e *O Filho Natural*, de Dumas Filho, circularam por aqui em forma impressa. A primeira inclusive foi traduzida por Justiniano José da Rocha e publicada em 1858. Também *O Casamento de Olímpia*, de Augier, foi apenas lida pelos intelectuais, uma vez que o Conservatório Dramático proibiu sua representação, por considerá-la imoral.

Essas peças, vistas no palco do Ginásio, ou lidas, entre 1855 e 1862, serviram como modelos para vários dramaturgos brasileiros que surgiram a partir de 1857. Embora sejam diferentes entre si, foram consideradas obras representativas do realismo teatral por nossos folhetinistas e críticos, porque retratavam a vida social contemporânea com alguma naturalidade na construção da ação dramática. É o que se percebe sobretudo nas peças de Dumas Filho e Augier, autores de autênticas comédias realistas, isto é, comédias que não tinham como objetivo primeiro provocar o riso, mas descrever costumes. Ambos evitam exageros na expressão dos sentimentos das personagens e nos diálogos que buscam reproduzir a linguagem do dia a dia. Já Barrière e Feuillet nem sempre foram fiéis à ideia da naturalidade em cena e escreveram peças em que se misturam os procedimentos dramáticos da comédia realista e do drama romântico ou mesmo do melodrama. No repertório brasileiro, também esse hibridismo será contemplado por nossos autores, como veremos mais à frente.

O aspecto que une todos os dramaturgos dessa geração, franceses ou brasileiros, é a preocupação com a função moralizadora do teatro. Eis como Dumas Filho a define:

Seja pela comédia, tragédia, drama, bufonaria, seja pela forma que melhor nos convenha, inauguremos o teatro *útil*, apesar do risco de ouvirmos gritar os apóstolos da *arte pela arte* três palavras absolutamente vazias de sentido. Toda literatura que não tem em vista a perfectibilidade, a moralização, o ideal, o útil é, em uma palavra, uma literatura raquítica e malsã, nascida morta[2].

O universo retratado pelas peças realistas é preferencialmente o da burguesia, apreendida com visível simpatia pelos dramaturgos, interessados em descrever o seu modo de vida e prescrever os seus valores éticos, no interior de um enredo que opõe bons e maus burgueses. O realismo nesse tipo de peça é evidentemente relativo, pois a objetividade se perde quando os autores submetem o retrato da sociedade burguesa aos retoques das pinceladas moralizantes. À maneira do melodrama, mas sem os exageros típicos do gênero, as peças realistas concluem sempre com a vitória dos bons burgueses, que conseguem ou regenerar os maus, ou expulsá-los do seu convívio. O resultado é sempre o retrato melhorado de uma sociedade moderna, civilizada e moralizada. Não há lugar, por exemplo, para as esposas adúlteras ou para os jovens impetuosos que colocam a paixão acima das convenções sociais nesse universo. Os heróis, ao contrário, são comportados pais e mães de família ou moços e moças que têm a cabeça no lugar; e o amor que vale não é mais a paixão ardente dos tempos românticos, mas o amor conjugal, que deve ser calmo e sereno. Igualmente devem ser banidos da boa sociedade os agiotas, os caça-dotes que veem no casamento um meio de enriquecimento, os viciados no jogo, os golpistas que acumulam dinheiro ilicitamente e, acima de tudo, as prostitutas, uma ameaça aos maridos e jovens das boas famílias. Apenas o trabalho honesto deve pautar a vida do bom burguês e só pelo trabalho é que ele deve enriquecer. Quanto à prostituta, a ideia romântica da sua regeneração por amor – que aparece no drama *Marion Delorme*, de Victor Hugo, e em *A Dama das Camélias*, de Dumas Filho – foi completamente descartada e duramente criticada pelos dramaturgos do realismo teatral francês. O próprio Dumas Filho, depois da peça que o fez conhecido no mundo inteiro, assumiu uma postura de defensor radical dos valores burgueses. Já em 1855, ao escrever *Le Demi-Monde* (O Mundo Equívoco), abordou um universo paralelo ao da prostituição, formado por mulheres de má conduta moral, para condenar esse tipo mais refinado de cortesã que deseja voltar a fazer parte da sociedade formada pelas famílias honestas.

Mais que autores dramáticos, Dumas Filho, Augier, Barrière e Feuillet fizeram-se porta-vozes da burguesia nas peças que escreveram. Para fortalecer suas ideias e torná-las ainda mais claras aos espectadores, lançaram mão de uma personagem de

---

2   *Théâtre Complet*, v. 3, Paris: Calmann-Lévy, [s.d.], p. 30-31.

• *O Teatro Realista*

Caricatura alusiva às candidaturas a deputado por Minas Gerais de Machado de Assis, Henrique César Muzzio e Quintino Bocaiúva – este, o autor da peça *Os Mineiros da Desgraça*, encenada em 1861 no Ginásio Dramático.

convenção, o *raisonneur*, cuja função, no interior dos enredos, é a de comentar a ação dramática ou o comportamento das personagens, sempre com tiradas moralizantes, dirigidas principalmente para os espectadores. Já na primeira peça desse repertório encenada no Ginásio Dramático, *As Mulheres de Mármore*, de Barrière e Thiboust, a personagem Desgenais acompanha a trajetória do jovem escultor Rafael Didier, que se apaixona pela terrível cortesã Marco, que o leva à degradação e à morte. Desgenais faz intervenções o tempo todo, para ressaltar o caráter demoníaco de Marco e o perigo que mulheres como ela representam para os jovens de boas famílias. Suas lições moralizadoras e sua função na peça são tão marcantes que "Desgenais" tornou-se logo sinônimo de *raisonneur* para os críticos teatrais brasileiros da época[3].

Com as caraterísticas acima descritas, as peças do repertório realista francês foram aplaudidas pela geração de jovens intelectuais brasileiros que atuava na imprensa e que, nessa época, via o teatro não apenas como uma diversão entre tantas outras, mas, acima de tudo, como um meio de instrução pública.

## *O Daguerreótipo Moral de José de Alencar*

A formação de um repertório de peças nacionais escritas sob a influência dos temas e das formas da dramaturgia realista francesa foi uma consequência natural, poder-se-ia dizer, da renovação teatral levada a cabo pelo Ginásio. É inegável que os dramaturgos brasileiros se apropriaram do modelo francês, algumas vezes ficando muito presos ao original, por abordarem as mesmas questões sociais, outras vezes conseguindo dar às suas produções um notável cunho de nacionalidade, por trazerem para a cena alguns aspectos da nossa sociedade escravocrata.

O primeiro escritor brasileiro que escreveu uma comédia realista nos moldes das peças francesas foi José de Alencar (1829-1877). No dia 5 de novembro de 1857, estreou no Ginásio Dramático *O Demônio Familiar*, que o próprio autor assim definiu: "Esta comédia é um quadro da nossa vida doméstica; uma pintura de nossos costumes; um esboço imperfeito das cenas íntimas que se passam no interior das nossas casas; é, enfim, a imagem da família"[4].

Os termos utilizados pelo escritor revelam a filiação realista, mas não o que está no cerne da peça, definido por Francisco Otaviano como "um hábito que herdamos dos nossos avós relativamente aos escravos domésticos"[5]. O demônio familiar do título é um moleque escravo, Pedro, que destrói a paz doméstica de seus senhores, aproveitando-se da intimidade que tem com todos da família do jovem médico Eduardo, para afastar o rapaz e a irmã de seus respectivos pretendentes, porque queria casamentos ricos para ambos. Alencar o fez esperto como os lacaios da tradição cômica que remonta a Plauto, hábil na arte de mentir e enredar a todos, mas ao mesmo tempo ingênuo e simplório como um escravo sem instrução. O que motiva suas ações é apenas o desejo de ser cocheiro e vestir uma libré. Não há maldade aparente em seu comportamento, que no entanto é guiado pelo conhecimento de um hábito da sociedade brasileira que Alencar deseja criticar: o do casamento por dinheiro. Ao armar as confusões que alimentam o enredo da peça, Pedro não leva em conta os sentimentos dos personagens envolvidos e quase provoca a infelicidade de todos.

Acostumados com a truculência da sociedade escravocrata, os espectadores que lotavam o Ginásio Dramático na estreia da peça talvez esperassem que Eduardo punisse Pedro severamente no desfecho. Mas o médico surpreende a todos, com uma "punição" desconcertante. Pedro não é castigado fisicamente nem é vendido, atitudes que seriam típicas de um proprietário de escravos. Eduardo, ao contrário, dá-lhe uma carta de alforria, tornando-o, a partir de então, com a liberdade, responsável pelos seus atos, conforme enfatiza em sua fala no final da comédia.

Esse desfecho foi interpretado pelos críticos e estudiosos da obra de Alencar de duas maneiras: a

---

3   Leia-se, a propósito, o texto de Machado de Assis sobre *Os Mineiros da Desgraça*, de Quintino Bocaiúva, em Joaquim Maria Machado de Assis, *Do Teatro: Textos Críticos e Escritos Diversos*, org. João Roberto Faria, São Paulo: Perspectiva, 2008, p. 242.

4   Trecho da dedicatória da peça à imperatriz dona Teresa Cristina, publicada no *Diário do Rio de Janeiro*, a 4 de novembro de 1857.

5   Em João Roberto Faria, *Idéias Teatrais: O Século XIX no Brasil*, São Paulo: Perspectiva/Fapesp, 2001, p. 464.

José de Alencar aos 32 anos.

primeira, que pode ser exemplificada pelas palavras de Machado de Assis, considera que *O Demônio Familiar* e o drama *Mãe* são "um protesto contra a instituição do cativeiro"[6]; a segunda não vê na comédia ou no desfecho nenhuma crítica à escravidão, mas sim uma atitude conformista de Alencar, que queria os escravos "fora dos lares e longe das famílias, mas permanecendo nas senzalas e no trabalho forçado dos eitos"[7]. O próprio Alencar escreveu sobre o assunto, dizendo que jamais havia aplaudido a escravidão em seus discursos ou escritos, e que a respeitara enquanto lei do país, acrescentando: "manifestei-me sempre em favor de sua extinção espontânea e natural, que devia resultar da revolução dos costumes por mim assinalada. Continuei como político a propaganda feita no teatro"[8]. Como se vê, Alencar considera a sua peça "propaganda" contra a escravidão, mas o verdadeiro significado da atitude de Eduardo foi assinalado com pertinência por Décio de Almeida Prado: "A escravidão é condenada, em primeiro lugar, pelo mal que faz aos patrões"[9]. Ou seja: mostrando unicamente os inconvenientes da escravidão doméstica, tão comum no Brasil urbano de seu tempo, o escritor não aprofunda as críticas a essa instituição, que afinal sustentava a economia do país. Seu objetivo é condenar um velho hábito das famílias brasileiras, talvez por duas razões: em

6  Machado de Assis, *Do Teatro...*, p. 414.
7  Raimundo Magalhães Jr., *José de Alencar e Sua Época*, 2. ed., Rio de Janeiro: Civilização Brasileira, 1977, p. 119.
8  Afrânio Coutinho (org.), *A Polêmica Alencar-Nabuco*, Rio de Janeiro: Tempo Brasileiro, 1965, p. 58-59.
9  Os Demônios Familiares de José de Alencar, *Teatro de Anchieta a Alencar*, São Paulo: Perspectiva, 1993, p. 330.

primeiro lugar, porque as próprias famílias podiam tornar-se vítimas do escravo doméstico; em segundo, porque se tratava de costume herdado da tradição colonial. Manter o escravo doméstico, em 1857, era um anacronismo, pelo menos para as famílias modernas dos profissionais liberais que naquela altura viviam de seu trabalho. Eduardo, médico e membro da pequena burguesia emergente de então, dá a liberdade a Pedro e ao mesmo tempo se liberta da última amarra que o prendia à antiga estrutura social.

Se entendermos o desfecho dessa maneira, a comédia pode ser lida como uma provocação à sociedade escravista, que não abdica dos costumes que vêm dos tempos coloniais. Eduardo dá o exemplo, no palco, de uma atitude fundamental para a modernização da família brasileira, em termos burgueses. E não só no desfecho, pois toda a sua postura, ao longo da comédia, é de quem se contrapõe aos velhos hábitos no que diz respeito ao namoro, ao casamento e à constituição da família.

Em termos mais precisos, o enredo da comédia possibilita a conciliação entre o assunto nacional – a presença do escravo nos lares brasileiros – e a questão mais ampla que era discutida pelos dramaturgos franceses: a das relações entre o amor, o casamento e o dinheiro, presente, para dar dois exemplos, nas comédias *A Questão do Dinheiro*, de Alexandre Dumas Filho, e em *O Genro do Sr. Pereira*, de Émile Augier. Caberá a Eduardo, protagonista do núcleo familiar da comédia e ao mesmo tempo *raisonneur*, combater os velhos hábitos e lutar pela sua felicidade, pois sua amada está prometida para um rapaz rico a quem o pai deve dinheiro.

Alencar tem uma posição crítica tanto em relação ao casamento por dinheiro quanto em relação ao casamento por conveniência, como se percebe no diálogo entre Eduardo e Azevedo, logo no início da comédia. O segundo justifica com cinismo o seu casamento com Henriqueta, por quem não tem nenhuma afeição. Quer uma esposa porque pretende entrar na carreira política, nada mais. As falas de Eduardo, ponderadas e equilibradas, fazem a crítica moralizadora das ideias tão insensatas de Azevedo.

Evidentemente para Alencar o casamento deve ter por base o amor, não o dinheiro ou as conveniências sociais. Mas não se trata do amor-paixão, como o pintaram os românticos mais extremados. Eduardo e Henriqueta não aparecem em cena como apaixonados capazes de fazer uma loucura, nem demonstram viver uma paixão devastadora. Não se encontram em lugares ermos, escondidos, nem fazem declarações arrebatadoras. O amor que os une é calmo, equilibrado, uma afeição que nasceu nas reuniões de família e se alimentou do convívio decente que se espera de jovens que se preparam para o casamento, em meados do século XIX. Para Alencar, o amor, encarado desse modo, era sempre uma garantia da fidelidade conjugal e do equilíbrio da família e sociedade. Perceba-se, pois, como o amor é desromantizado ao longo da comédia e principalmente na cena em que Eduardo explica à mãe porque convidou Alfredo, pretendente à mão de Carlotinha, a frequentar a sua casa. Era preciso que sua irmã o conhecesse de verdade, numa sala, conversando, e não em encontros fortuitos. Ele quer que ela o veja de perto, "sem o falso brilho, sem as cores enganadoras que a imaginação empresta aos objetos desconhecidos e misteriosos"[10].

Por incrível que possa parecer para nós, tão distantes dos costumes descritos por Alencar, sua posição era avançada para a época, pois em geral os casamentos eram arranjados pelos pais, sem que os filhos tivessem o direito da escolha. Pois nosso escritor defende exatamente esse direito, fazendo de Eduardo o seu porta-voz, espécie de ideólogo cuja função principal na comédia é proteger o casamento e a família de todos os perigos que possam abalar os seus alicerces. Na ótica da comédia, preservar a integridade dessas instituições consideradas modernas e civilizadoras significa garantir um futuro de progresso para o país.

Diferentemente de Martins Pena ou de Joaquim Manuel de Macedo, que haviam escrito comédias farsescas para ridicularizar os costumes de uma sociedade tacanha, Alencar assumiu uma postura respeitosa em relação à nossa burguesia emergente, a quem, no seu entendimento, cabia o papel histórico de civilizar e modernizar o país. Daí a reverência aos valores éticos dessa classe social, como o trabalho, o casamento e a família, tratados com seriedade em *O Demônio Familiar*. A única personagem ridicu-

---

10 José de Alencar, *O Demônio Familiar*, Campinas: Editora da Unicamp, 2003, p. 150.

larizada na comédia é o afrancesado Azevedo. Era preciso dar um exemplo de personagem negativa, de mau burguês, para que seu expurgo da boa sociedade tivesse um efeito moralizador. Não importa que seus traços sejam exagerados, que o realismo da comédia diminua, por força da caricatura em que ele se transforma quando abre a boca. Alencar tinha em mente fazer uma crítica aos brasileiros que se encantavam com a França e que não amavam suficientemente o seu próprio país. Azevedo é afetado, pernóstico, ridículo, com a sua mania de introduzir palavras francesas o tempo todo em suas falas. O exagero é proposital, para que o espectador não se engane acerca do que significa essa personagem, quando comparada aos bons rapazes que são Alfredo e Eduardo. É bom mesmo que volte a Paris, como anuncia no desfecho. Não há lugar para ele na sociedade retratada por Alencar. Além disso, em seu desamor às coisas brasileiras, Azevedo despreza a arte nacional. Num curto diálogo travado com Alfredo, na décima terceira cena do terceiro ato, ele diz que não há nem arte nem artistas no Brasil. Transformado em porta-voz do autor, Alfredo responde que a arte existe, que o que não existe é o amor por ela, condenando então a atitude de todos aqueles "que só acreditam e estimam o que vem do estrangeiro"[11].

Esse diálogo traduz a preocupação de Alencar com a defesa do nacionalismo – sentimento que alimenta toda a sua obra – e, por conseguinte, com a afirmação de uma arte autenticamente nacional.

O sucesso da peça junto ao público e a repercussão na imprensa foram tão expressivos que Alencar resolveu explicar em um artigo como e por que a escreveu. A certa altura, esclarece o que tinha em mente e revela o modelo formal ao qual recorreu:

No momento em que resolvi a escrever *O Demônio Familiar*, sendo minha tenção fazer uma alta comédia, lancei naturalmente os olhos para a literatura dramática do nosso país em procura de um modelo. Não o achei; a verdadeira comédia, a reprodução exata e natural dos costumes de uma época, a vida em ação não existe no teatro brasileiro [...].

Não achando pois na nossa literatura um modelo, fui buscá-lo no país mais adiantado em civilização, e cujo espírito tanto se harmoniza com a sociedade brasileira; na França.

Sabe, meu colega, que a escola dramática mais perfeita que hoje existe é a de Molière, aperfeiçoada por Alexandre Dumas Filho, e de que a *Question d'argent* é o tipo mais bem acabado e mais completo.

Molière tinha feito a comédia quanto à pintura dos costumes e à moralidade da crítica; ele apresentava no teatro quadros históricos nos quais se viam perfeitamente desenhados os caracteres de uma época.

Mas esses quadros eram sempre quadros; e o espectador vendo-os no teatro não se convencia da sua verdade; era preciso que a arte se aperfeiçoasse tanto que imitasse a natureza; era preciso que a imaginação se obscurecesse, para deixar ver a realidade.

É esse aperfeiçoamento que realizou Alexandre Dumas Filho; tomou a comédia de costumes de Molière, e deu-lhe a naturalidade que faltava; fez que o teatro reproduzisse a vida da família e da sociedade, como um daguerreótipo moral[12].

Alencar compreendeu bem a natureza da comédia de Dumas Filho, como demonstra ao chamá-la de "daguerreótipo moral". Apropriar-se dessa forma teatral e nacionalizá-la por meio dos nossos tipos e paisagem urbana, bem como dos assuntos que diziam respeito à nossa realidade, eis o que lhe pareceu um bom caminho para a própria "criação" do teatro brasileiro, conforme afirma no mesmo artigo. E mais: com esse tipo de dramaturgia, o escritor valorizava o seu ofício e punha a sua arte a serviço do país, buscando sensibilizar o cidadão para os valores éticos da burguesia que deviam reger a sua existência, se quisesse fazer parte de uma sociedade moderna.

Nas duas comédias que escreveu em seguida, Alencar foi menos feliz. Apesar das boas intenções, *O Crédito*, encenada pela primeira vez a 19 de dezembro de 1857, fracassou completamente. A peça, toda calcada em *La Question d'argent*, aborda o papel do dinheiro na vida social, retomando e ampliando algumas situações de *O Demônio Familiar*. Assim, mais uma vez veremos uma família honesta ser assediada por personagens desonestos ou de má formação moral, movidos por interesses escusos, como o casamento por dinheiro. A monetização dos sentimentos e a especulação são duramente condenadas pela personagem central, o engenheiro Rodrigo, que é também o *raisonneur* da peça. É ele quem salva a família de Pacheco das garras afiadas do agiota e

---

11 Idem, p. 163.

12 Idem, p. 31-33.

especulador Macedo. Em seus discursos moralizadores, critica os desmandos da burguesia ávida de dinheiro, o enriquecimento ilícito, e ensina que o trabalho e a inteligência são os capitais mais valiosos. Além disso, faz a defesa do crédito, instituição que possibilita a ascensão econômica do homem inteligente e honesto, ainda que pobre.

Não é difícil explicar as razões do fracasso da peça na cena do Ginásio. Alencar deixou-se levar pelo excesso da retórica, sacrificando o ritmo da ação dramática, que se tornou lento, pesado, enormemente prejudicado pelas intervenções moralizadoras de Rodrigo. Nem a plateia fluminense nem os críticos gostaram: *O Crédito* não foi além de três representações.

Para Alencar, tal fracasso era inaceitável. Em sua cega dedicação ao teatro, em sua crença no modelo dramático de Dumas Filho, não conseguiu enxergar os defeitos de sua peça. Magoado, antes mesmo de terminar o ano, ele manifestou a intenção de não mais escrever peças teatrais, atribuindo a deserção do público ao indiferentismo e incompreensão da sociedade diante do seu espírito inovador. Como, nessa altura, já tinha em mãos mais uma peça, encaminhou-a ao Ginásio Dramático. Representada pela primeira vez no dia 30 de maio de 1858, apesar de liberada pela censura, *As Asas de um Anjo*, depois de três representações, foi retirada de cena pela polícia, que a considerou imoral. Alencar pagou caro a ousadia de abordar assunto tão controvertido como a prostituição. A história de Carolina, moça de família seduzida a prostituta que se regenera pelo amor e pela maternidade, passando pelo luxo e pela miséria, tinha lances e diálogos que no palco pareciam agredir os espectadores. Causou desagrado, por exemplo, a cena em que o pai da heroína, bêbado, tenta seduzir a própria filha, na penumbra de um quarto. O que na leitura parecia aceitável, na cena tornou-se insuportável para os padrões morais da época. É possível imaginar o desconforto da plateia, de certos pais de família, principalmente, ouvindo Carolina denunciar a falsa moral burguesa, dizendo, por exemplo, que seus amantes vão, "com os lábios ainda úmidos dos nossos beijos, manchar a fronte casta de sua filha, e as carícias de sua esposa"[13].

Em vão o *raisonneur* da peça, o jornalista Meneses, que Alencar definiu como "a razão social encarnada em homem", contrapõe os seus argumentos aos vitupérios de Carolina, defendendo a sociedade honesta e a vida em família. Nem o desfecho moralizador convenceu a censura das intenções do autor. A figura prostrada de Carolina, arrependida, vivendo um casamento sem vida sexual, que lhe trazia o remorso à memória o tempo todo, não apagava a figura da cortesã impudente dos atos anteriores.

Talvez o excesso de realismo tenha chocado os contemporâneos de Alencar. Furioso e indignado com a proibição de *As Asas de um Anjo*, ele defendeu-se num longo artigo para demonstrar justamente a sua intenção moralizadora. A seu ver, a peça mostrava o vício para melhor castigá-lo.

No final do ano seguinte, 1859, com o ânimo serenado, nosso escritor tinha mais uma peça pronta para o Ginásio Dramático. É provável que tenha refletido muito sobre o fracasso de *O Crédito* e o incidente em torno de *As Asas de um Anjo*, pois pela primeira vez afastou-se do modelo da comédia realista para escrever um drama, abordando mais uma vez o problema contemporâneo da escravidão. Se em *O Demônio Familiar* o acento era cômico, agora a intenção é explorar o *drama* da escravidão, a partir de uma situação potencialmente explosiva: a de uma mãe que vive como escrava do próprio filho.

A estreia de *Mãe* ocorreu a 24 de março de 1860. E o enorme sucesso recolocou Alencar no lugar que era seu de direito, conforme escreveu Machado de Assis: "Para quem estava acostumado a ver no sr. José de Alencar o chefe da nossa literatura dramática, a nova peça resgatava todas as divergências anteriores"[14].

Misturam-se na peça traços típicos do romantismo e do realismo. Joana é evidentemente uma figura idealizada, assim como Jorge, que não se comporta como um típico proprietário de escravos. Já os aspectos realistas estão presentes nas cenas de comédia entre Joana e Vicente, nos diálogos que reproduzem a fala cotidiana e na própria naturalidade da ação dramática, que procura retratar o universo da família brasileira de poucas posses. Também a punição de Peixoto, no final, parece típica

---

13 *Comédias*, São Paulo: Martins Fontes, 2004, p. 420.

14 Machado de Assis, *Do Teatro...*, p. 419.

da comédia realista, com sua feição de lição moralizadora, bem como a defesa de valores éticos como o trabalho e a honestidade, que aparece aqui e ali.

Inteiramente romântico, sem o hibridismo de *Mãe*, é o drama histórico *O Jesuíta*, escrito logo depois, a pedido de João Caetano. Por alguma razão, o famoso ator não gostou do que leu e recusou-se a encená-lo, ao que tudo indica sem dar explicações a Alencar. Irritado, na peça que escreveu logo em seguida, ainda no ano de 1861, o escritor ridicularizou João Caetano ao fazer uma personagem rir do marido ciumento e dizer-lhe que ele tinha "ares de João Caetano no *Otelo*". Era uma observação ferina, baseada no papel mais famoso da carreira do ator. Com *O que é o Casamento?*, encenada anonimamente em outubro de 1862, Alencar, já desinteressado do teatro, volta ao gênero da comédia realista, aos personagens e assuntos contemporâneos. Como o próprio título indica, o enredo pretende dar uma resposta ao que está indagado. No entanto, como o casamento é definido em termos de harmonia e entendimento entre marido e mulher, mostrar isso em cena seria altamente entediante. Assim, o que a ação dramática apresenta é o que *não deve* ser o casamento. Ou seja: em cena, dois casais se desentendem, brigam, vivem uma verdadeira guerra conjugal, motivada por ciúme, suspeita de adultério e falta de diálogo. Já o que *deve* ser o casamento aparece nos discursos moralizadores da personagem *raisonneur* e no desfecho em que os dois casais se reconciliam. Embora não seja uma grande peça, *O que é o Casamento?* tem interesse para a compreensão do realismo teatral como movimento ligado ao universo da burguesia. Aqui, tudo gira em torno da defesa do casamento e da família, em termos muito próximos dos que se encontram nas comédias realistas francesas.

Nos anos que se seguiram a 1862, Alencar dedicou-se ao romance e à política. Teve apenas uma recaída, em 1865, dando à luz sua última peça, mais uma comédia realista, intitulada *A Expiação*, na qual dava sequência ao enredo de *As Asas de um Anjo*. Carolina volta à cena para expiar os seus erros e, mais uma vez, repetem-se as discussões moralizadoras sobre o tema da regeneração da cortesã, sem nada de novo, a não ser o fato de que aquele casamento branco não deu certo. Publicada em 1868, *A Expiação* não despertou o interesse de nenhum empresário teatral e não foi encenada.

Desse modo, pode-se afirmar que a contribuição de Alencar para o teatro brasileiro foi importante entre 1857 e 1862. Vista em conjunto, sua obra pode ser considerada sob dois ângulos: por um lado, ela privilegiou os temas urbanos e tocou em questões importantes para que se compreenda melhor, hoje, aquele momento histórico de formação de uma primeira burguesia entre nós; por outro, no terreno artístico, inaugurou o realismo teatral, servindo de exemplo para toda uma geração que consolidou esse movimento na cena brasileira, nos anos que se seguiram.

## O "Mundo Equívoco" de Quintino Bocaiúva

O primeiro intelectual brasileiro que seguiu os passos de Alencar foi um jovem intelectual e jornalista de bastante prestígio. Quintino Bocaiúva (1836-1912) estreou com o drama em sete quadros, *Onfália*, a 28 de junho de 1860, não no Ginásio, mas no Teatro das Variedades, onde a companhia dramática de Furtado Coelho, o principal ator do realismo teatral, atuou durante alguns meses.

O título do drama remete à mitologia grega: Ônfale, rainha da Lídia, tão bela quanto depravada, conquistou Hércules, que se sujeitou a todo tipo de humilhação para ficar a seu lado. O tema da mulher que rouba as forças ao homem, que o seduz e o abandona, que o leva à morte, já havia aparecido na cena do Ginásio, em peças como *As Mulheres de Mármore*, de Barrière e Thiboust, e *Dalila*, de Feuillet. Quintino Bocaiúva situou a ação de *Onfália* no Rio de Janeiro do seu tempo, fazendo-a girar em torno de uma viúva rica e sem escrúpulos morais, a baronesa Lucília, que arrasta para a morte um jovem inexperiente, Jorge, escravo de uma paixão incontrolável e doentia.

Lucília não é, portanto, uma prostituta, mas uma mulher que pertence a um meio social muito particular, que Dumas Filho, na França, denominava *demi-monde*, expressão traduzida na época como "mundo equívoco". Fazem parte desse universo as pessoas corrompidas pela prostituição moral, pelo dinheiro fácil, pelo jogo e pelo ócio. As mulheres, geralmente elegantes e sem problemas financeiros, estão sempre à espera de uma oportunidade para voltar à sociedade regular, casando-se com um rapaz de boa família. Quintino Bocaiúva dialoga abertamente com a peça em que Dumas Filho evoca essa sociedade, *Le Demi-Monde*, criando uma situação dramática idêntica, mas com desenvolvimento diferente. Depois de confessar ao amante o plano de se casar com Jorge, o diálogo que se segue é significativo:

VISCONDE – Tem assistido às representações do *Mundo Equívoco*, Baronesa?
BARONESA – Por quê? Quer ter a pretensão de parecer-se com o Oliveiros?
VISCONDE – Não, mas queria perguntar-lhe quem é o novo Raymundo Nangeac[15].

Lucília age como a baronesa Suzanne d'Ange, que seduz o jovem Raymond de Nanjac na peça francesa, mas sem conseguir o casamento, por causa da intervenção do *raisonneur* Olivier de Jalin (Oliveiros, na tradução encenada no Ginásio). Já Lucília será bem-sucedida, porque o *raisonneur* brasileiro, o dr. Eduardo, não consegue convencer Jorge de que vai dar um mau passo, de que é melhor permanecer ao lado da mãe e da irmã.

O enredo tem caráter demonstrativo, pois o que se vê, após o casamento, é um dia a dia de sofrimentos e humilhações para o rapaz, que morre para significar que esse tipo de amor não era o mais indicado para os jovens que assistiam à peça em 1860. Ao final da trajetória de Jorge, o *raisonneur* observa à outra personagem – e também ao espectador: "que o exemplo sirva para benefício dos inexpertos".

Preocupado em extrair o máximo de moralidade da peça, Quintino Bocaiúva introduz o tema da regeneração da cortesã. Ao contrário de Alencar, que ficou numa espécie de meio-termo no desfecho de *As Asas de um Anjo*, ele procede à maneira de um Augier ou de um Barrière, isto é, considera que a mulher decaída não pode ser perdoada, que sua afronta à sociedade é sempre maior do que qualquer arrependimento. Assim, quando Lucília

15 Citação feita a partir do manuscrito da peça, que se encontra na Biblioteca Nacional do Rio de Janeiro.

se diz arrependida e pretende ver Jorge, que está à beira da morte, é barrada pelo dr. Eduardo, em nome da moral. Apenas Deus poderia perdoá-la, jamais os homens, ele lhe diz. Por outro lado, o ex-amante da baronesa, rapaz de vida dissoluta e dado ao jogo, consegue reencontrar o caminho das virtudes burguesas, graças às perorações do dr. Eduardo, e se reintegra à boa sociedade por meio do casamento com uma moça honesta. Ninguém contesta a sua regeneração, o que dá a medida da moralidade burguesa, rigorosíssima para com as mulheres, condescendente para com os homens.

Apesar do excesso de retórica que por vezes toma conta da peça, principalmente nas falas do *raisonneur*, *Onfália* cumpre o que se espera de uma comédia realista, ainda que o autor a tenha denominado "drama", talvez por conta da morte de Jorge no desfecho. A defesa do casamento e da família, a crítica moralizadora dos vícios, a naturalidade nos diálogos e no jogo de cena, tudo colaborou para o seu sucesso no palco, que ganhou interpretações marcantes de Furtado Coelho e Eugênia Câmara. Ambos viajaram por quase todo o Brasil, em 1861 e 1862, e fizeram de *Onfália* uma das peças mais aplaudidas do seu repertório, ao lado da *Dalila* de Feuillet.

Animado com a boa estreia como autor dramático, Quintino Bocaiúva escreveu *Os Mineiros da Desgraça*, que o Ginásio Dramático pôs em cena a 19 de julho de 1861. Mais uma vez, seu alvo é o "mundo equívoco" do Rio de Janeiro, agora centrado na trajetória de dois usurários que enriquecem à custa da desgraça alheia e de negócios escusos. Vidal e Venâncio são gananciosos e insensíveis, hipócritas e mentirosos. Vamos vê-los em ação nos dois primeiros atos, quando enganam e levam à ruína um negociante honrado, João Vieira, impossibilitado de pagar o que deve a Venâncio. Ao lado da filha Elvira e do seu guarda-livros, Paulo, jovens que se amam, João Vieira recebe a visita de Vidal, que se oferece para ajudá-lo. Insinuando-se como amigo e interessado em Elvira, o usurário, com mentiras e falsas evidências, convence o negociante de que Paulo é desonesto e que deve ser despedido e afastado da família.

A ação dramática desses dois primeiros atos, restrita a poucos personagens, é rápida e direta, pois não quer mais do que fixar o caráter dos usurários, o que, diga-se de passagem, foi conseguido com um realismo que chamou a atenção da crítica[16]. A moralidade da peça se concentra nos outros dois atos, quando o autor retrata a sociedade da qual Vidal e Venâncio fazem parte. Quem pode ser amigo e frequentar a casa de seres tão ignóbeis? O terceiro ato responde à pergunta. Muitos anos depois dos acontecimentos do segundo ato, Venâncio dá uma festa, o que permite que outras personagens surjam em cena: Ernesto, jovem afrancesado, fútil, que deve a Vidal; Jorge, seu amigo, que só fala banalidades e só pensa em ser rico como Venâncio; Olímpia, mulher adúltera, apaixonada por Ernesto; Maria, quase uma alcoviteira, querendo jogar uma amiga malcasada nos braços de um homem que nem conhece direito; um político corrupto, amigo dos usurários. Todas essas personagens ilustram, com suas ações e pensamentos expostos nos diálogos, o lado podre da sociedade do Rio de Janeiro que Quintino Bocaiúva deseja criticar. Depois de lamentar que "nós temos igualmente o nosso mundo equívoco", o *raisonneur* da peça, o jornalista Maurício, assim o define:

Mundo flutuante que acompanha a sociedade, que se transforma, que se engrandece à custa do que rouba ou recruta em todas as classes úteis. Esses banqueiros fraudulentos, esses rebatedores sem alma, as mulheres sem pudor e as crianças sem virgindade, os sedutores de profissão, os empregados ociosos e concessionários, os juízes prevaricadores, todas essas exceções monstruosas que envergonham a probidade social, que desonram aos companheiros de ofício e que entristecem o coração nacional, tudo isso faz parte desse mundo híbrido e repulsivo. Não há lugar vedado a essa classe de parasitas; eles têm uma representação em todos os lugares, no governo, nas câmaras, nas igrejas, nos salões, nos teatros. Adorados por uns, escarnecidos por outros, detestados por alguns, esses aleijões sociais pavoneiam-se altivos, e pode-se dizer que têm a primazia das venturas efêmeras; felizmente efêmeras![17]

Descontado o excesso de retórica, a peça atinge a sua finalidade moralizadora, não só com as falas do *raisonneur*, mas com o próprio enredo, que mostra, no desfecho, a prisão dos usurários, graças a Paulo, que traz de Portugal provas de que passam dinheiro falso.

Machado de Assis escreveu um folhetim bastante elogioso à peça, em que viu "mérito literário" e "alta moralidade". Destacou também a forte presença do *raisonneur*, com suas "censuras aos vícios da sociedade", a reprodução fotográfica do "mundo equívoco" e ressaltou a boa acolhida do público, tocado "no íntimo porque se lhe falou a verdade"[18].

O sucesso de *Os Mineiros da Desgraça* foi muito grande, como comprovam os jornais da época. Embora tenha seguido os postulados da comédia realista para escrevê-la, Quintino Bocaiúva denominou-a "drama", talvez para deixar claro que se tratava de uma peça séria[19].

Em maio de 1862, o Ateneu Dramático, teatro com a mesma orientação do Ginásio, divulgou que ia encenar a terceira peça de Quintino Bocaiúva, *A Família*, bem como outras produções nacionais. No entanto, por alguma razão isso não ocorreu. Sua primeira representação se deu apenas em 1868, dois anos após ter sido publicada pela Tipografia Perseverança. É a peça mais fraca do autor, embora, no plano das ideias, a mais comprometida com a tese principal do teatro realista: a do elogio das virtudes burguesas, em particular, do casamento, do amor conjugal e da família.

Os três primeiros atos apresentam quadros da vida doméstica em que predominam os bons sentimentos, a confiança recíproca entre marido e mulher, a índole honesta dos filhos, de modo que as cenas, construídas com naturalidade, desenham o retrato de uma família feliz. Os diálogos, por vezes, servem apenas para trazer à tona uma lição edificante. Como esta, dirigida às mocinhas da plateia:

PEDRO – ... O futuro das mulheres, Clemência, é o casamento. Se uma moça tem a fortuna de encontrar um bom marido, está feliz. Pobres que sejam, mas que se amem! O amor não é esse sentimento extravagante em que os libertinos e os leviaros modernos transformaram essa lei sublime da natureza. Ele deve ser a base do matrimônio, o

---

16 "Vidal e Venâncio são dois tipos de que se acotovelam as cópias diariamente nas ruas da cidade", escreveu o folhetinista Henrique César Muzzio no *Diário do Rio de Janeiro* de 28 de julho de 1861.
17 Quintino Bocaiúva, *Os Mineiros da Desgraça*, em *Antologia do Teatro Realista*, São Paulo: Martins Fontes, 2006, p. 53-54.
18 Machado de Assis, *Do Teatro...*, p. 241-244.
19 Outros dramaturgos, à semelhança de Quintino Bocaiúva, também denominaram "dramas" as peças que escreveram sob inspiração do realismo teatral. Isso não provocou nenhuma discussão teórica importante. Alencar, por exemplo, preferiu chamar de "comédias" as suas peças. O que importa ressaltar é que são todas da mesma família.

elo insolúvel da família que se perpetua nas gerações. Deus não deu ao homem sentimentos inúteis. Todas as paixões humanas fecundam-se pela virtude[20].

## O Ecletismo de Joaquim Manuel de Macedo

Joaquim Manuel de Macedo (1820-1882) já era um escritor conhecido, tanto como romancista quanto como dramaturgo, quando escreveu a comédia *Luxo e Vaidade* e o drama *Lusbela*, ambos com base nos preceitos do realismo teatral.

A primeira estreou no Ginásio Dramático a 23 de setembro de 1860 e foi o maior sucesso do ano, permanecendo bastante tempo em cartaz, bem recebida pelo público e pela crítica, que ressaltou seu caráter moralizador e seu realismo na construção de certos tipos sociais do Rio de Janeiro. Já pelo título, a peça aponta os vícios que serão vergastados pelo seu *raisonneur*. Em cena, uma família que vive acima das suas condições financeiras e que se quer nobre aprende, à beira da ruína e do opróbrio, que o luxo e a ostentação são inimigos dos bons sentimentos, da honestidade, das amizades sinceras, e sinônimos de miséria moral. As personagens e o enredo são construídos para que o autor faça a crítica moralizadora dessa família que se desviou do bom caminho das virtudes burguesas. Logo no primeiro ato, são fixados os caracteres de Maurício e Hortênsia, o casal, e de Leonina, a filha em idade de se casar. Os três são apresentados com cores tão negativas que aparentemente parecem irrecuperáveis. A esposa é o pior caráter: fútil, arrogante, faz questão de ter um criado francês e uma professora inglesa para a filha Leonina, e assim se exibir perante a alta sociedade. O marido é um homem fraco, um funcionário público que gasta mais do que ganha para manter as aparências de riqueza e que se afastou do irmão para não ser visto com um simples marceneiro. Leonina não é melhor que os pais, com seus sonhos de grandeza e de um casamento rico, aliás aventado por sua mãe como uma solução para as dívidas que se avolumaram.

Os defeitos morais se estendem às demais personagens da alta sociedade do Rio de Janeiro que são amigos da família, unidos pelos mesmos preconceitos, escravos todos do luxo e da vaidade. Como o gênero da comédia realista requer o *raisonneur*, ele aparece na pele do velho Anastácio, rico fazendeiro de Minas Gerais e irmão de Maurício, que visita a corte depois de dezoito anos de ausência. Suas intervenções são devastadoras e reforçam a crítica implícita no enredo e no perfil das personagens. Maurício e Hortênsia o suportam, interessados que estão em seu dinheiro. O primeiro chega a reconhecer os erros, mas tarde demais, pois já não tem como pagar as contas. Leonina, porém, ouve o tio e se transforma da noite para o dia, reconhecendo seus erros, admitindo gostar de Henrique, rapaz pobre e seu primo, filho do marceneiro Felisberto.

Dois são os conflitos que a peça desenvolverá: o primeiro, centrado nas dificuldades financeiras do casal; o segundo, envolvendo Leonina e Henrique, que deverão lutar contra os planos de Hortênsia, a fim de derrotar a ideia do casamento por dinheiro e tornar vitorioso o casamento por amor. Macedo não se contentou com essa matéria, suficiente para uma comédia realista, e deu relevo a algumas personagens secundárias, inventando uma trama um tanto folhetinesca, na qual uma mulher que fora preterida por Maurício quando jovem planeja, junto com uma filha invejosa, o rapto de Leonina para comprometê-la aos olhos da sociedade. Além disso, o autor abusou dos recursos antirrealistas, como o aparte e o monólogo, comprometendo a desejada naturalidade na apresentação da ação dramática. Se por esse lado *Luxo e Vaidade* falha – as cenas do rapto frustrado lembram inclusive o drama de capa e espada com máscaras, punhais e lutas no escuro –, o aspecto da moralidade está plenamente contemplado, ainda que ao custo de um certo exagero retórico. Ao salvar o casal da ruína, Anastácio, dirigindo-se a Hortênsia, faz uma peroração que era também para a plateia:

Acima dos meus parentes está a nação que pode colher benéficos resultados da lição que oferece a sua desgraça. A sociedade acha-se corrompida pelo luxo e pela vaidade, e um quadro vivo das consequências desastrosas dessas duas paixões talvez lhe seja de prudente aviso. Em Maurício verá o homem de medíocre fortuna e especialmente o empregado público, que a ostentação e o fausto de alguns anos determinam a miséria de todo o resto da vida; nas suas lágrimas de

---

20 *A Família*, *Revista de Teatro*, Rio de Janeiro: Sbat, n. 294, nov./dez. 1956, p. 8.

Joaquim Manuel de Macedo.

Sua personagem, Damiana, surge no primeiro ato com alguns traços da heroína de *A Dama das Camélias*, como o arrependimento pela vida dissoluta e o amor sincero a um rapaz e, à semelhança da Carolina de *As Asas de um Anjo*, odeia a sociedade que despreza a mulher seduzida sem condenar o sedutor. É que no prólogo, um pequeno melodrama, ela era uma moça honesta que se deixou seduzir por um moço rico, que a abandonou à própria sorte. Amaldiçoada pela avó e expulsa de casa pelo pai, tornou-se uma prostituta terrível. Durante oito anos, conta uma personagem, essa mulher de "coração de mármore e olhos sem lágrimas" afrontou a moral e dissipou a fortuna de seus amantes, rindo da sociedade que a condenava. Agora, apaixonada e transformada pelo amor que sente por Leonel, acredita que poderá ser perdoada e amada.

Se a peça prosseguisse por esse caminho, ficaria muito próxima de *A Dama das Camélias*, que aborda de um ponto de vista romântico o tema da regeneração da cortesã. Mas como Leonel não ama Damiana, o enredo aponta para outra direção: a da prostituta má, que, tão logo desprezada, faz planos para destruir a pureza e perverter a noiva do rapaz. O terreno aqui é o do realismo teatral, como apontou o censor do Conservatório Dramático, Antônio Ferreira Pinto, ao condenar a cena em que Damiana começa a pôr em prática o seu plano. Ele afirma que "a escola realista pouco ou nada ganha com a pintura descarnada do vício" e que fica horrorizado quando Damiana, diante da inocente Cristina, afirma em aparte: "destruirei a suave pureza do seu olhar, acendendo-lhe nos olhos a *lascívia*"[22].

Mas *Lusbela* não se realiza tampouco como um drama realista à maneira de um Théodore Barrière. A mulher de mármore que se desenha no primeiro ato já não existirá nos demais, porque Macedo apela para uma dessas coincidências que alimentaram os dramalhões do século XIX. No diálogo com Cristina, Damiana se dá conta de que está diante da própria irmã.

O que se pode notar é que já ao final do primeiro ato são apresentadas abortadas as duas

esposa e de mãe, as mães e as esposas verão os horrores a que as pode levar o abuso do amor de um marido extremoso e cego e a falsa educação dada às filhas. A sua triste pobreza proclama a necessidade da economia. A própria desonra de meu irmão ensina que desvairado pela paixão do luxo, um homem honesto é capaz de arrojar-se até o crime. As suas pretensões de nobreza, enfim, dizem ao mundo que o uropel não é ouro, que a máscara não é o rosto, e que nobre, verdadeiramente nobre, é só o que é virtuoso e probo, o que é grande e generoso, o que é digno de Deus e da pátria[21].

Aí está o recado de Macedo, que faz seu *raisonneur* exorcizar os vícios que atrapalham a construção de uma sociedade assentada sobre os valores éticos da burguesia. Os arrependidos e regenerados Maurício e Hortênsia agora recebem o marceneiro Felisberto e aceitam o casamento de Leonina e Henrique – um desfecho cujo alcance moral, na época, não foi posto em dúvida por ninguém.

Com *Lusbela*, drama representado também no Ginásio Dramático a 28 de setembro de 1862, Macedo traz para a cena a figura da prostituta, nessa altura bastante conhecida da plateia do Rio de Janeiro, graças a peças francesas e brasileiras.

---

21 Joaquim Manuel de Macedo, *Teatro Completo* I, Rio de Janeiro: MEC/SNT, 1979, p. 88.

22 O parecer encontra-se depositado na Seção de Manuscritos da Biblioteca Nacional do Rio de Janeiro e traz a data de 11 de outubro de 1861.

principais possibilidades de abordagem do problema da prostituição. Damiana não terá a oportunidade de regenerar-se por amor, já que Leonel não a ama, e nem poderá ser má, para não prejudicar a irmã. Não é sem razão, portanto, que na sequência *Lusbela* se transforme num drama de enredo movimentadíssimo, no qual o fato de Damiana ser prostituta torna-se secundário. Sem as bases das peças românticas ou realistas que trataram do problema, Macedo leva o enredo para outra direção, envolvendo a protagonista numa trama folhetinesca, tornando-a cúmplice de um passador de dinheiro falso. A ação dramática ganha um ritmo ofegante, recheada de *ficelles**  e de cenas de impacto, ou de mau gosto – como o delírio do pai de Damiana no terceiro ato –, de modo que não há mais lugar na peça para qualquer tipo de reflexão moral ou de descrição de costumes. Sem um *raisonneur* para extrair as lições morais da trajetória da personagem, tudo se concentra no enredo, que passa a girar em torno de um cofre com dinheiro falso, sem que voltem à cena as questões suscitadas no prólogo e no primeiro ato.

Com muita razão os críticos da época censuraram os exageros de *Lusbela*, cuja primeira ideia era discutir os preconceitos da sociedade contra a mulher decaída. Mas ao abordar o problema da prostituição e o tema específico da regeneração da prostituta, Macedo esqueceu-se de que o retrato dos costumes e o debate de uma questão social exigem a simplificação do enredo. Em sua peça, apenas o primeiro ato apresenta algumas características da comédia realista, isto é, cenas que reproduzem o universo da prostituição elegante com objetividade, diálogos que exprimem uma conversação natural e discussão de ideias. Macedo, como se vê, não assimilou o realismo teatral com a mesma facilidade de Alencar e de Quintino Bocaiúva. Mas isso não impediu que *Lusbela* fosse bem recebida pelo público do Ginásio, prova do prestígio do escritor, que, além de *Luxo e Vaidade*, havia tido outras duas comédias montadas no mesmo teatro: *O Novo Otelo*, em dezembro de 1860, e *A Torre em Concurso*, em setembro de 1861.

## Aquiles Varejão, Sizenando Nabuco, Valentim da Silveira Lopes

Com a encenação de peças de escritores jovens ou desconhecidos, o Ginásio Dramático demonstrou que suas portas estavam de fato abertas para a dramaturgia brasileira, em especial aquela escrita sob a inspiração do realismo teatral. Depois de *Luxo e Vaidade*, de Macedo, subiu à cena *A Época*, de Aquiles Varejão (1834-1900), a 30 de dezembro de 1860. Desse mesmo autor o Ginásio também encenou *A Resignação*, a 24 de novembro de 1861, e *O Cativeiro Moral*, a 8 de dezembro de 1864. Infelizmente nenhuma dessas peças foi publicada, o que impossibilita uma análise detalhada dos seus recursos formais e temas abordados. Segundo a imprensa da época, apenas a primeira foi bem-sucedida, provavelmente por combinar de maneira satisfatória a naturalidade e a moralidade exigidas pela comédia realista. Eis o ponto de partida da peça:

Uma família, composta de pai, madrasta e dois filhos, vive na opulência: Carolina, a madrasta, tem pronunciada queda para o esbanjamento, não pensa senão em diamantes, bailes e teatros, só frequenta fidalgos e ricaços, e olha com asco para todos aqueles cuja fortuna é medíocre ou nula; Carlos, o filho pródigo, deixa-se arrastar pelas más companhias, entrega-se a todos os vícios desde o jogo até o roubo, e dissipa com sofreguidão a riqueza, à força de trabalho adquirida por seu pai; este negociante honrado, porém homem fraco, consente que sua segunda mulher o impila para o abismo, e não tem ânimo, sequer, para retirar o filho das bordas do precipício, que o vai tragar, nem tampouco para opor um paradeiro aos maus tratos que Júlia, menina dotada de excelente coração, sofre da impertinente madrasta.

Júlia não desgosta de Moreira, futuro doutor em medicina, e crê na possibilidade de ser sua esposa; o estudante, porém, é pobre e não lhe vale ser honrado: as intrigas de Carolina o afastam da infortunada menina, que luta com a perfídia, e presta-se, contrariada, a desvanecer o temor da megera, para quem um casamento na família corresponde à diminuição da sua riqueza[23].

---

\* Recurso cênico conhecido e já gasto, usado para alcançar um efeito ou desfecho qualquer bastante previsível (N. da E.).

23 *Revista Popular*, Rio de Janeiro, tomo IX, jan./mar. 1860, p. 126.

No desenvolvimento do enredo, em que há a falência do negociante, Aquiles Varejão reserva a punição para os maus burgueses, aqueles que se deixaram corromper pelo dinheiro, e o prêmio para os bons, como Júlia e Moreira, que se casam por amor. Nos jornais, foram comuns os elogios aos diálogos construídos com naturalidade e à capacidade de observação do autor.

A segunda peça, *A Resignação*, agradou menos. A tentativa de escrever um drama realista esbarrou na utilização de recursos fáceis do melodrama, segundo se depreende da leitura dos jornais. O enredo, sobrepondo-se à descrição dos costumes e discussão de problemas da vida social, não descarta nem mesmo um vilão que ao final se revela pai da mocinha, que acaba num convento, separada do amado. Igualmente fraca deve ter sido *O Cativeiro Moral*, que saiu de cartaz depois de três representações. A imprensa praticamente a ignorou, de modo que nem mesmo seu enredo pode ser conhecido.

O desejo de se filiar ao realismo teatral levou Aquiles Varejão a escrever pelo menos mais uma peça, que permaneceu inédita, mas que pode ser lida na Seção de Manuscritos da Biblioteca Nacional. Trata-se de *A Vida Íntima*, que já traz no título um programa: o de exaltar a vida em família, a felicidade doméstica de personagens que têm como valores o trabalho e a honestidade. Todo o primeiro ato mostra uma família unida, moralmente sã, formada pela mãe, Leonor, e pelos filhos Carlos e Lúcia. A situação inicial de equilíbrio sofre um abalo quando o filho começa a pensar que sua mãe deseja se casar novamente. O enredo nasce de um quiproquó, pois Júlio está interessado em Lúcia, não em Leonor. Tão logo tudo se esclarece, o final feliz garante a vitória das virtudes burguesas, as verdadeiras protagonistas da peça.

Sem ter sido um dramaturgo de valor, Aquiles Varejão deu sua contribuição à renovação teatral levada a cabo pelo Ginásio Dramático, apoiando-a com suas peças e também com textos de crítica teatral nos quais sempre defendeu os princípios estéticos do realismo teatral.

As fileiras realistas ganharam em seguida a adesão de um jovem de apenas dezenove anos, acadêmico da Faculdade de Direito de São Paulo. A 10 de março de 1861, o Ginásio pôs em cena *O Cínico*, drama em três atos de Sizenando Barreto Nabuco de Araújo (1842-1892), irmão mais velho de Joaquim Nabuco.

Todo o primeiro ato é uma exposição do modo de vida dos acadêmicos, representados por um grupo que vive em uma república e seus amigos. O que interessa ao autor é mostrar que assim como há o estudante pobre e honesto que leva a sério o seu curso, há também o estudante que gasta o dinheiro dos pais com bebida, jogo e prostitutas. Há cenas na peça que lembram um pouco as descrições feitas por Álvares de Azevedo em *Macário*: os estudantes fazem guerra aos livros e proclamam o conhaque ou o champanhe como companheiros preferidos. Não falta ao quadro de costumes da vida acadêmica o agiota que se aproveita das dívidas contraídas pelos rapazes. No grupo destaca-se André, o único que estuda verdadeiramente e que se encarrega dos comentários moralizadores. Cabe-lhe condenar o que vê, isto é, o convívio estreito dos acadêmicos com a prostituição, a usura e o jogo.

Feita a pintura dos costumes, Sizenando Nabuco tratou de armar o enredo da peça. Do universo dos estudantes escolheu Luís, rapaz rico e de vida dissoluta, para protagonizar a história de sedução e cinismo que ocorre já no segundo ato. Colocando dinheiro no bolso do paletó de Jorge, irmão de Amélia, para incriminá-lo, observa descaradamente que "ele não dormirá em casa e a irmã será minha"[24]. De fato, segue-se a cena da sedução, que reforça o caráter ignóbil da personagem.

No terceiro ato, que se passa depois de algum tempo num hotel no Rio de Janeiro, Luís está prestes a completar a sua obra, ou seja, abandonar Amélia. Surdo às palavras de André, que define como "inúteis lições de moral", e insensível às lágrimas da mocinha, prepara-se para ir embora, como autêntico vilão de melodrama. A necessidade de dar uma solução moral para o conflito levou Sizenando a imaginar um desfecho nada convincente. Jorge chega para vingar a honra da irmã e atira em Luís, que minutos antes de morrer arrepende-se de tudo o que fizera e se casa *in extremis* com Amélia.

Provavelmente insatisfeito com essa solução, ao imprimir a peça o autor modificou o desfecho.

---

[24] Sizenando Barreto Nabuco de Araújo, *O Cínico*, São Paulo: Tip. Literária, 1861, p. 23.

Quando Jorge vai atirar em Luís, Amélia interpõe-se entre ambos, afirmando ter tomado veneno e desmaiando de emoção. Aflito, como sugere a rubrica, o sedutor chama por um médico e abraça-a, regenerado. Felizmente André havia substituído o veneno por pó de arroz.

A regeneração de Luís e a descoberta de seu amor repentino por Amélia são mal preparadas e sem fundamento. Num rompante que violenta a psicologia da personagem, o autor destrói o caráter que havia construído nas cenas anteriores. Com muitas falhas no desenvolvimento da ação dramática, não surpreende que *O Cínico* não tenha feito sucesso. Nos jornais foram publicadas algumas palavras de estímulo ao dramaturgo estreante, mas sem elogios ao "drama da escola realista", como o definiu Macedo Soares no prefácio ao volume editado em 1861.

A segunda peça de Sizenando Nabuco, *A Túnica de Nesso*, estreou no dia 3 de janeiro de 1863 no Ateneu Dramático, também sem conseguir uma boa acolhida do público e dos críticos. Como não foi publicada, só podemos ter uma noção do seu enredo, com base em matérias jornalísticas. Trata-se de um drama centrado na trajetória de Adélia, mulher que abandona o marido, trocando-o por um amante rico, passando assim a levar uma vida desregrada, apesar de ter levado consigo uma filha pequena. Com o objetivo de moralizar a partir do próprio enredo, o autor carregou nas tintas e puniu a personagem num desfecho típico de dramalhão. A filha morre enquanto ela se diverte num banquete. O padre que vem ver a criança é por coincidência o ex-marido, que não lhe dá o perdão implorado entre lágrimas. Na última cena Adélia dá uma gargalhada e enlouquece.

Como escreveu Machado de Assis, falta ao autor "certo conhecimento da ciência dramática". A ação "não é suficiente para as proporções da peça, nem caminha sempre pela razão lógica das coisas"[25]. Tudo indica que o enredo de *A Túnica de Nesso* mistura os procedimentos do realismo teatral, no início, no qual parecem ser veementes as críticas ao dinheiro, ao luxo e à ostentação, com os do melodrama, do meio para o final. Esse hibridismo caracteriza uma boa parte do repertório brasileiro encenado no Ginásio, revelando como foi difícil e incompleto o aprendizado da nova estética teatral.

O mesmo hibridismo aparece na peça *Amor e Dinheiro*, de Valentim José da Silveira Lopes (1830-?), escritor português naturalizado brasileiro, pai da escritora Júlia Lopes de Almeida. Pelo resumo do enredo publicado nos jornais, esse drama em quatro atos, encenado no Ginásio a 8 de março de 1862, apresenta algumas características da comédia realista, como a defesa das virtudes burguesas e preocupações moralizantes, mas a ação dramática não descarta os clichês do dramalhão. Mais interessante é a primeira peça do autor, o drama em dois atos *Sete de Setembro*, que estreou no Ginásio a 7 de setembro de 1861. Ainda que não se trate de uma obra bem realizada no plano da forma, sua importância está no fato de ter trazido para a cena a ideia de que a escravidão é incompatível com a sociedade moderna, que deve ter como pilares o trabalho livre e o conhecimento científico.

Preocupado com a exposição e a discussão de ideias, Silveira Lopes cria um enredo frouxo, opondo uma família de lavradores pobres a uma de um rico fazendeiro. Na primeira imperam os bons sentimentos e o orgulho do pai, Raimundo, por não ter escravos em suas terras. Nos diálogos com o filho Carlos ou com Maria, moça criada por ele e noiva do rapaz, ele condena o dinheiro que não é ganho com o trabalho e todo tipo de vaidade. Todos se pautam pela honestidade e sentimento nobres nessa família, cujo retrato possui equilíbrio e harmonia.

Para instaurar o conflito, uma denúncia esclarece que Maria era filha de uma escrava e pertencia ao fazendeiro Jacinto. Em sua casa se passa o segundo ato. Personagem curiosa, um tanto inconsistente, ele lamenta viver numa sociedade escravocrata e a condena em suas falas, mas não tem coragem de abdicar das vantagens que obtém. A condenação do cativeiro é mais digna na boca de Raimundo, que afronta a pobreza e dispensa a regalia que lhe oferece a sociedade. É Artur, o filho de Jacinto, recém-chegado da Europa com o diploma de bacharel e a cabeça tomada pelas ideias liberais, que liberta Maria. Ele representa na peça o pensamento antiescravocrata ilustrado, o homem brasileiro de uma futura sociedade alicerçada na solidez do trabalho e da ciência. A cena se passa ao mesmo tempo em que

---

25 Machado de Assis, *Do Teatro...*, p. 287.

soam, ao longe, tiros de artilharia comemorando o 7 de setembro. Juntando o dia da liberdade da pátria com o gesto de Artur em relação a Maria, Silveira Lopes propõe o fim da escravidão no Brasil e a verdadeira liberdade para todos os brasileiros. Carlos, estendendo a mão a Artur, lhe diz: "Aperte esta mão, mancebo, é a mão do homem do trabalho, que se ufana de apertar a mão ao homem da ciência"[26].

Peça afinada com o espírito do Ginásio, na qual está presente a defesa das virtudes burguesas e das ideias liberais, *Sete de Setembro* não fez sucesso de público, mas mereceu duas matérias elogiosas no jornal *A Marmota* e na *Revista Popular*, justamente pelo seu conteúdo progressista. L. A. – provavelmente Leonel de Alencar, irmão de José de Alencar – escreveu: "Louvamos a maneira como o sr. Silveira Lopes apresentou-nos o homem moderno, o homem do século em que vivemos, o homem enfim do progresso e do coração liberal"[27].

## O Sucesso de Pinheiro Guimarães

A peça mais bem-sucedida na cena do Ginásio, em 1861, foi *História de uma Moça Rica*, de Francisco Pinheiro Guimarães (1832-1877), que estreou a 4 de outubro e permaneceu em cartaz até o final do ano, com enorme repercussão na imprensa, por conta dos temas polêmicos abordados: a prostituição e a regeneração da prostituta, os casamentos impostos às filhas pelos pais, o casamento por dinheiro, a mancebia entre homens casados e escravas domésticas.

Pinheiro Guimarães estruturou o enredo da sua peça com base na trajetória da protagonista, Amélia, apanhada em quatro momentos importantes da sua existência. O primeiro é o que precede a escolha do futuro marido. Filha de homem rico e insensível, que só pensa em dinheiro, Amélia ama o primo pobre, Henrique, enquanto é disputada por dois caça-dotes, que hipocritamente se aproximam da família. As cenas revelam o despudor de personagens como os especuladores Magalhães e Antunes, que negociam a quantia que o primeiro pagará ao segundo se o casamento se realizar. E no diálogo entre a baronesa de Periripe e seu filho Artur, ambos revelam de maneira cínica e despudorada que a solução para os problemas financeiros da família é um casamento rico.

Todo o primeiro ato é uma condenação da "aristocracia do dinheiro", que o *raisonneur* da peça define como "a mais estúpida e brutal de todas as aristocracias, e a mais intolerante"[28]. Henrique e Amélia serão as vítimas dessa mentalidade que o autor censura, porque coloca o dinheiro acima de valores mais nobres como o trabalho e a inteligência. Vieira separa os jovens e impõe à filha o casamento com Magalhães.

O segundo ato tem por objetivo mostrar que a vida de Amélia transformou-se num inferno. O marido a maltrata e a humilha constantemente, não escondendo que está amancebado com a escrava Bráulia. Esposa honesta, ela tudo suporta e até mesmo repele as investidas do sedutor Alberto, que frequenta a casa e a percebe infeliz. Ao final de quatro anos de sofrimentos, a agressão física torna a situação insuportável e Amélia dá o passo que não queria dar: foge com Alberto, sabendo que será condenada pela sociedade.

Nessa altura, o espectador ou o leitor deverá se lembrar de que a atitude de Amélia é uma consequência do erro cometido por Vieira, aferrado ao costume patriarcal de negar aos jovens o direito de escolher, por amor, os seus parceiros. Pinheiro Guimarães escreveu que essa é a ideia que domina todo o drama, pois quis demonstrar que:

casamentos impostos à mulher e celebrados entre indivíduos que por suas índoles, educação, ideias e sentimentos se repelem, casamentos em que de um lado há uma mártir, do outro um especulador, podem levar a mísera sacrificada à mais completa degradação, por bem formada que seja sua alma[29].

O primeiro passo da degradação de Amélia foi a fuga com Alberto, que será forçosamente seu amante. Seis anos depois, ela encontra-se numa situação ainda pior. O desprezo da sociedade, as

---

26 Valentim José da Silveira Lopes, *Sete de Setembro*, Rio de Janeiro: Tipografia e Livraria de B. X. Pinto de Sousa, 1861, p. 53.
27 *Revista Popular*, Rio de Janeiro, tomo XV, jul./ dez. 1862, p. 223.
28 Pinheiro Guimarães, História de uma Moça Rica, *Antologia do Teatro Realista*, São Paulo: Martins Fontes, 2006, p. 161.
29 Pinheiro Guimarães, *Na Esfera do Pensamento Brasileiro*, Rio de Janeiro: I. Amorim e Cia. Ltda., 1937, p. 189-190.

humilhações constantes, a miséria e até mesmo a mendicância a levam ao extremo da prostituição. Agora ela é Revolta, a cortesã mais requestada do Rio de Janeiro, por quem os homens fazem qualquer tipo de loucura. Todo o terceiro ato é um quadro da prostituição elegante da cidade, com várias personagens secundárias retratando os costumes dissolutos de homens e mulheres que vivem à margem da sociedade, entregues à vida fácil e aos prazeres condenados pela moral burguesa. No plano do enredo, Amélia arma sua vingança contra Magalhães, o causador da sua desgraça, humilhando-o em público.

Peça de estrutura aberta, com largos intervalos de tempo entre os atos, *História de uma Moça Rica* culmina com a discussão sobre a possibilidade de regeneração da prostituta. Amélia desce todos os degraus da degradação, mas encontra apoio em Frederico, um jovem estudante de medicina que se apaixona por ela e que a leva para viver no interior de Minas Gerais, longe do burburinho da corte. Depois de sete anos de expiação, embora esteja viúva, ela ainda não aceita o pedido de casamento do rapaz. Regenerada, trabalha como costureira, ajuda os pobres, mostra-se altiva e digna, incorporando a moral rígida da sociedade da época, que tinha regras diferentes para os homens e as mulheres. Como ela mesma diz a Frederico, que se regenerou de uma vida de vícios, "um homem se regenera e purifica: a mulher nunca! A nódoa que uma vez a poluiu é eterna; nem todas as suas lágrimas, nem todo o seu sangue a podem lavar"[30]. Palavras semelhantes foram usadas pelo *raisonneur* Meneses, em *Asas de um Anjo*, de Alencar, ao condenar Carolina. E Amélia, à semelhança daquela personagem, também encontrará forças na maternidade para enfrentar os remorsos e expiar o pecado da prostituição.

*História de uma Moça Rica* é uma peça vigorosa e corajosa, escrita para provocar o debate das questões sociais que levanta. O último tema que merece considerações é o que se apresenta no segundo ato: a mancebia entre Magalhães e a escrava Bráulia. O autor quis mostrar que a escravidão é um mal não apenas para os escravos, mas também para os senhores. Alencar já havia demonstrado os malefícios da escravidão doméstica em *O Demônio Familiar*, apelando para a leveza e a comicidade. Bráulia, na peça de Pinheiro Guimarães, é uma escrava má, ardilosa, falsa e, ao final, criminosa, pois Magalhães é envenenado por ela.

A peça não é abertamente antiescravista, embora essa seja uma leitura possível para o segundo ato, uma vez que o caráter de Bráulia foi forjado pela sua condição de escrava. Além disso, num diálogo no primeiro ato, o *raisonneur* dr. Roberto admite ser um "negrófilo", isto é, um homem favorável à libertação dos escravos. Pinheiro Guimarães, espírito liberal, provocava assim os conservadores da época e, juntamente com Alencar e Silveira Lopes, antecipava no teatro um debate que logo tomaria conta das esferas política e econômica.

Com tantas ideias apresentadas e debatidas em cena, enredo estruturado com coerência interna, personagens bem delineadas, naturalidade na apresentação da ação dramática e nos diálogos, *História de uma Moça Rica* é uma das peças mais representativas do repertório brasileiro ligado ao realismo teatral. Foi elogiada por intelectuais como Machado de Assis, Francisco Otaviano, Sousa Ferreira, Joaquim Manuel de Macedo e Henrique César Muzzio.

É de se crer que os amigos, na época, esperassem outras produções parecidas. Mas Pinheiro Guimarães escreveu apenas mais uma peça, *Punição*, um autêntico drama romântico que gira em torno das paixões violentas de um pai e um filho por uma mesma mulher. Tal fato demonstra que apesar da hegemonia do realismo teatral no palco do Ginásio, o romantismo jamais deixou de ser uma opção estética para os dramaturgos brasileiros do período.

## *Álvares de Araújo, França Júnior, Constantino do Amaral Tavares*

O ano de 1861 deixou os folhetinistas animados com os rumos do teatro nacional, que se firmava no palco do Ginásio. Pois em 1862, três novos dramaturgos estrearam no mesmo teatro, reforçando ainda mais o otimismo. O primeiro, Francisco

---

[30] Pinheiro Guimarães, História de uma Moça Rica, *Antologia do Teatro Realista*, p. 259.

Manuel Álvares de Araújo (1829-1879), estreou a 17 de janeiro com a peça *De Ladrão a Barão*. O título resume a trajetória da personagem principal, Pereira, um homem obcecado pela ideia de enriquecer e que para isso não dispensa a hipocrisia, o roubo, a chantagem e a falsificação de um testamento.

Numa peça com propósitos moralizadores, é claro que o vilão será punido no desfecho. Mas antes disso, é preciso mostrá-lo em ação, para que seu caráter se desenhe diante do espectador. Entre as suas vítimas destaca-se Veiga, um jovem de vinte anos, estudante da Faculdade de Direito de São Paulo, capaz de vender a última joia da mãe para alimentar o vício do jogo. Ao longo de quatro atos, ele encarna a fraqueza moral, a aversão aos bons sentimentos, o distanciamento da família, tudo aquilo, enfim, que Álvares de Araújo deseja criticar. Em sua derrocada, Veiga perde a estima de Almeida, pai de Elvira, a moça que o ama e de quem acaba se afastando. Ao chegar ao fundo do poço e pedir ajuda a Pereira, percebe a hipocrisia do falso amigo e conhece o arquiteto da sua ruína, o homem que o incitou a jogar e que roubou todo o seu dinheiro com a ajuda da ex-amante Leopoldina e Couto, hábil manejador do baralho.

O caráter demonstrativo da peça é evidente. O destino de Veiga é o dos jovens que se deixam levar pelo vício do jogo. Mas como se manteve honesto na adversidade, o autor reserva-lhe o direito da regeneração. Arrependido, utiliza o dinheiro que recebe de um devedor do finado tio para voltar a São Paulo, concluir o curso de Direito e tornar-se digno de Elvira. Nesse processo, assume por vezes o papel de *raisonneur*, defendendo os valores éticos da burguesia. Assim, enquanto sua trajetória no interior da sociedade do Rio de Janeiro é descendente até o final do quarto ato e ascendente no último, a de Pereira é proporcionalmente inversa. O ladrão que chega a barão é desmascarado e preso, como convém aos enredos moralizantes.

No palco, *De Ladrão a Barão* teve receptividade discreta por parte do público; nos jornais, mereceu elogios pelo alcance moralizador e restrições por conta de algumas incongruências do enredo e pela inconsistência das personagens secundárias.

Um mês depois da estreia da peça de Álvares Araújo, exatamente a 19 de fevereiro de 1862, subiu à cena do Ginásio *Os Tipos da Atualidade*, de França Júnior (1838-1890). O autor que se notabilizou por ter dado continuidade à tradição cômica iniciada por Martins Pena tentou, no início da carreira, escrever à maneira do realismo teatral. Sua peça não perde de vista o intuito moralizador, mas apresenta como traço marcante a comicidade centrada no exagero caricato de uma das personagens, o barão da Cutia.

O tema principal de *Os Tipos da Atualidade* é o casamento por dinheiro. A discussão do assunto atravessa a peça de ponta a ponta e oferece ao autor várias oportunidades para deixar claro o seu ponto de vista, idêntico ao de Alencar, Quintino Bocaiúva ou Pinheiro Guimarães. Seu porta-voz é Carlos, médico recém-formado, orgulhoso do diploma conquistado com esforço e da disposição para o trabalho. Sem fortuna, porém, não tem a simpatia de D. Ana de Lemos, mãe de Mariquinhas, a moça a quem ama. A situação dramática, bastante simples, é exposta já na cena de abertura, que fixa o caráter das duas mulheres. Enquanto Mariquinhas elogia Carlos, porque é inteligente e estudioso, D. Ana o vê apenas como um doutorzinho pobre e sem futuro. Por isso, quer casar a filha com o barão da Cutia, rico fazendeiro paulista, homem bronco e desajeitado. Conflito armado, cada grupo vai à luta com as armas que tem. Com a ajuda do afrancesado e ridículo Gasparino, que tenta ensinar boas maneiras ao barão, em cenas hilárias, D. Ana não pode vencer. Ela mesma acaba sendo lograda ao se casar, no desfecho, com o viúvo Gasparino, pensando ter dado um belo golpe. Ele, por sua vez, também havia se casado por dinheiro com a velha Porfíria, que ao morrer lhe deixou uma ninharia.

Como convém às peças ligadas ao realismo teatral, os maus burgueses são punidos de maneira exemplar. Carlos e Mariquinhas se casam por amor, embora, num lance de sorte, o rapaz tenha ficado rico, com uma herança inesperada. Cabe-lhe ainda a palavra final, em que faz a crítica moralizadora à sociedade apegada ao dinheiro e às aparências.

O que chama a atenção em *Os Tipos da Atualidade* é que as personagens dividem-se em dois grupos distintos. Carlos, Mariquinhas e D. Ana são reproduções da vida real, daguerreótipos, como se dizia na época, ao passo que Gasparino, o barão da Cutia e Porfíria são apreendidos pelo ângulo da deformação caricatural. Quando os três últimos, principalmente o barão da Cutia, estão em cena, a comicidade ganha o primeiro plano; quando são os outros, a peça adquire a naturalidade da comédia realista e incorpora inclusive as costumeiras tiradas moralizantes. O hibridismo que a caracteriza, portanto, é diferente daquele que se encontra no repertório até aqui analisado. Os outros dramaturgos preferiram o tempero romântico, e não o cômico, em suas obras. França Júnior, porém, já antecipa, na pintura das personagens ridículas, o caminho que seguirá nas décadas seguintes, como autor de comédias satíricas de costumes.

A crítica ao casamento por dinheiro é também o tema principal de *Um Casamento da Época*, drama em cinco atos de Constantino do Amaral Tavares (1828-1889), representado no Ginásio a 9 de maio de 1862. A protagonista da peça é Elvira, moça de vinte anos que, por imposição do pai, casa-se com Moncorvo, homem de maus hábitos e vida dissoluta, porém muito rico. O ponto de partida é idêntico ao de *História de uma Moça Rica*, embora as consequências e o encaminhamento da ação dramática sejam diferentes. Enquanto Pinheiro Guimarães vai mais longe em sua ousadia, transformando a esposa sofrida em prostituta, Amaral Tavares contenta-se em fazê-la bater à porta do adultério, sem todavia consumá-lo.

As intenções críticas do autor são evidentes. A trajetória de Elvira tem como pano de fundo o retrato de uma parcela da alta sociedade do Rio de Janeiro em que o desregramento moral é a marca dominante. Três das personagens envolvidas na trama são hipócritas, invejosas e corruptas: Moncorvo, que só encontra prazer na prostituição e no jogo, deseja conquistar Clotilde, mulher falsa, adúltera, amante de Carlos. Este, por sua vez, finge ser amigo de Moncorvo para seduzir Elvira. Em contrapartida, há também as personagens que cultivam os bons sentimentos e os valores morais, como a baronesa de S. João, que faz por vezes o papel de *raisonneur*, e Eduardo, que não conseguiu se casar com Elvira.

Até o final do quarto ato *Um Casamento da Época* preenche as condições das peças realistas. Há naturalidade nos diálogos e intervenções moralizadoras por parte da baronesa. No quinto e último ato, porém, a formação romântica do autor o fez imaginar um desfecho de drama. Um bilhete de Carlos a Elvira, interceptado por Clotilde e entregue a Moncorvo, denuncia a esposa como adúltera. É uma falsidade, mas o marido a abandona, o pai a despreza e a sociedade não acredita em sua inocência. Apenas a baronesa lhe dá apoio, acolhendo-a em sua casa. Elvira não suporta as emoções fortes e morre, para comover o espectador e demonstrar as consequências dos casamentos por dinheiro.

Misturando aspectos do drama romântico e da comédia realista, Amaral Tavares reproduziu o comportamento de outros dramaturgos do período, concebendo uma peça híbrida, na qual a descrição dos costumes e a preocupação moral convivem com a emoção de certos lances dramáticos. Razoavelmente recebida pelo público, *Um Casamento da Época* mereceu mais elogios do que restrições da crítica especializada. Enquanto Machado de Assis, mais rigoroso, não gostou da construção das personagens, outros apreciaram as lições morais e o retrato verdadeiro da vida social do Rio de Janeiro.

## Maria Angélica Ribeiro: Crítica à Escravidão

Uma das poucas mulheres a escrever para o teatro, Maria Ribeiro (1829-1880) estreou no Ginásio a 11 de março de 1863, com a peça *Gabriela*, bem recebida pelo público e pela crítica. Inédita e, ao que tudo indica, perdida, essa peça é uma espécie de elogio à esposa honesta. Os comentários publicados nos jornais indicam que o enredo foi construído para que a protagonista se afirme como um exemplo de virtudes, a despeito das dificuldades que enfrenta. Em linhas gerais, no centro da ação dramática está Gabriela, casada com um oficial da marinha que se ausenta do Rio de Janeiro por muito tempo, sem deixar para a esposa e a filha os meios necessários à sobrevivência. Envolvida na trama de personagens desonestas que querem perdê-la, Gabriela mantém-se digna, sofre com a separação do marido que ao voltar dá ouvidos a boatos, e, nas palavras de Machado de Assis, "acha a força para o combate no fogo da própria virtude"[31].

Em sua segunda peça, *Cancros Sociais*, representada pela primeira vez no dia 17 de abril de 1865, e também filiada ao realismo teatral, Maria Ribeiro expandiu a discussão de ideias, como se vê logo no primeiro ato, em que várias questões que já haviam aparecido no palco do Ginásio alimentam os diálogos.

Assim, também nessa peça há uma personagem, Matilde, que sofreu com o casamento, porque o pai lhe impôs um marido que se revelou desonesto e ladrão. Desquitada, ela sofre o preconceito da sociedade, embora se mantenha virtuosa. O casamento por dinheiro ou conveniência é execrado pelo *raisonneur*, o barão de Maragogipe, em diálogo com um dos vilões, o afetado visconde de Medeiros. O tema da regeneração da prostituta é discutido por duas personagens femininas, cada uma defendendo um ponto de vista. Paulina acha que a regeneração é possível e que a prostituta arrependida pode se tornar uma boa esposa e mãe. Matilde, ao contrário, defende a ideia de que a regeneração só é possível no ostracismo, pois a seu ver a pecadora verdadeiramente arrependida sabe que não tem mais lugar na sociedade. Por fim, discute-se também a escravidão. O barão de Maragogipe é antiescravista, assim como o protagonista Eugênio, que se orgulha de não ter escravos em casa – todos os seus empregados são trabalhadores livres. Já Matilde, por questões pessoais, não tem muita simpatia pelos escravos, mas defende a abolição do cativeiro em termos explícitos, acrescentando que isso devia ter sido feito logo depois da Independência, uma vez que a escravidão "nos apresenta ao estrangeiro como um povo bárbaro e ainda por civilizar"[32].

Esses vários assuntos que preenchem todo o primeiro ato têm uma dupla função: atingir o espectador com lições morais e delinear o caráter das personagens em função das ideias que defendem. Assim, de um lado estão aqueles que cultuam os valores éticos da burguesia: o barão de Maragogipe, Matilde, Eugênio, sua mulher Paulina e sua filha Olímpia; do lado oposto, os especuladores, os desonestos visconde de Medeiros e Forbes. Não faltam críticas ao luxo e à ostentação ou elogios à felicidade doméstica nas cenas que preparam a introdução do assunto central da peça: a escravidão, apreendida como uma instituição que deprava, humilha e envergonha as suas vítimas.

No plano do enredo, Maria Ribeiro criou um ponto de partida baseado numa ideia nobre do protagonista: no dia do aniversário de quinze anos de sua filha, vai libertar uma escrava da sua terra natal, a Bahia. Quer dar à menina um exemplo de consideração e bondade. Eugênio é um negociante bem-sucedido no Rio de Janeiro, um homem íntegro, generoso, bom marido, trinta e quatro anos. Ele tem todas as qualidades dos heróis das comédias realistas. Na última cena do primeiro ato, porém, o espectador é surpreendido com uma revelação. Quando lhe é apresentada a escrava que vai libertar, finge não conhecê-la, muito constrangido e envergonhado. Mas ela o reconhece, pois um coração de mãe não se engana, mesmo que tenha sido separada do filho quando ele era um menino de cinco anos.

O enredo que se desenvolve ao longo dos outros três atos da peça gira em torno do segredo de Eugênio – o filho branco de uma escrava –, só conhecido pelo seu protetor, o barão de Maragogipe. Paulina nada sabe, claro, e todo o drama do protagonista nasce do medo de ser repudiado pela esposa, porque nasceu escravo, e do remorso por ter repudiado a mãe naquele primeiro encontro. A partir desse ponto o enredo se enovela, o presente se mistura ao passado, onde estão todas as explicações. Maria Ribeiro lança mão de recursos folhetinescos, apela para coincidências forçadas, afasta-se das lições do realismo teatral, deixando em segundo plano a descrição dos costumes, para privilegiar a ação e ao final salvar o protagonista: velhos papéis confirmam que à época de seu nascimento a sua mãe já havia sido libertada. Não pode, portanto, ser vítima de qualquer preconceito.

As trajetórias de Eugênio e de sua mãe, separados um do outro e vendidos por um especulador quando já eram livres, dão a medida dos sofrimentos provocados pela escravidão. A força do drama, que teve boa acolhida por parte do público e da crítica, está na denúncia que faz desses sofrimentos e dos preconceitos contra o escravo, força que se sobrepõe aos defeitos da forma. Machado de

---

31 Machado de Assis, *Do Teatro...*, p. 302.
32 Maria Ribeiro, *Cancros Sociais*, em *Antologia do Teatro Realista*, São Paulo: Martins Fontes, 2006, p. 303.

Assis, que aproximou *Cancros Sociais* de *Mãe*, de José de Alencar, louvou o assunto escolhido por Maria Ribeiro, observando que "na guerra feita ao flagelo da escravidão, a literatura dramática entra por grande parte"[33].

De fato, basta lembrar José de Alencar, Pinheiro Guimarães e Valentim José da Silveira Lopes. O teatro entendido como uma arte civilizadora e regeneradora da sociedade não poderia deixar de abordar a questão central da escravidão ou mesmo os outros vícios e defeitos morais que ameaçavam a integridade das famílias e do próprio país. Toda uma geração de autores acreditou que o teatro não era apenas diversão, mas sim um poderoso instrumento de educação pública.

## O Diálogo de Machado de Assis com o Realismo Teatral

Em 1859, aos vinte anos de idade, Machado de Assis (1839-1908) tornou-se crítico teatral do jornal *O Espelho* e acompanhou de perto o trabalho do Ginásio Dramático, apoiando abertamente o repertório de peças realistas. Fez o mesmo quando passou a escrever no *Diário do Rio de Janeiro*, na primeira metade da década de 1860. E, além de documentar esse momento de vitalidade do teatro brasileiro, deu também a sua contribuição como autor dramático. Curiosamente, não seguiu o modelo da comédia realista, que tanto apreciava, começando inclusive por uma "imitação" de uma pequena comédia francesa – *Chasse au lion* (Caça ao Leão [Janota]), de Gustave Vattier e Émile de Najac – a qual intitulou *Hoje Avental, Amanhã Luva*. Prática comum na época, "imitar" uma peça significava apropriar-se do enredo original e adaptá-lo à paisagem e aos tipos brasileiros. Não há notícias de que essa pequena comédia tenha sido encenada. Machado publicou-a no jornal *A Marmota*, de seu amigo Paula Brito, nos dias 20, 23 e 27 de março de 1860. O mesmo Paula Brito editou, no ano seguinte, a "fantasia dramática" em duas partes, *Desencantos*, que também não subiu à cena. Nessa primeira comédia de autoria individual já se esboça o universo que estará presente na maioria das comédias do escritor: o da alta sociedade brasileira de seu tempo, constituída pela burguesia emergente. Aí ele vai colher sugestões para os enredos e tipos como as viúvas ainda em idade de se casar, homens ricos que veraneiam em Petrópolis, negociantes, diplomatas, políticos, advogados, rapazes e mocinhas bem educados.

Em *Desencantos*, a família brasileira burguesa está representada pela viúva Clara e por seus dois pretendentes, Pedro Alves e Luís Melo, ambos muito cordatos, finos, mas diferentes em suas visões de mundo. O primeiro é mais prático e se define como "homem de juízo e espírito sólido", enquanto o segundo mostra-se um tanto romântico e sonhador. A viúva – também um espírito prático – inclina-se por Pedro Alves, restando a Luís Melo retirar-se e, confirmando sua índole, anunciar uma longa viagem pelo Oriente. A graça da comédia está toda em sua segunda parte, que se passa cinco anos após a primeira: a personagem que se casou, agora deputado, enfrenta um dia a dia de contrariedades e discussões com a esposa voluntariosa; a personagem que viajou, curada da velha paixão, volta ao Rio de Janeiro e interessa-se justamente pela filha de Clara. A cena em que pede a mão da mocinha à mãe é repleta de ironias e farpas que trocam entre si. Mas Luís possui melhores armas e Clara não tem como negar o pedido. Ao nocauteá-la, ele diz: "Se V. Exa. não teve bastante espírito para ser minha esposa, deve tê-lo pelo menos, para ser minha sogra"[34]. Tivesse outras tiradas como essa, *Desencantos* seria uma comédia mais cintilante, próxima do gênero da alta comédia curta que Machado parece almejar. Aos diálogos da primeira parte, principalmente, falta o brilho que deveria ser construído com mais falas e réplicas espirituosas, com o ritmo próprio que esse tipo de peça exige. Mesmo assim, a pequena comédia agrada, sobretudo por força de seu surpreendente e bem-humorado desfecho.

Em 1862, Machado tem finalmente a satisfação de ver suas criações dramáticas em cena. Duas novas comédias curtas, *O Caminho da Porta* e *O Protocolo*, são representadas no Ateneu Dramático

---

[33] Machado de Assis, *Do Teatro...*, p. 369.

[34] Joaquim Maria Machado de Assis, *Teatro de Machado de Assis*, São Paulo: Martins Fontes, 2003, p. 117.

do Rio de Janeiro, respectivamente em setembro e dezembro. Recebidas com simpatia pelos folhetinistas e críticos teatrais, foram publicadas em um volume no ano seguinte, precedidas de uma carta do autor endereçada a Quintino Bocaiúva e da resposta deste. Modesto, Machado pedia a opinião do amigo a respeito das duas comédias e colocava-se como escritor novel, com forças ainda insuficientes para produzir mais do que os "simples grupos de cenas" que apresentava. A seu ver, o teatro era "coisa muito séria" e as qualidades de um autor dramático desenvolviam-se com o tempo e o trabalho. Em futuro próximo pretendia escrever comédias "de maior alcance, onde o estudo dos caracteres seja consciencioso e acurado, onde a observação da sociedade se case ao conhecimento prático das condições do gênero"[35].

Quintino Bocaiúva fez um julgamento ainda mais severo, considerando as duas comédias um "ensaio", uma "ginástica de estilo". Eram bem escritas – "um brinco de espírito" –, tinham valor literário, inspiravam simpatia, mas não apresentavam ideias. Sem isso, eram "frias e insensíveis", não podiam sensibilizar ou atingir o espectador. Era preciso, pois, ousar, ir além dos resultados já obtidos: "Já fizeste esboços, atira-te à grande pintura"[36].

Tanto as palavras de Machado quanto as de Quintino Bocaiúva não deixam dúvidas sobre o tipo de peça que tinham em mente como parâmetro de julgamento. Ambos consideravam a comédia realista, de alcance edificante e moralizador, como o modelo adequado para a construção de uma dramaturgia brasileira robusta, debruçada sobre as questões sociais do momento. Tudo indica que Machado, muito jovem, não quis arriscar-se de imediato, preferindo adiar um pouco a empreitada que não estava fora de seus planos. Seguiu então um caminho que lhe pareceu mais seguro, identificado por Quintino Bocaiúva e outros intelectuais logo depois da primeira representação de *O Caminho da Porta*: o dos provérbios dramáticos franceses de Alfred de Musset e Octave Feuillet.

De certa forma, é de se crer que nosso escritor tenha desejado estabelecer um diálogo com a dramaturgia hegemônica naquela altura, a do realismo teatral, pondo igualmente em cena personagens e costumes colhidos na alta sociedade. Isso significava romper definitivamente com a comédia de costumes de traços farsescos que Martins Pena havia criado e à qual Joaquim Manuel de Macedo havia dado continuidade. E significava também que suas pequenas comédias eram aliadas na luta pelo bom gosto, pela vitória do novo repertório, que se contrapunha ao teatro concebido como pura diversão, às comédias construídas com recursos do baixo cômico.

*O Caminho da Porta* e *O Protocolo*, nesse sentido, são exemplares, principalmente a segunda, que põe em cena quatro personagens refinadas, que dialogam com inteligência e brilho, lançando mão da linguagem cifrada e dos ditos espirituosos. O tema da comédia, aliás, parece ter sido inspirado pelo repertório realista: o perigo que ronda os lares honestos quando o marido se ausenta, ou para cuidar dos negócios, ou por causa de algum desentendimento com a esposa. Na França, entre outros autores, Émile Augier e Octave Feuillet já haviam abordado esse tema em *Gabrielle* (1849) e *La Crise* (1854), respectivamente. No Brasil, Alencar o aproveitara em *O que é o Casamento?*

O enredo de *O Protocolo* lembra em parte o da peça de Alencar. Mas Machado, ao contrário do colega brasileiro e dos escritores franceses, não pôs as personagens a emitir lições morais e organizou a trama de modo ameno. O casamento de Pinheiro e Elisa não chega a correr perigo, por duas razões: em primeiro lugar, porque eles se amam e o desentendimento é fruto apenas dos caprichos de ambos, que ainda são jovens e não aprenderam a ceder; em segundo, porque Venâncio, o conquistador de plantão, não consegue impressionar Elisa, que o tempo todo o desencoraja. A ação da comédia, na verdade, ilustra o provérbio que aparece tanto na fala do marido quanto na da esposa, quando conversam com a prima Lulu: "para caprichosa, caprichoso", ou, "para caprichoso, caprichosa". É Lulu quem abre os olhos do casal para as intenções de Venâncio, levando Pinheiro a pôr um fim ao desentendimento com Elisa e, educadamente, com bom humor, convidar o rival a retirar-se de sua casa.

Com ação tão rarefeita, *O Protocolo* só poderia mesmo ser uma comédia centrada na linguagem.

---

35 Idem, p. 122.
36 Idem, p. 126-127.

Como, aliás, costumam ser os provérbios dramáticos de Alfred de Musset. Assim, não surpreende que também *O Caminho da Porta* dependa dos chistes, da ironia, do humor, das tiradas espirituosas e da comicidade que nasce das palavras para adquirir eficácia. Machado, porém, trabalhou um pouco mais a caracterização das personagens, dando-lhes traços que colaboram na construção do efeito cômico, mais forte nesta comédia do que na outra. De qualquer modo, trata-se de um legítimo provérbio dramático, cuja ação mostra que "quando não se pode atinar com o caminho do coração toma-se o caminho da porta".

Em outras palavras, estamos diante de um enredo sem grandes conflitos entre as personagens. Tudo se resume a uma situação cômica por natureza: uma viúva, Carlota, tem dois pretendentes, Valentim e Inocêncio, que lhe fazem a corte, e não se decide por nenhum. Penélope sem juízo, como a chama o doutor Cornélio – a terceira personagem masculina da comédia, que também já foi pretendente –, evita o confronto aberto e se relaciona com todos, tecendo seu charme com inteligência, presença de espírito e uma certa malícia. Com esses poucos elementos, a pequena comédia desperta a curiosidade no leitor/espectador acerca do desfecho da situação armada em torno da viúva namoradeira. Algum dos seus pretendentes conseguirá conquistá-la? Algum deles encontrará o caminho do seu coração ou todos tomarão o caminho da porta?

É bem provável que Machado tenha se inspirado no provérbio *Il faut qu'une porte soit ouverte ou fermée* (É Preciso Que Uma Porta Esteja Aberta ou Fechada), de Musset, para escrever *O Caminho da Porta*. Mas, enquanto o escritor francês faz o conde encontrar o caminho do coração da marquesa, ao final de um diálogo ao qual não faltam brilho, leveza e atmosfera poética, as personagens Inocêncio e Valentim procuram em vão esse caminho, atrapalhados que são, como tipos cômicos.

A graça da comédia, em boa medida, está nas tentativas que fazem, todas fadadas ao insucesso, porque ambos não estão à altura da inteligência de Carlota. Por outro lado, a eficácia da comicidade elegante de *O Caminho da Porta* deve-se à linguagem dos diálogos, que prima pelos chistes, mordacidade, ironia e cinismo maroto. Leia-se especialmente a quinta cena, em que dialogam o doutor e a viúva.

Se há, nos provérbios de Machado, momentos que lembram Musset, este é um deles. Observem-se, entre outras características, a presença de espírito das personagens, a guerra lúdica que travam, a elegância do vocabulário, as alusões inteligentes, a graça das réplicas e o próprio ritmo das falas. Tudo é extremamente ágil, agradável e de bom gosto. Mantivesse a comédia esse tipo de diálogo o tempo todo, estaríamos diante de uma pequena obra-prima teatral, de uma autêntica comédia de linguagem, inteiramente digna do mestre francês desse gênero.

À mesma família das comédias elegantes e particularmente dos provérbios dramáticos pertence *As Forcas Caudinas*, escrita provavelmente entre 1863 e 1865, que Machado deixou em forma manuscrita e não fez chegar à cena. A personagem Emília – vinte e cinco anos, viúva duas vezes! –, já quase no desfecho resume o que aconteceu com ela: "quis fazer fogo e queimei-me nas mesmas chamas". O que ela quer dizer é que ao tentar fazer Tito apaixonar-se por ela, numa espécie de jogo ou aposta consigo mesma, apaixonou-se por ele. O que ela não sabia é que também ele jogava, representando o papel de homem avesso ao casamento, para conquistá-la.

A comédia tem um bom ritmo, enredo bem estruturado em dois atos, com uma revelação surpreendente no final, diálogos chistosos e personagens refinadas, com exceção de um extravagante coronel russo, tipo cômico por excelência, todos frequentando a alta sociedade de Petrópolis. O que talvez defina melhor o enredo de *As Forcas Caudinas* seja outro provérbio, que não é explicitado por nenhuma personagem, embora se aplique perfeitamente a Emília: "quem com ferro fere, com ferro será ferido". Troque-se "ferro" por "amor" e teremos a chave do enigma. Ou seja, no passado, cinco anos antes, ela havia desprezado Tito, que sofrera muito. No presente, sem reconhecê-lo, cai em sua armadilha e apaixona-se por ele, sofrendo por sua vez diante de uma indiferença que é aparente, pois ele ainda a ama. A derrota de Emília explica o título da comédia: passar pelas forcas caudinas significa render-se. Machado, conhecedor da história antiga, deu esse título à comédia ao lembrar-se de uma batalha perdida pelo exército romano, em

321 a.C., que obrigou os soldados, na condição de prisioneiros, a passarem por uma estreita passagem entre as montanhas da região de Cápua, na Itália, chamada justamente Forcas Caudinas.

As pequenas comédias de Machado, pelo modo como abordam a vida social da burguesia emergente do Rio de Janeiro e pelos enredos que envolvem relacionamentos amorosos, são ensaios para a alta comédia de maior fôlego que o autor não chegou a escrever. No entanto, atestam o compromisso do escritor com uma dramaturgia de qualidade literária, refinada, sem apelos ao burlesco, que ele tanto condena em seus folhetins. Foi a modesta contribuição que conseguiu dar, além do inestimável apoio, como crítico teatral, aos companheiros de geração que estavam criando um repertório razoável de comédias realistas e tentando fortalecer a dramaturgia brasileira[37].

## O Significado da Dramaturgia Realista

Artur Azevedo, numa crônica escrita em 1899, a propósito da morte da atriz Adelaide Amaral, afirmou que o período de mais ou menos dez anos, entre 1855 e 1865, foi "incontestavelmente o mais brilhante do nosso teatro"[38].

De fato, diante do número de dramaturgos e peças que se ligam a esse período, o mínimo que se pode afirmar é que a renovação levada a cabo pelo Ginásio Dramático, com a encenação do repertório realista francês, não ficou sem uma resposta brasileira. Se inicialmente os intelectuais manifestaram a sua simpatia pelo realismo teatral na imprensa, comentando as peças francesas e seus preceitos estéticos, numa segunda etapa arregaçaram as mangas e produziram um repertório que por algum tempo esteve no centro da nossa vida teatral. Em face do quadro traçado até aqui, pode-se também concluir que, ao contrário do teatro romântico, que se caracterizou pela dispersão de forças, o realismo teatral no Brasil constituiu-se como um movimento coeso, que nasceu e cresceu com base em conceitos claramente definidos. Um grupo de intelectuais e escritores, vários artistas de prestígio e uma casa de espetáculos estiveram ligados por cerca de dez anos em torno de objetivos comuns e estimulados por uma mesma maneira de conceber o teatro. Foi um notável esforço de atualização estética. E ainda que nem todas as peças representadas no Ginásio Dramático sejam de alto nível, o conjunto se impõe pelo avanço que representou em relação ao teatro romântico. Há profundas diferenças entre o repertório realista e a produção romântica de Gonçalves Dias, Teixeira e Souza, Carlos Antônio Cordeiro ou Luís Antônio Burgain. Os dramaturgos ligados ao Ginásio deixaram de lado o drama histórico, o passado, e escreveram com os olhos voltados para o seu tempo, com o objetivo de retratar e corrigir os costumes, acreditando que o teatro tinha uma função moralizadora.

Como explicar esse fenômeno? Que público aplaudiu essa dramaturgia que apresenta uma visão de mundo burguesa, numa sociedade escravocrata?

É preciso considerar que o Ginásio Dramático nasceu num momento muito especial da vida brasileira. O país e particularmente a cidade do Rio de Janeiro vinham passando por uma série de transformações, provocadas pelos efeitos da então recente interrupção do tráfico negreiro. Beneficiadas com o dinheiro que antes era investido na compra dos escravos, algumas cidades se expandiram, graças aos negócios que se multiplicaram, ao comércio que gerou mais empregos, aos bancos, pequenas indústrias, jornais, às atividades, enfim, que foram

---

37 Ainda na primeira metade dos anos de 1860 Machado escreveu outras duas comédias em que predomina o viés satírico: *Quase Ministro* (1863) e *Os Deuses de Casaca* (1865). A primeira aborda a vida política e a segunda apresenta os deuses depostos do Olimpo e transformados em seres humanos imperfeitos. Em 1870, nova incursão pela Grécia antiga: no livro de poesias *Falenas*, é publicada a comédia lírica *Uma Ode de Anacreonte*. Em 1880, convidado pelo Real Gabinete Português de Leitura a participar das comemorações do tricentenário de Camões, Machado colabora com uma pequena joia literária, intitulada *Tu Só, Tu, Puro Amor*, que é representada no Teatro D. Pedro II, a 10 de junho. Em plena maturidade o escritor volta ao gênero do provérbio dramático que havia cultivado na mocidade, publicando *Não Consultes Médico* (1896) e *Lição de Botânica* (1906).

38 Artur Azevedo, Palestra, em *O País*, Rio de Janeiro, 19 set. 1899. Esse artigo foi transcrito na *Revista de Teatro*, Rio de Janeiro: Sbat, n. 317, set./out., 1960, p. 13. Para se compreender as palavras de Artur Azevedo, é preciso lembrar que exatamente a partir de 1865 o teatro brasileiro toma um novo rumo, determinado pelo sucesso da ópera-bufa *Orphée aux enfers*, de Offenbach, encenada em francês no Alcazar Lyrique, um teatro que desde 1859 vinha divertindo os espectadores com pequenos vaudevíles, comédias e cançonetas, repertório que contava com a ajuda imprescindível de belas atrizes francesas. O chamado "teatro sério", com preocupações literárias, começa o seu declínio, substituído no gosto da plateia por peças cômicas e musicadas.

desenvolvidas e gerenciadas por pessoas formadas nas faculdades de direito, medicina e engenharia, bem como por intelectuais, negociantes e financistas. Formava-se assim uma classe média e uma primeira burguesia no país, sensíveis aos valores éticos que eram defendidos com vigor nas peças realistas francesas e em seguida nas brasileiras.

O Ginásio Dramático tornou-se o espaço frequentado por essas novas classes sociais em ascensão, formadas por pessoas de bom gosto, educadas, como não se cansaram de registrar os folhetinistas. O que viam no palco, de certa forma, era um retrato do seu universo doméstico e social, pautado pela defesa do trabalho, do casamento, da família, da honra, da honestidade e da inteligência. Não é sem motivo, pois, que as personagens principais das peças brasileiras sejam médicos, advogados, engenheiros, negociantes, jornalistas, ou seja, profissionais liberais e intelectuais de mentalidade burguesa. Assim, tanto no palco quanto na plateia uma parcela da sociedade brasileira acreditava-se moderna e civilizada, porque em sintonia com as tendências das sociedades mais avançadas.

O que se deve ressaltar, portanto, é que nossos dramaturgos não se distanciaram de certos aspectos da realidade brasileira, ainda que motivados pela forma e pelos temas do teatro realista francês. A questão do dinheiro, por exemplo, é abordada para se fazer a crítica da usura, da agiotagem, do casamento por interesse, da desonestidade, mas não só porque tudo isso aparece nas peças francesas. Guardadas as diferenças, o aparelhamento da vida financeira do Rio de Janeiro, a partir de 1850, permitiu o surgimento dos agiotas e especuladores retratados em peças como *O Crédito, Os Mineiros da Desgraça, Luxo e Vaidade, O Cínico* ou *De Ladrão a Barão*. O mesmo raciocínio aplica-se ao problema da prostituição, abordado em *As Asas de um Anjo, Onfália, Lusbela* e *História de uma Moça Rica*. Se a preocupação moralizadora evidencia a fonte francesa, há que se considerar, por outro lado, que a prostituição já existia como ameaça à placidez das famílias burguesas ou de classe média do Rio de Janeiro. Também não se pode pensar que o casamento por dinheiro era prerrogativa da sociedade francesa. Nossos dramaturgos denunciam esse costume nas peças *A Época, Os Tipos da Atualidade,*

*Um Casamento da Época, Luxo e Vaidade* e *História de uma Moça Rica*. O abrasileiramento da comédia realista fez-se mais evidente ainda nas peças que discutiram o problema da escravidão. *O Demônio Familiar, Sete de Setembro, História de uma Moça Rica* e *Cancros Sociais*, cada uma a seu modo, fizeram a crítica dessa herança colonial que impedia o país de ingressar na modernidade burguesa.

O aprimoramento moral da sociedade foi a grande divisa do realismo teatral. E a instituição burguesa por excelência que esteve no centro das preocupações dos dramaturgos franceses foi a família. Preservá-la, defendê-la, enaltecê-la, eis o que fizeram em suas obras. Os dramaturgos brasileiros compreenderam sem nenhuma dificuldade a importância dada à família no universo social burguês. Em peças como *O que é o Casamento?, A Família* e *A Vida Íntima*, os argumentos foram construídos no sentido de convencer o espectador acerca das virtudes dessa instituição considerada moderna e civilizadora. Tudo indica, pois, que a despeito do predomínio do sistema escravista, o país assistiu ao surgimento de uma camada social aberta ao liberalismo e aos valores éticos da burguesia nos anos de 1855 a 1865. O teatro a retratou na cena do Ginásio Dramático. E com sucesso, porque os espectadores podiam se reconhecer no palco e aplaudir os valores em que acreditavam. Nesse sentido, a conclusão não pode ser outra: os dramaturgos brasileiros, estimulados pelo repertório francês, mas sintonizados com as nossas transformações sociais, realizaram em suas obras o primeiro esforço conjunto para a formação de uma consciência burguesa no Brasil.

Depois de 1865, nos dez ou vinte anos seguintes, o realismo teatral permaneceu como referência para muitos dramaturgos e críticos. Ainda que as peças cômicas e musicadas tenham conquistado o favor do público e se tornado hegemônicas em nossos palcos, a ideia de que o teatro devia ser uma escola de costumes e um instrumento de moralização e civilização continuava a ter adeptos. Leia-se, por exemplo, o prefácio de Visconti Coaracy ao drama *A Negação da Família*, do ator Pimentel. Em 1868, ele define a missão do dramaturgo nestes termos:

Estudar a sociedade, analisar-lhe os defeitos e os vícios, reuni-los no espaço limitado, restrito de uma ação dramática, e extrair desta a consequência filosófica para oferecê-la como lição benéfica, como exemplo salutar[39].

Quase dez anos depois, em 1877, o poeta Carvalho Júnior ainda pensa o teatro de acordo com as ideias de Dumas Filho. Ao escrever o drama *Parisina*, ele elegeu como modelo *O Suplício de uma Mulher*, esclarecendo no prefácio que o teatro, com Dumas Filho, começou a exibir na cena vários problemas sociais e teses filosóficas, "cujo ensino proveitoso dirige-se universalmente às multidões e propaga-se de um modo fácil e deleitável"[40].

Fora do Rio de Janeiro, o realismo teatral já havia seduzido Franklin Távora, que fizera representar *Um Mistério de Família* no Recife, em 1863. Também é de sua autoria o drama *Três Lágrimas*[41], publicado em 1873. Na Bahia, o escritor romântico Agrário de Menezes experimentou a nova forma no drama *Os Miseráveis*, que foi encenado no Rio de Janeiro pela companhia Boêmia Dramática, em 1864-1865. No Rio Grande do Sul, Apolinário Porto-Alegre deu sua contribuição com a comédia *Benedito*, calcada em *O Demônio Familiar*, e nas peças *Os Filhos da Desgraça* e *Sensitiva* misturou elementos do drama romântico, do melodrama e da comédia realista. Todas foram publicadas na *Revista Mensal da Sociedade Partenon Literário*, em 1873 e 1874[42]. Em São Paulo, Felizardo Júnior e Carlos Ferreira escreveram várias peças em parceria, entre 1867 e 1873, notadamente o drama *Lúcia*, encenado em São Paulo em 1868. A defesa do realismo teatral aparece também no prefácio escrito por Carlos Ferreira para *O Marido da Doida*, drama de sua autoria, em 1877. Vinte anos depois de Alencar ter afirmado que em *As Asas de um Anjo* defendeu a ideia de que era preciso cuidar da educação moral das meninas para que não seguissem o destino da personagem Carolina, esse autor criou uma adúltera que, a seu ver, era também o resultado da falta de uma educação moral adequada. Repetia Alencar e exprimia a crença no teatro como escola de costumes.

Sem ter a importância que teve entre 1855 e 1865, o realismo teatral não desapareceu de todo dos nossos palcos, até porque o ator e empresário Furtado Coelho incumbiu-se muitas vezes de encenar as novas peças de Dumas Filho e Augier, que na França continuavam a fazer sucesso, ou de reencenar alguns dos seus sucessos de juventude, baseados em originais brasileiros, como a *Onfália*, de Quintino Bocaiúva, reencenada em 1882. Mas nessa altura os tempos eram outros e mesmo Furtado Coelho não pôde dedicar-se apenas ao então chamado teatro sério. O teatro de entretenimento impôs-se com força total nas três últimas décadas do século XIX.

## 2. OS ENSAIADORES, OS INTÉRPRETES E O ESPETÁCULO TEATRAL REALISTA

Quando o Ginásio Dramático apresentou o seu primeiro espetáculo, a 12 de abril de 1855, composto por duas peças em dois atos, o drama *Um Erro*, de Scribe, e a ópera-cômica *O Primo da Califórnia*, de Joaquim Manuel de Macedo, os folhetinistas saudaram com entusiasmo a nova empresa dramática, que nascia com um modesto programa: o de "estabelecer o verdadeiro e apurado gosto pela representação do *vaudeville* e comédia"[43]. A vida teatral no Rio de Janeiro, nessa época, era bastante pobre, como comprovam os folhetins "Ao Correr da Pena", que José de Alencar publicou no *Correio Mercantil* e no *Diário do Rio de Janeiro*. A rigor, apenas dois teatros funcionavam regularmente: o Lírico Fluminense, dedicado à ópera, e o S. Pedro de Alcântara, onde João Caetano oferecia ao público um repertório de tragédias neoclássicas e, preferencialmente, melodramas. O Teatro S. Januário, longe do centro, era eventualmente alugado por companhias itinerantes ou de duração efêmera. Para não competir com João Caetano, o empresário do Ginásio, Joaquim Heleodoro Gomes dos Santos, optou por representar

---

39 E. Barroso Pimentel, *A Negação da Família*, Rio de Janeiro: Tip. do *Diário do Rio de Janeiro*, 1868, p. 1.
40 Francisco Antônio de Carvalho Jr., *Parisina*, Rio de Janeiro: Tip. de Agostinho Gonçalves Guimarães, 1879, p. 5.
41 Cf. Franklin Távora, *Teatro de Franklin Távora*, São Paulo: Martins Fontes, 2003.
42 Cf. Carlos Alexandre Baumgarten (org.), *O Teatro de Apolinário Porto-Alegre: Antologia*, Porto Alegre: IEL, 2001.

43 Cf. *Diário do Rio de Janeiro*, 5 de março de 1855.

comédias leves, a maior parte delas de Scribe, que eram traduzidas pela atriz Maria Velluti e postas em cena pelo ensaiador Émile Doux (?-1876).

## Émile Doux, o Primeiro Ensaiador do Teatro Ginásio Dramático

Pouco se sabe sobre esse francês que se radicou no Brasil em 1851. Segundo informações de Lopes Gonçalves, ele havia vivido muitos anos em Lisboa, onde, além de encenar vários dramas românticos franceses, introduzira o vaudevile com grande sucesso. Pode-se dizer que fez o mesmo no Rio de Janeiro, pois entre abril e outubro de 1855 o Ginásio se consolidou graças ao seu trabalho. Cerca de vinte e cinco comédias de Scribe foram produzidas nesse período, com boa aceitação por parte do público e grande apoio dos jovens intelectuais que atuavam na imprensa. Tal apoio foi decisivo para o passo seguinte, mais ousado: a encenação das comédias realistas francesas, que exigiam outra concepção do espetáculo teatral e outro tipo de interpretação dos artistas. A aprovação do público pode ser avaliada pelo sucesso extraordinário de *As Mulheres de Mármore* – dez representações seguidas com o teatro lotado e muitas outras nos meses seguintes – e pela boa acolhida a *Os Parisienses*, peças de Théodore Barrière e Lambert Thiboust, representadas em outubro e dezembro de 1855. A repercussão junto à imprensa pode ser medida por este comentário do crítico Sousa Ferreira:

Se, solícito em agradar ao público, [o Ginásio] corre o repertório dos mais afamados teatros de Paris, escolhendo os dramas e comédias que ali têm maior aceitação merecido, apresentando-os com rapidez que admira, traduzidos, ensaiados, postos em cena com todo o rigor das decorações, quase sempre novas, e desempenhados o mais perfeitamente que se tem feito até hoje entre nós, igualmente tem visto a sua pequena sala, onde se apinha uma multidão satisfeita, estremecer aos aplausos repetidos; tem ouvido a imprensa uníssona, eco da satisfação pública, repetir o juízo dos seus frequentadores, altamente lisonjeiro[44].

Observe-se no texto transcrito o elogio ao trabalho do ensaiador, a quem cabia orientar a interpretação dos artistas – uso da voz, fisionomia, gestos e movimentos – e cuidar da disposição cênica de móveis e objetos no palco. Sousa Ferreira não deu mais detalhes acerca das duas primeiras montagens e, assim como outros folhetinistas, comentou mais demoradamente a construção das peças e seu alcance moralizador. Por outro lado, quando o Ginásio encenou *A Dama das Camélias*, em fevereiro de 1856, cobrou mais naturalidade dos artistas e analisou o espetáculo ensaiado por Émile Doux em termos que denotam pleno conhecimento da estética teatral realista. É bem possível que o ensaiador tenha orientado o elenco para que todos atentassem à questão da naturalidade, mas apenas a atriz principal, Gabriela da Cunha, conseguiu o efeito desejado, segundo o crítico:

A naturalidade da conversação, a verdade da paixão e do sofrimento, soube a sra. Gabriela imitar na voz, no gesto e no semblante. [...] O sr. Amoedo (Armando Duval) ainda não quis ouvir-nos; a exageração é má e defeituosa, quando não sabemos usar dela [...]. O sr. Pedro Joaquim (sr. Duval) desempenhou bem a sua parte; apenas diremos que na bela cena com Margarida é dispensável aquela abundância de lágrimas[45].

Como se vê, o folhetinista critica os atores que não evitaram o exagero em cena e elogia a atriz que soube ser natural. Não devia ser fácil para os artistas o aprendizado do novo modo de interpretação que as peças realistas exigiam. Todos vinham do Teatro S. Pedro de Alcântara, onde haviam trabalhado durante anos com João Caetano. Estavam acostumados, por exemplo, a falar sempre se dirigindo à plateia, seja porque trabalhavam num teatro de grandes dimensões, seja porque assim aprenderam com o ator formado na leitura de velhos manuais de interpretação. No espetáculo realista, ao contrário, o artista devia ignorar a plateia e dialogar naturalmente com o seu interlocutor. É o que afirma Sousa Ferreira, ao recomendar ao ator Martins (Gastão de Rieux) que aproveite sua habilidade ao piano para conversar enquanto toca, pois o ator, em cena, "deve esquecer que o público está em frente; deve

---

44 Idem, 14 de dezembro de 1855.

45 Idem, 4 de março de 1856.

não distrair-se um instante: Gastão pode responder sem voltar-se para os espectadores".

A observação do folhetinista é correteríssima. Tanto os artistas do Ginásio quanto o ensaiador Émile Doux podiam se beneficiar com o diálogo estabelecido com os críticos. Parecia mesmo uma tarefa coletiva o aprimoramento do espetáculo realista no palco do pequeno teatro.

Nesse sentido, outro interlocutor importante para Émile Doux foi Furtado Coelho, que publicou um longo folhetim sobre *O Mundo Equívoco* (Le Demi-Monde), de Dumas Filho, no *Correio Mercantil* de 28 de março de 1856, cinco dias depois da estreia da peça. Recém-chegado de Portugal, o futuro ator e ensaiador do Ginásio, adepto do realismo teatral, discorreu sobre várias questões relativas ao texto dramático para, em seguida, deter-se no trabalho dos artistas e do ensaiador. Preocupado com o efeito realista da encenação, Furtado Coelho demorou-se na análise do desempenho de cada papel, reservando os maiores elogios a Gabriela da Cunha e Pedro Joaquim, que demonstraram ter compreendido o espírito da alta comédia. A atriz, principalmente, soube transformar-se numa "elegante e sedutora baronesa dos salões da atualidade". O resultado geral da encenação agradou ao folhetinista, que considerou o espetáculo de bom nível, atribuindo o mérito a Émile Doux. Mas a seu ver, aqui e ali o realismo poderia ter sido atingido com maior perfeição. A esse respeito, o comentário mais interessante é o que se refere a duas cenas em que os intérpretes ficam de pé o tempo todo. Segundo Furtado Coelho, a naturalidade que se quer nas representações das comédias realistas foi prejudicada nessas cenas. Esse detalhe curioso, que parece pequeno, é bastante revelador das novas exigências cênicas:

Não passarei em claro, porém, a má impressão que causou e deveria causar a todos, ver os atores quase sempre de pé. Na alta comédia parece-me ser isso um erro e um contrassenso. Por que motivo na cena 8ª do 2º ato, ao dizer as seguintes palavras: – Vai ver o que surge... ouça! – há de Oliveiro levantar-se? Qual será o homem da educação de Oliveiro, que num salão como o da Viscondessa, vá para o meio da cena pregar? No 4º ato, por que não há de a baronesa d'Ange receber sentada as suas visitas, em vez de fazer o que nenhuma senhora faz na sua sala, isto é, arvorá-la em parque ou passeio público?

Émile Doux encenou apenas mais uma comédia realista francesa no Ginásio: *O Genro do Sr. Pereira* (Le Gendre de M. Poirier), de Émile Augier, que estreou a 3 de junho de 1856. Ao contrário das anteriores, a peça fracassou e os folhetinistas a ignoraram. Apenas Sousa Ferreira dedicou-lhe um folhetim, mas sem tecer considerações a respeito dos aspectos realistas da montagem. Pouco tempo depois desse espetáculo, Émile Doux transferiu-se para o Teatro S. Pedro de Alcântara, contratado por João Caetano. Lá, aguardava-o um repertório dos tempos românticos e outra orientação para montar os espetáculos.

## O Ensaiador Furtado Coelho

Tudo indica que Furtado Coelho (1831-1900) foi uma presença marcante no meio teatral do Rio de Janeiro, nos três meses que se seguiram à publicação do folhetim sobre *O Mundo Equívoco*. Em maio, ele teve um provérbio de sua autoria encenado – *Nem por Muito Madrugar Amanhece mais Cedo* – e em julho de 1856 foi contratado pelo Ginásio como ensaiador, para substituir Émile Doux. Essa primeira experiência profissional, no entanto, durou apenas quatro ou cinco meses, tempo suficiente para reencenar *As Mulheres de Mármore*, *A Dama das Camélias* e *O Mundo Equívoco* e montar peças como *A Última Carta*, de Augusto César de Lacerda; *A Crise*, de Octave Feuillet; *Por Direito de Conquista*, de Ernest Legouvé; *A Joconda*, de Paul Faucher e Regnier; e *A Batalha de Damas*, de Scribe e Legouvé.

Quem melhor acompanhou e comentou o trabalho de Furtado Coelho como ensaiador foi Quintino Bocaiúva, que no segundo semestre de 1856 exerceu a função de folhetinista do *Diário do Rio de Janeiro*. Seu apoio aos espetáculos do Ginásio foi importante, pois também procurou dialogar com os artistas, aplaudindo os acertos e apontando, sempre que necessário, os erros que prejudicavam a construção do realismo teatral no palco. Vale a pena ler, como exemplo de sua simpatia ou mesmo adesão à estética realista, as observações que fez a respeito da montagem da peça *A Última Carta*, do português Augusto César de Lacerda. Em primeiro lugar, leiamos os elogios feitos ao ensaiador, no folhetim de 31 de julho de 1856:

Antes de tudo, um cumprimento de felicitação cordial e sincera ao sr. L. C. Furtado Coelho, pelo esmero, bom gosto e propriedade que presidiu à decoração e à disposição da cena.

Para aqueles que não conhecem os nossos teatros, ou que os conhecem menos perfeitamente, o seu trabalho pareceria talvez um trabalho sem esforço, uma obra, linda, é verdade, mas natural e fácil; para mim porém e para todos os que têm uma ideia, se não completa, ao menos muito aproximada, do estado de nossa cena, das dificuldades e óbices que tem a superar um ensaiador inteligente e dedicado, ele foi a revelação de muito estudo e de muito esforço de sua parte, estudo e esforço que têm direito à cooperação do público, isto é, ao reconhecimento de sua aptidão e de sua inteligência.

É de se crer que a montagem de *A Última Carta* obedeceu aos princípios do realismo teatral com bastante fidelidade. No folhetim seguinte, de 7 de agosto, Quintino Bocaiúva transcreveu uma carta que recebeu de um amigo, assinada apenas com a inicial "J", na qual havia uma crítica ao "luxo de realismo" do espetáculo:

Segundo me disseram, o ensaiador do Ginásio é moço de talento conhecido, e tem amor à arte; verifiquei pela disposição cênica que tinha bom gosto. Mas confesso-te que não concordo com aquela distribuição de cadeiras e sofás no primeiro ato, pondo os atores de costas para o público; é um luxo de *realismo* no teatro, onde o sol é de papel, as nuvens de papelão, e o mar um lençol passado pelo anil. Olha, um sofá de um lado, uma conversadeira no centro, as atrizes sentadas aqui e ali, os atores em torno delas borboleteando ou vendo jogar o *wist*, produzia mais efeito.

Quintino Bocaiúva respondeu a essas palavras no folhetim de 14 de agosto, nos seguintes termos:

Entretanto permita-me o meu amigo que discorde de sua opinião, quando entendeu um luxo de *realismo* a disposição cênica do teatro, que obrigou alguns atores a dar as costas ao público.

O palco é um campo neutro, consintam-me; o ator não tem costas. Ele é surpreendido em sua casa pelo público, só com a diferença de que é sempre surpreendido em posições visíveis, em situações discretas.

No palco há a vida, e seu desenvolvimento tal qual como no mundo.

Não acho pois inconveniente, e muito menos fora do natural que o ator que está sentado a uma mesa de jogo, por exemplo, tenha as costas voltadas para o público, como num salão estaria também voltado para as pessoas, por mais distintas que fossem, que assistissem, ou tivessem ido vê-lo jogar.

O apoio à *mise-en-scène* concebida com evidente propósito realista por Furtado Coelho dá a medida do envolvimento dos folhetinistas no processo de assimilação das novas ideias teatrais vindas da França. A informação de que o jovem ensaiador do Ginásio dispôs as cadeiras e sofás de um modo que alguns artistas ficaram de costas para o público, é preciosa, pois o que está por trás desse procedimento é a ideia de que no espetáculo realista uma "quarta parede" separa palco e plateia. Como sugere Quintino Bocaiúva – "no palco há a vida" –, os artistas devem não apenas representar mas "viver" os seus papéis, como se não estivessem diante de espectadores. Essa ideia, como se sabe, foi retomada, aprofundada e posta em prática com eficiência em Paris por André Antoine, nos espetáculos naturalistas que fez no Théâtre Libre, em fins do século XIX. Mas se em meados dos anos de 1850 algo parecido acontecia na cena do Ginásio, é porque também em Paris os procedimentos realistas já estavam sendo utilizados. Muito provavelmente, Furtado Coelho tinha notícias do que se passava no palco do Théâtre Gymnase Dramatique, dirigido por Montigny. Foi esse ensaiador, segundo o crítico Sarcey[46], o responsável pela valorização do espaço cênico em moldes realistas, o que significa que buscou reproduzir, no palco, por meio de móveis e objetos concretos, os ambientes burgueses do seu tempo. Além disso, Montigny baniu a declamação, o vício dos artistas de dirigirem-se ao centro da cena no momento de suas falas e todo tipo de exagero na interpretação. Os dramaturgos franceses, especialmente Dumas Filho, encontraram nele um colaborador incansável e indispensável para a afirmação da nova tendência teatral.

Furtado Coelho, apesar de pouco experiente, esmerou-se nos espetáculos que realizou, mostrando-se sempre exigente em relação ao efeito realista da representação. Se recebeu elogios pelos

---

46  Francisque Sarcey, *Quarante ans de théâtre*, v. 6, Paris: Bibliothèque des Annales Politiques et Littéraires, 1901, p. 136.

Caricatura do ator e empresário Furtado Coelho.

seus trabalhos, uma ou outra vez foi criticado exatamente por falhar na construção do realismo cênico. Quintino Bocaiúva, sempre atento aos detalhes, fez a Furtado Coelho o mesmo reparo que este fizera a Émile Doux, ou seja, exigiu maior naturalidade numa das cenas de *Por Direito de Conquista*, de Ernest Legouvé, em que três personagens conversam de pé, quando o melhor era fazê-los sentar: "Não lhe parece mais conveniente e mais próprio, na cena do encontro entre a marquesa de Oberval, Jorge e Bernardo, fazê-los sentar, como é mais natural, para depois então encetarem e continuarem a conversação que sustentam de pé?"[47]

A naturalidade em cena é o princípio básico do realismo teatral. A conversa entre as personagens, em pé, não era "natural", isto é, não reproduzia com fidelidade o hábito do cotidiano que a cena devia representar. O ensaiador não atentou a esse detalhe observado pelo crítico. De um modo geral, porém,

Furtado Coelho ganhou a admiração dos artistas, do público e dos intelectuais pelo seu trabalho.

No final de 1856, porém, o Ginásio enfrentou sua primeira grave crise, provocada pela vinda de uma companhia dramática francesa, cujo repertório era formado pelas peças realistas que o Rio de Janeiro aplaudira em português. O público, ávido para conhecer no original o que já tinha visto em traduções e curioso em relação às novidades, dirigiu-se ao Teatro S. Januário, deixando o Ginásio às moscas. A solução encontrada pelo empresário Gomes dos Santos, para conseguir alguma bilheteria, foi o recurso a dramalhões, como *A Cigana de Paris*, de Gustave Lemoine e Paul de Kock, ou *Os Pobres de Paris*, de Édouard Brisebarre e Eugène Nus. Avesso a esse tipo de peça, Furtado Coelho pediu demissão, contrariado também por não ter sido contratado como ator. Esse seu desejo foi realizado já em 1857, no Rio Grande do Sul, de onde retornou ao Rio de Janeiro, em fins de 1858, com fama de excelente "primeiro galã". O Ginásio o contratou e em maio de 1859 atribuiu-lhe também a responsabilidade pela montagem das peças. O repertório que escolheu pôr em cena foi predominantemente português, de autores como Mendes Leal Jr., Ernesto Biester, Augusto César de Lacerda, Camilo Castelo Branco, Ernesto Cibrão e Antônio Mendes Leal. Mas, além de uma remontagem de *O Demônio Familiar*, de Alencar, houve lugar também para algumas peças francesas, entre elas *O Romance de um Moço Pobre*, de Feuillet. Esta, por sinal, foi montada com esmero, segundo se depreende do comentário que se lê nas "Páginas Menores" do *Correio Mercantil* de 26/27 de dezembro de 1859: "O todo da execução do drama é perfeito e merece mais um elogio ao ensaiador, o sr. Furtado".

Como se vê, pela citação acima, infelizmente os folhetinistas não analisavam com detalhes o trabalho do ensaiador. São poucas as informações que se tem dessa atividade, como comprovam também as críticas teatrais de Machado de Assis, publicadas no jornal *O Espelho* entre setembro de 1859 e janeiro de 1860. De um modo geral, ele faz um estudo da peça, do ponto de vista literário e dramático, e em seguida um comentário sobre a encenação, destacando porém, quanto a este segundo aspecto, as

47 *Diário do Rio de Janeiro*, 4 de setembro de 1856, p. 1.

interpretações dos artistas. Nas poucas vezes que se refere à decoração, encontram-se elogios aos telões pintados por João Caetano Ribeiro, críticas ao Teatro S. Pedro de Alcântara e ao Ginásio, quando usam "decorações gastas", e referências rápidas à boa ou má realização das montagens, sem que sejam dados detalhes das mesmas. Quer dizer, no que diz respeito à contribuição dos aspectos cenográficos para a afirmação do realismo no palco do Ginásio Dramático, Machado pouco escreveu. Sobre o trabalho de Furtado Coelho como ensaiador, ele se refere uma única vez, em uma linha que não diz muito: "O sr. Furtado como ensaiador merece ainda os aplausos do folhetim. Revela-se antes o cavalheiro do salão, que o ator do tablado"[48]. Esse comentário vem em seguida à afirmação de que, como ator, Furtado Coelho havia demonstrado talento também para os papéis cômicos. Como Machado não acrescenta nada às palavras transcritas, não é possível saber exatamente por que o ensaiador merece aplausos. Pode-se afirmar, no entanto, que Furtado Coelho tinha prestígio nessa atividade. Num breve comentário sobre a criação do Teatro das Variedades, que ele empresariou por um breve período em 1860, no Rio de Janeiro, lê-se que a nova empresa será bem-sucedida por contar com bons artistas e com "um ensaiador da força do sr. Furtado Coelho"[49]. Para se ter uma ideia de como essa atividade era desempenhada, o melhor depoimento é o de um folhetinista anônimo, talvez um amigo ou conhecido, que esteve presente em alguns ensaios dirigidos por Furtado Coelho em São Paulo. Eis o que escreveu no *Correio Paulistano* de 9 de janeiro de 1861:

ninguém ainda disse palavra acerca de um grande mérito do sr. Furtado Coelho, e que para nós é de suma valia. É a mestria com que tem ensaiado todos os espetáculos que têm ido à cena depois da sua chegada; é a paciência e o jeito que para esta especialidade da arte dramática ele tem em subido grau. Só quem tem presenciado o trabalho insano do insigne artista em todos os ensaios, em fazer compreender aos nossos atores, já o papel que vão representar, já os ademanes que devem ter, já o modo de falar etc., fazendo

[48] Machado de Assis, *Do Teatro...*, p. 149.
[49] Artigo assinado por "L", intitulado Teatro das Variedades e publicado no *Jornal do Comércio*, em 15 de abril de 1860.

repetir uma cena duas, três e quatro vezes, para que ela se aproxime o mais possível do natural; só quem tem sido testemunha dos esforços e da paciência do sr. Furtado Coelho nesse mortificante trabalho, é que pode compreender o seu gênio e dedicação pela arte.

Como se vê, os esforços de Furtado Coelho visavam à construção da naturalidade em cena. Precisando contar com profissionais de formação romântica, não devia ser fácil o seu trabalho, como sugere o adjetivo "mortificante". Observe-se ainda na citação transcrita que o folhetinista se refere apenas ao trabalho do ensaiador com os artistas e nem toca nos outros aspectos da encenação, que também deviam contribuir para o realismo cênico. Assim também procediam os demais folhetinistas, quando comentavam os espetáculos. Como analisavam preferencialmente o texto dramático e o desempenho dos artistas, não é difícil saber qual o melhor caminho para se caracterizar o que foi o realismo na cena brasileira. Ainda que Furtado Coelho tenha sido ensaiador a vida toda, consagrou-se na verdade como ator. Nos testemunhos a respeito das suas atuações e de outros artistas como o brasileiro Joaquim Augusto Ribeiro de Sousa (1825-1873), as portuguesas Gabriela da Cunha (1821-1882) e Adelaide Amaral (1834-1899) pode-se vislumbrar melhor o que foi a renovação realista no terreno da encenação. As informações que se podem colher na imprensa da época sobre outros ensaiadores do Ginásio, como Vitorino Ciríaco da Silva (1856), Luís Carlos Amoedo (1857 e 1863), Antônio José Areias (1858-1859) e Joaquim Augusto Ribeiro de Sousa (1861-1862) – todos eles atores –, são pouquíssimas e nada acrescentam a respeito dessa atividade que não despertava tanta atenção.

## Furtado Coelho e Joaquim Augusto: Intérpretes Realistas

O principal desafio enfrentado pelo Teatro Ginásio Dramático, quando começou a representar as peças do realismo teatral francês, foi o de encontrar uma expressão cênica adequada ao novo repertório. João Caetano havia acostumado a plateia fluminense às peças de época com seus figurinos típicos, aos telões pintados por vezes com paisagens exóticas, e ao seu estilo de interpretação um tanto exagerado e grandiloquente. O Ginásio se contrapôs aos velhos hábitos, impondo uma série de mudanças: os cenários foram aperfeiçoados, utilizando-se por vezes os telões pintados e, preferencialmente, mobiliário de verdade, a fim de reproduzir da melhor maneira possível, por exemplo, uma sala de uma casa burguesa; os figurinos, posto que a ação dramática das peças se passava no presente, passaram a acompanhar as tendências da moda; por fim, o estilo de interpretação tornou-se menos enfático e mais natural, sem o antigo cunho melodramático que era comum nos artistas do Teatro S. Pedro de Alcântara.

Em 1863, Furtado Coelho ganhou uma biografia precoce, escrita por Filgueiras Sobrinho, que é um documento imprescindível para o conhecimento do seu trabalho artístico e da própria afirmação do realismo teatral nos palcos brasileiros. Nascido em Lisboa a 28 de dezembro de 1831, numa família de generais e altos burocratas do Estado, ele foi desde jovem um apaixonado pelo teatro e pela música. Tudo indica que, para não desagradar aos pais – que o queriam continuador das tradições da família – veio ao Brasil sob o pretexto de se dedicar ao comércio. Deixava em Portugal um volume de poemas, *Sorrisos e Prantos*, e o drama *O Agiota*, razoavelmente bem-sucedido na cena do Teatro D. Maria II, em setembro de 1855. Como ator, havia trabalhado uma única vez numa associação dramática particular, em Viana do Minho, em 1851, quando fez o papel principal do drama *Pajem d'Aljubarrota*, de Mendes Leal Jr. É certo, porém, que frequentava os teatros e estudava a literatura dramática. É muito provável, também, que tenha visto *A Dama das Camélias* feita por Emília das Neves no Teatro Nacional, em 1854, bem como outras peças realistas, representadas por companhias francesas que estiveram em Portugal nos anos de 1854 e 1855.

Furtado Coelho chegou ao Rio de Janeiro em março de 1856 e identificou-se de imediato com o trabalho do Ginásio, elogiando a montagem de *O Mundo Equívoco*, de Dumas Filho, e aceitando o convite para tornar-se ensaiador, como foi visto há pouco. Segundo Filgueiras Sobrinho, pressões da família, que tinha parentes influentes no Rio de Janeiro, impediram que ele fosse contratado como ator. Disposto a seguir o destino que escolhera, Furtado Coelho partiu para Porto Alegre, onde estreou em agosto de 1857. Seu primeiro papel foi o de Rafael Didier, o jovem artista vitimado pela cortesã Marco, em *As Mulheres de Mármore*, de Barrière e Thiboust. Depois, seguiram-se várias peças, quase todas do moderno repertório francês e português.

Segundo um estudioso do teatro gaúcho, o início da carreira dramática de Furtado Coelho foi auspicioso. Durante pouco mais de um ano ele fez o seu aprendizado em papéis difíceis para um estreante, sem decepcionar a crítica e o público. Se foi alvo de pequenas restrições nos primeiros desempenhos, com o tempo aprimorou-se e adquiriu segurança, conquistando um grande prestígio nas cidades de Porto Alegre, Pelotas e Rio Grande. A conquista do Rio de Janeiro foi o passo seguinte: a 18 de dezembro de 1858 sua estreia no Ginásio, na peça *Por Direito de Conquista*, de Ernest Legouvé, foi um grande sucesso. O estilo de interpretação do "primeiro galã", adequado ao repertório realista, agradou bastante. Os folhetinistas chamaram a atenção para as qualidades do ator e ressaltaram sua voz "agradável e sonora", bem como sua "inteligência, instrução e bela presença". A rapidez com que Furtado Coelho se impôs na cena do Ginásio é impressionante. Um mês e meio depois de seu primeiro espetáculo, eis como foi homenageado na noite de 5 de fevereiro de 1859, por ocasião de seu "benefício":

Terminou o espetáculo a representação do excelente drama *Pedro*, do sr. Mendes Leal, no qual o eminente artista, desempenhando o papel do protagonista, revelou o seu gênio deslumbrante a ponto de levar os espectadores a tão subido grau de entusiasmo que, não se satisfazendo em o chamar à cena por mais de seis vezes, nestas ocasiões, assim como em todos os atos, foi o palco alcatifado com flores que choviam dos camarotes, e o artista presenteado com duas mimosas coroas, com uma chuva de *bouquets*, poesias análogas, e, por todo o teatro, aclamado como o primeiro ator da escola dramática moderna.

Findo isto, perto de quatrocentas pessoas se dirigiram à porta da caixa do teatro, a fim de receberem o exímio artista e o acompanharem até sua casa, o que teve lugar, seguindo o acompanhamento pelo largo do Rocio, rua dos Ciganos e campo da Aclamação.

Ao longo do ano de 1859, o sucesso dos desempenhos de Furtado Coelho em peças portuguesas e francesas foi tão grande que em pouco tempo ele tornou-se o principal rival de João Caetano, até então sem ameaças à sua glória. Os críticos e o público encantaram-se com a gestualidade contida, a voz bem modulada, a naturalidade e os gestos elegantes do ator talhado para os papéis centrais das comédias realistas. Leia-se, por exemplo, este entusiasmado elogio de Machado de Assis, datado de setembro de 1859:

O sr. Furtado Coelho, Paulo de Chennevières, pintou o caráter de que estava encarregado com expressão e verdade. Teve cenas de verdadeira expansão, no segundo ato sobretudo. O que se nota neste artista, e mais que em qualquer outro, é a naturalidade, o estudo mais completo da verdade artística. Ora, isto importa uma revolução; e eu estou sempre ao lado das reformas. Acabar de uma vez essas modulações e posições estudadas, que fazem do ator um manequim hirto e empenado, é uma missão de verdadeiro sentimento da arte[50].

Em novembro de 1859, uma polêmica envolvendo os admiradores de João Caetano e Furtado Coelho ocupou um largo espaço no *Jornal do Comércio*. João Caetano havia reencenado um velho drama, *O Sineiro de S. Paulo*, e as críticas negativas dos folhetinistas – entre eles Machado de Assis – foram respondidas por alguns articulistas anônimos, numa discussão que se estendeu de 4 de novembro a 2 de dezembro. O interessante dessa polêmica é que um dos seus textos, intitulado apenas "Teatros" e assinado por "um artista dramático", descreve perfeitamente o estilo de interpretação de Furtado Coelho, ainda que para atacá-lo, em oposição ao de João Caetano. Trata-se de um documento precioso para se compreender as diferenças entre o ator formado nas escolas neoclássica e romântica e o ator do teatro realista.

O texto começa pela exposição dos princípios básicos de interpretação que um ator deve obedecer. O primeiro deles é cuidar do "jogo de fisionomia", de modo que seu rosto e expressões faciais possam ser sempre apreciados pelo público;

em seguida, recomenda-se que a voz seja forte para ser ouvida por todos os espectadores e a dicção correta; os artistas devem representar naturalmente, "mas o natural do teatro que não é o natural de uma conversa particular"; por fim, é preciso estudar a arte da respiração, para a declamação e o canto, e praticar, pois é no palco que se apura a arte do ator. Essas regras foram estabelecidas por grandes artistas, como Talma, Lekain, Molé, Préville, mlle. Lecouvreur, mlle. Mars, entre outros e com eles a arte dramática teria chegado à perfeição, afirma o articulista anônimo. Baseado nessas premissas, ele nega que possa haver outra forma de arte e contesta que Furtado Coelho possa ser apresentado como o inventor de uma nova maneira de representar. Pois se existe apenas aquela dos grandes artistas do passado...

Na sequência do texto, são apontados os "defeitos" de Furtado Coelho. Ele fala baixo e "parece ter voz de doente"; vira as costas para o público e fala de perfil, evitando assim a "dificuldade do jogo de fisionomia"; diz com frieza as tiradas que deviam ser calorosas e faz declarações de amor sem impetuosidade. Pior que tudo isso, Furtado Coelho parece não saber que o ator "deve ser um Proteu", isto é, que deve mudar de figura de acordo com os papéis que representa. Ao contrário, "o sr. Furtado Coelho com os seus bigodes, de que usa na rua, apresenta sempre a mesma fisionomia em todos os papéis". O articulista quer que o ator sacrifique os tais bigodes à arte, o que não deixa de ser engraçado, e resume os seus argumentos em poucas palavras: "Esta maneira de representar vai de encontro a todas as regras da arte e do bom senso, e longe de ser apresentada como modelo deve se fugir dela se se quer fazer algum progresso".

É importante notar que em nenhuma passagem do texto é citado o nome de João Caetano. Mas toda a parte que antecede as críticas feitas a Furtado Coelho é uma defesa de princípios que o grande ator romântico vai expor dois anos depois em suas *Lições Dramáticas*, notadamente os que se referem ao jogo de fisionomia, à voz, à respiração e ao "natural" distanciado do real. Do mesmo modo, os artistas franceses mencionados como modelos e mestres são os mesmos que João Caetano leu, como demonstrou cabalmente Décio de Almeida Prado

50 Machado de Assis, *Do Teatro...*, p. 128.

em seu estudo *João Caetano e a Arte do Ator*. As coincidências sugerem que o artigo pode ter sido escrito com a ajuda da parte interessada. As restrições feitas a Furtado Coelho, por outro lado, revelam o que devia ser, em linhas gerais, a interpretação realista na qual a voz, o jogo de fisionomia, a moderação, o gesto contido, o andar em cena, tudo enfim obedecia ao princípio da reprodução da realidade exterior. A informação mais importante para caracterizar o realismo instaurado na cena do Ginásio é a que sugere ter havido representações nas quais uma espécie de "quarta parede" separava o palco do público. Ou seja, à semelhança dos artistas franceses do Gymnase Dramatique de Paris, onde eram encenadas as comédias realistas, Furtado Coelho também virava as costas para o público, representando como se não houvesse plateia, como se a ação se passasse entre quatro paredes. Essa inovação, como se sabe, só foi plenamente desenvolvida e aprimorada por André Antoine, no Théâtre Libre, nos tempos do naturalismo.

Saudado invariavelmente como o principal intérprete da então chamada escola realista, Furtado Coelho apresentou-se com sucesso em várias cidades brasileiras na primeira metade do decênio de 1860. Na biografia que lhe dedicou Filgueiras Sobrinho, em 1863, estão transcritos vários trechos de artigos e folhetins publicados em jornais e revistas do Rio de Janeiro, São Paulo, Santos, Cidade do Desterro (atual Florianópolis), Porto Alegre, Pelotas, Recife, São Luís do Maranhão, nos quais os seus desempenhos são descritos e julgados favoravelmente. Entre esses textos que documentam a irradiação do realismo teatral pelo Brasil, destacam-se, pela qualidade das análises e reflexões, os folhetins publicados por Joaquim Serra, no jornal *A Coalição*, de São Luís, entre agosto e outubro de 1863. Apresentando Furtado Coelho como "o maior propagandista das práticas e teorias da escola realista" e como "inimigo jurado das extravagâncias melodramáticas e desse romantismo pernicioso que estragou a cena, qual lepra contagiosa", o folhetinista elogia também o repertório do ator e coloca-se como adepto do realismo teatral:

A escola que quer a lógica da verdade, a observação exata, o fato preciso e nada mais, por força fará prosélitos e há de absorver e arregimentar em seu grêmio todas as vocações nascentes, malgrado os estéreis protestos de um ou outro sectário do antigo sistema[51].

Além de escrever pelo menos oito folhetins, nos quais descreveu com entusiasmo o trabalho de Furtado Coelho, Joaquim Serra exprimiu-lhe afetuosamente sua admiração, numa carta datada de 26 de setembro de 1863. Trata-se de um documento importante para a caracterização da interpretação realista e do prestígio conquistado pelo ator em suas viagens. Na parte principal da carta, lê-se:

Triunfas porque és natural e verdadeiro; porque sente-se palpitar a fibra e bater a artéria quando pões em cena alguma paixão; porque estudas as dobras e refolhos do coração humano, sem essas terríveis contorções, que, tirando a elevação dos papéis, podem, quando muito, acreditar o artista como uma obra-prima de mecânica.

Triunfas, porque não concedes um gesto à arte vulgar; não dás arras nem fazes concessões a essas popularidades parvas e balofas, que degradam a arte. Não sacrificas a verdade ao efeito nem a harmonia e ritmo de palavras, ao trovejar da voz, que desnatura a verdade.

Em 1866, a curta trajetória artística de Furtado Coelho mereceu um estudo crítico em que não faltam elogios ao ator e críticas ao empresário. Num livreto de 91 páginas, intitulado *Uma Fisionomia de Artista: Furtado Coelho*, Manoel Antônio Major fez restrições ao repertório do Ginásio, que começou a apresentar pequenas peças musicadas à maneira do Alcazar ou cenas cômicas um tanto apimentadas. Mas ao discorrer sobre o ator, "o único grande artista em atividade no Rio depois da morte de João Caetano", Major equipara Furtado Coelho a grandes artistas franceses, salientando suas qualidades:

Furtado Coelho, como Miguel Baron, tem a voz sonora, justa, desempeçada e flexível, sua pronunciação fácil, elegante, precisa, seus tons enérgicos e variados; como Dancourt dialoga perfeitamente, e no gesto, na maneira de entrar e pisar em cena, revela a inteligência consumada do artista, que em cada passo que dá manifesta estudo e

---

[51] Francisco Antônio Filgueiras Sobrinho, *Estudos Biográficos, Teatro I: Furtado Coelho*, Pernambuco, 1863, p. 157.

reflexão. Dotado de talento criador, e de originalidade, no drama ou na comédia, lembra sempre Armand Huguet, que nos papéis de Lubin, na *La Suprise de l'Amour*, de Timanti, no *Le Faux savant*, estampava o cunho que lhe era próprio e conveniente.

O gesto, essa sublime linguagem que muitas vezes avantaja-se à palavra, a inflexão de voz quando o diálogo cresce em proporções, ou no monólogo quando fala a paixão que nos arde no peito, Furtado Coelho os manifesta tão explendentes que melhor não é possível desejar. Vimo-lo uma vez no drama *A Honra de um Marinheiro*, ele era José Canoa, e quando o honrado marujo, atormentado pela desventura, ergueu a mão e abaixou a fronte, para pedir uma esmola, a plateia irrompeu em bravos: Furtado Coelho revelara-se um gênio[52].

Voltando ao texto assinado por "um artista dramático" e publicado no *Jornal do Comércio* em novembro de 1859, resta ainda dizer que o articulista, não contente em criticar Furtado Coelho, estendeu as suas restrições a todos os artistas do Ginásio. Desagradava-lhe evidentemente o novo estilo de interpretação, que nessa altura já havia conquistado vários adeptos, entre eles Joaquim Augusto. Esse ator, como todos da sua geração, havia começado a carreira artística na companhia dramática de João Caetano. Pode-se imaginar o esforço que fez para abandonar os velhos hábitos. Segundo os folhetinistas da época, entre os artistas que passaram do Teatro S. Pedro de Alcântara para o Ginásio, houve alguns que demoraram mais que outros no aprendizado da interpretação realista, mas, de um modo geral, os resultados finais apontam para uma autêntica renovação da arte do intérprete no período. São muitos os depoimentos que comprovam esse dado histórico do nosso teatro, como o que segue, sobre Joaquim Augusto, escrito por Machado de Assis:

Com a sua entrada para o Ginásio, o sr. Joaquim Augusto veio mostrar-nos a transfiguração de uma vocação erradia outrora em um clima que lhe não convinha, o que forçosamente lhe nulificava a aptidão e a inteligência.

Artista consciencioso, aperfeiçoado pelo estudo e pela observação, não podia viver na luz melancólica que um quadro envelhecido lhe podia dar; o romantismo não se acordava com a sua fibra dramática; chamava-o uma outra escola; uma outra plateia[53].

Joaquim Augusto foi contratado pelo Ginásio Dramático em 1859. Antes, havia passado temporadas no Rio Grande do Sul e em São Paulo, onde conquistou admiradores. Mais velho que Furtado Coelho, não fazia os papéis destinados ao "galã". Era, na terminologia da época, "primeiro centro", isto é, ator especializado em interpretar homens maduros ou mesmo velhos, com o auxílio da maquiagem. Exemplo do primeiro caso é o desempenho no drama *Mãe*, de Alencar. Observe-se que ele não fez o papel do jovem Jorge, o filho da escrava Joana, mas o do dr. Lima, o velho amigo da família. Na encenação de *O Romance de um Moço Pobre*, de Octave Feuillet, Joaquim Augusto obteve um dos seus maiores êxitos artísticos no papel do octogenário Laroque. A seu lado estavam Furtado Coelho, o "galã", e Gabriela da Cunha, a "dama-galã", formando o par central.

Com a morte do empresário Joaquim Heleodoro Gomes dos Santos em agosto de 1860, foi Joaquim Augusto quem teve a ideia de formar uma companhia dramática para ocupar o Ginásio Dramático. A 23 de setembro, com a representação de *Luxo e Vaidade*, de Joaquim Manuel de Macedo, a Sociedade Dramática Nacional dava início aos seus trabalhos, com um elenco formado por oito atrizes e doze atores, entre eles Furtado Coelho, Antônio Moutinho de Souza, Eduardo da Graça, Pedro Joaquim do Amaral, Eugênia Câmara, Adelaide Amaral e Maria Velutti.

O prestígio de Joaquim Augusto, nessa altura, pode ser medido pela homenagem que recebeu de artistas e intelectuais quando criou a Sociedade Dramática Nacional – uma medalha de ouro com a inscrição "Ao restaurador do Ginásio" – e pelo sucesso que obteve como intérprete do charlatão Beaujolais, personagem de *O Pelotiqueiro* (*L'Escamoteur*, de Adolphe Dennery e Jules Brésil), que João Caetano também havia interpretado. A comparação entre os dois desempenhos foi amplamente favorável a Joaquim Augusto que, evitando os exageros da interpretação romântica, demonstrou

---

52 Manoel Antônio Major, *Uma Fisionomia de Artista: Furtado Coelho*, Rio de Janeiro: Tip. de Domingos Luís dos Santos, 1866, p. 16-17.

53 Machado de Assis, *Do Teatro...*, p. 209-210.

seu domínio no terreno do realismo, como apontou o cronista "Carlos", da *Revista Popular*:

A sua declamação é racional; não se lhe ouve um estampido de voz, a pronúncia é reta, verdadeira, e quando lhe cumpre, sabe dar às palavras o tom de franqueza e de expansão, não ignorando quando as deve proferir envoltas na emoção e no pranto. Desconhece a epilepsia; o seu gesto é medido, violento agora e sem contorções, para logo apresentar-se imponente e despido de pretensão"[54].

Para o cronista, o desempenho de João Caetano havia sido irregular, pois não conseguira interpretar o Beaujolais charlatão, personagem que é um tanto cômico até o final do quarto ato.

Julgamento semelhante foi feito por Joaquim Manuel de Macedo no *Jornal do Comércio* de 6 de maio de 1861. A seu ver, João Caetano só foi bem no quarto e quinto atos, ao passo que Joaquim Augusto teve um desempenho mais harmonioso em toda a extensão da peça. Embora *O Pelotiqueiro* não se filie ao realismo teatral, foi possível a Joaquim Augusto uma interpretação próxima do estilo que vinha renovando a cena nacional. Eis o elogio de Macedo:

É um ator de consciência e de verdade: não hesita em sacrificar um movimento, uma explosão que lhe renderiam aplausos para respeitar a verossimilhança e a expressão fiel da natureza que fala.

Quando ele entra em cena, o espectador como que se esquece de que está no teatro, e parece-lhe que o que se representa na cena está na verdade se passando. Não exagera, nem se abate: conserva as situações, põe em ação os sentimentos nas suas justas proporções, e tem assim o condão de sustentar a ilusão por modo tal, que a ilusão se afigura realidade.

É claro que o elogio transcende a interpretação do papel de Beaujolais. Macedo admira Joaquim Augusto como ator realista e realça sua capacidade de evitar os exageros, de ser natural em cena e de criar a ilusão da realidade, uma emoção estética diferente da que era proporcionada pelos rompantes nervosos de João Caetano ou dos seus discípulos no Teatro S. Pedro de Alcântara. Esse tipo de julgamento é constantemente reiterado pelos folhetinistas da época, que viam nos desempenhos do ator um exemplo a ser seguido pelos seus pares. O domínio da naturalidade em cena exige o uso correto da voz, sem qualquer tipo de excesso desnecessário. E a "declamação" de Joaquim Augusto sempre foi bem dosada, sem exageros, como lembrou um dos seus admiradores, que se nomeou "um artista brasileiro", num texto publicado no *Correio Mercantil* de 10 de outubro de 1862:

A declamação, que pelos nossos atores ou cai na monotonia de uma naturalidade afetada, ou na gritaria desastrada de um possesso, é um dos seus mais árduos labores, para, com o tipo do gênio da língua vernácula, poder satisfazê-la com todas as exigências do claro-escuro, vivificando com a modulação da voz todas as mil minuciosidades do som e do sentido das palavras.

Joaquim Augusto aprimorou-se como ator realista e tornou-se também ensaiador. Mas a sua maior obra à frente da Sociedade Dramática Nacional foi acolher e animar os dramaturgos brasileiros que surgiram no período, preferindo-os por vezes aos autores estrangeiros. Entre setembro de 1860 e fevereiro de 1862, ele encenou dez novas peças nacionais, destes autores: Joaquim Manuel de Macedo, Quintino Bocaiúva, Pinheiro Guimarães, Aquiles Varejão, Sizenando Barreto Nabuco de Araújo, Valentim José de Silveira Lopes e Francisco Manuel Álvares de Araújo. Dos três primeiros, *Luxo e Vaidade*, *Os Mineiros da Desgraça* e *História de uma Moça Rica* foram grandes sucessos de crítica e de público. Vale lembrar também que Joaquim Augusto remontou *O Demônio Familiar*, de Alencar, a peça que desencadeou a formação do nosso repertório realista. Nesse período, pois, o palco do Ginásio Dramático acolheu mais originais brasileiros que estrangeiros, consolidando a renovação iniciada alguns anos antes.

Em novembro de 1862, Joaquim Augusto inaugurou em São Paulo a sua Companhia Dramática Nacional; em 1864, de volta ao Rio de Janeiro, trabalhou com a célebre atriz portuguesa Emília das Neves, em sua longa temporada brasileira. O reconhecimento de seu talento como intérprete realista foi reiterado por Joaquim Manuel de Macedo, que lhe reservou algumas páginas no *Ano Biográfico*

---

54 *Revista Popular*, Rio de Janeiro, tomo XI, jul./set. 1861, p. 256.

*Brasileiro* para lembrar dos sucessos alcançados no palco do Ginásio: "Depois de João Caetano dos Santos foi o ator dramático de maior e mais justa nomeada do seu tempo, cabendo-lhe a glória de ter sido no Brasil um dos primeiros intérpretes da escola chamada *realista*"[55].

## Gabriela da Cunha e Adelaide Amaral: Musas do Realismo Cênico

À semelhança dos outros artistas de seu tempo, Gabriela da Cunha, nascida no Porto em 1821, formou-se como atriz nos tempos do romantismo. Como chegou ao Brasil em 1837, trabalhou em vários teatros no Rio de Janeiro, antes de ingressar no Ginásio Dramático em 1855. Isso quer dizer que foi intérprete de dramas, melodramas e comédias do velho repertório que a nova empresa dramática passou a combater.

No dia 1º de março de 1860, no primeiro número de um pequeno jornal dedicado à vida teatral na corte, *Entreato*, a primeira página traz um breve esboço biográfico de Gabriela da Cunha, sem assinatura, no qual se lê que ela fora uma atriz brilhante nas velhas peças, mas que se sentia, apesar disso, "em terreno falso", porque "a índole do seu talento não comportava os desvarios da escola romântica e descabelada; não estava com aquela literatura de estimulantes e cáusticos, na frase de um espirituoso crítico". Para o articulista, foi no Ginásio que Gabriela da Cunha revelou seu verdadeiro talento, como intérprete das heroínas das comédias realistas:

> Ali encontrou a sua esfera; o seu talento respirava ali um ar mais de acordo com as suas necessidades vitais. [...] Ali criou a Marco, Margarida Gautier, a Estela, a Bernard, a Saint-Ange, a Gabriela, e tantas outras, que se não desluzem da memória do público.

De fato, os jornais da época atestam o sucesso da atriz, que foi sem dúvida a mais aplaudida "dama-galã" de seu tempo. Na velha nomenclatura teatral, isso significa que ninguém soube melhor que ela interpretar os principais papéis femininos de peças como *As Mulheres de Mármore*, de Théodore Barrière e Lambert Thiboust, ou *A Dama das Camélias*, de Dumas Filho. Nesta última, como protagonista, colheu os mais calorosos elogios dos folhetinistas. Nas prestigiosas "Páginas Menores" do *Correio Mercantil* de 10 de fevereiro de 1856, seu desempenho foi avaliado como "admirável". O cronista descreve a profusão de aplausos que a atriz recebeu e acrescenta: "Gabriela foi dramática de princípio a fim, e deu às menores cenas do seu papel um relevo singular. Por vezes teve lágrimas na voz e nos olhos, por vezes as arrancou a todos os espectadores". Sousa Ferreira, em folhetim publicado no *Diário do Rio de Janeiro*, a 13 de junho de 1856, escreveu: "Como Eugênia Doche em Paris, a sra. Gabriela criou entre nós o papel de Margarida Gautier; às outras só resta imitá-la".

Entre os admiradores da artista, "que vale por si só um teatro" – como escreveu "G", no *Correio Mercantil* de 18 de março de 1861 – avulta o nome de Machado de Assis. Muito jovem, aos vinte anos de idade, acompanhou a temporada da atriz no Ginásio em 1859 e não lhe fez nenhuma restrição nos folhetins que publicou no jornal *O Espelho*. Ao contrário, os elogios foram tantos que pelo menos um dos seus biógrafos enxergou uma paixão amorosa onde havia apenas amor à arte e interesse pelas coisas do teatro[56].

O que Machado admirava em Gabriela da Cunha – "a melhor atriz que tem pisado as tábuas do palco do Ginásio", como se lê em texto sem assinatura da *Semana Ilustrada* de dezembro de 1860 – era a sua capacidade de ser verdadeira em cena. A expressão dos sentimentos vinha sempre na medida certa, sem exageros, mas sem frieza. Esse equilíbrio deu-lhe nomeada logo nos primeiros anos do Ginásio, em 1855 e 1856, pois foi ela, conforme se lê nos "Comentários da Semana" de 11 de dezembro de 1861, "a primeira que nos revelou os belos trabalhos do teatro moderno francês, e de modo a encher de orgulho a cena brasileira"[57]. Artista de alto nível, nem mesmo nas peças menores deixava de brilhar. Como protagonista do drama

---

55 *Ano Biográfico Brasileiro*, v. 1, Rio de Janeiro: Tip. e Lit. do Imperial Instituto Artístico, 1876-1880, p. 78.

56 O biógrafo é R. Magalhães Jr., em *Vida e Obra de Machado de Assis*, v. 1, Rio de Janeiro: Civilização Brasileira/INL-MEC, 1981, p. 115-127.

57 Machado de Assis, *Do Teatro...*, p. 252.

*Valentina*, encenado sem indicação de autoria em novembro de 1859, teve um "desempenho magistral": "A unção de sentimento, deu-a ela, à frase e ao gesto: e nas cenas capitais da peça, reproduz tanta verdade, que o espírito como que se incomoda; é doloroso demais"[58]. Machado a viu em muitas peças e algumas vezes deixou-se levar pelo entusiasmo. Eis como descreve a interpretação que a atriz deu ao papel central de *A Dama das Camélias*:

Confesso, não me cansa nunca esse magnífico drama. Mas não me cansa com essa Margarida Gautier que a sra. D. Gabriela nos sabe dar; frívola ao princípio, depois sentimental, depois apaixonada, resignada enfim no alto do seu amor, tendo percorrido a escala gradual desse sentimento lustral que a lava da culpa e lhe ergue uma coroa de flores em sua sepultura de tísica. Com essa Margarida pálida e arquejando do quarto ato, desvairada com a afronta de Armando, procurando colher e adivinhar as suas palavras, e curvando-se pouco a pouco à proporção que elas lhe caem dos lábios, até ao grito final, expressão sintética de um despedaçar interno de ilusões e de vida. Com essa Margarida do quinto ato, abatida e prostrada, que morre quando parecia voltar à vida, com o riso nos lábios e a mocidade na fronte[59].

Primeira atriz do Ginásio durante anos, Gabriela da Cunha tinha todos os requisitos necessários para interpretar as heroínas das comédias realistas, francesas ou brasileiras. Voz e gestos sempre adequados aos papéis vividos em cena, sabia comover sem exagerar, dando ao estilo realista de interpretação teatral a sua versão feminina mais bem realizada, segundo Machado e os folhetinistas da época. Seus maiores sucessos foram em peças como as citadas *As Mulheres de Mármore* e *A Dama das Camélias* e outras como *O Mundo Equívoco*, de Dumas Filho; *Por Direito de Conquista*, de Ernest Légouvé; *Romance de um Moço Pobre*, de Octave Feuillet; *Rafael* e *Os Homens Sérios*, de Ernesto Biester; *Dois Mundos*, de Augusto César de Lacerda; e *Os Íntimos*, de Victorien Sardou. Eis como seu desempenho nesta última foi avaliado pela "Gazetilha" do *Jornal do Comércio* de 25 de maio de 1862:

A sra. Gabriela teve momentos em que arrebatou os espectadores. Aquele grito de aliviada angústia quando se vê livre do sedutor atrevido, aquela cena quando ela julga que à declaração do amante vai seguir a morte instantânea valem por si só um drama. É que na mimosa atriz nos parece viver o verdadeiro sentimento da arte. Nunca o seu garbo senhoril se desmente, nunca lhe notamos um movimento decomposto, e a mobilidade de sua fisionomia, a propriedade com que um simples gesto exprime uma paixão desordenada, a arte de dar vida e calor à palavra com uma parcimônia de ademanes violentos, que em outra qualquer seria insuportável frieza, eis o que nos parece constituir o principal merecimento dessa artista.

Julgamentos semelhantes a esse são comuns na imprensa da época. Gabriela da Cunha tinha pleno domínio dos recursos do realismo teatral e sabia dar vida às personagens que interpretava. Furtado Coelho, quando a viu no papel da baronesa Suzanne d'Ange, de *O Mundo Equívoco*, impressionou-se com a sua capacidade de reproduzir a "verdade" da personagem. "A sra. D. Gabriela, no *Mundo Equívoco*, é, sem questão, uma elegante e sedutora baronesa dos salões da atualidade", escreveu no *Correio Mercantil* de 28 de março de 1856.

Furtado Coelho contracenou em muitas peças com Gabriela da Cunha e nunca deixou de admirá-la. Numa carta escrita ao empresário teatral português Sousa Bastos, em 1893, afirmou que ela fora a "primeira entre as primeiras" e que seu talento só poderia ser comparado ao de Emília das Neves[60]. Aliás, quando essa atriz portuguesa – a mais famosa de seu tempo – esteve no Brasil, em 1864, fez questão de ver Gabriela em cena. Machado de Assis conta o que viu na noite de 30 de junho de 1864, quando Emília das Neves foi ao teatro S. Januário assistir à representação de *Os Íntimos*, de Sardou: "As duas irmãs d'arte confundiram nessa noite as suas glórias – uma fazendo as melhores manifestações do seu talento peregrino, a outra fazendo-lhe em palmas entusiásticas a admiração de que se achava possuída. Foi uma das mais belas noites a que tenho assistido em teatro"[61].

---

58 Idem, p. 178.
59 Idem, p. 214.
60 Antônio de Sousa Bastos, *Carteira do Artista: Apontamentos para a História do Teatro Português e Brasileiro*, Lisboa: Antiga Casa Bertrand, 1898, p. 775.
61 *Do Teatro...*, p. 322.

Em sua *Carteira do Artista*, Sousa Bastos dá várias informações sobre Gabriela da Cunha, ressaltando que ela era mulher de finíssima educação, que falava e escrevia perfeitamente o português, o francês e o italiano. Filha da atriz e escritora Gertrudes Angélica da Cunha, casou-se no Rio de Janeiro com José De-Vecchi, também ator, e faleceu na Bahia em 1882. No esboço biográfico publicado no jornal *Entreato*, o talento de Gabriela da Cunha é descrito em termos superlativos:

> Artista de natureza e sentimento, a vida que dá às criações da cena vem espontânea e abundante [...]. É uma glória nacional: quando se quiser definir esta época de reforma da arte no Brasil, o nome de Gabriela da Cunha há de ser um dos primeiros a invocar.

A segunda atriz mais importante do Ginásio Dramático foi Adelaide Amaral, também biografada pelo jornal *Entreato*, em seu número 11, de 21 de julho de 1860. O texto sem assinatura informa que ela nasceu em Ponta Delgada (Açores) no dia 18 de agosto de 1834, que viveu a infância e a adolescência em Lisboa, onde se fez bailarina e atriz, tendo trabalhado inclusive com Émile Doux no Teatro do Salitre. Em 1849 desembarcou no Rio de Janeiro, acompanhada dos pais, que morreram um ano depois, vítimas de doença epidêmica. Já casada com o ator Pedro Joaquim do Amaral, especializou-se como "ingênua", isto é, como atriz que faz papéis de mocinhas delicadas. Em seus primeiros trabalhos agradou bastante o público, como registra o *Entreato*:

> Agradava principalmente na recém-chegada, a par de uma fiel compreensão dos caracteres que representava, a naturalidade com que os reproduzia, afastando-se dos grosseiros hábitos, dos vícios da velha escola de declamação que transforma os atores em pregoeiros de belas frases, cujo espírito e sentimento desprezam ou talvez desconhecem.

Essa tendência à "naturalidade" foi decisiva para Adelaide firmar-se no Ginásio Dramático, já em 1855, nos primeiros espetáculos apresentados pela nova empresa. De um modo geral, os folhetinistas elogiavam as suas interpretações em papéis cômicos ou secundários das comédias realistas francesas.

Mas no segundo semestre de 1857, aproveitando a ausência de Gabriela da Cunha, que fora trabalhar por uns tempos no Rio Grande do Sul, Adelaide Amaral pôde fazer papéis mais importantes e demonstrar seu talento, principalmente nas peças de José de Alencar que o Ginásio pôs em cena: *O Rio de Janeiro, Verso e Reverso, O Demônio Familiar* e *O Crédito*. Na primeira, fazendo o papel da mocinha por quem o estudante paulista se apaixona, mereceu estas palavras de Sousa Ferreira, em carta a Leonel de Alencar (*Diário do Rio de Janeiro* de 1º de novembro de 1857): "peço-te que me acompanhes nos louvores devidos à perfeita interpretação que a atriz Adelaide soube dar ao lindo papel de Júlia; não se pode exigir mais graça e naturalidade". Em *O Demônio Familiar*, Adelaide Amaral fez o papel de Carlotinha, irmã do médico Eduardo, e foi elogiada por Francisco Otaviano e pelo próprio Alencar, no texto "A Comédia Brasileira", escrito a propósito da encenação da peça: "A sra. Adelaide e o sr. Pedro Joaquim são um exemplo de que as obras nacionais é que hão de criar os grandes artistas"[62].

Se nessas peças as heroínas de Alencar são boas moças, em maio de 1858 Adelaide enfrentou o desafio de viver em cena a prostituta Carolina de *As Asas de um Anjo*. É muito provável que seu bom desempenho tenha contribuído para a proibição da peça pela polícia, pois há falas e cenas que, no palco, ganharam um significado que provavelmente não foi percebido pelos membros do Conservatório Dramático que haviam lido e liberado a peça.

De acordo com o *Entreato*, a atriz identificou-se com as peças do escritor brasileiro porque foram criadas sob a inspiração de Barrière, Dumas Filho, Feuillet, e pertenciam a

> esse sistema da verdade cênica que detesta os pesados ornatos e a pompa fastidiosa dos partos da antiga escola. É nessa atmosfera pura que Adelaide vive sem esforço, é nela que viceja sem constrangimento, que floresce, que produz o seu belo talento.

Depois de uma temporada na Bahia e uma breve passagem pelo Teatro S. Pedro de Alcântara, Adelaide Amaral tornou-se, em 1860, a segunda "dama-

---

62 Em J. R. Faria, *Idéias Teatrais*, p. 473.

-galã" do Ginásio Dramático, ao lado de Gabriela da Cunha. A disputa pelos primeiros papéis fez nascer uma rivalidade incontornável e acabou provocando o afastamento da atriz mais velha e experiente, que aceitou uma oferta de trabalho na Bahia. Houve protestos de folhetinistas e Adelaide não escapou de críticas pelo seu comportamento aguerrido. No entanto, iniciava-se nessa altura talvez o melhor momento da sua carreira. Durante os anos de 1861 e 1862, ela atuou em peças estrangeiras que fizeram sucesso – como *O Pelotiqueiro*, *A Pecadora*, *A Redenção* – e interpretou com brilho, segundo os folhetinistas, os principais papeis femininos de várias peças brasileiras do repertório realista: *Os Mineiros da Desgraça*, *Lusbela*, *O Cínico*, *Amor e Dinheiro*, *Um Casamento da Época*, *A Resignação*, *A Torre em Concurso* e *História de uma Moça Rica*. Com a primeira, peça de Quintino Bocaiúva, colheu elogios de Joaquim Manuel de Macedo, que no *Jornal do Comércio* de 29 de julho de 1861 escreveu:

A sra. Adelaide encontrou um papel que executa sem esforço e com naturalidade. No 3º e 1º atos, conquistou justos aplausos, representando com uma verdade e sentimento, que todos pagaram com palmas e bravos.

Mas o papel em que Adelaide mais brilhou foi o de Amélia, a esposa que, maltratada e humilhada pelo marido imposto pelo pai, rebela-se, abandona o lar e se transforma em prostituta que depois se regenera. É a heroína de *História de uma Moça Rica*, de Pinheiro Guimarães. Intelectuais como Francisco Otaviano, Henrique César Muzzio, Sousa Ferreira e Joaquim Manuel de Macedo, entre outros, não pouparam elogios ao seu desempenho. Macedo, no folhetim que publicou no *Jornal do Comércio* em 7 de outubro de 1861, observou:

As honras da noite pertenceram incontestavelmente à atriz Adelaide que compreendeu com felicidade o dificílimo papel de Amélia e o executou com habilidade e consciência, arrancando por muitas vezes bravos e palmas de toda a plateia: neste drama tem essa atriz um dos seus mais belos triunfos.

Ratificando o julgamento dos folhetinistas, Pinheiro Guimarães, ao publicar a peça no final de 1861, fez esta dedicatória: "A Adelaide Cristina da Silva Amaral, artista inspirada, que soube dar vida e colorido a esse pálido esboço dramático".

Outro bom momento da carreira artística de Adelaide Amaral foi sua passagem por Pernambuco, em fins de 1865, início de 1866. A fama conquistada no Rio de Janeiro e os desempenhos de seus principais papéis granjearam-lhe admiradores incondicionais, como o jovem Tobias Barreto, que lhe dedicou poemas e se envolveu em polêmica com outro jovem poeta, Castro Alves. Este preferia Eugênia Câmara – de quem se tornará amante – a Adelaide, ambas atrizes da companhia dramática que então se apresentava no Recife. O episódio tornou-se bastante conhecido por envolver um poeta famoso como Castro Alves e pela alta temperatura da disputa, que terminou com versos insultuosos das duas partes e o rompimento das relações entre os dois poetas, antes amigos.

Pouco se sabe sobre a carreira de Adelaide depois dos anos de 1870. Sua morte, em setembro de 1899, foi comentada por Artur Azevedo, em crônica publicada no jornal *O País*. Ele ressalta justamente o que deixamos aqui registrado: a principal contribuição da atriz à história do teatro brasileiro deu-se no palco do Ginásio, como intérprete das heroínas das peças do repertório brasileiro realista.

◆ ◆ ◆

A naturalidade em cena foi a pedra de toque da estética teatral realista, no que dizia respeito ao trabalho do ator. Com esse recurso aparentemente tão simples, mas que exigia muito, nos tempos ainda marcados pelo romantismo, os artistas do Ginásio puderam interpretar adequadamente as peças francesas e brasileiras que haviam sido concebidas como "daguerreótipos morais".

Num plano inferior ao de Furtado Coelho, Joaquim Augusto, Gabriela da Cunha e Adelaide Amaral, outros artistas deram sua contribuição para a renovação que aconteceu no teatro brasileiro entre os anos de 1855 e 1865. Merecem registro, entre as mulheres, Maria Velluti e Eugênia Câmara. A primeira distinguiu-se em papéis cômicos, que interpretava com graça e leveza. Fez algumas tentativas em papéis dramáticos e não foi muito bem-sucedida, exceção feita à interpretação de Joana,

Cena de *Lusbela*, de Joaquim Manuel de Macedo, em um desenho de Henrique Fleiuss publicado em *A Vida Fluminense* de 29 de fevereiro de 1868.

a escrava do próprio filho em *Mãe*, de José de Alencar. Nos primeiros tempos do Ginásio, Maria Velluti desempenhou uma tarefa fundamental para a sobrevivência da pequena empresa: ela traduziu dezenas de peças francesas – várias de Scribe – e italianas, que subiram à cena com boa receptividade do público. Eugênia Câmara, por sua vez, não era considerada uma grande atriz pelos folhetinistas da época. Como não ia bem nos papéis dramáticos, não se tornou uma admirada "dama-galã". Seu terreno foi a comédia e, curiosamente, fazia sucesso quando se travestia de homem. Pode-se dizer que Eugênia Câmara ficou mais conhecida pelos escândalos que protagonizou do que pelas peças que representou. Tornou-se amante de Furtado Coelho logo que chegou ao Rio de Janeiro, em 1859, e posteriormente viveu um rumoroso caso de amor com Castro Alves. De qualquer forma, deixou seu nome gravado na história do teatro brasileiro, como intérprete e tradutora de peças francesas.

Quanto aos atores, podem ser lembrados o "galã" dos primeiros tempos do Ginásio, Luís Carlos Amoedo, e o "centro" Pedro Joaquim do Amaral. Ambos tiveram dificuldades para abandonar os velhos hábitos adquiridos no Teatro S. Pedro de Alcântara, mas aos poucos substituíram os procedimentos românticos pelos realistas. Foram os principais intérpretes das peças francesas e portuguesas encenadas no Ginásio entre 1855 e 1858. O que se depreende da leitura dos jornais da época é que não foram nem brilhantes nem medíocres, mas irregulares em seus desempenhos, alternando bons e maus resultados artísticos. Outros artistas se destacaram naqueles tempos, no palco do Ginásio: Antônio de Sousa Martins, que fez o moleque Pedro de *O Demônio Familiar*, notabilizando-se posteriormente nos papéis cômicos; Antônio Moutinho de Sousa, amigo de Machado de Assis e autor de algumas comédias; Francisco Corrêa Vasques, talvez o nosso maior ator cômico do século XIX, autor de hilariantes cenas cômicas e satíricas que ele mesmo interpretava; e Jacinto Heller, que trocou a carreira de ator pela de empresário, quando o Rio de Janeiro rendeu-se ao teatro cômico e musicado, a partir da década de 1870.

## 3. O PENSAMENTO CRÍTICO

A rivalidade entre o Teatro S. Pedro de Alcântara e o Teatro Ginásio Dramático, a partir de 1855, no Rio de Janeiro, desencadeou uma disputa ao mesmo tempo empresarial e estética: de um lado, o grande ator romântico e empresário João Caetano, subsidiado pelo governo imperial; de outro, uma pequena empresa dramática, num teatro com apenas 256 lugares, lutando contra todas as dificuldades para renovar a cena por meio do repertório realista e de concepções diferentes sobre a arte do intérprete e da encenação.

A imprensa acompanhou com interesse e até mesmo incentivou essa rivalidade, que esteve no centro da vida teatral do período. Coube aos críticos teatrais e aos folhetinistas noticiar e comentar os espetáculos dados pelas duas empresas dramáticas, de modo que nos principais jornais e revistas do período – *Diário do Rio de Janeiro*, *Jornal do Comércio*, *Correio Mercantil*, *A Marmota*, *Revista Popular*, *A Semana Ilustrada*, *O Entreato*, *O Espelho* etc. – podemos colher informações e reflexões que permitem reconstruir a trajetória do teatro brasileiro e identificar seus protagonistas também no terreno do pensamento crítico e estético. Não foram poucos os intelectuais que escreveram sobre o teatro. Sem contar as colaborações anônimas ou assinadas por pseudônimos, que eram abundantes, destacaram-se, entre outros, José de Alencar, Joaquim Manuel de Macedo, Quintino Bocaiúva, Machado de Assis, Sousa Ferreira, Francisco Otaviano, Henrique César Muzzio, Leonel de Alencar, Paula Brito, Moreira de Azevedo e Augusto de Castro.

O que se pode adiantar, de imediato, é que não demorou muito para os mais jovens se alinharem com o Ginásio. João Caetano, insistindo em apresentar o repertório que o havia consagrado a partir da década de 1830, formado por dramas, melodramas e tragédias neoclássicas, parecia envelhecido e incapaz de tomar parte da renovação cênica trazida pelo realismo teatral. Vejamos como os quatro primeiros escritores elencados acima se manifestaram sobre o que viram nos palcos da corte. Por meio de seus textos é possível reconstruir o pensamento crítico em relação ao teatro do período.

## José de Alencar

Sem ter sido um crítico teatral, José de Alencar teve a oportunidade de escrever sobre teatro quando se tornou folhetinista do *Correio Mercantil*, em setembro de 1854. O folhetim, como se sabe, era um tipo de texto que conciliava o jornalismo e a literatura. O autor, em estilo leve e gracioso, devia abordar todos os assuntos da atualidade que lhe parecessem importantes, principalmente aqueles que diziam respeito ao Rio de Janeiro e sua vida social, cultural e política. Uma das obrigações de Alencar, portanto, era frequentar os teatros e escrever sobre espetáculos líricos e dramáticos.

Em relação ao teatro dramático chama a atenção o folhetim datado de 19 de novembro de 1854, no qual o escritor faz severas restrições a João Caetano. A seu ver, o teatro estava estagnado, sem bons artistas, sem uma escola para aperfeiçoá-los. E o grande ator romântico não havia feito nada para modificar esse quadro, porque a glória pessoal era a sua única preocupação. A crítica é dura e corajosa, vindo de um rapaz de 25 anos de idade, que estava no início de sua carreira literária e era desconhecido do grande público. Mas Alencar vai ainda mais longe. Depois de afirmar que o ator, "como artista e como brasileiro", precisa trabalhar para "o futuro de sua arte e para o engrandecimento do seu país", acrescenta:

Se João Caetano compreender quanto é nobre e digna de seu talento esta grande missão, que outros, antes de mim já lhe apontaram; se, corrigindo pelo estudo alguns pequenos defeitos, fundar uma escola dramática que conserve os exemplos e as boas lições de seu trabalho e sua experiência, verá abrir-se para ele uma nova época.

É provável que os "pequenos defeitos" a que se refere Alencar digam respeito ao estilo de interpretação grandiloquente, um tanto exagerado, de João Caetano, como convinha às personagens do seu repertório. Note-se também que a crítica ao individualismo do famoso ator já havia sido feita por outros intelectuais, que desejavam vê-lo à frente de um movimento em favor da melhora do teatro brasileiro. Justiça seja feita, João Caetano tentou pelo menos duas vezes criar uma Escola Dramática no Rio de Janeiro, em 1857 e 1862, sem sucesso[63].

A criação do Teatro Ginásio Dramático, em março de 1855, foi uma grata surpresa para os que se queixavam da situação teatral. Na época, os espectadores não tinham muita opção: ou iam ao Teatro Lírico Fluminense assistir às óperas italianas ou ao S. Pedro de Alcântara. O primeiro espetáculo da nova empresa, realizado a 12 de abril, com um drama de Scribe, *Um Erro*, e uma ópera-cômica de Joaquim Manuel de Macedo, *O Primo da Califórnia*, foi saudado com entusiasmo pela imprensa, menos pelo valor das peças ou dos espetáculos e mais pelo que significava como esperança de renovação do teatro brasileiro. Alencar esteve presente à estreia e deixou registradas suas impressões:

E isto vem a propósito, agora que a nova empresa do Ginásio Dramático se organizou, e promete fazer alguma coisa a bem do nosso teatro.

Assistimos quinta-feira à primeira representação da nova companhia no Teatro de S. Francisco: foi à cena um pequeno drama de Scribe e a comédia do dr. Macedo.

Embora fosse um primeiro ensaio, contudo deu-nos as melhores esperanças; a representação correu bem em geral, e em algumas ocasiões excelente.

O que resta, pois, é que os esforços do sr. Emílio Doux sejam animados, que a sua empresa alcance a proteção de que carece para poder prestar no futuro alguns serviços.

Cumpre que as pessoas que se acham em uma posição elevada deem o exemplo de uma proteção generosa à nossa arte dramática. Se elas a encorajarem com a sua presença, se a guiarem com os seus conselhos, estou certo que em pouco tempo a pequena empresa que hoje estreia se tornará um teatro interessante, no qual se poderão ouvir alguns dramas originais e passar-se uma noite bem agradável[64].

Alencar passou a frequentar o Ginásio e em vários dos folhetins, que intitulava "Ao Correr da Pena", fez elogios ao repertório encenado, aos desempenhos dos artistas e também às mocinhas que se debruçavam nas balaustradas do teatro. A prova de que via com simpatia o trabalho de renovação teatral, com base nas comédias realistas francesas, é que

---

63 Cf. Décio de Almeida Prado, *João Caetano*, São Paulo: Perspectiva/Edusp, 1972, p. 160.
64 *Ao Correr da Pena*, São Paulo: Martins Fontes, 2004, p. 283.

escreveu, em 1857, cinco peças, que foram encenadas pelo Ginásio: *O Rio de Janeiro, Verso e Reverso, O Demônio Familiar, O Crédito* e *As Asas de um Anjo*. A primeira é uma pequena comédia elegante; as demais são comédias realistas. Alencar deixou algumas reflexões sobre essas peças, que são importantes para compreendermos as ideias teatrais que fundamentaram o pensamento crítico do período.

A propósito da encenação de *O Demônio Familiar* – e respondendo aos elogios feitos por Francisco Otaviano e às poucas restrições que a peça recebeu da imprensa – Alencar publicou, no *Diário do Rio de Janeiro* de 14 de novembro de 1857, um artigo intitulado "A Comédia Brasileira". É uma espécie de credo estético no realismo teatral de extração francesa. Já citamos parte dele quando comentamos as peças do autor, no capítulo sobre a dramaturgia realista. Mas é preciso enfatizar aqui não apenas a filiação a Dumas Filho mas também outras questões que estão presentes no texto.

Em primeiro lugar, ressalte-se que Alencar fez um balanço do teatro brasileiro de seu tempo, chegando à conclusão de que não existia. Apenas Macedo e Martins Pena foram lembrados por ele, o primeiro como autor "que nunca se dedicou seriamente à comédia", o segundo limitado pelo pequeno alcance de suas farsas. Daí ter buscado no teatro francês o modelo de alta comédia que tinha em mente ao escrever *O Demônio Familiar*. Quando afirma que era preciso "criar" o teatro nacional – "Nós todos jornalistas estamos obrigados a nos unir e criar o teatro nacional, criar pelo exemplo, pela lição, pela propaganda" – deixa implícito o reconhecimento de que os escritores românticos que o precederam não conseguiram realizar tal tarefa. E mais: que a forma do drama de Victor Hugo e Alexandre Dumas já não servia como parâmetro. Os novos tempos pediam a comédia realista de Dumas Filho e Augier como modelo.

Não é preciso concordar com o julgamento que Alencar faz do teatro romântico. Mas é possível interpretá-lo como estratégia para justificar a opção pelo realismo teatral, que o escritor aprendeu a admirar como espectador do repertório encenado pelo Ginásio Dramático. Foi a pequena empresa que introduziu na corte a "verdadeira escola moderna", ele afirma; e foram as peças francesas que o fizeram compreender que o teatro podia ter um extraordinário alcance social quando no palco a reprodução dos costumes se fazia acompanhar pela preocupação moralizadora. Para Alencar, Dumas Filho havia atingido a perfeição nesse tipo de peça, adicionando à comédia de costumes de Molière um traço novo: a naturalidade. A "comédia moderna", na certeira definição do escritor brasileiro, reproduzia a vida da família e da sociedade como um "daguerreótipo moral".

Alencar não podia ser mais claro. O caminho para a criação do teatro que tinha em mente, com a colaboração de outros intelectuais, devia conciliar os dois princípios básicos da comédia realista: a moralidade e a naturalidade. De um lado, a influência clássica, trazendo à tona a ideia horaciana do utilitarismo da arte; de outro, a realista, de seu próprio tempo, contribuição de Dumas Filho. Na síntese desses dois princípios, a peça que fotografa a realidade, mas acrescentando ao retrato o retoque moralizador.

O artigo de Alencar traz também várias reflexões sobre o novo "jogo de cena" criado por Dumas Filho e a consequente defesa do conceito de naturalidade, aplicado tanto ao espetáculo quanto ao texto dramático. Afinal, os desafios do realismo teatral não se dirigiam exclusivamente aos ensaiadores e artistas, mas também aos dramaturgos, que deviam escrever suas peças com ação dramática, cenas e diálogos adequados à construção do realismo cênico. Não é fácil, diz o escritor, "fazer que oito ou dez personagens criados pelo nosso pensamento vivam no teatro como se fossem criaturas reais, habitando uma das casas do Rio de Janeiro".

Se a naturalidade é o pressuposto básico do realismo teatral, a grandiloquência e todo tipo de exagero na cena apontam para o teatro do passado, que os jovens intelectuais identificavam com João Caetano. Alencar dá algumas alfinetadas no ator e empresário, afirmando, sem citá-lo diretamente, que ele desprezava as produções nacionais e preferia representar "traduções insulsas, inçadas de erros e galicismos". No fecho do artigo, é o estilo de representação do ator romântico e seu repertório que são duramente criticados: "O tempo das caretas e das exagerações passou. *Inês de Castro*, que já foi uma grande tragédia, hoje é para os homens de gosto uma farsa ridícula". Comenta Décio de Almeida Prado:

A referência a João Caetano não podia ser mais direta e cruel. Era todo um repertório, todo um estilo de interpretação, que começavam a parecer enfáticos e vazios para as gerações literárias mais moças, afeitas ao coloquialismo, ao intimismo, à placidez burguesa e moralizante dos dramas de casaca[65].

Não deixa de ser curioso lembrar que Alencar escreveu o drama *Mãe*, encenado pelo Ginásio em 1860, no qual aspectos românticos e realistas estão bem combinados. E que escreveu, a pedido de João Caetano, o drama histórico – e romântico – *O Jesuíta*, que o ator acabou por não representar. A verdade é que nosso escritor conhecia os fundamentos das duas estéticas teatrais. Mas sua preferência foi pelo realismo, como comprovam outros escritos de sua autoria. Na dedicatória de *As Asas de um Anjo*, para dar um último exemplo, explicou que ao escrever as quatro primeiras peças sua intenção fora "pintar os costumes de nossa primeira cidade e apresentar quadros antes verdadeiros do que embelezados pela imaginação e pelo artifício"[66].

## Joaquim Manuel de Macedo

À semelhança de Alencar, Macedo também acompanhou boa parte dos trabalhos do Ginásio Dramático como folhetinista, além de ter tido várias peças encenadas no pequeno teatro. Ele é o autor da ópera-cômica *O Primo da Califórnia*, como sabemos, uma das duas peças do espetáculo inaugural em abril de 1855, o que já demonstra simpatia pelos esforços do empresário Gomes dos Santos e da atriz Maria Velutti, os líderes da empreitada. No dia 29 desse mês, em seu folhetim "A Semana", do *Jornal do Comércio*, ele elogia as comédias que são apresentadas, comenta as dificuldades que uma nova empresa dramática enfrenta para se firmar e pede apoio aos leitores e principalmente às leitoras, como, aliás, Alencar fez muitas vezes:

É porém mais que muito necessário que o belo sexo fluminense tome debaixo de sua imediata proteção o *jovem* Ginásio; se as moças, e principalmente as moças bonitas,

---

65 *João Caetano*, p. 130-131.
66 Em João Roberto Faria, *José de Alencar e o Teatro*, São Paulo: Perspectiva/Edusp, 1987, p. 23.

quiserem ser madrinhas do *pequeno*, não terei dúvida de assegurar-lhe um brilhante futuro.

Macedo gostava das comédias de Scribe que, traduzidas por Maria Velutti, foram a base do repertório dos primeiros seis meses do Ginásio. Em média, a cada semana uma nova peça entrava em cartaz, num ritmo de trabalho estafante, mas necessário para atrair o público. Em relação ao repertório do S. Pedro de Alcântara, as diferenças eram sensíveis, como apontou o folhetinista já a 20 de maio:

O Ginásio prossegue no empenho de agradar ao público que o frequenta; nos dramas de seu repertório não há gritos de maldição, nem punhais, nem envenenamentos; mas, a falar a verdade, há muita coisa que faz rir, e que diverte a gente. Tenho minhas predileções por aquele Ginásio: pelo menos ainda não é bananeira que já deu cacho.

A 24 de junho, Macedo registra a primeira ida de Dom Pedro II e da imperatriz ao Ginásio, fato que atesta o reconhecimento da qualidade dos espetáculos apresentados. O folhetinista aproveita para estimular os artistas, admite os progressos que têm feito, mas chama a atenção para o trabalho que têm pela frente para se aprimorar. Em outros folhetins há informações de que o público tem prestigiado a pequena empresa, que a 15 de julho – em três meses de atividades, portanto – chega à marca de quatorze peças apresentadas.

As primeiras comédias do realismo teatral francês também foram recebidas com simpatia por Macedo, mas não com o entusiasmo que poderia denotar uma adesão incondicional à nova "escola", como se dizia na época. Seu comentário sobre *As Mulheres de Mármore*, de Barrière e Thiboust, no folhetim de 25 de novembro de 1855, são positivos. Ele considera a peça "uma bela e sábia lição, de que se devem aproveitar todos os moços e até os velhos, que em alguns há, não poucos, que no fim da vida dão em gaiteiros". Além do aspecto didático, de fundo moralizante, o folhetinista ressalta também os traços realistas da peça, a seu ver:

um terrível espelho, em que pode mirar-se muita gente de gravata lavada. Aquele tim-tim que soa tão docemente aos ouvidos de Marco, é também uma deliciosa harmonia que cega até o coração das três quartas partes do gênero humano.

Era de se esperar que Macedo comentasse as outras peças do repertório realista francês que o Ginásio pôs em cena nos meses seguintes. Mas isso não se deu. Ele não fez nenhuma análise das outras peças de Barrière ou de Dumas Filho, Augier e Feuillet, limitando-se a observações superficiais e a pequenos elogios ou censuras às representações.

Em fevereiro de 1856 o Ginásio encenou *A Dama das Camélias*, com enorme sucesso e repercussão entre os intelectuais. Macedo anunciou que ia ver a peça, mas não escreveu uma linha sobre ela em seus folhetins. A 30 de março dedica dois breves parágrafos para elogiar a montagem e o desempenho do ator Pedro Joaquim em *O Mundo Equívoco*, outra peça de Dumas Filho. A 20 de abril recrimina o Ginásio, que teria perdido "aquele seu velho e bom costume de dar todas as semanas uma comédia nova", mas recomenda a peça em cartaz, intitulada *Ramalhete de Violetas*, acrescentando: "Eu gosto mais de violetas do que de camélias; pelo menos aquelas têm um suave perfume de inocência".

O que deduzir dessas palavras? No mínimo, que Macedo não gostou muito da peça de Dumas Filho e que preferia as comédias de Scribe. Há que se lembrar o peso da formação romântica do escritor e as ligações que mantinha com João Caetano, que havia encenado algumas peças de sua autoria. No momento em que a rivalidade entre o Ginásio Dramático e o S. Pedro de Alcântara se acirrou, Macedo posicionou-se com cautela em relação às peças realistas francesas, evitando fazer comentários mais analíticos e extensos. Tome-se como exemplo o pouco que escreveu sobre *A Crise*, de Feuillet, no folhetim de 24 de agosto de 1856: "O Ginásio ocupa agora os seus espectadores com a sua *Crise*, e prova que se para os ministérios e teatro políticos uma *crise* é moléstia aterradora, para ele Ginásio é sinal de saúde, pois lhe dá casas cheias".

Nenhuma palavra sobre o enredo, as personagens ou o pensamento da peça. Por outro lado, em vários folhetins, são fartos os elogios e palavras de incentivo a João Caetano. A 11 de janeiro de 1857 Macedo faz referência às críticas que o famoso intérprete romântico vem recebendo dos folhetinistas mais jovens e toma a seguinte posição no debate:

Há quem fale por aí em guerra que se faz ao sr. João Caetano dos Santos. Eu pela minha parte não acredito nela, e quando a evidência me provasse que a guerra existe, não me alistaria por certo nas falanges inimigas.

Macedo continuou com os folhetins da série "A Semana" até 5 de setembro de 1859. Escreveu pouco sobre os espetáculos dramáticos, mas começou a se mostrar mais sensível à ideia de que o teatro podia ser uma escola de moralização dos costumes. Por outro lado, chegou a duvidar do futuro do Ginásio Dramático, por ser um teatro muito pequeno, e continuou a admirar João Caetano como intérprete. Entre abril e dezembro de 1860, Macedo assinou outra série de folhetins no *Jornal do Comércio*, intitulada "Labirinto". A leitura desses textos sugere que a ótima temporada de 1859 no Ginásio, que reuniu Furtado Coelho, Gabriela da Cunha e Joaquim Augusto, contribuiu para o escritor acreditar não só no sucesso da pequena empresa, mas também na forma da comédia realista. Não por acaso, quando os melhores artistas dramáticos do Rio de Janeiro se juntaram, após a morte do empresário Gomes dos Santos, em agosto de 1860, para criar a Sociedade Dramática Nacional – sediada no Ginásio –, a peça de estreia da nova companhia foi *Luxo e Vaidade*, de Macedo, que fez extraordinário sucesso. Essa peça, como já se viu em capítulo anterior, concilia a naturalidade na construção da ação dramática e as lições morais que são passadas pela personagem *raisonneur*.

A adesão de Macedo ao realismo teatral aparece também na peça *Lusbela*, tentativa menos feliz que a anterior, e em outra série de folhetins – "Crônica da Semana" – escritos igualmente para o *Jornal do Comércio*, entre janeiro e outubro de 1861. O Ginásio, agora, torna-se merecedor de muitos elogios. Furtado Coelho, Joaquim Augusto e Adelaide Amaral são considerados artistas notáveis. Embora não perca a admiração por João Caetano, Macedo julga que na peça *O Pelotiqueiro*, representada simultaneamente no Ginásio e no S. Pedro, o ator romântico não conseguiu ser melhor que Joaquim Augusto no papel de Beaujolais, que exigia mais naturalidade em cena. Em vários folhetins, ressalta que o teatro tem função civilizadora e que exerce importante influência sobre os espectadores, com as lições edificantes e moralizadoras que trazem as peças.

Macedo compreendeu a essência do realismo teatral e tornou-se defensor irrestrito de seus postulados. A representação, em julho de 1861, de *Os Mineiros da Desgraça*, de Quintino Bocaiúva, o levou a escrever uma verdadeira profissão de fé nesse tipo de teatro, no folhetim de 12 de agosto. A citação é longa, mas diz tudo o que precisamos saber para compreender os pontos de vista do escritor:

Qual é a missão do poeta ou do escritor dramático?... qual é a missão do teatro?... fazer-nos chorar com a tragédia, ou rir com a comédia, sem que essas lágrimas e esses risos sejam férteis em lições morais e aproveitem à sociedade?... ninguém será capaz de dizer que sim.

O teatro não deve nem pode ser simplesmente um passatempo; é preciso que seja além do mais que todos sabem, uma escola de moral e de costumes.

Amesquinhar-se-iam muito os poetas, os romancistas e os dramaturgos se se reduzissem a representar o papel de alegres e complacentes lisonjeadores dos poderosos de todos os gêneros. Há de sobra quem lisonjeie e adule aos que mais têm e aos que mais podem: os poetas, os romancistas e os dramaturgos têm de cumprir uma missão grandiosa; devem ser os pregadores de princípios sãos e de todas as verdades em proveito dos homens, em proveito da sociedade, em que pese aos que lucram com a mentira, com os abusos e com a ignorância e a sombra.

O poeta deve ser destemido e franco, deve ir procurar os abusos e os vícios onde eles se abrigam, e feri-los sem hesitação nem piedade. Na inspiração, e no espírito do poeta, há às vezes como centelhas de divina flama, não é muito pois, e até é belo, ver que o brado de sua cólera excitado pelo gemer dos oprimidos vá como o raio do céu procurar de preferência as alturas.

Nas obras dramáticas de cada época deve aparecer a mesma época com as suas feições características, com os seus encantos e os seus senões, com as suas virtudes e os seus vícios: quando não acontece assim, é porque os escritores dramáticos mentem, e não sabem compreender a importância e a grandeza da sua missão moralizadora e civilizadora, e portanto

QUE VÃO POETIZAR PARA OS CONVENTOS.

todos a época em que vivemos, considerai as circunstâncias em que se acha a moral no Brasil, considerai a ambição desregrada de riquezas, a usura que se alimenta das exigências desastrosas que impõe, a vaidade que abre precipícios, a deslealdade que agiganta a desconfiança, o ceticismo que assassina todas as crenças, a descrença religiosa que parece ligar-se com as tentativas de um fanatismo anacrônico, considerai enfim a desmoralização profunda que se faz sentir, e dizei se o escritor dramático deve, trêmulo e receoso pegar na pena, trêmulo e receoso escrever suas ideias, coarctando pensamentos, medindo palavras, abundando em satisfações, e todo meiguice e brandura pedir de joelhos ao vício e ao escândalo, e até às vezes ao crime, perdão do epigrama que lhe escapou por acaso?...

Não: o médico aplica muitas vezes o fogo para cauterizar a úlcera.

Antes de se irritarem contra algumas pungentes verdades que uma ou outra vez, e por infelicidade bem raramente, se manifestam no teatro, irritem-se contra os abusos, os vícios e malversões [sic] que provocam tais manifestações.

Falar e escrever sem rebuço, com franqueza e vigor patenteando os males que afetam a sociedade, é já um grande serviço.

Como Alencar e vários outros intelectuais do período, Macedo atribui ao teatro a tarefa de reproduzir a realidade social de seu tempo no palco e de aperfeiçoar os costumes por meio da crítica moralizadora dos vícios. As peças francesas e brasileiras encenadas no Ginásio vinham fazendo exatamente isso.

Nos últimos folhetins que escreveu, em agosto, setembro e outubro de 1861, Macedo reivindicou com veemência a proteção do governo ao teatro. Ele já havia feito isso no final de 1860 em alguns folhetins da série "Labirinto"[67]. A seu ver era preciso uma reforma completa para se criar um "teatro normal", isto é, um teatro semelhante à Comédie Française, constituído por uma sociedade de artistas de valor inconteste, subsidiado e inspecionado pelo governo. Junto a esse teatro funcionaria um novo Conservatório Dramático, onde jovens artistas teriam as aulas necessárias para a sua melhor formação. As peças a serem representadas seriam as de valor literário, para aprimorar o gosto do público. Os direitos autorais dos escritores dramáticos seriam respeitados, fato que estimularia a produção dramática nacional.

---

67 Cf. J. M. de Macedo, *Labirinto*, organização, apresentação e notas de Jefferson Cano, Campinas: Mercado de Letras, 2004.

Por fim, o governo se incumbiria de providenciar um montepio para garantir uma velhice tranquila aos artistas[68].

Nem é preciso dizer que tais ideias não vingaram. Macedo as apresentou ao governo no final de 1861, quando fez parte de uma comissão formada por ele, Alencar e Cardoso de Menezes e Souza, que a pedido do conselheiro Souza Ramos elaborou dois pareceres com sugestões para melhorar o teatro no Rio de Janeiro. Os pareceres foram engavetados e os teatros continuaram sem subvenção ou qualquer ajuda do governo.

## Quintino Bocaiúva

Um dos jovens intelectuais mais atuantes na imprensa fluminense na década de 1850, Quintino Bocaiúva manifestou sua simpatia pelo realismo teatral em vários folhetins que escreveu a partir de 1856, no *Diário do Rio de Janeiro*. Nesse ano, no segundo semestre, assinou um conjunto de onze folhetins dramáticos – isto é, textos de crítica teatral – em que comentou os espetáculos dados pelo Ginásio Dramático e pela companhia de João Caetano. Metódico, no primeiro folhetim, de 24 de julho, expôs os princípios que iriam nortear o seu trabalho, prometendo imparcialidade, honestidade e independência nos julgamentos. Depois, entre várias considerações, elogiou a atuação de João Caetano no drama *A Gargalhada* e noticiou a entrada da atriz Joana Noronha no Ginásio, lembrando "que se acha estabelecida uma espécie de rivalidade entre os teatros que se disputam a primazia dos esforços e dos estudos". A seu ver:

> o Ginásio aí está de pé contra os desejos de alguns e contra a esperança de muitos. Com um quadro artístico não completo, mas bem preenchido, atirou-se à exploração de um novo gênero e tem sabido conservar-se com brilho em sua especialidade.

Já vimos no capítulo anterior a defesa que o folhetinista fez da encenação realista da peça *A Última Carta*, de Augusto César de Lacerda. Assim como elogiou o ensaiador Furtado Coelho, no folhetim de 31 de julho reservou para o "galã" Luís Carlos Amoêdo estas palavras de incentivo: "Confesso mesmo que nessa noite notei-lhe algum progresso, mais comedimento nas expressões, mais naturalidade e força na representação de seu caráter". Quintino Bocaiúva não deixou de fazer restrições aos artistas do Ginásio, mas sempre pontuais: um gesto fora de propósito, a roupa inadequada, a voz muito alta de um determinado ator, a eventual falta de estudo dos diálogos etc. Sabia que quase todos tinham vindo do S. Pedro de Alcântara e que era difícil o aprendizado de um modo de interpretação mais natural, adequado ao novo repertório francês. Isso não o impediu de considerar o Ginásio "a melhor casa de espetáculos desta corte", como se lê no folhetim de 4 de setembro. Por outro lado, embora considerasse João Caetano o melhor ator brasileiro em atividade, fez-lhe duras críticas a 7 de agosto, por não procurar melhores artistas coadjuvantes para sua companhia e até mesmo pela displicência no desempenho de alguns papéis:

> E por que um artista das proporções do sr. João Caetano deixa-se assim comprometer por companheiros que nem sequer ombreiam com sua pessoa?
> Por que a si mesmo se compromete quando não estuda ou não se lembra de seus papéis?
> Pois para que serve o gênio?
> Se o gênio não é a criação, se o gênio não é a força que serve ao indivíduo que o possui para livrá-lo das crises embaraçosas, para que o sr. João Caetano ressente-se das observações que lhe são feitas?

Para Quintino Bocaiúva, uma das causas de alguns fracassos de João Caetano e das críticas que recebe é que em sua companhia dramática os artistas não estudam seus papéis. Nesse folhetim ele aponta ainda outro problema, relativo à decoração e ao arranjo das cenas, em que a falta de cuidado e a mistura indiscriminada de objetos e figurinos comprometem as encenações:

> Mas a mesma sala, as mesmas arandelas, o mesmo eterno e constante lustre, Luís XV no meio de *Renaissance*, o estilo bizantino de braço dado com o gótico, *vestidos de riscadinho* num baile de grande etiqueta... creio que estas reticências

---

68 Essas ideias foram particularmente desenvolvidas na Crônica da Semana de 19 de agosto de 1861.

exprimem perfeitamente aquilo que o folhetinista cala por delicadeza.

Comparem-se essas palavras com as que dedicou à encenação de *Por Direito de Conquista*, de Ernest Legouvé pelo Ginásio, no folhetim de 4 de setembro: "A representação foi boa. Os papéis estudados e compreendidos, a decoração decente e própria, o vestuário escolhido, fizeram o espetáculo agradável e tornaram a noite amena e apreciada".

A superioridade do Ginásio está também em seu repertório, formado por peças que têm uma preocupação com a moralidade. *A Crise*, de Feuillet – "espirituoso escritor e sobretudo moralista profundo" –, é considerada no folhetim de 28 de agosto "uma das mais belas composições dramáticas que têm subido à cena entre nós".

Em setembro de 1856, o Teatro S. Januário acolheu uma companhia francesa, que passou a apresentar no original as peças que o Ginásio já havia encenado, como *O Mundo Equívoco*, de Dumas Filho, ou *Por Direito de Conquista*, ainda em cartaz. Na imprensa, especulou-se muito sobre a sorte do Ginásio: teria público os seus espetáculos ou os espectadores iriam todos ao S. Januário? Houve mesmo quem pensasse que o pequeno teatro iria à falência, por não poder concorrer em pé de igualdade com a companhia francesa que, dizia-se, era muito boa.

De fato, o Ginásio entrou em crise. E um dos primeiros a sair em sua defesa foi Quintino Bocaiúva, já no folhetim de 25 de setembro, observando que as montagens brasileiras das peças francesas foram muito boas se comparadas com o que era apresentado no S. Januário. Nossos artistas mereciam todo apoio, pois tinham realizado interpretações corretas dos papéis que lhes couberam:

A imprensa já o disse e o povo há de justificá-lo, agora mais que nunca deve-se fazer justiça ao talento e ao esforço dos artistas do Ginásio por bem terem adivinhado na execução de seus papéis o gênio dos autores que interpretaram, autores filhos de um país, de uma literatura diversa.

Agora mais que nunca, digo eu, deve o público manifestar seu reconhecimento ao estudo e ao trabalho desses artistas que nos deram as noites que gozamos e que podem continuar a dar-nos outras tão boas e melhores.

Já sabemos que o Ginásio sobreviveu à crise. Por um tempo o empresário modificou o repertório, alternando em cena as peças realistas com dramalhões que atraíam outro tipo de público. Quintino Bocaiúva lamentou essa decisão, mas não pôde discutir os rumos do Ginásio, pois deixou de escrever folhetins em outubro. Isso não significa que se afastou do teatro. Ao contrário, a experiência jornalística o fez refletir sobre o fenômeno teatral de maneira ainda mais densa. Em abril de 1857, no *Correio Mercantil*, publicou, capítulo por capítulo, os seus *Estudos Críticos e Literários; Lance d'Olhos sobre a Comédia e sua Crítica*, pequeno livro impresso no ano seguinte.

As reflexões de Quintino Bocaiúva dirigem-se inicialmente à tarefa da crítica, que considera difícil, muitas vezes mal compreendida, mas necessária para o progresso da literatura e do teatro. Em seguida, passa a discutir as três principais formas teatrais que existem no seu tempo: a tragédia, o drama e a comédia. A seu ver, a comédia é o gênero mais difícil de ser cultivado, mas é também o que tem a missão mais nobre: "corrigir os costumes da sociedade pela crítica moralizada de seus defeitos, pela *ridicularização* sentenciosa de seus vícios"[69].

A função utilitária do teatro é colocada em primeiro plano por Quintino Bocaiúva. Para ele, não apenas a comédia, mas também a tragédia e o drama devem obedecer à "lei geral" da moralidade. Sem rodeios, vai direto ao ponto:

Hoje o povo e os literatos simultaneamente hão compreendido que o teatro não é só uma casa de espetáculos, mas uma escola de ensino; que seu fim não é só divertir e amenizar o espírito, mas, pelo exemplo de suas lições, educar e moralizar a alma do público.

Para cumprir essa função, o teatro deve ser realista, isto é, deve ser a expressão da sociedade, ou, ainda melhor, de uma parte dela, para que não se perca em generalidades. Os benefícios advindos dessa concepção são evidentes, pois se é na sociedade que o teatro vai buscar os seus tipos, "é no teatro que a sociedade vai ver a reprodução de uma parte de seu todo, considerá-lo, compará-lo, aproveitá-lo em seu desenvolvimento

---

[69] Esse e os demais trechos transcritos dos *Estudos Críticos e Literários* podem ser consultados em J. R. Faria, *Idéias Teatrais...*, p. 447-461.

e perfeição". Nesse sentido, "a comédia é como um daguerreótipo", mas que deve trazer sempre "uma lição instrutiva, um ensino proveitoso, um fim moral". É muito provável que Alencar tenha lido essas linhas antes de escrever suas comédias e o texto comentado há pouco, quando definiu a comédia de Dumas Filho com a expressão "daguerreótipo moral".

Quintino Bocaiúva amplia as suas considerações a partir da ideia de que a comédia, pela sua própria natureza, é o gênero mais apropriado para realizar os altos ideais do teatro que tem em mente. Mas não a comédia que visa apenas a provocar o riso e que abusa dos elementos farsescos ou satíricos. Para fazer parte dessa "cruzada instrutiva e moralizadora que o teatro deve fortalecer", a comédia que interessa é a alta comédia, assim definida:

Sendo ela destinada a instruir divertindo, sendo por sua própria natureza de todas as fórmulas dramáticas a mais simples, a mais popular, deve por consequência falar de modo que seja facilmente compreendida, deve dirigir-se à inteligência do público, tão simples em sua dicção quanto profunda em sua moralidade, de sorte que se insinue facilmente por seu espírito, que se introduza sem esforço em sua consciência, para ali deixar implantada a semente instrutiva que lhe deve ofertar e cuja germinação deve fazer todo o seu fim, todo o interesse de seu efeito.

É curioso notar que Quintino Bocaiúva não se refere uma única vez aos dramaturgos franceses ou às comédias realistas que viu no Ginásio Dramático. Suas reflexões, nessa parte do livro, ou são inteiramente teóricas, voltadas para questões gerais, tais como a função social do teatro e a natureza da comédia, ou são históricas, para apontar criticamente os momentos em que a comédia adquiriu aspectos satíricos e farsescos. Para o autor, que prefere Menandro a Aristófanes, só com Molière houve a regeneração da comédia, a reforma necessária para demonstrar que esse gênero "não era, nem a sátira como supuseram alguns, nem a farsa, como compreenderam outros". A seu ver, infelizmente, Molière não teve seguidores. Depois dele, "a comédia morreu", abastardada e corrompida por uma "tradição infiel" da herança que nos deixara.

Quintino Bocaiúva faz evidentemente uma apreciação equivocada de Molière, julgando-o apenas pelas altas comédias que escreveu. À semelhança dos teóricos do classicismo que negavam o valor artístico das farsas, incorre no mesmo preconceito contra o baixo cômico. Mas não se pode condená-lo por isso; em sua época, todos os intelectuais pensavam assim. Os capítulos que vêm em seguida às breves considerações sobre Molière ocupam a parte central do livro, na qual entram assuntos de literatura, teatro e história da França, tratados um tanto genericamente. Quintino Bocaiúva aponta o abandono da alta comédia no século XVIII e início do XIX, escreve sobre a Revolução Francesa, sobre Napoleão, sobre a Restauração, para enfim chegar, nos últimos capítulos, ao romantismo e ao teatro romântico. Nessa parte, o livro ganha novamente interesse, pelas questões estéticas que levanta.

O teatro romântico no Brasil, especificamente em 1857, sofria a concorrência do teatro realista. A simpatia de Quintino Bocaiúva pelo último, como vimos em seus folhetins, traduz-se agora em críticas contundentes ao romantismo, movimento literário que, a seu ver, inoculou no espírito dos jovens o desânimo, o ceticismo, a revolta e a descrença nas instituições sociais:

Os sentimentos mais puros do coração, as conveniências mais melindrosas da sociedade, as mais sagradas leis da religião e do estado, tudo foi esquecido ou desprezado.

A autoridade quer doméstica, quer pública, ridicularizada e apupada na cena, os dogmas mais sacrossantos da filosofia e da religião, mal interpretados ou intencionalmente torcidos, deram em resultado a desmoralização do povo, o desprezo de todos os deveres, o afrouxamento das obrigações sociais, bem como o das obrigações da consciência.

A família ficou sendo uma instituição ridícula, a autoridade um boneco espantalho a quem se pateava e escarnecia.

Quanto ao teatro, especificamente, Quintino Bocaiúva estabelece uma oposição entre a dramaturgia clássica e a romântica, demonstrando maior simpatia pela primeira, que busca a clareza, a análise de caracteres, o intuito moralizador, ao contrário da segunda, que valoriza o enredo complicado, o lance de efeito e o imprevisto. A descrição da ação dramática romântica merece ser transcrita, para se perceber melhor a visão crítica do autor. Na sua linguagem um tanto carregada de exageros e preciosismo retórico, ele afirma que os autores românticos têm conseguido

amarrar o espectador a um pensamento, conduzi-lo descabeladamente por um caminho largo e escabroso, bordado de mil precipícios, historiado de mil horrores, entravado de obstáculos humanamente insuperáveis, cercado de abismos e trevas, só lá de quando em quando apontando-lhe uma luz frouxa e mal distinta".

E isso "para aumentar-lhe o tormento, fazê-lo tressuar nas vascas de uma agonia sem termo, à semelhança do náufrago que no desespero de sua aflição divisa ao longe a luz trêmula e indecisa, de um farol, que lhe não pode valer".

Essa passagem mostra claramente como o drama romântico foi contaminado pelo melodrama, ao incorporar os exageros típicos de seu enredo mirabolante. E não pense o leitor que a descrição terminou. Na sequência, o texto ganha ainda mais colorido:

E nesse tresloucado passeio vão ambos, espectador e poeta, arrastados pelo mesmo carro, tropeçando nos mesmos embaraços, cansando-se na mesma carreira, despedaçando-se as carnes contra as mesmas farpas, até chegarem extenuados de fadiga, assombrados de tanto horror, ofegantes, pálidos, desfigurados e túrbidos, ao termo fatal e inevitável desse galope infernal, em cujo ímpeto a imaginação tem perdido todas as ilusões, a personagem toda a configuração de seu caráter, o poeta toda a seiva de seu gênio, e o espectador todo seu interesse no esforço de seu alento, para chegarem finalmente a esse ponto extremo de todas as composições modernas, isto é, à sublimidade do horrível, à divinização do horror, à apoteose da agonia e do assombro!

Uma dramaturgia com essas características requer interpretações igualmente exageradas, que Quintino Bocaiúva condena em dois ou três parágrafos. Os mesmos defeitos das obras, observa, hão de aparecer também na cena, no trabalho do ator. Assim, condena o romantismo em bloco, chamando-o de "escola das desordens e da anarquia literária". Essas críticas, é preciso lembrar, são feitas num momento em que a estética romântica ainda era hegemônica entre os nossos romancistas e poetas. Mas Quintino Bocaiúva, liberal em política desde muito jovem e entusiasta dos valores éticos da burguesia, não queria para o Brasil – um país novo experimentando o seu primeiro surto de progresso em moldes capitalistas, como consequência da interrupção do tráfico de escravos – o irracionalismo romântico, altamente destrutivo e pessimista. As peças realistas francesas haviam mostrado para ele exatamente o contrário, ou seja, que o teatro podia exercer uma influência benéfica no espírito do espectador, incutindo-lhe bons sentimentos. O gênero adequado para cumprir essa função era, a seu ver, a alta comédia de fundo realista, cujas características principais são o assunto dos últimos capítulos do livro. Lá estão as sugestões para que os autores brasileiros não percam de vista a "verdade em sua descrição", para que busquem um pensamento "nobre e elevado", para que não se esqueçam da finalidade moral do teatro.

Para demonstrar que poderia ir além das teorias e contribuir de maneira concreta para a renovação do teatro brasileiro, nos moldes do realismo teatral francês, Quintino Bocaiúva escreveu pelo menos duas peças que foram encenadas com bastante sucesso, como já visto em capítulo anterior. Com a primeira, *Onfália*, em 1860, abordou o tema polêmico da prostituição, retratando com eficácia o *demi-monde* fluminense; com a segunda, *Os Mineiros da Desgraça*, em 1861, tratou da *question d'argent*, ridicularizando e criticando a prática da usura. Em outras intervenções como folhetinista, o autor ratificou os pontos de vista que defendeu como espectador do Ginásio e dramaturgo. Jamais deixou de considerar o teatro como um meio de instrução pública, de aperfeiçoamento moral do cidadão. Eis um último exemplo – tirado de um folhetim publicado no *Diário do Rio de Janeiro* de 4 de outubro de 1862 e escrito a propósito da encenação de *Lusbela*, de Joaquim Manuel de Macedo – para que não pairem dúvidas sobre seu entendimento da arte teatral:

Ilustrar os espíritos e moralizar os costumes; instruir e edificar as consciências; ampliar a esfera das ideias que exaltam a alma e limitar a esfera das paixões que as desvairam, tal me parece ser o método mais conveniente para alcançar-se o aperfeiçoamento das sociedades humanas.

Das formas literárias que melhor se prestam a essa educação, considero o drama a mais enérgica, a mais eficaz, a mais produtiva de bons resultados.

E, se me é lícita a manifestação de um sentimento pessoal, que no seu tanto interessa a minha vaidade de escritor, direi que essa é a razão de minha predileção por esse gênero literário. Levado por uma imprudência desculpável já o acometi por vezes. E é justamente em desforra dessa temeridade que eu aplaudo com ardor todos os esforços que triunfam.

## Machado de Assis

Os textos críticos de José de Alencar, Joaquim Manuel de Macedo e Quintino Bocaiúva foram possivelmente lidos por Machado de Assis, que se interessou vivamente pelo teatro no início de sua carreira literária. Aos 17 anos, em 1856, ele arriscou algumas opiniões sobre o teatro num texto intitulado "Idéias Vagas" e publicado na *Marmota Fluminense* de 31 de julho. Apesar do conhecimento precário da matéria, afirmava sua crença no teatro como termômetro da civilização de um povo e apontava o parentesco entre o teatro e a imprensa, ambos a indicar o estágio em que se encontra uma sociedade. Entendendo o teatro como lugar de "distração e ensino", condenava o elemento burlesco e os recursos do baixo cômico, que, em sua opinião, deseducavam o público e o afastavam das boas produções dramáticas.

No todo, o texto revela o deslumbramento de um jovem intelectual que começa a frequentar os teatros e percebe na "comédia moderna" o seu intuito de reproduzir em cena a vida social para corrigi-la com lições moralizadoras.

É certo que Machado acompanhou o movimento teatral e frequentou o Ginásio antes de escrever o seu primeiro texto importante de crítica literária, "O Passado, o Presente e o Futuro da Literatura", que o jornal *A Marmota* publicou em abril de 1858. Toda a parte final desse texto, dedicada ao teatro, dá a entender que o autor estava a par do que se passava nos palcos do S. Pedro de Alcântara e do Ginásio Dramático. Severo em seu diagnóstico, começava por condenar o excesso de traduções em nossa cena, atribuindo a culpa aos empresários, que preferiam encenar traduções a animar os autores nacionais. Lamentava esse fato porque o sucesso que haviam obtido as comédias de Martins Pena, Macedo e Alencar em passado recente era prova de que o público aplaudia as peças brasileiras e que era possível formar um repertório maior do que aquele que havia. Retomando a proposta feita por Alencar no texto "A Comédia Brasileira", proclamava então a necessidade da criação do teatro nacional e apontava igualmente o realismo teatral francês, chamado de "escola moderna", como modelo:

A escola moderna presta-se precisamente ao gosto da atualidade. *As Mulheres de Mármore – O Mundo Equívoco – A Dama das Camélias* – agradaram, apesar de traduções. As tentativas do sr. Alencar tiveram um lisonjeiro sucesso. Que mais querem? A transformação literária e social foi exatamente compreendida pelo povo; e as antigas ideias, os cultos inveterados, vão caindo à proporção que a reforma se realiza. Qual é o homem de gosto que atura no século XIX uma *punhalada* insulsa *tragicamente* administrada, ou os trocadilhos sensaborões da antiga farsa?

Não divaguemos mais; a questão toda está neste ponto. Removidos os obstáculos que impedem a criação do teatro nacional, as vocações dramáticas devem estudar a escola moderna. Se uma parte do povo ainda está aferrada às antigas ideias, cumpre ao talento educá-la, chamá-la à esfera das ideias novas, das reformas, dos princípios dominantes. É assim que o teatro nascerá e viverá; é assim que se há de construir um edifício de proporções tão colossais e de um futuro tão grandioso[70].

Como se vê, o jovem Machado colocava-se como aliado da renovação teatral que ocorria no palco do Ginásio Dramático, mencionando as peças francesas ali representadas. Os recursos do velho teatro romântico ou da comicidade farsesca são desprezados, em nome de uma dramaturgia que devia nascer do estudo da vida social contemporânea.

No segundo semestre de 1859, Machado pôde dedicar-se com mais empenho ao debate teatral. Tornou-se crítico de *O Espelho*, hebdomadário que circulou no Rio de Janeiro a partir de 4 de setembro e que fechou as portas a 8 de janeiro do ano seguinte. Nesse pequeno jornal, assinou a "Revista de Teatros", escrevendo dezoito textos críticos. Nos

---

70 Machado de Assis, *Do Teatro...*, p. 113-114.

números 4, 5 e 17 publicou também as suas "Ideias sobre o Teatro", artigos nos quais não comentava os espetáculos em cartaz, mas discorria sobre a situação e os problemas do teatro brasileiro.

O primeiro deles apresenta um diagnóstico pessimista do que se passa nos palcos e nas plateias fluminenses. Machado constata que o teatro no Brasil é muito pobre de realizações importantes do ponto de vista estético e que apenas acidentalmente desponta um talento. Entre as causas dessa pobreza o crítico destaca primeiramente a falta de iniciativas dos empresários teatrais e do governo, que teria transformado a arte dramática numa "carreira pública", com suas "subvenções improdutivas, empregadas na aquisição de individualidades parasitas[71]". Sem nomear ninguém, as palavras, duríssimas, referiam-se provavelmente a João Caetano, o único artista dramático e empresário que recebia subvenção do governo. O repertório inadequado, sem qualidade literária, das companhias dramáticas subvencionadas, teria contribuído para a má formação cultural da plateia, que via o teatro apenas como um passatempo.

Esse estado de coisas necessitava de reformas. As mudanças viriam apenas com iniciativas que não deviam se restringir a resolver os problemas relativos ao palco, mas também atingir a plateia. Era preciso educá-la para aproximá-la das novas concepções teatrais trazidas pelo realismo teatral:

> O teatro é para o povo o que o *Coro* era para o antigo teatro grego; uma iniciativa de moral e civilização. Ora não se pode moralizar fatos de pura abstração em proveito das sociedades; a arte não deve desvairar-se no doido infinito das concepções ideais, mas identificar-se com o fundo das massas; copiar, acompanhar o povo em seus diferentes movimentos, nos vários modos e transformações da sua atividade.
>
> Copiar a civilização existente e adicionar-lhe uma partícula, é uma das forças mais produtivas com que conta a sociedade em sua marcha de progresso ascendente.
>
> Assim os desvios de uma sociedade de transição lá vão passando e à arte moderna toca corrigi-la de todo.[72]

A "partícula" que se deve adicionar ao retrato da sociedade é o traço moralizador. No segundo folhetim, dando continuidade às reflexões sobre o teatro brasileiro, o escritor preconiza a existência de uma dramaturgia forte, sem a qual a cena brasileira deixa de ter "cunho nacional", isto é, "deixa de ser uma reprodução da vida social na esfera de sua localidade"[73]. Sem essa característica, seu alcance moral é limitado e o teatro perde sua função civilizadora: "A arte destinada a caminhar na vanguarda do povo como uma preceptora – vai copiar as sociedades ultrafronteiras"[74]. Destituído de uma dramaturgia voltada para as questões nacionais, o teatro não se realiza como o "canal de iniciação" que deve ser, assim como o "meio de propaganda" mais eficaz de que o homem dispõe para a afirmação e defesa dos seus ideais. O que Machado queria para o Brasil, em suma, era um teatro realista, civilizador, formado por peças que retratassem os costumes da nossa vida social com o objetivo de melhorá-los por meio da crítica moralizadora.

Deve-se lembrar que, na altura em que essas palavras foram escritas, apenas José de Alencar havia aparecido no cenário teatral brasileiro com peças feitas com base no modelo do realismo teatral francês. Nos anos seguintes, porém, Machado vai acompanhar de perto e aplaudir o surgimento de uma dezena de dramaturgos que fornecerão ao Ginásio Dramático um conjunto nada desprezível de peças que abordam os costumes da burguesia emergente do Rio de Janeiro, com propósito moralizador.

Quanto ao terceiro artigo, trata-se de uma crítica às limitações impostas ao Conservatório Dramático, que, organizado apenas para cuidar das questões morais, não tinha autoridade para proibir as peças mal escritas de subir à cena. Esse folhetim foi republicado com pequenas modificações no jornal *A Marmota*, de 13 de março de 1860. Era, na verdade, a primeira metade de um artigo, que teve sequência no mesmo jornal, três dias depois. Machado reforça os argumentos em favor de uma reforma no Conservatório, no sentido de dar-lhe a autoridade de uma censura literária. Não quer que os censores se vejam obrigados a aprovar "as frioleiras mais insensatas que o teatro entendesse qualificar de composição dramática"[75]. Quer que o

---

71 Idem, p. 134.
72 Idem, p. 132.
73 Idem, p. 136.
74 Idem, ibidem.
75 Idem, p. 219

• *O Teatro Realista*

Machado de Assis em fotografia tirada no estúdio do fotógrafo Insley Pacheco, em 1864.

Conservatório Dramático tenha o direito de "reprovar, e proibir por incapacidade intelectual"⁷⁶; que se torne um "tribunal de censura", "uma muralha de inteligências às irrupções intempestivas que o capricho quisesse fazer no mundo da arte, às bacanais indecentes e parvas que ofendessem a dignidade do tablado"⁷⁷.

A posição de Machado pode parecer, hoje, extremamente autoritária. Até no tom enfático das suas palavras. Mas ele não estava sozinho na defesa da ideia de que o governo devia zelar pelo patrimônio artístico da nação. Além disso, ao postular maior autoridade para o Conservatório, quer vê-lo constituído por membros inteligentes e cultos, dar-lhe transparência com a divulgação dos pareceres devidamente assinados pelos censores. Tudo isso protegeria a plateia da má literatura, do mau teatro, além de propiciar o desenvolvimento da literatura dramática do país. Em resumo: "Um Conservatório ilustrado em absoluto, é uma garantia para o teatro, para a plateia e para a literatura"⁷⁸.

Foram esses conceitos comentados acima que guiaram o crítico militante na análise e interpretação dos espetáculos teatrais que viu nos palcos do Rio de Janeiro entre setembro de 1859 e janeiro de 1860.

De um modo geral, Machado contrapôs quase todo o tempo as encenações do S. Pedro de Alcântara e do Ginásio Dramático, deixando um tanto à margem dos comentários os espetáculos dados no Teatro S. Januário, cuja localização, longe do centro, era sempre motivo de reclamação.

Machado foi um crítico preocupado com todos os aspectos da montagem teatral, mas escreveu pouco sobre os cenários e os figurinos que viu nos palcos, detendo-se mais na análise das peças e em considerações sobre os desempenhos dos artistas. Pode-se dizer que raras vezes Machado dirigiu elogios a João Caetano ou aos melodramas e dramalhões ultrarromânticos por ele representados. Reconhecia o talento do famoso ator, mas não lhe perdoava o repertório anacrônico, a falta de iniciativa para se atualizar enquanto artista, o que significava manter o seu público distanciado das novas tendências teatrais. Quando João Caetano recolocou em cena *A Nova Castro*, tragédia neoclássica de João Batista Gomes Júnior, que vinha oferecendo ao público desde 1839, escreveu em outubro de 1859:

Aprecio o sr. João Caetano, conheço a sua posição brilhante na galeria dramática de nossa terra. Artista dotado de um raro talento escreveu muitas das mais belas páginas da arte. Havia nele vigorosa iniciativa a esperar. Desejo, como desejaram os que protestaram contra a velha religião da arte, que debaixo de sua mão poderosa a plateia de seu teatro se eduque e tome uma outra face, uma nova direção; ela se converteria decerto às suas ideias e não oscilaria entre as composições-múmias que desfilam simultâneas em procissão pelo seu tablado⁷⁹.

Alencar e Quintino Bocaiúva, como já vimos, haviam feito críticas semelhantes e pedido a João Caetano que deixasse de se preocupar com a glória pessoal e que trabalhasse pelo futuro do teatro brasileiro. Machado firmou sua posição, como crítico, e em outros folhetins repetiu os ataques, uma vez que o ator continuou a recorrer às peças de seu velho repertório. Se elogiou o seu desempenho no melodrama *Simão ou O Velho Cabo de Esquadra*, de Adolphe Dennery e Dumanoir, censurou-o asperamente por reencenar *O Sineiro de São Paulo*, de Joseph Bouchardy. Arrancado "do pó do arquivo", velho "na forma e no fundo; pautado sobre os preceitos de uma escola decaída, limpo totalmente de mérito literário"⁸⁰, esse melodrama era um "regalo de antepassados infantes que mediam o mérito dramático de uma peça pelo número dos abalos nervosos"⁸¹. Nesse folhetim, de 13 de novembro de 1859, Machado vai ainda mais longe em suas críticas: vê defeitos no trabalho e no caráter do ator. Coloca-se como alguém que tem ilusões, que acredita que "a fortuna pública não está só em um farto erário, mas também na acumulação e circulação de uma riqueza moral"⁸². Palavras duras, acrescidas de outras, nas quais afirma ver a arte não como uma "carreira pública", mas como "uma aspiração nobre, uma iniciativa civilizadora e um culto nacional"⁸³.

76  Idem, p. 220
77  Idem, ibidem.
78  Idem, p. 221.
79  Idem, p. 145.
80  Idem, p. 171.
81  Idem, p. 172.
82  Idem, p. 171.
83  Idem, ibidem.

Quando João Caetano morreu, em agosto de 1863, Machado reiterou os elogios ao talento do ator e as críticas ao empresário teatral. "Ninguém o igualou na tragédia e no drama", afirmou em suas "Conversas Hebdomadárias", acrescentando que via nele uma intuição poderosa, que compensava a falta de estudos regulares sobre a arte do intérprete. "Dotado de talento superior e admiráveis dotes", destacava-se dos demais, uma vez que tinha, "nas ocasiões supremas, uma inspiração que em vão se procurará nos talentos de ordem inferior"[84]. Machado lembrou ainda a qualidade superior do desempenho da personagem Augusto, da tragédia *Cinna*, de Corneille, mas contrapôs aos elogios os defeitos do ator-empresário que fazia muitas concessões à plateia. Vítima de seu próprio sucesso e – por que não? – da sua vaidade, João Caetano deixou-se levar pelos aplausos fáceis e pela bilheteria, merecendo por isso duras reprimendas de Machado. O crítico militante não se conformava em ver o maior teatro do Rio de Janeiro nas mãos de um ator que não abdicava de suas velhas concepções teatrais.

Claro está que, ao se contrapor dessa maneira a João Caetano e ao Teatro S. Pedro de Alcântara, Machado comportava-se como adepto quase irrestrito do Teatro Ginásio Dramático. De fato, já em seu terceiro folhetim, de 25 de setembro de 1859, podemos ler uma apreciação do "querido Ginásio", o "primeiro da capital", nestes termos:

Em sua vida laboriosa ele nos tem dado, horas aprazíveis, acontecimentos notáveis para a arte. Iniciou ao público da capital, então sufocado na poeira do romantismo, a nova transformação da arte – que invadia então a esfera social[85].

Em outras palavras, o Ginásio revelou para os brasileiros as peças do realismo teatral francês, com as quais conquistou a simpatia da jovem intelectualidade. Machado entusiasmou-se tanto que logo em seu primeiro folhetim, de 11 de setembro, esclareceu sua posição. Ao comentar a encenação do drama *O Asno Morto*, adaptação do romance homônimo de Jules Janin por Théodore Barrière, afirmou: "*O Asno Morto* pertence à escola romântica e foi ousado pisando a cena em que tem reinado a escola realista. Pertenço a esta última por mais sensata, mais natural, e de mais iniciativa moralizadora e civilizadora"[86]. No mesmo texto, as referências ao "desfecho sanguinolento" e "nada conforme com o gosto dramático moderno"[87] do drama *Cobé*, de Joaquim Manuel de Macedo, representado no Teatro S. Pedro de Alcântara, evidenciavam ainda mais a sua inclinação pelo repertório realista.

Nos folhetins seguintes, sem ser condescendente com as peças e espetáculos que julgava mal realizados, Machado acompanhou com simpatia e boa vontade o trabalho do Ginásio. Fez elogios a várias comédias e dramas que considerou representativos da "escola moderna", como *As Mulheres Terríveis*, de Dumanoir; *A Honra de uma Família*, encenada sem indicação de autoria; *A Probidade* e *Dois Mundos*, do dramaturgo português César de Lacerda; *A Dama das Camélias*, de Dumas Filho. E restrições a outras peças que o Ginásio pôs em cena, a despeito de não pertencerem ao repertório moderno, como *Miguel, o Torneiro*, de José Romano, e *Valentina*, também representada sem o nome do autor, como era comum na época. Por vezes, ao fazer uma consideração teórica ou um elogio, Machado deixava escapar o conceito que o guiava em seu julgamento. Assim, por exemplo, aprecia o drama *Luís*, de Ernesto Cibrão, porque as personagens são verdadeiras e "estão bem reproduzidas". O teatro é considerado "reprodução da vida real" no folhetim de 6 de novembro. E a 11 de dezembro todo um parágrafo explica seu modo de pensar:

A leitora sabe que o clássico não é o meu forte; aplaudo-lhe os traços bons, mas não o aceito como forma útil ao século. Digo forma útil, porque eu tenho a inqualificável monomania de não tomar a arte pela arte, mas a arte, como a toma Hugo, missão social, missão nacional e missão humana[88].

As diferenças entre o Ginásio Dramático e o S. Pedro de Alcântara não se resumiam ao repertório. Eram visíveis também no terreno da interpretação. Enquanto João Caetano não economizava os exageros típicos do ator romântico – gestos arrebatados, fisionomia carregada, voz impostada etc. –,

---

84 Idem, p. 39.
85 Idem, p. 125.
86 Idem, p. 119.
87 Idem, p. 120.
88 Idem, p. 192.

atores como Furtado Coelho e Joaquim Augusto procuravam atingir o máximo de naturalidade em seus desempenhos, visando ao efeito realista. Machado foi muito atento ao trabalho dos artistas e, coerente com as suas ideias, criticou os exageros que viu em cena. Um dos seus alvos preferidos foi o ator Barbosa, do S. Pedro de Alcântara, que o irritava com suas "contorções de corpo e fisionomia", entre outros recursos de interpretação. Eis o que escreve no folhetim de 11 de dezembro:

Fez de uma criação grosseira uma entidade banal. Locução laboriosa, arrastada, com os *rr* de carrinho, e as frases pronunciadas gota a gota; gesto grotesco, contorções de corpo e de fisionomia, eis pouco mais ou menos o belchior dos *Dez Contos de Papelote*[89].

Machado criticou outros artistas da companhia dramática de João Caetano que, a seu ver, extrapolaram os limites da boa interpretação, caindo em exageros melodramáticos ou demonstrando pouco estudo dos papéis. Mas reservou elogios para Martinho Corrêa Vasques, reconhecendo-lhe o talento cômico, e para Ludovina Soares da Costa, atriz portuguesa que chegara ao Brasil em 1829, aos 27 anos, já com fama de grande intérprete de tragédias. Para Machado – folhetim de 11 de dezembro – ela era a "trágica eminente, na majestade do porte, da voz e do gesto, figura talhada por um quinto ato de Corneille, trágica – pelo gênio e pela arte, com as virtudes da escola e poucos dos seus vícios"[90].

Passando aos artistas do Ginásio, os comentários de Machado obedeceram a uma constante. Toda vez que via no palco um desempenho menos enfático e mais natural, baseado no emprego adequado da voz, dos gestos, da postura, regozijava-se. Quando isso não acontecia, chamava a atenção do artista, orientava-o. Assim foi, por exemplo, com Militão. No folhetim de 16 de outubro pede-lhe mais naturalidade no desempenho de seu papel na comédia *Ovos de Ouro* e lhe sugere certa negligência em cena, como que se esquecendo "do público que tem diante de si"[91].

Outro comentário que Machado gostava de fazer dizia respeito ao progresso dos artistas que tinham trabalhado com João Caetano em passado recente. Para ele, progresso significava abandonar os exageros da interpretação romântica e adotar a naturalidade realista. Assim, no folhetim de 25 de setembro considera que o ator Heller progrediu bastante desde que começara a trabalhar no Ginásio e que seu talento "andava encoberto quando errava lá pelas constelações do romântico"[92]. A 25 de dezembro, afirma o mesmo sobre a atriz Teresa Martins, que antes se prejudicava pela "escola viciosa em que estava"[93]. Também Joaquim Augusto, a seu ver, melhorou os desempenhos depois que passou para o Ginásio.

Os maiores elogios Machado destinou-os a Furtado Coelho, o grande artífice do realismo teatral na cena brasileira. Admirava a naturalidade do ator: ele não gritava, era elegante, tinha voz agradável e evitava qualquer tipo de exagero na interpretação das personagens das comédias realistas.

Entre as atrizes do Ginásio, a preferência de Machado recaía sobre Gabriela da Cunha. Tinha algum apreço por Maria Velluti e considerava Eugênia Câmara – a futura amante de Castro Alves – uma atriz limitada pelo estro cômico. Pouco escreveu sobre Adelaide Amaral, que não fazia parte do Ginásio em 1859, mas que havia se destacado nas temporadas de 1857 e 1858, como atriz que compreendera perfeitamente a noção de naturalidade, depois de ter trabalhado com João Caetano.

O que se pode concluir, acerca das críticas teatrais publicadas n'*O Espelho*, é que elas nos dão um retrato acabado do crítico militante, que pôs sua pena a serviço da renovação do teatro brasileiro, apoiando fortemente o realismo teatral. Mas já em 1860, quando começa a escrever num jornal mais importante, o *Diário do Rio de Janeiro*, Machado revê seu posicionamento e afirma, na primeira "Revista Dramática", a 29 de março, que suas opiniões sobre o teatro são "ecléticas em absoluto", acrescentando:

Não subscrevo, em sua totalidade, as máximas da escola realista, nem aceito, em toda a sua plenitude, a escola das abstrações românticas; admito e aplaudo o drama como

---

89 Idem, p. 194-195.
90 Idem, p. 193.
91 Idem, p. 150.

92 Idem, p. 127.
93 Idem, p. 203.

a forma absoluta do teatro, mas nem por isso condeno as cenas admiráveis de Corneille e Racine[94].

Apesar dessas palavras, Machado continua a acreditar que o teatro é um "grande canal de propaganda". Mas escrevendo em jornal maior, procurou colocar-se acima das escolas literárias, abraçando critérios estéticos, como esclareceu ao afirmar que o belo não era exclusivo de nenhuma forma dramática, mas do trabalho do artista:

> Entendo que o belo pode existir mais revelado em uma forma menos imperfeita, mas não é exclusivo de uma só forma dramática. Encontro-o no verso valente da tragédia, como na frase ligeira e fácil com que a comédia nos fala ao espírito[95].

Entre 1860 e 1865, Machado acompanhou de perto todo o movimento nos palcos fluminenses e o registrou nos folhetins que escreveu para o *Diário do Rio de Janeiro*, entre outubro de 1861 e maio de 1862; para *O Futuro*, entre setembro de 1862 e julho de 1863; e novamente para o *Diário*, entre junho de 1864 e maio de 1865. Seus comentários são às vezes mais curtos, às vezes mais longos, mas jamais desprovidos de importância. Eles nos permitem compreender melhor as suas ideias teatrais, e também acompanhar a própria evolução do teatro brasileiro no período.

Quanto ao primeiro ponto, pode-se dizer que o escritor continuou a valorizar o realismo teatral, isto é, a dramaturgia preocupada com a naturalidade e a moralidade na cena. Mas isso não o impediu de avaliar positivamente alguns dramas românticos, como *Ângelo*, de Victor Hugo, ou os desempenhos da maior atriz portuguesa da época, Emília das Neves, que se apresentou no Rio de Janeiro em 1864 e 1865, com um repertório quase que totalmente romântico. Essa imparcialidade em relação às duas estéticas teatrais lhe permitiu acompanhar o fortalecimento do realismo teatral no palco do Ginásio, com o surgimento de vários dramaturgos brasileiros, de maneira mais objetiva, distribuindo parcimoniosamente os elogios e apontando os defeitos das peças menos bem realizadas. Nesse período, entre 1862 e 1864, Machado foi também um rigoroso censor do Conservatório Dramático. Nos dezesseis pareceres que emitiu, não poupou as peças mal escritas, as comédias que não passavam de "baboseiras" e os dramas incongruentes. Mas reservou elogios às peças do realismo teatral francês, como *Os Descarados* e *As Leoas Pobres*, de Émile Augier.

Outro assunto que aparece bastante nos folhetins de Machado é o da situação de abandono do teatro brasileiro por parte do governo imperial. Num debate com Macedo Soares, para quem o governo não devia subsidiar companhias dramáticas, deixando-as concorrer entre si, opôs-se firmemente a tal ideia. No folhetim de 16 de dezembro de 1861, citou Victor Hugo para demonstrar que o teatro não era uma "indústria", que as peças não eram "mercadorias", que o governo devia ter, sim, uma responsabilidade em relação à arte. Afinal, "criar no teatro uma escola de arte, de língua e de civilização não é obra da concorrência". Como jamais foi atendido, em vários folhetins Machado lamenta que não se tenha criado naqueles anos um "teatro normal", isto é, uma companhia dramática administrada pelo governo, junto da qual funcionaria uma escola de formação de atores. Nesse sentido, fazia coro com Joaquim Manuel de Macedo, como se viu alguns passos atrás.

As intervenções do escritor no debate cultural foram bastante abrangentes. Como crítico teatral e folhetinista, escreveu sobre a maior parte dos espetáculos teatrais que se realizaram no Rio de Janeiro entre setembro de 1859 e maio de 1865, quando deixa de assinar os folhetins semanais do *Diário do Rio de Janeiro*. Mais que isso, expôs com franqueza suas ideias sobre o teatro, elogiou e criticou os intérpretes que viu nos palcos, deliciou-se com os espetáculos protagonizados por Emília das Neves, discorreu sobre a forma de organização das companhias dramáticas, além de reivindicar o tempo todo a melhoria das condições de trabalho para os artistas e a proteção do governo para a arte.

No ano de 1865, o teatro de cunho literário que vinha sendo hegemônico nos palcos do Rio de Janeiro sofre um forte revés. Desde 1859, o pequeno teatro Alcazar Lyrique vinha oferecendo um outro tipo de espetáculo, baseado na alegria, na música ligeira, na malícia e na beleza das mulheres. O público, gradativamente, foi trocando as

---

94 Idem, p. 222-223.
95 Idem, p. 223

peças recheadas de preocupações literárias e lições edificantes pelas cançonetas, cenas cômicas, duetos cômicos e pequenos vaudeviles vindos diretamente de Paris, assim como as artistas, e apresentados em francês. O golpe de misericórdia sobre o chamado teatro sério veio em fevereiro de 1865, quando o Alcazar estreou a opereta *Orphée aux enfers*, música de Offenbach, texto de Hector Crémieux e Ludovic Halévy, com sucesso extraordinário. Nos anúncios dos jornais de 28 de dezembro de 1865, podia-se ler que a peça já havia sido representada 150 vezes. Ou seja, a enorme afluência do público sinalizava para os empresários teatrais o caminho fácil para o lucro. A menos que fossem tomadas medidas para salvar o teatro de cunho literário, seus dias estavam contados. É com esse quadro em mente que Machado abre o importante artigo "O Teatro Nacional", publicado no *Diário do Rio de Janeiro*, de 13 de fevereiro de 1866:

Há uns bons trinta anos o *Misantropo* e o *Tartufo* faziam as delícias da sociedade fluminense; hoje seria difícil *ressuscitar* as duas imortais comédias. Quererá isto dizer que, abandonando os modelos clássicos, a estima do público favorece a reforma romântica ou a reforma realista? Também não; Molière, Victor Hugo, Dumas Filho, tudo passou de moda; não há preferências nem simpatias. O que há é um resto de hábito que ainda reúne nas plateias alguns espectadores; nada mais. Que os poetas dramáticos, já desiludidos da cena, contemplem atentamente este fúnebre espetáculo; não os aconselhamos, mas é talvez agora que tinha cabimento a resolução do autor das Asas de um Anjo: quebrar a pena e fazer dos pedaços uma cruz[96].

A referência ao desabafo de Alencar, estampado no final de um artigo em que protestou contra a proibição imposta pela polícia a *As Asas de um Anjo*, em 1858, vem à mente de Machado como exemplo de atitude irada contra um abuso inaceitável ou uma situação artística deplorável. Estava apenas no começo o processo de substituição do teatro de cunho literário pelas formas mais populares da opereta, da mágica e da revista de ano em nossos palcos. E o crítico sensível, desgostoso em ver que o teatro estava perdendo as suas funções de educar o público e aprimorar seu gosto artístico, não escondeu o pessimismo diante da situação, prevendo um futuro de "completa dissolução da arte", se não fossem tomadas as medidas corretas para evitar o desastre iminente. Os sinais já estavam dados: depois das tragédias clássicas, dos dramas românticos e das comédias realistas, o teatro que se anunciava servia apenas "para desenfastiar o espírito, nos dias de maior aborrecimento"[97].

---

96 Idem, p. 395.
97 Idem, p. 396.

# IV.
# O Teatro de Entretenimento e as Tentativas Naturalistas

## 1. O TEATRO CÔMICO E MUSICADO: OPERETAS, MÁGICAS, REVISTAS DE ANO E BURLETAS

O teatro romântico e o realista, com suas preocupações literárias, começaram a perder público a partir de 1859, quando foi criado no Rio de Janeiro o teatro Alcazar Lyrique, pelo empresário Joseph Arnaud. A plateia masculina em especial foi seduzida pelo ambiente de cabaré – podia-se beber nas mesas dispostas diante do palco – e pelos espetáculos baseados na música, na dança, na beleza das mulheres e na malícia com que eram representados os duetos, os pequenos vaudeviles e as cenas cômicas. O repertório, inteiramente francês, era apresentado na língua original, principalmente por atrizes francesas contratadas para passar temporadas no Brasil. Com o sucesso crescente desse teatro que era puro entretenimento, vários escritores deixaram de escrever peças e não poucos intelectuais protestaram nos jornais e revistas contra o avanço do teatro cômico e musicado, que não tardaria em se tornar hegemônico nos palcos fluminenses.

Em fevereiro de 1865, o Alcazar estreou a opereta – ou ópera-bufa – *Orphée aux enfers*, música de Offenbach, texto de Hector Crémieux e Ludovic Halévy. Esse espetáculo decidiu a sorte do teatro brasileiro nas décadas seguintes. Tendo ficado um ano em cartaz, abriu caminho para a encenação, entre nós, de outras operetas concebidas por Offenbach ou por Charles Lecocq, para citar os mais requisitados. Os homens de teatro brasileiros viram-se estimulados a traduzir, adaptar e a escrever esse tipo de peça que o público do Rio de Janeiro e de outras cidades aplaudiu com entusiasmo. Os empresários teatrais exploraram incansavelmente a opereta e as outras formas dramáticas cômicas e musicadas, que foram surgindo e consolidando o gosto teatral das nossas plateias nos últimos decênios do século XIX.

### *A Opereta*

O sucesso da opereta deveu-se inicialmente ao alemão Jacques Offenbach, que na segunda metade dos anos de 1850, em Paris, ocupou o Théâtre des Bouffes-Parisiens, onde apresentava espetáculos compostos por dois ou três esquetes de um ato cada, sempre em tons farsescos e satíricos, e entremeados por números musicais executados por uma orquestra de dezesseis músicos. Foi em 1858 que ele estreou sua primeira obra-prima, *Orphée aux enfers*, uma deliciosa e trepidante paródia do mito grego de Orfeu, o músico apaixonado que desce ao inferno à procura da amada. Pouco tempo depois, Offenbach escreveu outras operetas (*La Belle Hélène*, 1864; *La Vie parisienne*, 1866; *Barbe-Bleue*, 1867; *La Grande-Duchesse de Gérolstein*, 1867) que conquistaram Paris e todo o território europeu.

As notícias sobre o sucesso desse repertório chegaram ao Brasil e logo o Alcazar se incumbiu de colocá-lo em cena. Em 1864, o elenco havia ganho alguns reforços, com a contratação de novos artistas franceses, entre os quais a atriz que interpretou o papel de Eurídice em *Orphée aux enfers*: Mlle. Aimée. Famosa por outros dons que não apenas os artísticos, nem mesmo Machado de Assis escapou aos seus encantos, chamando-a de "demoninho louro" em crônica bastante conhecida: "É um demoninho louro, uma figura esbelta, graciosa, meio angélica, uns olhos vivos, um nariz como o de Safo, uma boca amorosamente fresca, que parece ter sido formada por duas canções de Ovídio, enfim, a graça parisiense, *toute pure*"[1].

Com Aimée iniciou-se o período áureo do Alcazar. As principais operetas francesas foram apresentadas, sempre com sucesso, o que levou escritores e artistas brasileiros a se apropriarem do modelo oferecido por Offenbach ou por Lecocq[2] para criar operetas que mantinham as partituras, mas adaptavam os enredos aos costumes nacionais. A paródia das operetas francesas tornou-se moeda corrente nos teatros do Rio de Janeiro, sobretudo a partir de 1868, quando o ator Francisco Corrêa Vasques pôs em cena, no Teatro Fênix Dramática, *Orfeu na Roça*, opereta em que recriou o *Orphée aux enfers*. À irreverência do original Vasques acrescentou o tempero brasileiro, transformando Orfeu em Zeferino Rabeca, barbeiro do arraial, e Eurídice em Dona Brígida, roceira que sonha em morar no Rio de Janeiro. O rebaixamento típico da farsa atingiu os demais personagens (Cupido, Morfeu e Hércules transformam-se respectivamente em Quinquim das Moças, Joaquim Preguiça e Antônio Faquista) e o próprio enredo, centrado nas brigas conjugais, nas aventuras e estrepolias do casal protagonista.

O sucesso obtido por Vasques foi ainda maior do que o de *Orphée aux enfers*. E a consequência disso não tardou a aparecer: o público fluminense podia assistir às operetas francesas no Alcazar, em francês, e às versões brasileiras em outros teatros. *La Grande-Duchesse de Gérolstein* – texto de Henri Meilhac e Ludovic Halévy, música de Offenbach – foi parodiada por Caetano Filgueiras, Manoel Joaquim Ferreira Guimarães e Antônio Maria Barroso Pereira, em *A Baronesa de Caiapó*, representada no Ginásio Dramático em dezembro de 1868. No ano seguinte, outra obra de Offenbach e da dupla Meilhac-Halévy, *Barbe-Bleue*, ganhou duas versões brasileiras: a primeira, assinada por Augusto de Castro, intitulada *Barba de Milho* e encenada por Vasques no Teatro Fênix Dramática; a segunda, intitulada *Traga-moças*, foi feita por Joaquim Serra, jornalista e intelectual ligado ao teatro. Em 1870, Augusto de Castro inspirou-se em *Gavault, Minard & Cia.*, opereta que estava em cartaz no Alcazar, para escrever a paródia *Vaz Teles & Cia*.

O Teatro Fênix Dramática, empresariado por Jacinto Heller e ocupado pela companhia de Vasques, transformou-se no concorrente direto do Alcazar, alternando porém em seu repertório paródias de operetas francesas e peças de apelo popular, como as mágicas e os dramas fantásticos. Vale registrar que foi esse empresário que apostou em Artur Azevedo, encenando em, 1876, a peça de estreia do autor maranhense no Rio de Janeiro: *A Filha de Maria Angu*, paródia da opereta *La Fille de Madame Angot*, de Siraudin, Clairville e Koning, música de Charles Lecocq. Além de contar com atores experientes como Vasques, Areias, Lisboa e Machado, a companhia de Heller havia contratado as atrizes francesas Rose Villiot e Delmary, para interpretar, em *A Filha de Maria Angu*, em português, os mesmos papéis que haviam representado no Alcazar, na versão original da opereta. Esse dado, amplamente divulgado, contribuiu com certeza para o extraordinário sucesso do espetáculo, que atingiu mais de cem récitas consecutivas.

Estimulado a escrever outras paródias de operetas francesas, Artur Azevedo não se fez de rogado: ainda em 1876 entregou ao Teatro Fênix Dramática *A Casadinha de Fresco*, paródia de *La Petite mariée*, música de Charles Lecocq e texto de Leterrier e Vanloo. No ano seguinte, nova paródia de Offenbach: *La Belle Hélène*, que tinha libreto de Meilhac e Halévy, transforma-se em *Abel, Helena*, na pena do escritor brasileiro. Encorajado pelos

---

[1] Machado de Assis, *Do Teatro*, p. 330.
[2] Um estudioso da opereta explica a diferença entre ambos: "As óperas-bufas de Offenbach caracterizam-se pela temática escrachada e satírica; os charmosos sucessores de Offenbach (Lecocq, Audran, Planquette) retomam a temática antes sentimental que satírica das óperas-cômicas de antigamente" (Cf. David Rissin, *Offenbach ou le Rire en Musique*, Paris: Fayard, 1980, p. 74).

• *O Teatro de Entretenimento e as Tentativas Naturalistas*

Artur Azevedo, a esposa Adelaide Carolina e a enteada Lucinda, em foto de 1905.

sucessos obtidos no palco e consciente de que podia lançar mão do próprio talento para escrever os enredos das operetas, já em 1877 Artur Azevedo arrisca-se como coautor de *Nova Viagem à Lua*, dividindo a autoria com Frederico Severo. Nessa opereta, que estreia no Teatro Fênix Dramática, ele aproveita a música de Lecocq, mas pede a Henrique Mesquita que componha um jongo para o primeiro ato e uma barcarola para o segundo. Com *Os Noivos* e *A Princesa dos Cajueiros*, encenadas em 1880, também no Fênix, Artur Azevedo nacionaliza por completo a opereta, tendo como parceiro o compositor português Francisco de Sá Noronha.

A essas obras que consolidaram o gênero no Brasil, seguem-se muitas outras, entre as quais se destacam *Um Roubo no Olimpo* (que o autor denominou jocosamente "opereta-bufa mitológica escrita por um Meilhac do Morro do Nheco e posta em música por um Offenbach de Mata Porcos"), *A Donzela Teodora*, *O Barão de Pituaçu* e *O Califa da Rua do Sabão*.

A encenação das operetas, assim como a das mágicas, revistas de ano e burletas –gêneros que serão vistos à frente – assentava-se, principalmente, sobre as seguintes áreas: dramaturgia, composição musical, regência, encenação, cenografia, interpretação e produção. No caso brasileiro, era sobre o dramaturgo que recaía a função de iniciar o processo de criação. Artur Azevedo, por exemplo, ao dar esse primeiro passo, conhecia de antemão os artistas que fariam parte do espetáculo. Em vista disso, criava o texto e a proposta de encenação (dada através das rubricas) na medida e para cada um desses artistas.

Naqueles tempos, somente companhias estáveis – e eram poucas – conseguiam colocar em cena espetáculos dispendiosos, que demandavam uma produção de grandes proporções. A de Jacinto Heller exemplifica muito bem essa condição. A empresa mantinha sob contrato cerca de vinte atores e atrizes, um casal de bailarinos, o diretor da orquestra, um contrarregra, um ponto, um guarda-roupeiro, um fiscal, um guarda-livros, um arquivista, um avisador e um fiel, perfazendo um total de trinta e três pessoas, sem contar os aderecistas, cenógrafos, maquinistas e outros auxiliares. Havia, ainda, os custos referentes à aquisição de material e à locação do teatro. Ao final, o aporte financeiro necessário para a produção dos espetáculos musicais atingia uma cifra de ordem astronômica. Nesse contexto, um fracasso de bilheteria poderia significar a ruína do empresário, ao passo que a situação contrária propiciava o pagamento das vultosas dívidas contraídas e, por vezes, um bom lucro, ainda que insuficiente para o enriquecimento.

## A Mágica

Em *O Juiz de Paz da Roça*, peça de estreia de Martins Pena, encenada pela companhia do ator João Caetano, no Teatro S. Pedro de Alcântara, no Rio de Janeiro, em outubro de 1838, José fala à amada Aninha sobre as maravilhas que encontrou na corte, de onde acabara de retornar:

ANINHA – Mas então o que é que há lá tão bonito?

JOSÉ – Eu te digo. Há três teatros, e um deles maior que o engenho do capitão-mor.

ANINHA – Oh, como é grande!

JOSÉ – Representa-se todas as noites. Pois uma mágica... Oh, isto é cousa grande!

ANINHA – O que é mágica?

JOSÉ – Mágica é uma peça de muito maquinismo.

ANINHA – Maquinismo?

JOSÉ – Sim, maquinismo. Eu te explico. Uma árvore se vira em uma barraca; paus viram-se em cobras, e um homem vira-se em macaco.

ANINHA – Em macaco! Coitado do homem!

JOSÉ – Mas não é de verdade.

ANINHA – Ah, como deve ser bonito! E tem rabo?

JOSÉ – Tem rabo, tem[3].

A falta de um inventário mais preciso sobre a introdução da mágica enquanto gênero teatral no teatro brasileiro atribui a esta cena o sabor e o valor de um documento histórico. O autor de *O Noviço*, por meio das frases da personagem José, informa que, de "bonito", na capital do Império, há os teatros. O público que assiste a *O Juiz* sabe que o maior deles é o Teatro S. Pedro de Alcântara, que é justamente o

---

3  Martins Pena, *Comédias* (1833-1844), São Paulo: WMF Martins Fontes, 2007, p. 8-9.

teatro no qual está sendo levada a peça. No desenvolvimento desse recurso de natureza metateatral, Martins Pena inclui a referência aos truques cênicos da mágica. Tal inserção indica que se tratava de uma novidade que começava a se firmar no cenário teatral do país. Sensível à observação dos costumes de sua gente, o dramaturgo não perdeu a oportunidade de registrar a infiltração do gênero nos palcos cariocas. Há informações de encenações de mágicas nos tempos de D. João VI, como, por exemplo, a de *O Mágico em Valença*, representada em 1815, no Real Teatro de São João. A referência comprova que a mágica foi introduzida no Rio de Janeiro logo após a inauguração desse teatro, ocorrida dois anos antes. Tudo indica que coube às companhias de atores portugueses, radicados ou não no Brasil, a introdução desse tipo de peça entre nós. A companhia dramática criada por João Caetano em 1833, para fazer frente ao domínio dos intérpretes lusos sobre o ambiente teatral carioca, incluiu a mágica em seu repertório somente a partir da década seguinte, incentivada pela predileção do público pelos espetáculos vistosos.

Nos diálogos dos enamorados de *O Juiz de Paz da Roça* estão apontadas as principais características da mágica: um espetáculo grandioso que encanta os olhos do espectador pela beleza, que surpreende pela apresentação de fatos inesperados e, ainda, que deixa claro à plateia, através de uma resolução cênica extremamente complexa, que aquilo que ela está vendo e ouvindo é pura fantasia, ou seja, não acontece ou não é possível acontecer na vida real. Eis como o *Dicionário do Teatro Brasileiro* define a mágica:

Tipo de peça teatral que fez muito sucesso nos palcos europeus e brasileiros durante o século XIX. Chamada de *féerie* na França, porque seus personagens podiam ser fadas e outros seres sobrenaturais, como sereias, gênios, demônios ou gnomos, sua atração maior não estava nem nos personagens nem nas histórias que trazia à cena, mas sim nos cenários e figurinos, na representação luxuosa, repleta de truques e surpresas, assim como nos números de dança e música. De um modo geral, a mágica tem enredo simples, centrado num protagonista que no início da ação dramática recebe um talismã, com o qual realiza todos os seus desejos, por mais extravagantes que sejam. Sem compromisso com a verossimilhança, permite, por exemplo, que uma personagem agraciada com um talismã peça que outra personagem, no palco, junto dela, se transforme em um animal, ou que aquele espaço onde estão – uma sala, digamos – seja transformado em outro – uma gruta[4].

A essência da mágica contempla, pois, as ideias de *transformação* e de *teatralidade*: uma "coisa" se transforma em "outra" por meio de uma convenção genuinamente teatral. Na dinâmica construtiva do espetáculo, a *transformação* exige o emprego de recursos que modifiquem os elementos visuais da cena: um ou mais figurinos, objetos, o próprio cenário ou parte dele. Daí a importância do cenógrafo e do maquinista na criação do espetáculo, já que eles são os responsáveis pelas *mutações*, nome frequentemente usado pelos profissionais para designar os efeitos cênicos. Ao cenógrafo cabe a pintura dos telões, bastidores e bambolinas, conjunto que delineia os quadros da peça; ao maquinista, a retirada ou a entrada das novas vistas.

A *teatralidade* resulta da aceitação, por parte do público, da *transformação* proposta pela cena. O charme do gênero, como se vê, não reside na sofisticação do enredo ou nas qualidades literárias do texto, mas, sim, nos efeitos visuais e no tratamento musical e coreográfico que deixam a plateia maravilhada.

A julgar pelo volume de encenações, pelo imenso sucesso obtido junto ao público e pelo vultoso montante de recursos financeiros mobilizados pelas companhias, a mágica atingiu seu apogeu nas décadas de 1880 e 1890, perdurando até a primeira década do século XX.

Foi nesse período que se revelaram os cenógrafos que deram vida cênica não só às mágicas, mas também às operetas e revistas de ano. Os italianos Oreste Coliva e Gaetano Carrancini foram os dois grandes mestres da pintura, da cenografia e da concepção dos maquinismos necessários para a efetivação das mutações cênicas. Incluem-se no seleto grupo o espanhol José Canellas y Clavell, os portugueses Barros, Antônio José da Rocha, Eduardo Reis e Francisco de Oliveira Camões e o brasileiro

---

[4] J. Guinsburg; João Roberto Faria; Mariângela A. Lima (orgs.), *Dicionário do Teatro Brasileiro*, São Paulo: Perspectiva/Sesc, 2006, p. 175.

Frederico de Barros. Na função de maquinista – técnico responsável pelas mutações – e em outras ocupações de caráter técnico, sobressaíram-se os portugueses.

Cabia quase que exclusivamente aos cenógrafos e maquinistas o sucesso das mágicas, que ganharam enorme impulso com a descoberta da eletricidade. Como se sabe, a luz elétrica foi empregada pela primeira vez no teatro brasileiro em 1884, na encenação da revista de ano *O Mandarim*, de Artur Azevedo e Moreira Sampaio. Numa das cenas, um foco de luz elétrica proporcionado por um gerador portátil produziu, para surpresa geral da plateia, um breve efeito cênico. No ano seguinte a montagem da revista *Cocota*, também de autoria da dupla Azevedo-Sampaio, beneficiou-se da eletricidade, que foi empregada em todas as cenas.

A partir dessas datas, a encenação das mágicas incorporou a iluminação elétrica, que se tornou recurso precioso para cenógrafos e maquinistas. Compreende-se que o apogeu desse gênero de peça tenha se dado justamente após a incorporação das lâmpadas elétricas na iluminação da cena.

Entre as mágicas representadas no Rio de Janeiro e eventualmente em outras cidades brasileiras figuram as seguintes: *Pílulas do Diabo, A Cauda do Diabo, A Corça do Bosque, A Pera de Satanás; A Galinha dos Ovos de Ouro*, de Eduardo Garrido; *O Gato Preto*, arranjada por Eduardo Garrido; *O Gênio do Fogo*, de Primo da Costa (1885); *Loteria do Diabo*, de Henrique Alves de Mesquita; *A Cornucópia do Amor*, de Moreira Sampaio, partitura de Costa Júnior (1894); *A Borboleta de Ouro*, de Moreira Sampaio e Orlando Teixeira; *A Chave do Inferno*, de Domingos Castro Lopes e música de Abdon Milanez (1895); *A Rainha dos Gênios*, de Vicente Reis e Azeredo Coutinho (1897); *O Pé de Cabra*, de Vicente Reis (1903); *A Boceta de Fulgurina*, de Orlando Teixeira e Eduardo Vitorino; *A Tentação*, de Augusto de Castro; *A Rainha da Noite*, de Barroso Neto (1905). Entre os dramaturgos brasileiros que escreveram mágicas os mais bem-sucedidos foram Moreira Sampaio, Vicente Reis e Augusto de Castro. Infelizmente não as publicaram, de modo que não podemos saber como eram exatamente seus enredos e personagens. Os jornais da época são os únicos documentos de que dispomos para obter algumas informações sobre as mágicas concebidas por nossos dramaturgos.

O dramaturgo Moreira Sampaio.

## A Revista de Ano

A germinação plena da revista de ano no Brasil consumiu o período de um quarto de século e o processo de sua implantação e nacionalização não se fez sem dificuldades. Autores, atores e empresários empenharam-se para dar ao público brasileiro o que o europeu dispunha no mesmo período: um gênero teatral que passava em revista os principais acontecimentos sociais, culturais, artísticos, políticos e econômicos do ano findo. Eis como Antônio de Sousa Bastos define a revista de ano em seu *Dicionário do Teatro Português*:

É a classificação que se dá a certo gênero de peças, em que o autor critica os costumes de um país ou de uma localidade, ou então faz passar à vista do espectador todos os principais acontecimentos do ano findo: revoluções, grandes inventos, modas, acontecimentos artísticos ou literários, espetáculos, crimes, desgraças, divertimentos etc. Nas peças desse gênero todas as coisas, ainda as mais abstratas, são personificadas de maneira a facilitar apresentá-las em cena. As *revistas*, que em pouco podem satisfazer pelo lado literário, dependem principalmente, para terem agrado, da ligeireza, da alegria, do muito movimento, do espírito, com que forem escritas, além de *couplets* [coplas] engraçados e boa encenação[5].

A primeira tentativa de aclimatar essa forma teatral em palcos nacionais foi encenada pela primeira vez no dia 15 de janeiro de 1859, no Teatro Ginásio Dramático. Os anúncios nos jornais deram destaque aos diversos quadros que compunham a peça, intitulada *As Surpresas do Senhor José da Piedade*, e a definiam como "revista do ano de 1858, peça extravagante em dois atos e quatro quadros por *** e por ***, ornada de música". Apesar da clara indicação de uma dupla autoria, lê-se na *História do Teatro Brasileiro*, de Lafayette Silva, que a primeira revista de ano nacional foi escrita por Justino de Figueiredo Novais. Galante de Sousa observa: "Não sei com que fundamento Lafayette Silva atribui a autoria a Justino (e não Justiniano, como às vezes se escreve) de Figueiredo Novais"[6]. Apesar da advertência, estudos recentes sobre a revista de ano têm preferido a versão de Lafayette Silva, que se baseou provavelmente na informação dada por Artur Azevedo em crônica publicada no jornal *A Notícia* de 26 de novembro de 1896. Apesar de grafar o nome de forma equivocada – Justino Xavier de Novaes –, Artur esclarece que o autor já havia escrito a comédia *O Proteu Moderno* e que era funcionário do Tesouro Nacional. Outra informação importante dada pelo cronista: a primeira revista de ano brasileira foi proibida pela polícia, após três ou quatro representações – que não atraíram muito público –, porque ridicularizava o *Diário do Rio de Janeiro*, na época conhecido como *Diário da Manteiga*.

Dezesseis anos depois, precisamente em janeiro de 1875, estreiam, no Rio de Janeiro, duas revistas de ano escritas por Joaquim Serra: *Revista do Ano de 1874*, apresentada no Teatro Vaudeville e empresariada pelo ator Antônio de Souza Martins, e *Rei Morto, Rei Posto*, encenada no Teatro Fênix Dramática por iniciativa de Jacinto Heller. A julgar pelo tempo demandado para a ocorrência dessas duas novas investidas na fixação do gênero no Brasil, pode-se deduzir que empresários e dramaturgos esperavam o momento adequado para enfrentar o desafio de implantar a revista de ano no país. Porém, nenhuma das duas peças conseguiu atrair o público. Nem mesmo os elogios de Machado de Assis, nas páginas da *Semana Ilustrada*, principalmente à *Revista do Ano de 1874*, escrita em versos, despertaram a curiosidade dos frequentadores de teatros[7].

A tentativa seguinte coube a Artur Azevedo e ao autor português Lino de Assumpção. Em janeiro de 1878, dá-se a primeira representação de *O Rio de Janeiro em 1877*, no Teatro S. Luís. Recebido razoavelmente pelo público e pela crítica, o espetáculo, contudo, não consegue atingir a consagração almejada. Artur ainda tenta escrever uma revista de ano com França Júnior, *Tal Qual como lá*, mas o projeto não é finalizado.

A essa altura, empresários, dramaturgos e artistas deviam se interrogar acerca das razões do fracasso da revista de ano, sem chegar a uma boa resposta. Talvez possamos especular, lembrando o que ocorreu com a opereta, cujo aprendizado por parte de autores nacionais se fez com base nos espetáculos que viram primeiramente no Alcazar. O conhecimento das operetas originais, em cena, deve ter sido fundamental para que os dramaturgos pudessem dar início à vitoriosa produção de paródias e, posteriormente, de operetas brasileiras. Esse processo não ocorreu com as revistas de ano, o que significa que os dramaturgos brasileiros não tiveram modelos à sua disposição; nossos teatros não receberam companhias dramáticas estrangeiras especializadas na montagem de revistas de ano. Afinal, o gênero, estruturando-se principalmente a partir de fatos locais, perde sua comunicabilidade quando encenada para outra sociedade que não aquela ligada aos fatos passados em revista. Em outras palavras, os autores nacionais só puderam escrever revistas de ano a partir do conhecimento dos textos, geralmente portugueses, sem passar, portanto, pela vital experiência de assistir aos

---

5   *Dicionário do Teatro Português*, Lisboa: Imprensa Libânio da Silva, 1908, p. 128.
6   *O Teatro no Brasil*, v. I, Rio de Janeiro: INL/MEC, 1960, p. 227.
7   Machado de Assis, *Do Teatro...*, p. 533-534.

espetáculos revisteiros. É provável que isso tenha atrapalhado o pleno desenvolvimento da revista de ano, ainda mais que em tal gênero a encenação ocupa um lugar primordial. Conclusão: faltou aos primeiros autores nacionais que se arriscaram no gênero o contato com a revista de ano no palco. Daí a importância da viagem de Artur Azevedo à Europa, em 1883. Em cidades como Lisboa, Madri e Paris ele deve ter visto muitos espetáculos, revistas de ano entre eles. Um de seus biógrafos afirma que ele viu apenas uma revista, *Les Dieux en Rigolade*, no Théâtre Montparnasse, mas não esclarece de fato com qual repertório Artur entrou em contato[8]. Não pode ser mera coincidência que já no final de 1883 o escritor maranhense e seu parceiro Moreira Sampaio tenham escrito a revista de ano que mudou a sorte desse tipo de peça no Brasil.

Em 9 de janeiro de 1884, no Teatro Príncipe Imperial do Rio de Janeiro, estreia *O Mandarim*, revista cômica do ano de 1883, com música de J. Simões Júnior e cenografia de André Caboufigue, Huáscar de Vergara e Frederico de Barros e com Adolfo de Faria na função de ensaiador.

O êxito estrondoso do espetáculo pode significar que a viagem de Artur Azevedo foi de fato importante para que ele visse como se escreve e se encena uma revista de ano[9]. Teria ele constatado lá o papel central da caricatura nesse tipo de peça? Porque um dos motivos do sucesso de *O Mandarim* foi a caricatura de pessoas que por alguma razão estiveram em evidência no ano de 1883. No espetáculo, para dar um exemplo, o excelente ator Xisto Bahia, interpretando a personagem barão de Caiapó, faz com perfeição a caricatura de um ilustre fluminense chamado João José Fagundes de Resende e Silva. Esse cidadão, ao se ver retratado satiricamente na revista, promoveu uma verdadeira batalha pela imprensa, pedindo a proibição das apresentações. Recorreu, também sem sucesso, à polícia e ao Conselho de Ministros. A polêmica alimentou ainda mais a curiosidade do público, que afluiu em grande número para o Príncipe Imperial.

Resultado similar obteve *Cocota*, revista cômica de 1884, dos mesmos autores, com música de Carlos Cavalier, cenários de Frederico de Barros e Huáscar de Vergara, representada pela primeira vez em 6 de março de 1885 no Teatro Santana do Rio de Janeiro, tendo Jacinto Heller como ensaiador.

E triunfo ainda maior conquistou *O Bilontra*, revista fluminense do ano de 1885, de autoria da mesma dupla, que estreou em 29 de janeiro de 1886, com música de diversos autores, coordenada, instrumentada e ensaiada por Gomes Cardim, cenários de Orestes Coliva, Carrancini, Zenotti e Frederico de Barros e com os vestuários desenhados pelo irmão de Artur Azevedo, o escritor Aluísio Azevedo. A *mise-en-scène* de *O Bilontra* coube a Adolfo de Faria. A peça pôs em cena um fato verídico ocorrido em 1884, no Rio de Janeiro. O empregado do comércio Miguel José de Lima e Silva enganou o comerciante português Joaquim José de Oliveira, prometendo, por três contos de réis – valor que era então uma fortuna – conseguir-lhe o título de Barão de Vila Rica junto ao governo imperial. O espertalhão entregou um título falso ao comerciante, que até fez uma festa para comemorar a distinção recebida, e foi preso quando descoberta a farsa.

O "conto do vigário" ganhou a imprensa e o comerciante português se transformou em motivo de chacota. Artur Azevedo e Moreira Sampaio construíram o fio condutor de *O Bilontra* (a palavra é um neologismo criado pelos autores para significar pelintra, malandro) inspirados nesse fato notório e fizeram da caricatura do comendador um grande atrativo. Mais de cem representações atestam o sucesso obtido pelo espetáculo. O curioso é que *O Bilontra* influenciou a decisão do tribunal do júri: como ocorre na peça, a instituição, no âmbito real, absolveu Lima e Silva. No livro *Cena Aberta: A Absolvição de um Bilontra e o Teatro de Revista de Arthur Azevedo*, Fernando Mencarelli historia em detalhes o escândalo e os autos do processo, comprovando a influência do espetáculo na sentença proclamada pelo tribunal.

A sequência triunfante de *O Mandarim*, *Cocota* e *O Bilontra* consagra, em definitivo, a revista de ano no Brasil, assim como a maior dupla de revistógrafos

---

[8] Raimundo Magalhães Jr., *Artur Azevedo e Sua Época*, 4. ed., São Paulo: Lisa, 1971, p. 30.
[9] Para Roberto Seidl, não há dúvida: "Em Paris, onde observou muito os teatros, viu como se fazia uma revista leve, brejeira, salpicada do picante sal gaulês... Trouxe, assim, quase uma novidade para o nosso público: a revista de ano!". *Artur Azevedo: Ensaio Biobibliográfico*. Rio de Janeiro: ABC, 1937, p. 28.

nacionais, Artur Azevedo e Moreira Sampaio. A partir de então, o público fluminense habitua-se a poder assistir, a cada início de ano, a mais de um espetáculo que passa em revista os acontecimentos do ano findo. Artur Azevedo ainda escreve em colaboração com Moreira Sampaio as revistas de ano *O Carioca* (1886), *Mercúrio* (1886) e *O Homem* (1887). Sozinho, produz *Viagem ao Parnaso* (1890), *O Tribofe* (1891), *O Major* (1894), *A Fantasia* (1895), *O Jagunço* (1897), *Gavroche* (1898) e *Comeu* (1901). Com o irmão Aluísio Azevedo, Artur cria *Fritzmac* (1888) e *República* (1899). Divide a parceria de *Guanabarina* (1905) com Gastão Bousquet e de *Pum!* (1894), com Eduardo Garrido, deixando inacabada a revista *O Ano que Passa* (1907).

A produção revisteira de Moreira Sampaio, sem a participação de nenhum outro autor, compreende *Há Alguma Novidade* (1895), *O Rio Nu* (1895 – seu grande sucesso), *Dona Sebastiana* [s.d.], *O Engrossa* (1899) e *A Inana* (1900). Com Vicente Reis, escreve *O Abacaxi* (1892) e *A Vovó* (1893); e com Acácio Antunes, *O Buraco* (1898).

A entronização da revista de ano no cenário teatral brasileiro efetivada por Artur Azevedo e Moreira Sampaio incentivou o surgimento de uma nova geração de autores, os quais não tardaram a produzir uma grande quantidade de peças do gênero. Até a virada do século, os palcos cariocas foram tomados pelas seguintes revistas de ano: *A Mulher-Homem*, de Valentim Magalhães e Filinto d'Almeida (1895); *Zé Caipora*, de Augusto Fábregas e Barbado Lisboa (1886); *Cobras e Lagartos*, de Augusto Fábregas (1886); *Os Coroados*, de Joaquim Serra e Múcio Teixeira (1886); *O Boulevard da Imprensa*, de Oscar Pederneiras (1887); *1888*, de Oscar Pederneiras (1888); *Fecha! Fecha!*, de Soares de Souza Júnior (1888); *Notas Recolhidas*, de Lopes Cardoso (1888); *Abolindenrepcotchindegó*, de Valentim Magalhães e Filinto d'Almeida (1888); *O Sarilho*, de Oscar Pederneiras (1889); *O Grude*, de Valentim Magalhães e Henrique Magalhães (1890); *O Mundo da Lua*, de Figueiredo Coimbra (1893); *Pontos nos ii*, de Vicente Reis (1894); *A Bicharia*, de Vicente Reis (1894); *Aquidabã*, de Assis Pacheco (1894); *Pão, Pão, Queijo, Queijo*, de Demétrio de Toledo e Orlando Teixeira (1895); *O Zé Povinho*, de Vicente Reis (1895); *O Filhote*, de Vicente Reis (1896); *O Diabo a Quatro*, de Vicente Reis (1896); e *A Roda da Fortuna*, de Demétrio Toledo e Eduardo Vitorino (1899).

Conjuga-se, com a fixação da revista de ano no país, a incorporação de procedimentos inéditos nos processos criativos conhecidos até então. Após *O Mandarim*, por exemplo, a cenografia passa a ser idealizada e executada por dois ou três artistas, uma vez que apenas um cenógrafo não consegue mais dar conta de toda a estrutura cenográfica. De um modo geral, a revista de ano se organiza em três atos; cada ato é subdividido em quadros, e cada quadro em cenas; a passagem de um quadro a outro se dá através da mutação do cenário e o espetáculo se encerra com uma apoteose. Podia haver, no entanto, mais de uma apoteose por espetáculo, sempre realizada no final de um dos atos. Para desenvolver o enredo, sempre muito simples, o dramaturgo emprega uma ou duas personagens, que alinhavam os acontecimentos apresentados; essas personagens são conhecidas como o compadre da revista – ou comadre, caso a personagem seja feminina. O espaço cenográfico da revista de ano se constrói a partir dos quadros, das mutações, das apoteoses e dos efeitos cenográficos. Em geral, cada peça desse gênero dispõe de 10 a 18 quadros (que exigem entre 10 e 18 cenários); cada quadro se concretiza pela pintura de um tema nos quatro rompimentos da caixa teatral (o rompimento é o conjunto formado por dois bastidores e a respectiva bambolina), configurando um determinado espaço dramático. Em seu todo, os quadros dão a unidade cenográfica ao espetáculo. As mutações ocorrem de duas formas: as realizadas sem que o público as veja e as realizadas à vista do público. A apoteose é um momento especial da encenação, no sentido de ser uma homenagem, de caráter surpreendente, a uma personalidade, a um sentimento, a uma data histórica etc. É o clímax da peça, inclusive emocional, e requer o apoio do cenário; nenhuma apoteose tem sentido sem um cenário muito bem realizado, porque aí reside sua alma. Os efeitos cenográficos são os resultados da modificação qualitativa da cena causados por manobras, transformações ou movimentações do cenário. Destacam-se como cenógrafos das revistas de ano Orestes Coliva, Carrancini, Zenotti, Frederico de Barros, Huáscar de Vergara, André Caboufigue e Camões.

A música, na cena da revista de ano, assume novas funções dramáticas ou realça atributos tradicionais. Os autores empregam a música para abrir e fechar cenas ou quadros, apresentar personagens, atribuir um caráter cômico às situações, fazer passagens de cenas, dar suporte a coreografias, efeitos cenográficos ou apoteoses, intervir na ação dramática, sustentar mutações de cena ou cenas mudas. Em algumas ocasiões, a música é o próprio motivo da cena, como nos "desafios musicais" empreendidos por duas personagens. Assis Pacheco, Gomes Cardim, J. Simões Júnior, Carlos Cavalier, Adolfo Lindner, Leocádio Raiol, Luís Moreira, Paulino Sacramento, Abdon Milanez, Nicolino Milano, Chiquinha Gonzaga e Cardoso de Menezes foram os mais importantes compositores musicais no período.

Para atores e atrizes, a revista de ano confirma e redimensiona – tal a quantidade de peças desse gênero – os desafios interpretativos colocados pela opereta. Além da declamação (parte dialogada), cabe ao elenco executar os números de canto e dança; para dar conta do grande número de personagens.

Como observado, *O Mandarim* foi o portador da grande revolução tecnológica proporcionada pela iluminação elétrica, que logo passou a ser aproveitada pelos demais revistógrafos. Outro dado a acrescentar é que, a partir de *O Bilontra*, Artur Azevedo e Moreira Sampaio passam a utilizar o termo *mise-en-scène*, no original ou traduzido – "encenação" –, para indicar o trabalho requerido para harmonizar os elementos de que se compunham uma revista de ano: o desenvolvimento do enredo segundo uma estrutura dramática diferenciada, a caricatura pessoal, a concorrência de vários cenógrafos na criação dos quadros, mutações e apoteoses, o uso cênico da iluminação elétrica, as inéditas funções dramáticas da música, os novos atributos dos intérpretes e a presença obrigatória de um ensaiador, a quem cabia organizar, ensaiar e colocar a peça em cena, de forma que esta apresentasse uma determinada unidade estética. Na ficha técnica de *O Bilontra*, lê-se: *Mise-en-scène* do sr. Adolfo de Faria; já na revista seguinte, *Mercúrio*, o termo é traduzido: "Encenação do sr. Adolfo de Faria".

O significado do novo termo e sua ampla utilização podem ser confirmados nos anúncios dos espetáculos veiculados pela imprensa e em inúmeros artigos de Artur Azevedo publicados nos jornais cariocas. Por exemplo, ao comentar os enormes gastos com a montagem da comédia *Viagem de Suzette*, no Recreio Dramático, ele observa, em artigo publicado em *A Notícia* de 8 de novembro de 1900, que "não é absolutamente o luxo da encenação que determina o sucesso das peças". Mas que ele faz questão de que os espetáculos sejam bem cuidados:

Exijo que os cenários, o guarda-roupa e os acessórios sejam decentes, e apropriados; nada mais. A miséria e a impropriedade da *mise-en-scène* revelam absoluta falta de respeito pelo público, ofendem a inteligência, o bom senso e o gosto estético da plateia; mas entre a decência e a propriedade de um lado, e o luxo exagerado de outro, há um abismo.

Com as mortes de Moreira Sampaio, em 1901, e de Artur Azevedo, em 1908, e com o abandono da produção de revistas de ano por parte dos promissores Oscar Pederneiras e Vicente Reis, esse tipo de peça logo desaparece da cena nacional. Mas não o teatro de revista, que adquire novas característica e continua a desfrutar do prestígio junto ao público por mais algumas décadas, como se verá adiante neste livro.

## A Burleta

Ao escrever *A Capital Federal*, Artur Azevedo colocou em prática um procedimento dramatúrgico até então inédito no teatro brasileiro: o de extrair uma peça de uma revista de ano. A novidade provocou, além da natural expectativa que acompanhava a estreia de cada novo trabalho do autor maranhense, uma série de boatos, segundo os quais o tal método não passaria de um mero *arranjo* de um texto antigo. Artur veio então a público, nas páginas do jornal fluminense *A Notícia*, de 4 de fevereiro de 1897, para explicar como a concebeu:

Em 1891 representou-se no Teatro Apolo, com muita aceitação do público, a minha décima revista de ano, que se intitulava *Tribofe*. Nessa revista havia uma comédia, cuja ação corria paralela com a exibição dos principais acontecimentos de 1890, uma comédia que, se fosse convenientemente desenvolvida, poderia destacar-se do resto da peça. O ator Brandão, que agradou extraordinariamente representando o papel de Eusébio, um dos primeiros personagens da comédia, que ele tornou o primeiro, lamentava, e com razão, que o *Tribofe* estivesse condenado à vida efêmera das revistas de ano, e por isso não lhe fosse possível conservar um dos melhores papéis do seu repertório. E o artista durante largo tempo insistiu comigo para extrair uma nova peça da peça velha. [...] Escrevi então essa comédia, que é um trabalho, devo dizê-lo, quase inteiramente novo, pois o que aproveitei do *Tribofe* não ocupa a décima parte do manuscrito. Ampliei cenas, inventei situações e introduzi novas personagens importantes, entre os quais o de Lola, destinado à atriz Pepa, e o de Figueiredo, que escrevi para o ator Colás. Como uma simples comédia saía do gênero dos espetáculos atuais do Recreio Dramático, e isso não convinha nem ao empresário, nem ao autor, nem aos artistas, nem ao público, resolvi escrever uma peça espetaculosa, que deparasse aos nossos cenógrafos, como deparou, mais uma ocasião de fazer boa figura, e recorri também ao indispensável condimento da música ligeira, sem, contudo, descer até o gênero conhecido pela característica denominação de maxixe. [...] Clélia, Adelaide de Lacerda e Henrique Machado (sem falar de Brandão) têm a seu cargo os personagens – agora muito mais complexos – que com tanta distinção representaram no *Tribofe*, e os demais artistas do Recreio ficaram bem aquinhoados, especialmente Pepa e Colás.

O relato acabou por explicar como nasceu uma nova forma dramática, híbrida, resultado da soma de características dos gêneros cômicos e musicados então em voga: a burleta. Em *A Capital Federal* encontram-se traços da comédia de costumes, da opereta, da revista de ano e até mesmo sugestões cenográficas típicas da mágica.

Ressalte-se que Artur Azevedo não definiu *A Capital Federal* como burleta. Sabia que tinha escrito uma peça diferente de todas as outras que assinara antes. Não se tratava de uma comédia feita de acordo com os moldes tradicionais; não era tampouco uma revista de ano, por não passar em revista os acontecimentos do ano findo; e também não era uma opereta, por ter mais diálogos do que música e uma trama muito bem trabalhada. Na dúvida, qualificou sua peça como "comédia opereta". A comicidade da comédia de costumes – base do enredo – e a música alegre da opereta pareceram-lhe os aspectos centrais da peça, sugere a denominação. Pouco tempo depois, em 1900, ao escrever *A Viúva Clark*, que tem as mesmas características de *A Capital Federal*, qualificou-a como burleta, termo tomado de empréstimo ao teatro italiano, que era sinônimo, no século XVIII, de comédia musicada.

Representada pela primeira vez em 9 de fevereiro de 1897 no Teatro Recreio Dramático no Rio de Janeiro, *A Capital Federal* foi recebida entusiasticamente pelo público e pela crítica, transformando-se rapidamente num dos grandes êxitos de Artur Azevedo e num dos maiores sucessos de público no final do século XIX. Depois da temporada inicial no teatro carioca, o espetáculo foi apresentado em várias cidades brasileiras, em Portugal, voltando novamente ao Rio de Janeiro. Por onde passou, *A Capital Federal* encantou as plateias com a história do mineiro Seu Eusébio, fazendeiro rico e caipira que vem com sua família para o Rio de Janeiro, trazendo também a mulata Benvinda, empregada da casa, para procurar Gouveia, que pedira a mão de sua filha em casamento e desaparecera. Chegando à cidade, Seu Eusébio deslumbra-se com a exuberância e modernidade da "Capitá Federá" e acaba se envolvendo numa série de enrascadas, inclusive picantes, com a prostituta Lola. Além de contar com uma encenação primorosa, bancada pelo empresário Silva Pinto, outro fator decisivo para o triunfo da peça foi o excelente naipe de intérpretes. Além de Brandão, o popularíssimo, no papel de Seu Eusébio, a cena contava com Pepa Ruiz na pele da voluptuosa Lola, Olímpia Amoedo interpretando a deliciosa Benvinda, Colás vivendo o *lançador de trigueiras*, Figueiredo e Machado incumbindo-se do janota Gouveia. A crítica também não poupou elogios aos cenários e à música do espetáculo. O trecho abaixo, publicado em *O País*, de 11 de fevereiro de 1897, embora de autor não identificado, é representativo das dezenas de louvações recebidas em relação à cenografia e à parte musicada:

Os cenários são brilhantíssimos. Cumpre especializar, porém, o que representa o elétrico passando por cima dos Arcos, e que é verdadeiramente suntuoso trabalho de Carrancini, o do Grande Hotel, devido ao pincel de Coliva, o do Belódromo, pintado por Canelas. A música, de que só três trechos são de Assis Pacheco e um é de Luiz Moreira,

Foto de uma cena de *O Mambembe*, em montagem do Teatro dos Sete, em 1959.

foi composta por Nicolino Milano, um rapaz de muito talento, a quem está reservada brilhantíssima carreira. O grande concertante do final do primeiro ato fez um franco sucesso bem merecido, porque é um trecho animado e cheio de fôlegos[10].

A experiência prazerosa e meritória proporcionada por *A Capital Federal* incitou Artur Azevedo a produzir mais três peças na mesma linha: *A Viúva Clark*, *O Mambembe* e *O Cordão*, todas denominadas burletas. A primeira, representada em 1900 e da qual restam somente os dois primeiros atos dos três originais, cumpriu uma curta e modesta temporada. *O Mambembe*, escrita em colaboração com José Piza, e especialmente para o ator Brandão, é uma obra-prima do gênero e focaliza a história de uma companhia "mambembe" de teatro, em suas andanças pelo interior do país. A personagem Frazão, interpretada pelo *Popularíssimo*, explica o significado da expressão:

Mambembe é a companhia nômade, errante, vagabunda, organizada com todos os elementos de que um empresário pobre possa lançar mão num momento dado, e que vai, de cidade em cidade, de vila em vila, de povoação em povoação, dando espetáculos aqui e ali, onde encontre um teatro ou onde possa improvisá-lo[11].

Encenada pela primeira vez em 7 de dezembro de 1904 no Teatro Apolo, no Rio de Janeiro, *O Mambembe*, com música do maestro Assis Pacheco e cenários assinados por Marroig, Crispim do Amaral, Afonso Silva, Timóteo da Costa e Emílio, apesar de ser muito bem recebida pela crítica, padeceu com a falta de público. A pesquisadora Larissa de Oliveira Neves, refletindo sobre o fato, apresenta uma série de circunstâncias que, conformando

10 Em Larissa de Oliveira Neves, *As Comédias de Artur Azevedo: Em Busca da História*, tese de doutorado, IEL/Unicamp, 2006, p. 125, Anexos.

11 Artur Azevedo, *Teatro de Artur Azevedo*, tomo V, Rio de Janeiro: Funarte, 1995, p. 284.

um determinado contexto, podem auxiliar na compreensão de alguns dos motivos que levaram o público a fugir de *O Mambembe*:

[A plateia] se dividia basicamente em dois grupos: o "público" comum, pobre, analfabeto; e a "sociedade" intelectual e/ou economicamente privilegiada. A separação dos espectadores entre ricos e pobres, literatos e analfabetos, evidencia uma das particularidades da vida teatral da época. Artur Azevedo, em suas crônicas, dividia os espectadores em dois grupos distintos, denominados por ele de "público" e "sociedade". Do "público" faziam parte os frequentadores regulares do teatro musicado e popular, cujos gêneros principais eram as revistas, as mágicas e as operetas. Na "sociedade", incluíam-se os espectadores da elite econômica, presentes, principalmente, nas apresentações de companhias estrangeiras, nos festivais amadores e em raras encenações de peças "sérias" brasileiras por grupos profissionais[12].

Em vista dessas características, a estudiosa, prosseguindo em sua análise, elenca alguns procedimentos que podiam conduzir os autores daquele período ao êxito:

A fim de obter um grande sucesso e atrair a população pobre e analfabeta, o texto dramático precisava ser simples. Os belos cenários, a música saltitante, os ricos figurinos ajudavam a deslumbrar os espectadores. O "público" compunha-se de pessoas humildes, trabalhadores especializados mas não formalmente educados, que buscavam diversão após um dia de labor exaustivo. Desse modo, peças prolixas, recheadas de diálogos espirituosos, com referências literárias ou artísticas eruditas, não obtinham seu agrado. O "público", analfabeto e cansado, dificilmente entenderia as referências eruditas ou estaria disposto a prestar atenção a diálogos longos e monótonos para seu nível de escolaridade[13].

A crítica da época apontou dois fatores que levaram o "público" a não comparecer em grande número às apresentações de *O Mambembe*. Em primeiro lugar, o "público" não teria entendido o título da peça; em segundo, os atores teriam se mostrado inseguros na caracterização das personagens, prejudicando o ritmo do espetáculo. Artur buscou justificar ambos os argumentos e deu a sua opinião sobre a verdadeira causa do abandono da peça. Num primeiro artigo, publicado em *A Notícia*, de 8 de dezembro de 1904, observou que os ensaios foram insuficientes para um espetáculo tão complexo: "Releva dizer que o *Mambembe* foi ensaiado e encenado em muito pouco tempo: um mês, pouco mais ou menos". Uma semana depois, no mesmo jornal, explicou:

A peça agradou também ao público; mas tem sido, infelizmente, perseguida pelo mais implacável inimigo das nossas empresas dramáticas: o mau tempo. Quando chove, o público do Rio de Janeiro não vai aos teatros, e tem toda razão, porque nem estes são resguardados, nem o preço dos carros, depois dos espetáculos, é acessível a todas as bolsas. [...] Houve, no teatro, quem receasse que, tratando-se de um vocábulo desconhecido, esse título prejudicasse o êxito da peça; mas, que diabo! aí estava o exemplo da *Mascote [na Roça]*. Ninguém sabia o que significava, mas isso não impediu que a opereta fosse representada cem vezes seguidas.

Ao contrário de *A Capital Federal*, que teve uma longa e brilhante carreira, *O Mambembe*, ainda que tivesse caído no gosto de quem o assistiu, permaneceu em cartaz por apenas um mês. De qualquer modo, ambas as peças confirmam definitivamente a burleta como um gênero especial de teatro gestado no Brasil por Artur Azevedo. Tanto que o dramaturgo a retoma, com maestria, em *O Cordão*, representada durante o Carnaval de 1908, no Rio de Janeiro. Para criar sua última burleta, o autor adotou o mesmo procedimento experimentado na fatura de *A Capital Federal*, desenvolvendo-a a partir da revista de ano *Comeu!*

*O Cordão* examina o Carnaval do Rio de Janeiro através de seus cordões ou zé-pereiras, como também eram conhecidos os grupos de foliões que saíam em desfile pelas ruas da cidade no período carnavalesco. Na peça, Artur confronta personagens tipicamente urbanas, instruídas e letradas, representadas por Alfredo e Gastão, e outras da periferia, pobres e marginalizadas, espelhadas pelos participantes do evento popular.

O contexto no qual a burleta subiu à cena é representativo das transformações pelas quais passou o teatro no Rio de Janeiro do início do século XX,

---

12 L. de O. Neves, op. cit., p. 12.
13 Idem, p. 17.

quando sofreu a concorrência de outras formas de diversão, com destaque para o cinema:

A novidade dos filmes cantantes, em 1908, nos quais números musicais, ou espetáculos inteiros, com intérpretes populares, eram registrados e depois dublados pelo próprio artista atrás das telas ao longo da exibição, introduziu o teatro musical, a música popular e os intérpretes populares no elenco das atrações cinematográficas. Alguns dos primeiros exercícios de divulgação de uma dramaturgia no cinema incluíam revistas, operetas e espetáculos de teatro musicado, os chamados gêneros alegres. [...] Na passagem do final do século XIX para o início do século XX, completando o circuito Carnaval-festas-circo-teatro musicado, o fonógrafo e o cinema inauguraram uma nova fase da cultura urbana popular no país. Esse circuito revelava uma intensa intercomunicação, formando uma rede de personagens e práticas culturais que podiam circular em diversas instâncias. Canções lançadas nas revistas popularizavam-se no Carnaval; sendo frequentes também o movimento inverso. Artistas de teatro e de circo circulavam entre os palcos dos teatros, as festas populares e as rodas musicais, criando uma série de interseções, acompanhadas também pelo público, que prestigiava, segundo sua acessibilidade, a pluralidade de atrações[14].

Nesse cenário, até mesmo os tradicionais empresários teatrais vão perdendo espaço para os empreendedores das novas modalidades de diversão. Para enfrentar a poderosa concorrência e, ao mesmo tempo, para tentar se adequar às formas de diversão dos novos tempos, a atriz e empresária Cinira Polônio inaugurou, em janeiro de 1908, o chamado "teatro por sessões", cujo formato se inspirava, evidentemente, na maneira de exibição dos filmes. Foi para a companhia dramática de Cinira que Artur Azevedo escreveu *O Cordão*, que estreou no Teatro Carlos Gomes no dia 22 de fevereiro, apresentada em duas sessões, com uma hora e meia de duração cada uma. Esse dado explica por que o dramaturgo estruturou a burleta em apenas um ato, com uma proposta cênica mais modesta em relação às anteriores. Ressalte-se que o espetáculo mais curto foi bem recebido pelo público e pela crítica especializada.

Em relação às burletas anteriores, *O Cordão* apresenta uma relevante novidade: a inserção de personagens da periferia do Rio de Janeiro:

Há a inserção de personagens "indesejáveis" da periferia social urbana, inéditas até então no teatro brasileiro. E a maneira como ocorre essa introdução, simples e ao mesmo tempo verdadeira, demonstra a capacidade de observação de Artur Azevedo em relação aos habitantes de sua cidade[15].

Essas figuras "indesejáveis" correspondem às personagens centrais do núcleo do cordão, as quais, no desenrolar da peça, desconstruindo a visão preconceituosa da "sociedade" em relação a elas – a de "malandros do Catumbi" – mostram que o verdadeiro Carnaval carioca é o do povo da lira e não o da elite, simbolizado pelas ricas sociedades carnavalescas da época, como Fenianos, Os Tenentes do Diabo e Democráticos. *O Cordão* arremata com felicidade a tetralogia das burletas do autor de *O Dote* e consagra o gênero como a sua grande contribuição estética para a cena nacional:

Se Artur Azevedo pinçou elementos dramáticos de sua obra para compor a burleta, estabelecendo uma nova linguagem cênica, concluímos que, pela primeira vez, em toda a atividade teatral do dramaturgo, ele propõe a sua própria estética, pessoal e inédita, até aquele momento, na história do teatro brasileiro. Artur Azevedo sintetiza na burleta todo o seu *know-how* dramatúrgico. Aqueles que não conhecem uma única peça de seu repertório poderão ter uma ideia sobre o seu teatro em *A Capital Federal*, *A Viúva Clark*, *O Mambembe* ou *O Cordão*. Principalmente em *A Capital Federal* e *O Mambembe*, duas obras-primas da dramaturgia nacional[16].

A burleta de Artur Azevedo, síntese definitiva do teatro musical brasileiro do período, e que no século XX passa a ser reconhecida sob a denominação *comédia musical*, destaca-se também pelos seus atributos literários. A linguagem é bem cuidada, com destaque para o coloquialismo e para os falares regionais que se contrapõem à norma da língua portuguesa, provocando a comicidade necessária para o sucesso desse tipo de peça.

---

14 Fernando Antonio Mencarelli, *A Voz e a Partitura: Teatro Musical, Indústria e Diversidade Cultural no Rio de Janeiro (1868-1908)*, tese de doutorado, IFCH/Unicamp, 2003, p. 1-3.

15 L. de O. Neves, op. cit., p. 221.

16 Rubens José Souza Brito, *A Linguagem Teatral de Artur Azevedo*, dissertação de mestrado, ECA-USP, 1989, p. 101.

O grande público e a crítica especializada puderam, em tempos mais recentes, aquilatar a excepcional teatralidade de *O Mambembe* a partir da histórica montagem realizada pelo Teatro dos Sete, no Teatro Municipal do Rio de Janeiro, em 1959, com a música original de Assis Pacheco, sob direção e cenários de Gianni Ratto e um elenco que contava com Fernanda Montenegro, Ítalo Rossi, Sérgio Britto, Renato Consorte, Napoleão Moniz Freire (que também fez os figurinos da peça), Yolanda Cardoso, Milton Carneiro, Zilka Salaberry, Labanca, Yara Cortês, Waldir Maia, entre outros.

Projeção similar obteve *A Capital Federal* dirigida por Flavio Rangel, em 1972, apresentada no Teatro Anchieta, em São Paulo, com cenários de Gianni Ratto, figurinos de Ninette van Vuchelen, coreografia de Márika Gidali, e interpretada por Suely Franco, Roberto Azevedo, Lutero Luiz, Laerte Morrone, Etty Fraser, Chico Martins, Eliana Rocha, Neusa Borges, Carlos Koppa, Tamara Taxman, Amílton Monteiro e outros.

Ao final de uma vida dedicada às atividades teatrais, e, entre elas, a luta pela construção do Teatro Municipal do Rio de Janeiro, Artur Azevedo conseguiu, através de suas burletas, a resolução de seu eterno conflito artístico: a necessidade de conquistar, simultaneamente, o grande "público" e a "sociedade", incluída aí a crítica especializada. Ao materializar esse fenômeno, raríssimo na história do teatro de qualquer país, Artur Azevedo desqualificou totalmente a acusação que lhe foi feita no auge de sua carreira artística: a de que teria sido responsável pela "decadência" do teatro nacional. A posteridade lhe fez justiça, reconhecendo que ele foi o nosso principal homem de teatro do século XIX, "o eixo em torno do qual girou o teatro brasileiro"[17] entre 1873, ano em que chegou ao Rio de Janeiro, vindo do Maranhão, até 1908, ano de sua morte. Não foram poucas as inovações que trouxe para as formas cômicas que cultivou, como não foi pequena a paixão que nutriu pelo teatro ao longo da vida.

## 2. A CONTINUAÇÃO DA COMÉDIA DE COSTUMES

O sucesso das operetas, das mágicas e das revistas de ano nos últimos decênios do século XIX não impediu que a comédia de costumes encontrasse igualmente uma boa receptividade do público frequentador de teatros. Criada por Martins Pena, continuada e consolidada pela geração realista, que a renovou com um tanto da sisudez da escola fundada por Alexandre Dumas Filho, e visitada com frequência pelo facundo Joaquim Manuel de Macedo, a comédia de costumes teve continuidade principalmente nas obras de Joaquim José da França Júnior e de Artur Nabantino Gonçalves de Azevedo. Com tratamento peculiar e roupagem diferente, foi cultivada também pelo curioso escritor gaúcho Qorpo-Santo, que se tornou nacionalmente conhecido apenas na década de 1960, em montagens surpreendentemente modernas.

### *França Junior*

Joaquim José da França Júnior (1838-1890), ou simplesmente França Júnior, como ficou conhecido na posteridade, nasceu no mesmo ano[18] em que Martins Pena dava ao palco *O Juiz de Paz da Roça*, considerada a *peça-mater* de nossa comédia de costumes.

Depois dos estudos iniciais, no Colégio Pedro II, dirigiu-se a São Paulo, para estudar Direito na Faculdade do Largo de São Francisco. Foi na capital paulista que lhe desabrochou a vocação teatral. Escreveu então algumas comédias. Destas, chegaram-nos duas: *Tipos da Atualidade*, também

---

17 Décio de Almeida Prado, *História Concisa do Teatro Brasileiro*, São Paulo: Edusp, 1999, p. 145.

18 Algumas fontes o dão como nascido no Rio de Janeiro; outras, em Salvador, em 19.4.1838. A página da Fundação Biblioteca Nacional cita o nascimento em Salvador; Galante de Sousa, no segundo volume de seu *O Teatro no Brasil*, afirma que o escritor nasceu no Rio de Janeiro. No primeiro volume do *Teatro de França Júnior* (Rio de Janeiro: MEC/SNT, 1980) há a transcrição de um artigo de Artur Azevedo, de 1906, no qual se lê que França Júnior nasceu na Bahia. No entanto, o filho de Artur, Aluísio Azevedo Sobrinho, explica em nota de rodapé que no dia seguinte à morte de França Júnior, uma pequena biografia do comediógrafo foi publicada no *Correio do Povo* – e ele acredita ser de seu pai, pelo estilo –, na qual havia a informação do nascimento no Rio de Janeiro.

representada com o nome de *O Barão de Cutia*; e *Meia Hora de Cinismo*. A primeira estreou no Teatro Ginásio Dramático, no Rio de Janeiro, em fevereiro de 1862 e obteve razoável receptividade por parte da crítica e do público. Nessa altura, já formado e instalado na cidade, França Júnior começou a colaborar com a imprensa, numa atividade que o acompanhou ao longo da vida. Escreveu de início para o *Bazar Volante*, e no *Correio Mercantil*. Depois colaborou com a *Gazeta Mercantil*, a *Gazeta de Notícias*, com *O Globo Ilustrado* e com *O País*, até sua morte. Assim como no teatro, França Júnior fez de muitos de seus folhetins registros de costumes da sociedade brasileira, terreno em que também encontrou bastante sucesso.

França Júnior foi secretário de governo do estado da Bahia. Na corte, foi adjunto da Promotoria Pública, e curador da Vara de Órfãos, cargo que exerceu até a morte.

França Júnior apreciava música, de que era ouvinte exímio, e pintura, aspecto pouco conhecido de suas atividades. Foi discípulo de Johann Georg Grimm, pintor alemão que viveu muitos anos no Brasil. Grimm fora aluno da Academia de Belas-Artes de Munique. Também estudara em Berlim e Roma. Vindo ao Brasil, tornou-se professor de pintura, tendo lecionado na cadeira de Pintura de Paisagens, Flores e Animais, na Academia Imperial de Belas-Artes. Rompendo com os membros da Academia, fundou sua própria escola, voltada para a pintura ao ar livre, de que foi um dos mestres no Brasil. Fundou o chamado "Grupo Grimm", que entrou para a história das artes plásticas brasileiras. Dele, além de França Júnior, que se tornou paisagista (pintou, entre outros, o quadro *O Morro da Viúva*), fizeram parte do grupo Domingos Garcia y Vasquez, Hipólito Boaventura Caron, Antônio Parreiras e Giovani Battista Castagneto. Grimm retornou à Itália em 1887, vindo a lá falecer ainda nesse ano.

França Júnior não foi homem de política, mas sim severo observador de suas mazelas, como aparece em suas comédias *Como se Fazia um Deputado* e *Caiu o Ministério*. Era amigo do príncipe D. Pedro Augusto e frequentava a família imperial. A proclamação da República e o exílio do imperador, com sua família, abalaram-no profundamente, o que deve ter contribuído para sua morte logo depois. Faleceu em 27 de novembro de 1890, em Poços de Caldas, Minas Gerais, onde estava acompanhado da esposa, D. Clotilde, aos 52 anos de idade. O casal não deixou filhos. Mais tarde, discretamente, como conta Artur Azevedo, a esposa fez trasladar o corpo para o Rio de Janeiro, para repousar a seu lado, o que aconteceu.

Na introdução ao *Teatro de França Júnior*, obra publicada em dois volumes como parte da coleção "Clássicos do Teatro Brasileiro", Edwaldo Cafezeiro identifica três modalidades de comédia na obra de França Júnior. São elas:

1. "uma comédia de imitação clássica representativa de uma trama de equívocos e armadilhas", como em *Amor com Amor se Paga*.
2. O teatro musicado, "a burleta com suas cenas fantasiosas e seus quadros apoteóticos", como em *Direito por Linhas Tortas*;
3. A comédia satírica, em que abordou os temas do tempo e de sempre: "o casamento por interesse; as estudantadas (trotes, anedotas e farras); as manias (por cavalos, por estrangeiros); a donzela casadoira; os estereótipos (hipercorreção, sofisticação exagerada); a usura e o crédito"; é exemplo desse tipo de comédia sua primeira peça, *Meia Hora de Cinismo*.[19]

Assinala ainda Cafezeiro que as peças de França Júnior por vezes têm uma estrutura de coordenação de cenas, que vão se encadeando até um final que pode ser tenso até a resolução, ou apoteótico, em que todas as personagens convergem para o palco. Outras há que apresentam fatos que "se entrecruzam e o final do texto se realiza no centro, isto é, no ponto onde as linhas se cortam". Outras, no entanto, têm uma estrutura mais complexa de cruzamento de tramas e cenas, que pode ser descrita como "de encaixe". Nestas, há uma linha principal, como "a história de um ministério" ou de uma eleição, na qual "se encaixam" outras cenas. Aponta Cafezeiro que muitas vezes há "encaixes" dentro dos "encaixes". "Por exemplo", diz o crítico, "na recepção do 'senhô moço dotô' [referência a *Como se Fazia um Deputado*] encaixam-se a trama da sua eleição e do seu casamento e na própria eleição há encaixes de várias cenas ora burlescas ora dolorosas".

19 Introdução, em *Teatro de França Júnior*, tomo I, Rio de Janeiro: Serviço Nacional de Teatro, 1980, sem numeração de página.

Em todas as modalidades, França Júnior não esmoreceu na crítica divertida dos costumes brasileiros. Mas de quando em quando acrescenta às cenas de bom humor certo toque amargo, de desilusão com o país. Sua visada cômica abrange os tipos que acha característicos da sociedade brasileira, quase sempre tendendo para o caricato ou o grotesco. Mesmo a ingenuidade não escapa desse daguerreótipo severo de nossa sociedade do XIX. As mulheres, por exemplo, ora são submissas demais, ora tão empenhadas em seus propósitos que chegam ao burlesco, como na controversa *As Doutoras*, de que trataremos mais adiante.

Também aborda França Júnior a crítica dos costumes políticos nacionais: o clientelismo como meio de obtenção de votos, a falta de coerência e o oportunismo dos partidos políticos, a inconstância dos governos, que se expressa na pouca duração dos ministérios. Critica ainda a ferocidade da luta política que, sem programas ideológicos definidos, representa apenas um engalfinhar-se em busca dos cargos em disputa, aferrando-se o vencedor a eles e atraindo sobre si a fúria sem peia dos demais, que se manifesta através da imprensa ou diretamente em bate-bocas exaltados.

Não deixa França Júnior de criticar os estrangeiros, ricos ou remediados, que buscam a exploração dos brasileiros através de seus engenhos ou engenhocas divertidas, como o Mr. James de *Caiu o Ministério!*, que pretende construir um transporte para o alto do Corcovado movido a cachorros. Mas ao mesmo tempo França Júnior se vale dos mesmos estrangeiros, com seu olhar independente, para apontar os problemas da política e da sociedade brasileiras, como faz o mesmo Mr. James na cena XIV do primeiro ato daquela peça, criticando as trapalhadas políticas de conservadores, liberais e até dos republicanos que, segundo ele, calam a boca quando ganham um emprego público, ou disputam cargos como os outros, enquanto a República não vem.

O amor apaixonado é, como diz toda a tradição cômica desde a Antiguidade, algo para jovens. Mas nem mesmo ele escapa de todo às contradições do tempo, e não raro se vê nas peças de França Júnior a sua conjugação com a conveniência. A jovem Beatriz, de *Caiu o Ministério!*, que deveria ser a "ingênua" da peça, na verdade é bem espertinha, jogando com vários pretendentes, e só se deixa levar pelo seu apaixonado Felipe quando este, de início um pobre repórter, "por acaso" ganha duzentos contos de réis na loteria. Até o amor de Felipe é caricato, pois este se apaixona pela jovem ao vê-la comer uma empada na confeitaria Castelões.

Examinemos primeiro as comédias curtas do autor que chegaram até nós.

A primeira peça de França Júnior, *Meia Hora de Cinismo*, é um pequeno quadro em um ato, que se passa num quarto de estudante, em S. Paulo. Na estreia, em 1861, contou com pelo menos dois artistas de peso, Furtado Coelho e Eugênia Câmara, que fazia um papel masculino, o do estudante Trindade, morador do quarto. Desfilam perante a plateia as vicissitudes da vida de estudante: falta de dinheiro, correrias (Trindade é um calouro que anda perseguido pelos veteranos), dívidas de jogo e o assédio por credores, bebedeiras e aventuras.

O móvel da trama singela que emoldura a descrição da vida dos cinco estudantes em cena é duplo: a disposição de Trindade, o morador do quarto, de se mudar para evitar as trapalhadas e perseguições dos outros, e uma dívida de 300 mil réis do estudante Macedo para com um usurário, que vem cobrá-la. Conforme as cenas se sucedem, transparece o "cinismo" (na verdade, mais leviandade do que cinismo) com que os estudantes encaram tudo.

Entretanto, ao final, diante do credor enfurecido que vem com um oficial de justiça, o estudante Nogueira dá o dinheiro da dívida a Macedo, livrando-o da vergonha, provando assim que ainda subsistem bons sentimentos em meio à pândega. Ao final, todos, meio tocados pelo vinho que beberam, caem num cancã.

Essa pequena comédia despretensiosa contém em si os ingredientes que França Júnior desenvolverá mais tarde em peças mais complexas. São eles uma visão desencantada da natureza humana e da sociedade e uma compreensão de que, no fim de contas, se nada de grandioso se deve esperar das ações humanas, algo se salva devido a sentimentos simples, como a amizade e a generosidade, que de vez em quando têm uma oportunidade de se manifestar.

Também os credores e as pândegas estudantis compõem o tema e a moldura de *Ingleses na Costa*, comédia em um ato que, na estreia, contou com a presença do conhecido cômico Vasques. A trama e a cena se complicam um pouco em relação à primeira peça. Fazem parte dela, além de três estudantes, dos quais um está endividado sem poder pagar, e do credor que o persegue, o tio endinheirado de um outro, e duas moças de vida airada. O nome da peça se justifica porque um dos estudantes, Feliciano, mais lido do que os outros, diz que Balzac chamava de ingleses "a raça desapiedada" dos credores. Ao vir visitar o sobrinho em S. Paulo, onde se passa a cena, o tio (Luís de Castro) encontra as duas moças no quarto do estudante e cai na pândega com elas, bebendo champanhe e vinho do Porto. Ao ser surpreendido pelo sobrinho, vê-se na contingência de pagar as dívidas do amigo deste, para que aquele não o denuncie à tia... E assim tudo se arranja no final bem humorado.

*Amor com Amor se Paga* também tem apenas um ato. Seu tema, como no caso dos estudantes, passa pela leviandade humana, mas num outro diapasão, o das "relações perigosas". São personagens dois maridos aventureiros que namoram, sem saber, as mulheres um do outro, tendo por coadjuvante um criado esperto (Vicente, vivido pelo mesmo Vasques na estreia). Pelas artes do destino, são levados todos para a mesma casa, onde Eduardo Coutinho corteja Adelaide, a mulher de Miguel. Este, por sua vez, lá se refugiara porque fora confundido com um ladrão ao cortejar Emília, a mulher de Coutinho. Emília também vem à cena para saber da sorte de seu pretendente a amante. Ao final tudo se esclarece: as mulheres se deixaram arrastar às fantasias (que não se consumam) por causa do abandono pelos maridos. Foram apenas amores platônicos, e todos agradecem a Platão, confundido com um deus. França Júnior expõe nessa peça sua crítica ao que via como excessos do romantismo. A certa altura Adelaide, ao ver o marido, desmaia. Mas este lhe diz: "levante-se, minha senhora, os desmaios estão já muito explorados pelos romances modernos"[20]. Também pede a ela que não se ajoelhe para pedir perdão, pois "a posição é ridícula demais para uma heroína". Nessa comédia, a música e a declamação intervêm: Vicente canta, os apaixonados recitam versos.

A música se faz presente também em *O Defeito de Família*, que estreou em 1870, com o mesmo Vasques em papel de destaque, o capitão de cavalaria Matias, de 50 anos, cuja filha, Josefina, de 18, é casadoira. Matias, personagem rústica, fala errado; tem um criado alemão, que fala um português enviesado, e os diálogos de ambos servem para intensificar os efeitos cômicos. Em meio à ação, como vai se tornar comum no teatro do autor, os atores a interrompem para interpretar números musicais.

Josefina, que está noiva do jovem Artur, afilhado do pai, recebe um homem às escondidas, sugerindo uma traição ao noivo, "problema" que também acometeu à sua mãe, Gertrudes. Artur, que vem visitar a noiva, surpreende o intruso aos pés dela; e o mesmo, depois, sucede com Matias em relação a Gertrudes. O quiproquó é intensificado pelo criado alemão, que decide "salvar" o jovem noivo de um "mau casamento". Mas no fim tudo se esclarece: mãe e filha tinham um segredo em comum, sim, mas ele não passa de um joanete nos pés. Muito à brasileira, todos concordam em guardar o segredo, para surpresa do criado, que não entende nada.

O estrangeiro, como tipo cômico, também comparece em *O Tipo Brasileiro*, em que o nativo da terra, Henrique (novamente Vasques), deve recorrer à sua esperteza para vencer os preconceitos do pai de sua amada, que só quer saber de casar a filha com um inglês velhaco. É a luta do esperto contra o espertalhão. Enquanto o primeiro luta com as armas do convencimento, nada conquista; só quando se vale das armas do outro consegue vencê-lo, o que também é propício às situações cômicas. O jovem brasileiro tem de se disfarçar de estrangeiro (no caso, um francês) para desmascarar o inglês, John Read, e vencer a bobice do pai.

O inglês, recurso que França Júnior voltará a utilizar, tem um projeto mirabolante: encanar suco de caju pela cidade. Mas isso é suficiente para encantar o pai da moça, que detesta tudo o que é brasileiro. Henrique se disfarça de francês, fingindo que vai instalar no Brasil a indústria de uma pomada miraculosa, que tudo cura. Graças ao disfarce, consegue descobrir, pela confissão do outro, que o inglês é devedor de larga soma em Paris, e que só queria casar com a jovem (Henriqueta) por interesse pelo dote. O pai tudo ouve,

---

20 E. Cafezeiro, op. cit., p. 107.

e desencantado com os "estrangeiros" (inclusive o disfarçado) consente no casamento com Henrique, que lhe dá, e ao público, esta moral: "Receba calado esta lição, e aprenda a respeitar a terra das bananas e palmeiras, onde canta o sabiá".

*Maldita Parentela* é do ano seguinte (1871), e também tem um ato. Mas nesta o cenário e a cenografia são mais complexos do que nas anteriores. As personagens são onze, e ainda há figurantes, três criados, quatro crianças e outros convidados a um baile familiar. Damião, o dono da festa, detesta a parentela de sua mulher, e quer casar a filha, Marianinha, jovem prendada, com um pretendente cuja única virtude, como ele mesmo descreve, é ser "dinheiroso". Chove a cântaros, o que enriquece os figurinos e a cena, com os trajes dos convidados numerosos que chegam.

O tal do pretendente rico só fala em negócios, e aborrece a moça. Seu verdadeiro amor, Aurélio, não tem chance porque é pobre e não conhece o pai. Mas no decorrer da movimentada festa descobre nela o seu progenitor, que é amigo de Damião. Tudo acaba em casamento, e duplo, porque até o fastidioso rico, Guimarães, acaba encontrando um par à altura, a também fastidiosa Hermenegilda, prima da dona da casa. O jovem enamorado, Aurélio, obtém o consentimento do pai e do futuro sogro para o casamento. Este não só fica frustrado por ter perdido o genro para a parentela da mulher, como fica lamentando ter conseguido mais um parente. Um traço saliente dessa comédia, também muito usado por França Júnior em outras, é que todas as declarações amorosas das personagens, mesmo do par amoroso, tendem ao ridículo, mostrando que o autor não apreciava a retórica romântica nem os trejeitos de salão.

Do autor, temos ainda outras três comédias curtas, em um ato: *Entrei para o Clube Jácome*, de 1877, *Dois Proveitos em um Saco*, sobre cuja data de autoria pairam dúvidas[21], e *A Lotação dos Bondes*, de 1885. O clube Jácome era um clube de equitação (a cujos membros a peça é dedicada), e já se vê que o mote da comédia é a paixão de um pai (Julião da Cunha, vivido na estreia pelo ator Vasques) por cavalos, a tal ponto que quer casar a filha Chiquinha com algum sócio do clube. O verdadeiro amor da jovem é Ernesto, que nunca chegou perto de um cavalo na vida. Mas tudo se arranja: o rapaz acaba entrando para o clube, que faz assim o papel de um Cupido equestre.

*Dois Proveitos em um Saco* tem por mote a fixação de um homem por Petrópolis, a cidade serrana onde ficava a residência de verão do imperador Pedro II. Lá ele obriga a esposa a ficar durante os invernos frios e tristes; mas ela, graças a um subterfúgio que define a propalada esperteza das mulheres, consegue livrar-se da maçada, pretextando que teria em sua casa um sedutor que a deseja. Na verdade, o pretenso sedutor é um viajante extraviado e meio maluco que pretendia fugir das febres do Rio de Janeiro. Com seu expediente, a mulher livra-se dele e da prisão na cidade serrana.

*A Lotação dos Bondes* tem por pretexto as confusões criadas por esse meio de transporte no Rio de Janeiro. França Júnior não era muito amigo de "novidades". E se vale de medida da polícia visando coibir o excesso de passageiros nos bondes para separar marido e mulher, pai e filha, no caminho do centro para o Jardim Botânico, então um logradouro praticamente "fora da cidade". Mas a separação das famílias, além de criar os tradicionais quiproquós da ocasião, propicia ao jovem Camilo ficar quase a sós (ou pelo menos tanto quanto as conveniências permitem) com sua amada, a jovem Elvira. Daí seguem-se as confusões, até que as famílias se reúnam e tudo se esclareça, com as promessas de casamento e os adequados consentimentos.

As comédias longas de França Júnior, de três ou quatro atos, são um testemunho de como, na segunda metade do século XIX, a cena da corte se torna mais complexa e rica do ponto de vista técnico. As personagens, bem como os cenários externos, se multiplicam, e sua variação. Da rua, da praça, passa-se ao cenário doméstico, ou vice-versa. Por outro lado, apresentam a mesma visão desencantada e severa, ainda que compreensiva, da natureza humana e da sociedade brasileira. Não faz vênia a qualquer tipo de progresso, a não ser no caso da abolição, que aparece em seu mundo como uma generosidade (ainda que necessária) do senhor. Até o telefone, como se verá, uma das

---

21 A comédia traz a data de 1873 para sua ação. Mas no primeiro volume do *Teatro de França Júnior*, edição já citada, seu organizador, Edwaldo Cafezeiro, dá a data da publicação, 1883, com uma interrogação ao lado.

paixões do imperador Pedro II, termina merecendo alguma observação crítica.

*Tipos da Atualidade* é citada como uma das comédias escritas por França Júnior ainda em seus tempos de estudante. Mas, como já assinalado, estreou no Rio de Janeiro em 1862. Os motivos da peça são costumeiros: dois pretendentes, Carlos e Gasparino, disputam a mão de uma jovem, Mariquinhas. Mas entre os três está a mãe, D. Ana, viúva, a quem só interessa que a filha se case com alguém rico. Carlos é um jovem doutor, de bom caráter, mas pobre; Gasparino é enfatuado e passa por rico, quando na verdade acumula dívidas. Uma de suas falas, logo no começo, o define, e também serve como um diagnóstico moral da sociedade que o acolhe:

GASPARINO – Um casamento rico, minha senhora, é na minha opinião um emprego mais vantajoso do que outros tantos que por aí há. Devemos acompanhar as ideias do século; longe vão estes tempos em que o cavaleiro de espada em punho combatia pela sua dama. Já não há Romeu nem Julieta, e se ainda existe o amor platônico, como o concebeu o filósofo da Antiguidade, é tão somente na cabeça desses loucos que se intitulam poetas[22].

O desenvolvimento da trama, no entanto, guarda algumas surpresas. A primeira é a chegada de um rico fazendeiro de São Paulo, o barão de Cutia, que encarna o tipo do homem de província, rude, rústico, algo importuno, mas que no fim revela sinceridade e honradez. Com suas trapalhadas, disputa a mão da jovem, termina se envolvendo sem querer com a mãe, e acaba no fim de tudo retornando para São Paulo, vencido, sem casamento, mas "puro" como chegou. Só fala na sua jumenta e na sua esposa, ambas mortas e enterradas.

Na sequência da intriga, Gasparino casa-se com uma viúva que supõe mais rica do que é, e chega a confessar para o público, num aparte, que aspirou provocar-lhe uma doença, para que morresse e lhe deixasse a fortuna, o que termina por acontecer entre o segundo e o terceiro ato. Neste, Carlos aparece tendo herdado uma fortuna de um tio rico; a viúva interesseira agora o tem como genro conveniente. O barão aborrece a todos; é o coringa que fica sem par. Gasparino, viúvo, mas ainda não suficientemente rico, decide conquistar D. Ana. A peça, curiosamente, termina num impasse: o barão vai embora, o par amoroso realiza seu sonho, mas Gasparino conquista a viúva. Mariquinha diz que não vai permitir essa loucura da mãe (os papéis, portanto, se invertem), mas Carlos diz que esse é o destino do seu caráter, e assim cai o pano.

A peça alcançou muito sucesso, e atribui-se ao papel do barão, de resto bastante tradicional nesse tipo de comédia e no teatro brasileiro. Tanto assim foi que em muitas representações posteriores ela se chamava *O Barão de Cutia*, homenageando a personagem que divertia a plateia com suas trocas de linguagem, sua mania de falar da finada mulher e da finada jumenta com as mesmas frases, e assim por diante. A peça fica devendo muito a arranjos de bastidor, com as mortes convenientes de duas personagens (a viúva de Gasparino e o tio de Carlos, que nem aparece), mas seu enredo algo original se apoia, na verdade, no juízo severo da natureza humana e da sociedade que, pelo visto, França Júnior acalentou desde jovem. A cena em que Gasparino confessa impune e descaradamente como provocou a morte da esposa idosa não deixa de ser interessante e forte, apesar do recurso um tanto cediço do monólogo.

*Direito por Linhas Tortas*, em quatro atos, de 1871, também conta com desenvolvimentos inesperados de enredo. Nos seus quatro atos passeia pela roça, no interior do Rio de Janeiro, por uma casa de família na corte, por um movimentado baile de máscaras no Teatro Lírico e de volta à casa, onde a peça termina. Como *Tipos da Atualidade*, aliás, termina num impasse, só que muito mais profundo. A moral de *Direito por Linhas Tortas* pode se resumir no conselho que o experiente comendador Miguel Peixoto dá ao jovem apaixonado Luís de Paiva, que morre de amores por Inacinha Arruda, filha do apatacado Fortunato Arruda e sua mulher, Leonarda. O singelo conselho é o de que ao se apaixonar pela filha, deve-se estudar a futura sogra, pois esta é aquela amanhã. Como convém ao espírito de França Júnior, nessa vida e nessa sociedade brasileira nada muda, tudo se conserva.

---

22 E. Cafezeiro, op. cit., p. 22.

• *O Teatro de Entretenimento e as Tentativas Naturalistas*

França Júnior, em caricatura de Ângelo Agostini, publicada em *A Vida Fluminense*, por ocasião da estreia de *Direito por Linhas Tortas*, em 1870.

E D. Leonarda é uma feroz senhora que manda e desmanda, e aos gritos; o marido, meio bobo, só quer saber de contar histórias que ninguém escuta. Logo no primeiro ato, que se passa durante festa no coreto do vilarejo em que se desenrola um divertido leilão, Luís conquista seu objetivo, entregando um bilhete à jovem pelas artimanhas do leiloeiro, um baiano criado e agregado da casa dos Arruda, que se chama Santa Rita Gostoso dos Anjos.

No segundo ato já o vemos casado, com filho, mas profundamente infeliz. A jovem de sua paixão revelou-se uma megera como a mãe. Ambas destratam em público os maridos, não cuidam do lar, maltratam os escravos e criados, sobretudo Felisberta, jovem mucama que cuida da "toalete" de Inacinha, e que é alvo da paixão de Santa Rita (que, aliás, foi despedido por D. Leonarda). O comendador, voltando da Europa, diante do quadro desolador, dá um conselho radical aos dois maridos: que finjam fugir, abandonando as mulheres, para dar-lhes uma lição de moral. Ao mesmo tempo, Felisberta decide fugir com Santa Rita. O pano se fecha sobre uma casa aparentemente desfeita.

No terceiro ato, há uma nova reviravolta. Durante o baile de máscaras no Teatro Lírico, fica evidente que os dois fujões gostaram da farsa, e caíram de fato na pândega, para desespero do comendador, que também está no baile, disfarçado de barão da Cova da Onça. Ao baile, movimentado e com vários figurantes, também vêm Felisberta e Santa Rita, além de, disfarçadas, Inacinha e Leonarda. É claro que tal montagem se presta aos inevitáveis quiproquós, em que o ex-patrão tenta seduzir a ex-criada, Luís se disfarça de mulher, e assim por diante. Ao final do ato, há um desmascaramento geral, para espanto e escarmento de todos.

No quarto ato, ocorre o inevitável desfecho da reconciliação de todos e todas, também sob o patrocínio do barão-comendador, mas com uma pitada de malícia e surpresa. Para "resolver" a situação, o comendador "traz" de volta os fujões, que na verdade estão arrependidos, mas montam, com o amigo, uma farsa em que se mostram irredutíveis para forçar as mulheres a aceitá-los de cabeça baixa. Estas, então, montam uma contrafarsa, aceitando a volta dos maridos e o novo papel de senhores do lar que eles querem impingir; mas dizem elas, à socapa, que fazem isso apenas para não perdê-los, e que no futuro voltarão à carga para reconquistar o terreno perdido. Ou seja, a comédia termina em farsa. Felisberta também retorna e declara que vai se casar com Santa Rita, que concorda. A felicidade sincera dos dois, ambos tipos populares (ele, aliás, vivido pelo cômico Vasques), contrasta com a farsa, meio amarga, ainda que engraçada, vivida pelos seus patrões, o que também lembra o juízo severo de França Júnior sobre seus pares na escala social.

Em 1882[23], por insistência de Artur Azevedo, França Júnior dá à cena a comédia de grande sucesso *Como se Fazia um Deputado*, com três atos, muita correria, mais alguma música e poesia. Seus três atos passeiam por uma casa de fazenda da roça, no interior do Rio de Janeiro, a praça da vila em que se passa uma eleição, e depois de retorno ao cenário do primeiro ato. O enredo conjuga a tradicional intriga amorosa da comédia com os quadros típicos dos arranjos eleitorais do tempo do império, que, aliás, continuaram pela República Velha.

Dois potentados da política do município, um liberal (major Limoeiro) e um conservador (tenente-coronel Chico Bento), decidem superar as contrariedades do passado e unir-se em torno de um candidato a deputado, Henrique, sobrinho do primeiro, que se formou bacharel em direito e retorna ao lugar do nascimento. Para completar a negociação, os dois "coronéis" decidem que Henrique deve se casar com Rosinha, filha de Chico Bento. Só falta interessar os jovens...

O rapaz logo se revela sem ideias próprias, ou seja, é o candidato perfeito; e de saída já vai conquistando a moça Rosinha, que se revela algo chucra, mas não palerma. O primeiro ato se desenrola assim entre música dos escravos, que têm um relacionamento que se pode descrever como "cordial" com o paternalismo do major Limoeiro, a festa da recepção do jovem advogado, os acertos políticos e o namorico do rapaz com a moça.

No segundo ato tem-se a eleição propriamente dita, com pancadarias, falsos títulos eleitorais, capangas armados (Pé-de-Ferro, Rasteira-Certa e Arranca-Queixo), mortos que votam, pobres que vendem os votos. Domingos, fiel escravo de Limoeiro, que

---

23 A estreia ocorreu a 14 de abril de 1882, no Teatro Recreio Dramático.

portanto não poderia votar, vota com nome falso, e mais de uma vez; um mascate italiano, que por ali passa, também entra na lista, e por aí vai.

No terceiro ato fica-se sabendo que o rapaz foi eleito em primeira instância[24], e que vai tudo aparentemente às mil maravilhas. Seja lá o partido que estiver no poder, Henrique a ele pertencerá, pois, como diz o major Limoeiro, não há "dois entes que mais se assemelhem que um liberal e um conservador. São ambos filhos da mesma mãe, a Senhora Dona Conveniência, que tudo governa neste mundo. O que não pensar assim deixe a política, vá ser sapateiro"[25].

Mas o jovem resolve desistir da carreira política, aborrecido com o modo fraudulento de sua própria eleição. A quem recorre então o esperto Limoeiro? À Rosinha, a quem seduz com as imagens da vida na corte, da rua do Ouvidor, dos bailes, das joias etc. Rosinha, que deveria ser a ingênua, revela-se a esperta, e cumpre à risca o papel que lhe sugere o futuro sogro. Convence Henrique a aceitar a deputação. Tudo termina em foguetório e festa, e para culminá-la, de acordo com costume da época, o major Limoeiro dá a carta de alforria a Domingos. Salvam-se todos, condenam-se todos, como é comum no teatro desencantado do autor.

Como Rosinha, a "heroína" da peça seguinte, *Caiu o Ministério!*, foge completamente aos padrões convencionais para esse tipo de personagem. É mais sonsa do que ingênua; mais fútil do que bonita; aprecia que lhe façam a corte por interesse, já que seu pai, o conselheiro Brito, passa por poderoso no Império. Mas ainda assim ela, Beatriz, sabe reconhecer quando alguém lhe devota um amor sincero, ainda que caricato: é o caso do jovem caixeiro, depois repórter, Filipe [sic]. É claro que ele levará a palma, bafejado ainda pela sorte, pois ao final da peça se revela que um bilhete de loteria esquecido no bolso do casaco lhe dá um prêmio de 200 contos de réis, último argumento que faltava para convencer sua amada Beatriz a lhe dar a mão.

*Caiu o Ministério!* estreou em julho de 1882, em momento de grande instabilidade política. Os ministérios, em geral, nesse fim de regime monárquico, duravam um ano, no máximo, ou menos. Havia desafios de monta para o imperador; agitava-se a questão abolicionista, crescia a contestação republicana, os militares envolviam-se em política, a Igreja Católica andara às turras com o imperador por causa da condenação de dois bispos alguns anos antes e a maçonaria também o criticava depois que ele os anistiara por insistência de Caxias.

Esse clima de agitação política se espelha na peça, que começa na rua do Ouvidor, com seu bulício de "grande cidade". A notícia de que se prepara novo ministério, e que o conselheiro Brito pode ser chamado para liderá-lo, se espalha rapidamente e atrai mais ainda a atenção para sua filha Beatriz, que só quer saber de falar francês, frequentar bailes, e jogar olhares sedutores para todo lado. Entre os alvos desses olhares estão Raul, um jovem que a corteja em busca de favores do pai, e o inglês Mr. James, que quer montar um transporte para o alto do Corcovado movido a cachorros, e quer uma licença especial do governo, além de um financiamento. Filipe, que se apaixonou por ela ao vê-la comer uma empada, parece-lhe mais um importuno, embora ela vá reconhecer-lhe a sinceridade como predicado ao final.

Mr. James é dos melhores tipos criados por França Júnior. Tem algo de espertalhão e bobo ao mesmo tempo. Quer criar um transporte caricato, mas faz finas observações e críticas sobre a sociedade e a política brasileiras, dominadas pelo favor e pelo clientelismo.

O segundo e o terceiro atos se passam na casa do conselheiro, onde Filipe acorre como repórter, para

---

24 As eleições para o parlamento eram realizadas em dois turnos, o primeiro direto, em que eram escolhidos os membros de um colégio eleitoral. Estes, reunidos, escolhiam os deputados do parlamento nacional e a lista tríplice para os senadores em cada estado, que ia ao imperador para a escolha final. A peça foi escrita sob esse regime eleitoral, mas estreou depois da reforma chamada de "Lei Saraiva", que transformou o pleito numa eleição direta. A princípio, ela se chamava *Como se Faz um Deputado*, mas com a reforma teve de se chamar *Como se Fazia...* Quanto à reforma, ela em nada melhorou o problema central do sistema de eleições do Império, que era o da falta de representatividade. Como as instituições eram muito centralizadas, e do governo dependia a nomeação de um sem-número de cargos (até inspetor de quarteirão), a influência do ministério de plantão era enorme em tudo, dividida apenas com os potentados locais, como são, na peça, Limoeiro e Chico Bento. Como resultado disso, as eleições eram tudo, menos representativas. Para garantir ou conseguir espaço, os partidos recorriam à violência, e os pleitos eram conhecidos como "as eleições do cacete". A reforma, fazendo o pleito direto, reduziu a influência do governo, mas impôs outra grave restrição. Pela constituição de 1824, podiam votar analfabetos e libertos (só os homens, é claro). Em 1880 o eleitorado brasileiro ultrapassava a casa do milhão de almas. Pela reforma, que cassou o voto dos analfabetos, ele viu-se reduzido a cem mil. Criou-se, na expressão do historiador José Murilo de Carvalho, "uma soberania de letrados", ou "uma oração sem sujeito, uma democracia sem cidadãos". Cf. José Murilo de Carvalho, Eleições e Representação Nacional, *D. Pedro II*, São Paulo: Companhia das Letras, 2007, capítulo 23, p. 180-185.
25 E. Cafezeiro, op. cit., p. 159.

saber se ele vai conseguir formar o ministério, mas na verdade para ver Beatriz. Lá acorrem pedinchões e os futuros novos ministros, um mais caricato do que o outro. Mas Mr. James sentencia que esse ministério não vai durar, porque não há nenhum baiano nele, o que de fato termina acontecendo.

Por insistência da mulher, o conselheiro abarca a causa "cachorral" de Mr. James, que assim terá dinheiro para ser um genro rico. Mas decide submeter o projeto ao parlamento e perde; o ministério cai antes de subir, mas o conselheiro fica feliz. Perdeu, mas ganhou: perdeu na política, ganhou a paz de espírito. E com o providencial bilhete o jovem Filipe "livra-o" também da filha dispendiosa. Mais uma vez, vence a cordialidade brasileira, que tudo arranja para a felicidade geral dos bem aquinhoados.

A última comédia que temos de França Júnior, de 1889, *As Doutoras*, é das mais controversas. Vista de hoje, é uma peça "reacionária" sobre a condição das mulheres. Seu enredo gira em torno da disputa que se põe entre marido e mulher, o dr. e a dra. Pereira, ambos médicos formados, e que querem exercer a profissão. Não dá certo: o marido sente-se desonrado pela "concorrência" da mulher, ela sente-se sufocada pela pressão daquele. Há elementos próximos que complicam a situação: o pai da dra. Luísa Pereira faz um papel de sonso que estimula a independência da filha; a dra. (outra...) Carlota Aguiar, dessa vez em direito, prega a independência das mulheres. O divórcio torna-se inevitável. Mas em nome da mesma independência, a dra. Carlota resolve assumir a causa do marido de Luísa. Aliás, resolve assumir o próprio marido, pois decide-se a seduzi-lo. Entretanto, o dr. Martins, amigo da casa, que está apaixonado pela dra. Carlota, decide abraçar a causa da mulher do amigo. A confusão está completa, e lá se vão três atos. Entretanto, ao findar o terceiro, quando nada parece que vai salvar o casal, Luísa desmaia ao ler uma carta de Carlota para seu marido, em que o convida para visitá-la a sós no escritório. Todos acorrem: ela está grávida, a família está salva!

O quarto ato é uma apoteose à feminilidade convencional. Luísa desistiu da carreira, dedica-se ao filho e ao lar. Carlota casou-se com Martins, desistiu da advocacia e da causa feminista, tendo uma filha a quem se dedica integralmente. Entretanto, para quem quiser julgar França Júnior pelo metro do século XXI, convém considerar que, dos comediógrafos brasileiros, ele foi dos únicos (talvez o outro seja Qorpo-Santo, de quem trataremos mais adiante) a colocar a questão do feminismo no palco com todas as suas palavras e veemência, ainda que para concluir que contrariava a natureza, conclusão compartilhada por muitos e muitas na época (e ainda hoje). Tinha ele essa agudeza de perceber como as novidades iam alterando a paisagem daquele Brasil que deixava a mesmice de quase meio século de monarquia para mergulhar nas modernidades que, se não lhe alteravam o fundo, pelo menos lhe agitavam a superfície. Assim é, por exemplo, na cena 1 do segundo ato, quando a criada Eulália, que acompanha tudo com seus trejeitos engraçados, atende o telefone e, diante do ruído na linha, não consegue identificar se a chamada é para a patroa ou o patrão: o instrumento "moderno", então grande novidade, intensifica o conflito latente. Ou quando o dr. Pereira explica o que é a vacina contra a febre amarela para a criada, e quer injetá-la em seu braço: não deixou o comediógrafo de "antecipar" a futura Revolta da Vacina, de 1904, durante o governo de Rodrigues Alves.

## Artur Azevedo

Deu França Júnior contribuição notável para consolidar a tradição da comédia de costumes. Quando ele morreu, em 1890, seu amigo Artur Azevedo (1855-1908) já era o senhor quase absoluto dos palcos da corte num gênero vizinho, o teatro de revista, que puxava a fila extensa do teatro musicado. Entretanto o próprio Azevedo também deu sua contribuição para fixar a comédia de costumes propriamente dita, praticando-a extensamente.

Como França Júnior, Artur Azevedo também praticou a comédia curta, em um ato. Nascido em São Luís do Maranhão, lá estreou sua primeira comédia do gênero, aliás a primeira de sua carreira de dramaturgo, escrita quando tinha quinze anos[26]. Tinha duas personagens e um figurante, e

---

[26] Dados bio-bibliográficos sobre Artur Azevedo podem ser consultados em: *Artur Azevedo: Ensaio bio-bibliográfico*, de Roberto Seidl, Rio de Janeiro: ABC, 1937; e *Artur Azevedo e sua Época*, de R. Magalhães Jr.

Artur Azevedo em seu gabinete de trabalho.

chamava-se *Amor por Anexins*. Anos mais tarde a peça foi à cena no Rio de Janeiro, depois que o autor para lá se mudou, em 1873. A comicidade é simples, e baseia-se na compulsão de um velho senhor, Isaías, por anexins. Não para de os dizer, e é com eles que pretende conquistar a viúva Inês. Esta, a princípio, se aborrece, e o repudia. Mas ao fim, recebendo missiva de outro pretendente pelas mãos de um carteiro (o figurante), descobre que o pretenso noivo a desdenhou por um casamento com uma mulher rica. Desiludida, conforma-se com os anexins de Isaías, e até diz-lhe alguns. A peça revela um conformismo bonachão com a vida, que nunca deixará de todo o teatro de Artur Azevedo. Perguntada se ama Isaías, a viúva lhe responde: "Sossegue: o amor virá depois. Seja bom marido e deixe o barco andar!"[27]

27  *Teatro de Artur Azevedo*, tomo I, Rio de Janeiro: Instituto Nacional de Artes Cênicas, 1983, p. 77.

Ainda bem jovem e no Maranhão, Artur Azevedo escreveu o recitativo *À Porta da Botica*, em que seu Aniceto, um "tipo da atualidade", fica à porta do seu estabelecimento fuxicando a vida alheia, em versos bem arranjados. Fala deste, fala daquele, do vizinho, do passante, do mundo inteiro. No fim, descobre por uma carta que lhe cai nas mãos, que alguém lhe namora a filha, que até já tem um filho: é sua punição, por ter cuidado mais da vida dos outros do que da sua. Mas como para o autor tudo tem de se arranjar, o falador decide perdoar o par amoroso e casa os jovens.

*Uma Véspera de Reis*, ainda que de coreografia mais complexa, com música e dança ao final (quando o rancho de Reis adentra o palco) também prima pela simplicidade do enredo, de todo previsível. Emília, jovem casamenteira (e namoradeira), está apaixonada pelo jovem estudante de medicina (na Bahia, onde se passa a ação) Alberto. Mas o pai, que por coincidência se chama Reis, quer casá-la com o sobrinho de seu compadre, Bermudes. Depois de alguma confusão tudo se esclarece, e tanto os jovens como os compadres ficam felizes. Isso também é próprio de Artur Azevedo: querer contentar a todos, sempre que possível. Quase não há vilões em suas comédias, e tudo nelas se ajeita.

Com *A Pele do Lobo*, estreada em 1877, Artur Azevedo foge ao enredo casamenteiro. Seu motivo é tão somente um casal que tenta sair para ir a um batizado, de que são padrinhos. Ocorre que o marido "vestiu a pele do lobo", isto é, aceitou ser subdelegado de polícia, de olho numa promoção para cargo maior. Por isso não consegue sair de casa com a mulher, pois um queixoso bastante importuno e demorado entra-lhe pela porta adentro e fica a importuná-lo, denunciando um suposto ladrão de suas galinhas e de seu galo. No fim, o denunciado também entra, e como é de briga, arma enorme confusão até ser preso. A ambição do subdelegado é punida, pois para concluir chega-lhe a notícia de que outro foi nomeado para o cargo pretendido, e não só isso: ele foi demitido da subdelegacia. Mas a punição cai-lhe bem: ele livra-se do cargo incômodo e consegue afinal sair para o batizado. Como de costume, tudo se concilia.

Em 1881, Artur Azevedo aborda o tema da abolição, em peça de um ato dedicada a Joaquim Nabuco. Chama-se *O Liberato*, nome de um escravo que não aparece em cena, pois está doente. É uma estranha comédia, pois a personagem, ao final, acaba morrendo. Na peça confrontam-se um jovem abolicionista, Ramiro, e um fazendeiro escravista e mais velho, Moreira. Disputam não apenas por suas ideias, mas também a mão de Rosinha, prima do segundo. Quem manda em Rosinha, ou assim acha, é sua mãe, D. Perpétua, dona do escravo, que recebeu por herança, e que trata a todos, inclusive o marido, como seus escravos. Ramiro pretende dar a liberdade a Liberato, que logo no começo da peça sabe-se que está doente. Seu pai, o dr. Lopes, concorda com o jovem e se dispõe a indenizar D. Perpétua, que é sua irmã, com quinhentos mil réis, que ela recusa. Depois de muita discussão, em que fica clara a simpatia de Artur Azevedo pela causa abolicionista, dá-se uma solução *ex-machina*. No momento em que D. Perpétua decide que vai dar a mão da filha ao escravista, revela-se pela leitura de uma carta que seu compadre do interior morreu e deixou tudo o que possuía para a afilhada Rosinha, menos os escravos, que alforria por testamento. Mas como a herdeira só pode entrar na posse dos bens com a condição de casar-se com o primo Ramiro, tudo se resolve a contento, pois D. Perpétua tem de se conformar com a decisão. Tudo se concilia, de acordo com os propósitos gerais do autor. O fazendeiro escravista sai de cena, depois de ver um membro de sua classe social a ele se contrapor pelo gesto da alforria; e D. Perpétua é punida pela morte do escravo, pois antes recusara a indenização, cujo valor agora será empregado para dar ao morto um enterro decente. Lopes fecha a peça, que mais deveria se denominar, quem sabe, tragicomédia, com uma lição de moral: "(A Ramiro) – Disseste que o Liberato simbolizava a escravatura; vês? Decididamente a morte é o único meio eficaz de emancipação"[28].

*A Mascote na Roça* é de 1882, e é paródia de representação que se dava na corte, de uma peça intitulada *A Mascote*[29]. Colocar a cena na roça, abrasileirando-a, é recurso comum no teatro do XIX e também para Artur Azevedo, seja na adaptação ou até na tradução. Esse fora o caso de *A Filha de Maria Angu*, adaptação de *La Fille de mme. Angot*, de Clairville, Siraudin e Koning, um dos primeiros sucessos do autor. Nesse caso, trata-se de um quiproquó devido ao nome da peça. O major Hilário está mal de vida: só lhe chegam notícias ruins (nesse sentido, como se verá, além de paródia da outra peça, a comédia parodia o *Livro de Jó*, da *Bíblia*). Seu gado se perdeu, sua vaca foi picada de cobra, um escravo fugiu, e chega um enviado de seus credores a cobrar-lhe a dívida. Mas em meio às trapalhadas, chega-lhe a escrava Fortunata, com um bilhete de seu irmão, que diz lhe enviar um cesto de ovos e "uma mascote". Junto chega o coronel Raposo, tipo mandão do lugar (vivido na estreia

---

28  *Teatro de Artur Azevedo*, tomo I, p. 664.
29  *A Mascote* deve ser tradução ou adaptação da opereta francesa *La Mascotte*, de Edmond Autran, com libreto de Alfred Duru e Henri Charles Chivot. Trata ela de uma camponesa, na Itália, chamada Bettina, que traz boa sorte para quem com ela conviver, contanto que permaneça virgem. A opereta estreou em Paris em 28 de dezembro de 1880, e teve imediato sucesso na França, nos Estados Unidos, na Inglaterra e em outras partes do mundo, inclusive no Brasil.

pelo famoso ator Xisto Bahia). Ambos acham que a mascote deva ser a escrava, e ficam disputando sua posse, pois, de acordo com a peça que está em cartaz na corte, cuja notícia o enviado dos credores (Silvestre) traz, uma mascote feminina só pode trazer boa sorte a seu possuidor. O coronel e o major põem Silvestre no papel de juiz do caso, pois este diz que é "doutor" formado em advocacia. Com mil e uma citações falsas ele engambela o coronel e convence-o não só a indenizar o major pela escrava, como a assinar as letras que ele deve. A partir daí tudo de ruim acontece ao coronel, que se machuca, e recebe a notícia de que sua casa pegou fogo. E tudo de bom acode ao major, que recebe a notícia de que seu gado não se perdeu, de que ganhou na loteria etc. O caso se explica: a "mascote" a que se referia a carta não era a escrava, mas um exemplar da peça teatral, escondida no fundo do cesto de ovos. Fica assim uma mensagem subliminar de que quem traz sorte ao Brasil é o teatro brasileiro... Mas para que tudo acabe bem, a peça termina em apoteose cantada em que a figura principal é o coronel, que assim conquista as graças da plateia.

Em 1884, foi à cena *Uma Noite em Claro*, na noite em benefício da atriz Isolina Monclar. É um pequeno quadro cênico em que por engano uma mulher casada e um homem desconhecido ficam trancados num quarto de hotel no Rio de Janeiro, enquanto o marido dela, sem saber de nada, dorme no quarto ao lado. O móvel da cena são as trapalhadas entre ambos, provocadas pela excitação e pela hesitação do desconhecido ao se ver a sós com uma mulher bonita num quarto de hotel. O pano de fundo da pequena peça (que complementava outra no espetáculo beneficente, *A Morgadinha de Val-Flor*, de Pinheiro Chagas) é a movimentação urbana que cresce na corte, e possibilita tais quiproquós na vida e no teatro.

Paródia é também o pequeno *intermezzo*, em dois quadros, *O Gran Galeoto*, publicado junto com a revista de ano *Cocota*, levados ambos à cena em 1885. Rearranjando com grande brevidade os acontecimentos do drama *El Gran Galeoto*, do espanhol José Echegaray, Artur Azevedo condensa a disputa entre o marido supostamente traído, D. Julião (na versão brasileira), seu irado irmão, D. Severo, a encantadora e ingênua Teodora, o jovem Ernesto, que o primeiro protegia, e sobretudo a maledicência pública. Ao final, sobra um tanto de lição, pois diante da morte do irmão, sentencia D. Severo que não se deve colocar "marmanjos" dentro de casa...[30]

Em 1893, Artur Azevedo publica *Como Eu Me Diverti!*, a que chama de "conto-comédia", em *O Álbum*. Jorge, rapaz empregado do comércio e noivo, passa a noite de Carnaval em estropelias e brigas, por causa de uma prostituta. De manhã, de ressaca, dorme; a dona da casa onde ele mora chama um médico, que nada mais é do que padrinho de sua noiva. Inteirado de tudo, ele diz que vai impedir o casamento, fazendo o rapaz assim perder, além da noiva, um dote fabuloso. Depois entra o dono da casa de comércio onde o rapaz trabalha e diz que vai despedi-lo. Ao fim e ao cabo o rapaz acorda, estremunhado, e diz a frase título: "Como me diverti!" O que fica de moral é menos a defesa dos costumes familiares, pois a posição dos moralistas é exagerada, e mais a sugestão, de acordo com o espírito conciliador de Azevedo, de que, se alguém fizer estropelias, que o faça bem, sem denunciar-se...

Em 1895 vai à cena o entreato *Entre o Vermute e a Sopa*, pequeno quadro sobre as artimanhas, os caminhos e os descaminhos do amor. Amélia, viúva há oito anos, tem um pretendente: Félix Pacheco, jovem funcionário de repartição. Conversa com sua tia a respeito, e conta-lhe que, para ajudá-la a se decidir, convocou o tio do rapaz, o doutor Pacheco, velho amigo da família, que retornou de uma de

---

30 *El Gran Galeoto*, peça em verso do dramaturgo espanhol José Echegaray (1833-1916), é de 1881. O "grande Galeoto" da peça é a maledicência pública sobre Ernesto e Teodora que, é verdade, se amam, mas não traem concretamente o marido dela, D. Julián. Mas o mal dizer da cidade cai sobre eles como uma maldição, provocando duelos mortais, a morte de D. Julián, a maldição de D. Severo. No final, Ernesto se rende, dizendo que se a *vox populi* empurrou Teodora para ele, ele vai aceitar o fado e fugir com ela, desonrando-a. O nome Galeotto tem origem curiosa. É uma referência, em primeiro lugar, ao 5º Canto do "Inferno" de Dante, onde está o episódio de Paolo e Francesca. Os dois se apaixonam ao ler um livro, que vem a ser o dos amores de Lancelote e Guinevere, do ciclo arturiano. O cavaleiro que aproxima estes dois chamava-se, na versão francesa-normanda, Gallehault (houve quem o julgasse idêntico ao Galahad da busca do Graal, mas essa hipótese é contestada por muitos estudiosos), cuja tradução em italiano era Galeotto. E o episódio do ciclo arturiano era também conhecido com o nome de "Livro de Galeotto". Por isso esse nome era citado na Itália como sinônimo de "alcoviteiro". "Príncipe Galeotto" é também o subtítulo do *Decamerão*, de Giovanni Boccaccio, numa alusão à mesma personagem.

suas tantas viagens pelo mundo. Pede à tia que, quando ele chegar, ela se retire, deixando-os a sós, o que de fato acontece. Ela serve-lhe um cálice de vermute, e faz-lhe a esperada indagação. O improvável acontece: o tio a desilude quanto ao sobrinho, que é fátuo e vaidoso. Mas em compensação encanta-a com sua filosofia de vida. Para adoçar mais a pílula, revela-se uma coincidência espantosa. O doutor amara na juventude, mas sua amada, também de nome Amélia, morrera no dia 2 de junho de 1864, o mesmo em que a jovem viúva nascera! De modo que quando a tia volta à cena para anunciar que a sopa do jantar está pronta, Amélia está comprometida, não com o rapaz, mas com o sábio doutor. Entre o vermute e a sopa, como diz o título, revelou-se algo que aparece com constância em quase todos os escritos de Artur Azevedo: amar é coisa do destino.

Em 1897 volta ele à paródia, com *Amor ao Pelo*, sátira em verso que tem por base a peça *Pelo Amor!*, de Coelho Neto. Há muitas palhaçadas, em que não faltam toques de metateatro, como um Bobo, no castelo que é cenário da peça, começar a declamar o monólogo "ser ou não ser" e depois dizer que começou a fala errada; ou então a entrada do contrarregra em cena para expulsá-lo e fazer a mutação devida. Novamente aparece essa filosofia bonacheirona de Azevedo, pois a peça trata de um conde farrista que quer enganar a esposa parecendo doente. Esta descobre a trama, e promete espancá-lo com uma vara de marmelo; a situação só se resolve quando se inverte. O conde toma-lhe a vara e passa a ameaçá-la; ela então o perdoa e elogia sua disposição. Ele, em contrapartida, promete ser-lhe fiel, e, como convém, tudo acaba em maxixe.

Em 1901, vai à cena *Uma Consulta*, em um ato. É uma cena leve, a que não faltam toques provocantes. Uma viúva, tomada de palpitações e nervosismo, vai consultar um médico famoso; entra por engano no consultório de um advogado jovem e solteiro. Do quiproquó nasce uma promessa de amor que, para o público, certamente se realizará. Novamente o enredo atende ao princípio de Artur Azevedo, que é de que com jeito, à brasileira, tudo se arranja. Ao saber do engano a viúva, ainda jovem e bonita, a princípio se escandaliza; mas depois convence-se das boas intenções do advogado, e concorda em recebê-lo em sua casa.

Inédita ficou a farsa *As Sobrecasacas*, comédia que o autor diz "adaptada à cena brasileira", de 1904. O quiproquó é a base da ação, mas não entre pessoas, e sim entre as vestimentas que levam aquele nome. Coutinho, pai pressuroso, quer casar a filha com alguém que ele vê como conveniente, mas ela não, pois vem a ser rústico demais. Além disso, ela já deu seu coração a Aquiles, afilhado do pai. Este tem uma mania: adora sobrecasacas. Para agradá-lo, o rapaz Aquiles veste uma sobrecasaca que encontrou na rua, por acaso, mas que vem a ser de Novembro, amigo da casa, que vem visitar Coutinho. Novembro, por engano, veste a sobrecasaca de Aquiles, que é velha e puída. Essa primeira troca de vestimentas é base para outras, que vão enredando as personagens até que se manifeste e se esclareça o amor do rapaz pela jovem, que se chama Miloca. Completa a cena uma criada portuguesa, Maria, que é "quem sabe das coisas", e termina, com sua sinceridade, por tornar público o amor do jovem par amoroso, que se realiza. Quanto ao outro pretendente, ele termina desgostando o pai da moça por vestir a sobrecasaca errada. E assim todas as conveniências ficam preservadas: o amor sincero termina por receber a bênção paterna.

Em 1907, um ano antes de morrer, Artur Azevedo estava em plena atividade e criou ainda duas comédias curtas: *O Oráculo* e *Entre a Missa e o Almoço*. Na primeira, dedicada a Eduardo Vitorino, Artur Azevedo recorre ao tradicional expediente de esconder uma personagem para que ela escute a conversa dos outros. Ela é Helena, jovem viúva; os outros são Nelson, seu amante, e Frederico Pontes, solteirão e comendador. Nelson quer romper a relação com Helena, mas não sabe como, porque, no fundo, não tem motivos: ela é a amante ideal. Ideal demais, este parece ser o seu defeito. O comendador sugere ao amigo que monte uma farsa, que finja saber de algo incriminador sobre ela, uma traição talvez. Ouvindo tudo, Helena monta uma contrafarsa. Depois de sair à socapa, retorna a casa e finge ter, de fato, algo a ocultar, um outro amante no passado. Tomado pelo ciúme (o ingrediente que faltava), o jovem Nelson a pede em casamento e ela consente: o tosquiador sai, assim, tosquiado. E o outro também, pois quando a sós com o comendador, Helena lhe revela que ouviu tudo e neutralizou seu estratagema. No fim, só uma personagem é punida: o criado que, algo mandrião e amigo do ócio, agora vai ter uma dona de casa que vai-lhe acabar com a paz.

Na segunda, volta à cena, modificado, "o grande Galeotto": a maledicência pública. Um grupo de senhoras, de volta da missa, se dedica a estraçalhar a vida e a reputação alheias. No caso, trata-se do dr. Arnaldo, cuja mulher é tomada de ciúmes. Arnaldo, que está pelos arredores, entra na casa e expõe para elas o seu caso: a maledicência e as desconfianças infundadas da mulher acabaram com seu casamento, e ele está para divorciar-se. E o objeto comum da maledicência e da desconfiança da esposa é uma das senhoras que ali estão. Depois deste gesto de desagravo, Arnaldo sai, e as senhoras, perplexas, são obrigadas a rever seu conceito sobre o caso e a personagem. É uma comédia curiosa, para dizer o mínimo, pois revela certo toque de amargor que é estranho às outras comédias curtas, que primam sempre pela brejeirice. Esse amargor, ou gota de desilusão, Artur Azevedo reservava por vezes para alguns de seus contos.

Nas comédias longas, Artur Azevedo não renunciou àquela brejeirice. Ao contrário, com muita frequência estendeu-a por dois ou três atos, em prosa ou em verso.

Em verso foi sua peça *A Joia*, levada à cena em 1874, no Rio de Janeiro. O autor chamou-lhe drama; mas mais parece comédia. Segue um dos temas do tempo, ainda que seja tardio: as "cocotas", ou cortesãs, e os estragos que causam à moralidade vigente. Consiste a comédia nas tramas da cocota Valentina que quer apossar-se de brilhantes formosos que um joalheiro vende por seis contos de réis. Planeja que um de seus amantes, o ingênuo Carvalho, fazendeiro do interior, lhos dê e pague. Arma-se uma tramoia entre ela, o joalheiro, e seu cáften, Gustavo. Mas tudo se atrapalha porque da mesma terra de Carvalho vem o fazendeiro Sousa, cuja filha se enamorou de Gustavo. Vindo à corte para tirar a limpo quem é, de fato, o futuro genro, Sousa descobre tudo, e salva Carvalho da armadilha em que se meteu. Peça de jovem recém-chegado à corte, *A Joia* tem recorte moralista que depois se arrefecerá. Entretanto se assinale que seu motivo central, o de fazendeiro que vem para a corte e se encontra com uma cortesã que o ilude, e ainda o tema do futuro genro que na verdade é um pândego, permanecerão no teatro de Azevedo, sendo retomados depois na revista *O Tribofe*, de 1892 (sobre 1891) e na comédia-opereta dela derivada, *A Capital Federal*, de 1897.

Em 1882 vai à cena *A Casa de Orates*, uma das mais divertidas do autor, e uma das tantas em que houve colaboração de Aluísio Azevedo. Um pai (comendador Manuel) tomado excessivamente pelos ardores da ciência decide passar pelo crivo médico os pretendentes da filha (Júlia) que, é claro, já tem preferido. A peça faz assim uma crítica ao cientificismo que começava a dominar o pensamento da época, através do positivismo na filosofia e do naturalismo nas artes. É esperado e claro que os encontros entre os pretendentes, os pais da moça e o médico chamado, o dr. Fortes, darão origem a vários quiproquós e confusões, com cenas cômicas derivadas dos apalpamentos, dos exercícios e das confusões de identidade. Os pretendentes são o bacharel Pereirinha, um militar, o Capitão, e o primo da moça, Cazuza, que ela convence a entrar na disputa para confundir os demais. Na confusão, ela foge com seu amado, Roberto. Mas todas essas personagens convergem para a Casa de Saúde do dr. Fortes, que na verdade é um manicômio, a Casa de Orates, onde Roberto trabalha. Mas a confusão é tanta que não se sabe qual é a verdadeira Casa de Orates, se a do doutor, ou a do comendador.

A base das confusões é o cientificismo leigo. Todas as personagens acham que alguma outra está louca, e querem enfiá-la na Casa de Orates. Para aumentar o quiproquó generalizado, entra na Casa de Saúde uma ex-namorada do dr. Fortes, que deseja que ele lhe arranje a vida. Tomada de ciúmes, a mulher do doutor confunde Júlia, levada para lá por Roberto, com a ex-namorada do marido. Tudo leva tempo para se deslindar, pois Júlia passa a acreditar que essa ex-namorada é mulher de seu amado Roberto, enquanto os pais dela acham que foi o dr. Fortes que a raptou. A peça abusa um pouco desse enredamento de quiproquós, mas, no palco, é bem divertida. Ao fim, como é de costume, tudo se arranja, conciliando a vontade dos namorados com a vontade dos pais. Os outros pretendentes revelam-se doentes ou defeituosos (o Capitão tem uma perna de pau), enquanto Roberto, que é anêmico, promete fazer exercícios, fortalecer-se e assim dar muitos netos ao comendador, que é o que ele quer. É curiosa a participação, nessa comédia, de Aluísio, que, nos seus romances, por vezes tecia loas ao mesmo cientificismo que nela aparece caricato.

*A Almanjarra*, de 1888, tem dois atos apenas. Mas é original: do par amoroso, vemos apenas a futura noiva, Isabel. O pai, é claro, quer casá-la com outro, mais rico e mais velho. Mas do amor contrariado nasce um fio de indiscrições que levam a princípio o inamovível pai a consentir na vontade da filha. Apresenta-lhe o acaso um salvador, de nome Ernesto, que impediu ser ele atropelado por um bonde. O pai (Manuel) pede-lhe conselho. Ernesto diz que consinta na vontade da filha, caso contrário, ela poderá tomar o amado por amante no futuro. E conta-lhe que ele mesmo visita certa mulher casada, cujo casamento lhe fora negado, e que, no outro dia, ao ser surpreendido pelo marido, escondeu-se no grande armário (a almanjarra do título) que eles têm na sala. Ora, esta mulher e seu marido são amigos da casa de Manuel, e lá vão visitá-los. A história do armário é repetida, agora sob outro ângulo. Ela (Rosália) diz a Isabel, quando a sós, que aceite o casamento e depois traia o marido. Assim se encerra o primeiro ato.

O segundo se passa em casa de Rosália. Ela se vê forçada a esconder de novo o ex-namorado, candidato a amante, no armário. Surpreendida pelo marido, ela lhe diz a verdade, isto é, que há um homem escondido no armário. Depois inventa que foi para testar a confiança dele, no que ele acredita. Isto é, o marido enganado não crê na verdade e acredita na mentira. Enquanto o marido sai para buscar quem desmonte e leve o armário, chegam Ribeiro e a família. Ele é que surpreende o ex-namorado dentro do móvel. Compreensivamente, diz que não revelará a verdade ao amigo. Ernesto, arrependido, diz que vai embora para São Paulo; Rosália fica convencida da temeridade e da inutilidade de sua aventura (que, sexualmente, para conveniência da comédia, não se realizou). Convencido pelas circunstâncias, o pai cede à realização da vontade da filha. Como sempre, ou quase sempre, Artur Azevedo concilia (como é próprio desse tipo de cômico) a instituição familiar (a autoridade do pai de família) com o direito ao amor (a felicidade da filha). Mas fica no ar a ideia de que os homens são joguetes diante da sagacidade feminina, e da inevitabilidade do amor. Ao final, entrando com os trabalhadores para desmanchar o armário, o marido conta para o amigo Manuel que a mulher, de brincadeira, tentou convencê-lo de que havia um homem escondido no armário... o que, no fim de contas, é a pura verdade.

De 1898 é *O Badejo*, uma das comédias longas, e em verso, de maior sucesso de Artur Azevedo, tendo sido representada inclusive em Portugal (ainda que com outro nome, *A Garoupa*)[31]. Um pai preocupado (João Ramos), diante de dois pretendentes para a filha (Ambrosina), deseja fazê-la decidir por um deles, convidando-os para um almoço em que será servido um opulento badejo, entre outras iguarias. É claro que os dois são inconvenientes, e que a moça se vê depois enamorada por seu irmão de leite, Lucas, que chega de surpresa de São Paulo, onde reside. O trabalho deste e da peça será o de desmascarar para o pai os outros dois pretendentes, tudo enquanto o badejo, fora de cena, é devorado, e em versos, cuja finalidade é o aumento da comicidade. Diz Lucas, por exemplo, ao final do primeiro ato:

> Escolhe um deles? Pois sim!
> Meu velho, pelo que vejo,
> Perdes o tempo e o latim,
> Pra não dizer o badejo[32].

Dos pretendentes, um é um janota envaidecido, e o outro um comerciante aborrecido que só pensa em comércio. Ao deles desiludir-se, a jovem Ambrosina revela seu amor por Lucas, e vice-versa. Logo têm a bênção da mãe, falta a do pai. Imagina Lucas um estratagema para livrar-se dos dois pelintras. Convence logo o pai de que eles não lhe servem como genros, e que ele deve testá-los. Faz a um confessar (uma mentira) que é pobre; o truque funciona, o comerciante se vai. Ao outro, o janota, o pai exige trabalho. Para espanto de todos, o janota topa: apaixonou-se deveras ao ver a moça tocar bandolim, depois do almoço com o badejo (de que, aliás, muito sobrou). Chegou,

---

31 Pelo menos na época, "badejo" era também termo de gíria, em Portugal, para o sexo da mulher.
32 *Teatro de Artur Azevedo*, tomo IV, p. 471.

no entanto, a hora da verdade: Ambrosina chama-o, e diz-lhe que ama Lucas, seu irmão colaço. Ali onde a mentira não serviu, abre as portas a verdade. Desiludido, o indesejado se vai. Realiza-se a união feliz, com o pai dando aos dois uma reprimenda original: por que não lhe disseram logo a verdade? Assim, não teria gasto o badejo.

Em 1906, Artur Azevedo escreveu, com Moreira Sampaio, que lhe serviu de parceiro em muitas revistas de ano, a comédia em três atos *O Genro de Muitas Sogras*. O motivo central da intriga é, mais uma vez, a contrariedade ao amor, que engendra quiproquós e confusões, ou seja, uma perda ou perdas de identidade, que só serão sanadas com a revelação dos sentimentos amorosos, sejam os novos, sejam os antigos.

O protagonista é o ainda jovem (nem tão jovem...) Augusto de Almeida, que se casou três vezes. Morreram-lhe as esposas, ficaram as sogras, e ele as carrega como um condenado às galés. Uma é aborrecida e furiosa, a outra é desvairada e romântica, a terceira, com quem se dá, é mais cordata e amorosa. Mas decidido a ter filhos, Augusto decide casar-se mais uma vez. Fá-lo com uma enjeitada; mas ao assim proceder, consegue na verdade não uma, mas duas novas sogras (ainda que uma delas seja das antigas, mas que se vem a descobrir que é a verdadeira mãe da enjeitada, Elvira). A outra é a mãe de criação de Elvira, cuja casa é devorada num incêndio. Salva-o dos apuros uma série de coincidências, como convém a esse tipo faceto de comédia. Seu amigo Guilherme retorna ao Brasil depois de dezoito anos de vida na Europa: é ele o pai de Elvira, e vai então se casar com a mãe da moça. Outra das sogras encontra seu apaixonado num cultor ao extremo da língua portuguesa, o conselheiro Guedes. Casa-se ele com uma mulher a quem considera um dicionário, pois conhece termos inusitados, mas que ele julga originais e castiços, como "sundeque"[33]. Ainda outra: a mãe de criação de Elvira tinha seguro, logo vai recuperar o valor da casa etc.

Mas apesar da leveza da comédia, ela se apoia em tema áspero: a enorme mortalidade das mulheres ao final do século XIX e começo do XX, em que certos aspectos da higiene dos tratamentos ginecológicos ainda engatinhavam. Ao final, há uma reconciliação geral: como pusera anúncio em jornal perguntando pela mãe de Elvira, Augusto tem agora em sua casa mais outras seis senhoras idosas que poderiam ser mãe da sua esposa. Ele convida todas para almoçar: em vez de quatro, tem agora dez sogras, entre as verdadeiras e as possíveis, para a refeição. Fica no ar outra crítica sibilina de Azevedo: ao anúncio por uma filha perdida, oriunda de amores à socapa, acudiram muitas mulheres, sinal de que os costumes nem tão rígidos eram, na realidade.

Em 1907, dá ele à cena a última de suas comédias longas: *O Dote*, dedicada a Júlia Lopes de Almeida. Tem por motivo central a vida perdulária das mulheres que se acham ricas porque trazem um pecúlio ao casamento, ressoando velho tema do teatro realista do tempo de Alencar. O retorno de um velho amigo, Rodrigo (nome da personagem alencariana de *O Crédito*), faz com que o jovem marido Ângelo passe em revista sua vida. É feliz e infeliz: casou com quem almejava, a doce Henriqueta. Mas a moça é volúvel, perdulária, e sempre lhe joga na cara que trouxe um enorme dote ao casamento. Compra chapéus, anéis a mancheias. Mas o marido não quer feri-la, dizendo que eles não têm meios para tudo isso. Como muitas vezes acontece nas peças de Azevedo, a falta de comunicação é a insuspeita responsável pelo quiproquó central, que perturba a vida das personagens. Para completar a cena, o pai da moça é, na definição do severo Rodrigo, "um idiota", e a mãe tem bom coração, mas é impotente.

A verdade, a surgir, lá pela abertura do segundo ato, vai doer em todos. Na moça, que não poderá mais gastar, mas sobretudo, em Henrique, que vê se esboroar seu sonho de vida familiar. Para completar seu infortúnio, está nas mãos de um agiota, que pode mandar prendê-lo[34]. O pai de Henriqueta está convencido de que se o jovem esposo está em dificuldades financeiras, é porque gasta com mulheres (outro tema do teatro realista). O divórcio é inevitável, Ângelo vai morar em casa de Rodrigo.

---

33 Sundeque: deve significar "umbigada". Maria José, a sogra impertinente, ameaça Felícia, a sonhadora e mãe de Elvira, com um "sundeque". De "sundo", termo quimbundo que designa a região externa do sexo feminino.

34 Ao tempo, as pessoas podiam ser presas por dívidas, inclusive, a credores privados.

Para tão angustiante situação, só há uma saída; ou melhor, uma entrada. Uma entrada em nova vida, de todo. Como acontecia na comédia de costumes e no teatro de Artur Azevedo, trata-se de um filho, que trará juízo à mulher, compostura ao avô, e tranquilidade ao pai. Assim acontece, e tudo se reconcilia na família agora feliz, embora pobre. Pobre? Não, remediada, apenas. Mas fica a lição sempre aproveitada pelo dramaturgo maranhense: na sociedade empelicada de então, a moralidade aceita é a da conveniência, e a da aparência; por isso Henriqueta gasta o que não tem. Mas para a sociedade nacional, a boa moralidade é a da sustentabilidade das relações baseadas no amor e no comedimento de costumes.

Nesse tipo de comédia, Artur Azevedo não foi tão brilhante como no teatro musicado, embora ela lhe tenha inspirado alguns de seus melhores momentos. Mas, de todo modo, consolidou ele, com seu contemporâneo França Júnior, uma tradição que seria o melhor legado (ainda que nem sempre reconhecido pelos críticos) do século XIX teatral brasileiro para o XX.

## Qorpo-Santo

A visão da comédia de costumes brasileira do século XIX ficaria incompleta sem uma referência ao "qazo" Qorpo-Santo (1829-1883). Dramaturgo do século XIX, presença nas cenas dos séculos XX e XXI, Qorpo-Santo trouxe para o (seu) futuro algumas características daquele teatro do (nosso) passado.

José Joaquim de Campos Leão, depois por alcunha autoassumida, o Qorpo-Santo, nasceu na Vila do Triunfo, interior do Rio Grande do Sul. Tinha tudo para levar uma vida comum, talvez sem qualquer brilho. Desempenhou diversas funções públicas: foi eleitor especial, vereador, subdelegado de polícia. Era Mestre da Maçonaria. Foi também comerciário, caixeiro viajante e professor de algum prestígio. Casou-se, teve filhos, era pai extremoso. Poderia muito bem servir de inspiração para algum tipo da comédia de costumes.

Quis o destino que assim não fosse. Por volta dos 34 anos começou a manifestar indícios de perturbação mental. Isso o levou a conflitos com a esposa e a família e a um processo de interdição judicial que o fez muito penar. Em 1868, foi enviado preso para o Rio de Janeiro, para exames de sua sanidade ou insanidade mental. Voltou reabilitado e livre. Mas em novo processo acabou sendo interdito e perdendo o pátrio poder sobre a família.

Entretanto tinha posses; não conseguiram privá-lo de todo delas. Tornou-se dono de uma tipografia na capital, Porto Alegre, onde vivia. Ali, na década de 1870, passou a imprimir tudo o que escrevera: aforismos, poemas, receitas, bilhetes, cópias de jornais que publicara antes, com o nome de *A Justiça*, os autos e laudos de seu processo de interdição. Adotou a alcunha que hoje é seu cartão de visitas, dizendo que um monge do século XVIII, com esse nome, nele se encarnara.

Tentou uma reforma ortográfica (uma das tantas que houve no Brasil) para simplificar a escrita, adotando para cada fonema uma única representação gráfica. Escrevia seu nome como Jozè Joaqim de Qampos Leão, e sua alcunha como Qorpo-Santo. Entretanto, nos seus livros, como trabalhava com tipógrafos assalariados, nunca conseguiu impor completamente sua ortografia. O resultado é uma impressão confusa, que ora obedece a um sistema, ora a outro, ora ainda a ambos misturadamente. Chamava-se sua obra, impressa em vários fascículos que se tornaram raridade bibliográfica, *Ensiqlopèdia ou Seis Mezes de Huma Enfermidade*. Dela imprimiu pelo menos nove volumes, dos quais seis são hoje conhecidos, em exemplares únicos pertencentes a acervos de colecionadores. Quando morreu, o escritor deixou esposa, quatro filhos e considerável cabedal de bens.

Sabe-se que Qorpo-Santo desempenhou alguma atividade teatral em vida. No volume IV de sua *Ensiqlopèdia* publicou dezessete comédias de sua autoria (uma delas incompleta), escritas todas em poucos meses do 1º semestre de 1866. Não se tem conhecimento de representação de alguma delas ainda em vida do autor.

Qorpo-Santo passou a figurar nos livros de reminiscências da cidade, como um dos tantos "tipos curiosos" de sua história. Suas comédias foram esquecidas, seus versos desprezados como "coisa de louco", sem pé nem cabeça. Mas o tempo mudou, e as vontades também. Num processo paulatino, mas persistente, as comédias de Qorpo-Santo foram lidas e relidas, até chegar às suas primeiras representações conhecidas, em 1966, no Clube de Cultura de Porto Alegre. O sucesso de público e de crítica, tanto a de jornal como a acadêmica, foi imediato e retumbante.

Qorpo-Santo foi "recuperado", como se dizia então, e considerado um precursor do Teatro do Absurdo, a vanguarda das vanguardas de então. O que fora "sem sentido" para os seus contemporâneos do XIX, era *nonsense* para seus novos contemporâneos do século XX. Em 1968 houve alguns espetáculos com suas peças no Rio de Janeiro, onde de novo o sucesso foi espetacular. Um dos espetáculos, a representação de sua peça *As Relações Naturais*, com direção de Luís Carlos Maciel, foi proibido pela Censura Federal: foi a consagração total, dadas as tonalidades de contestação que marcavam o teatro daquela época em que o Brasil estava sob ditadura militar de direita, que entrava em seu período mais sombrio. Desprezado num século, censurado no outro; Qorpo-Santo incorporou-se às fileiras dos libertários brasileiros[35].

Desde essa época, dentre os dramaturgos brasileiros do século XIX, Qorpo-Santo é, com Martins Pena, dos mais representados nos palcos brasileiros. Já mereceu representação dramática na Europa e estudos acadêmicos nos Estados Unidos, sem falar nas muitas teses e livros que inspirou no Brasil.

Algumas de suas peças tiveram muita repercussão. Outras menos, devido ao fato de que de quando em quando Qorpo-Santo manifestava mesmo alguma dificuldade em concatenar intrigas e cenas, descosendo demais a estrutura da ação. Mas é verdade que ele tinha alguma vocação para o palco. Suas peças são sempre inspiradoras, ainda mais porque, em vez de ver teoricamente o teatro como um texto encenado, concepção que predominava em seu tempo de vida, ele vê o texto como mais um elemento cênico dentre outros, e frequentemente não o primeiro. Com isso, Qorpo-Santo deixou-nos também um espelhamento dos costumes de sua época. Mas sua comédia de costumes é muito "qurioza", para ficarmos com sua ortografia; é como se víssemos o palco e a sociedade completamente pelo avesso, por aquilo que ele e ela prefeririam, na verdade, ocultar.

Sua peça mais famosa é *As Relações Naturais*. Como o título sugere, sua linha de ação tem por motivo principal as relações sexuais, aquelas dentro e aquelas fora do casamento, reunidas em imagens perturbadoras e instigantes.

A ação começa com um escritor que está em sua casa... escrevendo a própria peça! O recurso não é propriamente incomum. Na peça aqui citada, *El Gran Galeotto*, que inspirou quadro cômico do mesmo nome à pena de Artur Azevedo, se usa do mesmo expediente, o que dá um tom onírico à ação subsequente. Mas no caso de Qorpo-Santo o que sublinha o expediente é o deboche, a ironia aberta. Diz o escritor, que se chama Impertinente:

E será esta a comédia em quatro atos, a que denominarei – *As Relações Naturais*.

(Levanta-se; aproxima-se de uma mesa; pega uma pena; molha em tinta; e começa a escrever)

São hoje 14 de maio de 1866. Vivo na cidade de Porto Alegre, capital da Província de São Pedro do Sul; e para muitos – Império do Brasil... Já se vê pois que é isto uma verdadeira comédia! (*Atirando com a pena, grita*) Leve o diabo esta vida de escritor! É melhor ser comediante!"[36]

Na sequência, Impertinente tenta fugir da mulher e aproximar-se de uma jovem de 16 anos que o repele como "velho e enjoado". Desconsolado, sai de cena, e a peça propriamente dita tem começo.

Como é comum no caso de Qorpo-Santo, os atos são rapidíssimos. Esta tem quatro, mas seu tempo de representação é o de uma comédia de ato único de autores como França Júnior ou Azevedo.

Num ritmo vertiginoso desfilam perante os espectadores cenas de uma casa de família, com marido, criado, mulher e três filhas. Mas ao mesmo tempo, essas mesmas personagens são prostitutas de um bordel. A mãe de família é a caftina que explora as demais; suas filhas são as prostitutas de aluguel; e o pai de família o visitador. A mutação de um registro para o outro e de volta ao primeiro, e depois de volta ao segundo, é mais fantástica do que quanta mutação cênica com a cortina aberta que o teatro do

---

35 Sobre a vida, a obra, a bibliografia e a fortuna crítica de Qorpo-Santo, ver Flávio Aguiar, *Os Homens Precários: Inovação e Convenção no Teatro de Qorpo-Santo*, Porto Alegre: A Nação/Instituto Estadual do Livro, 1975. E Qorpo-Santo, *Teatro Completo*, Rio de Janeiro: SNT/Funarte, 1980. Com estudo crítico de Guilhermino César.

36 Qorpo-Santo, *Teatro Completo*, p. 67.

XIX tenha propiciado graças a seus avanços técnicos. Poder-se-ia dizer diante de tal ousadia cênica: escrita por Qorpo-Santo, dirigida por Freud ou outro psicanalista da vanguardista Europa.

Ao final, há uma revolta das mulheres que querem tomar o poder no lar, para transformá-lo de vez em bordel. Mas uma contrarrevolta, liderada pelo criado da casa (que faz uma "frente masculina" contra as mulheres) termina por neutralizá-las e reconduzi-las ao caminho da submissão consentida. Mas o que fica na memória é o carnaval das mulheres e o carnaval cênico que Qorpo-Santo faz com as convenções mais caras do teatro de seu tempo. Mulheres fatais e ingênuas misturam-se e mostram ser na verdade faces da mesma moeda; e tudo exposto numa linguagem direta, sem meandros ou subterfúgios, nem qualquer pudor cênico. O porão e o sótão da comédia de costumes vêm à sala onde normalmente se passava a comédia, e com grande efeito teatral para o desabrido século XX e agora o XXI.

Outras duas comédias de Qorpo-Santo, de grande sucesso, são *Mateus e Mateusa*, e *Eu Sou Vida; Eu não Sou Morte*. Na primeira, um casal briga valentemente em cena, jogando-se impropérios e prometendo mútuas traições sem qualquer peia. Jogam um no outro volumes com as leis e a Constituição brasileira, dizendo que aquilo só vale para usar as folhas no banheiro. A comicidade delirante da cena aumenta porque o casal tem, juntos, 160 anos de idade. Ou seja, são dois velhos bem velhos a jogar um sobre o outro, ainda que de forma cômica, todas as frustrações de suas vidas. A cena é tão hilariante quanto desengonçada para o decoro de realismo teatral do século XIX; mas cai bem no decoro carnavalizado do século XX e do XXI.

*Eu Sou vida; Eu não Sou Morte* é peça muito significativa sobre a leitura por que passaram as peças de Qorpo-Santo na sua migração de um século para o outro. Estão em cena dois rapazes, um deles militar, que disputam o amor de uma mulher. O militar casou-se com ela; o outro tem com ela uma filha. Quem tem direito sobre ela? Qorpo-Santo toma o partido do militar, pois deste é o partido do direito. Mas põe na moça o nome de Linda, e no outro rapaz o nome de Lindo, o que os aproxima. Diante da impossibilidade de ver respeitar seus direitos conjugais, o militar mata o outro com a espada. É uma tragicomédia, no fundo; e mostra, ou quer mostrar, o que vai errado quando não se respeitam as tradições familiares. Mas em 1966, na estreia da peça em Porto Alegre, nos primeiros anos da ditadura de 1964, o militar dizia, brandindo o ferro para a plateia: "o que não pude vencer, ou fazer triunfar com a pena, razões, discursos, acabo de fazê-lo com a espada!"[37] – e o público caía em gargalhadas, lendo, na tirada, uma alusão ao golpe militar que pusera fim à legalidade no Brasil.

Qorpo-Santo, como no caso de Linda e Lindo, costumava tirar partido do nome de seus personagens. Chamam-se eles Espertalínio, Esterquilínia, Rocalipsa, Truque-truque, e assim por diante. É frequente em seu teatro o nome de Malherbe. Tudo isso lhe dá, ao lado de traços do teatro do século XIX, um certo ar de farsa antiga, à maneira de Antônio José, por exemplo.

Uma das peças de Qorpo-Santo que melhor tira partido dessas fusões de cena ou de sugestões para tanto é *Duas Páginas em Branco*, em dois atos, que Qorpo-Santo considera como "apontamentos para uma comédia". Dois jovens amam-se de repente, sem mais nem menos; casam-se. Mas sua casa passa por mudanças que atordoam o par amoroso; ora parece um bar com mesas de bilhar (que estão em cena); ora é tomada por ser um hotel, e não de boa reputação. O marido é preso; a mulher recebe um tenente, que a confunde com uma hoteleira. Perturbada, ela dispõe-se a "matar a sua fome", o que é uma alusão nada difícil de se ler. O marido, liberto tão subitamente como fora preso, retorna, expulsa o tenente, e a mulher garante que eles serão felizes, porque ele a satisfará completamente quanto ao sexo, e vice-versa. Ou seja, tudo aquilo que a comédia de costumes expunha à socapa, sob os véus das convenções teatrais e morais do tempo, o teatro de Qorpo-Santo escancara, numa retórica cênica exasperada que constrói sua linguagem a partir dos impulsos e dos desejos e de sua repressão, ou não.

Em *Um Credor da Fazenda Nacional*, aborda Qorpo-Santo o eterno tema das burocracias brasileiras. Um credor tenta receber o que deve do erário

---

37 Idem, p. 134.

público; é claro que enfrenta as maiores dificuldades para, ao fim e ao cabo, não conseguir seu intento e seu direito. A solução final é, ao mesmo tempo, radical e lúdica: um outro credor põe fogo nos papéis e na repartição, provocando as correrias características desse tipo de comédia.

Além dessas cinco, que vêm sendo as mais representadas de Qorpo-Santo, escreveu ele pelo menos mais doze comédias[38], de que se valem os diretores em variadas composições, não raro compondo comédias originais com a junção de cenas de diferentes peças. A seu modo, é verdade que, torcendo-lhe ou invertendo-lhe imagens e motivos, Qorpo-Santo conseguiu transformar o patrimônio cultural da comédia de costumes num legado permanente para as gerações futuras, não apenas sob o registro histórico. Ao contrário de ser testemunho de uma limitação do gênero, é índice de sua vitalidade e capacidade de mutação.

## 3. ARTISTAS, ENSAIADORES E EMPRESÁRIOS: O ECLETISMO E AS COMPANHIAS MUSICAIS

Depois da morte de João Caetano, em 1863, e com o sucesso das operetas a partir de 1865, no Alcazar Lyrique, e das paródias que se seguiram ao triunfo do *Orfeu na Roça*, de Vasques, em 1868, a década seguinte vê surgir uma nova geração de empresários, ensaiadores e atores no cenário teatral brasileiro[39]. Um momento que ganha significado especial é quando Furtado Coelho, ator e empresário ligado ao teatro realista, cujo repertório fez brilhar no palco do Ginásio Dramático, passa também a experimentar o gênero alegre, com *A Pera de Satanás* e *A Baronesa de Caiapó*. Percebendo a tendência que vinha se fortalecendo na cena fluminense, ele passa a alternar peças de entretenimento com peças de cunho literário, como as de Alexandre Dumas Filho ou Émile Augier, em seu repertório.

Outros homens de teatro, como Jacinto Heller, que atrai o público para o Teatro Fênix com paródias e operetas, tornam-se os primeiros empresários dessa geração a obter grandes sucessos com as formas teatrais do teatro ligeiro. A voga das operetas, das mágicas e das revistas imprime uma mudança de escala no panorama teatral brasileiro com a ampliação do número de espetáculos, de afluência do público, de companhias, de casas de espetáculos, de produções teatrais e de circulação de dinheiro em torno do que se revelava novo negócio: uma indústria da cena. São muitos os que se arriscam no novo mercado, imigrantes e aventureiros, homens de teatro e empresários, portugueses e brasileiros. A febre das companhias durante o Encilhamento atinge até mesmo as empresas teatrais no início dos anos de 1890. Diretores de companhias teatrais tornam-se empreendedores homens de negócio. Entre os atores, cantores e toda a imensa gama de profissionais que compunha uma companhia teatral surgem grandes estrelas que atuam no Rio de Janeiro, nas capitais de província e até mesmo em Portugal.

A formação de uma cultura urbana de entretenimento com espetáculos realizados por companhias nacionais e internacionais intensifica-se a partir da década de 1870, tornando-se um negócio regido pelos mesmos princípios comerciais de outras indústrias. Voltada para o público heterogêneo das concentrações urbanas, essa nova empresa teatral desconsiderava o teatro edificante e investia na espetacularidade cênica, reunindo, na produção de suas peças, uma grande diversidade de sujeitos e práticas constitutivas do cenário cultural. Os artistas e profissionais envolvidos tornaram essa nova "indústria" do teatro musical um campo de diálogos e confrontos culturais, propulsor de sua popularidade.

---

38 Cf. Qorpo-Santo, *Teatro Completo*. São elas: *Hoje Sou Um; E Amanhã Outro; Um Assovio; Certa Entidade em Busca de Outra; Lanterna de Fogo; Um Parto; A Separação de Dois Esposos; O Marido Extremoso ou o Pai Cuidadoso; Uma Pitada de Rapé; O Hóspede Atrevido ou O Brilhante Escondido; A Impossibilidade da Santificação ou a Santificação Transformada; O Marinheiro Escritor;* e *Dous Irmãos*.

39 O tema deste capítulo foi desenvolvido de forma mais extensa em F. A. Mencarelli, *A Voz e a Partitura...*

## A Voz e o Dono: Indústria e Diversidade

No Relatório do Império de 1873 há um capítulo dedicado à vida teatral do Rio de Janeiro. Nesse ano a capital do Império tinha 10 teatros: 3 de grandes dimensões (Lírico Fluminense, D. Pedro II e S. Pedro de Alcântara), 2 menores (Ginásio e S. Luís), 3 campestres ou populares (Alcazar, Fênix Dramática e Cassino Franco-Brésilien) e 2 salas de espetáculos (S. Cristovão e Botafogo)[40]. Em outro trecho do relatório é mencionado ainda o Théâtre Lyrique Français[41]. As peças de gênero ligeiro se concentravam nos teatros denominados populares pelo relatório oficial: no Alcazar, espetáculos oferecidos por companhias francesas, no Fênix, companhias nacionais, e no Cassino, ainda segundo o relatório, por uma e outra.

Artistas líricos, franceses e italianos, ou dramáticos franceses, italianos e espanhóis, entre os quais têm figurado as maiores celebridades europeias, aportam frequentes vezes ao Rio de Janeiro, graças à facilidade e rapidez das comunicações transatlânticas, e aparecem na cena dos teatros desta cidade"[42].

O relatório aponta ainda a existência de teatros em todas as capitais das províncias, "assim como em muitas cidades e vilas". Aponta também a recente criação do Conservatório Dramático (1871), a futura criação de um teatro de ópera, dos projetos de um teatro normal e de um curso de arte dramática, por iniciativa do governo que "trata de organizar o teatro brasileiro e erguê-lo ao nível da civilização do Império". O Relatório do Império de 1873 trazia um dado importante: contavam-se na cidade 8.943 casas de negócio, sendo 1.680 nacionais e 7.263 estrangeiras. O relatório dizia ainda que, comercialmente falando, a capital do Império era a principal praça mercantil da América Meridional, perdendo na América do Norte apenas para a cidade de Nova York. O relatório indica assim para duas características importantes da atividade teatral: a internacionalização da cidade e dos negócios e o incremento da atividade teatral com sentido empresarial.

A invasão estrangeira nos palcos, que atendia um público heterogêneo, mas tinha certamente nessa massa de negociantes e imigrantes estrangeiros uma parcela significativa de seu público, foi vista com muito maus olhos pelos contemporâneos que apostavam no desenvolvimento de um teatro nacional, com dramaturgia, temática e realização nativas. Uma geração de escritores que se dedicou à dramaturgia como parte de seu projeto de criação de uma literatura nacional foi aos poucos se afastando dos palcos. Nas décadas finais do século XIX, a tensão criada por essa internacionalização crescente vai ser mencionada em praticamente todas as análises que se ocupam do teatro no Rio de Janeiro, apontada sempre como uma das causas do que teria sido a decadência do teatro nacional. Em célebre artigo de 1873[43], Machado de Assis faz um retrato desalentador do cenário teatral carioca, onde há o predomínio do cancã, da cantiga burlesca ou obscena, da mágica aparatosa, "tudo o que fala aos sentidos e aos instintos inferiores". Tratava-se da afirmação de gêneros que investiam na espetacularidade e nos múltiplos textos da cena, falando para outros sentidos que não o do juízo moral: a cenografia mirabolante das mágicas, a performance bem-humorada e transgressiva das canções e das coreografias.

Artur Azevedo é uma personagem emblemática do período. Sua trajetória intelectual e artística no Rio de Janeiro coincide com essa fase do teatro brasileiro, tendo sido iniciada nos anos de 1870 e terminada apenas com sua morte em 1908. Ele vive todas as ambivalências inerentes aos artistas da cena no período e as formula em uma série de artigos e debates com seus contemporâneos que nos permitem reconhecer o quanto essa geração antecipou as questões em torno da produção cultural massiva. O Alcazar e o Fênix disputaram o direito de representar a paródia de Artur Azevedo inspirada em *La Fille de mme. Angot*. *A Filha de Maria Angu* teve mais de cem apresentações conse-

---

40 Cf. Teatros em *O Império do Brasil na Exposição Universal de 1873 em Viena d'Áustria*, Rio de Janeiro: Typographia Nacional, 1873, p. 342-343.
41 Idem, p. 367.
42 Sobre a vinda de grandes artistas europeus ao Brasil, como Adelaide Ristori ou Sarah Bernhardt, leia-se o capítulo seguinte.

43 Machado de Assis, Notícia da Atual Literatura Brasileira: Instinto de Nacionalidade, em J. R. Faria (org.), *Do Teatro*..., p. 532.

cutivas e rendeu alguns contos de réis para o então novato escritor e tradutor Artur Azevedo. Apesar de suas dúvidas e conflitos pessoais na relação com os gêneros ligeiros, Artur Azevedo foi o autor mais expressivo a se dedicar a paródias, operetas, revistas de ano e burletas, e por isso foi alvo de pares como Coelho Neto e Cardoso da Mota, que o acusavam de ser um dos responsáveis pela decadência do teatro nacional[44]. Artur se defendia argumentando que quando chegou ao Rio, em 1873, vindo do Maranhão, com 18 anos, as paródias e operetas já tinham se firmado no cenário carioca. *A Filha de Maria Angu* não fora, portanto, o início dessa "decadência" como queriam seus críticos. No artigo "Em Defesa", de 1904, Artur Azevedo lembra que no ano de sua chegada ao Rio já se contavam várias paródias encenadas, como a *Baronesa de Caiapó*, paródia de *A Grã-Duquesa de Gerolstein*, encenada por Furtado Coelho no Teatro S. Luís, para fazer frente ao sucesso do Alcazar, e mais outras duas paródias de *Barba Azul*[45].

No início da década de 1870, a Companhia Fênix Dramática passa a ser dirigida por Jacinto Heller, tendo Vasques como seu grande ator cômico. A companhia se firma junto ao público com seu repertório eclético. Sob a direção de Heller, a Fênix vai durar 23 anos, até se dissolver em 1893, especializando-se em operetas, mágicas e revistas. No mesmo artigo "Em Defesa", Artur Azevedo justifica o envolvimento de Helller com o gênero ligeiro:

A sua primeira intenção de empresário obedeceu a um pensamento de arte; principiou explorando peças modernas, descobrindo autores brasileiros, apresentando ao público sucessivamente Pires de Almeida, Augusto de Castro, Joaquim Serra, França Junior – mas fez como Furtado Coelho: capitulou diante do Alcazar: o *Orfeu na Roça* foi no Fênix o que a *Baronesa de Caiapó* tinha sido no S. Luís. Daí por diante explorou o trólóló, tentando todavia voltar ao teatro dramático, representando o *Vampiro*, *As Recordações da Mocidade* e outras peças. O público fugiu, e fez-lhe ver claramente que desejava a paródia, a opereta, a mágica, o riso, a gargalhada. Ele fez a vontade do público[46].

Jacinto Heller, um dos principais empresários do teatro cômico e musicado.

O conflito atribuído por Artur a Heller, entre a intenção artística e a concessão ao público, parece dar o tom de toda uma geração de escritores, atores, ensaiadores, empresários e artistas cênicos em geral. No entanto, os sucessos acompanharam as montagens de operetas, mágicas e revistas da companhia de Heller, primeiro no Teatro Fênix, que a batizou, e depois no Teatro Santana, o antigo Cassino, para onde Heller a transferiu em 1882. Estabelecendo-se como a principal companhia dedicada aos gêneros musicais e ligeiros ao longo dos anos de 1870, a Fênix passou a enfrentar uma concorrência mais intensa no início dos anos de 1880 com o surgimento da companhia de Braga Junior e com a chegada de Sousa Bastos, em 1882. Em 1883, surgiu também a companhia de Dias Braga, a partir de uma dissidência interna na companhia de Braga Junior. Furtado Coelho, Ismênia dos Santos, Guilherme da Silveira e Antônio de Sousa Martins

---

44 Cf. F. A. Mencarelli, *Cena Aberta: A Absolvição de um Bilontra e o Teatro de Revista de Artur Azevedo*, Campinas: Editora da Unicamp, 1999.

45 Cf. Artur Azevedo, Em Defesa, *O País*, 16 de maio de 1904, e Carta a Coelho Neto, *A Notícia*, 17-18 de fevereiro de 1898, em J. R. Faria, *Idéias Teatrais...*, p. 599-609.

46 Idem, p. 609.

são alguns dos atores-empresários que também têm suas histórias intimamente relacionadas ao longo desse período. Operetas, mágicas e revistas faziam centenários e enchiam os cofres das companhias[47]: os empresários descobriram a eficácia popular da fórmula do teatro musicado.

O sucesso das operetas, revistas e mágicas, os lucros auspiciosos e a descoberta desse novo negócio transformaram a cena teatral da cidade, atraindo aventureiros e imigrantes atrás de fama e fortuna. "Fazer a América" poderia ser um mote também para as levas de artistas e empresários que se arriscaram no ramo, por sobrevivência, alguns, por ascensão social, outros, ou por reconhecimento artístico. Acompanhando o ritmo de crescimento da cidade, abriram-se novas casas de espetáculos, companhias eram montadas (e desmontadas), um número cada vez maior de novos espetáculos era incluído em cada temporada e a crescente afluência do público fazia fortunas aparecerem do dia para a noite. Regidos pelas bilheterias, sem apoio público algum, os empresários conduziam essa guinada para o teatro alegre. Dramaturgos, compositores, maestros, atores, instrumentistas, ensaiadores, cenógrafos, pontos, coristas e mais uma legião de profissionais, de diversas nacionalidades e origens sociais, foram envolvidos nessa aventura. A internacionalização da cena local tinha seus desdobramentos também além-mar: Paris-Lisboa-Rio de Janeiro formavam o circuito principal em que transitavam esses artistas e espetáculos que apostavam nas novas fórmulas de divertimento urbano.

O teatro como uma indústria, que Machado de Assis temia, vai prevalecer no cenário cultural da cidade nas próximas décadas. A frase de Moreira Sampaio é a que melhor retrata o período: "o autor é o industrial que fabrica; o empresário é o negociante que vende; o público é o consumidor que adquire"[48]. A síntese proposta revela a consciência que alguns criadores tinham das características industriais que as companhias especializadas em gêneros ligeiros, ou ecléticas, em atividade no final do século XIX, tinham assumido.

Na busca de alcançar todo o público, essas empresas teatrais forjaram seu caráter massivo com ingredientes tão diversos quanto a heterogeneidade de seus artistas e plateias: traziam para a cena divas francesas e palhaços populares, a Marselhesa e jongos, Apolo e a quituteira negra Sabina. Não se tratava apenas de consumo exótico e aleatório de curiosidades culturais. Construindo a cena com as tensões que essa diversidade gerava nas ruas da cidade, dando voz e corpo a diferentes pontos de vista, opiniões, comportamentos e valores, a multiplicidade de sujeitos e práticas em jogo na constituição desse teatro o tornava um território privilegiado de interação cultural.

## *Diversidade de Vozes: A Volatilização das Fronteiras*

Os debates em torno da oposição entre o teatro edificante, formador, e o teatro para entretenimento eram acalorados nos meios jornalísticos e artísticos, mas cada vez mais o motivo do apelo popular e dos ganhos levava uma série de companhias a se identificar como Companhias de Operetas, Revistas e Mágicas. Para além dessa oposição dual, havia uma série de discussões entre os críticos e os criadores. Artur Azevedo vivia os conflitos de suas ambíguas posições diante do sucesso de suas paródias e revistas, pautando-se segundo o crítico francês Sarcey, que costumava dizer que a questão da qualidade não estava associada ao gênero, não sendo por isso antagônicas arte e diversão. Em meio a essas discussões e com a meta de alcançar o mais amplo espectro do público, as companhias apostaram num repertório eclético.

Mesmo as companhias que se especializaram em operetas, mágicas e revistas, vez ou outra encenavam dramas ou comédias. Quando não o faziam com seu próprio elenco, abriam as portas dos teatros que ocupavam para outras companhias e atrações, imprimindo às casas de espetáculo o perfil eclético que ampliava sua penetração junto à população de espectadores. Conviviam pelas salas em temporadas alternadas as comédias de França Junior, as operetas de Offenbach e os lundus das revistas. As zarzuelas encenadas por companhias espanholas eram parte frequente das programações

---

[47] Sobre o enriquecimento da Fênix, ver Sílvia Cristina Martins de Souza, *As Noites do Ginásio: Teatro e Tensões Culturais na Corte (1832-1868)*, Campinas: Editora da Unicamp, 2002, p. 236.
[48] Moreira Sampaio, *A Notícia*, 17 de dezembro de 1894, em F. A. Mencarelli, *Cena Aberta...*, p. 92.

dos teatros do Rio de Janeiro. Tinham sucesso garantido junto ao público carioca.

Para Artur Azevedo, Dias Braga era o mais eclético dos empresários teatrais havidos e por haver:

No opulento repertório do seu teatro figuram todos os gêneros: a ópera, a tragédia, o melodrama, o drama de capa e espada, o drama sacro, o drama íntimo, a comédia clássica, a alta comédia moderna, a comédia burlesca, o *vaudeville*, a opereta, a mágica, a revista de ano, a paródia, a farsa... Só escapou a pantomima![49]

Com as experiências seguidas de enchentes e vazantes, Dias Braga compreendeu que a plateia do Rio era eclética e passou a investir em todos os gêneros para agradar a todo tipo de gosto. A companhia de Dias Braga é só um exemplo do que ocorria na cidade. No final do século, os teatros do Rio de Janeiro ofereciam um cardápio de peças bastante variado para o público ascendente: dos dramas lacrimejantes e comédias ao circo e às revistas.

O ecletismo do repertório ou a "promiscuidade dos gêneros", como dizia Artur Azevedo, era muitas vezes apontada nos debates pela imprensa como uma das causas da chamada decadência do teatro nacional. Comentando um artigo de Luís de Castro publicado no *Diário do Comércio* de São Paulo, em que o autor incluía mais uma vez a promiscuidade dos gêneros como responsável pela decadência nos teatros, Artur Azevedo, concordando, acrescenta:

Não pode ser tomado a sério o ator que hoje se apresenta em público representando uma xexé de mágica e amanhã um pai nobre de melodrama. Se esse artista não for dotado de um talento excepcional fará rir todas as vezes que interpretar um papel dramático e produzirá na plateia uma impressão de melancolia todas as vezes que o seu papel for cômico. O pobre Vasques arrancava gargalhadas ao público todas as vezes que procurava alienar a sua extraordinária *vis comica*, representando papéis dramáticos, tais como o dr. Mateus, nas *Lágrimas de Maria*, e outros em que ele era simplesmente deplorável[50].

O ator e empresário Dias Braga.

O ecletismo da programação das casas de espetáculo era, no entanto, mais um esforço no sentido de atrair os espectadores que também demonstravam interessar-se pela grande variedade de gêneros, sendo o público tão eclético quanto a programação oferecida:

No Rio há apenas um círculo muito restrito que frequenta os espetáculos e ele não é bastante grande para encher vários teatros ao mesmo tempo e durante muito tempo. Encontra-se sempre as mesmas pessoas, tanto no circo como na ópera, na comédia como no drama. [...] A grande massa do público, comerciantes, industriais, operários, só frequenta o teatro aos sábados e aos domingos, para distrair-se um pouco[51].

O público do circo, no entanto, seria ainda mais amplo que o do teatro. Em um artigo de seu livro de 1916, Múcio da Paixão analisa a relação do público com o circo e o teatro. Expondo impressões pessoais, o autor acredita que "na vastíssima massa

---

49 Múcio da Paixão, *Espírito Alheio*, São Paulo: C. Teixeira & C., 1916, p. 477-478.
50 Artur Azevedo, *A Notícia*, 28 de fevereiro de 1895.

51 Luís de Castro, *Le Brésil vivant*, Paris: Lib. Fischbacher, 1891, em Jean-Yves Mérian, *Aluísio Azevedo: Vida e Obra (1857-1913)*, Rio de Janeiro: Espaço e Tempo/Banco Sudameris, 1988, p. 351.

dos que gostam de se divertir à noite, pode-se fazer esta divisão racional: dois terços vão para o circo, um terço vai para o teatro". Ainda segundo o autor, pode-se acreditar que metade do público do teatro também deve frequentar o circo:

> Ao teatro vai o burguês proprietário e capitalista, o comerciante, o operário, o rapaz do comércio, o jornalista (por dever do ofício), e ao circo vão todos esses e mais todos os trabalhadores manuais, toda a massa trabalhadora que constitui a maioria da população"[52].

Mesmo restrito a uma camada menos abrangente que aquela que frequentava o circo, o teatro era uma das principais atividades culturais da cidade e as companhias de teatro musical cada vez mais monopolizavam o circuito. Fora do Rio, nas províncias e suas capitais, havia um circuito que levava as principais companhias estrangeiras pelo sul do país, por São Paulo, Minas e pelo norte[53]. Em São Paulo, por exemplo, também se registra a passagem das companhias brasileiras de ópera cômica formadas por Sousa Bastos (1883, 1884), Braga Junior (Companhia de Ópera Cômica, 1884), Jacinto Heller (Companhia de Ópera Cômica, 1885, 1889) e Guilherme da Silveira (Companhia de Operetas, Dramas, Comédias, Revistas e Mágicas do Teatro de Variedades Dramáticas do Rio, 1889). Em São Paulo foram encenadas, em 1897, *A Capital Federal* e *O Rio Nu*. Sobre a última, a imprensa dá informações de seu enorme sucesso, com o teatro sempre cheio e por vezes bilhetes apenas nas mãos dos cambistas[54].

Ao ecletismo de gêneros correspondia também uma grande diversidade cultural, de nacionalidades, de falares, de linguajares do Rio de Janeiro de final do século XIX, que aparece de forma emblemática na cena cômica *Viagem à Volta do Mundo a Pé*, imortalizada pelo grande ator Vasques, e divulgada nos cancioneiros. Nela, a personagem de nome Joaquim Veado desafia seu compadre Tibúrcio afirmando que era capaz de dar a volta ao mundo a pé. Essa volta ao mundo se revelava como um passeio pelo centro do Rio de Janeiro, particularmente pela rua do Ouvidor: "Terra de maravilhas! [...] Nação elétrica! [...] Ali não há estrangeiros: são todos cosmopolitas; naturalizaram-se todos! Tudo é cidadão da rua do Ouvidor!"[55]. A cena cômica de Vasques trazia para o palco a diversidade cultural presente nas ruas. Essa diversidade, no entanto, já estava presente nos bastidores através da multiplicidade de nacionalidades e de classes sociais das personagens que davam vida a esse teatro. Atores, cantores, bailarinos, diretores, compositores, músicos, cenógrafos teciam uma complexa rede, fruto da internacionalização, da convivência de diferentes classes e extratos sociais; e promoviam um intenso campo de trocas e confrontos de visões de mundo, de perspectivas sobre as principais questões em pauta na sociedade. A composição variada das companhias, seu repertório eclético, suas dimensões empresariais eram cenário propício para a expressão da diversidade encontrada também nas ruas. Se essa indústria da cena provocava por um lado a massificação do lazer, por outro possibilitava a circulação e a expressão da diversidade.

As fronteiras culturais e sociais também se volatilizavam no palco, num jogo de afirmações e confrontos de valores, em que personagens, dramaturgias, encenações e interpretações se cruzavam na produção de novos sentidos, numa operação própria a essa cena aberta e polissêmica das formas de teatro musical. Os empresários criaram suas companhias com uma mão de obra internacional que se deslocava e com os artistas locais que faziam uso do teatro como forma de sobrevivência e profissionalização. As companhias tinham na dupla de opostos formada pelos cômicos de expressão mais popular e pelas cantoras de operetas estrangeiras suas principais atrações. Acadêmicos na dramaturgia, ambiciosos empresários no comando, talentosos cômicos populares e *divettes* internacionais no elenco, maestros e compositores de óperas e jongos nas partituras e orquestras, e um público à altura de

---

52 M. da Paixão, *Espírito Alheio*, p. 325-331.
53 Sábato Magaldi; Maria Thereza Vargas, *Cem Anos de Teatro em São Paulo*, São Paulo: Senac, 2000; Regina Horta Duarte, *Noites Circenses: Espetáculos de Circo e Teatro em Minas Gerais no Século XIX*, Campinas: Editora da Unicamp, 1995.
54 *O Estado de S.Paulo*, 27 de março de 1895, em S. Magaldi; M. T. Vargas, *Cem Anos de Teatro em São Paulo*, p. 30.
55 Vasques, Viagem à Volta do Mundo a Pé, em Procópio Ferreira, *O Ator Vasques: O Homem e a Obra*, São Paulo: Oficinas de José Magalhães, 1939, p. 442.

tamanha diversidade fez o teatro musical do século XIX ser um dos mais férteis campos de expressão da complexidade social brasileira da segunda metade do século XIX.

As histórias de vida dessas personagens são suficientemente ricas e fascinantes para encher dezenas de livros, para gerar centenas de trabalhos. O panorama que emerge do cruzamento dessas histórias também é suficientemente rico para reconhecermos as múltiplas faces da sociedade brasileira que procuravam encontrar voz nos palcos e canções. A tarefa seria impossível, por imensa, se não seguíssemos uma seleção quase natural que nos levou a personagens emblemáticas da cena teatral. Uma série de publicações com perfis biográficos de artistas e personalidades circulou em fins do século XIX e início do XX. Escritos por parceiros de cena como Eduardo Vitorino, Sousa Bastos, ou por memorialistas, jornalistas e historiadores, esses registros, apontamentos biográficos, memórias e perfis somam-se aos poucos e valiosos trabalhos de estudiosos contemporâneos[56] e nos proporcionam um rico material sobre os percursos variados e diversos das personagens do período. Afora os estudos recentes, com farta exposição de documentação pesquisada, alguns trabalhos utilizados não apresentavam as fontes documentais de seus dados. Com relação aos dados biográficos, podemos, no entanto, tratá-los como crônicas contemporâneas que, menos do que viabilizar uma biografia, possibilitam-nos conhecer o universo de histórias e percursos pessoais, frutos de eventos reais, imaginação jornalística e invenção de personalidades artísticas por parte dos biografados ou dos biógrafos. Nomes e pseudônimos, famas e difamações, essas histórias estão recortadas pelo imaginário da própria sociedade sobre seus artistas do palco. Foi assim que nos aproximamos delas[57].

Em meados dos anos de 1890, Artur Azevedo lança uma publicação denominada *O Álbum*. Nela havia entre outras tantas seções uma que ganhava destaque e que dava o nome à publicação. A cada número, uma personagem célebre da sociedade carioca, político, cientista, músico ou alguma personalidade do teatro, ganhava um perfil extenso, com dados biográficos e outras informações que faziam uma espécie de balanço da produção artística e da carreira do retratado:

cada número trará, fora do texto, um retrato de pessoa notável, constituindo assim *O Álbum*, no fim de algum tempo, uma interessante galeria, na qual figurarão, em curiosa promiscuidade, todas as classes sociais.

Ao lado dos perfis da elite letrada e politicamente influente, de funcionários públicos, médicos, jornalistas, artistas etc., havia uma série de trajetórias pessoais diversas, como ex-coristas do Alcazar e consagrados atores cômicos de origem humilde. Era comum na classe artística surgirem escritores, dramaturgos, compositores, maestros ou atores, de origem abastada ou não, que haviam cruzado fronteiras de classes e que projetavam, em suas criações, suas múltiplas referências culturais[58]. Promiscuidade é um termo que pode traduzir muito bem a percepção que os contemporâneos tinham dessa dinâmica cultural, que envolvia maestros negros formados na Itália e coristas francesas de revista representando mulatas dançando maxixe em mágicas brasileiras. As classes sociais, nessa mistura que Artur Azevedo chamava de "promíscua", geravam uma cultura própria, retrato de uma época de novas fisionomias e "volatilização social", como

---

56 Um dos principais trabalhos recentes que se dedica ao estudo da trajetória e do trabalho de uma atriz do período é o de Ângela de Castro Reis, *Cinira Polônio, a "Divette" Carioca: Estudo sobre a Imagem Pública e o Trabalho de uma Atriz no Teatro Brasileiro na Virada do Século XIX*, Rio de Janeiro: Arquivo Nacional, 2001. Os memorialistas e historiadores utilizados para a pesquisa biográfica são: Affonso Ruy, *Boêmios e Seresteiros do Passado*, Cidade de Salvador: Livraria Progresso, 1954; Antônio Sousa Bastos, *Carteira do Artista: Apontamentos para a História do Teatro Português e Brasileiro*, Lisboa: Antiga Casa Bertrand, 1898; Brício de Abreu, *Esses Populares tão Desconhecidos*, Rio de Janeiro: E. Raposo Carneiro, 1963; Eduardo Victorino, *Actores e Actrizes*, Rio de Janeiro: A Noite, 1937; J. Galante de Sousa, *O Teatro no Brasil*, v. 2; Lafayette Silva, *Revista do IHGB*: Artistas de Outras Eras, v. 169, Rio de Janeiro: Imprensa Nacional, 1939; idem, *Figuras de Teatro*, Rio de Janeiro: Leite Ribeiro, 1928; idem, *História do Teatro Brasileiro*, Rio de Janeiro: Ministério da Educação e Saúde, 1938; Luís Edmundo, *O Rio de Janeiro do Meu Tempo*. Rio de Janeiro: Xenon, 1987; Manoel Raymundo Querino, *Artistas Baianos: Indicações Biográficas*, Rio de Janeiro: Imprensa Nacional, 1909; Mário Nunes, *40 Anos de Teatro*, Rio de Janeiro: SNT, 1956, 4 v.; Múcio da Paixão, *Espírito Alheio*; idem, *O Teatro no Brasil*, Rio de Janeiro: Brasília, 1936.

57 Cf. *Cadernos de Pesquisa em Teatro*, Rio de Janeiro: Uni-Rio, n. 2, 1996. Vida de Artista, coordenado por Maria Helena Werneck (Série Bibliografia).

58 Cf. *O Álbum*, Ed. Artur Azevedo, n. 1-55, jan 1893-jan 1895, Rio de Janeiro (diretor Artur Azevedo, agente geral Paula Ney).

atesta a percepção de Artur Azevedo. Antevendo a importância de tais registros, completa:

Parece-nos que na época de renovação que atravessamos, neste surgir constante de novas fisionomias, nesta volatilização social de velhas figuras do segundo império, uma folha deste gênero terá mais tarde o seu valor documentário[59].

Estabelecendo uma ordem pessoal de hierarquização, os dois retratados nos primeiros números são Carlos Gomes, o primeiro, e Machado de Assis, o segundo. Segue uma longa lista com nomes como os de Ismênia dos Santos, Furtado Coelho, Eduardo Garrido, e outras personalidades do meio teatral e musical brasileiro e português. O perfil de Carlos Gomes foi escrito por Cardoso de Menezes Filho, músico, escritor e amigo do compositor, "desejando inaugurar *O Álbum* com o retrato do mais ilustre entre os artistas brasileiros", escreve Artur Azevedo. O mais ilustre de nossos artistas, o maestro consagrado também revelava o trânsito que então havia entre as personagens e os gêneros que compunham o universo cultural do período. Recém-chegado a Milão, por obra de um prêmio de viagem à Itália conquistado no Rio de Janeiro, envolveu-se com várias produções de peso, entre elas a opereta *Se sa Minga* e a revista *Nella Luna*, ambas representadas no teatro com grande aplauso entre 1866 e 1868. Tinha então o jovem compositor entre 27 e 29 anos. Em 1870, estrearia *Il Guarany* no Scala.

Trajetória realmente fascinante é a do maestro e compositor Henrique de Mesquita[60]. Nascido no Rio de Janeiro em 1836 (ou 1830, segundo a *Enciclopédia de Música Brasileira*), o mulato Henrique de Mesquita revelou desde cedo grande vocação musical, tornando-se ainda criança um exímio tocador de trompete, o que o levou a ingressar no Imperial Conservatório de Música. Enquanto estudava abriu um negócio em sociedade com um amigo, Liceu e Copistaria Musical, que oferecia cursos de música e outros serviços no ramo, copiando partituras ou vendendo instrumentos. Nessa época escreveu suas primeiras composições: modinhas, romanças, valsas e lundus. Em 1855, ganhou medalha de ouro num concurso do Conservatório e o prêmio de viagem à Europa. Distinguiu-se também como aluno do Conservatório de Paris, onde deu início à sua carreira como compositor. Foi bastante aplaudido em suas primeiras composições de operetas e popularizou, na França e depois no Brasil, uma quadrilha chamada *Les Soirées Brésiliennes*. Dedicando-se em Paris a composições ligeiras, Mesquita tinha desejos de realizar trabalhos de maior fôlego. Recebe do Brasil, do dr. Simoni, um libreto e cria a partitura de sua primeira ópera: *Vagabundo*. A peça é logo encenada no Brasil pela Companhia de Ópera Nacional, então em atividade, e depois ainda por uma companhia italiana, sendo muito bem recebida pelo público. "Entretanto", diz Artur Azevedo, "estava escrito que o nosso maestro nunca mais, até hoje, produziria outra obra de tanta importância artística".

De volta da Europa, Henrique de Mesquita, "que parecia destinado a exercer no seu país as mais altas funções artísticas", diz Artur, foi tocar na orquestra do Alcazar. O empresário Arnaud, do Alcazar, coloca em cena uma partitura criada por Mesquita para um libreto da ópera-cômica francesa *Une Nuit au Château*. A peça fez sucesso na rua da Vala e Artur registra que a ouviu ainda outra vez cantada em português no Fênix, onde teve muitas apresentações consecutivas. Em 1869, Henrique de Mesquita sai do Alcazar e vai participar da aventura iniciada por Heller no Fênix, onde permanece longos anos como regente de orquestra, "ensaiador de coros e primeiras partes".

Representando uma nova geração de maestros e compositores, Assis Pacheco ganha perfil em *O Álbum*. Contava então com 28 anos e iria ser um parceiro de Artur Azevedo em várias montagens, com destaque para *O Tribofe*, *A Fantasia* e *A Capital Federal*[61]. Paulista de uma família abastada do interior, nasceu em Itu, onde iniciou seus estudos musicais, que completaria na Itália. Formou-se em Direito em São Paulo. Foi advogado em Santos, depois procurador fiscal da Fazenda e promotor

---

59 As fotos foram feitas nas oficinas da Companhia Fotográfica Brasileira, por João Gutierrez, coproprietário e gerente do estabelecimento.

60 Artur Azevedo, "Henrique de Mesquita", em *O Álbum*, ano I, n. 14, abril de 1893, p. 1-2. Para o perfil de Henrique de Mesquita, ver o verbete respectivo em *Enciclopédia da Música Brasileira*. São Paulo: Art, 1977, p. 477.

61 Artur Azevedo, "Assis Pacheco", em *O Álbum*, ano I, n. 9, fevereiro de 1893, p. 1-2. Para o perfil de Assis Pacheco, ver o verbete respectivo em *Enciclopédia da Música Brasileira*, p. 581.

público. Por sua vocação artística e boêmia foi deixando a beca pela pena e a música. Envolveu-se com a imprensa, como colaborador em jornais de prestígio e fundador de pequenas gazetas. Estreou como compositor com a ópera *Moema*, em 1891, que não foi bem recebida. Mudou-se para o Rio e entusiasmou-se com o teatro musicado. Aproximando-se de Artur Azevedo, escreveu revistas (*Itararé*, *Aquidabã*), óperas (*Flora*, *Estela*) e poemas sinfônicos, mantendo paralelamente a atividade jornalística. Dirigiu operetas, regeu concertos sinfônicos na Exposição Nacional, foi regente no Teatro Avenida em Lisboa (1908). De volta ao Brasil, continuou compondo para espetáculos de Leopoldo Fróes. Muitos são os compositores, instrumentistas e maestros que tiveram perfis semelhantes aos de Henrique de Mesquita e Assis Pacheco, transitando entre classes, mas também entre inúmeros gêneros dramático-musicais, da ópera à revista, concertos e aulas no Conservatório ou Instituto Nacional de Música.

Entre os autores, Moreira Sampaio é outra dessas personagens emblemáticas dessa geração. Nascido em 1851, na Bahia, foi, ainda criança, para o Rio. Com bastante sacrifício formou-se médico em 1873. Mas deixou a medicina e tornou-se empregado público, com um cargo na Biblioteca Nacional, sendo nomeado depois como oficial na Secretaria do Império, onde ficou até se tornar diretor do Asilo dos Meninos Desvalidos a partir do Governo Provisório. Mantinha sempre atividade na imprensa, tendo fundado alguns periódicos. Mas seu grande talento era o de comediógrafo. Tendo estreado no Cassino, foi parceiro de Artur numa série de peças marcantes (*O Mandarim*, *Cocota*, *O Carioca*, *O Bilontra*, *Mercúrio*), atuando também como tradutor, autor de paródias, revistas. Montou uma série de espetáculos em que era o único autor nos anos de 1890. Seu último espetáculo foi *Inana*. Como muitos contemporâneos que se dedicaram à carreira teatral, morreu pobre. Em seu enterro, Artur fez um discurso emocionado, dizendo que com o companheiro teria partilhado a luta de fazer emergir do "estrume da revista" a semente da comédia nacional.

Certamente Artur Azevedo não incluiu o seu próprio perfil na galeria de personalidades. Mas o seu lugar estaria reservado em qualquer publicação em que ele próprio não fosse o diretor. Uma das personalidades mais ativas no meio teatral da cidade desde a década de 1870, quando chega do Maranhão, Artur é figura síntese desse inter-relacionamento de referências culturais característico do período. Acadêmico e revisteiro, Artur vivia de um emprego público, na mesma secretaria de Machado de Assis, e de suas traduções, paródias, operetas, comédias e revistas. A bem da verdade, vivia mais de suas revistas. Sempre bem relacionado, recebia ilustres políticos em seus espetáculos.

Entre os atores e atrizes que eram também cantores, Leonor Rivero pode ser encontrada na galeria de ilustres apresentada por Artur Azevedo em *O Álbum*. Lançara-se em *Mimi Bilontra*, no Alcazar Lyrique[62]. Filha de boa família andaluza, Leonor transferiu-se ainda muito jovem para o Brasil "por circunstâncias íntimas", segundo o perfil de *O Álbum*, escrito por Paulo Augusto. Estreou no Alcazar, onde fez sucessos em inúmeros papéis, entre eles o de um "formoso" travesti da *Giroflé-Giroflá*. Depois de passar por vários teatros do Rio, segue para Paris: "partiu para a capital do mundo, cujas seduções a deslumbravam", diz Artur. Lá é lançada por um famoso jornalista como Mimi Bamboche[63], e passa a pertencer ao quadro de atrações das Folies Dramatiques e dos Bouffes-Parisiens. Com saudades do Brasil, volta em 1884, ingressando na primeira companhia de Sousa Bastos no Rio. Dividia-se entre turnês pelas províncias do país e viagens a Paris, onde mantinha casa e criados. Voltaria depois ao Variedades, dando continuidade à personagem de Mimi Bamboche. Transitando entre as pequenas cidades das províncias brasileiras, Rio e Paris, realizando uma carreira ascendente do Alcazar carioca aos cafés-concertos mais famosos da França, Leonor

---

62 "Nela [*Mimi Bilontra*] estrearam dois elementos preponderantes para o gênero: a Leonor Rivero, que se evidenciara no repertório do memorável Alcazar, e o Peixoto, possuidor de recursos cômicos postos em destaque nas várias companhias a que pertencera". Cf. Lafayette Silva, *Revista do IHGB: Artistas de Outras Eras*, v. 169, Rio de Janeiro: Imprensa Nacional, 1939, p. 41.

63 No cancioneiro de Aimée no Alcazar, publicado em 1865, aparecia uma canção com o título de "Les Mémoires de Mimi Bamboche – ronde des bambocheuses", com letra de E. Grangé e L. Thiboust, e música de S. Mangeant. Cf. Aimée, *Recueil de chansonnettes de Mlle Aimée, étoile parisienne a l'Alcazar Lyrique de Rio de Janeiro*, Première Partie Rio de Janeiro: Thevenet & C., 1865, p. 7-8.

Rivero escapara do destino das estrelas da noite que encerraram suas vidas como cafetinas ou madames decadentes. Sempre muito aplaudida pelo público, era a estrela maior da companhia do Teatro Lucinda em 1895, quando foi publicado seu perfil na excelsa galeria de *O Álbum*[64]. Das fronteiras preestabelecidas social e culturalmente, Rivero só não precisou transpor a de classe, diferentemente de outras atrizes-cantoras do teatro musicado.

Entre os ilustres retratados por Artur Azevedo está uma das personagens mais emblemáticas para essa nossa história. Xisto Bahia pode ser encontrado tanto nos trabalhos e memórias que se dedicam à história do teatro brasileiro, quanto naqueles voltados para a história da música popular brasileira. O autor do lundu *Isto é Bom* foi considerado por Artur Azevedo como "o ator nacional por excelência". Mulato, filho de um major, Xisto nasceu em 1841 em Salvador. Nasceu e cresceu na Freguesia de Santo Antônio de Além do Carmo, pródiga em cancioneiros, compositores e intérpretes no século XIX. Tornou-se amador teatral e excelente tocador de violão. Quando seu pai morreu em 1858, tentou o comércio para sobreviver, mas, fracassando, voltou-se para o teatro. Seu cunhado Antônio Araújo era um mestre no teatro baiano. Ingressou como corista em 1859 na Cia. Lírica Clemente Mugnai, que trabalhava no Teatro S. João. Saiu daí para a companhia de seu cunhado, com a qual visita as principais cidades da província. Em 1861 transferiu-se para a companhia do comendador Constantino do Amaral Tavares, diretor do Teatro S. João, onde fez sucesso com suas criações e nas chulas e lundus dos entremezes que ele mesmo acompanhava com o violão. Em 1864 foi para o Norte com a companhia do empresário Couto Rocha, tendo como parceiro Furtado Coelho. Ficou por lá durante dez anos. Diz a crônica corrente que, devido ao sucesso fácil e à boêmia, a qualidade de seu trabalho regredira, chegando ao fracasso em 1866 no Ceará. No Maranhão, Joaquim Serra como crítico e Joaquim Augusto como diretor incentivaram-no ao estudo e ao trabalho aprimorado, recuperando seu prestígio. Xisto volta consagrado à Bahia em 1873 e ingressa na Companhia de Mágicas de Lopes Cardoso.

Quando começou, Xisto não tinha um conhecimento de música, notas e partituras; compunha e tocava violão intuitivamente[65]. Cantando nos entreatos dos espetáculos, criou fama entre o público de Salvador, com sua voz de barítono. Na cidade, suas modinhas faziam sucesso: *Perdoa ou Sê Clemente* e *Quis Debalde*. Os lundus ainda mais: *Isto é Bom*, *Pescador* (com letra de Artur Azevedo), *A Mulata* (com letra de Mello Moraes), *A Preta*. Os lundus eram obrigatórios nos teatros e discretos nos salões, e as modinhas correntes em todos os ambientes.

Xisto chegou ao Rio em 1875 e logo firmou-se como grande cômico, divertindo a plateia fluminense com sua mais famosa criação: o Bermudes de *Véspera de Reis*[66], comédia de Artur Azevedo. Em 1878, inaugurou o Teatro da Paz em Belém com um grande elenco: João Colás, Joaquim Câmara, Joana Januária entre outros; em 1879, trabalhou na Bahia. Depois voltou para o Rio, onde se estabeleceu, trabalhando inicialmente para Furtado Coelho e depois para Heller. Seu prestígio era grande, reconhecido pelo Imperador. Em 1882 fez parte da companhia dramática de Braga Junior; no ano seguinte ingressou na de Sousa Bastos, mas logo voltou à de Braga Junior no Príncipe Imperial. Em *O Mandarim*, revista de ano de 1883, de Artur Azevedo e Moreira Sampaio, a caricatura que Xisto fez de um barão do café, João José Fagundes de Rezende e Silva, na peça como Barão de Caiapó, além de motivar um dos primeiros sucessos do gênero, antes da explosão de *O Bilontra*, provocou acirrada polêmica[67].

Na década de 1880, no entanto, mesmo consagrado no Rio, Minas e São Paulo, Xisto começa a desiludir-se do teatro. Tinha fama, mas esta não se traduzia em uma vida mais segura para ele e para a família. A carta que escreve em 1887 para Thomaz Espiúca é um dos documentos mais eloquentes da época. Ídolo das plateias, reconhecido pela crítica, Xisto está desencantado com o teatro, e manifesta sua desilusão na resposta ao amigo que abandonara o

---

64 Paulo Augusto, "Leonor Rivero", em *O Álbum*, ano II, n. 53, janeiro de 1895, p. 1.

65 A. Ruy, *Boêmios e Seresteiros do Passado*, p. 17.

66 Cf. M. da Paixão, *O Teatro no Brasil*, p. 212-213.

67 Roberto Ruiz, *O Teatro de Revista no Brasil*, Rio de Janeiro: Inacen, 1988, p. 20; Neyde Veneziano, *Não Adianta Chorar: Teatro de Revista Brasileiro... Oba!*, Campinas: Editora da Unicamp, 1996, p. 38.

teatro para seguir a profissão de dentista e o consulta com o desejo de retornar à profissão de ator. "Ao ler tua carta, fiquei absorto", começa Xisto, acrescentando que se ainda fosse um jovem a perguntar se era bom entrar para o teatro, o mandaria "bugiar":

Mas a ti? Isso torna-se gravemente sério! Raciocinemos. Sabes o que é, ou por outra, o que está sendo atualmente o teatro neste país, compreendidos os quatro pontos cardeais? O teatro, isto é, a arte é uma traficância, um negócio de balcão, uma feira de novidades, em que a imprensa faz de arlequim à porta da barraca, anunciando e pufiando as sumidades, conforme a gorjeta dos contratadores. Essas novidades, ambicionadas a todo momento, são estrangeiras. Tu és estrangeiro? Não[68].

Em seguida, Xisto critica a forma como todos os gêneros teatrais vinham sendo representados na cidade, especialmente a opereta, e mostra seu descontentamento com o que chama de decomposição da arte do ator. "Não volte", insiste.

Durante toda a década de 1880 o ator empenhou-se na causa abolicionista, participando de espetáculos realizados em prol da completa abolição dos escravos. Ainda em 1887 a Empresa Dias Braga colocava Xisto Bahia na direção do Teatro Lucinda. Montou cinco revistas e mágicas. Mas ele queria mudar de profissão. Deixou o palco em 1891, quando conseguiu também um cargo de amanuense na penitenciária de Niterói, com a ajuda do presidente do Estado do Rio, Francisco Portela. Foi demitido com a deposição do presidente em 1892 e teve que voltar ao teatro. Retornou com sucesso no Teatro Apolo, na companhia de Eduardo Garrido, ao lado de Vasques e das baianas Isabel Porto e Clélia Araújo. Tinha feito aquele que seria seu último trabalho, a mágica *O Filho do Averno*, de Garrido, quando, em 1893, Artur Azevedo publicou o seu retrato em *O Álbum*. Era o reconhecimento e a consagração de seu talento. Para Artur, ele era o ator nacional por excelência. Pelo perfil, ficamos sabendo também que Xisto fora convidado por Sousa Bastos para fazer em Lisboa, no Teatro das Novidades, as personagens que o tinham consagrado nas peças *Uma Véspera de Reis*, o monólogo *Capadócio*, e a comédia *Como se Fazia um Deputado*. A viagem, no entanto, fracassou por conta da Revolução da Armada. Depois disso, os teatros fechados pela revolta, já debilitado por uma doença, Xisto recolhe-se em Caxambu, por conselho médico, no final de 1893. Sua doença se agrava e ele morre em 30 de outubro de 1894.

*O Álbum* de Artur Azevedo forma uma extensa e variada galeria de personagens cujas histórias, entrelaçando-se, revelam a complexidade da composição do cenário teatral. As fronteiras volatilizadas da sociedade em transformação acentuavam-se na estrutura ela mesma volátil e polissêmica dos gêneros do teatro musical. Os sentidos impressos à cena ganhavam inúmeros contornos, enquanto as referências cultas ou populares, nacionais ou estrangeiras, de diferentes classes e posições sociais se cruzavam no convívio nas companhias e na criação dos espetáculos que reuniam aristocratas, cantores de lundus, *divettes* alcazarinas, diplomatas, altos funcionários públicos e cômicos de extração popular.

## *O Camarim e o Escritório: Os Donos da Voz*

O meio teatral das últimas décadas do século XIX envolvia, como vimos, um número expressivo de empresários, com companhias especializadas em gêneros ligeiros ou não. Entre os mais importantes, dividindo a cena com Heller, Braga Junior e Sousa Bastos, com períodos de maior ou menor destaque, ao longo da segunda metade do século, estão os já mencionados Dias Braga, Ismênia dos Santos, Guilherme da Silveira e Celestino da Silva. Questões exclusivamente artísticas se misturavam aos empreendimentos bem ou mal sucedidos e às mais diversas trajetórias pessoais. Ao lado das preocupações com as criações artísticas, viviam todos envoltos em questões comerciais como contratos, assinados ou verbais, com atores e dramaturgos, arrendamentos, aluguéis e reformas de teatros, acusações de plágio, dívidas. Furtado Coelho, Dias Braga e Ismênia dos Santos estavam, juntamente com Heller, entre aqueles que fizeram uma sólida carreira teatral como atores, ensaiadores e,

---

68 Carta de Xisto Bahia a Thomaz Espiúca, em Henrique Marinho, *O Teatro Brasileiro: Alguns Apontamentos para A Sua História*, Rio de Janeiro: Garnier, 1904, p. 110.

depois, empresários no Brasil, atravessando várias companhias e tendências que tinham marcado o teatro brasileiro. Guilherme da Silveira e Celestino da Silva poderiam ser colocados ao lado de Braga Junior e Sousa Bastos, com espírito mais empreendedor, empresarial, atuando no Rio e em Lisboa, onde afinal concluem suas carreiras, sendo os três primeiros sócios de uma empresa teatral em Lisboa na década de 1890.

A longa duração do Teatro Fênix, sua influência determinante nos rumos das produções teatrais, sua hegemonia como principal companhia na década de 1870 e meados da década de 1880 fizeram de Heller um dos principais empresários do período. O interesse pelo mercado dominado por ele atraiu a concorrência. Heller, Sousa Bastos e Braga Junior serão os protagonistas de uma intensa concorrência no início dos anos de 1880. Sousa Bastos ficou no Brasil até 1884, ano em que ele, Heller e Braga Junior vão se envolver num complicado processo judicial, fruto de uma tentativa de formação de cartel entre os empresários concorrentes. Se estas eram as companhias de maior destaque na especialidade companhias de óperas-cômicas, como se identificariam nos processos judiciais, havia ainda a concorrência de Dias Braga no Recreio e os divertimentos mais populares, como uma Empresa de Bonecos Automáticos no Teatro Filomena Borges, as corridas de touros e o Teatro Mecânico Recreio Juvenil, com uma companhia de 300 autômatos, a preços populares.

No início da década de 1880, a situação do cenário teatral da cidade é exemplar do que se deu ao longo do período que teve início na década de 1870 e se estendeu até a virada do século. Vemos o predomínio dos gêneros ligeiros, tendo à frente sempre a companhia de Heller, acompanhado pelos concorrentes que disputavam o reconhecido monopólio. Paralelamente, seguem as companhias operísticas e teatrais estrangeiras que costumavam aportar aqui durante o verão europeu. Atores e atrizes empresários mantinham também as carreiras das companhias que, mesmo investindo no ecletismo, procuravam manter um repertório com mais dramas e comédias, como Dias Braga, Ismênia dos Santos, Furtado Coelho e Apolônia Pinto. Por fim, temos a constância de espetáculos mais populares, as pequenas companhias, os espetáculos de variedades, a praça de touros e o circo.

Jacinto Heller era filho de um comerciante de instrumentos musicais que, após falir em seu negócio, resolveu tornar-se ator e emigrar para o Brasil. Nascido no Porto em 1834, Heller decidiu tornar-se ator aos 15 anos, estreando no Rio Grande do Sul e viajando com seu pai por toda a província e por outras mais até ficar órfão. Depois disso recebeu convite de João Caetano e mudou-se para o Rio, integrando a companhia do grande ator no Teatro S. Pedro de Alcântara. Em seguida, passou para o Ginásio Dramático, onde atuou ao lado de atores como Vasques e Furtado Coelho. No final dos anos de 1860, trabalhou com Vasques no Teatro Fênix Dramática, do qual se tornou empresário no início da década seguinte. Percebendo o apelo popular dos gêneros musicados, Heller investiu em mágicas com grandes cenografias e de alto custo como *Ali-Babá*, *Corça dos Bosques*, *Loteria do Diabo*; paródias como *Orfeu na Roça*, *A Filha de Maria Angu* e as operetas *Boccacio*, *Mascote*, *Mosqueteiros no Convento* e *Os Sinos de Corneville*. Faziam parte de sua companhia Guilherme de Aguiar, Vasques, Mattos, e as estrelas Rose Villiot, Delmary, entre outras. Com o fim do Teatro Fênix, em 1893, Heller continuou dirigindo outras companhias e tentando repetir os sucessos anteriores, mas não foi tão feliz[69].

O empresário teatral, dramaturgo e jornalista português Sousa Bastos (1844-1911) iniciou suas atividades no Brasil em 1882, primeiramente com sua companhia portuguesa, posteriormente criando uma companhia no Brasil. Quando passou a trabalhar também no Brasil, intermitentemente, Sousa Bastos já era um dos principais empresários do ramo em Lisboa. Suas investidas por aqui se estenderam por alguns anos, como empresário, diretor de companhias e ensaiador em diversos teatros brasileiros e em inúmeras cidades, até uma última temporada com óperas-cômicas em 1907: Rio de Janeiro, São Paulo, Belém, Recife, Porto Alegre, Santos, Campinas, Pelotas, Rio Grande, Cachoeira, Florianópolis, Paranaguá, Antonina, Lapa, Curitiba, entre outras,

---

69 Sobre a dissolução da companhia que Heller mantinha em 1895 no Santana, ver Artur Azevedo, *A Notícia*, 11 de julho de 1895.

foram as cidades por onde circulou com seus espetáculos. Iniciou sua carreira de empresário no Brasil no Teatro S. Pedro de Alcântara. Sempre teve, no entanto, suas atividades principais em Portugal, como empresário e ensaiador. Uma das personalidades mais ativas e influentes da vida teatral portuguesa no final do século XIX, segundo a historiografia portuguesa, foi o responsável por alguns dos maiores sucessos nos palcos do teatro ligeiro no Brasil, lançando atores e alimentando o sistema que investia nas grandes estrelas, criando-lhes grandes oportunidades nos espetáculos. Foi o responsável também pela vinda da primeira companhia portuguesa de revistas ao Brasil. Seu maior sucesso, aqui e em Portugal, foi com *Tim-Tim por Tim-Tim*, espetáculo de revista no qual estrelava Pepa Ruiz, fazendo dezoito papéis. *Tim-Tim por Tim-Tim* foi encenada pela primeira vez em 1892 no Rio, tendo, segundo palavras do próprio Sousa Bastos, um sucesso ainda maior no Brasil do que aquele que obtivera em Portugal. Alcançou de pronto mais de cem apresentações, sendo reencenada inúmeras vezes, até por três companhias simultâneas, e também por crianças, com enchentes espantosas, dizia Sousa Bastos: "Em São Paulo é a peça que tem sido mais representada, tanto na capital como nas cidades do interior. Tem grande número de representações na Bahia, Pernambuco, Pará e Maranhão". Sousa Bastos tornou-se popular com as revistas de ano, mas escreveu também dramas, comédias, mágicas, operetas, monólogos, cançonetas e cenas cômicas. Empenhou-se em deixar o registro da história do teatro nos dois países, escrevendo obras como a *Carteira do Artista* e o *Dicionário do Teatro Portuguez*, nas quais biografou dezenas de atores, músicos, cenógrafos, diretores, dramaturgos etc.

Braga Júnior começou como ponto no Rio de Janeiro, uma ocupação com certo valor nas companhias de então, pela função múltipla de suporte ao desenvolvimento do espetáculo, como deixas, efeitos sonoros, comando de entradas e saídas em geral etc. Nascido no Rio Grande do Sul, escolheu a nacionalidade portuguesa de seu pai. No Rio de Janeiro foi sócio de uma empresa teatral no Teatro Recreio Dramático. Em seguida adquiriu o espólio da empresa de Ester de Carvalho, e montou uma companhia que percorreu o Brasil, ganhando dinheiro com operetas como *O Periquito* e *D. Juanita*.

Empresário teatral, mas também negociante, enriqueceu rapidamente. Após a proclamação da República, "Braga Junior foi atacado da febre de companhias e outros negócios que se tornaram epidêmicos no Rio de Janeiro", fazendo grande fortuna em poucos meses, e mudando-se definitivamente para Portugal, onde se tornou visconde de S. Luís de Braga. Sousa Bastos lembra que o novo visconde enriqueceu "por meio de negócios de fundos e incorporação de companhias"[70]. Radicou-se a partir daí em Lisboa, tornando-se sócio-proprietário e empresário do Teatro D. Amélia. Em 1882, em 4 de março, Braga Júnior estreara sua primeira companhia, tendo Adolfo de Faria como ensaiador e diretor de cena, e ocupando o Teatro Recreio Dramático. Nesse período, a companhia encenou França Junior, Artur Azevedo, Moreira Sampaio, Cardoso de Menezes. Antes de completar dois anos, no entanto, a companhia dividiu-se, indo uma parte com Braga Júnior para o Príncipe Imperial formar uma empresa dedicada ao gênero alegre, e outra se estabelecendo como uma associação sob direção de Dias Braga, no próprio Recreio[71]. Uma das primeiras peças montadas pela companhia de Braga Júnior foi a revista de ano *O Mandarim*, de Artur Azevedo e Moreira Sampaio, sucesso em 1884, com Martins, Xisto Bahia e Colás.

Dias Braga começara sua vida como sapateiro: "principiou colocando tombas e acabou rico proprietário da Cidade Nova"[72]. Chegou a fazer fortuna no teatro. Ele era um empresário que caminhava pela trilha estreita dos que tentavam conciliar ideais artísticos e grandes negócios. Mesmo sendo empresário, Dias Braga cultivava outras ambições, como incentivador do teatro nacional, como ensaiador e como ator. Artur Azevedo dizia:

De todos os nossos empresários, é Dias Braga – e sempre foi assim – aquele em cujo espírito mais trabalha a ideia da nacionalização do teatro. Ele por gosto não faria representar uma peça estrangeira. [...] Sabe que aquilo não vai lhe dar vintém, que o público fluminense não acredita que no Brasil se possam escrever peças tão boas como as francesas; mas é o mesmo: entrega-se de corpo e alma ao trabalho dos ensaios

---

70 *Carteira do Artista...*, p. 195.
71 Cf. M. da Paixão, *O Teatro no Brasil*, p. 251.
72 Idem, *Espírito Alheio*, p. 473.

com a paciência, o carinho, a solicitude que não dispensa aos dramalhões com que espera encher a gaveta do bilheteiro. [...] Mas de todas as peças nacionais que Dias Braga fez representar, só uma lhe deu algum resultado material: *As Doutoras*, de França Junior. Nenhuma das outras valeu a pena[73].

Corrigindo-se mais à frente, Artur Azevedo diz: "Referi-me lá mais acima aos prejuízos que as peças nacionais causaram às algibeiras de Dias Braga. Enganei-me: houve duas peças nacionais que o enriqueceram: *O Bendegó* e *O Sarilho*". Justamente duas revistas de ano.

Mesmo aqueles que procuravam levantar a bandeira do teatro nacional e resistir um pouco à onda dos sucessivos gêneros musicais e ligeiros, como Dias Braga e Artur Azevedo, cediam ao inconteste veredicto do público depositado nas bilheterias dos teatros. Artur Azevedo, defendendo-se de críticas recebidas através da imprensa sobre a produção de uma nova revista, dizia:

Quereria a *Gazeta* que eu levasse à empresa do Recreio Dramático, em vez de outro *Jagunço*, que produziu na primeira representação 4:782$, outro *Badejo*, que produziu na 2ª (a 1ª foi em benefício) 380$000? Eu escrevo o *Gavroche* pela mesma razão por que os meus colegas da *Gazeta* escrevem o *Engrossa*. Albardamos o burro à vontade do dono. Ora aí está[74].

O interesse do público pela revista se traduzia numa renda mais de dez vezes superior à da comédia *O Badejo*, em suas respectivas primeiras bilheterias. O conflito expresso por Artur entre o ideal e o possível trazia sempre a marca de uma preocupação com os fins comerciais dos empresários em suas montagens teatrais. Não poderia ser ele a convencer os empresários a investir em fracassos de bilheteria. A bandeira da criação de um Teatro Municipal, à custa do poder público, justificava-se mais uma vez.

Dias Braga sempre se dedicou a montagens que espantavam outros empresários. Pôs em cena *O Badejo*, *A Joia*, espetáculos que Artur Azevedo dizia terem sido um fiasco para o empresário. Montou *O Gran Galeoto*, *No Seio da Morte*, traduzida especialmente para Dias Braga pelo imperador Pedro II.

A companhia que organizou no Recreio, em 1883, e que durou quase trinta anos teve um dos mais belos conjuntos de atores de seu tempo, na opinião de Eduardo Vitorino[75]. Para Múcio da Paixão:

Dias Braga fez fortuna no teatro, não como artista mas como industrial. A companhia que fundou no Recreio era uma associação, e quando começou a ganhar rios de dinheiro passou a ser empresa sua, o que lhe proporcionou a grata satisfação de amontoar não pequenos cabedais (coisa justa visto que se tratava de um ex-sapateiro). Quando as coisas pioravam e começava-se a perder dinheiro, Dias Braga transformava a sua empresa em associação e assim os prejuízos eram por todos partilhados irmamente. A mutação e a tramoia eram sempre essa, de efeitos seguros para o felizardo empresário, e sempre negativos para os... artistas[76].

Guilherme da Silveira foi outro ator português que se fez empresário teatral no Brasil. Segundo Sousa Bastos, alternou "noites de glória, noites de entusiasmo, noites de desalento, noites de desespero, épocas prósperas, outras desgraçadas"[77]. Consagrado como ator em Portugal, no auge de uma carreira que tinha começado ainda jovem por pura persistência, quando atuou em várias companhias sem nada cobrar, Guilherme da Silveira, nascido em 1846, vem pela primeira vez ao Brasil em 1872, para atuar na empresa do ator Valle. Seu sucesso o manteve por aqui. Mas em 1884, cansado dos altos e baixos da carreira de empresário, volta para Portugal, onde fica apenas por três anos. Em 1887 está de novo no Rio de Janeiro para tentar fortuna. Guilherme da Silveira tentou várias peças, que apesar de lhe saírem bem não lhe davam dinheiro. Até que resolveu encenar *A Grande Avenida*, do escritor português Francisco Jacobetty: "uma verdadeira mina para o empresário Dias Braga e para Silveira, que recebia uma porcentagem da receita". Com o dinheiro, reformou o Teatro Variedades e finalmente deslanchou sua carreira de empresário com sucessivas enchentes numa série de espetáculos: a mágica *O Gato Preto*, arranjada por Eduardo Garrido; *A Galinha dos Ovos de Ouro*, de autoria de Garrido; *As Andorinhas*, tradução de Garrido;

---

73   *A Notícia*, 22 de dezembro de 1898.
74   Idem, ibidem.
75   "Dias Braga", *Atores e Atrizes*, p. 31-37.
76   *Espírito Alheio*, p. 478.
77   *Carteira do Artista...*, p. 66.

*Mademoiselle Nitouche*, tradução de Gervásio Lobato e Urbano Duarte, entre outras. Em setembro de 1890, inaugura o Teatro Apolo, que construiu no Rio de Janeiro. Pouco tempo depois, vende sua empresa e retira-se para Portugal. Lá, constrói uma luxuosa casa e convida investidores e capitalistas brasileiros para construir o Teatro D. Amélia.

Um dos empresários mais dinâmicos da época, o português Celestino Silva, começou como cambista no Brasil. Sem dinheiro algum, sem ajuda de ninguém, realmente do nada, como gostava de lembrar quando já tinha se transformado num afortunado industrial do ramo, seu primeiro grande sucesso foi como empresário na turnê brasileira da menina prodígio Gemma Cuniberti. Em seguida investiu em outra criança revelação, a brasileira Julieta Santos. Foi quando sua fortuna começou. Tinha um grande tino para o negócio do teatro. Ia todos os anos a Madri, Paris, Lisboa, Milão, para conhecer as novidades. Escolhia as peças de acordo com o gosto da plateia brasileira. E sabia escolher. Sua qualidade principal era fazer contratos teatrais, em qualquer modalidade. Conhecia bem o negócio e sabia defender seus interesses, mesmo judicialmente. Boa parte dessas informações quem nos dá é Eduardo Vitorino, que foi seu sócio por alguns anos e conhecia bem sua personalidade temperamental e polêmica[78]. Foi talvez o mais atinado entre os empresários que passaram pelo Rio. Tendo feito sua fortuna, estabeleceu-se em Portugal, passando alguns meses do ano no Rio, e viajando constantemente entre Porto, Paris e algumas cidades italianas. Uma vez em Portugal, estabeleceu-se como o empresário que trazia as principais companhias estrangeiras em suas turnês pelo Brasil, de todos os gêneros, das líricas às equestres, sempre com lucros expressivos.

Entre todos os empresários, talvez Celestino da Silva representasse melhor a possibilidade de ascensão social oferecida pelo novo ramo de negócio que o teatro se tornara com a voga dos musicais. Sua trajetória pessoal, de cambista a grande industrial, indica o leque de oportunidades que o teatro das últimas décadas do século XIX oferecia para aqueles que o vissem como um investimento comercial, como uma indústria do entretenimento.

Os empresários-atores, por sua vez, também se envolveram cada vez mais na empreitada de empresas teatrais movidas menos pelos seus projetos artísticos e mais pelo recado a decifrar dos borderôs. No comando das companhias perseguiam as transformações sociais e culturais que buscavam tradução nos palcos; no escritório, estavam colocados diante da administração de tensas relações de trabalho e competição de mercado; no camarim e na batuta do ensaiador, tentavam forjar a partitura cênica que conciliasse seus interesses artísticos e econômicos com a demanda do público. Entre o escritório, o camarim, o palco e a plateia, a partitura que se forjava era muito mais o resultado de um confronto permanente de diferentes vozes do que uma pauta traçada pelos donos do negócio.

Um novo movimento se dá ainda no ambiente das companhias teatrais no início dos anos de 1890. Braga Júnior foi o empresário que mais se beneficiou com a onda de empresas, companhias e ações que tomou conta do cenário econômico do Rio durante o Encilhamento. Os tradicionais empresários do ramo teatral se envolveram com novos investidores e um número crescente de empresas teatrais surgiu como sociedades que emitiam ações de forma altamente especulativa, sem o capital correspondente.

A maior parte dessas empresas foi formada segundo o princípio das sociedades em comandita por ações, nas quais "ao lado dos sócios ilimitada e solidariamente responsáveis, há sócios que entram apenas com capitais, não participando na gestão dos negócios, e cuja responsabilidade se restringe ao capital subscrito", na definição do *Aurélio*. O sócio comanditário é o sócio apenas capitalista na sociedade, que se restringe ao capital subscrito. Nessas novas empresas veremos, portanto, a diretoria, sempre envolvendo algum empresário do ramo – Braga Júnior, Celestino da Silva, Jacinto Heller, Eduardo Garrido –, e a relação dos sócios investidores comanditários, que entraram apenas com o capital, como investidores. A forma jurídica muda em alguns casos para a da sociedade anônima, na qual o capital é dividido em ações do mesmo valor nominal. Quando, em 1891, chegou ao fim a onda especulativa que tomou de assalto também o setor dos teatros, o perfil das novas

---

78 "Celestino Silva", em *Atores e Atrizes*, p. 177-180.

companhias teatrais e o panorama que se colocava para elas tinham mudado completamente.

Mesmo após o fim da febre empresarial dos anos 1890-1891 continuam a aparecer empresas criadas com o fim de explorar o teatro como um bom negócio. Foram várias as empresas que surgiram nesse período dos primeiros anos da República. Formadas em geral por membros da elite política, econômica e financeira, tinham alguns dos principais profissionais do ramo envolvidos nas empreitadas. Essa associação entre o teatro e o capital ganhou formas variadas, mais ou menos artísticas, ou puramente especulativas. Para os empresários acostumados a assumir os riscos das empreitadas teatrais, as parcerias poderiam parecer atrativas. No entanto, eram frequentemente excluídos dos cargos de diretoria administrativa. Com exceção da companhia de Celestino da Silva, no Apolo, que gerenciava com grande habilidade seus negócios, controlando-o mesmo de Portugal, a parceria com os capitalistas e investidores que se animaram com empresas teatrais não foi exatamente um sucesso para os profissionais do ramo. Braga Júnior transformou sua Companhia Braga Junior em uma sociedade anônima comandada por Celestino da Silva, que fez do Apolo uma de suas mais constantes fontes de renda no Brasil. Sousa Bastos voltou para uma nova temporada brasileira em 1892 com o enorme sucesso que foi *Tim-Tim por Tim-Tim*. Em 1896, estreou *Rio Nu*, que se tornou seu maior sucesso ao lado de *Tim-Tim*, sendo sempre reprisadas[79]. Heller, no entanto, assistiu ao fim do Teatro Fênix em 1893.

## Os Donos da Cena: Estrelas e Cômicos

No Carnaval de 1896, o *Club* dos Democráticos exibiu um carro de crítica em seu préstito intitulado *O Teatro no Rio de Janeiro*. A descrição é de Artur Azevedo:

Representava o carro uma espécie de barraca de saltimbancos, onde um palhaço e uma dançarina seminua, que tinha [...] *de quoi s'asseoir*, dançavam ao som de uma orquestra

---

[79] Cf. Artur Azevedo, *A Notícia*, 2 de dezembro de 1898. No Recreio Dramático, afirma Artur Azevedo, a peça era um prato de resistência em 1897: "basta dizer que no último domingo a 162ª da afortunada revista de Moreira Sampaio realizou 2:500$000 de receita". Artur Azevedo, *A Notícia*, 21 de fevereiro de 1897.

muito rudimentar e muito maxixeira. Em cima da barraca um boneco, representando o ex-ator Martins, trazia na mão um letreiro, dizendo: *Vou Regenerar Isto*.

O quadro sintetiza os elementos da fórmula que assegura o sucesso das companhias do gênero alegre, ainda que sob o viés da crítica: o cômico, ou antes, o baixo-cômico, representado pelo palhaço; a dançarina seminua, que associava à figura das atrizes-cantoras e estrelas femininas das companhias a imagem das coristas de cafés-concerto; a música de apelo popular representada pela orquestra pobre e maxixeira. O teatro é criticado como uma espécie de barraca de saltimbancos, próximo dos espetáculos de feira, e o ator Martins, relacionado à voga do teatro ligeiro, aparece arvorando-se em regenerador da cena apontada como decadente.

A crítica estava afinada com a visão das elites letradas e o próprio Artur Azevedo concordava com ela:

A crítica é acerba, mas justa. Não me parece que o teatro no Rio de Janeiro seja na atualidade outra coisa senão isso, e a prova é que o público já manifesta visivelmente o nojo e a repulsão que essa choldra lhe causa.

Ora, a bem da verdade, não há bem uma repulsa do público ao humor burlesco, ao maxixe e às estrelas femininas das companhias. A tendência identificada na pequena queda no número das produções e na afluência do público parece mais indicar o quadro de diversificação da oferta de diversão urbana, com os *music-halls*, cafés-concerto, casas de "chopp", salas de cinema, que também atraíam o público. Tanto não se pode falar em repulsa que os mesmos ingredientes estarão compondo a programação dos espetáculos em quase todas as suas variantes nas próximas décadas, como na espetacularização das revistas, nos filmes cantantes ou nos *music-halls* de grande espetáculo.

Em sua carta a Thomaz Espiúca, de 1887, Xisto Bahia expõe também uma ácida crítica à forma como a arte teatral estava sendo conduzida. Em todos os gêneros há depravação, diz Xisto: "o cômico, esse... aí peco eu pelo desejo de satisfazer, como os mestres de cá, o gosto do público e por isso chegamos a nos tornar canalhas". Palavras duras são também endereçadas às operetas:

Um gênero de arte fácil e sem regras, onde a careta é uma criação e o esgar trejeitoso e descompassado uma especialidade de mérito que toca às raias do gênio! Roma teve cortesãs poderosíssimas para manter e dar brilho ao circo dos Césares! O Brasil, isto é, o Rio de Janeiro, tem meretrizes arruadas e pífias, que mantêm e animam o teatro da opereta[80].

Atrizes meretrizes e cômicos apresentados como bobos da corte eram para Xisto o retrato cruel do teatro a que se via obrigado a servir. Sua cruel autocrítica, no entanto, pautava-se pela mesma visão que alimentava literatos, compositores e críticos que procuravam fazer da ribalta uma linha demarcatória para a expressão de uma arte julgada elevada. Xisto parece, nesse momento, partilhar do juízo que colocava os cômicos do teatro ligeiro no mesmo lugar desqualificado que reservavam aos artistas circenses e das barracas de feira. Era comum na imprensa usar-se a expressão barraca para criticar casas de espetáculo que não fariam jus à designação de teatro. Essa arte de feira, tão menosprezada pelos artistas de elevação, não era uma arte fácil e sem regras, fruto de um esgar espontâneo, como Xisto a julgou, usando as lentes de seus críticos para avaliar sua própria arte. Em defesa do ator cômico podem ser lembradas as palavras do ator Brandão, *o Popularíssimo*, sobre as qualidades necessárias para o desempenho do papel do compadre das revistas de ano:

1. diversificar-se a todo o instante, segundo a cena episódica que comenta; 2. conhecer bem as formas de emissão de todo o gênero cômico, a fim de modelar e variar todas as cenas; 3. dar uma vida constante a todas as cenas, especialmente às mais fracas, preparando as mais fortes. Aí deve ter um feitio seu, sugestivo, às vezes burlesco, contrabalançando as condições e inverossimilhanças. Sem essa defesa o ator cai irremediavelmente na monotonia. Nas numerosas revistas que interpretei, procurei obedecer a estas regras em minhas criações, com uma exceção apenas: no *Tribofe*. O saudoso Artur Azevedo escrevera para mim uma personagem real, o *Seu Euzébio*. Não era o compadre da revista: o verdadeiro compadre era o Tribofe que dava nome à peça, papel feito pelo grande Vasques[81].

Ainda que se referindo exclusivamente a uma personagem específica da revista de ano, todo o comentário, mas especificamente o segundo item, pode ser transposto para o ofício cotidiano dos cômicos dentro dos espetáculos ligeiros. Observamos que um repertório de técnicas e uma arte específica estavam por trás das interpretações cômicas. Não se tratava, portanto, de uma arte sem regras e espontânea, como fez acreditar o talentoso Xisto Bahia. A arte específica do cômico e do baixo cômico era vista pela classe artística como um campo em que o ator se especializava, e que exigia uma aprendizagem tão apurada quanto a dos atores trágicos.

Visconti Coaracy, oculto pelo pseudônimo de Gryphus, reuniu e publicou, em 1884, uma série de perfis cômicos de artistas e tipos teatrais, que havia aparecido no periódico humorístico *Mosquito*[82]. Ele ajuda-nos a conhecer a tipologia que definia a atuação dos artistas. Entre os homens, os atores se especializavam nos galãs, pais nobres, tiranos ou cômicos. Entre as mulheres, tínhamos as ingênuas, damas galãs, damas centrais, damas caricatas e lacaias. Havia, no entanto, subdivisões, especializações dentro da especialidade. O cômico, por exemplo, podia ser subdividido em galã-cômico, centro-cômico e baixo-cômico. "Esta última figura é a mais comum, e a que se reproduz em maior número de exemplares", escreve Gryphus. Procurando diferenciá-los, o autor escreve:

O galã-cômico faz-se; o centro cômico é feito; o baixo-cômico, porém, nem é feito nem se faz: nasce pronto. Quando sai do ventre materno, não é um vagido o que solta: faz uma momice, um trejeito, uma careta que provoca o riso da plateia. O galã-cômico e o centro fazem rir representando. O baixo-cômico faz rir antes de começar a representar.

O teatro pode existir sem qualquer das outras figuras no seu elenco, diz Gryphus, mas não sem o cômico. Reservando-lhe uma posição toda especial na companhia, que lhe garantia seu papel indispensável, central, o autor indica aquilo que talvez seja o segredo do ator cômico, sua comunicabilidade com a plateia:

---

80 Em H. Marinho, *O Teatro Brasileiro*, p. 110-113.
81 Em R. Ruiz, *O Teatro de Revista no Brasil*, p. 165-166.

82 Gryphus, *Galeria Theatral: Esboços e Caricaturas*, Rio de Janeiro: Moreira, Maximiliano & C., 1884.

A nenhum dos outros artistas é lícito sair de seus papéis; ao artista cômico tudo é lícito. Ainda mais: se o cômico não sair do seu papel, arrisca-se a cair no desagrado e não ter as palmas do costume. [...] No teatro o artista cômico (sem comparação nem ideia de ofensa) goza das mesmas regalias que eram atributo dos bobos nas cortes antigas.

O cômico é, portanto, "uma caricatura, uma máscara de Carnaval"[83]. Nesse perfil traçado pelo autor talvez o único traço equívoco seja a associação da arte do cômico com um dom natural e espontâneo. A voz assumida por ele e a partitura criada e interpretada recriavam seus papéis com uma liberdade que lhe era característica, mas conquistada com o domínio de todo um repertório técnico disponibilizado para a expressão de sua própria visão sobre o palco. Uma arte de ator cultivada, transmitida e permanentemente recriada nos tablados populares ganhava espaço nobre nos palcos dos modernos gêneros ligeiros, introduzindo uma voz dissonante, rebelde e própria na partitura estabelecida.

É o ator Brandão quem nos conta, em um dos trechos de suas memórias, registrado no livro de Procópio Ferreira sobre Vasques[84], um caso que ilustra bem a importância dos grandes cômicos nas companhias e de que forma os empresários contavam com seus desempenhos nos espetáculos. Acabava o primeiro ato de uma estreia da companhia de Heller. A peça era estrelada por Vasques, que pressentia seu possível fracasso. Ao cair o pano para o primeiro intervalo, Heller corre para o saguão a fim de ouvir a opinião dos amigos e frequentadores. Todos foram unânimes em dizer para o empresário que a peça não ia pegar. Heller desesperava-se com os vinte contos de réis investidos na montagem. Todos concordavam que a montagem era rica, mas a peça não ia bem. O empresário só pensava em suas contas a pagar: a quinzena dos artistas e os gastos com a encenação. Correu ao camarim e pediu socorro ao Vasques, para que ele salvasse a peça. Que alterasse seu papel, desse graça ao que não funcionava: "Quero que salves a situação nos outros atos: dá vida à peça, altera o teu papel, que julguei ter mais graça. Em tais e tais situações o teu espírito extraordinário poderá levantar a peça".

Vasques resistiu, alegando que depois os críticos iriam atacá-lo, acusá-lo de palhaço:

Já te fiz uma vez e o resultado foi ser eu zurzido pela imprensa... não, Heller, tem paciência, se altero a minha personagem, amanhã serei destratado pelos jornais, com epítetos de palhaço, desacreditando o meu pobre nome de ator, sem contar os meus inimigos de classe, que terão mais um pretexto para o ataque".

Ainda assim, Heller pediu e Vasques salvou a montagem com seus recursos habituais: "não me digas mais nada, vou salvar a companhia, o ganha-pão dos colegas, com sacrifício do meu nome". Todos saíram dizendo que a peça seria um sucesso, que iria ao centenário, e os críticos preparando suas ressalvas ao Vasques, conta Brandão.

Alguns procedimentos comuns à prática dos atores ampliavam o universo de informações impresso nas montagens teatrais, ainda que nem sempre bem-vindos. Um deles era conhecido na época como "apepinar" – sinônimo de "colocar cacos" da gíria da época. Artur Azevedo, que critica a sem cerimônia com que os artistas "apepinavam" os espetáculos, explica que o hábito de introduzir ditos, suprimir cenas, ou deixar de cantar números de música desagradava também alguns autores[85]. Já, do ator cômico, era isso que se esperava, principalmente dos baixo-cômicos. Vasques, Brandão e tantos outros fizeram fama e carreira improvisando em seus desempenhos. Essa recriação dos papéis e cenas no improviso do palco ocupava lugar central nos espetáculos ligeiros e era o ápice de um procedimento característico dos gêneros que pressupunham a "complementaridade em sua performance"[86]. Muitos papéis eram escritos para os componentes fixos das companhias, prevendo sua apropriação, sua recriação segundo os recursos cômicos próprios. Se o canto e as vozes preparadas vinham da Europa, acompanhadas de um *élan* de modernidade, o humor tinha extrato local, com passagens pelas

---

83 Idem, p. 63-65.
84 Procópio Ferreira, *O Ator Vasques...*, p. 123-125.
85 *A Notícia*, 21 maio de 1896. Os comentários são a propósito da encenação de *Rio Nu*.
86 Sobre essa característica dos gêneros ligeiros ver Maria Filomena Vilela Chiaradia, *A Companhia de Revistas e Burletas do Teatro São José: A Menina dos Olhos de Paschoal Segreto*, dissertação de mestrado, UniRio, 1997.

festas populares e as barracas de feira. Leia-se o curioso parágrafo 12 do decreto de 21 de julho de 1897, que regulava a inspeção dos teatros e outras casas de espetáculo do Rio de Janeiro:

Os atores que alterarem o texto das peças, acrescentando ou diminuindo palavras, que derem a estas sentido equívoco por meio de inflexão da voz e gestos, ou nas pantomimas e danças fizerem acenos e meneios indecentes, incorrerão na multa de 10$ a 20$, e em quatro a oito dias de prisão.

Artur Azevedo comenta: "Se a polícia quiser dar inteiro cumprimento a essa disposição, não haverá espetáculos, porque os nossos artistas, salvo honrosas exceções, passarão na cadeia a maior parte da existência"[87].

Francisco Correia Vasques certamente estaria entre esses artistas, se fosse vivo na ocasião. Ele representou, para a comédia brasileira da segunda metade do século XIX, papel semelhante ao que João Caetano tivera em meados do século: presença marcante e determinante para os rumos do estabelecimento teatral na cidade. Paralelo que ele mesmo ajudou a estabelecer quando lutou para erguer uma estátua em homenagem a João Caetano. Dono de uma imensa popularidade, que o tornava íntimo das plateias, era tratado sem formalismos como "o Vasques". Sua trajetória pessoal, da barraca do Telles à Companhia de Jacinto Heller, merece estudos próprios que vêm sendo realizados[88]. Logo após sua morte, em dezembro de 1892, Artur Azevedo registrou em *A Notícia*:

O falecimento de Vasques, o ator mais querido das nossas plateias, o artista que, com as suas qualidades que eram muitas e os seus defeitos que não eram poucos, foi a encarnação mais tópica do nosso teatro, teve na imprensa uma longa, piedosa e merecida comemoração[89].

Seu prestígio como primeiro ator cômico brasileiro se estendia a Portugal, onde era comparado a Taborda, seu amigo.

As mais de cinquenta cenas cômicas escritas por ele atraíam grande concorrência das plateias, que também aplaudiam números inovadores e ousados. Quando ele morreu em 1892, as homenagens também apontavam para aqueles que teriam sido seus pontos fracos, segundo alguns críticos, ou a excelência de sua arte, segundo seu público:

A qualidade que lhe faltou sempre foi a sobriedade; de temperamento irrequieto, de uma alegria enorme e comunicativa, ele não podia resignar-se à monotonia de uma peça, e desde que uma cena lhe parecesse enfadonha, ele recorria às suas molas, preparava uma cara irresistivelmente cômica, arrancava uma voz entre cavernosa e nasal e o efeito era pronto, toda a plateia se agitava às gargalhadas. Faltava-lhe também a ciência da caracterização que não fosse grotesca[90].

Os recursos cômicos tradicionais de Vasques eram ao mesmo tempo sua base disponível para seduzir as plateias e o alvo das críticas mais frequentes.

O amigo Guilherme de Aguiar, que Vasques pranteara, era especialista em tipos burlescos de operetas e mágicas. Podia também realizar trabalhos dramáticos nesses gêneros como em *Sinos de Corneville* e *Frei Satanás*, o que lhe garantia elogios mais generosos por parte de parceiros como Eduardo Vitorino: "No *Frei Satanás* obteve um dos seus mais completos triunfos. Em toda a peça, esse grande ator dava uma tal impressão de arte que dir-se-ia estar a representar uma notável obra dramática"[91]. A crônica dos bastidores teatrais registrou que Guilherme de Aguiar, que nascera no Porto, começou sua vida como caixeiro numa venda no Rio de Janeiro, para onde viera com 12 anos[92]. Sousa Bastos é quem conta: "Foi para o Brasil, como todos os anos embarcam milhares de patrícios nossos, levando esperanças no futuro e uma pequena caixa de pinho por mala"[93]. Adoeceu no Brasil, e, recolhido no hospital de uma ordem, teria conhecido um ator de província, a quem seguiu após a recuperação de ambos, iniciando-se na arte do teatro. Tendo feito sucesso nas províncias, acabou

---

87 Artur Azevedo, *A Notícia*, 28 de julho de 1897.
88 Cf. Andrea Marzano, *Cidade em Cena: O Ator Vasques, o Teatro e o Rio de Janeiro (1839-1892)*, Rio de Janeiro: Folha Seca/ Faperj, 2008; Sílvia Cristina Martins de Souza, *As Noites do Ginásio*...
89 *O Álbum*, ano I, n. 1, jan. 1893, p. 3

90 Matéria de jornal não identificada, em S. Magaldi; M. T. Vargas, *Cem Anos de Teatro em São Paulo*, p. 24.
91 "Peixoto", em *Atores e Atrizes*, p. 222-223.
92 M. da Paixão, *Espírito Alheio*, p. 423-438.
93 *Carteira do Artista...*, p. 586.

recebendo um convite para a companhia de Furtado Coelho. Integrou o Teatro Fênix por longos anos. Olavo de Barros registrou: "Sabendo-se o quanto Guilherme Pinto de Aguiar era inculto e vendo-o representar, com perfeição e brilho, os mais variados papéis, é que se podia avaliar tudo quanto realiza o poder maravilhoso do instinto"[94].

Em 1895, a *Revista Teatral* organizou uma espécie de plebiscito para saber quem eram, na opinião do público, a primeira atriz de opereta e o primeiro ator cômico. Feita a lista e apurado o resultado, Rosa Villiot e Mattos foram apontados como os ganhadores[95]. Uma grande homenagem foi organizada no Teatro Apolo, numa festa que durou quatro horas e, segundo Artur Azevedo, foi prestigiada pelo público e por numerosos artistas de vários teatros. Metade do arrecadado na matinê foi destinada a uma associação de beneficência e a outra resultou em presentes para os homenageados. Artur Azevedo, comentando os resultados, diz que nada tem a objetar no caso de um dos eleitos: "incontestavelmente é a Rosa Villiot a nossa primeira atriz de opereta"[96]. Comparando-a às outras grandes estrelas da época, Artur se desmancha em elogios às inúmeras interpretações que acompanhou de Villiot, ressaltando sua capacidade de dar vida a tipos regionais portugueses e brasileiros mesmo sendo francesa.

Para Artur, no entanto, com o Mattos "a coisa é outra". Fica difícil, diz Artur, escolher o melhor ator cômico entre Mattos, Peixoto e Machado[97]: "Se me perguntarem qual deles é o primeiro, poderei conscientemente responder: qualquer dos três, em ocasiões diversas, me tem parecido o primeiro, o segundo e o terceiro". Artur diz ainda que apre-cia também Colás[98], em certos papéis. Quanto ao Brandão, diz Artur:

esse tem um gênero à parte; é um ator burlesco por excelência, que faria grande figura encontrando autores que lhe fornecessem peças expressamente escritas para aproveitar o seu jogo de cena exuberante, exagerado, quase funambulesco. O que faz com que o não aceitem universalmente é o fato de ele querer adaptar todos os seus papéis a sua natureza, em vez de procurar subordinar a sua natureza aos seus papéis.

Concluindo, diz Artur: "o nosso primeiro ator cômico são três: o Machado, o Mattos e o Peixoto, cujos nomes coloco alfabeticamente, para evitar dúvidas". Outros três grandes nomes estavam excluídos dessa lista. Vasques ocupara o posto de primeiro cômico indiscutivelmente até sua morte, em 1892. Xisto morrera seis meses antes e Guilherme de Aguiar, em 1891. Talvez por isso se justificasse uma escolha por votos. Não havia então nenhuma unanimidade.

A eleição que escolhera o melhor cômico em 1895 não incluíra o ator Brandão entre os melhores. Artur Azevedo justifica essa ausência por reconhecer no ator um talento ainda mais acentuado para o burlesco, constituindo um gênero à parte no grupo dos cômicos mais prestigiados.

Brandão, *o Popularíssimo*, alcunha que ele próprio teria se dado, era João Augusto Soares Brandão, nascido em Açores, em 1845[99]. Também chegou menino no Brasil, em 1856, tornando-se comerciante. Passou anos em viagens pelas províncias com companhias mambembes, experiência que registrou em uma anunciada autobiografia, *As Memórias do Ator Brandão*[100]. Popularizou-se

---

94 Relembrando o Teatro do Passado: Guilherme de Aguiar: A História de um Ator Instintivo (mimeo), Acervo Funarte/Cedoc (Dossiê Guilherme de Aguiar).
95 Cf. Artur Azevedo, *A Notícia*, 25 de abril de 1895.
96 Idem, ibidem.
97 O ator Machado, conhecido também como Machado Careca, foi outro dos grandes cômicos do período, presente em uma série de companhias e recorrentemente citado nas crônicas e artigos sobre o teatro carioca. O eleito Mattos, "comendador Mattos", como era chamado, era um ator burlesco por excelência. Nascido em Lisboa em 1849, faleceu no Rio de Janeiro em 1916. Antônio Joaquim de Mattos estreou no teatro em 1869 na Companhia do Teatro Trindade em Lisboa, com *A Gata Borralheira*. Estreou no Rio em 1877 no Teatro S. Pedro com a peça *Madalena* de Pinheiro Chagas. O ator Peixoto também veio de Portugal destinado ao comércio, mas apaixonado pelo teatro logo se engajou em uma companhia. Estreou com 19 anos no Teatro S. Luís em 1874.
98 Nascido em São Luís, em 1856, Colás morreu na Casa dos Artistas em 1920. Filho do maestro Francisco Libânio Colás e Carmela Lucci, Colás fora um bom galã cômico, diz Eduardo Vitorino. Fez inúmeros papéis nas companhias de Heller, Guilherme da Silveira, Braga Junior, Ismênia dos Santos e Dias Braga. Tinha fama de ser disciplinado, estudioso e agradar a plateia. Diz Vitorino que quando o conheceu já em idade mais avançada, já tinha deixado os galãs e se dedicava aos centros cômicos e "sobretudo" aos compadres das revistas.
99 Marco Santos, *Popularíssimo: O Ator Brandão e Seu Tempo*, Rio de Janeiro: Edição do autor, 2007.
100 Cf. Cópia de matéria jornalística, sem identificação, reproduzindo capítulo de *As Memórias do Ator Brandão* (livro que estava por ser lançado), em que o ator narra episódios ocorridos em excursões pelo interior de Minas Gerais. Dossiê Brandão – Cedoc/Funarte.

no Rio com a criação do "seu Euzébio" de *A Capital Federal*. Artur inspirou-se nele para criar o empresário Brazão de *O Mambembe*, e o teve na interpretação do papel em sua estreia em 1904 no Teatro Apolo. "O Popularíssimo" morreu na Capital Federal, em 16 de novembro de 1921.

Os cômicos disputavam o lugar central na companhia com as primeiras atrizes-cantoras. Pela falta de uma tradição própria e, portanto, de uma escola, o canto lírico que preparava as vozes também para a opereta e a mágica estava em geral associado aos intérpretes estrangeiros. Uma nova forma de canto também havia se difundido através dos cafés-concerto e variantes: a do cançonetista. Tendo uma voz menos preparada segundo os critérios do canto lírico, a arte do cançonetista estava associada à sua forma de dizer a canção, de interpretá-la, imprimindo uma marca especial. A novidade, no entanto, também chegava da Europa, via Paris e Lisboa, o que levava à valorização dos espetáculos e atrações que importassem essa arte. Atores e atrizes cantores eram em geral buscados além-mar. É de Eduardo Vitorino a relação de artistas estrangeiros que aqui se destacaram:

Houve um tempo e não muito remoto, em que as principais figuras femininas dos elencos cariocas eram francesas, como Jane Kaylus, Delmary, Delsol, Marion André, Rose Méryss e Rose Villiot; belgas como Christina Massart; russas como Blanche Grau; gregas como Anna Manarezi; espanholas como Pepa Ruiz, Pepita Anglada, Helena Cavallier, Maria Alonso, Maria Maza, Leonor Rivero e Miola; italianas como Aurelia Lopiccolo, Junia Oliva, Aliverti, Concetta; e argentinas como Fantony e Blanche Barbe. O naipe masculino estrangeiro foi sempre menos numeroso e tão pouco numeroso que só me recordo dos tenores Eugenio Oyanguren, espanhol, e Pollero, argentino. Os atores portugueses aqui radicados não eram considerados estrangeiros[101].

A constelação de estrelas era grande e variada. A presença maciça feminina nesse elenco estava associada a outros predicados das atrizes-cantoras. A imagem de diva assumida por estas artistas tinha na verdade sentidos que eram construídos no tablado, mas ultrapassavam suas dimensões. Enquanto as divas italianas dominavam o cenário da ópera, as francesas eram as preferidas nos gêneros alegres, desde o reinado de Aimée no Alcazar[102]. Desde as alcazarinas difundiu-se a imagem da mulher sedutora que construía sua vida por conta de seus encantos de dama galante ou *demi-mondaine*. Essa figura feminina embaralhava as fronteiras da moralidade e os padrões de comportamento. Atriz e personagem muitas vezes se confundiam na construção de personagens-tipos frequentes nas operetas e revistas, que ia das elegantes e finas parisienses até as sensuais mulatas maxixeiras. As *performances* vocais e corporais das intérpretes associavam-se à imagem transgressora das personagens e às inovações rítmicas produzindo a popularidade das canções, criando um repertório pessoal de tipos e recursos interpretativos, e assumindo um lugar privilegiado na companhia ao lado dos atores cômicos.

São emblemáticas as histórias de algumas atrizes-cantoras que fizeram carreira no Rio de Janeiro. Blanche Grau era filha de um comerciante francês, mas nascera na Rússia. Chegou no Rio com a Companhia Francesa de Operetas e Óperas Líricas Maurice Grau, em 1882, vinda de uma turnê pelos Estados Unidos. Foi contratada por Braga Júnior no Príncipe Imperial, passou depois para o Recreio. Trabalhou também com Dias Braga. O seu grande êxito em *O Mandarim* (1884) tornou-a popular na cidade. Era contratada por Jacinto Heller e o público não cessou de aplaudi-la até quando abandonou a cena em 1909[103]. Amélia Lopiccolo nasceu em Roma[104], filha de bailarinos. Estreou fazendo parte de uma companhia infantil na Itália. Depois foi para Paris, onde se apresentou como cançonetista, percorrendo depois a França e a Espanha. Em 1887, estava em Buenos Aires trabalhando no Café-Concerto Passatiempo. No ano seguinte, veio para o Rio contratada pelo Eldorado, café-concerto que existia no Beco do Império, estreando aqui em 1º de junho. Em 1889,

---

101 "Aurelia Delorme e Rosina Bellegrandi", *Atores e Atrizes*, p. 155.

102 Miécio Táti, *O Mundo de Machado de Assis,* Rio de Janeiro: SMC, 1995, p. 156-157.

103 Dossiê Blanche Grau – Cedoc/Funarte; Brício de Abreu, Obrigado, Blanche Grau, *Diário da Noite*, 19 de setembro de 1951; idem, *Esses Populares tão Desconhecidos*; idem, Da Cidade Alegre e Boêmia de 1880 à Vetustês do Lar Brasileiro de 1951: Blanche Grau e Seus Vitoriosos 88 Anos, *Diário da Noite*, 17 de agosto de 1951. No mesmo ano, em 19 de setembro de 1951, Brício de Abreu publica um artigo comentando a recente morte da atriz.

104 Cf. Dossiê Amélia Lopicolo – Cedoc/Funarte.

A atriz Pepa Ruiz e o empresário português Sousa Bastos.

O ator Machado Careca, caracterizado provavelmente como personagem de uma mágica.

Heller contratou-a, fazendo-a estrear com a peça *D. Sebastiana*, de Moreira Sampaio. Passou logo a ser desejada por diversas empresas. Em 1890 já estava contratada pela empresa Mattos, interpretando a opereta *Surcouf* e outras operetas do antigo repertório. Em 1892 voltou a trabalhar com o Heller no Variedades e em 1896 com Adolfo de Faria no Apolo. Boa parte das carreiras começava no dia a dia das coristas. As estrelas eram feitas ou descobertas pelos empresários, maestros ou outras personagens que encontravam características especiais nas performances das atrizes. A italiana Marieta Aliverti, por exemplo, foi uma dessas coristas que acabou transformando-se em estrela na companhia de Heller, quando teve a chance de fazer uma substituição na opereta *D. Juanita*[105].

Pepa Ruiz nasceu em Badajós, Espanha, em 1859[106]. Em 1865 foi para Lisboa, com sua mãe, corista de uma companhia de zarzuela. Em 1875, estreou fazendo pequenos papéis, em uma revista de Sousa Bastos, no velho teatro da rua dos Condes. A sua estreia foi uma revelação que, aliada à sua beleza, animou Sousa Bastos a tomá-la sob sua direção e fazê-la sua futura estrela. Durante seis anos, o empresário colocou Pepa Ruiz à frente de suas companhias entre Lisboa e Porto, não só nas revistas de ano, mas em todo o repertório de operetas, dramas, comédias, que Pepa interpretava com êxito sempre crescente. Em sua primeira estada no Brasil, o êxito de Pepa foi estupendo, começando a temporada brilhantemente no Príncipe Imperial em 1882. Sousa Bastos regressou com Pepa a Portugal para lançá-la na rua dos Condes como "rainha absoluta da revista" e conseguiu seu intento. De 1885 a 1892 em constantes viagens entre Lisboa e Rio, Pepa glorificava-se. O maior sucesso de sua carreira será em *Tim-Tim por Tim-Tim*, em que representa 18 papéis e lança a canção "Mugunzá", em que representa uma baiana. Em 1893, ao chegar em Lisboa, depois de uma auspiciosa reaparição no Teatro Trindade, quando tudo

---

[105] Cf recorte sem data de *A Noite*, Dossiê Jacinto Heller, Cedoc/Funarte.
[106] Cf. dados datilografados do Dossiê Pepa Ruiz, Cedoc/Funarte.

previa a continuidade de seu reinado, Pepa separou-se de Sousa Bastos e saiu da companhia. Ela volta sozinha para o Rio, organiza uma grande companhia em março de 1895 e reaparece no teatro Eden Lavradio, com Machado Careca, Peixoto e outras figuras de cartaz, reprisando o *Tim-Tim*.

Pepa continuou com novas peças, e com seu elenco foi trabalhar no Recreio, fazendo ali a grande criação de Lola de *A Capital Federal*, assim como novas operetas. Em 1897 atuou no Lucinda sempre com a própria companhia. E em 1899 foi para Lisboa, para montar no Teatro Avenida, em sociedade com Cinira Polônio, a faustosa fantasia *A Viagem de Suzette*, que foi à cena em março de 1900. O sucesso foi compensador, mas a atriz tinha pressa de voltar ao Brasil. Em setembro do mesmo ano ela reaparecia no Recreio com *A Viagem de Suzette*, *Capitão Lobisomem*, a revista *Inana* e outras peças, inclusive o *Tim-Tim*, cujas representações no Brasil já ascendiam a mais de um milhar. Em 1910, a convite de Cristiano de Souza, organiza um elenco regular de comédia e com ele percorre todos os estados do Brasil, sendo homenageada até em lugares onde havia chegado apenas a notícia de seus triunfos. Por fim, impossibilitada pela idade e pela doença retirou-se da vida teatral, falecendo em 25 de setembro de 1925.

Cinira Polônio nasceu no Rio em 1857, mas era filha de imigrantes italianos e considerada a mais parisiense de nossas atrizes. Foi uma das grandes figuras do palco musicado, mas sua carreira só decolou mesmo no Brasil depois que voltou de uma longa temporada, de 12 anos, na Europa, em 1900. No auge de sua carreira no Brasil era a primeira atriz da Companhia de Revistas e Burletas do Teatro S. José, fundada em 1911 por Paschoal Segreto. A condição feminina no palco e as características de Cinira como empresária, compositora, maestrina, intercontinental e independente, foram estudadas por Angela Castro Reis num raro trabalho dedicado a um ator do período[107].

A importância desses artistas se expressava no poder de pressão que podiam exercer nos bastidores das companhias, mas também e principalmente estava concentrada nas interpretações que imprimiam ao espetáculo as marcas de um humor popular, no caso dos cômicos, e de uma performance feminina vocal e corporal que estabelecia uma comunicação direta com o público, lançando canções que alcançariam grande popularidade. Ou seja, o espetáculo se assentava sobre vários elementos que compunham sua partitura cênica, mas no centro do palco estavam as performances dos cômicos e das atrizes-cantoras. Canções, performances e os demais componentes da encenação produziam uma escritura cênica repleta de significados abertos a interpretações. João Caetano, em suas *Lições Dramáticas*, de 1861, já dizia: "Assim como a palavra é a eloquência do homem, pode-se dizer que o gesto é a eloquência do corpo"[108]. Se havia uma partitura proposta pelos empresários para a encenação, dramatúrgica ou musical, a partitura que resultava no espetáculo era aquela composta pelas intervenções de todos os elementos que participavam de sua criação. Entre a intenção e o gesto colocavam-se as vozes dos intérpretes.

## 4. ARTISTAS DRAMÁTICOS ESTRANGEIROS NO BRASIL

Nos últimos três decênios do século XIX, adentrando o XX, o Brasil acolheu inúmeras companhias dramáticas estrangeiras, principalmente francesas, italianas, portuguesas e espanholas. Convocadas no verão europeu – por causa do recesso dos teatros – as companhias viajantes arregimentavam, em volta de um grande nome já consagrado em seu país de origem, colegas de profissão dispostos a enfrentar a perigosa travessia do Atlântico e o risco de doenças mortais, como a febre amarela. A rota incluía as capitais latino-americanas (Rio de Janeiro, Montevidéu,

---

107 Cf. Angela de Castro Reis, *Cinira Polônio, a Divette Carioca: Estudo Sobre a Imagem Pública e o Trabalho de uma Atriz no Teatro Brasileiro da Virada do Século XIX*, Rio de Janeiro: Arquivo Nacional, 2001.

108 *Lições Dramáticas*, Rio de Janeiro: MEC, 1956, p. 25.

Buenos Aires) e também cidades "menores" como São Paulo, Santiago ou Valparaíso, onde os artistas prometiam tirar do baú, junto com seus figurinos empoeirados, um pouco do *glamour* de Berlim, Paris e Londres. Dá gosto imaginar o impacto que causava no povo o desembarque de grandes astros e divas de passagem, com seu séquito de baús, bajuladores e agentes. Eram cenas épicas, dignas de uma fanática torcida e inaugurando o moderno *star-system*, principalmente quando se tratava de italianos ou franceses, mais prestigiados do que espanhóis e portugueses – os primeiros, restritos ao repertório de zarzuelas, e os segundos considerados "da casa" pela identidade linguística. Seguia-se, contudo, a mais ordinária das cenas teatrais: grandes artistas à caça de público, buscando seduzi-lo a qualquer custo e acirrando a competição pessoal para mais um aplauso, mais um *claire-de-lune* (em ausência de refletores). Reorganizava-se assim, nos trópicos, a concorrência doméstica, mas em condições bem mais extremas do que na Europa, pois um triunfo americano prometia lucros bem mais expressivos do que um sucesso na pátria de origem. A conquista do Eldorado foi uma obsessão com seus equívocos, delírios e decepções.

A ideia da turnê intercontinental surgia da expectativa de uma recepção favorável – devido à instalação de comunidades de emigrados nas metrópoles latino-americanas depois do estabelecimento das linhas de navegação a vapor entre o Rio de Janeiro e os portos europeus, garantindo melhores condições para a travessia – e não assustava a classe teatral, tradicionalmente nômade. Assim como o Uruguai e a Argentina, o Brasil, desde o começo do século XIX, acolhia navegadores, missionários, empresários e também verdadeiros exilados, como no caso dos italianos fugidos à repressão dos motins republicanos, oferecendo-lhes a realização do sonho de independência e progresso que permanecia frustrado na pátria. Avançando no século, centenas viraram milhares e finalmente milhões de emigrantes, de todas as classes e aptos para qualquer ofício: sapateiro, músico, vendedor, charlatão e – por que não? – artista. Instrução e profissão eram só mais um recurso numa roleta em que tudo valia e a aposta maior, a conquista da América, encobria a derradeira tentativa de escapar à fome. No caso dos atores italianos, a rota intercontinental (já trilhada pelas companhias de ópera) significava uma via de fuga à crise endêmica do sistema produtivo nacional, após o fim das subvenções públicas aos teatros, em 1865. Na década de 1880, cerca de 40% das companhias italianas, com mais 10% das companhias dialetais, passam o verão em turnê pela América Latina, em uma espécie de "emigração por temporada" que não se daria em outra profissão e cuja persistência revela a grande ilusão na raiz do fenômeno. A travessia, para esses artistas, não significava somente a tentativa de passar para o outro lado do oceano como, principalmente, para uma "segunda vida" mais ditosa pela miragem da eventual consagração internacional que significaria, também, um provável reajuste do cachê na volta à pátria. Nesse cenário cada vez mais provinciano, ao passo que se torna mais cosmopolita, a viagem pode vir a representar uma missão existencial essencial: a missão da transição entre "velho" e "novo", antigo e moderno naquele *fin de siècle* em que um mundo se esvai e outro surge. A metáfora é clara nas palavras de Eleonora Duse, talvez a atriz mais representativa da cena italiana de todos os tempos quando, antes de sua última turnê ao Brasil, em 1907, reconhece como sua única pátria "a travessia".

## Os Reis da Cena na Corte de D. Pedro II: Ristori, Salvini e Pezzana

Pioneira nesse fenômeno foi Adelaide Ristori, que da jovem Duse foi modelo e mestra. Não bonita, mas alta e aprumada, o olhar piedoso emoldurado pela cabeleireira negra e a postura severa inspiravam o respeito devido a uma rainha. De fato, era nobre. Filha de uma família mambembe de artistas, aos vinte anos havia se casado (por recíproca paixão) com o marquês Giuliano Capranica del Grillo, que ia tornar-se seu agente e secretário, mais do que mecenas. Ristori tinha temperamento de líder. Foi pioneira em tudo na cena italiana: a primeira mulher empresária de sua própria companhia; a primeira a evadir das estreitas margens territoriais, estéticas e econômicas do mercado peninsular, para triunfar com sua arte nas capitais europeias e, finalmente, nas capitais das nações civilizadas do planeta; a primeira a enfrentar os temidos críticos de Paris – em 1856, quando eclipsou a *grande tragedienne* mlle. Raquel – e a interpretar Shakespeare em inglês em Nova York e Londres; a primeira a empreender longas viagens e até uma viagem em volta do mundo, em 1874-75, mesmo sofrendo enjoos. Estas e outras informações edificantes e heroicas, impressas na biografia distribuída a jornais e teatros por onde passava, apresentavam Ristori como a maior atriz italiana de todos os tempos: uma rainha da cena – título até mais prestigiado que o de marquesa – cuja verdadeira nobreza consistia na força moral de ter regenerado a arte dramática italiana de sua reputação de indecência, levando-a à consagração mundial. Por força desse *status*, Ristori ia ser um dos principais motores da emancipação feminina em seu ofício em uma época em que ser atriz era assimilável ao exercício da prostituição, por causa da vida cigana e da exibição do corpo no palco. Excepcionalmente, a "rainha da cena" teve sua carreira internacional consagrada pela admiração de reis e governantes, os quais dificilmente perderiam uma de suas apresentações de gala. É do privilegiado espaço do palco que Ristori, na Espanha, obtém a graça para um condenado à morte (1872) e, no Brasil, dedica à imperatriz Teresa Cristina Maria de Bourbon, natural de Nápoles, os seus "benefícios" (espetáculo cuja renda era revertida a hospitais, instituições de caridade e outras obras, preferencialmente para emigrados italianos). É do palco que, em 1869, dirige-se à tribuna imperial declamando um poema em que celebra ideais românticos (orgulho patriótico, utopia monárquica, elogio da moralidade) que lhe garantem a simpatia e o favor do imperador D. Pedro II, admirador e amigo com quem trocará confianças e conselhos em mais de vinte anos de correspondência e raríssimos *rendez-vous* em Roma, Paris, Baden-Baden, Cannes e Rio de Janeiro. A intimidade é permitida pela afinidade eletiva, privilégio raro em se tratando de uma mulher e, ainda por cima, atriz. Igualmente, confiando na plena discrição do camarim da Ristori, o rei italiano Vittorio Emanuele delega-lhe missões diplomáticas tão delicadas que não confiaria aos seus políticos. Enfim, foi tamanho o destaque da Ristori que até a ciumenta classe teatral italiana a coroa, no aniversário de seus 80 anos, com os louros masculinos de "Cristóvão Colombo da Arte Dramática"[109]. Ristori foi, sem dúvida, a desbravadora teatral das Américas.

A ideia arrojada – até mesmo para o tradicional nomadismo dos atores italianos – de se apresentar no novo mundo estimulava seu pioneirismo desde fins da década de 1850. Em 1868, após fechar triunfalmente em Nova York uma turnê de quase dois anos pelos Estados Unidos e Cuba, o agente de Ristori embarca para o Rio de Janeiro, com a missão de viabilizar uma turnê para o ano seguinte. A capital brasileira parecia maior e mais civilizada do que La Havana: com mais ouro, comércio, luxo e estrangeiros. E mais teatros: seis ativos entre os quais o S. Pedro de Alcântara que, apesar de bem localizado, era desaconselhável, porque a segunda ordem de camarotes era reservada para uso gratuito dos sócios proprietários. Teatros menores, como o Alcazar, não eram de se levar em conta, porque neles dançava-se o cancã. Acabou assinando contrato com José Maria do Nascimento, administrador do Teatro Lírico Fluminense, no Campo da Aclamação (atual Campo de Santana). Um teatro muito amplo, com quatro fileiras de camarotes e mais de mil assentos na plateia. Ristori embarcou em Lisboa em 28 de maio de 1869. Com ela e a família – marido e dois filhos – viajaram 31 pessoas, entre elenco, técnicos e comitiva, mais as caixas com guarda-roupa, decorações, velas e tudo aquilo que seria preciso para montar um repertório de trinta peças. No cais do Rio de Janeiro, na manhã do dia 19 de junho, a atriz foi recepcionada por uma delegação de notáveis da colônia italiana e pelo Ministro da Itália no Rio. Pela primeira vez após a unificação italiana, uma artista consagrada no mundo inteiro como embaixadora cultural do novo Reinado visitava a América Latina.

Em 28 de junho, quando caiu o pano sobre a *Medeia* de Legouvé, peça escolhida como estreia de sua temporada, o palco foi invadido por estudantes que se ajoelharam em volta da Ristori para adorá-la, diante da plateia em delírio e do imperador aplaudindo de pé na tribuna. A bilheteria arrecadou 12 mil francos, cerca de dez vezes o valor máximo alcançado pela atriz na própria pátria. As

---

[109] Francesco Ciotti, em Gerardo Guerrieri, *Nove Saggi*, Roma: Bulzoni, 1993, p. 63.

homenagens ao gênio não pararam mais: fogos de artifício, chuva de rosas, mimos valiosos que ao final da temporada de dois meses somaram a fabulosa cifra de 60 mil francos. Numa noite, o médico italiano Luis Vicente de Simoni, assessor de leituras da imperatriz, a proclamou "exímia e incomparável rainha da cena trágica e dramática". Em outra, o imperador ofereceu-lhe uma *soirée* de gala que Ristori recorda como "a noite mais esplêndida de toda a minha carreira". Mas o mais valioso dom foi uma carta autógrafa que recebeu logo após a sua partida. Assinando-se de *Di lei attaccatissimo* ("seu apegadíssimo") D. Pedro II já cobrava-lhe a promessa de uma nova visita à corte e inaugurava, num estilo simples de italiano afrancesado, a intensa correspondência recheada de citações literárias e palpites políticos, saudades e votos de sucesso para "aquela que representa para mim a beleza artística, sob qualquer ponto de vista" (5.10.1886) e cujo "talento sempre correspondeu plenamente à minha paixão pelas belas-artes" (10.1.1888):

À notícia da continuação dos seus merecidos triunfos posso acrescentar a sentença do altíssimo poeta: *Nenhuma dor é maior do que lembrar-se dos tempos felizes na miséria*. E, com efeito, a arte dramática aqui não está muito distante disso. Esperamos com impaciência e saudade – a senhora já conhece esta palavra que o seu idioma inveja ao nosso – sua próxima visita, com a esperança de vê-la comemorar aqui conosco a paz honrosa para o meu Brasil, paz que há tantos anos veementemente desejo. Não esqueço sua visita ao meu museu, algumas leituras italianas, nem como sua mente ativa continua atenta às manifestações do belo e à sorte de seus companheiros e dos menos afortunados[110].

A *saudade* também não abandonará a atriz. "Provei uma pena intensa de ter que dizer adeus àquela terra que hospeda tantas almas poéticas e generosas e uma família real qual não se encontra nenhuma igual, mesmo na Europa", escreveu em seu diário[111], meses mais tarde.

Entretanto, antes da atriz que corria o mundo acumulando triunfos cumprir sua promessa de retornar ao Brasil, o imperador deverá buscar satisfazer sua paixão teatral na Europa. Em outubro de 1871, hospedado no Hotel Royal Danieli, em Veneza, D. Pedro II remete a Ristori uma mensagem assinada "um sincero admirador" na qual declara que não julgará cumprida sua missão até "ter saboreado uma, ao menos uma, sua apresentação" (11.10.1871). Mas Ristori está em Odessa, cumprindo uma longa turnê pela Rússia. O jeito é segui-la por carta, com curiosidade e pontuais comentários políticos, como fizera pelas etapas da turnê latino-americana de 1869 e fará pela viagem em volta ao mundo em 1874-1875, depois na Rússia em 1877, na Escandinávia em 1880, na América do Norte em 1882. O gosto de D. Pedro II pelas viagens alimentava a febre cosmopolita do Segundo Reinado. Da Europa importava-se tudo que representasse elegância e modernidade, dos bordados aos chapéus; e da Itália importava-se o *bel canto*, especialidade que exaltava o prestígio do idioma e o gênio dos seus artistas. Antes da construção do Imperial Teatro D. Pedro II, o governo sustentava as temporadas líricas (integralmente, como no caso do Teatro S. Januário, ou em parceria com sociedades de ricos mecenas) porque "além do deleite público e de um orgulho nacional bem fundado, também a tranquilidade, a moral e a paz, os bons costumes, tudo reclama a proteção do governo em favor de uma Companhia italiana"[112]. O imperador em pessoa financia, de 1857 até 1863, a Imperial Academia de Música e Ópera Nacional, destinada a formar cantores líricos nacionais e difundir a ópera nas classes populares. Sua predileção propiciava a penetração no imaginário público da ideia de uma afinidade espiritual-idiomática entre "italianidade" e "lusofonia" que se exprimiria em termos de heroísmo, paixão e lirismo. A tarefa de emancipação e regeneração dos costumes assumida pela "rainha" na cena italiana não resultava vazia no palco brasileiro. Ao contrário, representava perfeitamente as expectativas da corte quanto à função da cultura

---

110 Cf. Alessandra Vannucci, *Uma Amizade Revelada. Correspondência entre o Imperador Dom Pedro II e Adelaide Ristori, a Maior Atriz de Seu Tempo*. Rio de Janeiro: Fundação Biblioteca Nacional, 2004, p. 57. O "altíssimo poeta" é Dante Alighieri.
111 A. Ristori, *Ricordi e studi artistici*, Torino/Napoli: Roux, 1887, p. 35.

112 Relatório de 22 de julho de 1835 do Ministério do Império, em M. Lucchesi, Mitologia das Platéias: A Ópera na Corte (1840-89), separata da revista *Setembro*, Rio de Janeiro, n. 1, 1986, p. 13.

na construção da identidade da nação (ao mesmo tempo cortesã e progressista, aristocrática e liberal). O teatro, segundo intelectuais influentes como Machado de Assis, seria o mais eficiente instrumento moralizador para reconquistar o consenso da burguesia aos palcos, desqualificados pelo escândalo das pernas nuas das bailarinas do Alcazar Lírico. Ristori consagra-se na cena carioca com amplo e turbulento repertório de heroínas nobres, preferencialmente rainhas, mártires devotas a causas sociais, como o bem da pátria e a elevação moral: *Medeia*, de Ernest Legouvé; *Pia de Tolomei*, de Carlo Marenco; *Judite* e *Isabel de Inglaterra*, de Paolo Giacometti; *Maria Stuart*, de Schiller; *Fedra*, de Racine; *Sóror Teresa*, de Luigi Camoletti; *Mirra*, de Vittorio Alfieri. Busca o registro sublime, a dignidade da ação trágica, mesmo quando violenta. Na época da ascensão aos palcos do homem comum da comédia burguesa e do drama realista, campeão das virtudes contemporâneas, Ristori, com suas excepcionais mulheres do passado, visa a ressuscitar a tragédia:

A musa não morreu, nem podia morrer. Quando a davam por morta, atravessava a terra com as feições da imortal Ristori. [...] Ninguém tem o direito de ignorar Ristori; é uma dessas figuras que se impõe à admiração dos povos, e cujo nome, como uma larga auréola, vai além do teatro de seus triunfos. [...] A imaginação pública criava uma Ristori dotada de qualidades superiores; mas aqui a realidade foi além da imaginação. Estou que ninguém calculou ao certo encontrar tão peregrino gênio unido a tão acabada perfeição. [...] Poucas vezes tem a natureza sido tão pródiga como foi com esta sua ilustre filha. Não se contentou com o gênio que lhe deu, gênio superior entre os primeiros; deu-lhe uma figura maravilhosamente adaptada ao teatro; figura imponente, escultural, rosto severo, voz sonora e vibrante, que possui todos os tons do sentimento, desde a indignação até a ternura. Depois, a fim de que a obra lhe ficasse de todo completa, fê-la nascer na Itália, terra clássica da arte, e cuja língua, harmoniosa entre todas, é um dos mais cabais instrumentos da palavra humana[113].

Ao estrear no Rio de Janeiro como Medeia, papel violento que Ristori aceitara do autor Legouvé em 1856, para sua estreia em Paris, em desafio estético a mlle. Rachel – a grande atriz trágica francesa que se recusara a interpretá-lo – é lançado novamente o desafio. Ristori sublinha o diferencial de sua arte, em comparação com a "justa medida" acadêmica da escola francesa, em suas memórias:

Nós duas perseguíamos caminhos opostos. Ela podia até entusiasmar com seus levantes, embora acadêmicos, tão bela era sua dicção e estatuária sua marcação. Nas mais apaixonadas situações, a forma da atitude era regrada pelas normas compassadas da tradicional escola francesa. Nós, ao contrário, não admitimos que nos pontos culminantes da paixão, nossa pessoa não se descomponha. Na escola italiana, acreditamos que um dos principais objetivos da interpretação seja o de recriar ao vivo e de verdade tudo que a natureza mostra[114].

O cronista P. A. L., no *Diário do Rio de Janeiro* de 2 de julho de 1869, comenta:

Com razão Rachel nunca quis apresentar a obra-prima. Não sentiu jamais ela em seu coração, o mavioso, íntimo e profundo sentimento, para poder dar vida a tão belos versos. Se Rachel excitava o terror exprimindo cólera, ira, ciúme e vingança, Ristori lhe é muito superior excitando a piedade, exprimindo a dor, o desespero, as profundas mágoas do nosso coração[115].

A mistura de realeza, piedade e paixão, no sentido mais cristão do que romântico, é um metro em que Ristori canaliza os modos da representação e a montagem do enredo, em simbiose com a emotividade do melodrama, na época modelo hegemônico na comunicação do imaginário social. Sua intuição visual de protodiretora elege soluções plásticas enfáticas, de *tableau vivant* ou de coro lírico – como na primeira entrada de Medeia, avançando no palco com os (seus) dois filhos no colo e uma ampla capa preta esvoaçante em volta. Mas o verdadeiro trunfo da atriz eram a ampla variação dos efeitos de voz – uma voz comparada a um piano por Giuseppe Verdi – e sua declamação, cujo requinte virou lenda. Nas turnês para o exterior, Ristori exibia-se também em recitais líricos, declamando trechos de melodramas:

---

113 Machado de Assis, *Do Teatro...*, p. 490-491.
114 A. Ristori, *Ricordi e studi artistici*, p. 40.
115 Em Antônio Feliciano de Castilho (org.), *Homenagem a Adelaide Ristori*, Rio de Janeiro: Dupont & Mendonça, 1869, p. 57.

Que uma cantora, qualquer que seja a sua nação, possa percorrer o orbe inteiro e em todo ele festejada, facilmente se compreende: fala a língua universal. Mas para que simplesmente declamando possa uma italiana fazer delirar de entusiasmo, chorar de emoção, estremecer de terror russos, alemães, ingleses e outros cuja língua não tem menor analogia com a dela, é um talento como poucos pode criar a natureza. Se pois ao simples nome da Ristori os teatros se enchem em países onde o povo não leva consigo a esperança de compreender uma só palavra, como não sucederia o mesmo entre nós que falamos essa língua "na qual quando imagina / com pouca corrupção crê que é latina", latina de que é filha primogênita a italiana?[116]

Em sua ambiciosa busca da consagração internacional, na verdade, Ristori não hesita em aprender francês e inglês insistindo na conquista de detalhes fonéticos como se, ao invés de textos dramáticos, estivesse interpretando *libretos* de ópera. A "natural emoção" que Ristori oferece ao espectador é, na verdade, fruto de cuidadoso trabalho para a construção da personagem. Observa Machado:

Cada gesto, cada passo, cada movimento revela uma intenção plástica e dá sempre uma atitude artística. Ela compreende que, sem a atitude, a personagem seria incompleta; mas, como é artista de seu tempo, e criadora, compreende também que a atitude e a dicção no teatro devem despir-se de todo tom afetado ou nimiamente convencional[117].

Do ponto de vista filosófico, escorado no *alter-ego* Platão, Machado declara que a "natural moralidade" da arte de Ristori é prova de que o teatro deve ser espelho do real, mas não reprodução mecânica e sim vital manifestação de sua melhor parte humana e social. O realismo não é mero exercício de estilo. Quando nele palpita um espírito elevado e uma vontade regeneradora, o realismo faz do teatro uma escola de vida e de integridade, que (no caso da Ristori) "se deve estudar, não imitar: imitá-la seria cometimento impossível"[118]. Sua "monarquia teatral" amparada na excelência artística, na nobreza de ânimo e no título aristocrático, que a faz digna do convívio com reis e imperadores é, na verdade, fruto de uma zelosa estratégia de produção de consenso. A própria atriz mobiliza o entusiasmo dos admiradores organizando a circulação de biografias elogiosas, libretos bilíngues de seus títulos mais significativos e venda antecipada de assinaturas que prefiguram verdadeiras campanhas promocionais. Não só. À margem da *performance* artística, vendem-se balas Ristori, perfumes Ristori e cosméticos Ristori, marco do profissionalismo da empresa que, inventando a moderna propaganda, distribui o seu produto em escala industrial. O nome da artista, ao passo que pertence ao Olímpio das divindades da arte, movimenta, por outro lado, acessíveis práticas de compra-e-venda. É a "moda Ristori" que eletriza o meio teatral italiano a segui-la nas rotas americanas.

Em 1873, organizando a quarta turnê internacional de Ristori, segunda no Brasil e primeira "mundial" (com estreia no Rio de Janeiro e incluindo lugares nunca dantes visitados por companhias europeias, como México, Austrália e Havaí), o marquês, marido de Ristori e administrador da companhia, reúne uma equipe de colaboradores e transforma a companhia, de empresa familiar, em microrrealidade industrial. Encarrega o neto Giovannino Tessero de antecipar a companhia para fechar as pautas e contatar agentes locais aos quais confiar as tarefas executivas. Os festejos, que haviam sido organizados espontaneamente para o desembarque em 1869, agora são garantidos pelo apoio oficial da comunidade italiana que, em troca de ingressos e favores do Marquês, ocupa-se de esquentar a campanha de assinaturas. A atriz embarca em Bordeaux – principal porto francês de saída dos navios com destino à América do Sul –, acompanhada por 24 artistas e oito pessoas de comitiva, duzentas peças de bagagem, dezenove caixas de acessórios e cenários. A pompa traduz a dimensão do investimento para que a "rainha da cena" afirme a incomensurável distância que a separa da "mesquinharia das companhias mambembes" (carta de Tessero para o marquês, 5.11.1873). Também comprova a promessa, amplamente divulgada, de uma *mise-en-scène* "muito mais esplendorosa do que em 1869". Máximo zelo é dedicado à seleção do elenco de apoio, especialmente feminino, pois "aqui no Rio – aponta Tessero – o que querem é aparência" (idem). O elevado número de figurinos, desenhados pela atriz com suas modistas parisienses, sugere um

---

116 Idem, p. 62.
117 Machado de Assis, *Do Teatro...*, p. 492.
118 Idem, p. 494.

ritmo de desfile. A exigência, feita ao teatro, para que as portas sejam "todas praticáveis", garante entradas e saídas realistas: uma novidade que surpreende o público, acostumado aos telões pintados, como os que a companhia exibira em 1869.

Aportando no Rio de Janeiro em fins de maio, Ristori aloja-se num palacete no Catete, "longe do centro e perto das montanhas, para respirar um ar mais puro". O luxo custa 400 francos diários: "um preço fabuloso como qualquer coisa nesta cidade, se é pra ficar numa boa situação"[119], registra um dos atores da companhia, Marco Piazza, alojado na pensão Universo, dirigida por uma família italiana, ao custo de "15 ou 10 francos por dia". Os relatos revelam a conjuntura inflacionária da corte. Nos borderôs da companhia, os valores relativos ao ordenado da orquestra, ao gás da iluminação e ao aluguel do teatro são bem mais altos do que em 1869 – mesmo considerando que já então a companhia havia trazido da Itália as velas para iluminação da cena e várias pipas de vinho, pelo fato desses produtos custarem uma fortuna no Rio. A temporada é instigada pela concorrência de Tommaso Salvini e Giacinta Pezzana, dois atores jovens, já consagrados na Itália e lançados à conquista do pódio internacional. A comparação em números entre Ristori e Salvini ecoa de um a outro lado do oceano. No Rio, a poltrona para assistir às representações de Ristori é bem mais cara que a de Salvini. Mesmo assim, a temporada termina com receita fabulosa: 102.500 francos de ouro ou seja, três vezes a receita de 1869, sem contar os mimos recebidos. Suas Majestades Imperiais não perdem uma récita e, no dia do benefício, oferecem-lhe uma cruz cravejada de brilhantes.

A paixão teatral do imperador é tão genuína quanto sua paixão política. Suas dicas de repertório revelam um espectador atento às tendências da cena internacional:

Creio que Shakespeare faria ótimo sucesso, ao menos como novidade para a maioria. Não falo por mim, pois a senhora bem sabe de minha paixão para as obras-primas daquele gênio e que jamais poderei esquecer sua Lady Macbeth (15.9.1873).

Mesmo assim, a atriz não acolhe o palpite e apresenta um repertório quase igual ao de 1869 (com só um título novo – *Lucrezia Borgia*, de Victor Hugo) correndo o risco de ser apontada como rainha... da velha cena. Apesar disso, Ristori continuará gozando da predileção exclusiva do imperador.

As críticas, no entanto, mostram que em 1874 foi Salvini quem suscitou as mais incontidas reações na plateia e, inclusive, no próprio imperador que, após a estreia da *Morte Civil*, de Giacometti (que também escrevia para Ristori), retira-se comovido na sombra da tribuna enquanto o ator, ovacionado pela plateia, recebe homenagens do presidente do Conservatório Dramático[120]. Salvini apresentava os textos de Shakespeare em italiano e sem os cortes típicos das adaptações utilizadas até então por João Caetano; interpretava-os com uma "beleza desconhecida em nosso teatro" – segundo Joaquim Nabuco[121]. Em março de 1875, em Londres, Salvini arrancará de Ristori o trono de "primeiro ator trágico do nosso tempo, maior que todos os seus contemporâneos"[122]. Também Giacinta Pezzana, que antecede Ristori no Rio em um mês, com as mesmas peças, mas ingressos bem mais baratos, recebe comparações elogiosas. De volta à Itália, aproveita a consagração latino-americana para ocupar o trono da "rainha"[123]. Seis anos mais tarde, Pezzana voltará a pisar os palcos brasileiros interpretando Hamlet *en travesti*. Ristori, como Salvini, não retornará ao Brasil

Ao longo de duas décadas, até o fim do século, acirra-se a concorrência para a partilha das praças latino-americanas entre atores italianos (Rossi, Salvini, Emanuel, Novelli, Roncoroni, Maggi, Pasta etc., com as respectivas *primedonne*) e franceses, com destaque para a disputa entre Novelli e Coquelin (1888-1890), no repertório cômico, e entre Eleonora Duse e Sarah Bernhardt (1885-1886), no repertório dramático. Da competição

---

119 M. Piazza, *Con Adelaide Ristori nel giro del mondo (1874-1875)*, Milano: Edizioni Italgeo, 1948, p. 31.

120 *Arte Drammatica*, 25 de julho de1874, ano III, n. 33. Em Montevidéu, Salvini é acompanhado por cortejo de três mil pessoas (organizado pela Società di Mutuo Soccorso degli Operai Italiani, da qual é sócio); em Valparaíso é homenageado com o hino italiano.
121 Em L. Silva, *História do Teatro Brasileiro*, p. 366.
122 *Arte Drammatica*, 10 de abril de 1875, ano IV, n. 22, p. 4.
123 "Quando Ristori era Ristori, com pouco dinheiro, mas ainda Ristori, depois daquele *tu* qualquer Jasão ficaria embasbacado. Hoje é a Pezzana que embasbaca os públicos" comenta *Arte Drammatica*, em 31 de outubro de 1875, ano IV, n. 52, p. 4.

A atriz Adelaide Ristori.

O ator Tommaso Salvini, caracterizado como Otelo.

entre realismo italiano (ou *naturalidade*) e norma acadêmica francesa (ou *regra*) – expressa em superlativos elogiosos e, principalmente, em cifras – tiram proveito os agentes locais, vinculando a essa disputa a negociação de cachês, a fixação do valor dos ingressos (sendo os franceses normalmente mais caros) e a seleção do repertório (possivelmente idêntico ao do/da rival). A grande oferta de artistas estrangeiros, entre conjuntos de ópera, opereta, revista, melodrama e, enfim, teatro dramático, entrincheira os proprietários dos teatros das capitais latino-americanas atrás de uma grade de programação intensíssima que obriga os agentes a aceitar os termos de contratos nem sempre vantajosos: "Estes piolhentos artistas italianos estragaram os negócios por aqui. Se vendem por nada! Os empresários parece que têm gosto", lamenta Tessero, "e eu tentando, pelo que a dignidade permite, demonstrar-lhe que não há comparação"[124].

O oceano não separa mais senão os amigos – como escreve o imperador em 14 de janeiro para a rainha da cena que, aos seus olhos, não conhece rivais, pois: uma verdadeira amizade supre na memória aquilo que as palavras não expressam. Você será sempre para mim *Medeia, Maria Stuarda* e a linda, nobre viúva de Manesses [*Judite*]. Volto a admirar a galeria de suas fotografias e cultivo a viva esperança de coroar com sua presença essas inesquecíveis lembranças.

Saudades e apreciação incondicional tornam-se uma só na esperança de um dia rever aquela amiga distante, dama ausente, alma irmã que então é celebrada pelo mundo afora em "merecidos triunfos" que lhe lembram o brilho de sua consagração na corte carioca: "Meu cunhado me resenhou Seu merecido triunfo em Lisboa – quanto o invejei! Minha mágoa é sabê-la tão longe do Rio, cujas lembranças devem ser-Lhe gratas", escreve o imperador em 26 de fevereiro de 1879[125]. E alguns meses mais tarde: "Gosto de [Ernesto] Rossi principalmente no *Rei Lear*, mas Você deve crer que fiquei o tempo todo lembrando de outra representação".

124 Cartas para Capranica, 12 e 15 de novembro de 1873. Fundo Ristori, MBA.

125 Cf. A. Vannucci, *Correspondência entre o Imperador D. Pedro II...*, p. 137.

## O Herói dos Dois Mundos: Ernesto Rossi

Embarcado em 1871 rumo ao Rio de Janeiro, com estreia marcada e no bolso uma carta de recomendação de Giuseppe Garibaldi, em que o herói dos dois mundos o empossa como "sumo representante da arte e da civilização humana no Novo Mundo"[126], Ernesto Rossi sofre adversidades na travessia oceânica e é obrigado a desembarcar no Recife. A aventura (que merece uma saudosa narração em seu diário) exalta sua imaginação heroica e inspira-lhe ótimos improvisos – como quando, em vista da costa pernambucana, termina a declamação do poema "As Últimas Horas de Cristovão Colombo" com o grito de "Terra! Terra!" Parado no porto, esperando o conserto da hélice do vapor e já que – narra o ator – a companhia francesa de operetas havia sido "dizimada pela febre amarela", resolve dedicar-se a "uma obra de caridade". Organiza duas sessões num barracão de Recife com o mesmo repertório em italiano apresentado em Gênova, antes da partida (*Oreste*, de Alfieri; *Cid*, de Corneille; e *Sullivan*, de Melesville, seguido pelo *scherzo* cômico *Baile de Máscara*). Sua entrega é recompensada por expressões de pública euforia, com lenços, chapéus e mantos lançados ao palco:

> Havia de tudo no palco, até que – essa realmente me surpreendeu – um estudante montado em sua cadeira começou a apostrofar-me em versos *ex-tempore*! É um hábito brasileiro. Depois, ele invadiu o palco com um bando de amigos mulatos, me levantaram e começaram a brincar de bola com o meu corpo, jogando-me para o alto! Meu Deus, quanto que a glória custa![127]

Rossi é homenageado pelo povo aos gritos de "Viva l'Italia", na saída do porto rumo ao Rio de Janeiro. Lá chega, na madrugada do dia 4 de maio de 1871. A cidade – "um paraíso" – o absorve: passeia pelas aleias de palmeiras do Jardim Botânico, sobe o Corcovado, indigna-se com a insalubridade do centro, frequenta rodas de "dança dos escravos", visita a Pinacoteca Brasileira, assiste ao "graciosíssimo" Vasques em seu "teatro de variedades". A corte está de luto pelo falecimento da princesa Leopoldina. O público escasseia, seja pela ausência das Majestades Imperiais, seja pelo atraso da temporada dramática do próprio Rossi, seja pela divulgação, já afixada, da próxima companhia de ópera. No entanto, reage Rossi: "seria impossível, neste paraíso, ter que experimentar as penas do inferno"[128]. Em dois meses, estreita laços com artistas locais (Furtado Coelho, "inteligente e zeloso" promotor do Teatro S. Luís, e Ismênia dos Santos, com a qual o italiano contracena na comédia *I Gelosi Fortunati*, de Giraud, comparando-a positivamente a Ristori)[129]. Fica amigo de jornalistas influentes como Salvador de Mendonça, Francisco Otaviano e o dr. de Castro, proprietário do *Jornal do Comércio*, que se mobilizam para preencher a plateia. Numa sessão vespertina para a corte, antes da primeira viagem imperial à Europa, Rossi declama trechos escolhidos de Dante, Manzoni, Alfieri e Shakespeare, a pedido

O ator Ernesto Rossi no papel de Otelo.

---

126 Cf. Ernesto Rossi, *Quarant'anni di vita artistica*, Firenze, v. I, 1889, p. 230.
127 Idem, v. III, p. 31.
128 Idem, p. 38.
129 "A brava atriz brasileira, se não superava em habilidade a Ristori, que naquele papel sempre brilhou, não se distanciava muito dela. O público gostou tanto que tivemos que nos apresentar outras vezes". Idem, p. 59.

de D. Pedro II. Recebe no teatro a visita dos príncipes com a oportuna programação de *Luís XI*, tragédia histórica de Delavigne que representa a desfeita dos Nemours, dos quais o último descendente é o conde d'Eu – que aprecia a homenagem e não perde mais nenhuma sessão. É diplomático, bem humorado, paciente e persistente. Finalmente, estreia.

Após o drama romântico *Kean*, de Alexandre Dumas, leva à cena os clássicos italianos de Alfieri, Goldoni, Niccolini, Pellico e Giacometti misturados com títulos como *Frei Luís de Sousa*, de Almeida Garrett e *Hamlet*, *Otelo*, *Romeu e Julieta*, *Macbeth*, antes conhecidas apenas por libretos de ópera ou pelas adaptações de Ducis encenadas por João Caetano. A plateia carioca vai ao delírio. Em 17 de maio, o cronista de *A Reforma* afirma ser a companhia de Rossi "muito superior àquelas que recebemos até hoje". Em 25 de junho, é Machado de Assis que se manifesta na *Semana Ilustrada*:

Esta verdade deve dizer-se: Shakespeare está sendo uma revelação para muita gente. O nosso João Caetano, que era um gênio, representou três dessas tragédias, e conseguiu dar-lhes brilhantemente a vida, que o sensaborão Ducis lhes havia tirado. Não lhe deram todo o poeta. Quem sabe o que ele faria de todas as outras figuras que o poeta criou? Agora é que o público está conhecendo o poeta todo. Se as peças que nos anunciam forem todas à cena, teremos visto, com exceção de poucas, todas as obras-primas do grande dramaturgo. O que não será Rossi no *King Lear*? O que não será no *Mercador de Veneza*? O que não será no *Coriolano*?[130]

Pela troca pública de cartas entre Machado de Assis e Salvador de Mendonça, que contou ainda com a participação de Joaquim Serra e Francisco Otaviano[131], emerge a impressão da qualidade incomparável do trabalho do ator. "O ator italiano", escreve um deles,

é o ideal completo de ator dramático de que João Caetano nos fez vislumbrar o tipo: o que não estava realizado neste, Rossi no-lo mostra com evidência. Não esquece jamais de ser homem e de sentir; e não inventa de fazer poses plásticas, como outros, para atingir o olho antes de ter tocado o coração.

O ator justifica sua excelência pelo estudo, declara-se um "bom operário" e compartilha seu sucesso com a classe teatral, orgulhando-se em ser comparado ao modelo de ator trágico brasileiro – o *bravissimo Giovanni Caetano*:

Nunca gostei de chamar o público para experiências. Sempre me apaixonaram as obras dos grandes engenhos, porque mergulhando nelas e estudando-as, o ator se instrui e aprimora. A análise de caráter dos máximos autores é árdua, pois na própria busca de perfeição corre o risco de uma demonstração excessiva de virtuosismo, que deixa de ser arte; para ser arte, a interpretação precisa mostrar com simplicidade e exatidão as intenções do autor com a personagem; depois, precisa de uma natural colaboração de qualidades físicas e intelectuais, de forma que paixão e sentimento não se abandonem num descontrole transcendental[132].

Consegue assim a preciosa parceria da classe artística. Em 18 de maio, dia de descanso para Rossi, o ator Vasques lhe faz homenagem no Teatro Fênix com um espetáculo de variedades em que o imita com tanto talento no papel de Otelo que Rossi "ri a bandeiras despregadas"[133]. Segue um poema encomiástico:

A religião do Calvário / ensinou à cristandade / respeitar com vero culto / uma Sagrada Trindade. / A religião do teatro / ao ator manda que sinta / veneração e respeito / pela trindade distinta / *Ristori, Salvini* e *Rossi* / orgulho do mundo inteiro / são três talentos distintos / [*mostrando Rossi*] mas um só deus verdadeiro[134].

Em 27 de junho, o mesmo Vasques mobiliza a classe para que fechem os teatros para prestigiar o benefício de Rossi no Lírico Fluminense. Para a ocasião, Rossi interpreta atos avulsos do *Hamlet*, do *Kean* e do *Otelo* e é aclamado por Luís Guimarães Jr. como "constelação da glória, homem formado por divina essência, igual aos astros, gênio, apóstolo dos

---

130 *Do Teatro...*, p. 517-518.
131 Uma carta de 20 de junho de 1871 de Machado para Salvador de Mendonça, publicada no jornal *A Reforma*, elogia calorosamente o ator. Cf. J. Galante de Sousa, *Bibliografia de Machado de Assis*, Rio de Janeiro: MEC-INL, 1955, p. 456-458.
132 Palestra dada no Teatro S. Luís a convite de Furtado Coelho. Em E. Rossi, op. cit., v. III, p. 55.
133 A peça chamava *O Novo Otelo*, de Joaquim Manuel de Macedo. Em B. de Abreu, *Esses Populares tão Desconhecidos*, p. 45.
134 Idem, p. 47.

céus", enfim "a mais vasta criação de Deus"¹³⁵. A festa segue animada. A certa altura Rossi, no palco, recebe um bebê oferecido pela mãe, pobre e negra, junto com a carta de propriedade. O bebê, "reconhecendo-me como pai, pela coloração preta no meu rosto de Otelo" o abraça e Rossi, "segurando-o bem alto na minha frente" dá-lhe a liberdade e devolve-o aos braços da mãe, exclamando: "É seu! É seu! Procure fazer dele um homem!"¹³⁶ O golpe de teatro provoca na plateia um efeito que (observa Rossi ao leitor) "nem eu com a minha caneta nem você com sua fantasia conseguiríamos descrever". Entretanto, a cena havia sido armada por Vasques que, em plena campanha abolicionista, pretendia arregimentar Rossi como campeão do progresso e da democracia.

Rossi deixa o Brasil como herói progressista, mas regressa, em junho de 1879, a pedido do imperador. O triunfo da temporada, dessa vez sem conturbação na viagem, é evidente desde a estreia em 26 de junho, com *Otelo*. Com teatro lotado, a bilheteria fechou uma hora antes do início do espetáculo. "A fina flor da sociedade fluminense estava ali reunida; os outros teatros, assim como os passeios e os salões, ficaram desertos", lia-se na *Gazeta de Notícias*¹³⁷. O "homenzarrão que uma noite era terrível como Otelo, outra meigo como Romeu" (assim o descreve Machado de Assis, no conto *Curta História*, de 1886), fixou-se então inesquecível na memória do público fluminense. De 1º a 15 de agosto de 1879, a companhia de Rossi apresentou-se em São Paulo:

cidade surgida quase por milagre e povoada de italianos, com um terreno fértil, um clima temperado, estradas espaçosas e limpas onde não se aninha febre amarela nem qualquer outra dessas epidemias tropicais¹³⁸.

Na estação paulista da estrada de ferro, Rossi foi acolhido por mais de duas mil pessoas, em sua maioria emigrados, num cortejo de doze carruagens embandeiradas, ao toque de caixa da Marcha Real Italiana e dos "vivas" das delegações de estudantes e operários: enfim, com honras dignas de um herói e não de um simples artista dramático.

Rossi agradece a homenagem e convida seus admiradores a irem vê-lo no teatro.

Antes da partida para a América Latina, convidado para dirigir em Viena uma companhia de teatro trilíngue, o "comendador" Rossi (condecorado pelo governo monárquico dos Savoia, instalado após a unificação italiana, em 1860, por sua trajetória com que promovia socialmente a figura do ator) já havia ressaltado a tarefa "educadora" assumida pelo palco no âmbito da missão formativa/afirmativa da consciência nacional. No contexto de afirmação nacional que anima o *Risorgimento* italiano, as turnês de atores como Rossi eram consideradas missões patrióticas. A fortuna conquistada no exterior, repercutindo na pátria como sinal de justo reconhecimento do "gênio itálico", era explorada pela mídia no mote da exaltação da Itália como nação de grande, qualificada e unitária cultura. Assim, as reflexões artísticas de Rossi, ator heroico, devem ser enquadradas por suas preocupações políticas – como quando lamenta a barbárie mercenária no Uruguai dos soldados italianos fugidos do reino de Nápoles; e pede licença para perguntar:

por que o nosso governo não exerce mais cuidadosa vigilância sobre os acontecimentos daqueles países longínquos onde se desenvolve parte notável de nossa vida nacional, circula muito sangue nosso e se acumulam as maiores das nossas riquezas¹³⁹.

Observador atento, ele, que nunca mais retornará às terras brasileiras, "tão deliciosas e hospitaleiras", mostra-se consciente das fantásticas perturbações que a projeção quimérica do grande negócio latino-americano provocariam no mercado artesanal da cena italiana e europeia, ao longo dos anos de 1880 e 1890.

## *O Delírio do* Capocomico.
## Duse, Bernhardt, Emanuel e Novelli

Porto de Gênova, dia 2 de abril de 1885. Exulta Polese, editor de *L'Arte Drammatica*:

*Evviva Adelaide Ristori!* eu gritava enquanto acompanhava Eleonora Duse a bordo do vapor *Italia*, vendo aquela mul-

---

135 Idem, p. 48.
136 E. Rossi, op. cit., v. III, p. 62-63.
137 Cf. *Arte Drammatica*, 26 de julho de 1879, ano VIII, n. 39.
138 E. Rossi, op. cit., v. III, p. 65-66.

139 Idem, v. III, p. 81.

tidão de artistas dramáticos e líricos de partida. *Evviva Ristori* e com ela Rossi e Salvini! Todos alegres os contratados da companhia Duse & Cesare Rossi, afora Eleonora Duse e o administrador Tebaldo Checchi. Duse se despedia da filha; o marido não consegui ver, pois estava trancado na cabine estudando um imenso volume em alemão sobre a América do Sul[140].

1885 foi um ano duríssimo para Eleonora Duse, a diva de 27 anos, cuja saúde frágil preocupava admiradores e autores de toda a Europa: em março, estreando em Roma a peça *Teodora*, de Victorien Sardou (que já consagrara a *voix d'or* de Sarah Bernhardt), ela havia desmaiado debaixo dos suntuosos panos da rainha de Bizâncio; para a segunda representação, suprimia um ato; após a terceira, suspendia as representações e entrava em descanso, só levantando da cama no dia do embarque. Antes, porém, assessorada pelo marido Tebaldo Checchi, zeloso administrador de sua imagem, a jovem atriz havia visitado Ristori, que devia retirar-se das cenas poucas semanas mais tarde e a cuja herança artística Eleonora tributava então homenagens de aluna devota. Do Palácio Capranica em Roma levava, além da bênção da "rainha" e de sua foto com dedicatória, também uma carta de apresentação para D. Pedro II. No encalço de Ristori, e com o cuidado de endereçar-lhe grata correspondência da viagem[141], Eleonora

Eleonora Duse em 1910.

lançava-se na aventura americana; mas, seja porque as novas feições especulativas do negócio exigiam da diva uma exposição pública que a mulher Duse julgava avassaladora; seja em razão de desavenças e desgraças que amarguram a satisfação econômica, a viagem torna-se para ela uma delirante desventura.

Apoiando-se no veterano Cesare Rossi para sua primeira turnê no exterior, Duse ambicionava firmar-se como *capocomica* de sua própria companhia, defendendo de qualquer intromissão – até dos conselhos do marido Tebaldo Checchi – a independência que marca sua fase madura. Pelo epistolário de Cesare Rossi emerge a barafunda de desentendimentos provocada pela crise pessoal da atriz que, em Montevidéu, reage com palavras impacientes ao assédio dos jornalistas, estrategicamente armado pelo marido-agente Checchi. Irritada pela "vulgaridade" dos seus esforços para entrar nos salões da burguesia uruguaia, intima-o a deixar "que seja eu a ganhar seus favores e os do público, senão vão dizer que somente por sua causa as pessoas batem palmas"[142]. No Rio, após enfrentar uma árdua temporada de público, ameaça rescindir o contrato com Cesare Rossi e separa-se do marido. O surto de febre amarela, que provoca a repentina

---

140 *Arte Drammatica*, 4 de abril de 1885, ano XIV, n. 23, p. 1.
141 Do Rio de Janeiro, 25 de agosto de 1885: "Ilustre, minha boa senhora – tenho aqui o seu retrato... um bom conselheiro, ideal, um nobre inspirador que me fortifica *para* e *na* minha vida de *artista* e de *mulher*. Essa adoração toda – essa ternura cotidiana – até então ignorada por você que a inspirava – hoje a confesso... hoje, nessa distância de tempo e de espaço... de mulher para mulher... obrigada por mim, para a arte – para o exemplo, obrigada pelo ideal e pelo apoio concreto. Nessa distância – nesse belo país – tão longe do nosso belíssimo – você estava me esperando. O imperador me recebeu na chegada... o que por mim só não seria concedido – se não em virtude daquela sua carta. Sua carta me deu o ardor de saber... apenas, apenas – responder às indagações da Majestade Imperial (tão árduo para mim). Sorte minha, ele falou muito de você... eu escutava com *devoção*... respondi com entusiasmo! Aquela sua carta também me sustentou na luta dos primeiros dias – quando junto às palmas do público, eu devia conseguir a aprovação do imperador! Ele me disse que lhe escreveu... lhe falou de mim... marquesa... em sua carta ele desaprovaria sua recomendação... suas palavras... a confiança que você depositou em mim? Vou parar de escrever – preciso ensaiar – olho para o retrato que me olha – e me diz *trabalhe*! Não sei se consegui – ou ainda *conseguirei* – eu sei que *trabalhei* e lutei para isso". Em 20 de agosto de 1885, D. Pedro havia escrito para Ristori dizendo ter "revigorado, aplaudindo [a Duse], as minhas memórias de quem espero voltar a assistir". Ambas as cartas em Fundo Ristori, MBA.

142 Carta de 27 de agosto de 1885, de Tebaldo Checchi para Francesco d'Arcais. Fundo Duse, Biblioteca del Burcardo [BB].

Sarah Bernhardt. Fotografia tirada por volta de 1890.

morte do jovem ator Arturo Diotti, exacerba o já precário estado neurótico da atriz – patologia inclusive bastante apreciada à época, que com Duse se torna quase um estilo, um "jeito de diva" explorado pela imprensa, que divulga os detalhes no intuito de sublinhar sua extremada sensibilidade. O clima sufocante contagia. Circulam anedotas escabrosas: após acusar o marido de traição (com Irma Grammatica, atriz mais jovem), Duse teria aproveitado uma cena de paixão da *Femme de Claude*, de Dumas Filho, para rasgar a blusa e mostrar os seios. Por sua vez, Emma Grammatica (uma menina de dez anos, irmã da acusada) teria tentado o suicídio comendo frutas tropicais e dormindo às claras – comportamentos que, murmura-se, haviam sido responsáveis pelo falecimento de Diotti. Sensibilizada por funestos pressentimentos, pelo clima mórbido ao qual atribui a súbita morte do colega e pelo cinismo do negócio que havia de continuar, Duse narra como um calvário a temporada no Rio de Janeiro:

Tive que calar isso tudo – e tive – como empresa, como artista – que alcançar o sucesso – consegui... Enquanto o pobre Diotti adoecia (cinco dias contra aquele morbo maldito) nós – sem ele (*on remplace* – que tristeza) fomos para cena. Primeira noite [25 de junho]: *Fedora* [de Sardou], o teatro repleto e um completo desastre da sua Nennella [apelido da Duse]. Um teatro grande... e eu débil e pequena... minha voz... impossível que chegasse ao fundo da plateia... um murmúrio contínuo, aborredor na sala e nos palcos. Minha cabeça – assim como a minha voz – não aguentava mais. Me vesti depressa, mais depressa fui para casa [o Hotel Vista Alegre, em Santa Teresa]. Fechei-me no quarto: quanta tristeza... que vazio! Dia seguinte, descanso: aqui não se trabalha mais do que três noites por semana. Os jornais sem *nenhum juízo exato* – só constatavam que eu teria *um não sei quê*, isso os impressionava, mas de minha voz... não ouviram senão um escasso eco. Segunda [27 de junho]: *Denise* [de Dumas Filho]. O teatro – aquela praça – praticamente vazio... somente, um pouco mais de atenção. Minha pobre Denise, simples e sem *toilette*, foi escutada... chorei e fiz chorar – até que pude, até quando eu quis... a desafinação minha com o teatro começava a desaparecer; e lá naquele proscênio – infame e bendito – eu rezei e pedi *a graça de salvar aquele desgraçado* [de Diotti doente]; salve-o e que eu seja derrotada como artista... Dois dias mais tarde, tudo havia se acabado [Diotti falece em 30 de junho] e nós recitávamos sem ele... e a sua pequena Nennella triunfava... triunfava[143].

A crônica de sua irresistível ascensão é registrada por Artur Azevedo, crítico do *Diário de Notícias*.

---

143 Carta de 28 de agosto de 1885 para a amiga Matilde Serao. Em O. Signorelli, *Eleonora Duse*, Roma: Cassini, 1955, p. 61.

Em 23 de junho, ele acolhe a diva estrangeira com um fio de desdém:

Dizem-nos dela maravilhas: efetivamente tenho visto sua fotografia em muitas caixas de fósforos, e lá, na pátria do ideal, quando o retrato de um indivíduo entra no domínio da indústria do fósforo, é porque vale muito.

Após a estreia de *Fedora*, limita-se a elogiar sua elegância. Já uma semana mais tarde, após *Divorçons*, admite não lembrar "ter visto nunca, em teatro algum, uma atriz que tanto me impressionasse e comovesse"; e na edição de 1º de julho, dia de descanso para a companhia, dedica-lhe versos apaixonados que declara ter encontrado no chão do camarote:

Fui ver a Duse, que é tão bela / a interpretar a tal Denisa, / que eu lá no fundo de uma frisa / doido fiquei de amor por ela. / Com que legítimo talento / d'alma ao recôndito fala! / Ir ao S. Pedro, vê-la e amá-la / tudo foi obra de um momento / O que eu cá sinto pela Duse / que me extasia e me comove / não há moral que mo reprove, nem promotor há que o acuse[144].

A crítica parece não ter palavras para descrever o temperamento vibrante da atriz: um articulista anônimo da *Gazeta de Notícias*, em 29 de junho, resume: é uma atriz enxuta; tem um modo especial de inclinar o tronco para trás e enrijecer o pescoço, enquanto sua fisionomia toma uma expressão de desdém que impressiona". No *Jornal do Comércio* lê-se a 30 de junho:

ao mover-se, a primeira impressão que produz é de um fascínio ao qual em vão tentaria se subtrair: é daqueles gênios que, intolerantes de qualquer jugo, se livram de todos os preceitos ordinários da arte; sua fisionomia móvel tem algo entre o anjo e o demônio.

Apesar da sedução que Duse exerce sobre os críticos, a plateia continua vazia. O intenso fluxo de emotividade, subjugando os escassos espectadores com "posturas excêntricas, gestos caprichosos, inflexões inteiramente novas" e com a "influência dos seus olhos, dos quais surgem lampejos estra-

nhos", dá a medida de seu valor "pela comoção que provoca, pois no teatro todos choravam", descreve Artur Azevedo. É com um obsessivo "estudo de naturalidade"[145] ("olhos, olhos e mais olhos") que Duse compensa a fragilidade de seus meios físicos em textos "escritos para uma artista de grandes dons naturais como Sarah Bernhardt"[146]. Em 2 de julho dá-se *Il Padrone delle Ferriere* (*Le Maître de Forges*) de Ohnet, famigerado dramalhão em que, no entanto, Duse "emocionou o público sem gritar, esbracejar, nem correr pela cena"[147]; no dia seguinte, com a *Odette* de Sardou, a comoção estimula a plateia a repetidos aplausos e lágrimas. Consagra-se o mito de seu "poder supremo" sobre quem a vê em cena e se esquece de que está num teatro, tamanha a naturalidade de seus desempenhos. Enquanto isso, preocupada com a concorrência de sete companhias em cartaz na cidade, a atriz cede à pressão do marido e dedica-se às relações diplomáticas: no sábado, dia 4 de julho, vai ao Teatro Lucinda ver Lucinda Simões no papel da Suzanne d'Ange do *Demi-monde* – papel que a italiana, diante de jornalistas, jura nunca mais interpretar em cidades visitadas pela veterana atriz luso-brasileira[148].

No domingo, devidamente estimulados, todos os jornais lamentam em tons apocalípticos a deserção do público da temporada de Duse. Nada acontece, ainda, naquela semana, quando Duse apresenta seu repertório cômico, com destaque para Goldoni, numa cidade mobilizada por José do Patrocínio e pelo Festival Abolicionista no Politeama Fluminense. Somente a partir da segunda-feira, dia 13, o público prestigia a temporada teatral, atraído talvez, naquela noite, pela inauguração do novo pano de boca pintado pelo cenógrafo italiano Carlo Rossi e representando João Caetano. Mas, no dia seguinte, os jornais "não falam senão dela, do seu triunfo: um delírio... foram declamados poemas nos entreatos e os artistas, pulando

---

144 Em B. de Abreu, *Esses Populares tão Desconhecidos*, p. 55.

145 *Jornal do Comércio*, relatado por *Arte Drammatica*, 1º de agosto de 1885, n. 39, p. 2

146 *Gazeta de Notícias*, relatado por *Arte Drammatica*, 6 de junho de 1885, n. 32, p. 4.

147 *Gazeta de Notícias*, relatado por *Arte Drammatica*, 1º de agosto de 1885, n. 39, p. 3.

148 A promessa, que Artur Azevedo acha um absurdo, não será cumprida: já em 11 de setembro, no auge de seus triunfos, Duse apresenta *Le Demi-monde* no Rio, sabendo, talvez, que Lucinda havia viajado para Portugal.

as cadeiras da orquestra, invadiram o palco para ajoelhar-se diante dela"[149]. Em poucos dias, homenagear Duse torna-se um dever cívico. O número 29, de 17 de julho, do jornal *A Semana*, editado por Valentim Magalhães, é inteiramente dedicado à atriz, com depoimentos de artistas e intelectuais, como Furtado Coelho, Vasques, Lucinda Simões, Artur Azevedo, Urbano Duarte, Aluísio Azevedo e Machado de Assis. Este último escreve: "A Itália é a Danaide antiga. Podemos pedir-lhe e exaurir-lhe os talentos, um por um; ela os inventará novos; ao lado de Salvini, Rossi; depois da Ristori, Duse-Checchi: feições diversas, arte única"[150].

Na noite de 17 de julho, com o teatro lotado para vê-la em *A Dama das Camélias* (papel com que desafiará Sarah Bernhardt em Paris e que, no Rio, havia sido carro-chefe de Lucinda Simões) Duse enfim conquista, pela primeira vez também fora da Itália, as honras devidas a uma diva. Enquanto joias e flores cobrem o palco num frenético *crescendo* de aclamações, um enfeitiçado Artur Azevedo ousa compará-la a Ristori nos versos que acompanham o galho de camélias especialmente trazido de São Paulo:

Descamba aquele astro esplêndido / Ristori, o assombro, o portento, / e surge no firmamento / formosa estrela de amor. / Entusiasmada, frenética, /agita-se a alma do povo / em seu nome, ao astro novo / venho trazer esta flor[151].

A emoção desse triunfo, que ecoa em festas públicas, e o esforço das sucessivas sessões expõem sua delicada saúde: ela sofre uma hemoptise e um ataque de asma. Da cama, a 25 de julho, escreve uma carta em tom de intimidade para Artur Azevedo — cuja devoção pela jovem atriz já caíra no domínio público:

Desde aquela noite que jamais esquecerei... desejo escrever-lhe... Aquelas suas palavras... o entusiasmo do público... me faziam tão bem... e tão mal! Lembro que apertei forte as suas mãos... não foi por fraqueza se então chorei. Ao ver-me no meio daquele tumulto, eu reencontrava o meu país... tão longe... o reencontrava nos afetos, na expansividade do povo... naquela hora me colheu a saudade que sempre derrota os que estão longe de sua pátria, o assombro da distância... E me revi, *pobre filha*, quando nada esperava da minha arte, quando do meu ofício não ganhava tanta satisfação espiritual, mas somente a vida... Você que pode, agradeça ao público de minha parte e diga que desde aquela noite neste país lindo e distante... reencontrei o meu... lindo... e distante. Creia-me grata[152].

Prestes a enfrentar sua longa carreira de *capocomica* como uma missão de independência (econômica, estilística) que irá empurrá-la "sempre à frente" e sempre distante do "vil negócio" do mercado teatral italiano, a jovem Duse, em sua primeira viagem americana, percebe seu destino de emigrante perpétua, ao mesmo tempo como maldição e salvação. Faz da travessia uma pátria e um ritmo interior, metáfora da necessária transição entre "velho" e "novo" que move o imaginário *fin de siècle*. A experiência traumática que domina a turnê de 1885 produz, com o tempo, uma neurose típica não só em Duse, como em toda sua geração de atores-viajantes: o pânico de morrer em terra estrangeira, diante da necessidade humana de pertencimento e sobrevivência. Pânico que dominará sua segunda visita ao Brasil – em 1907, já consagrada como máxima atriz vivente – e que acaba realizando-se como destino[153]. Confessa, em 17 de setembro de 1885, antes do embarque de volta, em carta ao agente italiano Polese, aquele que a havia acompanhado no dia da partida:

Marco a data porque – escrevo com toda calma – houve dias que acreditei... não arrastar este meu pobre *eu*... embora daqui... Em meu programa de forças eu pressenti somente a luta *pessoal* contra qualquer dificuldade... mas não podia pressentir nem impedir uma desgraça independente da luta humana – isto é, a vida – que não depende de nós – mas de Deus. Partimos, você se lembra aquele dia no porto de Gênova? Partimos para uma especulação garantida pelo nosso ofício. A saudade do nosso país... é verdade... mas a ideia da volta era tão consoladora, tão serena... não mais

---

149 Cf. *O País*, de 18 de julho de 1885, relatado por *Arte Drammatica*, 22 de agosto de 1885, n. 41, p. 2-3.
150 *Do Teatro...*, p. 575.
151 Em B. de Abreu, *Esses Populares tão Desconhecidos*, p. 57.
152 Idem, p. 61.
153 Após uma vida de viagens, Duse falece em Pittsburgh, em 1924, suplicando para que não a deixassem morrer longe da Itália. Os biógrafos relatam que suas últimas palavras foram: "Vamos! Devemos partir, partir!".

agora! A coragem, a força para o trabalho sumiram de mim... dos meus colegas... porque perdemos *um* que era digno... Vir tão longe para aliviar a vida e perdê-la... é bem triste! Amanhã deixamos este país tão bonito... tão venenoso... Queria dizer mais coisas – mas há uma preguiça em mim que não consigo expulsar. Este clima sufocante, essa beleza *tropical* me cansam os olhos e o espírito[154].

Em 26 de setembro, pela *Arte Drammatica*, a atriz anuncia a decisão de interromper a sociedade com Cesare Rossi para formar sua própria companhia. Em seu delírio tropical, Eleonora havia consumado uma efêmera paixão com o galã Flavio Andó, após a separação de Tebaldo Checchi, que permaneceu em Buenos Aires iniciando carreira diplomática.

Em 1886, o Rio de Janeiro recebe mais uma atriz de fama mundial: a celebrada Sarah Bernhardt, que estreia a 1º de junho no Teatro S. Pedro, com *Fédora*, de Sardou. No repertório de viagem ela inclui várias peças que a plateia fluminense havia visto no ano anterior, com Duse: *Maître de Forges, Dame aux Camélias, Frou-Frou, Teodora*. Atraídas pelos mesmos papéis, seja por espírito de competição, seja por afinidade eletiva, as duas atrizes já concorriam então num desafio entre divas que mobilizará por duas décadas as cultas plateias de Londres, Paris, Nova York e das capitais da América Latina, onde ambas vivem desventuras e retornam, a contragosto, para estrelar com seus gênios excêntricos a ganância do *star-system*. Eis como Sarah descreve sua primeira temporada no Rio de Janeiro:

Que viagem esplêndida, que país maravilhoso! Mas a cada alegria corresponde uma tristeza. O clima é terrível, a umidade medonha. Todo mundo anda meio doente. O pobre Berthier quase morreu de febre amarela e Jarret [o agente] não está nada bem. Maurice [o filho] tem cuspido sangue. Dentro de dias partiremos para um lugarejo chamado São Paulo; dizem que lá faz muito frio. Que ladrões sanguinários há aqui! Ah, se a febre amarela os levasse! Segunda-feira apresento *Fedra*. Naturalmente, não entenderão nada. A vida aqui é triste e feia – muito feia. Não que as pessoas não sejam encantadoras e meu sucesso enorme. Mas que teatro! Ratos e camundongos por toda parte. Luzes tão fracas que cenas matutinas parecem ter lugar à meia-noite.

Não há acessórios, apenas um sofá tão duro, e um tapete tão pequeno... Contudo tenho de que rir. Fiz espetáculos ótimos e logo logo estaremos de partida[155].

No Rio, a diva protagoniza um escândalo digno dela. Numa mudança de cena da *Adrienne Lecouvreur*, chicoteia uma atriz (Mme. Noirmont, dita "grande Berthe" em virtude de seus seios exuberantes) que à tarde lhe havia respondido com insolência. Conclusão: a *Voix d'or* é humilhada por um delegado carioca que, para desespero da diva, pretende interrogá-la sem conhecer uma palavra de francês! Escapa do castigo somente graças à intervenção de um cidadão influente. O episódio foi narrado em detalhes por um panfleto assinado por Marie Colombier (uma atriz destinada às pontas) no qual ela relata "os mais memoráveis incidentes da excursão artística feita pela ilustre *Voix d'or*"[156].

Apesar dos contratempos, a temporada foi um triunfo extraordinário. Sarah recebeu uma louvação entusiasmada de Joaquim Nabuco, em artigo publicado no jornal *O País*. A certa altura, enfatizou que a atriz, ao estrear no Rio de Janeiro, "neste país, está em território intelectual de sua pátria. Em nenhum outro verificará melhor a exatidão do verso que tantas vezes ouviu em cena: *tout homme a deux pays, le sien et puis la France*\*. Os nossos aplausos desde hoje dirão ao mundo como foi recebida por nós a emissária da grande nação, de cuja glória fomos sempre um satélite distante"[157]. Mas a diva não parece se comover pela lendária animação da acolhida brasileira. Nem mesmo o imperador escapa de seus ácidos comentários:

Sua Majestade parece que é pobre demais para comprar uma assinatura. Toda noite chega ao teatro numa carruagem puxada por quatro mulas ofegantes. Que carruagem! Tão absurda quanto seus guardas esfarrapados. Esses galantes brasileiros parecem que estão sempre brincando.

---

154 *Arte Drammatica*, 17 de outubro de 1885, ano XIV, n. 49, p. 1.

155 Carta para Raoul Ponchon, do Rio de Janeiro, 27 de maio de 1886, em A. Gold; R. Fitzdale, *A Divina Sarah*, São Paulo: Cia. das Letras, 1991, p. 208-209.

156 *Les Voyages de Sarah Bernhardt en Amérique*, Paris: Marpon & Flammarion, [s.d.], p. 304.

\* Todo homem tem dois países, o seu e depois a França. (N. da E.)

157 *Escritos e Discursos Literários*, São Paulo: Instituto Progresso, 1949, p. 36-40.

Brincam de construir casas, de abrir estradas, de apagar incêndios, de ser entusiásticos[158].

Na viagem para Buenos Aires, quando falece o empresário Jarret de febre amarela, vê-se obrigada a tocar o barco. Pois bem: como Duse, fica contagiada pelo delírio tropical – o delírio do *capocomico*. Parte à caça do milhão de francos (resultado bruto da bilheteria da rival italiana). Para conseguir, renuncia ao luxo normalmente exibido em suas viagens e que, com exceção de Ristori, nenhuma atriz italiana poderia jamais permitir-se. Com essa medida, o lucro aumenta: 320 mil francos após a temporada de 25 sessões no Rio; 500 mil em 20 sessões em Buenos Aires, com ingressos caríssimos e apesar do boicote dos jornais italianos, que a desqualificam como vulgar imitadora de Duse. Queixa-se e jura não querer voltar nunca mais. Somente um fabuloso cachê de 3 mil francos por sessão, mais um terço da bilheteria, 1.000 francos por semana para as despesas de hospedagem e todas as viagens pagas (contrato idêntico ao estipulado por Duse para a turnê russa), têm a força de convencê-la a fazer nova turnê ao Brasil.

Prevista pelo empresário Grau para 1892, a viagem é adiada de mês em mês até junho de 1893, devido à crise financeira da recém-fundada República brasileira. A segunda permanência de Sarah no Rio é curta e desastrada: após suportar episódios desgastantes, como o sumiço de sua mala pessoal com as joias de cena, mais tarde encontradas no palco, a diva é "sequestrada" em seu navio na Baía da Guanabara e por pouco escapa de ser baleada, durante a Revolta da Armada. Sua raiva, estampada nas páginas do *Figaro* e comentada por Eça de Queirós nos "Bilhetes de Paris" publicados pela *Gazeta de Notícias*, soa ofensiva aos brasileiros. Sarah resolve pedir desculpas desmentindo os boatos ("calúnias indecentes") com um telegrama em que declara sua "máxima admiração pelo Brasil, este país feérico, e sua gratidão para com seu público de elite que duas vezes me entendeu tão bem e me aclamou com tanto entusiasmo"[159].

Apesar da gratidão, por ocasião de sua última turnê latino-americana em 1905, Sarah impõe ao empresário Ducci a exclusão do Brasil. Transita pelo porto do Rio, com destino a Buenos Aires, entrincheirada em sua cabine, sem desembarcar nem conceder entrevistas. Mais tarde, novamente persuadida pela força do cachê, desiste da pirraça e se apresenta, no Politeama de São Paulo e no Lírico do Rio, com um repertório romântico (*La Dame aux camélias*, *Angelo*, de Victor Hugo, *Hamlet* na adaptação Schwebe-Merand) do qual ficam excluídos os títulos modernos que Rostand, Wilde e d'Annunzio haviam lhe dedicado. Em 15 de outubro, no Rio, ao interpretar o suicídio de *Tosca*, que se lança do Castelo Sant'Angelo, é vítima de acidente causado pela imperícia do contrarregra que esquecera de colocar os devidos colchões onde ela devia cair. Bate violentamente o joelho direito já comprometido por contusão antiga. Traumatizada, não permite ser visitada por médicos brasileiros nem pelo médico de bordo do navio em que, com muita antecipação, embarca rumo a Nova York. Essa decisão custou-lhe caro: a lesão agravou-se, causando-lhe dores atrozes por dez anos, e em seguida sua perna precisou ser amputada.

A relação idiossincrática da atriz com o Brasil revela – no avesso do *glamour* do estrelato – o estado de falência em que, no final do século XIX, encontrava-se o mercado europeu dos atores-empresários. Endividados pelos investimentos necessários aos seus projetos estáveis (como o Théâtre de la Renaissance para Sarah e a parceria com Gordon Craig e d'Annunzio para Duse) e resolvidos a não perder sua independência, não lhes restava senão tentar sanar as recorrentes crises financeiras com mais uma travessia oceânica. A favorável economia de turnê – quando protegida por contrato do risco de dissipar os lucros em gastos desnecessários, porém exigidos pela paralela economia do estrelato, enriquecendo os agentes locais – esbarrava, a partir da década de 1890, na desvalorização das moedas latino-americanas; de modo que fabulosas receitas se convertiam em saldos mínimos e por vezes até em dívidas, uma vez transferidas para o país de origem, sendo preferível reinvesti-las ou gastá-las *in loco*. A conjuntura

---

158 Carta do Rio de Janeiro, [s.d.], em A. Gold; R. Fitzdale, op. cit., p. 209.
159 Publicado pelo *Jornal do Comércio* em 16 de agosto de 1893. Machado de Assis não gostou do "féerico" e comentou o telegrama de Sarah numa das crônicas da série "A Semana". Cf. *Do Teatro...*, p. 602-603.

histórica da última década do século, por um lado, justifica a permanência (cada vez mais demorada ou em certos casos definitiva) na América do Sul de artistas italianos acossados pela crise endêmica do sistema produtivo da península, após a cessação das subvenções públicas. Por outro lado, explica o crescente pavor dos viajantes em relação ao Brasil, então flagelado por sucessivas epidemias de febre amarela que afastam a burguesia endinheirada da capital. Os grandes teatros, depois do exílio do imperador, deixam de ser sala de visita do Rio de Janeiro até serem abandonados pela plateia e esquecidos, ou excluídos, nos roteiros de turnê das companhias estrangeiras.

A transformação do Brasil, de paraíso com um público fanático por teatro, para país maldito e até "assassino", aparece com fartas anedotas na crônica das cinco viagens latino-americanas de Giovanni Emanuel (1887, 1888, 1891, 1896 e 1899). Polese, editor da *Arte Drammatica* e agente de Emanuel, o acompanha na primeira partida, em 1887, com um auspicioso:

vá, ó fortíssimo artista: que naqueles países distantes saibam que embora a nossa Itália seja humilhada por culpas alheias, ainda é a rainha da arte; vá e vença, mostrando que nessa velha Europa a arte se transforma, não morre.

Mas em 1899, data do último retorno do ator, o mesmo Polese o acolhe – sobrevivente de uma barafunda de brigas, revoluções, epidemias e mortes – com estas palavras: "O desastre foi anunciado: eu mesmo, pressagiador da desventura, lhe expus as condições daquele país e fiz o possível para impedi-lo. Não tivesse jamais viajado!"[160] O que havia acontecido?

Aquele *doido* do Emanuel, como o chamava Pezzana, havia dado os primeiros passos na companhia de Ristori e havia sido Hamlet, com a Duse no papel de Ofélia, em 1879. Fazia concorrência a Rossi, nos mesmos carros-chefes (a trilogia shakespeariana *Hamlet-Otelo-Rei Lear*, porém em tradução própria). Como Duse, Emanuel havia contraído o vírus de Ristori e desejava ser empresário e agente de sua própria companhia. Viveu a euforia e as aflições da independência e das viagens, embarcando no universo delirante – entre miragens e decepções – do *capocomico* em turnê, enfatuado pelo fanatismo da plateia latino-americana, mas não a ponto de perder de vista a contabilidade:

Aqui os negócios vão de bom para melhor, 8 mil liras por sessão, média acima dos Rossi-Duse, do Salvini e até do Ernesto Rossi. Vi os borderôs. A companhia agradou, porém... que besteira vir para a América com complexos superabundantes, quando se tem um artista especial. Aqui, querem ver o esforço do artista e a cada noite um *exploit*... agora entendo, e muito bem, por que a Duse não conseguiu voltar rica para a Itália. Ah, se eu tivesse esquecido a modéstia e montado companhia somente para os meus trabalhos, estaria poupando 150 liras por dia, com o mesmo sucesso de aplausos e de bilheteria! [Montevidéu, 6 de agosto de 1887] Ai, que delito eu ter vindo para a América com essa companhia toda! Ai, se o empresário [Cesarino Ciacchi] tivesse falado claramente comigo: Emanuel, leva o mínimo indispensável! Deixa para lá, Polese: o sistema da Ristori e do Rossi é o bom para ganhar o dinheiro americano! Aqui não é preciso mais que o *mattatore* e a *mattatrice*, com o puro necessário para eles. [Navio entre Montevidéu e Rio de Janeiro, 23 de junho de 1887] Outra noite fiz *A Morte Civil* e obtive um daqueles triunfos memoráveis. Após encher o proscênio de flores, se puseram a lançar ao palco... imagine! Chapéus, cartolas! Depois, me esperaram na praça para uma grande ovação [...] haviam iluminado todo o jardim com luz elétrica! Ao que dizem, ninguém antes de mim, nem homem nem mulher, havia recebido tamanha recepção. [Rio de Janeiro, 27 de julho de 1887] Aqui, viver como um senhor (e não posso evitá-lo! oh raiva!) me custa o olho da cara! Os meus cômicos vivem em quartos de hotéis de segunda, bem tratados, e gastam bem menos. [São Paulo, 8 de agosto de 1887]

A estreia de *Otelo*, com Emanuel *mattatore* e Virginia Reiter, sua esposa, *primadonna*, se dá no Teatro D. Pedro II, em 4 de julho de 1887. Seguem *Nero, Hamlet, O Casamento de Fígaro, Fédora, Frou-Frou* em benefício da senhora Reiter e, finalmente, sua interpretação de *A Morte Civil*, que causa "uma impressão extraordinária":

Naturalidade e arte se davam a mão produzindo o mais correto, lógico e completo *ensemble* artístico a que assistimos até hoje. Esses intérpretes fundam uma nova escola:

---

[160] *Arte Drammatica*, 23 de abril de 1887, n. 25, p. 1; e 19 de agosto de 1899, n. 40, p. 3.

desaparece o convencionalismo e o exagero, para dar mão à verossimilhança e à verdade.

[Emanuel] domina o público com os procedimentos analíticos próprios de sua arte, nenhuma vez recorre aos grandes artifícios com que outros excitam as plateias: ele *sente* a personagem como se a tivesse encarnado[161].

O amor pelo realismo reafirma a excelência da arte italiana. Não há comparação, dizem os críticos, entre a fantástica naturalidade de Emanuel e a "declamação cantada" do ator português Eduardo Brasão, que então se apresentava no Teatro S. Pedro com repertório parecido (*Otelo* e *Hamlet*, além do *Kean* de Dumas pai, seu carro-chefe). A estreia triunfal de Emanuel é festejada por um coro unânime. Após o espetáculo, o ator saúda "a multidão da janela" e é homenageado por um discurso de Luís de Castro, ao qual se seguem os brindes:

de Valentim Magalhães para Emanuel; de Emanuel para o Brasil; de José do Patrocínio para Emanuel; de Artur Azevedo para a Duse; de Emanuel para os grandes artistas que o precederam em terra americana: Salvini, Rossi, Ristori, Pezzana, Tessero, Duse, Sarah Bernhardt, Brasão; de Emanuel para a *sua* Virgínia[162].

Disciplinado e fiel, o divo parece seguir cuidadosamente os passos de Rossi e ganha elogios por sua postura modesta: recebe os dons imperiais em nome da Arte Italiana; mantém-se afável diante do assalto dos admiradores e respeitoso diante das galantarias das admiradoras; visita o túmulo de Diotti, o ator da companhia de Duse vitimado pela febre amarela, e manda entregar para a mãe do jovem uma rosa lá brotada; alforria dois escravos por ocasião de seu benefício. Em 2 de setembro oferece espetáculo de gala, unindo-se aos festejos pelo 65º aniversário da Independência; antes da partida para Buenos Aires, uma semana mais tarde, manda publicar uma carta de adeus aos brasileiros na qual promete "conservar eterna lembrança das muitas demonstrações de afeto e simpatia recebidas aqui no Rio, em S. Paulo, Campinas e Santos"[163]. Assim conduzida, sua temporada de 44 sessões dá a melhor bilheteria jamais realizada no Brasil por um artista estrangeiro, somando 49 contos de réis dos quais, tirando os cachês dos atores, resulta um lucro de £78.014 para o *capocomico*, sem contar os presentes.

A travessia transoceânica torna-se então uma corrida competitiva. O ano de 1888 é um contínuo vaivém de companhias viajantes da Itália para a América Latina, enquanto segue normal o fluxo de artistas de outras nacionalidades (refletindo a disparidade numérica do fenômeno migratório, que registra, nos primeiros quatro meses de 1888, a chegada de 38.200 emigrantes ao porto de Santos, dos quais 35 mil são italianos). Em outubro, Polese visita nove vezes o porto de Gênova, acompanhando comprimários que ele mesmo contratava com pagamento bem mais alto do que o oferecido na Itália. Os *mattatori* (Emanuel, e logo depois Roncoroni, Aleotti, Pasta, Maggi, Cuneo e Novelli, com as *primedonne* Virginia Reiter, Clara della Guardia, Elisa Zangheri, Zaira Tozzi, bem recompensadas para evitar que desejem a independência) adiam cada vez mais o dia do retorno. Consagra-se a convicção (amparada, diz Emanuel, no "uso Ristori") de que é o grande artista quem enche as salas, não precisando de bons atores secundários mas, sim, de um bom empresário. De fato, quase todos os atores da turnê de 1887 voltam à América Latina para tentar a sorte, mesmo enfrentando revoluções, guerras e doenças tropicais, tudo para adquirir fama e fortuna.

Em 1890, é no favorável campo latino-americano que Ermete Novelli, excelente talento cômico, resolve enfrentar o repertório dramático. Na comédia, compete com Coquelin aîné que, com seu prestígio de "inexcedível intérprete das obras-primas de Molière e das mais belas criações da dramaturgia francesa"[164], havia pisado nos palcos cariocas dois anos antes. Eis a estrela da Comédie Française ao chegar:

Topei na rua com o famoso Coquelin. Mostrou-se penhoradíssimo com estarem dizendo que é o primeiro ator do século. Contei-lhe que era sistema cá da terra, e que o mesmo se declarara, ano passado, ao festejadíssimo Emanuel. Pelo modo que sorriu, parece que já havia adivinhado[165].

---

161 Trechos de *O País* e *Jornal do Comércio*, em *Arte Drammatica*, 20 de agosto de 1887, n. 41, p. 1.
162 Notícia em *O País*, reproduzida em *Arte Drammatica*, 3 de setembro de 1887, n. 43, p. 4.
163 Cf. *Arte Drammatica*, 15 de outubro de 1887, n. 48, p. 2.
164 Carlos de Laet, Folhetim do *Jornal do Comércio*, Rio de Janeiro, 17 de junho de 1888. De Molière, Coquelin representa *Tartuffe*, *Les Précieuses ridicules* e *Le Médécin malgré lui*; maior projeção alcançam peças como *Le Surprises du divorce* e *La Dame aux camélias*.
165 Idem, 27 de maio de 1888.

Menos perspicaz, o mesmo folhetinista fica a perguntar-se por que a plateia fluminense "tão solícita em festejar os grandes artistas italianos, não mostra igual vivacidade" para com os franceses[166], enquanto descreve o "gelo no Teatro Imperial" e o cancelamento de São Paulo da agenda de Coquelin, "porque a receita não deu para tanto". Coquelin havia exigido, como condição para realizar sua breve temporada latino-americana, o fabuloso cachê de 90 mil francos pré-pagos: não lhe interessava entrar na concorrência dos italianos. Não surpreende que, em tais condições, Novelli seja consagrado pela imprensa carioca "superior"[167] a Coquelin e exaltado como "o Yorick moderno, o gênio eminentemente dramático de nossos tempos, magistral no estudo e reprodução das paixões extremas"[168]. Sua estreia no Teatro Lírico, em 16 de julho de 1890, com a *A Morte Civil*, é "um sucesso colossal". A temporada, contudo, interrompe-se abruptamente em 15 de agosto, quando a companhia regressa a Buenos Aires por causa do estado sanitário declarado emergencial no Brasil. Vinte e um atores, os quais haviam sido forçados por cláusula contratual a seguir Novelli até o Rio de Janeiro, são obrigados a cumprir a quarentena na Ilha Grande. Apesar desse grave problema, Coquelin, em sua segunda temporada brasileira, dá espetáculos no Teatro Lírico entre 11 de agosto e 9 de setembro.

Em 1891, o Rio de Janeiro já tem o estigma de "infausta cidade" no imaginário coletivo, após o falecimento, por febre amarela, de dois atores da Companhia Maggi, que imediatamente abandona a cidade enquanto outras cancelam os seus compromissos brasileiros. Contudo, tratando-se do único país cuja moeda, retribuída em ouro, ainda vale os riscos da travessia, aquele "doido" do Emanuel, que havia passado dois anos viajando pela América Latina em busca de palcos virgens, faz questão de voltar, mesmo que na contramão, ostentando tranquilidade e inicialmente apoiado pelo agente Polese, que declara: "Não exageremos! Choremos nossos mortos, mas não tratemos a América de esfinge devoradora"[169]. Em julho, no Teatro Lírico, Emanuel estreia três novas montagens shakesperianas (*Rei Lear*, *Romeu e Julieta* e *Mercador de Veneza*) que instigam a crítica a reavaliar os superlativos atribuídos em 1890 a Maggi, Rossi e Novelli no mesmo repertório. Por causa da revolução uruguaia, o ator não pode seguir caminho para Montevidéu via São Paulo e Rio Grande do Sul (onde também se anunciam motins); assim, quebra os contratos com os atores e segue sozinho para Valparaíso. A decisão enfurece o agente Polese que havia fechado os acordos. Reunida nova companhia com Cesare Rossi (ex-*capocomico* de Eleonora Duse), Emanuel volta ao Brasil em agosto de 1896 quando, passando por São Paulo, esbarra na "caça aos italianos": uma verdadeira guerra racial que deixa dois atores feridos e o agente Polese indignado, prometendo vingança e pedindo justiça ao governo brasileiro por via consular, pois o governo italiano já "não faz conta nenhuma dos artistas, pobres histriões"[170]. Mesmo assim, Emanuel resolve honrar os seus compromissos no Rio de Janeiro e encara a recusa da *primadonna* Riccardini como uma rebelião. Multa-a em 40 mil réis por ter faltado ao ensaio e, apesar da intervenção do cônsul italiano, exige que a atriz ceda seus papéis para uma *primadonna* estreante, mas dotada de outras qualidades: Nella Montagna, que Coelho Neto descreve como "uma mulher alta e branca de neve em cuja alvura realçava o negror dos olhos e dos cabelos; uma divina carne, uma flor de volúpia, um estimulante lúbrico dos sentidos"[171]. Sobra mais um problema para o já furioso Polese, que deve indenizar a atriz expulsa. Emanuel fica sem apoio da *Arte Drammatica*, que passa a desencorajar os atores dese-

---

166 C. de Laet, Folhetim do *Jornal do Comércio*, Rio de Janeiro, 17 de junho de 1888.
167 *Arte Drammatica*, 19 de julho de 1890, n. 38, p. 2.
168 Idem, 23 de agosto de 1890, n. 42, p. 1.

169 No total de 26 companhias que visitaram o Brasil, com cerca de 650 pessoas, houve "só" sete mortos, contabiliza *Arte Drammatica*, em 20 de junho de 1891. Por outro lado, como informa Emanuel a Polese em carta de 30 de janeiro de 1899, "não se pode ir ao Brasil em dezembro, janeiro e fevereiro, mas no inverno não há perigo nenhum; a prova é que eu estive lá três vezes e nada aconteceu".
170 *Arte Drammatica* (24 de outubro de 1896, n. 49, p. 2-3; e 29 de agosto de 1896, n. 52, p 2) recolhe o testemunho do ator Amerigo Guasti, um dos feridos que conta ter sido assaltado, ferido e roubado pela polícia nas ruas da cidade, esvaziada pelos conflitos. Tudo começou com a injúria feita por estudantes brasileiros à bandeira italiana, fato que provocou a reação dos atores, reprimida pela polícia. Vendo-se protegidos, os brasileiros invadiram o teatro durante a representação de *Otelo* (em benefício do Hospital Italiano), aos gritos de "Morte à Itália" e "Fora os artistas italianos".
171 L. Silva, *História do Teatro Brasileiro*, p. 380.

josos de partir e a defender os que se recusam a seguir o *capocomico* em situações precárias. Apesar das previsões desfavoráveis, em maio de 1899 o artista volta a embarcar rumo a Manaus. A sucessiva falta de notícias inquieta as famílias dos atores: doentes, ficam impossibilitados de desembarcar. Um deles, praticamente fugindo de Emanuel (nessa altura conhecido nos jornais italianos como Robespierre, Shylock etc.), com a ajuda do comandante do navio regressa "delgado e amarelo" em junho: declara que em Manaus não havia carne nem água potável e, sem dinheiro e com todo o necessário caríssimo, a companhia comia tartarugas[172]. Em agosto, a notícia do falecimento de dois atores da companhia estoura uma crise diplomática. Polese acusa Emanuel de "especular com a vida dos outros, de assassinar por dinheiro"[173]. Associado ao pesadelo do túmulo esquecido em terra distante, o Brasil do final do século é um Eldorado renegado: "que país do ouro o que, se te custa a vida!"[174] Ainda em 1907, a *Arte Drammatica* enfatiza aos seus sócios:

Não vão ao Brasil! É uma infâmia! Todas as companhias que lá foram, deixaram mortos. Levar atores inconscientes ao massacre é delito! Não vão arriscar a vida por dinheiro! Lembrem-se, naquele país há perigo de morte[175].

## *Estrangeiros* vs *Nacionais*

Nos últimos trinta anos do século XIX, o teatro brasileiro viveu uma situação paradoxal: por um lado, contou com o brilho de espetáculos realizados por grandes artistas italianos e franceses; por outro, não viu surgir um grande intérprete para o drama ou a criação de uma dramaturgia com as mesmas características daquela que era apresentada em cena. Como observou Décio de Almeida Prado, "a concorrência que os elencos estrangeiros, os melhores do mundo latino, faziam aos nacionais era devastadora"[176]. Quando os artistas europeus chegavam ao Rio de Janeiro, as companhias dramáticas que não tinham o seu próprio teatro eram obrigadas a viajar para o interior à procura de outras praças, ou porque ficavam sem espaço para atuar, ou porque, caso conseguissem algum, não tinham público suficiente para o pagamento das despesas. Rigorosamente, só permaneciam no Rio de Janeiro as companhias dramáticas especializadas no chamado teatro ligeiro – operetas, mágicas e revistas de ano – que sempre teve o seu público fiel. Assim, outra consequência perversa deu-se no terreno do repertório. Enquanto os artistas europeus representavam comédias julgadas refinadas, tragédias de Shakespeare e dramas modernos de Dumas Filho ou Sudermann, os artistas brasileiros encenavam peças ligeiras de produção nacional ou portuguesa – sem contar as traduções do repertório julgado de segunda categoria – dirigidas ao grande público que queria se emocionar com o dramalhão ou se divertir com a farsa e o teatro musicado.

Os artistas portugueses, que jamais fizeram sombra aos italianos e franceses, foram os primeiros a explorar a "praça" do Rio de Janeiro. Mas desde o início do século XIX, até por causa da identidade linguística, o fenômeno mais comum foi a sua permanência no território brasileiro. Não foram poucos os que não voltaram a Portugal e se consagraram em nossos palcos, como Ludovina Soares da Costa, nos tempos de João Caetano; Furtado Coelho, Gabriela da Cunha e Adelaide Amaral, que brilharam no Teatro Ginásio Dramático; Lucinda Simões, grande intérprete realista dos anos de 1870 e 1880.

Num capítulo dedicado aos principais artistas portugueses que estiveram no Brasil, o historiador do nosso teatro, Lafayette Silva, arrola nada menos que 37 nomes, revelando mais alguns dados curiosos[177]. Por exemplo: a temporada da atriz Emília das Neves, em 1864-1865, durou oito meses! O ator cômico José Ricardo "atravessou o Atlântico treze vezes para trabalhar no Brasil", superando a marca de Eduardo Brasão, que fez sete viagens. A verdade é que vários artistas e alguns empresários portugueses (como Sousa Bastos, que se notabilizou no Brasil e em Portugal como empresário ligado ao teatro cômico e musicado) dividiram-se entre os dois lados do oceano, passando longas temporadas ora em um ora em outro país. Enquanto artistas

---

172 *Arte Drammatica*, 4 de março de 1899, n. 16, p. 4.
173 Idem, 19 de agosto de 1899, n. 40, p. 1.
174 Idem, 23 de setembro de 1899, n. 45, p. 2.
175 Idem, 7 de setembro de 1907, n. 34, p. 4.
176 *História Concisa do Teatro Brasileiro*, p. 143.

177 *História do Teatro Brasileiro*, p. 315.

como Lucília Simões (filha de Lucinda), Cristiano de Souza, Chabi Pinheiro e Eduardo Brasão buscavam um árduo reconhecimento com um repertório de peças de algum valor literário, como as de Ibsen e Émile Zola, outros, como o ator cômico Taborda, Palmira Bastos e José Ricardo, sintonizados com o gosto popular da comédia rasgada e do teatro de revista, encontravam imediata receptividade. Faziam sucesso também as companhias espanholas de zarzuelas e as companhias francesas e italianas de operetas, dando sequência aos êxitos desse gênero, consagrado no Alcazar Lírico do Rio de Janeiro já a partir de 1865, com a encenação do *Orphée aux enfers* de Offenbach.

O enorme sucesso desse repertório diversificado era visto pela elite intelectual como sintoma da decadência do teatro no Brasil, implicando no desaparecimento dos chamados gêneros "sérios". O fenômeno criou uma falsa percepção da produção da cultura nacional como de um fato intimamente ligado à presença de artistas estrangeiros em nossos palcos; percepção paradoxal que deverá fazer com que se norteie também a "renovação" da cena moderna brasileira, nas décadas de 1940 e 1950, pelo imprescindível olhar estrangeiro. Entretanto, a exuberância da vida teatral no Rio de Janeiro e em menor escala em São Paulo, nos últimos três decênios do século XIX, quando os brasileiros puderam desfrutar do que havia de melhor no teatro europeu, foi tamanha que fez com que prevalecessem outros significados, implicados nas viagens dos grandes artistas: a disputa de excelência entre a escola italiana e a francesa; a politização patriótica do repertório shakespeariano, franqueado do estigma melodramático e apropriado pelo realismo; a ascensão e queda do mito do Eldorado americano, devido às transformações históricas produzidas pelas crises sanitária, política e financeira do Brasil na virada do século XIX para o XX. O balanço final feito por Artur Azevedo, porém, apontou os prejuízos causados ao teatro brasileiro pela maciça presença estrangeira em nossos palcos. Em maio de 1900 escreveu um artigo para *O País*, no qual observou:

O Rio de Janeiro tem sido visitado por algumas sumidades da arte dramática, universalmente consagradas; mas essas visitas, longe de concorrer para que o teatro nacional desabrochasse, produziram o efeito diametralmente oposto. O público não perdoa aos nossos autores não serem Shakespeares e Molières; não perdoa aos nossos atores não serem Rossis e Novellis; não perdoa às nossas atrizes não serem Ristoris, Sarahs e Duses[178].

## 5. O NATURALISMO: DRAMATURGIA E ENCENAÇÕES

Com bom humor, Décio de Almeida Prado escreveu que o teatro naturalista não prosperou no Brasil porque depois de trinta anos dos dramalhões do teatro romântico e de dez anos de peças sentenciosas, edificantes, do teatro realista, "o povo queria descansar, rir, ver mulheres bonitas, ouvir canções maliciosas e ditos picantes, tudo envolto num enredo cuja principal exigência era não dar trabalho ao cérebro"[179].

De fato, a hegemonia absoluta do teatro cômico e musicado nas últimas três décadas do século XIX ofuscou de tal modo as poucas realizações de caráter naturalista que estas nunca foram levadas em conta pelos nossos historiadores e críticos[180]. Já em 1916, na primeira edição da sua *História da Literatura Brasileira*, José Veríssimo observava que o naturalismo "não produziu nada de distinto" no teatro e que escritores como Artur Azevedo, Valentim Magalhães, Urbano Duarte, Moreira Sampaio, Figueiredo Coimbra, Orlando Teixeira e outros, "sem maior dificuldade trocaram as suas boas intenções de fazer literatura dramática (e alguns seriam capazes de fazê-la) pela resolução de fabricar com ingredientes próprios ou alheios, o teatro que achava fregueses: revistas de ano, *arreglos*, adaptações, paródias ou também traduções de peças estrangeiras"[181].

---

178 Cf. *Revista de Teatro*, Sbat, n. 312, nov/dez. 1959, p. 8.
179 A Evolução da Literatura Dramática, em Afrânio Coutinho (dir.), *A Literatura no Brasil*, 2. ed., v. 6, Rio de Janeiro: Sul Americana, 1971, p. 18.
180 Para maiores informações sobre o naturalismo teatral no Brasil, ver João Roberto Faria, O Naturalismo, em *Idéias Teatrais: o Século XIX no Brasil*, p. 187-261 e também p. 613-677, do qual este capítulo é uma versão abreviada.
181 *História da Literatura Brasileira*, 5. ed., Rio de Janeiro: José Olympio, 1969, p. 258.

A pesquisa nos jornais da época revela, porém, que as realizações de caráter naturalista não estiveram de todo ausentes dos palcos brasileiros, seja por iniciativa de artistas locais, seja pelos espetáculos trazidos pelas companhias estrangeiras que nos visitavam regularmente. Além disso, essas realizações foram comentadas na imprensa, provocando reflexões, debates e polêmicas que envolveram os nossos principais escritores e intelectuais do período. Ou seja, a presença do naturalismo teatral nos palcos brasileiros não foi tão desprezível, se considerada por alguns prismas específicos, tais como as encenações e sua recepção pelos críticos teatrais e pelo público, o envolvimento de escritores e intelectuais na produção de textos e espetáculos, e as discussões teóricas e críticas que nasceram nesse contexto.

## A Introdução do Naturalismo no Brasil

O primeiro espetáculo teatral baseado num texto de cunho naturalista estreou no dia 4 de julho de 1878: uma adaptação de *O Primo Basílio*, feita por Antônio Frederico Cardoso de Meneses e encenada por Furtado Coelho, no Teatro Cassino. O romance de Eça de Queirós havia chegado ao Brasil três ou quatro meses antes, conseguindo enorme repercussão. A imprensa do Rio de Janeiro dividiu-se entre opiniões favoráveis e contrárias e não foram poucas as discussões sobre o livro no meio intelectual. São bastante conhecidos os dois artigos de Machado de Assis, publicados no jornal *O Cruzeiro*, nos quais atacou *O Primo Basílio* e a filiação naturalista do escritor português. Em sua argumentação cerrada, Machado, oculto pelo pseudônimo Eleazar, criticou veementemente o enredo folhetinesco, a construção da personagem Luísa, que lhe pareceu um "títere", as descrições exageradamente minuciosas, o mau gosto de certas passagens e o erotismo desabusado da ação romanesca. Mas Eça de Queirós teve vários defensores. Na *Gazeta de Notícias*, por exemplo, Henrique Chaves e Ataliba de Gomensoro, sob os pseudônimos de S. Saraiva e Amenophis-Effendi, polemizaram com Machado, escrevendo textos em defesa do romance[182].

Nos meses de abril, maio e junho de 1878, *O Primo Basílio* foi um dos assuntos prediletos da imprensa do Rio de Janeiro. E ao lado dos artigos sérios surgiram os inevitáveis poemetos satíricos, cartas de leitores, pequenas paródias e charges nos jornais humorísticos, como *O Besouro*, dirigido na ocasião por Bordallo Pinheiro. Até mesmo um "a-propósito" cômico em um ato, assinado por um jornalista de prestígio, Ferreira de Araújo, foi encenado no dia 27 de maio. Tudo ajudava na divulgação do livro, inclusive – ou principalmente – as críticas contrárias, que condenavam as suas passagens mais picantes e escandalosas. A cada acusação de imoralidade, no entanto, multiplicavam-se os leitores, curiosos para conferir o que se dizia nos jornais.

É evidente que o ator e empresário teatral Furtado Coelho quis aproveitar a repercussão obtida pelo romance para adaptá-lo à cena. Se os volumes se esgotavam nas livrarias, pareceu-lhe lógico supor que a adaptação atrairia muita gente ao Teatro Cassino. Além disso, Furtado Coelho e Lucinda Simões eram artistas de grande prestígio, experientes como intérpretes de peças realistas. E a adaptação havia sido confiada a um jovem de reconhecido talento artístico, bacharel em direito, folhetinista, músico e, não bastassem esses atributos, filho do presidente do Conservatório Dramático, João Cardoso de Meneses. Pois nem a conjunção desses fatores positivos ajudou a carreira da "peça realista em cinco atos e nove quadros" – conforme se lê nos anúncios dos jornais da época – que subiu à cena. Ao cabo de cinco ou seis representações, saiu de cartaz, sem ter conseguido a aprovação da crítica especializada ou do público.

O fracasso parece ter ocorrido por conta da inexperiência de Cardoso de Meneses, que não conseguiu vencer as dificuldades de se transpor um romance como *O Primo Basílio* para o palco. O espetáculo resultou monótono e não entusiasmou nem mesmo os admiradores de Eça de Queirós. Na *Gazeta de Notícias* de 6 de julho de 1878, por exemplo, S. Saraiva voltou a elogiar o livro, reservando as críticas unicamente à adaptação. A seu ver, desde o primeiro

---

182 Sobre a polêmica desencadeada pelo romance de Eça de Queirós no Brasil, ver: *O Primo Basílio na Imprensa Brasileira do Século XIX*, de José Leonardo do Nascimento (São Paulo: Unesp, 2008) e *O Primo Basílio e a Batalha Realista no Brasil*, de Paulo Franchetti, *Estudos de Literatura Brasileira e Portuguesa*, Cotia: Ateliê, 2007, p. 171-191.

até o último quadro, "a ação da peça marca passo, não há uma comoção, não há uma crise, não há, enfim, coisa alguma que interesse ao espectador". As qualidades narrativas do romance desapareceram em cena e nem mesmo as passagens mais ousadas do ponto de vista da sexualidade puderam ser aproveitadas, porque a censura interferiria. O folhetinista do *Jornal do Comércio*, Carlos de Laet, escreveu no dia 7 de julho que a falta dessas passagens desagradou aos que foram ao teatro à procura de escândalo:

Esperavam ver à luz do proscênio todas as torpezas mal veladas pela livre pena do romancista, mas que no drama seriam o caso de apitar pela força pública. Sonhavam uma priapeia e acharam-se frente à frente com uma inofensiva jeremiada; nitro em vez de cantáridas.

De um modo geral, os folhetinistas criticaram também as modificações introduzidas no enredo. Cardoso de Meneses criou uma personagem francesa que não existe no livro e a fez falar francês o tempo todo, solução ultrarrealista que foi considerada um despropósito. As restrições mais fortes dirigiram-se para o desfecho da peça. Se no livro Jorge fica mais preocupado com a saúde de Luísa do que em puni-la pelo adultério, na peça Luísa cai fulminada à vista da carta reveladora de seu crime e Jorge joga para o lado um punhal, exclamando: "Nem Deus perdoa a mulher adúltera". S. Saraiva denominou esse desfecho uma "deslealdade literária", uma vez que alterava profundamente o caráter da personagem. Entre as críticas mais contundentes à adaptação de *O Primo Basílio* destaca-se a que foi publicada no jornal humorístico *O Besouro*, no dia 13 de julho. Oculto pelo pseudônimo Santier, o jornalista definiu a adaptação como um "desacato literário" e arrematou:

De um romance realista, cujo principal mérito está na observação, no estudo, no desempenho dos caracteres, fez o dr. Meneses um reles melodrama insípido, sem ação, sem graça, sem *verve*. Se não fosse publicado o nome do autor, todos julgariam o drama, a comédia, a farsa, ou o que quer que é, oriunda da pena de um idiota.

O fracasso de *O Primo Basílio* foi tão estrondoso que Machado de Assis não sentiu necessidade de voltar ao assunto com os termos contundentes com que havia tratado o romance. No mesmo jornal *O Cruzeiro*, comentou em poucas linhas que não ficou surpreso com o ocorrido, primeiramente porque "em geral as obras geradas originalmente sob uma forma, dificilmente toleram outra"; e depois "porque as qualidades do livro do sr. Eça de Queirós e do talento deste, aliás fortes, são as mais avessas ao teatro"[183]. É uma pena que Machado não tenha aprofundado essa segunda observação, que sugere uma certa impossibilidade de acomodar adequadamente à cena todos os aspectos de um romance naturalista, ideia que será partilhada nos anos seguintes por muitos críticos e intelectuais. De qualquer modo, concluía o escritor, com uma ponta de maldade, o mau êxito cênico de *O Primo Basílio* não prejudicava nem o romance nem o realismo a que se vinculava: "a obra original fica isenta do efeito teatral; e os realistas podem continuar na doce convicção de que a última palavra da estética é suprimi-la"[184].

Tudo indica que em 1878 o termo "naturalismo" não estava ainda em voga no Brasil. Assim como não aparece nos anúncios dos jornais, não é utilizado nos vários textos críticos que se ocuparam seja do romance, seja da peça teatral. Todos usaram de preferência o termo "realismo" ou ainda "ultrarrealismo" em seus textos, como se pode observar nos artigos de Machado de Assis. É certo, porém, que o escritor brasileiro queria referir-se ao novo movimento literário francês, uma vez que Eça de Queirós é tratado como fiel discípulo de Émile Zola.

O debate em torno do romance e da adaptação teatral teve algumas consequências imediatas, entre as quais a divulgação do naturalismo no Brasil e o interesse crescente pela obra de Zola, até então conhecido apenas numa pequeníssima roda de escritores e intelectuais. Curiosamente, foi *O Primo Basílio* que abriu as nossas portas ao escritor francês, que logo influenciaria toda uma geração de brasileiros. Já em 1879, segundo um estudioso do assunto, as livrarias do Rio de Janeiro tinham à venda os romances *L'Assommoir, Thérèse Raquin, Le Ventre de Paris, La Faute de l'abée Mouret* e *Nana*[185].

---

183 Machado de Assis, *Do Teatro...*, p. 562.
184 Idem, p. 563.
185 Cf. Jean-Yves Mérian, *Aluísio Azevedo, Vida e Obra (1857-1913)*, Rio de Janeiro: Espaço e Tempo/Banco Sudameris; Brasília: INL, 1988, p. 187.

## Zola nos Palcos Brasileiros

O sucesso de Zola como romancista não poderia deixar de repercutir no teatro. Em junho de 1880, o ator e empresário Furtado Coelho, sempre à procura de novidades, e agora à frente do Teatro Lucinda, manda anunciar nos jornais o espetáculo do dia 26: *Teresa Raquin*, "a mais notável peça do célebre escritor Emílio Zola, chefe da escola naturalista, tradução do distinto poeta Carlos Ferreira". Nessa altura, o nome de Zola e o movimento literário que lidera já são bem mais conhecidos em nosso meio intelectual. E entre os jovens o "bando de ideias novas" – para usar a feliz expressão de Sílvio Romero – que vem junto com o naturalismo tem grande aceitação. Nesse clima, a versão brasileira de *Thérèse Raquin* faz relativo sucesso no Teatro Lucinda, atingindo doze representações seguidas e algumas outras nos meses seguintes. Claro que em termos de bilheteria esse número era pequeno, se comparado com certas operetas ou peças aparatosas, que chegavam por vezes a uma centena de representações. Mas o caminho para outras obras de cunho naturalista estava aberto.

Como se sabe, foi o próprio Zola quem adaptou o romance *Thérèse Raquin* para o teatro, em 1873. A encenação em Paris, no entanto, resultou num enorme fracasso, frustrando os planos do escritor, que pretendia alargar o raio de ação do movimento naturalista. No prefácio que escreveu para a peça, ele deixou claro que foi movido pela "vontade de ajudar no teatro o enorme movimento de verdade e de ciência experimental que desde o século passado se propaga e cresce em todos os atos da inteligência humana"[186]. A seu ver, o movimento naturalista logo se imporia ao teatro, acabando com as velhas convenções que impediam o drama de se tornar um documento da realidade. *Thérèse Raquin* fora uma primeira tentativa, já trazendo em seu bojo uma série de inovações:

A ação não estava mais em uma história qualquer, mas nos combates interiores das personagens; não havia mais uma lógica de fatos, mas uma lógica de sensações e de sentimentos; e o desenlace tornava-se um resultado aritmético do problema posto em cena. Assim, eu segui o romance passo a passo; situei o drama no mesmo quarto úmido e escuro, para nada perder de seu relevo, nem de sua fatalidade; escolhi comparsas idiotas e inúteis, para realçar nas angústias atrozes de meus heróis a banalidade da vida cotidiana; procurei trazer o tempo todo para o palco as atividades corriqueiras das minhas personagens, de modo que elas não *representem*, mas *vivam* diante do público[187].

Nem os críticos nem o público aceitaram essas novidades. O desejo de introduzir a realidade no teatro e fazer da cena o espelho fiel da vida não se realizou com *Thérèse Raquin*, drama sombrio que reproduz com poucas alterações a trama do romance, centrada no assassinato de Camille pela esposa Thérèse e seu amante Laurent.

No Brasil, Furtado Coelho não levou em conta o fracasso da encenação francesa e montou *Thérèse Raquin* com capricho, apostando certamente que uma peça de Zola despertaria a curiosidade do público. Os elogios à montagem, ao seu desempenho e ao de Lucinda Simões foram praticamente unânimes. Um folhetinista que não gostou da peça chegou a afirmar que a boa receptividade junto ao público era mérito exclusivo da encenação. O realismo do cenário e principalmente da caracterização das personagens também não passou despercebido. O folhetinista anônimo do jornal *Pena e Lápis* observou, no dia 3 de julho de 1880, que Lucinda Simões

compreendeu o papel de Teresa... compreendeu demais talvez, porque chega a repugnar aos espectadores, principalmente àqueles que a conhecem como modelo de distinção, espírito e elegante reserva.

Em suas memórias, a atriz conta como compôs a personagem adúltera e assassina:

Fui para o camarim ao começar a sinfonia e atendendo ao gênero do papel, não me arranjei. Desarranjei-me. Ajeitei desgraciosamente o cabelo, carregando a fisionomia pelo penteado, sem auxílio de pintura[188].

Nos principais jornais do Rio de Janeiro, os comentários foram em geral mais favoráveis à monta-

---

186 É. Zola, *Théâtre*, Paris: Charpentier, 1878, p. 5.
187 Idem, p. 10.
188 *Memórias, Fatos e Impressões*, Rio de Janeiro: Tip. Fluminense, 1922, p. 138.

gem da peça do que ao texto de Zola. O naturalismo era evidentemente um movimento literário novo e ousado, que escandalizava muita gente com seus temas, situações, personagens e linguagem mais solta. No dia 28 de junho, dois dias depois da estreia de *Thérèse Raquin*, podia-se ler na seção "Gazetilha" do *Jornal do Comércio* que os romances naturalistas "tornaram-se um perigo no seio das famílias" e que adaptá-los ao teatro significava trazer para a cena "essa literatura bastarda que nada respeita, que desce à linguagem dos prostíbulos e abre-lhes as portas para que os transeuntes possam ver a gangrena que corrói a classe mais abjeta". Nesse mesmo dia, na seção "Teatros E..." da *Gazeta de Notícias*, a peça de Zola era comentada com razoável simpatia. Não faltaram elogios aos dois primeiros atos e toda a segunda parte do terceiro ato foi considerada "excelente". A observação mais rica do articulista dizia respeito ao desempenho de Lucinda Simões, que teria feito vibrar "a corda propriamente realista" do espetáculo. Gostassem ou não os críticos, o drama realista só poderia ser representado como o fez a atriz:

Nem respiração ofegante nos momentos solenes, nem voz entrecortada por soluços a compasso, nada do que ficou da tradição do antigo dramalhão para os grandes lances; simplesmente a expressão do sentimento na voz, no rosto, no gesto, sentimento que se transmite ao espectador, sem que o artista o previna com uma pausa que quer dizer: aí vai cena comovente.

Entre os comentários suscitados pela peça, merece destaque o que foi publicado no "Folhetim" da *Gazeta de Notícias* de 1º de julho. Embora sem assinatura, o jornal havia anunciado dias antes que seria escrito por S. Saraiva – pseudônimo de Henrique Chaves, como se sabe –, que já havia participado da polêmica sobre *O Primo Basílio*. Seu ponto de partida para fazer restrições à peça é a incoerência de Zola, que teria sido naturalista apenas nos dois primeiros atos, servindo-se nos outros de convenções e *ficelles* dos velhos dramalhões. O folhetinista tinha razão. No terceiro ato, na noite de núpcias de Thérèse e Laurent, o retrato de Camille na alcova não só é um contrassenso como um recurso fácil para o recrudescimento do remorso que corrói a alma das duas personagens; a entrada da senhora Raquin no exato momento em que Laurent lembra a Thérèse que provocaram a queda de Camille no rio Sena é cena típica das velhas peças condenadas por Zola. E que dizer do desfecho, no qual a senhora Raquin, que ficara paralítica e muda ao saber do crime, se levanta e acusa os assassinos de seu filho?

*Thérèse Raquin* "não é um mau drama", diz S. Saraiva, mas também não é o novo drama naturalista, como queria o autor. Para o folhetinista, as dificuldades enfrentadas por Zola provinham da impossibilidade de transplantar para o teatro os processos narrativos do naturalismo. Assim, o romancista era visto como um

observador escrupuloso, que não perde o menor movimento, a quem não escapa a mais pequena minúcia, como se tivesse aplicado ao interior do homem um microscópio fiel, que lhe transmitisse as alterações por que ele passa, segundo as impressões que recebe.

Já no teatro os processos são outros. Não há necessidade de tantas observações, mesmo em se tratando de teatro realista, mas apenas daquelas necessárias "para determinar um tipo ou o caráter de uma personagem". Exemplificando com personagens de Molière, como Harpagão e Tartufo, o folhetinista conclui que a percepção que se tem de uma personagem no teatro é mais "instantânea", enquanto a personagem de um romance se constrói mais lentamente, exigindo do leitor o acompanhamento da descrição metódica e progressiva de seu caráter.

Por fim, outra observação relevante de S. Saraiva diz respeito à ação dramática de *Thérèse Raquin*. Se é certo que nos dois primeiros atos são observadas as exigências do naturalismo, com a reprodução da vida em família e com a criação de tipos como Grivet e Michaud, há que se considerar que a monotonia tomaria conta da peça se não ocorressem fatos para despertar a atenção do espectador. É que "o brilho da verdade no teatro", diz o folhetinista, "se não for encandecido pelo calor de uma situação anormal, não reluz, fica baço, opaco".

As observações de S. Saraiva são importantes, porque prenunciam discussões do mesmo teor, que ocorrerão no meio intelectual brasileiro nas duas últimas décadas do século XIX. Como a dramaturgia naturalista dependerá inicialmente de adaptações de romances, sofrerá restrições, tanto na França quanto no Brasil, seja pelo inevitável enfraquecimento no palco do argumento original, seja pelas concessões aos recursos convencionais do drama antigo e adulterações no enredo ou no caráter das personagens.

Em 1881, encorajada pelas notícias que vinham da França, a respeito do enorme sucesso das adaptações teatrais dos romances *L'Assommoir* e *Nana*, a atriz e empresária Ismênia dos Santos resolveu encená-las no Rio de Janeiro. Com direção artística do ator e ensaiador Guilherme da Silveira, ambas tiveram praticamente o mesmo número de representações atingido por *Thérèse Raquin*, entre doze e quinze, o que significa para a época uma acolhida não desprezível. Além disso, foram amplamente discutidas na imprensa.

*L'Assommoir* estreou no dia 28 de abril de 1881, no Teatro S. Luís, na tradução do jornalista Ferreira de Araújo. Ismênia dos Santos interpretou o papel de Gervaise, Eugênio de Magalhães o de Coupeau e, muito jovem ainda, Apolônia Pinto encarregou-se do papel de Virginie.

Os artigos suscitados pela encenação brasileira permitem avaliar não só a recepção da crítica e do público ao espetáculo, como também o posicionamento do meio intelectual em relação ao naturalismo. No *Jornal do Comércio* de 30 de março, por exemplo, o redator da "Gazetilha" revela que o romance *L'Assommoir* tinha "fama de imoralidade" e que isso poderia afastar as famílias do Teatro S. Luís. Cumpria então o seu papel de jornalista, informando que o drama estava "escoimado de todas as fezes do livro" e que, por combater o vício do alcoolismo, era obra de "alta moralidade". De fato, nem mesmo Zola negava o alcance moralizador da adaptação, aspecto que a aproximava das peças que combatia, de Émile Augier ou Dumas Filho. O redator da "Gazetilha" observou também que o desfecho era bastante convencional, com a morte dos vilões, e que as *ficelles* do velho teatro o surpreenderam, pois não esperava a sua utilização numa peça que chegava ao Brasil com o selo do naturalismo. De qualquer modo, a encenação o agradou. Ainda que o espetáculo produzisse no público "uma impressão estranha e desconhecida", recomendava-o com elogios aos desempenhos dos artistas, destacando as cenas em que mais exibiam o seu talento, e à sua própria realização em moldes naturalistas:

Pelo que respeita o desempenho da obra, a interpretação que lhe deu a companhia dirigida pelo sr. Guilherme da Silveira é, no conjunto, uma das mais notáveis que temos visto no Rio de Janeiro. Diálogos travados com vivacidade, cenário apropriado, uma exagerada minudência em todos os acessórios; enfim todos os pormenores exigidos pelos naturalistas os mais intransigentes foram no teatro S. Luís inteiramente respeitados.

No mesmo *Jornal do Comércio*, um dia depois, o folhetinista Carlos de Laet não teve qualquer condescendência para com a adaptação. Reservou duas linhas para recomendar o espetáculo, porque o desempenho dos artistas e a encenação eram de boa qualidade, mas no restante do texto arrasou o trabalho de Busnach e Gastineau. Curiosamente, se por um lado o folhetinista demonstrava não ter nenhuma simpatia pelo naturalismo, por outro criticava justamente as concessões da adaptação, o "recuo" que era o espetáculo em relação às ousadias do romance. Provocador, observou que a plateia suspendeu a respiração na famosa cena da lavanderia, esperando ver em seu desfecho "a realização da suprema aspiração naturalista", mas logo depois se decepcionou com a solução sugerida pelos adaptadores. Em palavras mais claras, o drama não leva a briga entre Gervaise e Virginie às últimas consequências, o que implicaria mostrar a nudez da segunda. No palco, as lavadeiras fazem um círculo com as duas mulheres no meio, impedindo a visão dos espectadores, e apenas as gargalhadas do empregado Charles sugerem o que se passa. Para o folhetinista, esse movimento no palco ocorre "exatamente quando o naturalismo triunfante deverá cravar a sua bandeira nas derrocadas ameias do velho convencionalismo romântico".

O que se percebe no texto provocativo de Carlos de Laet é a cobrança de uma coerência talvez impossível para a época: a transposição para a cena das passagens mais polêmicas do romance, justamente as que provocaram escândalos e acusações de imoralidade a Zola e ao naturalismo. Mas se não fosse assim, qual seria a novidade introduzida pelo novo movimento literário no teatro? Nenhuma, responde o folhetinista. Ao expurgar o que havia de "sujo" e "indecente" no romance e ao introduzir as *ficelles* e os recursos melodramáticos no drama, os adaptadores teriam traído as ideias de Zola, realizando um trabalho digno de Dennery, o conhecido autor de melodramas.

De um modo geral, os críticos teatrais brasileiros fizeram apreciações corretas da adaptação de *L'Assommoir*, percebendo as suas limitações e contradições em relação ao romance. Mas é claro que os mais simpáticos ao naturalismo não foram tão enfáticos em suas restrições. Assim, na *Gazeta da Tarde* de 29 de abril, o articulista anônimo reconhecia que o drama perdia a "carnação" do romance e ficava apenas com o seu esqueleto. Mas, acrescentava, enfático, era o "esqueleto de um gigante". Ao recomendar o espetáculo, aproveitava a oportunidade para manifestar sua simpatia em relação ao anticlericalismo que grassava nas gerações mais jovens:

O *Assommoir* é um drama para o povo. O povo deve ir vê-lo, uma, duas, três vezes. Para ele há mais a ganhar em ir ver o *Assommoir* do que em ir à igreja e ouvir os padres que nada ensinam e fazem do púlpito uma cadeira de retórica inchada.

Igualmente simpático ao naturalismo era o crítico teatral da *Gazeta de Notícias*. Em sua longa apreciação publicada no dia 30 de abril, começou por considerações acerca das dificuldades que existem para se adaptar um romance ao teatro, seja ele romântico ou realista. A necessidade de certos arranjos, no caso de *L'Assommoir*, parecia-lhe particularmente inevitável, por pertencer o romance "à escola, cuja feição e maior beleza estão na narrativa opulenta e variada, esquisita e ao mesmo tempo real". Como essa qualidade não poderia ser aproveitada no palco, os adaptadores se viram obrigados a fazer modificações no enredo e no caráter de algumas personagens, introduzindo o ódio e a vingança como sentimentos básicos da trama, ao lado da pintura do vício da embriaguez. Para o folhetinista, a peça falhava um pouco na divisão dos quadros, mas prendia a atenção do espectador, despertava o seu interesse, a despeito das infidelidades ao romance, e reproduzia a atmosfera construída por Zola:

Entretanto, se na divisão dos quadros não foram muito felizes os autores, se em mais de um ponto modificaram o romance, forçoso é confessar que souberam aproveitar as suas melhores situações, conservando os personagens, a linguagem própria deles, transplantando para a cena o meio em que viviam, dando assim uma certa uniformidade a toda a obra.

Como se vê, o folhetinista da *Gazeta de Notícias* é ameno nas restrições. E se não rasga elogios ao drama propriamente dito, não os economiza quando aborda a encenação, que a seu ver foi realizada com muito cuidado, esmero e perfeição, pois ao invés de ser luxuosa ou vistosa, foi "real e exata". Suas últimas considerações interessantes aparecem no final do texto, quando, aproveitando talvez os comentários que Zola fizera dos figurinos utilizados no espetáculo do Ambigu, ressalta a importância das roupas de Gervaise, como índices da sua situação pessoal e social.

A boa receptividade do público a *L'Assommoir* não lhe garantiu presença constante nos palcos do Rio de Janeiro. Talvez por não ter correspondido à expectativa de atrair multidões, a atriz e empresária Ismênia dos Santos não incorporou o drama no repertório da sua companhia, fazendo-o desaparecer de cena nos anos que se seguiram. Apenas em julho de 1890, época em que era muito comum a vinda de companhias teatrais estrangeiras ao Brasil, o drama de Busnach e Gastineau pôde ser visto novamente no Rio de Janeiro. Com o título de *A Taverna*, foi representado sete vezes no Teatro Santana pela companhia do Príncipe Real de Lisboa, que tinha à frente o ator Álvaro [Filipe Ferreira] e a atriz Amélia Vieira.

A estreia de *Nana*, no Rio de Janeiro, ocorreu no dia 19 de novembro de 1881, no teatro Recreio Dramático. Ismênia dos Santos, prevendo a reação dos moralistas de plantão, mandou colocar nos anúncios dos jornais que a peça, "a mais completa composição do inimitável mestre da escola naturalista", estava "livre de todas as escabrosidades do romance" e era, acima de tudo, "verdadeira e altamente moralizadora".

De fato, apesar do assunto favorecer o contrário, não se pode dizer que a adaptação teatral de *Nana* ultrapasse os limites da decência, a menos que se fique imaginando o que a protagonista faz nos bastidores, entre um ato e outro. Além disso,

Ismênia dos Santos. Fotografia tirada por volta de 1890.

sua trajetória é traçada no sentido de se enxergar no desfecho uma punição para todos os pecados que cometeu, aspecto moralista que evidentemente é uma contribuição de Busnach. Mesmo assim, a peça põe em cena uma personagem que é a antítese de Marguerite Gautier, a cortesã romântica idealizada por Alexandre Dumas Filho. Nana é voluntariosa, fútil, egoísta e indiferente aos sofrimentos que provoca nos homens por ela espoliados. Mostrá-la no palco, no seu esplendor e na sua ruína, reproduz o que é básico no enredo do romance, mas lamentavelmente sem a riqueza do estudo do temperamento da personagem e da análise da parcela da sociedade parisiense contaminada pela prostituição elegante.

Dois dias depois da estreia, o redator da "Gazetilha" do *Jornal do Comércio* comentava o espetáculo, chamando a atenção para o seu modo "problemático" de moralizar. Não lhe agradava a exposição prévia dos vícios da protagonista, em cenas que considerava imorais. Dizia, então:

Zola moraliza com a imoralidade; conduz-nos a um prostíbulo para nos pôr diante dos olhos o triste epílogo de uma mulher de costumes dissolutos. É uma lição de moral que carece ser precedida de um longo curso de imoralidades. Depois de iniciados em todas as abjeções do vício é que ficamos sabendo as consequências que dele derivam. É uma maneira um tanto problemática de moralizar: sobretudo se a lição tem por auditório a família.

Mesmo com todas as concessões, *Nana* chocou uma parcela do público do Rio de Janeiro. A prostituição em cena, sempre um assunto controvertido, embora de largo uso ao longo do século XIX, confirmava para muita gente as associações que se faziam na imprensa entre naturalismo e imoralidade. Outros folhetinistas abordaram o mesmo problema, mas de forma a concordar com os termos colocados nos anúncios dos jornais. Ou seja: reafirmaram que a peça estava livre das "escabrosidades" do romance e que encerrava uma proveitosa lição de moral. Na *Gazeta de Notícias* de 21 de novembro, o folhetinista anônimo não só reconhecia a moralidade de *Nana* como ressaltava os aspectos realistas da encenação, que punha no palco "uma série de cenas reais e infelizmente verdadeiras". No jornal mais simpático ao naturalismo, lia-se também que a montagem era luxuosa e que o desempenho dos artistas arrancou não poucos aplausos do público. Mas o destaque dado à cena da morte da protagonista revela a mistura de estilos que devia presidir à representação desse tipo de peça. O folhetinista e o público adoraram as contorções de Ismênia dos Santos, com o rosto desfigurado pela varíola. A atriz "foi muito verdadeira na expressão de horror ao avistar a sua sombra no espelho e depois na morte entre contorções horríveis, caindo sobre o assoalho do quarto".

A gestualidade um tanto exagerada, típica do romantismo teatral, ainda fazia sucesso nos tempos naturalistas. Lembre-se, a propósito, que também na representação de *L'Assommoir* o ator Eugênio de Magalhães havia recebido muitos aplausos ao interpretar o *delirium tremens* de Coupeau. Mas no caso de *Nana*, cabe observar que a cena do espelho inexiste no romance. É bem provável que Busnach tenha se inspirado numa conhecida passagem do quinto ato de *A Dama das Camélias*, de Alexandre Dumas Filho. Nessa peça, à beira da morte, Marguerite Gautier "se levanta e olha no espelho", de acordo com a rubrica, e diz: "Como estou mudada! No entanto o médico prometeu que vai me curar"[189], continuando em seguida o seu monólogo. Pois esta cena, escrita para ser representada com naturalidade, possibilitou muitas intervenções à moda antiga, por parte de atrizes que procuravam impressionar o público. Vale a pena lembrar o testemunho do grande ator João Caetano, que viu a atriz portuguesa Emília das Neves interpretar o papel de Marguerite. Na cena do espelho, eis como ela procedeu:

e encarando o espelho fez um movimento de horror e gestos violentíssimos; o corpo lhe tremeu todo, caindo sobre uma cadeira que lhe estava próxima, rompendo então o público em estrepitosos aplausos, durante os quais a atriz tremia e pintava na fisionomia o mais vivo terror[190].

O ator brasileiro não gostou dessa interpretação, observando que Marguerite não podia horrorizar-se com os estragos da moléstia que a vinha acometendo havia algum tempo. Mais fiel à índole da personagem havia sido a atriz francesa Rose Chéri, que João Caetano viu em Paris. Seu desempenho, na cena do espelho, era mais natural e mais verdadeiro:

Assestando o meu óculo, vi Rose Chéri levantar-se, e ficando assentada à beira da cama, pegar pelo cabo em um pequeno espelho de forma oval, mirar-se nele, fazendo então aparecer nos lábios um frio sorriso, erguendo um pouco os olhos ao céu, e levantando frouxamente os ombros, exprimindo assim com a maior verdade, neste simples gesto, a resignação de sua alma com os efeitos progressivos da moléstia horrível que brevemente a faria sucumbir[191].

Se a hipótese de que Busnach se inspirou na cena de *A Dama das Camélias* não é despropositada, esclareça-se que as rubricas sugeridas por ele para o desfecho de *Nana* destruíam qualquer possibilidade de uma interpretação realista. Ao se ver no espelho a protagonista deveria lançar um grito de pavor e, arrastando-se para o centro do palco, falar suas últimas palavras, agonizante e tomada pelo delírio. Ismênia dos Santos, com suas contorções, não fazia mais do que seguir as rubricas tipicamente melodramáticas de Busnach. Assim, ao lado das "cenas reais e infelizmente verdadeiras", às quais se referiu o já citado folhetinista da *Gazeta de Notícias*, os críticos não deixaram de apontar os momentos do espetáculo em que o naturalismo era vencido pelos recursos do velho teatro. No jornal *O Globo*, de 21 de novembro, um articulista anônimo chegou a afirmar que apenas o romance *Nana* era "realista", acrescentando que no drama predominavam "todas as convenções da escola romântica".

Para o folhetinista Carlos de Laet, do *Jornal do Comércio*, em muitos aspectos as adaptações dos romances de Zola lembravam os dramalhões do velho Teatro S. Pedro de Alcântara. A combinação de naturalismo e romantismo, que ele via em *Nana*, deixava-o confuso acerca do modelo dramático reivindicado pelo novo movimento literário. Acertadamente, duvidava até mesmo da existência de tal modelo, conforme escreveu a 11 de dezembro:

---

189 Alexandre Dumas Filho, *A Dama das Camélias*, tradução de Gilda de Mello e Souza, São Paulo: Brasiliense, 1965, p. 103.
190 João Caetano, *Lições Dramáticas*, Rio de Janeiro: MEC, 1956, p. 23.

191 Idem, p. 22.

Não obstante os talentos da distinta atriz Ismênia, que, para maior glória do realismo, morria de bexigas todas as noites em cena aberta, é claro que no espírito das plateias não se estabeleceu ainda, com aquele drama, a noção nítida do que é ou deva ser um drama zolesco.

A observação é justíssima. Apesar da difusão do naturalismo, que começava a conquistar as novas gerações, o fato concreto é que Zola não tinha até então oferecido um modelo de peça teatral que pudesse servir de parâmetro aos críticos, ao público e aos dramaturgos eventualmente interessados em seguir o novo movimento literário. O que o escritor oferecera, até então, eram reflexões sobre o estado do teatro e ideias para modificá-lo. É de 1880 o texto "O Naturalismo no Teatro", uma espécie de manifesto no qual Zola aponta o caminho para a renovação teatral:

Espero que se coloquem de pé no teatro homens de carne e osso, tomados da realidade e analisados cientificamente, sem nenhuma mentira. Espero que nos libertem das personagens fictícias, destes símbolos convencionais da virtude e do vício que não têm nenhum valor como documentos humanos. Espero que os meios determinem as personagens e que as personagens ajam segundo a lógica dos fatos combinada com a lógica de seu próprio temperamento. Espero que não haja mais escamoteação de nenhuma espécie, toques de varinha mágica, mudando de um minuto a outro as coisas e os seres. Espero que não nos contem mais histórias inaceitáveis, que não prejudiquem mais observações justas com incidentes romanescos, cujo efeito é destruir mesmo as boas partes de uma peça. Espero que abandonem as receitas conhecidas, as fórmulas cansadas de servir, as lágrimas, os risos fáceis. Espero que uma obra dramática, desembaraçada das declamações, liberta das palavras enfáticas e dos grandes sentimentos, tenha a alta moralidade do real, e seja a lição terrível de uma investigação sincera. Espero, enfim, que a evolução feita no romance termine no teatro, que se retorne à própria origem da ciência e da arte modernas, ao estudo da natureza, à anatomia do homem, à pintura da vida, num relatório exato, tanto mais original e vigoroso que ninguém ainda ousou arriscá-lo no palco[192].

Aí estava o programa para quem quisesse seguir. Como admitia o próprio Zola, ninguém ainda havia escrito o drama naturalista como ele o idealizara. A consequência é que os críticos contrários ao novo movimento literário consideraram as adaptações dos romances *L'Assommoir* e *Nana* como uma forma de naturalismo possível no teatro, ou seja, dramas voltados para a representação de certos aspectos da realidade, mas sem abdicar das convenções e artifícios ainda em uso nos palcos franceses ou brasileiros. Obviamente, esse ponto de vista negava que o naturalismo pudesse vir a fazer uma revolução no teatro. Assim, as dificuldades enfrentadas por Zola, na França, eram também exportadas para os países em que havia escritores ou intelectuais simpáticos às suas ideias literárias e teatrais.

## A Questão do Naturalismo no Teatro

As encenações de *Thérèse Raquin*, *L'Assommoir* e *Nana* contribuíram bastante para a popularização do nome de Zola e para a divulgação do naturalismo no Brasil. Ao longo do decênio de 1880, o novo movimento literário consolidou-se entre nós e o debate foi intenso, envolvendo críticos, escritores e intelectuais importantes como Sílvio Romero, Araripe Júnior e José Veríssimo, além de muitos outros que hoje são menos lidos ou conhecidos, como Urbano Duarte, Valentim Magalhães, Aderbal de Carvalho ou Clóvis Bevilacqua. Os jornais e as revistas literárias da época acolheram inúmeros estudos a respeito dos romances naturalistas franceses e brasileiros ou mesmo sobre o ideário estético do movimento liderado por Zola. Em menor escala, ou no interior de textos mais amplos, discutiu-se também a questão do naturalismo no teatro, como que dando prosseguimento às primeiras discussões provocadas pelas encenações das peças acima referidas.

Um dos primeiros intelectuais brasileiros a discorrer sobre o naturalismo foi o escritor e jornalista Urbano Duarte, em artigo publicado na prestigiosa *Revista Brasileira*, no número de julho/setembro de 1880[193]. Difícil saber se ele já havia assistido

---

192 *O Romance Experimental e o Naturalismo no Teatro*, tradução de Ítalo Caroni e Célia Berrettini, São Paulo: Perspectiva, 1982, p.122-123.

193 Texto transcrito em João Roberto Faria, *Idéias Teatrais*, p. 613-617.

à representação de *Thérèse Raquin*, ocorrida exatamente em junho do mesmo ano. De qualquer modo, seu texto, embora conciso, aborda tanto as possibilidades do romance quanto do drama naturalista. Inicialmente, Urbano Duarte explica alguns princípios básicos do naturalismo literário, tratando de aspectos como o significado das influências mesológicas ou a ideia de reprodução fiel da realidade nas obras literárias. A seu ver, a vitória do naturalismo era inevitável:

> O espírito científico do século fecundará a inteligência dos homens de letras, e dessa benéfica hematose provirá a literatura *naturalista*, o reino da *verdade escrita*, o estudo racional, verídico, e sobretudo *inteiro*, do homem e da sociedade, com a explicação das causas e dos efeitos.

A essas palavras, segue-se uma restrição ao naturalismo que foi comum enquanto esse movimento literário durou. Também para Urbano Duarte já havia escritores que se excediam na abordagem da sexualidade, confundindo-a com "erotismo e priapismo", prejudicando assim a vitalidade de suas obras e criando uma vertente de "ultrarrealismo desbragado, que se compraz em alcouces e podridões". Infelizmente o articulista não dá os nomes de quem, a seu ver, cometia esse "crime literário". Talvez tivesse em mente o próprio Zola, que acabara de lançar o escandaloso romance *Nana*. Se na França as reações em certos círculos fora violenta e o escritor acusado de praticar pornografia, no Brasil muitos faziam o mesmo juízo.

Passando a considerar o teatro, o ceticismo de Urbano Duarte aumenta ainda mais, não só porque lhe parecia impossível e imoral reproduzir no palco as reconhecidas escabrosidades dos romances naturalistas, mas também porque o recurso da descrição, uma das armas poderosas do naturalismo, não podia ser aproveitado no palco. De acordo com suas palavras, alguns romances vinham obtendo êxito no emprego dos processos narrativos naturalistas;

> mas no teatro, em que o descritivo está quase banido e onde só é possível um pequeno número de quadros escabrosos, o gênero é dificílimo. Parece-nos mesmo que a literatura dramática não pode ir além do ponto a que chegou Dumas Filho.

O diagnóstico de Urbano Duarte aponta dois grandes problemas enfrentados pelos escritores e dramaturgos ligados ao naturalismo. O primeiro diz respeito à dificuldade de se aproveitar no teatro o que havia de mais característico no romance naturalista: a sua força narrativa e as descrições minuciosas de espaços, personagens e ações. Essa ideia, como se viu nos comentários dos críticos às representações de *Thérèse Raquin*, *L'Assommoir* e *Nana*, tornava-se cada vez mais comum. O segundo traz à tona a questão da imoralidade, que era identificada com a abordagem fisiológica da sexualidade, até certo ponto suportável na página impressa de um romance, mas impensável na representação teatral. Daí o limite entrevisto pelo articulista na obra de Dumas Filho, dramaturgo que praticava um realismo aceitável, porque dentro de padrões que não feriam a moral convencional, embora muitas vezes tocando em assuntos controvertidos. Há que se considerar também que Dumas Filho e Émile Augier eram, por volta de 1880, os dramaturgos mais admirados nos meios literários e culturais franceses, representados sempre nos melhores teatros, pelos melhores artistas. No Brasil, apesar da hegemonia do teatro cômico e musicado, suas peças nunca deixaram de ser representadas, principalmente por Furtado Coelho e Lucinda Simões, com bom acolhimento da crítica e por vezes do público. Assim, é ainda com o pensamento voltado para Dumas Filho e Augier que Urbano Duarte compreende o teatro, à semelhança de vários intelectuais da época:

> Uma peça teatral deve ser o desenvolvimento de uma tese social, mas um desenvolvimento vivo, relevante, incisivo, cheio de quadros reais e peripécias concomitantes do fato principal, crivada de reflexões morais, rápidas como um apotegma, e de sátiras finas e terríveis como a lâmina de um estilete; não feito somente para mover o coração, mas o espírito todo. Muitos dizem que as peças de Dumas Filho são sem moralidade. Certo que elas não têm apoteose, em que o anjo do bem suplanta o anjo do mal por entre fogos de Bengala e alegria dos anjinhos. A moralidade da obra jaz no centro mesmo da ação, a sua força provém das próprias forças do vício, e se embalde procurardes em cena o representante da virtude, olhai para a plateia, porque ali encontrareis a indignação, é essa curiosidade de quem

quer conhecer a verdade sem rodeios em cena para poder deslindá-la na vida real.

O realismo à maneira de Dumas Filho e Augier, que combina a descrição de costumes da vida social burguesa e a prescrição de valores morais, é o máximo a que pode aspirar o teatro, na ótica de Urbano Duarte. O naturalismo havia conseguido radicalizar o retrato da vida social no romance, apreendendo-a por ângulos novos, muitas vezes polêmicos ou escandalosos, e sem a preocupação de moralizar. Como transportar essas inovações para o teatro, se já o romance vinha sofrendo constantes acusações de imoralidade? As dificuldades se anunciavam enormes. E as primeiras adaptações dos romances de Zola mostraram o quanto estavam distantes do que pretendia o escritor no gênero teatral.

No Brasil, depois do texto de divulgação de Urbano Duarte, surgiram estudos mais completos acerca das ideias de Zola. Em 1882, Sílvio Romero publicou um livrinho intitulado *O Naturalismo em Literatura*, no qual discute especificamente as *Oeuvres critiques* do escritor francês, que tinham acabado de ser editadas. Evidentemente a posição de Sílvio Romero é favorável ao naturalismo, que ele considera o verdadeiro movimento de oposição ao romantismo. Embora nem sempre concorde com Zola – suas ideias estão mais próximas de Taine e Buckle –, defende-o das acusações de imoralidade, elogia alguns de seus romances e reivindica para a literatura brasileira uma aproximação com o espírito científico da época. Até então, afirma em seu estilo nada refinado, o naturalismo em nosso país só havia revelado, "na poesia, no romance e no drama, uns paspalhões mínimos de fazer dó". Era preciso que a literatura se apoderasse da ciência, "para ter a nota do seu tempo". Sem distinguir o trabalho do romancista e do dramaturgo, Sílvio Romero define então o papel que devem desempenhar como artistas dos novos tempos:

O romancista e o dramatista devem observar, não para formular teses, ou sentenças condenatórias, senão para compreender o jogo das paixões, como psicólogos e fisiologistas. Seu papel não é o dos moralistas impertinentes, nem o dos anatomistas descritivos. Seu papel é levantar uma obra de arte sobre os dados da observação. Como o escultor, devem partir da natureza, mas em suas obras há de palpitar um largo ideal civilizador[194].

Os termos utilizados por Sílvio Romero permitem alinhá-lo com Zola e o naturalismo, apesar das últimas palavras do texto transcrito, que negam a objetividade extrema daquele movimento literário. De qualquer modo, o que importa assinalar é a diferença em relação às ideias de Urbano Duarte. Sílvio Romero parece acreditar na possibilidade de um teatro naturalista e, compreendendo perfeitamente qual seria o seu traço novo, não lhe reserva um papel moralizador junto à sociedade.

O problema é que, na prática, as dificuldades para a realização teatral naturalista pareciam insuperáveis. Em junho de 1884, Araripe Júnior, outro grande crítico da época, toca no assunto, ao comentar, na *Gazeta de Notícias*, a encenação do drama *O Gran Galeoto*, do espanhol José Echegaray. Tudo leva a crer que a discussão sobre o naturalismo no teatro estava na ordem do dia, pois seu texto começa com os seguintes parágrafos:

Continuo a acreditar nas grandes dificuldades enfrentadas pelos dramaturgos da época para reduzirem a vida de todos os dias, impalpável, complexa, múltipla, às proporções de um espetáculo. Consinta, portanto, que lance também o meu ramo de flores àqueles tradutores e atores que ousaram levar à cena o *Gran Galeoto* do emérito Echegaray.

É, talvez, o problema mais difícil que tenham a resolver os literatos do século – a aclimatação do realismo no teatro, uma questão tão árdua, tão difícil como a do abolicionismo entre nós.

Do mesmo modo que os liberais, nesta terra dos palmares, apenas sobem ao poder e fazem *tête-à-tête* com a escravaria, tornam-se ultraconservadores, os realistas, entre as gambiarras, transformam-se em românticos.

O próprio Zola não resistiu.

Mas quer me parecer que o defeito não está na estrutura dos talentos, nem na incongruência do gosto público, senão na impossibilidade de *raccourcir* o que de sua natureza é longo, lento e profundamente subordinado à evolução.

Sabem todos quanto a vida é, nas suas aparências gerais, trivial e antidramática. Como, pois, trazer para a cena essa

---

194 *O Naturalismo em Literatura*, São Paulo: Tip. da Província de São Paulo, 1882, p. 34-35.

mesma trivialidade e torná-la capaz de interessar um público no rápido período de duas ou três horas votadas ao prazer?[195]

Araripe Júnior introduz um dado novo no debate. Deixando de lado a questão da pretensa imoralidade do naturalismo, enfatiza um dos objetivos desse movimento literário – reproduzir a vida como ela é, com todos os seus momentos triviais e antidramáticos – e conclui que o teatro não pode realizá-lo. A seu ver, é impossível condensar numa peça teatral, que ocupa duas ou três horas na representação, os amplos painéis da existência humana que são criados no interior dos romances naturalistas. Isso, por um lado. Por outro, mesmo que algum dramaturgo conseguisse realizar tal façanha, o resultado seria entediante e não despertaria o interesse de nenhuma plateia.

Vale observar que Araripe Júnior enfoca as dificuldades do naturalismo teatral por dois prismas diversos, embora complementares. O primeiro diz respeito à construção do texto dramático, que lhe parece simplesmente irrealizável, na medida em que o próprio objeto do naturalismo, muito amplo, explodiria os limites do gênero. O que está por trás desse pensamento é a ideia comum na época de que a peça teatral naturalista deveria necessariamente derivar do romance ou ter as mesmas características. Araripe Júnior talvez tivesse em mente as adaptações de *L'Assommoir* ou de *Nana* quando escreveu que os escritores naturalistas tornavam-se românticos no teatro. Suas referências não poderiam ser outras, porque Zola, em 1884, não tinha ainda achado um caminho novo para a dramaturgia.

O segundo prisma pelo qual Araripe Júnior aborda as dificuldades do naturalismo teatral refere-se à plateia da época. A vida em si já era dura demais, para que se quisesse ver nos palcos uma reprodução do dia a dia. Mesmo as pessoas inteligentes e bem formadas que conhecia, afirma logo adiante em seu texto, assistiam com prazer às operetas e às mágicas. Quer dizer, o teatro parecia distanciar-se cada vez mais da literatura, afirmando-se como entretenimento para quem havia trabalhado duro durante o dia:

Há cérebros, acaso, que, depois de um dia consumido na exploração da vida, depois de oito ou dez horas despendidas num eretismo cruel de ambições, planos, ousadias, intrigas, maquinações, e que ainda por cúmulo terminou por uma leitura de Emílio Zola, entre a hora do jantar e a saída para o regabofe noturno; há cérebro que tenha disposições que não sejam para a *Gata Borralheira* ou para a música de Suppé?

Para Araripe Júnior – o argumento não deixa de ser curioso –, o próprio romance naturalista, que pedia leitura atenta e trabalhosa, contribuía para que as pessoas desejassem apenas divertir-se no teatro. Sim, porque além das atribulações do dia a dia, todos saíam de casa já "saturados pela análise demorada, paciente, refletida, do romance moderno, do estudo de caráter, da novela fisiológica". Encontrar à noite, no teatro, os mesmos assuntos do romance e o mesmo tratamento sério, pesado, minucioso, era exigir demais da plateia.

Toda a argumentação de Araripe Júnior é uma espécie de introdução a rápidas considerações que vai tecer em seguida sobre a representação de *O Gran Galeoto*, drama no qual ele entrevê, em parte, "uma conquista e um triunfo em favor do naturalismo no teatro". Em parte, porque a seu ver Echegaray não deixou de colher certos procedimentos dramáticos em Dumas Filho e Émile Augier. Já o aspecto moderno do drama estaria no tratamento dado ao problema da calúnia, que teria sido encarado tanto pelo lado moral quanto pelo lado das influências fisiológicas.

Não viria ao caso contestar Araripe Júnior, mas é um tanto estranho que ele tenha visto aspectos fisiológicos no texto do dramaturgo espanhol. *O Gran Galeoto* é uma peça de tese que deve mais a Dumas Filho e Émile Augier do que a Zola, embora se possa considerar que o enredo dê guarida a um certo determinismo social. Uma esposa honesta e um jovem acolhido em sua casa pelo marido são vitimados pela calúnia que se espalha na cidade, segundo a qual seriam amantes. A cada cena da peça, quanto mais percebemos a inocência e as virtudes de ambos, as situações dramáticas criadas os incriminam e a pressão do meio social aumenta. Mas Echegaray não leva em conta os aspectos fisiológicos. As personagens não são enfocadas no que diz respeito à hereditariedade ou em suas caracte-

---

[195] Araripe Jr., *Obra Crítica de Araripe Jr.*, v. I, Rio de Janeiro: MEC/Casa de Rui Barbosa, 1958, p. 381.

rísticas corpóreas. Antes, obedecem a impulsos morais, tanto o marido que se julga traído quanto os jovens caluniados, todos preocupados em preservar a honra pessoal – tema, aliás, de larga tradição no teatro espanhol.

Em 1884, no mesmo ano em que Araripe Júnior escreveu sobre as dificuldades enfrentadas pelo naturalismo no teatro, Clóvis Bevilacqua publicou no Recife um estudo intitulado *O Teatro Brasileiro e as Condições de sua Existência*, no qual discorreu sobre o mesmo assunto. Inicialmente, ele contrapõe a vitória do naturalismo no romance às derrotas que o movimento tem tido no teatro, recorrendo a uma ideia de Théodore de Banville para compreender tal fenômeno. Segundo o poeta francês, o público vai ao teatro para esquecer os aborrecimentos do dia a dia e não para ver, no palco, personagens que vivem esses mesmos aborrecimentos. Teria Araripe Júnior lido Banville?

Mas não é só o público que vira as costas ao drama naturalista. Clóvis Bevilacqua lembra que o próprio Edmond de Goncourt não acreditava nas possibilidades do naturalismo teatral, por não ver como evitar as "convenções" no interior de uma peça ou na sua representação. "As qualidades de uma humanidade realmente verdadeira – segundo o escritor francês – o teatro as rejeita, pela sua natureza, pela sua artificialidade, pela sua mentira"[196].

Clóvis Bevilacqua concorda com Edmond de Goncourt. Achava um tanto inglória a luta de Émile Zola, embora considerasse que o drama e a comédia deviam ser, como o romance, "um estudo de temperamentos, a exposição de algum caso de teratologia individual ou social; um pedaço de vida dessas mil colmeias, várias na forma e nas categorias, em que se retalha a sociedade".

Se não procedesse dessa maneira, o dramaturgo não dialogaria com o seu tempo. Por outro lado, como não conhecia ainda um drama naturalista escrito de acordo com os preceitos defendidos por Zola, Clóvis Bevilacqua continua concordando com Edmond de Goncourt e afirma que a forma do drama fica prejudicada por não incorporar o estilo do escritor, presente na narrativa, e por não apresentar a flexibilidade necessária para abarcar a complexidade da vida moderna, reproduzindo-a sem falsidade ou artificialismo. Assim, conclui:

As fatalidades do meio cósmico e social, as condições étnicas, a patogenia de uma desordem orgânica e outros muitos fatos, sobre que se apoia a ficção do romance naturalista, escapam aos meios comuns da exposição dramática, ou, pelo menos, não podem tomar a força e desenvolvimento desejáveis.

À semelhança dos outros intelectuais brasileiros que refletiram sobre o naturalismo no teatro, Clóvis Bevilacqua entendia o drama naturalista como um gênero que devia apresentar as mesmas características dos romances que Zola vinha escrevendo, talvez porque as adaptações de *Thérèse Raquin*, *L'Assommoir* e *Nana* induzissem a esse pensamento. Ou seja, refletia-se bastante sobre as dificuldades de aclimatação do romance naturalista no palco, mas não sobre uma dramaturgia que pudesse nascer fora do âmbito da narrativa ou da obra de Zola. Afinal, esperava-se dele, e de nenhum outro escritor, um modelo dramático para desencadear a revolução no teatro, modelo que ele nunca chegou a escrever. Talvez essa expectativa explique, pelo menos em parte, a pequena atenção que foi dada na época às peças de cunho naturalista de Henry Becque – *Les Corbeaux* é de 1882; *La Parisienne* é de 1885 –, escritas sem qualquer influência dos romances do mestre de Médan.

## A Contribuição de Aluísio Azevedo

Nosso principal escritor naturalista acompanhou, de perto e de longe, boa parte dos debates, reflexões e eventos teatrais até aqui relatados. Tendo chegado ao Rio de Janeiro em 1876, aos dezenove anos, permaneceu na cidade até setembro de 1878, voltando a São Luís do Maranhão por causa da morte do pai. Como caricaturista de jornais humorísticos fluminenses – *O Mequetrefe*, *O Fígaro*, *A Comédia Popular* –, sempre esteve a par dos fatos políticos, literários e teatrais que alimentavam esses periódicos. Assim, acompanhou de perto toda a polêmica em torno de *O Primo Basílio*, aproveitando consequentemente para posicionar-se entre os adeptos do novo movimento literário francês,

---

[196] Clóvis Bevilacqua, O Teatro Brasileiro e suas Condições de Existência, *Épocas e Individualidades*, 2. ed., Rio de Janeiro: Garnier, [s.d.], p. 116.

que aqui chegava através de Portugal. A volta à terra natal privou-o de assistir às representações de *Thérèse Raquin* e *L'Assommoir*, mas é certo que recebia jornais da corte, mantendo-se atualizado em relação às novidades.

Nos três anos que viveu em São Luís do Maranhão – setembro de 1878 a setembro de 1881 –, Aluísio Azevedo desenvolveu um intenso trabalho jornalístico, além, é claro, de escrever o romance que o projetou nacionalmente como um dos iniciadores do naturalismo no Brasil, *O Mulato*. O que importa assinalar, por ora, é que o interesse do escritor pelo teatro foi enorme nessa fase de sua vida. Ao lado de companheiros de geração, envolveu-se em várias iniciativas que visavam sobretudo a melhorar o nível das atividades teatrais. Segundo um dos seus biógrafos, as razões que o levaram a batalhar por uma verdadeira renovação no teatro foram "a ignorância na qual se encontravam os espectadores, a falta de atores maranhenses e a moda das peças românticas". Ou seja, Aluísio tinha três preocupações: "favorecer o surgimento de atores maranhenses, educar o público, promover o teatro realista"[197].

As dificuldades de toda ordem que surgiram, tais como o conservadorismo da burguesia maranhense e a oposição do clero, impediram o desenvolvimento dos planos que incluíam até mesmo a construção de um novo teatro. A Aluísio não restou outra saída senão continuar a expor as suas ideias nos jornais da cidade. Curiosamente, ou coincidentemente, começou a desempenhar em São Luís do Maranhão o mesmo papel que Zola vinha desempenhando em Paris, nos jornais *Bien Public* e *Voltaire*. Assim, atacava o romantismo e os dramalhões, o público e os empresários, reservando espaço em suas crônicas para a propaganda realista. Leia-se, por exemplo, o que escreveu em dezembro de 1880 a respeito de *O Remorso e o Condenado à Morte*, peça de um jovem autor maranhense:

Desejamos que o sr. Artur Jansen Tavares continue a cultivar o seu talento teatral, porém contamos que em breve S. Sa. desprezará de todo o convencionalismo da tragédia pela utilidade do realismo. O público do teatro moderno, esse público que está convencido que o palco é uma escola, onde se discutem todas as questões científicas e sociológicas, onde se anatomiza a sociedade, onde se desfibram os costumes, onde se dissecam os caracteres, esse público já não admite trabalho algum teatral que não se proponha defender uma tese, combater um preconceito, guerrear uma instituição, pulverizar um vício, estudar e desenvolver uma ideia ou propagar uma seita. Isso é que é o fim da arte moderna, seja com referência ao teatro, à pintura ou à escultura, a isso é que S. Sa. se dedique com amor, com fé, com dignidade[198].

Embora Aluísio Azevedo utilize o termo "realismo", o teatro moderno a que ele se refere é o naturalista, como se percebe pelo vocabulário típico daquele movimento literário. Por outro lado, a ideia de que o teatro pode ser um espaço privilegiado para o debate de questões sociais é anterior ao naturalismo e foi cultivada por dramaturgos como Émile Augier e Alexandre Dumas Filho, na França, e por escritores como José de Alencar e Machado de Assis, no Brasil. Aluísio talvez não tivesse ainda um conhecimento perfeito das propostas de Zola para o teatro, entre elas a de superar exatamente o tipo de realismo praticado por aqueles dois autores franceses, que combinavam a descrição de aspectos da realidade com a prescrição de valores morais da burguesia. Em outra crônica, aliás, ele coloca Dumas Filho e Victorien Sardou ao lado de Zola, os três como representantes de um teatro moderno, voltado para a educação do povo. Apesar de uma ou outra imprecisão, vale a pena transcrever suas palavras, que foram escritas como resposta às invectivas de um padre, que não via no teatro nenhuma das qualidades apontadas pelo cronista:

O teatro é o templo das artes, é um enorme *atelier* onde colaboram artistas e operários de todos os gêneros; a *mise en scène*, a cenografia, a arquitetura, a orquestra, tudo isso representa o trabalho, o santo trabalho, abençoado por Deus. Ali cansa o ator, desenvolve-se o poeta, sua o marceneiro, exibe-se a moda, pintam-se os costumes, aprende o público a falar, a estar em sociedade e é a penas [sic] que V. Revma. não frequente as plateias e só conheça necessariamente o teatro antigo, porque então saberia que os dramas modernos de Dumas Filho e Emílio Zola, de Sardou etc. etc., ensinam os inexperientes a conhecer o mal, desmascaram os hipócritas, como Molière os desmascarou no *Tartufo*,

---

197 Jean-Yves Mérian, *Aluísio de Azevedo...*, p. 174.

198 Idem, p. 176.

apresentam os perigos, os escolhos da sociedade em que temos de andar, abrem os olhos dos moços e enchem-lhes o coração de esperança, de força, de energia e de amor.

Ora, aí tem V. Revma. o que é para nós o teatro, que V. Revma. condena: uma escola, um órgão que se propõe e discute teses, um necrotério onde se anatomiza a história, onde se dissecam os reis e os papas e os homens célebres, onde se pulverizam as ideias e os fatos, onde se desfibram os caracteres e as inteligências, enfim um lugar respeitável onde se aprende a pensar e a viver[199].

Nessa crônica de setembro de 1880, e em outras, Aluísio Azevedo explicita a sua crença no teatro utilitário, salientando sempre a função do escritor como um observador crítico da sociedade. À semelhança de Zola, porém, não escreveu nenhuma peça enquanto foi crítico teatral, limitando-se a defender e expor as novas ideias nos jornais. Sua prioridade, como se sabe, era escrever o romance *O Mulato*, que foi publicado em abril de 1881 em São Luís do Maranhão. O escândalo, a polêmica, as repercussões que se seguiram são fatos bastante conhecidos em nossa história literária. O que importa assinalar é que o sucesso do romance trouxe Aluísio de volta ao Rio de Janeiro, cidade que era o centro da vida cultural brasileira. Se ele frequentou o teatro logo após o desembarque, em setembro, certamente assistiu aos espetáculos da companhia de Furtado Coelho, que nessa época encenou, entre outras peças, *Divorciemo-nos*, de Sardou, e *Thérèse Raquin*, de Zola. Vale lembrar ainda que em novembro estreou a adaptação de *Nana*, pela companhia de Ismênia dos Santos.

O envolvimento de Aluísio Azevedo com o teatro no Rio de Janeiro foi maior do que se pensa. Entre 1882 e 1890, ele escreveu mais de uma dezena de peças, a maior parte delas em colaboração com o irmão Artur ou com o pintor e amigo Emílio Rouède. Infelizmente quase toda essa produção se perdeu, com exceção das peças escritas em parceria com o irmão, justamente as que mais se distanciam do tipo de teatro que defendia nos jornais de São Luís do Maranhão. São elas a comédia *Casa de Orates*, a opereta *A Flor-de-Lis* e as revistas de ano *Fritzmack* e *A República*.

Em 1884, sem a colaboração de ninguém, Aluísio fez a adaptação teatral de seu romance *O Mulato*. Impossível não ver nessa iniciativa o reflexo das adaptações dos romances de Zola e um pouco da atitude provocativa dos escritores naturalistas, que procuravam apresentar assuntos controvertidos ao público leitor. A cota de escândalo de *O Mulato* fora muito grande em São Luís do Maranhão e a edição de mil exemplares esgotara-se quase que totalmente, por força da polêmica travada na imprensa. A sociedade local sentiu-se ultrajada pela descrição de costumes que trazia à tona a questão da escravidão, o preconceito racial das famílias abastadas e a hipocrisia do clero, representado por um cônego devasso e criminoso. Como poucos exemplares do romance chegaram ao Rio de Janeiro, onde críticos importantes a exemplo de Araripe Júnior, Urbano Duarte e Valentim Magalhães o comentaram com simpatia nos jornais, pouca gente na verdade conhecia a história do mulato Raimundo. Aluísio deve ter levado esse dado em conta ao se decidir pela adaptação teatral. Era um meio de fazer a divulgação do romance – que assim poderia chegar à segunda edição –, mas era também um meio de ganhar dinheiro, em caso de sucesso, e de levar ao palco um pouco do naturalismo que o seduzia cada vez mais.

A estreia de *O Mulato*, drama em três atos, deu-se no dia 17 de outubro de 1884, no Teatro Recreio Dramático. O papel de Raimundo coube a Dias Braga e o de Ana Rosa a Helena Cavallier, atriz de bastante talento, segundo testemunhos da época. É uma pena que a adaptação não tenha sido publicada e que do manuscrito deixado pelo escritor tenham restado poucas páginas, impossibilitando uma análise mais rigorosa. Apenas os resumos do enredo feitos pelos folhetinistas guardam a memória desse trabalho, revelando que há mais semelhanças do que diferenças entre o romance e a adaptação. Quer dizer, no plano do enredo, Aluísio aproveitou os fatos mais importantes da trajetória de Raimundo e os dramatizou em função do eixo principal do romance, o preconceito racial. Assim, acompanhamos a chegada do protagonista a São Luís do Maranhão e a sua paixão por Ana Rosa, a descoberta de seu passado e a resignação diante do preconceito, a desistência do casamento em face da

---

199 Idem, p. 177.

oposição da família da moça e a decisão de abandonar a cidade, o reencontro com Ana Rosa e, em consequência dos fatos que se seguem, a sua morte no desfecho. Nem mesmo alguns trechos mais fortes do romance deixaram de ser adaptados, como a conversa que Ana Rosa mantém com o cônego, na qual o caráter hediondo da personagem é evidenciado, assim como o anticlericalismo do escritor. É evidente que a adaptação não pôde trazer para o palco a força maior do livro, que repousa nos recursos de narração. Mas a julgar pelos comentários, Aluísio conseguiu pelo menos recriar na adaptação uma parcela da atmosfera sombria e da visão crítica contundente do original. A única alteração mais profunda do enredo ocorreu no desfecho. No romance, Raimundo é assassinado por Dias e, em seguida, há uma suspensão temporal na narrativa, para que vejamos, seis anos depois, Ana Rosa casada com o assassino e feliz com os três filhinhos. Provavelmente levando em conta a dificuldade para representar no teatro a passagem do tempo, Aluísio optou por um desfecho convencional, mas ao mesmo tempo político. Em sua adaptação, Raimundo é morto por Dias num rompante de ciúme, provocado pela revelação de que Ana Rosa estava grávida. O negro Benedito, escravo, saca de um punhal e sai a correr para matar o assassino nos bastidores, exclamando ao mulato: "Aqui ainda há gente da tua raça!" E o protagonista, moribundo, em cena, ainda tem tempo de reforçar a "mensagem" do drama, terminando-o com estas palavras: "Cristo sofreu muito, mas não era filho de uma escrava".

A peça agitava no palco a questão da escravidão e do preconceito racial num momento em que a própria sociedade brasileira estava dividida entre o abolicionismo e a conservação do *status quo*. O folhetinista do *Jornal do Comércio*, Carlos de Laet, exprimiu o seu desagrado com o assunto posto em cena, escrevendo, a 26 de outubro de 1884, que o drama era uma "má obra", porque "o caso figurado pelo sr. Aluísio seria na vida real uma exceção". O preconceito, a seu ver, não existia no Brasil, país em que alguns negros e mulatos eram estadistas e outros recebidos nas melhores famílias. "Para que, pois, esse tremendo fantasma do ódio de raça?", perguntava. O fato é que a ideia da abolição ganhava terreno na sociedade brasileira e o teatro se tornara uma das principais trincheiras dessa luta. Era comum a programação de espetáculos cuja renda devia reverter na alforria de um escravo. Conta Coelho Neto, no romance *A Conquista*, que o abolicionismo tinha na classe teatral muitos simpatizantes "fanáticos", como Dias Braga, Vasques, Guilherme de Aguiar, Arêas, Galvão, Peixoto, Eugênio de Magalhães e vários outros. Além disso, era no Teatro Recreio Dramático que o povo se reunia aos domingos para ouvir os discursos inflamados dos políticos abolicionistas. Nesse clima, a adaptação teatral de *O Mulato* não poderia deixar de adquirir uma conotação política.

No mesmo *Jornal do Comércio*, no dia 19 de outubro, o articulista anônimo da seção "Gazetilha" havia abordado a peça por outro ângulo, condenando-a em bloco:

> Cenas de alcova em que assistimos ao lavar da cara e ao calçar das botas, outras de fúria de amor em linguagem romântica, aqui e ali algum egoísmo, uma ação levada a trancos e barrancos, eis o drama que o público aplaudiu. A maioria da imprensa provavelmente o aplaudirá também, parte arrastada pela tendência da composição, parte por obedecer à convenção que faz deste autor um dos melhores esteios da literatura nacional.

Vale registrar nessas palavras as descrições de cenas típicas do naturalismo, que aparecem no interior do espetáculo ao lado de outras mais próximas do romantismo, mistura que parece ter sido comum em nossos palcos. O articulista faz referência também à "tendência da composição", responsável pelos possíveis aplausos da imprensa, porém não explicita o pensamento. Parece haver pelo menos duas possibilidades de interpretação: ou ele está falando de naturalismo ou de abolicionismo. Pois no mesmo dia em que essas palavras foram estampadas no *Jornal do Comércio*, as matérias publicadas em *O País* e na *Gazeta de Notícias* enfatizavam respectivamente aspectos naturalistas e abolicionistas do espetáculo.

No primeiro jornal, o articulista salientou a criação da personagem Ana Rosa, que aparecia na peça como "um caso patológico, espécie de mulher de fogo, que não atende nem à razão, nem aos conselhos, nem a nada. Índole inflamável, que não sabe esperar; serpente voluptuosa que se perde perdendo a quem ama". Apesar de alguns poucos elogios, o comentário é em geral desfavorável, porque os defeitos da peça estariam justamente em seus aspectos naturalistas. O articulista pede então que Aluísio Azevedo continue a escrever dramas, mas expurgados de certas características presentes em *O Mulato*, como "umas certas frases ásperas da vida comum, e umas expressões, por demais duras, que, sem darem *cor* à situação, como ele julga, apenas servem para molestar o ouvido". Identificar o naturalismo como uma estética voltada para a escabrosidade, a patologia, o mórbido, o pessimismo ou a imoralidade era uma atitude comum tanto na imprensa francesa quanto na brasileira. Aqueles que acreditavam, como o já citado folhetinista, que "a obra de arte é tanto mais estimada quanto for mais distinta e elegante", não poderiam mesmo aceitar o traço grosso das produções naturalistas.

Na *Gazeta de Notícias*, os elogios ao talento de Aluísio Azevedo vieram acompanhados de restrições à peça, cujo principal defeito seria a passividade com que Raimundo aceita o preconceito. Para o articulista, o realismo se realizaria mais concretamente se o protagonista se rebelasse e lutasse contra as hostilidades; afinal, ele havia sido educado na Europa e era tão pouco mulato que foi preciso que lhe dissessem. Todo o seu comportamento, enfim, é bastante criticado, sobretudo o sacrifício exageradamente "cavalheiresco" do amor que dedicava a Ana Rosa. Só no terceiro ato é que Raimundo reage, motivado pela necessidade de "reparar a falta" que havia cometido, na verdade, graças à iniciativa da mocinha. O articulista ainda critica algumas passagens da peça, como a cena da confissão, entre o cônego e Ana Rosa, que lhe pareceu "repugnante". Por outro lado, elogia enormemente o desfecho, que mesmo estando "preparado", ainda assim apanhou o espectador de surpresa. O comentário lembra as ideias do crítico Francisque Sarcey, que costumava definir o teatro como a "arte das preparações", na esteira de Dumas Filho. Pois o desfecho estava de fato preparado de antemão, uma vez que o negro Benedito mostrara-se o tempo todo simpático a Raimundo e antipático ao caixeiro Dias. Além disso, o próprio Raimundo a certa altura da peça lhe dera o punhal de presente. A surpresa do gesto de Benedito, ao sair do palco para matar Dias, provém do fato de que a atenção do público dirigia-se naquele momento às últimas palavras do moribundo protagonista.

Se é verdade que os críticos dos principais jornais do Rio de Janeiro não se entusiasmaram com a encenação de *O Mulato* – os maiores elogios, mas sem nenhuma reflexão interessante, ficaram por conta dos pequenos jornais e revistas literárias, como a *Revista Ilustrada* – registre-se que o público da estreia aplaudiu bastante o espetáculo. É o que afirmam as matérias comentadas acima, que informam que o teatro estava cheio e que o autor foi chamado ao proscênio várias vezes nos finais dos atos. Um ano depois, em 1885, Adolfo Caminha, depois de lamentar a inexistência de uma dramaturgia brasileira de valor, lembrava o entusiasmo daquela noite em termos que merecem transcrição:

O teatro encheu-se completamente, o povo aplaudiu a obra com desusado entusiasmo; e é preciso não esquecer que tratava-se de uma obra naturalista, gênero com que ainda não estávamos habituados. A imprensa, em sua quase totalidade, teve francos elogios para o jovem romancista que, num rasgo de patriotismo audacioso, tentara reformar o teatro no Brasil fazendo representar um drama de costumes nacionais, verdadeiro e bem arquitetado[200].

Mas o sucesso da noite da estreia não se prolongou muito. Depois de meia dúzia de representações *O Mulato* saiu de cartaz, sendo substituído por *O Conde de Monte Cristo*, segundo a informação de Adolfo Caminha. O dramalhão romântico ainda era um dos fortes adversários da dramaturgia naturalista no decênio de 1880.

Nas duas peças que escreveu em seguida, Aluísio contou com a colaboração de Emílio Rouède, escritor e pintor nascido na França e radicado no Brasil. A primeira, *Venenos que Curam*, estreou em 15 de novembro de 1885, no Teatro Lucinda; a segunda, *O Caboclo*, em 6 de abril de 1886, no Teatro Santana.

*Venenos que Curam* – posteriormente renomeada *Lição para Maridos* – é uma comédia de costumes em quatro atos, muito parecida com as produções de França Júnior. Não lhe falta humor, ritmo, bons diálogos, situações hilariantes e uma certa graça vaudevilesca. Obviamente essas características a afastam do naturalismo, abandonado talvez em função de um objetivo concreto: ganhar

---

200 Adolfo Caminha, *Cartas Literárias*, Rio de Janeiro, 1895, p. 212.

um pouco de dinheiro. Não se pode esquecer que Aluísio vivia modestamente do trabalho intelectual, desdobrando-se como autor de romances naturalistas e folhetins românticos, ao mesmo tempo em que tentava a sorte no teatro, motivado provavelmente pelo sucesso do irmão.

A comédia tem um enredo simples e, grave defeito, desfecho previsível. A ação gira em torno de um barão que já não encontra nenhum tipo de prazer no casamento e, para desespero da esposa, passa a maior parte de seu tempo com a prostituta Clotilde. Fazê-lo voltar ao lar é o projeto de Carlos, o filho da desditosa mulher e enteado do marido estroina. Por força de uma dessas coincidências típicas do gênero cômico, Clotilde estava interessada justamente no jovem Carlos, que lhe fala do sofrimento da mãe e a convence a ajudá-lo. A estratégia é então traçada pela própria moça, que resolve aplicar no amante um "veneno que cura". *Similia similibus*, ela diz ao rapaz, quando se despedem. A frase inteira, lema da medicina homeopática e de autoria do médico alemão Hahnemann, é *similia similibus curantur*, ou seja, o semelhante cura o semelhante. A partir daí, a comicidade vai estar centrada num recurso infalível. Clotilde reproduz, no relacionamento com o barão, os cuidados de esposa que ele tanto detestava, exagerando-os de tal modo que ao final de três meses o vemos voltar para casa.

A crítica e o público receberam com simpatia a comédia de Aluísio e Rouède. Os elogios se multiplicaram na imprensa, embora com algumas restrições ao desempenho dos artistas da companhia do ator Martins. *Venenos que Curam* atingiu doze representações seguidas, um número razoável para a época e para o gênero a que pertencia. A comédia não tinha nem o atrativo da música e nem a licenciosidade das operetas. Mesmo assim, Artur Azevedo considerou o número de representações pequeno e aproveitou a sua coluna "De Palanque", que publicava regularmente no *Diário de Notícias*, para lamentar que as boas comédias e dramas não conseguissem ficar bastante tempo em cartaz. No dia 18 de dezembro de 1885, escreveu:

A maior parte desses dramas tem caído por motivos que até hoje a inteligência mais pronta não conseguiu desvendar. O público das primeiras representações aplaudiu a valer, chamando entusiasticamente os autores à cena, nos finais dos atos. A crítica distribuiu os mais levantados elogios entre a peça e o desempenho. Todos disseram bem de uma e outra coisa. Como se pode pois, explicar o afastamento do público? Por que razão uma peça que agrada, que é aplaudida pelos espectadores e pela imprensa não leva gente ao teatro?

Em *Venenos que Curam*, Aluísio abdicou completamente das suas ideias naturalistas. Há apenas uma curta referência ao temperamento do barão, "sanguíneo-nervoso", num diálogo em que esse dado significa apenas que é muito fácil para a prostituta explorar a sua fortuna.

Já com o drama em três atos *O Caboclo*, os autores chegam mais perto do naturalismo, a começar pelo espaço social em que se passa a ação: uma fábrica de cigarros, situada num arrabalde do Rio de Janeiro. Não é muito comum que operários sejam personagens de peças teatrais no Brasil do século XIX. E não é um despropósito considerar que a sugestão possa ter vindo da leitura de romances naturalistas franceses, como *Germinie Lacerteux*, dos irmãos Goncourt, ou *L'Assommoir*, de Zola. Não se pode esquecer também que Aluísio já havia escrito *Casa de Pensão*, em 1884, e que seis anos depois publicaria *O Cortiço*. Ou seja: tanto como romancista quanto dramaturgo, ele criava histórias protagonizadas pelas camadas populares do Rio de Janeiro.

No caso de *O Caboclo*, porém, não são exatamente as condições de vida dos operários que estão no centro da ação dramática. Embora os vejamos no trabalho, o assunto principal da peça é a obsessão de Virgílio Gonçalves Dias, o patrão, e de Luís, o caboclo do título e seu afilhado, pelo teatro. O primeiro, que via no próprio nome uma predisposição para a arte, é autor de várias peças que são encenadas ali mesmo na fábrica, com os operários improvisados em artistas; e o segundo é um dos seus "atores". A primeira metade da peça é francamente cômica, uma vez que a mulher de Virgílio, Quitéria, quer fazer a fábrica funcionar, enquanto o marido quer que os operários estudem os seus papéis no horário de trabalho. O caboclo, por sua vez, está tão obcecado pelo papel de Otelo, que está estudando, que não percebe o adultério de sua esposa Luísa com Flávio, um dos operários da fábrica. Está aberto o caminho para o drama. O desenlace se precipita quando

Virgílio faz os três representarem uma cena de sua peça *Demócrito* para dois pilantras que se passam por empresários teatrais. O caboclo percebe a reação de Luísa, observa os risos dos outros operários e, desconfiado, arma uma situação para se certificar do adultério. Nos preparativos para a representação de *Otelo*, vestido a caráter, sufoca a mulher, também já vestida de Desdêmona.

A peça explora com bastante competência o metateatro e há passagens felizes no sentido da reprodução da realidade, como anotaram os críticos da época. No jornal literário *A Semana*, de 10 de abril de 1886, o articulista anônimo – talvez o escritor Valentim Magalhães – elogiou *O Caboclo* nos seguintes termos:

Há em toda a peça um largo sopro de verdade, e nalgumas cenas os autores revelam as suas excelentes qualidades de observadores; principalmente no primeiro ato, na cena entre o caboclo e Luísa, e, no segundo, entre Luísa e Quitéria, que é realmente primorosa.

De fato, são cenas que se desenrolam com extrema naturalidade, reproduzindo, pelo diálogo e pela gestualidade, o cotidiano de pessoas comuns do Rio de Janeiro. Talvez por isso o articulista de *A Semana* tenha visto em *O Caboclo* uma tentativa de teatro naturalista. Ou pelo menos do naturalismo possível na ocasião, uma vez que ninguém sabia ao certo como devia ser exatamente o drama desejado por Zola:

O naturalismo no teatro é uma das maiores aspirações da literatura moderna, aspiração dificílima de realizar por estar o teatro singularmente preso a convenções e porque as plateias, ávidas de emoções violentas, de floreios de linguagem e de tropos imaginosos e guindados, a que as habituou a literatura romântica, recusam a aceitar como a mais elevada expressão da arte a calma realidade fria da verdade. Ora, como na comédia da vida o drama não é mais que um acidente; quem quiser ser verdadeiro no teatro não pode fazer quatro ou cinco atos de cenas emocionais, cheias de transporte e de explosões de paixões.

Ou seja, é no meio da vida comum que o drama irrompe, determinado por uma série de circunstâncias, como no caso de *O Caboclo*, peça em que há, segundo ainda o articulista de *A Semana*, "muita verdade, muito boas situações, e que é um grande passo dado pela nossa literatura dramática no anfractuoso terreno do naturalismo no teatro".

Os críticos dos outros jornais, de um modo geral, gostaram da peça e registraram o sucesso da encenação junto ao público da estreia. O Teatro Santana encontrava-se lotado, porque a grande novidade estava na distribuição dos papéis. Vasques, o ator cômico mais popular de sua época, encarregara-se de interpretar o papel do caboclo, que exigia declamações de trechos de *Otelo* e capacidade para exprimir as tristezas e a infelicidade do protagonista. Pois o ator saiu-se bem da empreitada, fazendo por merecer os aplausos do público e os elogios da imprensa. Seu desempenho, na parte dramática da peça, chegou a ser considerado "assombroso". Mais uma vez, porém, o sucesso da estreia não se prolongou por muito tempo. *O Caboclo* não foi além de uma dúzia de representações[201].

O envolvimento de Aluísio Azevedo com o teatro continuou por mais algum tempo. Ainda em 1886 ele escreveu o drama *A Adúltera*, também em parceria com Emílio Rouède. Segundo a informação de um dos seus biógrafos, o manuscrito dessa peça, que nunca foi encenada, se perdeu, de modo que é impossível conhecer o seu entrecho. No ano seguinte, Aluísio escreveu sozinho a burleta *Macaquinhos no Sótão*, representada no Teatro Santana, com o ator Vasques desempenhando o papel principal. Trata-se, neste caso, de teatro musicado, ao gosto do grande público. Por fim, consta ainda na pasta dos inéditos do escritor a tradução de *Le Roi s'amuse*, de Victor Hugo, trabalho feito em parceria com Olavo Bilac, mas que jamais foi publicado ou encenado.

As duas últimas produções de Aluísio para o teatro, mais uma vez com a colaboração de Emílio Rouède, foram as comédias *Um Caso de Adultério*, em três atos, e *Em Flagrante*, em um ato, ambas representadas pela primeira vez no Teatro Lucinda, no dia 26 de julho de 1890.

Só a primeira mereceu comentários na imprensa, que não chegou a um acordo sobre a solução para o adultério proposta pelos autores. A peça tem um enredo simples: Madalena, mulher do coronel

---

201 *O Caboclo* e *Lição para Maridos* encontram-se publicadas no volume *Teatro de Aluísio Azevedo e Emílio Rouède*, São Paulo: Martins Fontes, 2002.

Roberto, tem como amante um dos frequentadores da casa, o dr. Aníbal. Outro frequentador, Máximo, não conseguindo os mesmos favores de Madalena, denuncia-a ao coronel. Este, por sua vez, arma um flagrante, acompanhado de amigos, e expulsa de casa não só o casal de amantes, mas também o delator. Por fim, pede aos amigos que divulguem a cena que presenciaram, como forma de punição para as três personagens envolvidas no adultério.

É uma pena que o manuscrito dessa peça se tenha perdido, porque ela foi anunciada como "peça realista" e comentada pelos folhetinistas como produto do naturalismo. Na *Gazeta de Notícias* de 28 de julho, por exemplo, lê-se que o público, "surpreendido a princípio, porque não lhe apresentavam os personagens costumeiros desse gênero de peças, aceitou, enfim, o caso que lhe contavam na nudez observada de um estudo naturalista". Nesse jornal, aliás, a crítica foi favorável à peça, considerando sua tese audaciosa e boa a sua construção literária e teatral. Igualmente elogiado foi o espetáculo, que contou com as interpretações de Furtado Coelho e Apolônia Pinto.

Mas a imprensa não foi unânime no julgamento de *Um Caso de Adultério*. No *Diário de Notícias* de 28 de julho, o articulista a considera "uma composição medíocre" do ponto de vista literário e "insignificante" do ponto de vista teatral, já que não traz nenhum ensinamento útil, nenhuma lição proveitosa. Seu aspecto naturalista não era prova de valor, uma vez que "desde Zola, o naturalismo no teatro só tem dado resultados pouco animadores". Como se vê, ainda em 1890 o naturalismo tem muitos adversários no meio intelectual brasileiro.

Quanto ao público, mais uma vez não correspondeu às expectativas de Aluísio Azevedo. Ao cabo de seis representações seguidas, *Um Caso de Adultério* e a comediazinha *Em Flagrante* saíram de cartaz. Foi a última decepção do escritor com o teatro, gênero que abandonou definitivamente. Nem mesmo as histórias do teatro brasileiro registraram suas tentativas de levantar o nível do teatro que se praticava no final do século XIX. Peças como *O Mulato*, *O Caboclo* e *Um Caso de Adultério* merecem ser lembradas como exemplos de seu esforço no sentido de atualizar o teatro brasileiro, fazendo-o dialogar com a tendência mais moderna da literatura de seu tempo.

## Peças, Adaptações e Espetáculos com Traços Naturalistas

O debate entre os intelectuais e o exemplo de Aluísio Azevedo não contribuíram para a formação de um repertório de peças naturalistas entre nós. No entanto, alguns autores colheram sugestões nas ideias desse movimento literário para criar enredos e personagens. Em 1886, o Visconde de Taunay publicou o drama *Amélia Smith*, no qual colocou em primeiro plano os problemas de saúde que um pai passa para o filho, levando-o à morte. Não deixa de ser curioso lembrar que alguns anos antes ele havia criticado duramente Zola e o naturalismo em alguns artigos publicados na imprensa e reunidos no livro *Estudos Críticos*, de 1883[202].

*Amélia Smith* é um drama curioso, pelo hibridismo que apresenta. O primeiro ato pertence ao mais rigoroso realismo: em cena, marido e mulher, acostumados ao luxo, conversam sobre os gastos excessivos que têm, vislumbrando, como solução para os problemas financeiros que enfrentam, o casamento da filha de 21 anos com um inglês de 42 e muito rico. A mocinha, Amélia, tem um jovem pretendente, que é deixado de lado, pois também ela leva em conta a fortuna que lhe permitirá continuar a mesma vida luxuosa. Os diálogos, os tipos, a questão do dinheiro, tudo é apresentado com a naturalidade típica do drama realista, com a vantagem de não haver um *raisonneur* passando lições morais.

O segundo ato ganha um colorido mais forte: depois de cinco anos de casados, John e Amélia Smith vivem bem, mas lamentam não ter filhos. A mulher admira o marido e o respeita, sem contudo amá-lo profundamente. A sombra do adultério começa a ameaçar o equilíbrio familiar: um dos amigos que frequentam a casa, Jorge de Castro, se apaixona por Amélia e ela, embora o rejeite, fica muito perturbada emocionalmente. As cenas reproduzem o cotidiano das famílias ricas, com suas reuniões e conversas entre homens de negócios e entre as mulheres. Amélia condena a facilidade com que algumas mulheres casadas traem os maridos e comenta com a amiga Júlia que fechou sua porta a uma delas. Pois essa mulher, Arminda, insiste em

---

[202] O livro teve segunda edição em 1931, pela editora Melhoramentos, mas com outro título: *Brasileiros e Estrangeiros*.

ser recebida e acaba por protagonizar uma cena constrangedora, em que Amélia a faz compreender, na presença dos convidados da casa, por que não quer mais a sua amizade. Chama a atenção o modo exaltado com que se dirige à adúltera: é que pouco antes Jorge a havia assediado e reiterado seu amor por ela.

No terceiro ato, Amélia é amante de Jorge de Castro. Amor cheio de remorsos e dúvidas, que a deixou grávida. Ele quer fugir, ela pensa no desgosto de John e nos pais. Ele argumenta que terão um filho e ela parece ceder, quando a cena é invadida por Arminda, perseguida pelo marido que a quer matar. O dramalhão se instala de imediato. As falas do marido traído são um tanto piegas, mas ao sair ele se mata com um tiro. O que o autor quer ilustrar são as consequências funestas do adultério. Jorge e Amélia desistem de fugir e o rapaz vai embora para a Europa.

O naturalismo pede passagem no quarto e último ato. Seis anos se passaram e a ação centra-se na doença grave que ameaça a vida do filho que John pensa ser seu. A principal personagem em cena é um médico, que não consegue entender a "singular enfermidade" do menino:

um desequilíbrio constante nas funções vitais, contínua superexcitação nervosa a par de invencível depressão de forças [...]. A causa de tão extraordinárias desordens tanto mais escapa à minha investigação, quanto verifico a robustez tradicional de todos os seus parentes e ascendentes[203].

Em certo momento o discurso científico do médico é tão longo que o autor faz uma nota de rodapé, sugerindo a sua supressão em uma representação, caso o ator não consiga dar-lhe vivacidade. As explicações para a doença do menino, enfim, surgem quando Amélia conta seu segredo ao médico. O leitor se lembrará que o próprio Jorge de Castro havia contado um pouco da sua vida no segundo ato, dizendo, entre outras coisas: "Muito doentinho e franzino desde o berço, como aliás também fora meu pai, custei imensos esforços a minha mãe para resistir à debilidade dessa constituição herdada"[204].

O filho não sobrevive e Amélia se consome em remorsos. Quer contar tudo ao marido, mas o médico a impede, numa cena de forte emoção, em que ela acaba por desmaiar. A peça parece defender uma tese, relativa à hereditariedade, como queriam os romances naturalistas. O menino estava condenado de antemão à morte. Se a ciência é infalível, como parece demonstrar o que ocorre em cena, como entender as últimas palavras do médico, ao cair o pano? Ele diz: "Deus, ó Força eternamente vigilante, tua lógica é inflexível!"[205] O contrassenso é surpreendente, mas revela a maneira pessoal com que nossos escritores dialogaram com os movimentos literários que aqui chegaram no século XIX, servindo-se deles com bastante liberdade.

Outro exemplo de apropriação parcial do naturalismo é a peça *O Crime do Porto*, de Antônio Soares de Sousa Jr. (1851-1893), encenada em junho de 1890 no teatro Variedades, no Rio de Janeiro. Autor conhecido pelas comédias, revistas e mágicas que escreveu, baseou-se num fato real, fartamente comentado na imprensa da época: na cidade do Porto, em Portugal, um médico comete uma série de crimes por envenenamento para tornar-se o único herdeiro de uma grande fortuna. O drama mostra a personagem com sua mania de riquezas, no primeiro ato, e os crimes no segundo e terceiro. No quarto há a cena do julgamento, que, segundo os jornais da época, na representação reproduziu-se no palco com todas as minúcias do que ocorre na vida real. Finalmente, o quinto ato se passa num hospício, onde a personagem morre num acesso de loucura, dando margem a explicações científicas e justificando a defesa do réu no julgamento.

Os críticos e o público não gostaram. A peça ficou pouco tempo em cartaz e os comentários em geral apontaram que o excesso de realismo no espetáculo foi contraproducente, deixando-o maçante e fazendo a plateia se desinteressar do enredo. A cena do julgamento foi especialmente criticada, assim como a discussão científica, como se vê pelos excertos seguintes, publicados no jornal *O País* de 14 de junho de 1890, em crítica sem assinatura:

---

203 Visconde de Taunay, *Amélia Smith*, São Paulo: Melhoramentos, 1930, p. 134-135.
204 Idem, p. 90.

205 Idem, p. 153.

O autor preocupou-se neste ato com a fidelidade na reprodução de um julgamento no plenário. Ora, é fácil de compreender que tal intuito, ou torna a representação extremamente fastidiosa, se se consegue pô-lo em prática, ou torna-se inexequível, se ao escritor ocorre uma ou outra vez a lembrança de que está fazendo uma peça para ser representada. [...]

Passa-se o último ato num hospício de alienados. Como desde o princípio se reconhece, a intenção do autor é fazer do dr. Urbano uma vítima da loucura emocional, e esse ato é consagrado quase exclusivamente à dissertação científica, em que Garofallo e Lombrozo são citados com acerto e proveito para a discussão, porém a contragosto da plateia que não se recreia com a ciência trazida, quase sem atavios, para as tábuas do palco[206].

Segundo os comentários críticos, apesar dos momentos realistas da peça, o autor errou a mão ao incluir cenas cômicas, personagens que aparecem no primeiro ou segundo atos e desaparecem nos demais, sem que se tenha notícia deles. Em resumo, segundo ainda o mesmo articulista, "a peça *O Crime do Porto* é um completo desastre teatral".

É possível encontrar traços naturalistas em outras peças escritas no período, como *O Marido de Ângela*, do gaúcho Joaquim Alves Torres[207]; *O Sorvedouro*, de J. M. Cardoso de Oliveira[208], representada em francês, com o título *Le Gouffre*, em Genebra, em fevereiro de 1901. Talvez haja outras, de autores ainda menos conhecidos, que uma pesquisa em velhos arquivos fora do Rio de Janeiro possa desenterrar[209].

---

[206] Em Vanessa Cristina Monteiro, *Retemperando o Drama: Convenção e Inovação segundo a Crítica Teatral dos Anos 1890*, tese de doutorado, Unicamp- IEL, 2010, v. 2, p. 233.

[207] Joaquim Alves Torres (1853-1890) é mais conhecido como autor ligado ao teatro operário e anarquista. Três peças de sua autoria (*O Ultraje, O Trabalho, A Ciumenta Velha*) foram reunidas em *Teatro Social* (Porto Alegre: IEL, 1989). É nesse volume que consta a informação de que *O Marido de Ângela* é uma peça escrita a partir das "regras do naturalismo", conciliadas com o recurso a "lances dramáticos".

[208] Pouco se sabe desse autor, que não é mencionado por J. Galante de Sousa no segundo volume de seu *O Teatro no Brasil*. *O Sorvedouro* foi publicada em 1902 pela Garnier e é dedicada a Joaquim Nabuco, o que faz supor que se trata de um homem ligado ao Itamarati. O assunto abordado foi colhido em *L'Assommoir*, de Zola: o alcoolismo nas camadas inferiores da sociedade.

[209] Vale lembrar que nas duas primeiras décadas do século XX traços naturalistas podem ser encontrados em peças de vários autores, entre eles Coelho Neto, Júlia Lopes de Almeida e o paraibano Orris Soares (*A Cisma*, por exemplo, de 1915, desenvolve-se a partir da tese de que a filha de uma mãe adúltera não escapará ao mesmo destino).

De qualquer modo, os adeptos do naturalismo puderam comemorar ao menos uma vitória. A adaptação do romance *O Crime do Padre Amaro*, de Eça de Queirós, feita pelo jornalista Augusto Fábregas, obteve enorme sucesso. Tudo indica que o ator e empresário Furtado Coelho não se deixou impressionar pelo fracasso de *O Primo Basílio*, doze anos antes, ao apostar mais uma vez em uma obra do grande escritor português. Vinte representações seguidas, a partir de 25 de abril de 1890, data da estreia, e outras vinte ao longo dos meses seguintes atestam o sucesso junto ao público.

Os críticos teatrais, porém, se dividiram. Para alguns, a adaptação era simplesmente detestável, por haver deturpado o romance de Eça de Queirós. Na *Gazeta de Notícias* de 28 de abril, um indignado Olavo Bilac bradava:

Não espere o sr. Fábregas que fique impune o seu crime. Não confie nos aplausos do público, e muito menos nos elogios da crítica: o remorso, sombra implacável, pavoroso espectro, há de colar-se-lhe aos passos e persegui-lo toda a vida.

Olavo Bilac não aceitou, na verdade, as modificações necessárias para dar ao romance a teatralidade que originalmente ele não tinha. E isso foi conseguido evidentemente com alterações no enredo e no caráter das personagens. Só para dar uma ideia dessas alterações, basta dizer que no desfecho da adaptação o padre Amaro é morto com um tiro por João Eduardo, o que anula a lógica do enredo do romance e as intenções críticas do romancista português.

Em outras palavras, Augusto Fábregas fez concessões, socorreu-se de *ficelles*, dobrou-se às convenções. Quem compreendeu, explicou e aceitou a teatralidade assim construída foi o folhetinista e também autor dramático Figueiredo Coimbra, no *Diário de Notícias* de 29 de abril. Respondendo inclusive a Olavo Bilac, ele fez uma série de observações que merecem transcrição, porque elucidam mais uma vez as dificuldades de adaptação do naturalismo no teatro:

A minha opinião é que Fábregas não devia fazer a peça: a verdade rigorosa, a observação fiel dos processos realistas são incompatíveis com as obras feitas para serem exibidas à luz da rampa. O escritor que tiver a pouco louvável ideia de extrair uma peça de romance naturalista, há de forçosamente, para contentar o público, falseá-lo na essência e na forma [...].

Sabe Olavo Bilac que o efeito teatral é quase sempre tudo que há mais em contraposição à verdade. A gente na vida real vê todos os dias o vício campear triunfante, e a virtude, ou o que é bom que lhe seja equivalente, oprimida e desprezada. Zola e Queirós observam e descrevem a vida como ela é, com um escrúpulo da máxima franqueza que nada procura ocultar do que vê e do que sabe. Aparece o escritor dramático e aproveita para o teatro as observações, o processo artístico, as personagens, a ação, o mais possível, dos mestres, acomodando o conjunto aos moldes da convenção teatral. Condene-se o escritor por ter feito a peça em que fatalmente devia profanar a obra de arte; mas não vamos a condená-lo porque ele a não fez antiteatral, sempre de acordo com o romance [...].

O naturalismo no teatro é assunto discutido e vencido [...]. Mas para aqueles que ainda acham possível fazer literatura dramática pelos processos do naturalismo, há a apontar o exemplo desses triunfadores do teatro, Augier, Sardou, Dumas, Meilhac e Pailleron, cujo trabalho artístico foi sempre escravo da convenção, quando não só dependente da *ficelle*.

Para Figueiredo Coimbra, como se vê, a convenção é um elemento indispensável no teatro. Daí sua defesa do desenlace imaginado por Augusto Fábregas, como um lance "teatralmente necessário" para a vitória da moral. Os espectadores, aliás, o aplaudiram "entusiasticamente".

Vários outros folhetinistas se ocuparam de *O Crime do Padre Amaro*. Alguns, à semelhança de Bilac, condenaram a adaptação, como foi o caso de Artur Azevedo, que um dia antes do poeta, a 27 de abril, no *Correio do Povo*, não só considerou a adaptação "um verdadeiro sacrifício literário menos desculpável que o próprio crime do padre Amaro" como julgou o drama "francamente obsceno"[210]. Já na *Gazeta de Notícias*, no mesmo dia 27 de abril, podia-se ler uma apreciação simpática à peça e que também justificava as alterações do enredo e do caráter das personagens, considerando-as como "exigências teatrais", expressão que poderia ser substituída por "exigências da convenção".

É possível colher nos folhetins da época muitas outras manifestações de reconhecimento da necessidade da convenção no teatro. Mas não é preciso alongar desnecessariamente essas considerações, uma vez que os argumentos repetem, de um modo geral, o que está sintetizado nas palavras de Figueiredo Coimbra transcritas acima. O que parece mais interessante é pôr em relevo a seguinte questão: se *O Crime do Padre Amaro* fez tanto sucesso de público, por que não surgiram outras adaptações de romances naturalistas escritos em português no último decênio do século XIX? Ou mais especificamente: por que os romances naturalistas brasileiros não foram adaptados ao teatro? Intriga saber que praticamente todos os principais romances naturalistas franceses ganharam uma versão teatral – de Zola, depois de *L'Assommoir* e *Nana*, foram adaptados: *Pot-Bouille* (1883), *Renée – La Curée –* (1887), *Le Ventre de Paris* (1887), *Germinal* (1888); dos irmãos Goncourt: *Soeur Philomène* (1887), *Germinie Lacerteux* (1888), *La Fille Elisa* (1890), *Charles Demailly* (1892); de Alphonse Daudet: *Le Nabab* (1880), *Jack* (1881), *L'Évangéliste* (1885), *Numa Roumestan* (1887), *Sapho* (1892). Ora, se a França foi nosso modelo literário e teatral em todo o século XIX, por que o exemplo de Aluísio Azevedo com *O Mulato*, em 1884, provavelmente inspirado em Zola, não frutificou? O que se constata é que nossos escritores naturalistas mantiveram-se afastados do teatro e que ninguém se interessou em adaptar os seus romances para a cena[211]. É o caso de perguntar: não estaria aí uma das causas da fraqueza do naturalismo teatral no Brasil?

Talvez a resposta a todas essas questões esteja no panorama do teatro brasileiro traçado nos capítulos anteriores. A hegemonia das peças cômicas e musicadas, a presença constante de companhias estrangeiras, a inexistência de um teatro amparado

---

210 O artigo de Artur Azevedo provocou uma resposta de Augusto Fábregas, que o acusou de aproveitar-se da inimizade que havia entre ambos para julgar desfavoravelmente a adaptação. Artur treplicou, reafirmando suas críticas e negando que tivesse sido movido por sentimentos pessoais. Tudo isso está bem contado e documentado no artigo "Eça de Queirós Teatralizado no Brasil", publicado sem assinatura na *Revista de Teatro da Sbat*, n. 324, de novembro/dezembro de 1961, e que deve ter sido escrito por Aluísio Azevedo Sobrinho, filho de Artur.

211 Galante de Sousa, no segundo volume de seu *O Teatro no Brasil*, menciona uma adaptação de *Casa de Pensão*, romance de Aluísio de Azevedo, feita por Fernando Pinto de Almeida Júnior. Mas não há notícia de que tenha sido encenada.

pelo governo, o empresário preocupado com os lucros, o público sem interesse pelo teatro de cunho literário, tudo isso contribuiu não só para a derrota específica do naturalismo teatral como para a derrocada de toda a arte dramática de cunho literário no país. Vale lembrar também, no caso do naturalismo, o que já foi dito anteriormente, ou seja, que Zola não conseguiu mesmo fornecer um modelo de drama para os adeptos de seu movimento no Brasil. E mais: não tivemos iniciativas importantes fora do circuito do teatro comercial, como foi o caso do *Théâtre Libre* de Antoine, em Paris, que não era submetido à censura e representava apenas para "assinantes", em não mais que dois ou três espetáculos por mês. Aliás, é importante assinalar que durante os anos em que o *Théâtre Libre* funcionou, entre 1887 e 1894, nenhuma das dezenas de peças ali encenadas – entre elas adaptações de romances e contos naturalistas, pequenas "tranches de vie" e "comédias amargas" escritas sob inspiração de Henry Becque – foi apresentada nos teatros do Rio de Janeiro. Somem-se todos esses dados e a explicação para a fraqueza do naturalismo teatral entre nós fica menos difícil de ser compreendida.

Para se ter uma ideia de como os intelectuais brasileiros viam a situação do nosso teatro nesse momento, basta ler o excelente balanço feito por José Veríssimo no livro *Estudos Brasileiros: Segunda Série*, publicado exatamente em 1894. Para ele, os nossos escritores deixaram de se preocupar com o teatro e o resultado desastroso foi o aniquilamento da dramaturgia com valor literário. As tentativas naturalistas de Aluísio Azevedo nem são levadas em conta pelo historiador da literatura brasileira, que não entrevê, no momento em que escreve, "nenhum sintoma de revivescência literária [...]. Não há, pois, esperança de que o teatro possa se aproveitar de um renascimento literário, com o qual não é absolutamente possível contar"[212].

O diagnóstico de Veríssimo é duro, mas verdadeiro. Ao contrário do romantismo e principalmente do realismo, o naturalismo não produziu entre nós uma dramaturgia inteiramente identificada com as suas ideias teóricas, não se organizou como movimento, não teve um núcleo de ensaiadores e artistas, não se constituiu enfim como uma alternativa teatral e literária aos gêneros populares. Apenas nas duas primeiras décadas do século XX o naturalismo será referência para novos autores dramáticos e encenadores, mas sem que isso também tenha significado uma adesão irrestrita aos procedimentos dramáticos e teatrais sonhados por Émile Zola. Nem mesmo a revelação de Ibsen – com a representação de *Os Espectros* por uma companhia italiana em 1895 e de *Casa de Boneca*, de Ibsen, por Lucinda e Lucília Simões, em 1899 – e os espetáculos apresentados por André Antoine no Rio de Janeiro, em julho de 1903, motivaram o surgimento de um teatro naturalista expressivo no Brasil.

---

212 José Veríssimo, *Estudos Brasileiros: Segunda Série (1889-1893)*, Rio de Janeiro: Laemmert, 1894, p. 253-254.

# V.
# O Teatro no Pré-Modernismo

## 1. A PERMANÊNCIA DO TEATRO CÔMICO E MUSICADO

Na primeira década do século XX, o Rio de Janeiro, capital da recém-proclamada República, viveu uma enorme transformação urbanística, sob o comando do prefeito Francisco Pereira Passos (1836-1913). O então chamado "Bota Abaixo" implementou profundas modificações no traçado urbano da cidade, nos moldes da reforma promovida no século XIX em Paris. Adotando como *slogan* a frase "O Rio Civiliza-se!", criado pelo jornalista Figueiredo Pimentel na coluna "Binóculo", da *Gazeta de Notícias*[1], esse processo, modelado pelo cosmopolitismo parisiense, não previu a participação da população de baixa renda. As partes nobres da cidade foram destinadas às elites e as camadas populares da população foram "empurradas" para os subúrbios e para os morros. Botafogo, Laranjeiras, Catete, Glória e as novas grandes avenidas do centro da cidade representavam o Rio "civilizado"; a Cidade Nova, o Catumbi, a zona portuária, os subúrbios e as favelas, o Rio "atrasado".

As transformações na paisagem urbana na cidade incrementaram a indústria do entretenimento que vinha ganhando força desde fins do Império. O fortalecimento da imprensa após as campanhas abolicionista e republicana, a inauguração de novas linhas de bonde e, em seguida, as reformas do "Bota Abaixo", concorreram para a consolidação das várias formas de diversão à disposição das pessoas. O grande número de teatros, cafés-concerto, circos, pavilhões e chopes-berrantes ofereciam a um público ávido de entretenimento e novidade uma gama das mais variadas de artistas e espetáculos. Esta ainda incipiente indústria cultural fazia com que os artistas e técnicos ligados ao chamado teatro ligeiro[2] não somente passassem por uma efetiva profissionalização como buscassem oferecer a esse público novas atrações.

Se era recorrente a ideia de que o final do século XIX teria sido de "decadência" do teatro nacional, tal ideia contrastava com a intensa movimentação existente nos teatros nesse período, em que se assistia ao aparecimento de novas formas culturais: "a permanência e o desenvolvimento de uma tradição cômica, o envolvimento com a produção musical popular e a constituição de um incipiente mercado

---

[1] Apud Brito Broca, *A Vida Literária no Brasil:* 1900, Rio de Janeiro: MEC, Serviço de Documentação, 1956, p. 14.

[2] A produção teatral no início do século XX pode ser dividida entre "teatro sério" e "teatro ligeiro". Destinado sobretudo ao entretenimento e à diversão, este último não correspondia às expectativas da crítica da época, que ansiava por uma atividade teatral vinculada aos movimentos literários naturalista e realista, e desprezava a produção voltada para o então incipiente mercado teatral brasileiro – que, segundo essa crítica, não teria preocupações artísticas mais elevadas. Cf. Maria Filomena Vilela Chiaradia, *A Companhia de Revistas e Burletas do Teatro São José: A Menina dos Olhos de Paschoal Segreto*, dissertação de mestrado, Uni-Rio, 1997, p. 19-24.

cultural de massas"[3] são alguns dos fatores que podem ser associados à voga do teatro ligeiro.

Preferidos da plateia, os gêneros musicais permaneciam incólumes às discussões entre intelectuais e artistas acerca da necessidade de se fundar um teatro dito "sério" no país. A revista de ano, as burletas, as mágicas, as operetas, as paródias e os vaudeviles atraíam multidões aos teatros, possibilitando a criação de um rico mercado em que trabalhava um grande número de atores e atrizes, empresários, autores, ensaiadores, cenógrafos, assim como diversos outros profissionais relacionados às montagens dos espetáculos. A cada temporada, subia à cena uma infinidade de peças, que ficavam pouco tempo em cartaz – salvo evidentemente as exceções –, pois era preciso atrair o público com novidades, como observou um estudioso do período:

Ninguém fez ainda um levantamento aprofundado, minucioso, a fim de descobrir quantas revistas de teatro foram à cena nestes quase 130 anos de sua existência no Brasil. [...] Devem orçar por algumas dezenas de milhares as revistas, *revuettes*, revistas-burleta, revistas-fantasia e *pocket-shows* representadas[4].

Desse modo, os exemplos que aqui serão citados devem ser considerados como pequenas amostras de um universo infinitamente maior.

## A Revista Carnavalesca

Nas primeiras décadas do século XX, a revista manteve lugar de destaque no Brasil entre os gêneros musicais. Introduzida no país em meados do século anterior como revista de ano – espetáculo que traçava um panorama crítico e bem-humorado dos principais acontecimentos políticos, culturais e sociais do ano que findava –, gradualmente perdeu seu caráter retrospectivo, definindo-se como um espetáculo musical estruturado em quadros sucessivos e estanques, mas interdependentes, que mantinham relação ao menos com um tema geral, expresso no título da peça. Da virada do século até os anos de 1920, se ainda houve "muitas remontagens dos êxitos do passado"[5], o que definiu o perfil das revistas foi um forte relacionamento com as festas populares brasileiras, mais especificamente o Carnaval:

À *jeunesse dorée* brasileira caberia encontrar um teatro capaz de traduzir a alma brasileira, com seus tipos, seus mulatos, seus malandros, numa frenética mistura de ingredientes bem temperados, sob o ritmo alucinante de nossa música popular, e, ao mesmo tempo, estar em sintonia com o programa de reurbanização subordinado ao signo europeu de modernidade. Um teatro que, lidando com o que vinha de fora e à luz das regras portuguesas e francesas, iria utilizar as raízes folclóricas e regionais, incluindo na cena a cultura brasileira com os seus mais diferentes aspectos. Ao combinar os elementos paradoxais de nossa sociedade, o teatro de revista encontrara a sua fórmula: misturar o Carnaval popular com a magia féerica de um palco que, ao mesmo tempo, se comprometia a tratar do aqui e agora[6].

Eram intensas as relações estabelecidas entre as revistas e o Carnaval. A festa popular aparecia como tema dos espetáculos, nos quais eram aproveitadas em cena músicas que tivessem feito grande sucesso durante o então chamado "tríduo momesco"; por vezes ocorria o inverso, com o lançamento nos palcos de músicas que se tornariam os sucessos do Carnaval seguinte:

Até o advento da radiofonia, [o gênero foi] um verdadeiro veículo de divulgação do cancioneiro do povo, de seus ritmos mais expressivos e lançador de sucessos sem conta, especialmente os carnavalescos, que saíam do palco diretamente para a preferência das ruas[7].

A prática das revistas de Carnaval tornou-se logo popular, com as peças seguindo, em geral, um modelo constituído por

---

3 Fernando Antonio Mencarelli, *Cena Aberta: A Absolvição de um Bilontra e o Teatro de Revista* de Artur Azevedo, Campinas: Editora da Unicamp, 1999, p. 61.
4 Salvyano Cavalcanti de Paiva, *Viva o Rebolado! Vida e Morte do Teatro de Revista Brasileiro*, Rio de Janeiro: Nova Fronteira, 1991, p. 166.
5 Neyde Veneziano, *Não Adianta Chorar. Teatro de Revista Brasileiro... Oba!*, Campinas: Editora da Unicamp, 1996, p. 47.
6 Idem, p. 50.
7 Roberto Ruiz, *O Teatro de Revista no Brasil: Das Origens à Primeira Guerra Mundial*, Rio de Janeiro: Inacen, 1988, p. 87.

um prólogo em que Momo viria propor, como solução para os males do Rio de Janeiro, geralmente atacado pela *pindaibite*, que se caísse na folia. A apoteose final deveria ter atrizes representando as três sociedades carnavalescas[8].

Tais agremiações, denominadas Os Fenianos (fundada em 1869), Os Tenentes do Diabo (fundada em 1855) e Os Democratas (fundada em 1867), assumiram o papel de destaque anteriormente alcançado pelas atrizes da revista, cujos admiradores organizavam-se em partidos. Nesse momento, "as torcidas na plateia não eram mais pelas vedetes, mas por esses três clubes tão importantes para a cidade"[9], cujos apelidos forneceram o título de uma das melhores e mais famosas revistas carnavalescas, da autoria de Cardoso de Menezes, estreada na Companhia de Revistas e Burletas do Teatro S. José em 1912: *Gato, Baeta e Carapicu*, na qual o compadre Carioca encaminha para o concurso realizado pelos clubes os pretendentes à mão de Vitória, filha de História, estimulando-os a fazerem o melhor desfile – cujo prêmio será a mão de Vitória.

No mesmo ano, *Gato, Baeta e Carapicu* enfrentou a concorrência de duas outras montagens alusivas ao Carnaval: a revista-burleta *O Carnaval*, de Ataliba Reis e João Cláudio, que, encenada no Teatro Rio Branco, obteve um grande êxito, alcançando 128 representações; e a revista *Zé Pereira*, também da autoria de Cardoso de Menezes e igualmente um grande sucesso no Teatro S. José, onde alcançou 150 representações[10].

O Carnaval foi tema também de duas das últimas peças de Artur Azevedo (1855-1908), o mais importante autor da segunda metade do século XIX, responsável pela consolidação das revistas, burletas, paródias e operetas traduzidas do francês. *Comeu!* teve sua estreia no Teatro Lucinda, em 1902, e *O Cordão* no Teatro Carlos Gomes, em 1908.

*Comeu!* – que tinha música de Abdon Milanez e intérpretes experientes como Pepa Ruiz, João Colás, Medina de Souza e Estefânia Louro, entre muitos outros – foi anunciada como "revista cômica de acontecimentos, em três atos e 15 quadros"; mantinha, no entanto, a estrutura das revistas de ano, com dois compadres conduzindo o enredo, no qual rei Momo – disfarçado de Abdul-Hamid, árabe e muçulmano – e Carnaval, que se apresentava como Zé Pereira, conduziam o habitual passeio pelo Rio de Janeiro, em que desfilavam os acontecimentos do ano anterior. Apesar de retratar a festa como decadente e desanimada, *Comeu!* é uma das primeiras revistas que tem o Carnaval como assunto central, destacando o que este representava sentimentalmente para os habitantes da cidade[11].

*O Cordão*, escrita por Artur Azevedo a pedido da atriz Cinira Polônio, que a representou com sua companhia no Teatro Carlos Gomes em fevereiro de 1908, suscita dúvidas quanto ao gênero a que pertence: alguns autores a classificam como "revista carnavalesca", outros como "burleta escrita para o Carnaval". Tendo a festa popular como tema, o espetáculo alcançou grande êxito, sendo remontado com frequência: quatro vezes em 1909, uma vez em 1910, duas vezes em 1918, duas vezes em 1921 e uma vez em 1922[12].

## Autores, "Autores-Ensaiadores" e Ensaiadores

Ocupando o lugar que ficara vago com a morte de Artur Azevedo e seu parceiro Moreira Sampaio (1851-1901), destacam-se, entre os inúmeros autores do teatro musicado surgidos nas duas primeiras décadas do século XX, Cardoso de Menezes (1878-1958), Carlos Bettencourt (1888-1941), Raul Pederneiras (1874-1953) e Luiz Peixoto (1889-1973).

Todos pertenciam ou relacionavam-se com um especial grupo de escritores, caricaturistas e compositores, os chamados "humoristas boêmios", artistas e intelectuais cariocas que tiveram enorme atuação, por meio do riso, da descontração e da criatividade, na crítica da "modernidade" imposta pelo projeto de cidade vigente, que tinha como modelo a cultura europeia[13].

---

8 N. Veneziano, op. cit., p. 61.
9 Idem, p. 50-53.
10 S. C. de Paiva, op. cit., p. 159-161.
11 Idem, p. 135-136.
12 Angela Reis, *Cinira Polônio, a Divette Carioca: Estudo da Imagem Pública e do Trabalho de uma Atriz no Teatro Brasileiro da Virada do Século XIX*. Rio de Janeiro: Arquivo Nacional, 1999, p. 119, 157.
13 Mônica Pimenta Velloso, *Modernismo no Rio de Janeiro: Turunas e Quixotes*, Rio de Janeiro: Fundação Getúlio Vargas, 1996.

Formado sobretudo por caricaturistas e homens da imprensa[14], o grupo buscava novos canais de integração e expressão social, sendo nas ruas e não por meio de um movimento literário organizado que esses intelectuais – opositores ao modelo de sociedade que as elites tentavam impor – procuraram viver e explicar a história do Rio de Janeiro. Desse modo, retrataram em suas peças, textos cômicos, caricaturas e músicas não apenas a cidade moderna, das luzes e de amplas avenidas, idealizada pela reforma urbanística do início do século, mas o Rio de Janeiro cindido, esquecido e abandonado.

Relacionando-se tanto com a cultura sofisticada quanto com a cultura popular de sua época[15], esses autores retrataram uma série de tipos das ruas do Rio, não apenas no teatro musicado, ao qual muitos se dedicaram, mas também em conferências humorísticas ilustradas. Luís Edmundo, grande cronista carioca, descreve a turnê na qual Luiz Peixoto e Raul Pederneiras se apresentavam como conferencistas, apresentando "récitas de bom humor e alegre espírito"[16].

Raul Pederneiras, nascido no Rio de Janeiro, formou-se em Direito nessa mesma cidade; foi colaborador de vários periódicos cariocas e paulistas, presidente da Associação Brasileira de Imprensa, conselheiro da Sociedade Brasileira de Autores Teatrais, delegado de polícia e membro de várias agremiações literárias e científicas, além de caricaturista atuante em diversos periódicos humorísticos[17]. Escreveu cerca de quarenta peças teatrais, a maioria delas revistas e burletas. Dentre seus inúmeros sucessos, destacam-se: *Berliques e Berloques*, "a grande revista de 1907", representada no Teatro Recreio, que firmou Raul Pederneiras como "um revistógrafo moderno, hábil e de 'verve' saborosa"[18]; *O Babaquara*, que estreou no Pavilhão Internacional em 1912; *O Rio Civiliza-se*, cujo título utilizava o slogan que empolgava a imprensa da época, estreada no Cine-Teatro Rio Branco em 1912; *A Última do Dudu*, que subiu à cena em janeiro de 1915 no Teatro S. Pedro, primeira das inúmeras peças surgidas no teatro musicado carioca que tiveram como tema o ex-presidente Hermes da Fonseca (o Dudu do título, a quem atribuíam a fama de ingênuo e azarado)[19]; *O Morro da Graça*, que brincava com a casa e o bairro em que o senador Pinheiro Machado recebia seus correligionários[20], com música de Assis Pacheco e Armando Percival, encenada em julho de 1915, no recém-inaugurado Teatro República.

Frederico Cardoso de Menezes e Souza nasceu no Catete, no Rio de Janeiro, e foi criado entre artistas e intelectuais famosos, que frequentavam a casa de seus pais. Seu pai, Antônio Frederico Cardozo de Menezes e Souza, filho do barão de Paranapiacaba (grande erudito, autor de várias obras e traduções, e que gozava de grande influência junto a D. Pedro II), havia sido músico, escritor, poeta e teatrólogo bastante popular no período de 1875 a 1910; sua mãe, Judith Ribas Cardozo de Menezes e Souza, era musicista, e tinha sido colaboradora de Artur Napoleão, compositor e importante editor de partituras musicais na virada do século XIX.

Cardoso de Menezes tornou-se funcionário público em 1895, trabalhando na Alfândega e no Tesouro Nacional, onde se aposentou. Estreando como autor teatral com a burleta *Comes e Bebes*, em 1912, na Companhia do Teatro S. José, tornou-se um dos autores mais famosos do gênero ligeiro no

---

14  Não é possível precisar quem exatamente fazia parte do grupo ou não, já que esse, pelas características de seus membros, não obedecia a uma filiação restrita. Mônica Velloso elenca entre os intelectuais boêmios, além dos autores já citados, os caricaturistas Kalixto, J. Carlos, os escritores Lima Barreto, João do Rio, Orestes Barbosa, Emílio de Menezes, entre outros. Cf. idem, ibidem.

15  Atuando no campo cômico e estabelecendo canais de troca de informação entre as camadas populares e as elites, esses autores atuavam como verdadeiros "mediadores" culturais. Segundo o modelo sugerido pelo historiador inglês Peter Burke, em seu estudo sobre a cultura popular na Idade Moderna europeia, os mediadores culturais atuavam como intermediários entre a grande tradição – a alta cultura – e a pequena tradição – a cultura popular. François Villon e François Rabelais, segundo o historiador inglês, "não eram exemplos não sofisticados da cultura popular, mas sim mediadores sofisticados entre as duas tradições". *A Cultura Popular na Idade Moderna: Europa*, 1500-1800, São Paulo: Companhia das Letras, 1989, p. 91-103.

16  *De um Livro de Memórias*, v. 3, Rio de Janeiro: Departamento de Imprensa Nacional, 1958, p. 654.

17  Cf. J. Galante de Sousa, *O Teatro no Brasil*, Rio de Janeiro: MEC/INL, 1960, v. 2, p. 403-404.

18  S. C. de Paiva, op. cit., p. 148.

19  A peça permaneceu dois meses em cartaz, tendo a crítica elogiado a "verve" saborosa e a originalidade de Pederneiras ao tratar dos acontecimentos políticos. Cf. idem, p. 174.

20  Segundo Mário Nunes, a "peça desse autor é uma espécie de *mascote*. Registram-se enchentes [termo utilizado pela imprensa da época para nomear um grande sucesso]. Grande é o valor do humorista e o público muito ri e se diverte com suas piadas e caricaturas. [...] Trocadilha com graça e escolheu bem os colaboradores musicais" [...]. Em: *40 Anos de Teatro*, Rio de Janeiro: MEC/SNT, 1956, v. 1, p. 84.

Os dramaturgos Raul Pederneiras, João Phoca e Luiz Peixoto, em 1913.

Rio de Janeiro, celebrizando-se em especial como autor de revistas carnavalescas. Seu maior sucesso foi a já citada *Gato, Baeta e Carapicu*, remontada um sem-número de vezes. O autor teve o raro privilégio de "ver suas peças em cena por mais de cem apresentações consecutivas, o que era considerado, para os padrões da época, e do teatro ligeiro, claro indicativo de qualidade"[21]. Muitas de suas peças de maior êxito foram escritas com Carlos Bettencourt, sendo expressivo o número de originais da "feliz parceria" (formada ao longo de dez anos) apresentados no Teatro S. José: doze, em um total de 33 escritas pelos autores no âmbito da Companhia de Revistas e Burletas, empresariada por Paschoal Segreto.

Carlos Bettencourt nasceu no Rio de Janeiro; filho de médico, foi obrigado pelo pai a seguir a mesma carreira, mas cursou apenas um ano da faculdade.

Tornou-se funcionário da Saúde Pública, escrevendo suas peças nas horas vagas de trabalho. A partir de 1909 empregou-se como repórter policial no jornal *O País*, no qual tornou-se conhecido pelo pseudônimo de *Assombro*. Seu primeiro grande sucesso como autor foi a burleta *Forrobodó*, escrita com Luiz Peixoto, seu parceiro mais importante antes de Cardoso de Menezes. Teve peças montadas por várias companhias de destaque do período, como as de João de Deus e Margarida Max, ambas no Teatro Recreio; a Companhia Nacional de Operetas e Melodramas do Teatro S. Pedro, da Empresa Paschoal Segreto; a Companhia de Antônio de Souza, no Teatro Carlos Gomes.

Luiz Peixoto, "o maior autor durante 60 anos, desde 1911"[22], nasceu em Niterói, em 1889. Iniciando ainda muito jovem sua carreira artística como caricaturista, teve a oportunidade de manter contato diário com os grandes nomes da imprensa da época, escritores e caricaturistas ligados ao jornalismo e ao teatro musicado. Nesse grupo, que unia boêmia e arte, encontrou Carlos Bettencourt, parceiro mais constante em sua primeira fase como autor teatral, com quem estreou na revista *Seiscentos e Seis*, em 1911[23]. Apesar da pouca repercussão da primeira peça, escreveram no mesmo ano um dos maiores sucessos do teatro popular carioca, *Forrobodó*, que teve sua estreia em 1912.

Durante as duas primeiras décadas do século XX, Luiz Peixoto dedicou-se, como autor teatral, quase que exclusivamente à produção de burletas, nas quais revelava grande senso de humor e um olhar sensível e arguto sobre a sociedade brasileira, examinada em suas contradições. Em 1916, lançou, no Teatro S. José, com Carlos Bettencourt – com quem vinha triunfando no teatro musicado carioca desde o imenso sucesso de *Forrobodó: Morro da Favela*, na qual inovavam mais uma vez, ao escolher como tema para uma "burleta de costumes cariocas" uma favela e seus habitantes; e *Dança de Velho*, revista de motivos carnavalescos em cinco atos, cinco quadros e uma apoteose, que, em cartaz no S. José, alcançou mais de cem representações consecutivas. Nesse mesmo

---

21 M. F. V. Chiaradia, *A Companhia de Revistas e Burletas do Teatro São José...*, p. 84. Todas as informações sobre Cardoso de Menezes e Carlos Bettencourt foram extraídas da dissertação de mestrado dessa autora.

22 S. C. de Paiva, op. cit., p. 160.

23 Daniel Marques da Silva, *"Precisa Arte e Engenho até..." Um Estudo sobre a Composição do Personagem-Tipo através das Burletas de Luiz Peixoto*, dissertação de mestrado, Uni-Rio, 1997, p. 7-12. Todas as informações sobre Luiz Peixoto foram retiradas dessa obra.

ano, produziu, em parceria com Raul Pederneiras, *O Gaúcho*, que estreou no mesmo teatro.

Em 1917, Luiz Peixoto escreveu *Três Pancadas*, outra vez com Carlos Bettencourt; no ano seguinte, ainda com o mesmo parceiro, a burleta *Flor do Catumbi* e, com Freire Júnior, *Saco do Alferes*, burleta encenada no Teatro S. José, na qual mais uma vez os autores voltavam-se para a difícil vida das camadas populares:

O dom de observação dos jovens autores captava com um realismo lírico, uma certa cumplicidade sentimental, o comportamento de cidadãos marginalizados pela sociedade de massa, urbana, como alfaiates, sapateiros remendões, matutos explorados pelas ambições eleitorais, solteironas amadas por poetas de terceira ordem e preteridas por mulatinhas sestrosas e maxixeiras, e chefetes políticos sem eira nem beira. Além de pôr no palco cenas das festividades de S. João, a revista utilizava trocadilhos e pilhérias bem brasileiras[24].

Em 1919, Luiz Peixoto estreou, em parceria com Luís Edmundo, a burleta *República de Itapiru*. Além das burletas já citadas, escreveu neste período mais quatro revistas teatrais: *Seiscentos e Seis*, de 1911, a primeira produção de sua fértil parceria com Carlos Bettencourt; *Abre Alas*, de 1913; *A Roda Viva*, de 1915, tendo, em ambas, por parceiro João Rego Barros; e *Morreu o Neves*, revista de 1912, escrita em parceria com Raul Pederneiras.

Trabalhando em inúmeras companhias, Luiz Peixoto foi autor, diretor de companhia, cenógrafo, figurinista, ensaiador, letrista e mesmo ator de conferências humorísticas. Em 1922, revolucionou o teatro de revista trazendo mais bom gosto ao coro de *girls* e aos figurinos, seguindo o modelo da companhia francesa Ba-ta-clan. Participou também, em 1927, junto com Heckel Tavares e também Álvaro e Eugênia Moreyra, da fundação do Teatro de Brinquedo, considerado uma das primeiras manifestações de renovação do teatro dito "sério" em nosso país. A dicotomia entre os chamados gêneros ligeiros e o "teatro sério" nunca preocupou Luiz Peixoto: em entrevista concedida ao *Diário de Notícias*, o autor assinalou que, apesar de ter uma comédia de sua autoria premiada pela Academia Brasileira de Letras, nunca teve interesse em deixar de escrever gêneros considerados "ligeiros", sobretudo revistas – na sua opinião, "um dos gêneros mais difíceis"[25].

Nos anos de 1930 trabalhou como diretor artístico do Cassino da Urca, sendo o responsável direto pelo memorável sucesso desse estabelecimento na área de *shows*, onde figuras da música popular brasileira e do teatro ligeiro alcançaram sucesso internacional – sendo o caso mais famoso o da cantora Carmem Miranda, que saiu dos espetáculos do cassino para a Broadway e em seguida para Hollywood.

Luiz Peixoto foi um dos sócios fundadores da Sociedade Brasileira de Autores Teatrais, associação da qual participou em várias diretorias, sendo presidente no biênio 1950-1951; dirigiu ainda a Escola Dramática Martins Pena durante a década de 1960.

Os autores aqui citados retrataram, não apenas no teatro como na caricatura, na poesia e em letras de músicas, tipos populares excluídos pelo processo de modernização criado para o Rio de Janeiro e para todo o Brasil: mulatos pernósticos, tias baianas, prostitutas, valentões capoeiras, portugueses ricos ou coronéis do interior enlouquecidos por mulatas que os maltratavam com seus requebros. Seus ambientes eram os clubes carnavalescos, as gafieiras, os cirquinhos, as quermesses, as pensões.

Além da importância desses autores como cronistas de um Rio de Janeiro não oficial, é necessário ressaltar uma das suas funções específicas na área teatral: a de comediógrafos que escreviam para a cena, em um movimento determinante para a própria constituição dos gêneros ditos ligeiros. Um espetáculo de teatro popular musicado de então era feito por uma extensa rede de colaboradores, desde a criação dramatúrgica até a exibição aos espectadores, cada qual tendo certa liberdade para emprestar ao texto dramático suas colaborações – sendo essas, em certa medida, já esperadas pelo próprio autor. Como eram criados imediatamente para a cena, com uma priorização do espetáculo, esses textos

---

24 S. C. de Paiva, op. cit., p. 193.

25 Cf. Daniel Caetano, Luiz Peixoto já Escreveu Comédia, *Diário de Notícias*, Rio de Janeiro, 22 de maio de 1946. Cf. Victor Hugo Adler Pereira, *A Musa Carrancuda: Teatro e Poder no Estado Novo*, Rio de Janeiro: Fundação Getúlio Vargas, 1998, p. 160-161.

podem ser entendidos como pretextos (pré-textos) para o desempenho dos atores.

Na medida em que suas obras eram elaboradas não como obras literárias, mas como ponto de partida para a realização dos espetáculos em cena – cujos códigos dominavam perfeitamente – Cardoso de Menezes, Carlos Bettencourt, Raul Pederneiras e Luiz Peixoto podem, então, ser considerados "autores-ensaiadores"[26]. O ensaiador era responsável pela orientação geral dos espetáculos, tendo como atribuição principal traçar a "mecânica cênica", dispondo os móveis e acessórios necessários à ação e fazendo os atores circularem pelo palco de modo a obter o máximo de rendimento cômico ou dramático. A marcação em cena atendia à divisão e hierarquização das áreas do palco – sendo as áreas do centro e do proscênio as mais nobres – e à hierarquização das personagens (áreas nobres reservadas às personagens de maior projeção), sendo passada aos atores através de um verdadeiro vocabulário, constituído de verbos como "passar" (cruzar a cena da direita para a esquerda) ou "descer" (caminhar em direção à ribalta)[27].

Nas peças de Carlos Bettencourt e Cardoso de Menezes[28], a prática de uma escrita para a cena é evidenciada pelas rubricas dos textos: "suas minuciosas indicações vão desde a detalhada descrição de cenário até as marcações de movimentação do elenco e do coro, revelando que seus autores escrevem as peças imaginando-as no palco e tentando colocar no corpo de seus textos todas as impressões que deverão ser concretizadas na cena"[29]. Importantes também são as rubricas relativas ao trabalho dos atores, nas quais as movimentações e intenções das personagens são indicadas com precisão. No entanto, o que garantia a obediência às indicações expostas nas peças era o completo envolvimento dos autores com os espetáculos, nos quais responsabilizavam-se pela seleção das músicas e a composição das letras, e participavam ativamente dos ensaios – e não apenas os musicais. Cardoso de Menezes, em relato sobre sua dinâmica de trabalho com Carlos Bettencourt, revela como ambos dividiam inúmeras tarefas, encarregando-se o primeiro da parte artística (distribuição dos papéis, ensaios de poemas e música, cenários e guarda-roupa e relacionamento com os atores) e o segundo da parte financeira das montagens (o trato com os empresários, o cuidado com os direitos autorais, os reclames nos jornais).

Assim, a relação dos autores com os demais profissionais integrantes da companhia era intensa e permanente: participavam das decisões sobre a montagem do espetáculo ao mesmo tempo que decidiam sobre a distribuição dos papéis, pois criavam suas personagens visando a cada intérprete da companhia[30].

Se foram marca distintiva do teatro musicado nas primeiras décadas do século XX, os "autores-ensaiadores" coexistiram com ensaiadores especializados nessa função, como Eduardo Vitorino (1869-1949) e Eduardo Vieira (1869-1948), ambos portugueses. Apesar da sua imensa importância para o teatro brasileiro de fins do século XIX e início do XX, não cabe aqui escrever sobre o primeiro[31], posto que jamais dedicou-se ao teatro musicado. Já Eduardo Vieira, embora não exclusivamente, teve papel de destaque como ensaiador junto às companhias de revistas e de burletas, bem como às de comédias de costumes.

Nascido em Lisboa, Eduardo Vieira começou a vida como tipógrafo. Estreou no Teatro da rua dos Condes, vindo para o Brasil em torno de 1890, quando ingressou na companhia do empresário Dias Braga (1846-1910); ensaiador de várias companhias, formou toda uma geração, tendo sido professor[32] de atores consagrados como Jaime Costa e

---

26 M. F. V. Chiaradia, Em Revista o Teatro Ligeiro: Os "Autores-Ensaiadores" e o "Teatro por Sessões" na Companhia do Teatro S. José, *Sala Preta*, São Paulo, n. 3, 2003, p. 153-163.

27 Décio de Almeida Prado, *O Teatro Brasileiro Moderno*, São Paulo: Perspectiva, 1996, p. 16-17.

28 A partir de pesquisa quantitativa, que estabeleceu Carlos Bettencourt e Cardoso de Menezes como os autores mais montados pela companhia de Paschoal Segreto, M. F. V. Chiaradia elegeu as peças dos dois autores como *corpus* para análise da atividade dos autores-ensaiadores. Cf. M. F. V. Chiaradia, *A Companhia de Revistas e Burletas do Teatro São José...*

29 M. F. V. Chiaradia, Em Revista o Teatro Ligeiro..., p. 156.

30 Idem, p. 158.

31 Sobre Eduardo Vitorino, ver: Sílvia Fernandes, Nota Sobre Victorino, *Sala Preta*, São Paulo, n. 3, 2003, p. 174-181; Eduardo Victorino, Cem Annos de Theatro: A Mecânica Theatral e a Arte de Encenação, fac-símile reproduzido em *Sala Preta*, São Paulo, n. 3, 2003, p. 182-189.

32 Além de sua atuação didática no âmbito de companhias de teatro profissionais, Eduardo Vieira atuou como professor também na Escola Dramática da Prefeitura do Distrito Federal (atual

Eva Todor[33]. Esta atribui a Eduardo Vieira imensa importância em sua trajetória profissional: além de ensaiador e diretor da companhia Eva e Seus Artistas (fundada em 1940, no Rio de Janeiro, pelo marido e empresário da atriz, o também diretor e autor Luiz Iglezias), o mestre português ensinou-lhe a "arte de dizer"[34], em um processo de aprendizado definido pelo contato diário com a cena: "Não havia escola de teatro, aprendia-se no palco. Eu adquiri *tarimba* na prática [...] foram catorze anos de aprendizado na *tarimba*, com Eduardo Vieira"[35].

A atuação de Eduardo Vieira como ensaiador e professor é um dos inúmeros exemplos do longo intercâmbio entre os teatros brasileiro e português, e da extensão da influência lusitana em nossos palcos até meados do século XX (faceta fundamental e ainda pouco estudada de nosso teatro, verdadeiramente luso-brasileiro em sua origem):

> Portugal foi, com efeito, [...] o interlocutor mais constante do nosso teatro [...]. Se o diálogo teórico nos levava à Espanha, à Itália e à França, a conversa do dia a dia, entre atores e autores, passava obrigatoriamente por Lisboa[36].

## *A Importância de* Forrobodó

Dentre as peças que estrearam nas duas primeiras décadas do século XX, destaca-se *Forrobodó*, resultado da parceria Luiz Peixoto-Carlos Bettencourt. A burleta em três atos estreou em 11 de junho de 1912 no Teatro S. José, graças a Chiquinha Gonzaga (1847-1935)[37], autora da partitura, que, empenhando seu prestígio, elevadíssimo nesse momento, forçou o empresário Paschoal Segreto a encenar o segundo texto dos jovens autores, ori-

ginando um dos mais importantes espetáculos do teatro musicado brasileiro de todos os tempos.

A peça retrata frequentadores habituais do Grêmio Recreativo Flor do Castigo do Corpo da Cidade Nova, região compreendida entre as atuais praça da Bandeira, praça XI, avenida Presidente Vargas e bairro do Catumbi, que acolheu a população expulsa das habitações do centro do Rio de Janeiro após as reformas promovidas pelo prefeito Pereira Passos. O primeiro ato, passado no exterior da gafieira, inicia-se com um problema corriqueiro, a denúncia de um roubo de frangos feita pelo moleque Sebastião, que apita para chamar o guarda-noturno, corrupto e cortejador de mulheres. Na sequência, aparecem em cena o secretário da agremiação, que impede a entrada no baile de frequentadores cujas mensalidades estavam atrasadas, e Siá Zeferina, porta-estandarte do Grêmio, que se solidariza com os reclamantes e anuncia que só entra "se o pessoal todo entrá"; convocado para resolver o impasse, Escandanhas, o 1º secretário, cede à ameaça da mulata, deixando que todos participem do baile.

No segundo ato, passado no interior da gafieira, as personagens interrompem uma quadrilha para apresentar-se a um dos visitantes (Bico Doce, "redator-contínuo" do *Jornal do Brasil*): Escandanhas da Purificação, barbeiro e poeta "nas horas vagas"; a mulata Zeferina, "perdição da colônia portuguesa domiciliada no Brasil"; o guarda, "o mantenedô da ordem"; o português Barradas, presidente do Grêmio. O 1º secretário é convocado a fazer um discurso de saudação ao convidado, mas acaba por ler um discurso fúnebre, utilizado anteriormente no enterro do ex-tesoureiro do clube. O guarda-noturno salva a situação, recitando um poema para a "seletra" assistência. Após a convocação do Maestro para animar a orquestra, o ato se encerra com todos cantando e saindo para um banquete no *foyer*.

No terceiro ato, os frequentadores são surpreendidos pela entrada de Lulu, o mulato valentão ("o pinta-brava"), que invade o recinto e apresenta sua acompanhante, a francesa madame Petit-Pois. O comportamento escandaloso dos dois leva uma das personagens a propor um desafio de versos improvisados, do qual todos participam. Em seguida, é

---

Escola Técnica Estadual de Teatro Martins Pena). Cf. J. Galante de Sousa, *O Teatro no Brasil*, v. 2, p. 570.

33  *Comoedia*, Rio de Janeiro, junho 1946, ano I, n. 1, p. 18.
34  A. Reis, *A Tradição Viva em Cena: Eva Todor na Companhia Eva e Seus Artistas (1940-1963)*, tese de doutorado, Centro de Letras e Artes, Uni-Rio, 2004, p. 44.
35  Transcrição feita por A. Reis de palestra proferida pela atriz na Casa das Artes de Laranjeiras-CAL, Rio de Janeiro, em 11 de novembro de 1998.
36  D. de Almeida Prado, *Teatro de Anchieta a Alencar*, São Paulo: Perspectiva, 1993, p. 11.
37  Edinha Diniz, *Chiquinha Gonzaga, uma História de Vida*, Rio de Janeiro: Rosa dos Tempos, 1991, p. 180.

realizado um leilão de prendas que resulta na disputa de Lulu com o guarda-noturno por um vidro de perfume desejado por Zeferina e pela francesa. Antes de se retirar com sua acompanhante, levando o perfume sem por ele pagar, Lulu saca a navalha e distribui golpes de capoeira, para terror de todos. O leilão prossegue com o sorteio de mais uma prenda, ofertada pelo guarda-noturno: dois frangos assados. Acusado de ser o autor do furto das galinhas, o guarda diz não tê-las roubado: apenas fizera "uma requisição". A peça se encerra com um maxixe final, cantado e dançado por todos: o "Forrobodó de Maçada", tornado célebre graças ao sucesso da peça.

Mostrando, de maneira bem-humorada, as gafes de elementos das classes populares ao tentar imitar a classe alta – que por sua vez, imitava, por trejeitos, os refinamentos europeus – *Forrobodó* inaugurou a utilização de uma linguagem popular nos palcos brasileiros, nos quais ainda se falava castiçamente à portuguesa. O linguajar errado e repleto de gírias das personagens, que tentam parecer eruditas e sofisticadas embora sejam oriundas de uma região pobre da cidade, trouxe para cena o "carioquês"; além disso, expressões como "não se impressione" (constantemente repetida pelo guarda-noturno) ganharam as ruas, popularizando-se como bordões populares. A peça também caracterizou tipos como a mulata, o português, o mulato pernóstico, que, embora já habitassem as peças do gênero musicado, consagraram-se a partir de *Forrobodó*[38].

No elenco, formado por Cecília Porto, Pepa Delgado, Asdrúbal Miranda, Franklin de Almeida, Machado, entre outros, destacavam-se Cinira Polônio como madame Petit-Pois e Alfredo Silva como o guarda-noturno. O enorme sucesso de público e crítica de *Forrobodó*, que alcançou 1.500 representações consecutivas e passou a fazer parte do repertório da Companhia do S. José, deveu-se não apenas ao elenco e ao brilhante texto de Luiz Peixoto e Carlos Bettencourt, como também às músicas de Chiquinha Gonzaga:

Da burleta convém lembrar não somente da sua repercussão nacional, que levou a muitas remontagens em temporadas subsequentes, como a popularidade das composições feitas pela maestrina, as partituras para canto e piano, vendidas aos milhares, do tango e da marcha carnavalesca "Forrobodó", da polca "Não se Impressione" e da marcha "Escandanhas"[39].

O sucesso de *Forrobodó* pode ser medido também pela exploração imediata do tema em peças subsequentes, como *Choro na Zona*, de Pedro Cabral; *Nas Zonas*, de Cinira Polônio; *Não Se Impressione*, de Cardoso de Menezes e Carlos Bettencourt; *Depois do Forrobodó*, de Carlos Bettencourt; *Morro da Favela* e *Flor do Catumbi*, de Carlos Bettencourt e Luiz Peixoto; *Saco do Alferes*, de Luiz Peixoto[40].

## Paschoal Segreto e a Companhia de Mágicas e Revistas do Teatro S. José

Chama a atenção o fato de que grande parte das peças citadas até agora foram encenadas pela Companhia de Mágicas e Revistas do Teatro S. José, empresariada por Paschoal Segreto. Nascido em 21 de março de 1868 na Itália, Segreto chegou no Rio de Janeiro aos dezoito anos, começando a trabalhar como distribuidor de jornais com seu irmão Gaetano; proprietário de várias bancas de jornais na cidade por volta de 1891, começou a diversificar seus negócios, envolvendo-se inclusive com jogos. A partir de 1896 seu nome aparece ligado ao ramo das diversões, no qual assumiu papel tão destacado que se tornou conhecido como "Ministro das Diversões" da cidade. Empresário ousado e de espírito empreendedor, que o levou a adotar iniciativas arrojadas na condução de suas empresas, implementou grandes inovações nos cinematógrafos da cidade, cujas exibições, até então esporádicas e itinerantes, passaram a ser regulares, configurando-se como uma atividade constante e lucrativa.

No teatro, Paschoal Segreto distinguiu-se de grandes empresários, cujas atividades haviam se iniciado ainda no século anterior, como Dias Braga (1846-1910) e Jacinto Heller (1834-1909): se estes haviam sido atores e ensaiadores, Segreto jamais assumiu qualquer função artística em seus

---

38 Cf. idem, p. 192 e R. Ruiz, op. cit., p. 15-16.
39 S. C. de Paiva, *Viva o Rebolado!*..., p. 159.
40 E. Diniz, *Chiquinha Gonzaga*..., p. 193.

empreendimentos; além disso, era proprietário das casas em que apresentava seus espetáculos, ainda que arrendasse, sempre que necessário, outros espaços.

Essa nova figura de empresário definiu claramente um modo diferenciado de tratamento das produções espetaculares. [...] Determinadas produções teatrais começaram a ser percebidas pelas empresas como frentes de atraente mercado a ser explorado e oferecido a um público consumidor ávido por novidades e diversão[41].

O grande número de companhias estrangeiras que aportavam ao Rio de Janeiro e a ampla colônia de atores e atrizes portugueses que habitavam a cidade tornavam o mercado mais fechado para os intérpretes brasileiros. Por volta de 1913, as empresas que dominavam o teatro musicado da cidade eram dirigidas por Paschoal Segreto e pelo português José Loureiro; se o último empregava apenas conterrâneos nos três teatros de sua propriedade, o empresário italiano, ao contrário, mantinha fechadas as portas de seus teatros às companhias que não fossem aqui organizadas[42]. Desse modo, Segreto contribuiu para a sobrevivência da cena teatral brasileira, emprestando-lhe contornos peculiares, em que se destaca a percepção do teatro como um negócio produtivo, competitivo e rentável, inserido em um amplo mercado de diversões. Dono de um grande número de casas de espetáculos[43], o empresário diversificava amplamente seus empreendimentos: em 1901, no Parque Fluminense, localizado no largo do Machado, havia pista de patinação, concertos executados pela banda da Polícia Militar, uma Companhia de Bonecos Mágicos, cançonetistas, animatógrafos, leões, ursos e cavalinhos. A presença de diferentes gêneros de espetáculos,

O empresário Paschoal Segreto.

muitas vezes num mesmo local, era característica dos negócios da Empresa Paschoal Segreto.

No ramo específico do teatro, o empresário lançava mão de várias estratégias de captação de público, como loterias – em que bilhetes numerados de ingresso aos espetáculos davam direito a prêmios no final das atrações, de acordo com sorteios ou resultados de lutas – e bonificações –, em que cupons adquiridos durante um espetáculo davam descontos de 50% nos seguintes. Em especial, Segreto aliava-se com a imprensa para lançar mão de propagandas maciças para suas produções, anunciadas por "notas prévias" que estimulavam o interesse do público antes das estreias, "notas" e "matérias", sendo estas veiculadas durante as temporadas, mantendo aceso o interesse acerca dos espetáculos – recurso fundamental para o sucesso alcançado pela empresa.

Dentre tantas e lucrativas atividades no ramo das diversões, a Companhia de Revistas e Burletas do Teatro S. José, apelidada pela imprensa da época de "a menina dos olhos de Paschoal Segreto", assumiu, como indica sua alcunha, lugar privilegiado na trajetória do empresário italiano. Existente durante quinze anos consecutivos, de 1911 a 1926, a companhia – a mais importante do

---

41 M. F. V. Chiaradia, *A Companhia de Revistas e Burletas do Teatro São José...*, p. 28. Todas as informações em seguida acerca do empresário e suas atividades, salvo indicação em contrário, foram retiradas dessa obra.

42 R. Ruiz, op. cit., p. 108.

43 A empresa foi proprietária das seguintes casas de diversão no Rio de Janeiro: *Parque Fluminense*, *Paschoal Segreto Chopps* (depois *Maison Moderne*), *Moulin Rouge* (depois *Teatro Variedades* e *São José*), *Coliseu Teatro* (depois *Parque Novidades*), *Teatro High Life Nacional* (depois *High Life* e *Follies Bergère*), *Folies Brésiliènnes*, *Teatro Carlos Gomes* (depois segundo *Moulin Rouge* e *Cassino*, voltando à denominação original), *Tiro Federal*, *Cinematógrafo Brasileiro*, *Teatro Variedades*. Paschoal Segreto foi dono ainda de casas de espetáculos em Petrópolis, Niterói e São Paulo.

gênero musicado nas primeiras décadas do século XX – propiciou a montagem de mais de duzentos originais, figurando como um espaço privilegiado de manutenção e fertilização de gêneros do teatro ligeiro, notadamente revistas e burletas:

> Os artistas e técnicos envolvidos nessas produções tiveram no palco do Teatro S. José um espaço efetivo de experimentação para o exercício de suas habilidades artísticas: representar, escrever, musicar, cantar, dançar, criar cenários e figurinos. Tratava-se de uma companhia rigorosamente inserida nos mecanismos comerciais, que visava ao lucro, sem nenhum compromisso aparente com transformações estéticas ou ambições de pesquisa cênica. Mas que, em contrapartida, exigia um domínio absoluto da escrita teatral do gênero cômico e popular musicado[44].

## Os Atores

A consolidação do sistema de espetáculo por sessões fortaleceu ainda mais um certo perfil de indústria cultural já presente no teatro popular musicado do período, levando assim a uma crescente especialização dos profissionais envolvidos em sua produção. Não apenas os atores mas também autores, compositores, cenógrafos, músicos e bailarinos que se dedicaram aos gêneros populares tornaram-se especialistas em suas áreas, valendo-se de acervos técnicos codificados, colhidos na tradição cômica e popular, continuamente reelaborados por meio do contato direto com o público, em uma aprendizagem substancialmente de palco.

O estabelecimento do teatro por sessões – novidade trazida de Portugal pela atriz Cinira Polônio, em 1908 – como prática corrente desde o primeiro ano de vida da companhia foi determinante para caracterizar esteticamente as produções do S. José[45]. Os espetáculos, de uma hora e quinze minutos, aconteciam em três sessões diárias: às 19h00, 20h45 e 22h30; aos domingos havia mais um espetáculo às 15h00; aos sábados e, por vezes, às quintas-feiras, havia vesperais às 16h00[46].

Nesse sistema, os atores trabalhavam duramente, sem um dia sequer de descanso. Viviam em atividade permanente, de domingo a domingo, ensaiando a montagem que sucederia a que estava em cartaz[47], pois, em geral, as temporadas eram curtas, salvo algum grande sucesso:

> De 1912-1913 até 1920, a média mensal de revistas representadas nos teatros cariocas andou em torno de 10, assegurando mais de 100 por ano [...]. Se bem que várias revistas atingissem recordes de permanência em cena, alcançando até mais de 300 representações sucessivas, inúmeras nunca ultrapassaram uma semana e até menos em cartaz. O baixo custo das montagens compensavam os investimentos; peças de grande sucesso cobriam perdas e garantiam lucros sobejos"[48].

A velocidade com que os espetáculos se sucediam fazia do ponto uma figura indispensável na estrutura teatral da época: escondido dentro de um buraco no proscênio do palco, "soprava" as falas dos atores e as marcações de cena e indicava os momentos exatos das luzes se acenderem ou do pano baixar novamente, garantindo assim o bom andamento do espetáculo[49]. A mudança constante de programação e o sistema de teatro por sessões afetavam de modo muito drástico os atores, que frequentemente ficavam afônicos pelo esforço de projetar suas vozes em teatros de grande porte, e fisicamente esgotados com as movimentações e coreografias – muitas vezes em ritmos acelerados ou vigorosos como o maxixe – desenvolvidas nas grandes áreas dos palcos[50]. Não eram incomuns espetáculos nos quais atores e atrizes interpretavam inúmeras personagens – até doze ou

---

44 M. F. V. Chiaradia, Em Revista o Teatro Ligeiro..., p. 154.
45 O sucesso da iniciativa do S. José levou à adoção desse sistema pela maioria das casas de espetáculos do Rio de Janeiro na época.
46 S. C. de Paiva, op. cit., p. 157.
47 "Os artistas eram literalmente sovados em seu trabalho. [...] As "tabelas" de serviço marcavam: às dez da manhã, ensaio para maestro, coristas e coreógrafo. Às duas da tarde, o chamado "poema" – ou seja, o texto propriamente dito, para os artistas. Às quatro, junção de texto e música. Um breve intervalo para o jantar e pronto: tudo de novo! E isso quando não se fazia urgente, diante de um "porão" inesperado, ensaiar depois da última sessão, madrugada a dentro!" R. Ruiz, op. cit., p. 109. Sobre as condições de encenação teatral na virada do século, ver também: A. Reis, Cinira Polônio..., p. 88-96.
48 S. C. de Paiva, op. cit., p. 166-167.
49 D. de A. Prado, O Teatro Brasileiro Moderno (1930-1980), p. 18.
50 Tome-se como exemplo as dimensões do Teatro Carlos Gomes: largura do proscênio, 10,40 m; altura do proscênio, 8 m; comprimento do palco, 10,50 m; largura do palco, 22 m. O Almanaque dos Theatros, 1906. Cf. Walter Lima Torres Neto, Influence de la France dans le théâtre brésilien au XIX<sup>e</sup> siècle: l'exemple d'Arthur Azevedo, Paris: Université de la Sorbonne Nouvelle, Institut D'Etudes Theatrales, Paris III, Thèse pour le doctorat, 1996, p. 161.

dezoito –, o que acarretava, só para trocas de figurino, cansativos deslocamentos.

Um dos principais elementos de apelo ao público, senão o principal, os atores do teatro musicado estabeleciam forte empatia com os espectadores; fundamentalmente, a ideia de espetáculo no gênero era resultante de um relacionamento intenso entre o autor, a plateia e o ator – tendo este um papel importantíssimo no funcionamento da cena. Sousa Bastos (1844-1911), importante autor, empresário, ensaiador e jornalista português, refere-se com admiração ao trabalho do ator Alfredo de Carvalho, considerando suas intervenções como uma colaboração ao seu texto:

> Possuía o valor supremo de ser um repentista, um improvisador impagável. [...]. Em todas as revistas em que tomava parte, Alfredo Carvalho colaborava com os autores, sempre distintamente, sempre com grande soma de espírito e sempre honrando-se a si, ao autor, aos colegas e ao público. Tenho o dever de lhe prestar essa homenagem, porque nas revistas que para ele escrevi, e não foram poucas, a sua colaboração foi sempre valiosíssima[51].

Não obstante a posição destacada que os atores e atrizes tinham no teatro ligeiro, ainda são poucos os trabalhos que se dedicam não apenas a traçar suas carreiras como principalmente têm como objeto de estudo sua atividade em cena; desse modo, a extrema fragmentação de indicações permite apenas a rápida citação de alguns dos intérpretes que se destacaram no panorama do teatro musicado das primeiras décadas do século XX.

Cinira Polônio (1857-1938) foi uma das artistas mais famosas do teatro musicado brasileiro durante as primeiras décadas do século XX. Sua trajetória iniciou-se ainda no século XIX, quando se destacou em operetas e em três revistas de ano escritas por Artur Azevedo e Moreira Sampaio: *O Carioca* e *Mercúrio*, ambas referentes ao ano de 1886; e *O Homem*, referente ao ano de 1887, baseada no romance homônimo de Aluísio Azevedo, irmão de Artur.

Sua carreira consolidou-se durante uma longa estada na Europa entre os anos de 1888 e 1900, quando, atuando especialmente em Lisboa, tornou-se também empresária. De volta ao Brasil, celebrizou-se não só como atriz e dona de companhia, mas também como compositora e dramaturga. Famosa por sua beleza, elegância e inteligência, Cinira Polônio foi, durante alguns anos, a principal figura dos espetáculos do Teatro S. José, tendo seu nome como um atrativo em todos os anúncios da companhia, mesmo quando não estava no elenco da peça em cartaz. A importância da atriz pode ser medida pela constatação de que Luiz Peixoto e Carlos Bettencourt precisaram encaixá-la no elenco de *Forrobodó*, ainda que a peça retratasse personagens não adequadas a seu tipo físico e à imagem pública por ela cultivada: "Para que entrasse na ação a Cinira, os autores arranjaram-lhe uma francesa *chic*, a madame Petit-Pois, que ela fazia magnificamente"[52].

Nascida em Badajós, na Espanha, em 1859, a *arquigraciosa* Pepa Ruiz foi a primeira grande vedete do teatro português, conquistando multidões com sua capacidade de ressaltar os duplos sentidos das cançonetas das revistas: "a Pepa sabia tirar todos os efeitos possíveis do que cantava e era bastante anunciar-se que ela estava no elenco e que tinha a defender uma dessas cançonetas, para que os teatros se enchessem"[53].

Entre seus inúmeros sucessos, destaca-se a revista *Tim-Tim por Tim-Tim*, de Sousa Bastos. O êxito inigualável do espetáculo em Portugal (cento e nove representações no Teatro da rua dos Condes, de Lisboa, um recorde na época, seguindo-se incontáveis reapresentações não só na cidade, como no Porto e em outras províncias) repetiu-se no Brasil, onde *Tim-Tim* estreou em 1892, no Teatro Lucinda: mais de cem representações consecutivas e infinitas remontagens ao longo de décadas (e não apenas por Sousa Bastos, havendo um momento em que a peça foi representada simultaneamente por três companhias diferentes). Grande parte da repercussão do espetáculo deveu-se à "presença infatigável, esfuziante, arrebatadora" da atriz, que interpretava dezoito personagens diferentes, agradando especialmente à plateia brasileira o momento em que aparecia em cena vestida de baiana, cantando o lundu "O Mugunzá"[54].

---

51 Antônio de Sousa Bastos, *Recordações de Teatro*, Lisboa: Século, 1947, p. 15.

52 Lafayette Silva, *História do Teatro Brasileiro*, Rio de Janeiro: Ministério de Educação e Saúde, 1938, p. 142.

53 R. Ruiz, op. cit., p. 30-31.

54 Idem, p. 170.

A atriz Cinira Polonio.

Ligada indissoluvelmente ao Brasil, Pepa Ruiz permaneceu no Rio de Janeiro em longas temporadas: de 1881 a 1884, de 1885 a 1888 e de 1894 até sua morte, em 1923. Empresária, teve várias companhias em seu nome, estreando a primeira em 1895; a extensão da popularidade da atriz no teatro carioca é revelada pela personagem "Papa", imitação de Pepa Ruiz feita por Amélia Lopiccolo, também em 1895, na revista *Gragoatá*, do maestro Assis Pacheco. Fundou em 1897 sua segunda companhia, em sociedade com o ator Brandão, e em 1900 a terceira companhia, para o Teatro Recreio, fazendo-a estrear, com êxito garantido, com *Tim-Tim por Tim-Tim*. Apresentou em seguida uma remontagem da burleta *A Capital Federal*, de Artur Azevedo, que trazia no elenco, além da própria Pepa novamente no papel da *cocotte Lola*, outros dois atores que haviam participado da montagem original, em 1897: Brandão, o Popularíssimo, como seu Euzébio, e Machado como Gouveia[55].

João Machado Pinheiro e Costa (1850-1920), conhecido como Machado Careca, nasceu em Portugal, vindo com o pai para o Brasil com apenas onze anos. Estreou como ator em companhias mambembes pelo interior, mas logo se firmou no Rio de Janeiro, trabalhando nas companhias de Braga Júnior (1854-1918), Ismênia dos Santos (1840-1918), Heller, Sousa Bastos, e outras. Foi um dos atores cômicos mais aclamados de sua época[56].

João Augusto Soares Brandão (1845-1921), nascido na ilha de São Miguel, nos Açores, veio para o Brasil em 1856, estreando no Teatro de S. Januário; em seguida dedicou-se ao mambembe, percorrendo durante anos o interior do Brasil em companhias secundárias. Ator cômico mais popular de sua época – notabilizando-se especialmente por seu desempenho como *compère* nas revistas de ano – foi por si mesmo cognominado "o Popularíssimo".

Desempenhou a personagem seu Eusébio, em *O Tribofe*, revista de ano de 1891, de Artur Azevedo, segundo quem o enorme sucesso da composição do ator levou-o a lamentar que a peça estivesse condenada à vida efêmera das revistas de ano, não lhe sendo possível conservar um dos melhores papéis do seu repertório. A insistência de Brandão junto a Artur Azevedo para que este extraísse uma nova peça da peça velha resultou em *A Capital Federal*, burleta de 1897, a comédia nacional de maior êxito de seu tempo e talvez de todos os tempos – na qual Brandão mais uma vez brilhou como o coronel caipira[57].

Foi também empresário, diretor de companhias e autor. Morreu em cena aberta, durante uma apresentação no Circo Spinelli no Rio de Janeiro, em 16 de novembro de 1921.

Dividindo com Brandão as atenções do público e da crítica nas primeiras décadas do século XX, Alfredo Silva (1874-1938) notabilizou-se em especial no âmbito da companhia empresariada por Paschoal Segreto: "No Teatro S. José [em 1911], Alfredo Silva e Cinira Polônio aumentavam sua popularidade"[58].

55 J. Galante de Sousa, *O Teatro no Brasil*, v. 2, p. 468-469; R. Ruiz, op. cit., p. 176.

56 D. de A. Prado, *Seres, Coisas, Lugares: Do Teatro ao Futebol*, São Paulo: Companhia das Letras, 1997, p. 29; J. Galante de Sousa, *O Teatro no Brasil*, v. 2, p. 318; L. Silva, *História do Teatro Brasileiro*, p. 210.

57 D. de A. Prado, Do Tribofe à Capital Federal, em Arthur Azevedo, *O Tribofe*, Rio de Janeiro: Nova Fronteira/Fundação Casa de Rui Barbosa, 1986, p. 270-271.

58 S. C. de Paiva, op. cit., p. 156. Na mesma obra à p. 124, lê-se: "No dealbar de 1900, o público aplaudia [...] um ator que começava a atingir o reconhecimento do público na condição

Antigos parceiros[59], a dupla dividiu a cena nesse teatro em *A Mulher Soldado* (1911), adaptação de Laura Corina do vaudevile *Os 28 dias de Clarinha*; em *Comes e Bebes*, *Zé Pereira* e *Colégio de Senhoritas*, da autoria de Cardoso de Menezes, e *Forrobodó*, da dupla Luiz Peixoto-Carlos Bettencourt – todas apresentadas em 1912.

No repertório apresentado pela Companhia de Revistas e Burletas do Teatro S. José, destacou-se o desempenho do ator como o guarda-noturno de *Forrobodó*, tão marcante "que o teve de repetir [o tipo] dezenas de vezes, quase obrigatoriamente, em outras peças, de outros autores"[60]. O impacto da presença de Alfredo Silva em cena pode ser medido por comentários de autores dedicados ao tema do teatro musicado[61], que destacam de forma recorrente sua atuação cômica e imensa popularidade.

• • • • •

A ênfase dada aqui ao teatro musicado produzido na cidade do Rio de Janeiro explica-se pelo fato de que, "a partir do século XIX, o teatro brasileiro era, na verdade, *brasileiro* apenas no nome, pois na realidade era carioca"[62]. Tal situação estendeu-se até meados do século XX, com "os espetáculos originando-se sempre no Rio de Janeiro, foco de irradiação de toda a atividade teatral brasileira"[63].

Depoimentos de vários autores confirmam a percepção de outras cidades (como por exemplo, São Paulo ou Salvador) não como produtoras, mas como consumidoras de produções teatrais cariocas ou estrangeiras: "Em 1875, mesmo antes do cinema e da televisão, o teatro não chegava a ser uma realidade numa São Paulo de menos de trinta mil habitantes. O espetáculo importado, do Rio ou da Europa, constituía a norma"[64]. Apenas em 1948 (ano "que se tornou, na opinião unânime da crítica, o marco divisor do teatro paulista"[65]), tal panorama foi transformado, com a fundação do Teatro Brasileiro de Comédias (TBC) e a criação da escola de Arte Dramática de São Paulo (EAD).

Do mesmo modo,

nos primeiros anos do século XX, Salvador continuou a viver a sua existência pacata de Província do século XIX, raramente perturbada por algum acontecimento extraordinário. [...] A vida política, social, econômica e artística do país estava no Rio de Janeiro, a capital federal, o que não impedia que os baianos chiques sonhassem ser gauleses[66].

Na capital baiana, foram também as visitas das companhias cariocas e europeias que movimentaram a cena teatral no início do século XX.

Carioca e brasileiro, o teatro musicado foi estigmatizado e relegado a uma espécie de esquecimento durante grande parte do século XX. Seus autores, atores e compositores eram relembrados primordialmente por atuações em outros campos, ou classificados como "menores" – considerados artistas dotados de uma "natural" comicidade, profissionais que desempenhavam seu ofício com "espontaneidade" –, sendo desse modo inseridos em um nicho quase "folclórico" e deixados à margem de análises mais rigorosas. Por apresentar uma cena intensamente comprometida com sua contemporaneidade – mesmo que paulatinamente tenha abandonado o esquema da revista de ano, sendo ocupada por outras formas do gênero, como as revistas carnavalescas e as burletas – por ser de forte apelo popular e, portanto, de consequentes preocupações com a bilheteria; escrito por dramaturgos mais interessados na cena do que na literatura dramática, esse teatro despertou imediato e contínuo descrédito por determinada parcela da intelectualidade.

---

de histrião singular: Alfredo Silva. Ele dividiria com Brandão a celebridade nas primeiras duas décadas do novo século".

59   Cinira Polônio e Alfredo Silva já haviam trabalhado juntos em *Cá e Lá*, de Tito Martins e B. de Gouveia (1904) e *Berliques e Berloques*, de Raul Pederneiras (1907), apresentadas no Teatro Recreio Dramático; e em *As Doutoras*, de França Júnior (1908), apresentada no Teatro da Exposição Nacional. Cf. A. Reis, *Cinira Polônio...*, p. 151-161. A amizade entre ambos pode ser medida pela carta enviada a Alfredo Silva (em data imprecisa, após 1913) na qual a atriz narra suas precárias condições em Paris, e, com medo de morrer, pede sua intermediação junto aos colegas, solicitando sua ajuda para voltar ao Brasil. Cf. L. Silva, *Figuras de Teatro*, Rio de Janeiro: Freitas Bastos, 1928, p. 227.

60   R. Ruiz, op. cit., p. 93.

61   Ver, entre outros: N. Veneziano, *Não Adianta Chorar...*; R. Ruiz, op. cit.; S. C. de Paiva, op. cit.

62   Tania Brandão, *A Máquina de Repetir e a Fábrica de Estrelas: Teatro dos Sete*, Rio de Janeiro: 7 Letras, 2002, p. 29.

63   D. de A. Prado, *O Teatro Brasileiro Moderno*, p. 19.

64   Sábato Magaldi e Maria Thereza Vargas, *Cem Anos de Teatro em São Paulo* (1875-1974), São Paulo: Senac, 2000, p. 11.

65   Idem, p. 210.

66   Aninha Franco, *O Teatro na Bahia através da Imprensa: Século XX*, Salvador: Fundação Cultural do Estado da Bahia, 1991, p. 13.

Mais recentemente, no entanto, e sobretudo a partir da década de 1980, os gêneros ligeiros vêm despertando a atenção e ocasionando novos estudos que "recolocam em pauta gêneros teatrais, autores, atores, linguagens cênicas, textos e espetáculos de diferentes períodos, realizando em conjunto um movimento de revisão desse capítulo da historiografia teatral brasileira"[67]. Acima de tudo, os últimos estudos têm trazido à tona as heranças deixadas pelo teatro musicado, reconhecendo-o, ao lado da chanchada e da comédia de costumes, "não apenas como precursor mas como fonte de inspiração, cópia e citação", cujo legado "é encontrado em cada dobra do tecido que veste nossas teorias contemporâneas"[68] – no teatro e em outras áreas da cultura brasileira, como o cinema, a televisão e a música popular.[69]

## 2. UMA DRAMATURGIA ECLÉTICA

Tratar do teatro das duas primeiras décadas do século XX é reviver uma época em que a diversidade de estilos, línguas, tipos e encenações povoava o palco e requeria da plateia constante adequação, dada a defasagem estabelecida entre as novas correntes em vigor na Europa e sua chegada ao Brasil, por meio das companhias dramáticas estrangeiras. Aliás, *movimento* pode ser a palavra-chave do período. Movimento das imagens (o cinema), movimento dos motores (o automóvel e a industrialização), movimento da sociedade (a eclosão das reivindicações femininas e operárias), movimento político (o desaparecimento do Império e os anos iniciais da República Velha), movimento da arte (a quase simultaneidade do realismo, naturalismo, parnasianismo e simbolismo, com as primeiras incursões da vanguarda moderna), movimento da linguagem (contaminada pelo francês e em busca de identidade), movimento cênico (o teatro ligeiro pedindo uma nova geografia do palco e da cenografia, e a música ocupando o lugar da palavra).

As mudanças ocorrem em todos os setores da vida privada e pública do país. A economia apoia-se na agricultura cafeeira, com exportação intensa dos estoques de café que, regulados pelo Governo Federal, sofrem os desequilíbrios da retenção/destruição dos estoques para melhoria do preço. A instabilidade decorrente tem reflexos no tecido social, criando a desigualdade e fomentando reivindicações. O desenvolvimento industrial traz consigo o crescimento do operariado e, dada a alta oferta de mão de obra, o barateamento da força de trabalho e o sucateamento das condições de vida nas cidades.

Mas esse mesmo desenvolvimento criará uma categoria social de gente abastada, com poder de compra e desejo de novidades, que impulsionará as realizações artísticas voltadas para atender o gosto da elite, ávida pelos atributos de ostentação e distinção social.

O teatro, dirigindo com frequência o olhar para as realidades do mundo exterior, fará o retrato dessa sociedade, bem como a denúncia de suas mazelas, defeitos e incoerências. As cidades, em seu crescimento, favorecerão o surgimento de peças e encenações destinadas tanto para as plateias populares quanto para o público considerado refinado e exigente.

Integrado a essa turbulência, aceitando-a ou fazendo dela a oportunidade para rebeldia e avanços, o teatro dos tempos pré-modernistas encarna a diversidade do período. A passagem do século XIX ao XX tem como principal homem de teatro Artur Azevedo, atestando a permanência do teatro ligeiro, das formas do teatro cômico e musicado que contemplam as expectativas do público menos sofisticado, graças aos preços baixos dos bilhetes,

---

[67] F. A. Mencarelli, Teatro Musicado: Capítulo em Revisão, em *Anais do II Congresso Brasileiro de Pesquisa e Pós-graduação em Artes Cênicas*, Salvador, 2001, p. 341.

[68] Mauro Meiches e Sílvia Fernandes, *Sobre o Trabalho do Ator*, São Paulo: Perspectiva, 1999, p. 7, 40.

[69] "Daniel Filho, um dos homens que ajudou a moldar a programação televisiva cotidiana do país, escreveu recentemente que a linguagem da televisão brasileira nasceu herdeira do rádio e do teatro de revista, o que lhe dá uma face toda própria diante, por exemplo, da televisão americana, que se baseou no cinema. Ele mesmo advindo do teatro de revista, reconhece na programação recheada de musicais e programas humorísticos uma origem pautada no rico teatro musical que floresceu no país. Um país que tem uma televisão onipresente e uma produção de música urbana e popular tão relevante não pode deixar de ver o rico passado do teatro musical que fez parte desta história". F. A. Mencarelli, op. cit., p. 344.

possíveis pela modalidade de espetáculos implementada por Cinira Polônio em 1908: o teatro por sessões. Como visto no capítulo anterior, vários dramaturgos, artistas e empresários foram bem-sucedidos na empreitada de oferecer entretenimento às classes média e baixa da população. Por outro lado, para muitos intelectuais e escritores, o teatro ligeiro era sinônimo da "decadência" do teatro brasileiro, que vinha se acentuando desde as últimas décadas do século XIX. Era preciso superar esse estado de coisas. Escrever "teatro sério", inspirado principalmente na melhor dramaturgia francesa do momento parecia o caminho natural. Edmond Rostand, Eugène Brieux, Henri Bataille, Henry Bernstein, Maurice Donnay eram dramaturgos de sucesso, encenados no Brasil por companhias estrangeiras, ao lado de outros autores importantes que faziam sucesso em Paris, como Ibsen, Maeterlinck, Sudermann, D'Annunzio. Por que não torná-los modelos para a dramaturgia brasileira?

Ao lado desse cosmopolitismo, um outro Brasil emerge com força: distante da capital federal, o interior brasileiro, mais recatado, agressivo e violento, desprovido dos benefícios do progresso industrial e tecnológico, mostra sua cara de atraso, fome e abandono. O parisismo convive com as tragédias de Canudos e do Contestado. O automóvel conflita com o carro de boi e o caipira de pés descalços. Pessoas e personagens, Antônio Conselheiro, Jeca Tatu, Policarpo Quaresma, o barão de Belfort, Coelho Neto (o "último heleno") e o dândi João do Rio são uma pequena amostra da realidade plural e contraditória do período.

O teatro vive e representa semelhantes contrastes, trazendo à cena, ao lado das formas musicadas, tanto a dicção francesa em dramas e comédias quanto o acento nacional nas comédias de costumes que terão forte presença nos palcos cariocas a partir de 1915, com a criação do Teatro Trianon – assunto que será abordado em outro capítulo deste livro.

O teatro, como arte de profunda interação com o presente (seja pelos assuntos e diálogos, ou pela presença real do público no teatro), não deixa de registrar o embate das tendências artísticas. Nessa altura, ainda têm vigência no Brasil os contornos naturalistas de Zola e Ibsen, cuja concepção de teatro como espaço de demonstração e comprovação de teses sociais está na raiz de *A Muralha*, de Coelho Neto ou *A Herança*, de Júlia Lopes de Almeida. Do mesmo modo, o "teatro da paixão", de linhagem francesa, cujos expoentes são Henri Bataille, Porto Riche e Bernstein, influencia *Flores de Sombra*, de Cláudio de Souza, *Berenice*, de Roberto Gomes, *A Bela Madame Vargas*, de João do Rio, e *Neve ao Sol*, de Coelho Neto. Teatro que, por meio da ação dramática tensa, executa uma "cirurgia na sociedade burguesa"[70], expondo os órgãos apodrecidos pela corrupção e egoísmo, pela hipocrisia e ambição, destacando o coração, devorado por paixões inconfessáveis que conduzem sempre à dor mais funda e ao desespero.

Em 10 de outubro de 1912, Roberto Gomes profere, na Biblioteca Nacional no Rio de Janeiro, a conferência "Arte e Gosto Artístico no Brasil", em que expressa o ecletismo vigente:

Como vedes, manifestam-se hoje livremente e fraternizam as tendências mais diversas. Restos de romantismo, surtos de naturalismo, reflexos de pré-rafaelismo, audácias de impressionistas, que têm a faculdade de ver todas as coisas verdes, escarlates ou roxas, e de que nós não devemos rir, porque todo excesso contém sem dúvida uma parcela de verdade[71].

Tratar da dramaturgia do período pré-modernista implica, pois, considerar o ambiente estético complexo em que as peças estão imersas, e o lugar artístico de onde retiram sua significação. É uma dramaturgia de contundência e de valor documental porque denuncia a violência e a hipocrisia das relações pessoais na sociedade da época: os vencedores são os fortes, e por trás de suas vitórias não há glória nem honra. Os seres que povoam esse universo possuem no coração e na cabeça abismos de corrupção, a dirigir os atos e paixões.

As personagens femininas, por exemplo, são geralmente volúveis e ambiciosas, heroínas à beira do abismo, sucumbindo à tentação da carne por amor, tédio ou ambição. As personagens masculinas, por sua vez, personificam o protótipo do burguês bem-

---

70 Marta Morais da Costa, A Dramaturgia de Roberto Gomes, da *Casa Fechada* à Abertura Modernista, *Revista Letras*, Curitiba, UFPR, n. 60, 2003, p. 266.
71 Apud Wilson Martins, *História da Inteligência Brasileira*, v. 5, São Paulo: Cultrix/Edusp, 1978, p. 522.

-sucedido ou do aspirante a essa posição. Ao endeusar o dinheiro e a fama, não medem a moralidade de suas ações e conseguem, com cinismo, atingir os objetivos traçados, deixando atrás de si um rastro de destruição, descrença e dor. O "teatro da paixão" expõe sem hesitação as situações mais cruas, como o suborno, o adultério, a chantagem e a morte. As peças retratam impiedosamente a mesquinhez, o vazio, o tédio e a hipocrisia da sociedade que preparou a Primeira Grande Guerra. Nelas, o troco miúdo do cotidiano confronta-se com a moeda de ouro do amor e, por vezes, a corrói, destrói ou subjuga.

Essa dramaturgia, provocadora de fortes emoções no público, se contrapõe à dramaturgia de sutilezas preconizada por Maurice Maeterlinck, cuja obra-prima *Pélleas et Mélisande* tem sua primeira montagem no Rio de Janeiro em 7 de agosto de 1918. Segundo o dramaturgo belga, a dor verdadeira não encontra vazão na palavra, limitada e desgastada pelo cotidiano, e, sim, no silêncio. Os amantes, enredados e impotentes, sofrem, e são aniquilados pelo destino. Dominados por um amor impossível, encontram na morte a saída e alívio para a dor. Para ela caminham em silêncio; a palavra, desgastada e limitada por natureza, não consegue expressar o desespero. A linguagem da comunicação trivial e cotidiana é banida. Maeterlinck privilegia a musicalidade do verso, a sugestão da metáfora, a ambiguidade da parábola. As personagens tornam-se visões e sonhos.

É em torno dessas tendências ligadas às tradições naturalistas e antinaturalistas que podemos aglutinar os dramaturgos que fizeram o "teatro sério" do pré-modernismo brasileiro, como veremos a seguir.

## A Dramaturgia de Base Realista, Histórica e os Dramas da Paixão

Nesse conjunto estão reunidos dramaturgos e peças que trataram de maneira preferencial aspectos da realidade social próxima, com um olhar realista e crítico, cujo conflito dramático esteve apoiado sobre o amor e o casamento. São eles: João do Rio (1881-1921), Coelho Neto (1863-1934), Cláudio de Souza (1876-1954), Júlia Lopes de Almeida (1862-1934), Oscar Lopes (1882-1938) e Afonso Arinos (1868-1918).

## João do Rio

No discurso de recepção na Academia Brasileira de Letras, em 12 de agosto de 1910, Coelho Neto saudou João do Rio (como se sabe, pseudônimo de Paulo Barreto) como aquele que "no pouco que tem vivido, não perde um instante, de cada minuto de sua curta vida [...] tem o futuro consigo"[72]. A saudação contém, em suas entusiasmadas palavras, o dom de reunir três elementos presentes na obra dramática do autor: a ação, o dinamismo, a pressa do futuro. Polemista, jornalista, cronista, contista e dramaturgo, em qualquer dessas funções predomina a observação da realidade. Sua obra retrata a sociedade, os costumes e o submundo recalcado da capital do país, o Rio de Janeiro.

O texto teatral de João do Rio é construído pelo diálogo de vozes diversificadas, sem abdicar, no entanto, da presença de um narrador mundano, sarcástico e crítico. Por vezes, esse narrador encontra no barão de Belfort, personagem constante de suas crônicas em jornal e livro, o *raisonneur*, espécie de duplo do cronista mundano.

Em 1906, João do Rio escreve a revista *A Folia*, mais tarde intitulada *Chic-Chic*, em parceria com o jornalista J. Brito. Depois apresenta *Última Noite* (inicialmente denominada *Clotilde*), drama estreado em 8 de março de 1907, no Recreio Dramático, com vigorosa interpretação de Lucília Peres. Na peça, adota como modelo o espetáculo popular do *grand-guignol*, e usa com propriedade o ritmo cênico a fim de criar a tensão dramática e a preparação para o efeito trágico.

Em 1912, estreia *A Bela Madame Vargas*, baseada em fato real, ocorrido no Rio de Janeiro, em 1907, em que a viúva Clymene Bezerrilha foi pivô de um assassinato, ao ser disputada por dois jovens estudantes. Ela foi gravemente ferida; e o assassino, absolvido.

Em 1915, nova estreia: *Eva*, drama em três atos. No mesmo ano, a Companhia Cristiano de Souza

---

[72] Apud Raimundo Magalhães Jr., *A Vida Vertiginosa de João do Rio*, Rio de Janeiro: Civilização Brasileira, 1978, p. 129.

encena três peças em um ato: *O Encontro, Que Pena Ser Só Ladrão!* e *Não É Adão.*

Representante de um estilo de vida, de escrita e de interesses afinados com o decadentismo do período entresséculos e com o dandismo nascido nas metrópoles modernas, João do Rio "expande as marcas de gênero, ultrapassando as distinções, fazendo uma crônica ter características de conto e este, marcações teatrais"[73]. A atração representada pela rua e pelo ritmo da vida do início do século impulsiona o artista a descrever "os aspectos da miséria, dos becos sórdidos, dos livres acampamentos da miséria"[74]. Embora sua dramaturgia mantenha liames com o restante de sua obra ficcional e jornalística, não atinge o grau de crueza das crônicas e dos contos. Opôs-se ao simbolismo e preferiu o tratamento realista, sem, contudo, abrir mão da ironia e das frases de efeito:

> A chateza sonhadora do simbolismo, o refúgio dos desequilibrados e daqueles que são incapazes de ciência e de estudo, o ar tresloucado desses Manfredos estragados, crescendo numa demonstração palpável da fraqueza mental do Brasil, tomam o ar postiço dos homens falsos, irritam-nos como fantoches, quando o progresso social necessita suprimi-los à força, diante de uma realidade pungente, de uma arte sã.
>
> A reação far-se-á [...], esse naturalismo glorioso porque luta para vencer, será certamente a forma única da arte no Brasil[75].

Essa relação entre dramaturgia e jornalismo apresenta nuances nas peças em um ato, *Que Pena Ser Só Ladrão!, Encontro* e *Chá das Cinco.*

Na primeira delas, o cenário é o quarto da prostituta Adriana, invadido por um ladrão em busca de dinheiro ou joias. Quando é surpreendido, devolve o dinheiro em sinal de compaixão (era a quantia destinada a pagar o aluguel do quarto), recusa-se a ceder à sedução dela e vai para casa, onde o esperam a mulher e o filho. A prostituta, rejeitada, fica a suspirar e a lamentar ter sido ele apenas um ladrão.

---

[73] Orna Messer Levin, *As Figurações do Dândi: Um Estudo sobre a Obra de João do Rio*, Campinas: Editora da Unicamp, 1996, p. 194.
[74] Renato Cordeiro Gomes, *João do Rio: Vielas do Vício, Ruas da Graça*, Rio de Janeiro: Relume Dumará, 1996, p. 45.
[75] João do Rio, apud João Roberto Faria, *Idéias Teatrais: O Século XIX no Brasil*, São Paulo: Perspectiva/Fapesp, 2001, p. 239-240.

O ladrão, apelidado Gentleman, tem a fala e a aparência de um cavalheiro, embora inicialmente seja mostrado revistando gavetas e cômodas, de forma nada cavalheiresca. Há uma inversão carnavalesca nesse ladrão de ópera. Em verdade, a situação de assalto não está ali para apontar ou denunciar a violência urbana do Rio de Janeiro. Ela serve para reproduzir no palco a "vida encantadora das ruas" e as observações coletadas pelo *flâneur* João do Rio. Ladrões e prostitutas emparelhavam em suas crônicas com trabalhadores, mendigos e gigolôs, habitantes do "arraial da sordidez alegre", como o cronista denominou o morro de Santo Antônio, espaço privilegiado de suas incursões pela periferia da sociedade burguesa.

Gentleman usa como forma de persuasão a fala. A dramaturgia do início do século XX tem essa característica de conversa, de reunião social, de personagens sempre dispostas a se revelar e a revelar os dramas dos homens e do mundo por meio das palavras trocadas em encontros fortuitos ou intencionais. É o teatro da sala de visitas, verborrágico e estático – o chamado "teatro de frases", que João do Rio cultivou com visível prazer.

Enquanto mulher e prostituta, Adriana não tem o direito de transgredir a imagem de marginalidade social para assemelhar-se às demais mulheres. É e continua sendo a prostituta, execrada pela sociedade pudica.

Já a peça *Encontro,* identificada por João do Rio como "um ato sobre uma triste saudade...", estreou em 6 de setembro de 1915. Mais tarde integrou, em forma de conto, o volume *A Mulher e os Espelhos* (1919) com ligeiras variações. Este pequeno ato revela características do teatro crepuscular das primeiras décadas do século XX, contaminado pelo simbolismo.

A ação transcorre em Poços de Caldas, durante uma temporada com poucos banhistas. Cantarolando à janela e fazendo crochê, a prostituta Adélia da Pinta, assim chamada devido a uma pinta que tem no rosto, vê passar as horas enquanto espera, no final da tarde, a chegada do coronel que a sustenta. Carlos Guimarães, que passava pela rua, se aproxima em busca de informações, movido por uma estranha impressão de reconhecimento. Após algumas perguntas, descobre na mulher uma antiga paixão de adolescência. Seguem-se confidências. Embebidos no passado, declaram seu mútuo amor. Sucedem-se carinhos cada vez mais intensos, só não culminando numa relação mais íntima porque Adélia se recusa, declarando não querer presenciar a morte de seu sonho de amor juvenil. O corpo, segundo ela, mataria a lembrança do passado. Separam-se ao final.

A narrativa dramática desenvolve o tema do reencontro de amantes e se subdivide em partes: às falas iniciais sobre a cidade, doenças e interesses pessoais seguem-se o reconhecimento, a evocação das boas e más lembranças do amor vivido 23 anos antes, a tentativa de reaproximação e a separação. A peça termina com a nova solidão da protagonista, agravada pelo que acabou de viver: "Foi mentira... dize que foi mentira. Eu vi a minha vida, eu vi! [...] era melhor não ter visto, era melhor, era melhor!"[76] A mulher que cantarolava tristemente ao iniciar a peça chega ao final soluçando.

Esse reencontro de amantes já havia se constituído em assunto de *Ao Declinar do Dia*, de Roberto Gomes, escrita em 1909 e representada em 1910. A mesma situação dramática foi tratada também por Goulart de Andrade na peça *Assunção* (1909-1910) e, posteriormente, no romance homônimo publicado em 1915.

*Encontro*, além de criar uma distância temporal maior na separação entre os amantes, transforma o que poderia ser um adultério (as protagonistas de *Ao Declinar do Dia* e *Assunção* eram casadas) numa relação menos afrontosa à moral burguesa, em razão de Adélia ser uma prostituta.

Carlos lamenta o tempo que passa – sofre de ciática e arrasta uma das pernas: "Eu já sou quase velho. Tenho quarenta anos". Para ele, Adélia representa a possibilidade de recuperação dos anos perdidos, o reencontro com o que fora: jovem filho de um senador, fogoso e aventureiro. Adélia, porém, defende um sonho, um estado de felicidade para sempre perdido. Para ela, a pureza juvenil é irrecuperável:

Isso que tu queres é de todos, pobre de mim. Mas se eu for para ti o que sou para todos, por quem hei de esperar, em quem hei de pensar? Carlos, tudo o que quiseres, ouviste. Tudo. Compreende! Mas sê bom para uma desgraçada. Tem pena! Para eu sonhar contigo sempre da mesma maneira, para lembrar a única boa coisa da existência, para poder fechar os olhos e pensar no melhor momento da minha desgraçada vida, quando era menina... [...] Carlos, meu bem, meu amor... Ninguém tem mais vontade do que eu. Mas seria a morte, o fim da minha alma.

Há na personagem feminina uma tensão interior de que o homem parece destituído. Nas memórias recuperadas em cena sobressai o sabor agridoce da juventude perdida e resgatada momentaneamente. Nos diálogos congregam-se as reticências do evocável não expresso, as lembranças das qualidades devoradas pelo tempo, que move a narrativa rumo ao depois e depois. São declarações e atitudes, beleza e beijos, braços, cabelos, mão e boca, bengalas e fugas.

Em *Que Pena Ser Só Ladrão!* e *Encontro* o discurso teatral de João do Rio mostra-se complementar à sua obra ficcional e jornalística. O dândi na pele do bandido e a sonhadora na carne da prostituta representam interfaces da sociedade múltipla dos anos iniciais do século XX. João Ribeiro, no necrológio de João do Rio, faz jus à figura do escritor ao invocar o passar do tempo para uma mais justa avaliação: "Ainda não está elaborada a crítica dos seus trabalhos e não será tarefa banal, atenta a variedade da produção do escritor. [...] A verdade é que não se confundia na vulgaridade comum; tinha qualquer coisa de insólito ou singular"[77].

Mais conhecidos são dois outros textos: *A Bela Madame Vargas*, cuja estreia ocorreu em 22 de outubro de 1912 no Teatro Municipal do Rio de Janeiro, e *Eva*, que estreou em 13 de julho de 1915 no Teatro Cassino Antártica, em São Paulo, representada pela Companhia Adelina Abranches e bem recebida pela crítica. *Eva* tem a marca da elegância do ambiente, do decoro nos diálogos, na sutileza do sentimento amoroso e no desprendimento do gesto do protagonista, o engenheiro Jorge. O enredo se desenvolve na fazenda de café do comendador Souza Prates, no interior de São Paulo. Ante a alta sociedade reunida, encena-se a história de um amor sincero, que contraria os prognósticos das fúteis pessoas presentes e destoa do comportamento frívolo da jovem Eva, objeto do amor de Jorge.

---

76 João do Rio, *Teatro de João do Rio*, São Paulo: Martins Fontes, 2002, p. 244. As demais citações de peças do autor são tiradas desta edição.

77 Apud R. Magalhães Jr., op. cit., p. 382.

O desaparecimento do milionário colar de pérolas de Adalgisa, esposa de Souza Prates, recai sobre Eva, que põe à prova o amor do rapaz, pedindo-lhe que assuma o delito. Ele concorda, mas antes que sua confissão se torne pública, o delegado anuncia que o ladrão era o jardineiro!

A peça tem um segundo plano muito rico se encarado sob o aspecto da representação da sociedade. Os criados (obrigados a falar francês), o jardineiro e demais empregados exercem o papel de contraponto à burguesia em festa, representam o mundo do trabalho, ligado à discussão de salários e benefícios. Não por acaso, há uma greve dos empregados prestes a desencadear-se na propriedade, motivada pela reivindicação de melhores salários.

O roubo do colar pelo jardineiro demonstra o quanto a ideologia se sobrepõe à pintura dos tipos e costumes. É menos comovente e chocante que ele seja preso em cena e não qualquer um dos convidados de Souza Prates. Entre os muitos diálogos, a fala espirituosa, muitos relatos e pouca ação sobre o palco. Personagens nada mais fazem do que serem o coro de apoiadores aos reclamos amorosos de Jorge.

Eva é apresentada no início da peça como a destruidora de corações: "onde vai, todos a amam", diz a senhora Azambuja, secundada por Guiomar: "E ela não ama ninguém!" Jorge, o pretendente, por seu lado admite desconhecer os jogos amorosos: "Sinto que estou sendo ridículo. É humilhante. Não sirvo para sociedade tão frívola. Levam tudo em troça. Sou um simples. Sou um matemático". Para ele, "Amor é revelação e é eternidade para as almas sem mentira. [...] Por que me dominou assim? [...] Já não sou um homem, sou uma pobre coisa".

O mesmo pode ser comprovado em *A Bela Madame Vargas*. O barão de Belfort resume a filosofia da peça:

Quem sabe? Não há ninguém bom nem mau completamente. As pessoas são como as ações. Tomam o aspecto do momento. Há ações que encaradas sob o prisma da rigorosa moral parecem pouco apreciáveis e que, entretanto, se pensarmos bem, sem moral, chegam a ser desculpáveis.

José, como Jorge em *Eva*, é na classificação do barão de Belfort: "Bom, nobre, sério, escandalosamente sério. Só não me atrevo a rir da sua

João do Rio aos vinte e sete anos.

inverossímil seriedade para que os outros seriamente não se convençam de que não há perigo em continuarem patifes". Em seu papel de *raisonneur*, Belfort usa um discurso moralista o tempo todo, evidenciando esse tipo de teatro que se dedica a esmiuçar as faces da paixão amorosa. Segundo Orna Messer Levin, a peça é

bem arquitetada com conflitos imprevistos que fazem crescer a tensão na mesma proporção em que o sentimento forte de fatalidade exaspera as personagens. O triângulo amoroso erigido sobre a oposição de caráter das personagens masculinas, reforça a sensação de fragilidade vertiginosa vivida pela heroína![78]

Apesar da fina observação de tipos e das relações interpessoais na sociedade da *belle époque*, João do Rio pouco acrescentou à dramaturgia brasileira em termos de ousadia formal. O conhecimento das

[78] Introdução: A Elegância nos Palcos, em João do Rio, op. cit., p. XXXII.

técnicas da narrativa dramática confere qualidade ao texto e segurança na obtenção dos efeitos no espectador, mas são peças construídas na fronteira entre o drama da paixão e o melodrama, entre a psicologia de salão e o estudo de caracteres, entre a crítica social e a crônica mundana. Sua dramaturgia flerta com o realismo do teatro psicológico francês, namora alguns aspectos do simbolismo, mas se casa para toda a vida com o hibridismo de linhas do período pré-modernista, do tempo de espera da real reviravolta formal que se anunciava.

## Coelho Neto

Coelho Neto domina a cena literária do Brasil no período que compreende o final do século XIX e a Semana de Arte Moderna de 1922. Sua obra dramática vai da comédia de costumes ao teatro com finalidade moral e didática. Com Olavo Bilac, forma o par de representantes incontestes da literatura institucionalizada. Por isso, são festejados e imitados. Impõem à literatura brasileira o cunho retórico, aristocrata e refinado de sua produção literária.

No teatro, a obra de Coelho Neto apoia-se na observação do real, demonstrada pela presença corajosa de assuntos polêmicos, resultantes de mudanças sociais ainda incipientes, mas já flagradas pelo dramaturgo. Assim acontece em especial com as comédias, como a mudança de sexo de Eufêmia em *O Patinho Torto*, a nova sociedade de consumo em *Quebranto*, as sessões espíritas em *Os Raios X*, a crítica às conquistas tecnológicas do cinema e do telefone em *O Pedido*. Em *O Relicário*, o conflito se resolve no terreiro de candomblé do Pai Ambrósio; em *O Diabo no Corpo*, a gravidez extraconjugal de Valentina, disfarçada em exorcismo, é perdoada por Anatólio, o pai, que proclama: "O casamento é uma carta de fiança, tu pagaste adiantado, é a mesma coisa"[79]. A moral adapta-se aos novos tempos, mais liberais.

A classe média e seus sonhos de consumo estão representados em peças como *A Muralha* e *Quebranto*. São famílias à beira da ruína financeira

O romancista e dramaturgo Coelho Neto.

por causa de dívidas relacionadas ao luxo pessoal, às aparências de riqueza. Assim, o cinema, as tecnologias de transporte e comunicação, o papel da mulher na família, os desafios de relacionamentos amorosos dentro e fora do casamento, tudo isso Coelho Neto deixou registrado em suas peças, cômicas ou sérias. Por outro lado, é possível ver em sua concepção de palco um espaço para a discussão de ideias, para a defesa de pontos de vista conservadores, a propensão para sobrevalorizar personagens que, sob a capa do bom senso, mais acentuavam a ideologia burguesa, de tons nacionalistas e caráter tradicional.

Em *O Relicário*, de 1899, encontra-se a representação da miscigenação da sociedade carioca – por extensão, brasileira – no elenco das personagens: uma descendente dos índios, uma espanhola (Lola) e afrodescendentes (Tomásia, Pai Ambrósio) convivendo com suas idiossincrasias de crenças e linguagem, num ambiente de contravenções e desencontros, regidos pela violência e pela sensualidade.

---

[79] Henrique Maximiano Coelho Neto, *Teatro de Coelho Neto*, seleção e estabelecimento de texto de Claudia Braga, Rio de Janeiro: MEC/Funarte, 1998, tomo I, p. 175. As citações das outras peças do autor serão tiradas desse volume e também do tomo II.

O melhor exemplo é, sem dúvida, a obra-prima do dramaturgo, *Quebranto,* comédia em três atos, representada pela primeira vez em 21 de agosto de 1908, escrita especialmente para o Teatro da Exposição Nacional[80]. Nessa peça, a hipocrisia, as aparências, a futilidade, as vaidades e as traições fazem submergir, num primeiro momento, o seringalista Castrioto Fortuna, de 63 anos, adulado por todos (à exceção da velha Clara) por conta dos oitocentos contos de réis que amealhou ao longo de uma vida de trabalho no Amazonas. Fortuna é submetido a um intenso tratamento de inserção na sociedade burguesa e predatória do Rio de Janeiro. Para tanto, obriga-se a realizar exercícios físicos extenuantes, a viver noitadas com muita bebida e mulheres, a usar roupas e botas caríssimas, que nunca o deixam à vontade. Sob a orientação do interesseiro Josino, gasta com generosidade os frutos de anos de trabalho. O banho de modernização do velho seringueiro, porém, serve apenas para a realização de um objetivo imediato: pagar as dívidas da família da jovem Dora, por quem Fortuna se sente atraído. Evidentemente ela não o ama, mas vê nele o homem que pode sustentá-la e a suas vontades, além de lhe dar um nome honrado, capaz de encobrir o caso que mantém com o primo Josino. Ao final do 3º ato, descoberto o golpe de que seria vítima, Fortuna declara a Dora:

Sou um velho, a senhora é uma criança. É verdade que me quis fazer mal, mas o que passou, passou. Seja feliz. É moça, bonita, bem educada, que mais? Pode ser ainda muito feliz. [...] a senhora brincou comigo, foi o que foi. Agora é preciso pensar seriamente em si. Olhe, de mim não tem o que recear: o seu segredo está na mesma sepultura em que enterrei o meu amor: um é mortalha do outro. Agora... que mais?

Embalado pela ilusão da juventude, Fortuna é trazido à consciência do ridículo da situação pela avó de Dora, Clara, que abre seus olhos para as artimanhas de Josino e demais personagens. O clima do final da peça, em que Fortuna reassume seu caráter, dignidade e comportamento provinciano, é de uma beleza teatral incontestе.

Mais do que uma comédia de costumes, sobressai na peça uma atmosfera de melancolia e decadência, representada por Fortuna e Clara.

*A Muralha,* de 1905, peça em três atos, foi representada primeiramente em espanhol, pela Companhia Arellano, em Montevidéu e no Rio de Janeiro; e em italiano, pela Companhia Clara Della Guardia, no Rio de Janeiro e em São Paulo. Na peça, uma mulher casada, Estela, é oferecida como mercadoria sexual ao rico comendador Narciso pela própria sogra, Camila, em troca de pagamento de dívidas originadas pelo desejo de ostentação da família. Nem o marido nem o pai socorrem Estela em sua luta pela preservação da dignidade. Só lhe resta, então, abandonar o lar e desafiar a moral vigente. A peça, no objetivo de expor a moral da honestidade, da dignidade, dos valores éticos ante a avassaladora corrupção dos costumes trazida pelo capital e pela dissolução dos comportamentos, exagera no tom panfletário das falas, exemplificando bem o que Alfredo Bosi denominou "sensualidade verbal", para caracterizar a escrita de Coelho Neto[81].

O drama feminino tem outra versão em *Neve ao Sol*, peça em quatro atos, não representada em vida do autor. Nela, a viúva Fausta é apaixonada pelo artista Alberto que, por sua vez, ama a filha dela, Germana. O trio assim formado reproduz padrões do drama burguês cujos modelos são importados da França, em especial do dramaturgo Henri Becque.

Esse mesmo intuito moralizador o levou a escrever pequenos textos de cunho didático e de caráter infantil e escolar, reunidos sob o título *Teatrinho*. Fazem parte desse conjunto peças como *As Estações* (1898), texto em que se encontra o conhecido soneto "Ser mãe", e *A Cigarra e a Formiga*, provérbio em um ato.

Outras peças de Coelho Neto compõem o conjunto de sua obra dramática. *Ao Mar* (1900) centra-se no diálogo entre mãe e filha, após a morte do pai. A mocinha insinua a existência de adultério entre a mãe e o médico, mas o final fica em aberto, pois a acusação não se confirma nem é desmentida. *Ironia* (1898), peça de alta carga dramática, apresenta o conflito de uma atriz dividida entre o filho

---

80 Sobre o Teatro da Exposição Nacional, ver o capítulo Iniciativas e Realizações Teatrais no Rio de Janeiro.

81 Alfredo Bosi, *História Concisa da Literatura Brasileira*, São Paulo: Cultrix, 1981, p. 223.

moribundo e a estreia de uma comédia, em que é a protagonista. Ela escolhe o palco. *A Mulher*, comédia em um ato, apresenta Leonor, uma mulher estudiosa e entediada, que acredita na ciência e se refere com entusiasmo aos conhecimentos sobre a célula e a locomotiva e se exercita com o florete, que lhe dá corpo de atleta, inibindo-a de ir decotada ao Teatro Lírico. Ela se contrapõe à simplória Maria, que pauta sua conduta pela experiência cotidiana e pelo bom senso. A mensagem final vem na voz da velha Teresa: "não contrariemos as leis naturais", pois Leonor é uma "sabichona ridícula". *Fim de Raça* (1900) é uma comédia sobre um casamento arranjado a fim de garantir a continuidade da linhagem da família Piranhas. *Nuvem*, sainete em um ato, conta a história de Ângela, que, julgando-se traída, abandona o marido e corre buscar abrigo junto à mãe, no momento em que esta contava à irmã mais nova uma bela história de amor envolvendo um príncipe encantado. O mal-entendido se resolve devido ao comportamento astuto do sogro, encenando a expulsão do genro. A filha sai em defesa do marido, tudo se esclarece e o casal se reaproxima. *O Relicário*, comédia em três atos, representada em 24 de março de 1899, no Teatro Lucinda, apoia-se num quiproquó cômico envolvendo cenas de candomblé, desencontros, trocas de identidade e crítica social.

Dois motivos, correlacionados, servem de base para a crítica social de seu teatro: o dinheiro e a mulher tomada como objeto de troca. Exemplificam essa postura o drama *A Muralha*, *O Dinheiro* e *Neve ao Sol*.

A personagem feminina no teatro de Coelho Neto concentra o entrechoque de valores sociais, mantidos por uma sociedade patriarcal e dominadora, e aqueles apresentados pela sociedade burguesa e pelo trabalho, em que o vislumbre de liberdade acarreta uma nova moral. Encarnando a transformação da sociedade à sua volta, as personagens femininas acompanham o desenvolvimento do capitalismo: o valor do dinheiro como padrão-patrão do comportamento social, o sistema de trocas e a possível liberdade através do trabalho. Em *A Muralha*, o par Camila-Estela reúne qualificações opostas que fatalmente as coloca em confronto direto. Camila, a sogra, apoiada na idade, ascendência e praticidade, reflete os aspectos negativos da sociedade dominada pela ânsia do poder e da ascensão social. Ama o luxo e a ostentação, tem critérios morais dúbios, procura, acima de tudo, o seu interesse pessoal, que ela justifica como sendo o interesse do grupo. Por outro lado, Estela possui predicados considerados positivos à época, pois acredita no casamento, na família, na conduta honesta e sincera. Ao perceber a derrocada da moral patriarcal, ainda assim a defende: "o marido fora do lar é um homem entre os homens [...] e entre as mulheres. De portas adentro é o esposo. O compromisso do marido não tolhe a liberdade ao homem". Mas não tarda, desiludida, a abandonar a casa.

*O Dinheiro* repete essa estrutura e essa solução: há o abandono do lar pela esposa – que havia sido "vendida" pelo próprio marido –, para evitar a desonra e a degradação morais.

Em *Neve ao Sol* encontra-se novamente a presença do dinheiro em confronto com a família e a relação amorosa. Nessa peça, Alberto casa-se com Fausta por causa do dinheiro dela. Percebe-se, então, que a denúncia não se prende exclusivamente à venda da mulher, mas de qualquer ser humano, porque Coelho Neto demonstra que a degradação do ser humano é causada pela *corrupção trazida pelo dinheiro*, tese cara ao teatro realista.

Não apenas as mulheres casadas são postas à venda, mas, numa tradição do teatro cômico – Plauto, Molière – a mão da donzela é oferecida àquele que pagar mais: *Sapatos de Defunto* e *Diabo no Corpo* continuam essa tradição. Em síntese, a condenação do dinheiro como fator de degradação do homem, a crença na honestidade, na pureza do amor, no trabalho, no natural e simples, demonstram um apego a valores em vias de desaparecimento. Esse saudosismo e essas crenças em valores humanos naturais e duráveis afastam Coelho Neto da ideologia naturalista e cientificista do final do século. Por outro lado, a idealização dos sentimentos de honra e amor, tão frequente no período romântico, parece demonstrar que a obra de Coelho Neto atualizou, no início do século passado, uma série de tendências do teatro brasileiro, não apenas no que diz respeito ao aspecto temático, mas também ao aspecto formal. Por essas razões, Coelho Neto representa sua época, embora não tenha alterado "a perspectiva histórica de nosso teatro", como afirma Sábato Magaldi[82].

## Cláudio de Souza

O dramaturgo é mais conhecido como autor de comédias de costumes, até porque seu maior êxito é a comédia em três atos *Flores de Sombra,* que estreou em São Paulo em 1916, pela companhia dramática de Leopoldo Fróes, sendo no ano seguinte representada no Teatro Trianon, no Rio de Janeiro. Mas ele foi também autor de um drama na linha do "teatro da paixão", *Bonecos Articulados,* com lances de amores inconfessados e acusação à hipocrisia e à futilidade social.

O drama em três atos, *O Turbilhão,* foi apresentado no Teatro Municipal em 23 de agosto de 1919, no Rio de Janeiro, pela Companhia Maria Mattos e Mendonça de Carvalho.

O Ministro Silva Reis e sua esposa levam para a cidade, provavelmente o Rio de Janeiro, a filha de um amigo do interior do estado, Baby. Em sua estada na cidade, ela conhece o engenheiro Clodoaldo, um homem simples e honesto. Casam-se e vivem tranquilamente, em especial porque ela protege o marido a fim de que ele possa desenvolver seus projetos científicos. Com o apoio do Ministro, as pesquisas avançam. Mas Silva Reis apaixona-se por Baby, e não resiste em confessar esse amor. Porém, Baby e Clodoaldo reafirmam a importância do casamento e acionam juntos o aparelho que finaliza com sucesso a experiência científica. No desfecho, há a aclamação do cientista.

Drama de amor que necessita exposição, vingança e reconciliação, seu conflito se desenvolve no seio de uma sociedade burguesa, voltada a festas, mexericos, vaidade e muita frivolidade. Silva Reis, no entanto, ao declarar seu amor a Baby, profere uma frase que dignifica um pouco os jogos amorosos dos protagonistas: "Ninguém encomenda amores e, menos ainda, amores que são sofreres"[83] Mais uma vez, dentro do quadro de futilidade social,

desenvolve-se o tão constante "drama da paixão" da dramaturgia dos tempos pré-modernistas.

Há personagens cômicas, como Ernesto, o dândi, fofoqueiro e servil; Teresa, a criada da casa de Baby; e Pedro, o mordomo sebastianista, que defende os valores de uma sociedade que se extingue:

Atente para as raparigas de hoje! Mal acabam de lhes sair os dentes da muda, untam-se de pomadas, cobrem-se de polvilhos cheirosos, e sentam-se nos salões, nos braços das poltronas, como garotos, e remangam as saias, que já de curtas não têm o que remangar, e cruzam as pernas – (*olhando para o céu de mãos postas*) – as pernas, meu senhor! – e acendem o cigarro com tal desembaraço que estão a calhar todas as inconveniências que lhes queiram dizer os peralvilhos. [...] Sou velho, servi senhores de outro tempo. Falava-se às senhoras como a santas. Aquilo eram vestidos! Uma grande armação de arame, a enorme roda de donaires, e tufos, e mais tufos, que punham os homens distantes. Ouça: as antigas senhoras em cada um daqueles tufos pareciam ainda guardarem um pouco do incenso de sua primeira comunhão!

Dois outros criados, o francês Baptiste (que se revolta com a declamação em francês macarrônico pelas senhoras) e José, socialista, dão a nota política ao texto. Quando veem suas reivindicações negadas, ameaçam uma greve e diz Baptiste: "Não somos escravos: somos iguais. E somos sindicados. Boicotaremos a casa e não terão mais criados". O texto mostra-se política e historicamente atualizado quando Ernesto, ao comentar a pressão dos criados, que veem atendidas suas exigências, afirma a chegada de um novo tempo: "É o bolchevismo!"

À medida que o conflito amoroso se intensifica, desaparece o quadro social para que as cenas se concentrem nos distúrbios da paixão. Em camada mais subterrânea, uma outra oposição é tratada: a que contrapõe a vida do interior, tida como mais sincera e calma, e o turbilhão da cidade, que envolve as personagens e lhes tira a naturalidade e a independência. Nesse aspecto, há mudança significativa na personagem Clodoaldo, antes um matemático enrustido e tímido, que depois se converte no que ele denomina "uma energia útil!"

Outro aspecto relevante desse drama é o fato de o protagonista ser um cientista e durante a peça

---

82 S. Magaldi, *Panorama do Teatro Brasileiro*, São Paulo: Difel, 1962, p. 165.
83 Cláudio de Souza, *O Turbilhão*, Rio de Janeiro: Pimenta de Mello, 1920, p. 83. As demais citações da peça são tiradas dessa edição.

mostrar-se seriamente ligado à pesquisa, a ponto de usar termos específicos e referir-se a fatos científicos do momento. O próprio cenário da peça no 2º e 3º atos coloca no palco máquinas, luzes e laboratório. Ao final do 2º ato, uma ousadia cênica:

CLODOALDO (à porta do laboratório) – Baby, Baby, vem ver... É a vitória, compreendes? (*corre a cortina*) Vê! (a plateia fica às escuras. Vê-se o laboratório fracamente alumiado pelos fogos de dois pequenos fornos. Pereira e Castro trabalham ao fundo com uma máquina elétrica). Vamos, rapazes! (uma luz de um azul intenso, vinda do laboratório, projeta-se sobre o palco e a plateia). Minha querida, é a nossa vitória!

A ciência vem temperar a paixão e render homenagem aos avanços tecnológicos que ganham projeção no século XX, como em *Albatroz*, o drama de Oscar Lopes, de 1909.

Cláudio de Souza é autor de extensa obra dramática. Entre outras peças, escreveu: *Eu Arranjo Tudo* (1915), *Outono e Primavera* (1918), *A Jangada* (1920), *As Sensitivas* (1920), *A Renúncia* (1921), *Uma Tarde de Maio* (1921), *A Escola da Mentira* (1923) e *A Arte de Seduzir* (1927). Sempre encenado pelos bons artistas de seu tempo, o registro cômico ganhou sua preferência, fator fundamental para o prestígio que conquistou no meio teatral.

## Júlia Lopes de Almeida

No panorama do teatro nacional, Júlia Lopes de Almeida desenvolve personagens femininas e situações sociopsíquicas que já demonstravam a alteração do papel social da mulher no início do século XX. Em especial, duas de suas peças vão se dedicar à discussão dos conflitos nascidos em decorrência das mudanças nos costumes.

A primeira delas, *A Herança*, drama em um ato, foi representada no dia 12 de agosto de 1908, na estreia do Teatro da Exposição Nacional, na Praia Vermelha, no Rio de Janeiro. O conflito central é vivido por Elisa, jovem viúva que, por amor, abandonou os estudos a fim de casar-se com um rapaz de posses. Com a morte do marido, causada pela tuberculose, vê-se desamparada. Para sobreviver, submete-se a trabalhos domésticos na casa que fora sua, agora governada pela sogra, Clementina. Sem clemência, ela submete Elisa a situações vexatórias. Quando a moça descobre que a única herança de seu casamento é a tuberculose, que avança rapidamente em seu corpo, resolve declarar uma independência suicida e, mesmo doente, abandona a casa numa noite de tempestade, defendendo a liberdade que pode vir a lhe ser fatal.

Júlia Lopes de Almeida, romancista, contista, conferencista e dramaturga, prima pela construção de personagens e conflitos que envolvem aspectos pessoais e sociais. Em *A Herança*, Clementina é a encarnação do espírito pragmático e desumano, aperfeiçoado pela corrosão efetuada pelo dinheiro em seu caráter. Zela pela saúde da filha e da sobrinha, mas não faz o mesmo com a nora viúva. Deseja a herança do filho, que obrigou a casar com separação de bens, explora o trabalho de Elisa, em troca de casa, roupa e comida. Considera as atitudes da nora "malignidades de mulher", "dissimulação"[84]. Ao saber da gravidade do estado de Elisa ("Um dos pulmões já quase perdido e o outro muito avançado"), comenta: "E agora? Que aborrecimento!" A situação torna-se tensa até que Elisa declara: "Basta de humilhações! Não posso mais!" E abandona a casa. Suas últimas palavras expressam a dor e a desesperança: "por aquela porta por onde entrei com meu marido num dia de céu azul, sairei sozinha num dia de tempestade. Vim para a felicidade que não encontrei, vou para o imprevisto, que talvez me socorra! [...] Eu volto para o meu [lugar] com a minha herança!"

Outra peça da autora é o drama em três atos *Quem não Perdoa*, encenado em 1º. de outubro de 1912, no Teatro Municipal do Rio de Janeiro. Também trata de relações conjugais em que Ilda, esposa fiel do adúltero Gustavo, descobre-se apaixonada por Manuel, amigo do casal. Sua mãe, Elvira, resume o modo como a sociedade pensa os dramas conjugais: "Na vida de uma mulher solteira, por maior que seja o sofrimento, há sempre a esperança. Na da casada, quando não haja felicidade há apenas resignação"[85].

---

84 *A Herança*, Rio de Janeiro: Tip. do Jornal do Comércio, 1909, p. 23. As demais citações da peça provêm dessa edição.
85 Idem, *Teatro: Quem não Perdoa, Doidos de Amor, Nos Jardins de Saul*, Porto: Renascença Portuguesa, 1917, p. 39.

O rapaz abandona o Brasil e vai para a Europa. Ao se despedirem, Ilda é surpreendida pelo marido que a mata incontinenti, julgando maculada sua honra. Quatorze anos depois, ao sair da prisão é saudado como herói pelos amigos. Elvira, mãe de Ilda, no entanto, toma a si a vingança e assassina Gustavo.

O assunto não está de todo resolvido pela vingança, de vez que uma das amigas de Gustavo, infiel como ele, o defende com as seguintes palavras: "Gustavo não é o primeiro marido que matou a mulher no Rio de Janeiro e que é absolvido! Há vários aí nas mesmas condições e muito considerados".

Júlia Lopes de Almeida tratou do novo papel social da mulher, mas o fez com timidez estética, permanecendo em soluções dramatúrgicas comportadas. Mesmo assim, seus contemporâneos a tinham em alta conta. No volume em que está impressa *A Herança*, Artur Azevedo qualifica a peça como "uma página tão fina, tão delicada, tão comovedora, que só poderia sair de uma pena de mulher". E Olavo Bilac acrescenta que se trata de "um ato curto e rápido, em que vibra um talento criador de primeira grandeza"[86].

## Oscar Lopes

Foi intensa e variada a atividade de Oscar Lopes como dramaturgo, poeta, romancista e jornalista. São poucos os textos teatrais em sua obra, mas suscitam algumas constatações relevantes.

O drama em três atos, *Albatroz*, que estreou em 28 de setembro de 1909, no Teatro Recreio Dramático, com Lucília Peres e Antônio Ramos nos papéis principais, alia ao drama da paixão uma ambientação futurista para a época: a aviação. O cenário do 1º. ato descreve um ambiente moderno, indicando a valorização da tecnologia e dos motores:

Ato I – CENÁRIO – Um hangar. Larga porta para o campo florido. À esquerda, fundo, vindo em diagonal para a porta, um prolongamento da oficina, no qual está guardado o aeroplano. Apenas se vê parte dele. – Uma secretária de gavetas. – Mesa tosca, com utensílios diversos. – Desenhos, cartões, algarismos. – Tamboretes. – Motor, quase ao centro[87].

O engenheiro e inventor Júlio Frederico vive um grande desafio: construir o Albatroz, avião capaz de resistir ao vento, voar com segurança e realizar um sonho:

Sentir que me elevo da Terra docemente, suavemente, e me dirijo no ar à mercê de minha vontade... Ter a noção de estar acima do Planeta, tendo burlado a lei da gravidade, dominando as montanhas e os mares, as florestas, movendo-me na direção que eu desejar...

Júlio é casado com Marta, que o ama e lhe é fiel. Ele sai a testar o avião, sofre um acidente e fica temporariamente cego. O motor do avião é consertado pelo mecânico Edgard, e Sancho, o amigo espanhol, consegue voar com o Albatroz e credita os méritos ao amigo Júlio.

Júlio recebe uma carta, atribuída a Marta, em que esta declara amor a Sancho. O texto falso é fruto do despeito, do ciúme e do ódio de Edgard. Ao ouvir a leitura feita pelo próprio Edgard, Júlio demonstra intenso ciúme e acusa a esposa de falsidade. Ameaça matá-la com um revólver. Sancho aparece, luta com Júlio, a arma dispara e o engenheiro morre. Sancho considera-se assassino, Marta olha para Edgard, compreende toda a trama e a peça termina com ela declarando: "Eu direi toda a verdade".

O drama da paixão realiza-se uma vez mais e com ingredientes de alta tragicidade, como a fusão do ciúme profissional com o passional. Júlio, fragilizado pela cegueira real, vive a cegueira mental, decorrente da desconfiança e da interpretação equivocada dos fatos. É verdade que o ciúme é intensamente alimentado pela inveja e cupidez de Edgard, Iago pré-moderno, que se vale inclusive do auxílio espúrio da forjada carta de amor.

Embora cenário e ambientação rondem questões contemporâneas de tecnologia e velocidade, o tratamento assumido pelo diálogo teatral se dá numa perspectiva sentimental de sabor antigo. O que salva a peça do amontoado de lugares-comuns da

---

86 Os comentários de Artur Azevedo e Olavo Bilac estão transcritos no volume de *A Herança*.

87 Oscar Lopes, *Teatro: Albatroz, Os Impunes, A Confissão*. Rio de Janeiro: Garnier, 1911, p. 3. As demais citações encontram-se nessa edição.

dramaturgia melodramática é a presença constante do Albatroz. Exemplo de tecnologia e da modernidade, tem função simbólica. Não voa com a alma pequena de Júlio Frederico; alcança os ares com a generosidade e sensibilidade de Sancro Rubilla. O sonho de Ícaro, porém, morreu na ação de Iago.

*Os Impunes*, peça em três atos, estreou em 6 de junho de 1910 no Teatro Municipal do Rio de Janeiro. A narrativa dramática apresenta o protagonista Maurício d'Ávila, instalado em sua *garçonnière*, lugar de encontros amorosos. Entre suas amantes, está Alzira, mãe de Maria. No segundo ato, temos as conversas de salão em que mulheres e homens se põem a conversar sobre assuntos da vida social, como os efeitos da benemerência e as qualidades da arte. Há falas que esclarecem o leitor e o espectador sobre os diferentes tipos de festas e espetáculos realizados no Rio de Janeiro para angariar fundos para os pobres, como, por exemplo, esta do dr. Bernardes:

Para isso, preparam uma festa no mês de abril, um desses festivais graciosos, cheios de atrativos – *pleins d'attraits* – com danças ao ar livre, *carroussel*, teatro de marionetes – uma espécie do nosso João Minhoca ou *Jean Minhoca*, como diriam os franceses se conhecessem a nossa expressão – e mais: corridas livres – *courses libres, en sac, aux oeufs*; tômbola de prendas, um *cotillon* campestre e até um grande relvado destinado às crianças, com jogos infantis multiformes.

A conversa mistura boas ações e frases do dr. Bernardes, no papel do *raisonneur*. Predomina, porém, a crítica social às ações de benemerência da personagem mme. Bernardes, feitas pelo marido com forte uso da ironia:

Ela tem um tino extraordinário para essas coisas. Quem a quiser ver feliz é dizer-lhe: olha, aconteceu um grande desastre – um incêndio numa fábrica, um terremoto nos Estados Unidos ou um descarrilamento de trem de ferro, com mortos e feridos, viúvas inconsoláveis, órfãos abandonados – anda, vai fazer um festival de caridade.

Maurício chega à reunião e, sentindo-se observado por Maria, inicia o jogo da sedução, dizendo-se leitor de mãos: "Nas tuas mãos, talvez eu pudesse ler o teu destino; mas nos teus olhos é o meu que leio". Maria sai, comovida.

No 3º ato, Maurício recebe a visita de Maria na *garçonnière*. Ela lhe confessa um amor que vinha da infância: "tinha qualquer coisa de misterioso". Maurício recusa-a: "Tu és uma linda e ingênua criança. Nós nos amaremos sempre, embora regresses à casa. Teu sacrifício é grande demais para mim". Chega também Alzira, que encontra o véu de Maria, e Maurício lhe faz um discurso cínico:

Neste pedaço de gaze, Alzira, está o melhor da nossa recordação... Em sua trama unida estão as nossas almas presas. E a minha é para sempre que está enclausurada... Gaze fina e ingratamente tratada... Fina, flutuante, diáfana, incorpórea como um raio de luar, de luar arroxeado... Gaze que és como um luar, luar que és bem a saudade...

Alzira diz a Maria quando se encontram: "tranquiliza-te... Não disputarei teu amante. Maurício, fica à vontade... Maria, minha filha, não me consideres tua rival: sou apenas a tua mãe". Aos gritos de "Mamãe... mamãe..." abraçam-se. Maurício recebe, ainda, a visita de um velho, que é pai da vítima de um crime passional e que fora abrigada na *garçonnière*. Vem agradecer a Maurício: "Se não fosse seu bom coração, meu senhor, meu filho teria morrido. Foi o senhor que salvou meu filho". O leitor reconhece em todas essas situações um estado de indigência dramatúrgica, um acentuado pendor para o melodrama mais artificial.

Outra peça do autor, *A Confissão*, é comédia em um ato, cuja estreia aconteceu em 28 de setembro de 1909 no Teatro Recreio Dramático, no Rio de Janeiro, com Lucília Peres e Marzullo. Trata-se de uma comédia simples, em que o diálogo é elemento essencial. Retrata um amor de salão, sem contradições nem reviravoltas. É um jogo de dizer a verdade, provocado pelas perguntas e confissão extraída à força. Nela, a malícia feminina predomina.

A mais elogiada das peças de Oscar Lopes foi *Os Cabotinos*, estreada em 13 de abril de 1913, no Teatro Municipal do Rio de Janeiro. Mário Nunes elogiou "o sopro de energia, de vitalidade, entusiasmando o público e a crítica"[88]. O drama de Oscar Lopes tem seu terceiro ato ambientado nos bastidores de um grande teatro, e onde se ouvem

---

[88] Op. cit., p. 47.

os aplausos do público. Peça metateatral, segundo Claudia Braga,

não parece seguir uma forma preestabelecida, o que confere à peça sua maior qualidade. Ao construir seu drama com os pés calcados na realidade que o cercava, com propriedade e conhecimento, Oscar Lopes conseguiu escrever não só dramaturgia, como dramaturgia séria e de boa qualidade[89].

Trata-se, portanto, de uma dramaturgia de altos e baixos, mas que revela certo conhecimento do autor a respeito da linguagem dramática e do diálogo.

## Afonso Arinos

Não faltou à dramaturgia do período pré-modernista o drama histórico. Afonso Arinos explora um fato histórico do período colonial em Minas Gerais, e escreve *O Contratador de Diamantes* (1917), representado em 18 de maio de 1919, no Teatro Municipal de São Paulo.

A ação dramática decorre em Tijuco, de 1752 a 1753. O contratador é Felisberto Caldeira Brandt, cuja sobrinha, Cotinha, desdenha a corte que lhe faz o ouvidor José Pinto Morais Bacellar. Entrelaçam-se o conflito amoroso e o conflito político. A peça tem um início mundano, começando com um baile no salão da Casa de Contrato. Ao 1º. ato, mais leve, recheado de elementos da cultura popular (fandango, batuques, lundus), namoricos, frases de efeito e muitos salamaleques de salão, seguem mais dois atos e um quadro final que assinalam a queda política do contratador, preso e depois expulso da capitania, tendo perdido todos os seus bens, a família e amigos. Felisberto prevê sua desgraça já ao final do primeiro ato e, mais ainda, faz uma previsão histórica: "Ah! Um dia os filhos da colônia oprimida hão de fazer dela uma nova e grande pátria!"[90]

A peça tem objetivo claro: demonizar os portugueses reinóis, sua ambição, sexualidade possessiva, orgulho e desejo de vingança, prepotência e violência. Já os portugueses aculturados e abrasileirados têm firmeza de caráter, e são adeptos da revolta iminente contra Portugal. Essa oposição divide os grupos de personagens em bons e maus, oprimidos e opressores, heróis e vilões, libertários e conquistadores. Há um tom romântico fora de época na fala final do contratador algemado: "Ah! Capitão! Eu bendigo estas cadeias! Elas simbolizam para mim agora a unidade perpétua e indissolúvel das capitanias! Elas hão de representar a solidariedade dos brasileiros na repulsa de todas as agressões e na defesa da liberdade com que sonhei!"

Deve-se valorizar a mão segura com que a ação se desenvolve, de um clima fútil e mundano para a tragédia pessoal e política do protagonista, num ambiente repleto de traições, lágrimas e gritos de revolta. Bem aponta a crítica para a construção bipolar das conspirações: "uma contra Felisberto, o patriarca dos Brandt; a outra, a consciência do próprio Felisberto da necessidade de independência do Brasil, apoiado que está no amor pela terra e no apoio popular"[91].

O entrelaçamento desses níveis e o desenvolvimento dos conflitos conferem a esse texto um colorido dramatúrgico que, um tanto deslocado no tempo, mesmo assim mantém o interesse do leitor. É na presença constante e intensa da cultura popular brasileira que reside o ponto de contato da peça com o período pré-modernista, em que se estava gestando o nacionalismo modernista. A personagem Sampaio registra em suas palavras a trajetória da valorização da cultura nacional: "Sou da terra, sou pelos da terra. Quero dizer: nasci no Reino, mas vim para cá fedelho. [...] Olhe cá: fale-me em fandango ao som de xique-xiques de prata, fale-me em batuques de rachar, fale-me em lundu chorado" Também merecem registro os diferentes estratos de linguagem dos comerciantes, os comportamentos existentes na então Colônia de Portugal, além do congado dançado em cena.

O drama histórico combina, portanto, a narrativa do fracasso do herói Caldeira Brandt, ao mesmo tempo em que abre caminho para o anúncio de novos tempos. A perspectiva histórica é ingênua,

---

[89] *Em Busca da Modernidade: Teatro Brasileiro na Primeira República*, São Paulo: Perspectiva, 2003, p. 43.
[90] *O Contratador de Diamantes*, Rio de Janeiro: SNT, 1973, p. 21. As próximas citações da peça provêm dessa edição.
[91] Edwaldo Cafezeiro; Carmem Gadelha, *História do Teatro Brasileiro: De Anchieta a Nelson Rodrigues*, Rio de Janeiro: Funarte/UFRJ, 1996, p. 353.

contribuindo para um certo quê didático e pouco teatral da peça.

## A Presença dos Princípios do Teatro Simbolista

No conjunto dos dramaturgos, a seguir relacionados, podemos encontrar exemplos da estética simbolista em personagens, situações e concepção cênica, predominando sobre a perspectiva crítica e social presente na categoria anterior. São eles: Roberto Gomes (1882-1922), Goulart de Andrade (1881-1936), Lima Campos (1872-1929), Graça Aranha (1868-1931), Paulo Gonçalves (1897-1927) e Emiliano Pernetta (1866-1921).

## Roberto Gomes

Roberto Gomes foi um autor de fina sensibilidade poética, afinado com a tendência francesa de uma dramaturgia interiorizada, de minúcias, de sugestividade e de contida eloquência. A influência mais forte e duradoura provém da França, a que estava ligado por laços sanguíneos (sua mãe era francesa), educacionais (sua formação escolar se deu naquele país) e cultural (a língua serviu de forte amarra para as ideias que foi cultivando sobre a arte teatral, a partir da leitura de teóricos e dramaturgos, como Maurice Maeterlinck e Henri Bataille). Como resultado, sua dramaturgia apresenta tênue parentesco com o teatro brasileiro da época, apesar do autor aqui ter nascido e vivido a quase totalidade de seus quarenta anos. Em Roberto Gomes, a profunda nostalgia e a contínua sensação de exílio foram mais do que a conduta da moda denominada parisismo.

A atividade dramática do autor, entre os anos de 1910 e 1921, esteve, portanto, marcada pelas contradições de seu tempo. A estreia de sua peça *Ao Declinar do Dia...*, em 1910, não foi bem-sucedida. Dois anos depois, porém, a primeira representação de *O Canto sem Palavras* foi bem recebida pelo público e pela crítica.

Em 1923, quando da estreia de *Berenice*, a imprensa afirmou que a pouca afluência do público carioca deveu-se ao fato de a peça ter sido escrita por um brasileiro. Foi a acusação divulgada nas páginas da *Revista da Semana*, por Rosalina Coelho Lisboa e no jornal *A Rua*, por Alberto de Queiroz.

Foi nesse contexto que Roberto Gomes exerceu sua atividade intelectual. Como jornalista, ele escreveu, desde 1909, na *Gazeta de Notícias*, primeiramente com o pseudônimo de Bemol e, a partir de agosto de 1911, com o próprio nome, nas críticas da seção "Crônica Musical". Também foi articulista, crítico musical e teatral em *A Notícia* e *O Imparcial*.

Sua dramaturgia compreende nove peças: *Le Papillon* (1897-1898), *Ao Declinar do Dia...* (1910), *O Canto sem Palavras* (1912), *A Bela Tarde* (1915), *O Sonho de uma Noite de Luar* (1916), *Berenice* (1917-1918), *O Jardim Silencioso* (1918), *A Casa Fechada* (1919) e *Inocência* (1915-1921). Quatro delas foram vertidas para o francês: *Ao Declinar do Dia...*, *Berenice*, *A Casa Fechada* e *Inocência*. A única comédia de sua obra, *Le Papillon*, nunca foi traduzida para o português. Trata-se de um texto escrito na juventude, com um enredo fraco e sem originalidade. O próprio autor renega esse texto, indicando *Ao Declinar do Dia...* como o início de sua obra dramática.

Trata-se de um teatro impregnado por uma decadentista e refinada visão do mundo e dos homens, expressa poeticamente. Há nessas peças uma evidente preocupação com a psicologia em detrimento da peripécia ou da sociologia. A sensação deixa em segundo plano a ação, o silêncio se sobrepõe ao ruído e, até mesmo, à fala. A noite e o crepúsculo são mais sugestivos e densos do que a luz do dia. Seu teatro recebe com frequência a classificação de simbolista que, segundo Eudinyr Fraga, caracterizou-se no teatro pela inexistência da intriga tradicional, substituída por uma ambientação difusa e uma atmosfera de tensão; por personagens apenas delineadas, imprecisas e indeterminadas; pela existência de dois planos de expressão e compreensão: o visível e o interno; o uso de linguagem poética, sugestiva, ambígua e de profunda visualidade; a feição lírica de caracteres e situações, amortecendo a linguagem dramática[92].

Por outro lado, acreditando na alta importância do sentimento, do sofrimento e da solidão para a compreensão do ser humano, Roberto Gomes enveredou

---

92 Cf. *O Simbolismo no Teatro Brasileiro*, São Paulo: Art & Tec, 1992.

pela forma francesa do "teatro da paixão", de Henri Bataille, Porto Riche e Bernstein. Esse realismo do "teatro da paixão", no entanto, foi atenuado pela influência de outra dramaturgia, a de Maeterlinck. Roberto Gomes tentou – e por vezes conseguiu com êxito – amalgamar a crueza do bisturi francês com a lira poética belga.

Henri Bataille afirmava que "o amor é o grito de revolta contra o vazio da vida"[93]. Fiel a esse preceito e ao tratamento maeterlinckiano dessa temática, o teatro de Roberto Gomes está construído sobre o tema exclusivo do amor. É em torno dele que giram as personagens, seus desejos, lutas e, frequentemente, sua derrota.

Em *Ao Declinar do Dia...*, de 1910, Laura está casada com Viriato, mas seu casamento já apresenta grande desgaste. Ambos vivem a solidão a dois. O marido da protagonista está muito doente e, acamado, permanece no leito. Ao crepúsculo, a chegada de um visitante inesperado, Jorge, antigo amor da moça, traz à cena todo o romance vivido no passado. Ante a possibilidade da viuvez, como se as amarras sociais se afrouxassem e a lembrança dos momentos anteriores se tornasse imperiosa, os dois beijam-se. Ouve-se um baque surdo. Viriato está morto no corredor frente ao quarto. Na impossibilidade de definir se o beijo apressara a morte do marido, Laura recusa o amor de Jorge, que parte definitivamente para longe da felicidade. A impotência de Laura diante da morte do marido e a impossibilidade de definir sua causa exata conduzem ao sofrimento e à percepção do quanto é frágil e efêmera a felicidade humana.

*O Canto sem Palavras* mostra o drama de Maurício, que, aos 58 anos, se apaixona por Queridinha, sua afilhada, ainda adolescente com dezessete anos, filha da mulher a quem amara na juventude e que, ao morrer, incumbira-o da tutela da criança. Ante a confissão da moça de que está apaixonada por Cipriano e o pedido de permissão para casar-se, Maurício revolta-se e se recusa a autorizar o enlace. Em cena, aparece Hermínia, amante de Maurício, que abre seus olhos para a paixão por Queridinha. Sem confessar-se, sofrendo, ele decide abandonar o Brasil e parte em viagem para a Europa, sem data de volta, na companhia de Hermínia. Enquanto isso, Queridinha prepara-se para o casamento, sem desconfiar da paixão que despertara no tutor.

A peça é um drama sobre a descoberta e posterior perda do amor, sobre o sofrimento e a amargura, sobre o desespero calado e solitário, enfim, sobre uma paixão crepuscular, numa atmosfera de delicadezas e renúncia.

*A Bela Tarde*, de 1915, registra, em instantâneos de leve humor e sutileza, o cotidiano de uma família classe média no Rio de Janeiro do começo do século. Papai diverte-se em cuidar das plantas e ler seu jornal diário. Mamãe, típica figura matriarcal conservadora, cuida do bordado e da educação da filha, Nicota, enquanto exerce o *disse me disse* de toda a vizinhança com igual afinco e rara sensibilidade. O tio, cinquentão, é a personagem mais rica da peça: seu ceticismo e amargura são reflexos da sensibilidade ferida, de sentimentos amorosos espezinhados. Abandonado por aquela que poderia ter sido seu derradeiro amor, sente chegar o crepúsculo da vida com a amargura dos derrotados e na solidão dos vencidos.

*O Sonho de uma Noite de Luar*, do ano seguinte, apresenta Cristiano, um artista, já maduro, que dialoga em cenas de pura ilusão com Edel, a quem amara quando tinham ambos quinze anos. Na noite em que volta tarde para casa, depois de um compromisso social, recebe a visita de uma mulher que, ao primeiro olhar não reconhece. É Edel, madura, que lhe propõe retomar o amor da juventude. Ele não aceita, pois sonha com um amor mais perfeito. O texto termina quando a Edel real vai embora, enquanto Cristiano permanece enlevado com a ilusão da presença do amor adolescente, recuperado pelo sonho.

A ação dramática de *Berenice* inicia-se com a protagonista cercada de admiradores, prontos a sacrificar tudo por ela, que a todos afasta. Seu coração prepara-se para viver, provavelmente, a última paixão de sua vida, Flávio Orlando, pianista talentoso e pobre. Por ele, ela ignora diferenças sociais e de idade. O texto dedica-se a estudar a trajetória dessa paixão rumo ao abandono e ao suicídio da protagonista. *Berenice*, apesar dos exageros ao gosto da época, é um texto marcante do "teatro da paixão" na dramaturgia brasileira.

*O Jardim Silencioso*, de 1918, é um texto de alta poeticidade a respeito dos desencontros humanos.

---

93 *Écrits sur le théâtre*, Paris, Georges Crès, 1917, p. 192.

O dramaturgo Roberto Gomes.

É a descoberta da traição feminina, causada, sobretudo, pela solidão. O marido descobre a infidelidade no dia em que sua esposa, atrasada para a comemoração do aniversário de casamento, é assassinada pelo amante. As informações vão chegando aos poucos ao público e ao protagonista, até a revelação final. A peça gira em torno de uma protagonista que não aparece em cena: ela é toda silêncio.

*Inocência,* adaptação da obra homônima do Visconde de Taunay, foi resultado de um trabalho de longo fôlego: sua composição aconteceu entre 1915 e 1921. Roberto Gomes enfatiza no texto dramático o tom trágico e fatalista do amor de Cirino e Inocência, cercado de cenas de grande sutileza, mistério e destinação trágica.

Apesar das constâncias temáticas, de personagens e de ambiência dramática, é *A Casa Fechada,* texto finalizado em 23 de julho de 1919, conforme atesta o manuscrito original, que apresenta a mais elaborada e avançada concepção dramatúrgica do autor.

A peça retrata uma cidade do interior, abalada pela notícia de que uma de suas figuras mais conhecidas e honestas, Maria das Dores, fora surpreendida em flagrante adultério pelo marido, Matias. Os habitantes da cidade nada sabem de concreto a respeito do fato e, com curiosidade, reúnem-se em frente da casa fechada de Maria das Dores à espera dos acontecimentos. Enquanto isso, tecem conjecturas e exprimem opiniões contrárias à adúltera, aguardando a chegada do barbeiro Geraldino, que afirmava ter visto tudo. Mas as informações que ele presta ao chegar estão distorcidas pelo sadismo, morbidez e inveja. Ao final da peça, a dúvida sobre o que realmente aconteceu persiste. A única certeza é a partida de Maria das Dores no trem das dezoito horas, abandonando, por exigência do marido, o lar e os filhos.

O realismo do enredo e da observação factual e psíquica das personagens é substituído pela técnica polifônica do ponto de vista. O leitor vê-se, pouco a pouco, envolvido pela ação dramática de tal forma que, de repente, descobre-se tão participante quanto as personagens, integrando-se ao desenrolar da trama, elaborando também hipóteses para compor a cena central da descoberta do adultério.

A multiplicidade de pontos de vista altera o enredo tradicional, a tal ponto que o adultério de Maria das Dores, suposto foco temático principal, é obscurecido pela curiosidade (tanto do leitor quanto das personagens) e pela revelação, através da fala e dos comportamentos, de naturezas interiores insuspeitadas. As personagens que cercam a casa da adúltera observam a dor alheia. E é exatamente essa observação que desencadeia confidências e revelações e que motiva a exteriorização das mágoas recalcadas, do sadismo, da compaixão, dos preconceitos, da inveja e da maledicência. Por isso, as personagens periféricas acabam por constituir-se no centro do espetáculo.

O leitor observa e analisa a situação proposta como um enigma, de que ignora a solução, e até mal conhece os elementos que o formam. O incidente da noite da descoberta do adultério só é conhecido através da versão pessoal de uma testemunha ocasional. As personagens diretamente envolvidas no fato são apenas seres de palavras: não estão presentes em cena: Matias, o marido, e, muito menos o

Outro anônimo. Maria das Dores é construída por vozes contraditórias e se tem dela apenas uma visão fugaz ao final do drama, quando passa, silenciosa, rumo à estação de trem.

Mas nem essa visão contribui para elucidar a verdadeira história do adultério. Apenas ao final da peça é que o leitor compreende que o tema central do texto não é o adultério, mas a dor de estar vivo. A vida, com acasos e tragédias, é que constitui o enigma. E no afã de decifrá-lo, é o próprio homem que acaba se revelando e se descobrindo. As personagens e o leitor chegam à conclusão de que o ser humano é frágil e ignorante: "Deus é que sabe... Deus é que sabe..."[94], afirma o Mendigo. O erro está dentro das pessoas que "não sabem ver".

Os seres esbatidos como sombras silenciosas e imóveis constituem, juntamente com o crepúsculo, uma das imagens mais apreciadas e frequentes no teatro de Roberto Gomes. Esses seres de sombra, geralmente humildes e sábios, dispensam a retórica vazia e vibrante: pouco falam mas expressam muito. O Mendigo, o Acendedor de Lampiões e Maria das Dores só precisam passar ou murmurar para deixar fundamente gravada no espectador/leitor uma amarga compreensão da vida, do homem, da sociedade e de seus valores.

O espaço é outro componente importante da peça, que resulta num uso particular do palco. Desaparecem os tão frequentes espaços de intimidade. Seu teatro vai à rua e deixa a cidade grande para internar-se na comunidade interiorana. Entre os habitantes, prefere escolher os tipos que não sejam regionais para não sugerir apenas uma cor local romântica ou pitoresca. Persegue com interesse o ser humano camuflado atrás de profissões e, por isso, aparentemente sem individualidade. Poucos têm um nome próprio, são seres coletivos: o Boticário, a Agente de Correio, o Pescador etc. A ação vai se encarregar de provar que as máscaras profissionais são insuficientes para esconder o ser humano imperfeito e problemático.

O tempo em que decorre a ação dramática está limitado pela chegada do trem à estação. Portanto, o conflito apresenta-se concentrado em, aproximadamente, uma hora, necessária para que as personagens possam chegar à cena, falar de modo a expor pouco a pouco suas *verdades interiores* e preparar a passagem de Maria das Dores. Arranjado dessa forma, o tempo da ação dramática equivale ao tempo da encenação, numa simbiose intensificadora dos sentidos e verossimilhança do texto.

O conjunto dessas qualidades faz, com todos os méritos, sobressair a posição de Roberto Gomes entre os dramaturgos de sua época.

## Goulart de Andrade

Dramaturgo de tendência simbolista, busca em situações fora da normalidade a ocasião para apresentar tipos e diálogos repletos de zonas de sombras. As intrigas em suas peças apresentam-se estranhas, ou tratam de situações anômalas, que permitem indagar a respeito das motivações humanas. Goulart de Andrade é considerado "o mais decadente dos decadentistas do teatro brasileiro"[95].

O drama em versos *O Ciúme Depois da Morte* (1909) aborda os ciúmes de um homem pelo marido já falecido de sua esposa. Quando ela abre mão de toda a sua riqueza, fazem as pazes. Em *Renúncia* (1909) observa-se um incipiente complexo de Édipo e a suspeita de incesto. Cláudio, filho de vinte anos de Ester, quer se casar com a viúva Laura, de 36 anos. A mãe convence a outra a desistir e declara que não permitirá que o filho se una a outra mulher. Em *Sonata ao Luar* (1909) o pai quer a filha para si, mas renuncia a esse amor e permite o casamento da jovem, enquanto se ouve a *Mondscheinsonate*, de Beethoven. A peça *Jesus* estreou em 20 de junho de 1919, no Teatro Fênix do Rio de Janeiro. Nela, reconta-se a história da traição de Judas, movido pelos ciúmes que sente de Madalena, apaixonada por Jesus. É um texto pesado e prolixo.

Em 1910, o dramaturgo experimenta a narrativa histórica e escreve *Os Inconfidentes,* sobre a conjuração mineira de 1789. Em *Numa Nuvem,* um duque de sessenta anos quer se casar com uma moça cega, que tem apenas dezoito anos. Mas permite que ela se case com um moço ourives. Ao final,

---

94 Roberto Gomes, *Teatro de Roberto Gomes*, Estabelecimento de texto e introdução crítica de Marta Morais da Costa, Rio de Janeiro: Inacen, 1983, p. 347.

95 E. Cafezeiro; C. Gadelha, op. cit., p. 363.

revela-se que o desejo de casar com a jovem estava relacionado à vontade de ter uma descendência. O desfecho amortece um pouco a situação tensa da relação entre um velho e uma jovem.

O drama *Assunção* estreou no Teatro Municipal do Rio de Janeiro em 23 de outubro de 1920. No entanto, já havia sido publicado na revista *Revista Souza Cruz* entre julho e agosto de 1909 e lida pelo autor na casa de Rodrigues Barbosa em setembro de 1910. A peça em três atos apresenta um caso de amor fora do matrimônio e do sacrifício de um dos cônjuges. Sílvio, casado com Clara, está dominado por violenta paixão por Marta, também casada e que o ama com igual ardor. Ele se mostra disposto a tudo sacrificar por seu amor. Chega mesmo a convidar Marta a visitar sua casa e, quando estão a sós no escritório, beijam-se. Clara, que chegara à porta sem ser pressentida, tudo vê e se cala. A cada dia que passa, Clara fica mais doente, até que, desenganada pelo médico e no final de suas forças, confessa a Sílvio que conhece toda a verdade sobre Marta. Ele, arrependido e lisonjeado pela dedicação e sacrifício da esposa, exige que Marta desapareça de sua vida. Ela sai, mas afirma que voltará depois de tudo acabar. A peça encerra-se com os gemidos de morte de Clara.

*Ao Declinar do Dia...*, de Roberto Gomes, escrita em 1910 e lida por André Brulé em 1917, possui algumas coincidências em relação ao tema e às situações dramáticas de *Assunção*. Oscar Guanabarino, crítico teatral de muita severidade, afirmou ter havido plágio por parte de Roberto Gomes, quando na verdade houve apenas semelhança na escolha da situação dramática e na solução do conflito psicológico. A sequência da intriga é a mesma, mas a peça de Roberto Gomes apresenta maior profundidade psicológica, menor sentimentalismo e, sobretudo, uma atmosfera de solidão, tristeza e dúvida. A decisão de separação dos amantes é assumida com base na suposição de que o marido teria visto a cena do beijo. Já na peça *Assunção*, tudo fica esclarecido no palco, uma vez que o espectador vê a cena pelos olhos de Clara. Em *Ao Declinar do Dia...*, a perspectiva é a dos amantes. Essa distinção permite a Roberto Gomes explorar o drama da dúvida, ao passo que na peça de Goulart de Andrade sobressai o sacrifício por amor. A polêmica esvaziou-se logo porque as duas peças tinham qualidades e os dois lados estavam com a razão: a igualdade da "situação dramática" não significa plágio, ainda mais quando o tratamento dado pelos textos é tão divergente.

## Lima Campos

A revista *Kosmos* editou em dezembro de 1907 uma "novela oral em um ato" intitulada *Flor Obscura*, do jornalista César Lima Campos. A peça foi encenada em 28 de novembro de 1912 no Teatro Municipal do Rio de Janeiro. Num cenário realista de sala de visitas, desenrola-se um drama silencioso que afetará uma família de mulheres. Breda, jovem viúva, mãe da menina Leda e da jovem Gina, leva uma vida frívola, com ausências frequentes. A velha governanta Hortência, que vive há mais de trinta anos na casa, tendo cuidado de Breda desde o nascimento, ao fazer a limpeza da sala descobre entre as dobras do tecido de uma poltrona uma carta, que a deixa alterada e trêmula.

Somente através de diálogos e da sucessão de cenas o leitor e o espectador serão informados sobre os dizeres desse papel. Hortência assume de pronto a defesa da honra da família e expulsa Galba Ribeiro, o provável amante de Breda, na ausência dela. A cena capital da peça é o dialogo entre as duas mulheres, no qual, de forma clara, o "escândalo e o impudor apontados pela maldade e pela hipocrisia de todos"[96], causados pela conduta vergonhosa da viúva, irão atingir as duas filhas. Como reação, Breda expulsa a governanta da casa. Quando ela sai, leva apenas um embrulho na valise e uma sombrinha, "abalada pelas convulsões violentas de choro silencioso".

Nesse pequeno texto, delicado e sugestivo, é possível localizar aspectos da temática e do tratamento estético que se encontram em várias peças do período. Trata-se da família, da moral burguesa, do amor e suas nuances, do sofrimento e dor vividos intensamente e em silêncio. Na contraluz da ação dramática, há referências a um edifício que está sendo construído nas redondezas para abrigar um asilo de velhos e que terá na fachada as estátuas da Caridade, da Dor e da Fé. Quando Hortência, ao final da peça, entrega-se ao desespero silencioso,

---

[96] Lima Campos, Flor Obscura, *Kosmos*, Rio de Janeiro, n. 12, dez. 1907. As demais citações da peça são tiradas dessa edição.

uma vizinha anuncia "Anda a ver depressa, Gina... A estátua da Dor está subindo", acompanhada pela melopeia tristonha dos trabalhadores da obra, além de gritos festivos e palmas.

A fusão dos planos cênicos e, simultaneamente, a contradição que expressam configuram um dos processos caros ao simbolismo, o da correspondência entre as várias linguagens do teatro. Os sons, gestos, a postura corporal, o cenário, as palavras, o sentido da ação dramática fundem-se numa única imagem, somando significação e efeitos.

A protagonista da peça é a "velha criada, tradição doméstica, alma simples, fisionomia cansada e bondosa". Nessas qualificações do rol de personagens é possível descobrir a presença do pensamento de Maeterlinck em *Le Trèsor des humbles* (O Tesouro dos Humildes), obra em que são exaltados o silêncio e a vida simples como formas de ascensão à sabedoria. A intensidade dramática da situação amorosa de Breda e dos respingos de imoralidade que podem recair sobre a casadoira Gina ou a inocente menina Leda, de apenas cinco anos, sustenta-se em reticências, sugestões, cartas não lidas mas subentendidas, por gestos interrompidos, por expressões faciais de dor, de ironia, de surpresa.

Apesar das sutilezas do tratamento psicoemocional das personagens, as rubricas que descrevem o cenário ou que indicam gestos, reações, sons e movimentos ao longo dos diálogos são precisas, minuciosas e abundantes, muito ao gosto do realismo mais estreito.

A peça exemplifica bem a convivência de estéticas diferentes nos tempos pré-modernistas. Há uma concepção bastante coerente e intensificadora da utilização dos acessórios de cena. Um exemplo de grande riqueza de sugestões é a presença de uma pequena cesta de jambos vermelhos, presente da vizinha do andar superior. Quando Galba Ribeiro, sedutor, faz um galanteio ousado à jovem Gina na ausência da mãe, tanto o fruto quanto sua cor metaforizam esse momento de sensualidade: "GALBA – Oh! Lindos jambos vermelhos, Gina, não vá confundi-los com a boca e, por engano, morder os lábios em vez do fruto. Evite, sobretudo comê-los diante de um espelho". Ela, em ingênua insinuação de feminilidade, enquanto conversa com ele, "brinca com um dos frutos, a fazê-lo girar, pelo talo, entre dois dedos". A cena tem intensa carga de sensualidade, no limite tênue entre o que é dito e o que fica sugerido no subtexto dos diálogos. É uma cena construída com delicadeza, mas sem esconder um substrato de sexualidade latente.

Esse mundo quase exclusivamente feminino (das sete personagens, apenas uma é homem) foge da frivolidade e superficialidade (à época atribuídas às mulheres), para ganhar com o relacionamento conflituoso entre elas e com a realidade a sua volta.

A metáfora da flor obscura cria analogias diversas: a relação amorosa da viúva, as flores murchas do ambiente lançadas ao lixo, as flores diante dos retratos de pais e avós (a tradição da honra), a dor que se instala progressiva e silenciosamente. Há, enfim, uma forte impregnação de um modo simbolista de explicar os sentimentos e as relações pessoais.

## Graça Aranha

O simbolismo francês encontrou em Lugné-Poe e no Théâtre de l'Oeuvre dois elementos de permanência e difusão, pois as ideias mais avançadas dessa estética ali puderam concretizar-se. Portanto, a encenação de *Malazarte*, de Graça Aranha, em 1911, nesse teatro parisiense, constitui fato marcante para a dramaturgia brasileira, embora a peça seja, em termos estéticos, de difícil classificação. Atento aos ventos de renovação vividos pelo teatro na França, Graça Aranha constrói uma personagem aparentemente fundamentada no folclore, mas que recebe tratamento mítico e universalista: um espírito dionisíaco.

Recebido com reservas, o texto é assim considerado por Carlos Morais:

De quando em vez, escorre nele certo lirismo fresco, estremecido de ebriez e sensualidade. Em conjunto, porém, é livro híbrido, em que as personagens possuem apenas a tênue vida própria que lhes concedem as ideias, enquanto estas, por seu turno, não têm bastante força impressiva para se imporem[97].

---

97 Apud, W. Martins, op. cit., v. 5, p. 473.

Malazarte vive de trapaças e mentiras, seduz Dionísia, a cujo nome associa desejo e prazer sem o empecilho da lei e da ordem. É personagem que expõe seu modo de pensar às claras:

É esse o meu quinhão. Posto em face de gente triste, enferma e pusilânime e ser responsável pelo seu destino! Por toda parte, essa maldição dos covardes que precisam responsabilizar alguém pelas misérias que lhes veio [sic] da própria Natureza... A minha presença é funesta! Sou eu que altero as coisas e torno em maldades os benefícios que eles esperavam para a sua vida mesquinha. Sou eu que faço nascer o sofrimento e a expiação. Eu sou a praga! Sou a personagem sinistra que tudo incita como um flagelo formidável. Se o sol os abrasa, eu sou o sol; se o vento os derruba, eu sou o vento; se o raio os fulmina, eu sou o raio; se o mar os traga, eu sou o mar... Ah! miseráveis, que eles olhem para si mesmos e vejam se são dignos de viver. O próprio mal, que trazem em si, revolta-se e os destrói [...] A alegria é o bem, a tristeza é o mal[98].

O protagonista se define por uma filosofia de alegria criadora e dinâmica, oposta ao pessimismo e "terror cósmico", objeto de reflexões de Graça Aranha e que, na conferência "A Emoção Estética na Arte Moderna", de 1922, ele denominará "alegria do espírito", resultante da "unidade com o Todo":

Louvemos aqueles poetas que se libertam por seus próprios meios e cuja forma de ascensão lhes é intrínseca. Muitos deles se deixaram vencer pela morbidez nostálgica ou pela amargura da farsa, mas num certo instante o toque da revelação lhes chegou e ei-los livres, alegres, senhores da matéria universal que tornam em matéria poética[99].

Malazarte, portanto, é símbolo do comportamento estético e metáfora dos artistas do modernismo.

Militina, a criada da casa, não hesita em qualificar Malazarte de "espírito mau", "demônio [que] ri a todo instante, dança, canta, mente, furta, seduz as mulheres, enfeitiça todo mundo". A que Eduardo contesta: "É a vida, a força, o entusiasmo [...] é a vida esplêndida, é uma expressão maravilhosa da própria Natureza".

Malazarte, em decorrência desses atributos, é associado à "poesia da raça", ao curupira, aos cantos e contos populares, ao carão, à pele do jurupari e outras personagens e outras narrativas que nos chegam pela tradição oral. Invadem a cena esses seres míticos, a ponto de a mãe-d'água atrair e matar Almina, a noiva de Eduardo. Abate-se um clima fúnebre sobre a casa do rapaz que, revoltado, recusa até sua crença em Deus e na Natureza:

Tudo morre vertiginosamente. É uma corrida fantástica para a morte. No entanto, tudo se transforma e essas penas douradas [do canário morto] vão se mudar em palhetas de luz, como o canto se misturou à vibração sonora do Universo [...]. A Natureza é poderosa, é a força que destrói, que separa, que transforma mas não restitui. Eu a odeio...[...] Viver é tremer e nada é mais trágico do que a não conformidade com as outras coisas.

Malazarte, por seu turno, é personagem ambígua. Para a "gente triste, enferma e pusilânime" que precisa responsabilizar alguém pelas misérias que sofrem diz ser "a personagem sinistra que tudo incita como um flagelo abominável. Por outro lado, para os que se alegram nele, "os fortes, os grandes, os que nada temem ou sabem que tudo é fatalmente belo, e fazem do mundo um encanto e um prodígio [...] toda a minha energia, o meu sangue, a minha alma é para lhes dar a alegria e a beleza".

Cresce a revolta de Eduardo ante a possibilidade de perder seus bens por força das leis. A partir daí, a peça se limita a um diálogo demonstrativo da oposição entre os princípios do direito e a necessidade libertária da Natureza e do Universo, em que a arte, a filosofia e a religião representam a "consciência do infinito, a vida suprema acima dos códigos e dos gestos de terror, e que faz do mundo uma maravilha" (2º ato). Eduardo contrapõe-se em sua tristeza e desilusão a Malazarte que proclama o dionisíaco da vida. Nessa representação da alegria, a personagem popular é secundada por Dionísia, imagem mítica da divindade, do desejo, da libido e do inconsciente.

O final privilegia uma estrutura triangular, em que Eduardo, Malazarte e Dionísia representam a situação e caráter de Pierrô, Arlequim e Colombina. Wilson Martins aponta a semelhança com *Peer Gynt*, de Ibsen, dada a origem popular e inclinação à

---

[98] *Malazarte*, Rio de Janeiro: Briguiet, 1911, p. 54. As próximas citações da peça encontram-se nessa edição.
[99] Apud Gilberto Mendonça Teles, *Vanguarda Europeia e Modernismo Brasileiro*, 3. ed., Petrópolis: Vozes, 1976, p. 224.

mentira de Malazarte. A comparação faz sentido até certo ponto pelo valor alegórico que as duas personagens assumem, deixando em segundo plano a profunda disparidade em termos de linguagem dramática e efeitos teatrais. Cabe ao texto de Graça Aranha muito mais o epíteto de retórico do que de dramático.

O 2º ato apresenta ideias caras ao autor e expandidas no romance *Canaã* (1912). Além da presença desse diálogo intensamente ideológico, há um conjunto de falas narrativas, com alguns casos célebres de Malazarte, como a história do urubu, das três ferramentas, da quadrilha de ladrões que, acentuando o caráter macunaímico, sobrecarregam o texto e marcam a indecisão que se estabelece entre uma narrativa simbolista, a de crítica aos costumes e a folclórica, o que resulta em hibridismo mal realizado dramaturgicamente. Essa situação hesitante da peça prenuncia a posição eclética de Graça Aranha na estética modernista posterior. Mas não elimina os problemas de dramaturgia que a peça revela.

## Paulo Gonçalves

*As Noivas,* comédia romântica em três atos, representada pela primeira vez em 1923 pela Companhia Iracema de Alencar, no Teatro Royal em São Paulo, narra a história de três moças, uma delas noiva, e quatro rapazes, num clima de "simplicidade bucólica", num pequeno vilarejo em Sergipe, onde é ambientada a ação dramática. O noivo do início da peça desaparece. As outras moças namoram dois dos rapazes, que viajam a São Paulo, a cidade "dragão cor-de-rosa", para trabalhar. Lá descobrem que o noivo de Cecília vai casar com outra mulher. A peça termina com Cecília mandando o enxoval de presente para a nova noiva, e chorando a solidão[100].

*A Comédia do Coração* estreou em 12 de agosto de 1925, no Teatro Apolo, de São Paulo. Alegria, Paixão, Dor, Razão, Desconhecida, Sonho, Medo, Ciúme e Ódio são as alegorias. O Sonho afirma: "Eu sou um cavaleiro andante!" Os sentimentos são estereotipados. A Razão quer matar a Paixão, mas apenas a prende. O Sonho tenta convencer a Razão a deixar a Paixão sair. "Sonho e Razão andam em perpétuo equilíbrio". O Sonho diz para a Razão: "

Eu lhe proporcionarei um passeio celeste diariamente; arrebato-a entre as minhas asas, mergulharemos nas ondas de ouro da Via Láctea e todo orvalhados de estrelas, depois desse banho maravilhoso, sairemos a brincar pelas estradas planetárias, numa corrida doida para segurar a cauda de um cometa...

Ao final da peça, aparece uma Desconhecida, que é a Saudade.

Em *As Mulheres não Querem Almas,* cuja estreia ocorreu em 12 de maio de 1925, no Teatro Coliseu Santista, temos novamente uma peça alegórica, na qual a ação acontece durante o Carnaval carioca. Três moças, Isa, Ada e Eva, fantasiadas, contracenam com o Mascarado, o Velho e o Rapaz. Além deles, aparecerão o Operário e o Criado, este último o *raisonneur* da peça. Ela discute a volubilidade feminina, a possibilidade do amor perfeito e o mistério do Mascarado, que se recusa a tirar o disfarce. É recheada de diálogos próximos da poesia. Já no início o Mascarado afirma: "E não vos esqueçais que é um sonho o que isto evoca. Sonho que o autor sonhou num Carnaval carioca". Mesmo assim, em busca do amor, ele se propõe a dedicar-se a Eva. Confessa-se solitário e incapaz de despertar um afeto. É uma personagem estranha e deslocada do ambiente de alegria do Carnaval, razão pela qual vê a sociedade com um olhar desiludido: "Aqui não se movem entes; ondeiam larvas". O Mascarado, afinal, revela ser o boneco da vitrine da loja em que as moças trabalham, mas dotado de coração, tristeza e solidão.

Em *Núpcias de D. João Tenório,* Paulo Gonçalves cede à tentação de escrever mais uma versão sobre o mito de Don Juan. É uma longa peça em quatro atos, de ação lenta, em versos e situada na Espanha. Já *Quando as Fogueiras se Apagam* é uma comédia-bailado, de dez cenas em versos. Retrata as brincadeiras da festa de São João no Brasil. No meio delas, um triângulo amoroso se forma entre Carlota, Jango e Celeste. Esta última, apaixonada pelo rapaz, termina a peça sozinha. *O Juramento,* peça de um ato, em versos e sem data de composição, apresenta um diálogo entre duas personagens, o padre Afonso e Vergílio. O assunto é o retorno do rapaz à cidade, após seis anos de afastamento, para reencontrar

---

100 Paulo Gonçalves, *Poesia e Teatro*, São Paulo: Edições Cultura, 1943, v. 2.

Matilde, seu antigo amor. Ele retorna no exato dia do casamento dela com outro. Convencido pelo padre a não prejudicar a vida de Matilde, Vergílio renuncia ao amor da moça e vai embora. Outra peça em versos de Paulo Gonçalves é *1830*, uma comédia em três atos, encenada no Teatro Apolo em 18 de abril de 1923. É uma comédia de costumes, em que a cidade de São Paulo e seus habitantes são apresentados em enredo de muitos quiproquós e amores. As personagens são estudantes, escravos, capitão-do-mato, paulistas descendentes de heróis sertanistas. Há referências a cavalhadas, ao teatro, e reprodução de cantigas populares. É um misto de comédia sentimental com o registro histórico da sociedade e dos costumes de 1830.

Em *O Cofre*, encenado em 8 de maio de 1923 no Teatro Apolo, em São Paulo, assistimos ao monólogo do Namorado invocando Cupido. A ação gira em torno de um cofre que contém as cartas da namorada. Quando Cupido joga fora a chave desse cofre, o Namorado entende que ela tem outro amor, e que está tudo acabado.

Pode-se concluir que se trata de um conjunto de peças em que a desilusão e a infelicidade são uma constante. A maior parte dos protagonistas termina solitariamente na última cena. Além do mais, o dramaturgo busca uma interpretação da realidade por meio de alegorias (sejam sentimentos, seja um boneco, seja o mito). Em *1830*, D. Joana aconselha a filha: "A juventude engana, minha filha; a mocidade ilude". E em *O Cofre*, o Namorado se pergunta ao ver Cupido: "por acaso, não terei enlouquecido?" Essa é a tônica do teatro de Paulo Gonçalves: a desilusão, o fracasso, o Sonho vencendo a Razão, mas perdendo a esperança.

## Emiliano Perneta

A música em Curitiba teve sempre um lugar especial; o piano, o violino, a flauta e o violoncelo sonorizaram o ar das ruas. Professores anunciavam sua disposição pedagógica nos jornais, maestros e instrumentistas itinerantes se deixavam ficar na cidade, amiúde eram organizados concertos e alguns compositores ousaram revelar sua criação musical – Augusto Stresser, Romualdo Suriani e Benedito Nicolau dos Santos, por exemplo. Além do mais, Curitiba possuía uma das raras fábricas de pianos existentes no Brasil, a Essenfelder, fundada em 1898. Compositores produziram óperas e operetas, como *Papilio innocentia* e *A Vovozinha*, ambas com libreto de Emiliano Perneta. O público aplaudia os conterrâneos e os itinerantes com igual ardor, levado por diferente motivação: o bairrismo com ou sem qualidade, com ou sem inovações. Ouvia-se muito Chopin, Liszt, Schuman, Mendelssohn, Verdi e Puccini, quase nada de Wagner: um motivo de *Tannhauser*, em 1901, e trechos do *Navio Fantasma*, de *Mestres Cantores*, do *Lohengrin* e da trilogia dos *Niebelungos* num concerto wagneriano em novembro de 1913. Dentre os brasileiros ouvia-se só Carlos Gomes, Itiberê da Cunha e Nepomuceno. Em janeiro de 1914 foi executada pela primeira vez uma obra de Debussy.

Podemos afirmar que o teatro brasileiro em Curitiba só começou a ser levado a sério a partir de 1916, com o cinedrama de Paulo Assunção[101], a visita de companhias dramáticas e o incidente da preterição de *Papilio innocentia*. Falar em teatro nacional envolveu sempre uma boa dose de "paranaísmo", porque a questão só vinha à baila com vigor quando estava em jogo o sucesso ou a recusa de uma peça de autor paranaense, ou a encenação de persistentes amadores.

A peça é o libreto da ópera *Papilio innocentia*, composta em 1914 e baseada no romance *Inocência*, de Afonso Taunay. A família do autor proibiu o uso do título do romance e Emiliano Perneta batizou a ópera com o nome científico da borboleta, descoberta pelo protagonista, o entomólogo Meyer. A música é de autoria do compositor e maestro austríaco Léo Kessler, radicado em Curitiba. Jamais foi levada à cena integralmente. Teve apenas uma apresentação informal a um grupo

---

[101] Curitiba usou a natureza urbana para falar do antigo em moldes contemporâneos, numa experiência única e ímpar. Foi a encenação do cinedrama *Bennot*, de Paulo Assumpção, em 6 de janeiro de 1916. O cenário era o campo do Paraná Esportes Clube e o programa incluía um corso de carruagens, batalha de flores, o cinedrama e uma incrível perseguição policial de automóvel pelas ruas da cidade. Além dos atores, o espetáculo contou com a participação de cantores líricos, escoteiros, bombeiros, a banda da polícia. A elite curitibana prestigiou o espetáculo em tarde de gala; a lista das autoridades, famílias e principalmente senhoritas presentes ocupou grande espaço nas reportagens dos jornais. Quem queria ver e ser visto não faltou ao espetáculo, que uniu cinema, teatro, música, fotografia, ginástica acrobática, numa performance multiartística.

de intelectuais e músicos na Sociedade Alemã de Cantores, em Curitiba. O libreto, em versos dá um tratamento trágico ao assunto. A linguagem procura atender ao ambiente sertanejo e não hesita em utilizar expressões orais, até com a variante interiorana: "Que falta de inducação!"[102] Ou ainda: José: "Venha o cobre, venha o cobre / Que eu cá, monsiú, sou assim: / Filho do *ganha dinheiro*/ Neto do *paga-me logo* / Venha o cobre, venha o cobre / Venha tim-tim por tim-tim". A música acompanha essa variedade: há um maxixe carioca (no 1º e 2º atos), o coro dos escravos no 2º ato e um fandango, cantado e dançado ao final da peça.

O amor impossível de Cirino e Inocência é expresso em palavras simples e imagens singelas:

CIRINO – É sua a minha existência.
INOCÊNCIA – E tudo que é meu, é seu.
CIRINO (abraçando Inocência) – "Sou seu, sou seu, flor querida!
INOCÊNCIA (abraçando Cirino) – Quanto lhe quero e lhe quis!
CIRINO E INOCÊNCIA (abraçados) – "Amor, eu daria a vida / Para que fosses feliz!

Após o assassinato do rapaz por Manecão, tal como no romance, o pai desabafa: "Salva a honra, finalmente / Que alívio a minha alma sente, / No fundo do coração!" (*Para Manecão*) Se ainda a quer agora, case / com ela..." Ao que Inocência retruca, na fala final da ópera: "Comigo? Nunca!"

O amor que termina em tragédia, a simplicidade da vida do interior e a delicadeza das falas e sentimentos atraem a atenção dos dramaturgos de tendência simbolista: Emiliano Perneta e Roberto Gomes buscaram em Taunay e em *Inocência* o enredo para desenvolver a perspectiva da sugestão e dos interditos.

## 3. O TEATRO FILODRAMÁTICO, OPERÁRIO E ANARQUISTA

À margem do teatro profissional e das iniciativas governamentais, distantes do luxo do Teatro Municipal do Rio de Janeiro (1909) e do Teatro Municipal de São Paulo (1911), operários brasileiros e estrangeiros aqui aportados fizeram da atividade teatral, embora amadora, um hábito cultivado em pequenos grêmios e associações. Os espetáculos propiciavam entretenimento aos trabalhadores, mas também promoviam a comunhão e a difusão de ideias ainda inéditas no cotidiano das cidades. Imigrantes italianos (em maior número), espanhóis e portugueses organizavam seus espetáculos, na maioria das vezes, junto aos bairros que habitavam, formando um público especial, permitindo às manifestações teatrais ocasião plena de confraternização, fosse qual fosse o gênero apresentado.

O teatro era encarado em seu aspecto lúdico, aglutinador, evocativo de terras distantes, mas também como cúmplice de ideologias, celebração de uma mesma fé. Acrescente-se ainda que em suas várias modalidades as manifestações cênicas dos filodramáticos, operários e anarquistas revestem-se de condições especiais: foram criadas especificamente para públicos determinados, com pleno conhecimento do que iam assistir, respondendo, na maioria das vezes, em uníssono, às palavras pronunciadas pelos atores, também eles muito cônscios do que diziam em cena. Modestas muitas vezes, incrementadas outras, essas várias faces não deixaram, contudo, de inscreverem-se em capítulos exemplares da história do teatro brasileiro, vivificando-o pela prática constante, tornando-o um hábito, chamando a nossa atenção sobre textos que não conhecíamos, incentivando talentos que se agregariam ao panorama de nossas artes.

### Os Filodramáticos

*Os filodrammatici* (usemos o termo, a fim de deixar bem clara a vigorosa presença italiana nos palcos amadores) atestavam que os que aqui chegavam em busca de trabalho não traziam apenas braços para

---

[102] *Papilio Innocentia*, Rio de Janeiro: GRD, 1966, p. 23. Todas citações são tiradas dessa edição.

a lavoura e a indústria nascente, mas também sua cultura, transmitida ou cultivada, em suas músicas, danças, ideais e, sobretudo, em seu patrimônio dramático a ser reproduzido em festas nos modestos palcos da América. Os núcleos italianos estabelecidos no Brasil formavam pequenas Itálias, com jornais próprios, associações de auxílio e recreação, e os tão citados grupos teatrais, espalhando o vigor da *italianità* e o não menor espírito combativo, alimentado pela lembrança de lutas ainda recentes pela unificação da pátria. Na maioria dos casos, a vinda não era motivo de festejos. À frase esperançosa "*andiamo in 'Merica*" antepunha-se a resposta dramática à pergunta: "– *cosa ti ha fatto emigrare?*" / "– *La fame*". As duas frases impulsionariam a vida e a arte que pretendiam, modestamente, agregar ao seu cotidiano, amenizando-lhes a saudade e o temor das terras desconhecidas.

Embora mais ativas em São Paulo, as organizações teatrais espalharam-se pelo país entre os diversos núcleos de imigrantes. A pouca informação sobre a existência de espetáculos no interior e nas capitais de outros estados, longe do Rio de Janeiro e de São Paulo, impede-nos de conhecê-los melhor, mas é possível perceber, através de parcos exemplos, o quanto as imigrações (principalmente a italiana) tornaram-se presentes, de uma forma ou de outra, na vida das pequenas ou grandes comunidades. Nota publicada no jornal *A Província de São Paulo*, em 7 de setembro de 1879, comprova essa participação. A breve notícia torna público que, em Campinas (SP), alguns moços pertencentes à colônia italiana fundaram uma sociedade dramática, cuja finalidade era contribuir para a libertação dos cativos. Tal sociedade "propõe-se a alforriar os escravos casados com mulheres libertas". Em notícia vinda de Poços de Caldas (MG), inteiramo-nos de que naquela cidade, em 1897, foi criado o Circolo Ricreativo-Dramático Italiano Gustavo Modena. Mais além, na cidade de Paracatu (MG), informa-nos Affonso Ávila, construiu-se em 1888 o Teatro Filodramático, no largo do Rosário, com planta de Victor de Paula[103]. No município de Paranaguá (PR), a Sociedade Filodramática, em 1850, funcionava em teatro próprio, "na rua do Ouvidor, próximo aos armazéns e tabernas"[104]. Mais ao sul, em Porto Alegre, noticia-se em 1877 a existência de uma Società di Beneficenza, fundada por um grupo de operários. Athos Damasceno, em *Palco, Salão e Picadeiro*, cita as encenações de *Non è celoso...* e *Arnaldo*, de Damasceno Vieira, traduzida para o italiano. E aponta o sucesso da Filodramática Felice Cavallotti, que em 1895 apresentou, sempre na língua pátria, *Il figlio del giustiziato*, *Caino*, *Un matrimonio per punizione* e *La monaldesca*.

Mas foi em São Paulo que as atividades dos grupos amadores italianos mais se distinguiram e mereceram registro. A explicação é por demais conhecida: foi São Paulo que recebeu o maior contingente de imigrantes vindos da Itália. Entre 1877 e 1914 chegaram ao estado de São Paulo 1.728.620 candidatos ao trabalho, sendo 845.816 italianos. Número bem maior do que o dos espanhóis (293.916) e o dos portugueses (260.533)[105].

O historiador Aureliano Leite (1886-1976) reproduz as impressões de um mineiro ao visitar São Paulo em 1902:

Os meus ouvidos e os meus olhos guardam cenas inesquecíveis. Não sei se a Itália o seria menos em São Paulo. No bonde, no teatro, na rua, na igreja falava-se mais o idioma de Dante que o de Camões. Os maiores e os mais numerosos comerciantes e industriais eram italianos. Os operários eram italianos"[106].

Sendo assim tão grande o contingente migratório, a diversidade de pensamento também era rica. Esperançosos com o "*andiamo in 'Merica*", ou tragicamente impelidos pela fome, ou ainda, perseguidos pelas atividades políticas, para cá vieram monarquistas, republicanos, garibaldinos, anarquistas, católicos, socialistas, humanistas. Ao formarem grupos de teatro, os nomes escolhidos evidenciavam suas tendências e a que público serviam: Ermete Novelli, Dante Alighieri, Paolo Giacometti, Gustavo Modena, Gabrielle D´Annunzio, Guglielmo

---

103 Afonso Ávila, *O Teatro em Minas Gerais: Século XVIII e XIX*, Ouro Preto: Prefeitura Municipal de Ouro Preto/Secretaria Municipal de Turismo e Cultura, 1978, p. 35.

104 Maria Thereza B. Lacerda, *Subsídios para a História do Teatro no Paraná*, Curitiba: Instituto Histórico e Geográfico e Etnográfico Paranaense/Lapa, Prefeitura Municipal, 1980, p. 55.

105 Franco Cenni, *Italianos no Brasil*, São Paulo: Livraria Martins, [s.d.], p. 172.

106 Idem, p. 262-263.

Marconi, Vittorio Alfieri, Paolo Ferrari, Romeiros do Progresso, Eleonora Duse, L'avvenire, Amore all'Arte, Germinal, Il Faro, Filhos dos Liberais, Emílio Zola, Pietro Mascagni, Speranza, Belo Sexo, e tantos outros. O que faziam era relembrar ao público alguns de seus conterrâneos e mentores – revolucionários, atores, poetas – e, através de títulos simbólicos, sinalizar a tendência de cada um dos elencos: fidelidade à "arte pela arte", o gosto pela literatura e a lealdade aos ideais políticos.

Qual foi a dramaturgia escolhida para formar o repertório dos filodramáticos nesses anos todos de atividades? Comprometidos com a divulgação de autores que dessem prazer ao público e propiciassem interpretações "impressionantes", não hesitavam entre textos românticos, melodramáticos e realistas (que se diziam modernos), inclinando-se, muitas vezes, para o que o historiador Gino Saviotti chamava de "obras exageradas e artificiosas", de tendências ainda incertas. Os hispânicos apegavam-se a *João José*, escrita por Joaquim Dicenta (1863-1917), poeta, jornalista anticlerical, com leves princípios anarquistas; os portugueses, quando se sentiam no dever de chamar alguma atenção para a questão social, lembravam-se (e passavam a lembrança aos brasileiros) de *Gaspar, o Serralheiro*, do dramaturgo e ator lisboeta, Baptista Machado (1847-1901). Mas, para os não engajados, a preferência voltava-se para comprovados sucessos italianos: *Statua di carne*, de Teobaldo Cicconi, "ou a ultrafestejada *La morte civile*, de Paolo Giacometti (1816-1882), cuja personagem-chave – fugitiva das masmorras, procurando a filha e a antiga companheira, com tonitruantes perorações – era um "tiro" certo, como então se dizia, para atrair lágrimas e aplausos. Na falta de um texto que julgassem à altura para festejar determinados momentos, os *filodrammatici* traduziam consagrados e apelativos títulos franceses. Era o caso de: *Il padrone delle ferriere*, baseado em *Le Maître de forges*, de Georges Ohnet (1848-1918) ou do frequentíssimo *I due sergenti*, baseado em *Les Deux sergents*, de D'Aubigny, vertido por Roti, texto apresentado, até bem pouco tempo, com plena aceitação, nos teatrinhos de paróquia. Até mesmo o sulista Pedro Augusto Gomes Cardim (1864-1932) pôde ver, sem se zangar, o monólogo de sua autoria, *Zangas*

*de um Avô*, passar a se chamar, com agrado geral, de *Il nonno infastidito*.

Melhor exemplo da vitalidade e importância dos amadores italianos em São Paulo é a notícia publicada nos jornais de junho de 1908, na qual há informações sobre a criação de uma escola dramática, localizada na ladeira de Santa Ifigênia, n. 2, dirigida unicamente aos filodramáticos:

Pagando uma taxa mensal pequeníssima, os inscritos teriam estas grandes vantagens: carreira dramática, festa artística, com a qual obteriam a restituição de toda a anuidade, bilhetes-convites que também poderiam ser vendidos, prêmios especiais segundo os méritos, e frequência aos bailes após as representações"[107].

A criação de uma escola de teatro, no começo do século, leva-nos a crer que o movimento teatral criado pelos imigrantes fazia-se notar pela sua continuidade, frente ao praticamente nulo movimento que se pudesse chamar genuinamente paulista. O que se representava em São Paulo tinha sua origem no Rio de Janeiro – principalmente depois da criação da estrada de ferro, em 1877, ligando as duas cidades –, ou era importado dos grandes centros europeus.

O Dante Alighieri, o Paolo Giacometti e o Teatro Nasi (no bairro do Cambuci) mereceram sempre a atenção do noticiário, em jornais paulistas, certamente por terem acolhido a tecelã Faustina Polloni – Itália Fausta (1885?-1951) – no início de carreira. No entanto, o mais conceituado e interessante grupo italiano foi o Amore all'Arte, com sede no bairro do Brás, em São Paulo, desde 1901. Sua escolha de repertório não era, de forma alguma, aleatória. Inclinava-se para o realismo, olhando com certo orgulho os autores ligados a uma linha de repertório que julgavam moderno e útil à formação cultural de seu público. Textos de Gerólamo Rovetta, Silvio Zambaldi e o já ibseniano Roberto Bracco (1862-1943) revezavam-se, revelando o quanto eram apreciados pelos organizadores. Ao completarem 23 anos de existência, os associados do Amore all'Arte montaram *La porta chiusa*, do autor e crítico teatral Marco Praga (1862-1929), pouco conhecido

---

[107] Miroel Silveira, *A Contribuição Italiana ao Teatro Brasileiro*:1895-1964. São Paulo: Quiron; Brasília, INL, 1976. p. 99.

em São Paulo. Foi justamente nessa comemoração que o jornalista Francisco Pettinati, dirigindo-se aos presentes, em breve discurso, a partir do histórico do grupo, nos dá, através de sua precisa descrição, uma ideia do verdadeiro significado de um grupo de filodramáticos:

> O Circolo Filodrammattico Amore all'Arte era formado por operários e artesãos. Sua fundação obedecia a uma imperiosa necessidade do espírito italiano que não sabe nem pode viver sem o alimento artístico. Toda região, toda vila italiana se orgulha de sua ou de suas associações filodramáticas, que não têm apenas finalidade recreativa, mas são também poderoso fator educativo. Era lógico, portanto, que também em São Paulo, onde já era densíssima a população de nossos emigrados, surgissem sociedades filodramáticas [...]. Gente simples e modesta, contentou-se com os poucos aplausos que lhe vinham da massa operária, sem queixar-se da sorte [...] nem se preocupar se o seu trabalho era ou não reconhecido [...]. Saindo do tumulto das fábricas, das oficinas e dos escritórios depois de uma longa e interminável jornada de trabalho, vós sentíeis a necessidade de vos reunirdes e de embelezar vossa alma com a poesia eterna do teatro, continuando a dar vida ao espírito da vossa raça, renovando a grandeza que tornou imortais os atores italianos. Muito belo tudo isso. Belo, principalmente, se voltarmos nossos pensamentos para os amigos que fizeram nascer esse Circolo: quando os transatlânticos, depois da fadiga oceânica, despejavam o dolorido carname de nossa gente no cais de Santos, quando o exército do trabalho, o coração cheio de amargura e de esperança, emergia da Serra envolta nas neblinas do Trópico e vinha acampar às margens do Tamanduateí; e depois percorria atalhos abertos pelos bandeirantes em busca de florestas para derrubar, ferrovias para serpentear, cidades para edificar; quando surgiu, enfim, a resplendente aurora da nossa colonização, vós obscuros e humildes soldados do trabalho, arremessáveis ao solo do Ideal a semente desta rosa fragrante que é o Amore all'Arte"[108].

E o jornalista insere na breve história do teatro em São Paulo nomes para nós desconhecidos: Ugo Rizzi, "velho e incorrigível idealista", Rizette e Finetti, "almas das representações", e Egisto Corsi e Elvira Camilli Lattari, respectivamente, intérprete e diretor da festejada *La porta chiusa*.

À medida que brasileiros e italianos integravam-se, grande parte dos grupos que representavam em língua original ia desaparecendo. Mas não foi o caso do Muse Italiche, nem do Dopolavoro, cujo vigor de uma tradição os manteve em atividade até os anos 1950. Diga-se de passagem que foi a Società Muse Italiche quem patrocinou, em 1930, a vinda a São Paulo do teórico-encenador Anton Giulio Bragaglia (1890-1960) que, durante uma conferência, deixou a assistência perplexa, ao declarar: "o cinema desenvolve-se em 300 quilômetros por hora, o teatro vai a velocidade mínima de 30 quilômetros, com paradas forçadas nos semáforos"[109].

Foi também no Muse Italiche, dirigido pela atriz Giorgina Andaló, que Lélia Abramo (1911-2004) estreou no teatro, em um pequeno papel. "A personagem – recorda a atriz – entrava em cena, dizia três ou quatro frases sem grande importância e desaparecia". E acrescenta, em suas *Memórias*: "Os atores do Muse Italiche eram bem organizados, disciplinados, dedicados. Aprendi muito com eles"[110]. Devido a problemas internos o grupo se dividiu. Alguns dos artistas, entre eles Lélia, formaram uma nova organização, I Guitti. A atriz sugeriu que o irmão e crítico teatral Athos Abramo (1918-1968) fosse o diretor. Como ele propôs a encenação de autores italianos contemporâneos, o primeiro espetáculo do I Guitti foi *Ispezione*, de Ugo Betti, com cenário de Lívio Abramo (1903-1992). Atuaram Ângelo Valentini, Lia Dogliani (pseudônimo de Lélia), Póla Astri, Mário Leonardi, Beatriz Romano Tragtemberg, Sílvio Bruni, Alberto Bonnini, Ernesto Pettinati, Mário Pirri e Vlado Erzi, um jovem iugoslavo que falava bem o italiano por ter vivido algum tempo na Itália.

Pode-se dizer que I Guitti, o último dos mais importantes *filodrammatici*, encerrou bravamente o ciclo iniciado com a imigração. Deixou-nos Lélia Abramo e Beatriz Tragtemberg, assim como anteriormente, procedendo da mesma origem, nasceram para o teatro paulista e brasileiro, Faustina Polloni (Itália Fausta) e Giovanni Vianello (Nino Nello, 1895-1970). Antagônicos em suas criações,

---

108 Apud, idem, p. 199-201.

109 Apud S. Magaldi; M. T. Vargas, op. cit., p. 121.
110 Lélia Abramo, *Vida e Arte: Memórias de Lélia Abramo*. Campinas/São Paulo: Editora da Unicamp/Fundação Perseu Abramo, 1997, p. 139-140.

Itália destacou-se na tragédia e Nino na comédia, acrescentando ao gênero cômico uma comicidade especialíssima, um tanto patética, própria da graça ítalo-paulista, cultivada até hoje pelos atores profissionais de origem itálica. Em ambos, na essência de suas artes, persiste o movimento filodramático e dons comuns à sua gente. Itália Fausta sofreu a influência do ator-ensaiador Enrico Cuneo, que a orientou para os grandes clássicos em seu Teatro Popolare, na rua do Gasômetro, em São Paulo (*Giulietta e Romeo* e *Amleto* constaram das primeiras atuações da atriz). Itália Fausta desenvolveu e aprimorou ao longo de sua carreira uma vocação intrínseca para a tragédia, tornando-se a nossa única atriz verdadeiramente trágica (pelo porte, pela voz, pela veneração às grandes trágicas italianas), ainda que o teatro brasileiro não tenha possibilitado o desenvolvimento de tal gênero. Nino Nello, no intenso convívio com a colônia, amoldou-se ao tipo italiano, engraçado, mas de certa forma triste, lutando contra uma marginalidade imposta e, certamente, injusta. Interpretou textos bastante simples, mas com total aquiescência de seu público: *O Ilustre Pescecane*, de Luís Leandro; *O Cortiço de Cicillo*, de Alfredo Viviani; *Um Baile no Canindé*, também de Viviani; *Italiano com Muita Honra*, de Júlio Soares. Mas seu espetáculo predileto, levado até o final de sua trajetória cênica foi o texto de João Batista Pereira de Almeida (1900-1988), *Filho de Sapateiro, Sapateiro Deve Ser*.

## O Teatro Anarquista

Edgar Rodrigues, no livro *O Anarquismo na Escola, no Teatro, na Poesia*, reproduz uma nota publicada pelo jornal *Eco Operário*, do Rio Grande do Sul, em setembro de 1897, na qual se lê que o Grêmio Lírico-Dramático Saca-Rolheiro levou à cena "a peça libertária" *Gaspar, o Serralheiro*, de Baptista Machado, "entusiástica produção operária cheia de senões, mas de efeito soberbo para as classes". Pouco depois se noticia a representação, no mesmo ano, do drama *Canudos*, de Rodolfo Gomes, e de *1º de maio*, de Pietro Gori (1865-1911), a cargo da União Operária do Rio Grande do Sul.

Estamos agora diante de uma nova face dos filodramáticos e das mais vigorosas e ativas: um teatro comprometido com a instrução e utilizado como arma poderosa das lutas libertárias.

Na exposição desse teatro, dois mundos se confrontam: o presente, naquele instante cruel e desumano para o trabalhador, e o mundo futuro em que ser livre significa poder cultivar todas as possibilidades de uma existência plena. O mundo a ser refeito é bem o mundo que em dias festivos, em datas memoráveis, os espectadores comovidos ouviam, na descrição poética do texto de Pietro Gori: "Lá está, em direção ao sol nascente [...] / O país feliz. A terra pertence a todos [...] / como o ar, a luz"[111] Uma sociedade sem chefes, responsável, livre e justa.

Esse país não é o Brasil, certamente, nem qualquer outro. Italianos, espanhóis e portugueses, ativistas anarquistas em suas terras de origem, encontraram aqui terreno propício para suas lutas. No campo, era a presença dos proprietários de terra, acostumados com o escravismo e, nas cidades, amparados por todas as espécies de autoridades, os promotores da indústria, não menos dispostos a reduzir o operariado (homens, mulheres e crianças) a meras peças de uma engrenagem, cuja finalidade era o enriquecimento rápido e desumano. Coube, nos primórdios das lutas sociais, ao movimento anarquista no Brasil, amparado por vozes estrangeiras e brasileiras, a luta contra a exploração imposta por um sistema injusto. Para que isso fosse alcançado, foi necessário um trabalho sistemático de conscientização voltado para a classe trabalhadora. Saber e instrução impunham-se, para que cada indivíduo aprendesse a pensar, e enxergar com olhos instruídos seus parceiros e entendesse perfeitamente que, através da união de todos, solidários e informados, teriam condições de exigir e ver implantadas formas justas de vida. Discussões diárias e palestras deveriam ser alicerçadas por periódicos combativos e esclarecedores que, em linguagem simples, formassem e informassem toda a classe trabalhadora. Um meio mais forte e direto veio juntar-se aos jornais, livros e palestras: o teatro social, como o chamavam. Impressionando

111 *Primeiro de Maio*, cópia datilografada. Arquivo Multimeios do Centro Cultural São Paulo.

ouvido e visão, o teatro anarquista estava apto a se constituir numa força, tanto ou mais eficaz que a imprensa. Presente nas chamadas "veladas" (reuniões, na maioria das vezes, aos sábados à noite), o teatro foi sempre um breve intervalo à penosa semana de trabalho. A programação, constantemente anunciada na imprensa libertária, dá-nos uma ideia do que foram esses encontros, como, por exemplo, a "velada" anunciada em *O Amigo do Povo*, a ser realizada em 30 de julho de 1904, no Liceu Espanhol, em São Paulo, evidentemente organizada por filodramáticos espanhóis:

*Fin de fiesta,* ato dramático de Palmiro Lidio.
*Hambre*, cena de Romulo Ogidi.
*Acabose*, comédia em um ato.
Conferência: Ristori fala sobre "A sociedade moribunda".
Baile.

Um outro exemplo, um pouco diverso, e talvez mais agressivo:

Festa anticlerical (em benefício da propaganda anticlerical):
1 – Galileu Galilei.
2 – Várias conferências em italiano e português.
3 – Quermesse.
4 – Baile familiar.

Intercalavam-se na noitada nítidos atos lúdicos de transformação: a dramaticidade que com certeza penetrava fundo nos sentimentos, sem contudo amortecer o desejo de luta; o riso para um justo descanso; a conferência instrutiva, esclarecendo aspectos que deveriam ser reforçados na mente operária; e, finalmente, a quermesse e o baile, como diversão.

Dois volumes de uma antologia (*Il Teatro Popolare*), com peças rigorosamente anarquistas, escritas em outros países, mas vertidas para o italiano (observe-se novamente aqui a predominância da Itália e o internacionalismo libertário) tornaram-se obrigatórias, no final do século XIX e nos primeiros vinte anos do século seguinte. Seu organizador, Luigi Molinari, quase que as impõe como portadoras de verdades absolutas:

Recomendamos vivamente aos leitores conscientes e que ainda sentem o vínculo da solidariedade humana que lhes prende ao povo oprimido, recomendamos que sugiram aos conhecidos e homens de boa vontade a leitura ou a representação destas obras dramáticas. Continuamos dessa forma a obra revolucionária que é o objetivo primeiro de toda nossa ação: arrancar o homem do embrutecimento servil, no qual vem se debatendo[112].

Alguns dos textos reproduzidos no *Il Teatro Popolare* foram encenados, pelo que se sabe, no Rio de Janeiro e em São Paulo. Um deles é *Triste Carnevale*, cujo autor nunca é citado, mas que aparece com certa continuidade nos noticiários, nas primeiras décadas do século XX. A peça aborda de uma só vez: o desemprego, a miséria e, no final, o crime e a punição injustas, frutos sem dúvida das iniquidades sofridas. Nela, o mundo contrário ao sofrimento é representado pelos sons alegres do Carnaval (diversão para os ricos), fazendo uma espécie de contraponto ao desemprego e à pobreza mostrada em uma habitação pobre, na qual se assiste à morte lenta de uma criança, vítima da fome, e ao desespero do pai, que o leva a cometer um crime, única possibilidade de obter dinheiro para a compra de alimento. Preso, é evidente que a prisão, provocada por ato devido à pobreza extrema, deve ser vista como o verdadeiro crime. O sofrimento mostrado em cena deve motivar os espectadores a lutar pela construção de um mundo diferente do que foi apresentado, certamente com toda veemência empregada pelos atores. *Responsabilità*, datada de 1904, escrita pelo militante anarquista francês Jean Grave (1854-1939), obedece às mesmas características de *Triste Carnevale*. O naturalismo, prescrito por Émile Zola (1840-1902), mestre querido dos libertários, está presente em determinada cena, quando, entre as agruras mostradas no texto, duas crianças famintas brincam de vender e comprar pão. O menino é um padeiro gentil e a menina uma senhora rica, que terá pão fresco e dourado, e quem sabe mesmo uma bela torta. É a mesma representação da miséria, vivida em uma pequena família operária, causada pelo desemprego. Os fatos prosseguem num crescendo, deixando claro que tudo se sucede por ser Renaud, o pai, um anarquista. Acusado de fazer parte de uma "associação de malfeitores", sua

---

112 *Il Teatro Popolare*. Milano: Tip. Della Università Popolare, 1907. p. 2.

situação se agrava quando a polícia encontra em sua casa um maço de cartas e um cofre suspeito. Renaud é preso, injustamente, o que vem piorar ainda mais a situação, levando a esposa a matar os dois filhos e se suicidar, por não aguentar mais a miséria em que vivem. Sabendo da tragédia, ao sair da prisão, Renaud fere levemente o juiz que o condenou, único responsável pelo trágico desfecho. A sequência de provações assusta. Mas era necessário que imagens fortes se sucedessem, para tornarem vigorosas, no terceiro e quarto atos, as investidas proferidas pelo réu, fazendo sua própria defesa, em longas tiradas, contra o poder absurdo e cego de uma justiça alheia à dor dos mais pobres e sempre omissa em relação aos seus problemas. Jean Grave quer demonstrar à plateia que as leis repetem velhas formas, criadas pelos poderosos, e os juízes repetem sentenças que desabam sobre os desafortunados, responsabilizando-os por todos os males, quando, na verdade, os verdadeiros culpados são os detentores do poder. "Injustiça e poder interligam-se" é a frase costumeira nos protestos anarquistas.

Embora admiradores de Émile Zola, é para o melodrama, puro e simples, que os autores sérios se inclinam quando querem pintar em determinadas cenas, com cores carregadas, os infortúnios da classe trabalhadora. Assim, parece-nos que os libertários não se acanham em juntar estilos, em proveito de maior participação e reação da plateia. Romantismo, melodrama, realismo e naturalismo convivem, por décadas, sem nenhum conflito.

Contrastando com as obras dramáticas italianas ou francesas e mais próximos à compreensão dos brasileiros estão dois textos do português Gregório Nazianzeno Moreira de Vasconcelos (Neno Vasco, 1878-1920), advogado e jornalista que aqui permaneceu de 1901 a 1911. *Greve de Inquilinos* e *O Pecado de Simonia*, de sua autoria, se aproximam muito das farsas portuguesas, fazendo lembrar o nosso comediógrafo Martins Pena. O problema da moradia, tão presente no Rio de Janeiro, é o assunto de *Greve de Inquilinos*, cuja ação se passa em um "quarto pobre" de moços solteiros que têm dificuldades de atender às demandas do senhorio. O início, um canto alegre, anuncia a farsa e predispõe a plateia ao riso. No decorrer da ação, o ridículo estará a serviço da crítica e da conscientização:

UMA VOZ – Liberdade, liberdade
Quem a tem lhe chama sua
Eu só tenho a liberdade
De morar em plena rua.

CORO – São tão puxados
Os aluguéis,
Oh! Inquilinos
Não pagueis!
Oh! Que ladroeira
A do senhorio
Fazei, inquilinos,
Greve em todo o Rio[113].

Os operários estão cônscios de seus direitos. "Foram eles – os patrões –, porventura que construíram as moradias?" – "Não! Fomos nós os trabalhadores", diz, em certo momento uma das personagens. Então, por que não empregar a resistência? Afinal, greves já eram meios empregados no Rio de Janeiro. Mas não seria um bom caminho para o riso. A vingança acontecerá, no entanto, de outra forma, não menos branda quanto à ação, colocando o vilão em situação constrangedora e empregando, para tanto, velhos procedimentos comuns às farsas: um casal aparece de repente e ajuda os rapazes não só a evitar o pagamento da dívida mas também a diminuir o aluguel dos cômodos, pondo em uso os velhos hábitos dos quiproquós e travestimentos, tão caros aos comediógrafos. Em *O Pecado de Simonia*, outro texto de grande sucesso, Neno Vasco ataca diretamente o clero, ávido de dinheiro, e, fiel aos bons textos anarquistas, aproveita para ir contra o militarismo e discorrer sobre o amor livre. Mas o tema central é, certamente, desmascarar o padre tentando se apossar do bilhete lotérico de uma viúva, prometendo-lhe missas pela alma do marido.

Textos diretos e curtos incluem-se na faixa das finalidades didáticas imediatas. É o caso de *Os Dois Ladrões*, cujos protagonistas são Alexandre Magno e um Ladrão:

LADRÃO – Alexandre, sou vosso prisioneiro. Tenho pois que ouvir o que vos apraz dizer-me e sofrer o castigo que vos aprouver infligir-me. Mas o meu espírito é livre; e se

---

113 *Greve de Inquilinos*, Lisboa: Secção Editorial de *A Batalha*, 1923. p. 5.

quiser responder às vossas censuras responderei como homem livre.

ALEXANDRE – Fala livremente.

LADRÃO – Quero responder a vossa pergunta com outra pergunta. Como é que tendes passado a vida?

ALEXANDRE – Como um herói. Pergunta à fama e ela to dirá. Tenho sido o mais bravo entre os bravos, e mais nobre dos soberanos e o mais poderoso dos conquistadores.

LADRÃO – Não vos falou a fama também de mim? Houve jamais um capitão tão ousado à frente de tão valente tropa?... Mas não gosto de me gabar. Demais, vós sabeis que não foi fácil prender-me.

ALEXANDRE – Mas afinal quem és tu senão um ladrão, um ladrão desprezível e sem probidade?

LADRÃO – E que é então um conquistador? Não tendes vós percorrido a terra como um gênio mau, destruidor dos belos frutos do trabalho e da paz... saqueando, assolando e matando, sem lei, nem justiça, só para satisfazer uma sede insaciável de domínio? Tudo o que fiz numa só comarca com uma centena de homens, vós o tendes feito com centenas de milhares de regiões inteiras. Se espoliei simples particulares, vós arruinastes reis e príncipes; se queimei algumas aldeias, vós levastes a desgraça ao seio dos mais florescentes reinos e às mais ricas cidades. Onde está pois a diferença? Nisto: o nascimento vos fez rei, e a mim um simples particular: deu-vos o poder; e se diferimos um do outro é só porque sois um ladrão mais poderoso do que eu[114].

A lista de dramaturgos brasileiros e portugueses (que vamos conhecendo de tempos em tempos) não é pequena. Em 1903, *A Lanterna* anuncia *O Dever*, texto de Joaquim Alves Torres (1853-1890), afirmando ele melhor do que *Eletra*, de Perez Galdós, levado por profissionais dois anos antes, aplaudidíssimo pelo seu anticlericalismo. Edwaldo Cafezeiro e Carmen Gadelha, na *História do Teatro Brasileiro*, enumeram autores, cujos textos foram levados no Rio de Janeiro e em outros centros: Carrasco Guerra, Câmara Reys, Antônio Martins dos Santos, Manuel Laranjeira, Santos Barbosa, Zenon de Almeida, Artur Guimarães, Mota Assunção, Isaltino dos Santos, Batista Diniz, Neno Vasco, José Oiticica, Marcelo Gama. As peças escritas por brasileiros, ou por portugueses aqui radicados, foram mais bem aceitas no Rio de Janeiro do que as peças italianas, mais apreciadas pelo público de São Paulo, por razões óbvias. Ainda que se louve pela imprensa o aparecimento de alguns textos nacionais, percebe-se, pelos noticiários, que as obras brasileiras não despertaram a mesma atenção que as estrangeiras, escritas por Pietro Gori, Gigi Damiani (1877-1948) ou mesmo pelo divertido Neno Vasco. *Avatar*, por exemplo, de Marcelo Gama (1878-1915), poeta e jornalista rio-grandense, não mereceu a acolhida que poderia ter tido, apesar de seguir fielmente os temas impostos pela dramaturgia social dos anarquistas: denúncia contra a injustiça praticada contra os inferiores, os males do militarismo e a defesa do amor livre.

Duas personalidades interessantíssimas, militantes anarquistas, ligaram-se à dramaturgia: o filólogo José Oiticica (1882-1957) e o prático em farmácia Avelino Fóscolo (1864-1944). Oiticica, como polemista, foi sem dúvida maior do que como dramaturgo. Dele, conhecem-se seis peças: *Pedra que Rola, Quem os Salva, Azalan, Pó de Perlimpimpim, Não é Crime* e *Ser ou não Ser*. As duas primeiras foram montadas por Itália Fausta, cujos ideais se aproximavam do pensamento do autor. *Pedra que Rola* não foi evidentemente escrita para operários. Sua finalidade é, certamente, conseguir chegar às classes mais altas. Não cairíamos em erro se cogitássemos que o autor, leitor de Kropotkin (1842-1921), seguia talvez o teórico quando este deixou escrito: "não se produziria nenhuma revolução, pacífica ou violenta, enquanto as novas ideias e o novo ideal não tivessem penetrado profundamente na própria classe cujos privilégios econômicos e políticos estavam ameaçados"[115]. Assim, em *Pedra que Rola*, um vasto diálogo entre as personagens Jorge e Maurício introduz a doutrina anarquista e faz ver ao público presente que o que estão assistindo são males de um mundo a ser modificado: "os homens deveriam estar organizados de tal modo que todos se considerassem cooperadores da felicidade de cada um"[116]. O texto incorre em um realismo com visível influência da peça de tese da dramaturgia francesa do final do século XIX e início do XX: entre perorações libertárias,

---

114 Aikin e Barbault, *Os Dois Ladrões*. Impresso em *A Terra Livre* de 18 de maio de 1907. Texto datilografado, p. 1-2.

115 Apud Flávio Luizeto, O Recurso da Ficção: Um Capítulo da História do Anarquismo no Brasil, em Antônio Arnoni Prado (org.), *Libertários no Brasil*, São Paulo: Brasiliense, 1986, p. 141.

116 José Oiticica, *Pedra que Rola*. Cópia em xerox. p. 3.

surgem paixões proibidas e um iminente adultério. Quanto a *Azalan*, cuja ação transcorre em Fernando de Noronha, apesar de não ter atingido aquilo que se poderia exigir de uma boa peça, não deixa de despertar interesse, por ser dos textos conhecidos do autor, aquele que aborda mais diretamente a doutrina anarquista e as dificuldades da "nova ideia" de ser entendida pelo povo: "Toda terra é um grande, um vastíssimo presídio, onde se torturam muitos milhões de vítimas para nutrir, fartar uma pequena porção de homens insaciáveis"[117]. Fernando de Noronha (onde cumpre pena a principal personagem) é, pois, a diminuta síntese do vastíssimo cárcere onde se agrupa a multidão dos deserdados. Sérgio, o protagonista, está só. Seus companheiros representam a fraqueza do Nordeste: a mocinha ingênua, filha do diretor do presídio, que, apaixonada, aproxima-se do presidiário querendo aprender francês; o corrupto; o espoliado; e, como antagonista, a figura mítica de Dionísio (teria Oiticica atentado para o nome?), enfeitado de miçangas, pulseiras, medalhas de lata, aguardando poder cumprir a exigência da Princesa Magalona, que o tornaria rico e senhor da ilha se atirasse ao mar uma jovem inocente, gritando a palavra mágica "azalan". Sérgio, detido por fabricar dinheiro falso a fim de comprar as primeiras terras, suprir as primeiras despesas do cultivo, e armas para os eventuais combates, justifica-se:

Todo dinheiro é falso, é o instrumento que têm os ricos não produtores de riqueza para arrancar dos trabalhadores as riquezas produzidas por eles. Sendo assim, que faríamos nós? Usávamos do mesmo processo para arrancar das mãos dos usurpadores as riquezas por eles roubadas. Para eles o nosso dinheiro é falso porque lhes faz mal, e o deles verdadeiro porque lhes faz bem; mas tanto um como outro são falsos[118].

A personagem foge, com a ajuda de um detento e, de certa forma, com o auxílio da ingênua apaixonada, que atira em quem tenta impedi-lo. Não por ideologia, mas por amor. Sua última fala faz de Dionísio um vitorioso: "Dionísio! Dionísio! Eu quero morrer". Uma voz se ouve, fora de cena: "Azalan". Com a palavra mágica, está encerrado o drama, tornando a fracassada companheira não uma anarquista, mas uma prisioneira da magia. Um quarto texto, até então desconhecido de Oiticica pela originalidade do tema, promete-nos um dramaturgo corajoso. A peça resumida em *Trincheira, Palco e Letras*, de Antônio Arnoni Prado, traz um título explícito – *Não é Crime* – e alude a um "*mènage à trois*", sugerindo ao homem o direito de amar livremente, sem culpa, duas mulheres com a mesma intensidade.

Acrescente-se que a presença permanente de José Oiticica em palestras e reuniões libertárias nos leva a pensar que o professor-polemista tenha escrito improvisos dramáticos diretamente para as reuniões trabalhistas, tornando mais claras as exposições do dia. Infelizmente, segundo Edgar Rodrigues, esses esquetes de ocasião teriam sido escritos a lápis, às vezes em papel de embrulho, encontrado no momento, e que, pela fragilidade, vieram consequentemente a desaparecer.

Não dispondo de tanta cultura quanto Oiticica, Avelino Fóscolo, jornalista e escritor, não deixa por isso de ser uma pessoa admirável na militância anarquista. Mineiro, nascido em Sabará, descendia do dramaturgo italiano Ugo Fóscolo (1778-1827). Órfão aos onze anos, conheceu de perto a ignomínia da escravidão quando foi trabalhar nas minas de Morro Velho. Tentando fugir dessa situação, engaja-se numa trupe de "quadros vivos" dirigida pelo americano Keller. Algum tempo depois, "escritura-se", como se dizia na época, numa companhia teatral portuguesa, sob as ordens de Antônio Fernal. Vem daí, certamente, seu encanto pelo teatro. Muda-se para Paraopeba e trabalha na farmácia do sogro. Inteligente, cultor das ciências, grande leitor, enviava seus escritos para a imprensa e manteve por dois anos, a duras penas, seu próprio jornal, *A Nova Era*, em que investia contra os abusos dos proprietários da região. Emprestava livros e jornais à população, e não foi difícil para ele perceber na manifestação teatral não somente a diversão, mas um excelente meio para mostrar às camadas populares o quanto eram injustiçadas. No palco, "construído por mutirão [...] a plateia, silenciosa e atenta, assistia a espetáculos como *Gaspar, o Serralheiro*, *O Inglês Maquinista*, *A Grilheta*, *O Diabo Moderno* e *O Semeador*[119], sendo as duas últimas escritas por Avelino.

---

117 J. Oiticica, *Azalan*, cópia xerografada, p. 18.
118 Idem, p. 20.
119 Regina Horta Duarte, *A Imagem Rebelde: A Trajetória Libertária de Avelino Fóscolo*, Campinas: Pontes/ Editora da Unicamp, 1991, p. 79-80.

*O Semeador*, escrita no começo do século, foi encenada, pelo que sabemos, em Santos, pela Sociedade Lira de Apolo, em outubro de 1920, e em São Paulo, em novembro de 1922, no Salão Celso Garcia, no Festival dos Sapateiros. A ação se passa numa fazenda, semelhante a muitas, cujo sistema de trabalho – bem conhecido pelo autor – não se diferenciava em nada daquele que havia antes da abolição. A peça tem início com os preparativos para a chegada de Júlio, filho do proprietário. Vindo da Europa, já ficamos sabendo que traz novas concepções para tocar o trabalho agrícola e também um novo ideário de vida. A conversa entre dois fazendeiros, enquanto aguardam a chegada do rapaz, atesta os velhos conceitos contra os quais o moço terá que lutar: "Esses rapazolas com as tais inovações são capazes de botar o mundo de pernas para o ar"[120]. Mas é no diálogo com Laura, sua companheira de infância, que Júlio terá ocasião de ir aos poucos explanando suas ideias: "Não há senhor nem subalterno: todos somos iguais. Nenhuma superioridade nos dão dotes físicos que herdamos ou dotes morais adquiridos graças ao trabalho acumulado por outrem".

É bem possível que um espectador atento perceba, ao levantar o pano para o 2º ato, um detalhe novo no cenário. Diz a rubrica: "o mesmo cenário do primeiro ato, mas a fazenda tem um jardim na frente". A própria luz deveria ser diferente e o jardim testemunha a mudança de ambiente. A cor deve simbolizar a alegria presidindo a jornada diária, agora de cinco horas apenas!

Cantos e danças dos camponeses iniciam o ato:

CORO

    Tudo vive alegremente,
    Já não é pena trabalhar.
    Sim, senhor!
    Todo o mundo está contente,
    Não há briga ou mal-estar.
    Sim, senhor!
    Elô! elá!
    Essa prisão, fazenda,
    Hoje é bela vivenda.

    Que alegria, olé
    Pelo franco bem-estar;
    Trabalhamos, olaré,
    Para o fruto partilhar.

A volta do pai e as intrigas do cunhado vão pôr tudo a perder. Como é muito comum nas peças anarquistas, o protagonista é sempre um herói solitário. Esboça-se uma figura de mulher que o vai entendendo no decorrer da ação ("há em suas palavras algo de misterioso e novo que não compreendo") e aos poucos vê-se tocada pela "ideia nova" propalada e posta em ação pelo parceiro ("seremos livres no seio de uma humanidade escrava"). Mas é justamente essa companheira, neta de escrava, amiga de infância com quem Júlio pretende se casar, que vai desencadear dentro da trama, em torno do novo conceito de trabalho já em andamento, a batalha comandada pelos mais velhos – da desigualdade e do preconceito –, fazendo vir à tona todo o sistema escravocrata. Palavras e ameaças ainda próximas ao antigo regime, tais como "tronco", "vara ao lombo", "relho" contrastam com a fazenda comunitária, transformada pela compra de máquinas, pela jornada de cinco horas de trabalho e pela inexistência de salário. Na certa, essas conquistas afetaram os ânimos dos outros familiares, também proprietários de terras. Em defesa de suas teorias e a fim de garantir a liberdade de um companheiro, Júlio não hesita em fazer uso de uma arma. Sai vencedor. Os vilões se afastam e a peça termina, com tiradas a gosto dos libertários: "É a noite que desaparece, é o passado que se amedronta; deixá-los. Na âmbula do oriente surge a aurora de um novo dia e os primeiros homens livres podem respirar desafogados sobre a terra livre – a mãe comum".

Esse texto com tênue aparência regionalista, mas procurando, certamente, seguir os passos do naturalismo cultivado por Fóscolo, traz um significado especial. Regina Horta Duarte, em seu excelente levantamento sobre a vida do militante, nos adverte que, ao escrevê-lo, Avelino Fóscolo também seguia diretrizes, não só do teórico Pedro Kropotkin, para quem os militantes não poderiam deixar de lado as populações rurais, quanto do ativista Jean Grave, quando chamava a atenção sobre a preocupação que deveriam ter os militantes

---

[120] Avelino Fóscolo, *O Semeador*, em M. T. Vargas (org.), *Antologia do Teatro Anarquista*, São Paulo: WMF Martins Fontes, 2008, p. 10. As demais citações são tiradas dessa edição.

libertários com os camponeses. Era um ponto a ser observado com rigor a fim de que se evitasse que "a revolução ao rebentar, encontre no aldeão um inimigo que a combata"[121].

A dramaturgia anarquista não pertenceu apenas aos seus mentores. A arte entendida como "meio de fraternidade entre os homens" em princípio deveria ser também dos trabalhadores. Pôr em prática o ato artístico era para os anarquistas um direito. Uma ideia que surgisse, que viesse a inspirar um poema, uma música, um texto de teatro, tudo deveria ser acolhido e incorporado às reuniões dos sábados. Desses autores operários, muito se esperou, uma vez que seus textos teriam o dever de trazer para a cena, sobretudo, fatos de suas vivências, tornando o espetáculo mais compreensível e enriquecedor para os espectadores. Um alfaiate, dois sapateiros, um garçom, entre certamente outros, mereceram menções especiais no noticiário jornalístico: Felipe Morales (1863-1925), espanhol radicado no Brasil; Felipe Gil, Marino Spagnolo e Pedro Catallo (1900-1963). Morales, "sapateiro infatigável, trabalhando em seu banquinho, até os últimos dias de vida"[122], aponta em seu texto *Os Conspiradores* um problema grave: o comportamento das autoridades que preparavam falsos complôs a fim de denegrirem a classe trabalhadora e intelectuais militantes, justificando assim prisões e deportações. Marino Spagnolo, vidreiro, alfaiate, era muito querido no Belenzinho, bairro de São Paulo onde residia. Seus amigos brincavam: "Ecco Marino... Marino? Quello no è Marino: è sottomarino"[123]. Foi ele quem escreveu um dos textos anarquistas mais difundidos, encenado a partir de 1922: *A Bandeira Proletária* (lenço que serviu para estancar o sangue de um companheiro ferido mortalmente). A peça de Spagnolo pode ser tomada como exemplo de texto de instrução, onde bebida, jogo, exploração da mulher estão claramente descritos e combatidos em cena. Felipe Gil, o garçom, um dos autores mais representados no Rio de Janeiro, escreveu *Os Libertários*, drama em três atos e *O Último Quadro*, também um drama. Pedro Catallo, outro sapateiro, homem de teatro (foi também diretor e contrarregra) é, por mérito, o dramaturgo-operário que mais conseguiu se aproximar da recomendação de seus maiores. Sabia ser necessário desenvolver práticas artísticas entre os componentes da própria classe, traduziu textos de Florêncio Sanchez (*Nossos Filhos* e *Os Mortos*) e nos deixou de sua autoria: *O Herói e o Viandante* ("peça simbólica de combate à guerra"), *Madri* (escrita em espanhol e em português, sobre a heroica resistência dos milicianos antifascistas no *front* de Madri), *Como Rola uma Vida*, seu último trabalho, *A Insensata* (encenada em 1950), *O Coração é um Labirinto*, encenada em 1947 e *Uma Mulher Diferente*, também encenada em 1947. De todos os seus textos, os que despertam mais curiosidade são os três últimos, nos quais a mulher se sobressai como personagem. É ela sempre a mais dedicada e a mais lúcida ao tomar decisões. Essa "mulher diferente" do texto acima é uma libertária que se entregou conscientemente, apenas fisicamente, ao seu patrão, a fim de obter a liberdade do pai, preso por uma trama maquiavélica, urdida pelo próprio patrão para poder conquistá-la. Elena ergue-se contra a hipocrisia da sociedade, é insultada porque se nega a casar oficialmente e assim legitimar o filho que teve. Deixa bem claro seu comportamento:

Mas as pessoas conservam muito ainda da luta brutal dos tempos primitivos. No matrimônio, essa luta renova-se. Não se procura a cooperação, quer-se o domínio; não se mantém o respeito, professa-se a indiferença. E, nessa porfia desastrosa, cada cônjuge emprega as armas favoritas para garantir-se a hegemonia do lar[124].

Fugindo ao realismo, procurando caminhar por uma trilha poética, nos deparamos com o *Primeiro de Maio*, texto que atravessou com sucesso todo o período da presença anarquista em nosso país. Jayme Cuberos (1927-1998), militante pertencente ao Centro de Cultura Social de São Paulo, costumava dizer que o texto de Pietro Gori equivalia, para os libertários, ao espetáculo *A Paixão de*

---

121 R. H. Duarte, op. cit., p. 66.
122 Mariângela Alves de Lima e Maria Thereza Vargas, *Teatro Operário na Cidade de São Paulo*, São Paulo: Secretaria Municipal de Cultura, Departamento de Informação e Documentação Artística, Centro de Pesquisa de Arte Brasileira, 1980, p. 70.
123 Jacob Penteado, *Belenzinho, 1910 (Retrato de uma Época)*, São Paulo: Martins, 1962, p. 149.

124 Pedro Catallo, Uma Mulher Diferente, em *Antologia do Teatro Anarquista*, p. 285-286.

*Cristo* para os cristãos. Com isso definia uma espécie de celebração permitida pelo texto. Escrita em verso, confiando no "além das palavras", era como que um oratório, no qual se antevia o mundo futuro pelo qual lutavam: terra muito especial, que desconhecia guerras, onde as mulheres não eram escravas, as crianças educadas longe de dogmas e tendo por única lei a liberdade.

Dedicando-se ao levantamento do teatro anarquista no Brasil, Edgar Rodrigues aponta-nos grupos no Maranhão e no Pará e registra 63 agremiações dedicando-se ao teatro social, no período de 1897 a 1967. Esses grupos tiveram seus ensaiadores que, mais uma vez, a história oficial não registrou: Lírio Rezende, Mariano Ferrer, Pedro Catallo (em época mais recente) e Furtado de Medeiros. Mariano Ferrer, espanhol, operário gráfico, organizou o Grupo Dramático Teatro Livre, em 1903, no Rio de Janeiro, o primeiro a aparecer na imprensa e a impulsionar outros que iam surgindo; Furtado de Medeiros, atuando também na capital da República, é assim lembrado por Rodrigues: "um português dos Açores, que não era anarquista, mas contribuiu muito para o teatro social dos libertários, incentivando a fundação de grupos e ensinando a arte de representar aos operários"[125]. Embora dedicados, mas pouco vaidosos e ambiciosos, alguns intérpretes, gráficos, costureiras, operários e operárias de fábrica, sapateiros e marmoristas, contribuíram com seu talento para disseminar e reforçar ideias contidas nos dramas ou nas sátiras. Entre outros podem ser lembrados: Davina Fraga, Augusto Aníbal, Elvira Boni e Luiz Magrassi. O jornal *La Battaglia*, impresso em São Paulo, em 30 de setembro de 1905, comentando a peça *Los Conspiradores*, de Felipe Morales, refere-se ao elenco: "Durante a representação os atores receberam aplausos. Digna de nomear-se foi a Camilli, no papel da amante, tendo sido uma grande intérprete".

Em meio a greves, deportações, prisões, mudanças sociais, proibições rigorosas, o teatro anarquista no Brasil foi sobrevivendo, morrendo e tornando a renascer até fins dos anos de 1960. Assim, o Grupo de Teatro do Centro de Cultura Social de São Paulo ainda pôde anunciar, em dezembro de 1967, em seu teatrinho de Arena, *O Guerreiro*, de Waldir Kopeszky.

Desavisado, dando provas de que na cidade de São Paulo existiam dois palcos distintos, sem qualquer ligação entre eles, Antônio de Alcântara Machado (1901-1935), sempre criticando o teatro que se fazia em 1930, escreve: "Abrasileiremos o teatro brasileiro. Melhor: apaulistanizemo-lo [...] Traga para o palco a luta do operário, a vitória do operário, a desgraça do operário, traga a oficina inteira"[126].

## Teatro Operário

O que vimos na exposição acima reflete bem a presença da classe trabalhadora em grupos teatrais amadores. Muito mais do que observamos em outras profissões, a atuação do operário-intérprete foi vigorosa e constante, tanto nas horas em que o palco serviu ao entretenimento como nas horas em que foi transformado em instrumento de conhecimento e de luta. Cabe a pergunta: por que essa disposição para a cena, mais do que as observadas em outras categorias? Vontade de se livrar durante algumas poucas horas do trabalho quase sempre árduo? Alívio de um cansaço mental devido à atenção constante que certos ofícios exigem? Decisão firme de espanar tudo isso, em horas dedicadas a uma atividade unicamente sua e de seus companheiros, corpo e inteligência fugindo da infernal diluição de sua pessoa, em meio às máquinas e materiais de certa forma agressivos? Transmudar-se em "barão", "bandido", "santo", "algoz", "milionário" torna-se fascinante para os que vivem uma vida restrita a pequenos encantos? Ou, muito pelo contrário, identificar-se com a personagem a seu cargo e poder declarar bem alto para a assistência os seus próprios sentimentos? Há, mesmo nos grupos mais próximos no tempo, engajados ou não, certa semelhança com o que vimos acima com os operários libertários do começo do século XX. Cansados, mal alimentados, vinham para os ensaios, depois de horas estafantes, movidos, é evidente, pelo amor ao teatro, ou pela compreensão de sua utilidade. O certo é que a presença do trabalhador como ator, entre nós, tem uma longa história e as razões pela sua constância devem ser muitas.

---

125 E. Rodrigues, *Nacionalismo e Cultura Social*, Rio de Janeiro: Laemmert, 1972, p. 72.

126 *Cavaquinho e Saxofone (Solos)*, Rio de Janeiro: José Olympio, 1940, p. 437.

Anotações dispersas, humildemente entremeadas à história das artes cênicas, têm o poder de aguçar nossa imaginação: quanta coisa aconteceu e não chegou ao nosso conhecimento? Quanta coisa ainda acontece, talvez em menor número, nos palcos de paróquia distantes, em salões modestos, em pátios de fábrica, que também desconhecemos? Da mesma forma, voltando a séculos passados, pequenos faróis nos apontam realizações curiosas: José Teixeira Neves, no ensaio sobre o teatro no Arraial do Tijuco (Diamantina), menciona um "conjunto dramático" das operárias da Fábrica de Fiação e Tecidos que funcionava em dias de festa "no tempo de Felício dos Santos"[127]. E, já no começo do século, alude ainda Teixeira Neves a "um subir de pano" para o drama *O Capital e o Trabalho*, comemorando o aniversário da União Operária Beneficente. Na região sul, conforme registra Athos Damasceno Ferreira, em 1894 constituiu-se em Porto Alegre a sociedade dramática particular Os Boêmios, "constituída de gente humilde, operários, artífices, serviçais e pequenos funcionários desafiando a guerra civil", apresentando-se com *O Veterano da Liberdade* e *Os Impalpáveis*, de Joaquim Alves Torres[128]. Em Teresina, no Piauí, além de passeatas e discursos, o 1º de maio de 1905 foi comemorado com uma representação, à noite, de *Os Dois Renegados*. A apoteose – acrescente-se – contou com a participação da operária da Companhia da Viação, Carlota Monteiro, na caracterização do "anjo da arte"[129]. O primeiro grupo formado por operários, na ex-capital da República foi o Grupo de Teatro Dramático Livre, em 1903. A peça de estreia, *Primeiro de Maio*, de Pietro Gori, escolhida pelos atores e pelo ensaiador, o gráfico Mariano Ferrer, denota o caráter de sério comprometimento dos operários com problemas que os afligiam. Certamente uma adesão do teatro amador ao grave momento pelo qual passava a cidade do Rio de Janeiro: a greve geral iniciada pelos têxteis, acompanhada pelos gráficos, chapeleiros e estivadores.

Pouco se conhece dos grupos comprometidos com ideologias, que certamente fizeram suas apresentações nos anos posteriores a 1930, obrigados ao anonimato pela censura. Com a queda do Estado Novo, em 1945, e nos anos subsequentes, a questão social reativa-se com a presença do Partido Comunista, do Partido Socialista e da Igreja, incentivando os operários. A classe trabalhadora é alvo de atenções e, consequentemente, há um revigoramento dos grupos operários junto às fábricas e às paróquias. Mas os grupos tendem ao entretenimento ou à formação cultural. Diretores e mesmo atores mais qualificados, ligados a processos mais modernos de atuação, se oferecem para orientá-los. De certa forma substituem os velhos ensaiadores, geralmente portugueses ou italianos, cultores de uma arte teatral afeita ao riso fácil ou à emoção barata, fiéis a um repertório recebido com sucesso: *A Filha do Mar*, *A Herança do Náufrago*, *O Filho Pródigo*, *O Último Adeus* ou *O Preso da Cela nº. 8*.

Bem diferentes foram as apresentações de muitos dos elencos formados por trabalhadores nas décadas de 1960, 1970 e 1980[130]. Responderam às exigências de uma época. Nesses espetáculos os operários foram os verdadeiros atores, e os orientadores seus parceiros nas criações. Entre discussões, depoimentos e exercícios idealizavam seus próprios textos, refletindo problemas e reivindicações de suas comunidades. São exemplares, nesse sentido, os trabalhos de Tin Urbinati e seus companheiros, junto ao Sindicato dos Metalúrgicos de São Bernardo do Campo, em São Paulo, e de Maria Helena Kühner, no morro da Mangueira, no Rio de Janeiro.

É certo que, por várias décadas, os operários entregaram sua sensibilidade, seu aprendizado, suas histórias de vida à criação de espetáculos de natureza diversa. Deitaram raízes? Se hoje são poucos e desconhecidos, é que, praticamente, integraram-se às realizações comunitárias, em bairros distantes, ao lado de auxiliares de escritório, faxineiras, office-boys e estudantes. As metas variadas, na certa, devem permanecer as mesmas: lazer, amor à arte, instrução.

---

127 Teatro de Província, *Revista do Livro*, [s.d.], p. 144 e 152. (Cópia xerografada.)
128 *Palco, Salão e Picadeiro em Porto Alegre no Século XIX*, Porto Alegre: Globo, 1956, p. 275.
129 A. Tito Filho, *Praça Aquidabã, Sem Número*, Rio de Janeiro: Artenova, 1975, p. 64.

130 Ver o capítulo O Teatro da Militância, em *História do Teatro Brasileiro*, v. II.

## 4. INICIATIVAS E REALIZAÇÕES TEATRAIS NO RIO DE JANEIRO

A vida teatral no Rio de Janeiro da *belle époque* foi bastante intensa, por razões que não são difíceis de apontar: o apelo popular das revistas e burletas, levando multidões aos teatros que as apresentavam em duas ou três sessões corridas; as representações de peças brasileiras de autores que surgiram no período, como Roberto Gomes ou João do Rio, dando novo alento ao drama e à alta comédia; o florescimento da comédia de costumes no Teatro Trianon – demonstração de que o gênero cômico podia sobreviver sem a música; o carisma de atores e atrizes como Brandão, o *Popularíssimo*, ou Pepa Ruiz; a presença maciça de companhias dramáticas e líricas estrangeiras nos teatros da cidade.

Nesse ambiente, não admira que uma série de iniciativas tenham sido tomadas – por órgãos oficiais, empresários ou escritores – com objetivos diversos, mas convergentes: incentivar a dramaturgia nacional, divulgando e promovendo a obra dos nossos autores; dotar a cidade de um edifício teatral semelhante aos que existiam em Paris; criar uma escola de teatro para formar artistas dramáticos; exibir teatro clássico ao ar livre para uma plateia numerosa; fundar uma associação para garantir os direitos autorais dos dramaturgos. Tais iniciativas e realizações merecem registro histórico, pois estão ligadas a artistas, escritores, críticos e intelectuais que foram protagonistas da cena teatral carioca nos tempos pré-modernistas.

### *O Teatro da Exposição*

A revista *Renascença* reproduz o decreto n.º 6.545, de 4 de julho de 1907, que aprova as bases para a organização da Exposição Nacional de 1908. O evento tem como motivo declarado a comemoração pelo centenário da abertura dos portos do Brasil ao comércio internacional. O presidente da República, Afonso Augusto Moreira Pena, e o ministro de Indústria, Viação e Obras Públicas, Miguel Calmon du Pin e Almeida, assinam o artigo único.

Constam das bases organizadoras da Exposição Nacional – agrícola, industrial, pastoril e de artes liberais – na capital da República, as datas de abertura e encerramento: 15.7.1908 e 7.9.1908 (datas que não se cumprem). O governo federal estabelece as normas, propõe-se a construir os pavilhões dos estados e a subvencionar o transporte das mercadorias a serem apresentadas ao público. O convite é endereçado aos governos dos estados e do distrito federal, às associações comerciais agrícolas e industriais, aos que exercem a indústria agrícola, a fabril e a pecuária. Entre os convidados, estão os que se dedicam às artes liberais, quer sejam nacionais ou estrangeiros domiciliados no país.

Além de elemento de integração dos estados, o governo federal pretende que o evento amplie a visibilidade do progresso do país junto ao capital estrangeiro. A Exposição mostra-se como uma excelente oportunidade para a divulgação do vigor da economia nacional.

Dos estados da federação, Minas Gerais, São Paulo, Paraná e Santa Catarina ocupam pavilhões independentes. A prefeitura do distrito federal recebe um prédio à parte. Portugal é a única nação estrangeira convidada a ocupar um espaço. João do Rio, em crônica publicada na coluna "Cinematógrafo" – O Pavilhão de Portugal na Exposição – descreve a *vernissage* no anexo do pavilhão português em minúcias: "quatro *halls* imensos e duas salas cheias de quadros, de azulejos, de objetos artísticos, decoradas e arranjadas com um sentimento de gosto, de luxo e de arte"[131]. O cronista refere-se ao espanto de quem esperava, dos portugueses, apenas produtos naturais e industriais.

A inauguração solene da Exposição Nacional acontece a 11 de agosto de 1908. A imprensa dá ampla cobertura à solenidade e continua a prestigiar os eventos especiais e fatos do dia a dia após a abertura. A revista *Kosmos,* que vinha publicando fotos das obras nas diferentes fases da construção, acompanhadas ou não de comentários ligeiros, no exemplar datado de julho de 1908 faz referências ao inesperado aparecimento da pequenina cidade de palacetes nas areias da Urca. Publica, nos números seguintes, fotos diversas do público e das edificações. A *Gazeta de Notícias* estampa fotos de página inteira dos pavilhões e figuras públicas.

---

[131] João do Rio. O Pavilhão de Portugal na Exposição, *Cinematógrafo*. Porto: Lello & Irmão, 1909, p. 341-348.

Apresenta reportagens longas sobre a política e a economia dos estados, em vários números. *O País* abre as matérias sobre a Exposição Nacional com vinhetas feitas para a ocasião. O *Jornal do Comércio* documenta em detalhes a grandiosidade do evento inaugural e, nos números subsequentes, opina sobre os estados e os pavilhões respectivos levantados na praia Vermelha, entre a Urca e o Pão de Açúcar. Emite comentários e notas sobre os espetáculos diários na coluna teatral.

No exemplar editado no dia da solenidade oficial, o *Jornal do Comércio* antecipa o festival de luzes e elogia os organizadores do projeto. Refere-se à porta monumental composta por oito mil lâmpadas elétricas coloridas. Descreve os edifícios redesenhados por pequenas lâmpadas e os jardins iluminados por lâmpadas de cores variadas. O espetáculo das luzes será intensificado, o editorial avisa, pelos navios das duas divisões de guerra, que, de fora da barra, lançarão os holofotes por cima da esplanada. No Palácio das Indústrias, distingue a fonte luminosa formada por uma cascata, jorrando água de treze bocas superiores sobre sete bacias, sucessivamente, e de quatro sereias moldadas em cimento.

No quesito diversões, o *Jornal do Comércio* anuncia a temporada de peças brasileiras a serem encenadas pela Companhia Dramática Nacional organizada por Artur Azevedo e a presença da Companhia Vitale de Operetas Italianas. Em outro prédio, que reúne a função de teatro e bar, são programados espetáculos de uma companhia de variedades sob o comando de Pascoal Segreto. O editorial noticia concertos sinfônicos, sessões de filmes vindos de Paris, Londres e Berlim e as variadas opções oferecidas pelo parque de diversões. E sobre o Teatro da Exposição, não escapa ao jornal o objetivo ambicioso dos organizadores:

Como é sabido, organizou-se para dar espetáculos no Teatro da Exposição Nacional, uma companhia dramática, especialmente encarregada de exibir um repertório escolhido de peças de autores nacionais, e que constituiria uma espécie de exposição contemporânea e retrospectiva da literatura dramática nacional.

Por fim, o jornal lista os nomes do elenco: Lucília Peres, Cinira Polônio, Gabriela Montani, Luiza de Oliveira, Estefânia Louro, Julieta Pinto, Emília Pinho, Natalina Serra, Cristina Lins, Ferreira de Souza, Antônio Ramos, Alfredo Silva, Mário Arozo, Cândido Nazaré, João de Deus, F. Marzulo, J. Figueiredo, Antônio Fonseca e Faria. São nomeados, ainda: Bruno Nunes, o ponto; Álvaro Peres, o ensaiador; Anísio Fernandes, o maquinista; Cecílio Lopes, o contrarregra; Marroig e Santos, os cenógrafos.

A primeira récita no Teatro da Exposição acontece a 12 de agosto, no dia seguinte à inauguração solene da mostra. No jornal *O País*, de 13 de agosto, na coluna "Teatros e Música", um folhetinista anônimo escreve um longo artigo a respeito do papel exercido por Martins Pena no teatro brasileiro, discorre sobre outras obras do mesmo autor e resume o enredo da peça encenada pela Companhia Dramática Nacional, *O Noviço*. Em seguida, lembra a apresentação anterior, "há exatos 63 anos e 3 dias", levada no Teatro S. Pedro de Alcântara, em 10 de agosto de 1845. A parte final do artigo é dedicada ao *lever du rideau: Não Consultes Médico*, de Machado de Assis. O articulista resume o enredo e salienta a técnica dramática do escritor. A intenção do texto jornalístico coincide com a proposta do Teatro da Exposição: informar e educar.

Os elogios às peças encenadas e aos autores nacionais e a observação sobre a boa receptividade do público não significam aplauso sem restrições. Ao mesmo articulista do jornal *O País*, parece que o teatro, enquanto arte brasileira a ser incentivada, não merecera o destaque devido entre as demais atrações:

Outras representações se darão ali, e por certo muito mais numerosas, mas virão apenas alegrar e divertir os frequentadores como simples diversões. Sem querermos apreciar o critério com que foi ideada e realizada a Exposição, não podemos deixar de registrar o fato, por demais eloquente como sintoma, de que a empresa de simples diversões ou de espetáculos de uma arte estrangeira menos valiosa, mereceu patrocínio muito mais eficaz, muito mais substancioso e garantido que a louvável tentativa do teatro brasileiro, que deu ontem brilhante resultado.

Durante a temporada, além das peças da estreia, são encenadas: *As Doutoras*, de França Júnior; *Deus e a Natureza*, de Artur Rocha; *Quebranto*, de Coelho

Neto; *O Defunto*, de Filinto de Almeida; *Os Irmãos das Almas*, de Martins Pena; *As Asas de um Anjo*, de José de Alencar; *Sonata ao Luar*, de Goulart de Andrade; *A Herança*, de Júlia Lopes de Almeida; *A Nuvem*, de Coelho Neto; *Vida e Morte*, de Artur Azevedo; *Vende-se*, de Flávio D'Ornel; *História de uma Moça Rica*, de Pinheiro Guimarães; *Um Duelo no Leme*, de José Piza; *O Dote*, de Artur Azevedo.

No *Jornal do Comércio*, no dia 30 de outubro, são anunciadas as apresentações de *Carta Anônima*, de Figueiredo Coimbra; *Eterno Romance* e *Desencontro*, ambas de Carmen Dolores[132]. O editorial desse dia, data de encerramento da Exposição, faz duas sugestões para o aproveitamento das instalações: exposição permanente ou construção de universidade.

Os concertos sinfônicos sob a direção dos maestros Alberto Nepomuceno e Francisco Braga são programados para dias alternados da semana (3ª, 5ª e sábado), às 16h30. No dia 13 de agosto, é aberto com prelúdio de Debussy, *L'Après-midi d'un faune*. A proposta da direção musical é mostrar o desempenho dos músicos e educar o público. Pretende-se distribuir programas explicativos com trechos musicais comentados e informações a respeito dos compositores menos conhecidos.

No exemplar do dia 16 de agosto, do jornal citado, sob o título "Espetáculos e Diversões", lê-se sobre a primeira apresentação da companhia lírica e as demais atrações:

No Teatro da Exposição trabalhará ainda hoje a Companhia Vitale. Serão realizados dois espetáculos: um, em *matinée*, com a opereta *O Vendedor de Pássaros*, e o outro, à noite, com a opereta em três atos *La belle stiratrice* [A Bela Engomadeira].

No Teatro Variedades serão realizados, também, dois grandiosos espetáculos pela esplêndida *troupe* que ali trabalha. O rinque de patinação, o cinematógrafo da exposição e o cinema brasileiro funcionarão de dia e de noite.

Nos dias em que o Teatro João Caetano não está reservado para as duas companhias citadas, torna-se palco para um conjunto espanhol de zarzuelas dirigido por Carlos Silvani.

Os comentários a respeito do Teatro da Exposição aparecem, na imprensa, meses antes da abertura do evento. Em "Cinematógrafo", coluna dominical da *Gazeta de Notícias* assinada por Joe (o mais famoso dos vários pseudônimos de João do Rio), o cronista não acredita que as encenações programadas atinjam o objetivo de seus organizadores – o de que venham a ser, de fato, propulsoras da desejada regeneração do teatro brasileiro[133]. As exigências contratuais, de início veiculadas, parecem-lhe absurdas: montagem de três peças históricas e vinte espetáculos por mês, sendo quinze o número de peças nacionais. Faz restrições ao repertório anunciado. Na coluna publicada em 19 de abril de 1908, ele indaga: "Poderás tu compreender uma família indo à Exposição para ficar no teatro das oito e meia às doze ouvindo *O Noviço*, o *Fantasma Branco* ou outra pérola velha da nossa teatralidade?" Em 3 de maio, ainda em "Cinematógrafo", faz considerações sobre o prazo. Considera-o muito curto para que seja feito um bom trabalho. Explica-se: "Uma peça para ir regularmente precisa de vinte ensaios, pelo menos. Há peças de enorme responsabilidade, peças em versos... Imaginem! Essas coisas fazem-se com o tempo, pensadas, refletidas, e não assim". Observa que o público da Exposição não é plateia que suporte três horas de drama. No seu modo de entender, para a educação dos visitantes, uma reconstituição histórica das nossas danças teria um melhor resultado. Apresentações de dança cucumbi, do jongo africano, do sapateado, do cateretê e do maxixe atrairiam muito mais a atenção da assistência variada e levariam ao desejo de frequentar outros espetáculos que tivessem o jeito do país. No dia 19 de julho, o colunista faz considerações sobre o prejuízo financeiro do empresário Mesquita, em razão do adiamento da data de abertura da Exposição, inicialmente prevista para 15 de julho. Aproveita o mote, para discutir a impossibilidade de se manter uma companhia nacional de teatro sem a existência de planejamento a médio e longo prazo.

A Exposição Nacional é um sucesso de público, apesar dos contratempos eventuais, e as encenações

---

132 Em nenhuma outra fonte encontramos referências às peças de Figueiredo Coimbra e Carmen Dolores.

133 Lembre-se de que na virada do século XIX para o XX os intelectuais acreditavam que o teatro brasileiro estava em decadência, refém do sucesso das revistas, burletas e outras formas cômicas e musicadas.

no Teatro João Caetano são aplaudidas. As falhas encontradas por alguns comentaristas teatrais, a afluência progressiva do público na direção do Teatro de Variedades e as palmas entusiasmadas para a companhia espanhola não encobrem os méritos dos organizadores. De positivo, fica o trabalho de Artur Azevedo com a formação de uma companhia dramática de atores nacionais e a valorização de um repertório brasileiro. A popularidade maior alcançada pelos outros tipos de espetáculo não invalidou a tentativa do teatro declamado.

Quanto à Exposição Nacional, antes, durante e após o encerramento das atividades, ela movimentou políticos, elementos representativos de vários setores econômicos e artísticos dos Estados, a cidade e a imprensa do Rio de Janeiro. Carlos Maul, por exemplo, manifestou sua euforia em relação ao Teatro da Exposição e à capacidade de realizações do país. No volume *O Rio da Bela Época*[134], no capítulo dedicado à Exposição Nacional, ele registra a boa frequência às encenações e os aplausos dirigidos aos atores nacionais e reconhece no repertório escolhido por Artur Azevedo os nomes ilustres do teatro brasileiro. Se elogia a iniciativa como um todo, mostra-se por outro lado preocupado com os rumos da nação, terminando por comparar a situação do Brasil com a da França:

como na Paris de 1900, aqui também nem tudo são flores, música e contentamento, ao redor dessa Exposição Nacional de 1908... A política ferve nos subterrâneos. Afonso Pena está no governo há menos de dois anos, e já se cuida da sua sucessão[135].

## Teatro Municipal do Rio de Janeiro

Incluída no projeto da reforma urbana idealizada pelo presidente Francisco de Paula Rodrigues Alves, a construção de uma casa oficial de espetáculos é reclamada, com insistência, por nomes ligados ao meio teatral. Para alguns, como Artur Azevedo, a existência de um teatro criado e subvencionado pelo poder público seria o pressuposto básico para o desenvolvimento da dramaturgia nacional. Sem

134 2. ed., Rio de Janeiro: São José, 1968, p. 49.
135 Idem, ibidem

objetivo outro que promover a desejada regeneração do teatro brasileiro, buscar-se-ia direcionar o interesse da plateia para boas peças e encenações adequadas. Os atores nacionais seriam valorizados e os escritores, motivados, escreveriam com assiduidade para o palco.

Entre os projetos arquitetônicos apresentados, aberta a concorrência pública em 15 de outubro de 1903, são premiados dois: o de "Áquila", pseudônimo usado por Francisco de Oliveira Passos, primeiro colocado, e o de "Isadora", do francês Albert Guilbert. Da comissão técnica responsável pela análise das propostas constam os seguintes nomes: Lauro Müller, Paulo de Frontin, Chagas Dória, Rodolfo Bernadelli, Del Vechio, Morales de Los Rios, Artur Azevedo, Andrade Pinto, Carlos Hargreaves e Araripe Júnior. O resultado não agrada de todo.

Artur Azevedo publica artigo em maio de 1904, na revista *Kosmos*, em que demonstra a sua contrariedade. Sente pesar pelo não aproveitamento do Teatro S. Pedro e reclama da grandiosidade do projeto vencedor. Prevê que o teatro será tomado pelas companhias de ópera e pelos artistas estrangeiros:

A publicação do edital, chamando concorrência para a construção do teatro, foi mais uma desilusão, e a maior, que recebi na campanha em que me tenho empenhado contra a indiferença, a má vontade, o sofisma, a inércia, a injustiça, e o pessimismo de tanta gente.

O Rio de Janeiro ficará dotado de um belo teatro para as temporadas líricas; por esse lado, a prefeitura prestará um grande serviço, porque, realmente, a cidade há muito tempo reclama um teatro de canto compatível com a sua civilização, e com o gosto, aliás mal dirigido, que aqui se vai desenvolvendo pela boa música.

As obras de fundação do Teatro Municipal do Rio de Janeiro têm início em janeiro de 1905, sob o mandato de Francisco Pereira Passos. A construção atravessa a legislatura de Francisco M. de Souza Aguiar e a casa é inaugurada a 14 de julho de 1909, na legislatura de Inocêncio Serzedelo Corrêa.

Ao longo da construção do teatro e após a inauguração, diversos artistas contribuem e tornam-se responsáveis pela imponência da fachada e requinte do interior do prédio. Destacam-se – entre mármores, cerâmica esmaltada, quadros em mosaicos, madeiras nobres, luminárias de bronze dourado, espelhos, o lustre francês de cristal bisotado, veludos, o raro ônix verde do corrimão da escadaria e as rotundas laterais decoradas por Rodolfo Amoedo – as pinturas de Eliseu D'Angelo Visconti no *plafond* da sala de espetáculos, proscênio, e o pano de boca que retrata "A Influência das Artes na Civilização". Em 1916, oito pinturas murais com cenas de danças típicas de vários países, desse mesmo artista, são acrescentadas ao conjunto. No subsolo, o bar Assírio ostenta detalhes persas e bizantinos. Com colunas encimadas por touros alados e o uso de cerâmica copiada de original existente no museu do Louvre, reproduz um palácio da civilização antiga. Entre os trabalhos externos do prédio, sobressaem a *Música* e a *Poesia*, esculturas de Rodolfo Bernadelli.

A inauguração do Teatro Municipal torna-se motivo de polêmica acirrada. De início, para a grande noite da estreia, cogita-se o nome de Nina Sanzi, atriz mineira educada na Europa e integrante da Companhia Lírica Italiana. Em seguida, articula-se a apresentação da Companhia Dramática do Teatro Réjane de Paris. A reação de atores e intelectuais ligados ao meio, de modo geral, é contrária às duas indicações. Sentem-se preteridos e exigem programa e atores brasileiros.

Nos periódicos, artigos assinados ou escritos por colaboradores anônimos reproduzem mágoas e rancores em vista das primeiras indicações. A *Revista da Semana* é um dos semanários no qual se percebe a defesa do caráter nacional da solenidade de inauguração e da temporada em seguida. Insatisfeita com o contrato efetuado entre os organizadores e a companhia dramática francesa escolhida para a temporada oficial, a revista não abre espaço em suas páginas para a solenidade de inauguração e muito menos para a atriz Réjane. Curtos comentários depreciativos, assinados por João Cena, são publicados nos números subsequentes à data inaugural. Na coluna dos teatros, ao lado da inscrição "Teatro Municipal," tornam-se costumeiras as frases: "Fechado... para a lei vigente" e "Continua fechado... para a lei vigente". Na edição de 25 de julho, o semanário estampa a fachada do prédio do teatro e sob o título "Inauguração do Teatro Municipal", faz o aparte: "Espera-se que a nova ordem de coisas mude na Prefeitura o aspecto legítimo dessa posse do Teatro Municipal". O apelo à autoridade é direto: "O dr. Serzedelo Corrêa, que não se deixa levar pelas cantigas dos empresários de arribação e de decrepitudes aposentadas, certo fará entrar nos eixos a lei vigente ou promoverá os meios necessários para que outra lei se faça, a fim de evitar tais abusos e a queda do teatro nas mãos gananciosas dos especuladores, auxiliados pelos críticos iluminados".

O mesmo exemplar oferece aos leitores duas fotos: a plateia da primeira noite e outra que reúne Coelho Neto e os artistas brasileiros responsáveis pela interpretação da peça *Bonança*. Sobre a cerimônia, nada mais é documentado.

Em 8 de agosto, uma caricatura da atriz Réjane sai na coluna teatral. Nenhuma fotografia e ausência de notícias a respeito das encenações levadas pela companhia francesa mostram o descaso estudado, por parte da *Revista da Semana,* em relação à primeira temporada da nova casa de espetáculos.

Na história do Teatro Municipal do Rio de Janeiro, a noite inaugural é acontecimento singular. Nas publicações posteriores à data, os comentários dividem-se entre referências ligeiras à parte artística do espetáculo, quase ignorada por alguns, críticas direcionadas a este ou àquele fato e a descrição minuciosa do grande acontecimento social. O discurso de Olavo Bilac merece destaque e é publicado, na íntegra, nos periódicos *Gazeta de Notícias*, *O País* e *Jornal do Comércio*.

O luxo do prédio, o progresso que ele representa e a elegância dos convidados são elementos colocados em relevo pela imprensa.

O convite estampado no jornal *O País*, do dia 14 de julho de 1909, é sucinto quanto à nomeação dos artistas. O programa, que se encontra no Museu dos Teatros do Rio de Janeiro, é igual ao reproduzido por Edgard de Brito Chaves Júnior em *Memórias e Glórias de um Teatro*. O impresso informa ao público:

*Primeira parte*: Hino Nacional, discurso oficial pelo sr. Olavo Bilac,
"Insônia", poema sinfônico do maestro Francisco Braga; texto do dr. Escragnolle Dória;

*Segunda parte*: "Noturno", da ópera *Condor* de Carlos Gomes, *Bonança* – Peça em um ato de Coelho Neto, desempenhada pelos artistas nacionais da Companhia Dramática Artur Azevedo. Distribuição – Lúcio, sr. A. Ramos; padre Anselmo, sr. C. Nazaré; Amadeu, sr. João de Deus; Adelaide, sra. Luiza de Oliveira; Damiana, sra. Gabriela Montani; Leonora, sra. Lucília Peres. Ação em São Luís do Maranhão – Atualidade – Encenação do sr. Álvaro Peres;

*Terceira parte*: *Moema* – ópera lírica em um ato de Delgado de Carvalho, cantada por artistas do Centro Lírico Brasileiro. Distribuição – Moema, sra. Laura Malta; Paulo, sr. Américo Rodrigues; Japir, sr. Oswaldo Braga; Tapir, sr. Mário Pinheiro; Época – 1600.

A parte musical será executada por uma orquestra de 64 professores, sob a regência do maestro Francisco Braga. O cenário da ópera *Moema* foi pintado pelo artista Crispim do Amaral. Começa às 8 1/2.

No dia seguinte à festa solene, de modo quase unânime, a imprensa carioca bate palmas para a cerimônia luxuosa, elogia a modernidade da obra e a civilização que ela parece espelhar. O tom dos noticiários segue bem de perto o transmitido pelo jornal *A Tribuna*, de 15 de julho de 1909:

A noite de ontem foi de grande, de intenso júbilo para a alma carioca, alguma coisa de uma noite verdadeiramente de gala, associada à grande data que a França e o mundo comemoram, a inauguração do belo e opulento Teatro Municipal, com muito poucos rivais nas grandes capitais europeias. [...] Tudo ali falava do nosso progresso, do nosso adiantamento, da nossa cultura espiritual, da civilização dos nossos costumes, do apuro do nosso gosto.

Entre as vozes que desafinam, no coro de admiração que toma conta da imprensa, destaca-se a de Oscar Guanabarino. Na página 2 do jornal *O País*, do dia 16 de julho de 1909, ele faz crítica severa à qualidade artística do espetáculo. Reclama do poema sinfônico *Insônia*, que surge desacompanhado do texto anunciado, de Escragnolle Dória. "Prolixo e nebuloso" e "taciturno demais" são as adjetivações empregadas pelo crítico teatral para a solenidade. Quanto à execução do "Noturno", da ópera de Carlos Gomes, teria sido prejudicada pelo posicionamento da orquestra abaixo do nível da plateia. Guanabarino lamenta, de igual modo, a interpretação arrastada e desajeitada dos intérpretes de *Bonança*, embora ressalte o "trabalho literário de muito merecimento teatral", de Coelho Neto. Sobre *Moema,* não acha apropriado julgar os artistas amadores com o rigor empregado na apreciação dos profissionais italianos das grandes companhias líricas.

Completo na descrição da cerimônia, porém algo reticente em relação à grandiosidade do empreendimento, mostra-se o editorial do *Jornal do Comércio*, de 15 de julho. O artigo reproduz o elogio estético. É minucioso quanto aos detalhes artísticos da casa de espetáculos, mas também dá conta do aspecto cruel do projeto de modernização de Rodrigues Alves, quando aponta o contraste entre a multidão excluída e a elite europeizada:

Inaugurou-se ontem o suntuoso monumento com que a prodigalidade municipal dotou a cidade. O edifício colossal e soberbo parecia uma imensa mole de granito, mármore, ouro, bronze e vidros, resplandecendo à luz branca que jorrava do seu bojo numa fulguração que deslumbrava. A multidão olhava para o teatro como tomada de assombro ante aquela grandeza, fruto de uma megalomania e abria alas para os que lá dentro iam assistir ao espetáculo de inauguração.

Em 18 de julho de 1909, na coluna dominical publicada na *Gazeta de Notícias*, João do Rio registra a impressão deixada pelo teatro, na noite de gala. A primeira frase revela o fascínio do cronista: "O grande teatro. De longe todo ele arde e cintila como uma joia colossal". Dentro do prédio, rende-se à maestria da composição em torno das luzes, cores e acessórios. No final da crônica primorosa, o observador atento da cidade e admirador de Oscar Wilde reproduz o diálogo entre dois convidados e deixa, para o leitor, a apreciação dúbia:

– Hás de convir que é luxo demais! – diz-me encantado um homem.

– Luxo demais! Só o supérfluo é realmente importante na vida. Esse supérfluo tem de fato moralmente mais utilidade do que uma porção de coisas úteis.

João do Rio escreverá sobre o Teatro Municipal um texto mais objetivo, em 1913, quando da elaboração do álbum comemorativo. A obra de divulgação não abre espaço para considerações ambíguas. A encadernação luxuosa combina verde e dourado, apresenta o brasão de armas do Rio de Janeiro em relevo e anuncia o requinte das folhas internas. Fotos, plantas dos pavimentos e artigos são emoldurados por gravuras emblemáticas e/ou barras delicadas em grafite com detalhes em vermelho. Os textos impressos em duas colunas simétricas podem ser lidos em português e francês. As fotos estampadas em página inteira mostram detalhes da arquitetura, da decoração e dos maquinários.

Quanto à festa de inauguração do teatro, após a leitura das muitas apreciações jornalísticas, pelo que dizem e pelo que deixam de comentar a respeito das obras nacionais apresentadas, músicos e artistas, a conclusão é clara: sucesso da plateia bem-vestida e ornamentada com joias faiscantes, atordoada pela imponência do prédio, e um palco ainda não preparado para a grandiosidade exposta.

Encerrado o evento comemorativo, tem início a temporada da companhia dramática francesa. A atriz Réjane, que alguns dos seus contemporâneos comparam a Sarah Bernhardt, brilha no Municipal. A companhia apresenta 26 espetáculos, de 15 de julho a 22 de agosto. São apresentadas as peças: *Le Refuge* e *Suzeraine*, de Dario Niccodemi; *Lolotte*, de Meilhac e Halévy; *La Course du flambeau*, de Herviu; *Zazá*, de Pierre Berton e Charles Simon; *Qui perd gagne*, de Capus e Veber; *Le Roi*, de Flers, Caillavet e Arène; *Le Souris* e *Le Monde où l'on s'ennuie*, de Pailleron; *Asile de nuit*, de Marc Maurey; *Israel*, de Bernstein; *La Femme nue*, de Bataille; *La Passerelle*, de Gressac e Croisset; *Raffles* e *Paris – New York*, de Croisset e Arène; *La Parisienne*, de H. Becque; *Madame sans-gêne*, de Sardou e Moreau; *Sapho*, de Daudet e *La Dame aux camélias*, de Dumas Filho.

Cabe anotar que, nos dias 28 de julho e 2 de agosto, o palco do teatro será ocupado por Anatole France. O conferencista falará sobre *Le Positivisme et la paix du monde* e *Le Christianisme avant et après Jesus*. O periódico *O País* reproduz na íntegra, já traduzidas, as duas conferências.

Em 10 de agosto, é encenada a comédia *O Dote* pela Companhia Dramática formada por Artur Azevedo. Sobre o espetáculo, os articulistas que tanto se incomodaram com a possibilidade da presença dos artistas estrangeiros na noite de inauguração não emitem comentários.

A 30 de agosto tem início a temporada de Nina Sanzi com a peça *La cena delle beffe*, drama de Sem Benelli. Em 1910, a temporada oficial é entregue ao empresário português Da Rosa. Em 1912 e 1913 acontecem as duas temporadas nacionais organizadas pelo empresário Eduardo Vitorino. No ano de 1913, apresentam-se para o público o corpo de baile do Teatro Constanzi, de Roma, e o dançarino Nijinski. A dança de Isadora Duncan e a temporada do ator Lucien Guitry recebem aplausos da plateia do Municipal, em 1916. Nesse ano, os chamados artistas de salão da *belle époque* carioca representam no palco do teatro a peça *Um Chá das Cinco*, de João do Rio. Nos anos posteriores, o teatro continua a receber atores e atrizes do teatro declamado francês, do teatro lírico, músicos, maestros e dançarinos.

A história do Teatro Municipal do Rio de Janeiro acaba por dar razão aos temores demonstrados por Artur Azevedo em 1904: seu palco não foi usado com a frequência devida pelos elencos nacionais, sobretudo os dramáticos. No seu tempo, Coelho Neto está entre os que mais reclamam da situação. Em crônica para o jornal *A Noite*, em março de 1920, ele afirma: "Autores e atores nacionais não deveriam ser vistos como intrusos numa casa construída para eles". E acrescenta:

As companhias brasileiras que se contentem, como as crianças, com o quintal, que brinquem por aí à vontade, porque uma casa como aquela, em que soçobraram tantos milhares de contos, não é para uma Júlia Lopes, para um Goulart de Andrade, para um Roberto Gomes, para um Cristiano de Souza, para um Pinto da Rocha, para um Oscar Lopes, para um Bastos Tigre, para um Renato Vianna, nem para Lucílias, Itálias Faustas, Fróes, Ferreiras de Souza, Simões Barbosas etc. etc. Aquilo é para as visitas.

## A Escola Dramática Municipal do Rio de Janeiro

O Almanaque Brasileiro Garnier editado em 1911 noticia a cerimônia de inauguração da Escola Dramática Municipal, ocorrida a 15 de abril de 1910. Na presença do presidente da República, dr. Nilo

Peçanha, e do prefeito do Distrito, dr. Serzedelo Correa, o "diretor e professor de estética", Coelho Neto, faz um discurso esperançoso, apoiado nos seus ideais estéticos e na inscrição de 138 alunos para disputar as trinta vagas estipuladas.

O objetivo do orador é ambicioso. Ele pretende uma formação ampla dos atores a seus cuidados e planeja um currículo que prestigie teoria e prática. De acordo com seus propósitos, os alunos serão encaminhados no sentido de bem reproduzir as emoções humanas, tanto na comédia quanto na tragédia. Tornar-se-ão intérpretes da poesia dramática brasileira, há "tanto tempo e humilhantemente açacanhada pelo códice obsceno". Aprenderão prosódia e terão todas as condições para apurar o vernáculo, já que assistidos por professores competentes. Serão educados na arte da representação,

movendo-se com elegância, ouvindo com discrição, atalhando com propósito, dialogando com distinção, sabendo estar em todas as atitudes, sem comprometer a graça, com o jeito canhestro do pastrano, nem afetar, até o ridículo, a posição e o jeito.

Mas não é só isso. Para uma completa formação artística de seus alunos, a escola dará ideias gerais do belo e ensinará a história do teatro, "desde os grandes dias dionisíacos até ao referver da vida intensa" do século em curso.

Segundo Ênio Carvalho, no livro *História e Formação do Ator*, o primeiro plano de ensino da Escola Dramática inclui: prosódia (José Oiticica); arte de dizer (no início, Coelho Neto). E ainda: exercícios, atitudes e esgrima; literatura dramática e história; arte de representar e psicologia das paixões; português.

Nas provas finais da primeira turma da escola são apresentadas as peças *O Oráculo*, de Artur Azevedo e *Numa Nuvem*, de Goulart de Andrade. Catorze alunos prestam os exames finais. Em 1914, a escola é anexada ao Teatro Municipal. O ano letivo é reestruturado e o quadro de matérias fica distribuído do seguinte modo: dois primeiros anos: a arte de representar, professores: Augusto de Melo, Cristiano de Souza e Eduardo Celestino. O terceiro ano fica a cargo do professor João Barbosa.

No âmbito da questão teatral, os resultados apresentados pela Escola Dramática são colocados em discussão nos anos seguintes.

Em 1914, após as duas temporadas nacionais organizadas por Eduardo Vitorino no Teatro Municipal, continua a campanha jornalística por um teatro que seja representativo da cultura do país. Fala-se em "vergonha nacional" e são discutidas propostas objetivas como a criação de uma lei que regule direitos e deveres na relação entre empresários e artistas.

Há um fortalecimento da figura de Coelho Neto, no cenário que se ressente da ausência firme de Artur Azevedo. Isso, apesar do fraco desempenho da Escola Dramática, no sentido de alavancar o teatro nacional. Alguns incentivam o escritor e o aconselham a manter a rígida orientação do currículo; o tempo mostraria os bons resultados do trabalho: atores e atrizes com desempenho adequado, autores brasileiros entusiasmados e o crescimento de um público educado pela conjugação dos dois fatores. Outros criticam e acham que a escola não corresponde às expectativas e apontam como falha maior a imobilidade ou falta de alternância de metodologia na procura de melhores resultados.

Mário Nunes, em *40 Anos de Teatro*, reproduz a defesa de João Barbosa, do corpo docente da escola, frente às críticas negativas:

Falta-nos uma escola, diziam; agora, apesar de se ensinar na nossa pelos mesmos processos de todas as suas congêneres, diz-se: a escola está errada. Ótima ou péssima ela aí está e já este ano dá uma turma de diplomados. Três anos de curso fizeram esses rapazes e senhoras; dois de arte de representar com os distintos professores: Augusto de Melo, Cristiano de Sousa e Eduardo Victorino; o último guiado pelo obscuro signatário das presentes linhas. Estou intimamente convencido de que não há uma só criatura de bom senso e que conheça um pouco de teatro, crente de que saiam dali verdadeiras águias, capazes de, por si só, reerguerem o teatro nacional. O que eles almejam e com justa razão é o aproveitamento daqueles que se querem dedicar ao teatro como justo prêmio dos seus esforços e do trabalho de três anos de escola[136].

No prosseguimento da defesa, João Barbosa aponta algumas deficiências da vida teatral brasileira na

---

136 Apud M. Nunes, *40 Anos de Teatro*, v. I, p. 55

qual, muitas vezes, triunfa a ignorância e a incompetência. Ele não cita nominalmente, mas afirma a existência de "atores que não sabem ler, incapazes de conversar em português corrente", "despidos da menor cultura", que acabam como primeiras figuras das companhias e, em paralelo, a presença de autores despreparados e peças fracas, mas prestigiados por empresários.

Eduardo Vitorino, no volume *Atores e Atrizes*[137], emite comentários elogiosos às aulas de Coelho Neto. Admira o "encanto" com que o professor discorre sobre Aristófanes, Ésquilo, Sófocles, Shakespeare, Molière, Lope de Vega, Calderón, Gil Vicente, Almeida Garrett, Antônio José, Goldoni, Martins Pena e José de Alencar.

Em 1915, os que apoiam a Escola Dramática investem no prestígio pessoal do diretor da Escola para atrair simpatias. As provas finais, públicas, são revestidas de solenidade. Convida-se a imprensa especializada, formadores de opinião e nomes da sociedade para prestigiar o feito marcado para o dia 30 de julho, no Teatro Municipal. Em parte, a estratégia produz bons resultados. No dia do exame, a sala está repleta. As colunas teatrais dos jornais comentam as encenações e são destacados alguns novos atores e atrizes. Carmen Fernandes é aplaudida pelo "temperamento trágico"; Ema Póla, pela serenidade e competência em reproduzir os "sentimentos afetivos"; Elisa Garrido é reconhecida pelas "qualidades cômicas"; Francisco Vieira Cardoso é aplaudido como ator de comédia, seguro em cena. São destacados em papéis cômicos os atores A. Marzulo e Pacheco Filho.

O mais notável ator que se forma nesse ano chama-se João Álvaro de Jesus Quental Ferreira. Ele será reconhecido e ficará famoso com o nome artístico que adotou: Procópio Ferreira.

Nos primeiros anos da escola, elogios e críticas variam de acordo com a diferença entre o esperado e o obtido. Pouco antes da cerimônia de inauguração, na *Gazeta de Notícias* de 24 de abril de 1910, o cronista de "Cinematógrafo" acredita nos benefícios que a escola poderá trazer para os atores e para o teatro brasileiro. Teatro que, um dia, se o trabalho for consistente e contínuo, ele adverte, terá condições de ser realidade. Não há otimismo exagerado: É possível que a Escola Dramática não dê Sarahs e Zacones em profusão. É possível que tudo acabe amanhã. Mas não há de se negar que a obra de Neto é um ciclópico esforço em prol da arte dramática e, mesmo, o único meio de nacionalizar o nosso teatro.

Na coluna "*Pall-Mall*-Rio" de 5 de outubro de 1915, já no jornal *O País,* o mesmo comentarista admira o esforço de Coelho Neto, reconhece o valor do homem de teatro, mas não acredita que a Escola Dramática seja solução para a cena nacional. Para João do Rio, o público presente às provas deixaria o teatro nacional deserto, "se houvesse teatro nacional". A "assistência mundana", na sua argumentação, vai ao Municipal levado pela presença de Coelho Neto e não para reconhecer e incentivar novos valores. Em 7 de julho de 1916, na mesma coluna, ele mostra seu desencanto final com a Escola Dramática, vista como "anomalia" num país sem teatro oficial. Para que ela serviria? Como saber se ela estaria cumprindo com a função de formar atores e atrizes? Essa e outras questões reproduzem as dúvidas de alguns dos contemporâneos. As opiniões são conflitantes e retomam a questão por demais discutida da existência ou não de um teatro nacional. Quanto à Escola Dramática, nos anos que se seguem, o desânimo é cada vez maior.

No exemplar do *Jornal do Brasil* publicado a 3 de março de 1920, um comentarista anônimo enxerga a escola como uma pilhéria, prejudicial ao teatro e à própria comunidade. Refere-se a ela como uma das "abacharelladas escolas, em que conspícuos cavalheiros, que nada entendem de teatro, ensinam as coisas mais esquisitas sobre assuntos vários", que os alunos não conseguem digerir. Atinge com a crítica os objetivos expostos por Coelho Neto no discurso de inauguração, afirmando duramente:

Quem para ali entra, cedendo à vocação depressa se desilude, vicia o ouvido com a declamação gongórica e ridícula dos professores de prosódia e de arte de dizer, fica tonto com as preleções preciosas sobre o teatro grego, estarrece-se diante do esforço desordenado teórico-prático dos docentes de arte de representar.

A opinião é radical: em tantos anos de escola, nada de útil fora produzido.

---

[137] Rio de Janeiro: A Noite, 1937, p. 202.

Em 40 *Anos de Teatro*, às páginas 217 e 218 do primeiro volume, Mário Nunes reproduz a entrevista feita com Coelho Neto, no mês de agosto do mesmo ano de 1920.

"O homem da eterna esperança" mostra-se desanimado e desiludido com os rumos do teatro nacional. Continua a acreditar em atores brasileiros – "Temo-los e dos melhores" – e confirma a existência de público que "vai a tudo". Na sua opinião, os verdadeiros culpados são os empresários que apenas exploram o teatro e não se ocupam também com a arte pela arte. Ele diz não condenar o lucro, mas a falta de inteligência dos empresários: "Arte é luxo e o luxo caro". "Por que não expor o melhor produto na vitrina?" Sobre a Escola Dramática, lamenta a injustiça do não reconhecimento do trabalho do seu corpo docente e as injúrias sofridas: "Ali estuda-se sem rumor, ali fazem-se conferências como as melhores que correm mundo e publicadas nos *Les Annales,* ali criam-se artistas, muitos dos quais trabalham em nossos teatros com aplausos do público, que os estima". Fala das dificuldades enfrentadas para a produção de encenações adequadas. Queixa-se da verba por conta da qual tudo corre, "desde o papel e a tinta até a vassoura". Cita cifras e termina por dizer que elas são mais eloquentes do que palavras.

Os dez anos de existência da instituição são comemorados com um sarau. O público aplaude as peças: *Música de Antecâmara*, sainete de João Luso; *A Morte do Pierrot*, de Júlio César da Silva; *A Ameaça*, sainete de João Luso; *A Ironia*, comédia de Coelho Neto.

## O Teatro da Natureza

Entre as notícias costumeiras sobre atores, atrizes e peças encenadas, a coluna teatral da *Gazeta de Notícias*, de 2 de janeiro de 1916, anuncia os ensaios de *Orestes*, adaptação da *Oréstia* de Ésquilo, peça a ser representada no Teatro da Natureza. Cita o nome de Itália Fausta como Electra e faz referência à distribuição dos demais papéis: Clitemnestra, Apolônia Pinto; Corifeu, Ema de Souza; Orestes, Alexandre Azevedo; Egisto, Ferreira de Souza; Pigeu, Marzulo; Pílades, Luís Soares e Jorge Alberto como o Escravo. Informa que 150 figurantes formarão o coro das Coéforas, carpideiras, mulheres do povo, guardas, escravos e cidadãos.

No exemplar do dia seguinte, pequena nota informativa expõe a capacidade do anfiteatro a ser montado no Campo de Santana: "70 camarotes, 1.000 lugares distintos, 1.000 cadeiras, 1.000 galerias, havendo espaço para lugares em pé para 10 mil espectadores". Em 4 de janeiro, o jornal prevê a conclusão dos trabalhos de instalação do teatro, luzes e palco, para os próximos dias. Participa o acréscimo de benfeitorias, como a instalação de camarotes de cada um dos lados do anfiteatro, para pessoas de alta representação social a serem convidadas para os espetáculos.

E assim, em notas sucessivas, a coluna "Gazeta Teatral" refere-se ao ensaio geral no Teatro Municipal, aos figurinos, atores, atrizes, repertório e ao encontro do poeta Carlos Maul com Alexandre de Azevedo, no qual os dois discutem a adaptação de *Antígona*.

A estreia programada para o dia 22 é adiada devido à chuva forte de verão. Os comentários sobre a estreia saem no dia 24. A coluna "Última Hora" do dia 24, também na *Gazeta de Notícias*, descreve o acontecimento:

Havia realmente público. A concorrência era boa e, se não houve o entusiasmo esperado, nem por isso *Orestes* deixou de agradar. Está bem declamada, tem movimento, foi ensaiada com carinho, com um grande dispêndio de esforço, principalmente porque os artistas e os coros não estavam acostumados a tragédias gregas.

Em seguida, o colaborador anônimo repara na cabeleira loura de Alexandre de Azevedo, que dera ao ator uma "aparência de Cristo de litogravura", e elogia-lhe a segura declamação, apesar do esquecimento, aqui e ali, de algumas palavras. Tal falha é desculpada pela emoção da estreia. Itália Fausta, a Electra, é elogiada: tem físico para as tragédias gregas e gestos que impressionam agradavelmente. O colunista não gosta da pronúncia da atriz, mas observa que nem por isso ela deixara de emocionar os espectadores ao pedir vingança contra os assassinos do pai. Os demais artistas merecem aplausos por estarem à vontade no tablado, que o cenógrafo Jaime Silva aproximara ao gênero com as colunas, as estátuas e o palácio ao fundo. Quanto à orquestra de 78 professores, regida por Luiz Moreira, comportara-se bem. Já a música, anunciada como relíquia encontrada no museu da Torre do Tombo, soara ao crítico como sinfonia húngara. O balanço final é positivo: "um grande trabalho, uma tentativa honesta de arte, até agora não posta em prática no Rio. O Teatro da Natureza merece o apoio do público".

Para a estreia, o jornal *O País* publica o reclamo abaixo:

TEATRO DA NATUREZA
JARDIM DO CAMPO DE SANTANA
Iniciativa de Alexandre de Azevedo – Direção de Cristiano de Souza
Administração do Ciclo Teatral, sob a gerência de Luiz Galhardo.
HOJE – SÁBADO, 22 DE JANEIRO, ÀS 8¾ DA NOITE – HOJE
Inauguração desses espetáculos – Primeira récita de assinatura
Primeira representação da célebre tragédia grega, em versos, de Ésquilo,
Tradução do dr. Coelho de Carvalho
ORESTES
Peça ornada de coros, com música coordenada sobre motivos gregos.
ELECTRA, ITÁLIA FAUSTA – ORESTES, ALEXANDRE DE AZEVEDO
A ação passa-se em Argos entre o velho palácio de Pélops e túmulo de Agamêmnon.
Encenação de Alexandre de Azevedo – Orquestra de 80 professores – Direção Musical de Luiz Moreira – Maestro de coros, Francisco Nunes – 100 coristas de ambos os sexos.
A montagem é feita com o maior rigor de reconstituição e propriedade.

Preços: Camarotes, 30$; Distintas, 5$; Plateia, 3$; Galerias, 2$; Entradas, 1$000.
Bilhetes à venda na confeitaria Castelões, no Café Primavera, e no Restaurante Stadt Munchen.
Das 3 horas em diante, nas bilheterias junto aos portões do jardim: camarotes distintos, no portão em frente ao Quartel General; plateia e galerias no portão fronteiro ao Corpo de Bombeiros; entradas gerais nos dois portões. Os autos e carros com famílias que se destinem ao espetáculo têm entrada no Jardim, para poderem deixar os espectadores junto ao local do teatro. Os carros e automóveis nestas condições têm entrada pelo portão da rua do Hospício, devendo sair pela rua do Areal. Amanhã, DOMINGO, 23 de janeiro – Segunda representação do grandioso espetáculo ORESTES.

José Antônio José (João do Rio) na coluna "*Pall-Mall* Rio", de 25 de janeiro de 1916, do jornal *O País*, refere-se ao evento como um paradoxo. O Teatro da Natureza fora aprovado por um público considerado ignorante em questão de Arte: "O nosso público sentiu, vibrou, rebentou numa verdadeira apoteose". Embora a maioria dos espectadores não soubesse quem foi Ésquilo, soubera reconhecer uma obra de arte. Segundo o autor, a emoção perante o artístico desacreditara a opinião generalizada no meio intelectual de que, no Brasil, "só se deve fazer teatro ordinário, porque o público não quer senão o teatro dos inúmeros *Fonsecas-Moreiras*".

Marta Metzler, em seu livro, *O Teatro da Natureza*[138], relaciona as condições favoráveis para que o projeto da montagem de clássicos gregos em praça pública fosse bem-sucedido na cidade do Rio de Janeiro: parte da intelectualidade alimentava o gosto pela civilização helênica; os homens de teatro queriam mudanças no cenário teatral e os organizadores receberam autorização oficial para montar o anfiteatro em local apropriado.

De um modo geral, a iniciativa brasileira de Alexandre de Azevedo, que em 1911 montara o Teatro da Natureza no Jardim da Estrela, em Portugal, é elogiada pela imprensa brasileira da época. De início, o público prestigia as apresentações.

Para que não se faça ideia por demais otimista a respeito do alcance da iniciativa, resta explorar a razão do seu curto ciclo de vida. O comentarista da coluna "Última Hora" publica um artigo, "O Teatro da Natureza em Crise", na *Gazeta de Notícias* de 27 de fevereiro de 1916, no qual acrescenta um outro motivo para a suspensão dos espetáculos. Além do mau tempo, responsável pelo adiamento da primeira apresentação, a falta de público e condições financeiras insuficientes teriam provocado o fim da empreitada. Na reprodução do diálogo entre o articulista e um ator da companhia, o leitor toma conhecimento do sucessivo esvaziamento da plateia:

– Ah! O prejuízo tem sido completo. Ninguém mais vai ao parque da praça da República. Os banquinhos de pinho vivem vazios de espectadores.

Era uma desolação! A empresa foi diminuindo a despesa. Chegou a dispensar, só de uma vez, mais de trinta

---

[138] São Paulo: Perspectiva, 2006.

Foto do Teatro da Natureza publicada na *Revista da Semana* de 15 de abril de 1916.

1 — Aspecto de um trecho da platéa e galerias, vendo-se á direita a multidão que envolvia o recinto. 2 — O maestro Luiz Moreira regendo a symphonia do "Guarany". 3 — Aspecto da multidão á esquerda do proscenio.

coristas. Mas a receita era cada vez mais curta. Os sócios do Teatro da Natureza já tinham pensado até em fazer uma feira franca. Reina um desânimo danado. Aquilo, pode-se dizer, acabou.

No jornal *O País*, na coluna "Artes e Artistas", no dia seguinte à estreia, Oscar Guanabarino, depois de discorrer sobre o teatro grego e de se dizer surpreendido diante do "êxito verdadeiramente artístico" do espetáculo apresentado, quase antecipa o pronunciamento acima do ator, feito pouco mais de um mês após a estreia. Para Guanabarino, o interesse que levara os espectadores a comparecer em massa à encenação de *Orestes* teria causas imediatas. Primeiro, a novidade do espetáculo ao ar livre. Em seguida, a curiosidade por uma representação fora dos moldes teatrais em voga: uma tragédia grega traçada muitos séculos antes de Cristo. O crítico chama a atenção, ainda, para o alto custo do espetáculo apresentado. O que, sem dúvida, condicionaria a continuidade do projeto à existência de público pagante regular.

Ao contrário do comentarista da *Gazeta*, Guanabarino não encontra restrições no desempenho de Itália Fausta, "trágica na verdadeira acepção do termo, e dotada de uma voz resistente, que dominara toda a praça da República". Já em relação à música, Guanabarino concorda com o colega da Gazeta e escreve que, se o público aceitara a autoria grega da música, ele, como profissional da crítica, não poderia fazer o mesmo. No final, faz um balanço positivo:

O efeito do conjunto da tragédia, com a sua grande massa de coros; o espetáculo grandioso da encenação com a variedade de cores das túnicas; a movimentação cênica, o assunto lembrando a história épica dos guerreiros helênicos, com a alusão a vultos gigantescos e trágicos – tudo aquilo – novo e deslumbrante, não nos deixou pensar na realidade do teatro, impondo-se como fantástico sonho ou pesadelo sofrido em plena vigília. [...]

Mas o caminho está desbravado e os resultados não mais poderão ser negativos. Corram todos, de todos os arrabaldes e subúrbios, dos estados mesmo, para ver aquele esplendor. E não parem os empresários; é preciso seguir e preparar outros muitos, outros espetáculos como esse de ontem, que nos deixou maravilhados.

A realização brasileira do Teatro da Natureza, como proposta estética, difere da série de espetáculos que aconteciam em alguns países europeus. Marta Metzler, no livro citado, investiga o que se passava na Europa e constata a existência de um movimento muito difundido naquele continente de se montar encenações ao ar livre. O mesmo ocorria nos Estados Unidos da América, na mesma época, com a proposta de retomada dos espaços cênicos característicos da Grécia antiga e da Inglaterra elisabetana. Segundo a pesquisadora, tais movimentos pretendiam valorizar a dimensão hierática do teatro, em oposição ao estrelato e à comédia de costumes. Procurava-se pôr em primeiro plano o aspecto social do teatro, no sentido de reunir a coletividade, sem distinções de classes.

Pelo que foi publicado nos jornais cariocas da época, é possível perceber que, tanto nos detalhes da montagem do anfiteatro no campo de Santana quanto na diferenciação de preços dos ingressos estipulados no reclamo, a preocupação democrática não aconteceu no Rio de Janeiro. Além disso, como Marta Metzler observa, na Europa, o Teatro da Natureza, em espaço aberto e sem assentos, aparece como movimento integrado a mais duas estruturas: o Teatro Arquitetural, grande estrutura de pedra ou concreto, e o Teatro de Jardim, que alia alguns artifícios arquitetônicos à natureza. As semelhanças entre o Teatro da Natureza europeu e o brasileiro ficam por conta da retirada de cena da sala fechada e do interesse pelo repertório clássico.

No Campo de Santana são encenadas adaptações de tragédias: *Orestes* e *Édipo*, em versos de Coelho de Carvalho, e *Antígona*, adaptação em versos de Carlos Maul. Em seguida, são representadas: *Cavalleria Rusticana*, espetáculo extraído por Lopes Teixeira da ópera de Mascagni e do conto de Ilica; *Bodas de Lia*, com versos de Pedroso Rodrigues; *O Mártir do Calvário*, de Eduardo Garrido, melodrama identificado por Alexandre de Azevedo como "tragédia de época".

Quanto às encenações de *Cavalleria rusticana* e *Bodas de Lia*, o comentarista da *Gazeta Teatral* refere-se aos elogios exagerados feitos pelo *Correio da Manhã* às "duas pecinhas representadas no engraçado Teatro da Natureza". Fala da improbidade de se querer coroar Alexandre Azevedo como cantor lírico; cantor de "Siciliana", em italiano, da ópera *Cavalleria Rusticana*. Mesmo porque, ele explica, não fora o ator quem cantara, mas um homem por detrás do painel. O crítico do *Correio da Manhã* fizera elogios à capacidade musical de Alexandre de Azevedo, sem atentar para o recurso empregado.

Através das apreciações críticas dos jornais citados, visualiza-se a adaptação feita por Carlos Maul. A estrutura privilegia a passagem em que Antígona, por querer o enterro do irmão, é condenada. O rei de Tebas enlouquece e Antígona comete o suicídio em cena. Segundo descrição da coluna "Última Hora", após a morte de Antígona, carpideiras cobertas de negro cercam o corpo da princesa. Anciões e cidadãos, escravos e soldados voltam para o coro final. O comentarista anônimo reclama da música de Assis Pacheco, feita para quase cada um dos recitativos: "Os versos declamados eram lamentavelmente abafados pela música que, desta vez foi regida pelo maestro Francisco Nunes. Para que essa música? Para se evitar que o ponto seja escutado pelo público?"

O autor comenta que somente Itália Fausta sabia as falas e que a atriz tivera desempenho magistral. Já Alexandre de Azevedo, apesar de ser "fremente" na cena em que amaldiçoa o pai, não mostrara saber bem os versos. Apesar das observações consideradas negativas – "Ao arranjo de *Antígona* falta teatralidade. Os coros evoluem como na *Oréstia* e o sr. Alexandre de Azevedo fez um Orestes fardado de centurião romano." – o espetáculo teria mostrado acertos. Na opinião do comentarista, havia versos bonitos, alguns papéis eram bem desenhados e o aplauso do público, merecido. Os senões parecem não ter comprometido a impressão do conjunto.

Carlos Maul, no volume *O Rio da Bela Época*, no capítulo dedicado ao Teatro da Natureza, mostra o caminho da adaptação livre:

Racine, no prefácio de *Fedra* afirma: "Embora eu tenha seguido um roteiro um pouco diferente do de Eurípedes para conduzir a ação, não deixei de enriquecer a minha peça de tudo o que me pareceu o mais deslumbrante na sua". Essa foi a regra que me serviu de norma. Suprimi o que se diluiria na transposição se permanecesse, conservei o sentido profundo das lutas da alma que transpiram a atitude da criatura frágil perseguida, simultaneamente, pela fatalidade inexorável e pela crueldade real gerada na inflexibilidade das leis, emprestei-lhe as músicas verbais necessárias à ressonância na consciência coletiva[139].

Quando se avalia a iniciativa de Alexandre de Azevedo, algumas conclusões podem ser enunciadas. O Teatro da Natureza, de 1916, agita o ambiente teatral do Rio de Janeiro e ocupa espaço nos jornais. Traz para perto do público os clássicos em adaptações feitas por autores nacionais. Consagra Itália Fausta como a "grande trágica brasileira". O público prestigia e aplaude as récitas, pelo menos as primeiras. De todo modo, é grande a repercussão do evento em contraponto à sua curta duração.

Procedimentos tais como prazo reduzido para os ensaios e a presença do ponto indicam a continuidade de práticas habituais na cena brasileira e não alterações significativas. Os comentários críticos sugerem uma confusão por parte dos atores e da crítica jornalística entre tragédia e drama.

Ao contrário do que acontecia na Europa, em que está associado a um ideário, o Teatro da Natureza no Campo de Santana é mais um episódio na vida teatral da capital da República. A 20 de abril, encerram-se as atividades de Alexandre de Azevedo em relação à montagem de clássicos gregos. Logo a seguir, ele reforma o teatro Trianon e organiza uma companhia de comédias. Na coluna "*Pall-Mall* Rio", publicada na *Gazeta* de 11 de maio de 1916, são transcritos os objetivos do ator/empresário: "O meu desejo é continuar a tradição dos primeiros tempos de Cristiano: peças ligeiras, novas inteiramente para o Rio, espetáculos bem montados, bem-vestidos, bem-sabidos para o público mundano que deseja passar duas horas no Trianon".

## A Sociedade Brasileira de Autores Teatrais

Manifestações isoladas em defesa dos direitos autorais aconteceram no Rio de Janeiro, já nos primeiros anos do século XX. Em 1903, Chiquinha Gonzaga mostrou publicamente a sua indignação ao mover processo contra uma editora. Na Alemanha, em viagem a passeio, ela encontrara várias composições suas gravadas e editadas pela Casa Edison sem a sua autorização. Os lucros ficavam com Fred Figner. Segundo Edinha Diniz, na biografia *Chiquinha Gonzaga. Uma História de Vida*, a escritora e compositora ganhou o processo. Nos jornais da época, escritores, jornalistas e compositores, embora timidamente, manifestaram-se a favor de medidas contra o abuso de empresários. Citavam a manipulação indevida dos textos dramáticos e o descontrole sobre os direitos autorais. Reclamavam da censura política e da censura exercida pelos próprios companheiros de profissão.

A remuneração dos autores de textos dramáticos e dos compositores provinha da venda de suas obras a um editor. Poucos conseguiam uma negociação razoável, pelo menos. No teatro, para alguns nomes preferidos do público, o pagamento estava condicionado ao retorno da bilheteria. Não era raro, porém, os empresários se sentirem desobrigados de qualquer compromisso material com o autor. Privar da intimidade dos artistas, ter uma obra representada, o nome nos reclamos das bilheterias, nos jornais, e ser parabenizado pelos amigos já estaria de bom tamanho, segundo alguns. Quanto à censura, a própria Chiquinha Gonzaga já sentira a sua força. Em 1893, o governo federal mandou apreender e inutilizar a edição da cançoneta *Aperte o Botão*.

O respeito pelo autor foi uma das preocupações de João do Rio. O cronista reclamava dos ataques sofridos pelo texto dramático e das encenações levadas sem o conhecimento do autor. Suas crônicas apontam momentos específicos, reveladores da gravidade do problema.

---

139 Op. cit., p. 101.

Em 1908, por exemplo, o público lotava as salas dos cinematógrafos em todas as sessões e o lucro dos empresários suplantava as expectativas. Para fazer frente aos cinematógrafos, a atriz portuguesa Cinira Polônio introduziu o teatro por sessões. As peças curtas, quase sempre mutilações dos textos dramáticos originais, caíram no gosto popular. Sobre o assunto, em 1911, João do Rio escreveu no jornal *O Comércio de S. Paulo*:

E os nossos atores, vendo que não podiam levar o sacrifício a morrer de fome, foram entrando para os cinematógrafos, a princípio como intermédio, depois como vozes por detrás do pano, e finalmente expulsando o aparelho e representando com uma rapidez de trem expresso, borracheiras indizíveis. Essas tristes coisas para a arte dramática e esse recurso honesto para os cômicos passariam desapercebidos, se não fosse a imitação. Mas se há dez mil cinematógrafos, porque dois na Avenida começaram a dar dinheiro, era natural que logo surgissem os teatros por sessões com "arreglos" de peças, desde que um ou dois deram lucros. Surgiram tantos, que não ficou um velho comparsa desempregado [...]. O que eles faziam não chega a ser nada, sendo um crime de código e um atentado artístico. Pegar em peças de autores mortos ou ausentes, amassá-las em almôndegas de uma hora e não indagar a quem os direitos deveriam ser pagos é um crime punível. Fazer do *Rapaz de Saias* ou do *Rio Nu*, peças em quarto de hora é um atentado que dispensa qualificativo.

Em 1º de julho de 1913, na coluna "À Margem do Dia...", João do Rio repreendeu os empresários sem escrúpulos. A referência tinha alvo preciso: a modificação do texto dramático segundo as conveniências financeiras. Para mostrar o absurdo de tal comportamento, o autor citou anúncio do teatro Carlos Gomes:

Ontem, ao ler os anúncios de teatro, encontramos dois desses atestados. O primeiro é no Carlos Gomes, onde o ator Leal tem uma companhia que representa o *Aguenta Aí*. No fim, o anúncio diz: – A seguir *O Chocolate da Menina*. Não é paródia à *Menina do Chocolate*, é sim a continuação do seu entrecho!

A continuação do seu entrecho! É bico ou cabeça. Um homem de letras, o sr. Paul Gavault, célebre em todo o mundo, escreve uma deliciosa fantasia, que tem a infelicidade de ser traduzida em cassange pelo Deibler das peças francesas em Portugal, o sr. Melo Barreto. Gavault pensa que não há nada a acrescentar à peça. Mas o Carlos Leal vem para a rua do Espírito Santo, no Rio de Janeiro, e resolve continuar o enredo da *Menina do Chocolate*!
É ou não espantoso?

Na mesma coluna, em 8 de julho de 1913, ele se mostrou a favor da criação de uma sociedade de direitos autorais para os autores de teatro e discutiu a política de M. Clauzel, representante da Sociedade dos Autores Dramáticos de Paris, que abriu agências em vários países:

Todas as peças de 1913 em diante, que aqui forem representadas, pagarão direitos à agência da S. A. D. de Paris, e essa agência pode cobrar o direito de todos os sócios das outras filiais, cobrando a respectiva comissão. O advogado da filial do Rio é o dr. Souza Bandeira, que não é autor dramático mas o mais parisiense dos nossos homens de sociedade. M. Chauzel fez uma conferência, retirou-se, e os autores dramáticos nomearam uma comissão para organizar os estatutos da filial, composta dos srs. Barbosa Rodrigues, crítico musical e dramático do *Jornal*; do sr. Roberto Gomes, autor do *Canto sem Palavras*; do sr. E. Victorino, empresário teatral e do sr. C. Bittencout, autor de *Forrobodó* e de outras *piecettes* de êxito ruidoso.

Agora, pergunto eu, isto é, atrevo-me a perguntar: Os autores dramáticos nacionais aliam-se à S. A . D. de Paris? Com que lucro? Para que a agência daqui, receba os seus direitos de autor, levando uma comissão pelo serviço? Quais as vantagens?

Em 1916, o Congresso Nacional aprovou o projeto do Código Civil Brasileiro. A lei de número 3.071 dispunha sobre a propriedade literária e artística, fortalecendo os direitos autorais. Na prática, crescia a insatisfação entre os autores.

Raul Pederneiras e Viriato Corrêa, no *Jornal do Brasil* e no jornal *A Rua* respectivamente, reclamavam das condições em vigor. O segundo, em discurso pronunciado em 1931 e publicado, em 1967, por ocasião do cinquentenário da Sbat, na *Revista de Teatro*, em edição comemorativa, relembrou os passos que levaram à criação da entidade:

A muita gente se tem atribuído a convocação da reunião que deu em resultado a Sociedade Brasileira de Autores Teatrais. Mas, se a memória não me trai, quem fez a convocação pelos jornais foi o nosso companheiro Raul Pederneiras. Pelo menos foi ele quem me avisou, quem me pediu que não deixasse de comparecer à reunião. Lembro-me bem. Na avenida Central à porta do *Jornal do Brasil*, à tarde, três dias antes do nosso dia inaugural. Não me recordo se ele me disse que havia convocado ou que haviam convocado.

O fato é que o encontro com a finalidade de criação de uma sociedade de autores dramáticos aconteceu, sem muito preparo, num dia de chuva, na sala da diretoria da Associação Brasileira de Imprensa. Viriato Corrêa falou do improviso dos primeiros tempos. Na hora de redigir a ata, por exemplo, estavam desprevenidos. Ninguém se lembrara de levar um caderno ou uma folha de papel almaço. Tiveram que se contentar com um pedaço de papel de máquina encontrado na sala. Nada havia sido combinado: "Não havíamos escolhido, sequer, um chefe, uma cabeça que nos guiasse". Ainda de acordo com o depoimento de Viriato, uma das primeiras pessoas a chegar à reunião foi Oscar Guanabarino. Quando viram o respeitado crítico musical e também aplaudido autor de teatro, sem a menor combinação, aclamaram-no presidente provisório da Sociedade.

No dia 27 de setembro de 1917, a primeira reunião contou com treze participantes. Compareceram na Associação Brasileira de Imprensa, no edifício do Liceu de Artes e Ofícios: Oscar Guanabarino, Viriato Corrêa, Gastão Tojeiro, Francisca Gonzaga, Euricles de Matos, Avelino de Andrade, Bastos Tigre, Aarão Reis, Alvarenga Fonseca, Raul Pederneiras, Oduvaldo Vianna, Antônio Quintiliano e Rafael Gaspar da Silva (J. Praxedes). Embora ausentes da reunião, foram representados por procuração: José Nunes, Adalberto de Carvalho, Raul Martins, Carlos Cavaco, Domingos Roque, Luiz Peixoto, Paulino Sacramento e Mauro de Almeida. A sociedade foi instalada, portanto, com 21 sócios.

Elegeu-se uma diretoria provisória (Viriato Corrêa, Gastão Tojeiro, Chiquinha Gonzaga, Eurycles de Mattos), sendo aclamado presidente, Oscar Guanabarino. Viriato Corrêa resumiu o encontro em poucas linhas:

Aos vinte e sete dias de setembro de mil novecentos e dezessete, na sede da Associação Brasileira de Imprensa, às dezessete horas, presentes os abaixo-assinados, foi instalada a Sociedade Brasileira de Autores Teatrais, moldada nas bases gerais que fazem parte integrante desta ata, sendo aclamada a diretoria provisória, incumbida de organizar os respectivos estatutos. Eu, Viriato Corrêa, secretário *ad-hoc*, lavrei a presente ata que vai assinada por todos os presentes.

Na segunda reunião, a 4 de outubro, 32 autores compareceram. Entre os novos, Coelho Neto e João do Rio. Foram aprovados dois capítulos dos estatutos: "Organização e Fins da Sociedade" e "Dos Sócios". Viriato Corrêa relatou, no depoimento citado anteriormente, que a ata da segunda sessão foi lavrada não mais em meia folha de papel, mas num Livro de Atas, comprado por ele, João Gonzaga e Avelino de Andrade. Falou do entusiasmo e do desprendimento dos associados: "Não havia ainda tesouraria para cobrar mensalidades, autorizar e pagar despesas. Quando alguma despesa havia, pagava-a quem era obrigado a fazê-la. Fiz algumas. O nosso saudoso Cândido Costa fez muitas. Muitas fez o inesquecível Paulo Barreto (João do Rio). Creio que todos, ou quase todos daquela leva, as fizeram com prazer e com orgulho".

Segundo o relatório de João do Rio, transcrito pela *Revista de Teatro* já citada, a primeira eleição realizou-se no dia 20 de outubro, "sendo aclamado presidente honorário o sócio efetivo Oscar Guanabarino, que havia presidido a todas as reuniões". A posse da diretoria eleita aconteceu no dia 27. Assumiram: João do Rio, presidente; Raul Pederneiras, vice; Viriato Corrêa e Avelino de Andrade, secretários; Bastos Tigre, tesoureiro; Agenor de Carvoliva, arquivista; Oduvaldo Vianna, procurador. Da comissão fiscal participavam: Chiquinha Gonzaga, Julião Machado, Heitor Beltrão, Alvarenga Fonseca, Paulo Araújo, Artur Cintra e Cândido Costa.

No discurso de posse, João do Rio foi claro a respeito do objetivo da sociedade: "A Sbat é uma associação de classe, sem intuitos literários, sem pretensões românticas, sem fins retóricos. O seu único desejo é realizar o respeito à profissão de escritor de teatro".

Em decorrência da tabela de cobrança de direitos autorais, o relacionamento entre autores e empresários ficou complicado. As diretrizes da

Sbat foram consideradas absurdas por alguns empresários, como Paschoal Segreto. Gomes Cardim, autor e diretor da Companhia Dramática Nacional e alguns dramaturgos, como Gastão Tojeiro, recuaram. Leopoldo Fróes, ator, diretor, mas também empresário, criou uma lista negra de autores filiados à Sbat. José Loureiro e Cristiano de Souza o apoiaram. Fomentada pelos empresários, a Associação dos Autores Dramáticos Brasileiros – AADB – foi criada em 8 de março de 1918 e presidida por Azeredo Coutinho.

As discussões se estenderam na imprensa e fora dela. João do Rio, sob o pseudônimo "Máscara Negra", passou a assinar a coluna "Notas de Teatro" em *O Rio-Jornal*. Atacou a AADB, a lisura de alguns empresários ligados a ela e estimulou os autores da Sbat a resistirem, apesar dos boicotes e agressões. Em 4 de abril, escreveu: "Se vocês resistirem, mantendo a liga com a sociedade dos autores de vários países, é certo que vencerão [...]. Proponham ações judiciárias, com as respectivas procurações".

A culminância do conflito se deu durante uma apresentação de Leopoldo Fróes no Trianon, a 17 de abril de 1918. O ator, além de campanha difamatória empreendida contra João do Rio e Viriato Corrêa, inserira no texto alusões e ofensas aos desafetos na ocasião. Segundo relato de alguns jornalistas, um grupo liderado por Oduvaldo Vianna, perto do palco, provocara o artista com comentários e gargalhadas. Em resposta, Leopoldo Fróes teria iniciado um discurso injurioso, que foi interrompido por uma estrondosa vaia. A confusão se instaurou e a pancadaria só terminou com a chegada da polícia. Os principais envolvidos foram levados para a delegacia. De acordo com Magalhães Júnior, Leopoldo Fróes, responsabilizado pelo delegado de plantão, declarou que agira impensadamente. A *Batalha do Trianon* ocupou a imprensa por alguns dias.

Depois do episódio, embora menos contundentes, continuaram os ataques e as deserções de ambos os lados. João do Rio abandonou as reuniões da Sbat, no que foi seguido por alguns dos implicados na disputa. Uma assembleia no dia 22 de maio de 1919 reconheceu as renúncias e aprovou uma nova tabela de cobrança dos direitos autorais pela qual poderiam optar os associados. Alguns dias depois, uma Assembleia Geral elegeu novo quadro administrativo e reconduziu João do Rio à presidência. Em um dos seus relatórios, o presidente se manifestou a respeito do impasse:

Logo no começo da fundação da Sociedade, após o trabalho dos estatutos foi discutida a tabela de direitos autorais, tendo sido aceita, por grande maioria, a de porcentagem sobre a receita dos espetáculos. Alguns sócios, contrários à tabela proporcional, vencedora, deram-se o desprazer da sua retirada. O motivo, porém, de tal dissídio e afastamento desapareceu, desde que, por interesses práticos da Sociedade, foi mais tarde adotada uma segunda tabela – dando aos sócios o direito de opção, em seus contratos, entre a retribuição fixa e a porcentagem sobre a renda dos espetáculos. Por isso, aguardamos a reconciliação desses dignos confrades com a Sociedade.

Em dezembro de 1919, no entanto, João do Rio deixou o cargo. Artur Pinto da Rocha assumiu a presidência da Sbat.

Uma nova fase teve início e a Sociedade Brasileira dos Autores Teatrais passou a dar mais atenção para a vida social e política da entidade. As tabelas referentes aos direitos autorais ficaram para segundo plano e as discussões transferiram o foco para os problemas teatrais, de um modo geral. A Sociedade concorrente (AADB) fechou as portas e cresceu o número de associados da Sbat. Nesse momento, duas pessoas desempenharam papéis fundamentais: internamente, Cândido Costa; fora da entidade, o delegado auxiliar dr. Armando Vidal Ribeiro, que trabalhou na elaboração das leis protetoras e empenhou-se junto aos políticos influentes para que fossem validadas. Por sua influência, o senador Metello Júnior apresentou ao Senado um projeto, logo aprovado. Convertido em lei pela Câmara, foi sancionado pelo Presidente Epitácio Pessoa a 4 de agosto de 1920. O decreto de número 4.092 reconhecia a Sociedade Brasileira de Autores Teatrais como entidade de utilidade pública e, como tal, capaz de representar seus associados em todos os processos referentes à propriedade literária e artística no âmbito civil e/ou criminal e ainda, junto às empresas teatrais, para cobranças das cotas ou porcentagens dos direitos de autor.

Na presidência da Sbat, alternaram-se períodos de orientação mais acadêmica com períodos de realizações práticas. Com Bastos Tigre na presidência, em 1928, o decreto de número 5.492, de 16 de julho, regularizou a organização das empresas de diversões e a locação de serviços teatrais, completando e garantindo o direito do autor sobre sua obra (Lei Getúlio Vargas).

A sede da Sbat está localizada no centro do Rio de Janeiro, na rua Almirante Barroso, número 97, desde 1939. Em suas estantes estão reunidos manuscritos e traduções, rico arquivo da história do teatro brasileiro. Na antiga sala de reuniões, está a foto de Francisca Edwiges Neves Gonzaga, a Chiquinha Gonzaga, uma das fundadoras e primeira associada.

Por toda a história da entidade, por seus momentos de glória e/ou de penúria, vale a pena recordar a necessidade e o ideal dos que a criaram. Como escreveu Carlos Drumonnd de Andrade, no *Correio da Manhã*, de 27 de setembro de 1967: "Tanta coisa cabe na imagem de uma sociedade de trabalhadores intelectuais que, na aparência, funciona apenas para arrecadar dinheiro, e na realidade é peça indispensável à valorização do ofício literário e ao esforço criativo brasileiro".

## 5. ARTISTAS E COMPANHIAS DRAMÁTICAS ESTRANGEIRAS NO BRASIL

A presença das companhias dramáticas estrangeiras no Brasil – em especial as italianas, francesas e portuguesas – tornou-se sistemática a partir de 1869, com a vinda da grande atriz trágica italiana Adelaide Ristori. Seu exemplo foi seguido e nos decênios seguintes os principais artistas europeus se apresentaram no Rio de Janeiro, São Paulo e eventualmente em outras cidades, conforme se viu no capítulo em que foram estudadas as turnês realizadas entre 1869 e 1900. Nas duas primeiras décadas do século XX o fluxo das companhias estrangeiras continuou; diminuiu razoavelmente nos anos da Primeira Guerra Mundial, mas atingiu também algumas capitais das regiões Norte e Nordeste do país. Manaus e Belém receberam principalmente as companhias líricas, que se aventuraram em busca das boas remunerações propiciadas pelos lucros da comercialização da borracha.

## Panorama Cultural

Para se elaborar um panorama do que foi o movimento das companhias dramáticas e dos artistas expoentes da cena teatral estrangeira, entre 1900 e 1920, em visita ao Brasil, vale a pena esboçar antes um breve diagnóstico da situação cultural e social do país no período que precede a instauração do modernismo artístico e cultural com a Semana de Arte Moderna em 1922. No ano das comemorações do centenário da independência do Brasil, não só a República Velha começava a ficar para trás – fato que só passa a ser definitivamente consumado com a Revolução de 1930 –, mas, em termos artísticos, também o espírito conservador provinciano que limitava a iniciativa artística aos modelos estéticos acadêmicos.

O Brasil entrou no século XX com o regime republicano recém-instaurado. Depois da fase colonial, marcada pelos ciclos da cana e do ouro, o período monárquico conheceu a prosperidade com o cultivo do café, prática agrícola baseada na mão de obra escrava que produziu riqueza e sustentou a elite econômica e o regime monarquista. Foi durante o Império, sobretudo no reinado de D. Pedro II, quando o país já estava pacificado internamente e os lucros com o café davam riqueza a seus produtores, que se formou um segmento que se poderia chamar de aristocrático. Junto com a burguesia de comerciantes bem-sucedidos, esse segmento foi responsável pelo florescimento da vida cultural da elite, tanto no Rio de Janeiro quanto nas principais capitais das províncias.

Os ciclos econômicos – cana de açúcar, mineração, pecuária, algodão, café, borracha – e a consequente acumulação de capital legaram ao país um conjunto arquitetônico de edifícios teatrais que se sobressaem pela sua condição monumental. Ocupando um local de destaque na paisagem urbana das cidades, essas salas de espetáculos foram o lugar privilegiado do lazer, frequentadas essencialmente pela elite que delas se apropriou para festejar-se socialmente. Os teatros eram locais de convivência, onde as pessoas podiam demonstrar lastro cultural, verem e serem vistas, onde os burgueses e os aristocratas ostentavam seus sucessos financeiros refletidos nos trajes e nas joias de suas esposas e filhas. O espaço destinado aos espectadores, portanto um espaço de sociabilidade, transformou-se numa espécie de sala de visitas, onde políticos conferenciavam, negócios eram fechados e casamentos eram arranjados entre um ato e outro de uma peça.

No caso do Rio de Janeiro, com as reformas urbanas promovidas pelo prefeito Pereira Passos, a cidade foi ganhando tímidos ares europeus, com a abertura de lojas de comércio, clubes recreativos, colégios, teatros e cinematógrafos. Centro político e financeiro do país, o Rio de Janeiro congregava representantes dos governos estaduais, negociantes, representações diplomáticas e membros da elite econômica e intelectual. A sede do governo era o centro mais importante de convivência social do país, com seus centros de lazer, confeitarias, casas de chá e sobretudo teatros. A respeito dos espectadores que prestigiavam as companhias dramáticas estrangeiras em turnê pelo Brasil, Mário Nunes observou:

O público das temporadas estrangeiras, fornecia-o a elite social, apelidada ironicamente, no começo do século por João do Rio – os 300 de Gedeão. Era sempre o mesmo. Constituíam-no as camadas mais cultas da nossa sociedade, figuras de representação nas letras, nas ciências, na política e nas finanças – gente viajada e de dinheiro. Para que se mantivesse, crescesse e se avolumasse, concorria a obrigação em que se achava de frequentar todos os conjuntos ilustres que nos visitavam, de drama, comédia, bailados e ópera lírica[140].

A elite que frequentava as casas de espetáculos entrou no século XX procurando estar em sintonia com o que se pretendia moderno, civilizado e por conseguinte europeu. E quando se pensava na Europa, a referência era a França e não mais Portugal, tão ligado ao passado colonial e monarquista. No raiar do século XX a França era o país símbolo da modernidade política, já que era uma das únicas repúblicas (também era a Suíça) em uma Europa monarquista, além de possuir uma forte tradição nas letras e nas artes. Não por acaso um eminente membro da elite brasileira, Joaquim Nabuco, afirmava que se o sentimento em nós era brasileiro, a imaginação era europeia, e por europeia entendia-se francesa. A Europa em geral e a França em particular eram o parâmetro para as artes e a cultura erudita no Brasil. Além disso, o século XIX testemunhou, no caso francês, uma forte emigração devido a diferentes fatores: a crise agrícola de 1846, as diferentes revoluções e quedas de governo, como as de 1830, 1848, 1870, sem falar nas guerras. Somava-se a isso a influência do clero, que incentivava a vinda de imigrantes católicos para o Novo Mundo, sobretudo depois de proclamada a República na França, em 1870. O ensino naquele país tornou-se leigo e de orientação republicana, o que fez com que muitas congregações religiosas – entre elas Sion, Santa Úrsula e Sacré Coeur – viessem a se instalar em países das Américas, preparando assim os filhos da elite, que passaram a assimilar a língua, os modos e a cultura francesa como um todo. Dentro do contexto do colonialismo, a França não ocupava apenas territórios para exploração econômica, tinha também consciência da importância da difusão de sua língua e cultura, e dentro desse espírito foi criada a Aliança Francesa, que chegou ao Brasil em 1886. O Rio de Janeiro contava ainda com uma Escola para Moças, citada no *Iaiá Garcia*, de Machado de Assis, por muito tempo a única escola leiga na cidade, e que também pertencia a uma família francesa, os Rouanet.

O mito do progresso, simbolizado pelas reformas urbanas de Paris, também chegou a estas paragens. Era preciso romper com o passado português, insalubre, atrasado, e realizar transformações que aproximassem o Rio de Janeiro do mundo civilizado. As ruelas sujas e mal ventiladas teriam que dar lugar a avenidas largas, pavimentadas; os sobrados acanhados deveriam dar lugar a prédios altos, de cinco ou seis andares, com fachadas decoradas que lembrassem os *boulevards* de Paris. Relembrando sua estada no Brasil em 1924, Aurélien Lugné-Poe, ator e diretor de teatro francês, precursor do

---

140 Op. cit., v. I, p. 31-32.

simbolismo na cena europeia, assim caracterizou as transformações pelas quais passou o Rio de Janeiro:

> Um viajante, desembarcando hoje [1926] no Rio de Janeiro, não pode imaginar o que era a cidade há trinta anos atrás. Onde estão as favelas?... A mata virgem e tropical parece ter recuado. As baratas desapareceram; os pardais, ao contrário, piam como em Paris ou em Lisboa. As pitorescas montanhas foram arrasadas. Em todos os lugares, avenidas imensas, cais suntuosos. E se, na feérica baía, não aparecessem o Pão de Açúcar, o Corcovado, a Tijuca, poder-se-ia acreditar que estaríamos em qualquer canto do litoral mediterrâneo. E esta transformação do Rio é a mesma em São Paulo, na Bahia, em Pernambuco, em toda a nação.[141]

Evidentemente esta é a visão de um viajante limitado por sua agenda ligada à atividade que veio desempenhar. E, naturalmente travando contato com a terra que o acolhia, esteve restrito ao convívio e à visita dos centros urbanos que se modernizavam, em especial Rio de Janeiro e São Paulo.

E como pensar um centro urbano sem um edifício teatral digno, grandioso, condizente com os novos tempos, e à altura dos ideais republicanos? A resposta a essa necessidade foi a construção do Teatro Municipal do Rio de Janeiro e de tantos outros pelo Brasil afora[142]. Porém, antes da inauguração desse verdadeiro monumento à República vale lembrar a importância de uma outra casa de espetáculos, o Teatro Lírico, que equivale no Rio de Janeiro aos teatros Politeama ou o Sant'Ana na capital paulista. O Lírico esteve associado a praticamente todas as turnês das companhias estrangeiras, antes das atividades do Teatro Municipal do Rio de Janeiro, inaugurado em 1909. Lugné-Poe escreveu sobre o Lírico, chamando a atenção para sua avantajada dimensão e sua célebre acústica:

> Quem não se lembra do antigo Teatro Lírico (apelidado de Barracão: *la Barraque*), imensa sala de madeira onde foram acolhidas, outrora, todas as grandes trupes estrangeiras? A excelência da sua acústica era tão notória quanto os seus quatro metros de proscênio. Foi nessa sala, sob a direção de um velho português, sr. Celestino[143], que Sarah Bernhardt, Réjane, Coquelin, Duse, Suzanne Desprès, Guitry conheceram o sucesso do velho Brasil. Paradas noturnas, fanfarras, carruagens, cortejos de estudantes etc[144].

A excelência dessa acústica, celebrada não somente pelo artista francês, mas por inúmeros visitantes, e sobretudo por aqueles ligados à produção lírica, estava associada ao fato de que grande parte da arquitetura do Lírico era composta por elementos em madeira, inclusive a estrutura de sustentação do palco, o que acarretou uma imensa caixa de ressonância dada às grandes proporções do espaço vazio do porão do teatro, sob o palco. Sabe-se que quanto mais vazio, oco, for o porão de um palco revestido de madeira, maior será essa caixa de ressonância que faz, no dizer dos artistas líricos, "correr a voz".

O ator francês Coquelin, em foto de 1907.

---

141 Au Brésil, em *Feuilleton du Temps*, 6 de setembro de 1926.
142 Para dar alguns exemplos: Teatro Amazonas em Manaus (1896); Teatro Alberto Maranhão, em Natal (1904); Teatro Deodoro, em Maceió (1910); Teatro José de Alencar, em Fortaleza (1910); Teatro Municipal de São Paulo (1911).
143 Lugné-Poe deve estar se referindo provavelmente ao empresário teatral português Celestino Silva que foi proprietário do Teatro Apolo na rua do Lavradio, onde ainda hoje se encontra a Escola Celestino Silva.
144 Idem, ibidem.

Em 1900, o Rio de Janeiro contava com onze teatros, sendo quatro deles pequeninos e de pouca expressão[145]. Os maiores eram o Teatro Lírico e o S. Pedro, onde hoje se situa o Teatro João Caetano, e comportavam em média cerca de 1.300 espectadores cada um. O Lírico, no entanto, de propriedade particular, foi o principal palco das companhias teatrais estrangeiras – dramáticas e líricas – que visitaram o Rio de Janeiro no final do século XIX e início do XX. Essa casa de espetáculos, onde Enrico Caruso fez questão de se apresentar em 1903 com o *Rigoleto*, foi, desde sua inauguração em 1870, até a construção do Teatro Municipal, o edifício teatral de referência na cidade, o que acolheu os artistas mais ilustres da América do Norte e da Europa.

## Companhia Dramática: A Empresa em Turnê

Nos dois primeiros decênios do século XX, foi visivelmente marcante a presença de companhias estrangeiras no Brasil, circulando pelas principais cidades do litoral do país, a caminho da região do rio da Prata ou voltando de lá. Sobressaíram-se as companhias dramáticas e líricas francesas e italianas; as companhias dramáticas e de *zarzuelas* espanholas; e as companhias lusitanas de vários gêneros. Em menor número, registram-se os conjuntos dramáticos e líricos de origem alemã em visita às recentes colônias instaladas no sul do país. O anúncio das companhias por gêneros era um recurso natural, ligado a uma prática de entretenimento e lazer. Quando o anúncio da companhia não estava associado ao gênero, via-se em destaque o nome de um grande artista que puxava a divulgação do repertório da companhia.

As companhias francesas e italianas eram objeto de verdadeiro culto por parte da elite brasileira, que se alimentava preferencialmente da cultura europeia. Apesar do grande analfabetismo nas camadas sociais desprivilegiadas, as línguas francesa e italiana estavam presentes entre os diletantes, melômanos e *habitués* do teatro, membros das famílias oriundas das oligarquias, da burguesia urbana crescente e dos segmentos dos profissionais liberais e estudantes. Para a alta classe, a língua italiana estava associada ao *bel canto*, portanto à cena lírica, ao passo que o idioma francês estava por sua vez identificado à literatura e à cena dramática.

Como explicar a existência dessas companhias estrangeiras no Brasil? Seguramente observando-se os valores comportamentais, morais e éticos veiculados pelo repertório apresentado, que orientava assim o gosto da elite local, reafirmando constantemente sua posição receptiva ao universo cultural de origem europeia.

Em seu livro, Roger Bastide chama a atenção para três aspectos que, segundo ele, estariam diretamente ligados ao processo de intensificação das turnês de companhias estrangeiras pelo Brasil. Em primeiro lugar, o gosto por espetáculos provenientes do exterior estaria associado à supressão do regime escravocrata; o segundo aspecto estaria ligado ao crescimento do processo migratório; como consequência deste, um último aspecto seria o surgimento de novos segmentos sociais no interior da sociedade brasileira[146]. Pensando nos argumentos de Bastide, poderíamos admitir mais três vetores de natureza cultural que colaborariam no entendimento da questão. Primeiramente, a adoção pelos membros da elite brasileira da língua francesa como segunda língua. Idioma dos negócios e da diplomacia, verifica-se que por detrás do valor simbólico da língua francesa estava uma tradição histórica e cultural, a qual os membros dirigentes da então jovem república brasileira procuravam assimilar, reafirmando cada vez mais os seus laços ao difundi-la. Como foi dito, a Aliança Francesa foi fundada no Rio de Janeiro em 1886, apenas três anos após o surgimento dessa instituição na França. Um segundo vetor seria o espírito latino que, em termos estritamente teatrais, encontra-se nas matrizes da estrutura da comédia, gênero que se desenvolve, se transforma e se influencia mutuamente na França, Itália e Espanha e, por conseguinte, no Brasil através de Portugal. Finalmente, um terceiro vetor estaria associado à atração e ao interesse de ver no palco atores de grande carisma e magnetismo pessoal. Esses artistas integram a

---

[145] D. de A. Prado, *História Concisa do Teatro Brasileiro,* São Paulo: Edusp, 1999, p. 169.

[146] *Art et Société,* Paris: Payot, 1977, p. 99.

galeria de atores e atrizes "monstros sagrados" do teatro, como se referia a eles Jacques Copeau. Com atuações extraordinárias, fizeram carreira de reconhecido sucesso pelos diversos teatros europeus em que se apresentaram no período pré-moderno.

A empresa teatral em turnê estava associada a uma rígida classificação segundo os gêneros: companhia de operetas, de *zarzuelas*; companhia dramática ou lírica, de comédias ou dramas, seguida do nome de um artista notável que a distinguia. Por exemplo, Companhia Dramática Italiana Ermette Novelli. Havia ainda a classificação "companhia de variedades", quando se tratava de uma artista como Loïe Füller, ou ainda simplesmente o anúncio do "transformista Aldo", uma atração especial dentro da programação oferecida por uma companhia de variedades. Outras vezes, o nome destacado era o do empresário ou do diretor da empresa, como no caso da Companhia Lírica Italiana Sansone ou como acontecia com as companhias do conhecido empresário português Sousa Bastos.

Em geral, as turnês que passavam pelo Brasil, seja na segunda metade do século XIX, seja nas duas primeiras décadas do XX, ou mesmo até os anos 1940, estavam fortemente calcadas na exploração de um repertório de sucesso consagrado nas grandes capitais europeias, particularmente Paris. Associado a esse repertório estava a figura de uma vedete, masculina ou feminina, sendo que no caso francês esse ator ou atriz era por vezes societário da Comédie Française. Tal artista, um alto dignitário representante da Casa de Molière, não desprezava a possibilidade de uma renda extra com as viagens transatlânticas. E a empresa teatral que o convidava, por sua vez, passava a desfrutar de um crédito a mais junto ao público local, pois ao repertório a ser encenado ligava-se uma figura notável.

Com apresentações nas quais era fundamental a participação do ponto, o restante do elenco muitas vezes era circunstancial e de segundo escalão; os papéis menores eram ensaiados ao longo da própria travessia do Atlântico. Estando os figurinos a cargo dos próprios intérpretes, os cenários, quando transportados, configuravam-se numa espécie de base sobre a qual era possível adaptá-los ao extenso repertório e aos variados locais das ações dramáticas de cada peça. Quando não, os cenários eram confeccionados por encomenda a artesãos locais nas próprias cidades visitadas, aproveitando-se o material cenográfico e a mobília já existentes nos teatros, sobretudo em praças como o Rio de Janeiro e São Paulo, que dispunham de mão de obra especializada. Em linhas gerais, trabalhando-se com telões pintados, estes figuravam espaços exteriores e interiores conforme a necessidade da ação dramática; a decoração subdividia-se ainda em três categorias: clássica, para textos de Molière, Racine, Corneille, Beaumarchais, ou até mesmo Shakespeare; histórica, sobretudo para Victor Hugo, Alexandre Dumas pai e filho, Edmond Rostand, Victorien Sardou; atualidade, para peças de Henry Becque, Henri Bataille, Henry Bernstein, Georges de Porto-Riche, Georges Courteline, entre outros.

O repertório teatral das companhias dramáticas em turnê pelo Brasil, durante o período da *Belle Epoque*, constituiu-se preferencialmente de peças que retratavam a atualidade ou que se valiam de algum referencial histórico. Com exceção dos clássicos, os autores citados acima foram largamente encenados no Brasil, depois de aprovados pelo público europeu. A produção dramática da época, no caso das peças voltadas para a atualidade, procurou sempre transpor para a cena, por meio de um estilo que mesclava o realismo ao romanesco, as tensões oriundas da vida em família e em sociedade.

Como se constatará mais abaixo, à medida que a prática teatral assimila novas condutas éticas e estéticas, o repertório das companhias em turnê se distancia cada vez mais das matrizes do neoclassicismo e do romantismo, vencidos pelo realismo/naturalismo.

Quanto ao período escolhido para se visitar a América Latina, e consequentemente o Brasil, as empresas se organizavam para chegar pelo mês de abril, permanecendo no hemisfério sul do mês de maio até outubro, isto é, durante o verão no hemisfério norte. Nesse período de quase seis meses, as companhias teatrais ou líricas podiam já ter se apresentado em alguma capital do Norte ou Nordeste do país, antes de aportar no Rio de Janeiro ou em Santos em direção a São Paulo. Após esse percurso, dirigiam-se ao sul, passando por cidades como Porto Alegre e Pelotas, a caminho da Argentina e do Uruguai, região do rio da Prata, localidades muito exploradas, sobretudo pelas companhias espanholas que não perdiam muito tempo se apresentando nas cidades brasileiras. No caso de agenda disponível em teatros no Rio de Janeiro, São Paulo, Pelotas ou Porto Alegre, ao retornar da Argentina e Uruguai as companhias apresentavam-se novamente, anunciando espetáculos em benefício, realizando reprises, récitas de "adeus" ou "despedida", antes de zarpar de volta à Europa.

Para ser bem-sucedida num empreendimento de longo prazo e, consequentemente, de alto custo e risco, a turnê possuía um organizador na Europa, normalmente em Lisboa, Paris ou Roma, e um empresário ou concessionário luso-brasileiro nas cidades brasileiras, uma espécie de gestor econômico do teatro, entre diretor artístico e administrativo. O primeiro encarregava-se de escolher, negociar e coordenar a vinda da trupe e ao segundo cabia preparar a acolhida local – teatro, imprensa, hospedagem, deslocamento etc., sendo normalmente ele mesmo o arrendatário de um ou mais teatros na cidade. André Antoine no seu livro-diário, em 1902, relatou o início dos entendimentos, com um ano de antecedência, junto ao empresário português que ia se encarregar da produção de sua turnê prevista para junho/julho de 1903:

> O visconde de Braga[147], um grande empresário português, e ao mesmo tempo diretor de vários teatros na América do Sul, me propôs, para o ano que vem, uma turnê do Teatro Antoine até lá. É a consagração suprema e talvez dê para ganhar algum dinheiro. Eu espero que a coisa possa se realizar, sobretudo sendo prevista com um ano de antecedência[148].

Uma vez que a Sbat foi criada somente em 1917, a possibilidade de lucro era estimulada pela falta de fiscalização dos direitos dos autores estrangeiros, o que beneficiava os empresários e as primeiras figuras da companhia. A esse respeito, o mesmo Antoine relata que teria tido problemas por discordar da falta de pagamento de direitos autorais para os dramaturgos franceses representados na América Latina. Quando do término de sua excursão pelo Brasil, no momento de ser realizada uma prestação de contas com o seu empresário, o fundador do Théâtre Libre afirma ter tido algumas dificuldades:

> Antes da minha partida, eu tinha tomado conhecimento de que todas essas turnês de artistas franceses no Brasil e na Argentina, levando o néctar do repertório, *nunca pagava um tostão furado de direito autoral*. A propriedade literária não é minimamente protegida nesses exóticos rincões. E eu fui espontaneamente até a Comissão dos Autores [em Paris] para chamar-lhes a atenção para esse assunto. Eu declarei a eles que não aceitava ir até lá [América do Sul] para ganhar dinheiro com peças que não reportavam nada àqueles que as escreviam. E para todos os efeitos, eu levei Braga comigo diante da Comissão para obrigá-lo a tomar providências justas. Devido a uma grande pressão de minha parte, fiz com que ele concordasse em remunerar, ainda que bem pouco, os autores, o que abriu um precedente para o futuro. Na hora de acertarmos as contas, ainda houve alguns obstáculos e meu empresário se mordia mais do que nunca, pois ele percebeu muito bem que de agora em diante a coisa vai pegar[149].

Para se ter uma ideia do dinheiro envolvido nas atividades teatrais do período, vale a pena passar os olhos nos periódicos em que eram anunciados os reclames das companhias em turnê, acompanhados dos valores dos ingressos. Por exemplo, em *O Estado de S. Paulo*, de 14 de julho de 1909, encontram-se vários anúncios de companhias teatrais, com grande destaque para três deles, por conta de seu tamanho e da diferença nos valores dos ingressos. Uma companhia alemã de operetas anunciava que em breve estaria apresentando espetáculos no Teatro Politeama e os preços dos ingressos seriam os seguintes: frisa 25$000; camarote 20$000; cadeira de 1ª 5$000 e cadeira de 2ª 4$000. Na noite do dia 14, no mesmo Teatro Politeama ia se apresentar o legendário Charles Le Bargy, integrante da Comédie Française, na sua tradicional atuação em *Le Marquis de Priola*, com a empresa teatral cobrando, segundo os anúncios, os seguintes valores: frisa 60$000; camarote

---

147 Segundo J. Galante de Sousa (op. cit., v. II, p. 129-130), trata-se de Luís de Braga Júnior, conhecido também pela alcunha de visconde de S. Luís de Braga, nascido no Rio Grande do Sul em 1854. Ele teria sido ponto e depois empresário teatral. Tendo embarcado para Portugal por lá foi empresário e proprietário do Teatro D. Amélia, vindo a falecer em 1918.

148 André Antoine, *Mes souvenirs sur l'Odéon et le Théâtre Antoine*, Paris: Bernard Grasset, 1928, p. 200.

149 Idem, p. 220.

35$000; cadeira de 1ª 12$000; cadeira de 2ª 6$000. O interessante é que naquela mesma noite ia se apresentar no Teatro Sant'Ana o não menos ilustre ator italiano Ruggero Ruggeri, acompanhado de Alda Borelli, e para vê-los o espectador deveria desembolsar os seguintes valores: frisa 40$000; camarote 30$000; cadeira 8$000; balcão 1ª fila 8$000; e demais filas 6$000; galeria 3$000 e geral 2$000. Tais valores demonstram que cada artista e companhia possuíam um preço relativo a sua notoriedade, o que acabava gerando um ambiente competitivo bastante acirrado entre a classe artística e os empresários.

A questão econômica que envolve as turnês não se limitava aos percalços da relação autor-tradutor-empresário, como se nota pela experiência relatada por Antoine com o visconde de Braga. Os valores dos bilhetes sugerem um montante significativo de lucro, sobretudo no caso de lotação completa, e a situação dos direitos autorais precisava ser normalizada por uma legislação específica. O uso indevido da propriedade intelectual alheia era só a ponta de uma prática complexa, composta por diversos meandros. A intensificação da vida artística foi definitivamente marcada pelo viés comercial das relações econômicas que acarretaram a profissionalização dos artistas. Esses fatos geraram uma discussão no âmbito do direito autoral e o resultado concreto foi a publicação de uma série de manuais e livretos, do gênero Código do Teatro na Europa. França e Itália passaram a balizar as relações contratuais, definindo os direitos e deveres de artistas líricos e dramáticos, empresários, diretores de orquestras, diretores de teatros, agentes teatrais, advogados, e público[150].

## A Trupe e o Seu Protagonista

Os grandes expoentes da cena estrangeira, sobretudo francesa e italiana, são igualmente os artistas que protagonizaram as primeiras experiências cinematográficas nas décadas iniciais do século XX. Exemplo dessa condição de protagonista teatral que passa ao cinema por conta de seu prestígio e talento é o ator francês Charles Le Bargy. Em 1908, quando foi inaugurada a Sociedade do Filme de Arte na França, esse societário da Comédie Française não só atuou na adaptação cinematográfica de *L'Assassinat du duc de Guise*, cujo roteiro de cunho histórico era do acadêmico Henri Lavedan, com partitura musical de Camille Saint-Saëns, mas também a dirigiu. As peças teatrais logo adaptadas à forma do roteiro cinematográfico – como *A Dama das Camélias*, *Ruy Blas* e *Macbeth* – foram também as mais representadas pelos "monstros sagrados" do período, nas excursões pelos palcos da Europa e Américas. Entre os artistas italianos destaca-se na cena teatral e no estúdio de filmagem a atriz Lydia Borelli, aquela que melhor encarnaria o divismo da *prima donna* italiana, atuando pela primeira vez no cinema em 1913, no filme *Ma l'amore mio non muore*, realização de Mario Caserini.

Circulando pelo Brasil tivemos artistas dramáticos franceses, italianos, espanhóis e evidentemente portugueses. Entre os artistas franceses foram *habitués* de nossos teatros artistas como: Sarah Bernhardt (1886, 1893 e 1905); Coquelin Ainé, (1888, 1890, 1905, 1907). Gabrielle Réjane (1902 e 1909), Suzanne Desprès (1903, na companhia dramática de Antoine, e 1906); André Antoine (1903); Charles Le Bargy (1909), Martha Régnier (1910, 1913), Lucien Guitry (1911, 1912, 1916), Lambert fils (1909), Albert Brasseur (1910), Maurice de Feraudy (1908, 1929), Félix Huguenet (1913, 1915, 1918 e 1920), André Brulé (1914, 1917, 1918, 1930), Germaine Dermoz (1919), Henri Bourget (1919).

Entre os italianos, destacaram-se: Jacinta Pezzana (1882 e 1909), Eleonora Duse (1885, 1907), Clara Della Guardia (1899, 1901, 1903, 1904, 1909, 1912 e 1913), Ermette Novelli (1890, 1912), Tina di Lorenzo (1906, 1908, 1913), Ruggero Ruggeri com Lídia Borelli (1909), Ema Gramática (1909), Ermette Zacconi (1913, 1924), Gustavo Salvini (1907), Giovanni Grasso (1910), Marta Abba (1927)[151]. A Espanha mandou-nos poucos bons

---

150 Trata-se de uma séria extensa de publicações de cunho legislativo dedicadas a organizar aspectos comerciais da prática teatral: N. Tabanelli, *Il codice del teatro*, 1901; Constant, *Codes de théâtres*, 1882; Buereau, *Le Théâtre et la legislation*, 1898; Dubox e Goujon, *L'Engagement theatral*, 1899, entre outros. Uma pesquisa mais detalhada em arquivos e bibliotecas brasileiras talvez revele obras similares às estrangeiras.

151 Dados colhidos em Lafayette Silva, *História do Teatro Brasileiro*; idem, Artistas de Outras Eras, *Revista do Instituto Histórico e Geográfico Brasileiro*, Rio de Janeiro, 1934, v. 169, p. 3-196; M. Nunes,

artistas: Maria Guerrero-Diaz (1908) e Ernesto Vilches (1920). E entre os portugueses, apesar de eles não serem considerados aqui como estrangeiros, não poderíamos deixar de lembrar o nome de Eduardo Brasão, o célebre trágico português que inúmeras temporadas realizou no Brasil. Algum mais?

No caso dos artistas e companhias francesas que visitaram o Brasil no período de 1900 até 1922 pode-se claramente observar que são originários de três ambientes artísticos-teatrais: o Teatro de *Boulevard*, herdeiro do Teatro de Feira; o Teatro Francês, incluindo-se aí a Comédie Française e o Teatro do Odéon; e o teatro moderno, que nasce com a criação do Théâtre Libre por André Antoine e com as experiências de Lugné-Poe e Firmin Gémier. Esse terceiro ambiente cultural e artístico organizou-se em reação aos dois primeiros, principalmente no campo da interpretação. Seu trabalho será decisivo para a formação e desenvolvimento da noção de teatro de arte.

Já no tocante aos artistas italianos, percebe-se que as trupes dos séculos XIX e primeira metade do XX são organizadas segundo a cultura teatral herdada da *Commedia dell'Arte*, mas no lugar do ator especializado em atuar com as tradicionais máscaras encontram-se agora atores especializados em personagens-tipo. De um modo geral, o empresário é o *capocomico*, ator que fica à frente do grupo e na liderança da excursão. Como no sistema francês, verifica-se que as companhias dramáticas eram baseadas num expoente da cena do tipo "monstro sagrado". Os demais artistas eram contratados de acordo com o *physique du rôle* e, à semelhança do que ocorria no teatro brasileiro, assim distribuídos: *prima donna, primo attore, vecchio, ingenua, brillante, madre nobile* etc.

Se até a década de 1920, a trupe estrangeira em turnê se configura ao redor de um grande ator ou de uma grande atriz, a partir dos anos seguintes isso tende a mudar. Aos poucos, começa frutificar a ideia que havia sido apresentada por Antoine em 1890, quando explicou como era a organização artística e comercial de sua companhia, o Théâtre Libre:

> O *Théâtre Libre* será constituído por uma trupe de 35 artistas de ambos os sexos, que receberão pagamentos anuais

40 *Anos de Teatro*, v. 1; Stella Pacheco Werneck, *Cinquenta Anos de Teatro Francês no Teatro Municipal do Rio de Janeiro* (1909-1959), Rio de Janeiro: Museu dos Teatros, 1975.

A atriz francesa Suzanne Desprès, na peça *Poil de carrote*, de Jules Renard.

A atriz italiana Clara Della Guardia, em foto do começo de século XX.

e desfrutarão de participações nos lucros. Os artistas interpretarão todos os tipos de personagens indicados pela direção. – Os papéis principais serão interpretados alternadamente dentro da mesma peça por vários artistas. Os nomes desses artistas não aparecerão nunca nos cartazes públicos, os quais deverão conter simplesmente a hora do espetáculo, a obra em cartaz e o autor dessa obra[152].

Evidentemente, a proposta de um teatro de equipe, sem estrelismo e sob o comando de um diretor demoraria alguns anos para ser assimilada junto à gente de teatro, vindo a se consolidar de fato na prática do dia a dia, ao longo do tempo. O que se verifica é que Antoine formulou o modelo de um teatro de arte que se edificará de fato na segunda metade do século XX, como reação enérgica contra o culto do ator-vedete e seus privilégios. A partir de então, o trabalho coletivo passou ao primeiro plano e o espetáculo tornou-se o resultado de uma ideia central de encenação, esteticamente articulada.

A companhia dramática estrangeira e seu protagonista, nos moldes tradicionais, estreitam suas relações com a cidade e com a comunidade teatral do período, de duas maneiras principais. A primeira é a associação da imagem pública da grande atriz da companhia dramática a um produto anunciado nos reclames de periódicos dirigidos às famílias. Garota propaganda *avant la lettre*, a atriz Réjane figurou no anúncio do sabão Aristolino na revista *O Malho* do ano de 1909. Claro está, a associação de um nome público de prestígio da cena estrangeira ao produto nacional deve ter efeito imediato sobre as vendas. A segunda maneira de estreitar os laços com a cidade visitada era montar peças de autores brasileiros.

Após a construção do Teatro Municipal do Rio de Janeiro, em 1909, observa-se, no conjunto de peças representadas pelas companhias estrangeiras, sobretudo no repertório das trupes francesas, que uma relação de reciprocidade acabou por se estabelecer. Lugné-Poe, o diretor do Théâtre de l'oeuvre, explica na sua crônica sobre o teatro brasileiro que era "tão difícil manter as salas sem repertório e sem companhia nacional que a prefeitura do Rio, por exemplo, ao acolher trupes de língua estrangeira, exigia que ao menos uma obra brasileira constasse do repertório dessas companhias"[153].

É claro que a iniciativa da prefeitura do Rio de Janeiro fomentou certa relação entre os artistas estrangeiros em visita e os autores nacionais, mas isso não modificou em nada o panorama teatral local, nem resultou na difusão da nossa dramaturgia fora do Brasil. No máximo, a iniciativa trouxe satisfação aos autores contemplados pelas companhias estrangeiras. Foi o caso de Artur Azevedo, que teve uma de suas peças representadas antes mesmo da implementação da exigência da prefeitura. Em 1907, a companhia dramática italiana liderada por Tina de Lorenzo representou junto com o seu repertório a peça *O Dote*, que havia estreado apenas um ano antes pela companhia de Dias Braga.

Também Clara Della Guardia representou textos de Artur Azevedo e de outros autores nacionais. Alguns outros exemplos desse expediente podem ser lembrados, a título de curiosidade apenas: em 1917, a Companhia Dramática liderada por André Brulé, fez a leitura de *Au Déclin du jour*, de Roberto Gomes; em 1921 foi a vez da Companhia Dramática do Théâtre l'Athénée, de Paris, representar *O Milhafre*, de Cláudio de Souza, com o título *Oiseau de rapine*; Coelho Neto com sua peça *L'Intrus* (O Intruso) foi levado à cena em 1922 pela Companhia Dramática do Théâtre du Vaudeveille, de Paris, tendo como primeiras figuras do grupo Germaine Dermoz e Victor Francen; em 1923, Roberto Gomes teve uma peça representada pela Companhia do Théâtre de la Porte Saint Martin, de Paris, sem o nome de um grande artista que se destacasse; em 1924 João do Rio teve a peça *Que Pena Ser só ladrão* (*Rien qu'un voleur! Quel malheur...*) encenada pela companhia dirigida por Lugné-Poe; em 1925, João do Rio teve a sua *Bela Madame Vargas* posta em cena pela Companhia Dramática Victor Francen.

As representações dessas peças, contando com o apoio do ponto, refletiam a preocupação das autoridades em valorizar dramaturgos nacionais, que assim teriam o aval das companhias estrangeiras. A representação de uma peça brasileira por uma trupe italiana ou francesa refletia um reconhecimento e

---

152 A. Antoine, *Le Théâtre libre*, Paris/Genebra: Slatkine, 1979, p. 112.

153 Lugné-Poe, *Feuilleton du Temps*.

um prestígio diferenciado em relação às trupes luso-brasileiras. Mas o fato é que essas representações serviram apenas para acirrar os ânimos entre os autores brasileiros, que ficaram disputando entre si a "honra" de serem levados à cena e os eventuais benefícios econômicos. Prestígio para o dramaturgo nacional, reconhecimento e incentivo ao valor local, pura demagogia para atender a uma cordialidade, a verdade é que o expediente criado pelas autoridades não serviu sequer para que as peças brasileiras fossem incluídas no repertório das companhias dramáticas estrangeiras. E a Europa continuou a ignorar nossa dramaturgia.

## O Olhar da Crônica Teatral

Os vestígios da passagem pelo Brasil dos notáveis artistas europeus acima relacionados repousam na crônica diária dos periódicos dos tempos pré-modernistas, quando não havia ainda uma crítica teatral profissional e sistêmica. A avaliação do espetáculo era ainda muito subjetiva, de cunho impressionista e empírico, com tendência à descrição e um juízo de valor baseado no gosto do cronista em relação à conformidade entre o gênero da peça – burleta, opereta, revista, peça de atualidade etc – e a caracterização da cena. A ideia de uma cena conceitual, ou mesmo de um projeto de encenação, como se pensa hoje, não era uma prática comum nas primeiras décadas do século XX; ao contrário, naqueles tempos a cena era tributária de uma leitura conformada às convenções de gêneros específicos. Um exemplo interessante desse anacronismo se deu na ocasião em que Antoine apresentou-se com sua trupe no Rio de Janeiro. A compreensão que Artur Azevedo teve dos espetáculos revelou seu apego a uma visão passadista e conservadora: diante da experiência que Antoine oferecia com suas montagens baseadas em textos que procuravam fugir ao esquematismo da *pièce bien faite*, ele irritou-se e atacou o encenador francês em suas crônicas[154].

[154] Sobre as divergências entre Antoine e Artur Azevedo que geraram uma polêmica na imprensa carioca em 1903, podemos consultar os seguintes estudos: Flora Süssekind, *Crítica a Vapor, a Crônica Teatral na Virada do Século*, *Papéis Colados*, Rio de Janeiro: UFRJ, 1993 e J. R. Faria, *Antoine no Rio, Idéias Teatrais*...

A imprensa brasileira consagrava um espaço generoso nas suas folhas para as atividades teatrais, notadamente no período da presença de companhias estrangeiras. Os empresários mantinham relações cordiais com a imprensa, e o movimento de chegada e partida das companhias, bem como a cobertura dos espetáculos eram objeto de textos de escritores brasileiros de renome como João do Rio, Artur Azevedo, Oswald de Andrade, entre muitos outros.

O mês de março de 1900 iniciou-se com uma verdadeira catástrofe de repercussão mundial no âmbito das artes cênicas: o incêndio do prédio da Comédie Française. Artur Azevedo, atento ao movimento teatral parisiense, lamentou enormemente o acontecido que chocou a todos, em sua coluna "O Teatro", no jornal *A Notícia*. Esse fato, aliado aos festejos da Exposição Internacional de 1900, parece ter inibido a presença de artistas estrangeiros no Brasil.

Já João do Rio, em 1904, comentando em setembro o término da temporada estrangeira na capital federal, ao deixar transparecer a preferência pelos artistas de fora, em detrimento dos valores locais, chamava a atenção para o fato de que naquele ano muitos artistas não tinham vindo ao Brasil:

O mês último foi para o teatro o fim da *season*, da estação em que chegam as companhias estrangeiras, da estação em que o carioca de luva de pelica e peitilho reluzente aplaude as notabilidades de além-mar com a ilusão de que ainda há arte dramática no Rio, e é assediado por inumeráveis cartões de benefício, e paga tudo achando o inverno um regalo superior.

Os empresários haviam anunciado pelos jornais a *tournée* de artistas célebres e, à última hora, tudo mais ou menos gorado, a *season*, que se predizia magnífica, quase falhou. Zaccone, decididamente aterrorizado com a serôdia propaganda dos argentinos contra a endemia da febre amarela, não quis vir senão por um contrato fabuloso que era quase o preço da sua preciosa vida; o grande Novelli, ora em Buenos Aires, é quase certo não vir; e Coquelin e Réjane, a princípio anunciados, não passaram de um *bluff*[155].

A ausência das companhias estrangeiras em 1904 pode, portanto, ser justificada em parte pelo alarde

[155] O Mês no Teatro, em *Kosmos*, n. 29, set. 1904.

da epidemia de febre amarela que fortemente comprometeu a cidade do Rio de Janeiro, porto e porta de entrada para muitas trupes.

O jovem Oswald de Andrade, um dos futuros animadores da Semana de Arte Moderna, na sua coluna "Teatros e Salões" do jornal *Diário Popular* da capital paulista, tecia a crônica e comentava a atividade teatral de São Paulo. Em nota de 14 de maio de 1909, ele anuncia a vinda, em julho, do ator Charles Le Bargy, societário da Comédie Française. Não se tratava, porém, de todo o elenco da Comédie, que só veio de fato ao Brasil trinta anos mais tarde, em 1939. Mas era um grande acontecimento para a vida cultural da cidade. Em 1910, ainda no *Diário Popular*, Oswald de Andrade celebra a presença em São Paulo do ator italiano Giovanni Grasso, que após passagem pelo Rio de Janeiro, encontrava-se com sua companhia dramática no Teatro Politeama. A primeira peça representada intitulava-se *Feudalismo*, de Guimara, e era no dizer de Oswald "uma tragédia curta na evolução do seu assunto, um caso passional intenso da realidade, maravilhoso como observação, robusto como drama de ensinamento social"[156]. O impacto da atuação de Grasso e o trabalho de conjunto da trupe são assim descritos pelo modernista:

A arte dele é de uma potência mágica de expressão. Surpreende e arrebata, domina e assusta. Na cena final, o teatro despertou num delírio fremente, comunicativo, arrebatador. As outras figuras da *troupe* acompanham o grande artista nas expansões livres das maneiras, na intensidade brutal dos sentimentos que interpretam. E toda a cena palpita, sofre, se move numa visão ardente de vida. O modo de sentir da companhia siciliana é a mais robusta e a mais viva manifestação de arte teatral que se possa imaginar. Destacaremos, portanto, os nomes de Marinella Bragaglia, J. Campagna, Rosa Spadaro, G. Camapagna, Viscuso, Ângelo Musco e Florio. Foram todos de uma vibratilidade incomparável[157].

A praça de São Paulo concorria com a presença ímpar de espectadores ítalo-brasileiros que provavelmente correspondiam ao anúncio de companhias que representavam na língua pátria. Há nas palavras de Oswald de Andrade, sobre a atuação de Grasso, expressões que são comumente empregadas para caracterizar a figura do "monstro sagrado": "potência mágica de expressão", "arrebata, domina e assusta". O inusitado é o equilíbrio constatado pelo cronista entre Grasso, a vedete da companhia e os demais artistas da trupe – "foram todos de uma vibratilidade incomparável".

Essa adequação do conjunto é importante de ser destacada como um dos elementos da paulatina transformação da prática teatral em turnê por parte das companhias estrangeiras. Compare-se o caso do conjunto equilibrado da companhia italiana de Grasso, em 1910, com o deslize relatado por Artur Azevedo quando da primeira viagem de Sarah Bernhardt ao Brasil em 1886. Durante a representação de *Fédora*, de Victorien Sardou, o colega de cena de Sarah Bernhardt foi o ator Philippe Garnier, que atuava no papel de Loris Ipanhof. O julgamento inicial de Artur Azevedo sobre esse ator, em texto publicado no *Diário de Notícias* de 3 de junho de 1886, foi o seguinte:

Francamente: a impressão geral, produzida anteontem por esse artista, foi a mais desfavorável possível. No fim do segundo ato, aguardávamos todos o terceiro, convencidos de que o sr. Garnier *cachait son jeu*, reservando-se para um geral em copas, como se costuma dizer. Enganávamo-nos! O ex-pensionista da Casa de Molière disse com extrema correção a longa narrativa do assassinato de Wladimiro; mas infelizmente não passou disso. [...]

Não lhe achamos sentimento, nem expressão, nem mesmo distinção de maneiras. O sr. Garnier (que a muitos pareceu mais Serafim José Alves que Garnier) diz: *Je t'adore!* como quem diz: *Ora bolas!* Essas incorreções surpreenderam, desagradavelmente, mesmo aqueles que mais ou menos habituados estão com a declamação francesa.

Essa descrição de Artur Azevedo explicita o descompasso em termos de atuação entre a primeira figura, masculina ou feminina da companhia, e os demais artistas integrantes da trupe. Isso revelava também que o espetáculo baseado no trabalho de conjunto dos artistas não havia chegado ainda às trupes dos grandes astros e que havia necessidade absoluta de adequação do *physique du rôle* ao tipo representado. Quanto ao segundo aspecto, vale

---

156 *Telefonema*, 2. ed., Rio de Janeiro: Civilização Brasileira, 1976, p. 8.
157 Idem, p. 9.

lembrar que muito do sucesso da atriz Réjane deveu-se à facilidade com que encarnou tipos que possibilitavam estabelecer uma relação direta de empatia com o público.

Gabrielle Réju, mais conhecida artisticamente por Réjane, foi um dos expoentes da cena francesa, e sua trajetória artística denota igualmente a complexidade do papel social desempenhado pelos grandes intérpretes. Originária de uma família ligada ao mundo do teatro, ela se destacou inicialmente por suas atuações no teatro de *boulevard*, representando comédias e vaudeviles, como *Madame sans-gêne* (1893), de Sardou. Influenciada pelo trabalho desenvolvido pelo Théâtre Libre de Antoine, chegou até a representar com este a *Amoureuse*, de Porto Riche, em 1891 e a *Parisienne*, de Becque, em 1893. Alternando papéis de diferentes correntes estéticas, ela foi a atriz que na França interpretou pela primeira vez a Nora de *Casa de Boneca*, de Ibsen, em 1894. Em 1906 ela fundou o Théâtre Réjane, onde representou pela primeira vez em Paris *O Pássaro Azul*, de Maeterlinck. Apesar dessa ousadia na escolha de um repertório que acompanhava as tendências e as experiências estéticas mais significativas do teatro europeu na virada do século, o repertório oferecido pela atriz aos brasileiros em 1902 teve sua tônica num certo conservadorismo associado a um tipo feminino bastante divulgado, que seguramente deveria agradar muitíssimo às plateias brasileiras: o papel da dama galante tendendo para o tipo cortesã[158].

Tida pela crônica teatral brasileira como a herdeira de Sarah Bernhardt e despontando como a atriz que encarnaria o espírito da *Belle Époque*, Réjane teve Artur Azevedo como testemunha ocular de sua passagem pelo Brasil. Vejamos seu comentário, datado de 3 de julho de 1902 e publicado em *A Notícia*:

que delícia é ver uma artista excepcional meter-se assim na pele de uma personagem, confundir-se com ela, estudar-lhe todas as minuciosidades, identificar-se maravilhosamente com uma vida tão diversa da sua! Quem anteontem poderia descobrir onde acabava a Réjane e principiava a Zazá?

Se a observação de Artur Azevedo chama a atenção para a atuação da atriz, que fica entre a personagem-tipo (*emploi*) e o exercício da composição, em outra crônica, estampada no mesmo jornal três semanas depois, a 24 de julho, o mesmo não acontece, apesar de ser mantido o mesmo tipo feminino. Agora nosso cronista destaca os figurinos: "a grande atriz só vê naqueles quatro atos o papel de Sylvie: o resto pouco lhe importa... Demais, seria doloroso não mostrar aquela esplêndida coleção de *toilletes*, cada qual mais digna de atenção". Apesar de se manter no mesmo tipo feminino, o foco está deslocado para a exuberância do guarda-roupa da atriz que desfila diante do público. Isto é, em primeiro lugar está a figura da atriz-vedete que busca ilustrar através de um comportamento ficcional a sua condição de atriz social, modelo de comportamento feminino. Percebendo-a como atriz social, encarnando comportamentos ficcionais que funcionam na trama da vida como paradigmas comportamentais, Artur Azevedo sugere à atriz – na crônica publicada em *A Notícia*, de 25 de setembro de 1902, que se liberte do tipo aqui apresentado para se afirmar num repertório mais artístico:

Entretanto, se um conselho meu pudesse chegar tão alto, eu diria à eminente atriz que de agora em diante abandonasse a sua curiosíssima coleção de cocotes, adúlteras e semivirgens. A vitoriosa interpretação da *Course du Flambeau* veio mostrar claramente que lhe estão reservados mais gloriosos destinos. A ilustre e brilhante plêiade de novos dramaturgos franceses lhe proporcionará, sem dúvida, o ensejo de grandes criações modernas, que a elevarão ao apogeu da arte do teatro".

No tocante ao sucesso de Réjane, ao menos parte dele se explica pelo estatuto social da mulher francesa que naquela época se instalou no Brasil – florista, costureira, chapeleira, modista –, correspondendo às expectativas do público masculino. A mulher francesa povoava o imaginário erotizado dos espectadores, de modo que os tipos femininos encarnados por Réjane, os quais estavam na base

---

158 O repertório de Réjane em 1902 era composto pelas seguintes peças: *Zazá*, de Pierre Berton; *Ma cousine*, de Henri Meilhac; *Sapho*, de Alphonse Daudet; *La Course du flambeau*, de Paul Hervieu; *La Passerelle*, de Gressac e Croiset; *Le Demi-Monde* e *La Dame aux camélias*, de Alexandre Dumas Filho; *Sylvie et la curieuse d'amour*, de Abel Hermant; *Divorçons*, de Victorien Sardou e *La Petite marquise*, de Henri Meilhac e Ludovic Halévy.

de seu sucesso no Brasil, constituíam uma espécie de transposição para a cena teatral de um desejo recalcado pelas estruturas arcaicas da sociedade conservadora.

Em 1909 Réjane volta ao Brasil. Sua companhia, a do Théâtre Réjane, foi convidada pela prefeitura da cidade do Rio de Janeiro para inaugurar a mais nova sala de espetáculos do país: o Teatro Municipal. As companhias líricas e dramáticas estrangeiras, que antes se apresentavam no palco do Teatro Lírico, serão deslocadas para o novo teatro nos anos seguintes, com um diferencial importante: as temporadas serão oficiais, isto é, terão a participação efetiva da prefeitura da cidade na promoção, seleção e acolhida dos artistas. Miranda Neto, ao fazer a apresentação da brochura comemorativa dos cinquenta anos de presença do teatro francês no palco do Municipal, refere-se à estreia de Réjane nos seguintes termos:

> Quando o pano se abriu para o terceiro ato de *Le Refuge*, de Dario Nicodemi, na noite da estreia, havia um grande jarrão de prata no fundo do cenário. Um jarrão que tinha história. Os estudantes cariocas, que choraram de emoção quando Réjane encarnou Margarida Gautier no velho Teatro Lírico, quiseram que ela levasse alguma coisa mais além do eco dos aplausos. Foram, reunidos ao seu camarote, quando a grande atriz embarcou de volta para a França. Muitos anos depois o coração dos cariocas, simbolizado no dom estudantil, vibrava de novo com a grande Réjane que aos cinquenta anos era ainda o fulgor e a graça, a chama e a vida que dela tinham feito o ídolo de Paris. Abriam-se com chave de ouro as temporadas do Municipal[159].

Essa descrição nos dá uma ideia da medida do culto à vedete, ao "monstro sagrado" da cena, que antecipa, indiretamente, o valor simbólico inerente ao astro ou à estrela que estará na base da relação de identificação – espectador/ídolo – explorada pelo cinema. Para a temporada de 1909, na inauguração do palco mais importante do país naquele momento, a celebrada atriz reúne um repertório bastante semelhante ao da excursão de 1902[160]. Se os títulos que se repetem entre as vinte peças de 1909 são apenas cinco, os autores são na sua totalidade os mesmos nas duas temporadas. Essa associação autor-ator está na base da manutenção da condição artística e social do primeiro ator ou da primeira atriz da companhia. Isto é, escreve-se sob medida para se exaltar as qualidades inerentes do artista, numa situação dramática ficcional em que, entretanto, o artista será sempre ele, acima da personagem.

Voltando à crônica de 1926 de Lugné-Poe, vale destacar sua reflexão sobre os artistas e companhias dramáticas francesas em turnê pelo Brasil, reflexão que em certa medida também é válida para os concorrentes italianos:

> Quanto às turnês francesas, elas vão se tornando cada vez mais raras. Dario Nicodemi, com o excelente Vergani, pôde, graças ao apoio italiano, realizar excelentes excursões; ou por outra, ele viaja com um material considerável de cenários, é o costume italiano; já as trupes francesas, por sua vez vêm... com seus atores. Seu repertório é considerado bastante ultrapassado. Nossos artistas se adaptam dificilmente à vida nômade. [...] Eles não são os responsáveis pelos defeitos da nossa organização teatral. Um conjunto composto por uma quinzena de bons atores acompanhando uma ou duas vedetes não pode ser julgado admirável num repertório improvisado, escolhido quase sempre por gente que não conhece nada sobre o país e que contratam esses artistas para um trabalho improvisado, numa paisagem tão bela que nenhum viajante, por nada deste mundo, deixaria de ir até lá trabalhar[161].

Esse juízo de um homem de teatro como Lugné-Poe não estava muito longe da avaliação de outro francês, desta vez um brasilianista. Georges Raeders afirmava, peremptoriamente, em artigo de 1958[162], que "entre 1840 e 1886 nenhuma compa-

---

159 Miranda Neto, apud S. P. Werneck, *Cinquenta Anos de Teatro Francês no Teatro Municipal do Rio de Janeiro (1909-1959)*, Rio de Janeiro: Museus dos Teatros, 1975, p. 2.
160 O repertório de Réjane em 1909 era composto pelas seguintes peças: *Le Refuge*, de Dario Niccodemi; *Lolotte*, de Meilhac e Halévy; *La Course du flambeau*, de Paul Hervieu; *Zazá*, de Pierre Berton e Charles Simon; *Qui perd gagne*, de Capus e Veber; *Suzeraine*, de Dario Niccodemi; *Le Roi*, de Caillavet, Flers e Arène; *Le Souris*, de Edouard Pailleron; *Asile de nuit*, de Marc Maurey; *Israel*, de Henry Bernstein; *La Femme nue*, de Henri Bataille; *La Passerelle*, de Gressac e Croisset; *Raffles* de Hornung e Presley; *Paris-New York*, de Croisset et Arène; *La Parisienne*, de Henry Becque; *Madame sans-gêne*, de Sardou e Moreau; *Le Monde où l'on s'ennuie*, de Edouard Pailleron; *Sapho*, de Alphonse Daudet; *La Dame aux camélias*, Dumas Filho.
161 Lugné-Poe, op. cit.
162 Le Théâtre français au Brésil, em *Culture Française*, Paris, ano VII, n. 4, 1958, p. 37.

nhia dramática digna de nota teria vindo ao Brasil", sendo, portanto, o marco inicial das turnês a vinda de Sarah Bernhardt em 1886. Para Raeders, a elite brasileira ia ao teatro para assistir a certos "exercícios familiares" dos expoentes da cena francesa, isto é:

> Sarah Bernhardt, alinhando as velas em torno do cadáver em *La Tosca* ou agonizando no último ato de *La Dame aux camélias*; Le Bargy, no *Marquis de Priola* (suas gravatas, seus coletes...); Coquelin aîné, na sua tirada do nariz do *Cyrano de Bergerac*. O nome das costureiras que tinham vestido as atrizes figurava nas páginas dos programas; os vestidos estavam à venda, e por vezes as atrizes também. Tratava-se, assim, das piores e mais pobres empresas comerciais, ou melhor dizendo de reuniões mundanas em que era *chic* se mostrar sob os seus mais belos atrativos, as damas com suas joias mais brilhantes[163].

As turnês estrangeiras e a atuação de artistas célebres parecem testemunhar um processo de mutação nas convenções teatrais. Isto é, o espectador brasileiro também ia ao teatro para poder assistir a grandes momentos das representações, como sugere Raeders, ao chamar atenção para o ponto alto da atuação de Le Bargy, Sarah Bernhardt ou Coquelin. Durante longo tempo o espetáculo sobreviveu graças à atuação desses expoentes. Entretanto, o equilíbrio na atuação do conjunto dos atores também começa a ser perseguido, como se depreende das experiências de Antoine.

Assim, entre 1900 e 1920, e mesmo até mais ou menos 1941 e 1942, as companhias dramáticas estrangeiras em visita ao Brasil vão se notabilizar pela permanência de um modelo de trupe e de prática artística que poderíamos classificar como pré-modernos. As turnês das companhias estrangeiras europeias no Brasil dependiam dos atores e atrizes vedetes, ou "monstros sagrados" da cena, os quais nós poderíamos hoje comparar aos cantores de ópera ou de rock. Intermediadas por um empresário luso-brasileiro ou português, essas companhias tinham como objetivo lucrar o máximo, em uma flagrante iniciativa de espírito colonizador, que subjugava o florescimento das atividades locais. A certeza da continuidade das temporadas, que são alternadas entre companhias líricas e dramáticas, inibe o incentivo local e o desenvolvimento de valores nacionais, bem como investimentos do Estado no setor artístico. Não sem razão, veremos Artur Azevedo trabalhando incessantemente, tanto pela construção de um Teatro Nacional como pela formação de uma companhia oficial que pudesse ter como base uma escola para os atores brasileiros.

O projeto de construção do prédio do Teatro Municipal, objeto de obstinada campanha por parte do autor de *O Mambembe*, deveria contemplar um espaço específico para esse corpo fixo, que nunca foi sistematizado, acontecendo exatamente o contrário: a construção de uma sala de espetáculos com a dimensão, pompa e luxo apropriados às companhias estrangeiras, isto é, um espaço à altura da sua arte e prestígio. Também para a sociedade local, a velha elite imperial dos tempos do Lírico e a burguesia ascendente, o prédio era um templo a serviço da sua celebração social.

Portanto, dentro da eletrizante aventura das turnês há que se ressaltar duas características distintas: a esterilidade e a fecundidade em relação à paisagem local. Até meados do século XX a turnê estrangeira pelo Brasil não intervém de maneira significativa na comunidade teatral – técnicos e artistas –, estimulando ou provocando a produção local. Evidentemente, todo discurso paralelo, sobretudo no tocante às paródias, às caricaturas, e outros meios de sátira, não está excluído, mas esses exercícios de intertextualidade não configuram uma transformação efetiva no âmago da prática teatral, sendo apenas comentários que a tangenciam. A prática teatral brasileira só será afetada, e por conseguinte provocada a reagir esteticamente, pelas turnês que se sucedem após 1941-1942, data da passagem da trupe liderada por Louis Jouvet. Poderíamos denominá-las turnês históricas por não deixar indiferente o ambiente cultural local e principalmente a comunidade teatral que a acolheu, agindo como formadora de opinião no âmbito das relações culturais e diplomáticas entre as nações.

---

163 Idem, p. 38-39.

# VI.
# O Teatro Profissional dos Anos de 1920 aos Anos de 1950

## 1. A RETOMADA DA COMÉDIA DE COSTUMES

Estudar a dramaturgia da *belle époque* brasileira significa, em primeiro lugar, esbarrar com o relativo desconhecimento das obras ali encenadas, produzido, sobretudo, a partir das proposições apresentadas pelo movimento modernista de 1922, que relegava ao esquecimento toda a produção literária e dramática que lhe era imediatamente anterior ou mesmo contemporânea.

Não é justo, entretanto, o olvido a que foram submetidas tanto as obras como os escritores do período. Com relação ao teatro, a leitura das peças – sobretudo as comédias – faz surgir a nossos olhos o desenho crítico e divertido de um Brasil até então pouco conhecido, com um movimento artístico atuante e um conjunto de obras que demonstra a continuidade de uma produção dramatúrgica predominantemente cômica, popular, cujo objetivo é a tentativa de decifrar, compreender e, sobretudo, explicar o Brasil.

Quanto ao contexto dessa produção, os primeiros anos do século XX caracterizam-se, principalmente, pela rapidez das mudanças sociais ocorridas, cujo reflexo se observa na cena. Nesse sentido, cada gênero dramático encenado no país correspondeu a uma forma específica do espelhamento teatral: se os dramas abordavam os conflitos vivenciados pela sociedade naquele momento, as comédias, paralelamente à afirmação nacionalista, perseveraram na risonha tradição da crítica dos costumes iniciada nos primórdios do Império, caracterizando-se como o gênero da crítica social por excelência, e tendo, no Brasil, diversos e felizes cultores.

Foi, portanto, pelo viés da observação mais distanciada provocada pelo riso que os dramaturgos brasileiros captaram, cada qual a seu tempo, os sinais identificadores de determinados *tipos* que lhes eram contemporâneos e, através da ironia, da sátira, do deboche, divertiram seus espectadores com a fina crítica de seus próprios costumes. Conhecimento técnico, fluência nos diálogos, habilidade na construção dos textos, intimidade com a carpintaria teatral foram qualidades comuns à maioria dos escritores cômicos de nossa dramaturgia até os dias atuais, o que se explicaria, basicamente, pela inegável tradição cômica de nosso teatro.

Entre as diferentes formas utilizadas por nossa dramaturgia cômica, as mais populares foram, no teatro musicado, as revistas de ano, as burletas, as operetas; e no teatro declamado as comédias de costumes. As primeiras tiveram em Artur Azevedo seu maior representante; as segundas, iniciadas por Martins Pena, e continuadas por Macedo, Alencar e França Júnior, entre outros, têm sido, ao longo de toda a nossa história teatral, a trilha por onde desfilaram com maior felicidade os tipos característicos de nossa sociedade, para as plateias brasileiras de todas as épocas.

## Porque "Rir é o Melhor Remédio"

Se a trilha era a do riso, o caminho, entretanto, não foi só de flores. Embora bem aceita pelo público em geral, a dramaturgia brasileira sofreu sempre acerbas críticas da parte de nossa intelectualidade. O que fez, então, com que nosso teatro fosse continuadamente apontado como superficial ou inócuo por seus analistas? É que nossa dramaturgia era voltada, sobremaneira, ao riso.

E por que esse desprezo pelo riso? Por seu apelo popular? Por seu confessado objetivo de agradar? Possivelmente, por tudo isso ao mesmo tempo, pois, assim como as artes trágicas, para Sócrates, aquelas incluíam-se entre as "artes aduladoras, que não representavam o útil, mas apenas o agradável"[1]; nossas comédias de costumes, para nossos intelectuais, não possuíam nenhuma utilidade, sendo produzidas com o fito único de agradar, e, o que é pior, agradar a um tipo de plateia que, aparentemente, não exigia da cena mais que a pura diversão.

Quanto ao objetivo de agradar, este é, desde as primeiras observações aristotélicas sobre o teatro – e passando por Brecht em seu *Pequeno Organom* –, um dos objetivos dessa arte. Por outro lado, em relação à utilidade, desde Aristófanes, um dos propósitos confessados da comédia foi o de chamar atenção das plateias sobre os *desvios*, os erros nos quais incorriam grupos sociais, vistos como um todo, ou determinadas figuras daquela sociedade. Sendo assim, para alcançar o objetivo de correção desses eventuais desvios, a comédia, necessariamente, deveria ser, como afirmava Cícero, "uma imitação da vida, um espelho dos costumes e uma imagem da verdade"[2] tendendo a uma ligação direta e imediata com a plateia.

Em nosso caso específico, a comédia de costumes brasileira se propôs, ao longo de sua história, tanto ao objetivo de fazer rir, de agradar, quanto ao de corrigir, através da exposição ao ridículo, diferentes *desvios de conduta*, também peculiares a grupos ou indivíduos que lhe fossem contemporâneos, obedecendo, assim, aos mais tradicionais pressupostos da comédia. O que não se lhe perdoou, portanto, foi que o *espelho*, a *imitação* a que se tivesse proposto fosse da vida e dos costumes das plateias populares, e não do Brasil ideal que se queria inventar. Desde Martins Pena, nossa comédia pôs em cena, preferencialmente, os roceiros, não os fazendeiros; os meirinhos, não os juízes togados; os suburbanos, não os cosmopolitas; as "caixeirinhas", não o *high society*. Assim, o ostracismo a que o gênero foi relegado por nossa crítica explica-se mais pelo preconceito com o gênero, ou melhor, com os modelos sobre os quais se debruçava, que por uma eventual falta de qualidades teatrais.

E por que a opção preferencial pelas plateias populares? Inserem-se aqui duas questões que explicam e justificam a escolha de nossos comediógrafos: uma delas é que, provavelmente, não conseguiriam conquistar as plateias *chics*, cujo "europeismo" era quase atávico, se o ponto de vista de suas comédias não fosse o daquele Brasil ainda a ser inventado. Aliás, mesmo que o fizessem, esbarrariam no preconceito (também atávico) dos intelectuais contra qualquer peculiaridade especificamente nacional em nossos palcos, preconceito esse, de certa forma, explicado no seguinte comentário de Raimundo Magalhães Jr:

A aversão dos intelectuais de então pelo nosso teatro ou pelas medidas em seu favor era, em alguns, como em Antônio Torres, o resultado de um preconceito de raça, de um complexo de timidez, de uma desconfiança na capacidade de nossa gente, de um espírito por assim dizer colonial, muito embora tivesse rompantes de um jacobinismo unilateral, dirigido quase tão somente contra os portugueses[3].

O comentário ressalta exatamente os pontos-chave de nosso esnobismo intelectual: nossa elite não nos perdoava sermos todos, de fato, miscigenados e não arianos, colonizados e não colonizadores. Sendo assim, seu *jacobinismo* voltava-se para a origem de nossas mazelas – o colonizador português – e jamais para o mito, sobretudo francês, de civilização europeia.

Por outro lado, com relação ao preconceito enfrentado pelo teatro nacional em geral, há que

---

1  Friedrich Nietzsche, *O Nascimento da Tragédia ou Helenismo e Pessimismo*, trad. de J. Guinsburg, São Paulo: Cia. das Letras, 1992, p. 87.
2  Apud Vilma Arêas, *Iniciação à Comédia*, Rio de Janeiro: Zahar, 1990, p. 18.
3  *As Mil e Uma Vidas de Leopoldo Fróes*, Rio de Janeiro: Civilização Brasileira, 1966, p. 113.

se considerar, ainda, o ponto de vista disseminado pelos modernistas, de que até e durante a década de 1920 nosso teatro dramático teria permanecido "numa pasmaceira sem nome, vazio, sem público, sem autores e sem ouvir falar da revolução estética na virada do século, com figuras como Stanislavski, Gordon Craig, Appia e outros"[4]. Tal ponto de vista, embora incorreto em vários pontos, foi bastante difundido, levando a uma efetiva "má vontade" com relação à produção da época. A primeira das inexatidões aí encontradas é com relação à "pasmaceira" apontada em relação ao teatro. Havia, sim, um enorme movimento teatral, embora não no sentido da literatura, mas no da teatralidade. É também inexato mencionar o "vazio" teatral – já que se observa no período uma considerável produção e encenação de peças brasileiras –, mas mais falsa ainda é a evocação de uma eventual falta de público[5] ou de autores. Essa avaliação do momento equivoca-se, por fim, ao exigir uma atualidade ante as vanguardas estéticas que tampouco a Europa apresentara em seu tempo.

A se considerar as afirmações de Jean-Jacques Roubine, as inovações propostas, por exemplo, pelo suíço Adolphe Appia, no ensaio "La Mise en scène du drame wagnérien", de 1895, apenas "nos anos 1950-1960 viria(m) a ser a inspiração do novo Bayreuth". Nesse mesmo sentido, o estudioso afirma ainda que, assim como ocorreu no Brasil,

a condenação das práticas dominantes da época por alguns intelectuais do teatro não teria sido por si só suficiente, por mais veemente que fosse, para fazer surgir as transformações que viriam a caracterizar o teatro moderno. Seria mais exato, sem dúvida, dizer que essas transformações se concretizaram de modo bem gradual, aliás, se considerarmos as resistências que Vilar e Wieland Wagner encontraram, na década de 1950, respectivamente na França e na Alemanha, antes de fazerem triunfar as concepções herdadas de Appia, Craig e Copeau[6].

Ora, se em seu próprio berço europeu, ponto de origem das *transformações que viriam a caracterizar o teatro moderno* os encenadores, ainda em 1950, encontravam resistências, na França e na Alemanha, para *fazerem triunfar as concepções herdadas de Appia, Craig e Copeau*, é de fato injusto que aos artistas nacionais se tivesse tão amplamente cobrado um tributo à "modernidade", que nem mesmo a festejada sociedade europeia estava preparada para assimilar.

A segunda questão é inerente ao próprio gênero cômico, cujas intenções de crítica comportamental são confessas e que, segundo Henri Bergson, exatamente por isso, "é a única de todas as artes que tem por alvo o geral"[7], e não o individual. Ou seja, se um dos objetivos da comédia é a correção de nossos inumeráveis *desvios*, é de sua natureza não apenas tratar as personagens que retrata como *tipos* não individualizados – mas cujas características tornem facilmente identificáveis seu grupo de origem com seus erros coletivos ou particulares – como buscar alcançar o maior número possível de espectadores, de modo a efetuar a intentada correção no maior número possível de *desviados*.

Para Bergson, "um defeito que se sinta ridículo, procura modificar-se, pelo menos exteriormente" e a função da comédia seria a de apontar esse ridículo de modo a, através do riso, promover a correção do defeito:

A comicidade é aquele aspecto da pessoa pelo qual ela parece uma coisa, esse aspecto dos acontecimentos humanos que imita, por sua rigidez de um tipo particularíssimo, o mecanismo puro e simples, o automatismo, enfim, o movimento sem a vida. Exprime, pois, uma imperfeição individual ou coletiva que exige imediata correção. O riso é essa própria correção. O riso é certo gesto social, que ressalta e reprime certo desvio especial dos homens e dos acontecimentos[8].

Assim, o que se exprimiu em nossos palcos foram justamente nossos desvios coletivos, essencialmente cômicos, que suscitavam o riso – também coletivo – a propósito de características bastante peculiares (e risíveis) de nossa sociedade e de determinados tipos que a ela pertenciam.

---

4   V. Arêas, op. cit., p. 92
5   O Teatro Trianon, inaugurado em 1915, tinha capacidade para mais de mil espectadores. Considerando-se que era um teatro particular, tal capacidade estava em consonância com as dimensões do mercado a ser atendido.
6   *A Linguagem da Encenação Teatral* (1880-1980), trad. de Yan Michalski, Rio de Janeiro: Zahar, 1982, p. 22.
7   *O Riso*, Rio de Janeiro: Zahar, 1983, p. 79.
8   Idem, p. 50.

Para representar com a necessária eficácia as peculiaridades a serem ressaltadas e corrigidas, a forma preferencial diante da qual se rendeu nosso riso foi a da comédia de costumes, que tem suas raízes fincadas na Grécia Clássica, especificamente na Comédia Nova, que insere características cotidianas no modelo clássico aristofanesco.

Segundo John Gassner, a Comédia Nova seria marcada pela "repetição de rapazes apaixonados por moças, pais perturbados pelo comportamento dos filhos, servos intrigantes que assistem a um ou outro lado e parentes perdidos há muito tempo"[9] e, além disso, pelo amor romântico, inexistente no teatro cômico até então. Assim, para esse autor,

o amor romântico, por muito tempo mantido fora do teatro cômico, foi acrescentado ao estoque de situações dramáticas e em breve passou a dominar o riso teatral, como tem feito até os nossos dias. Acima de tudo, a comédia principiou a empregar a arte da caracterização. As modernas peças de caracteres e comédias de costumes nasceram na segunda metade do século IV a. C.[10]

Outra inovação é que as personagens passaram a possuir motivações mais individuais que suas antecessoras da Comédia Antiga, além de comportar-se "com uma plausibilidade que até então não preocupara os escritores de comédia"[11]. Será esse, com variações e adaptações, o formato geral de nossa comédia, desde Martins Pena até o período aqui analisado.

Ao iniciarem suas carreiras durante a Primeira República, Coelho Neto, Gastão Tojeiro, Cláudio de Souza, Abadie Faria Rosa, Oduvaldo Vianna, Viriato Corrêa, Armando Gonzaga, Paulo de Magalhães e tantos outros contavam atrás de si com uma real tradição no terreno da composição de comédias, que, somada ao acentuado gosto popular pela comicidade, auxiliará o aspecto de continuidade das produções do gênero.

O legado de boa qualidade estrutural e a tradicional abordagem temática de questões mais cotidianas, deixados pelos comediógrafos precedentes, cujas obras eram, de modo geral, êxitos de bilheteria, explica, por sua vez, a maior facilidade de encenação encontrada pelos autores cômicos, nas primeiras décadas do século XX. Devido à reconhecida popularidade do gênero, era muito mais viável para um empresário da época considerar a possibilidade de programar, em seu teatro ou companhia, a encenação de comédias nacionais do que a encenação de dramas. Por outro lado, num círculo de trocas, o fato de terem suas comédias encenadas fará também com que os dramaturgos nacionais possam cada vez mais aprimorar sua carpintaria a partir das reações do público, ou mesmo de sua própria visão dos efeitos e defeitos do texto no palco.

## "La Vie en Rose?"

Como se observa, é, portanto, da própria natureza da comédia, por seus objetivos primeiros, visar antes ao geral que ao individual, para alcançar a pintura de *tipos* necessária à correção dos eventuais *defeitos* sociais. Para possibilitar a identificação da plateia com os tipos retratados, é fundamental, então, que esses tipos guardem grande semelhança com *personagens* facilmente reconhecíveis da comunidade e, sendo assim, o "desenho" da personagem teatral deverá se fazer, necessariamente, a partir dos traços mais externos ou, se preferirmos, superficiais de seu modelo.

Ou seja, enquanto um autor, digamos, "trágico", assinala individualidades, o autor cômico assinala semelhanças; o gênero de observação a ser utilizado na comédia será, portanto, o da realidade imediata, exterior, ou, como dirá explicitamente Bergson:

É sobre outros homens que essa observação se exercerá. Mas, por isso mesmo, a observação assumirá um caráter de generalidade [...]. Porque, instalando-se na superfície, não atingirá mais que o envoltório das pessoas, aquilo por onde várias delas se tocam e tornam-se capazes de se assemelhar. Não irá além disso. E mesmo que o pudesse, não o quereria, porque não teria nada a ganhar. Penetrar muito fundo na personalidade, relacionar o efeito exterior a causas muito íntimas, seria prejudicar e finalmente sacrificar o que o efeito tinha de risível. É preciso, para que sejamos tentados a rir dele, que lhe localizemos a causa numa região

---

9 *Mestres do Teatro I*, trad. de Alberto Guzik e J. Guinsburg. São Paulo: Perspectiva/Edusp, 1974, p. 105.
10 Idem, p. 106.
11 Idem, ibidem.

intermediária da alma. Por conseguinte, é necessário que o efeito nos surja no máximo como meio, como exprimindo uma humanidade mediana[12].

Isto posto, podemos concluir que a artificialidade das tramas, a superficialidade da observação, a trivialidade no tratamento dos temas, enfim, todos os argumentos continuamente usados como munição pelos detratores das comédias de costumes, tão ao gosto da época, não apenas são algumas das definições da Comédia Nova, surgida na Grécia, como encontram-se na raiz da própria comicidade. Tais características, presentes em nossa produção cômica, não refletem, portanto, em absoluto, uma eventual superficialidade inerente a nossos comediógrafos, mas especificidades do gênero por eles utilizado, dentro da mais pura tradição cômica.

## Um Gênero, um Teatro, uma "Geração"

Seria natural que o grande número de produções de comédias no Brasil significasse que sua qualidade fosse desigual, pois alia a esse dado o advento do cinema, que fez surgir entre nós o "teatro por sessões" – forma encontrada por nossos atores e autores para concorrer com a profusão de representações possibilitadas pela cinematografia – e isso de fato aconteceu. Assim, pela alta rotatividade de peças a que se obrigavam as companhias nacionais, e pelo excesso de representações diárias e semanais, tornou-se quase incontornável certo descuido com a própria encenação dos espetáculos.

Quase. Pois em meio ao delírio em que se transformou a vida teatral nessa disputa insana, um espaço se destacou especialmente, pelo cuidado de suas produções, pelas possibilidades abertas a autores e atores.

Inaugurado em 1915, no centro do Rio de Janeiro, o Teatro Trianon foi construído para acolher democraticamente o imenso publico da época. Seus cerca de 1500 lugares distribuíam-se em plateia, galeria, balcão simples e balcão nobre; e sua caixa cênica possuía, além do amplo palco, o fosso de orquestra ainda em voga nos teatros, para atender às necessidades dos não poucos espetáculos musicados ali apresentados.

Reinando isolado como o principal teatro do Rio, desde sua fundação até os anos de 1930, o Trianon foi disputado por todos os grandes atores e grandes companhias do período, e palco da apresentação das peças mais representativas do período. Por isso, não foi apenas um espaço privilegiado de trabalho, mas também o símbolo de toda uma geração de autores e atores, significando inclusive um modo de fazer teatro de toda uma época.

Esse "modo de fazer" consistia, de maneira geral, na formação de uma companhia em torno de um grande nome – como Leopoldo Fróes, Abigail Maia, Jaime Costa ou, finalmente, Procópio Ferreira – que servia como polo de atração para seus espetáculos, encenados por atores especializados em papéis menores, cujas características eram predeterminadas. Assim, cada companhia contava, sempre, com determinados tipos de atores:

Entre os homens, por exemplo, um galã, um centro cômico, um centro dramático, sem computar os numerosos "característicos", encarregados de conferir pitoresco às chamadas pontas. Entre as atrizes, no mínimo, uma ingênua, uma dama-galã (mulher já em plena posse de sua feminilidade), uma caricata (as solteironas espevitadas) e uma dama-central, que viveria no palco as mães dedicadas ou as avós resmungonas e compassivas[13].

Tendo essa conformação de elenco em vista, os autores do período escreveram suas comédias, em grande parte para o Trianon. No palco desse teatro desfilaram os principais atores e atrizes, pelas companhias mais importantes do país, e foram apresentados os temas mais em voga no momento. Eis como Paulo de Magalhães, um dos comediógrafos que começou sua carreira no Trianon e que seria muito encenado nos anos de 1930 e 40, resume a importância desse teatro na vida cultural do Rio de Janeiro:

O Trianon é a base histórica da comédia brasileira [...]. Ali triunfaram como autores: Cláudio de Souza, *Flores de Sombra*; Abadie Faria Rosa, *Longe dos Olhos*; Gastão Tojeiro, *Onde Canta o Sabiá*; Oduvaldo Vianna, *Manhãs*

---

12 H. Bergson, op. cit., p. 87

13 Décio de Almeida Prado, *O Teatro Brasileiro Moderno*, São Paulo: Perspectiva, 1988, p. 15.

*de Sol*; Viriato Corrêa, *Bombonzinho*; Armando Gonzaga, *Cala a Boca, Etelvina*; Paulo de Magalhães, *O Interventor*; Henrique Pongetti, *História de Carlitos* e Joracy Camargo, *O Bobo do Rei*. Procópio Ferreira – o maior ator brasileiro de todos os tempos –, Leopoldo Fróes, Manuel Durães, Jaime Costa, Apolônia Pinto, Lucília Peres, Abigail Maia, Belmira de Almeida, Iracema de Alencar, Conchita de Morais, Elza Gomes, Hortênsia Santos, Ítala Ferreira, Regina Maura (hoje deputada Conceição Neves) e Dulcina de Moraes firmaram seus nomes artísticos no Trianon. A "Geração Trianon" criou e deu continuidade à comédia nacional e fez o trabalho pioneiro de acostumar o público a frequentar os teatros[14].

## Uma Imitação da Vida, um Espelho dos Costumes

Em sua aparente trivialidade, diversos foram os *desvios* apontados em nossas comédias durante as primeiras décadas do século XX; entre eles, um dos maiores foi, como se verá adiante, nossa falta de sentimento nacionalista. Inúmeras peças citam o culto das aparências, outras criticam grupos e/ou situações específicas. Mas uma das características do gênero, sempre presente nas obras da época, é a punição desses defeitos ou desvios, das extravagâncias e excessos com a exposição das falhas ao ridículo. Enfim, nossas comédias de costumes retrataram, de fato, os tipos, valores e modos de vida que mereciam ser observados e corrigidos, alguns dos quais comentaremos agora.

Artur Azevedo, que em suas revistas de ano já deixara um imenso painel da vida carioca na virada do século, também nas comédias de costumes continua, como se viu em outro capítulo, a "pintar" o retrato de seus contemporâneos e suas idiossincrasias, com muita graça e conhecimento do ofício. O mesmo se pode dizer de Coelho Neto, atento observador dos desvios sociais que pune, inevitavelmente, com o ridículo inerente ao gênero.

Entre os dramaturgos que se afirmaram entre os anos 1910-1930, Gastão Tojeiro – um dos mais prolíficos comediógrafos da Geração Trianon, autor de cerca de cem peças – é o primeiro nome a ser lembrado, porque estreou já em 1904 com *As Obras do Porto*, comédia que sugere aquela que será a maior característica de sua vasta obra: o flagrante, a observação do fato imediato e sua exposição ao riso coletivo. O tema de suas comédias era sempre o acontecimento mais recente, o "defeito" mais em voga, mais próximo da plateia – como a idolatria aos astros de cinema (*Os Rivais de George Walsh*, *As "Fãs" de Robert Taylor*), ou a guerra em curso (*Os Aliados*, *As Sogras dos Aliados...*) –, tudo, enfim, que lhe permitisse dirigir aos espectadores um espelho irônico em que vissem a imagem de seu próprio ridículo.

Tojeiro escreveu, em geral, comédias e vaudeviles, e, sempre representado ao longo das décadas de 1920 e 1930, suas peças eram garantia de sucesso para as companhias e de boas risadas para o público. Entre seus textos mais conhecidos e encenados no período, podemos citar *O Simpático Jeremias* e *Onde Canta o Sabiá*, ambos representados no Teatro Trianon, a partir de 28 de fevereiro de 1918 e de 9 de junho de 1921, respectivamente.

Numa época em que começam a surgir os grandes astros do teatro brasileiro profissional (Procópio estrearia em 1919), o protagonista de *O Simpático Jeremias* – não por acaso, a personagem-título – é interpretado por Leopoldo Fróes, papel que o ator manteve em seu repertório ao longo de toda a carreira. Jeremias é o criado que soluciona os conflitos que envolvem as outras personagens, no mais puro estilo Comédia Nova. A linhagem da qual descende é a mesma do Arlequim ou do *Scapin*, de Molière, figuras que se tornaram clássicas na arquitetura cômica.

Também espelho dos costumes da época é *Eu Arranjo Tudo*, de Cláudio de Souza, que narra as peripécias de Bernardo, um "faz-tudo" que confunde todas as tarefas que lhe encomendam mas, apesar disso, consegue sempre solucionar os problemas que vão surgindo. A comédia estreou no Teatro Trianon, em 22 de novembro de 1915, e seu protagonista também se liga à tradição cômica do criado trapalhão e inteligente, desenvolvida pela *Commedia dell'Arte*.

No desenrolar da peça, são comentados diversos costumes da época, principalmente da gente de teatro – a protagonista é uma atriz famosa às vésperas da apresentação de seu *benefício*[15]. Entre os hábitos

---

14 Paulo de Magalhães, *Antes que Eu Me Esqueça: Memórias de Copacabana*, Rio de Janeiro: Tupy, 1967, p. 23.

15 Espetáculo cuja renda revertia inteira ou parcialmente para o ator em questão. Segundo Miroel Silveira, o *benefício* era uma

dos bastidores, aparecem o aluguel das *claques* para os aplausos finais e a rivalidade entre duas atrizes, presente constantemente em nossa história teatral. Outro costume bem brasileiro, que não escapa à exposição crítica do autor, é o da mania dos títulos, a respeito da qual o protagonista afirma peremptoriamente não ser "doutor" nem "coronel": "Sou o único homem no Brasil que não tem título. Sou... sou... só... 'seu' Bernardo!"[16]

O vício do jogo, ainda permitido no Brasil na época da estreia, também passa pelo crivo da comédia. O segundo ato é ambientado no *foyer* de um cassino, onde Bernardo observa os jogadores que entram e saem das salas tentando sempre recuperar o que perderam.

O jogo, sobretudo o jogo do bicho, é, aliás, assunto recorrente nas obras do período. Entre as comédias que se referem a esse costume podemos citar *Deu o Pavão*, de João Pinho e *O Bicheiro*, de A. Elias da Silva, entre outras. Ambas foram encenadas em 1913, em São Paulo, no Bijou Salão. Sobre a frequência de aparição do tema, pode-se mesmo concluir, como afirma Miroel Silveira, que o jogo, "na ocasião deve ter empolgado os apostadores tanto ou mais que hoje, a julgar pelo número de obras que a ele fazem referência"[17].

Entre os diversos comediógrafos do período destacaríamos também Armando Gonzaga, autor, entre outras peças, de *O Ministro do Supremo* – estreia no Trianon, a 5 de dezembro de 1921 – e de *A Flor dos Maridos* – estreia no Recreio, a 3 de março de 1922. Tanto quanto as de Gastão Tojeiro, as comédias de Gonzaga são estruturalmente bem armadas, com diálogos rápidos e fluentes, demonstrando intimidade com a carpintaria teatral e, principalmente, com o filão cômico. Os quadros sociais pintados por esse autor são envolvidos por fina ironia crítica incidindo, particularmente, sobre os comportamentos marcados pela hipocrisia ou pela excessiva ambição.

Entre suas peças que apontam o culto das aparências como uma das principais características da *belle époque* tropical a serem apresentadas sob seu aspecto risível, temos a já citada *O Ministro do Supremo*, primeiro sucesso do comediógrafo de que temos notícia, cuja ação transcorre em torno do desejo de ascensão social de Ananias, sua mulher Genoveva e a filha mais nova, Nini. Ao longo dos anos de 1920, Armando Gonzaga foi dos comediógrafos mais representados, incrementando o cômico em vaudeviles como *Cala a Boca, Etelvina* (1925) ou retratando os costumes, como em *És Tu, Malaquias?* (1927).

Como se observa, portanto, os temas abordados nas comédias comprovam o propósito efetivo de descrição crítica dos tipos, situações e questões de seu tempo, na mais tradicional linhagem cômica. E quanto à sua possível inconsistência nos "anos loucos" do pós-guerra – período frequentemente apontado como frívolo –, pela especificidade de tratar-se de um momento único na história da humanidade, Miroel Silveira apresenta uma razão inteiramente plausível para a possível opção de "desvinculamento" feita pelos autores da época:

Queria-se uma vida urgente, cheia de sensações (já que tínhamos escapado da hecatombe bélica mundial), vida onde a emoção, a reflexão, quase não cabiam. O dia seguinte não pertencia a ninguém – era preciso aproveitar.

A influência desse estado de espírito, que progressivamente se tornou dominante nos anos seguintes, vincou fundamente nosso teatro, impondo-lhe o gosto pelas comédias cada vez mais ligeiras e inconsequentes, desligadas quase sempre de raízes sociais, utilizando esquemas de tipos padronizados – o marido bilontra, a esposa ciumenta, a empregada sestrosa, a vizinha faladeira etc. – funcionando com o objetivo único de fazer rir, a qualquer preço[18].

Assim, podemos afirmar que o chamado "descompromisso", além de ser ma característica da comédia, foi também uma forma de escamotear as tensões provenientes das modificações ocorridas no panorama mundial e a possibilidade de novos conflitos, o que não deixaria de caracterizar, novamente, o tipo de dramaturgia adotado, como um reflexo daquela sociedade, àquele momento.

---

"peculiaridade dos costumes teatrais da época, servindo para que o ator, geralmente mal remunerado, além de louros e homenagens obtivesse uma renda extra, vendendo para lucro próprio os bilhetes que o empresário lhe entregava". *A Contribuição Italiana ao Teatro Brasileiro: 1895-1964*. São Paulo/Brasília: Quiron/INL, 1976, p. 75.
16 Cláudio de Souza, *Eu Arranjo Tudo*, Rio de Janeiro: Pimenta de Melo, 1920, p. 15.
17 Op. cit., p. 177.
18 Idem, p. 213-214.

De modo geral, portanto, a comédia de costumes brasileira cumpriu o seu papel, buscando corrigir os *desvios* apresentados por nossa sociedade, e os comediógrafos nacionais foram efetivamente irônicos, críticos, enfim, precisos na caricatura dos *tipos* de seu tempo.

Poucas coisas são tão humanas quanto a sensação ou o medo do ridículo, e é exatamente esse, como vimos, o material básico da comédia. Nossa sociedade, com seu culto da aparência, com sua incondicional admiração pelo estrangeiro, prestou-se demais a uma avaliação cômica. Lado a lado com a consciência do aspecto burlesco de nossas misérias, entretanto, transparecia geralmente em nossas comédias uma compreensão quase fraterna por parte dos autores, do ridículo a que se expunham aqueles que os cercavam. Talvez tenha sido exatamente essa humanidade, presente na comédia, o principal fator a determinar que o gênero sempre levasse aos teatros, as sociedades por ela retratadas, mesmo com a consciência de que o que lhes seria oferecido seria a possibilidade de rir de si próprias.

## "Brasil, Mostra a Sua Cara"

Se o espírito brasileiro de nossa dramaturgia já se manifestara em Martins Pena e nos autores que deram continuidade à comédia de costumes, como França Júnior e Artur Azevedo, nos anos de 1910-1930 vemos surgir o país como o tema privilegiado do texto teatral, e mostrado em geral como objeto de desprezo por parte de sua elite urbana, sempre encantada com modelos europeus. O ponto de vista da dramaturgia do período, no entanto, ultrapassa a simples crítica ao exagerado estrangeirismo no comportamento autóctone, passando a uma postura de valorização do "produto nacional" em todas as instâncias.

Para Miroel Silveira, essa tendência nacionalista se dividiria em três vertentes básicas: "a da tipificação do italiano imigrante [caso específico da dramaturgia paulista], a da reação nacional regionalista em torno do linguajar, da música e das personagens caipiras; e finalmente a da reação nacional urbana"[19]; ainda segundo Miroel, a reação "tinha fundamentos históricos no plano político (uma nação jovem tentando afirmar sua independência frente às potências) e ligava-se, no plano literário, a um movimento pós-romântico mais amplo"[20].

De fato encontramos, em inúmeras obras do período, referências diretas ou indiretas à questão do nacionalismo. Em algumas delas, são apontados os excessivos estrangeirismos utilizados no vocabulário brasileiro, em outras a valorização do país é o tema do texto teatral e, finalmente, diversas peças abordam uma polêmica questão de nossa construção enquanto nação: o confronto entre a tradição, representada pela estrutura agropastoril, e os avanços trazidos pela modernização industrial.

## "Minha Pátria é Minha Língua"

A dificuldade de reconhecimento e absorção dos valores nacionais, enquanto valores culturais, pelas elites urbanas – que ainda buscavam identificar-se com os modelos europeus – e pela massa populacional para quem essa preocupação, de certa forma, inexistia, se deu entre outros fatores, por meio da linguagem. Para essas elites, era fundamental demarcar seu distanciamento do brasileiro comum, símbolo, para elas, do atraso do país. E entre as possibilidades de demonstração dessa "sofisticação" à europeia o uso de palavras e expressões francesas entremeadas ao português foi uma das mais comuns.

Nas artes, entretanto, o nacionalismo exacerbava-se em todos os níveis. Percebe-se nas obras literárias, por exemplo, o claro objetivo de mostrar que as diferenças que apresentávamos enquanto sociedade, em muitos casos, eram tão somente diferenças e não um estigma de nossa inferioridade ante o mundo europeu. Segundo Wilson Martins, "a literatura brasileira da época deseja ser fortemente brasileira e fortemente literária; ao 'conhecimento da terra', ao aproveitamento dos temas brasileiros, acrescenta-se o postulado do conhecimento linguístico e da riqueza idiomática"[21].

Considerando que o movimento dramatúrgico se dá a partir da reflexão a propósito de questões

---

19 Idem, p. 117.

20 Idem, p. 121.
21 *História da Inteligência Brasileira*, 2. ed., v. 5 (1897-1914), São Paulo: T. A. Queiroz, 1996, p. 225.

que lhe são contemporâneas, é natural que a reação sistemática de apologia do que era nacional fosse transposta para o palco e se fizesse, entre outros fatores, através da defesa da própria língua portuguesa. Inicia-se assim, na dramaturgia, uma clara campanha de defesa da língua pátria e, consequentemente, de crítica à excessiva utilização do francês nas conversas em sociedade.

Já em peças do século XIX, como *O Demônio Familiar* (1857) ou *A Capital Federal* (1897), Alencar e Artur Azevedo ridicularizavam personagens com a mania esnobe de usar termos franceses sem necessidade, em conversas banais. Outro autor que expressa sua avaliação nada lisonjeira da vida na capital, pela crítica aos que inseriam o francês em seu vocabulário, é Coelho Neto. Em *Quebranto* (1908), o autor enseja demonstrar que a degeneração moral da alta sociedade carioca era diretamente proporcional à sua francofilia linguística. Na casa onde se desenvolve a ação, a única moradora que não aparece moralmente corrompida é dona Clara, cujos costumes são ainda "os de antigamente" e que, portanto, desaprova a algaravia das conversas: "É isso, até a língua. Já a gente não sabe que língua fala, é uma misturada que ninguém entende[22].

Observa-se, na realidade, que a má compreensão da língua francesa é recurso cômico infalível em várias comédias de costumes do século XIX, que permaneceu nas primeiras décadas do XX. Cláudio de Souza, em *Flores de Sombra*, faz um dos empregados da fazenda responder à questão de um francês, interessado em saber se na fazenda tinha "*sauvages*", da seguinte maneira: "Eu respondi que nossas terras eram muito boas, que não davam só vagem; que davam batatas, que davam milho, café, mandioca, tudo!"[23]

Em *Eu Arranjo Tudo* (1915), do mesmo autor, a defesa do que é nacional passa também pela questão da língua, ainda que subsidiariamente. Logo na primeira cena do primeiro ato, uma personagem que diz "*bouquet*" é corrigido: "Diga ramalhete, que é português"[24]. E bastante interessantes são as rubricas do autor para os eventuais atores ou ensaiadores: ao longo de todo o texto da comédia existem notas explicando o uso dos vocábulos nacionais, a razão de sua escolha e significado, bem como justificativas para a utilização de alguns vocábulos estrangeiros cuja tradução não seria possível.

## "Brasil, Meu Brasil Brasileiro"

Se a defesa do que é brasileiro, pela linguagem, é visível nas peças acima assinaladas, pouco tempo depois, mas com igual intensidade, começam a surgir obras em que se enaltece o próprio país, em textos que desde o título indicam o "retrato" do país que visam a abordar, como *Na Roça* (1913), de Belmiro Braga, *Nossa Terra* (1917), de Abadie Faria Rosa, *Juriti* (1919) e *Nossa Gente* (1920), de Viriato Corrêa, *Terra Natal* (1920), de Oduvaldo Vianna ou *Onde Canta o Sabiá* (1921), de Gastão Tojeiro, nos quais se percebe claramente a necessidade sentida pelos dramaturgos – principalmente depois da Primeira Guerra Mundial – de descrever a terra brasileira, seu povo e costumes para as plateias de então. Esse nacionalismo, que era colocado ora em termos de regionalismo, ora de costumes urbanos e suburbanos, explica-se talvez pela dificuldade de comunicações entre a Europa e o Brasil, por força da guerra de 14, beneficiando-nos com um relativo isolamento, fecundo para o crescer de nossa indústria e para uma "olhada para dentro", na descoberta e valorização do que era nosso[25].

Ocorre que, tanto quanto os produtos industrializados, as produções teatrais só eram valorizadas, por nossas "elites", até a guerra, se importadas. E tanto quanto as outras importações, no entanto, as companhias italianas e francesas tiveram interrompidas suas excursões anuais ao Brasil em consequência da eclosão do conflito. Essa ausência propiciou às companhias nacionais dois fatores fundamentais de estímulo: bons teatros disponíveis nos meses mais disputados para temporadas teatrais e um público relativamente ocioso e, portanto, passível de ser conquistado pelas obras brasileiras, de temática nacional, o que vai, de fato, gradativamente acontecer.

---

22  Em Henrique M. Coelho Neto, *Teatro Completo*, Rio de Janeiro: Funarte, 1998, p. 223.
23  Rio de Janeiro: Pimenta de Mello, 1919, p. 17.
24  Op. cit., p. 11.

25  M. Silveira, op. cit., p. 121

Na dramaturgia, com relação aos dois tipos de nacionalismo apontados por Miroel Silveira, observa-se que as obras regionalistas caracterizavam-se, entre outras coisas, por serem ambientadas no interior do país, tematizando situações também tipicamente interioranas.

Entre as mais encenadas no período, *Na Roça* – representada em São Paulo no Bijou Salão, em 1913 – é ambientada numa fazenda de Juiz de Fora, e traz para o palco diversos costumes do interior do país, entre eles o hábito das quermesses e festas de arraial. São também retratados na peça os imigrantes (neste caso, os portugueses) que para aqui vêm, se estabelecem e criam raízes. Outra característica do regionalismo da época, do qual *Na Roça* é um dos exemplos, é que os textos tratam de costumes do interior, buscando sua representação sem qualquer referência ou comparação com a cidade grande ou a capital.

Também muito representada, *Juriti* – estreia no Teatro S. Pedro em 16 de julho de 1919 – traz para a cena, entre outros costumes, as acirradas rivalidades políticas dos "coronéis" e o "bumba meu boi". Apesar de passar-se entre festas populares, cantos e danças, lembrando as comédias de Martins Pena, a peça de Viriato Corrêa, entretanto, já não exibe mais o encanto dos interioranos ante os apelos da capital. Muito pelo contrário, na única referência à população da "cidade grande", Juriti, a personagem central, expressa a nova mentalidade que se estabelecia, afirmando (na 9ª. cena do primeiro ato):

A gente ama é o que tem vida, o que tem coragem, o que tem saúde, o que tem força. Não sei bem o que é. Mas é uma coisa que os senhores da cidade não têm. Vocemecês [sic] lá são homens? Se apanham uma queda, adoecem, se apanham um chuvisco, vão para a cama. Nós aqui nos rimos da gente da cidade²⁶.

Assim, como se vê, o processo de valorização do país que se estabelece vai abandonando a visão de que a capital federal, por seu cosmopolitismo, era o espelho onde se deveria refletir a imagem do país. A reação nacionalista, entretanto, não se restringe às peças regionais.

*Onde Canta o Sabiá*, de Gastão Tojeiro – cuja trama gira em torno do antagonismo entre a francofilia de Elvídio e o nacionalismo de Nair – insere-se numa linha mais urbana desse movimento, sendo ambientada numa casa de classe média de subúrbio (ao lado da linha do trem). Não faltam na peça nem a instalação próxima de um "circo de cavalinhos", nem o canto nativista de um sabiá (daí o título), ave de estimação da protagonista, o que já dá mostra do tom de suas posições, reafirmadas, por exemplo, com a frase: "brasileiros como o senhor, que têm prazer em falar mal de sua terra, achando que lá fora tudo é melhor, podiam ir embora de uma vez, que nenhuma falta fazem"²⁷.

A par da certeza da necessidade de valorização da nação como um todo, a questão nacionalista traz em seu bojo, todavia, uma ambiguidade que vai se refletir no "espelho" dramatúrgico: a polarização, aparentemente incontornável, entre a visão estabelecida que se tinha do Brasil como um país inarredavelmente associado à tradição agrária, e o anseio por um país moderno, cujo processo de industrialização se avolumava, impondo novos padrões de comportamento e relacionamento.

## "Eu Vou pra Maracangalha, Eu Vou"

Assim, a oposição campo-cidade, presente em boa parte da literatura ocidental, aparece de variadas formas na dramaturgia brasileira. Poder-se-ia dizer que transparece, ao longo de quase um século, a alteração de um ponto de vista que, da admiração inquestionável à corte ou à capital federal (a partir de 1889), vai-se transformando em uma postura quase oposta, nas primeiras décadas do século XX.

Nesse movimento, inúmeros textos apontam o confronto entre os dois "Brasis", traduzindo aquele que era um dos maiores impasses pelos quais passou a sociedade brasileira da época: o da afirmação de nossa identidade. A persistente presença das referências às tradições do país e, principalmente, à sua população campesina, como objeto a ser valorizado, expõe a dificuldade de absorção das

---

26 Apud Claudia Braga, *Em Busca da Brasilidade: Teatro Brasileiro na Primeira República*, São Paulo: Perspectiva, 2003, p. 12-13.

27 Rio de Janeiro: MEC/SNT, 1973, p. 29.

mudanças que se avizinhavam e assustavam o grosso da população.

Nessa linha, uma das obras que melhor ilustra a oposição campo-cidade é *A Capital Federal*, de Artur Azevedo, encenada pela primeira vez em 1897 e frequentemente reapresentada nos anos seguintes. Dessa peça, pode-se dizer que a personagem principal é a própria cidade do Rio de Janeiro, cujos habitantes e costumes causam transtornos terríveis numa família interiorana.

Um pouco mais adiante, mas com o mesmo ponto de vista, estreia, em 22 de dezembro de 1916, no Teatro Boa Vista, em São Paulo, um dos maiores sucessos de crítica e de público da época: *Flores de Sombra*, de Cláudio de Souza, cujo enredo também trata do confronto entre os valores tradicionais e a "modernidade" dos costumes representada pelos citadinos. Sua ação, porém, se passa em uma fazenda paulista, para onde está regressando, depois de anos de estudo na cidade, Henrique, o filho único de dona Cristina.

Após inúmeros "desencontros" entre os valores cultivados pela mãe e as transformações operadas no filho – entre eles a substituição do respeitável retrato de seu pai, que enfeitava a sala, por um nu artístico – a confrontação da civilidade com os tradicionais valores do campo revela-se desfavorável para a primeira. Assim, Henrique volta para suas "flores de sombra" (a mãe e uma namorada de infância), que ali o esperavam e enfeitarão sua futura vida de fazendeiro[28].

Outro exemplo dessa vertente do nacionalismo presente na dramaturgia da época é *Nossa Gente*, de Viriato Corrêa, que estreou no Trianon, em 19 de julho de 1920 e narra as dificuldades enfrentadas por uma família interiorana, em sua convivência com a (sempre...) corrompida sociedade carioca. Nessa comédia, cujo enredo lembra bastante o de *A Capital Federal*, a família do interior também se esfacela temporariamente para, tal e qual no texto de Artur Azevedo, reunir-se no final com a volta dos fujões, arrependidos de seus desvarios. *Nossa Gente* não tem, entretanto, o ritmo quase *revisteiro* e bem humorado da peça anterior, traçando um retrato muito mais impiedoso das personagens urbanas.

A peça constitui-se de dois núcleos básicos: a família do campo (tradicional) e o grupo da cidade (cosmopolita). O confronto que se desenvolve durante a comédia é direto e apresentado logo no início do texto, com a afirmação do citadino Gonzaga, de que "evidentemente um homem educado não pode viver no Brasil"[29], contra a qual a contestação vem, não por acaso, de um inglês, John, de quem partirá o primeiro comentário a propósito do disparatado comportamento nacional – "Brasileira não conhece sua paiz! Brasileira não faz caso de Brasil"[30]

A semelhança de *Nossa Gente* com *A Capital Federal* explica-se pela similaridade das situações expostas em ambas as peças. Tanto em uma quanto na outra, as personagens do interior, caracterizadas pela ingenuidade e honradez, envolvem-se com a corrupção de costumes dos tipos da cidade grande. A leitura que se faz das peças, todavia, pode não ser a mesma. Textualmente, a fala final de Eusébio sugere que o "verdadeiro" Brasil está no campo. Para Wilson Martins, entretanto,

é curioso assinalar que, contrariamente à sua tese implícita e à moralidade expressa no último quadro, a comédia musical de Artur Azevedo consagrava não apenas a ficção republicana da "Capital Federal" contra a antiga metáfora monarquista da "Corte", como, ainda, confirmava o sentido urbano da nova realidade brasileira contra o sentido rural de suas tradições[31].

E aí se estabelece entre ambas a maior diferença: se a conclusão de *A Capital Federal* permite interpretações diversas, a crítica à "modernidade" inserida em *Nossa Gente* não deixa margem a dúvidas. Através de Alberto, o dono da casa em que se passa a ação, o resultado do confronto é de clara propensão à manutenção de um imaginário no qual "o verdadeiro Brasil é *lá*" [grifo nosso], e não a cidade, onde se vive a "macaquear o que é

---

28 Para se ter uma ideia do sucesso de *Flores de Sombra*, peça que deflagra a revalorização dos costumes nacionais do interior entre os comediógrafos do período, basta dizer que teve cinquenta representações em São Paulo e mais de trezentos no Rio de Janeiro, no Teatro Trianon – números realmente expressivos para uma peça não que tinha o atrativo da música.

29 Rio de Janeiro: Braz Lauria, 1920, p. 12.
30 Idem, p. 41.
31 *A História da Inteligência Brasileira*, v. 5, p. 2.

dos outros, dentro do artifício, a fingir o que não sentimos"[32].

Conforme se observa, portanto, ao defrontar-se a sociedade da Primeira República com a opção entre o Brasil do passado e suas perspectivas futuras, a escolha recaía, quase unanimemente, na ideia de país já estabelecida.

Essa escolha encontra explicações sobretudo na nova conjuntura econômica que ali se fundava: a constante defesa do Brasil agrário, em detrimento do país moderno que se avizinhava, pode ser compreendida como temor perante as transformações ocasionadas pela industrialização, cujas consequências eram, de certa forma, imprevisíveis.

Tais transformações, entretanto, mostravam-se inadiáveis. O início da Primeira Guerra Mundial, provocando a interrupção de fornecimento de manufaturados europeus para o Brasil, obriga-nos, na prática, a acelerar um processo industrial que até então avançava a passos relativamente lentos. Os meios de produção de massa evidentemente modificam, em sua estrutura, o sistema de troca comercial e as relações de mercado. Com a ainda arraigada tradição familiar na política e nos negócios, a sociedade vê esvair-se a ingenuidade, ou o primitivismo até aí existente nas trocas de serviços e que dará lugar aos movimentos operários (como, por exemplo, a greve geral de 1917, em São Paulo), para os quais não está preparada, e contra os quais tenta opor os valores e costumes da tradição agrária.

Diante da necessidade de afirmar para si própria uma "identidade" brasileira e, impossibilitada de poder fazê-lo já a partir da pujança industrial, a sociedade volta-se para o campo onde, até então, supunha-se estar os pilares, não só econômicos, mas familiares do país. Assim, dividida entre a angustia frente às possíveis consequências desse "salto" para um outro Brasil e a necessidade de estabelecer a tão buscada *brasilidade*, a sociedade, pelo que se observa através da dramaturgia da época, opta por reforçar os bastiões que haviam sustentado o país durante todo o Império e que ainda continuarão a mantê-lo nesse início de República: a estrutura agropastoril.

## "Amélia é que 'Era' a Mulher de Verdade"

Como observamos, o início do século XX é marcado por profundas transformações políticas, econômicas e sociais, que se vão refletir em todos os âmbitos das relações humanas, e, consequentemente, na dramaturgia, que tematizará tais transformações, redesenhando sua imagem em estágios diversos.

Entre as modificações vividas pela sociedade brasileira no período, encontra-se a alteração do papel da mulher na família e na sociedade, que aparece como tema dramatúrgico desde o Império, em *A Emancipação das Mulheres* (1852), de Antônio de Castro Lopes; ou *As Doutoras* (1887), de França Júnior, continuando a ser explorado na República, em peças como *A Mulher* (1907), de Coelho Neto; *A Herança* (1908), de Júlia Lopes de Almeida; *As Sufragistas* (1916) de Domingos de Castro Lopes; e *No Tempo Antigo* (1918) de Antônio Guimarães. O ponto de vista a respeito do assunto, entretanto, altera-se sobremaneira.

Se em *A Emancipação das Mulheres*, as últimas falas definem essa "emancipação" como "um sonho irrealizável e mesmo uma utopia ridícula"[33], sendo o sonho de conquista de um novo *status* abortado no berço, em *As Doutoras* – cujo desenlace, entretanto, não difere muito do da peça anterior – já temos as duas protagonistas diplomadas (uma é médica, outra advogada), o que representa um início de assimilação das transformações que se avizinhavam...

O discurso subjacente a ambos os textos do século XIX é, como se pode observar, o de que a comunidade, de cunho dominantemente masculino, excluía a mulher de uma efetiva participação na sociedade, forçando sua permanência em espaços desenhados e planejados pela arquitetura masculina, ou seja, adequando-se a uma vida que não era propriamente a sua. Como frutos de sua época, os textos endossam e difundem o discurso que ridiculariza a mulher como partícipe da estrutura social, reforçando a imagem de seu caráter sentimental.

---

32 V. Corrêa, *Nossa Gente*, p. 140.

33 Antônio de Castro Lopes, *Teatro*, tomo II, Rio de Janeiro: Tip. do Imperial Instituto Artístico, 1864, p. 295.

No século XX, entretanto, outros enfoques serão dados ao tema, que aparece em várias comédias do período, abordado de diferentes perspectivas. Assim, em sintonia com as discussões em voga naquele momento, *No Tempo Antigo* – estreia no Trianon, em 17 de julho de 1918 –, "alta comédia" de Antônio Guimarães, apresenta defensores e detratores das conquistas femininas. A peça transcorre na casa de um religioso, que cria sua sobrinha órfã, Maria Izabel, a quem dá uma educação liberal o bastante para suscitar, de uma amiga, o comentário de que ele "faria melhor não a deixando ler tanto". Ao que a moça, fazendo jus às novas aragens de comportamento, retruca: "Isso! [para ser] a mulher ignorante, a mulher manequim, feita para [o] prazer e [a] vaidade do homem"[34].

Outra comédia em que é tematizada a situação da mulher é *A Flor dos Maridos* – representada no Recreio, em março de 1922 –, de Armando Gonzaga, que apresenta diferentes posições sobre o controvertido "crime pela honra", do qual, de modo geral, os maridos saíam impunes. Nesta peça, durante uma festa, discute-se a conflituosa questão, e também Armando Gonzaga alinha-se pela transformação dos costumes estabelecidos, tomando o cuidado de inserir a situação num texto teatral. Se uma personagem masculina afirma que "pouco me importa que, em teatro, os maridos matem mulheres. [...] O que não quero é que se pregue a necessidade da mulher matar o homem", a resposta imediata que lhe é apresentada, de uma mulher, é que "ou os cônjuges têm direito de matar o infiel, sem distinção de sexos, ou então não têm direito a coisa nenhuma[35].

Assim, atuando como reflexo da sociedade que a cercava, as comédias não apenas operam a crítica humorística daquela sociedade, como discutem, como se vê, as lentas transformações do código social não escrito, o que mais uma vez demonstra sua ligação imediata e atenta com o vivido e/ou experimentado pela coletividade por elas refletida.

## E a Cena se Transforma

Finalmente, resta salientar o papel desempenhado pelas comédias de costumes de Oduvaldo Vianna, que se firmou no cenário teatral com *Terra Natal* – estreada no Teatro Trianon em 5 de maio de 1920. Escrita no momento em que o nacionalismo vinha motivando outros dramaturgos, como visto há pouco, a comédia bate na tecla da sátira ao costume de se considerar maravilhoso só o que é estrangeiro. A valorização do campo e das pessoas simples do interior alimenta o enredo, centrado na transformação do americanizado Oscar em brasileiro que ama sua terra. Como escreveu J. Galante de Sousa, a peça é uma espécie de

hino à grandeza e às possibilidades do Brasil, simbolizadas naquele homem rústico que entrava numa das cenas para anunciar que a máquina do engenho voltara a funcionar, consertada por um operário da fazenda, a despeito da opinião do engenheiro contratado nos Estados Unidos[36].

Ao longo dos anos de 1920 e 1930, Oduvaldo escreveu e encenou, ou fez representar, dezenas de comédias – *Manhãs de Sol* (1921), *A Vida É um Sonho* (1922), *Última Ilusão* (1923), *Um Tostãozinho de Felicidade* e *O Vendedor de Ilusões* (1931) –, preferindo por vezes a forma curta do sainete, gênero com o qual acreditava poder competir com o cinema. Também nos sainetes fez a descrição e a crítica dos costumes, como em *O Castagnaro da Festa* (1927), na qual pôs em cena os tipos de imigrantes que habitavam São Paulo: italianos, mascates árabes, alemães, portugueses, todos com seus sotaques e modos característicos.

Vale lembrar também que Oduvaldo foi um empresário arrojado, e que esteve à frente de várias companhias, sempre disposto a valorizar o repertório nacional e, mais importante, impor a prosódia brasileira nos palcos ainda dominados pelo sotaque lusitano.

Na virada dos anos de 1920 para 1930, embora a comédia de costumes continue a ter bom público, outras preocupações começam a atingir os homens de teatro. A peça de tese ou o chamado

---

34 Rio de Janeiro: Casa A. Moura, [s.d.], p. 83.
35 Rio de Janeiro: Uni-Rio, [s.d.], p. 10 (cópia datilografada).

36 *O Teatro no Brasil*, v. 1, Rio de Janeiro: MEC/INL, 1960, p. 242

teatro social, que terá em Joracy Camargo um dos seus principais autores, como se verá no capítulo seguinte, ganha espaço nos palcos, assim como a comédia ou o drama históricos. Nesse momento, também Oduvaldo começa a escrever comédias para defender ideias, dando destaque ao papel da mulher na sociedade, em termos progressistas, como em *Mas que Mulher!* (1932), e à questão do divórcio. Esse é o tema da peça mais lembrada do autor, não pelo que ela discute, mas pela forma como o faz.

*Amor...*, encenada pela companhia Dulcina--Odilon em 1933 consagrou a atriz Dulcina de Moraes no papel da ciumenta Lainha e chamou a atenção para as novas possibilidades de escrita dramática e da encenação em nossos palcos. Quanto ao tema, embora não consiga exatamente fugir de uma representação um tanto forçada da vida a dois – a mulher infernizando a vida do marido com seu ciúme doentio –, a peça inova ao estimular o divórcio, para que o casamento deixe de ser "um negócio comercial, abençoado pela Igreja"[37].

Quanto à forma, o autor ousa bem mais. Na escrita, ao invés dos três atos em que habitualmente se dividiam as comédias da época, Oduvaldo divide seu texto em 38 quadros, apresentados num cenário fragmentado, que permitia uma representação simultânea, como descreve Décio de Almeida Prado:

> O cenário dividia-se no sentido vertical e horizontal, dando origem a cinco áreas de representação e permitindo ao espectador, por exemplo, acompanhar uma ligação telefônica em suas diversas fases: primeiro, alguém fazendo a chamada, a seguir, a telefonista atendendo, e, por fim, a campainha começando a tilintar no outro extremo do palco[38].

Além dessa inovação do espaço cênico, inspirada no cinema, também na iluminação Oduvaldo experimenta, inserindo cortes de luz, até então nunca utilizados em nossos palcos, para marcar transições de cena.

Apesar dessa tentativa de "livrar o teatro das restrições costumeiras de espaço e tempo"[39] e do enorme sucesso obtido pelo espetáculo, *Amor...*, inserida no esquema comercial do teatro da época –, não chegou a promover uma revolução no sentido de apontar um caminho novo para o teatro brasileiro. A peça é engenhosa, mas nem mesmo o autor deu continuidade ao seu aspecto experimental, de modo que as grandes mudanças estruturais no nosso fazer teatral amadurecerão apenas na década seguinte.

## "O Trem que Chega é o Mesmo Trem da Partida"

Como vimos, a partir do imenso leque de transformações por que passamos, as primeiras décadas do século XX caracterizaram o estabelecimento do país enquanto *unidade* independente. Da mesma forma, a dramaturgia da época, acompanhando a sociedade que a cerca, inicia sua "proclamação de independência" e começa, pouco a pouco, a encontrar sua própria face, sua própria identidade, produzindo obras que contribuíram efetivamente para a construção e estabelecimento de nossa história dramatúrgica própria.

Com relação ao gênero aqui comentado, constata-se que o conjunto de comédias produzidas compõem um vasto *quadro* da sociedade brasileira dos primeiros anos do século, tanto pelos temas abordados, quanto pelos tipos desenhados. O nacionalismo que começava a se fortalecer, as mudanças comportamentais, as transformações do pensamento e da cena, tudo por que passou a sociedade da época, lá está, nas obras do período, formando o painel representativo de todos os aspectos de nossa sociedade e de suas formas de se representar.

Assim, embora não trazendo inovações revolucionárias, embora não buscando mais que ser o reflexo crítico de seu tempo, a comédia de costumes foi a continuidade de um movimento teatral ativo, atraente para as plateias de então, e o degrau onde se puderam apoiar as buscas de novas formas e estilos dramáticos nos anos que se seguiram.

---

37 Oduvaldo Vianna, *Comédias*, São Paulo: WMF Martins Fontes, 2008, p. 502.
38 *O Teatro Brasileiro Moderno*, p. 25-26.
39 Idem, p. 25.

## 2. A DRAMATURGIA

O estudo da dramaturgia produzida entre os anos de 1930 e 1950 oferece uma oportunidade singular de retornar a textos e espetáculos de autores que habitam o passado do teatro brasileiro. Ao mesmo tempo, torna possível dialogar com certas considerações críticas estabelecidas como verdades históricas. Entre estas, destaca-se o julgamento expresso pela visão historiográfica de Décio de Almeida Prado quando identifica, nessas décadas, certo "gênero de teatro despretensioso artisticamente e de êxito comercial seguro". O diagnóstico do crítico é pautado por dois sentimentos – a decepção e o desconforto. Ele mostra-se decepcionado porque está à espera de algo que não se vê. Assim, por exemplo, ao comentar *Essa Mulher é Minha*, de R. Magalhães Júnior, o crítico prescreve:

Retomar o pitoresco das vidinhas humildes dos subúrbios ou das cidades do interior, injetando no texto uma dose maior de veracidade psicológica e, na representação, todo o cuidado que se costuma reservar às grandes obras. Eis uma fórmula que poderia dar ao nosso teatro algumas comédias de graça simples e verdadeira, embora sem a profundidade de um *Life with Father*, por exemplo.

As qualidades insatisfatórias resultavam da prevalência do teatral (situações forçadamente cômicas) sobre o psicológico e o social, além do fato de tomar vulto a força do criador sobre a criatura. Se a ênfase recai na criatura, como o crítico considera correto, o riso viria "não diretamente do ator", como se via nos palcos de então, "mas da personagem, nascendo da perspicácia posta na sua composição"[40].

Algumas vezes, a decepção é substituída pelo desconforto, quando a atividade da crítica exige enfrentar a celebridade de uma peça (a sua imensa popularidade, sua tradução, sua adaptação para o cinema). Ao crítico, nesses casos, estariam reservados alguns riscos: ver seu julgamento silenciado, já que "um êxito falaria por si mesmo, com voz mais forte e autorizada do que qualquer outra", ou distanciar-se do fato por se distinguir "desdenhosa e aristocraticamente" do gosto comum. Neste caso, prevalece o julgamento segundo o qual a peça "não conseguiu ultrapassar a linha que separa [...] as obras populares das obras de arte". A questão da celebridade de uma peça seria, ainda, problemática porque instaura a dúvida quanto à sua permanência no quadro de referência do cânone ("o êxito de um momento irá ou não se transformar no êxito de todos os momentos?").

De modo geral, predomina o desalento na apreensão do crítico-historiador sobre a década de 1930. É a época do atraso, do provincianismo, da falta de ambições artísticas. Não havíamos ouvido falar em encenador, não se cogitava a presença do cenógrafo e o repertório repetia fórmulas das "pecinhas de costumes nacionais". Em contraste, a década seguinte é o tempo da evolução necessária, quando finalmente "progredimos muito e em ritmo que tende a se acelerar". Entre o passado e o futuro, desenvolve-se um teatro que estabelece uma forte ligação com as demandas do tempo presente, sejam elas as propostas pelas políticas do Estado Novo, sejam elas derivadas do motor da máquina teatral ativada por inúmeras e poderosas companhias em atividade nessa época.

Se quisermos, então, criar novas vias de acesso ao teatro feito entre os anos de 1930 e 1950, não podemos cair na tentação de repetir a hipótese segundo a qual sua produção, tendo percorrido caminho oposto ao da literatura, está relegada a um confortável confinamento na história do teatro brasileiro. E se a saída para compreender o êxito seria situar a peça na época em que foi escrita, também não basta valorizar a capacidade da dramaturgia de se antenar com as ideias "que andavam pelo ar". Reposicionar essa dramaturgia na história do teatro brasileiro, como um lugar propício e adequado, e não apenas de consolação, constituirá uma postura crítica restauradora, por meio da qual os textos e os espetáculos do período seriam percebidos no horizonte de certa dramaturgia caudatária, de um modo de produção em que o autor se situa como intelectual extremamente astucioso, trabalhando a arte teatral nos limites do conceito de *práticas cotidianas*, entendido como propõe Michel de Certeau:

---

40 *Apresentação do Teatro Brasileiro Moderno,* 2. ed., São Paulo: Perspectiva, 2001. As citações referem-se às críticas de *Essa Mulher É Minha*, de R. Magalhães Jr., p. 79-81 e *Deus lhe Pague*, de Joracy Camargo, p. 45-51.

um conjunto de "procedimentos" ou "esquemas de operações e manipulações técnicas"[41].

Para autores de teatro das décadas de 1930, 40 e 50, como Viriato Corrêa, Ernani Fornari, Raimundo Magalhães Júnior e Joracy Camargo, escrever textos dramáticos faz parte de um cotidiano ocupado por tarefas intelectuais, tais como a atividade jornalística em periódicos de grande circulação, a participação em sociedades literárias e entidades de classe, o envolvimento com projetos de incentivo ao ensino do teatro, a organização de companhias, a edição de suas obras. Também sob as normas da "lógica da prática", são comuns movimentos de migração entre a literatura e o teatro, o teatro e o cinema, o teatro e o rádio, multiplicando e refazendo objetos para veículos diferentes, o que acarreta ampliação significativa de público. Fazer proliferar, repetir, reprocessar são ações de que a inteligência lança mão para atender às demandas de produção e circulação de mercadorias. Assim, por exemplo, Viriato Corrêa (1884-1967) foi jornalista de grandes diários e de revistas, escreveu romances e contos, livros de história do Brasil para o grande público, literatura infantil e peças de teatro, tendo sido eleito em 1938 para a Academia Brasileira de Letras.

Trafegar entre tantos espaços de trabalho exige que o autor teatral disponha-se a desenvolver uma tecnicidade de tipo particular, baseada em estratégias que permitem explicar "algumas propriedades" de "uma lógica da prática"[42]. Sob a proteção dessa lógica da prática, abriga-se a produtiva exploração de certos filões dramatúrgicos derivados de gêneros de grande sucesso popular, como os folhetins, o rádio-teatro e o cinema, e da imediaticidade do consumo por companhias de grandes atores, que detêm violenta capacidade de "devorar" textos[43].

Destacamos, de imediato, alguns filões dramatúrgicos, recuperando o sentido dicionarizado ("*Filão* 2. Veio; *Veio* 2. Parte da mina onde se acha o mineral"), cujo senso comum identifica a noção de achado precioso com promessa de inesgotabilidade. Autores-mineradores seriam, então, aqueles que descobrem e processam estruturas dramatúrgicas – personagens, temáticas, fórmulas de enredo, desenhos cênicos que, uma vez apresentados ao público, passam a admitir variações, desde que combinem a novidade com a repetição, de modo a serem percebidas, ao mesmo tempo, como o novo e o familiar. Os filões constituem formas arquivadas no imaginário popular que podem ser acionadas pela habilidade técnica de um escritor. Há, dessa maneira, quem saiba a tal ponto fazer funcionar a fórmula, que se pode romper a relação do filão com a jazida inicial e cria-se a ilusão de que se está diante de uma criação original de quem assina a obra.

Considerando o conceito de filão mais fértil do que o de autor e obra para se mapear parte substancial da dramaturgia brasileira entre os anos de 1930 e 1950, procura-se um caminho para a leitura de textos teatrais deixando, propositadamente de lado o julgamento que, por um lado, aponta para a incapacidade do teatro de anunciar a grande revolução estética do teatro moderno europeu, e por outro, despreza a sua repelente camada conservadora baseada na manipulação dos gêneros populares. De modo diferente, olha-se para esses textos procurando perceber a extrema capacidade de se relacionarem com o presente da cena brasileira e de testarem modos de funcionamento altamente produtivos, no sentido da repetibilidade técnica. Assim, o engate no contexto presente da sociedade, ou das correntes políticas e filosóficas em circulação, não está localizado exatamente no conteúdo das falas que as personagens proferem em cena, mas na atualização permanente, embora em grau astuciosamente controlado, das condições de produção e apresentação do trabalho teatral disponíveis. As peças, escritas para atender às demandas de repertório das companhias, em pouco tempo chegavam às estantes em brochuras, num circuito de divulgação bastante eficaz, estimulado, nos casos de Viriato Corrêa, Joracy Camargo e R. Magalhães Júnior, pela ambição da posteridade que todos experimentam como membros da Academia Brasileira de Letras.

Ao organizar esse considerável acervo de dramaturgia, alguns filões e suas variantes são descritos a partir de uma leitura serial no interior da obra

---

41 *A Invenção do Cotidiano. Artes de Fazer.* 2. ed., Petrópolis: Vozes, 1994, p. 109.
42 Idem, p. 120. Certeau transporta esses dois conceitos de trabalhos de Pierre Bourdieu.
43 A expressão é de Sérgio Viotti, referindo-se a companhias das primeiras décadas do século XX no Brasil, que substituíam semanalmente a peça em cartaz. Em *Dulcina e o Teatro de Seu Tempo*, Rio de Janeiro: Lacerda, 2000, p. 55.

de um só autor. Outros filões, diferentemente, frequentam textos de diferentes autores. No primeiro caso, localiza-se um conjunto de peças de Joracy Camargo, que investe no potencial dramatúrgico da personagem do *nobre vagabundo filosofante*, sabendo que outros filões também se constroem em torno de trajetórias descendentes de personagens que fazem da *derrocada virtuosa* ou da renúncia à riqueza um grande trunfo de exemplaridade.

No segundo caso, selecionando, transversalmente, é possível reunir peças de Viriato Corrêa, Ernani Fornari, Joracy Camargo e R. Magalhães Júnior, que apresentam personagens e episódios históricos, insistindo em variações dos filões, *a história nos palácios* e *a história nas salas de visitas*, nos quais se constrói uma forma peculiar de tornar espacialmente íntimos os enredos da história brasileira.

## *O Filão do Nobre Vagabundo*

Comecemos com textos de Joracy Camargo que remetem ao filão do nobre vagabundo filosofante. A série tem início em 1931 com *O Bobo do Rei* e inclui, em sequência cronológica, *Deus lhe Pague*, de 1932; *O Neto de Deus*, de 1933; *Maria Cachucha*, de 1940; e *O Sindicato dos Mendigos*, de 1942. Todas pertencem ao acervo que recebeu denominações tais como "dramaturgia para atores" (Sábato Magaldi), "teatro de comunicação sensível" (Mariângela Alves de Lima)[44]. Na perspectiva dos críticos, é possível entender que Joracy Camargo foi o autor de Procópio Ferreira, assim como Fornari foi o autor de Eva Tudor e Dulcina de Moraes. Essa autoria de encomenda estabelece fortes laços de parceria entre autor e ator, como se o ator fornecesse um pré-código para o autor desenvolver na trama, fixando modos de atuar e papéis que se tornam praticamente intercambiáveis. De tal forma, as personagens ficam impregnadas pelo modo de atuação que parecem finar-se com os intérpretes que as inspiraram. Assim, embora circule em livro, o texto cai no gueto do irrepetível, extremamente vulnerável a novas temporalidades. Tais pontuações redirecionam a necessidade de descrever os textos, atentando para os recursos de comunicação imediata do ator com o público, que passamos a incluir na formação do código de comunicabilidade teatral do filão.

Em *O Bobo do Rei*[45], um milionário deprimido traz para junto de si um habitante do Morro do Querosene, mestre em fazer graças, por sugestão de amigo, que lhe deseja melhorar o humor para usufruir de facilidades em futuros negócios. Aristides, que logo se assenhora do lugar de "bobo do rei", entra em cena e o código de comunicabilidade teatral já começa a funcionar pelo contraste entre o ambiente de riqueza e austeridade e a figura da personagem:

Aristides é o tipo do vagabundo esfarrapado, sempre de mãos nos bolsos e cigarro no canto da boca. – Olha com indiferença para o luxo da sala e logo procura um lugar para cuspir – como não encontra, resolve sair, mas para voltar imediatamente[46].

O segundo recurso dramatúrgico se estabelece pelo contraponteio do diálogo em perguntas e respostas. De início, o jogo é travado entre o homem rico e o vagabundo, quando, então, o maltrapilho revela-se rapaz inteligente e culto, colocando a sua verve a serviço de verdades elementares, imediatamente reconhecidas como sentenças de "um grande filósofo"[47]. São de fato verdades transfiguradoras porque provocam o desejo do milionário de adotar uma nova família – o vagabundo e a irmã. Já incluído na esfera dos milionários, de roupas trocadas e ouvidos atentos, o ex-mendigo percebe que está metido numa trama de interesses, passando a "trabalhar" para regenerar os maus amigos do homem rico. O jogo tem seguimento em sucessivas rodadas de interrogações e assertivas, cujo objetivo é desafiar e alterar a convicção preconceituosa das personagens identificadas como burguesas. Ainda compõe, como terceiro elemento, o código de comunicabilidade, a história passada do vagabundo filósofo que confere à sua sabedoria o aval da

---

[44] Sábato Magaldi, *Panorama do Teatro Brasileiro*, São Paulo: Difel, 1962; Mariângela Alves de Lima, *Dionysos*, 25. Rio de Janeiro: SNT, set. 1980.

[45] Rio de Janeiro: Minerva, 1937. A peça estreou em maio de 1931, no Teatro Trianon, com a Companhia Procópio Ferreira. E foi filmada em 1937 pela Sonofilms, segundo consta na folha de rosto da publicação.

[46] Idem, p. 13.

[47] Idem, p. 22.

experiência da derrocada, inscrita no corpo e na alma, mas corajosamente superada.

Em *Deus lhe Pague*[48], o filão permanece agora com apuro de certos recursos, já experimentados em cena na montagem do Trianon, e a introdução de uma inesperada solução narrativa, para trazer à cena os acontecimentos passados e os acontecimentos localizados em espaço diferente do cenário principal – a porta de uma igreja. Por um lado, constata-se que o mendigo, trabalhador cujo projeto de invento industrial fora roubado pelo patrão inescrupuloso, não precisa de interlocutores diretos a quem deve convencer para fazer andar o enredo. Desse modo, basta apenas uma personagem que ouve e indaga em cena, fazendo as vezes dos inúmeros ouvidos sentados na plateia. Uma personagem, portanto, que minimiza a mediação da contracena, projetando-se sua apresentação diretamente para o espectador.

A atualização do filão é ainda mais evidente quando leva à multiplicação da personagem principal e, em consequência, potencializa a exibição interpretativa do ator. Se na peça anterior a narrativa reflui para o passado através da rememoração de Aristides, que lembra de sua infância, da experiência da orfandade e do acolhimento do bom português, dono do armazém, aqui a narratividade inclui, além do refluxo temporal, o deslocamento espacial. A dramaturgia cria uma zona nova de ação, em plano posterior ao proscênio – ocupado com sequências em que o mendigo torna-se o jovem operário e, em outra cena, torna-se um velho e rico, casado com uma bela mulher, assediada por Péricles, moço mais jovem e elegante. Se o operário é a imagem do homem ingênuo, surpreendido pela maldade, o velho e rico esposo detém a segurança de quem está blefando e joga as cartas numa aposta sobre a fidelidade da esposa, favorecendo financeiramente seu rival para comprovar as verdades que propaga ao longo dos três atos. A revelação da identidade misteriosa do mendigo à mulher sela a decisão final de Nancy, que parece também ecoar

a recepção do público para a alta rentabilidade do filão – "Um mendigo! Um homem diferente de todos que procuram ser iguais aos seus semelhantes! Como tudo isso é novo na minha vida!"[49]

Entre os sucessos de *Deus lhe Pague* e de *Maria Cachucha, O Neto de Deus,* de 1933, constitui uma espécie de atalho mal desenhado na estrada aberta pelo filão. Querendo apostar na figura do milionário excêntrico com visão messiânica, o texto retoma a rodinha de personagens marginais: "Lázaro, o maluco; Francisco, o velho mendigo; Maria Cachucha, a mendiga andrajosa e ridícula, pintada com exagero, e Cicatriz, tipo de criminoso lombrosiano, com uma cicatriz no rosto"[50]. Embora o texto ronde a paródia de referências bíblicas – por exemplo ao introduzir uma Madalena, que se converte em seguidora do Neto de Deus, e ao tornar Neto um suspeito de charlatanice, perseguido pela polícia –, não chega a concretizar o procedimento de intertextualidade. Tudo se dilui num desfecho romântico e profano, quando Neto desposa Madalena e dá aos agregados a liberdade de viverem sem a redoma da fala doutrinária do pretenso Messias. O autor forja personagens e testa o seu rendimento em cena – a capacidade de surpreender e simultaneamente agradar ao público, deixando para mais adiante o apuro das falas, a conformação de uma verossimilhança inusitada na dramática realista, aquela que menos atualiza laços miméticos e mais investe na recorrência, na imitação de modelos consagrados do universo teatral.

Diferentemente do rascunho claudicante anterior, *Maria Cachucha*, de 1940, tira todo o partido da extrema familiaridade que o filão do mendigo filosofante já conquistara junto às plateias e aos leitores das sucessivas edições da peça *Deus lhe Pague*. Há, no entanto, uma espécie de recuo na estrutura dramatúrgica, concentrando a ação num espaço único, com uma temporalidade sem quebras e recuos. O espaço cênico, um salão de um jovem rico e infeliz, torna-se o laboratório de observação empírica de um caso médico ("Esse ambiente de luxo seria o melhor hospício para Maria Cachucha"[51]), onde se cria um círculo de disputa amorosa. Paulo

---

48 Joracy Camargo, *Deus lhe Pague*. Protagonizada por Procópio Ferreira, a peça estreou no Teatro Boa Vista, em São Paulo, em 1932. O texto foi apresentado em temporadas nas décadas de 1930, 40 e 50, no Brasil, e em Portugal, em 1935, perfazendo 3.621 apresentações. Em Jalusa Barcelos, *Procópio Ferreira. O Mágico da Expressão*, Rio de Janeiro: Funarte, 1999, p. 24.

49 Idem, p. 147.
50 *O Neto de Deus*, Rio de Janeiro: Valverde, 1945, p. 35.
51 *Maria Cachucha*, Rio de Janeiro: SNT/MEC, 1974, p. 23.

• *O Teatro Profissional dos Anos de 1920 aos Anos de 1950*

Joracy Camargo em 1940.

e seus amigos trazem para o convívio uma personagem exótica – Maria Cachucha, uma senhora de cerca de cinquenta anos que vive como mendiga nas ruas sob os apupos de moleques, mergulhada no delírio de continuar a ser uma dama da alta sociedade. O código de comunicabilidade baseado no alto contraste – casa rica e gente entediada *vs* corpos andrajosos e convicções firmes dos mendigos – reaparece com a força do filão.

Cachucha tem dois pretendentes eternos – um milionário e um mendigo, pai de sua filha Virgínia, criada num colégio interno com as esmolas que os dois angariam nas ruas. Todo o enredo se constrói na expectativa da escolha amorosa, tema que serve de pano de fundo para a defesa do casamento contra o celibato. Dessa feita, a defesa de princípios morais desloca-se para o chão da comédia romântica duplicada, ainda, com a disputa entre os dois jovens ricos pelo amor de Virgínia, disposta na trama como filha bastarda do mendigo. Assim, o filão do mendigo filosofante está aqui mais economicamente traduzido na performance do mendigo Francisco de Assis, que atravessa os três atos da peça lutando com as armas da argumentação, para não perder Maria Cachucha para o milionário. Um mendigo convicto e inabalável como o da peça anterior, embora amenizado pela ausência das assertivas de teor antiburguês que conferiam ao sucesso de *Deus lhe Pague* a inclusão no rol das peças filosóficas, torna-se acentuadamente patético em sua expectativa de fazer a mendiga renunciar à oferta do conforto que o antigo milionário lhe oferece.

Há um clima de cruel teatro de títeres presente em todo o filão e que no texto de *Maria Cachucha* encontra-se muito bem atualizado. As personagens exóticas são bonecos de papel, cujos fios estão nas mãos dos poderosos. No entanto, com a sua única arma – o discurso das verdades banais –, adquirem humanidade pungente, colorida e acentuada pela variedade de argumentos e de tons utilizados na enunciação de suas falas. A personagem Francisco de Assis ao final perde inapelavelmente Maria Cachucha, sua companheira de dura e poética vida nas ruas da cidade. Mas o traçado ficcional sem reviravoltas, que marca a fixidez do filão, está pronto para, com extrema eficácia, funcionar sem riscos.

*Sindicato dos Mendigos*[52] é o último exemplar do filão. Nesse texto o autor experimenta algumas variações mais oportunamente ousadas. Mendigos encontram-se, não mais para encantar ou redimir os milionários em suas mansões. Em uma casa de cômodos, funciona uma espécie de instituição, que acolhe, organiza e protege os mendigos. As rubricas iniciais de cada ato inovam na concepção da cena, que agora pode se organizar diferentemente da marcação de entra e sai do cenário de gabinete, de forma a incluir todas as personagens em áreas de atuação diferenciadas, sem perder de vista a ideia de coletivo de mendigos, todos eles marginais a menos que, embora pratiquem truques costumeiros para angariar a piedade do próximo, são doutrinados para dividir os ganhos e manterem-se unidos em torno de uma liderança, disputada entre o Lusitano e o Presidente do Sindicato.

A novidade aqui é a presença de boas e simples cenas de comédia, como as pequenas brigas e implicâncias entre os mendigos, que se chamam Marmita, Cachacinha, Periquito, Passarinho, reunidos em seu singelo cotidiano pontuado ora de ironia, ora de ingenuidade. No entanto, esse novo enfoque, digamos mais social sobre a personagem que sustenta o filão, combina-se com uma estratégia de controle de risco – o reaparecimento de personagens de *Deus lhe Pague*: o mendigo principal retorna na pele do Presidente do Sindicato, novamente senhor do ideário da boa mendicância; Maria entra em cena como mulher de Juca, desaparecida depois de enlouquecer; Nancy volta à história sem função clara, misturando a imagem de mãe dos pobres com a de fútil esposa que vive das mesadas auferidas na mendicância. Interessante é observar, então, que o texto, ao não apresentar um final esperado pela face melodramática do filão – o reconhecimento pelo Presidente de sua primeira mulher, o encontro face a face entre as duas mulheres, que estão envolvidas na vida do mendigo da peça anterior – aponta para a perspectiva de continuidade da história, recurso tipicamente folhetinesco e de alta rentabilidade. Além

---

52 *Sindicato dos Mendigos*, Rio de Janeiro, *Dom Casmurro*, n. 7, 1945. Estreia em 5 de agosto de 1942 no Teatro Santana, em São Paulo, com a Companhia Joracy Camargo. No Rio de Janeiro, a estreia é em 23 de julho de 1943, com a Companhia Jaime Costa, no Teatro Rival.

disso, observa-se a autonomia da personagem do mendigo em relação a seu criador original, o ator Procópio Ferreira. Interpretado pelo autor Joracy Camargo na temporada da peça em São Paulo e, depois, por Jaime Costa, no Rio de Janeiro, o mendigo está pronto para reproduzir, a despeito de frágil e, neste caso, caricata faceta de líder político, uma das figuras mais emblemáticas do individualismo moderno: o renunciante, e abrir mais uma via de permanência do rico filão no teatro brasileiro.

O fracassado virtuoso é personagem que constitui o centro de desdobramento do filão anterior com um novo componente: o elogio do sofrimento e da fé, como uma espécie de passaporte para a extremada virtude, e encontra em *Anastácio*[53], de 1936, o seu ponto alto. O texto é construído em três atos e seis quadros, no decorrer dos quais a personagem principal, Fernando, desce a ribanceira da sociedade, espacialmente indicada pelos ambientes em que se desenrola a ação: salão luxuoso, quarto pobre de pensão, "interior de uma moderna penitenciária" e, finalmente, "interior de um botequim sórdido, do tipo universal", onde, além de todo o mobiliário típico, há "um piano velho, desdentado, encostado à parede do fundo". A peça mostra a trajetória de um filho de imigrante, que enriquecera através do trabalho no comércio até tornar-se banqueiro, passando a presidiário e pianista de botequim; abandonado pela esposa, completamente sozinho após a morte da única irmã, assim se apresenta o calvário da personagem. A figura, cujo nome – Anastácio – homenageia um amigo bêbado, é demonstração de um princípio muito caro ao melodrama – "vale quanto sofre". Se, a princípio, Fernando poderia ter parentesco com o major Policarpo Quaresma, de Lima Barreto – por ter investido, ancorado em crença nacionalista, o capital do banco herdado do pai em um projeto desastrado de plantio de algodão, e pela confiança nas instituições judiciárias –, as semelhanças se desfazem logo, porque a personagem é movida pela resignação religiosa e não por qualquer ideal utópico. Depois de um longo discurso para os companheiros de botequim, ao fim do 2º Ato, Fernando sintetiza, doutrinário: "A luta... exige um adversário... e como a vida... não é inimiga de ninguém... devemos concluir... que não se deve lutar... contra a vida... (*pausa – Fernando vai adormecendo*)".

A "filosofia da cachaça", ridicularizada pela plateia dos apreciadores do copo de aguardente, segue produzindo *bifes* para a personagem destilar sua incapacidade de agir e o ator exibir sua performance de *diseur*:

Já vê que sou mais feliz que o senhor, pois tenho essa certeza. Enganam-se os que pensam que sofro com as injustiças dos homens. São ingênuos aqueles que se revoltam contra o sofrimento. Não sabem que viemos ao mundo para sofrer.

O fim do abismo é uma nova prisão pela suspeita de um roubo de castiçais de prata de uma igreja do centro da cidade. O desenho da cena é construído num crescendo: os frequentadores do botequim aguardam a revelação da verdadeira identidade de Anastácio; a "música de órgão tubular", vinda do rádio, vai aumentando, enquanto a polícia indaga e prende. A personagem sai de cena lúcida e exultante com a sua miséria:

FERNANDO (*a música aumentando*) – Mas ainda não é tudo! Ainda não sou e cada vez mais serei o Anastácio! O Anastácio pode ser preso! O Anastácio pode ser enxovalhado! O Anastácio pode ser injustiçado! O Anastácio tem o seu destino! O destino do seu nome que, depois de tudo, será sempre o mesmo: o Anastácio! Sou o Anastácio! O que perdeu quase tudo! Mas não perdeu tudo! Perdi agora a liberdade! Perdi talvez os últimos amigos! Posso, até, ter perdido o juízo! Mas não perdi a fé! Não perdi a fé! Não perdi a fé! (*O Investigador puxa-o para fora do palco e cai o pano*).

Na capa da edição em livro da peça, Procópio Ferreira, com o figurino de presidiário e atrás das grades, ostenta um largo sorriso. A capa contrasta com a iconografia (seis imagens) retratando cenas decisivas do enredo – da plena harmonia familiar à derrocada solitária da personagem. A combinação resulta em precioso ícone da satisfação do intérprete, que se lança na alta escala do patético e provoca o deleite da plateia. Na relação entre texto e atuação, cria-se

---

53 Joracy Camargo, *Anastácio*, São Paulo: Edições Cultura Brasileira, 1937. Estreia: 11 de dezembro de 1936 no Teatro Boa Vista, em São Paulo, com a Companhia Procópio Ferreira. As demais citações são tiradas dessa edição.

quase um duplo enredo: a decadência e o niilismo da personagem Fernando correm paralelos ao irrefreável ajuste do ator à materialidade visual e oral (que a figura lhe permite compor). Na crítica que publica sobre o espetáculo, R. Magalhães Júnior avalia que a personagem Anastácio não existe no sentido físico. Trata-se de um "símbolo, representando um espírito, refletindo uma mentalidade, uma educação"[54]. Assim, a produção da corporeidade – dar plasticidade ao pessimismo (figurino transfigurador, cabelos gomalinados e desalinhados, face serena, horrorizada, desalentada ou sofregamente confiante) – constitui uma trama irresistível. Arrastada pela entrega estoica ao sofrimento da personagem, a plateia caminha no sentido oposto. Não se deixa exatamente enveredar no "vale de lágrimas", mas segue encantada a "nova, e para muitos, imprevista encarnação de Procópio"[55].

Obedecendo à lógica multiplicadora do mesmo renovado, o enredo da *virtuosa derrocada* propõe o seu avesso – a ruína atinge o orgulhoso a quem só resta aceitar alguma forma de ajuda para sair da penúria em que se encontra. A equação surpreende porque introduz o seu oposto – o rico generoso, reprocessamento do milionário excêntrico das peças analisadas acima. Em *O Burro*, encenada em 1940, Joracy Camargo cria dois antagonistas que são irmãos. Luís Antônio desbarata a fortuna que herdou dos pais; Antônio Luís, que se autodenomina "Burro", o filho bastardo mas reconhecido em testamento, faz prosperar pelo trabalho diuturno igual legado, tornando-se o benfeitor da família, embora não seja aceito pelo irmão arruinado:

BURRO – Não resolvi ser o burro. Descobri que sou o Burro. Não me queiram mal por isso. Bem sei que o irmão repudia essa noção que tenho de mim mesmo. Mas está errado. Um burro pode ser irmão, por parte de mãe, de um soberbo cavalo de raça! (*Eugênia ri*) Por que ri? Pode esse cavalo de raça negar seu parentesco com o burro?

EUGÊNIA – Não.

BURRO – Entretanto, exteriormente, um em nada se parece com o outro. O cavalo, graças ao seu *pedigree*, terá todos os direitos de família, prerrogativas raciais, faculdade de eternizar-se na mais extensa reprodução. O burro não. O burro morrerá em si mesmo. Inteligente, velhaco,

54 R. Magalhães Jr., *Diário da Noite*, 22 de dezembro de 1936.
55 Galeão Coutinho, *A Gazeta*, 30 de dezembro de 1936.

astucioso, antiguerreiro, amigo do homem pelo bom senso e pela resistência física, trabalhará sempre para todos os cavalos do mundo. Portanto eu sou o Burro, um burro contente e feliz, conformado em levar pela vida afora a carga que me compete[56].

O duelo entre o orgulho preconceituoso e a humildade generosa encontra companhia com situações típicas de enredos folhetinescos – amor proibido entre jovens; casamentos por encomenda desfeitos à última hora, depois do desmascaramento do pretendente; vultoso cheque sem fundo recuperado e queimado; provação radical, através de greve de fome, e regeneração final do preconceituoso, que, além de aceitar o casamento da filha com moço pobre, repara a injustiça da discriminação contra o irmão bastardo, aceitando-o, finalmente, no seio da família.

A comunicabilidade baseada na visão compadecida do sofrimento extremado, como em *Anastácio*, encontra novo enfoque, porque o sofredor ao chegar ao palco duplicado, apoiando-se na contradição entre riqueza material e miséria afetiva, submete-se a humilhações que, curiosamente, por efeito das surpresas do enredo, tomam o caráter de jogos obsessivos de aposta para vencer a força da injustiça. Constrói-se, assim, um movimento sinuoso de vai e volta, com expedientes de quebra de braço entre as vontades dos dois protagonistas, que suspende as enervantes falas iniciais, sábias e moralizantes, da personagem Burro.

Tematizando aqui e acolá a decadência social e econômica brasileira[57], Joracy Camargo fica longe da reflexão sobre o elemento trágico, organicamente entranhado no perfil das personagens que rumam em direção ao abismo. Também está longe de adotar a contrapontística, dramaticamente rentável entre leviandade ingênua e perversidade bem urdida. O mal ronda as personagens, mas todos

56 Rio de Janeiro: Valverde, 1945. Estreia: 17 de outubro de 1940, no Teatro Carlos Gomes de Porto Alegre, com a Companhia Procópio Ferreira. Em 1941 e 1942, a peça foi apresentada em excursão da Companhia de Comédias de Joracy Camargo. As demais citações são tiradas dessa edição.

57 Na bibliografia sobre o autor é frequente identificá-lo como autor de teatro social ou de teatro de tese, categorias que este estudo relativiza, quando descreve o manejo de ferramentas do melodrama e a utilização do diálogo como recurso para a exibição de dotes de *diseur* do ator principal.

parecem imunes à sua força. Desfilam paródias de andrajos em figurinos bem talhados, como no filão do mendigo filosofante; bonecos humanos deixam-se arrastar apoteoticamente para fora do palco, como a personagem Fernando em *Anastácio*, ou são irremediavelmente regidas pelo jogo de entra e sai de figuras no proscênio. O sofrimento tormentoso nunca espreita verdadeiramente o irremediável. A força do mal não atinge as personagens porque elas se estabelecem no centro da cena, como se, nesse lugar, a aura de proteção contra um embate mais duro de sentimentos e ideias contraditórios fosse vedada. Essa aura de proteção concede ao ator um lugar paradoxal – é o centro hegemônico da exposição teatral e, ao mesmo tempo, um exilado de certa humanidade ficcional, mais dura, mais complexa.

## A História nos Salões e Salas de Visita[58]

Frequentes na obra de inúmeros autores dramáticos, as incursões no teatro histórico agrupam-se em dois distintos filões dramatúrgicos, já assinalados anteriormente: a história nos salões e palácios e a história na sala de visitas. Se procedermos a um recorte no gênero histórico entre os anos de 1930 e 1940 poderíamos dizer que se trata de uma tendência forte, sucedânea do drama histórico romântico. Irresistível como espetáculo que supõe cenários e figurinos de época, caracterização caprichada dos atores, enredo moldado ao gosto melodramático, o teatro histórico esteve vivamente interessado em contribuir para a construção imaginária de um passado heroico, que fortalecesse os laços da identidade nacional, destacando-se como uma das formas de adesão mais produtivas das artes às políticas do Estado Novo.

Esse enraizamento no solo de um projeto político nacional e, mais ainda, nas convenções teatrais vigentes, assegura as condições de apresentação aos exemplares do teatro histórico de meados do século XX, de que o gênero não pôde dispor no século ante-

rior. Na avaliação de Décio de Almeida Prado faltou, principalmente, ao drama histórico romântico o lastro de "uma história do Brasil devidamente trabalhada pela imaginação, pronta para ser transposta para o palco"[59]. O teatro que se escreveu no século XIX pretendia fazer ecoar a memória da separação da Coroa Portuguesa, recentemente conquistada, estabelecendo alguns modelos de referência para a construção da nação brasileira, sejam eles encarnados em figuras históricas – Calabar, Tiradentes, Tomás Antônio Gonzaga, – ou representados por figuras ficcionais, como o jesuíta dr. Samuel, que fomenta uma organização clandestina para libertar o país de Portugal, e a personagem negra Rafael Proença, militar de baixa patente com feitos em guerras separatistas[60], que promove premonitório ato de conciliação com Aires de Saldanha, filho de oficial português, durante os episódios que cercam a proclamação da Independência. Essa dramaturgia é tão correta nos propósitos políticos que "se os autores interrogam o passado, é antes de mais nada, para esclarecer o presente e projetar o futuro do Brasil"[61], no entanto, não ocupou com regularidade os palcos. As peças de Agrário Menezes e Paulo Eiró foram escritas para concorrer a concursos patrocinados pelos Conservatórios do Rio de Janeiro e de São Paulo e tiveram montagens esparsas. *O Jesuíta*, de José de Alencar, retumbante fracasso de público e de crítica, embora tenha sido encomenda de João Caetano, nunca foi encenada pelo ilustre ator. Apenas o texto de Castro Alves ficou na memória da historiografia do espetáculo brasileiro, em grande parte pela profunda imersão no ideário romântico das revoluções pelo excesso dos versos, pelo "odor melodramático"[62] e, em parte, pela interpretação da atriz Eugênia Câmara, no papel da heroína Maria Doroteia.

A partir de 1938, quando os teatros abrem suas cortinas para figuras históricas como o conde Maurício de Nassau, Joaquim José da Silva Xavier, o Tiradentes, a marquesa de Santos, além de D.

---

58 A pesquisa sobre teatro histórico entre as décadas de 1930 e 1950, de que resultam as páginas a seguir, recebeu bolsa da Fundação Carlos Chagas Filho de apoio à Pesquisa – Faperj, do Programa Cientistas de Nosso Estado, em 2001.

59 *O Drama Romântico Brasileiro*, São Paulo: Perspectiva, 1996, p. 144.
60 As personagens citadas referem-se respectivamente às peças *Calabar*, de Agrário Menezes; *Gonzaga ou a Revolução de Minas*, de Castro Alves; *O Jesuíta*, de José de Alencar, e *Sangue Limpo*, de Paulo Eiró, acuradamente analisadas na obra de Prado, citada.
61 *O Drama Romântico Brasileiro*, p. 146.
62 Cf. idem, p. 171-176.

Pedro I, D. João VI e Carlota Joaquina, as prerrogativas do melodrama não foram descartadas, mas o palco tem novo horizonte. Ao se referir ao *boom* histórico, o historiador Décio de Almeida Prado é enfático: teatro cuja encenação era de "encher os olhos e não apenas os ouvidos dos espectadores". A fórmula parece revelar uma ambição descabida – copiar a pompa e o esplendor do cinema americano. O historiador sintetiza: "Se Hollywood tinha seus épicos, por que não deveríamos ter os nossos?"[63] Ao cotejarmos a iconografia de alguns dos espetáculos com os respectivos textos, verificamos que a dramaturgia tira partido da localização restrita, de enredos de forte colorido sentimental, além de usufruir de notável diálogo de temporalidades entre o passado e o presente. Compõe-se nessas peças encenadas um curioso fluxo temporal, que atravessa o corpo do ator, quando este simultaneamente se traveste da personagem histórica e lhe empresta seu nome, como uma segunda assinatura[64]. A memória da expectação fabrica uma imagem nova, desencavando o passado das páginas amarelecidas dos compêndios escolares e tornando-o vivo, presentificado, na voz e nos gestos pulsantes das notáveis estrelas das companhias de primeiros atores e empresários.

Em *A Marquesa de Santos*, de Viriato Corrêa, o filão, que denominamos "a história no salão dos palácios", tem uma estreia promissora. No cenário projetado pelo autor indica-se:

Sala do Palácio Imperial da Boa Vista. É gabinete em que o Imperador D. Pedro I trabalha e recebe os íntimos. É todo de ouro, marfim e seda. Duas portas à direita, duas à esquerda e uma longa porta ao fundo, envidraçada, todas dando para outras salas. Rica mesa de trabalho ao centro do 2º plano. Móveis antigos. Um cravo. Nas paredes papel a óleo. Um deles é Otelo assassinando Desdêmona, painel esse que, no final do 2º Ato, vai ser ferido à bala. Castiçais de prata, lustres de cristal etc.

É cenário firme para todos os atos[65].

Embora se informe que é espaço duplo – de trabalho e intimidade – essa duplicidade se reduz porque, desde a primeira cena, o que temos é uma visão privada da história do país. O espectador é levado a compartilhar com as personagens em cena, o estado de invasão consentida no território político-sentimental do Império. Assim, figuras periféricas – Domitília e parentela (a mãe, o irmão, a irmã, a sobrinha) – expulsam do palco figuras de galardão, como José Bonifácio, e ocupam toda a cena, onde passeiam a ilusão de que, ali desfilando, estariam muito próximas do poder.

O núcleo do enredo são os movimentos de avanço e recuo na relação amorosa de D. Pedro I e a amante. Essas oscilações incluem desde as andanças da marquesa de Santos no palácio, ainda quando a imperatriz Leopoldina lá vivia, até sua decepção logo após a morte da esposa do imperador, quando, sentindo-se desprezada por D. Pedro, aceita a aproximação de seu ex-amante. A cena de ciúme não tem consequências trágicas porque o tiro dado apenas atinge um painel pintado na parede do palácio, retratando a cena em que Otelo assassina Desdêmona. O mesmo ciúme provoca a expulsão da marquesa e determina, mais tarde, sua volta triunfal ao palácio, até o exílio final da personagem, preterida pelo acordo de casamento firmado na Europa entre D. Pedro e a princesa Amélia de Beauharnais.

O foco de atenção está centrado na figura romântica de Domitília, interpretada por Dulcina de Moraes, e descrita desta forma na rubrica: "mulher elegante, fina, sedutora, ardente, amorosa, 26 anos". O par amoroso sustenta com atitudes impetuosas, desmedidas e apaixonadas as inúmeras reviravoltas da trama, igualando-se, também, num fundo de honradez patriótica. É assim que, informado por Domitília, D. Pedro barra uma conspiração palaciana para desviar a rota do navio de exilados políticos brasileiros, entre eles José Bonifácio, do porto de Havre para Lisboa, onde seria feito prisioneiro da Coroa Portuguesa. É, também, deixando falar o brio nacionalista que a marquesa resolve afastar-se

---

63 *O Teatro Brasileiro Moderno*, p. 34.

64 Na edição do texto da peça, está registrada a advertência: "*Marquesa de Santos* é exclusividade da Companhia Dulcina-Odilon, sendo proibida a sua representação no teatro, no cinema e no rádio por profissionais ou amadores".

65 Viriato Corrêa, *A Marquesa de Santos*. Rio de Janeiro: Getúlio M. Costa, 1938, p. 9. A estreia da peça se deu com a Companhia Dulcina-Odilon em 4 de março de 1938, no Teatro Santana, em São Paulo. A temporada carioca teve início em 30 de março de 1938. No espetáculo havia um lundu cantado pela personagem marquesa de Santos, interpretada por Dulcina de Moraes. Há registros de uma remontagem da peça, em 1945, no Teatro Ginástico.

do palácio. A sequência final do último ato é exemplar da lógica de arroubos e maquinações, que deixa o público hipnotizado pelos lances folhetinescos e, ao mesmo tempo, reconfortado pela ilusão de estar participando de um ato de divertimento cívico.

O entendimento de que o gênero teatro histórico responde a demandas fundamentais do contexto teatral nos primeiros anos de implantação do Estado Novo, determina a sua profícua continuidade. De um lado, a dramaturgia sob medida para reforçar o carisma dos primeiros atores e a estrutura das companhias, baseada na hierarquia e na fixação de papéis que visavam a assegurar o retorno de bilheteria. De outro, espetáculos projetados para manter abertas as portas do balcão de subsídios do Serviço Nacional de Teatro. O SNT não fica imune ao apelo didático-propagandístico de peças que fazem uma revisão da história brasileira, de maneira a reconciliar a população com seu passado, refazendo positivamente o imaginário de crença nos governantes brasileiros e nos seus heróis principais.

Explica-se, assim, o fato de as principais companhias não prescindirem desse importante trunfo em seus repertórios. Aproveitam-se os sucessos em renovadas montagens, mas também se encenam variantes do mesmo núcleo de enredo, cujo foco, no entanto, passa a ser outra personagem histórica. Sob essa lógica, entende-se por que depois de duas montagens de *A Marquesa de Santos*, de Viriato Corrêa – em 1938 e em 1945 –, a Companhia Dulcina-Odilon retorne ao gênero, em 1954, com *O Imperador Galante*, de R. Magalhães Júnior. Nessa peça a cobertura histórica atravessa doze anos, "desde a sessão do Conselho de Estado, a 2 de setembro de 1822, no Rio de Janeiro, até a morte de D. Pedro, em Queluz, Portugal a 24 de setembro de 1834". A perspectiva palaciana, de onde são narrados os primeiros tempos de constituição do Império, combina a ótica privada, em que se situam o casamento e as relações amorosas do imperador, com uma outra visada, comprometida com a rememoração de eventos de dimensão pública, que as lições escolares exigem.

Como, então, dar conta da tarefa de conciliar o fardo da história com a leveza da diversão sentimental? A condução da narrativa passa a ser feita por imagens de episódios decisivos no processo político da Independência, dispostos em estrita ordem cronológica ("Véspera da Independência", "A Demissão de José Bonifácio", "D. Pedro IV", "Rei de Portugal", "Abdicação", "A Epopeia", "A Morte do Herói"). Esses episódios são entremeados por quadros que colocam a personagem de D. Pedro I na sua dimensão cotidiana, na qual tanto se aloja o dia a dia da política em um Estado em formação, passando por inúmeras revoltas locais após a separação de Portugal, como se situa o dia a dia da vida conjugal de um inquieto namorador, às voltas com um casamento abalado, uma viuvez e um novo matrimônio.

Nesse arranjo cruzado de diversos materiais dramatúrgicos, destacam-se as personagens do imperador e da imperatriz Leopoldina, que praticamente se sobrepõem à personagem marquesa de Santos, o foco principal da primeira montagem histórica da companhia. Criam-se cenas de confronto, de grande efeito, porque depois de um embate em tom elevado vem a queda no vale de lágrimas. Personagens fortes que se tornam abruptamente frágeis parece ser a equação de fácil comunicabilidade. É assim na sequência em que Domitília, já denominada viscondessa de Santos chega ao palácio trazendo a filha bastarda do imperador, agraciada com o título de duquesa de Goiás, nos braços, para ser apresentada à dona Leopoldina e aos filhos legítimos do imperador. Depois de se mostrar altiva e elegantemente irônica, a imperatriz "aspira num largo hausto, os punhos contraídos, como quem resiste a um impulso profundo. Em seguida as lágrimas brotam-lhe da face. Atira-se a uma poltrona, soluçando. E o pano cai"[66].

A mesma lógica do desabamento sentimental está em outras cenas, como a da briga conjugal encarniçada, em que dona Leopoldina ameaça deixar o palácio e D. Pedro a agride, voltando à cena arrependido para desculpar-se. Também no momento decisivo, no final do segundo ato, em que, torturado pelo remorso após a morte da imperatriz, ao enfrentar a marquesa de Santos para desfazer um banquete em honra da filha bastarda, mostra sinais de descontrole crescente. A teatralidade predominante parece dizer que sem esses arrebatamentos não se fazem soberanos humanos:

---

66 R. Magalhães Jr., *O Imperador Galante*. Rio de Janeiro: Valverde, 1946, p. 52. As demais citações são tiradas dessa edição.

D. PEDRO (forte) – Cala-te, mulher! Vai-te (está bufando, os olhos quase vidrados, meio fora de si).
MARQUESA DE SANTOS – Está bem. Irei. Irei mas hás de vir um dia, de rastros, pedir-me que volte para o teu lado... e nesse dia, sei muito bem o que hei de te dizer... louco! (sai arrebatadamente).
D. PEDRO (fica um momento indeciso, como que estatelado. Depois, estremece todo, como se uma crise o abalasse, e começa a chorar, infantilmente. Vai ao retrato de Leopoldina, e envolve-o num olhar de súplica) – Leopoldina! Perdoa-me, Leopoldina..., lá de onde estás... eu não sabia! Eu não sabia! (e a crise aumenta ao paroxismo, enquanto ele dobra a cabeça, entre as mãos, e o pano cai frouxamente).

O dramaturgo apura a sua opção de carregar nas tintas para tornar D. Pedro uma personagem adequada para o primeiro ator Odilon, que pode, assim, desmanchar-se em lágrimas num ato, para, no seguinte, livrar-se resolutamente da nova amante, Clémence, esposa de negociante que atende ao palácio, e a seguir cair perdido de amores pela nova noiva da nobreza europeia, simplesmente ao lhe ver o retrato. À medida que parece predominar a história da vida privada do imperador, esfumaça-se a história política, principalmente quando as referências dizem respeito ao distante Portugal, o que se depreende deste breve diálogo:

CHALAÇA – Majestade! Majestade! Uma grande notícia para Vossa Majestade!
D. PEDRO – Que dizes? O Miguel renunciou ao trono? Fugiu? Foi derrubado por alguma revolução?
JOÃO DA ROCHA PINTO – Não é nada disso. É que Vossa Majestade acaba de ficar noivo!

Diante dessa opção de comunicabilidade mais rentável, o episódio da abdicação, quase ao final da peça, tem uma estruturação dramatúrgica de grande eficácia e demonstra que R. Magalhães Júnior tenta retomar o controle da matéria histórica com a alta temperatura da personagem que vinha construindo ao longo dos dois primeiros atos. No Salão do Paço são transmitidas ao imperador as notícias de que um movimento político, com apoio de militares e da população, exige a demissão do Ministério e a avaliação de que D. Pedro tornou-se uma figura impopular. Em vez de avançar na narrativa comentada da delicada conjuntura política, o dramaturgo dá vazão aos arroubos do imperador, que, em primeira pessoa, decide, unilateralmente e de forma exaltada, os destinos do país: "Se os brasileiros podem passar sem mim, se eu não sirvo para nada, que passem! Vou-me embora. É isso, se me esquentarem o sangue, vou-me embora! Fico livre para derrubar o Miguel do trono" O quadro evolui no sentido da busca de apoio da esposa dona Amélia, e da reabilitação de José Bonifácio, nomeado tutor do futuro imperador. Cria-se, assim, uma aura de sabedoria e justiça em torno da figura do imperador que, paradoxalmente, quando termina sua trajetória, parece conciliado e amadurecido para as funções. O tom de julgamento da História sai da fala de dona Amélia:

PARANAGUÁ – O José Bonifácio vai ser o tutor do príncipe D. Pedro de Alcântara?
D. PEDRO – Sim, o Bonifácio. É um patriota. É um homem de honra. É um homem capaz de guiar bem o meu filho. A mim, não, que já me conheceu com todos os defeitos que possuo. Fui injusto com ele. Demiti-o. Prendi-o. Desterrei-o. Tudo isso porque não quis participar dos meus erros. O meu último ato será um ato de reparação. Mostrarei que não levo ressentimento dos brasileiros e proclamarei publicamente o bom conceito em que hoje tenho o Bonifácio. Que acham os senhores? Que acham?
PARANAGUÁ – Acho que Vossa Majestade procede com muita nobreza.
LOPES GAMA – É um gesto de muita dignidade. (Ambos se dirigem à porta como que deixando a cena, depois de breve curvatura).
D. PEDRO – E tu, querida Amélia, que pensas tu?
DONA AMÉLIA – Que nunca, nunca, meu Pedro, nunca foste tão imperador como agora!

O recorrente processo de humanização da figura histórica, para promover uma reconciliação do imaginário nacional com suas referências principais, já tinha sido praticado por R. Magalhães Júnior ao estrear no gênero em 1939, com o texto de *Carlota Joaquina*, encenado pela Companhia Jaime Costa. O ator-empresário, logo após o sucesso de *Carlota Joaquina*, apresenta em 1940, *O Chalaça*, de Raul Pedrosa. Reeditado o sucesso de

D. João em 1948, Jaime Costa reaparece num papel histórico em *Vila Rica*, também de R. Magalhães Júnior, em 1953. Em 1948, a peça *Carlota Joaquina* volta aos palcos cariocas, nove anos depois da estreia e de mais de 500 apresentações. Jaime Costa (1897-1967), que se consagrara no papel de D. João VI, durante a temporada de 1939[67], continua à frente de um novo elenco.

*Carlota Joaquina* avança, na esteira do filão inaugurado por Viriato Corrêa, tirando partido de duas modelizações que imprimem alta comunicabilidade ao gênero histórico. Uma primeira modelização age diretamente sobre as fontes utilizadas na estrutura do enredo. Trata-se de combinar drama histórico à Hugo e Dumas e variantes de gêneros populares (o melodrama e a comédia de *boulevard*). Nos exemplares literários franceses, sabe-se que

> os conflitos remetem à ordem do individual; não se explicam sociologicamente, nem têm ambição alguma de esclarecer as relações sociais ou o componente ideológico de uma época. [...] A história só tem interesse na medida em que funciona como pano de fundo sobre o qual se projetam as emoções e os conflitos de ordem individual e familiar[68].

Numa absorção desmedida desse princípio, a dramaturgia reduz a luta de Carlota pela posse da Província Cisplatina a uma disputa ressentida entre dois cônjuges, que vivem um casamento tumultuado pelos casos de adultério da princesa.

No polo dos gêneros populares, tira-se partido da trama de traições e suspeitas de adultério e crime, acentuando-se, como desaguadouro das sequências, em moto contínuo que lhe são anteriores, o final exemplar da peça (D. João VI, no texto de R. Magalhães Júnior, queima os autos do processo que incrimina Carlota Joaquina pelo assassinato de Gertrudes Carneiro Leão, esposa do seu último amante).

Uma outra modelização delineia a expectativa de atuação dos atores. Em *Carlota Joaquina*, exige-se, inusitadamente, para os primeiros nomes do elenco, um modo de interpretar que ultrapassasse a tipologia em direção a certa humanização realista das personagens, indicando uma tendência de expectativa de afastamento do desempenho habitual em papéis determinados previamente pela estrutura hierarquizada das companhias.

A boa equação a que devem chegar esses dois sistemas pode ser ilustrada pela comparação das imagens da máscara de caracterização de Jaime Costa, como D. João VI, com a descrição da linha de interpretação adotada. Apesar da cara gomada, o ator declara não tirar partido da comicidade:

> O papel de D. João VI, pelo que ele exigiu de mim na sua composição foi o degrau mais difícil da minha escalada. [...] Humanizar a figura de D. João VI foi, para mim, um prêmio, porque, sobre ser o mais complexo papel entre centenas de papéis que tenho vivido, é justamente o mais sério, dadas as dificuldades que tive de vencer. Estudei com dedicação a figura do rei português, e se valem o desejo de acertar e o esforço, estou certo de que fui ao encontro do desejo do autor[69].

Enquanto a crítica da época explica o acerto do trabalho de Jaime Costa no tipo do "velho soberano" como tendo sido fruto do estudo minucioso de um papel, não poupa a interpretação forjada pela atriz Ítala Ferreira:

> Carlota Joaquina teve em Ítala Ferreira uma intérprete apenas desembaraçada. Não foi todavia fiel o tipo que nos deu a atriz, visto que foi notória a disparidade entre a figura que vimos no palco e a princesa que chegou ao Brasil [...]. Carlota era feia, idosa e geralmente mal pronta, ao passo que Ítala se mostrou exatamente o inverso do que dizem as crônicas da época. Além disso muito lhe prejudicou, ainda, o trabalho, o tom declamatório da sua fala, vício de origem que traz da revista[70].

A perspectiva de humanização do tipo, que supõe marcas de uma complexidade realista que se apresenta, nesse momento, através das telas do cinema, cruza-se na *mise-en-scène* com a não desejada

---

67 Na primeira temporada da peça, em 1939, no Teatro Rival, a peça *Carlota Joaquina* teve 205 apresentações, sob o "patrocínio e controle" do SNT. A segunda temporada, em 1948, foi realizada no Teatro Glória.
68 Patrice Pavis, Rumbo al Descubrimiento da América y del Drama Histórico. *Repertorio*. Revista de Teatro. México, Querétaro: Universidade Autônoma de Querétaro, n. 32, dezembro 1994, p. 19 (tradução minha).
69 *Revista Carioca*, [s.d.], Arquivo Cedoc/Funarte. Dossiê Jaime Costa.
70 *Revista A Noite*, 2 maio 1939, Arquivo Cedoc/Funarte. Dossiê Jaime Costa.

caricatura do teatro de revista. Duas linguagens atravessam o corpo dos atores de um mesmo espetáculo, por um lado estabelecendo uma adequação convincente do gesto e do discurso e, por outro, introduzindo um componente familiar ao espectador, embora inconveniente, estranho à interpretação concebida pelo primeiro ator da companhia. Através de duas referências díspares – o cinema e a revista – maneja-se, de diferentes maneiras, o tempo passado. Os atores, com seu corpo (e sua voz) têm a responsabilidade pelas conexões que asseguraram o contato entre o enunciado histórico e o discurso através do qual ele é apresentado. Ao mesmo tempo, representam, isto é, imitam e substituem as personagens históricas. Nesse sentido atualizam e reforçam iconicamente a ilusão do acontecimento histórico, único, irrepetível. A criação de Jaime Costa impregna de tal maneira o imaginário histórico brasileiro, que carrega o referencial histórico para a sua própria, concreta e atual interpretação, tornando a situação de enunciação teatral uma nova fonte documental.

Se de um lado ficam "os originais das peças sobrepostos à mesa do ponto"[71], de outro ficam as latas com os rolos de filmes, já que filmes brasileiros começam a abrir-se como mercado de trabalho para os atores de teatro, deles exigindo ora variação maior nos papéis (paralelamente ao sucesso de *Carlota Joaquina*, Jaime Costa aparecia nas telas em *Football em Família*, um dos filmes reputados detestáveis pela crítica da época), ora simplesmente assegurando a manutenção da composição de um tipo de sucesso. Mas a influência da tela grande não se faz sentir apenas na interpretação dos atores. Também vem do cinema americano a expectativa de um espetáculo dotado de nova estética visual. Passa-se a exigir um investimento na elegância, no luxo, no bom acabamento visual do espetáculo, isto é, no figurino e na cenografia. Elevando o padrão visual do teatro declamado, atingem-se dois alvos: competir com o cinema e, também, criar alternativas sérias para a *féerie* das revistas da praça Tiradentes.

A peça *Tiradentes*, de Viriato Corrêa, confirma esse apelo hollywoodiano de luxo utilizado pelo nosso teatro. Na "comédia histórica de três atos e sete quadros", as exigências de encantar os olhos dos espectadores e de solenizar o passado com cenografia e figurino de época são atendidas pela escolha dos espaços: salão da chácara Cruzeiro, em Vila Rica (onde se desenrolam as reuniões preparatórias do movimento); sala de audiência do palácio dos vice-reis no Rio de Janeiro; sala pobre no sótão da rua dos Latoeiros no Rio de Janeiro, onde Tiradentes é preso; antessala da casa de Inácio José de Alvarenga, em Vila Rica, onde durante a comemoração do aniversário da filha do inconfidente, se dá a notícia do fracasso do movimento (a ocupação de Vila Rica pelas tropas do vice-rei, a prisão de Tiradentes e a iminência da prisão de todos os conspiradores); sala do tribunal em que os inconfidentes são julgados.

Quando se consulta a iconografia existente sobre o espetáculo, logo se percebe que tanto o sótão, no qual o chefe dos inconfidentes é preso, quanto a sala do tribunal, onde se desenrola a cena final de condenação do alferes, prometem um realismo que, toscamente realizado, contrasta com o esplendor imaginativo utilizado na concepção dos salões dos conspiradores em Vila Rica. Nesse caso, as generosas rubricas indicam:

Grande e belo salão em estilo colonial na chácara Cruzeiro em Vila Rica. Portas à direita e à esquerda. Uma outra porta ao fundo de comprimento menor que as outras, dando para o jardim. Por ela, quem vem da rua, entra no salão depois de descer uma pequena escada de pedra com banco à esquerda e à direita. Nas paredes – retratos de fidalgos e fidalgas. Móveis de época. Ao centro uma grande mesa. Noite. Velas acesas em castiçais de prata.

Ao subir o pano, Francisco de Paula Freire de Andrade, cônego Luiz Vieira da Silva, padres Carlos Correia de Toledo e Melo, José da Silva e Oliveira Rolim, sargento-mor Luiz Vaz de Toledo e Piza e Inácio José de Alvarenga conversam animadamente. A pêndula acabou de dar dez horas. (Ato I, Quadro I)

[...]

Antessala da casa de Inácio José de Alvarenga, em Vila Rica. Portas à direita e à esquerda, grande arco ao fundo dando para o salão onde se dança. Luxo. Noite. Velas acesas em castiçais de prata.

Ouve-se, com o pano ainda em baixo, a orquestra tocando um minueto. Ao subir o pano continua a ouvir-se a música. Gonzaga dança com Marília e Alvarenga com

---

71 *Revista Carioca*, 1933, Arquivo Cedoc/Funarte. Dossiê Jaime Costa.

Isabel. Sente-se que há danças em outras salas. No primeiro plano, à esquerda, os padres Vieira da Silva e Carlos de Toledo jogam gamão. Cessa a música. Os pares saem. (Ato II, Quadro III, cena v)[72].

As imagens do espetáculo apresentado no Teatro Alhambra indicam como é possível criar alusão ao fausto dos abastados mineiros em um palco de pouca profundidade e cenário de gabinete. O arco do fundo frontal, as escadas, numa cena; mais uma vez o arco frontal ao fundo, atrás do qual uma cortina em brocado luminoso sugere a extensão do ambiente para novos salões. Essa espacialização básica sempre sugere dois planos. No entanto, ocupa-se principalmente o primeiro, o do proscênio, ora por um só conjunto de personagens que concentra a ação principal, ora por dois conjuntos, à esquerda e à direita. A cena só ganha profundidade nas festas e reuniões, quando ambos os planos – proscênio e fundo do palco – ficam ocupados. A proximidade da plateia cria a fantasia da aproximação de temporalidades e favorece o deslumbramento com o figurino, mais austero na cena da conspiração e extremamente luxuoso e cortesão (vestidos com crinolina, cetim e sedas, rendas, veludos rebordados e as obrigatórias perucas brancas para homens e mulheres) na cena da festa, interrompida pela notícia da prisão do líder da Inconfidência.

Os comentários sobre amenidades da vida mundana na cidade de Vila Rica, como os arrulhos românticos e os esforços casamenteiros das damas, contrastam tanto com as falas dos cidadãos que preparam a revolta quanto com as falas de Tiradentes, verdadeiramente o homem em campo na revolta em andamento. A conversa do salão expulsa da narrativa histórica o dia a dia de lutas do militante, em longas viagens pelas montanhas mineiras e serras fluminenses. Assim, na galeria de estampas históricas que privilegiam o interior de prédios de diferentes tipos como espaço cênico, a personagem Tiradentes parece sempre estar fora do lugar, tolhida em seus gestos pelo tempo da conspiração das elites letradas e pela lentidão ociosa das conversas de salão, que adquirem, na perspectiva da personagem, o significado de intervalo, de tempo perdido, em face da premência da deflagração do movimento político. O rosto, carregado pela goma branca, emoldurado pela peruca presa em rabo de cavalo, ou pela peruca descabelada, e pela mal posta barba postiça, aparece nas fotografias posadas, como de costume na época, encimando um corpo em postura de vigor resoluto, seja na hora da conspiração, seja no momento da inesperada prisão. O adjetivo "ardente", referido à personagem na rubrica inicial, tem seu desenvolvimento propício, astuciosamente combinado com o painel dos abastados inconfidentes. Cria-se assim um jeito amaneirado de contar a história, omitindo na narrativa a crueldade da traição, o horror da forca, a abjeção do esquartejamento do alferes Joaquim José da Silva Xavier.

Quando o palco está dimensionado para receber salões de palácios não só fica reduzido o alcance crítico dos acontecimentos históricos, mas também se constrói o ponto de vista segundo o qual a História se desenrola longe de onde estamos situados. De onde estamos só podemos ouvir sons e ver sinais do movimento, acompanhar o que se passa como numa tela pintada de um ponto de boa visibilidade – uma janela de residência posta em uma parte alta da cidade. Se, por um lado, sacia-se o desejo de partilhar da intimidade dos poderosos, situando o espectador como um observador privilegiado do processo de tomada de decisões, por outro reitera-se uma atitude de expectativa, segundo a qual a história virá até nós de um jeito ou de outro, sem que precisemos participar de seu desenrolar. A peça *Maurício de Nassau* (1954), de Viriato Corrêa, pratica malabarismos cênicos curiosos para garantir a pintura alegre da colonização holandesa no Brasil[73]. A rubrica inicial fornece a síntese da perspectiva de onde se irá narrar:

1641
Recanto do belo parque do palácio de Friburgo no Recife, no tempo da ocupação holandesa. É um maravilhoso pavilhão. Trepadeiras, árvores, plantas ornamentais etc.

---

72 Viriato Corrêa, *Tiradentes*. Rio de Janeiro: Ministério da Educação/SNT, 1941, p. 15 e p. 101. Com música de Villa Lobos, a peça foi montada pela Companhia Brasileira de Comédia, sob a direção de Delorges Caminha. Temporadas: Rio de Janeiro, [s.d.]; São Paulo: 20 de junho a 6 de julho de 1939, no Teatro Santana; Teatro Municipal do Rio de Janeiro: 16 de novembro de 1939 – Récita Cívica sob o patrocínio do SNT do Ministério da Educação e Saúde.

73 A Biblioteca do Cedoc-Funarte possui uma versão datilografada da peça, datada de 1954. Não foram encontradas informações sobre eventuais montagens. As citações foram tiradas dessa versão.

Ambiente acentuadamente tropical. Entradas à esquerda e ao fundo uma varanda que dá para um terraço. Para a varanda quem vem de fora entra pelo meio, pela esquerda, pela direita. Ao fundo abre-se magnífico panorama do parque. Móveis e ornamentos de jardim.

Antes de ser aberto o velário, ouve-se o final de uma marcha executada por banda militar. Aberto o velário a música continua por alguns segundos e para. As personagens estão quase todas ao fundo junto da varanda e do terraço, voltados para o parque, como se vendo o povo que por ele transita. Estão em cena Felipa, Cosma, Simoa, Ana Paes, Carlos de Tourion, Bartolomeu de Vasconcelos, Manuela e Genebra.

Através das primeiras cenas fica-se sabendo que o conde Maurício de Nassau abre o parque duas vezes por semana ao povo e, assim, a admiração pelos belos jardins do palácio, tomados pela população da cidade, é o mote para se apresentar o contraditório sentimento de aceitação e rejeição que se nutre pelo governante holandês, visto por uns como benfeitor, por outros como um invasor, igual ao português e ao espanhol. Na varanda se pratica, ainda, a bisbilhotice sobre o triângulo amoroso Maurício de Nassau ("Governador de Pernambuco"), Brasília ("Linda brasileira da nobreza de Olinda") e Ana Paes ("Bela mulher. Rica Proprietária"), que lança a peça na vertente do nacionalismo amoroso, tão sabidamente posto em funcionamento pela literatura do século XIX em toda a América Latina. A bisbilhotice vai além, no entanto, do enredo romântico, e serve à intriga da peça porque apresenta o caráter sedutor de Nassau, além da esfera feminina, como irresistível dom para fazer política.

O recurso de iniciar a peça nesse lugar intermediário entre o espaço público e o espaço restrito cria condições para fazer dezoito personagens transitarem no palco, além de damas e lacaios, que entram e saem de cena em ritmo vertiginoso, já que estão sempre vindo ou indo para os jardins. Essa novidade na carpintaria do gênero histórico talvez tenha dificultado a empreitada de montagem da peça, mas representa um avanço modernizador no gênero. Com a justificativa de que se abrem os jardins palacianos para recreação popular, fica franqueado o espaço para personagens de inserções diferenciadas no episódio político conviverem e externarem suas diferentes percepções sobre a conquista do Nordeste pelos holandeses. No final do primeiro ato, o clima ameno da festa no palácio começa a se desfazer, quando uma figura que participara da resistência pernambucana à invasão entra em cena. Francisco Rebelo, o Rebelinho – "Brasileiro. Rude. Mestre de campo do antigo Arraial do Bom Jesus" –, é convidado por João Fernandes Vieira para a festa dos jardins. Embora impere a cordialidade entre antigos adversários, é impossível calar as críticas de Simoa, senhora da nobreza de Olinda, às práticas de exploração comercial instaladas no Recife:

SIMOA – Deixa-me falar. É um velho amigo e eu preciso pô-lo a par de tudo. É dinheiro, unicamente dinheiro, que essa gente quer. Arrancam-nos tudo, os engenhos, os escravos, os olhos da cara. Não sou eu quem afirma isso, é o próprio conde. Ele diz a quem queira ouvir que os holandeses amam a fortuna mais que a própria vida.

É impossível, também, estancar as lembranças das lutas da resistência pernambucana à invasão, quando Rebelinho reconhece Brasília, a filha de seu companheiro, o sargento-mor Terêncio Uchoa, morto em seus braços de ferimento provocado pelo fogo inimigo. As falas da personagem introduzem na cena histórica um novo tom. A bisbilhotice, o enlevo amoroso dão lugar às fanfarras do feito heroico:

REBELINHO – Sim, fomos nós do Arraial que mostramos ao holandês o brio do Brasil. Cinco anos de lutas sem armas, sem roupa, sem dinheiro, às vezes sem alimento, contra o poder da Holanda!

VIEIRA – Não é brincadeira!

REBELINHO – Não é brincadeira. Durante dois anos não demos à canalha licença de gozar a nossa terra. Tinham eles tomado Olinda, tinham tomado Recife, mas só eram senhores do pedacinho da terra das duas cidades. O holandês botava a cabeça fora da porta! Pum! Não podia apanhar uma caça. Não podia colher um fruto. Pum! Pum!

Na última cena do primeiro ato, a peça ganha estilo de "contação de causo", quando a personagem narra a tentativa de emboscar um almirante holandês. No meio da entusiasmada narração, entram o comandante da Guarda do Governador, acompanhado de uma senhora holandesa, e Nassau. Os dois primeiros consideram a situação ofensiva, mas Nassau ouve a intervenção de Brasília, aceita as desculpas de Rebelinho e cumprimenta o bravo militante:

BRASÍLIA – (mais junto de Rebelinho, em atitude de maior defesa) Conde, já não se pode, no Brasil, ouvir a voz de um brasileiro?
REBELINHO – (movendo-se para sair) Senhor conde...
NASSAU – (fazendo-o parar com um gesto) Um bravo respeita-se sempre, mesmo quando é nosso inimigo. (Pequenina pausa. Avança). Dê-me a sua mão.

Instala-se, a partir do desfecho do primeiro ato, um desenrolar de ação mais complexo. Diferente do início da peça, quando o presente da ação enchia-se com um momento de trégua e festejos ou com o rememorar de outros tempos, no segundo ato acerta-se o passo da temporalidade, procurando-se localizar o presente da ação cênica no presente da história. A composição dramatúrgica ainda guarda a mesma lógica espacial – a festa lá fora, a festa cá dentro, neste caso um banquete em homenagem a Vidal de Negreiros, que vem com delegação diplomática de D. João IV, mas, na verdade, pretende organizar com lideranças pernambucanas o movimento para expulsar Nassau.

A dramaturgia precisa apreender duas linhas de enredo, a conspiração e a defesa do conde, apresentado, desde o início da peça, como um benfeitor progressista. O cruzamento desses temas se faz pela atuação de Brasília, que, invocando o amor à terra e o amor a Nassau, defende a autonomia do país tanto contra o jugo dos holandeses, quanto dos portugueses, propondo a independência e tendo o holandês como futuro imperador do Brasil. Rejeitada a hipótese pelo dirigente estrangeiro, em cena de alta temperatura romântica, não só pela renúncia amorosa, mas também pela ética do compromisso, o tema da partida do conde está lançado e será o núcleo do último ato.

Embora, na cena, cresçam vozes analisando a saída de Maurício de Nassau da chefia do governo holandês, como tendo sido uma mudança na gestão do negócio imperialista, essa vertente didática perde em efeito para o primeiro plano onde acontece a despedida do casal apaixonado. Composta em sequência de folhetim, tendo ao fundo "os grandes patriotas brasileiros" Vidal de Negreiros, Felipe Camarão, Rebelinho e Henrique Dias, a última tentativa de convencer o conde a permanecer no Brasil é frustrada. Nem Nassau desiste do projeto de partir, nem Brasília aceita acompanhar Nassau em sua volta à Europa. Tudo, finalmente, se combina à expectativa do imaginário nacionalista, que a peça deseja reforçar desde o início do terceiro ato, quando traz para sonorizar a cena "o canto dos negros ao som de atabaques, adufes, ganzás, chequerequê, ilu e outros instrumentos africanos" e Nassau incumbe a sua amada de cantar "Tapuia", declaração de amor de um negrinho por uma índia.

Quando o primeiro plano não é ocupado por personagens-cromo, é o espaço da sala de visitas de uma família que reverbera os acontecimentos da História. *Iaiá Boneca* e *Sinhá Moça Chorou*, de Ernani Fornari, e *Mocinha*, de Joracy Camargo[74], são amostras eloquentes de um conjunto de peças em que se situa no cotidiano a perspectiva através da qual um episódio histórico passa a ser narrado. Nesse caso, a história privada é atravessada por grandes acontecimentos fixados nos compêndios escolares, e as pequenas vidas podem ter seus rumos alterados, suave ou gravemente, em consequência de fatos que, embora distantes, batem à porta da casa, provocando reviravoltas e novos arranjos no dia a dia das famílias. Através dessa dramaturgia, a ideia de nação toma contornos mais nítidos, não só porque se alargam as margens de localização dos agentes da história, mas também porque se instala uma simultaneidade temporal inclusiva, entre o passado mais distante e o presente mais próximo, das personagens e, por extensão espacial, dos integrantes da plateia.

*Iaiá Boneca* traz na folha de rosto, junto à relação de personagens e respectivos atores, a seguinte indicação: "ação em um engenho nas cercanias do Rio de Janeiro, no ano de 1840, durante a campanha da Maioridade de D. Pedro II"[75]. O cotidiano da

---

74 O *boom* do teatro histórico leva o tarimbado Joracy Camargo a experimentar também este filão e moldá-lo à especialidade de papéis de Eva Todor. Análise dessa peça foi realizada por Angela Reis no artigo "Sobre *Mocinha*, de Joracy Camargo, encenada por Eva e seus artistas", publicado em *O Percevejo*. n. 10/11. Teatro Brasileiro nos Anos 40. Rio de Janeiro: Departamento de Teoria do Teatro; Programa de Pós-Graduação em Teatro da Uni-Rio, 2001/2002, p. 188-200.

75 Ernani Fornari, *Iaiá Boneca*. Revista *Dom Casmurro*, n. 13, 18 abr. 1942. Estreia: 4 de novembro de 1938, no Teatro Ginástico,

fazenda é tecido com três fios distintos: o romance, a escravidão e a política imperial, cuja atualidade percorre o desenrolar do movimento para antecipar a maioridade do menino-imperador e pôr fim aos nove anos de Regência. O romance envolve as três netas do conselheiro – Alina, a doce e melancólica moça coxa; Boneca, a adolescente sapeca e ardilosa; e Dedé, a mais velha das moças solteiras, severa e amarga. No cenário da casa-grande, o círculo dos pretendentes é apresentado aparentemente com sinais trocados – Arnaldo estaria interessado em Alina, mas custa a se declarar porque suspeita que a moça continue apaixonada pelo antigo pretendente Waldemar, o jovem médico que retorna dos estudos na Europa. Depois de amenizar a deficiência de Alina com a feitura de um aparelho ortopédico, Waldemar pede a mão de Boneca em casamento. Vadico, o terceiro pretendente, desiste na última cena da proposta de casamento à malvada Dedé.

Como a casa-grande está reduzida em cena a dois ambientes de ócio e de encontros sociais – o salão da biblioteca e uma luxuosa sala de visita – os escravos domésticos, Bá Merenciana e seu filho Cristino, trazem os dilemas do regime social para o cotidiano. Gravitam em torno de Iaiá Boneca e parecem receber em casa o tratamento cordial, que o conselheiro dispensa a todos os seus escravos da fazenda. No entanto, uma sequência, no início do segundo ato, indica que a complexidade das relações entre senhores e escravos está além das brincadeiras da Iaiá com seu boneco de piche. Entre as notícias, "as novidades", repartidas regularmente pelo trio formado pelo conselheiro, o vigário e Vadico, compadre do primeiro, anuncia-se a fuga de dois escravos da fazenda do vizinho major Saturnino:

VIGÁRIO – Cáspite, que o major Saturnino anda em vazante de sorte! Já é o sexto negro que lhe foge este mês. Que prejuízo!

VADICO – A novecentos mil-réis por peça, cinco contos e quatrocentos. Eram todos da "nação" arda, dos melhores!

CONSELHEIRO – O culpado é o próprio major. Só há negro fujão onde há maus tratos. Por que é que nunca fugiram escravos da minha senzala? Porque os trato humanamente, e não como animais. Quase todos os meus negros estão alforriados, no entanto, vai falar-lhes em me abandonar!

VIGÁRIO – Ora, a fuga é o menos que pode acontecer, sr. Conselheiro. O pior é a defesa passiva do negro que não foge. Essa é que é uma vingança implacável e sutil: escraviza os donos a seus hábitos, à sua gíria, impõe-lhes as suas religiões (escandalizado) – e até seus amores, sr. Conselheiro!

CONSELHEIRO – É a triste realidade. V. Reverendíssima bem sabe por que D. Bebeta fez aquilo à tal cabrochinha. (Vigário confirma, tristemente).

VADICO – Que foi, compadre?

CONSELHEIRO – Pois não sabe que a mulher do major espatifou todos os dentes de uma escrava com o salto da botina?

VADICO – Mas por que, Santo Deus?

CONSELHEIRO – Ora, porque, porque! Ciúmes...

VADICO – Virgem Santíssima!

O diálogo é interrompido com a contraprova de que o bom clima entre senhor e escravos reina na fazenda. O feitor ("mulato de meia-idade, mal encarado"), introduzido em cena por Dedé, fala em nome dos escravos, pedindo licença para fazer batucada no terreiro e queimar fogueira, para festejar a chegada do dr. Waldemar. Permissão concedida, o Conselheiro aproveita para interpelar o feitor a respeito de severo castigo aplicado ao negro Cristino e de desaprovar a amizade com um capitão-do-mato com quem foi visto bebendo cachaça na mercearia do Zé do Jaleco. O castigo imposto a Cristino, revelado através do diálogo com o feitor, decorrera das diabruras do moleque – colocar carrapicho na roupa de Dedé para vingar-se de suas maldades (a última delas, a narrativa da queda de Alina de uma árvore, por conta de brincadeira de Boneca que retirou a escada para fazê-la prometer que reataria o namoro com o moço Waldemar). Cristino, um autêntico descendente da personagem alencariano Pedro, de *O Demônio Familiar*, chega a protagonizar algumas cenas do 3º ato quando, por fidelidade a Boneca, quebra o aparelho ortopédico destinado a Alina porque, percebendo o interesse de Iaiá pelo doutor, teme que Waldemar reate o noivado com a moça coxa depois de curada, desfazendo o sonho romântico de sua protetora. Depois de feito o

---

Rio de Janeiro, produção da Companhia Brasileira de Comédia, de Delorges Caminha. As demais citações seguem essa edição.

estrago, o escravo foge, o que acaba ocasionando a contratação dos serviços do capitão-do-mato pelo conselheiro. Tudo é perdoado no 4º e último ato, quando o conselheiro retorna à fazenda eufórico com a maioridade do menino-imperador:

BONECA (frenética) – Mas como foi, vovô, como foi, hein? Conte-nos! Estávamos tão ansiosos!
VIGÁRIO – Nem imagina, Iaiá. A população da corte está toda na rua, aos pinotes e aos gritos, soltando rojões e buscapés.
VADICO – Que cena empolgante, Waldemar!... Então você, seu Arnaldo, que é meio poeta, se visse aquele espetáculo!
ARNALDO – Bem o imagino, seu Vadico.
WALDEMAR – Mas o menino D. Pedro já jurou, padrinho?
CONSELHEIRO – Se jurou? Ah, nem me fales! Ainda estou vibrando de emoção. Foi pena vocês não terem podido ir ver. Quando S. M., seguido do povo, entrou no Paço do Senado ajoelhou-se, volveu aos céus os olhos muito azuis e prestou o juramento, as lágrimas desataram-me, de duas em duas. E não só eu chorava. A assistência em peso soluçava, ria, gritava, aplaudia e abraçava-se, como enlouquecida. Um delírio, meus filhos, um delírio... (enxuga os olhos) – E que lindo estava o nosso imperadorzinho, hein, sr. Vigário?

A combinação de privatização e sentimentalização das tensões sociais e políticas, diluídas pela proximidade dos afetos domésticos e deslocadas pela narração de quem presenciou os fatos políticos na corte e, depois os narra para a pequena audiência da casa-grande, instaura um código de comunicabilidade infalível. O público fica confortavelmente instalado no patamar da memória a seu dispor. Tudo está muito perto de seus olhos no palco, mas muito longe no tempo. Esse cruzamento constrói uma imaginação histórica impregnada de enternecimento. Tudo acaba bem na história e na História. Imperador no trono, perdão ao escravo fujão, anúncio dos casamentos das netas do conselheiro. A magnitude das atitudes do conselheiro, neste caso, reflete uma espécie de juízo histórico perfeito, que aposta na justiça individual e na festa doméstica, réplicas acessíveis das instituições públicas e dos sentimentos que alimentam a nação.

*Sinhá Moça Chorou*[76] tem como motivo central a Guerra dos Farrapos (1834-1839), muito mais do que um pano de fundo para a história de amor entre Flor, filha de juiz de paz, defensor do movimento separatista, e o alferes Felipe, combatente perfilado com as tropas monarquistas. Em seis quadros e três datas e locais – casa da família em Porto Alegre, 1834; Estância em Camaquã, 1839; novamente casa da família em Porto Alegre, 1845 – desenrola-se a trama em que o evento político estará habilmente incorporado à narrativa amorosa. Já no 1º ato é tempo de clarear as posições políticas. Na sala de estar, Leocádio, o pai de Flor; Santa, a avó falastrona; o primo Anésio e a criada, "pretinha forra", traçam o painel de divergências puxado pelos ciúmes do primo, pretendente natural, mas preterido, e pela verve da avó, que protesta contra o descaso com o qual a província é tratada pela Regência. Os contrastes entre a fidelidade ao governo do alferes Felipe – moço por quem Flor caiu de amores em visita à corte – e a posição separatista parecem contornados, mas na véspera do casamento o pai e o primo de Flor engajam-se em manifestação contra o governo central e Felipe é obrigado a dar ordem de prisão ao juiz Leocádio. Está determinada a impossibilidade do casamento; o ato de fidelidade à hierarquia militar é contraposto à ameaça de Flor de matar Felipe para impedir a prisão do pai. Desarmada pela avó, Flor entra em estado de grande choque. Instada a desabafar, cunha a frase que dá mote ao título da peça: "Não posso, vovó, não posso!... Eu não sei chorar".

Com a Guerra dos Farrapos em curso, a ação se desloca para uma estância nas coxilhas, onde as mulheres da família Correias se abrigam, ficando aos cuidados de Ana, irmã de Bento Gonçalves. Nesse ato, a amargura de Flor, ainda profundamente ressentida com o desfecho de seu romance com o alferes, mas agora noiva do primo Anésio, contrasta com a alegria de Manuela, sua prima e

---

76 Idem, *Sinhá Moça Chorou*, São Paulo: Martins, [s.d.]. Estreia: 3 de outubro de 1940, no Teatro Serrador, Rio de Janeiro; Produção da Companhia Dulcina-Odilon. A peça foi incorporada ao repertório da companhia, que a levou a São Paulo (1940), a Porto Alegre (1942) e a Lisboa (1951). Há registros de montagens do texto de Fornari em 1953, com a Sociedade Paranaense de Teatro, e em 1954, com a Companhia Nydia Lícia-Sérgio Cardoso.

melhor amiga, visivelmente apaixonada por Garibaldi. Mas o recurso de aproximar a ação do campo de batalha rende frutos imediatos para a dramaturgia da peça: as mulheres passam a ser as primeiras ouvintes dos relatos da guerra, em que Garibaldi é o herói mais valoroso, e se tornam participantes dos acontecimentos quando eles se estendem aos limites da estância. Num tradicional entrecho de folhetim, o alferes, ferido, busca socorro. Flor desaba ao reconhecê-lo e, conturbada, num instante declara-lhe seu amor para, em seguida, instada pelos deveres de "farrapa", entregá-lo ao primo.

No último quadro, a ação retorna à casa da família Correias em Porto Alegre, na qual vive apenas o casal de escravos Balbina e Prudêncio, pois Flor retirou-se para um convento. Abre-se a primeira cena com a chegada de Flor, que vem à cidade para um encontro com Manuela, a boa e solidária prima, abrigada na casa de outros parentes em Pelotas. Na verdade, Manuela introduz a chegada de Anésio para mais uma tentativa de acerto de casamento, que revolve fatos do passado e revela a injustiça cometida por Flor no episódio da prisão de seu pai. Embora a tentativa de reaproximação dos primos tenha sido em vão, Flor retorna à sua antiga casa, desistindo da vida conventual, abrindo-se a necessária brecha para o final feliz. Quando o alferes reaparece curado, Flor é vencida pela surpresa. Finalmente, depois de seis atos, capitula. Atirando-se aos pés de Felipe, chora de soluçar na cena final, testemunhada pelos escravos Balbina e Prudêncio, todos às lágrimas porque, finalmente, antes de cair o pano, "Sinhá moça chorô... Sinhá moça chorô!"

Introduzida no repertório da Companhia Dulcina-Odilon, a peça fez 150 representações no Rio de Janeiro e setenta em São Paulo. A crítica de Mário Nunes ressalta a variedade de estados e sentimentos da personagem ao longo da peça, como uma chave de facilitação do trabalho da atriz, que alterna "cenas tranquilas de dramática doçura com os instantes trágicos, ou com os que a ira a transmuda, sabendo transmitir ao público, em todos os casos, a emoção que empolga"[77]. Ao lado dos cenários e dos figurinos impecáveis a dramaturgia histórica de Fornari em *Sinhá Moça*, diferentemente do enlevo encantatório de *Iaiá Boneca*, favorece o mergulho nos fortes sentimentos de quem se entende participante de um momento da História, entranhando-se no tempo como se não houvesse futuro, mas apenas o pertencimento a um fluxo de crenças, que corre acima das peripécias da política. Trabalhando com personagens de várias configurações, uns mais tipificados, como a exagerada e sábia avó Santa e os impagáveis negros da criadagem, outros de maior sutileza psicológica como Manuela ou compostos nos extremos, como a protagonista Flor, Fornari parece estar apostando num *mix* de gêneros, como se estivesse ensaiando uma composição que, manejando as prerrogativas do filão *a história na sala de visitas*, preservasse a comédia de costumes do século XIX e enveredasse, embora timidamente, pelas pesquisas da tragédia moderna, afinando-se com o gosto do teatro sério, que a crítica ardentemente aguarda para a inauguração do teatro moderno brasileiro na década de 1940.

## 3. O TEATRO DE REVISTA

> *Minhas senhoras, meus senhores.*
> *Os autores mandam dizer que a exemplo do que se faz em Paris, Londres, New York, Buenos Aires, Rio de Janeiro etc., a revista que ides assistir é quase toda copiada. Mandam dizer mais que, apesar disso, receberão os seus direitos autorais... como toda a gente que faz revistas... Isto é o prólogo... o prólogo da sinceridade, boa noite.*
>
> Trecho da revista *Rio-Paris*,
> de Geisa Bôscoli e Paulo Magalhães,
> 1927.

No Rio de Janeiro da *belle époque*, com o esgotamento do modelo da revista de ano, os autores passaram a se valer da estrutura "clássica" das revistas francesas e portuguesas, que era a seguinte: prólogo de abertura, alternância de esquetes, quadros musicais e números de cortina e, finalizando, uma apoteose. A esse arcabouço acrescentavam-se assuntos locais, personagens brasileiras e música popular. Aqui, como em Paris, já

---

77  S. Viotti, op. cit., p. 246-247.

não havia enredo, nem *compère*[78], nem outros componentes da revista de ano. Por isso, falava-se haver um "teatro de revista *no Brasil*", mas não se ousava falar em "*revista brasileira*"[79].

Pode-se dizer que o teatro de revista, como a própria cidade do Rio de Janeiro – transformada pelas reformas urbanas do prefeito Pereira Passos, entre 1902 e 1906 – buscava sua identidade e sua forma. Entre o lixo dos cortiços demolidos e dos quiosques queimados, brotava uma nova capital destinada a ser majestosa e sedutora. Dos textos antigos, não mais cabíveis a uma plateia ávida de elegância, mundanismos e cenários *art-nouveaux*, deveria emergir um teatro musical que se colocasse em sintonia com a desejada e sonhada modernidade. A sociedade brasileira da época apresentava profundo paradoxo entre o anseio de modernização e o rebuliço dos cordões carnavalescos, maxixes, violões e serestas, que teimavam em resistir, a despeito da visível europeização. Portanto, uma fusão entre o novo e o velho fazia-se necessária e urgente. Como realizar essa liga é que era a grande questão.

Em Paris, o sucesso dos espetáculos musicais desviava-se para a fórmula mais moderna do *music-hall* americano, que privilegiava o espetáculo com mais músicas, mais coreografias, mais cenários e efeitos especiais. A velha revista de ano, calcada na graça simplista do texto, na inteligência das *alusões* e dos *duplos sentidos*, havia sucumbido junto com o século XIX. A *belle époque* respirava boemia, cabarets, café-concertos e *music-halls*. Esses gêneros, então mesclados à revista, exigiam componentes indispensáveis: majestosos cenários, belas mulheres e diversão sem qualquer comprometimento. Era o mundo das vedetes, dos *clowns*, dos cançonetistas, dos ritmos e dos dançarinos, que se encontrava nas casas parisienses conhecidas como Eldorado, Alcazar, Ba-ta-clan, Folies Bergère e, pouco mais tarde, como Moulin Rouge, Casino de Paris e Olympia.

Do lado de cá, o Brasil tentava encontrar a sua fórmula para o teatro musicado. Buscava-se um modelo capaz de traduzir a alma brasileira, com seus tipos, seus mulatos, seus malandros, na frenética mistura de ingredientes bem temperados e no ritmo popular de nossa música. Buscava-se um teatro capaz de estar em sintonia com o programa de reurbanização, subordinado ao signo europeu da modernidade. Pretendia-se um teatro que, lidando com o que vinha de fora e à luz das novas regras francesas, incorporasse na cena a cultura brasileira em seus mais diferentes aspectos. O Brasil e sua arte necessitavam descobrir o arrojado caminho para a modernização.

## Os Anos de 1920

O início da década de 1920 foi marcado por agitações e transições políticas. Em 1922 morreu o presidente Epitácio Pessoa e Artur Bernardes candidatou-se à presidência do país. Em fevereiro de 1920 morreu, também, Paschoal Segreto, o dinâmico empresário italiano responsável pela popularização e emancipação do teatro de revista na praça Tiradentes do Rio de Janeiro[80].

Pois foi exatamente durante os anos de 1920 que o teatro de revista encontrou e divulgou sua fórmula tipicamente *brasileira*. Naquela época, a população do Rio de Janeiro crescia, impulsionada pela industrialização. A ligação entre teatro de revista e a música popular estreitava-se cada vez mais, pois o teatro exercia o papel de divulgador da música popular, já que o rádio só seria instalado e popularizado tempos depois. Nos palcos do teatro de revista é que eram lançados os futuros sucessos musicais. Atraído pelos atores-cantores, o público lotava os teatros sempre querendo saber e ouvir as novidades. Foi então que se concretizou a fórmula diferente e única de fazer revistas. Consolidou-se uma grande invenção brasileira: a Revista Carnavalesca.

Esparsas tentativas de revistas carnavalescas em outras partes do mundo já haviam acontecido. O espírito e a substância vinham sendo preparados desde Artur Azevedo. Afastando-se do modismo da revista fragmentada e sem enredo, a carnavalesca brasileira ressuscitou o antigo fio condutor[81] e o

---

78 *Compère* é a denominação utilizada para definir uma personagem que exerce a função de apresentadora e comentarista da revista, ao mesmo tempo em que fazia a ligação entre os quadros.

79 Até hoje se diz "revista à portuguesa", "revista à francesa" etc.

80 Sobre o assunto consultar Maria Filomena Vilela Chiaradia, *A Companhia de Revistas e Burletas do Teatro São José: A Menina dos Olhos de Paschoal Segreto*, dissertação de mestrado, Uni-Rio, 1997.

81 Enredo frágil que costura os quadros para que não pareçam desconexos. Na verdade, os quadros eram independentes e compreendidos por si só, mas com o auxílio do "fio condutor" e sua tênue história, o espetáculo ganhava em interesse e unidade.

*compère*[82] (colocando-o, quase sempre, como o rei Momo), para lançar a marchinha do Carnaval que se aproximava. Esse tipo de revista, como aquelas antigas *revues de fin-d'anée*[83], tinha uma natureza circunstancial, isto é, obrigatoriamente estreava em determinado período do ano: aquele que antecipava o Carnaval. Geralmente o prólogo dessas revistas mostrava problemas no Rio de Janeiro, como falta d'água, falta de dinheiro, falta de novidades, falta de vergonha por parte dos políticos. Procurava-se o rei Momo, depois se arranjava um *coup de théâtre*[84] para desencadear uma perseguição ou busca. No final feliz, reencontrava-se aquilo que jamais poderia faltar ao espírito brasileiro: a alegria do Carnaval. A apoteose, obviamente, encerrava o espetáculo com a composição carnavalesca a ser lançada naquele ano. Nesse momento, entravam em cena as famosas alegorias dos clubes carnavalescos[85], cujas torcidas se reuniam, assídua e costumeiramente, na plateia.

A descoberta do filão carnavalesco foi mais do que uma invenção de revista musical, já repleta de sambas e marchinhas de Carnaval. Criaram-se também uma linha de dramaturgia específica, uma encenação característica, e uma atuação diferenciada. O público certo e crescente deixou-se seduzir pelo novo teatro, que atingia a estrutura tipicamente brasileira, ao associar a charge política ao Carnaval, no mesmo espetáculo. O processo de *abrasileiramento* que instalou a "carnavalesca" foi relativamente rápido.

## A "Carnavalesca" ou "A Invenção Brasileira"

Durante as três primeiras décadas do século XX, centenas de revistas, dentro da fórmula carnavalesca, foram produzidas. A febre tomou conta do Brasil e brotaram, por toda parte, novos revistógrafos. O teatro de revista atingiu, então, a sua maioridade. Mas nem todos os autores se mostravam talentosos, pois não é fácil fazer rir com elegância. Muitas vezes ainda era mais fácil recorrer a velhas piadas, nem sempre sacudidas da poeira. Ao lado das novas revistas de Carnaval persistiam, ainda, as produções de "novas" revistas, inspiradas e roubadas dos velhos figurinos europeus.

A década de 1920, fertilíssima e marcante, registrou, nessa miscelânea, um pouco de tudo: companhias estrangeiras, revistas tradicionais, revistas cariocas inspiradas em modelos de fora, e novas revistas chamadas "carnavalescas". O movimento era intenso e expressivo. Mas impreciso.

Entre os que sabiam escrever textos para o teatro de revista estavam aqueles que percebiam na tradição a fonte das riquezas dramatúrgico-revisteiras, ao mesmo tempo que forneciam aos espectadores, através de signos facilmente identificáveis e conhecidos, um prisma crítico e protegido da novidade superficial. Entre esses autores estavam Carlos Bettencourt, Cardoso de Menezes e Luiz Peixoto, incontestavelmente os três mais competentes e criativos revistógrafos, depois de Artur Azevedo e Moreira Sampaio.

## Um Exemplo Antológico da Eficácia Carnavalesca

Inaugurando a fértil década de 1920, a dupla Carlos Bettencourt e Cardoso de Menezes aproveitou o retumbante sucesso da marchinha de Sinhô, "O Pé de Anjo", e colocou em cena a moderna revista em dois atos[86], com o mesmo nome. Aconteceu, então, um dos maiores fenômenos de bilheteria no Teatro S. José, do Rio de Janeiro. *O Pé de Anjo* foi uma espécie de *Capital Federal* carnavalesca.

*O Pé de Anjo* se afastou do modelo convencional de revista carnavalesca, aquele em que Momo era sempre o *compère*. O prólogo, inusitadamente, começava no campo. O cenário era a fazenda do casal Pereira e Filomena, com a filha e mais dois empregados: um português chamado José e um carioca chamado Rafael. Esse último, um entusiasta

---

82 A versão brasileira do *compère* francês era chamada, evidentemente, de "compadre".

83 A tradução literal é "revista de fim de ano", versão da nossa "revista de ano".

84 "Golpe teatral" ou situação quase absurda que coloca as personagens em ação imediatamente.

85 "Alegoria" é uma convenção do teatro de revista oriunda das antigas composições medievais. Trata-se de um recurso através do qual uma abstração se personifica ou se materializa em personagem. No caso, os principais clubes carnavalescos do Rio de janeiro (Tenentes do Diabo, Fenianos e Democráticos) eram representados por uma vedete que trazia a faixa e as cores do clube. A plateia delirava.

86 As revistas anteriores eram apresentadas em três atos, com intervalos entre eles.

O dramaturgo Carlos Bettencourt.

Alfredo Silva e Henriqueta Brieba em *Pé de Anjo*, encenação da Companhia São José.

defensor do Carnaval carioca. O abrir do pano era acompanhado por nostálgica canção caipira contrapondo-se à melodia de *O Pé de Anjo*, sempre cantarolada por José (conhecido como "pé de anjo" por causa do tamanho do pé). A outra diferença é que a ação se passava no período pós-Carnaval. Para resolver a questão da não circunstancialidade, isto é, para levar uma revista carnavalesca fora do tempo, os autores, genialmente, aproveitaram a novíssima moda da *mi-carême*[87].

Para assistir ao novo "Carnaval da Quaresma"[88], as personagens partiram de Queluz, com destino ao Rio de Janeiro, de trem. Foram todos em vagão leito! A cena inicial do vagão-dormitório é antológica. Roceiros, trapaceiros, um casal em lua de mel, Lopes (um tipo que se considera azarado) e os dois *compères* (José e Pereira) arranjavam-se entre as camas de cima e as de baixo. Para complicar o enredo ocorria o roubo de um relógio, ainda dentro do trem. Na chegada ao Rio de Janeiro surgia a primeira cena alegórica: os dois *compères* eram abordados pelas Joias, no característico *non-sense* revisteiro, e todos cantavam e dialogavam em absoluto clima de normalidade, como se fossem personagens de uma história realista. Na capital, apareciam também a Epidemia e seu pai, o Mosquito; assistia-se ao *Fox-trote*, aos manifestos de um grevista e, na apoteose do primeiro ato, entrava um Coro de *Abat-jours* – a luz da moda nos anos de 1920. Para não fugir à convenção das revistas de enredo[89], o casal caipira em lua de mel, Cazuza e Rosinha, perdia-se ao deixar o trem, era roubado, confundido com ladrões e ia parar na delegacia apesar de ser, continuamente, procurado por seus amigos. O segundo ato abria com

---

87 A expressão francesa significa "meia quaresma". Alguns jornalistas adaptaram naquele ano a ideia francesa ao Rio de Janeiro. A alegação foi que os foliões ficavam muito tempo tendo de esperar pelo sábado de Aleluia. E criaram um Carnaval brasileiro no meio da Quaresma, a *mi-carême*. A evolução do termo convergiu para a atual expressão "micareta".

88 A mi-carême, ou Carnaval da Meia-Quaresma, foi promovida pelo Banco do Brasil, no Rio de Janeiro. Aconteceu entre 1920 e 1922.

89 As revistas que utilizavam o fio condutor eram também chamadas "revistas de enredo" como rotularam também os franceses.

o Coro das Ofertas, na Casa de Modas *Au bijou de la ville*, de propriedade de José, o português do pé grande. Chegava Pereira, interessado em comprar um presente para a esposa Filomena. As novidades da loja se ofereciam cantando e dançando. Como última tentativa para encontrar o casal de roceiros perdido, os dois *compères* vão ao *Jornal do Brasil* para colocar um anúncio. O próprio jornal (em forma de alegoria) os recebe musicalmente. Após inúmeras peripécias, relativas à atualidade, dava-se o reencontro com o casal. Em seguida, vinha a apoteose com os grandes convidados: os Blocos Carnavalescos, saudados aos gritos de "Viva o *Jornal do Brasil*! Viva a *Mi-Carême*!". A própria *Mi-Carême* entrava em cena para puxar, no final do espetáculo, a marcha que dá o título à peça.

A estrutura brasileira carnavalesca seguia, portanto, o modelo da "revista de ano de enredo", mas agora essa estrutura estava reduzida a dois atos apenas – o que era, também, uma novidade.

Fazer uma revista de enredo era completamente diferente das revistas importadas da época, pois todas estavam chegando no formato de "virar página" sem que as alternâncias fossem alinhavadas pelo fio condutor. O ponto mais alto de *O Pé de Anjo* era, portanto, a história, embora houvesse inúmeras cenas espetaculares e feéricas, como a dos *Abat-jours*, na qual os autores pediam "muitos efeitos de luzes e cores". Também o grande repertório musical brilhava. Pontuando a ação, como um presente aos ouvidos, a marchinha "O Pé de Anjo" se repetia. Momo e Carnaval não apareciam personificados como era habitual na revista carnavalesca. Mas a genialidade dos autores sublinhava morfologicamente o signo carnavalesco, com a união dos dois compadres cujos nomes, justapostos, remetiam ao grande folião. Um se chamava Zé; o outro, Pereira[90].

## *Olelê...! Olalá...!*

Não se pode deixar de aferir a antológica *Olelê...! Olalá...!*, cuja estreia se deu em 3 de fevereiro de 1922, no Teatro S. José (na praça Tiradentes). A dupla Carlos Bettencourt e Cardoso de Menezes era responsável pela autoria do texto que, definitivamente, projetou a revista na direção do período dourado das *carnavalescas*, período esse que se prolongaria durante toda a década de 1930.

Seguindo o bom figurino da invenção brasileira, *Olelê...! Olalá...!* era, novamente, uma revista de enredo com perseguições, correrias e uma cena final de reconhecimento. Em meio à ação revisteira, na qual nenhum quadro está solto ou perdido em relação ao eixo central, havia fortes menções políticas, atualidades, críticas sociais, tudo mesclado a grandiosas cenas de fantasia e às músicas de Freire Júnior e Bento Mossurunga.

A escolha do tema era alusiva. Tratava-se do desaparecimento de Momo, como se o Brasil, em meio àqueles difíceis episódios políticos, tivesse se deixado tomar pela tristeza. No prólogo, um telão de fundo mostrava telegramas de vários países com os seguintes dizeres:

EUROPA – Momo, o Rei do Carnaval, depois da Grande Guerra, desapareceu. Os seus adeptos afirmam que ele morreu...

ÁSIA – Momo, o Rei da Folia, não foi encontrado aqui...

ÁFRICA – Não é exato que o Rei da Pândega tenha fixado residência nesta parte do mundo.

OCEANIA – Não há notícias de Momo.

AMÉRICA DO NORTE – O Rei da Troça não está aqui. O decreto proibindo o consumo de bebidas alcoólicas seria o seu maior espantalho.

AMÉRICA DO SUL – Consta que o Carnaval morreu devido à crise. Dizem que Sua Majestade foi vítima de 'pindahybite'... Nota importante: Onde estará o Rei Momo? O Carnaval terá morrido? Estará no Rio de Janeiro? Um prêmio de 500 contos a quem o encontrar.[91]

Em seguida ao prólogo, vinha o quadro primeiro ambientado na mansão de Lelê e Lalá[92], um

---

90 A expressão "Zé Pereira" já existia em Portugal antes mesmo de chegar ao Brasil, e significava o tocador de bombo ou zabumba e, por extensão, o conjunto de bombos, tambores e gaitas de fole. Era também o nome que davam aos conjuntos, verdadeiramente infernais, de um grande número de bombos, tambores, que, no norte de Portugal, à frente das procissões, incitava a gente do campo a incorporar-se à festa. No Brasil, considera-se também a expressão como uma corruptela do nome de seu famoso animador José Nogueira de Azevedo Paredes que, já em 1848, iniciara as barulhentas brincadeiras.

91 Cardoso de menezes; Carlo Bettencourt, *Olelê...! Olalá...!*, Rio de Janeiro, [s. n.], 1921-1922, p. 2. (Cópia xerografada.)

92 Essas personagens foram interpretadas pelos atores Alfredo Silva e Cecília Porto.

bondoso casal cuja filha, alegre e foliona, chamava-se Mimi. O patrão anunciava férias coletivas aos empregados, que sempre se dirigiam aos senhores utilizando carinhosamente as interjeições "Oh! Lelê!" e "Oh! Lalá!" Um amigo da família contava das folias do Rio de Janeiro e explicava que, diante da carestia e das dificuldades, melhor é sambar e brincar no Carnaval. Esse grande amigo chamava-se Carioca e sua *divisa* era *rir e folgar*.

A história é desencadeada no momento em que os pais de Mimi decidem passar o Carnaval em Petrópolis, para fugirem da bagunça. Mas, diante da insistência de Mimi, a família permanece no Rio de Janeiro. O português José, sabedor da recompensa dos quinhentos contos, demitia-se do cargo de jardineiro da casa e saía à procura de Momo. A família e Carioca saíam para passear e *pandegar* pela cidade. Começava assim a ação revisteira "de movimento". A *perseguição*, herdada das revistas de ano, dava-se através do português José que, escarafunchando cada pedacinho do Rio de Janeiro, ia tomando por Momo qualquer folião que encontrasse. Mas não era ele o *compère*, pois a ligação dos quadros não se sustentava através dele. A participação do jardineiro era relativamente pequena dentro do enredo.

Não há mais compadres em revistas a partir de 1922. Em *Olelê...! Olalá...!*, há "chefes de quadros", um procedimento mais moderno que substituía um compadre por vários compadres, cada qual em seu quadro, sem direito a fazer ligação entre eles ou a *coringar* pela revista. De acordo com o quadro ou cenário, os chefes podiam ser Lelê, em sua mansão; Carioca, na sua loja de pianos; José, em seu barzinho de suco de frutas, no centro da cidade.

O segundo ato abria no estabelecimento de José, então transformado em produtor de refrescos e caldo de cana. O cenário mostrava uma enorme moenda com grande roda, capaz de produzir conhecidas melodias carnavalescas sempre que era movimentada. A rubrica nos informa que havia um clarinetista fora de cena para executar os trechos das marchinhas populares. E a mais popular naquele momento era a marcha "Ai, Seu Mé", de Freire Júnior, que mexia com o apelido do candidato à presidência da República, o mineiro Artur Bernardes, conhecido como *Seu Mé*. A marcha havia sido proibida pela censura. A revista, encenada às vésperas das eleições, desafiava as autoridades, pois a marchinha, executada no clarinete sem a letra, era identificada pelo público, cujo estribilho, calcado na alusão falava do palácio de Lelê, onde José, ex-jardineiro, "haveria de nunca mais pôr os pés", referindo-se ao Palácio do Catete.

Alegorias também não faltaram. Entrava, por exemplo, um Coro de Ventarolas, que era a última novidade carnavalesca para aliviar o calor. Blocos carnavalescos alegorizados surgiam aqui e ali. Havia, também, uma boa mulata chamada Erotildes, que falava um francês arrepiante, aprendido entre o morro e o cais. O senhor Lelê, seduzido pela mulata e desengavetando os galanteios mais melados e obsoletos, acabava por lhe fazer a grande revelação. Convém conferir a deliciosa cena final de reconhecimento, bem ao estilo Artur Azevedo:

LELÊ – Mulata, meus quindins! Não foi o Carnaval que me virou a cabeça. Foste tu! Para te provar que a minha paixão é sincera, vou te confiar um segredo!

EROTILDES – Jura que não vai mentir? Palavra de honra que o senhor fala a verdade?

LELÊ – Juro! Tens em tua presença o Rei do Carnaval, o Rei da Troça, o Rei Momo! Enfim o Rei da Pândega!

EROTILDES – Que me diz!? O senhor, seu Lelê? Então Dona Lalá e Mimi quem são?

LELÊ – Lalá é a cidade do Rio de Janeiro, com quem vivo há muitos anos. Mimi, minha filha, é a Mi-Carême!!![93]

Após reconciliar-se com Lalá, que não era dada aos ciúmes, o casal abria os salões de seu palácio para oferecer, na apoteose final, um grande baile carnavalesco. *Olelê...! Olalá...!* somada à maioria das revistas da época, pretendia, como a mulata Erotildes, "suavizar as mágoas da humanidade".

## O Histórico Ano de 1922

Em 1922, comemorava-se o Centenário da Independência. Dentre os eventos comemorativos registravam-se a Exposição Internacional e a inauguração do Rádio no Brasil (em setembro) o qual,

---

93 Idem, p. 16-17.

uma década depois, iria concorrer com o teatro de revista, no que tange à divulgação e aos lançamentos da música brasileira. Com o centenário, crescia o orgulho patriótico. A busca permanente do novo, acrescida à questão da identidade nacional, deflagrou, em São Paulo, um dos movimentos mais significativos do pensamento brasileiro: a Semana de Arte Moderna. Esses fatos se refletiriam na Revista, como via de duas mãos, contaminando e deixando-se contaminar pelas novas posturas e pensamentos nacionalistas.

Ainda no ano de 1922, chegou ao Brasil a companhia francesa Ba-ta-clan, que, salvaguardando o espírito europeu no Teatro de Revista, despertou nossos autores para o luxo desmedido da *feérie*[94]. A Ba-ta-clan aportava no Rio de Janeiro com coreografias bem ensaiadas, figurinos elegantes, efeitos de luzes e de cenários mutantes. As novas *girls* que substituíam as antigas *coristas*[95] eram excelentes bailarinas e mostravam as pernas, antes não colocadas à mostra. O público gostou das novidades e aplaudiu o esmero da produção. Os novos conceitos estéticos impuseram espetáculos bem cuidados visualmente e renovadas exigências quanto à participação feminina. A revista brasileira, em permanente evolução, assimilou os novos conceitos, dando mais um passo no longo caminho que percorreria até a ostentação cênica. Com esse novo figurino, alçavam-se novos voos: combinava-se luxo com brasileirismos. Nosso teatro não abriu mão dos textos espirituosos nem da crítica política. Mas, de agora em diante, o espírito brasileiro seria também emoldurado pela fantasia primorosa. Carnaval com sátira política somada ao luxo tornou-se o modelo brasileiro de teatro de revista.

## Definindo a Cara da Revista

A década de 1920, evidentemente, foi mais que derivação ou consequência dos fatos de 1922. A praça Tiradentes fervia dentro e fora do período de Carnaval. O teatro de revista brasileiro iniciava a trajetória na direção do grande show. Fertilíssima, essa década definiu a cara do teatro de revista brasileiro e patenteou a bem-sucedida fusão entre música e teatro. E enquanto o rádio não se alastrava, foi esse teatro que revelou os autores e intérpretes mais memoráveis da música popular brasileira. Compositores até hoje reverenciados iniciaram suas carreiras na cena revisteira. José Barbosa da Silva (o Sinhô), Freire Júnior, Eduardo Souto, Henrique Vogeler, Lamartine Babo, Hakel Tavares e Ary Barroso, todos compondo e lançando melodias nesse festivo palco nacional.

À música brasileira eram reservados o maior espaço e respeito. Os dengues e as brejeirices das cantoras e vedetes contrapunham-se ao romantismo das vozes masculinas, sob medida para nossas melodias. A mistura de ritmos carnavalescos com modinhas, choros, maxixes e até trechos de músicas clássicas era embaralhada e dava espaço também para ritmos americanos, recém-chegados com os filmes.

Em 1924, nossos palcos registraram grande invasão de ritmos americanos. Aportaram aqui *ragtimes, fox-trots, charlestons e shimmies*. O repertório musical era extremamente eclético, articulando-se sem qualquer unidade sistemática. O objetivo, como sempre, era o de agradar e divertir o público, através da *atualidade*[96]. Lembre-se, porém, que no teatro de revista brasileiro dos anos de 1920, os americanos não foram levados a sério. Nada resultava perfeito: nem as coreografias, nem a harmonia, nem o inglês de nossos cantores. O tom era aquele mais apropriado possível ao teatro de revista: o tom do escracho. Carnavalizaram-se os números, juntaram-se o processo de dessacralização e a deturpação, riu-se dos ritmos alienígenas impostos pela indústria cinematográfica. Caricatas e cômicos, nas cenas de coreografias americanas, propositadamente nunca acertavam o passo, valendo-se do velho recurso da crítica oriunda do burlesco.

---

94 Termo francês que vem de *fée* que quer dizer "fada". O termo passou a designar um gênero de espetáculos mágicos e deslumbrantes.

95 A Ba-ta-clan chamava as coristas de *girls*. Entre *girl* e corista havia diferenças profissionais de postura e de técnicas. A função revisteira também era outra, pois de uma *girl* se esperava mais sensualidade que a simples brejeirice da corista.

96 Sobre a "atualidade", ver Neyde Veneziano, *O Teatro de Revista no Brasil: Dramaturgia e Convenções*. Campinas: Pontes/Editora da Unicamp, 1991, p. 65

## Novidades não Faltavam

Em 1923, Luiz Peixoto regressou da Europa, trazendo na bagagem algumas novidades que, somadas às influências *bataclânicas*, modificaram nosso panorama, do ponto de vista do texto e da cena. Luiz Peixoto, em seus espetáculos, orientava os cenógrafos, os coreógrafos, a concepção de iluminação e figurino.

A primeira inovação feita nos textos de revistas deu-se nos prólogos, os quais, nas revistas antigas, se passavam em estranhos e exóticos locais que, geralmente, eram moradas de deuses. Foram eliminados as personagens extraterrestres, celestiais ou infernais, deuses ou semideuses, que vinham à terra passar *em revista* os acontecimentos da cidade. A função do prólogo, daqui por diante, será apresentar toda a companhia, respeitando a ordem de entrada de acordo com a hierarquia do elenco, devendo ficar para o final a apresentação da grande vedete ou do grande cômico, segundo sua importância, pois, no teatro de revista havia hierarquia rígida nas marcações e nas filas do coro. Ainda sob o signo europeu futurista da época, e entusiasmado pela fantasia da Ba-ta-clan, Luiz Peixoto introduziu quadros mais rápidos para acelerar o ritmo da revista.

No contexto do espetáculo, buscou mulheres bonitas, exuberantes, saudáveis e bem treinadas na dança. Suas montagens eram sempre "Novidade! Revistas, em tudo, Ba-ta-clan", nas palavras do crítico Mário Nunes[97].

Foi nesse clima que Luiz Peixoto e Luiz Rocha, em 1926, no Teatro Recreio, criaram a "passarela", uma espécie de meia-lua que se estendia até o meio da plateia. Consequentemente, estava institucionalizada, no Brasil, a famosa "fila do gargarejo", para deliciar os machões da época que até pagavam um preço mais alto pela poltrona. O sistema foi inaugurado com a revista *Turumbamba*, de Luiz Rocha, da qual Luiz Peixoto era o diretor artístico[98].

O dramaturgo Luiz Peixoto.

## A Revista Ditando Moda

O tema principal do teatro de revista é sempre a *atualidade*. Estar em sintonia com a atualidade é, também, o primeiro compromisso do teatro de revista. Por isso é que às novidades está sempre reservado um quadro, uma música, um esquete. Telefones, ventarolas, *abat-jours*, descobertas científicas, automóveis, gramofones, elixires da juventude, tudo era assunto cabível nesse teatro de ritmos futuristas, em compasso com seu tempo. Em 1924, a revista *À la garçonne*, de Marques Porto e Afonso de Carvalho e músicas de Sá Pereira, considerada um dos dez maiores êxitos de todos os tempos, estreou no Teatro Recreio. A mulher, como tema, estava também na ordem do dia naqueles tempos de grande movimentação urbana, em que constantemente se discutia sobre o direito de voto feminino. O título da revista fora extraído do romance de Victor Margueritte,

---

97 *40 Anos de Teatro*, v. 2, Rio de Janeiro: SNT, 1956, p. 98.
98 A Passarela foi um sistema inventado em um dos teatros da Broadway nova-iorquina, na própria década de 1920, a fim de permitir ao cantor Al Jolson cantar mais perto dos espectadores.

traduzido no Brasil como *A Emancipada*. *À la garçonne*, entre os diversos assuntos tomados da atualidade, abordou a questão da emancipação feminina. Mas a revista ficou famosa, também, porque a estrela Margarida Max e suas coristas cortaram os cabelos muito curtos e lançaram a moda do novo penteado. O espetáculo viajou por várias cidades do Brasil e as moças das capitais e do interior, por muito tempo, adotaram o modelo de cabelo bem aparado à altura da nuca com franja generosa. Até os anos de 1950, esse corte era conhecido como *à la garçonne*, podendo-se ter uma ideia da repercussão e da influência do teatro de revista sobre a sociedade de então.

Antes de *À la garçonne*, o nu artístico resumia-se somente em se colocar as pernas de fora. No quadro "Sol Indiscreto", "a deliciosa banhista Manoela Mateus"[99], como a definiu Mário Nunes, tirou a parte de cima do maiô e exibiu os seios numa cena de praia. Documentos e artigos da época definiram *À la garçonne* como símbolo da revista moderna. O conceito de modernidade no teatro de revista estava, também, ligado àquele espírito *bataclânico* que havia a todos conquistado.

## Transformações Estruturais

Definido, nos anos de 1920, o formato da nova revista brasileira, a estrutura assim ficou constituída:

O "Prólogo" ou "Quadro de Abertura", geralmente precedido por uma *ouverture* orquestrada, abria o espetáculo apresentando, de forma *feérica*, toda a companhia. As cenas seguintes alternavam-se entre vários "quadros de comédias" (quadros de rua ou esquetes), "números de cortinas" e "quadros de fantasia". Finalizando os atos, sempre em número de dois, uma "apoteose" na qual, como no prólogo, participava toda a companhia. A apoteose do segundo ato poderia ser mais rápida, porém mais ufanista e significativa do que a do primeiro, incitando os espectadores aos aplausos a cada aparição de mais um artista da constelação revisteira[100].

A partir daí, com um *modus faciendi* adequado aos novos propósitos do gênero, o teatro de revista brasileiro lançou-se na era do profissionalismo, transformando-se em produto organizado para ser vendido e consumido. Bons autores continuavam sendo indispensáveis. Mas, agora, eles estavam liberados das peripécias cerebrais para se urdir um enredo, ou para encontrar uma situação-chave desencadeadora da ação revisteira. A parte textual da revista exigia habilidade e eficiência na confecção de esquetes, rábulas e monólogos. A atualidade, a crítica política, a sátira e o humor continuavam sendo temas centrais. Enquanto houvesse bom teatro de revista, tais ingredientes não abandonariam nossos palcos.

Em 1929, mais uma novidade foi acrescentada à encenação das revistas: a passarela baixa, utilizada pela primeira vez na *Guerra ao Mosquito*[101], de Marques Porto e Luiz Peixoto, um dos maiores acontecimentos da década. O novo recurso cenográfico servia à estrela Margarida Max, oferecendo-lhe a possibilidade de contato mais íntimo com seu público. Também nessa revista o humor *nonsense* ganhou grande destaque através de uma cômica e irreverente "conferência", proferida pelo ator Pinto Filho sobre a guerra aos mosquitos declarada pela Saúde Pública do Rio de Janeiro. Essa *conferência* simulada foi, mais tarde, gravada em disco e conseguiu ser campeã de vendas.

Foi também em *Guerra ao Mosquito* que estreou a dupla Jararaca e Ratinho. A carreira da dupla continuaria em várias revistas, até que os dois idealizassem *Casa de Caboclo*, título de uma espécie de companhia caipira especializada em temas e personagens sertanejas, apresentando-se, inicialmente, no Cine-Teatro Parisiense para, em 1931, passar ao saguão do Teatro S. José, sob o apadrinhamento do revistógrafo Duque. Uma plateia numerosa e mais popular passou a delirar com os temas regionais e caipiras.

---

99 M. Nunes, *40 Anos de Teatro*, v. 2, p. 136
100 Cf. N. Veneziano, *O Teatro de Revista no Brasil...*, em que há um estudo pormenorizado sobre a estrutura revisteira.

101 "Guerra ao Mosquito!" era a frase que as telefonistas diziam quando se lhes pediam uma ligação (nessa época as ligações eram feitas através das telefonistas), intensificando a campanha popular para evitar o desenvolvimento da febre amarela, pois um surto havia irrompido no Rio de Janeiro, em 1929.

• *O Teatro Profissional dos Anos de 1920 aos Anos de 1950*

A atriz Margarida Max.

## Jardel Jércolis, sob o Impulso Parisiense dos Anos Loucos

O teatro de revista, a exemplo do café-concerto[102], muitas vezes se confundia com as salas ou locais onde se davam os espetáculos. No Rio de Janeiro, a praça Tiradentes (e adjacências) concentrava a maioria das salas que exibiam (quase que exclusivamente) o gênero para um amplo público oriundo de diferentes classes sociais. Pode-se dizer que praça Tiradentes e teatro de revista eram sinônimos. No entanto, ainda que tentassem se modernizar, os teatros da "praça" teimavam em conservar a estética popular e tradicional da velha revista consolidada durante décadas.

Em 1925 surgiu um outro nome nesse panorama, capaz de desviar a velha estética revisteira para voos mais modernos e arriscados. O nome é Jardel Jércolis[103], um arrojado e irreverente empresário que voou com a revista para outro bairro do Rio de Janeiro, a Cinelândia, inaugurando ali uma linguagem mais elaborada e uma grande carreira de sucessos.

Foi na esteira dos loucos anos de 1920, em meio aos rastros deixados pela visita da Ba-ta-clan, que nasceu a companhia brasileira de Jardel Jércolis (batizada com nome semelhante ao da francesa). Chamava-se Tro-lo-ló. Por trás dela, além de Jardel, estava Patrocínio Filho, filho do abolicionista José do Patrocínio e conhecido no meio artístico como o "Zeca". Recém-chegados da Europa, os dois empresários fundaram a Companhia Tro-lo-ló, mais um importante signo de mudança neste percurso do teatro musicado. Mas, às vésperas da estreia, Jardel e Zeca se desentenderam. Jércolis seguiu sozinho, administrando e dirigindo artisticamente a companhia. Todas as ideias de mudanças de marketing e de estética partiram dele.

O primeiro espetáculo da Tro-lo-ló chamou-se *Fora do Sério* e inaugurou, em 1925, o Teatro Glória do Rio de Janeiro, transformando então o bairro da Cinelândia em outro importante reduto do teatro de revista, agora nitidamente dirigido a uma classe social mais exigente e de maior poder aquisitivo.

Para escrever a revista de estreia em novo formato, foram convidados dois autores de prestígio no meio intelectual: Humberto de Campos e Oscar Lopes, que apareceram com seus pseudônimos Conselheiro XX e Barão de O'ele, respectivamente[104]. Jardel havia prometido ao público um texto com mais "qualidade" e um espetáculo deslumbrante. Para tanto, cortinas mais ágeis, novas músicas e diferentes quadros cheios de novidades foram escritos. O cenógrafo Luís de Barros – cineasta e artista plástico também recém-chegado da Europa – concebeu a cenografia audaciosa, fugindo da repetição ingênua dos telões de fundo utilizados nas revistas da praça Tiradentes. Era quase uma exigência dos novos tempos.

Na segunda experiência da Companhia, Jércolis contratou a velha dupla de autores, Carlos Bettencourt e Cardoso de Menezes, que escreveu *Fla-Flu*. A crítica, ávida de modernidade, não recebeu com simpatia o lançamento, pois os autores deram a impressão de que aquele velho estilo popularesco da praça Tiradentes seria retomado. Logo após a estreia, contudo, Jércolis deu ritmo ao espetáculo ao fazer cortes no texto e no espetáculo. O público aplaudiu e os jornais aprovaram. Animado, Jardel Jércolis contratou, também, os autores Bastos Tigre e Goulart de Andrade para que investissem no novo formato. Deram-se as estreias de *Stá na Hora*, de Goulart de Andrade[105] e músicas de Heckel Tavares[106]; *Zig-Zag*, de Bastos Tigre e músicas de Antônio Lago; *Plus Ultra*, novamente de Goulart de Andrade, com músicas de Heckel Tavares; *Bric a Brac*, da dupla Bastos Tigre e Antônio Lago; e *Zás Trás*, de Luís Carlos Júnior e Victor de Carvalho, com músicas de Juan Moreno.

Como era de se prever, aos poucos, as novas e velhas estéticas foram se contaminando. A Tro-lo-ló,

---

102 O gênero café-concerto somente poderia se dar em casas apropriadas chamadas de café-concerto, com palco, mesinhas e bebidas servidas aos consumidores. Desse modo, a classificação da casa se confundia com o gênero que a casa abrigava. Café-concerto se apresentava em cafés-concerto.

103 Jardel Jércolis, pai de Jardel Filho.

104 Esses eram os pseudônimos que ambos utilizavam em seus artigos escritos para a revista *A Maçã*.

105 Goulart de Andrade, como Humberto de Campos, também trazia o prestígio da Academia Brasileira de Letras e escrevia com o pseudônimo de Zé Expedito.

106 Heckel Tavares, músico de formação erudita, trouxe requintes para a orquestra da Tro-lo-ló, como a inclusão do oboé, por exemplo.

Cena de *Traz a Nota*, de Jardel Jércolis e Luiz Iglezias,
em produção da Companhia Tro-lo-ló. Teatro Carlos Gomes, 1932.

rendendo-se à força do hábito, foi se apresentar no reduto da praça, onde as companhias já montavam espetáculos mais caprichados, influenciadas que estavam pela onda da nova companhia.

Luiz de Barros, considerado a grande revelação da cenografia brasileira, abandonou a Tro-lo-ló durante a temporada de *Zig Zag* e criou uma companhia própria e de nome semelhante, a Ra-ta-plan (que viria a encenar espetáculos nos mesmos moldes da Tro-lo-ló). Para o seu lugar, Jardel convidou Ângelo Lazary, um dos melhores e mais experientes cenógrafos do Rio de Janeiro da época, mantendo o estilo e o acabamento visual. Os espetáculos nada sofreram.

A iluminação passou a ser elemento integrante da linguagem teatral, pois Jércolis a conduzia com técnica e sensibilidade, transfigurando cenários, fazendo magia com diferentes intensidades, cores e sombras. E essa foi outra de suas grandes contribuições à história do espetáculo no Brasil, até então sem técnicos ou encenadores que levassem iluminação a sério.

Para substituir as antigas coristas, que Jércolis chamava de *girls*, vieram dançarinas estrangeiras. Efeitos ousados iam à cena. A exibição das pernas nuas das *girls* representava mais uma das grandes atrações. Na revista *Bric a Brac* surgiu o esboço do que seria, mais tarde, o *strip-tease* no Brasil. As *girls* entravam pela plateia e, aos poucos, tiravam a roupa a fim de vestirem os figurinos da revista, à frente do público. Claro que permaneciam de combinação. Mas a letra da canção era muito maliciosa e extremamente ingênua para nossos dias:

> Já – Já – Já...
> Já são mais de sete e meia
> Dez minutos temos só
> A plateia já está cheia
> Pois é um fato o Tro-lo-ló.
>
> É correr mais que depressa
> É correr com todo afã
> Pois a peça

Não começa
Sem tirarmos peça a peça
Prá vestir à bataclan
O chapéu saquemos fora
    Zás traz
E o vestido sem demora
Toca a retirar
traz zás
Vamos as meias agora
Com cuidado descalçar
Que se a malha rebenta
É violenta
A despesa de outro par.
A combinação galante
    Zás traz
Retiramos num instante
Com requintes de pudor
    Zás traz
Quem do nu não for amante
Feche os olhos por favor...

Cumpre agora que vistamos
Eia vamos
Nosso número a rigor

Da cortina para a frente
Depressinha vamos nós
De semblante sorridente
Sem olhar para os coiós.

Pelo número primeiro
A revista mostra o que é
Pois com graça
Que se faça
Este número brejeiro
Bem ligeiro salte o pé[107].

## A Revista Negra

Na segunda metade do ano de 1926 surgiu a Companhia Negra de Revistas, com músicos e artistas negros do Rio de Janeiro e de São Paulo. Mais do que uma experiência típica ou curiosa, a iniciativa sublinhava a forte tendência de se construir uma identidade nacional mestiça, pois os espetáculos valorizavam a cultura negra mostrando-a como um dos símbolos nacionais. No mesmo período, a cultura negra tida como exótica fazia grande sucesso em Paris, onde os produtos culturais africanos juntavam-se ao jazz, com músicos, cantores e vedetes norte-americanos engrossando os elencos de shows e revistas musicais. O maior exemplo dessa geração foi a americana Josephine Baker que, aos dezenove anos, estreou na *Revue Nègre*, em Paris, e se transformaria na grande estrela do *Follie Bérgères*.

No Brasil, já havia coristas negras no teatro de revista durante a década de 1920. O próprio Teatro S. José apresentava dez coristas negras conhecidas como *the black girls* ao lado de outras 36 (brancas). No entanto, era muito comum a apresentação de atores brancos pintados de negro, ressaltando em grosseiras caricaturas o tipo tão popular à nossa história.

A Companhia Negra de Revistas mostrou-se como um excelente ponto de partida para se repensar a questão do negro e, principalmente, a questão do ator negro no teatro. Mais tarde, houve a Companhia Mulata Brasileira, também nos mesmos moldes.

*Tudo Preto* foi a revista de estreia da Companhia Negra, organizada por De Chocolat. A crônica e o público não se decepcionaram. A revista fez estrondoso sucesso e a peça associou-se ao orgulho racial, com quadros como "Cristo Nasceu na Bahia" e uma apoteose à "Mãe Negra" em que brilhavam as vedetes negras Rosa Negra e Jandira Aimoré, que mais tarde se casaria com Pixinguinha.

A Companhia Negra de Revistas durou um ano – de julho de 1926 a julho de 1927. *Tudo Preto*, alguns meses depois passou a se chamar *Preto e Branco*, pela inclusão de alguns atores brancos no elenco. Foi seguida pela montagem de *Café Torrado*. Apresentaram-se, também em São Paulo e no interior do estado.

Pixinguinha foi regente contratado da Companhia Negra desde a sua fundação e permaneceu nela até as apresentações em São Paulo. Em 1926, a grande atração da companhia era Grande Othelo, que fugiu de Uberlândia (sua cidade natal) com um grupo de teatro mambembe, fazendo sua estreia profissional na Companhia Negra (durante a temporada paulista) aos seis anos de idade. A crítica o

---

107 Em Delson Antunes, *O Homem do Tro-lo-ló: Jardel Jércolis e o Teatro de Revista Brasileiro 1925-1944*, dissertação de mestrado, Uni-Rio, 1996, p. 28.

classificou como um verdadeiro assombro. Grande Othelo foi para o Rio e ficou na companhia durante cinco meses. Durante esses meses, foi a principal atração, mudando para sempre o tipo característico do neguinho travesso na revista brasileira.

## Novidades e Variedades

Nos primeiros espetáculos da Tro-lo-ló, ainda se percebia certa unidade no texto ou, pelo menos, um tênue fio condutor. Os ventos da modernidade que vieram da Europa desviaram, formalmente, a revista de Jércolis para o *espetáculo de variedades*.

Com a Tro-lo-ló a revista brasileira entra na era do "espetáculo de virar página" modelo no qual (como no *cabaret*) cada quadro existe por si e não em função dos outros e do qual (como no circo) não se precisa assistir ao número do engolidor de facas para que se entendam os movimentos da bailarina. É este o momento em que a figura do *compère* vai ser banida dos palcos brasileiros, para dar lugar aos vários "chefes de quadros" que, sem costurarem a revista de ponta a ponta, passaram a exercer a função do antigo compadre, protagonizando, cada um, seu episódio ou esquete respectivo.

As revistas de Jércolis lançaram modas, jargões populares e sucessos musicais. A fórmula apontou, definitivamente, para o "teatro de variedades", tão ao gosto dos futuristas[108]. A variedade era, portanto, essencial. Os textos eram inteligentes, divertidos e apimentados, carregados de *double-sens* e humor. Os temas passavam pelo consumo da cocaína, pelo rádio, pelo automóvel, chegavam aos abusos dos governantes, eram suavizados pela exaltação da mulher brasileira e dos valores nacionais, em que se misturavam negros, brancos e índios.

Na história do teatro musical brasileiro, Jardel Jércolis é considerado o precursor das grandes montagens. Ele ajudou a consolidar a nova revista, reflexo do movimento modernista que crescia no país, sob a influência das experiências artísticas da vanguarda europeia do início do século. Pelas fichas técnicas é possível se constatar todo o cuidado com o espetáculo. Havia coreógrafo, diretor de cena, diretor geral, dupla cômica, figurinista, iluminador.

As novidades foram muitas. Refletiram-se nos espetáculos, nos elencos, nos textos e no brilho. Mas ainda assim, com todas as alterações, continuava o procedimento popular do reaproveitamento: reutilizavam-se fragmentos, músicas, piadas, esquetes, cenários, figurinos. Para júbilo da plateia, atrizes e comediantes brasileiros também continuaram improvisando e esbanjando facécias políticas. E os compositores brasileiros, com embaraço e singularidade, souberam usar os novos formatos a favor da nossa música, mantendo o ritmo e reinventando a ginga que, por alguns momentos, pareceu ameaçada pelo *jazz*.

Dentre as inovações que Jércolis introduziu no panorama revisteiro está a reforma do sistema das velhas orquestras que acompanhavam os espetáculos de revista. O cuidado de Jércolis com a orquestra foi uma de suas marcas, transformadas em grandes atrações. Compostas por músicos competentes, essas orquestras foram alvo de frequentes elogios. Heckel Tavares, maestro de formação erudita, introduziu novos instrumentos jamais utilizados em orquestras de revista. Em 1928, já se pode constatar a presença de Sinhô no grupo de criação musical. Jércolis foi também quem trouxe o *jazz* para os palcos brasileiros, com arranjos sofisticados. E criou a Syncopated Jazz Tro-lo-ló Orquestra. A novidade enriqueceu e diversificou as possibilidades melódicas dos espetáculos. Sucediam-se ritmos variados, como tangos argentinos, *charlestons*, fados portugueses, polcas russas, bailados gitanos. Alternavam-se quadros de ópera com cenas populares de morro e de favela. A preocupação com a boa música do espetáculo foi constante na carreira de Jércolis. Em 1932, na Companhia de Grandes Espetáculos Modernos, a orquestra, regida por Jércolis, trazia o nome de Jazz Symphonic. Entre 1934 e 1944, na Companhia Jardel Jércolis, tocava a Jércolis Syncopated Hot-Band, uma nova orquestra composta por doze músicos.

Pelo elenco de atores, comediantes, cantores e compositores da companhia, pode-se avaliar o grau de produção daqueles espetáculos. Fizeram parte de seu *cast*: Aracy Cortes, Sílvio Caldas, Lamartine Babo, Noel Rosa, Assis Valente, Custódio Mesquita, Francisco Alves, Ary Barroso, Margot

---

[108] Filippo Tommaso Marinetti lançou, em 1909, o "Manifesto Futurista". O futurismo exaltava a máquina, a velocidade, a eletricidade e os tempos modernos. Para Marinetti, o teatro de variedades era o gênero que representava a síntese da modernidade, por ser veloz e sem dogmas.

Louro, Dercy Gonçalves, Grande Otelo, Oscarito e Mesquitinha. A mulata Aracy Cortes, que vinha em ascensão desde o início da década de 1920, era figura importante na companhia. Aracy sintetizou o ideal dessa revista tro-lo-ló direcionada às variedades e ao *music-hall*. Ela cantava, dançava, tinha um tipo brasileiro e sensual, era cômica, caricata e ótima atriz. Seus números de plateia entusiasmavam, graças a sua espontaneidade e ao jeito brejeiro de dizer o texto.

Em sintonia com seu tempo, pouco a pouco, Jardel Jércolis foi modificando, inclusive, a duração dos espetáculos que ficavam cada vez mais curtos. No início, por exemplo, *Fora do Sério* durava duas horas. Após as temporadas na Argentina e Chile, em 1929, a mesma peça durava pouco mais de uma hora.

E a "filosofia revisteira", que norteou a produção teatral da época, esteve bem documentada nos próprios textos. Um ótimo exemplo está na revista *Pó de Arroz*, de Geisa Bôscoli (1927). Após o prólogo, havia a significativa cortina, cuja letra ilustra, eficazmente, os princípios que norteavam aquela cena musical moderna:

> No Teatro de Revista,
> o seu fator principal
> é que uma mulher,
> uma mulher,
> se dispa,
> quando o corpo é escultural[109].

Houve grande disputa entre as companhias de teatro de revista. Se o empresário Manuel Pinto, por exemplo, anunciava vinte *girls* em seus elencos, Jardel Jércolis contra-atacava com um número ainda maior. Com a competição entre os produtores, ganhou o espetáculo. O estilo Jardel havia contaminado a praça Tiradentes e colocado o teatro de revista na rota da *féerie*.

A Tro-lo-ló desfez os últimos laços que atavam a revista brasileira ao modelo português, adaptando-a, definitivamente, ao estilo francês de espetáculo e texto, embora nunca tenhamos abandonado a verve brasileira.

Existiu de 1925 a 1932, quando a crise dissolveu o grupo. Em seguida, Jardel Jércolis retomou seu trabalho com a Companhia de Grandes Espetáculos Modernos, até 1934. Depois, formou a Companhia Jardel Jércolis. Esteve em cartaz até 1944.

Ao lado de Luiz Peixoto, Jardel arriscou-se ainda mais nas renovações cênicas para o teatro de revista. Talvez porque ambos tivessem experimentado diversas funções teatrais, o que lhes garantia conhecer por dentro o "edifício revista". Luiz Peixoto era poeta, letrista, autor, cenógrafo e encenador[110]. Apesar de não ter as habilidades de um dramaturgo, Jardel mostrou-se à nossa história de forma também eclética. Era dançarino e empresário, dirigia, iluminava, regia orquestras, cantava e também maxixava. O último espetáculo da Companhia Jardel Jércolis foi *Hoje Tem Marmelada*, de Luiz Peixoto e Jércolis, levado à cena em 1943. Jércolis morreu em 1944 num vagão de trem.

Nos seus cartazes, o nome das vedetes brilhava em primeiro lugar.

## Walter Pinto

Somente em 1940 é que entraria em cena o outro nome importante nas transformações do teatro de revista que já se transformara em significativa indústria de diversões. O nome era Walter Pinto, conhecido como o maior empresário que o teatro de revista já teve.

Jardel Jércolis havia trocado Portugal por Paris. O luxo dos cenários e figurinos era sempre anunciado *comme à Paris*. Walter Pinto trocou, definitivamente, a estética de Paris pela da Broadway. Nunca entrou em cena, mas pensou nela como se fosse seu próprio palácio de sonhos.

Nos cartazes, destacava-se em primeiro lugar o nome Walter Pinto. Aos poucos, seu rosto começou a se revelar no material de propaganda. Mais tarde, com bigodinho sorridente, a figura magricela começou a aparecer emoldurada por uma grande estrela. Sua foto ficava sempre acima das vedetes.

---

109 Em D. Antunes, op. cit., p. 34.

110 A denominação "encenador" não existia na época. Chamava-se o diretor de "ensaiador". Ainda que não existisse a expressão, percebe-se que a encenação no Brasil está nascendo justamente nesse período, tomando forma e criando linguagens próprias.

## O Teatro Recreio na Era Walter Pinto

Foi em 31 de dezembro de 1940, com a revista *Disso é que Eu Gosto!*, de Walter Pinto e Miguel Orrico, que se inaugurou a fase do deslumbramento no Teatro Recreio. Oscarito e Aracy Cortes encabeçaram o elenco da primeira revista que a Companhia Walter Pinto apresentou. *Disso é que Eu Gosto!* lançou mais um novo estilo de revista. Dali para a frente, a "filosofia revisteira" pregaria que "no espetáculo, o fator mais importante era o que se mostrava". Mas, como sempre, durante algum tempo, este novo formato ainda conviveu com o antigo em que o mais importante "era o que se dizia" (ou cantava).

No Teatro Recreio, à época dos empresários José Loureiro e Antônio Neves, já se havia apresentado mais de trezentas revistas. Depois, o teatro passou às mãos de Manoel Pinto. Com sua morte, o Recreio ficou com o filho Álvaro Pinto. Um desastre de avião, porém, tirou-lhe a vida. Walter Pinto, seu irmão mais novo, com apenas 27 anos, assumiu a responsabilidade da empresa teatral. Estávamos em 1940.

Como empresário e grande homem de negócios, Walter Pinto primeiro organizou comercialmente sua empresa. Dividiu-a em setores de produção. Havia o diretor da cenografia, o diretor da carpintaria, o diretor musical, o coreógrafo, o professor de dança, o professor de canto, o professor de postura, o iluminador. E chamou para trabalhar diretamente a seu lado grandes nomes como o dramaturgo e poeta Luiz Peixoto e o compositor Ary Barroso. Esse último começou a trabalhar com Walter em 1941, com *Os Quindins de Iaiá*, de J. Maia e Walter Pinto, espetáculo que foi ao centenário[111] e que marcou o retorno de Aracy Cortes ao Recreio, após um tempo de afastamento. Seguiram-se *Pode Ser ou Tá Difícil?*, de Almeida Cabral e Clio Novelino, com Oscarito e Aracy, e *Você já Foi à Bahia?*[112] (1941-1942), que também ultrapassou o centenário. Naquele ano, a Companhia Walter Pinto começou a se apresentar em São Paulo. *Tico-Tico no Fubá* (1944), de Alfredo Breda e Walter Pinto, foi um dos maiores sucessos de bilheteria. A revista, anunciada como "hino da brasilidade", apresentava o chorinho clássico de Zequinha de Abreu que se tornou internacional.

## O Espetáculo Espetacular e o Grande Produtor

O espírito empreendedor de Walter fez com que, imediatamente, seu Teatro Recreio passasse a atrair as camadas mais diversas da população. Para tanto, reformou o teatro que se tornou a primeira sala de espetáculos a ter cadeiras estofadas, chamadas de *super-pulmans*. Mas tratou de deixar, também, o balcão e as galerias, de onde se podia assistir aos espetáculos por um preço bem mais barato. Sua trajetória acabou por mudar o conceito de temporadas. Antes, muitas companhias montavam 12 ou 24 peças por ano. Depois do modelo Walter Pinto, duas, no máximo três por ano resultavam na medida do sucesso.

No palco, a forma suplantou de vez a ingenuidade e a improvisação. As coreografias, que chegavam a contar com quarenta *girls*, tinham de ser rigorosamente precisas. Cortinas de veludo, cenários suntuosos, plumas, iluminação *feérica*, ao som da orquestra que tocava retumbante, faziam parte da grande ilusão oferecida pelo exigente Walter. Cascatas não faltavam. Havia cascatas de fumaça, cascatas de espuma, cascatas de água, cascatas de mulheres...

Com Walter Pinto, as vedetes conquistaram o público e superaram, em popularidade, os cômicos. Cantavam, improvisavam com desembaraço, dirigiam-se com naturalidade à plateia, sabiam dizer piadas e eram sensuais. Era o tempo das notáveis Otília Amorim, Margarida Max, Aracy Cortes, seguidas, mais tarde, por Mara Rúbia e Virgínia Lane. Naqueles tempos, automóveis e arranha-céus já se multiplicavam no Rio de Janeiro.

Para sublimar a exuberância de suas vedetes, Walter Pinto criou a escada-gigante. *Girls* e vedetes, para surgirem no topo, deveriam entrar nele

---

111 "Ir ao centenário" era uma expressão usada pelos jornalistas e significava, evidentemente, fazer mais de cem apresentações. Ir ao centenário era, na época, fato muito raro. A Companhia Jardel Jércolis, em tempos de crise (1931), chegou a fazer espetáculos que duraram apenas quatro dias em cartaz.
112 Título de um samba de Dorival Caymmi. É, também, o título brasileiro do famoso filme de animação de Walt Disney, *The Three Caballeros*, de 1944, em que aparece pela primeira vez a personagem Zé Carioca e no qual Aurora Miranda interpreta "Os Quindins de Iaiá".

Apoteose da peça *Canta Brasil*, montada pela Companhia Walter Pinto em 1945.
A cena alude à tomada do Monte Castelo pelo exército brasileiro na Itália, durante a II Guerra Mundial.

através dos camarins do primeiro andar. Depois, para descer os degraus, um a um, teriam de fazê-lo com elegância, sem jamais olhar para o chão. Conta-se que Walter Pinto as obrigava a descer, em média, trinta vezes por dia, até que conseguissem fazê-lo com graciosidade, sorrindo e de cabeça erguida, condições básicas para se fazer parte do elenco. No corpo de baile[113], havia dançarinos franceses, poloneses, portugueses, argentinos. Todos trabalhando sob rígida disciplina. No meio de todo esse cuidado com os aspectos visuais, surgiam cômicos como Oscarito, Mesquitinha, Dercy Gonçalves, que também compunham o *cast*. Porque, mesmo debaixo de todas aquelas luzes, o estilo da comicidade brasileira continuava firme e irreverente. Historicamente, burlar a censura e os poderosos são convenções do teatro popular e, em especial, dos gêneros cômicos. São estratégias da dramaturgia enfrentando o cotidiano e as injustiças sociais. A grande irreverência da revista ainda era uma de suas maiores forças. A censura política já fazia desviar o foco de atenção para a malícia e a sensualidade, como o faria também na década de 1960.

## Reinando com Malandragem Durante a Era Vargas

A malandragem e o escracho comentavam fatos do dia a dia e continuavam muito vivas, apesar das ameaças constantes do DIP[114]. Aliás, uma das primeiras proibições do DIP foi a de explorar a figura do ditador, mesmo em *charges* ou caricaturas que lhe fossem favoráveis. O DIP, que fora criado exclusivamente para guardar a imagem do ditador com suas plataformas populistas e políticas, pouco restringiu a ação dos revistógrafos brasileiros. Estava claro que ser criticado nos palcos da revista poderia

---

113 O corpo de baile era formado pelas *girls* e pelos *boys*.

114 O DIP, Departamento de Imprensa e Propaganda, foi criado em dezembro de 1939, por um decreto do presidente Getúlio Vargas, com o objetivo de difundir a ideologia do Estado Novo (1937-1945). Ao DIP cabia a censura de artes e diversões.

ser muito temeroso e, paradoxalmente, aceitável, pois levava à consagração e à fama.

Contudo, dois fatores impediram os autores cariocas de atacarem diretamente os feitos do governo. O primeiro era gerado pela simpatia que o presidente angariara na classe teatral. Os profissionais de teatro no Brasil deviam a Getúlio Vargas a legalização da profissão[115]. Essa gratidão, muitas vezes, refletiu-se no palco, como nos informa Luiz Iglézias:

> Por isso, o nosso profissional de teatro deve muito a Getúlio Vargas. Em compensação, Getúlio Vargas deve ao nosso teatro uma grande parte de sua popularidade e da estima que lhe dedica o nosso povo. Nunca um chefe de governo foi tão focalizado em palcos teatrais, como o triunfador da Revolução de 1930. A figura de Getúlio Vargas apareceu, sempre, como atração principal de todas as revistas que se representaram e da maneira mais simpática encarnada nos tipos mais populares da massa, uma vez vestido de gaúcho, outra vez vestido de operário, de caçador, de revolucionário, de lavrador, de professor, de galo e até de motorneiro de bonde![116]

O segundo motivo que, possivelmente, suavizara as caricaturas satíricas feitas ao chefe da nação, era um receio natural que dominava alguns revistógrafos diante do regime radical e totalitário. Durante o governo do presidente Vargas, que durou até 1945, Pedro Dias, magnificamente maquilado por Luiz Peixoto[117], caricaturava Getúlio Vargas dentro das limitações que o regime permitia. O governante, que gostava do teatro de revista, sorria complacente e acenava para o público do alto de seu camarote, no Teatro Recreio. No palco, a figura populista como personagem limitava-se, com o charuto aceso, a acenar com a mão direita. Para o público, ficava subentendido que o poder resistiria.

Walter Pinto reinou com sua milionária companhia durante vinte anos (1940-1960). Destes, cinco anos foram durante o período ditatorial da Era Vargas (1937-1945)[118] e, posteriormente, durante mais quatro anos, quando Getúlio se fez presidente legalmente, pelo voto do povo. Como a revista reflete e *revista* os fatos do presente, as marcas dos comportamentos, da política e da ideologia que pareciam harmonizar o Brasil, espelhavam-se no palco iluminado. A ideologia governamental fazia o povo acreditar que este é o melhor país que há. Era cômodo, ufanista, cívico e, sobretudo, útil ao populismo. O barracão de zinco reluzia lírico e prateado. Carnaval, mulher e malandragem eram as imagens que caracterizaram o Brasil do Estado Novo. O malandro, o virador, especializado em pequenos golpes, sempre se saía bem e era exaltado. Ele e a mulata fortaleceram-se como símbolos da pátria naquelas revistas e protagonizaram um universo de purpurinas, totalmente *às avessas*.

O malandro já era cantado no palco e nos discos há algumas décadas. Do seu figurino revisteiro fazem parte a camisa listrada, o sapato em duas cores, o chapéu tipo palheta. Apesar da conotação imediata ser a de um vagabundo, ocioso, morador das favelas, negro, mulato ou branco, a malandragem transformou-se, nessa época, em sinônimo de esperteza. Uma esperteza que se tornaria um signo mais abrangente ao representar o caráter do brasileiro médio. E o presidente Getúlio Vargas, pelas rasteiras que pregara em correligionários e adversários políticos, passou a ser considerado um grande malandro, isto é, um esperto. Essa figura obrigatória em revistas brasileiras que assumiu caráter emblemático ligado ao Carnaval fortaleceu-se nas revistas dessa época.

Quando, em 1942, o Brasil entrou na Guerra, o conflito mundial converteu-se em mote de quadros e apoteoses nas peças: *Alerta, Brasil!* (1942), de Custódio Mesquita e Miguel Orrico, com Mesquitinha

---

115 A regulamentação da profissão foi publicada como Decreto-Lei, no *Diário Oficial* de 18 de julho de 1928. Antes da lei, atores, atrizes e técnicos eram considerados *gente sem profissão* e desclassificados socialmente. As condições de trabalho nas companhias teatrais eram desumanas e as empresas não concediam descanso semanal aos artistas. No processo vertiginoso das montagens que se sucediam, enquanto apresentavam um espetáculo à noite (às vezes com duas ou mais sessões), ensaiavam a peça que iria substituir a que estava em cartaz.
116 *O Teatro da Minha Vida*. Rio de Janeiro: Valverde, 1945, p. 139.
117 Luiz Peixoto, além de dramaturgo e autor da burleta *Forrobodó*, era um homem completo de teatro. Além disso, foi excelente letrista de músicas famosas.

118 A chamada "Era Vargas" começa com a Revolução de 1930 e termina com a deposição de Getúlio Vargas, em 1945. É marcada pelo aumento gradual da intervenção do Estado na economia e na organização da sociedade e também pelo crescente autoritarismo e centralização do poder. Divide-se em três fases distintas: Governo Provisório (1930-1934), Governo Constitucional (1934-1937) e Estado Novo ou Governo Ditatorial (1937-1945). Em 1950, Getúlio volta à presidência da República, eleito pelo povo. Fica na Presidência até 24 de agosto de 1954, quando se suicida.

e Aracy; e *Rei Momo na Guerra* (1943), de Freire Jr. e músicas de Assis Valente, com Dercy Gonçalves, Pedro Dias, Manoel Vieira e 150 passistas da Escola de Samba de Mangueira, sob a direção de Otávio Rangel.

Uma leitura mais atenta das revistas da Era Vargas vai nos colocar diante de certas *saídas* encontradas pelos autores, através de *alusões*, as quais, com certeza, estariam, em última análise, criticando comportamentos governamentais e sociais institucionalizados, como aquele emitido pela voz presidencial, que se tornou célebre: "Deixa estar para ver como é que fica".

Três décadas mais tarde, a figura do malandro perderia seu encanto. Seu lugar no teatro seria ocupado pelo marginal, fruto do desemprego, da má educação que recebeu em criança, da parca alimentação que teve, do barraco em que nasceu e da mãe que o abandonou. Mas ainda não chegara a vez do Teatro de Arena nem do teatro de resistência. As pessoas ainda tinham fé. Ainda acreditavam que Deus poderia mesmo ser brasileiro. O mito da *Carta de Caminha*, de que na nossa terra "em se plantando tudo dá", ainda absolvia a indolência e a preguiça macunaímicas.

## Espetáculo e Produção Se Confundiram

Terminada a Guerra, em 1945, a praça Tiradentes fervia em dias de glória. A vedete Mara Rúbia, em início de carreira, era a nova sensação. *O Bonde da Laite* foi uma das revistas de maior sucesso em 1945. Escreveram-na Luiz Peixoto e Geisa Bôscoli. Encabeçavam o elenco Mara Rúbia e Dercy Gonçalves. Também de 1945 foi *Canta Brasil*, de Luiz Peixoto e Geisa Bôscoli, uma revista cheia de inovações técnicas, ao estilo de Walter Pinto, que gostava de pôr em cena as fantasias mais fantásticas.

Mas nem só de Walter Pinto vivia a revista. Era um vaivém dos atores entre teatros e companhias. Aracy Cortes, Dercy Gonçalves, Beatriz Costa e Oscarito, entre tantos, montaram e desmontaram suas próprias companhias.

Elegemos Jércolis e Walter Pinto para representar os anos de 1920 a 1950 porque tratamos de um teatro empresarial. Da mesma forma, elegemos a cidade do Rio de Janeiro como centro de nossa atenção porque foi na capital da República que o movimento se tornou significativo. Em termos numéricos, o teatro de revista foi o gênero mais expressivo que o Brasil já teve. E não se podem desprezar os números.

Em 1946, Dutra foi eleito presidente e Renata Fronzi já estava em cena no Recreio como a nova vedete. Naquele ano, Walter D'Ávila também impressionava a plateia com seu novo estilo de humor. Em 1947, Colé Santana se firmou como grande comediante. Dercy Gonçalves formou sua própria companhia. O produtor e diretor Chianca de Garcia também cresceu com suas produções. A revista havia se consolidado como arte de massa.

No final do período, a primazia das noites cariocas era disputada entre as vedetes Mara Rubia e Virgínia Lane. Em 1950, Virgínia Lane recebeu do presidente Vargas o título de "A Vedete do Brasil" e foi com Getúlio Vargas que a estrela manteve um discreto caso de amor durante 15 anos, sendo a 1ª dama da República dos bastidores.

A censura era rígida em relação às palavras, mas os textos sabiam insinuar pornografias e, repletos de sentidos duplos, ficavam abertos à malícia dos espectadores. O nu (somente) estático, feito pelas "modelos", era permitido durante o período aqui estudado.

A história do teatro Recreio terminou em 1963, quando foi desapropriado e destruído. Durante os vinte e três anos em que lá esteve, Walter Pinto fez com que a revista subisse tantos degraus na escadaria da *féerie* que a precipitou no abismo inevitável. Era dar mais um passo à frente e... cair.

## A Representatividade de Toda Representação

O teatro de revista no Brasil pode ser visto como um gênero de teatro musical que detinha, no país, mecanismos próprios de construção de texto e espetáculo. Pode ser entendido como divulgador dos êxitos da música popular brasileira, oferecendo um painel surpreendente de composições e compositores que, até hoje, cantam no imaginário coletivo. Pode ser tomado, também, como o gênero que melhor exprimiu a ideia que o Brasil tinha de si nas primeiras décadas do século XX. Numerosos podem ser os pontos de vista. Ainda mais quando se trata de um teatro polissêmico, na sua essência e no seu formato, no seu conteúdo e na sua estética. Podemos observá-lo, inclusive, como *empresa* de arte e diversão de massa e, também, dizer que é um dos elementos responsáveis no processo da formação da nossa identidade cultural.

O teatro de revista não se inscreve mais em nosso presente teatral. As marcações simples, todas em linha reta, de frente para a plateia, respeitando as convenções e hierarquias caíram de moda. Nesse mundo em que se televive, chamamos ingênuo o humor verbal. Remetemos ao plano do nevoeiro esse teatro que cumpriu exemplarmente seu papel modificador durante décadas.

Quando se tenta reconstruir a história, deparamo-nos com marcos e bandeiras considerados definitivos. Pascoal Carlos Magno tirou o ponto, dizem. A encenação no Brasil surgiu de um polonês, acredita-se. Não se prestou muita atenção, mas bem antes Jardel já ousava apresentar espetáculos sem ponto. E Luiz Peixoto (que também fez teatro sem ponto), provavelmente foi o introdutor da "encenação" no Brasil. E Artur Azevedo? Este já pensava e descrevia o texto-espetacular em suas revistas. E assim segue o teatro brasileiro. Porque não há invenção sem construção. Tijolo a tijolo.

## 4. OS GRANDES ASTROS

Astro: a palavra é forte. Muitas das várias acepções que se encontram nos dicionários indicam situações soberanas, polarizações hierárquicas, órbitas espetaculares. Do universo à sociedade humana, o campo das artes da representação em destaque, não há como ignorar que astro sinaliza o reconhecimento de um limite último. Por vezes a designação não tem valor positivo – além de indicar a grandeza em alta escala, indica também um transbordamento, uma usurpação, uma tirania. E aí o astro se transforma em uma figura pejorativa. É curioso observar que em astronomia astro é "nome comum a todos os corpos celestes, com ou sem luz própria", conforme se lê no *Dicionário Houaiss*. Em teatro, no nosso idioma, ainda que o termo estrela seja por vezes mais usado para as mulheres, as duas palavras se confundem: astro e estrela podem ser empregados para definir atores e atrizes, sem distinção de gênero. Podem traduzir, no entanto, ao longo da história, densidades diferenciadas, muito embora revelem sempre uma orientação obstinada para construir o próprio percurso e delimitar a sua órbita.

As duas palavras são úteis para pensar a história do palco recente, em particular a dinâmica que caracterizou a primeira metade do século XX na cena brasileira. Astro e estrela encerram referências a um lugar e a uma constituição interior, falam de hierarquia e de energia ou luz própria. Na primeira palavra, destaca-se o poder de comandar uma constelação, uma trama de subordinação essencial para que o astro possa existir. Na segunda palavra, associável ou não a uma função de comando, duas qualidades estão presentes: elevação e irradiação. E dois dicionaristas do teatro, por sua especialidade – ao menos em parte, com relação ao segundo, podem ajudar a reflexão. O primeiro texto é o verbete "estrela", de Sousa Bastos:

> É a denominação que se dá a um artista, nem sempre de grande valor, mas que obteve muita influência no conceito do público. Apesar de se dar a classificação de estrela a um ator ou a uma atriz, são estas que quase sempre assim se intitulam, tendo as exigências inerentes. As estrelas ordinariamente são medíocres e arruínam as empresas com suas intoleráveis pretensões. As estrelas, além de todo o prejuízo que dão ao empresário, ainda comunicam aos colegas a insubordinação, desmoralizando o teatro. Mais tarde ou mais cedo o público desengana-se de que a estrela nada vale; mas quando o empresário o percebe, já está arruinado[119].

É clara, na visão do autor, a ressonância de uma de suas outras ocupações eventuais, a de empresário, ponto de vista que interessa, ao menos por enquanto, deixar de lado. Mais adiante será inte-

---

[119] A. de Sousa Bastos, *Dicionário do Teatro Português*, Lisboa: Imprensa Libanio da Silva, 1908, p. 60.

ressante considerar os termos de sua azeda restrição. Por ora, o que importa sublinhar é a condição estabelecida de saída para a definição de estrela: a essencial aclamação pelo público, ainda que outros pontos de vista possam considerar que a voz geral, que aclama, está enganada e que logo descobrirá o erro em que incorre. Detalhes descartáveis, afinal: o que conta é o clamor do povo, retumbante em algum momento, em grau suficiente para construir uma reputação.

Outro verbete, assinado pelo brasileiro Otávio Rangel, traz uma definição bem diferente e reveste a estrela de uma aura positiva absoluta:

A figura maior de um elenco de qualquer gênero de peças. Deve ter real valor artístico, destacada erudição, cultura social apurada; físico modelar e largo tirocínio da sua arte. Além dessas condições essenciais, deve estar de posse, indispensavelmente, da simpatia pública e bem assim da unanimidade de louvores por parte da crítica do país[120].

A partir dessas duas definições, seguindo-se a busca de aproximações entre os seus dizeres, talvez se possa definir o astro, a estrela do teatro, por sua capacidade de arrebatar o público, gerada por uma habilidade de expressão e de comunicação. Um corpo em forma, capaz de dizer algo a respeito de seu tempo para aqueles que, ao redor, se propõem a serem ouvintes, é aclamado como porta-voz da sensibilidade da época. Há, portanto, um uso do corpo e a aceitação do corpo do outro. Há uma individualidade especial, única, peculiar, que luta para ser reconhecida enquanto tal e é consagrada precisamente por essa qualificação.

A dinâmica integra a história do nascimento do teatro do Ocidente. Quer dizer, após o medievo, no instante da inauguração da Idade Moderna, a emancipação do teatro frente aos grandes senhores, aos mecenas, a sua afirmação como fato de mercado, se deu graças ao aparecimento e à aclamação de grandes individualidades, capazes de transformar o *métier* em necessidade social. Falar em *métier* não é opção gratuita, nem falta de vocábulo – o que se quer é aproveitar uma outra ressonância, a referência à prostituição.

Segundo Aurore Evain, o aparecimento da categoria de atriz profissional foi a última etapa enfrentada pelo teatro, na Europa, para se tornar uma prática social reconhecida, de mercado, autônoma. De acordo com as suas pesquisas, houve, em particular no século XVI e até o século XVII, uma polêmica a propósito do aparecimento das atrizes profissionais na Europa. A polêmica em torno da atriz era, antes de qualquer coisa, uma polêmica a propósito da "mulher em representação"; objeto de atração cujo poder erótico resultava da exposição pública do seu corpo. Essa condição situa uma aproximação entre a prostituta e a atriz: em meio ao panorama cultural da época, de uma teatralidade ambígua e de múltiplas possibilidades, eram muitas as brechas que permitiam a infiltração feminina: "A atriz se definiu gradativamente por sua faculdade de se inserir através dessas brechas e de suplantar numerosos obstáculos e interditos"[121].

Essas observações são importantes porque permitem dar conta da afirmação do teatro no Ocidente como uma construção ditada pela presença do ator, quer dizer, personalidades ímpares, homens e mulheres, que erigiram o seu espaço de expressão como espaço de representação e viabilizaram a sua sobrevivência e a sobrevivência de sua arte como realidade autônoma, independente, capaz de acontecer sem o sustentáculo de classes dirigentes, instituições, figuras de poder e relevo político, econômico e cultural: emanciparam-se dessas exigências externas, digamos. E o fizeram com o uso público de seus corpos, vitrines para a exposição do jogo sensorial e ideal contemporâneo, em uma comunicação direta, pessoa a pessoa, transgressora, mediada pela carne. No teatro europeu e no teatro norte-americano, esse caminho aconteceu em estado de tensão, pois as individualidades foram sedimentadas em relação a forças sociais que pleiteavam – ou mesmo realizavam – a tutela desses artistas; a cada avanço das personalidades acontecia alguma mutação institucional, nem que fosse a solidificação de vertentes de mercado.

Existiu, portanto, uma trajetória singular, capaz de gerar astros e estrelas fora dos poderes sociais correntes, fora das carreiras artísticas e intelectuais

---

120 *Técnica Teatral*, Rio de Janeiro: Artes Gráficas Inco, 1949, p. 97.

121 A. Evain, *L'Apparition des actrices professionnelles em Europe*. Paris: L'Harmattan, 2001, p.23.

tradicionais e do espírito; criou-se uma prática, um fazer, um modo de produção, mas um modo de produção muito específico, devotado à reprodução efêmera do mundo, para a obtenção de prazer, sensações, emoções, alegrias, enfim manifestações passageiras do imediato, como se acontecesse uma rebelião do corpo. Dentro dessa esfera de gratuidade, parece lógica a aproximação entre atrizes e prostitutas; há, de certa forma, a configuração de um interdito social, ainda que as duas categorias estivessem separadas, depois de certo tempo. A aproximação, no Brasil, em um matiz histórico muito lógico, sobreviveu até bem avançado o século XX e contaminou o contorno da profissão, em particular nos segmentos em que o corpo da atriz era veículo importante para a comunicação com a plateia.

Importa reconhecer, então, o aparecimento de criaturas criadoras de dimensão exemplar – e talvez por isso elas pudessem figurar no texto de Sousa Bastos como eficientes "criadoras de caso" e de problemas para a ordem ideal da empresa. De certa forma, trata-se da dinâmica de uma era; acreditava-se que o indivíduo movia o mundo, era o sujeito do universo e ele começava a se despojar de camisas de força e mordaças que o continham até então. Nessas circunstâncias, era natural que o ator se projetasse como o grande mago dos palcos, o polo humano capaz de irradiar as sensações importantes para a vida social de seu tempo. E o teatro da época passou a se construir ao redor de vedetes, monstros sagrados, seres especiais aos quais se atribuía um valor espetacular. A dinâmica foi o segredo do século XIX e talvez se possa cogitar que tenha sido o último grande momento pleno do sujeito ocidental, muito embora, a princípio, o seu caráter tenha sido local, pois a primeira grande vedete de dimensão mundial só teria surgido mesmo no final do século, com a aclamação de Sarah Bernhardt. A prática se estendeu ao século XX em diferentes países; aponta, contudo, para uma forma de estrelato e de artista bem definida, astros e estrelas heroicos, uma espécie de criatura criadora criada por si, diferente dos grandes nomes modernos e posteriores, frutos de um sistema de arte dotado de forte eficiência, que tem um papel impactante para a consagração – ou não – dos talentos naturais que surgem.

## Astros e Estrelas no Brasil

No caso brasileiro, em que o mecenato e a ação institucional dos diferentes poderes sociais – Estado, Igreja, Escolas, Agremiações, Notáveis, Ricos... – não reconheceram, após a independência política frente a Portugal, a necessidade de estímulo à prática do teatro, é possível vislumbrar, em estado bruto, o esforço solitário e o poder pessoal de mobilização necessários aos artistas para afirmar (ou impor) a sua profissão, a sua arte e o encanto de suas personalidades. A construção do espaço social do teatro lhes coube, mais do que a qualquer outro elemento da sociedade; não surgiu a necessidade, portanto, de emancipar-se de qualquer instância social de proposição ou apoio à arte. Também não se instalou uma trajetória de atrito entre personalidades e instituições, a partir do nascimento e da projeção de grandes astros. Ao contrário, até o alheamento das forças sociais diante da gênese e da produção do teatro contribuiu para ampliar o preconceito, herdado da Europa, contra o universo da arte, fazendo cristalizar a discriminação contra os artistas em manifestações várias de repulsa. Ainda que os artistas se tornassem célebres, aclamados e ricos, o seu lugar na vida social era demarcado com claras tintas de exclusão até datas avançadas do século XX.

A sua condição de monstros, figuras que podem ser supostas como entidades que ultrapassam o humano corrente, continha algo da realidade vivida, na qual se obrigavam a portar a marca da diferença frente à vida normal e precisavam se sujeitar ao exercício de múltiplas funções. Portanto, a construção desse espaço social do teatro, emancipado e autônomo, foi obra realizada pelos grandes atores do século XIX, ao lado de atores-comparsas, autores, ensaiadores, artesãos e operários da cena, críticos, enfim, homens de teatro. Foi, em resumo, produção de uma classe, mas o grupo adquiriu feição e impôs o seu direito à expressão a partir da liderança dos grandes intérpretes. Para fundamentar um pouco mais esse argumento, vale destacar que os únicos integrantes da classe que passaram a sobreviver exclusivamente de seu ofício, no século XIX, foram os atores, os primeiros atores em particular, mesmo que esta vida nem sempre fosse um exercício de prodigalidade.

É preciso sublinhar a existência de uma dinâmica diferente da europeia, pois não houve como ponto de partida a tutela de personalidades ou instituições, mecenato, enfim. Houve sim um pacto entre atores e público, uma trajetória iniciada com João Caetano em nosso período romântico. O século XIX foi o momento de construção desse pacto. A época dos grandes astros foi iniciada no século XX e foi uma resultante dessa construção. Na impossibilidade de estender a análise, é possível recorrer à edição de *Serenatas e Saraus*, de Mello Moraes Filho, para fechar o ponto de vista proposto. Na apresentação do volume dedicado aos recitativos, diálogos e monólogos, cançonetas, cenas dramáticas e cenas cômicas, o estudioso observa que os textos reunidos são parte de um acervo social construído durante a segunda metade do século XIX, em particular após a chegada ao Rio de Janeiro, em 1856, de Furtado Coelho, ator que teria difundido o gosto social, doméstico, pelos recitativos e representações. O autor procurou, portanto, recolher em sua obra aquilo que o teatro propusera e o público incorporara, fragmentos. Mas não eram quaisquer fragmentos –

fragmentos esses que, uma vez vitoriados no palco, trasladaram-se para os salões, onde são apreciados com as toadas geralmente sabidas de cor, não obstante grande numero de edições impressas por aí se encontrarem à venda nos estabelecimentos especiais[122].

O texto localiza a existência de uma prática expressiva que unia palco, plateia, salões e saraus, uma prática voltada para a manifestação e o livre exercício da habilidade pessoal histriônica. Portanto existiam modelos e seguidores, originais e cópias. A fala, o verso ou o canto do primeiro ator eram formas de demonstração de sua rara habilidade; bem-sucedidas, eram aclamadas e, admiradas, tornavam-se as peças de um diálogo que ultrapassava o jogo palco-plateia, viabilizavam a difusão diletante do teatro nos salões. Assim, em especial após o reconhecimento da genialidade de João Caetano, afinal um ícone nacional inconteste, foi possível introduzir nas práticas sociais instrumentos de identificação intensa com a arte da cena. Nos serões das famílias, os salões podiam se insinuar como espelhos, atualizados segundo a moda da estação. O reconhecimento foi decisivo para a instauração da era dos astros, ainda que não se possa contar com pesquisas históricas definidoras do perfil das plateias brasileiras, para afinal neutralizar um velho truísmo que teima em sustentar que os frequentadores dos teatros na época eram apenas as camadas populares.

Na prática, a era dos astros apresenta um significado simples: a mesma rotina unindo diversas biografias estelares. Um ator – como o sol, no sistema solar, ou o homem, no centro da vida na Terra – carregava nos ombros o segredo da magia da cena; era o primeiro ator, imposto aos contemporâneos por sua personalidade, impositivo por sua capacidade de comunicação e domínio do público. A qualificação envolvia a mais ampla maestria em sua arte: além de sujeito da cena e em cena, senhor de uma forma de expressão encantadora que a plateia adorava acompanhar, o astro era líder de sua categoria, artífice de sua companhia, mago da bilheteria, empresário e forjador do próprio ofício. Em resumo, o astro era aquele que construía a arte de que sobrevivia e para a qual vivia, singrando um canal que o século XIX construiu e que só se revelou estável nos finais da centúria, quando um sistema de relações entre o palco e a sociedade se apresentou amadurecido. Os astros se projetaram como os eixos de sustentação desse sistema.

Diversos foram os seus nomes. Após a etapa heroica do século XIX – em que uma sensibilidade brasileira foi moldada por João Caetano, Estela Sezefreda, Gabriela da Cunha, Eugênia Câmara, Adelaide do Amaral, Furtado Coelho, Lucinda Simões, Ismênia dos Santos, Vasques, Dias Braga, Martins, Rosa Villiot, intérpretes em que ainda o pacto se construía e em que ainda havia oscilação, busca do encontro com a plateia – um rol de personalidades ímpares pode ser citado. Os nomes de inquestionável projeção, que precisam ser qualificados como astros e estrelas, personalidades únicas dotadas de luz própria, são Itália Fausta (1880?-1951), Leopoldo Fróes (1882-1932), Procópio Ferreira (1898-1979), Jaime Costa (1897-1967) e Dulcina de Moraes (1911-1996); eles constituem o centro deste capítulo.

---

122 Em *Serenatas e Saraus*, Rio de Janeiro: H. Garnier, 1902, p. 6-7.

Ao seu lado, há um elenco notável de artistas, alguns também, no todo ou em algum momento de suas carreiras, ligados ao teatro de texto ou declamado, mas a maioria ligada ao teatro de revista ou ligeiro, quer dizer, ao palco da opereta, da burleta, da farsa; subgêneros cômicos designados como menores por certa tradição. Devem ser lembrados em particular os nomes de Cinira Polônio, Iracema de Alencar, Abigail Maia, Machado Careca, Colás, Lucília Peres, Apolônia Pinto, Alda Garrido, Margarida Max, Otília Amorim, Aracy Cortes, Oscarito, Dercy Gonçalves, Grande Otelo. Há também uma notável personalidade que atravessou o século XX com encanto absoluto, percorreu diversos gêneros, ainda que tenha construído o seu reinado sobretudo a partir do teatro musical, liderou e nomeou companhias e permanece em atividade na televisão – a encantadora Eva Todor (1919/), senhora de uma expressão facial e de uma presença em cena notáveis. O seu caso não será objeto deste texto por uma razão simples – estrela deslumbrante, Eva Todor se projetou sempre a partir de uma plataforma de segurança objetiva, a figura do empresário Luiz Iglezias, situação que a impediu de existir como astro no sentido fixado aqui.

E essa constatação impõe um limite claro para a abordagem dos diferentes atores citados e para a fixação de uma lista de astros. Alguns artistas foram estrelas de primeira grandeza, absolutas, foram gênios de sua arte. No entanto, nem sempre conseguiram desfrutar de uma condição indiscutível de astro, alguém ao redor do qual tudo acontecia, por diversas razões – desde as mais diversas limitações de ordem pessoal, até as possibilidades econômicas do mercado e, em especial, porque no teatro de revista e em certos segmentos do teatro ligeiro, em particular nos musicais, era impensável a continuidade de trabalho fora do patrocínio de um "empresário de fora", capitalista, verdadeiro dono da empresa e da companhia. É interessante, portanto, estabelecer uma diferença sutil entre astro e estrela, figurando-se o primeiro como ponto mais alto e inquestionável do teatro de uma época, em que brilhavam também personalidades outras, absolutas, estrelas irresistíveis, mas sem a mesma projeção institucional contínua, ou por que não conseguiram estabilizar companhias submetidas ao seu poder ou por que não foram abençoados pelos deuses do teatro, em falta de nome melhor, com a necessária dose de autonomia e de afirmação.

Algumas nuanças devem ser propostas. Todos os nomes que enumeramos como astros do teatro de convenção brasileiro típico da primeira metade do século XX foram astros do teatro declamado, ainda que tenham circulado no palco do teatro musicado, segundo a nomenclatura da época. Traduzem uma arte do ator identificável como a arte do primeiro ator, que não precisava abranger a arte (ou as artes) do musical. Se não foram sempre galãs, ingênuas, damas-galãs, damas centrais, centros, foram característicos ao ponto de indicar a transformação do *emploi* mais nobre para o(a) caricato(a), uma inclinação da alta comédia para a baixa comédia. A rigor, tudo é permitido ao primeiro ator, ele é quem determina a "forma de estar em cena", desde que se mantenha fiel às grandes tradições.

A expressão "forma de estar em cena" não é aleatória – antes de falar em interpretação ou atuação, estudar esses intérpretes é reconhecer uma forma pessoal de criação ou expressão, uma forma de representar que é uma assinatura assumida e reconhecida. O astro é

O ator Grande Otelo, quando menino, em 1926, na Companhia Sebastião Arruda.

sempre ele mesmo, fazendo tal ou qual papel. A leitura de Eduardo Vitorino é demonstração eloquente dessa arte; o pequeno volume que escreveu, *Para Ser Ator*, é um modesto inventário de técnicas e de recomendações de treinamento, cujo ponto de partida é a arte de dizer. De sua leitura e do estudo dos casos mais destacados é possível deduzir que o universo do primeiro ator era a grandeza da expressão sentimental e eloquente da palavra, a partir de uma embocadura pessoal.

Há também uma outra leitura esclarecedora, a dos textos de Procópio Ferreira dedicados à sua arte. Essas afirmações permitem definir a arte dos grandes astros como um meio de apresentar a fala no corpo. Atores cômicos e atores dramáticos se aproximam, vistos de um ângulo determinado – é possível falar em uma identidade de procedimento, como se o texto escrito comandasse a expressão física ao ponto do corpo impregnar-se de palavras, ser comandado por elas. O físico se torna o lugar de uma literalidade. A atitude em cena lembra as questões da estatuária, a implantação física no cenário obedece a critérios plásticos e o movimento nem sempre se afirma como valor destacado: o que se move é o verbo, pródigo em emoções. O tema da recitação não está longe dessa escola.

A esse procedimento, na mesma época, no espaço do cômico, se poderia contrapor a arte dos caricatos propriamente ditos, os baixos cômicos completos e acabados, cuja arte consistia na apresentação do corpo na fala, em lugar da fala no corpo. A dualidade é perceptível também nos textos de Procópio Ferreira, quando diferencia o ator cômico, que seria o nobre intérprete do autor, do ator que faz graça, transbordante mestre do improviso, preocupado em afastar o tédio da plateia.

A distância que separa esses dois polos da arte da comédia é muito evidente nos filmes que chegaram a ser rodados nos anos 1950, se acompanharmos os desempenhos de Procópio Ferreira ou Jaime Costa em comparação com as performances de Oscarito, Grande Otelo e Dercy Gonçalves. As cenas contribuem ainda para a percepção do papel de segundo grau dos caricatos – a sua agilidade para o uso do corpo, da expressão facial exagerada, dos jogos de palavras e de sentido, de trejeitos e maneirismos gestuais, que faziam com que fossem olhados sob uma aura de preconceito, social e teatral, o que os distanciava do estrelato absoluto e da liderança. Como observou Décio de Almeida Prado, esse artista desavergonhado e livre não fora uma forma anterior da arte do ator e da comédia brasileira, como Procópio Ferreira tentou afirmar, no singelo livro dedicado à definição de sua arte. Segundo o olhar de Procópio, teria ocorrido uma progressão histórica, um encadeamento; a partir de Vasques, surgira o ator cômico, que resvalara a seguir para os abusos do cômico de opereta, para recuperar-se afinal com sua geração, quer dizer, com ele próprio, Procópio. A história surge em seu texto como uma ferramenta para situar-se, a si próprio e a sua arte, em um lugar bastante favorável. O modo de olhar deixa de ver, inclusive, como Décio de Almeida Prado assinalou, que Vasques fora o primeiro da lista dos histriônicos de ocasião, enfeitiçados pelo público. Na verdade, o que parece importante notar é que a arte do ator cômico se fazia a partir de um jogo peculiar, uma relação profundamente fundada na sensibilidade do tempo: ela só pode ser entendida como uma bissetriz, a linha de mediação entre os extremos representados pelo ator trágico-dramático e o ator caricato das revistas e operetas.

Procópio Ferreira fecha o seu livro com uma série de tiradas, hábito corrente em seu tempo, situado com precisão por Décio de Almeida Prado. O procedimento aponta para um continente mais amplo, relativo ao domínio da palavra. Um dos passatempos prediletos de Procópio Ferreira, segundo depoimento de sua filha Maria, era fazer sessões de declamação:

não tinha nada de programado. Quase sempre na hora da sobremesa. Ele aproveitava que todos nós estávamos sentados [...] e começava a recitar os seus poetas prediletos: Catulo da Paixão Cearense, Augusto dos Anjos, Menotti del Picchia, Mário Quintana etc.[123]

Uma das frases de efeito de Procópio Ferreira reunidas sob o título "Da Arte", na parte final do livro *A Arte de Fazer Graça*, pode ser usada para situar com mais detalhe não só o seu perfil de ator como também para delinear a dinâmica teatral característica de toda uma época. A frase é simples,

---

123 Apud Jalusa Barcellos, *Procópio Ferreira: O Mágico da Expressão*, Rio de Janeiro: Funarte, 1999, p. 20.

mas eloquente – "O gesto, no teatro, é como um introdutor diplomático da palavra"[124]. O que se traduz aqui é um tipo de interpretação em que a palavra – como já se observou – comanda a reação corporal, usa o corpo e a expressão física; a movimentação do corpo do ator está submetida a uma diretriz objetiva, resultante do sentido fixado pelo verbo.

Uma comparação é inevitável: em um pequeno caderno de anotações de dimensões semelhantes a um volume in-oitavo, caderneta pessoal da atriz Itália Fausta, sem data, mas cuja informação manuscrita mais remota é uma referência ao ano de 1920, há um extenso elenco manuscrito de versos, frases, sonetos, poesias, discursos e anotações pessoais, ao lado de incontáveis recortes de jornais diversos, alguns ilegíveis, por vezes colados uns sobre outros, contendo principalmente versos. Em geral os textos manuscritos foram transcritos de próprio punho pela atriz, mas existe alguma variação de letra, precisa o bastante para indicar que outras pessoas escreveram textos em honra à artista, como uma homenagem íntima e pessoal.

Um dos primeiros textos é um folheto impresso, "O Avião da Raça", "versos de Ruy Chianca expressamente escritos para serem recitados pela eminente atriz brasileira, Itália Fausto [sic] na festa dedicada pela sua companhia na noite de 23 de maio de 1924 ao glorioso *Raid* Aéreo Lisboa-Macau", segundo inscrição na capa. No interior do folheto, um "Soneto" de tom exacerbado, laudatório, dá bem a ideia dos limites da prática de recitação retumbante, que seria esperada de quem se propusesse a enfrentar tais estrofes. Seria preciso fazer com que as palavras conclamassem os ouvintes a uma batalha acirrada, ainda que essa batalha fosse só a vida, uma vida em que palpitaria "a Raça de Camões!"

O texto seguinte, manuscrito, é uma espécie de desabafo, exemplar raro no conjunto:

"O coração não funciona"
  Nada a ninguém.
  Faço os papéis de dama galã... e chega.
  Agarrada à esperança da glória com unhas e dentes procuro dar às minhas interpretações toda a minha paixão, toda a minha inteligência, toda a minha ambição. Os meus detalhes são às vezes as minhas lembranças, as minhas saudades, as minhas esperanças e afirmações.
  A arte é a alma.
  Tecer a sua teia, fio por fio, com todas as suas aspirações, as rebeliões e as tristezas e bordá-la de graça e maestria. Dar uma alma a um autômato, transmitir-lhe sua própria alma.
  Representar não é para mim exercitar um ofício, é viver.

O original não tem data, mas deve ser anterior a 1924, data do folheto referido, que lhe foi colado por cima, em um canto interno da página; a seguir, foram anotados dois poemas em italiano ("Inganno", de Amália Guglielmetti, "Lacrime silenziose", de Ada Negri), colados dois recortes de jornal sem data e, ao final, copiada a "Ode ao 2 de Julho", de Castro Alves, acompanhada da menção de que foi declamada na festa cívica de 2 de julho de 1920, no Passeio Público do Rio. Poucas são as referências a datas em todo o caderno; as únicas existentes abrangem os anos de 1920, 1921 e 1924. Portanto, trata-se de documento da fase de maior projeção da atriz, época em que se tornara a grande trágica do teatro brasileiro, intérprete reconhecida por sua intensidade em cena na demonstração de sentimentos e em razão do volume e das sutilezas de sua voz. A sua concepção do trabalho de interpretação fazia com que usasse a técnica para localizar os motores últimos da ação dramática, a alma da cena enfim, um procedimento distante da recitação mecânica derivada da arte de bem dizer francesa, que era o encanto da época, mas que era apenas uma coleção de pequenos truques mecânicos, exteriores.

Em seus períodos de formação profissional, Procópio Ferreira e Jaime Costa integraram a companhia liderada por Itália Fausta; estiveram, portanto, sob sua influência direta. Assim, o conceito e a técnica teatral professados se aproximavam, dialogavam entre si – é natural que em seus escritos Procópio Ferreira faça referências insistentes ao ator trágico. O mais curioso a observar é que o ator cômico fala de uma arte brasileira – tópico que não será possível analisar em detalhe aqui – quando se movia em um teatro de forte influência portuguesa, impregnado de conceitos franceses, por vezes ele próprio recorrendo a um repertório em que predominavam os argentinos, sob a liderança de uma primeira atriz italiana. Porque Itália Fausta foi brasileira por opção.

---

124 *A Arte de Fazer Graça*, p. 186.

## Itália Fausta

Na verdade, são muitos os mistérios que ainda envolvem a figura de Itália Fausta. O primeiro deles é a sua nacionalidade. Ao que tudo indica Itália Fausta ou Itália Fausta Polloni – as duas variantes de seu nome constam em sua documentação – nasceu na Itália por volta de 1880. Teria vindo para São Paulo no final da infância ou início da adolescência e na cidade logo se projetou no teatro amador italiano, com participações que a tornaram famosa nas sociedades dramáticas. Em 1906 foi convidada a ingressar na Companhia Lucinda Simões-Cristiano de Souza, atores portugueses que construíram sólidas carreiras no Brasil e que estavam em temporada em São Paulo. Em excursão pelo país com a companhia, de Porto Alegre a Belém, iniciou sua trajetória profissional. A estreante passou então por um treinamento de fogo – saíram do conjunto as atrizes Lucília Peres e Guilhermina Rocha, cujos papéis passaram para a sua responsabilidade. O repertório – e a formação de um ator era feita então através do repertório realizado – foi extenso e significativo, destacando-se: *Papá Lebonnard*, de Jean Aicard; *Amor de Perdição*, de Camillo Castello Branco; *Morgadinha de Val-Flor*, de Pinheiro Chagas; *Monsieur Alphonse*, de Dumas Filho; *Fogueira de São João*, de Sudermann; *Fédora*, de Sardou; *O Amigo das Mulheres*, de Dumas Filho; *Tosca*, de Sardou; *A Lagartixa*, de Feydeau; *Romance de um Moço Pobre*, de Feuillet; *Demi-Monde*, de Dumas Filho.

Após a excursão pelo país, Itália Fausta voltou a São Paulo com o objetivo de estudar, para se aprimorar; parece certo afirmar que frequentou o Conservatório Dramático Musical, dirigido por Gomes Cardim, e que ele a aconselhou a ir estudar na Itália. Durante alguns anos a atriz esteve na Europa – estudou na Itália, trabalhou como atriz em Portugal. No regresso ao Brasil, participou ao lado de Alexandre Azevedo e Cristiano de Souza, no Rio de Janeiro, do Teatro da Natureza, iniciativa que procurou explorar a voga europeia do teatro ao ar livre em um palco no campo de Santana e elevar o nível do repertório médio brasileiro com a inclusão de tragédias, muito embora elas tivessem sido encenadas em adaptações inclinadas ao gosto da época. O sucesso da empreitada funcionou em algum sentido: fez com que Itália Fausta se tornasse a grande trágica do teatro brasileiro.

O perfil foi explorado, de certa forma, na carreira profissional reiniciada a seguir, com a fundação em 1917 da Companhia Dramática de S. Paulo sob a direção de Gomes Cardim, e uma linha ondulante de repertório, na verdade mais inclinada ao dramalhão, ao drama e ao melodrama do que ao trágico. A estreia foi no Teatro Boa Vista, no dia 16 de março de 1917, com *A Labareda*, de Henry Kistemaeckers. Logo a companhia mudou-se para o Rio de Janeiro, o grande centro do teatro profissional da época, e a estreia em julho no Teatro República foi um sucesso, segundo os jornais, e levou à definição de um símbolo – o espetáculo apresentado foi *A Ré Misteriosa*, de Alfred Bisson, que se tornou o espetáculo-ícone de Itália Fausta, o seu cavalo-de-batalha. Uma característica peculiar ao astro é a existência de um texto que se torna o seu veículo privilegiado de expressão, a sua marca registrada, uma encenação a ser levada pela vida como o seu grande trunfo, o veículo eficiente para domar as plateias ou o suporte ideal para a construção de sua lenda pessoal.

A partir de 1918, a empresa passou a ter nova denominação – Companhia Dramática Nacional. E sobreviveu sob diferentes denominações até 1932, ano da morte de seu maior incentivador, Gomes Cardim. Um dos traços distintivos do conjunto era o hábito de excursionar pelo país, talvez uma situação natural e necessária para uma atriz que estreou na profissão percorrendo o território e cuja nacionalidade foi durante certo tempo flutuante. As linhas gerais do repertório da companhia, ao longo de sua existência, traduziram essas coordenadas. Foram destaques, além das peças em que Itália Fausta trabalhou desde a sua estreia, vários originais que conferiram ao conjunto lugar de projeção na vida teatral das primeiras décadas do século, uma mistura que reunia ao apelo comercial algum verniz cultural e um agudo sentido de momento, de oportunidade: *A Segunda Mulher*, de Pinero; *A Castelã*, de Alfred Capus; *A Caipirinha*, de Cesário Motta Jr.; *A Marcha Nupcial* e *A Virgem Louca*, de Henri Bataille; *Tereza Raquin*, de Zola; *O Pedido*, de Coelho Neto; *O Sacrifício*, de Carlos Góes; *Perdão*

• *O Teatro Profissional dos Anos de 1920 aos Anos de 1950*

A atriz Itália Fausta.

*que Mata*, de Oscar Guanabarino; *A Gioconda*, de D'Annunzio, *Alma Forte*, de Nicodemi; *Assunção*, de Goulart de Andrade; *O Dilema*, de Pinto da Rocha; *Os Fantasmas* e *Na Voragem*, de Renato Vianna; *A Estátua*, de Pinto da Rocha; *O Grande Industrial*, de Georges Ohnet; *O Processo de Mary Duggan*, de Bayard Veiller; *Era uma Vez*, de Brício de Abreu; *Salomé*, de Renato Vianna; *Quem os Salva*, de José Oiticica; *Suprema Conquista*, de Menotti del Pichia; *Cinzas Vivas*, de Gastão Tojeiro; *A Prancha*, de Veiga Miranda; *Antígona*, de Sófocles; *Orestes*, de Ésquilo, estas últimas em adaptações. Observe-se que as comédias eram encenadas para contentar a plateia e aumentar a projeção da empresa, mas não contavam com a participação da atriz, que tratava de preservar o seu *emploi*.

Ainda que a orientação da companhia fosse a sua sobrevivência no mercado, subordinada, portanto, a uma visão comercial precisa, é inegável que existia alguma ambição, existia uma visão do teatro como a busca de reconhecimento para uma arte a que se dava a alma. "Representar é viver" – escrevera Itália Fausta em sua caderneta. Assim, era natural ousar, ser aclamada por interpretar alguns dos papéis que projetaram Eleonora Duse e Sarah Bernhardt. Alguns textos do seu repertório foram sucessos históricos graças às atuações de Lucinda Simões, Lucília Peres e Ismênia dos Santos.

O mais curioso é constatar que a sua consagração não se deu sem polêmicas – e até bastante fortes. A esse respeito, deve ser registrado o comentário do autor, empresário e ensaiador teatral português que se radicou no Brasil, Eduardo Vitorino. Em um pequeno texto dedicado à arte da atriz Dulcina de Moraes, parte de uma obra em que reuniu observações sobre atores e atrizes e na qual não há, para a estranheza do leitor, um texto sequer sobre Itália Fausta, o celebrado artista assinalou:

Como conceber a representação da Nora, da *Casa de Boneca*, de Ibsen, por uma atriz de figura imponente e voz altissonante como as da festejada atriz Itália Fausta?

E não vá pensar-se que temos em pouca conta o talento desta atriz; ao contrário, a nosso ver e sem ideia de melindrar, a senhora Itália Fausta é uma atriz essencialmente popular, que dispõe de nobilíssimas qualidades emotivas e de um vigoroso órgão vocal para os grandes lances trágicos.

Falta-lhe, porém, a flexibilidade do corpo e a delicadeza feminina indispensável às figuras da alta comédia. A própria voz estentórea lhe prejudica a representação das cenas em que não há drama e onde se requer a sutileza e a graça da expressão oral. Isso, entretanto, não deve causar esmorecimento à distinta artista; o drama e a tragédia, que já lhe proporcionaram tantas oportunidades para receber fartos aplausos, podem ainda conceder-lhe muito mais.[125]

A observação a respeito da surpreendente potência vocal da atriz figura nos mais diversos testemunhos contemporâneos, em geral sob uma avaliação positiva, diferente da nota irônica assinada pelo empresário. Esse teria sido o ponto fundamental de estruturação dos seus desempenhos; em paralelo, a atriz possuía fortes dons naturais para a liderança e muita inquietude. A condição de astro transparece nas estratégias escolhidas para conquistar projeção social e para o exercício de liderança cultural frente à classe. Deve ser destacado, nesse arsenal de truques, um procedimento importante, em particular para alguém que não podia afastar por completo a desconfiança a respeito de sua nacionalidade: a busca da valorização daqueles precisamente que o astro ofuscava, o autor dramático. E a companhia Itália Fausta colocou em destaque alguns dramaturgos, lançando-os ou projetando-os – Renato Vianna, Pinto da Rocha, Goulart de Andrade, Roberto Gomes, José Oiticica, Oscar Guanabarino, Carlos Góes, Danton Vampré, Heitor Modesto, Veiga Miranda.

Não é exagero afirmar que a inquietude e a ambição cultural talvez tenham sido motores importantes da vida da atriz. Por isso, dissolvida a sua companhia, nos anos de 1930, ainda que tenha integrado a empresa de Jaime Costa, bastante convencional e conservadora, foi cortejada pelos setores que pretendiam mudar o teatro brasileiro (tais como Renato Vianna, os frequentadores da Associação de Artistas Brasileiros, localizada no antigo Palace Hotel, na avenida Rio Branco, e o casal Eugênia e Álvaro Moreyra) e acabou na direção do espetáculo *Romeu e Julieta*, de Shakespeare, da fundação do Teatro do Estudante do Brasil, em 1938, a convite de Paschoal Carlos Magno.

[125] "Dulcina de Morais", *Actores e Actrizes*, Rio de Janeiro: A Noite, 1937, p. 129.

Ao mesmo tempo, nos anos de 1940, Itália Fausta organizou uma nova companhia com seu sobrinho Sandro Polônio, para percorrer o interior e explorar em especial o antigo sucesso *A Ré Misteriosa*, que os jovens amigos modernos eram proibidos de ver; fez aparições na praça Tiradentes, em montagens durante a Semana Santa do previsível *O Mártir do Calvário*, de Eduardo Garrido, pela Empresa Pinto; ingressou na aventura final de remanescentes do grupo Os Comediantes, que tentaram sem sucesso profissionalizar o conjunto.

E não parou aí: participou ainda do nascimento daquela que viria a ser a Companhia Maria Della Costa, o Teatro Popular de Arte. Em 1948, Sandro Polônio, a convite de Nelson Rodrigues, organizou um conjunto para encenar a arquicensurada *Anjo Negro*, no Teatro Fênix, sob a direção de Ziembinski, e o empreendimento gerou a formação da primeira companhia profissional moderna carioca. No empreendimento, Itália Fausta se projetou como atriz e diretora e chegou a participar da mudança do grupo para São Paulo, depois de uma excursão pelo país com a nova concepção de teatro. Ao regressar ao Rio, faleceu.

## Leopoldo Fróes

De certa forma, há quase uma oposição simétrica em relação ao grande nome contemporâneo de Itália Fausta, um astro cujas atitudes foram de outra natureza, a começar mesmo pela história pessoal. Leopoldo Constantino Fróes da Cruz nasceu em Niterói em uma família proeminente. O seu pai, advogado notável, professor de direito comercial, membro da Constituinte de 1891, deputado federal, vereador e presidente da Câmara de Niterói, planejou desde cedo fazer com que ele fosse o seu sucessor. Ainda que o jovem fosse rebelde e avesso às formalidades da carreira que lhe foi destinada, o pai conseguiu fazer com que estudasse direito. Mas o constrangimento só serviu para dotar o teatro de um Doutor, título que Leopoldo Fróes sempre gostou de usar – após diversas tentativas infrutíferas de seu pai para que enveredasse por um destino sério, Leopoldo Fróes, iniciado nos palcos graças ao amadorismo fluminense, tornou-se profissional de

Leopoldo Fróes em uma cena de *A Querida Vovó*, de Antônio Guimarães, no Trianon.

teatro longe dos olhos família e da severidade do projeto paterno, em Portugal, em 1902.

O início da carreira não foi nem simples, nem fácil. Tentou o drama, vagou por companhias bisonhas, aderiu ao gênero alegre, das mágicas e revistas, e acabou logo depois se dedicando às operetas. Ingressou na Companhia Taveira, ao lado da atriz Dolores Rentini, e veio ao Brasil em excursão pela primeira vez. O ator não retornou a Portugal com a empresa; optou por organizar uma companhia própria, a Companhia Fróes-Cruz, que estreou em 1908. Em 1909 voltou a Portugal, país em que se sentia muito integrado; finalmente organizou uma nova companhia para viajar por Portugal e pelo Brasil. Em 1911, no Nordeste, a empresa foi varrida pela febre amarela, que vitimou a própria

Dolores Rentini. O regresso mais uma vez a Portugal viabilizou a organização de uma nova empresa; com o conjunto modesto percorreu o interior, mas em 1914 estava de volta no Brasil. Aqui, graças à atriz Lucília Peres, com quem iniciou um romance, deixou de ser ator de opereta para estrear como galã em *A Mulher do Outro*, de Bourdet, na Companhia Eduardo Vitorino, papel que marcou o início de sua carreira brasileira de astro inconteste; começava a surgir o mais elegante e admirado galã de seu tempo.

A opção pelo teatro cômico e dramático não foi, no entanto, absoluta ou definitiva – já no final do ano Paschoal Segreto convidara-o para retornar às operetas e o ator acabou aceitando o convite: por um curto período, viajou para São Paulo como ensaiador da Companhia S. José. O regresso ao Rio de Janeiro levou à criação da Companhia Lucília Peres--Leopoldo Fróes, em 1915, uma trajetória de sucesso iniciada com a inauguração de um novo teatro, o Pathé, com a comédia *Mulheres Nervosas*, de Lum e Touchet, e a encenação de 21 peças em sete meses e meio, de maio a dezembro. Entre as peças apresentadas estava *A Dama das Camélias*, original em que a estrela da companhia, com suas formas exuberantes, procurou convencer a plateia de que morria, no final, de tuberculose. Foi, porém, uma empresa de trajetória curta: Leopoldo Fróes tornara-se um nome de bilheteria, se projetara como galã cômico, mas as disputas do casal de atores pelos papéis titulares eram acaloradas e difíceis de resolver, com a proposição de originais em que um anulava o outro.

Em São Paulo, para inaugurar um novo teatro, o Bela Vista, Fróes decidiu montar *Flores de Sombra*, de Cláudio de Souza. O primeiro papel masculino era seu e o papel que reservou para Lucília Peres era, quando muito, complementar. O segundo papel feminino, de ingênua, foi destinado à atriz Amália Capitani. A situação fez com que a veterana Lucília rompesse com a relação afetiva, abandonasse a companhia e tentasse iniciar um novo conjunto, enquanto o ator inaugurava a Companhia Leopoldo Fróes, que sobreviveu até 1928 com pequenas mudanças de denominação, mas sempre como o veículo de expressão do galã, mesmo quando em 1927-1928 dividiu a titulação com o astro português Chaby Pinheiro. Enquanto a atriz entrava em declínio, o seu amor de outrora disparava nos cartazes. A peça de Cláudio de Souza marcou o nascimento fulgurante do primeiro astro brasileiro do século XX, primeiro ator que logo se tornou modelo para dois jovens intérpretes ambiciosos e talentosos, Procópio Ferreira e Jaime Costa. Esse último integrou a companhia de Leopoldo Fróes em 1921, com enorme sucesso, quando o Doutor uniu-se ao tenor português Almeida Cruz para apresentar operetas no Teatro Recreio, e acabou seguindo-o na formação que organizou em seguida, para comemorar o centenário da Independência, com a montagem da comédia *O Modesto Filomeno*, de Gastão Tojeiro.

Não há dúvida de que, se Itália Fausta infundiu nos iniciantes a ideia de devoção ao palco e a preocupação com alguma densidade cultural, o modelo imediato foi outro. Significou a busca da sedução, graças à elegância e à altivez do porte, a exploração do charme do tempo, a promoção do encantamento, do diálogo com o universo do público e com a época, o flerte deliberado com a ideia da vida como fonte inesgotável de prazer, a maestria na bilheteria. O seu grande promotor foi o doutor Fróes.

O próprio tema da relação informal com a dramaturgia e com os autores, de certa forma a falta de cerimônia no trato com os textos, o amor aos cacos, a crença na habilidade inquestionável do ator para completar o pensamento e o desejo do dramaturgo, a paixão pelo improviso e a pretensão de escrever foram práticas que se configuraram como tradições, em grande parte por influência de Leopoldo Fróes. A sua linha de repertório foi sempre mediana, escolhida e pensada como veículo para o seu brilho pessoal, distante de qualquer desafio; esta condição lhe garantia, digamos, domínio imediato da cena, quer dizer, projeção previsível e dispensa de estudo e ensaios. Ainda que o ator tenha marcado época, ainda que tenha assinado sucessos estrondosos como *Sol do Sertão*, de Viriato Corrêa, e *O Simpático Jeremias* e *O Elegante Doutorzinho*, de Gastão Tojeiro, no Teatro Trianon, em 1918, a radicalidade do seu modo de expressão fez com que não tivesse a necessidade de criar um cavalo--de-batalha, pois o público ia mesmo ver Leopoldo Fróes, em qualquer cartaz que fosse, e o ator estava lá, sempre pronto para corresponder ao desejo dos fãs.

Seguramente essa figura de impacto foi construída com trabalho febril em cena; sua dedicação ao palco era fervorosa, muito embora não trabalhasse nunca tanto quanto a sua própria companhia, pois era avesso aos ensaios. A listagem das montagens de que participou é extensa, como apontam seus biógrafos e Mário Nunes em 40 *Anos de Teatro*; mas não é eloquente por si, porque Fróes foi principalmente uma, digamos, performance, ou uma maneira de estar em cena. Esse arrebatamento se traduziu em duas atitudes reveladoras: a luta decidida pela criação da Casa dos Artistas, instituição de amparo para a categoria – de que certamente não necessitaria por sua fortuna pessoal e teatral –, e a guerra contra a fundação da Sbat, em 1917. O ator se indignou a tal ponto com o movimento dos autores que chegou mesmo a organizar uma associação alternativa e o grêmio que inaugurou por pouco não provocou a liquidação da associação dos dramaturgos. O impulso com certeza contribuiu para que o ator cogitasse escrever peças, carreira iniciada sem hesitação – logo no começo da década de 1920, a sua companhia apresentou três originais de sua autoria, *O Outro Amor, Senhorita Gasolina* e *Mimosa*.

Aos poucos, no entanto, o galã entrava em declínio, pois os papéis sedutores que gostava de representar não aceitavam bem a ação do tempo sobre o charme do ator. Ao longo da década de 1920, sua imagem começou a ficar ofuscada, situação que fez com que se retirasse do país em 1928, para trabalhos na Europa, recuperação da saúde, tentativa de construção de uma carreira cinematográfica. Ele acabou não regressando da aventura, morreu no exterior. De todos os astros, a trajetória de Fróes foi a mais fugaz; marcou também a proposição de um estilo de vida luxuoso e perdulário, devotado à busca do prazer mundano, inédito no país, cuja aura repercutiu nas ambições de Procópio Ferreira.

No entender de Alcântara Machado, um dos raros críticos ácidos – e corajosos – do ator poderoso, a sua influência foi nefasta, pois a sua cultura, a sua fortuna pessoal e o seu carisma poderiam ter sido meios eficientes para a proposição de uma revolução teatral copernicana na cena carioca. Ou poderiam, ao menos ,ter alavancado uma mudança sensível do repertório praticado no palco do seu tempo, que Fróes procurou sempre manter em uma linha fácil, abaixo da mediana. E não há dúvida de que o requintado Doutor conhecia bem o que acontecia nos palcos europeus, no mínimo o teatro comercial, o teatro francês de *boulevard* mais cuidado. Afinal o ator cultivava os mesmos hábitos culturais da classe elevada em que nasceu, e a sintonia atualizada com a vida europeia era em seu meio um fato natural.

Nesse sentido, parte da crise ou da estagnação localizada por diversos analistas do teatro brasileiro na década de 1920, em que se costuma situar a exaustão de uma velha forma de fazer teatro, poderia ser vista como emanação do eclipse progressivo do líder, registro dos efeitos de sua redenção incondicional ao padrão gasto dominante e da sua recusa em ousar mudar. A versão tem a sua lógica, mas guarda muitos pontos para controvérsia, pois a década foi para Itália Fausta um momento de grande brilho. E foi também o período de afirmação dos sucessores de Leopoldo Fróes, os astros herdeiros de sua arte, Procópio Ferreira e Jaime Costa.

## *Procópio Ferreira*

Para Procópio Ferreira, a consagração começou em 1919, na comédia sertaneja de Viriato Corrêa, *Juriti*. Por sorte, a época era de retomada do teatro brasileiro, recuperação da comédia de costumes, de sala de visitas, materializada no triunfo do Teatro Trianon. E a condição de astro que começa a ser construída é perceptível na fragilidade desse primeiro desempenho que consagrou o ator, uma proposta de atuação fraca no papel, mas histórica em cena graças à dedicação do intérprete. Ao lado de Vicente Celestino e Abigail Maia, ele conseguiu se destacar no papel do Moleque Fogueteiro, uma aparição insignificante, se olhada com rigor e sem a nota de gênio do jovem ator. O que surgia ali era uma capacidade rara, um faro para identificar a pulsão do tempo, a vontade e a atmosfera que cunhou o mito Trianon, ainda pouco estudado. Procópio nascia; despontava como um astro de colorido bem definido, parte expressiva de uma época. Do evento, não resultou um edifício teatral brasileiro, nem como obra de pedra e tijolo, nem como associação de letras – o saldo foi o lançamento de um grande ator, peça estratégica para a história da interpretação brasileira.

Procópio Ferreira em *Esta Note Choveu Prata*, de Pedro Bloch.

Como bem assinalou Décio de Almeida Prado[126], Procópio Ferreira de certa forma criou o seu próprio *emploi*; optava por papéis jovens e cômicos, mas não tinha beleza para ser o galã cômico nem idade para ser o centro cômico; por seu talento, foi poupado de se dedicar aos velhos secundários (vegetes), lugar em que a maioria dos jovens começava a carreira; afirmou-se então com o que se pode designar galã cômico caricato, através da construção de vários tipos engraçados, dos molecotes aos rapazes casadoiros enfatuados. Em 1924, no entanto, uma nova era foi iniciada – Procópio Ferreira fundou a sua própria companhia, uma das mais longevas do teatro brasileiro, pois conseguiu mantê-la por toda a sua vida. A estreia aconteceu em São Paulo, sob a direção do veterano ator português Cristiano de Souza, no Teatro Royal, com o texto *Dick*, de Max Dearly; seguiram-se *Coitadinhas das Mulheres*, de Raul Casariego, e *O Sobrinho do Homem*, de José Leon Pagano. No fim do ano a nova empresa estreava no Rio de Janeiro, no Teatro Trianon, com *O Tio Solteiro*, de Benjamin de Garay. E nesse início de trajetória, os cartazes oferecidos pela companhia apresentam um tom muito particular: todos os autores estreados são estrangeiros, um inglês e três argentinos.

Assim, ainda que Procópio Ferreira – nome artístico de João Álvaro Quental Ferreira – tenha começado a sua trajetória estrelar apostando na caracterização e na presteza da presença em cena, em uma concepção de tipo nacional muito acentuada e nítida, uma ascensão rápida lhe permitiu chegar aos ditos papéis centrais adequados aos chefes de companhia, nos quais as duas qualidades precisavam ser administradas por um outro recurso, o domínio inconteste do uso da palavra e de seus efeitos, valores correntes nos bem articulados textos comerciais, estrangeiros, escolhidos. Afinal o diretor que orientava esse início era um ator muito experiente no enfrentamento das preferências do mercado, qualidade que não era possível atribuir aos verborrágicos autores nacionais. A condição vai impor (ou solicitar...) a contribuição inteligente do ator com os textos, que será nota definidora da carreira de Procópio.

Vale lembrar que esse desenho não foi um mero fruto de uma direção exterior, acidental – o ator começou a atuar como profissional aos dezoito anos, na companhia que a estrela Lucília Peres fundou após o rompimento com Leopoldo Fróes. A convivência com a atriz celebrada se prolongou durante a temporada de 1917, no Teatro Carlos Gomes. Ele esteve em cartaz então em textos bem variados, como *Amigo, Mulher e Marido*, de Flers e Caillavet, e *A Cabana do Pai Tomás*, de Harriet Beecher Stowe, peça em que fez o Moleque Beija-Flor.

No ano seguinte, ingressou na companhia liderada por Itália Fausta (1918) e esteve de novo às voltas com um repertório eclético notável, pois a companhia apresentou *Amor de Perdição*, *A Labareda*, *Ré Misteriosa*, *Malquerida*, *Antígona*, *Fédora*, peças estáveis no repertório da atriz. A etapa seguinte obedeceu a um contorno muito especial – levou-o para o teatro musical, ao encontro de Vicente Celestino, seguido por um mergulho na dramaturgia brasileira do momento; propiciou um passeio por alguns autores históricos: Artur Azevedo, França Júnior, Martins Pena, Molière, Antônio José da Silva, o Judeu. O perfil geral do repertório de sua carreira surgiu, portanto, a partir de fortes vivências de texto, múltipas e desafiadoras. E obedecerá a estas linhas: autores estrangeiros comerciais, autores brasileiros do momento, alguns clássicos, em uma combinação que guarda diferença em relação a Leopoldo Fróes, um tom abaixo, e ao rival de sua vida, Jaime Costa, um tanto mais nacionalista. Destaque-se o fato curioso – em 1919, ao aceitar o convite de Paschoal Segreto para participar em uma nova companhia de operetas, integrou o conjunto que será responsável também pela projeção, em 1920, de Jaime Costa.

À diferença de Leopoldo Fróes, o amor ao improviso e ao caco, como já se observou, não distanciaram Procópio Ferreira do texto; também não era seu hábito ensaiar com a companhia, que devia sempre se preparar para recebê-lo, na estreia, após os ensaios necessários em que ele próprio era substituído por uma cadeira ou pelo ensaiador. A mecânica fora adotada por Fróes, que tornou-a conhecida. Mas Procópio estudava as peças que

---

[126] Procópio Ferreira: Um Pouco da Prática e um Pouco da Teoria, em *Peças, Pessoas, Personagns: O Teatro Brasileiro de Procópio Ferreira a Cacilda Becker*, São Paulo: Companhia das Letras, 1993, p. 51-52.

encenava, ao contrário do que se dizia do Doutor. E chegava mesmo, segundo o folclore, a estudar o suficiente para retirar dos outros atores as falas que considerasse mais interessantes e que, por isso, deviam ser ditas por ele. O texto se tornava seu, de certa maneira. O jogo fez com que, em um repertório imenso, ao que tudo indica de cerca de meio milheiro de títulos, o ator construísse um espetáculo-ícone para toda a vida, o seu cavalo-de-batalha eterno, *Deus lhe Pague*, de Joracy Camargo, estreia de 1932, no Teatro Boa Vista, em São Paulo.

Ao mesmo tempo, preocupado sempre em se refinar e se informar, Procópio se manteve a par do que acontecia nos grandes centros teatrais e se preocupou em montar textos de sucesso do momento, adequados ao seu perfil, e clássicos. Encenou Goldoni e Molière, mesmo que sob a sua ótica atoral e autoral peculiar. Se não foi o primeiro, foi um dos primeiros grandes atores a tentar experimentar a novidade da direção teatral e, em 1948, se submeteu ao domínio do jovem Ruggero Jacobbi, aparentemente sem qualquer resultado relevante. Questiona-se mesmo se Jacobbi, intelectual teatral de primeira grandeza, chegava a ser efetivamente um diretor, no sentido mais forte do termo, em especial em sua juventude, condição que reduz o alcance da associação entre os dois.

De qualquer maneira, a aproximação com o italiano inquieto não repercutiu com intensidade em nenhuma das duas figuras de artista. Foi uma inclinação muito tímida, pois logo Procópio Ferreira despontou como um cruzado decidido contra os novos e as suas propostas de mudanças artísticas, cerrando fileiras a favor do velho teatro. Na trincheira que construiu, se encerrou até o final da carreira, decisão que fez com que o seu teatro perdesse terreno nos grandes centros, caminhasse para a periferia e submetesse o fulgor do astro a um implacável declínio.

## Jaime Costa

Outra foi a atitude de Jaime Costa, fato surpreendente se for considerado o seu apelido na classe teatral – rei da Bronca – e se for examinada a sua atuação contra os novos, contra o teatro moderno, bem menos diplomática, conciliadora ou sutil. Ele lutou contra as mudanças propostas pelas novas gerações, com ataques públicos em panfletos, folhetos, cartazetes ou declarações bombásticas à imprensa, desferidos abertamente contra o diretor Ziembinski, o Teatro dos Doze e a atriz Henriette Morineau. Mas a luta passou, como se fosse mais um de seus conhecidos rompantes temperamentais: Jaime Costa ousou encenar com sucesso *A Morte do Caixeiro Viajante*, em 1951, encantou plateias como Doolittle na versão brasileira de *My Fair Lady*, em 1962, no Teatro Carlos Gomes, ao lado de Paulo Autran e Bibi Ferreira, e estava em cena junto aos jovens mais radicais da cena brasileira, em 1967, quando faleceu. No dizer de Décio de Almeida Prado, ele não morreu no palco, mas teve uma morte teatral, pois estava em cartaz em *Se Correr o Bicho Pega, se Ficar o Bicho Come*, de Oduvaldo Vianna Filho e Ferreira Gullar, no Teatro Opinião, no Rio de Janeiro. Por bem pouco escapou de morrer em cena, no pleno exercício do ofício de ator.

A sua trajetória, de astro a comparsa do teatro moderno mais inquieto, não foi linear, nem simples. Jaime Costa ingressou na carreira artística após uma iniciação amadora, em 1920, no grupo Salles Ribeiro; a sua capacidade de trabalho e o seu perfil de líder fizeram com que bem cedo se tornasse empresário de sua própria companhia, organizada com rigor nos moldes mais tradicionais, segundo todas as hierarquias e convenções, obedecendo aos *emplois* correntes. O que não o impediu de fazer uma campanha contra a claque – o costume de organizar (e pagar!) um grupo de espectadores para rir, vibrar e aplaudir o espetáculo –, instituição que baniu de seu teatro. Nos seus programas, tornou-se rotina incluir um quadro com a observação: "este teatro não tem claque". Assim, percebe-se em sua trajetória uma oscilação permanente entre a incorporação das tradições e convenções e a proposição de mudanças, ou seja, a busca da liderança e do destaque, meios necessários para erigir-se como astro. Sob esse aspecto, importa destacar as suas investidas na área da dramaturgia; ainda que não se tenha notícia extensa de textos de sua autoria exclusiva (ele foi sempre, aliás, um grande incentivador do autor nacional, organizou diversos concursos para lançar novos dramaturgos e figura em um texto

• *O Teatro Profissional dos Anos de 1920 aos Anos de 1950*

Jaime Costa, na montagem bem-sucedida de *Papa Lebonard*, no Teatro Glória.

como coautor), Jaime Costa assinou traduções de originais estrangeiros em cuja fatura interferiu, o que não era um procedimento estranho na sua geração, como se comentará adiante.

Vale destacar, com relação ao tema, que houve sempre uma postura muito bem definida do ator a propósito do poder do intérprete. Após a sua iniciação amadora, Jaime Costa se candidatou a uma vaga como barítono no teatro profissional, no Teatro S. Pedro (atual João Caetano) – conquistada graças à beleza de sua voz – para trabalhar como ator de opereta, mas iniciou a carreira na empresa como o Bom Ladrão no mistério *O Mártir do Calvário*, de Eduardo Garrido, cartaz rotineiro no período da Semana Santa. Logo a seguir, enfrentou o desafio de substituir Vicente Celestino na opereta *O Fado*, de Felipe Duarte – a sua voz, no entanto, não alcançava o tom da partitura preparada pelo criador do papel. Diante de sua própria falha em cena, durante o espetáculo, o jovem esbravejou afirmando que a música estava errada. A calma se instalou graças à intervenção de Villa-Lobos, integrante da orquestra, e a apresentação prosseguiu com o jovem cantando em tom transposto. A sua reação irreverente diante do próprio erro foi um sucesso, ganhou a aclamação da plateia e a sorte de uma carreira em ascensão permanente: ingressou na companhia de operetas de Leopoldo Fróes, liderança a que permaneceu ligado depois que o conjunto se dissolveu e deu lugar a uma companhia de comédias. Sob a tutela de Fróes e a seguir de Oduvaldo Vianna, este no Trianon, passou do teatro musical para a comédia, que se tornou então o seu gênero de eleição, sempre sob uma aura inquieta e turbulenta.

Na verdade, a capacidade de Jaime Costa para suscitar polêmica sempre foi notável. Em 1925 organizou uma companhia com os atores Átila de Moraes (pai de Dulcina de Moraes) e Belmira de Almeida e alcançou projeção por encenar Pirandello (*Assim É Se lhe Parece*) pela primeira vez no país e em português, em tradução de Abadie Faria Rosa, um medalhão da singela comédia de costumes da época. O feito foi reprisado em 1927, em homenagem a Pirandello, que estava em visita ao Rio de Janeiro com sua companhia. Também procurou sempre destacar que lançou, em 1937, o escritor Eugene O'Neill no Brasil, com a montagem de *Anna Christie*. Tais escolhas, no entanto, nunca o impediram de se proclamar o ator de sua época mais dedicado ao autor nacional, situação que parece provável em uma primeira avaliação de seu repertório, ainda que possa ser bem controverso esse conceito de dedicação. Ao que tudo indica, entre os grandes astros, parece ter sido Jaime Costa o intérprete de repertório brasileiro mais extenso, ainda que nem o seu repertório, nem o repertório de sua geração estejam claramente estabelecidos até o momento.

A circunstância, no entanto, não o impediu de se envolver em brigas clamorosas a respeito da autoria de textos. A primeira foi com a Sbat. Foi provocada por uma declaração sua, em uma entrevista radiofônica, em que se afirmou colaborador eventual, mas necessário, ainda que sem autorização expressa para tanto, dos autores das comédias que encenava. Alguns dramaturgos ficaram revoltados com a ousadia, levaram a queixa para a Sbat e a instituição acabou proibindo-lhe, por um tempo, a montagem de originais dos seus associados, brasileiros e estrangeiros. A situação ecoa, sem dúvida, ainda que tardiamente, gestos de Leopoldo Fróes e Procópio Ferreira.

Em longa matéria publicada no *Jornal do Brasil* em 1943, da coleção de recortes do Acervo de Jaime Costa, assinada por "Talma", constam, sob um tom de louvação exacerbada, trechos saborosos sobre a polêmica. E reveladores da personalidade do ator. Sob o subtítulo "Colaborador Eficiente dos Autores", o comentarista retoma ideias já defendidas por Procópio Ferreira e leva-as um tanto adiante com um tom precioso para o tema:

Toda peça de teatro representável, isto é, boa, comporta colaboração. Para melhor ou para pior, está claro. Conforme o colaborador... Tão só essa qualidade de comportar colaboração recomenda uma peça, porque, neste caso, tem ela o mérito de sugerir, o que já é uma grande coisa. As irrepresentáveis não sugerem coisa nenhuma e ficam na gaveta dos seus autores! Precisamente quando as peças são mais bem feitas e têm real valor é que suscitam a colaboração do intérprete, colaboração essa natural e espontânea e, muitas vezes, repentista. Verdade é que tal colaboração não pode partir de alguns dos nossos artistas, porque esses não são intérpretes e, sim, simples executantes, de sensibilidade pavorosamente blindada [...].

Feliz, pois, do autor que encontra para seus originais um intérprete – um intérprete na verdadeira acepção do termo – à altura de Jaime Costa!

Com efeito, o genial criador de D. João VI, de *Carlota Joaquina*, sente de verdade as personagens que lhe são dadas à interpretação, e, daí, vir-lhe do fundo de seus papéis a sugestão inspirada pelo próprio autor e que a este escapara por uma circunstância qualquer. Tal coisa, que se dá sempre, é habilmente aproveitada por Jaime Costa, que, dessa maneira, acrescenta aos originais que apresenta uma colaboração sua, que, longe de desmerecer as peças representadas, atesta ao contrário, o seu valor, por isso que, como já afirmamos, só as que de fato prestam são susceptíveis de colaboração. E Jaime Costa tem sido um colaborador eficiente dos nossos autores, sem que isso possa, a qualquer título, desmerecê-los. Certa ocasião mesmo, Jaime Costa exibiu-nos farta e copiosa documentação em que ele prova, irretorquivelmente, sua colaboração em originais de real sucesso; colaboração essa, aliás, feita com a indispensável licença do autor. Em alguns desses originais constam cenas inteiras idealizadas e realizadas pelo nosso grande comediante!

Ainda que não se possa afirmar a identidade precisa do autor do artigo, o advogado de aluguel de Jaime Costa reproduz argumentos que sem dúvida traduziam com rigor o seu ponto de vista pessoal, no mínimo um grau adiante da elegância procurada por Procópio Ferreira para tratar o tema no texto do livro *A Arte de Fazer Graça*. Na mesma matéria de defesa, o articulista extremoso comenta o sucesso do momento do ator, cartaz do Teatro Rival, *Nossa Gente é Assim*, de Melo Nóbrega, autor que ele estava lançando para contornar a interdição pela Sbat, e defende a amplidão do talento de Jaime Costa ao destacar que a cenografia era de sua autoria. São incontáveis os méritos do artista, segundo o autor. Além de episódios nobres de defesa e apoio aos dramaturgos nacionais – seria o ator brasileiro mais dedicado à categoria, insiste-se –, o texto comenta ainda a qualidade dos atores que Jaime Costa convidava para os seus elencos, o seu destemor ao confronto em cena, a sua aclamação em todo o país – que deveria ensejar um plebiscito para que lhe fosse concedido "o título de primeiro ator da Cena Nacional". Depois de elogiar a sua submissão aos ensaiadores, que não seria uma rotina na vida do "artista brasileiro, quando chega à categoria de primeira figura", o libelo conclui com um chamado à paz – "Reconciliem-se já e já a Sbat e Jaime Costa, que assim o artista e os autores terão cumprido um dever sagrado, qual seja a cooperação para o alevantamento cada vez mais do Teatro Nacional!"

A paz foi selada, mas não durou muito tempo. Em agosto de 1945 há uma nova briga com a Sbat, que cassou o título de sócio honorário do ator – a láurea fora concedida pela Sbat não só porque em 1928 ele escreveu *Maldito Tango*, em parceria com Brasil Gérson, mas pelo fato de a instituição reconhecê-lo como grande amigo do autor nacional. O estopim para o novo rompimento foram as suas declarações públicas, contrárias à possibilidade de que os autores pudessem representar os atores, nas discussões então travadas entre o governo e os empresários para fixar condições de assinatura de contratos. Com a sua reação inflamada, ele provocou um plebiscito na classe e o resultado foi a favor dos atores como representantes legítimos da categoria, em lugar dos autores. Estes, então, se aborreceram muito com o resultado. A briga rendeu muitas manchetes e colunas nos jornais. Jaime Costa chegou a afirmar que Joracy Camargo – autor mais ligado a Procópio – estava jogando com a classe teatral, à qual nunca dera atenção, e jogava porque pretendia ser candidato a deputado. E de política o ator entendia bastante – apoiou Getúlio Vargas durante a Era Vargas, tornou-se seu amigo pessoal, escreveu acrósticos, versos, telegramas, bilhetes, cartas e telegramas ao presidente e ditador amigo e foi forte apoio, quando de sua candidatura ao governo constitucional. Em 1949 Jaime Costa voltou a fazer parte da Sbat, na categoria de sócio efetivo.

Mas não faltaram outras situações tumultuadas. A mais importante foi ainda no perímetro das discussões de autoria, área de atrito por si só reveladora da dimensão desses grandes mitos. Não há dúvida de que nos anos de 1940 o ator realmente se tornara um grande astro. *Carlota Joaquina*, de R. Magalhães Jr., sucesso retumbante que estreara em 1939 no Teatro Rival, tornou-se o seu espetáculo-ícone. Ainda assim, em 1949, Jaime Costa acabou se envolvendo em uma briga com R. Magalhães Jr., em virtude de um outro sucesso assinado pelo autor,

*A Família Lero-Lero*. Mais uma vez em declarações a uma estação de rádio, Jaime Costa afirmou-se coautor do texto, versão que R. Magalhães Jr. se apressou em refutar. Os ânimos exaltados fizeram com que o dramaturgo retirasse a sua autorização para o ator encenar todos os seus textos. A situação não arruinou o astro: ele manteve o seu espetáculo-ícone pessoal, quer dizer, persistiu com o seu D. João VI de tanto sucesso em cena. O artifício foi simples: um novo texto, *A Rainha Carlota*, de Leda Maria de Albuquerque, Leonor Porto e Elza Pinto Osborne, estreou no Teatro Glória em 1950 e o D. João VI continuou a ser a grande atração.

No ano seguinte Jaime Costa iniciou sua impressionante mudança de sentido de carreira, que o levou a ser reconhecido e respeitado pelas novas gerações. A sua atuação em *A Morte do Caixeiro Viajante*, de Arthur Miller, sob a direção de Esther Leão, que fora líder do Teatro do Estudante do Brasil, com cenário de Santa Rosa, lhe rendeu o prêmio de melhor ator de 1951, concedido pela Associação Brasileira de Críticos de Teatro (ABCT) e uniu antigos e modernos em uma só voz de reconhecimento. O jovem Sábato Magaldi, em sua coluna no *Diário Carioca*, viu na montagem "um dos momentos decisivos e mais importantes da cena brasileira". Ela foi considerada o melhor espetáculo de 1951 e os prêmios foram atribuídos pelos críticos; entre eles, formavam nomes que, durante muito tempo, olharam com desprezo a trajetória de Jaime Costa e de sua companhia. Para os que falavam em nome de um teatro exigente, era preciso condenar o ator por ser um caçador de chanchadas e comediazinhas de fácil apelo popular, por se dedicar à exploração comercial do riso através de um teatro medíocre. Surge, então, uma nova dimensão para o astro, transcendental, pois ele se tornou capaz de construir um desempenho que se inscreveu na história do teatro nacional. E criou um novo espetáculo-ícone, agora moderno, já que o ator vestiu o figurino da peça e cumpriu diversas temporadas pelo país à frente de sua companhia na pele de Willie Loman.

Para Décio de Almeida Prado, Jaime Costa foi – no seu entender, à diferença de Procópio Ferreira – um modelo de ator que "nunca se aperfeiçoou" e que "nunca precisou se aperfeiçoar para conquistar o público". Ainda assim, ele conseguia alçar-se a alturas maiores, com o próprio D. João VI, "uma criação no estilo do nosso velho teatro mas cheia de sabor e de pitoresco". Para o crítico, decano da crítica moderna, não faltavam defeitos no ator –

Não só não sabia frequentemente as falas, como respirava mal, encavalava as sílabas, tumultuava o ritmo da frase, caía na declamação quando desejava ser eloquente. Mas essas imprecisões técnicas imperdoáveis em qualquer outro, desapareciam diante da sua presença e da sua força de comunicação.

E o fecho do parágrafo tem impacto: "Ele não necessitava fazer nada para ser simpático ao público: era simpático como o Brasil é gigante – pela própria natureza"[127].

O reconhecimento das novas gerações, ainda que no leito de morte e crivado de senões, não é para menosprezar – talvez ele tenha sido um motor importante para o velho ator. E é para destacar o fato de que o velho intérprete – nascido no subúrbio do Méier sob o nome Jaime Rodrigues Costa, no dia 27 de dezembro de 1897, filho de pequeno comerciante, que iniciara carreira no amadorismo pelas mãos de um barbeiro, com o *emploi* de cínico em uma montagem de *Um Erro Judicial*, em 1920, que combatera com furor o ator revelação do Teatro dos Doze, Sérgio Cardoso, afirmando que ele deveria começar como figurante em sua empresa antes de sonhar em ser titular em uma empresa própria – tenha sido recebido em triunfo em São Paulo na Companhia Nydia Lícia-Sérgio Cardoso.

Ele foi convidado para ser o protagonista de *O Comício*, de Abílio Pereira de Almeida, estreia de 1957, acolhido com elogio na tabela do Teatro Bela Vista quando se apresentou para os ensaios, saudado por toda a companhia como astro de primeira grandeza, por iniciativa do líder do conjunto e diretor da encenação, Sérgio Cardoso, que contracenou com ele no espetáculo. Ganhou uma placa de bronze na casa e declarou aos jornais que aquela homenagem, entre tantas placas que

---

[127] "Jaime Costa", em *Exercício Findo*, São Paulo: Perspectiva, 1987, p. 156.

recebera por todos os cantos do país, era a que tocava a sua alma mais profundamente – vinha de artistas. No mesmo ano, a censura paulista proibiu a Companhia Jaime Costa de apresentar a encenação da peça *Perdoa-me Por me Traíres*, de Nelson Rodrigues, interditada por razões religiosas. Uma novidade importante da proposta era a adoção da direção, que foi assinada pelo próprio Jaime Costa. O gigante do passado se movia em outra direção.

A aproximação entre os continentes teatrais fora iniciada por interferência de Bibi Ferreira, que decidiu montar, em 1953, *A Ceia dos Cardeais*, de Júlio Dantas, com elenco luso-brasileiro e misturando gerações. A primeira versão do espetáculo reuniu Jaime Costa, o ator português Villaret e Sérgio Cardoso, entre outros. Em uma versão seguinte, Procópio Ferreira entrou no lugar do ator português. Portanto, uma nova porta de comunicação fora aberta em cena e Jaime Costa não hesitou em usá-la, ao contrário de Procópio Ferreira, que tinha uma filha moderna, até aderia às propostas, mas permanecia enclausurado em suas velhas convicções. Segundo depoimento da atriz Nydia Lícia, em entrevista inédita à autora, Jaime Costa incorporou-se com extrema facilidade na jovem companhia, aceitou muito bem a direção e a contracena proposta pelos jovens e encantou-se com o trabalho junto ao elenco moderno.

A palavra jovem parece ter um alcance estratégico quando se pretende pensar questões relativas aos atores, às personagens e às interpretações. Se partirmos de uma afirmação de Robert Abirached, "o teatro se define através da relação triangular que ele aciona entre a personagem, o ator e o espectador"; se a personagem só encontra a materialidade na cena, como o autor sustenta um pouco mais adiante, a cena, no entanto, é um lugar de exposição, só tem sentido por causa do olhar que a constrói; o ator em cena é a personagem, mas é a personagem que o público vê. Portanto, só sabemos o que foi um ator a partir das impressões que ele conseguiu produzir em seu público. Nesse sentido, cada geração tem os seus arrebatamentos e os seus magos, os que sabem – ou aprendem a – instaurar esses estados de enlevo. O problema é que a marcha do mundo não para, a sensibilidade é uma realidade flutuante, é etérea, e as gerações se sucedem.

Para o ator, que constrói um canal de comunicação com o seu tempo, as novas gerações significam novos desafios e é possível, por vezes, chegar a um momento em que a sintonia não possa mais acontecer. É o drama do velho ator, mais agudo ou pungente quando a biografia coincide com grandes mudanças de estilo ou de linguagem. Assim, um aspecto decisivo da história dos grandes astros brasileiros é o tema da juventude, pois eles viveram no limiar de uma época em que se pretendeu mudar o teatro de forma decidida, mudar inclusive a definição de ator. Não foi por acaso que um dos primeiros grupos amadores, dentre os que escolheram mudar o palco brasileiro, decidiu optar pelo nome comediantes, alusão a uma acepção francesa em que o ator era uma parte da encenação, uma parte plástica, moldável, diferente a cada proposta de montagem, em lugar de ser sempre igual a si mesmo. Para a juventude, o astro, senhor de sua identidade e de seus meios expressivos pessoais, inconfundíveis, era um canastrão, um ser inferior, sobrevivência de um outro tempo.

## *Dulcina de Moraes*

E o tema da juventude adquire consistência maior na história de Dulcina de Moraes, a última personalidade que é preciso focalizar quando o tema é o estudo dos primeiros atores absolutos, os grandes astros da primeira metade do século XX, no teatro brasileiro. Dulcina tem encantos especiais por duas razões diferentes. A primeira é o fato de seu nascimento: ela simplesmente nasceu no teatro, em uma família de teatro e não precisou enfrentar a fúria dos pais, como Leopoldo Fróes e Procópio Ferreira, ou as agruras do amadorismo e da dificuldade de chegar ao meio artístico profissional, como Jaime Costa e Itália Fausta, para se tornar atriz.

Dulcina de Moraes Azevedo nasceu no dia 8 de fevereiro de 1908, em Valença, filha dos atores Átila de Moraes e Conchita de Moraes. Tornou-se atriz ainda na adolescência, ao ingressar na Companhia Leopoldo Fróes – da qual participava seu pai – no *emploi* de ingênua. A peça de estreia como protagonista foi *Lua Cheia*, em 1925, de André Birabeau, apresentada no Teatro Carlos Gomes. No mesmo ano, Leopoldo Fróes decidiu partir em excursão para o Uruguai e a Argentina; foi a primeira vez que uma companhia brasileira se apresentou no exterior. Para a jovem atriz – um pouco como acontecera com Itália Fausta – a viagem foi um treinamento intensivo, um teste de fogo, apropriado para forçar o seu amadurecimento técnico e profissional. Após nova temporada no Brasil, a última, Leopoldo Fróes dissolveu a companhia e seguiu para a Europa, onde morreu.

Algum tempo depois do fim da empresa de Fróes, Átila de Moraes organizou uma companhia familiar, reunindo todos os talentos da casa, formação que durou até o final de 1928 e que atuou no interior. De volta ao Rio, a jovem atriz ingressou em diferentes elencos, trabalhou com Jaime Costa, Mesquitinha, no Trianon e na Companhia do Teatro S. José, esta de Paschoal Segreto. Neste último conjunto, conheceu o jovem Odilon Azevedo, advogado e ator, com quem se casou em 1931. Após algum tempo atuando em formações familiares, formou-se a Companhia Odilon Azevedo, consagrada pelo público sob a denominação singela de Companhia Dulcina-Odilon. O novo conjunto estreou no Rio em 1934, com a encenação de *Amor*, de Oduvaldo Vianna, na inauguração do Teatro Rival. Foi um sucesso memorável, prolongando a aclamação que o espetáculo recebeu no ano anterior, em São Paulo, ocasião em que o texto fora lançado.

Assim como Dulcina tem a característica peculiar de ter nascido no teatro, por pertencer a uma família teatral, assim a companhia se estruturou como um conjunto familiar, que absorveu todos os talentos domésticos. Nesse espaço sentimental e profissional, a atriz encontrou uma atmosfera favorável para a construção de sua expressão. Curiosamente, Dulcina de Moraes persistiu muito tempo como ingênua, uma especialização que mantinha uma lógica muito reveladora, sintonizada com a condição de estar em família, diferente da situação de Itália Fausta, por exemplo, que logo se tornaria dama-galã. A situação provocou estranheza no mestre de cena Eduardo Vitorino, que comentou em seu livro *Atores e Atrizes* o desconforto:

A primeira vez que a vi em cena, [...] trajava um lindo vestido que denunciava, sem as condenar, formas sedutoras, desenvolvidas e bem lançadas, que estavam em contradição com a figurinha franzina que a personagem exigia. De resto, não só física como artisticamente, essa galante atriz não parece indicada para desempenhar papéis de mocinhas ingênuas, embora alegres, buliçosas, brincalhonas[128].

Para o observador, era inadmissível que a atriz estivesse em tal *emploi*:

Ora, para se meter na pele dessas ingênuas, Dulcina de Moraes faz boquinhas, momices e inflexiona com 'voz de cabeça'; enfim, reproduz uma série de pequenos defeitos, pouco agradáveis ao público e que, como expressão de arte, não significam coisa alguma[129].

Logo adiante, ele sugere que ela explore as qualidades admiráveis que tem para atuar como dama-galã, "para o que se convencionou chamar, em gíria de teatro, papel de *coquette*".

Ainda que a atriz tenha deixado de lado as ingênuas, coisa que lhe seria imposta de qualquer maneira com o passar do tempo, é verdade que até o final de sua carreira conservou características indicativas de um desejo forte de impressionar o público a partir de um filtro ingênuo, através da mímica facial carregada, do uso dos olhos, certo maneirismo de gestos, uma voz com notáveis estridências, alguma afetação e – sempre – uma preocupação aguda com o bem vestir. Dulcina de Moraes tornou-se em particular um mito para o público feminino; era um símbolo de elegância e um espelho para a mulher que se pretendia sedutora. Uma boa parte de sua plateia era formada por mulheres que se preocupavam em ir ao teatro para ver as roupas que ela apresentaria em cena. Portanto, a sua carreira não foi marcada, até certa altura ao menos, antes de se tornar astro de primeira grandeza, por ousadias de repertório. Para Décio de Almeida Prado, que a contemplava como titular de companhia e a partir do lugar que ele atribuía a Ziembinski, ela foi importante "pelo âmbito comercial dos seus empreendimentos, que atingiram pela primeira vez o grande público" Quer dizer, produções cuidadas, bem resolvidas, de textos comerciais, *boulevards*, sem maiores pretensões; tal-

---

128 Op. cit., p. 130.
129 Idem, ibidem.

vez se possa mesmo falar em um estilo Dulcina. E a configuração do astro aconteceu aqui como trabalho efetivo em cena, dedicação árdua de uma operária ao seu ofício, longe de rompantes de gênio ou traços cortantes da personalidade.

Em certo momento, contudo, a linha de repertório foi alterada, uma mudança começou. Para Sérgio Viotti, ela não foi consequência de um contágio, o resultado da percepção das propostas do movimento dos amadores ao redor, desejosos de derrubar o velho teatro de convenções que ela vestira tão bem. Essa versão despontou em relatos dos empreendedores da primeira modernidade, lideranças do grupo Os Comediantes, tais como Gustavo Dória e Luiza Barreto Leite, e parece mesmo uma versão frágil do processo histórico. A visão dos novos tende a delinear uma visão tutelada dos atores consagrados, que nem sempre pode ser considerada como uma abordagem coerente, pois a rigor os velhos estavam no poder.

Na realidade, parece mais lógico considerar os efeitos da viagem cultural inventariada pelo biógrafo. Em 1937, ela viajou com o marido Odilon Azevedo para os Estados Unidos, a fim de se informar sobre a marcha do palco naquele país. E ficou surpresa com o dinamismo do teatro norte-americano, sua densidade cultural. Ao regressar, começou a planejar mudanças, mas se viu presa às algemas que atavam todos os grandes astros da época, a imposição de fazer sucesso de bilheteria para sobreviver, situação que obrigava a todos a perseguir o gosto popular mais imediato. Ou o que consideravam como o gosto popular de sua época. Consciente do papel que o Estado poderia desempenhar para adensar os debates teatrais, depois do que conhecera na América do Norte, animada pelos estímulos do diretor francês Jouvet, que excursionou pelo Brasil em 1942, Dulcina formulou uma proposta com Odilon, solicitando apoio ao governo. A resposta do ministro demorou a ser apresentada, mas, quando aconteceu, foi decisiva para a organização de uma temporada, que ficou conhecida como a temporada cultural de 1944, no Teatro Municipal. O governo financiou a Companhia Dulcina-Odilon e, em lugar do repertório habitual de Dulcina de Moraes, a companhia apresentou *César e Cleópatra* e *Santa Joana*, de Bernard Shaw, e *Anfitrião 38*, de Giraudoux.

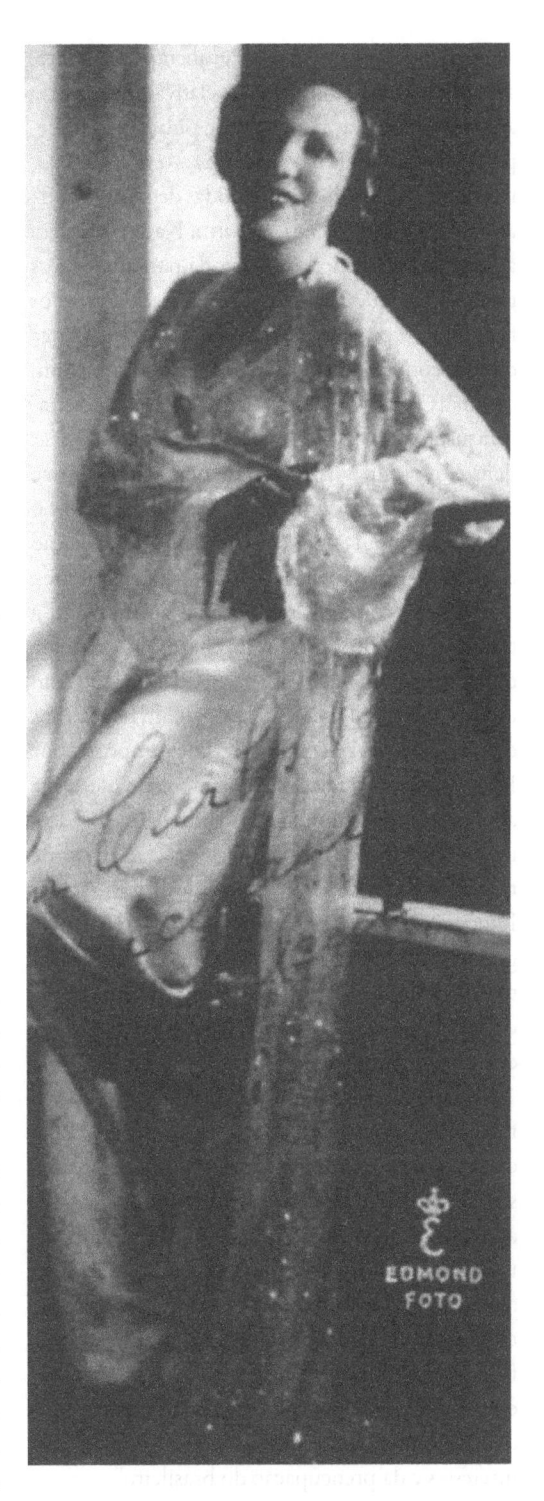

Dulcina de Moares como Fredaine, em *Fredaine Vai Casar*, de André Picard (1935).

A escolha sofisticada não significou, no entanto, a renúncia a uma propaganda apelativa, voltada para a tentativa de atração do grande público. Uma reportagem publicada na revista *Cena Muda*, de 1944, na página ao lado da seção "Modas de Hollywood", anunciava Dulcina em *Cleópatra*. Na verdade, era apenas um pequeno box, legenda para duas fotos grandes em que a atriz aparecia vestida com os figurinos da peça. O texto insistia na semelhança da atriz com a estrela Claudette Colbert, pois "um dos mais interessantes trabalhos de sua carreira" fora justamente a famosa filha de Ptolomeu. Aliás, dentre os grandes astros, ainda que Jaime Costa e Procópio Ferreira tenham atuado um bocado no cinema, nenhuma figura buscou tanto a associação com o glamour das telas como Dulcina de Moraes.

Mas não foram as temporadas culturais ou a tentativa de apropriação do charme do cinema que concederam à atriz um perfil diferenciado com nitidez, um perfil único, digamos, com relação aos demais astros. A grande diferença imposta por Dulcina foi a sua relação com a posteridade, a sua ambição de construir um teatro brasileiro, em bases mais densas e mais nítidas do que as condições de trabalho que encontrou e pôde desfrutar. Assim, Dulcina de Moraes foi a única da constelação de grandes intérpretes que construiu e manteve um teatro, o Teatro Regina, hoje Dulcina, no centro do Rio de Janeiro, uma obra legítima de doação à cidade e ao público.

Também foi a única que se preocupou com a formação das novas gerações, com os jovens. Buscou enfrentar o problema, tentou encontrar uma solução para a velha crise do teatro que se arrastava ao redor da classe teatral desde – pelo menos, em um cálculo otimista – os anos 1940. Ela acalentou alguns sonhos que, no seu entender, poderiam contribuir para reverter o quadro. Um grande sonho foi a união da classe teatral, que tentou em vão efetivar na Associação Brasileira de Teatro, fundada também para "botar o teatro no mapa dos interesses e da preocupação do brasileiro".

O único sonho que vingou foi a Fundação Brasileira de Teatro, que começou a funcionar em 1955. No ano seguinte surgiu uma entidade filiada à FBT que seria o seu principal fruto, a Academia de Teatro, uma escola que congregava nos seus quadros nomes representativos de diferentes gerações. Eram professores da escola personalidades modernas e antigas – Adolfo Celi, Dulcina de Moraes, Henriette Morineau, Joracy Camargo, Maria Clara Machado. Estudaram e se formaram na escola, que seria transferida para Brasília no início dos anos 1970, Jacqueline Laurence, Ivan Albuquerque, Rubens Corrêa e Yan Michalski. Quer dizer, atores, diretores e até mesmo um crítico, figuras que iriam se dedicar a um outro palco, completamente diferente daquele em que ela aprendeu a sua arte.

Uma outra iniciativa curiosa de Dulcina de Moraes deve ser lembrada – não parece justo que ela se inscreva na memória teatral coletiva brasileira apenas por seu espetáculo-ícone, *Chuva*, de John Colton e Randolph Clements, sucesso de 1947 que ela revisitou algumas vezes e que foi objeto de uma crítica delicada e ácida de Décio de Almeida Prado, em 1953. Ele louvou o desempenho da atriz e a memória da montagem, mas insistiu em suas cores esmaecidas, sua velhice, enfim, em função das tantas novidades avançadas que os jovens (sempre eles) trouxeram para o teatro em curto período de tempo, sete anos, na passagem dos anos 1940 para a década seguinte.

A outra iniciativa que é preciso destacar é um verdadeiro concerto de sensibilidade teatral promovido pela atriz. Fiel ao seu desejo de unir a categoria, Dulcina idealizou e realizou, através da FBT, o primeiro espetáculo *Poeira de Estrelas*, de uma série de quatro, no Teatro Municipal, para angariar fundos para seus projetos. Nunca tantos artistas brasileiros, de capacidades expressivas tão variadas, estiveram juntos no mesmo palco; a direção era de Adolfo Celi e lá estavam Adolfo Celi, Aimée, Alda Garrido, Fregolente, Dulcina, Elísio de Albuquerque, Graça Melo, Heloísa Helena, Henriette Morineau, Iracema de Alencar, Jaime Costa, Joracy Camargo, Laura Suarez, Luís Cataldo, Ludy Veloso, Luís Tito, Magalhães Graça, Maria Della Costa, Maria Sampaio, Maurício Barroso, Nicete Bruno, Odilon, Oscarito, Paulo Autran, Paulo Goulart, Rodolfo Mayer, Sérgio Britto, Sérgio Cardoso, Silveira Sampaio, Teófilo de Vasconcelos, Tônia Carrero e Ziembinski. Foram apresentados textos assinados por Joracy Camargo, Rubem Braga, Adolfo Celi, Lúcia Benedetti, e revividas personagens criadas pelos diferentes atores em suas carreiras.

O nome não poderia ser melhor, não poderia ser mais adequado: poeira de estrelas. Em um momento em que o declínio dos grandes astros era inexorável, em um teatro luxuoso que os vira tantas vezes brilhar através da exibição de sua força de expressão, seu carisma, sua capacidade de caracterização, nada podia ser mais eloquente para afirmar o teatro e unir a classe teatral do que um espetáculo coletivo, espécie de evocação remota das antigas festas artísticas em benefício, sob o nome poeira de estrelas: registro poético eficiente para falar de um instante em que astros morriam, mas um teatro novo estava nascendo.

## 5. OS ENSAIADORES E AS ENCENAÇÕES

A língua portuguesa possui três vocábulos que denominam a atividade ou a função do coordenador do espetáculo teatral: ensaiar, dirigir e encenar. Porém, há nuanças relativas aos procedimentos artísticos e poéticos no tocante ao trabalho cênico em cada um desses vocábulos, cujo fim é sempre o mesmo: colocar em cena uma obra teatral, acompanhada de música ou não. Modernamente, duas palavras, aparentemente sinônimas, definem o artista que se encarrega da coordenação material e criação artística de um espetáculo: *encenador* e *diretor teatral*. A primeira palavra parece adequar-se melhor à tradução direta do seu correspondente francês *metteur en scène*, aquele que coloca em cena, que, portanto, se responsabiliza pela montagem de uma peça dramática; já a segunda suscita uma visão mais impositiva, talvez pelo seu próprio significado, não deixando porém de ser menos propositiva em relação à primeira.

Acompanhando a história do espetáculo desde a segunda metade do século XVIII no continente europeu, chegando-se até a virada do século XIX para o XX no Brasil, nota-se que o termo *diretor* esteve associado ao de diretor do edifício teatral, o administrador do teatro que comandava os negócios do ponto de vista da economia, com o termo *encenador*, por sua vez, sendo empregado pouquíssimas vezes. Quando, já no século XIX ou nas primeiras décadas do XX, a crônica jornalística brasileira dedicava-se, nos seus folhetins, ao comentário dos espetáculos, empregava ou o termo francês – *metteur en scène* – ou o português – *ensaiador*.

Atualmente, pode-se considerar, em linhas gerais, que o que distingue os três vocábulos não são somente nuanças de ordem semântica, mas sim conceituais, do ponto de vista dos procedimentos artísticos e poéticos empregados na realização de um espetáculo. No primeiro caso, o trabalho do diretor está associado ao princípio de modernização da cena teatral. Espécie de porta-voz do autor, ele trabalha na busca de um viés interpretativo da obra dramática, atribuindo-lhe, subjetivamente, um sentido e efetivando o que modernamente costuma-se chamar de leitura ou visão de um determinado texto; desse modo, o diretor chama a si a autoria da transposição cênica. O trabalho do encenador, por sua vez, está vinculado ao ambiente criativo contemporâneo, com o estabelecimento de composições cênicas de caráter híbrido, distantes da escritura dramática convencional, por abrir espaço para criações concentradas num esforço de afirmação da própria escrita cênica como manifestação de teatralidade.

Já o trabalho de coordenação artística e material desempenhado pelo ensaiador no teatro brasileiro, ao longo de mais de um século, está intimamente associado a uma tradição luso-brasileira. Por sua vez, essa tradição associa-se às vertentes italiana e francesa, com vantajosa influência da última sobre a primeira. Essa cultura teatral, que poderia ser caracterizada como pré-moderna, de fundo latino ou mediterrâneo, legou ao ofício de ensaiador luso-brasileiro procedimentos e etapas de trabalho específicos visando à encenação tanto de uma obra dramática quanto de uma peça musicada: a distribuição dos papéis; a decoração do espaço; a marcação dos atores; a confecção dos roteiros para o ponto, contrarregra e demais técnicos; a supervisão do figurino e sua adequação histórica.

Observando-se a divisão do trabalho teatral no Brasil, desde o início do século XX até os anos de 1940 e 1950, verifica-se a recorrência de quatro importantes agentes da prática teatral que fomentam a engrenagem artística e comercial da produção nacional: o autor dramático, o ator, o empresário e o ensaiador. O autor dramático, como é da natureza do seu trabalho, era o fornecedor de uma formulação intelectual em forma de peça teatral, um criador de ficções. Os textos deviam obedecer a uma rigorosa classificação em termos de gênero, a fim de possibilitar uma comunicação direta entre o autor, os práticos envolvidos na montagem e o público. Foi seguindo esse princípio que existiram autores especializados ou mais bem-sucedidos, pois dominavam com maior desempenho a carpintaria teatral de um determinado tipo de texto dramático. Dentro dessa estrutura de trabalho, o autor dramático era quem abastecia com sua matéria-prima o ator e/ou o empresário. Era muito comum que um autor trabalhasse a pedido de um ator ou empresário, sob encomenda.

Exemplos dessas colaborações não faltam. Lembre-se a afinidade do empresário Paschoal Segreto com seus autores-ensaiadores, em particular a dupla Carlos Bettencourt e Cardoso de Menezes[130]. Ou a estreita parceria entre Joracy Camargo e o astro Procópio Ferreira[131]. Ou ainda o trabalho em sociedade, na chamada geração Trianon, dos atores Abigail Maia e Leopoldo Fróes com o dramaturgo Viriato Corrêa e os empresários Staffa e Viggiani[132]. Nesse período, uma boa parceria era muito saudável na tentativa de se estabelecer uma permanência artística tanto de cunho geral, no âmbito do simbólico (temas, situações, personagens etc.), quanto particular, relativa à figura social do astro ou da estrela diante do público. Já o ator, com a ajuda de um empresário, quando ele mesmo não acumulava essa função, a partir do material fornecido pelo autor trabalhava para atrair o espectador e formar o "seu público", que fielmente passaria a acompanhar a sua carreira. Em suma, o autor dramático escrevia na perspectiva de alimentar tanto a engrenagem econômica, que o empresário necessitava administrar e manter, quanto o tipo que deveria ser eternizado pelo astro da temporada.

A dupla de autores Cardoso de Menezes e Carlos Bettencourt dominou a produção de textos dramáticos no teatro ligeiro, sobretudo ao escreverem e encenarem o gênero revista, durante as décadas de 1920 e 1930. Essa dupla exemplifica a condição do autor-ensaiador do seu próprio manuscrito. Isto é, o trabalho teatral de transposição do texto ao palco encontrava sua realização pelas mãos do próprio idealizador da dramaturgia. Essa prática tão corriqueira é uma das mais antigas na cultura teatral ocidental, podendo se constatar claramente, no caso brasileiro, a sua associação com o dito teatro comercial ou de entretenimento. No caso da nossa dupla de autores, foi Cardoso de Menezes quem, em suas palavras de homenagem ao falecido amigo e parceiro Carlos Bettencourt, após mais de vinte e cinco anos de trabalho em conjunto, descreveu a divisão das tarefas entre os dois, o empresário e o conjunto de atores:

Na nossa parceria, o Carlinhos incumbia-se de tratar com os empresários, dos direitos autorais, sempre maiores que os da tabela desta nossa Sociedade, das festas de autores, reclames nos jornais, tudo enfim que dissesse respeito às finanças, enquanto eu me encarregava da distribuição dos "papéis", ensaios de poema e música, cenários e guarda-roupa, acomodação de brigas e ciumadas entre artistas, em consequência de "papéis" melhores e maiores[133].

É óbvio que essa divisão de trabalho entre os dois parceiros ocorria após a redação do manuscrito, sendo o momento descrito acima aquele dedicado ao levantamento da cena e sua adequação ao palco. Fica evidente na descrição de Cardoso de Menezes como o ensaiador, no caso aqui a dupla, se debruçava tanto sobre as questões de ordem material quanto sobre as questões artísticas. Naturalmente, como o ator e o empresário sobreviviam de uma produção intelectual que necessitava ser

---

130 Sobre a estreita colaboração entre os autores-ensaiadores dedicados ao gênero revista com os empresários ver: M. F. V. Chiaradia, *A Companhia de Revistas do Teatro São José...*

131 Sobre o astro Procópio Ferreira, ver Décio de Almeida Prado, *Procópio Ferreira: A Graça do Velho Teatro*, São Paulo: Brasiliense, 1984.

132 Sobre as relações dos empresários entre si e com Leopoldo Fróes ver Raimundo Magalhães Jr., *As Mil e uma Vidas de Leopoldo Fróes*, Rio de Janeiro: Civilização Brasileira, 1966.

133 Sessão de Homenagem a Carlos Bettencourt, *Boletim da Sbat*, setembro de 1941, n. 207, p. 14.

executada sobre o palco, eles fomentavam a engrenagem necessária à profissionalização do trabalho entre os demais integrantes da prática teatral. E para que essa associação entre autor e ator ou entre autor e empresário fosse bem-sucedida, trabalhava-se sob o condicionamento do sucesso de bilheteria. Era então para a transposição de um texto ao palco que entrava em cena a figura do ensaiador teatral, contratado pela companhia ou pela empresa para executar o texto.

## Um Legado bem Português: Uma Técnica que se Ensina

Parte do que se convencionou chamar de "velho teatro" refere-se ao período imediatamente anterior àquele em que no Brasil se deram as primeiras tentativas modernizadoras. O "velho teatro" englobava, na verdade, uma ideia de teatro ainda presa aos procedimentos, às técnicas e, sobretudo, à prática e à cultura teatral fortemente marcadas por traços lusos. Como se sabe, a instauração da modernidade teatral, entre nós, deu-se paulatinamente, de forma descontínua, mambembando por onde o terreno cultural fosse mais fértil, tanto do ponto de vista da concepção da escrita cênica e dramática quanto dos meios de produção e fruição dos espetáculos. Alguns dos procedimentos modernos no período, incrementados por grupos de amadores ou companhias semiprofissionais que viriam a se projetar como pioneiros da modernidade ou renovadores da atividade teatral no Brasil foram os seguintes: primeiras tentativas de representação sem a presença do ponto; ensaios de mesa mais elaborados segundo uma leitura mais cuidada dos textos teatrais; distribuição do texto teatral na íntegra para todos os atores do elenco, independentemente do tamanho de sua parte no espetáculo; discussão pormenorizada em relação ao figurino e ao cenário no tocante à concepção do espetáculo; emprego da iluminação como valor constituinte da linguagem cênica (isto é, a iluminação estaria a serviço da criação de atmosferas e climas dramáticos advindos do texto, reforçando princípios de realidade ou sugerindo ambientes); supressão da luz artificial da ribalta etc. Evidentemente, a modernização de nosso teatro não se fez ao mesmo tempo nos principais centros culturais do país. Esteve e ainda está fortemente dependente das transformações das mentalidades dos agentes mais influentes na elaboração da cena teatral: autores, diretores, atores e empresários.

Durante as décadas de 1920 a 1950, convivem – ora no acirramento das diferenças, ora na reivindicação de semelhanças – experiências estéticas de vanguarda ou modernistas, cuja periodicidade era esparsa, e um teatro comercial, servido por procedimentos recorrentes que, assumindo riscos financeiros significativos, forjava uma sólida base para a profissionalização dos integrantes da prática teatral que consolidava o espetáculo como entretenimento. Esse teatro de procedimentos recorrentes era detentor de fortes vínculos corporativos e era ele quem ainda guardava traços de uma prática luso-brasileira. O empresário teatral Luiz Iglezias, em suas memórias editadas em 1945, chama a atenção para o extenso número de colaboradores e trabalhadores envolvidos nessa indústria do divertimento no Brasil:

> Uma "caixa" de teatro é uma caixa de segredos vedada aos olhos do público, que só conhece os atores e as atrizes quando estes se movimentam dentro do cenário. Ela oculta um pequeno exército de trabalhadores tão responsáveis pelo bom andamento de um espetáculo como qualquer artista[134].

É muito significativo, do ponto de vista da organização teatral, verificar como esse "exército de trabalhadores" se colocou diante da divisão do trabalho entre os profissionais do espetáculo; a especificidade de seus ofícios indica a dimensão da complexidade da própria vida teatral no período. Na esteira da importante associação de classe que foi a Sbat – Sociedade Brasileira de Autores Teatrais –, idealizada por nossos autores dramáticos, em 1917, no intuito de arrecadar o que lhes seria devido por suas criações intelectuais, surgiram, na década de 1920, associações das mais variadas categorias de trabalhadores do teatro, contemplando os diversos ramos de atividades vinculadas à indústria

---

134 *O Teatro da Minha Vida*, p. 189.

do entretenimento: União dos carpinteiros teatrais; União dos eletricistas teatrais; União dos contrarregras; União dos pontos teatrais; Centro das coristas teatrais do Brasil; Associação beneficente dos porteiros teatrais e anexos do Rio de Janeiro. Naturalmente, nesse período há um fulgurante destaque para a cidade do Rio de Janeiro, como polo de diversão e centro cultural do país, devido à sua tradição histórica e sua condição de distrito federal da República.

No tocante aos traços portugueses propriamente ditos, sobreviviam ainda vários aspectos dos quais o mais famoso e demorado a ser banido de cena foi a própria prosódia empregada pelos atores. É, portanto, no contexto de uma prática teatral ainda luso-brasileira que o trabalho do ensaiador dramático ou teatral deve ser considerado no Brasil. O que se observa sobre o ofício do ensaiador é que a sua prática, percebida por meio da leitura de obras específicas sobre o assunto, postulava: a sistematização de uma técnica teatral; a construção de uma metodologia de trabalho na coordenação artística e material do espetáculo teatral; a vulgarização de um vocabulário específico, o que definiria um ofício bem determinado.

Os manuais de ensaiadores ou obras afins nos revelam claramente a mentalidade e a organização do olhar criativo do ensaiador sobre o palco, e, por conseguinte, o seu pensamento artístico sobre a cena. A leitura dessas obras permite verificar que os ensaiadores detinham um conhecimento e uma técnica bastante eficazes para a sobrevivência do "velho teatro", que insistia em não desaparecer em meio às experiências mais radicais do teatro moderno. Algumas obras-mestras sobre o assunto podem ser lembradas. Em primeiro lugar, o *Manual do Ensaiador Dramático*, de autoria de Augusto de Mello, ator, ensaiador e professor da Escola Dramática do Conservatório de Lisboa, que foi editado em 1890 no Porto e no Rio de Janeiro. Esse manual parece ser o que melhor descreve o trabalho do ensaiador e deixa transparecer uma mentalidade específica sobre o teatro. A obra se divide em quatro capítulos: 1. A atividade do ensaiador e a mise-en--scène; 2. O teatro antigo e a mise-en- scène; 3. O teatro moderno e a mise-en-scène; 4. As etapas que constituíam propriamente dito o trabalho teatral do ensaiador: distribuição dos papéis; a prova da peça; o ensaio de marcação; o apuro da peça; ensaios de figuração: coros, comparsas; ensaio geral; os intervalos. Essas últimas etapas, fixadas por Augusto de Mello em seu opúsculo, objetivando a montagem de um espetáculo, ecoaram no mínimo por mais de setenta anos, influenciando o pensamento e a prática teatral brasileira, pois os mesmos termos e noções são retomados *pari passu* por ensaiadores brasileiros.

Além da obra de Augusto de Mello, outro opúsculo, editado também em Portugal e datado de 1915, merece ser lembrado. Reeditado em 1950, *O Livro do Ensaiador*, escrito por A. Walgôde, descreve em síntese as mesmas noções, e prevê as mesmas etapas e os mesmos procedimentos em termos das técnicas a serem aplicadas a uma montagem teatral.

Já no Brasil, em 1922, tem-se a publicação, em três partes, durante os meses de outubro, novembro e dezembro, na revista *Ilustração Brasileira*, de um texto emblemático do ensaiador Eduardo Vitorino, "Cem anos de teatro. A mecânica Teatral e a Arte de Encenação". Esse texto seminal nos possibilita verificar o alto nível de consciência e responsabilidade acerca do ofício de ensaiador, tendo em vista o grau de detalhamento técnico e a erudição histórica e estética demonstrada por esse autor[135].

No ano de 1948, tentando, possivelmente, preencher a lacuna existente em termos bibliográficos acerca do trabalho teatral do ensaiador no Brasil, Otávio Rangel, autor dramático, funcionário do SNT e ensaiador profissional, pretendeu sistematizar num pequeno livro, *Técnica Teatral*, os procedimentos de trabalho do ensaiador. Tão extensa e complexa parecia ser a tarefa que seis anos mais tarde, em 1954, uma complementação ao primeiro título se deu com a edição de um segundo trabalho intitulado *Escola Teatral de Ensaiadores*. Essas duas publicações se complementam e sintetizam todas as noções, procedimentos e nomenclaturas empregados pelo dito "velho teatro" no Brasil.

Cerca de dez anos após o lançamento do primeiro livro de Otávio Rangel, em 1958, portanto em pleno processo de modernização do teatro brasileiro, o

---

135 O texto de Eduardo Vitorino foi reproduzido na revista *Sala Preta*, n. 3, São Paulo: Departamento de Artes Cênicas da USP--ECA, 2003, p. 182-189.

consagrado autor dramático e prestigiado ensaiador, Paulo de Magalhães, editava, sob os auspícios do Serviço Nacional do Teatro, um opúsculo que se intitulava *Como se Ensaia uma Peça: Aula de Técnica Teatral*. Conforme o próprio autor indicava nas páginas introdutórias, tratava-se de uma resposta à solicitação constante e geral por parte de amadores e teatristas de todas as partes do Brasil que perguntavam: "como montar uma peça de teatro?" Nesse simpático livrinho, o autor e ensaiador retoma sumariamente os mesmos procedimentos, técnicas, regras, noções e sobretudo vocabulário já desenvolvido por seus predecessores.

Por fim, a leitura hoje desses manuais, opúsculos e assemelhados confirma que seus autores acreditavam ser possível: primeiro, formular um método eficaz, estabelecido por regras claras e objetivas quanto ao domínio da encenação de um texto sobre o palco; segundo, acreditavam ser possível comunicar um conhecimento de forma organizada, isto é, transmitir às gerações futuras um conteúdo específico, um conjunto de procedimentos de trabalho, regras e noções particulares, uma tecnologia teatral. Esse conhecimento sobre o fazer e o pensar teatral, consequentemente, estabeleceria os contornos da formação do ensaiador.

Entretanto, a formação legada pelos manuais reflete o caráter vulgarizador que está na base dessas mesmas obras, cujo princípio advém da *Enciclopédia* no século XVIII. Se a *Enciclopédia* de Diderot e D'Alembert nomeava e classificava o conhecimento, no século seguinte tem-se a proliferação de manuais que promoviam a difusão desse mesmo conhecimento e a sua consequente aplicabilidade nos diversos campos profissionais de uma sociedade burguesa dedicada, sobretudo, ao comércio e à indústria. Procurando abarcar todas as áreas do saber, com o objetivo de auxiliar na realização, no fazer, na execução de uma tarefa específica, os manuais redigidos em diferentes idiomas e muitas vezes traduzidos em tantas outras línguas, cobriam indiscriminadamente as áreas mais variadas, indo do lazer até as tarefas mais complexas, como deixam entrever os títulos que seguem: *Manual do Pintor*; *Manual do Cantor*; *Manual do Engenheiro*; *Manual do Fogueteiro*; *Manual da Eloquência*; *Manual de Memorização*; *Manual de Perspectiva*; *Manual do Marinheiro*; entre muitos outros consultados na Biblioteca Nacional no Rio de Janeiro.

No caso específico do *Manual do Ensaiador Dramático*, trata-se de uma obra cujo conteúdo reitera a necessidade de: conhecimento profundo dos gêneros dramáticos; domínio total das capacidades técnicas do palco e da caixa cênica; ciência das noções artísticas e técnicas, assim como da nomenclatura; um conjunto de conhecimentos do ofício do ensaiador; uma tecnologia teatral. Como os manuais foram fortemente influenciados pelo espírito enciclopédico, e seguiam o mesmo princípio classificatório, eles promoviam uma subdivisão dos textos dramáticos, abrindo-se um espectro de possibilidades balizadas pela tradicional oposição entre tragédia e comédia; ao mesmo tempo, listavam e nomeavam todos os elementos conhecidos que integravam os mecanismos da caixa cênica e do palco frontal em forma de glossários.

Durante os anos de 1920 a 1950, apesar do paulatino processo de modernização da cena nacional, concomitante às transformações do perfil intelectual do coordenador artístico de uma montagem teatral, verifica-se a permanência daquele mesmo quarteto que reivindicava grande dose de profissionalismo para se manter na carreira. Além de respeitar a hierarquia do ofício teatral, ser profissional de teatro era antes de tudo ser conhecedor das suas atribuições, dos seus deveres e dos seus direitos para com a execução da peça, os lucros da bilheteria e os aplausos da plateia. Desde os primórdios do nosso teatro, muito peculiarmente dentro de nossa cultura e prática teatral, o autor, o ator, o empresário e o ensaiador estão permanentemente associados no fomento à montagem teatral. Embora por vezes as funções pudessem se acumular numa única figura, como autor-ensaiador ou ator-empresário ou ainda ator-ensaiador, esses agentes foram acompanhando a transformação da natureza de suas funções, pouco a pouco, dentro do processo de criação e produção da nova prática e do novo pensamento teatral. E se as condições do autor, do ator e do empresário se transformaram mediante uma nova realidade cultural, moderna, parece-nos que o mesmo não sucedeu com a função do ensaiador.

O próprio termo *ensaiador* ficou fortemente vinculado à noção do "velho teatro", incompatível com os tempos modernos, associado ao atraso estético e artístico do qual seria o responsável por presidir os trabalhos de encenação. A função foi inclusive pouco a pouco depreciada, consequentemente marginalizada e por fim esquecida pela própria história devido à modernização da cena teatral que reivindicava para o coordenador do espetáculo uma nova designação e uma nova concepção do espetáculo: diretor teatral ou simplesmente encenador teatral. Isso para não dizermos palavra sobre a função do ponto, que, como todos sabemos, era incompatível com os procedimentos de atualização do teatro brasileiro, tendo, portanto, desaparecido de nossos espetáculos e levado consigo a enorme concha localizada no centro do palco, sinal da sua presença em cena.

Num olhar panorâmico sobre a prática teatral brasileira, ao longo desse período de 1920 até 1950, o que se observa é o início do processo de declínio da condição empresarial, isto é, a condição comercial da produção teatral condicionada à bilheteria, tão cara a mais de uma geração de autores, artistas e técnicos. É necessário lembrar esse fato, uma vez que a função do ensaiador fora a mola mestra da companhia dramática, isto é, de uma estrutura artístico-comercial que a prática teatral brasileira delineara desde as últimas décadas do século XIX e que sobrevive até o final dos anos de 1950.

## Um Ofício que se Institucionalizou

Porém, antes de desaparecer do palco brasileiro, visto o descompasso de sua mentalidade com o processo de modernização do teatro nacional, a função do ensaiador recebeu um reconhecimento institucional. Em 1923, dentre as inúmeras tentativas de estabelecimento pela sociedade organizada, representada neste caso pela Casa dos Artistas, para a constituição de uma companhia dramática estável subvencionada pelo governo federal, foi redigido um longo projeto de lei que dispunha sobre as atribuições dos integrantes da futura companhia. Entre os artigos, o de número cinco tratava especificamente das obrigações gerais referentes ao cargo de ensaiador:

Art. 5º – O cargo de ensaiador poderá ser exercido por um artista da companhia quando não houver quem o desempenhe devidamente, com gratificação pecuniária por esse serviço, cumprindo-lhe: marcar, ensaiar e apurar as peças, fornecer roteiros aos contrarregras, ao pintor e ao aderecista para as montagens das peças, e determinar as tabelas de serviços de cena, referentes às peças, de acordo com as necessidades do trabalho e instruções do diretor técnico, devendo manter sempre nestes serviços a ordem e a disciplina precisas[136].

As atribuições do cargo acima descritas são exatamente as mesmas verificadas nos manuais já citados anteriormente. Nesse sentido, além de reconhecido o ofício foi institucionalizado, ainda que por pouco tempo. O Serviço Nacional de Teatro, que fora criado no final do ano de 1937, por meio do Decreto-Lei nº 92, de 21 de dezembro de 1937, em 1941 teve redigido um estatuto para a sua primeira companhia teatral subvencionada pelo governo federal, a Comédia Brasileira. Essa companhia, que durou de 1940 até 1945, disciplinando as suas atividades e funções, no tocante às atribuições do ensaiador, previa os seguintes deveres desse artista para com a Comissão Administrativa:

§ 1º – Marcar e ensaiar as peças que para esse fim lhe forem apresentadas pela Comissão Administrativa, comunicando ao diretor de cena as horas de ensaio para ser exarado em tabela;

§ 2º – Começar o ensaio um quarto de hora após a marcada na tabela, comunicando as faltas ao diretor de cena para efeito de penalidade;

§ 3º – Entregar logo que estiver marcada a peça os diversos roteiros das diversas seções ao diretor de cena;

§ 4º – Não marcar o ensaio sem ter pleno conhecimento que todos os trabalhos se acham concluídos;

§ 5º – Exigir a presença do contrarregra sempre que julgar necessária;

§ 6º – Exigir que o ponto se coloque no local próprio desde que principiem os ensaios de apuro;

§ 7º – Para o exercício de suas funções, entender-se-á, unicamente, com a Comissão Administrativa[137].

---

[136] Yan Michalski; Rosyane Trotta, *Teatro e Estado*, São Paulo/Rio de Janeiro: Hucitec/Ibac, 1992, p. 11.
[137] Idem, p. 23-24.

Reconhecido institucionalmente, o ofício do ensaiador teatral, como se pode ver pela legislação da época, passa a ter um respaldo além daquele até então encontrado somente nos relatos jornalísticos ou nas próprias obras dos ensaiadores que se expressavam sobre a função. Porém, essa situação não se manteve, visto que a segunda iniciativa de criação e manutenção de uma companhia dramática estável subvencionada pelo governo federal – a Companhia Dramática Nacional – se deu em 1953-1954, quando o termo ensaiador já não era mais empregado e em seu lugar já se firmava a moderna denominação de diretor teatral.

Institucionalmente, com a CDN, a designação de diretor era acompanhada pela nova ideia de que o estilo de encenação era o reflexo de uma visão do diretor sobre um determinado texto; além disso, como a figura do ensaiador estava condicionada ao teatro comercial, a tendência dominante quanto à encenação passa a ser aquela vinculada ao alto nível literário das peças e ao seu valor teatral como obra esteticamente vinculada aos padrões modernos de encenação. Houve assim uma mudança radical no foco da cena. Porém, para se compreender plenamente e livre de preconceitos a atuação do ensaiador dramático e suas encenações, vale a pena levar em conta dois aspectos de sua prática: o trabalho com o ator e o texto e o trabalho com o espaço e as encenações.

## O Trabalho do Ensaiador e a Prática do Ensaio: O Ator e o Texto

O trabalho do ensaiador com os atores pode ser entendido dentro de uma estrutura de companhia dramática privada, em que ele é convidado para montar uma determinada peça, com um conjunto de artistas muitas vezes selecionado previamente pelo empresário, dono da companhia. A noção de trupe teatral, nesse caso, deve ser percebida do ponto de vista capitalista, isto é, quando se prioriza a constituição de um repertório, esse é entendido como potencialmente comercial. Ao mesmo tempo, pensa-se na bilheteria e no reconhecimento artístico que o repertório pode dar ao astro principal da companhia. Para os demais artistas, não havia garantia de permanência ou estabilidade no emprego; ao contrário, os atores oscilavam, buscando trabalho onde houvesse melhor remuneração ou onde se abrisse a chance de um lugar de destaque dentro da hierarquia da companhia, desempenhando um papel de presumível repercussão junto à plateia.

A relação entre os atores e o ensaiador era orientada pelo respeito à hierarquia das funções desempenhadas por todos os integrantes da companhia e determinada sobretudo pelo respeito ao texto e à tabela de serviços. Havia uma dependência de todos os envolvidos com o trabalho teatral, do empresário ao ponto, passando pelas coristas, no tocante ao gênero dos textos a serem representados. Nem mesmo o público poderia ficar fora desse quadro, pois era a ele que visavam os artistas de teatro, sabendo que dele dependiam o sucesso ou o fracasso artístico e econômico da empresa teatral. No palco desse teatro de convenções desfilava uma galeria de personagens-tipo, espécies de máscaras sociais que, ao refletirem a atualidade ou contextos históricos dos mais diversos, forjavam matrizes comportamentais pré-definidas. Tais matrizes determinavam a criação ficcional do texto pelo autor dramático, condicionando, por sua vez, a atuação dos papéis assim concebidos para os artistas da companhia. Nota-se um movimento de fluxo e refluxo permanente entre a escrita dramática e a criação cênica dos papéis, intermediada pelo ensaiador teatral.

Essa galeria de tipos de papel, na sua origem, remonta aos primórdios do próprio teatro, às máscaras. Porém, sem cometer o exagero de retroceder às origens da arte de Thespis, pode-se observar que uma das primeiras tentativas modernas de sistematização de códigos comportamentais se deu na França pós--revolucionária. Entre tantas medidas visando à reestruturação do funcionamento da Comédie Française, uma das mais marcantes diz respeito diretamente à classificação dos *emplois* dos atores integrantes da trupe parisiense, em função da personagem a ser representada. Essa nova classificação dos *emplois* se notabilizou pelo famoso decreto de Moscou, assim denominado por ter sido assinado por Napoleão no meio de sua campanha expansionista em direção à Rússia. Dessa forma, depois de

1812, no teatro estatal francês os papéis ficaram distribuídos segundo personagens-tipo dos dois gêneros. Masculinos: Amoroso; Segundo amoroso; Jovem primeiro; Primeiro papel jovem; Grande jovem primeiro papel; Grande primeiro papel; Baixo cômico; Segundo cômico; Primeiro cômico; Primeiro cômico caricato; Capa; Financista; Velho ridículo; Ventre dourado; Pais nobres; *Raisonneurs*. Femininos: Ingênua; Amorosa; Jovem primeira; Grandes jovens primeiras; Jovem primeira papel; Grande primeira papel; Segunda *coquete*; Grande *coquete*; Segunda *soubrette*; *Soubrette*; Mãe nobre; Papéis marcados; *Duègnes* Amas ou Características[138].

Essa classificação dos *emplois*, aqui traduzida ao pé da letra, estava baseada principalmente no próprio repertório da Comédie Française, formado então por peças clássicas francesas e históricas. De uma maneira geral, como Patrice Pavis define o termo em seu *Dicionário do Teatro*, a noção de *emploi* pode ser entendida como uma "síntese dos traços físicos, morais, intelectuais e sociais" que advém tanto da personagem quanto do ator. O teatro moderno destruirá essa noção, propondo uma dramaturgia que investiga e problematiza mais verticalmente a gênese das personagens, vistas à luz de categorias psicológicas e sociológicas. No caso brasileiro, essa novidade pode ser conferida em peças de Nelson Rodrigues e Jorge Andrade, para citar dois autores que ignoraram a noção do *emploi* nos anos de 1940 e 1950.

No tocante às práticas teatrais pré-modernas no Brasil, a classificação dos tipos de papéis obedeceu às necessidades das nossas peças e sofreu algumas adaptações, porém sem fugir demasiadamente ao que fora estabelecido para o teatro francês. Sintetizando as classificações adotadas pelos autores de manuais e obras do gênero, pode-se chegar à seguinte tipologia para os atores:

| TIPOS DE PAPEL | CARACTERÍSTICAS DO TIPO |
| --- | --- |
| Galã | Homem jovem de modos viris, variando-se as características dependendo do gênero: amoroso, dramático, cínico, cômico, tímido, típico etc. |
| Central ou Centro | Homem de meia-idade ainda fascinante e disposto. As mesmas variações descritas para o Galã podem lhe ser atribuídas. |
| Vegete ou Vegeto | Homem já mais velho. Pode ser o Velho Gaiteiro ou Velho Ridículo. Pode equivaler-se em termos de idade com a Caricata. |
| Baixo Cômico ou Característico | Figura típica, caricatural ou não. Associado aos recursos do baixo cômico ou às características de certos tipos sociais. Criados, copeiros, cozinheiros, vendedores ambulantes, quitandeiros, carvoeiros, mata-mosquito, soldado, marinheiro, fuzileiro, recebedores, motorneiros, motoristas, trocadores, olheiros, mulatos pernósticos etc. |
| Astro | Figura masculina de maior destaque na companhia dramática e na empresa teatral. |
| Utilidade | Ator ou atriz que atua em qualquer papel secundário. |
| Figurante | Aquele que fica em cena sem falar, "figurando" apenas tipos masculinos e femininos diversos. |

Os tipos de papel, como se pode perceber, são fixos, conformados segundo as idades para o galã (de 20 a 30 anos), o centro (de 30 a 50 anos) e o vegete (de 50 anos em diante). Já os tipos característicos não são pensados em função da idade.

---

138 Cf. Léon Moussinac, *Traité de la Mise en scène*, Paris: Librairie Centrale des Beaux Arts, 1948.

Tanto podem pender para o cômico como podem se manter numa linha característica, identificados a uma profissão ou segmento social.

A exemplo do papel do galã, que deve representar os primeiros papéis morais que inspiram simpatia ou interesse, correspondendo ao *jeune premier* da classificação francesa, observa-se mais claramente como o caráter do tipo se mantém permanente – amoroso, dramático, cínico, cômico, tímido, típico etc. – ao passo que os "estados emocionais" devem variar segundo o jogo cênico previsto pelo ensaiador e o ator em função do texto dramático.

Eis agora o quadro da tipologia feminina:

| TIPOS DE PAPEL | CARACTERÍSTICAS DO TIPO |
|---|---|
| Ingênua | Menina moça, podendo ser tímida, romântica, sonhadora etc. É a jovem casadoira. |
| Dama Galã ou Galante | Mulher jovem, figura romântica e tentadora que desperta a atenção dos homens pela sua beleza e natural sensualidade. |
| Dama Central | Mulher já madura e distinta. A mãe de família por excelência. |
| Caricata | Mulher de modos ridículo e caricatural, normalmente associada à figura da Velha Grisalha. |
| *Soubrette* ou Empregada | Figura graciosa, é a criadinha normalmente faceira, denominada ainda de "midinette" galante. |
| Corista | Mulher que atua nos coros em grupo cantando e/ou dançando. |
| Estrela | A figura feminina de maior destaque na companhia, equivalendo-se ao astro na tipologia masculina. |
| Vedete | Primeira figura feminina no teatro musicado, sobretudo no gênero revista. Seus predicados são a graça e a beleza física associadas ao domínio vocal. |

Na organização dos tipos femininos segue-se a mesma lógica em torno das idades e da funcionalidade dos papéis segundo a organização ficcional do autor dramático. Ingênua (de 15 a 20 anos); dama galante (de 20 a 30 anos); dama central (de 30 aos 50 anos); dama caricata (dos 50 anos em diante). Verifica-se assim que o autor dramático organiza seu material ficcional com base nos quadros de artistas das companhias, seguindo uma distribuição de papéis que contempla pares de casais de idades diferenciadas, constituindo assim gerações distintas umas das outras. Essa variante temporal auxiliava na composição da trama, na oposição de modos e costumes recorrentes na dramaturgia do período. Assim como nos tipos masculinos, o princípio é o mesmo na delimitação de uma matriz comportamental associada a uma idade. Note-se o exemplo do papel da dama galante eternizando, normalmente, o tipo da mulher elegante ou fatal, sedutora, que se demonstra independente, detentora de sensuais predicados, não identificada com a mãe de família, muitas das vezes opondo-se a esta, por se configurar como a amante tentadora ou a prostituta de luxo. Já no aspecto funcional desses papéis, ressalte-se o tipo da *soubrette* que, podendo abarcar idades variadas, alcança igualmente uma multiplicidade de facetas em torno do tipo da mulher que pode ser caracterizada como intrigante, mas igualmente como uma bondosa aia de uma peça histórica. Variação da mesma função dramática se verifica numa criada indiscreta, ou na empregada fofoqueira, tão explorada hoje pela teledramaturgia, tendo sido a matriz decalcada do teatro. Seja como confidente, ou como aos poucos se metamorfoseou na dramaturgia brasileira no tipo da mulata pernóstica, tal papel se caracteriza muito mais pelo desempenho da sua função dramática no texto do que pela caracterização de sua idade. Lembre-se também que por vezes a atriz ou o ator envelhecem, mas continuam especialistas naqueles tipos de papel, explorando por anos uma atuação que não se vinculava logicamente à idade da personagem[139].

Definida essa tipologia convencional, que era aplicada tanto à dramaturgia nacional quanto estrangeira traduzida, o trabalho teatral do ensaiador com os atores e o texto era mediado por uma planificação de diversos ensaios, que eram anunciados na tabela de serviço do teatro, com finalidades distintas e com periodicidade variada. Os objetivos dos

---

[139] Nesse sentido, o caso exemplar é o da atriz Eva Todor. Ver Ângela de Castro Reis, *A Tradição em Cena: Eva Todor na Companhia Eva e seus Artistas (1940-1963)*, tese de doutorado, PPGT da Uni-Rio, 2004.

ensaios, ontem como hoje, continuam em linhas gerais os mesmos: aprendizagem e memorização do texto teatral e adequação do jogo cênico dos atores em busca de uma formalização acordada entre atores e diretor. Advém daí uma perenidade que é relativamente questionável, mas necessária para a manutenção do próprio espetáculo, ao longo das suas apresentações. Já os ensaios presididos pelo ensaiador se configuravam por serem etapas com objetivos bastante precisos. Como se verá a seguir, esses ensaios denotam um processo metodológico gradativo, que outrora fora adotado como uma regra para a montagem do espetáculo. Apesar da finalidade de cada tipo de ensaio ser diversa, sua necessidade variava ainda segundo o gênero (teatro dramático ou musical) e a complexidade do texto. A partir da leitura dos manuais, podem-se observar as seguintes modalidades de ensaio após a distribuição dos papéis: ensaio de leitura; ensaio de marcação; ensaio de retificação; ensaio de apuro; ensaio de junção; ensaio à italiana; ensaio geral. Porém, segundo Otávio Rangel, a modalidade de ensaios preliminares englobaria os supracitados: leitura, marcação e retificação. Isso quer dizer que após algumas poucas leituras iniciais do texto na íntegra pelo elenco, logo se passava aos ensaios de marcação, ainda com o papel na mão, para em seguida, após a retificação das marcas em função dos diálogos e dos cenários, se alcançar o ensaio de apuro. Não deixa de ser curioso observar como Paulo de Magalhães relativiza a importância da primeira leitura do texto com todo o elenco reunido. A seu ver, isso pode até ser prejudicial para o espetáculo:

É sempre útil mas não imprescindível, como julgam alguns ensaiadores, uma primeira leitura de conjunto da peça pelos artistas, antes do ensaio de marcação. É útil porque os intérpretes, a tal leitura, podem formar ideia de conjunto do original a ser encenado mas, psicologicamente, muitas vezes, é prejudicial tal leitura conjunta, porque, certos artistas, vendo seus "papéis" diminutos e fracos em relação aos outros, desinteressam-se e produzem menos nos ensaios subsequentes, prejudicando um "papel" que, apesar de pequeno, pode ser influente na ação geral do espetáculo[140].

A observação do laureado autor e sócio da Sbat, apesar de possuir certa lógica ao chamar a atenção sobre a vaidade que incendeia as rivalidades entre artistas, não deixa de nos fazer sorrir sobre o pensamento geral que norteava o "velho teatro".

Já na etapa do ensaio de apuro é que se construía a atuação propriamente dita dos atores. A intervenção dos ensaiadores nesse momento era capital para a eficácia do texto, modulando as vozes e as atitudes, descobrindo maneiras de dizer e de agir, arranjando os tempos dramáticos e cômicos, definindo os estados, buscando a sinceridade da representação e a verdade da situação, sem perder de vista o texto representado. Como postula Otávio Rangel, a repetição no ensaio de apuro era fundamental para o efeito da cena.

Paciente e rigoroso deve ser, sem exceção de artista, o ensaio de apuro. Repita-se uma cena, uma frase, um vocábulo, uma atitude, um jogo fisionômico, se necessário for, dez, doze, quinze vezes e só se satisfaça o Ensaiador quando a sã consciência os julgar exatos e em harmonia com a intenção do Autor[141].

O ensaio de apuro era norteado pelo respeito à palavra do autor e pela busca do melhor modo de interpretação dos papéis, levando-se em conta o gênero de peça a ser encenada e aprimorando a expressividade vocal e gestual do artista.

Por sua vez, a modalidade do ensaio de junção era unicamente necessária para os gêneros musicados: operetas, fantasias, revistas, mágicas, pastorais, vaudeviles e burletas. Tratava-se da junção das partes cantadas e coreografadas com as partes dramáticas propriamente ditas, semelhante aos procedimentos que ainda hoje imperam em nossos teatros no tocante aos ensaios das óperas. Havia ainda a modalidade do ensaio à italiana, em que o elenco de atores ou cantores repetia suas partes, sentados diante do ensaiador ou do maestro, com a máxima concentração. Se necessário, quando falhava a memória, o elenco consultava esporadicamente seu texto, sua partitura ou ainda pedia auxílio ao ponto. Ao término dessas etapas, os atores realizavam o ensaio geral, que era corrido,

---

140 Paulo de Magalhães, *Como se Ensaia uma Peça: Aula de Técnica Teatral*, Rio de Janeiro: MEC-SNT, 1958, p. 16-17.

141 *Escola Teatral de Ensaiadores*, Rio de Janeiro: Talmagráfica, 1954, p. 129.

isto é, sem interrupções, e que devia dar uma exata noção de como seria a estreia do espetáculo. Nos ensaios anteriores de junção e apuro, os figurinos e os cenários eram definidos, o que fazia com que o ensaio geral fosse uma *avant-première* para o ensaiador que, sentado na plateia, assistia ao ensaio sem tomar parte diretamente na sua execução.

Já no tocante ao trabalho cotidiano de preparação da atuação dos atores, em seu depoimento a atriz Lourdes Mayer, esposa do ator Rodolfo Mayer, ambos integrantes do elenco da primeira companhia estatal, a Comédia Brasileira, que funcionou de 1940 a 1945, descreve a maneira como segue o corpo a corpo entre ator e ensaiador:

A gente morria de medo dos ensaiadores. Quando eles não gostavam do teu trabalho... Eles te ensinavam, te ensinavam, e você não chegava lá. Eles iam para o fundo do palco, com as mãozinhas pra trás, e começavam a cantarolar. A atriz daqui queria morrer. Eles eram muito exigentes, mas grandes diretores[142].

Ensinar e exigir dentro das convenções. Ao que parece os ensaiadores foram importantes educadores e formadores de atores, segundo a mentalidade artística que possuíam. Se existia algo a ser ensinado era a técnica, a lógica vocal e corporal de adequação do ator ao tipo de papel a ser representado por ele nas situações dramáticas desenvolvidas pelos dramaturgos. Luiz Iglezias, empresário que teve durante algum tempo em sua companhia a presença do renomado ensaiador Eduardo Vieira, ao passar em revista sua trajetória artística, no início da década de 1940, enfatiza a importância desse profissional da cena para a formação do ator. Sem a sua orientação, o ator não veria os seus próprios defeitos:

e quando esses defeitos não são corrigidos por alguém que possa percebê-los, transformam-se em lamentáveis cacoetes, vícios de pronúncia, vícios de interpretação, corroendo sempre grandes talentos artísticos e derrubando carreiras brilhantes[143].

O trabalho do ensaiador com os atores estava voltado para uma permanente atualização, uma busca de adequação da atuação em favor de um sentido artístico orientado pelo próprio ensaiador, segundo a embocadura do papel e a lógica comportamental expressa no texto dramático sobre a personagem. Na sequência do seu depoimento, Lourdes Mayer dá um bom exemplo de uma das etapas do trabalho do ensaiador com o ator. E são curiosas as coincidências dos termos empregados pela atriz, com as etapas descritas tanto no *Manual do Ensaiador Dramático*, que é do final do século XIX, quanto nos capítulos de Otávio Rangel ou nos tópicos de Paulo de Magalhães, que escreveram suas obras no período em que se deu o processo de modernização do teatro nacional. Isso demonstra como era forte a noção das convenções e a sua permanência ao longo da primeira metade do século XX:

Eles [os ensaiadores] levantavam o primeiro ato no sentido de marcação. Não existia ensaio de mesa. Você recebia o seu papel e no dia seguinte fazia a marcação. Um dia depois eles já botavam na tabela [de serviço]: "Sem papel na mão". Aí vinha o que fazia você morrer: apuro do primeiro ato. Era o que se chamava de picadeiros. Você ia para o teatro tremendo. Mas era fantástico. Era raro o ator e a atriz que não acabassem num acesso de choro[144].

A própria expressão, corriqueiramente empregada pelos atores, reiterada aqui por Lourdes Mayer, "levantar um ato", dá a dimensão de que o ensaiador é dependente de um teatro ancorado numa situação dramática, devotado à palavra do autor que só ganha sua eficácia quando de pé, levantada da página, e sustentada pela voz e pelo corpo dos atores. Porém, a ausência de uma leitura de mesa deve ser compreendida pelo fato de que um trabalho teatral sedimentado na convenção não necessita desse tipo de procedimento, visto que o ator já conhecia de antemão o gênero do texto a ser montado, e consequentemente já estava familiarizado com o tipo de papel que ia interpretar. As intrigas poderiam variar, os efeitos cômicos e dramáticos também, mas não as situações que se mantinham recorrentes. A coerência da encenação estava condicionada à própria convenção teatral sugerida pela peça. Portanto, o trabalho do ensaiador

---

142 Y. Michalski; R. Trotta, *Teatro e Estado*, p. 57.
143 L. Iglezias, *O Teatro da Minha Vida*, p. 192.
144 Y. Michalski; R. Trotta, *Teatro e Estado*, p. 57.

define-se como textocêntrico, sendo a verossimilhança da representação assegurada pelo resultado da adequação exata de uma forma de atuação ao gênero em que a peça foi escrita. O fato de não haver a prática dos "ensaios de mesa", ensaios nos quais modernamente o elenco ouve a leitura de todo o texto feita pelo próprio diretor, seguida de suas considerações sobre seu projeto de encenação, reflete uma diferença entre as mentalidades. A "marcação" do texto no dia seguinte, à qual se refere Lourdes Mayer, resulta da própria tradição do teatro por sessões, pois se o ator recebia ainda somente a sua parte, designada na peça, acompanhada unicamente das *deixas* correspondentes, era aí que entrava em ação o maior colaborador do ensaiador durante os ensaios e dos atores durante as representações: o ponto.

O depoimento de Lourdes Mayer enfatiza ainda o caráter minucioso do trabalho do ensaiador com os atores. Ela dá inclusive uma ideia de quanto poderia ser personalizado o tratamento do ator no que dizia respeito à procura da eficácia na atuação de seu papel:

E tinha uma coisa: se você e um outro ator não estavam bem, eles marcavam um ensaio para os dois e o resto do elenco era dispensado. Não tinha essa de você estar levando um *picadeiro* e os outros lá no fundo de ti-ti-ti. Eram só os dois – mas até ficar como eles, os ensaiadores, queriam. Era muito exaustivo"[145].

Ainda sobre o trabalho do ensaiador em apurar a peça aperfeiçoando a marcação e a atuação do ator, levando-o eventualmente ao "picadeiro", Paulo de Magalhães, sintetizava assim esse mesmo procedimento, cujo fim era a busca por uma sinceridade da atuação do ator:

Se um artista está menos seguro no seu papel vem o picadeiro. Picadeiro é o ato do ensaiador, insistindo com o artista em cada "fala", fazendo-o repetir cada inflexão tantas vezes quantas sejam necessárias para que ela saia feliz e autêntica. Quanto maior for o picadeiro que um ensaiador "dá" num artista, assim prova o seu interesse para que o intérprete consiga o máximo de resultado no seu trabalho histriônico[146].

Esse trabalho de minuciosa dedicação aos atores aproxima o ensaiador do que hoje existe dentro da prática teatral brasileira como o diretor ou o preparador de atores. Evidentemente, a concepção de procedimentos em relação ao ator hoje é diversa, porém o princípio desse trabalho personalizado por parte do ensaiador parece ser o mesmo, como se pode observar. Percebe-se assim que o trabalho do ensaiador como coordenador do espetáculo teatral não negligenciava a atuação dos atores, mas ao contrário, valorizava-a.

O autor-ensaiador Paulo de Magalhães é enfático na questão da apuração da atuação ao observar o caráter formativo desempenhado pelo ensaiador. Ele afirma:

Ensina-lhe [ao ator] também gestos mais próprios, ajuda-o a descobrir detalhes e matizes na sua interpretação, contagia-o com o próprio entusiasmo e com a própria fé na sua força criadora. E se consegue que cada qual trabalhe o melhor que pode, fatalmente, terá conseguido "apurar", de fato, a peça que resultará num espetáculo feliz e de êxito[147].

De fato é natural que a ideia de ensinar e formar estivesse associada ao trabalho dos ensaiadores. Em muitos casos, foram eles que ensinaram jovens aspirantes à carreira de atores, repassando-lhes as regras de comportamento e decoro e as convenções capazes de adequar o jogo teatral em função do texto a ser representado. As mesmas concepções dos ensaiadores podem ser encontradas nos títulos das disciplinas da Escola Dramática Municipal do Rio de Janeiro, criada em 1911, mas somente oficializada em 1922.

Com uma orientação formativa inspirada no ideal do Conservatório Dramático, cujo paradigma era o francês, aos aspirantes à carreira de ator, que se formavam em três anos de estudos, era oferecido o seguinte currículo. No primeiro e no segundo ano eram dadas as seguintes disciplinas: português; prosódia; francês; arte de dizer; história da literatura dramática; arte de representar. No terceiro e último ano: fisiologia das paixões; arte de representar; estética teatral; exercícios de corpo livre; atitude e esgrima; dança; indumen-

---

145 Idem, p. 57.
146 P. de Magalhães, *Como Se Ensaia uma Peça...*, p. 23.

147 Idem, p. 23-24.

tária. Ao contrário do que, por exemplo, preconizavam Constantin Stanislávski e Jacques Copeau, que renovavam, no mesmo período, a pedagogia do ator, orientando-a para a formação de um artista integral, focada primeiramente no próprio autoconhecimento do ator, a formação na Escola Dramática dirigida por Coelho Neto estava fortemente ancorada na preparação de um artista cuja prontidão corporal e vocal associava-se à tipologia do *emploi*. Não sem razão, a disciplina-eixo do curso era a "Arte de Representar", mantida durante os três anos da formação, sob a batuta de professores que eram ensaiadores profissionais de renomada reputação e com larga atuação reconhecida no meio artístico da cidade, tais como Eduardo Vieira e João Barbosa Dey Burns.

A nuança é considerável. A disciplina chamava-se "Arte de Representar" e não "Arte de Interpretar". Isso leva a pensar sobre quanto do caráter subjetivo da criação do ator não ficava prejudicado pelo fato de seu condicionamento estar orientado para sua adequação a um papel, como já se sabe pré-codificado segundo uma tradição ou um modelo, cujo guardião era o próprio ensaiador. Nas duas principais escolas oficiais do país, a Escola Dramática Municipal do Rio de Janeiro e o Conservatório Dramático Municipal de São Paulo, o livro de orientação à disciplina "Arte da Representar" era de autoria de um outro não menos célebre ensaiador luso-brasileiro, Eduardo Vitorino.

A obra em questão, *Compêndio de Arte de Representar*, data de 1912. No mínimo, três conteúdos descritos em suas páginas deviam ser bem assimilados pelos aspirantes de outrora à carreira de ator: compreender bem as regras da marcação cênica; dominar as expressões faciais; identificar o tipo de temperamento das personagens. Compreender as regras da marcação significava, apreender os códigos da movimentação sobre o palco dividido em áreas de atuação por meio de linhas imaginárias que acompanhariam as ordens de bastidores horizontalmente e a caixa do ponto verticalmente, à maneira de uma folha ou uma tela onde o artista primeiro quadricula para depois preenchê-la com traços que reflitam a dimensão das figuras. Dessa maneira, o palco era esquadrinhado e as diversas áreas orientadas segundo a convenção de que à esquerda do ponto, portanto segundo o olhar do espectador sentado na plateia, corresponderia a direita do ator, com o palco dividido entre: Esquerda, Centro, Direita e Fundo. Seguindo-se essa primeira divisão do palco advém uma segunda, que contempla uma subdivisão da geografia do palco: F. E. (Fundo Esquerda); F. M. (Fundo Meio ou Central); F. D. (Fundo Direita); E. A. (Esquerda Alta); E. M. (Esquerda Meio ou Centro); E. B. (Esquerda Baixa); C. A (Centro Alto); C. (Centro); C. B. (Centro Baixo); D. A. (Direita Alta); D. M. (Direita Meio Centro); D. B. (Direita Baixa).

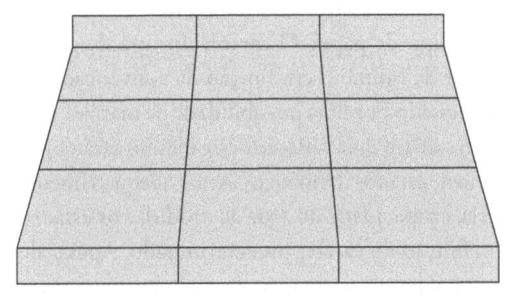

Dominar as expressões faciais, por sua vez, requeria uma capacidade de simular estados como medo, terror, alegria, cólera, ódio, tristeza, amor, dor, raiva, entre outros. Nesse sentido, ao folhearmos periódicos ou jornais da época, é muito comum encontrarmos como um vestígio dessa ideia de variação da máscara facial, as fotografias dos atores retratados em poses e expressões características de suas atuações. Um dos exemplos mais marcantes desse fenômeno pode ser colhido no *Anuário Teatral Argentino Brasileiro*, de 1926. Uma propaganda do já celebrado e então jovem ator Procópio Ferreira continha os seguintes dizeres: "Procópio, que nas suas máscaras de cada noite exterioriza tanto sentimento, espelha, aqui, na sua máscara de todo o ano, expressões sugestivas". Segue-se ao texto uma série de fotografias de expressões de Procópio Ferreira manifestando didaticamente o ódio, o asco, o horror, o tédio, a curiosidade, a dúvida, a credulidade, a raiva, a ironia, a hipocrisia, a concentração, a alegria, a imbecilidade etc.

Por fim, o último ponto preconizado por Vitorino em seu opúsculo é a habilidade do aluno em reconhecer o tipo de temperamento de sua personagem por meio das situações previstas no texto, a fim de classificá-la como: sanguíneo; bilioso; linfático; nervoso concentrado ou melancólico; nervoso exaltado etc. Na combinação desses tipos comportamentais seguia-se a justa adequação da mímica, da atitude, do gesto relativo ao estado descrito na situação da peça.

Pode-se deduzir assim que o trabalho do ensaiador teatral com o ator nesse período era essencial e enfatizava um treinamento – ou seria um adestramento? –, na tentativa de que o ator dominasse um conjunto de ações exteriores ressaltado-as nas expressões fisionômicas, que, subordinadas ao texto dramático, fossem capazes de explicitar as variações referentes aos diversos estados de um determinado tipo de papel. O caráter do tipo de papel, apesar de imutável em função da convenção, era atravessado por uma possibilidade de matizes, que expressariam uma variação desse mesmo caráter por meio de estados dramáticos. Atuar adequadamente seria a capacidade do ator de modular os estados em função do caráter predeterminado. Apesar de ser vital para a montagem teatral, muitos artistas não viam necessidade da presença de um ensaiador para orientá-los na expressão dos diversos estados de um caráter ficcional. Foi pensando o contrário que Luiz Iglezias, homem de teatro de inegável importância durante o período, autor e empresário dos mais sagazes, em algumas ocasiões até mesmo ensaiador, chamou a atenção sobre a necessidade da presença desse profissional:

Um bom espetáculo depende de um bom ensaiador. Não temos ensaiadores? Temos. Aí está Eduardo Vieira, responsável por muitos artistas, que, hoje, ocupam a cabeça dos cartazes de várias companhias. Aí estão Eduardo Victorino, Olavo de Barros, Otávio Rangel, Simões Coelho e outros nacionais e estrangeiros, competentes, capazes de apontar os erros e os defeitos lamentáveis de muitos "astros" brasileiros. Temos ensaiadores. Mas também temos artistas que não querem ser ensaiados[148].

É muito comum encontrar comentários sobre os grandes astros do "velho teatro" nacional, que negligenciavam o período de ensaios, por mais curto que fosse. R. Magalhães Júnior, por exemplo, biógrafo de Leopoldo Fróes, chega a afirmar, em mais de uma passagem sobre o célebre galã, que ele pouco se interessava em ensaiar com o conjunto de atores de sua companhia, fiando-se no ponto para poder dizer a sua parte, uma vez que esta não vinha memorizada de casa. Ou ainda que o grande ator lançava mão de cacos, ditos espirituosos e piadas que procuravam suprir, através da graça e do cômico, sua deficiência em relação ao texto. Isso era verificável sobretudo nas primeiras apresentações, onde a ausência do texto decorado era mais flagrante.

Pascoal Carlos Magno também chamou a atenção sobre a autoridade artística e o caráter formativo inerentes ao trabalho do ensaiador. O animador do Teatro do Estudante, numa crítica teatral de 1947, publicada no *Correio da Manhã*, sobre a montagem de *Mocinha* pela Companhia de Eva Todor no Teatro Serrador, após haver comentado detalhadamente o trabalho dos intérpretes, debruçando-se sobre detalhes de cena e nuanças advindas da sua visão da montagem, concentra seu comentário no desempenho de André Villon: "[Ele] tem todas as qualidades para ser o galã que está faltando à nossa cena. Voz, físico, inteligência. Há, porém, qualquer coisa de frustrado no resultado de seus esforços. Falta-lhe firmeza nas pernas compridas". Na sequência, acrescenta "recado" ao ensaiador da companhia no intuito de aprimorar as habilidades de André Villon:

Faço deste canto de coluna um apelo ao meu grande amigo, professor Eduardo Vieira: quer colocar o sr. André Villon no "picadeiro"? Obrigue-o a trabalhar. Obrigue-o a matar complexos, inibições, fazendo-o movimentar-se com mais agilidade, aprendendo, por exemplo, a lição dos belos gestos das mãos do senhor Armando Rosas. O professor Eduardo Vieira é responsável pelo nosso teatro ter ganhado uma atriz, em marcha para o alto, que é a senhora Eva Todor. Por que não dá ao Brasil o galã que lhe falta: o senhor André Villon?[149]

O comentário de Pascoal Carlos Magno dá a dimensão do trabalho teatral do ensaiador, ao adequar o tipo físico sugerido pelo papel ao tipo físico do ator, reforçando a noção de uma atuação calcada numa galeria de tipos de papéis bem definidos, consolidando uma convenção tácita entre

---

148 L. Iglezias, *O Teatro da Minha Vida*, p. 193.

149 Pascoal Carlos Magno, Eva e Elza Gomes Triunfam em "Mocinha", no Serrador", *Correio da Manhã*, 11 de março de 1947, p. 11.

palco e plateia. Além desse trabalho de adequação de tipos por meio de ações exteriores, alia-se um segundo que é da ordem da educação estética do ator. A própria expressão "fazer o picadeiro" ou "ir para o picadeiro" traduz a natureza primeira da noção de ensaio, remetendo à repetição e ao refazer até o ponto desejado, até que se atinja o gesto exato, a atitude correta, a expressão sincera, o comportamento conveniente e convincente.

Hoje, esses procedimentos do teatro pré-moderno não devem ser considerados ultrapassados, pois não se pode avaliá-los em termos comparativos aos procedimentos do teatro moderno. Os princípios que moviam o trabalho do ensaiador permanecem, pois naturalmente não são menos complexos do que os do moderno diretor teatral. Esses procedimentos pré-modernos são aplicados hoje na produção em escala industrial, a exemplo do que se faz na condução dos trabalhos para gravação de uma novela. Eram procedimentos de trabalho diferentes da diversidade do que temos hoje, e respondiam a um contexto cultural de onde emergia uma realidade teatral específica, construída por meio das convenções largamente vulgarizadas, inclusive para além dos limites do próprio teatro, onde se deve sobretudo incluir o público. A eficácia do trabalho teatral do ensaiador, em relação à encenação de um texto teatral, repousava na lógica estabelecida entre o título da peça, seu gênero e, por conseguinte, a sua transposição ao palco.

## O Trabalho do Ensaiador: O Espaço e a Encenação

Para se entender o trabalho do ensaiador com o espaço, é necessário se afastar das noções contemporâneas sobre a elaboração do espaço cênico como signo inserido na linguagem da encenação teatral. Todo palco naturalmente sugere um espaço cênico, sendo por definição a área de atuação delimitada pelo próprio jogo dos atores. Porém, nem todo espaço cênico necessariamente precisa de um palco para alcançar a sua realidade teatral. Entretanto, no contexto do trabalho do ensaiador, a palavra *espaço* pouco ou quase nunca aparece nos manuais e obras afins. O que está em jogo e possui relevância na encenação é o domínio das capacidades expressivas do próprio palco por meio da sua decoração, sua ornamentação, sua potencialidade em sugerir; ou sua propriedade, através de objetos tridimensionais e telões pintados, de definir com exatidão o local da ação previsto na peça. Enquadrado pelos limites do palco, o espaço alimentava a alternância entre um realismo histórico e um realismo de bulevar que aprisionava decorativamente a atualidade, representando ambientes de exterior e de interior, espaços fantásticos ou alegóricos etc. Todas essas modalidades de ambientações eram condicionadas pelos locais da ação segundo as rubricas do texto teatral, as quais, por sua vez, correspondiam a uma tipologia de lugares ficcionais muito recorrente, como as indicações referentes à indefectível sala de visita ou ao famoso gabinete de trabalho, respectivamente o lugar do feminino e do masculino na representação espacial da sociedade burguesa. Para atingir o seu objetivo, isto é, estabelecer a sua encenação, o ensaiador coordenava o trabalho dos profissionais envolvidos na montagem: cenógrafos ou decoradores – especialmente no tocante às composições em telões pintados –, maquinista, diretor de cena, eletricista, costureira, alfaiate, ponto, contrarregra etc.

A busca por uma realidade visual, exposta sobre o palco e apreciada pelo distinto público, deveria ser criada e executada à luz da permanente subordinação do palco à lógica do texto e seu correspondente gênero como, por exemplo, a genérica divisão entre peças da atualidade e peças históricas ou alta e baixa comédia. Nesse sentido, Otávio Rangel preconiza:

> Conquanto os fundamentos técnicos e a intransigência preceitual da ação sejam inamovíveis e rejam eles todos os gêneros, como já deve saber com segurança o ensaiador, há, neste caso, outras questões de magna importância a exigirem meticulosa exatidão, quais sejam: condicionar à realidade da época a representação dos artistas, o motivo arquitetônico dos cenários, o tipo de guarda roupa, a iluminação dos ambientes, o modelo dos pertences, das mobílias, do calçado, dos apetrechos militares, dos ornatos capilares e, sobretudo, cuidar muito particularmente da intervenção das massas que bem ensaiadas e movidas despertam sempre um interesse marcante[150].

150 *Escola Teatral de Ensaiadores*, p. 91

O trabalho do ensaiador em relação à realidade visual e à caracterização da encenação dependia inteiramente de um pensamento que se baseava nas potencialidades do palco frontal, herdeiro da cena à italiana do Renascimento. Espaço de eleição para o ensaiador desenvolver os mais diversos efeitos cênicos e estabelecer uma tipologia de encenação conforme o gênero, sua natureza ou soberania nunca foram questionadas. Para o ensaiador, não havia outra configuração espacial que não fosse a do palco frontal, lugar por excelência do ilusionismo capaz de atrair a atenção do espectador.

Assim, o palco frontal deveria ser encarado ainda como um quadro a ser preenchido por figuras que naturalmente seriam representadas pelos atores. Essa visão do palco como um quadro é uma forte reminiscência da influência direta de padrões aplicados à pintura e que estão agora a serviço da expressão cênica. Não foi por acaso que a demarcação das áreas de atuação, essa geografia que definia o posicionamento dos atores sobre o palco, empregava os termos da composição pictórica. Porém, no caso do teatro, a tela, isto é, o painel pintado tal qual a fachada de um palácio tombou por terra, sobrando tão somente os termos de outrora para designar a marcação de cena sobre o palco. Evidentemente esse conhecimento não era uma prerrogativa do ensaiador brasileiro; tratava-se do processo de sistematização do próprio olhar ocidental educado segundo as regras da pintura. Nesse sentido, Eduardo Vitorino concordaria, possivelmente sem saber, com o velho Goethe que apregoava essas mesmas ideias, como se pode constatar com a leitura de suas *Regras para Atores*, escritas no final do século XVIII. A regra de número 83 explicita exatamente como o teatro foi assumindo os princípios de composição da pintura. A regra é claríssima: "O palco deve ser encarado como um quadro sem figuras, que serão criadas pelo próprio ator"[151]. Ora, o palco frontal teve reforçada a sua ideia de quadro ou de janela devido à ruptura do espaço entre palco e plateia, aliada à presença da moldura de cena ou qualquer outro substitutivo arquitetônico que a simulasse. Ainda Goethe, agora na regra de número 87, mostra sua preocupação com a beleza e a expressão do movimento que deveria ser espacializado com lógica, baseando-se no mesmo princípio de quadriculação do espaço do palco previsto por nossos ensaiadores, ou seja, o mesmo procedimento mencionado acima, que era necessário ser compreendido pelos atores, sobre as divisões do palco em Esquerda, Meio, Direita e Fundo.

Assim como os áugures dividiam, com seu bastão, o céu em diversos campos, o ator pode dividir mentalmente o palco em diversas áreas, que, para fins de experimentação, serão representadas no papel por meio de superfícies romboides. O chão do palco se transformará numa espécie de tabuleiro de damas e então o ator poderá estudar que casas quer ocupar, anotar esse padrão e ficar seguro de que, nas passagens de grande intensidade emocional, não correrá de um lado para outro de forma não artística, mas conjugará o belo e o significativo[152].

Goethe está se referindo ao princípio da marcação, que tem por objetivo assegurar uma permanência, uma coerência em relação à encenação de cada espetáculo; e está igualmente formalizando uma movimentação de deslocamentos verossímeis que reflitam os estados das personagens e as necessidades da ação. A obrigatoriedade na fixação das marcas tem por fim a própria manutenção do espetáculo. Esse procedimento é fundamental sobretudo ao se considerar as substituições de atores ao longo de temporadas e turnês.

Quando Otávio Rangel enumera o que é necessário para o ensaiador executar com propriedade as marcações de uma peça, pode-se ressaltar a necessidade de se

extrair uma "planta baixa" da cena e nela localizar as entradas e saídas em relação ao exterior e às demais dependências internas, se tratar de sala, salão, gabinete etc., ou se o cenário for aberto em "rompimentos", tomará por base para as mesmas os "planos" em que a cena se dividir[153].

Esse parece ser o cerne do entendimento do espaço pelo ensaiador, a planta baixa. Ele deve ser capaz de elaborar no papel essa planta baixa em consonância com a descrição do texto didascálico e a lógica do diálogo. Na busca pela construção

---

[151] *Regra para Atores*, trad. e prefácio de Fátima Saadi, Rio de Janeiro: 7 Letras, 2006, p. 84.

[152] Idem, p. 84.

[153] *Escola Teatral de Ensaiadores*, p. 32.

da realidade visual que expresse mais adequadamente este ou aquele gênero, esta ou aquela peça, o ensaiador devia ser capaz ainda de "prestar aos ambientes internos particular atenção: se elegantes, dotá-los de móveis, objetos de adorno e tapeçarias condignos, distribuindo-os pela cena com requintado bom gosto e rigorosa propriedade, sem os amontoar no intuito de facilitar a circulação das figuras; se modestos, aplicar-lhes o mobiliário e tudo o mais em concordância com as condições sociais determinadas pelo autor"[154].

Verifica-se, com a leitura desses manuais e similares, e mesmo no relato da crônica e da crítica teatral, uma visão do espetáculo não somente do ponto de vista da mercadoria do entretenimento, mas da materialidade necessária para se dar a ver uma realidade visual, por meio dos acessórios. Ao se enfatizar o enquadramento frontal, demarcado pela dicotomia entre palco e plateia, como a única configuração espacial aceitável, alia-se a essa questão o problema da direção de cena ou da operacionalidade do espetáculo propriamente dito, que se fazia de dentro da caixa cênica e muitas vezes coordenada pelo próprio ponto, como salienta Otávio Rangel:

É ainda de seu mister [do ponto] a execução de certos ruídos imediatos que completem a violência de um gesto ou venham de objeto que esteja em cena, à vista da plateia. Exemplifiquemos: o estalo de uma bofetada; um toque de telefone etc. Tem também a seu cargo os sinais para cabina elétrica nas alterações da luz; os que previnem o cortineiro do momento em que deve abrir ou fechar as cortinas e cerrar o velário; os que são dados à varanda para baixar ou subir os telões e comodins e descer o pano de boca nos finais dos atos, quando estes, como nas operetas e revistas, mágicas ou melodramas, burletas ou vaudeviles, não dependam de situação musical, o que, em tal caso, está afeto ao maestro regente[155].

Além de apontar o texto aos atores, o ponto coordenava o andamento do espetáculo do interior de sua concha, na fronteira entre os dois universos – realidade e ficção; plateia e palco – quando o espetáculo não era um musical e não estivesse subordinado à música. Porém o andamento básico da encenação era definido por ele, como se vê pela minuciosa descrição. Se durante os ensaios o ponto acompanhava os atores e ainda os sustentava durante os espetáculos, quando de seus lapsos de memória, nas representações ele não deixava de exercer a função de fiel colaborador do ensaiador na tentativa de manutenção daquilo que fora previamente acordado: a encenação, marcada e afinada durante o período dos ensaios presididos pelo ensaiador[156].

Nas obras que normalizam o trabalho do ensaiador não se verifica a presença de ensaios dedicados exclusivamente aos efeitos da iluminação, o que atesta a ausência de um pensamento que articulasse esse elemento como integrante diferenciado para cada encenação. Em suas considerações sobre a montagem do gênero revista, Otávio Rangel faz um rápido comentário sobre o emprego da iluminação nesse gênero em específico quando afirma que:

A distribuição das luzes constitui outro setor de alta importância, para o êxito do qual o Ensaiador tem que traçar um planejamento prévio e executá-lo inteligentemente, de vez que a iluminação desempenha no Teatro e, de maneira frisante na Revista, um papel primordial[157].

É provável que a iluminação fosse preparada para ser inserida nos ensaios gerais segundo padrões artísticos condicionados pela própria imposição da tecnologia do período em termos de iluminotécnica. Basicamente, o aparato dedicado à iluminação do palco era composto por grupos de gambiarras, cujo número variava segundo as dimensões da caixa cênica. As gambiarras consistiam de uma fileira de lâmpadas que iluminava o palco do alto, ficando escondidas dos olhos dos espectadores pelas bambolinas. Acompanhando o princípio da gambiarra tinha-se a ribalta que consistia numa fileira de lâmpadas que iluminava os atores de baixo para cima. Localizada no proscênio, a ribalta emite raios luminosos que não incidem na plateia, mas ao contrário são direcionados para o

---

154 Idem, ibidem.
155 *Técnica Teatral*, Rio de Janeiro: Ministério de Educação e Saúde, 1948, p. 72-73.
156 As atribuições do ponto teatral não se esgotam aí. Em *A Vida Íntima do Teatro Brasileiro*, o ator e ponto teatral Mário Ulles relata seu trabalho secundando muitas vezes autores e ensaiadores na seleção e contratação de artistas para formar companhias e outras tarefas técnicas e artísticas.
157 O. Rangel, *Escola Teatral de Ensaiadores*, p. 123.

palco, iluminando os atores quando estes "tomavam a cena", isto é, vinham ao centro, próximo à boca de cena, defronte à cúpula do ponto. Alguns panelões ou tangões, modelos de grandes refletores, eram colocados nas coxias, e dali direcionados para dentro do palco para auxiliar no jogo de luz. Os famosos *spot-lights* já eram empregados na iluminação dos atores e do cenário associados aos recursos pioneiros no emprego da resistência elétrica, o que favorecia o arranjo de certos efeitos. Havia ainda as luzes ditas "cambiantes" que consistiam numa variedade de refletores que irradiavam raios de luz coloridos por meio de um elemento transparente de cor sobre a fonte luminosa. Toda essa engenhoca elétrica era coordenada a partir do "piano de luz", que era o quadro que abrigava o conjunto das chaves comutadoras da iluminação do palco.

## A Lição de um Ofício

Convenção parece ser a palavra-chave para a compreensão do que foi o ofício do ensaiador. Como se viu, foi um trabalho teatral construído com base no império de uma lógica específica, comprometida com um objeto artístico e a sua subordinação ao êxito ou fracasso comercial. De qualquer forma, o "velho teatro" deixou o legado de um grande impulso de profissionalização dos seus integrantes e, administrado por empresários competentes, teve sua legitimação aprovada pelo beneplácito do público.

Os manuais, os livros de memórias e obras afins que apresentam os procedimentos, as normas e regras, as especificações e sugestões – aqui relatadas e avaliadas –, tinham por objetivo assegurar os meios, materiais e artísticos, capazes de alcançar um tipo de realização cênica padronizada que refletia o espírito de uma época. Em palavras mais precisas: uma cena com fortes contornos realistas, tendendo a um realismo idealizado; um realismo de bulevar em que os atores não tocavam no cenário, mas eram enquadrados por ele; uma realidade visual que ainda era decorativa, e que também não perdia de vista as potencialidades dessa caixa de ilusões e surpresas, sobretudo ao se encenar as operetas, revistas, mágicas e outros gêneros de forte apelo visual.

O trabalho do ensaiador, herdeiro de uma cultura e de uma prática teatral portuguesas, era complexo e seu ofício na coordenação artística do espetáculo foi um dos motores que colocou em marcha a própria vida teatral do período, apesar da descontinuidade em relação à constituição e dissolução de companhias dramáticas. Entre o declamado e o musicado, o erudito e o popular, o ensaiador deveria perpetuar seu ofício auxiliado pelo ponto, à escuta da convenção inerente ao jogo cênico.

Artista criativo e enérgico, o ensaiador se revelava, na coordenação do espetáculo, subordinado a uma ordem absolutamente textocêntrica. Era também um disciplinador do elenco de atores, coristas, figurantes e demais artistas e técnicos dele dependentes artisticamente. Ele exercia uma autoridade artística e formativa junto aos atores, a qual se manifestava principalmente graças a um juízo de valores humanistas. Submisso à hierarquia artística, em termos de escolhas estéticas, sua noção do novo só existiria a partir de um modelo comprovado, uma fórmula pré-definida, devido ao seu temperamento conservador. De espírito enciclopédico, o ensaiador era um admirador da História, tinha grande apreço à tradição e perpetuava as regras que faziam sobreviver a própria convenção. Esse perfil reflete perfeitamente a trajetória daquele que foi talvez o ensaiador mais importante que o Brasil já teve na sua era pré-moderna, Eduardo Vitorino. Esse mestre do "velho teatro", aos setenta e nove anos, em 1948, um ano antes de falecer, ainda encontrava motivação bastante para organizar um longo e minucioso *Dicionário de Idéias Afins*, que, apesar de contemplar a área do teatro, engloba vinte e cinco áreas do conhecimento subdivididas em inúmeros verbetes. Ideias afins com o quê? Com uma concepção demiúrgica de mundo, que naturalmente deveria ser repertoriada e enunciada, para só em seguida poder ser transposta ao palco por meio de uma articulação poética, ainda que mediada pela força da convenção.

# Colaboradores do Volume 1

ALESSANDRA VANNUCCI é pesquisadora, dramaturga e diretora. Formou-se na Universidade de Bolonha (Itália), doutorou--se em Estudos de Literatura pela Puc-Rio e é professora adjunta de teoria teatral na Universidade Federal de Ouro Preto. Seus ensaios e livros, entre os quais *Crítica da Razão Teatral* (Perspectiva, 2005), *Uma Amizade Revelada* (, Biblioteca Nacional, 2004), *Brasile in scena* (Bulzoni, 2004), *Un baritono ai Tropici* (Diabasis, 2008), seguem a rota de ideias e artistas viajantes entre Itália e América Latina. Escreveu onze peças, que foram encenadas, realizou alguns curtas-metragens e diversas montagens teatrais, entre elas *Ruzante!* (2003), *A Descoberta das Américas* (2005), *Arlequim no Inferno* (2007) e *Náufragos* (2009).

ANGELA REIS formou-se em Interpretação pela Uni-Rio (Universidade do Rio de Janeiro). É mestre em teatro pela mesma universidade desde 1999, quando defendeu a dissertação *Cinira Polônio, a Divette Carioca: Estudo da Imagem Pública e do Trabalho de uma Atriz no Teatro Brasileiro da Virada do Século XIX*. Premiada no Concurso de Monografias do Arquivo Nacional em dezembro do mesmo ano, a dissertação foi publicada em 2001. Em 2004, obteve o grau de doutora em Teatro pela Uni-Rio, com a tese *A Tradição Viva em Cena: Eva Todor na Companhia Eva e Seus Artistas* (1940-1963), publicada em 2007 graças ao segundo lugar alcançado no Concurso Nacional de Monografias – Prêmio Gerd Bornheim (Categoria Teatro no Brasil), instituído pela Prefeitura Municipal de Porto Alegre. Desde maio de 2004 é docente da Escola de Teatro da UFBA, onde ministra disciplinas na graduação e no Programa de Pós-Graduação em Artes Cênicas – Escola de Teatro/Escola de Dança.

CLAUDIA BRAGA é livre-docente em Fundamentos Teóricos das Artes pela Unicamp (2006), doutora em Artes pela USP (1999), com pós-doutorados realizados na UFR d'Études Ibériques et Latino-Americaines da Universidade de Paris III, Sorbonne Nouvelle (2002-2003), e na Universidade de Lyon II (2006-2007). É professora do programa de pós-graduação em artes da Unicamp e do Departamento de Letras, Artes e Cultura da Universidade Federal de São João Del-Rei. Em 2002/2003, lecionou como professora convidada do Curso de Littérature Brésilienne na Universidade Lille III – Charles de Gaulle, França. É responsável pela coordenação do Grupo de Estudos e Pesquisa em Teatro Brasileiro – Geteb, que vem contando com o apoio da Capes, do CNPq e da Fapemig para o desenvolvimento de suas atividades e coordenadora do grupo Doutores por um Triz, em atividades desde 2001 em São João Del-Rei, na área de saúde. Entre suas principais publicações destacam-se a organização do livro *Barbara Heliodora: Escritos sobre o Teatro* (Perspectiva, 2007), a tradução da obra *O Melodrama*, de Jean-Marie Thomasseau (Perspectiva, 2005), e os livros *Em Busca da Brasilidade: Teatro Brasileiro na Primeira República* (Perspectiva, 2003), *Teatro de Coelho Neto*, tomos I e II, (Funarte, 1998 e 2001).

DANIEL MARQUES é diretor teatral formado pela Uni-Rio, em 1989, dedicando-se especialmente à dramaturgia brasileira em seus espetáculos. É mestre em Teatro pela mesma universidade, onde defendeu, em março de 1998, a dissertação: *Precisa Arte e Engenho até...: Um Estudo sobre o Personagem-Tipo através das Burletas de Luiz Peixoto*. Também na Uni-Rio fez seu doutorado, concluído em novembro de 2004, com a tese *O Palhaço Negro que Dançou a Chula para o Marechal de Ferro: Benjamim de Oliveira e a Consolidação do Circo-teatro no Brasil, Mecanismos e Estratégias Artísticas como Forma de Integração Social na Belle Époque Carioca*. Desde 2005 é professor da Escola de Teatro e do Programa de Pós-graduação em Artes Cênicas da Universidade Federal da Bahia; desde novembro de 2008 exerce o cargo de diretor da Escola de Teatro.

DÉCIO DE ALMEIDA PRADO (1917-2000) iniciou sua vida intelectual nas páginas da revista *Clima*, ao lado de intelectuais como Antonio Candido e Paulo Emílio Salles Gomes, em 1941. Em 1943, juntamente com Lourival Gomes Machado, criou o Grupo Universitário de Teatro. Tornou-se crítico teatral do jornal *O Estado de S. Paulo* em 1946, atividade que desempenhou até 1968. Nesse mesmo jornal dirigiu, entre 1956 e 1967, o "Suplemento Literário". Foi várias vezes presidente da Comissão Estadual de Teatro e presidente da Associação Paulista de Críticos Teatrais. Foi professor de filosofia em alguns colégios de São Paulo e de história do teatro na Escola de Arte Dramática, de 1948 a 1963. Em 1966 ingressou na Universidade de São Paulo como professor de história do teatro brasileiro junto à área de literatura brasileira do Curso de Letras da Faculdade de Filosofia, Letras e Ciência Humanas, onde se aposentou em 1982. Seus principais livros são: *Apresentação do Teatro Brasileiro Moderno* (Martins, 1956; Perspectiva, 2. ed., 2001), *Teatro em Progresso* (Martins, 1964; Perspectiva, 2. ed., 2002), *João Caetano* (Perspectiva, 1972), *João Caetano e a Arte do Ator* (Ática, 1984), *Exercício Findo* (Perspectiva, 1987), *O Teatro Brasileiro Moderno* (Perspectiva, 1988), *Teatro de Anchieta a Alencar* (Perspectiva, 1993), *O Drama Romântico Brasileiro* (Perspectiva, 1996), *Peças, Pessoas, Personagens* (Companhia das Letras, 1993), *Seres, Coisas, Lugares* (Companhia das Letras, 1997) e *História Concisa do Teatro Brasileiro* (Edusp, 1999).

ELIZABETH R. AZEVEDO é professora de teatro brasileiro e história do teatro na USP-ECA desde 2003. Bacharel em história pela Faculdade de Filosofia, Letras e Ciências Humanas da Universidade de São Paulo, obteve grau de mestre em Artes na USP-ECA em 1995, com uma dissertação sobre o teatro na cidade de São Paulo no século XIX – *Um Palco Sob as Arcadas*, publicada em 2000 pela Annablume/Fapesp. Atuando como pesquisadora, participou do projeto da *Enciclopédia de Teatro Brasileiro Contemporâneo*, do Instituto Itaú Cultural e, em 1997, foi contemplada com uma bolsa de estudos Vitae de Artes para realização de pesquisa sobre o grupo de teatro amador paulistano *Teatro Lotte Sievers*. Em 2002, doutorou-se em Artes, pela USP-ECA, com a tese *Recursos Estilísticos na Dramaturgia de Jorge Andrade*. Atualmente, realiza pesquisa sobre a companhia de comédias, revistas e burletas de Sebastião Arruda e o teatro em São Paulo nas primeiras décadas do século XX. Paralelamente, tem atuado na área de documentação do teatro paulista coordenando o Laboratório de Informação e Memória do CAC-ECA, desde 2004. Em 2005, participou como coordenadora de pesquisa do projeto de Conservação de Figurinos do Teatro Municipal de São Paulo.

FERNANDO ANTONIO MENCARELLI é pesquisador e diretor teatral. Doutor e mestre pela Unicamp, na área de História Social da Cultura, com trabalhos sobre a história do teatro brasileiro, é professor na graduação e pós-graduação da Escola de Belas-Artes da UFMG, na área de Artes Cênicas, coordenador do Programa de Pós-graduação em Artes da Escola de Belas Artes da UFMG e bolsista de Produtividade em Pesquisa do CNPq. Foi presidente da Abrace (Associação Brasileira de Pesquisa e Pós-graduação em Artes Cênicas) de 2006 a 2008 e membro do Conselho Curador da Fundação Municipal de Cultura de Belo Horizonte de 2004 a 2008. É membro da equipe de organização do Encontro Mundial de Artes Cênicas (Ecum) desde 1998 e consultor pedagógico do Galpão Cine-Horto. Publicou os livros *Cena Aberta: a Absolvição de um Bilontra e o Teatro de Revista de Arthur Azevedo* (Unicamp, 1999) e *Corpos Artísticos do Palácio das Artes* (Secretaria de Estado da Cultura/MG, 2006). Foi editor assistente do Caderno Letras do jornal *Folha de S. Paulo*.

• *Colaboradores do Volume I*

FLÁVIO AGUIAR trabalhou como docente de literatura brasileira na Faculdade de Filosofia, Letras e Ciências Humanas da USP de 1973 a 2006, quando se aposentou. Continua vinculado como pesquisador do programa de pós-graduação, no qual orientou mais de quarenta teses de doutorado e dissertações de mestrado. Foi professor convidado ou conferencista em universidades no Brasil, Uruguai, Argentina, Canadá, Alemanha, Costa do Marfim e Cuba. Foi fundador e diretor do Centro Angel Rama da FFLCH-USP. Tem mais de vinte livros publicados, entre os de autoria própria, organizados ou antologias. São obras de crítica literária, ficção e poesia. Ganhou por três vezes o prêmio Jabuti da Câmara Brasileira do Livro: em 1984, na categoria "Ensaio", com *A Comédia Nacional no Teatro de José de Alencar* (Ática, 1984); em 2000, com o romance *Anita* (Boitempo, 1999); e em 2007, coletivamente, como organizador da parte de literatura da *Latinoamericana: Enciclopédia Contemporânea sobre a América Latina e o Caribe* (Boitempo, 2006), na categoria de "Ciências Humanas", que também ganhou o prêmio de Melhor Livro do Ano. Reside atualmente em Berlim, na Alemanha, onde é correspondente para publicações brasileiras.

FRANCISCO JOSÉ PEREIRA DAS NEVES VIEIRA é graduado em história pela Universidade Santa Úrsula, do Rio de Janeiro, onde lecionou durante seis anos nas cadeiras de História da Idade Média e Historiografia. Fez o mestrado na Universidade Federal do Rio de Janeiro (1992) e o doutorado na Universidade Federal Fluminense (1999). Pesquisador do Instituto de Documentação da Fundação Getúlio Vargas entre 1983 e 1990, participou de obras coletivas como: *Dicionário de Ciências Sociais* (FGV/Unesco, 1985) e *Dicionário Histórico-Biográfico Brasileiro* (cpdoc,1984). Em 1990 ingressou no Centro de Documentação da TV Globo, onde trabalha atualmente e faz pesquisas para o jornalismo. Como pesquisador de texto, participou das novelas *Esplendor*, de Ana Maria Moretzhon (1999/2000), *Porto dos Milagres*, de Agnaldo Silva (2001/2) e *Coração de Estudante*, de Emanuel Jacobina (2002). Foi o consultor histórico da série premiada *1808, a Corte no Brasil*, da Globonews, e das peças teatrais *Tartufo* (Rio de Janeiro, direção de Walter Lima Torres, 2000) e *Coração de Estudante*, de Odulvado Viana Filho, (Rio de Janeiro, direção de Dudu Sandroni, 2007). Participa de pesquisa sobre a história do Teatro Lírico, do Rio de Janeiro, juntamente com a pesquisadora e museóloga Martha Vieira Lopes.

IVETE SUSANA KIST foi professora de Teoria da Literatura e Literatura Brasileira no Curso de Letras na Univates em Lajeado, RS, durante os anos de 1976 a 2006. Fez o doutorado em Letras pela PUC-RS, em 1992, e realizou estágio de pesquisa no Centro de Estudos de Teatro da Universidade de Lisboa, Portugal, 1998-1999, e estágio de pesquisa no Centro de Estudos Latino-Americanos da Universidade do Texas em Austin, EUA, 2003. É autora dos livros *Melodrama: O Gênero e Sua Permanência* (Ateliê Editorial, 2000), e *Gonçalves de Magalhães e o Teatro do Primeiro Romantismo* (Univates e Sulina, 1993).

JOÃO ROBERTO FARIA é professor titular de literatura brasileira na Universidade de São Paulo. É pesquisador do CNPq, membro do Nupebraf (Núcleo de Pesquisa França-Brasil – IEA-USP) e coordenador da coleção "Dramaturgos do Brasil", da editora wmf Martins Fontes, para a qual preparou os volumes *Teatro de Álvares de Azevedo* (2002), *Teatro de Aluísio Azevedo e Emílio Rouède* (2002), *Teatro de Machado de Assis* (2003), *José de Alencar: Dramas* (2005) e *Antologia do Teatro Realista* (2006). É autor dos seguintes livros: *José de Alencar e o Teatro* (Perspectiva/Edusp, 1987), *O Teatro Realista no Brasil: 1855-1865* (Perspectiva/Edusp, 1993), *O Teatro na Estante* (Ateliê, 1998) e *Idéias Teatrais: O Século XIX no Brasil* (Perspectiva/Fapesp, 2001 - "Prêmio Especial" no setor Teatro "Os Melhores de 2001", atribuído pela Associação Paulista de Críticos de Arte). Em colaboração com Flávio Aguiar e Vilma Arêas, publicou *Décio de Almeida Prado: Um Homem de Teatro* (Edusp/Fapesp, 1997); e junto com J. Guinsburg e Mariangela Alves de Lima, coordenou o *Dicionário do Teatro Brasileiro: Temas, Formas e Conceitos* (Perspectiva/Sesc, 2006; segunda edição revista e ampliada, 2009). Em 2008 organizou o volume *Do Teatro: Textos Críticos e Escritos Diversos*, de Machado de Assis (Perspectiva), no qual reuniu a produção crítica do escritor sobre teatro.

LUIZ FERNANDO RAMOS possui graduação em Ciências Sociais pela Universidade de São Paulo (1980), graduação em Jornalismo pela Faculdade de Comunicação Social Cásper Líbero (1980), mestrado em Artes Cênicas pela Universidade de São Paulo (1989) e doutorado em Literatura Brasileira pela Universidade de São Paulo (1997). É professor do Departamento de Artes Cênicas da ECA-USP desde 1998, lecionando as disciplinas de crítica e teoria do teatro. Pesquisador do CNPq, coordena o Gide – Grupo de Investigação do Desempenho Espetacular, e o Programa de Pós-Graduação em Artes Cênicas da USP. É encenador, dramaturgo, crítico de teatro e documentarista. Realizou pesquisas em torno da produção teatral de Gordon Craig, Samuel Beckett, Tadeusz Kantor, José Celso Martinez Corrêa e Martins Pena. Foi presidente da Abrace – Associação Brasileira de Pesquisa e Pós-Graduação em Artes Cênicas, e é autor de vários capítulos de livros, ensaios publicados em revistas e de *O Parto de Godot e Outras Encenações Imaginárias: A Rubrica como Poética da Cena* (Hucitec, 1999).

MARIA HELENA WERNECK é professora do Departamento de Teoria do Teatro e do Programa de Pós-Graduação em Artes Cênicas da Universidade Federal do Estado do Rio de Janeiro (Uni-Rio). Pesquisadora do CNPq, investigou o teatro histórico dos anos de 1930 e obras de autores brasileiros e portugueses das décadas de 60 e 70. Atualmente analisa obras e processos de dramaturgia do teatro contemporâneo. É autora do livro *O Homem Encadernado: A Escrita das Biografias de Machado de Assis* (UERJ, 2 ed. 2008) e organizadora, com Maria João Brilhante, do livro *Texto e Imagem. Estudos de Teatro* (7 Letras, 2009). Entre suas publicações figuram ensaios como "Espaço Teatral. A Literatura e as Imagens em Cena" na coletânea *Espécies de Espaço: Territorialidades, Literatura e Mídia* (UFMG, 2008); "Realismo e Palavra Brutal: Harold Pinter no Brasil" (*Sinais de Cena*, Lisboa: APCT; CET-Univ. de Lisboa, junho 2008); "Depois da Barca, Cenas de Outros Infernos nas Dramaturgias de Oduvaldo Vianna Filho e José Cardoso Pires" (revista *Semear*, n. 8. Rio de Janeiro: Cátedra Pe. António Vieira de Estudos Portugueses, 2003). Entre 2008 e 2010 coordenou Projeto de Cooperação Internacional entre a Uni-Rio, a USP e a Universidade de Lisboa.

MARIA THEREZA VARGAS é pesquisadora e historiadora do teatro brasileiro. Formou-se em dramaturgia e crítica pela Escola de Arte Dramática (EAD), em São Paulo. Nos anos 1950, colaborou com a edição dos primeiros *Cadernos de Teatro* do grupo carioca O Tablado e participou do Seminário de Dramaturgia do Teatro de Arena. Entre 1975 e 1997 foi pesquisadora do Idart, órgão de pesquisa ligado à Secretaria Municipal de Cultura de São Paulo. Suas principais publicações são: *O Teatro Operário na Cidade de São Paulo: Teatro Anarquista* (em conjunto com Mariangela Alves de Lima, SMC, 1980); *Circo: Espetáculo de Periferia*, (SMC, 1981); *Da Rua ao Palco: O Teatro da Academia de Direito de São Paulo no Século XIX* (SMC, 1982); *Uma Atriz: Cacilda Becker* (juntamente com Nanci Fernandes, Perspectiva, 1983); *Fredi Kleemann: Foto em Cena* (em conjunto com Tânia Marcondes, SMC-SP, 1991); *Giramundo: O Percurso de uma Atriz: Myrian Muniz* (Hucitec, 1998), *Cem Anos de Teatro em São Paulo* (em conjunto com Sábato Magaldi, Senac, 2000), *Sônia Oiticica: Uma Atriz Rodrigueana?* (Imesp, 2005) e *Antologia do Teatro Anarquista* (Martins Fontes, 2009).

MARTA MORAIS DA COSTA é professora sênior da Universidade Federal do Paraná. Mestre e doutora pela Universidade de São Paulo, é pesquisadora na área de teatro e suas principais publicações são: a edição crítica do *Teatro Completo de Roberto Gomes* (Funarte, 1982), *Entreatos: O Teatro em Curitiba de 1981 a 1995*, com Ignacio Doto Neto (Fundação Cultural de Curitiba, 2000), *Palcos e Jornais: Representações do Teatro em Curitiba entre 1900 e 1930* (UFPR, 2009), artigos em antologias e obras coletivas, como em *Décio de Almeida Prado: Um Homem de Teatro* (Edusp, 1997) e *Olhares e Perguntas sobre Ler e Escrever* (Florecultura, 2002). Articulista em periódicos, é membro do Conselho Estadual de Cultura (PR) e da Cátedra Unesco de Leitura: PUC-Rio.

NEYDE VENEZIANO é diretora de teatro e pesquisadora do CNPq. Fez mestrado, doutorado e livre-docência em Teatro na USP-ECA. Em 2000 e 2001, realizou na Itália seu pós-doutoramento, trabalhando com Dario Fo. Como diretora, encenou trinta espetáculos. Dentre eles, destacam-se *Revistando o Teatro de Revista*, (1988/89); *Arlecchino*, de

• *Colaboradores do Volume 1*

Dario Fo, em São Paulo, Campinas e Portugal (1989/90/2005); *Piolim*, com os Parlapatões (1996); ... *E o Céu Uniu Dois Corações*, drama circense, (2005); *Um Dia (quase) Igual aos Outros*, de Dario Fo, com Débora Duboc (2009). Suas principais publicações são: *O Teatro de Revista no Brasil: Dramaturgia e Convenções* (Pontes/Ed. Unicamp, 1991), *Não Adianta Chorar: Teatro de Revista Brasileiro, Oba!* (Unicamp, 1996), *A Cena de Dario Fo: O Exercício da Imaginação* (Códex, 2002) e *De Pernas para o Ar! Teatro de Revista em São Paulo* (Imesp, 2006). Atualmente é professora orientadora credenciada no Instituto de Artes da Unicamp.

NÍOBE ABREU PEIXOTO é bacharel em Letras pela Pontifícia Universidade Católica de Minas Gerais (1972), com especialização em Literatura Infanto-Juvenil (Lato Senso) e em Literatura Brasileira (Lato Senso) pela Universidade Federal Fluminense em 1993 e1994. Fez o mestrado e o doutorado em Literatura Brasileira na FFLCH-USP, em 1998 e 2003, com bolsa Fapesp. Suas principais publicações são: *João Cabral e o Poema Dramático: Auto do Frade. Poema para Vozes* (Annablume/Fapesp,2001); *Crônicas Efêmeras: João do Rio* na Revista da Semana (Ateliê/ Giordano, 2001); *João do Rio e o Palco: Página Teatral*, v. 1 (Edusp, 2009) e *João do Rio e o Palco: Momentos Críticos*, v. 11 (Edusp, 2009).

RUBENS JOSÉ SOUZA BRITO (1951-2008) formou-se em Artes Cênicas pela Escola de Comunicações e Artes da Universidade de São Paulo, onde também fez o mestrado (*A Linguagem Teatral de Artur Azevedo*, 1989) e o doutorado (*Dos Peões ao Rei: O Teatro Épico-Dramático de Luís Alberto de Abreu*, 1999). Foi professor do Departamento de Artes Cênicas do Instituto de Artes da Unicamp, com livre-docência na área de Fundamentos Teóricos das Artes. Especialista na linguagem do teatro de rua, atuou em diversas peças, como *A Vida do Grande D. Quixote de La Mancha e do Gordo Sancho Pança*, encenada em 1976 pelo Grupo de Teatro Mambembe de São Paulo.

TANIA BRANDÃO é bacharel e licenciada em história (UFRJ, 1973 e 1974), doutora em História Social pelo IFCS – Isntituto de Filosofia e Ciências Sociais da UFRJ e livre-docente em Direção Teatral pela Uni-Rio. Lecionou na Escola de Teatro Martins Pena (1982-1992) e na Escola de Teatro da Uni-Rio (1989-2002), onde atua como orientadora na pós-graduação e da qual foi diretora (2000-2002). A partir de 1982, tornou-se crítica de teatro, assinando colunas especializadas em diversas revistas e jornais; atualmente é crítica teatral do jornal *O Globo* – fórum mensal de crítica. Desde 2005 é uma das curadoras do Festival de Teatro de Curitiba e integra o júri do Prêmio Shell de Teatro, edição do Rio de Janeiro. Entre os livros, capítulos de livros, ensaios e artigos que publicou nos últimos anos, destacam-se: *Teatro de Revista no Brasil* (ed. especial de *O Percevejo*, Uni-Rio, 2006), colaboração no *Dicionário do Teatro Brasileiro* (Perspectiva, 2006), "Um Teatro se Improvisa: O Teatro Carioca de 1943 a 1968" (em *Brasil Palco e Paixão: Um Século de Teatro*, Aprazível, 2004), *A Máquina de Repetir e a Fábrica de Estrelas: O Teatro dos Sete* (Sete Letras, 2002) e *Uma Empresa e Seus Segredos: Companhia Maria Della Costa* (Perspectiva, 2009).

VILMA ARÊAS é escritora e ensaísta; livre-docente de literatura portuguesa pela Universidade Federal Fluminense; professora titular de literatura brasileira pela Unicamp. Entre suas principais publicações destacam-se: *Na Tapera de Santa Cruz: Leitura de Martins Pena* (Martins Fontes, 1987); *A Terceira Perna* (ficção, Brasiliense, 1992, prêmio Jabuti); *Clarice Lispector com a Ponta dos Dedos* (Cia. das Letras, 2005, prêmio APCA na categoria Ensaio); "A Comédia Segundo Augusto Abelaira", capítulo de *Para Ler Augusto Abelaira* (Portugal, Universidade de Aveiro, 2009); posfácio a *Caro Michele*, de Natalia Ginzburg (Cosac Naify, 2010).

WALTER LIMA TORRES NETO é ator e diretor formado em Artes Cênicas pela Uni-Rio (1989). Ex-professor do Curso de Direção Teatral da Escola da Comunicação da UFRJ, atualmente é professor associado na Universidade Federal do Paraná, onde atua na área de Estudos Teatrais e de Estudos da Dramaturgia no Curso de Graduação e no Programa de Pós-Graduação em Letras. Defendeu seu doutorado em Artes do Espetáculo na Université da la

Sorbonne Nouvelle – Paris III (1996), dedicando-se a demonstrar a *Influência da França no Teatro Brasileiro do Século XIX: O Exemplo de Arthur Azevedo*. No seu DEA (Diplome d'Études Approfondies) investigou *A Turnê do Teatro Louis Jouvet ao Brasil em 1941-1942*. Atualmente dedica-se aos estudos da cultura e da prática teatral: procedimentos e mentalidades, atuando como consultor de projetos na área de Artes Cênicas, cf. <http://estudosteatrais.blogspot.com/>.

Este livro foi impresso em São Paulo,
nas oficinas da Orgráfic Gráfica Ltda., em junho de 2012,
para a Editora Perspectiva S.A.